PAUL KERES

PHOTOGRAPHS AND GAMES

Paul Keres

PAUL KERES

PHOTOGRAPHS AND GAMES

PAIDE
1995

Photographs:
Photo archives of Keres's family, Isi Trapido, Harald Keres, Lembit Vahesaar

Translators:
Rein Sepp – Estonian, Erkki Sivonen – English, Lembit Liivak – Spanish, Margot Heinsalu – German

Compiled by:
HENDRIK OLDE

Technical board:
Bruno Saul, Hendrik Olde

Design of chess fonts:
Peeter Roosmann

ISBN 9985 – 60 – 122 – X

Publisher
DEMERLEN Ltd.
Kalevipoja 17 – 34, Tallinn,
Estonia

SAATEKS

Tänavu möödub 20 aastat Paul Kerese ootamatust lahkumisest. Mul on hea meel, et leidus entusiaste, kes pidasid oma kohuseks säilitada tema malelooming trükisõnas, võimaldades niimoodi malesõprade uuel põlvkonnal tutvuda selliste partiidega, mis mängiti ammu enne nende sündimist. Huvi võib pakkuda ka võimalus jälgida ühe mängija malelist arenemist ligikaudu kahe tuhande partii põhjal.

Neljakümne aasta jooksul kogunes Paul Keresele palju poolehoidjaid nii Eestis kui ka laias maailmas. Rõõmustati paljude võitude üle, koos temaga elati läbi kaotuste kibedusi. Seepärast oli igati tervitatav tolleaegse valitsuse otsus 1976. aastast jäädvustada kõik partiid akadeemilise väljaandena, mis oleks kasutatav ka laiemas malemaailmas. Kahjuks takerdus see suur ettevõtmine ning toimetamise käigus läks kaduma peaaegu viiesaja partii originaaltekst.

Ometi leidus Eestis entusiaste, kellel õnnestus raamatukogudest ja muudest allikatest taastada kõigi mängitud partiide tekstid. Aastatepikkune töö on nüüd lõpule jõudnud ning jääb ootama maletajate ja huviliste hinnangut.

Tänan selle teose ettevalmistamisest ja väljaandmisest osavõtjaid. Loodan, et selle raamatu abiga tutvuvad algajad malemängu iluga, aga ka professionaalid leiavad siit endale kasulikku.

14. jaanuar 1995 **Maria Keres**

Maria Keres

FOREWORD

This year it will be 20 years since the sudden death of Paul Keres. I am very glad that there were a few enthusiasts who found it their duty to preserve his chess creation in printed form, enabling thus for the new generation of chess-players to get acquainted with matches that were played long before they were born. It might be also interesting to follow the development of one chess-player through more than two thousand matches.

During forty years Paul Keres gathered many admirerers in Estonia and in the whole world. They rejoiced for his many victories and never left him during the bitter times when he lost. So the decision of the government of 1976 to print al his matches in one academic collection which could be used by the rest of the chess world was indeed very favourably received. Unfortunately this great enterprise was hindered and during the editing of the collection almost 500 original texts were lost.

But yet there were enthusiasts in Estonia who doing thorough research in the libraries and using other sources managed to trace back the texts of all the matches. The work of many years has finally been finished and is waiting now for the opinion of chess-players and enthusiasts.

I would like to thank the people who prepared and published this edition. I hope that with the help of this book the beginners will get acquainted with the beauty of chess and also professionals might find something interesting and useful for themselves.

Maria Keres

INTRODUCCION

En 1995 se cumplen 20 años de la imprevista muerte de Paul Keres. Me alegro mucho de que hubiera entusiastas que creían que era su obligación mantener su creatividad en el ajedrez, permitiendo así a la nueva generación de ajedrecistas conocer las partidas jugadas años antes de que ellos nacieron. También puede ser interesante seguir el desarrollo de un ajedrecista durante más de 2000 partidas.

Durante 40 años Paul Keres ganó muchos admiradores tanto en Estonia como en el extranjero. Se alegraron por sus muchas victorias y lo apoyaron en las amargas derrotas. Así la decisión del gobierno en 1976 de imprimir todas sus partidas en una collección académica, para que la usaron en todo el mundo del ajedrez, era muy agradable. Por desgracia este gran experimento fue entorpecido y durante la redacción se perdieron casi 500 textos.

Pero todavía había entusiastas en Estonia que, trabajando en bibliotecas y con muchos materiales, pudieron encontrar todos los textos de todas las partidas. El trabajo de muchos años ha terminado y está esperando la opinión de los ajedrecistas y de todos aquellos interesados en el ajedrez.

Quisiera expresar mi agradecimiento a las personas que han preparado y publicado este libro. Espero, que con su ayuda, los que están dando sus primeros pasos en ajedrez puedan conocer la belleza de este juego y, a la vez, los profesionales puedan también encontrar algo interesante.

Maria Keres

GELEITWORT

Seitdem sind zwanzig Jahre vergangen, als Paul Keres unerwartet aus dem Leben schied. Ich freue mich darüber, daß es Enthusiasten gibt, die sich verpflichtet fühlten, seine Schachschöpfung im Druckwerk aufzubewahren, auf diese Art hat die neue Generation der Schachfreunde die Möglichkeit, solche Partien kennenzulernen, die längst vor ihrer Geburt gespielt worden waren. Auch die Möglichkeit, die schachliche Entwicklung eines Spielers auf Grund von ungefähr zweitausend Partien zu verfolgen, kann von Interesse sein.

Im Laufe von vierzig Jahren sammelten sich viele Befürworter von Paul Keres sowohl in Estland als auch auf der weiten Welt an. Man freute sich über viele Siege, zusammen mit ihm wurde die Bitterkeit der Niederlagen erlebt. Deshalb war der Entschluß der damaligen Regierung vom Jahre 1976, alle Partien in einer akademischen Veröffentlichung, die auch in der breiteren Schachwelt gebräuchlich wäre, zu verewigen, durchaus begrüßenswert. Leider ist diese große Unternehmung steckengeblieben und während der Redaktion sind die Originaltexte von beinahe fünfhundert Partien verlorengegangen.

Trotz alledem gab es in Estland Enthusiasten, denen es gelungen ist, vermittels Bibliotheken und anderer Quellen die Texte aller gespielten Partien wiederherzustellen. Jahrelange Arbeit ist nun zum Abschluß gekommen und wartet auf das Urteil der Schachspieler und Interessenten.

Ich danke denjenigen, die an der Vorbereitung und Veröffentlichung dieses Werkes teilnahmen. Ich hoffe, daß Anfänger mit Hilfe dieses Buches die Schönheit des Schachspiels kennenlernen und daß auch Professionale sich hier nützliches finden werden.

Maria Keres

EESSÕNA

Paul Keres sündis Narvas Eestimaal 7. jaanuaril 1916. Temast sai rahvusliku saaga suurkuju juba tema eluajal, ja seda mitte üknes tema sädelevale geniaalsusele malelaual, vaid pigem ka oma harukordselt headele inimlikkudele omadustele, mis väärisid imetlust ja austust. Ilmunud vaateväljale ning kiiresti edasi liikudes ja vaevu kahekümnendaisse eluaastaisse jõudnuna astuski ta lühikese ajaga maailma kõige eesmisemate malemeistrite ritta.

Kolmekümnendate aastate lõpul olid asjad juba nii kaugel, et paljude arvates oli vaid aja küsimus, kunas ta võiks saada maailmameistriks. See oli siis, kui ta oli saavutanud kuulsa võidu AVRO–turniiril 1938 Hollandis, kus tema konkurentidena võistlesid koos maailma paremad malemeistrid ja nende hulgas maailmameister Aleksander Alehhin ise. See võit andis Keresele õiguse kutsuda Alehhin välja matšiks maailmameistri tiitlile, aga erinevatel põhjustel jäi selle kohtumise korraldamine pikemaks ajaks venima. Vahepeal pääsis valla maailmasõda kõigi oma purustuste ja saatuslike tagajärgedega. Kerese kodumaa ning tema rahva saatuses toimusid muutused, sest Eesti liideti juunis 1940 Nõukogude riigi koosseisu ning ta kaotas oma iseseisvuse. Siiski ei need ega teisedki kurbloolised sündmused suutnud takistada nägemast Kereses tema kuuluvust auväärseimasse perre maletalentide maailmas.

Ei seisnud Keresel ees enam mängida Alehhiniga MM–matši, sest Alehhin lahkus siit ilmast varsti pärast sõja lõppu ja nii ka temaga ühe mehe käes olnud tiitel. Otsustati korraldada eriline turniir maailma paremate malemeistrite osavõtul, kus siis võiks selguda, kellele tiitel kuuluma peaks, ja seal seiras Kerest rohkem ebaõnn. Ja see polnud esimest ega viimast korda, mil saatus tegi Keresega halba nalja.

Keres õppis malemängu tundma juba verinoorena ning oli ka otsemaid sisse võetud selle võludest. See vaimu enese kunst, meeletu ja ülikaval, kätkes endas imelist väljakutset, millele Keres poleks suutnud vastu panna, ta tahtis küündida selleni, et oheldada neid jõudusid, mis valitsesid seesuguseid arenguprotsesse. Inimestele on omane murda päid olemasolu mõistatuste üle ja neile lahendusi otsida.

Keres ei kahelnud kunagi oma missioonis. Ta harrastas malemängu selle õrnuse ja peenetundelisusega, mis nagu verre sündinud ja osaks saanud neile, kellel see armukingina kaasas hällist peale. Ta otsis täiuslikumat ja sügavamat arusaama malemängu seaduspärasustes, ja tänu oma usinusele, püsivusele ja keskendumisvõimele jõudis ta kõige eesmisemasse ritta, ehkki olud polnud iga kord soodsaimad tema arenguaastaile. Sellega andis ta ettekirjutuse nagu teeviidaks paljudele noortele, malemeestena esile tõusvaile, kannustades neid edasistele tegudele.

Minu meelest pole vähematki kahtlust, et Paul Kerest meenutatakse ikka ja alati kui ühte võimekamat malevirtuoossuse suurmeestest, ehkki tal ei õnnestunud kanda kõige kõrgemat tiitlit malemeistrite maailmas. Paljude silmis oli ta tõeline maailmameister, ja kellelegi ei tuleks pähe mõeldagi, et ta pole seda au ära teeninud.

Mulle tundub, et tundsin Kerest juba siis, kui olin alles laps, ehkki ma ei näinud teda oma silmaga enne kui maleolümpial Helsingis 1952. Olin siis seitsmeteistkümneaastane. Eesti ei seisnud tookord maakaardil enam iseseisva riigina ja Keres mängis esimesel laual Nõukogude riigi nimel. Minu silmis oli ta otsekui ebajumal.

Island, minu kodumaa, asub kaugel teistest maadest, eemal põhjas, ümbritsetud merest. Sel ajal, kui olin sealmaal, et jätta oma esimesi jälgi maleellu – Teine maailmasõda oli parajasti lõppenud –, võis märgata, et maleilm on taas igati õitsele löönud, ja inimesed elasid meelsasti kaasa kõigele, mida uut olnuks teoksil selles suures maailmas. Suurmeistrite nimed olid peagi teatavaks tehtud ning ma mäletan tollest ajast, et väheseist peeti seevõrd lugu kui Paul Keresest. See ei johtunud üksnes tõsiasjadest, et Keres seisis meeskonnas esireas nende hulgas, keda oleks võinud pidada väärseks pretendendiks maailmameistri tiitlile – pärast tema võitu AVRO–turniiril 1938 – , selle põhjustas pigem tema malemängu imposantne stiil. Tema tõi mängu uue stiili – terava ja mängijaile taktikalisi ootamatusi jätva. Sellest sündisid paljud tema suurepärased ilupartiid ja rünnakupartiid, mille ülestähendusi peetakse malekirjanduse kalliskivideks. Seesugustele malemängijatele on omane olla armastatud ning kord ka rõõmu tunda selle tõestamisest ja sellega ühenduses tuleb meelde mees, võlur Riiast, Michail Tal, kes viiekümnendail aastail maletaevasse tõusis, ise alles kahekümnene. Tal oli palju ühist Keresega. Kuid siiski poleks olnud õige tähistada Kerest vaid sellega, et ta oli olnud esmajoones ilupartiide ja rünnakupartiide meister. Ehkki need omadused olid vägagi kätte paistvad maletee alguses, pole vähematki kahtlust selles, et tema peamine tugevus seisis tema kui maleinimese täiuslikkuses ja malemängu elegantsete konstruktsioonide sügavas ja põhjani mõistmises. Lahtised seisud taktikaliste ootamatustega olid talle kõige sobivamad, kinnised seisud vähem, ehkki selgi väljal oleks ta võinud häid teateid eest leida.

Tuttavaks sain Paul Keresega ei varem kui tsoonidevahelisel turniiril Jugoslaavias 1959, mis kestis kaks kuud – ei rohkem ega vähem! Ja mis peamisse kõneainesse puutub, siis oli see Tali meisterlikkus, mis seal erilist vaimustust äratas. Ta oli otsesõnu kinnipüüdmatu mängus ja nõidus end paremusse kõige uskumatumatest seisudest. Kuid Kerese malekunsti täiuslikkuse suhtes polnud tal ühtki õiget vastust. Keres suhtus Tali hoogu stoilise rahuga ja ohjeldas teda võrratu mängukunstiga. Ta eemaldus, kuhjates kokku hulga võitusid "väiksemate võlurite" vastu – näiteks nende ridade kirjutaja –, ja õnn alustas oma tujukat käiku. Ehkki Keres oli lõpuks Talil tihedalt kannul, ei õnnestunud tal siiski vahet ületada. See oli kahtlemata asjade valus kulg Keresele, kuna võistluse tulemus oli võtnud uuesti talt võimaluse saada endale õigus võistelda maailmameistri tiitlile. Ja see ei sündinud nõnda ei esimest ega ka viimast korda.

Ehkki Tali ennenägematu hoog selle turniiri käigus äratas suurimat tähelepanu, pole mulle sugugi vähem meelde sööbinud Kerese malekunsti läbimõeldus ja vaimukindlus. Ma kahtlen, kas ta on mänginud paremini mõnel teisel korral. Mitmed tema partiid Fischeri ja Tali vastu kõnesoleval turniiril, ja seegi, mis Smõsloviga peetud, on puhtalt meistritööd, ja võib julgesti öelda, et selle kiituse on pälvinud tõeline meister!

Keresele avanes uuesti võimalus püüelda õigust tiitlile mängimiseks Curacao turniiril 1962, kuid ei õnnestunud see selgi korral. Nüüd oli see Tigran Petrosjan, kes pärast hingematvat lõpuspurti võitjana esile kerkis, ja Keres jäi teisele kohale veelgi korraks, üksnes vaid pool punkti järel. See oli viimane kord, kus Keres jõudis nii ligidale seisule, mis võimaldanuks omandada väljakutseõiguse tiitlile mängimiseks.

Keres ei lasknud ennast lõdvaks kõigele vaatamata ja näitas ja tõestas järgnevatel aastatel, et igal juhul on tal koht valituimate seas. Ta oli keskelt läbi esimeste hulgas kõikidel turniiridel, millest ta osa võttis, kas siis üldvõitjana või ka mitte. Võistlustest, kus ta võitjaks osutus, võiks nimetada Piatigorsky turniiri Los Angelesis 1963, Hoogoveni–turniiri Hollandis 1964, Marienbadis 1965, Bambergis 1968, Budapestis 1970, Tallinnas 1971 ja uuesti Tallinnas 1975.

Rahvusvaheline turniir Tallinnas 1975 on jäänud mulle eriliselt ja alatiseks meelde. Olin võtnud vastu kutse mängida sellel turniiril, ja konkurendid polnud üldsegi nõrgast klassist. Nende hulgas olid Spassky, Bronstein, Hort, Taimanov ja ei rohkem ega vähem kui Paul Keres, kogu Eestimaa kilp ja mõõk ja au. Kõik viitas sellele, nagu oleksid kõik kõrgemad vaimud enda juba esikohale asetanud. Keres hoolitses selle eest, et nõnda see ei pidanud minema. Ta võttis kohe algusest juhtimise enda peale ega lasknud seda enam käest.

Paul Keres saavutas seejärel meeldiva võidu ja teenitud tähelepanu, ta mängis seesuguse energiaga, mis kõige rohkem meenutas tema vanu häid päevi. Ja samavõrd on ka arusaadav suur rahulolu Kerese selle võidu puhul, mis valdas tema kaasmaalasi. See oli seesama Keres, keda nad tundsid varasematest aegadest, ta mängis nüüd nagu nii palju kordi oma hiilgavaimatel tundidel. See kaasmaalaste otsekohene rõõm Kerese edu üle liigutas mind ja viis mind äratundmisele, et selles oli midagi sügavamat kui tema isiklik võit malelaual.

Ehkki ma kindlustasin ennast meeldivalt suure eduga kõnesoleval turniiril ning saavutasin II – III koha, jäi mulle osavõtt sellest unustamatuks neilgi põhjustel, et nii südamest tulevat lahkust ja armastusväärsust osutasid välismaistele osavõtjatele Keres ning tema abikaasa Maria, mis omakorda tähendas meile kõige rahulisemat ja kodusemat elamist Tallinnas viibides.

Meenutan hoolitsevat külalislahkust nende kodus ning oma suurt kärsitust näha oma silmaga Kerese töötuba ning tema maleraamatukogu. Mulle oli see kui ilmutus ning mind valdas mõte, et tõenäoliselt poleks midagi teist saanud võrdselt ulatuslikuks ja võrdväärseks tööks sellessinatses ajas maletalentide ja maleõpetlaste huvides ja eriti veel nendes oludes. Ei aimanud ma tollal, et me sellel kokkusaamisel viimast korda Keresega koos viibisime, sest ta lahkus mõned kuud hiljem, alles viiskümmend üheksa aastat vana.

Märtsis 1991 kuulusin ma islandlaste delegatsiooni, kes Islandi Althingi ülesandel sõitis Eestisse, et olla kursis hääletuste läbiviimisega, mis korraldatud selleks, et teada saada rahva arvamust iseseisvumise küsimuses. Rahvusvaheline areng oli süüdanud lootusi rahva rinda.

Mul on veel värskelt meeles rahva suur ja otsekohene vaimustusepuhang, kohe kui tulemus sai teatavaks ja selgus, et suurem osa rahvast oli nende kavatsustega päri. Inimesed nägid nüüd lõpuks tõusmas uusi ja paremaid aegu.

Kui väikese riigi saadik, kes oli elanud enesemääramise tingimustes pool sajandit ja õppinud seda hindama pälvivuse järgi, mõistsin ma hästi eestlastes süttinud tundeid, mis neil südames lainetasid, kui antud resultaadid seisid silme ees. Olin saatusele tänulik, et mulle osutus võimalikuks kaasa elada sellele olulisele sündmusele.

Ärkasid minus paljud mõtted, kui külastasin Tallinnas kaunist matusepaika, kuhu Paul Keres oli oma viimsele puhkusele viidud nii paljude eesti parimate poegade ja tütarde keskele. Mõtlesin sellelegi, et ta oleks meelsasti tahtnud elada üheskoos oma rahva ajaloo nende sündmustega ja näha avanemas aos tema vabadusetundi, nagu nii väga kogu tema elugi ja elutöö olid seotud ühte rahva käekäigu ja saatusega.

– Haavamaalis – jumalate kõnelustes –, mida võib leida islandi muistsetest kirjadest, on olemas mitmesuguseid klassikalisi stroofivormis tarkusesõnu. Ühes neist on öeldud nõnda:

Deyr fé,
deyja frændur,
deyr sjalfur hið sama;
en orðstír
deyr aldregi,
hveim sér góðan getur.

Loomad surevad, sugupuud surevad
ja sina sured samuti,
ei kao aga kunagi meeste kõne,
kui on hinnata head.

15. november 1994

Fridrik Olafsson

PREFACE

Paul Keres was born in Narva, Estonia, on January 7, 1916. He became a legend in his own time, not only because of his brilliant achievements in chess but, also, because of his highly unusual personal qualities, which earned him admiration and respect. Having once appeared on the international scene at the age of barely twenty he joined in no time the ranks of the world's leading chess masters.

By the end of the 1930s Keres' play had matured to such an extent that he was considered an outstanding contender for the throne of the world champion. His famous triumph at the AVRO Tournament in the Netherlands in 1938, where he was rivalled by all the leading chess masters of the world, including the World Champion Alexander Alekhine, confirmed this claim and gave him the right to challenge Alekhine in a match for the world championship. For a variety of reasons, however, the preparations for the match dragged on over a period of time. Meanwhile the World War with all its destruction and tragic consequences broke out and the fate of Keres' country and its people took an adverse turn when in June 1940 Estonia was annexed by the Soviet Union, thus losing its independence. Still, none of these dismal events could dim Keres' standing as one of the most revered chess players of the world.

The world championship match between Keres and Alekhine was not to take place however as Alekhine died shortly after the end of the war, leaving the title in no one's hands. A special tournament was organized, with the participation of the world's leading players, to decide who should be Alekhine's successor. The result was a disappointing one for Keres and it was not the last time that fortune played Keres a trick in his quest for the highest title.

Keres became familiar with the game of chess in his early youth and was immediately captivated by its magic. This exceedingly subtle art of the mind held for him a tantalizing challenge which he could not resist; he wanted to understand and gain control over the forces that rule the game. It lies in the nature of the human spirit to come to grips with the challenges of life and seek solutions to them.

Keres never doubted his calling. He approached chess as an art and devoted his life to it with the affection and dignity, which comes so natural to those with innate talents. He sought perfection and deeper understanding of the game and through his perservering efforts and determination joined the ranks of the world's best players although circumstances were not always favourable when he was growing up and maturing as a player. Thus at an early age he became a model for young chess players and their future aspirations.

There is in my opinion no doubt that Paul Keres will always be remembered as one of the most gifted players of all times although he never attained the highest merits in the chess world. In the eyes of many he was a true World Champion, and nobody could deny that he would have deserved of the honour.

I have the feeling that I knew Keres from my early childhood although I first saw him in person at the Helsinki Chess Olympiade in 1952. I was only seventeen at the time. Estonia no longer existed on the map as an independent state and Keres represented the Soviet Union, playing on the first board. In my eyes he virtually had a godly status.

My home country, Iceland, is located a long distance from other countries, far away in the North Atlantic Ocean. When I was taking my first steps as a chess player - at the end of World War II - the game enjoyed a considerable popularity in Iceland and the enthusiastic chess public followed with great interest what was happening in the chess world. The names of the great masters were frequently mentioned and I have a vivid recollection of how much admired Paul Keres was. This was not only because Keres was a top contender for the world title - after his victory in AVRO 1938 and other major successes - but first and foremost because of his magnificent style. He brought a fresh breeze into the game with his sharp, dazzling play, full of tactical surprise. Vivid in my memory are many of his splendid attacking and combinative games, which belong to the jewels of the chess history. Players like Paul Keres have always been cherished by the chess public and enjoyed much popularity. This brings to mind the name of the wizard from Riga, Michael Tal, who conquered the chess world with meteoric speed in the 1950s, only twenty years of age. He had a lot in common with Keres.

However it would not be correct to categorise Paul Keres merely as a champion of attack and combinational play. Although these features in his play were indeed very much in evidence in the early years of his career, there can be no doubt that his main asset was his versatile style and fundamental knowledge of all the different aspects of the game. True, he may not have seemed as well at ease in closed position as in open ones, but also there he mastered the situation and stood his ground.

Although I met Keres on several occasions in the 1950s I did not become well acquainted with him until at the Candidates tournament in Yugoslavia in 1959, which lasted almost two months. This tournament has gone down in history as one of Tal's great triumphs. His ingenuity was on full display in this tournament and aroused universal admiration. He was literally not to be stopped and conjured up one victory after another even in the most unbelievable situations. But he had no answer to Keres' calm and subtle strategy. Keres countered Tal's optimism in his typical stoic manner and outmaneuvered him with superb play. But Tal gained the lead by amazing victories over the "lesser wizardf" - including the author of these lines - which in the end proved decisive. Although Keres was always close on his heels throughout the tournament he never managed to bridge the gap. This was undoubtedly a disappointing outcome for Keres who had been playing impressive chess and was once again deprived of the opportunity to test his strenght in a match with the world champion.

Although the virtuosity of Tal in this tournament attracted universal attention, Keres' artistic approach to the game and subtle play have sunk equally deep in my memory. I doubt whether he ever played better.

Several of his games in this tournament, such as his games against Fischer, Tal and Smyslov, were pure masterpieces, which speak for themselves.

Yet another opportunity for Keres to win the highest crown came at the Candidates Tournament in Curaçao in 1962 but this time it was Tigran Petrosjan who, after a breath-taking finish, emerged as a winner. Keres once again had to be content with the second place, only half a point behind. This was the last time Keres came so close to winner the right to challenge the world champion.

Despite these “setbacks”, which for most others would mean a major success, Keres did not sit back and demonstrated in the following years that he belonged to the world elite. He was usually among the top contenders and more often than not he emerged victorious. Among his major achievements are the Piatigorsky tournament in Los Angeles 1963, the Hoogoven Tournament in the Netherlands 1964, Marienbad 1965, Bamberg 1968, Budapest 1970, Tallinn 1971 and again Tallinn 1975.

The International Tournament in Tallinn 1975 will always have a special place in my memory. I had accepted an invitation to participate in this event and the list of my opponents certainly looked impressive, among them great players like Spassky, Bronstein, Hort, Taimanov and last but not least Paul Keres, the sword, shield and glory of Estonia. Everything pointed to a fierce competition for the first place but Keres soon made it clear where he was heading. He placed himself in the lead from the very start, never yielding an inch.

Keres' victory was well deserved. He played with vigour and great determination and seemed to have everything under control. Understandably his victory struck a tender chord in the hearts of his countrymen. This was the Keres they knew - this was the Keres who played as magnificently as in the heyday of his youth. I was deeply touched because I realised that this feeling was no less attached to his victory in the tournament.

I was quite satisfied with my result in the tournament, finding myself in 2. - 3. place at the end. But what remains vivid in my memory is the heartfelt hospitality and kindness of Keres and his wife, Maria, who went out of their way to make the stay of the foreign participants in Tallinn as pleasant as possible.

I recall when invited to their home how impatient I was to set my eyes upon Keres' study and chess library. It was like a revelation to me and it occurred to me that the venue for the most extensive analysis of chess literature in this century - was probably right here in Keres' study. I had no idea then that this was to be the last time

I saw Keres, who died a few months later at the age of fifty nine.

In March 1991 I was appointed a member of the parliamentary delegation from Iceland to follow the course of the referendum in Estonia, organized to ascertain the nation's opinion in the matter of independence. International developments had put hopes in the hearts of the Estonian people.

I have a fresh recollection of the joy and earnest enthusiasm of the people, when the results were announced, and it turned out, that the vast majority of the nation supported the declaration of independence. The people saw the dawning of new and better times.

Being a representative of a small nation, which has enjoyed full autonomy for half a decade, I fully understood the feelings of the Estonians when the results of the national vote were announced. I was grateful for being allowed to be present on this memorable occasion.

Many reflections passed through my mind when I visited the fair burial ground in Tallinn where Paul Keres was laid to rest with so many of the best sons and daughters of Estonia. His whole life and work was always closely interwoven with the destiny of Estonia and the thought came to me, how much he would have wanted to witness this historic event, when his nation rejoiced over the dawning of its freedom.

One of the verses in the "Havamal" - the gods' discussions in the ancient Icelandic literature, - reads as follows:

Deyr fé, deyja frændur, deyr sjalfur hið sama; en orðstír deyr aldregi, hveim sér góðan getur.	Cattle die and kinsmen die, and so one dies oneself, but a noble name will never die if good renown one gets.

Fridrik Olafsson

PREFACIO

Paul Keres nació en Narva, Estonia, el 7 de enero de 1916. Todavía en vida se convirtió en leyenda, no sólo por su extraordinaria genialidad en el tablero de ajedrez, sino también por los rasgos de su carácter que hacían de él una persona digna de respeto y admiración. Llegó a ser conocido a la temprana edad de 20 años y en muy poco tiempo ya era uno de los mejores ajedrecistas del mundo.

A finales de los años 30 muchos creían que su ascenso a campeón del mundo no era más que una cuestión de tiempo. Ganó el torneo de Amsterdam de 1938 frente a adversarios tan famosos como Aleksander Alehhin. Esta victoria le daba la posibilidad de desafiar a Alehhin para un encuentro que hubiera decidido cuál de ellos sería el campeón del mundo, pero empezó la Guerra Mundial con sus desastrosas consecuencias. La tierra natal de Keres y su pueblo conocieron un cambio fatal al ser Estonia ocupada por la Unión Soviética en 1940, perdiendo así su independencia. Todos estos acontecimientos no restaron fama al nombre de Keres.

Keres ya no pudo jugar con Alehhin en el campeonato del mundo porque Alehhin murió poco después de la Guerra y así desapareció el título que sólo había tenido un hombre. Se decidió organizar un torneo especial con la participación de los mejores jugadores del mundo para decidir quien sería el campeón mundial y en este torneo la suerte no acompañó a Keres. No sería ésta la primera ni la última vez que el destino lo trataría así.

Keres empezó a jugar al ajedrez cuando era muy joven y desde el principio le sedujó la magia que envuelve este juego. Este arte de la propia alma, emocionante y astuto, contenía en sí un desafío maravilloso que Keres no hubiera podido resistir. Es propio del ser humano pensar en los problemas de la existencia y buscar soluciones.

Nunca dudó de su misión. Jugaba al ajedrez con esa ternura y ese tacto que llevaba en la sangre, que le eran innatos. Buscaba una comprensión más profunda y perfecta de las reglas del ajedrez. Gracias a su esfuerzo de concentración llegó a los más altos resultados, aunque muy a menudo la situación no favorecía su avance. De este modo se convirtió en modelo para los jóvenes que entraban en el mundo del ajedrez.

Yo creo sin duda que a Paul Keres se le recuerda como uno de los ajedrecistas más sobresalientes, aunque nunca obtuvo el título de campeón del mundo. Para muchos él era el verdadero campeón del mundo y a nadie se le ocurriría pensar que él no mereció este honor. Me parece que he conocido a Keres desde que era niño, aunque lo vi por primera vez durante la olimpiada de ajedrez de Helsinki, en 1952. Yo tenía 17 años. En el mapa del mundo Estonia ya no existía como país independiente y Keres jugaba en el equipo de la Unión Soviética. Para mí él era como un dios.

Islandia, mi patria, está lejos de otros paises, rodeado por el mar. Cuando daba mis primeros pasos importantes en el mundo del ajedrez - una vez finalizada la Segunda

Guerra Mundial - me daba cuenta de que este mundo del ajedrez florecía otra vez y la gente tomaba parte en todo lo nuevo que ocurría con mucho gusto. Pronto fueron anunciados los nombres de los grandes maestros y me acuerdo que a pocos se les respetó tanto como a Paul Keres. No sólo porque Keres era uno de los mas importantes candidatos al título de campeón de mundo sino especialmente por su impresionante modo de jugar. Introdujó un estilo nuevo, agudo, que obligaba a los jugadores a utilizar tácticas inesperadas. Así nacieron muchas de sus excelentes partidas, muchos ataques, que ahora son joyas del ajedrez. Estos ajedrecistas suelen ser populares y gozar de la posibilidad de demostrar su habilidad, algo que me hace recordar a un hombre, un mago de Riga, Mikhail Tal, que en los años 50 empezó su carrera, cuando apenas contaba 20 años. El tenía mucho en común con Keres. Pero Keres no era sólo un maestro en movimientos bellos y en estar a la ofensiva. Aunque justamente estas características eran muy evidentes en su juventud, no cabe ninguna duda de que su mayor fuerza radicaba en el entendimiento profundo de las construcciones elegantes del ajedrez. Le convenían más las posiciones abiertas, donde dearrollaba sorprendentes tácticas, que las posiciones cerradas, aunque incluso en éstas hubiera podido conseguir algo.

Paul Keres y yo nos conocimos en el torneo internacional de Yugoslavia de 1959. El torneo duraba nada más y nada menos que dos meses. El tema más discutido era la maestría de Tali, que despertó mucha admiración. Era inalcanzable en su juego e hizo unas partidas increíbles. Pero con Keres no pudo. Keres se comportaba con una paz estóica y le contestaba con su arte incomparable. Ganó partidas contra varios "magos pequeños" - por ejemplo el escritor de esta historia - y la suerte tuvo la palabra. Aunque Keres estaba muy cerca de Tali antes del final del torneo, no pudo recuperar los ultimos puntos. La conclusión del torneo tuvo que ser muy dolorosa para Keres porque perdió la posibilidad de aspirar al título de campeón del mundo. Y esta no sería ni la primera ni la última vez.

Aunque las partidas de Tali despertaron mucha atención, me acuerdo con toda claridad del arte premeditado y concentrado de Keres. Me parece que nunca había jugado mejor. Muchas partidas que jugó con Fischer, Tali e incluso con Smyslov, eran verdaderas obras de arte y pertenecían a un auténtico maestro.

Keres tuvo otra posibilidad de luchar por el título en el torneo de Curacao en 1962, pero esta vez tampoco lo consiguió. En esta ocasión Tigran Petrosjan fue quien ganó después de un final increible y otra vez Keres perdió por medio punto. Era la ultima vez que Keres llegaba tan cerca a la posibilidad de desafiar el título.

A pesar de todo Keres seguía y en los años siguientes demostró que todavía era uno de los mejores. Normalmente estaba entre los diez mejores, ganando o no. Ganó, por ejemplo, en el torneo de Piatigorsky, en Los Angeles en 1963, el torneo de Hoogoven en Holanda en 1964, en Marienbad en 1965, en Bamberg en 1968, Budapest en 1970, Tallinn en 1971 y otra vez en Tallinn en 1975.

Nunca olvidaré el torneo internacional de Tallinn. Había recibido la invitación para jugar allí y los competidores eran muy conocidos, entre ellos Spassky, Bronstein, Hort, Taimanov y el propio Paul Keres, escudo, espada y honor de Estonia. Parecía como si los grandes y famosos se hubieran asegurado los mejores puestos. Pero Keres se aseguró de que las cosas no ocurrieran así. Fue el líder desde un principio y no perdió este lugar.

Paul Keres consiguió una victoria muy agradable y obtuvo una atención bien merecida. Jugaba con una energía parecida a la que había tenido en su juventud. Igualmente comprensible era la satisfacción y alegría que sentían los compatriotas de Keres. Era el mismo Keres que habían conocido antes; jugaba como en los momentos de su mayor gloria. La sincera alegría de los compatriotas de Keres me conmovió mucho y me hizo entender que allí había algo más profundo que su victoria personal en el tablero de ajedrez.

Aunque yo tuve un grato éxito, pués gané el 2-3er puesto, mi participación se hizo inolvidable por la bondad y la hospidalidad de Keres y su esposa María que significó para nosotros una estancia tranquila y agradable en Tallinn.

Me acuerdo de la amable hospidalidad que sentía en su casa y también de mi deseo de ver el despacho de Keres con su biblioteca. Todo eso me parecía increible, especialmente considerando las circunstancias en que vivía Keres. No sabía yo entonces que éste iba a ser mi último encuentro con Keres, porque murió unos meses después, cuando tenía solamente 59 años.

En marzo de 1991 yo formaba parte ole la delegación ole islandeses que, con la misión de Althing de Islanda, regresó a Estonia para obtener información sobre la votación que se organizó a fin de conocer la opinión de la gente sobre la independencia. El desarrollo internacional había encendido esperanzas en las corazones de la nación.

Me acuerdo bien del entusiasmo de la gente cuando anunciaron los resultados que mostraban que la mayoría de la población apoyaba la independencia. Veían la llegada de otros, mejores tiempos.

Como representante de un pueblo pequeño, yo entendía bien los sentimientos de los estonios cuando vieron estos resultados. También estaba agradecido al destino por permitirme la alegría de verlo.

Tenía muchos pensamientos cuando fui a visitar el hermoso cementerio, donde descansa Paul Keres con muchos hijos e hijas importantes de Estonia. Pensaba que el también hubiera querido estar con su pueblo en estos momentos de su historia y ver la madrugada de la nueva libertad, ya que toda su vida y trabajo habían estado conectados con el destino de su pueblo.

En Havamal - en el parlamento de los dioses - que encontramos en los antiguos escritos islandeses, hay mucha sabiduría encerrada en versos antiguos. Entre ellos hay unos que dicen:

Deyr fé,
deyja frændur,
deyr sjalfur hið sama;
en orðstír
deyr aldregi,
hveim sér góðan getur.

Se mueren los animales, se mueren las familias,
y tu también morirás,
pero nunca desaparecerá el habla de los hombres
si hay bueno que apreciar.

Fridrik Olafsson

VORWORT

Paul Keres wurde am 7. Januar 1916 in der Stadt Narva in Estland geboren. Schon zu seinen Lebzeiten wurde er zu einer sagenhaften Persönlichkeit seines Volkes und es geschah nicht nur dank seiner glänzenden Genialität auf dem Schachbrett, sondern vielmehr dank seinen außergewöhnlich guten menschlichen Eigenschaften, die achtungs- und bewunderungswürdig waren; er geriet ins Blickfeld, bewegte sich schnell vorwärts und trat in kurzer Zeit in die Reihe der führenden Schachmeister der Welt, selbst knapp zwanzig Jahre alt.

Ende der dreißiger Jahre waren die Umstände schon so weit, daß viele das nur noch für eine Zeitfrage hielten, wann er Weltmeister wird. Es war damals, als er seinen berühmten Sieg im AVRO-Turnier in 1938 in den Niederlanden davongetragen hatte, die Wettbewerber waren die besten Schachmeister der Welt, unter ihnen war der Weltmeister Alexander Alehhin selbst. Dieser Sieg gab Keres das Recht, Alehhin zum Match auf den Weltmeistertitel herauszufordern, die Veranstaltung dieses Treffens zog sich aber aus verschiedenen Gründen in die Länge. Inzwischen wurde der Weltkrieg mit all den Zertrümmerungen und verhängnisvollen Folgen entfesselt. Das Schicksal von Keres' Heimatland und seines Volkes veränderte sich, denn im Juni 1940 wurde Estland dem Sowjetstaat angeschlossen und verlor seine Selbständigkeit. Jedoch konnten diese und auch andere tragischen Ereignisse nicht verhindern, daß Keres zu der ehrwürdigsten Gesellschaft der Schachtalenten in der Welt gehörte.

Keres bekam nicht mehr die Möglichkeit, mit Alehhin den WM-Match zu spielen, denn Alehhin schied aus dieser Welt kurz nach dem Kriegsende und mit ihm auch der einem Mann gehörende Titel. Es wurde beschlossen, ein spezielles Turnier unter Teilnahme der besten Schachmeister der Welt zu veranstalten, wo es sich herausstellen sollte, wem der Titel gehört und dort hatte Keres ziemlich Pech. Und es war nicht das erste und letzte Mal, wo das Schicksal mit Keres schlechten Spaß machte.

Als er mit Schachspiel erste Bekanntschaft machte, war Keres blutjung und er verliebte sich gleich in den Liebreiz dieses Spieles.Es war des Geistes selber Kunst, verrückt und verschlagen, es beinhaltete eine wunderbare Herausforderung, der Keres nicht widerstehen konnte, sein Ziel war, zur Bändigung der über solche Entwicklungsprozeße herrschenden Kräfte imstande zu werden. Es ist dem Menschen eigen, sich über die Rätsel des Daseins den Kopf zu zerbrechen und deren Lösungen zu suchen.

Keres zweifelte nie an seiner Mission. Er widmete sich dem Schachspiel mit solcher Zartheit und Rücksicht, die wie im Blut liegt und jenen zuteil wird, denen das als Gabe in die Wiege gelegt worden ist. Er suchte nach einem vollständigeren und tieferen Verständnis der Gesetzmäßigkeiten des Schachspiels, und dank seinem Fleiß, Standhaftigkeit und der Fähigkeit, sich zu konzentrieren, erreichte er die vorderste Reihe, obwohl die Umstände nicht immer den günstigsten Einfluß auf seine Entwicklung ausübten. Vielen jungen Menschen, die als Schachspieler hervortraten, war er wie ein Wegweiser mit anspornenden Vorschriften zu weiteren Taten.

Meiner Meinung nach gibt es keinen Zweifel daran, daß Paul Keres dauernd als eine befähigtste Persönlichkeit der Schachvirtuosität angesehen wird, obwohl es ihm nicht gelang, den höchsten Titel in der Schachmeisterwelt zu tragen. In vieler Augen war er ein wahrer Weltmeister und es würde niemandem einfallen, daß er diese Ehre nicht verdient hatte.

Ich habe das Gefühl, daß Keres mir schon von Kind auf bekannt war, obwohl ich ihn mit eigenen Augen nicht eher gesehen habe als in der Schach-Olympiade in Helsinki im Jahre 1952. Damals war ich siebzehn Jahre alt. Zu jener Zeit stand Estland nicht mehr als selbständiger Staat auf der Landkarte und Keres spielte am ersten Tisch im Namen des Sowjetstaates. In meinen Augen glich er einem Abgott.

Island, mein Heimatland, liegt fern von anderen Ländern, im hohen Norden, vom Meer umgeben. Zu der Zeit, als ich dabei war, meine ersten Spuren in der Schachwelt zu hinterlassen - der zweite Weltkrieg hatte gerade geendet -, war ein allseitiger Aufschwung der Schachwelt zu spüren, die Menschen erlebten mit Vergnügen alles Neue, daß in dieser weiten Welt im Entstehen war. Die Namen der Großmeister wurden bald bekanntgegeben und ich erinnere mich, daß damals nur wenige derart geachtet waren wie Paul Keres. Das rührte nicht nur von der Tatsache her, daß Keres einer der ersten würdigen Prätendenten auf den Titel des Weltmeisters in der Mannschaft war - nach seinem Sieg im AVRO-Turnier im Jahre 1938 - das war vielmehr durch seinen imposanten Schachspielstil bedingt. Gerade er brachte einen neuen Stil ins Spiel, der scharf und voll taktischer Überraschungen für die Spieler war. So entstanden viele seine hervorragenden Schönheits- und Angriffspartien, deren Aufzeichnungen als Edelsteine der Schachliteratur gelten. Beliebtheit ist solchen Schachspielern eigen und einmal kommt auch die Zeit, wo sie Freude am Beweisen ihrer Beliebtheit haben; in diesem Zusammenhang erinnere ich mich an einen Mann, den Zauberer aus Riga, Michail Tal, der in den fünfziger Jahren in den Schachhimmel stieg, selbst nur zwanzig Jahre alt. Er hatte vieles mit Keres gemeinsam. Doch wäre es nicht richtig, Keres in erster Linie nur als Meister der Schönheits- und Angriffspartien zu kennzeichnen. Obwohl die genannten Eigenschaften sehr sichtbar am Anfang seines Schachspielerwegs waren, gibt es keinen Zweifel , daß er im gründlichen und ausführlichen Verständnis der eleganten Konstruktionen des Schachspiels am stärksten war, seine Schachspielerpersönlichkeit war vollkommen. Taktisch unerwartete offene Stellungen paßten ihm am meisten, geschlossene weniger, obwohl er sich ja auf diesem Gebiet hätte gut zurechtfinden können.

Die Möglichkeit, Keres kennenzulernen, eröffnete sich mir nicht früher als im Interzonenturnier in Jugoslawien im Jahre 1959, das Turnier dauerte zwei Monate - nicht mehr und nicht weniger! Und der wesentlichste Gesprächsstoff war dort die Meisterschaft von Tal, davon war man besonders begeistert. Im Spiel war er einfach nicht zu erwischen und konnte aus den unwahrscheinlichsten Stellungen einen Vorteil zaubern. Jedoch in Hinsicht auf die Vollkommenheit der Schachspielkunst von Keres hatte er keine richtige Antwort. Keres verhielt sich zum Tals Schwung stoisch ruhig und zügelte ihn mit beispielloser Spielart. Er zog sich zurück, häufte sich eine Menge von Siegen über "kleinere Zauberer" an - zum Beispiel über den Schreibenden dieser Zeilen -, und das Glück fing an, seine launischen Wege zu gehen. Obwohl Keres schließlich Tal dicht hinterher war, geling es ihm jedoch nicht, den Abstand zu überwinden. So ein Ablauf der Ereignisse tat Keres sicher weh, weil im Ergebnis der Wettkämpfe er wieder das Recht verlor, um den Weltmeistertitel zu kämpfen. Und so geschah es zu wiederholten Malen.

Obwohl Tals beispielloser Schwung während dieses Turniers größte Aufmerksamkeit erregte, hat sich die durchdachte und geisteskräftige Spielkunst von Keres nicht schwächer eingeprägt. Ich zweifle daran, ob er bei irgendeinem anderen Mal besser gespielt hat.Mehrere seiner Partien mit Fischer und Tal während des in Rede stehenden Turniers und ebenso die Partie mit Smõslov sind reine Meisterarbeiten und man kann mit Sicherheit sagen, daß dieses Lob einem wahren Meister gilt!

Im Turnier in Curacao im Jahre 1962 eröffnete sich Keres wieder eine Möglichkeit, das Recht, auf Meistertitel zu spielen, anzustreben; auch damals geling es ihm leider nicht. Diesmal war es Tigran Petrosjan, der nach einem atemraubenden Endspurt als Sieger hervorstieg und noch einmal bekleidete Keres den zweiten Platz, nur mit einem halben Punkt im Nachteil.Es war das letzte Mal, wo Keres so nah der Möglichkeit war, das Herausforderungsrecht - auf den Meistertitel zu spielen - zu erobern.

Allem ungeachtet ließ Keres nicht nach und zeigte und bewies auch in den nächsten Jahren, daß sein Platz auf alle Fälle unter den ausgewähltesten ist. Durchschnittlich war er unter den ersten in allen Turnieren, woran er teilnahm, als Gesamtsieger oder auch nicht. Von den Wettkämpfen, wo er als Sieger herauskam, könnte man folgende hervorheben: das Piatigorsky-Turnier in Los Angeles 1963, das Hoogoven-Turnier in den Niederlanden 1964, in Marienbad 1965, in Bamberg 1968, in Budapest 1970, in Tallinn 1971 und wieder in Tallinn 1975.

Das internationale Turnier in Tallinn in 1975 hat sich mir besonders und für immer eingeprägt. Ich hatte die Einladung, in diesem Turnier zu spielen, entgegengenommen, und die Konkurrenten waren von gar keiner schwachen Klasse. Unter ihnen waren Spassky, Bronstein, Hort, Taimanov und nicht mehr und nicht weniger als Paul Keres, das Schild, Schwert und Ehre ganz Estlands. Alles deutete darauf hin, daß alle höheren Geister sich erste Plätze schon gesichert hatten. Keres kümmerte sich darum, daß es nicht so verlief. Schon von Anfang an übernahm er die Führung und ließ das nicht mehr aus der Hand.

Paul Keres erlangte einen angenehmen Sieg und verdiente Aufmerksamkeit, er spielte mit solcher Energie, daß vor allem seine alten guten Tage in Erinnerung kamen. Und ebenso verständlich ist auch die große Zufriedenheit seiner Landsleute mit Keres' Sieg. Es war derselbe Keres, den sie von früher her kannten, er spielte ebenso gut wie so viele Male in seinen glänzendsten Stunden. Die aufrichtige Freude der Landsleute von Keres bewegte mich und ich erkannte, daß das etwas tieferes war und mehr bedeutete als seinen persönlichen Sieg auf dem Schachbrett.

Obwohl ich mir einen angenehm großen Erfolg im obengenannten Turnier sicherte und den II. - III. Platz einnahm, kann ich die Beteiligung an diesem Turnier auch aus folgenden Gründen nie vergessen, weil Keres und seine Frau Maria so aus dem ganzen Herzen freundlich und liebenswürdig zu den ausländischen Teilnehmern waren und das bedeutete für uns die friedlichste und heimischste Wohnatmosphäre während unseres Aufenthalts in Tallinn.

Ich erinnere mich an die rücksichtsvolle Gastfreundschaft in ihrem Haus und an meine große Ungeduld, sich mit eigenen Augen das Arbeitszimmer von Keres und seine Schachbibliothek anzusehen. Es war wie eine Erleuchtung für mich und mich packte der Gedanke, daß wahrscheinlich kein anderer Mensch zu jener Zeit und besonders in jenen Verhältnissen eine ebenso umfangreiche und gleichwertige Arbeit hätte leisten können im Interesse von Schachtalenten und Schachgelehrten. Ich konnte damals nicht ahnen, daß wir bei dieser Zusammenkunft das letzte Mal mit Keres zusammen waren, denn einige Monate später schied er aus dem Leben, erst neunundfünfzig Jahre alt.

Im März 1991 fuhr ich als Mitglied der isländischen Delegation im Auftrag von Islands Althing nach Estland, um sich mit den Wahlergebnissen über die Meinung des Volkes zu Fragen der Selbständigkeit auf dem laufenden zu halten. Internationale Entwicklungen hatten Hoffnungen in der Volkes Brust erweckt.

Der große und aufrichtige Begeisterungssturm des Volkes gleich nach Bekanntmachung der Ergebnisse habe ich noch klar in Erinnerung, es stellte sich heraus, daß eine Mehrzahl des Volkes mit diesem Vorhaben einverstanden war. Endlich sahen die Menschen neue und bessere Zeiten aufsteigen.

Als Abgeordnete eines Kleinstaates, der das Selbstbestimmungsrecht schon für ein halbes Jahrhundert genoß und das verdienstlich zu schätzen gelernt hatte, verstand ich gut die in der Brust der Esten entsprungene Gefühle als sie die genannten Ergebnisse vor Augen hatten. Ich war dem Schicksal dankbar, daß ich die Möglichkeit hatte, dieses wichtige Ereignis mitzuerleben.

Als ich in Tallinn die herrliche Begräbnisstätte besuchte, wo Paul Keres unter so viele der besten Söhne und Töchter Estlands zur letzten Ruhe hingebracht worden war, entstanden in mir viele Gedanken. Ich dachte auch daran, daß er während dieser Geschichtsereignisse gerne zusammen mit seinem Volk hätte leben wollen, um die Morgendämmerung der Freiheitsstunde zu sehen, war ja sein ganzes Leben und Lebenswerk sehr eng mit dem Schicksal und Lebensgeschichte seines Volkes verbunden.

In Havamal - des Hohen Lied- das in altertümlichen isländischen Schreiben vorkommt, gibt es verschiedene klassische Weisheiten in Strophenform. Eine von denen lautet so:

Deyr fé, deyja frændur, deyr sjalfur hið sama; en orðstír deyr aldregi, hveim sér góðan getur.	Das Vieh stirbt, die Freunde sterben, Endlich stirbt man selbst; Doch nimmer mag ihm der Nachruhm sterben, Welcher sich guten gewann.

Fridrik Olafsson

TÄIENDUSEKS

Paul Keres sündis 7. jaanuaril 1916 Tsaari–Venemaale kuulunud Narva linnas, kuhu tema vanemad olid välja rännananud aastal 1915. Sama linn jäi 24. veebruaril 1918 tekkinud Eesti Vabariigi koosseisu. 1922. aastal asusid Keresed tagasi Pärnu linna, kus tulevane suurmeister lõpetas gümnaasiumi 1935. aastal. Aastatel 1938 – 1941 õppis matemaatikat Tartu Ülikoolis.

Kuni 16. juunini 1940, mil Nõukogude Liit hõivas Eesti, mängis Keres Eesti värvides. Teise Maailmasõja järel tuli kuni elu lõpuni esineda Nõukogude Liidu lipu all. Eesti Vabariik taastus Nõukogude Liidu lagunemise järel aastal 1991.

Paul Keres suri 5. juunil 1975 Helsingis.

Siinses raamatus on esitatud Paul Kerese turniiripartiid. Neis olevad seisudiagrammid on pärit suurmeistri enese poolt kommenteeritud partiidest. Kõrvale on tulnud jätta kiripartiid, mis olid Kerese kujunemisaastate põhiliseks treeningvahendiks, ning kus võib leida palju väärtuslikku. Samuti puuduvad siin konsultatsioon– ja simultaanpartiid.

Puuduvaid partiisid, mida ei õnnestunud ka vastaste käest saada on käesolevas kogumikus kaheksa: 1930 Pärnu – Viljandi matš (2), 1944 Kalev – Daugava (1), 1951 Kiiev (3), 1959 Moskva (2). Partiid numbrite all 1909 – 1926 mängis Keres kui Šveitsi olümpiameeskonna treener. 1965. aastal Marianske Lazne turniirilt puudub partii Arturo Pomariga, kuna hispaanlane katkestas turniiri. Kahe täiesti puuduva turniiri (1929 Pärnu meistrivõistlused ja 1930 Eesti noorte meistrivõistlused) materjalid hävisid, kui arhiiv oli 1944. aasta novembrist peale sõjavarjus Tartu Tähetornis.

Fotol number 43 võib näha ainust parandust Kerese täidetud partiiprotokollides, algselt märgitud käik olnuks märksa mängitavam. Fotol number 51 on näha, mismoodi kutsutud matuseliste järel kõndivad nõukogude miilitsad blokeerivad rahvast, et ei tekiks spontaanset rongkäiku.

Rahvusvaheline suurmeister ja FIDE president aastatel 1978 – 1982 Fridrik Olafsson kirjutas oma eessõna islandi keeles, mis on tõlgitud eesti keelde ning millest edasi on tehtud inglise–, hispaania– ja saksakeelne variant. Eestikeelse tõlke tegi Rein Sepp (Vanem Edda, Noorem Edda, Nibelungide laul, Beowulf, Anglosaksi kroonikad, Wolfram von Eschenbachi Parzival ...), mis jäi ka tema viimaseks tööks.

Lõpetuseks olgu tänatud inimesed, kes mõjutasid selle raamatu saamislugu: Hans Bouwmeester, Kaarle Ojanen, Tatjana Fomina, Aksel Rei, Angela Mihklimäe, Veigo Salm, Paul Kerese eluaegne sõber, abimees ja "satelliit" Jüri Rebane. Eriti olgu tänatud Maria Keres, kelle hinge ja toetust on selles raamatus palju ja kelleta see kogumik oleks ära jäänud.

Loomulikult on siin raamatus olevad võimalikud ebatäpsused koostaja süü. Iga raamatu tase aga sõltub koostajast.

Keres on järgmiste raamatute autor:
Malekool I (1947); Malekool II (1950); Malekool III (1955); Maailmameistriturniir Haag – Moskva 1948 (1949); Valitud partiid (1961); Taito voittaa shakissa (*koos A.Kotoviga*, Helsingi 1965); Dreispringerspiel bis Königsgambit (Berliin 1968); Maleaabits (*koos I. Neiga* 1969); Spanisch bis Französisch (Berliin 1969); Praktische Endspiele (Hamburg 1973); 4×25 (*koos I.Neiga* 1975); Vierspringerspiel (Berliin 1976).

Biograafilist materjali leiame järgmistes teostes:
F. Reinfeld Keres' best games of chess (Philadelphia 1942); *V. Heuer* Meie Keres (Tallinn 1977); *J. Neustadt* Шахматныи университет Пауля Кереса (Moskva 1982); *M. Rõtova* Mälestusi Paul Keresest (Tallinn 1983); *P. Kivine, M. Remmel* Paul Keres inter pares (Tallinn 1986); *A. Suetin* Das Schachgenie Paul Keres (Berliin 1987); *A. Gude* Keres 222 partidas (Madriid 1989)

APPENDIX

Paul Keres was born on the seventh of January 1916 in the town of Narva belonging at the time to the czarist Russia where his parents had moved in 1915. The town remained within the territory of the Republic of Estonia, that was declared on the 24th of February, 1918. In 1922 the Keres family moved back to Pärnu where the future champion graduated from the secondary school in 1935. From 1938 till 1941 he studied mathemathics at the University of Tartu.

Until June 16, 1940 when the USSR occupied Estonia Paul Keres represented Estonia on all the tournaments but after the World War II he had to represent the Soviet Union. The Republic of Estonia was re-established after the break-up of the Soviet Empire in 1991.

Paul Keres died on the 5th of June, 1975.

In this collection we present the matches Paul Keres played at the tournaments. The diagrams given are from the matches that were analyzed by the champion himself. We had to leave out all the matches by correspondence which were the main way of training for Keres during the period of studying chess but they, too, contain useful information. The consultation and simultaneous matches have also been left out.

The information about two tournaments are completely missing (in Pärnu in 1929 and the tournament of Estonia for young chess players in 1930) because they were destroyed during the war in Tartu in 1944.

Eight missing matches which could not be found even in the collections of the opponents are the following: two from Pärnu-Viljandi tournament in 1930, one from Kalev-Daugava tournament in 1944, three from Kiev tournament in 1951 and two from Moscow tournament in 1959. The games 1909-1926 were played when Keres was the trainer of the olympic team of Switzerland. From the tournament of Marianske Lazne is missing one game with Arturo Pomar as the Spaniard did not finish it.

The only correction made in the records of Keres's matches can be seen on photo 43.

Photo 51 depicts how the Soviet militia, walking after the official guests of the funeral, block of the crowd to avoid a spontaneous demonstration.

Fridrik Olafsson, an international champion and the president of FIDE in 1978-1982 wrote his prefice in Islandic. It was translated into Estonian by Rein Sepp - the translator of such epics as "Edda", "Nibelungenlied", "Beowulf", "Parzifal" "Anglo-Saxon Chronicles" for whom this remains his last work - and from this translation the Spanish, English and German translations were made.

In the end I would like to thank the people who influenced the compilement of this book: Hans Bouwmeester, Kaarle Ojanen, Tatjana Fomina, Aksel Rei, Angela Mihklimäe, Veigo Salm and Jüri Rebane, a life-time friend, helper and satellite of Keres. Our special thanks also to Maria Keres who has given us her whole-hearted support and without whom this collection would not have come to be.
Naturally all the inaccuracies in this collection are the faults of its author as the quality the quality of each book depends on it.

Keres has written the following works:
Malekool I (1947); Malekool II (1950); Malekool III (1955); Maailmameistriturniir Haag – Moskva 1948 (1949); Valitud partiid (1961); Taito voittaa shakissa (*in cooperation with A.Kotov*, Helsinki 1965); Dreispringerspiel bis Königsgambit (Berlin 1968); Maleaabits (*in cooperation with I. Nei* 1969); Spanisch bis Französisch (Berlin 1969); Praktische Endspiele (Hamburg 1973); 4×25 (*in cooperation with I.Nei* 1975); Vierspringerspiel (Berlin 1976).

Biographic information can be found in:
F. Reinfeld Keres' best games of chess (Philadelphia 1942); *V. Heuer* Meie Keres (Tallinn 1977); *J. Neustadt* Шахматныи университет Пауля Кереса (Moscow 1982); *M. Rõtova* Mälestusi Paul Keresest (Tallinn 1983); *P. Kivine, M. Remmel* Paul Keres inter pares (Tallinn 1986); *A. Suetin* Das Schachgenie Paul Keres (Berlin 1987); *A. Gude* Keres 222 partidas (Madrid 1989)

APENDICE

Paul Keres nació el día 7 de enero de 1916 en Narva (ciudad que entonces pertenecía a Rusia) donde sus padres se habían establecido en 1915. Narva quedaría depués enclavada en el territorio de la República de Estonia, fundada el 24 de febrero de 1918. En 1922 los Keres se trasladaron de nuevo a Pärnu, donde el futuro campear terminó el colegio en 1935. Entre los años 1938 y 1941 estudió matemáticas en la Universidad de Tartu.

Hasta el día 16 de junio de 1940, cuando la Unión Soviética ocupó Estonia, jugó representando a este país. Finalizada la Segunda Guerra Mundial tuvo que jugar representando a la URSS. Estonia fue liberada otra vez después del fracaso de la Unión Soviética en 1991.

Paul Keres murió el 5 de junio de 1975 en Helsinki.

En este libro hemos podido reproducir las partidas que jugó en casi todos los torneos en que participó. Los diagramas son de las partidas analizadas por el propio Paul Keres. Hemos tenido que dejar las partidas por correspondencia, que en sus años de aprendizaje eran un modo importante de practicar y que contienen mucha información valiosa. También faltan las partidas educativas y las partidas simultáneas.

Faltan 8 partidas puesto que los adversarios de Keres tampoco las tenían: en 1930 el torneo Pärnu-Viljandi (2), en 1944 - Kalev-Daugava (1), en 1951 en Kiev (3), en 1959 en Moscú (2). Las partidas numeradas del 1909-1926 fueron jugadas cuando Keres era entrenador del equipo olímpico de Suecia. Del torneo de Marianske Lazne de 1965 falta la partida con Arturo Pomar, porque el español no la terminó.

La información sobre dos torneos que faltan completamente (el campeonato de Pärnu de 1929 y el campeonato de Estonia para jóvenes de 1930) fue destruida durante la guerra en 1944 en Tartu.

En la foto 43 podemos ver la única corrección en los protocolos de las partidas de Keres.

En la foto 51 podemos ver como la milicia rusa, caminando detras de las visitas invitadas al duelo, cierra el paso de la gente para evitar una demonstración espontánea.

El campeón internacional y presidente de la FIDE durante los años 1978-1982 Fridrik Olafsson ha escrito el prólogo en islandés. Rein Sepp, el traductor de las epopeyas nordicas, hizo la traducción – sev última traducción – del islandes al estonio y este texto ha sido traducido al ingles, español y alemán.

Para terminar quiero agradecer a las personas que han colaborado en la compilación de este edición: Hans Bouwmeester, Kaarle Ojanen, Tatjana Fomina,

Aksel Rei, Angela Mihklimäe, Veigo Salm y amigo, ayudante y "satélite" de Keres Jüri Rebane. Especialmente quiero dar las gracias a Maria Keres por la ayuda e interés que ha prestado sin los cuales este libro nunca hubiera existido.

Naturalmente todos los errores de la compilación son culpa del autor y la calidad del libro también siempre depende del autor.

Keres es el autor de las obras signientes:
Malekool I (1947); Malekool II (1950); Malekool III (1955); Maailmameistriturniir Haag – Moskva 1948 (1949); Valitud partiid (1961); Taito voittaa shakissa (*en colaboración con A.Kotov*, Helsinki 1965); Dreispringerspiel bis Königsgambit (Berlin 1968); Maleaabits (*en colaboración con I. Nei* 1969); Spanisch bis Französisch (Berlin 1969); Praktische Endspiele (Hamburgo 1973); 4×25 (*en colaboración con I.Nei* 1975); Vierspringerspiel (Berlin 1976).

Las obras biográficas:
F. Reinfeld Keres' best games of chess (Philadelphia 1942); *V. Heuer* Meie Keres (Tallinn 1977); *J. Neustadt* Шахматныи университет Пауля Кереса (Moscú 1982); *M. Rõtova* Mälestusi Paul Keresest (Tallinn 1983); *P. Kivine, M. Remmel* Paul Keres inter pares (Tallinn 1986); *A. Suetin* Das Schachgenie Paul Keres (Berlin 1987); *A. Gude* Keres 222 partidas (Madrid 1989).

ZUR ERGÄNZUNG

Paul Keres wurde am 7. Januar 1916 in der dem Zaren – Rußland angehörten Stadt Narva geboren, wohin seine Eltern im Jahre 1915 ausgewandert waren. Dieselbe Stadt blieb in den Bestand der am 24. Februar 1918 entstandenen Estnischen Republik. 1922 siedelte die Familie Keres wieder in die Stadt Pärnu um, wo der zukünftige Großmeister im Jahre 1935 das Gümnasium absolvierte. In den Jahren 1938 – 1941 studierte er Mathematik an der Tartuer Universität.

Bis zur Okkupierung Estlans von der Sowjetunion am 16. Juni 1940 vertrat Keres die Farben der Estnischen Republik. Vom Zweiten Weltkrieg bis zu seinem lebensende mußte er unter Flagge der Sowjetunion auftreten. Die Auflösung der Sowjetunion im Jahre 1991 bedeutete die Wiedererstehung der Estnischen Republik.

Paul Keres starb am 5. Juni 1975 in Helsinki.

In diesen Buch sind die Turnierpartien von Paul Keres vorgelegt. Die Stellungsdiagramme in dem stammen aus den vom Großmeister selbst kommentierten Partien. Die Korrespondenzpartien, die in den Bildungsjahren für Keres als hauptsächliche Trainingsmittel dienten und viel Wertvalles enthalten, mußten leider beiseite gelassen werden. Ebenso fehlen hier die Konsultation – und Simultanpartien.

Die fehlenden Partien, die auch nicht von den Gegnern zu kriegen waren, gibt es in der anliegender Sammlung acht: 1930 der Match Pärnu – Viljandi (2), 1944 der Match Kalev – Daugava (1), 1951 Kiew (3), 1959 Moskau (2). Die Materialen zweier völlig fehlenden Turniere (Pärnauer Meisterschaften 1929 und Estnische Jugendmeisterschaften 1930) sind 1944 verlorengegangen, als das Archiv seit November in die Tartuer Sternwarte versteckt war. Die Partien unter den Nummern 1909 – 1926 hat Keres als Trainer der Schweizer Olympiamannschaft gespielt. Vom in Marianske Lazne gespielten Turnier fehlt die Partie mit Arturo Pomar, da der spanier das Turnier untergebrochen hat.

Auf dem Foto 43 kann man die einzige Korrektur in den von Keres ausgefüllten Partienprotokollen sehen, der vorerst notierte Zug wäre bedeutend besser Spielbar gewesen. Auf dem Foto 51 ist zu sehen wie die gebetenen Begräbnisgästen folgenden Sowjetischen Milizionäre die Menschen blokieren, damit kein spontaner Zug entstehen könnte.

Der Internationale Großmeister und FIDE Präsident in den Jahren 1978 – 1982 Fridrik Olafsson hat sein Vorwort in isländisch geschrieben, das wurde in estnische übersetzt und davon wurden weitere Varianten in Englisch, Deutsch und Spanisch gemacht. Die übersetzung ins Estnische stammt von Rein Sepp – ("Älteres

Edda", "Jüngerer Edda",Nibelungenlied, "Beowulf", anglosächsische Chronikon und Poemen, Parzival, von Wolfram von Eschenbach). Das blieb auch sein letztes Werk.

Zum Schluß Sei den Dank denjenigen Menschen ausgesprochen, die bei diesem Buch mitgeholfen haben: Hans Bouwmeester, Kaarle Ojanen, Tatjana Fomina, Aksel Rei, Angela Mihklimäe, Veigo Salm und der lebenslängliche Freund, Helfer und "Satellit" Jüri Rebane. Besonderer Dank gibt Maria Keres, ohne ihrer Seele und Untersützung wäre diese Sammlung nie zusammengestellt werden.

Selbstwerständlich sind die in dem Buch möglicherveise vorkommende Ungenauigkeiten dem Verfasser als Schuld Zuzuschrieben.

Zur Beilage ist Liste der von Keres selbst geschriebenen Bücher:
Malekool I (1947); Malekool II (1950); Malekool III (1955); Maailmameistriturniir Haag – Moskva 1948 (1949); Valitud partiid (1961); Taito voittaa shakissa (*Mitarbeit von A.Kotov*, Helsinki 1965); Dreispringerspiel bis Königsgambit (Berlin 1968); Maleaabits (*Mitarbeit von I. Nei* 1969); Spanisch bis Französisch (Berlin 1969); Praktische Endspiele (Hamburg 1973); 4×25 (*Mitarbeit von I.Nei* 1975); Vierspringerspiel (Berlin 1976).

Biographisches:
F. Reinfeld Keres' best games of chess (Philadelphia 1942); *V. Heuer* Meie Keres (Tallinn 1977); *J. Neustadt* Шахматныи университет Пауля Кереса (Moscow 1982); *M. Rõtova* Mälestusi Paul Keresest (Tallinn 1983); *P. Kivine, M. Remmel* Paul Keres inter pares (Tallinn 1986); *A. Suetin* Das Schachgenie Paul Keres (Berlin 1987); *A. Gude* Keres 222 partidas (Madrid 1989)

KERES AS COMMENTATOR

1. (103.)

P. KERES - W. WINTER

1. e4 c5 2. ♘f3 ♘f6 3. e5 ♘d5 4. ♘c3 e6 5. ♘d5 ed5 6. d4 d6 7. ♗g5! [7. ♗b5; 7. ed6 ♗d6 8. dc5]**♕a5** [7. .... ♗e7? 8. ♗e7 ♕e7 9. dc5; 7. .... ♕b6 8. dc5 dc5 9. ♕d5 h6 10. 0-0-0!; 9. .... ♗e6 10. ♗b5 ♘c6 11. ♕d3 h6 12. ♗d2] **8. c3 cd4**

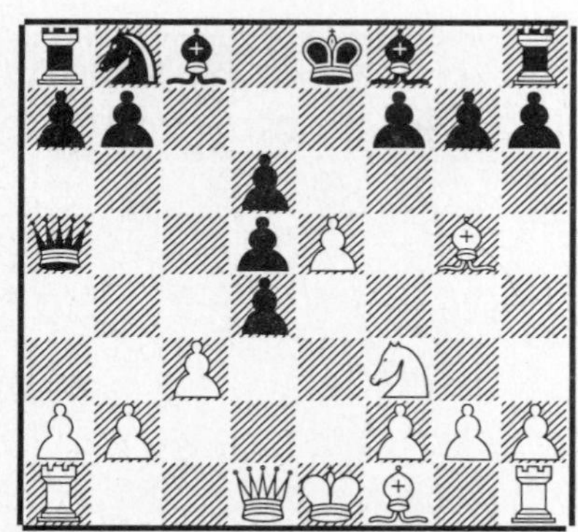

9. ♗d3! dc3 [9. .... ♘c6 10. 0-0! de5 11. ♘e5 ♘e5 12. ♖e1; 9. .... de5 10. ♘e5 ♕c7 11. 0-0 ♗d6 12. cd4] **10. 0-0! cb2** [10. .... ♘c6 11. ♖e1 ♗e6 12. bc3 de5 13. ♘e5 ♘e5 14. ♖e5 ♗d6 15. ♖e6! fe6 16. ♕h5] **11. ♖b1 de5**? [11. .... ♘c6 12. ♖e1 ♗e6 13. ♖b2 ♕c7 14. ♕a4 de5 15. ♘e5 ♗d6 16. ♖be2 ♗e5 17. ♖e5 ♕d7 18. ♖5e3 0-0 19. ♗h7! ♔h7 20. ♕h4 ♔g8 21. ♗f6 ♗f5 22. g4!]

(diagram)

12. ♘e5 ♗d6 [12. .... ♗e6 13. ♖b2; 13. ♖e1 ♗b4 14. ♘f7! ♗e1 15. ♘h8] **13. ♘f7! ♔f7 14. ♕h5 g6** [14. .... ♔e6? 15. ♗f5; 14. .... ♔g8 15. ♕e8 ♗f8 16. ♗e7 ♘d7 17. ♗f5; 14. .... ♔f8 15. ♖fe1 ♗d7 16. ♕f3 ♔g8 17. ♗e7] **15. ♗g6! hg6 16. ♕h8 ♗f5** [16. .... ♘d7 17. ♕h7 ♔f8 18. ♗h6 ♔e8 19. ♕g6] **17. ♖fe1 ♗e4 18. ♖e4! de4 19. ♕f6** [19. .... ♔g8 20. ♕g6 ♔f8 21. ♕d6] **1:0**

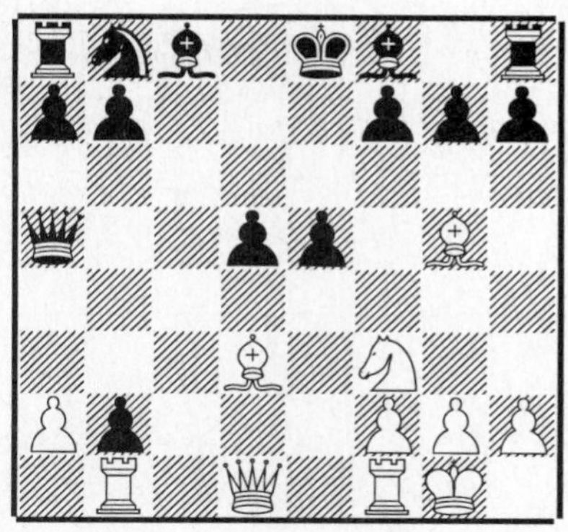

2. (406.)

Dr.M. EUWE - P. KERES

1. d4 ♘f6 2. c4 e6 3. ♘f3 b6 4. g3 ♗b7 5. ♗g2 ♗e7 6. 0-0 0-0 7. ♘c3 ♘e4 8. ♕c2 ♘c3 9. ♕c3 d6 [9. .... ♗e4; 9. .... f5] **10. ♕c2 f5** [10. .... ♘c6?! 11. d5! ed5 12. cd5 ♘b4 13. ♕b3 ♘d5 14. ♘d4] **11. ♘e1** [11. d5!? e5 12. e4 fe4 13. ♕e4 ♘d7 14. ♕c2] **♕c8 12. e4** [12. d5 ♘d7 13. de6 ♘c5] **♘d7 13. d5**? [13. ef5 ef5 14. d5 c6!; 13. ef5 ♗g2 14. ♘g2 ef5 15. d5] **fe4! 14. ♕e4** [14. ♗e4?! ♘f6; 14. de6?! ♘c5] **♘c5 15. ♕e2** [15. ♕c2 ed5 16. ♗d5 ♗d5 17. cd5 ♕f5; 16. b4? ♘a6] **♗f6 16. ♗h3** [16. de6!? ♗g2 17. ♘g2 ♘e6 18. ♗e3]

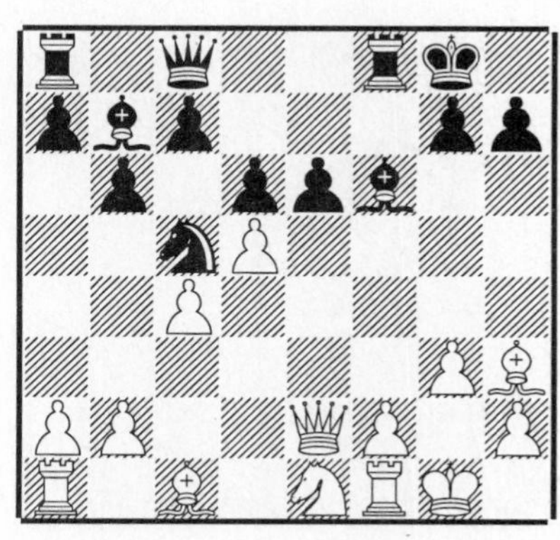

3

♖e8! 17. ♗e3 ♕d8 18. ♗c5 ed5! 19. ♗e6? [19. ♗e3 d4 20. ♗g2 ♗g2 21. ♘g2 de3 22. ♘e3 ♗d4 23. ♖ae1 ♗e3 24. fe3 ♖e5] **♔h8 20. ♖d1** [20. cd5 ♗d5; 20. ♗a3 ♕e7 21. cd5 ♗d5] **dc5** [20. .... bc5!? 21. cd5 ♗d5 22. ♖d5 ♕e7] **21. ♘g2** [21. cd5 ♗d5 22. ♖d5 ♕e7] **d4 22. f4**? [22. ♖fe1! ♗c8 23. ♕g4 ♗e6 24. ♖e6 ♖e6 25. ♕e6 ♕e8 26. ♕e8 ♖e8 27. ♔f1]

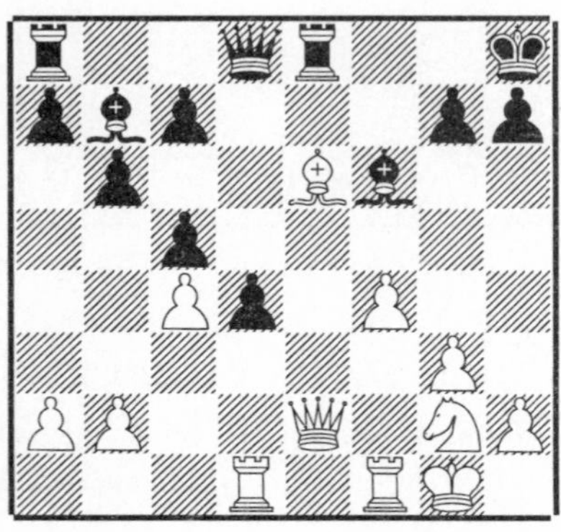

d3! 23. ♖d3 ♕d3! [23. .... ♗d4!? 24. ♔h1 ♕f6] **24. ♕d3 ♗d4 25. ♖f2** [25. ♔h1 ♖e6] **♖e6 26. ♔f1 ♖ae8!** [26. .... ♗f2?! 27. ♔f2 ♖ae8 28. ♘h4] **27. f5 ♖e5 28. f6** [28. ♖d2? ♗e4 29. ♕b3 ♖f5 30. ♘f4 g5; 28. .... ♗f2 29. ♔f2 ♖e2? 30. ♕e2 ♖e2 31. ♔e2 ♗g2 32. f7!] **gf6 29. ♖d2** [29. ♖f6? ♗g2 30. ♔g2 ♖e2]

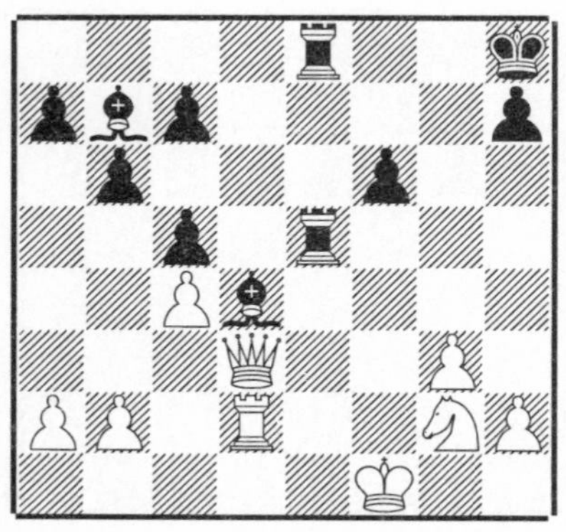

♗c8! 30. ♘f4 ♖e3 [30. .... ♖e1 31. ♔g2 ♖8e3 32. ♕c2 ♗g4] **31. ♕b1 ♖f3 32. ♔g2 ♖f4! 33. gf4 ♖g8 34. ♔f3 ♗g4** [35. ♔e4 ♖e8; 35. ♔g3 ♗f5] **0:1**

3. (770.)

A. TARNOWSKI - P. KERES

1. e4 e5 2. ♘f3 ♘c6 3. ♗b5 a6 4. ♗a4 d6 5. c4 ♗d7 6. ♘c3 g6 7. d4 ♗g7 [7. .... ed4 8. ♘d4 ♗g7 9. ♘c6!] **8. ♗e3 ♘ge7 9. ♕d2 0-0 10. h3**?

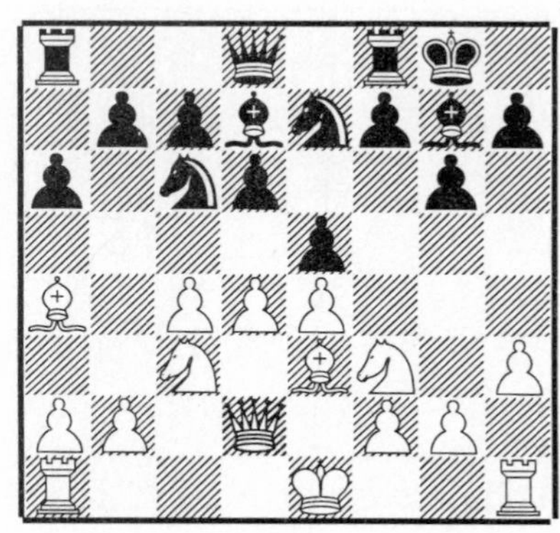

f5! 11. de5 [11. fe5 ♘f5; 11. .... ♘d4!? 12. ♘d4 ed4 13. ♗d4 ♗d4 14. ♕d4 ♗a4 15. ♘a4 ♕e8! 16. ♘c3 ♘f5 17. ♕e4 ♕e4 18. ♘e4 ♖ae8 19. f3 ♘g3; 11. d5 f4! 12. dc6 fe3] **fe4 12. ♘g5** [12. ♘e4 ♘e5 13. ♘e5 ♗a4; 12. ed6 ef3 13. de7 ♕e7] **♘e5 13. ♗b3 ♘d3 14. ♔f1 ♘c5** [14. .... ♘f5!? 15. c5 ♔h8 16. ♘f7 ♖f7 17. ♗f7 ♕f8!; 15. ♘ge4 ♘e3 16. ♕e3 ♘c5!] **15. ♗c2 ♕e8** [15. .... ♘f5! 16. ♗c5 dc5 17. ♕d5 ♔h8 18. ♘f7 ♖f7 19. ♕f7 ♕c8 20. ♕d5 ♗c6 21. ♕d1 ♕e6] **16. ♖d1** [16. ♖e1 ♘d3! 17. ♗d3 ed3 18. ♕d3 ♗f5]

(diagram)

♘f5! 17. ♗c5 e3! [17. .... dc5 18. ♕d7 ♘e3 19. ♔g1 ♘c2 20. ♘ge4] **18. ♕d5 ♔h8 19. ♘e2** [19. ♗a3? e2! 20. ♘e2 ♘e3;

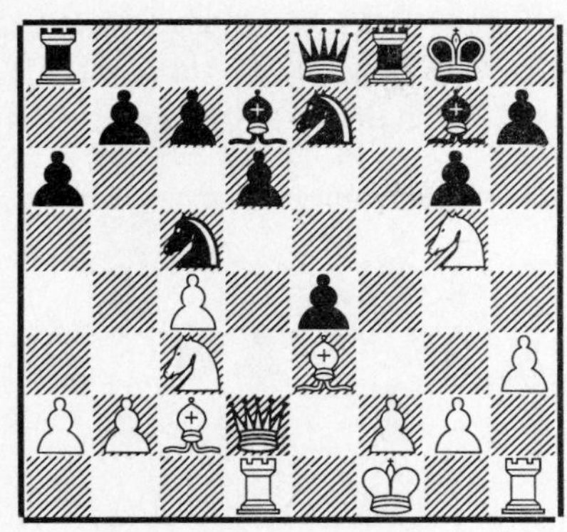

19. ♗f5 ♖f5 20. ♕e4 ♖f2] **ef2 20. ♗e4 ♗c6 21. ♕d3 dc5 22. g4 ♗e4 23. ♘e4 ♖d8 0:1**

4.(1061.)

P. KERES - M. BOTVINNIK

1. e4 c5 2. ♘f3 ♘c6 3. d4 cd4 4. ♘d4 ♘f6 5. ♘c3 d6 6. ♗g5 e6 7. ♕d2 h6 8. ♗f6 gf6 [8. .... ♕f6?! 9. ♘db5] **9. 0-0-0 a6 10. f4 h5** [10. .... ♗d7 11. ♗e2 ♕b6 12. ♗h5 ♘d4 13. ♕d4 ♕d4 14. ♖d4 ♖g8 15. g3 (Bondarevsky - Botvinnik, USSR 1951)] **11. ♔b1 ♗d7 12. ♗e2 ♕b6**

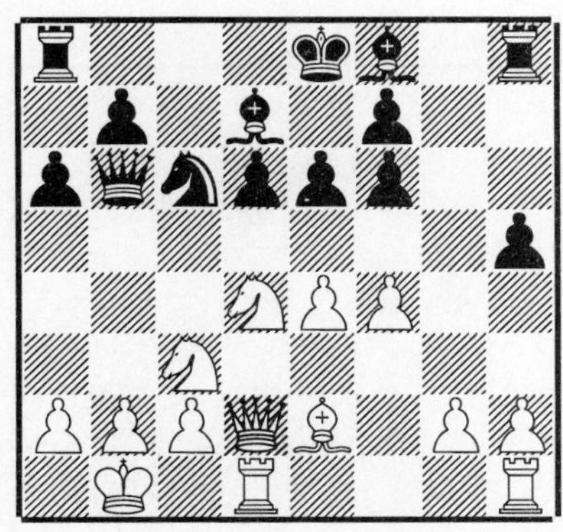

13. ♘b3! [13. ♖hf1 ♕d4 14. ♕d4 ♘d4 15. ♖d4 ♗c6 (Keres - Petrosian, Amsterdam 1956)] **0-0-0 14. ♖hf1 ♘a5 15. ♖f3!** [15. ♘a5!? ♕a5 16. ♖f3 ♔b8 17. ♕d4 ♗e7 18. b4 ♕c7 19. ♘d5! ed5 20. ♖c3 ♗c6 21. ed5] **♘b3 16. ab3 ♔b8 17. ♘a4! ♕a7** [17. .... ♗a4?! 18. ba4; 17. .... ♕c7?! 18. ♕d4 ♗e7 19. ♖c3 ♗c6 20. ♘b6] **18. f5 ♗e7** [18. .... ef5 19. ef5 ♗c6 20. ♖h3] **19. fe6 fe6 20. ♖f6! ♖h7** [20. .... ♗a4 21. ♖e6; 20. .... b5 21. ♖f7 ♗e8 22. ♖e7 ♕e7 23. ♘c5; 22. ♖g7! ba4 23. ♕b4 ♔a8 24. e5!] **21. ♖g6! b5 22. ♘c3 ♕c5 23. ♘a2!**

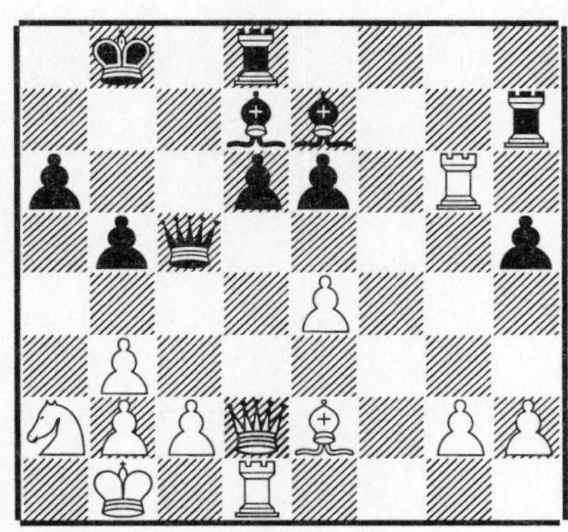

♔a7 24. ♘b4 ♖f8 25. ♗f3 h4 26. h3 ♗c8 [26. .... ♗e8 27. ♖e6 ♗d7 28. ♖g6 ♗e8 29. ♘d3] **27. ♘d3 ♕c7** [27. .... ♕d4 28. ♕e1] **28. ♘f4 ♖f6** [28. .... ♗f6? 29. ♖f6!] **29. ♗g4!** [29. ♖f6?! ♗f6 30. ♕d6 ♕d6 31. ♖d6 ♗e5 32. ♖d8 ♗f4 33. ♖c8] **♖g6** [29. .... ♖hf7 30. ♘e6! ♗e6 31. ♗e6] **30. ♘g6 ♗b7 31. ♗e6 ♗d8 32. ♗d5 ♗d5 33. ♕d5 ♖f7 34. e5 1:0**

5.(1718.)

P. KERES - P. DELY

1. e4 c5 2. ♘f3 ♘c6 3. d4 cd4 4. ♘d4 g6 5. c4 ♘f6 6. ♘c3 ♘d4 7. ♕d4 d6 8. ♗e2 ♗g7 9. ♗d2 0-0 10. ♕e3 ♘d7?! [10. .... ♗d7 11. 0-0 a6!] **11. h4! f5** [11. .... h6!?] **12. ef5 gf5 13. ♘d5 e5 14. ♕a3 ♘c5** [14. .... ♘f6 15. ♗g5 ♗e6 16. 0-0-0!] **15. ♗g5 ♕d7 16. 0-0-0!** [16. ♘b6 ab6 17. ♕a8 f4!] **♘e4 17. ♕e3 h6! 18.**

g4! [18. ♗h6 ♘f2!; 18. ♘e7! ♔h7 19. g4! ♘g5 20. ♘f5]

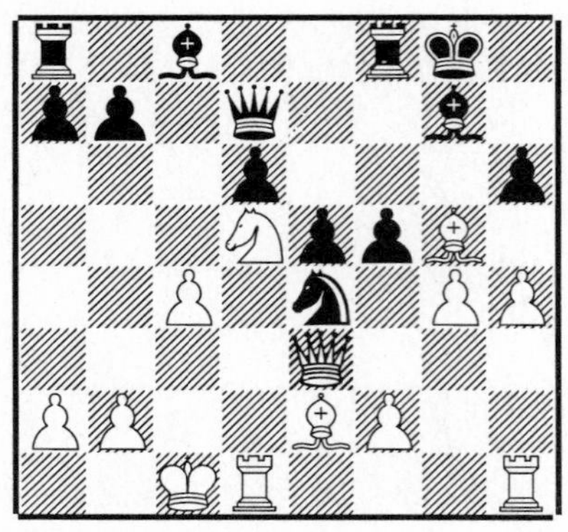

hg5 19. hg5 ♕d8 20. ♖h5 ♘c5 21. ♖dh1 fg4 22. b4! [22. g6 ♖f4! 23. ♘f4 ef4 24. ♕f4 ♕e7!] **♘a4?** [22. .... ♗f5! 23. bc5 ♖c8] **23. c5! ♗e6 24. g6! ♗d5 25. ♖h8 ♗h8 26. ♖h8 1:0**

6. (984.)

P. KERES - B. SPASSKY

1. d4 ♘f6 2. c4 e6 3. ♘f3 b6 4. e3 ♗b7 5. ♗d3 ♗e7 6. 0-0 0-0 7. b3 d5 8. ♗b2 ♘bd7 9. ♘c3 c5 10. ♕e2 dc4 [10. .... ♘e4!? 11. ♖fd1] **11. bc4 ♕c7 12. ♖ad1 ♖ad8?** [12. .... cd4 13. ed4]

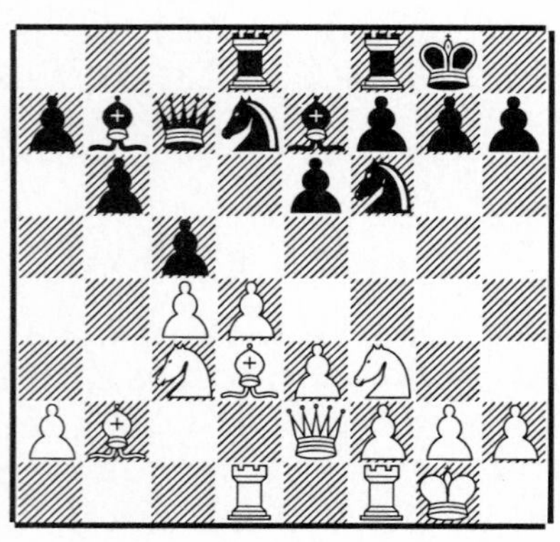

13. d5! a6 [13. .... ed5?! 14. cd5 ♘d5 15. ♘d5 ♗d5 16. ♗h7 ♔h7 17. ♖d5 ♘f6 18. ♖g5!] **14. de6 fe6 15. ♘g5 ♕c6 16. f4 h6 17. ♘f3 ♕c7 18. ♘h4 ♗d6**

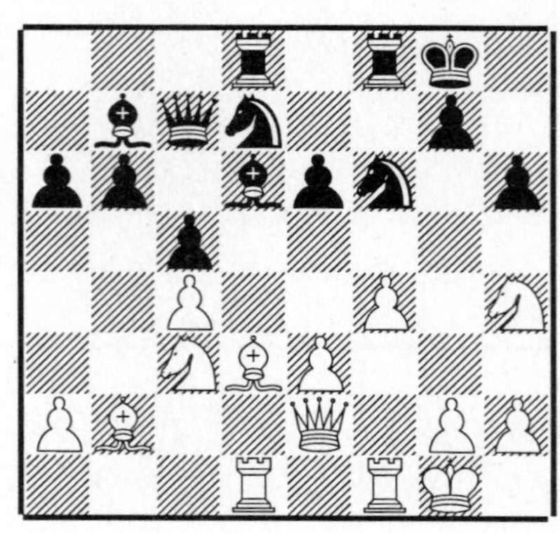

19. ♗b1 [19. ♗g6!] **♖fe8 20. ♕f2 ♘f8 21. ♕g3** [21. e4!? e5 22. f5] **♘h5 22. ♕h3 ♘f6 23. ♘g6** [23. g4!?] **e5** [23. .... ♕f7 24. ♘e5 ♕c7 25. ♘g4] **24. ♘d5! ♗d5 25. fe5! ♗e5** [25. .... ♗c4? 26. ef6! ♗f1 27. ♖f1] **26. ♘e5?** [26. ♗e5 ♖e5 27. ♘e5 ♗e6 28. ♗f5! (28. ♕g3? ♖d1 29. ♖d1 ♘h5)] **♗e6 27. ♕g3 ♖d1 28. ♖d1 b5** [28. .... ♘6d7!? 29. ♗e4 ♘e5 30. ♗e5 ♕e7 31. ♗c6 ♖c8 32. ♖d6] **29. ♖f1 ♘6d7?** [29. .... ♘8h7? 30. ♘d7 ♕g3 31. ♘f6; 29. .... ♘6h7!? 30. ♖f4]

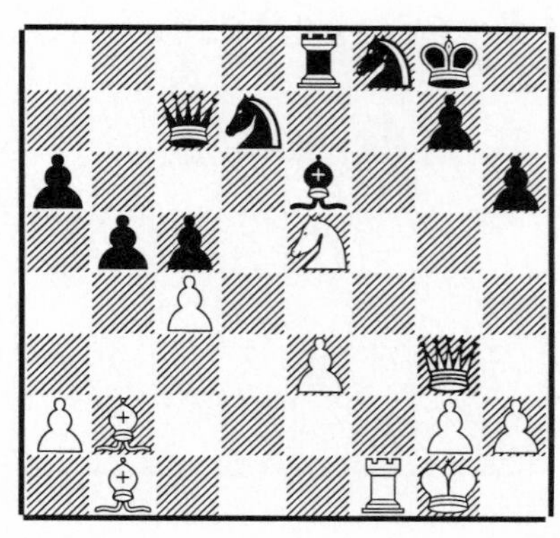

30. ♕g7! [30. .... ♔g7 31. ♘d7 ♔g8 32. ♘f6 33. ♘d5] **1:0**

7. (1377.)

P. KERES - Y. GELLER

1. d4 ♘f6 2. c4 e6 3. ♘f3 d5 4. ♘c3 c5 5. cd5 ♘d5 6. e3 ♘c6 7. ♗c4 ♘c3 [7. .... cd4!? 8. ed4 ♗e7 9. 0-0 0-0] **8. bc3 ♗e7 9. 0-0 0-0 10. e4** [10. ♕e2!? b6 11. ♖d1 ♕c7 12. e4] **b6 11. ♗b2** [11. ♗f4] **♗b7 12. ♕e2 ♘a5** [12. .... ♖c8 13. d5! ed5 14. ♗d5] **13. ♗d3 ♖c8 14. ♖ad1 cd4** [14. .... ♕c7 15. d5] **15. cd4 ♗b4?** [15. .... ♗f6] **16. d5! ed5** [16. .... ♕e7 17. ♘d4!; 16. .... ♗c3 17. ♗a3 ♖e8 18. ♗b5] **17. ed5 ♕e7** [17. .... ♖e8?! 18. ♘e5; 17. .... ♗d5? 18. ♕e5 f6 19. ♕h5; 17. .... ♗c3? 18. ♗f5! ♖c4 19. ♘e5] **18. ♘e5 f6** [18. .... ♗d6 19. ♕h5 g6 20. ♘g4!]

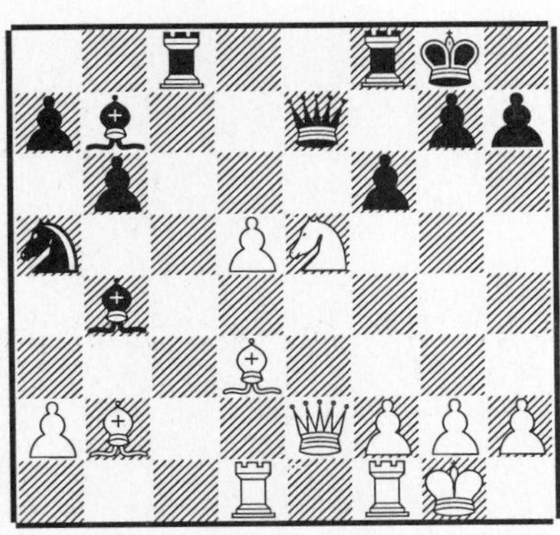

19. ♕h5! [19. ♗h7?! ♔h7 20. ♕h5 ♔g8 21. ♘g6 ♕d7] **g6 20. ♘g6 hg6 21. ♗g6 ♕g7?!** [21. .... ♗a6!? 22. ♗f5 ♗f1 23. ♗c8 ♖c8 24. ♕g4 ♔f7 25. ♕c8; 22. d6! ♗d6 23. ♖fe1; 21. .... ♖c7 22. d6! ♗d6 23. ♖fe1 ♕d8 24. ♖d4] **22. ♖d3 ♗d6** [22. .... ♗a6 23. ♖g3 ♗f1 24. ♗h7 ♔h8 25. ♗f5] **23. f4! ♕h8 24. ♕g4 ♗c5 25. ♔h1 ♖c7** [25. .... ♕g7 26. ♖g3] **26. ♗h7 ♔f7 27. ♕e6 ♔g7 28. ♖g3 1:0**

8. (169.)

P. KERES - K. RICHTER

1. ♘f3 f5 2. d4 ♘f6 3. g3 b6 4. ♗g2 ♗b7 5. 0-0 e6 6. c4 d5 [6. .... ♗e7 7. d5! ed5 8. ♘d4] **7. ♘e5 ♗d6 8. ♗f4** [8. ♗g5!?] **0-0 9. ♘c3 ♘e4** [9. .... ♘bd7?! 10. cd5 ed5 11. ♕b3; 9. .... c6!?] **10. cd5 ed5 11. ♕b3 ♔h8 12. ♖fd1 c6**

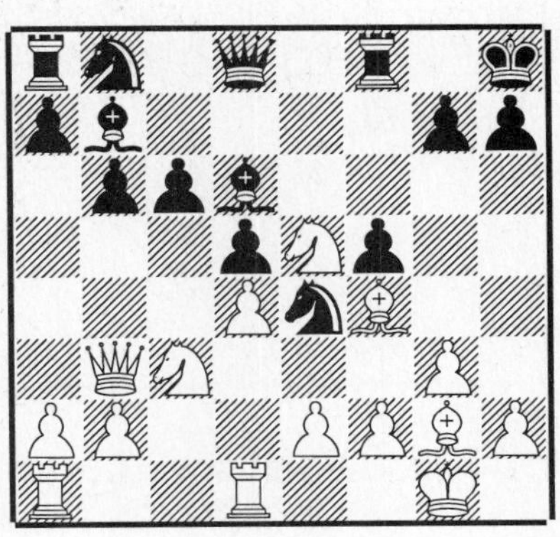

13. ♘e4 [13. ♖ac1!] **fe4 14. f3 ef3 15. ♗f3 ♕e7 16. ♖ac1** [16. e4?! ♗e5 17. de5 g5 18. ♗d2 d4] **♗e5 17. ♗e5 ♘d7 18. ♗f4 ♘f6 19. a4! ♘e4 20. a5 ba5** [20. .... b5 21. a6!]

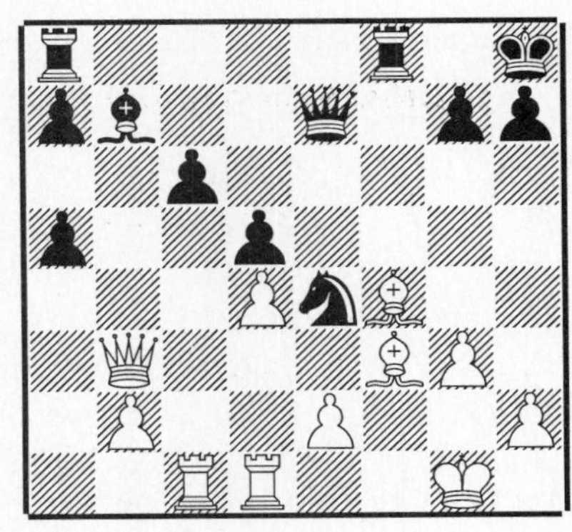

21. ♗e4! a4! 22. ♕e3! [22. ♕a4 ♕e4; 22. ♗d6 ♕e4 23. ♕b7 ♕e3] **♕e4** [22. .... de4 23. d5 cd5 24. ♖c7 ♕b4 25. ♗e5 ♖g8 26. ♕h6!; 22. .... ♖ae8 23. ♗e5 de4 24. ♖c5!] **23. ♕e4 de4 24. d5! ♖ad8** [24. .... cd5 ?! 25. ♖c7 ♗a6 26. ♗e5 ♖g8 27. ♖d5] **25. d6 ♖f5 26. ♖c4 c5** [26. .... g5? 27. ♗e3 ♖d5 28. ♖d5 cd5 29. ♖c7!] **27. ♖a4 a6 28. ♖a5 g6** [28. .... ♗c8 29. ♗e3 c4 30. ♗b6 ♖a5 31. ♗d8!]

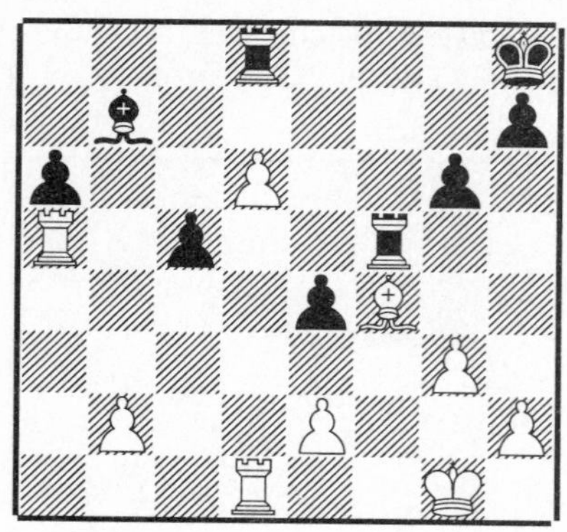

29. b4! cb4 30. ♖f5 gf5 31. d7 ♗c6 32. ♖c1! ♗d7 [32. .... ♗b7 33. ♖c7] 33. ♖d1 b3 34. ♗c7 ♖c8 35. ♖d7 ♔g8 [35. .... b2 ? 36. ♗e5] 36. ♗e5 ♖c5 [36. .... ♖c2 37. ♖b7 ♖e2 38. ♖b3; 36. .... a5 37. ♖g7! ♔f8 38. ♖a7 ♖c2 39. ♖a5 b2 40. ♗b2 ♖b2 41. ♖f5 ♔g7 42. ♔f2] 37. ♖g7! [37. ♗d4!? ♖b5 38. ♗b2] ♔f8 [37. .... ♔h8? 38. ♗f6!] 38. ♗d6 ♔g7 39. ♗c5 ♔f7 [39. .... b2? 40. ♗e5] 40. ♗a3 ♔e6 41. ♔f2 ♔d5 42. ♔e3 ♔c4 43. ♔d2 [43. g4! fg4 44. ♔e4 ♔c3 45. ♔f4] e3 44. ♔e3 [44. ♔c1 ♔c3 45. ♗b2] ♔c3 45 ♔f4 a5 [45. .... b2 46. ♗b2 ♔b2 47. g4!; 45. .... ♔c2 46. g4! fg4 47. e4 ♔b1 48. e5 ♔a2 49. ♗c1 ♔b1 50. ♗e3 ♔c2 51. ♗d4 ♔d3 52. ♗a1!] 46 g4! [46. ♔f5? b2 47. ♗b2 ♔b2 48. e4 a4] fg4 47. e4 a4 48. e5 b2 49. ♗b2 ♔b2 50. e6 a3 51. e7 a2 52. e8♕ a1♕ 53. ♕h8 ♔a2 54. ♕a1 ♔a1 55. ♔g4 ♔b2 56. ♔g5 ♔c3 57. ♔h6 ♔d4 58. ♔h7 ♔e5 59. ♔g6 1:0

9. (1218.)

M. TAL - P. KERES

1. ♘f3 d5 2. d4 c5 3. c4 e6 4. cd5 ed5 5. g3 ♘c6 6. ♗g2 ♘f6 7. 0-0 ♗e7 8. ♘c3 0-0 9. ♗g5 ♗e6 10. dc5 ♗c5 11. ♘a4 [11. ♖c1 ♗e7 12. ♗e3] ♗b6 12. ♘b6 ab6 13. ♘d4 h6 14. ♗f4 [14. ♗e3 ♘g4] ♕d7 15. a3? ♗h3! 16. ♕d3 ♖fe8 17. ♖fe1 ♗g2 18. ♔g2 ♖e4! 19. ♘f3 ♖ae8 20. ♗d2 d4! 21. e3 [21. ♕b5!?] ♕d5 22. ed4 ♖d4 23. ♖e8 ♘e8 24. ♕e2 ♘d6 25. ♗e3 ♖d3 26. ♔g1 ♘c4 27. ♘e1 ♖b3 28. ♖c1 [28. ♗c1? ♘d4; 28. ♖d1 ♘b2 29. ♖b1]

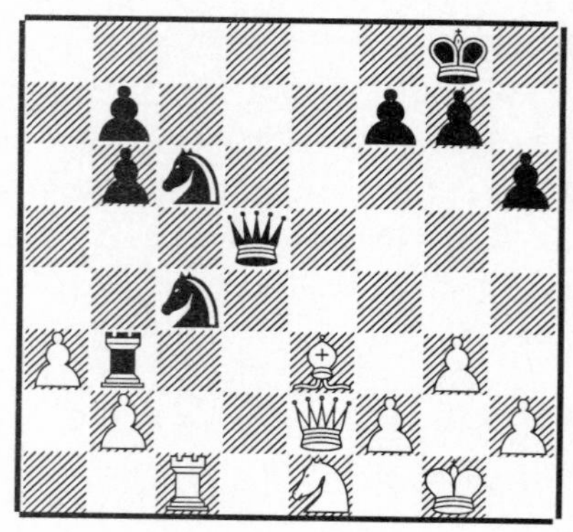

♘e3! 29. fe3 ♕e5 30. ♘g2 [30. ♘d3?! ♕e4] ♖b2 31. ♕d3 ♕e6 [31. .... g5!] 32. ♘f4 ♖b3 [32. .... ♕a2?! 33. ♕e4 ♖h2 34. ♖f1] 33. ♖c3 [33. ♘e6!? ♖d3 34. ♘d4 ♖a3 35. ♘c6 bc6 36. ♖c6 ♖b3] ♖c3 34. ♕c3 ♕e4 35. ♕b3 b5! 36. ♕b5 ♕e3 37. ♔f1 ♕f3 38. ♔g1 ♕e3 39. ♔f1 g5 [39. .... ♘d4! 40. ♕b7 g5; 40. ♕d3 ♕d3! 41. ♘d3 b5] 40. ♘e2 ♘e5! 41. ♕b7 ♘d3 42. ♕c8 [42. ♕g2 ♕d2] ♔g7 43. ♕f5 ♕d2!

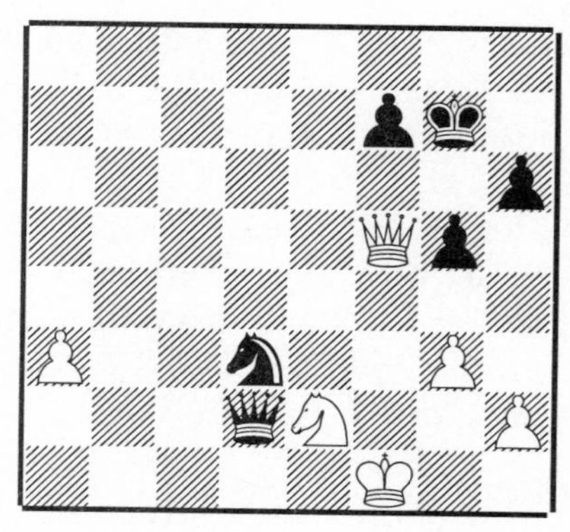

44. ♘d4! [44. ♕f3? ♕d1; 44. ♕e4 ♕e1 45. ♔g2 ♕f2; 44. ♘g1 ♕d1 45. ♔g2 ♕c2 46.

♔f1 ♕b1] **♕e1** [44. .... ♕d1 45. ♔g2 ♘e1 46. ♔f2 ♕d4 47. ♔e1] **45. ♔g2 ♕e3! 46. ♕d5!** [46. ♘b3 ♕e2 47. ♔h3 ♘f4!; 46. ♘f3 ♕e2 47. ♔h3 ♘f2 48. ♔g2 ♘d1! 49. ♔h3 ♕f1; 46. ♘c6 ♕d2 47. ♔h3 ♘f2 48. ♔g2 ♘g4 49. ♔h3 h5; 46. ♘b5 ♕e2! 47. ♔g1 ♘e5] **♕f2** [46. .... ♕d2? 47. ♔f3!] **47. ♔h3 ♕f1 48. ♔g4**

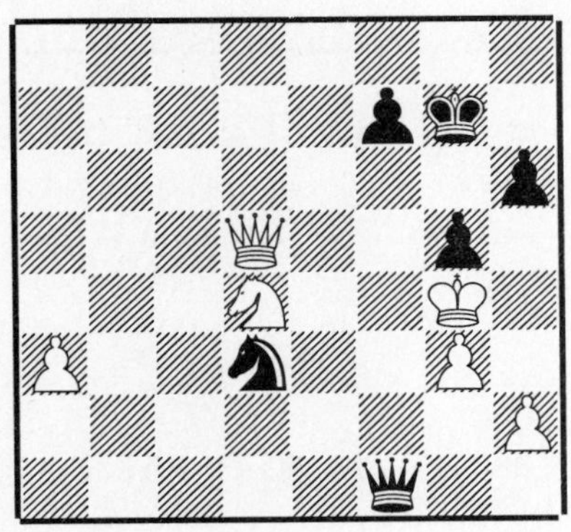

♘f2! [48. .... h5? 49. ♔g5 ♕f6 50. ♔h5 ♘e5 51. ♕d6!] **49. ♔f5 ♕d3** [49. .... ♕b1 50. ♔e5 ♘g4 51. ♔d6 ♕b8 52. ♔c5; 50. .... ♘d3 51. ♔d6 ♕b8 52. ♔c6; 49. .... ♘d1 50. ♕f3; 49. ..... ♕a6 50. ♘c6!] **50. ♔e5 ♘g4 51. ♔d6 ♕a3 52. ♔c7 ♕e7 53. ♔c8 ♘e3** [53. .... ♕e8!? 54. ♔b7 ♘h2] **54. ♕b5** [54. ♘f5? ♘f5 55. ♕f5 ♕e6] **♕e4 55. ♕b2 ♔g6 56. ♕b6 f6** [56. .... ♔h5!? 57. ♕f6 ♔g4!] **57. ♘e6 ♘c4 58. ♕a6 ♘e5 59. ♘c7** [59. ♘f8 ♔f7 50. ♕e6 ♔f8 61. ♕f6 ♘f7] **♕c2 60. ♕d6** [60. ♕e6 ♕f5; 60. h4 ♕f5! 61. ♔b8 ♘d7 62. ♔a7 ♕f2] **♕h2 61. ♘d5 ♕f2** [61. .... ♕g3!?] **62. ♔b7** [62. ♕e6 ♕c5 63. ♔b7 ♕f8] **♕g3! 63. ♕f6 ♔h5 64. ♕e6! ♘g4 65. ♘e7** [65. ♕f7 ♔h4 66. ♘e7 ♕g2] **♕f3 66. ♔c8 ♔h4 67. ♘f5 ♔h3 68. ♔d8** [68. ♘h6 ♕f8] **h5 69. ♕g6 ♘e5 70. ♕e6 ♘g4 71. ♕g6 ♘e5 72. ♕e6 ♕d3 73. ♘d4** [73. ♘d6 ♘g4] **♘g4 74. ♕d5 ♘f2 75. ♔c8 h4 76. ♕e5 ♕e4 77. ♕f6 ♕f4 78. ♘f5 ♘e4 79. ♕e6 ♕g4 0:1**

10. (330.)

R. FINE - P. KERES

1. e4 e5 2. ♘f3 ♘c6 3. ♗b5 a6 4. ♗a4 ♘f6 5. 0-0 ♗e7 6. ♕e2 b5 7. ♗b3 d6 [7. .... 0-0 8. c3 d5] **8. a4 ♗g4** [8. .... ♖b8 9. ab5 ab5 10. c3 0-0 11. d4] **9. c3** [9. ab5 ♘d4] **0-0!** [9. .... ♖b8 10. ab5 ab5 11. h3] **10. ab5** [10. h3 ♗h5 11. d3; 10. .... ♗d7 11. d4] **ab5 11. ♖a8 ♕a8 12. ♕b5 ♘a7!**

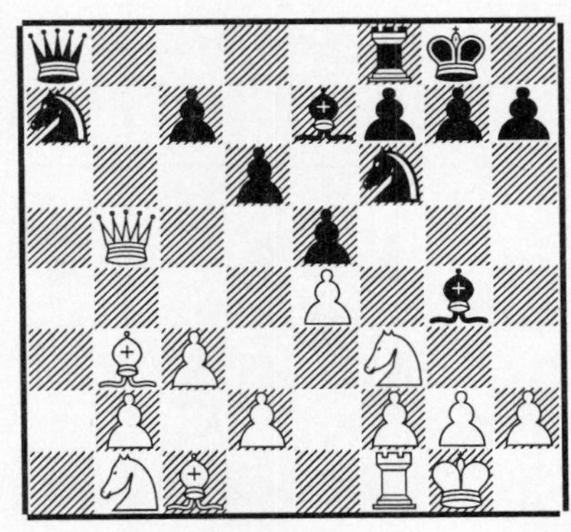

[12. .... ♘e4? 13. ♗d5; 12. .... ♖b8 13. ♕a4; 12. .... ♘a5 13. ♗c2 ♘e4 (Böök - Alexander, Margate 1938) 14. ♘e5! ♖b8 15. ♗e4 ♖b5 16. ♗a8; 14. .... de5 15. ♕e5] **13. ♕e2** [13. ♕a5 ♕e4 14. ♕a7 ♗f3 15. gf3 ♕g6 16. ♔h1 ♕b1 17. ♕c7 ♕d3 18. ♔g1 ♘h5 19. ♕c4 ♕f3 20. ♗d1 ♕f4 21. ♕f4 ♘f4 (Rogmann - Rellstab, 1935); 18. .... ♗d8!? 19. ♕c4 ♕f3] **♕e4 14. ♕e4 ♘e4 15. d4** [♗d1 ♘c5] **♗f3 16. gf3 ♘g5 17. ♔g2 ♖b8 18. ♗c4 ed4 19. cd4 ♘e6 20. d5** [20. ♗e6 fe6; 20. ♖e1 ♗f6 21. ♗e6 fe6 22. ♖e6 ♗d4] **♘c5 21. ♘c3 ♘c8** [21. .... ♖b4! 22. ♖e1 ♔f8 23. ♗f1 f5] **22. ♖e1 ♔f8 23. ♖e2** [23. ♘e4 ♖b4! 24. ♘c5 ♖c4; 23. ♘b5 ♘b6 24. b3 ♘d5!] **f5?** [23. .... ♖b4! 24. ♗b5 ♘a7 25. ♗c6 ♘c6 26. dc6 ♖c4] **24. ♘b5 ♘b6 25. b3**

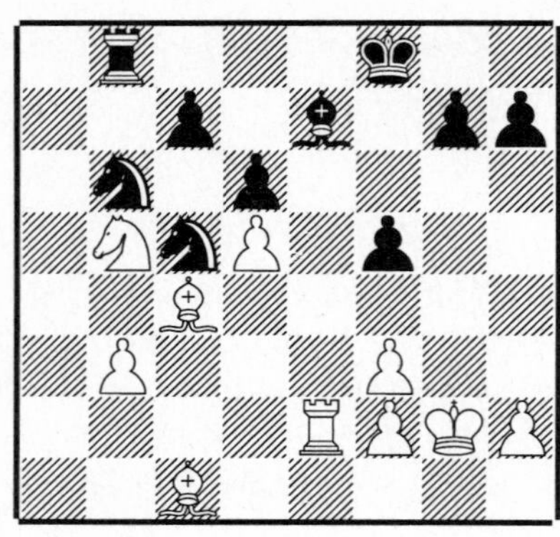

♘**d5**! [25. .... c6? 26. dc6 d5 27. b4 ♘c4 28. c7] **26. ♘d4** [26. ♘d6 ♗d6 27. ♗d5 ♘b3 28. ♖b2 ♗a3 29. ♖b3 ♖b3 30. ♗b3 ♗c1] **♘b4 27. ♗d2**? [27. ♘f5 ♗f6 28. ♗f4 ♘cd3]

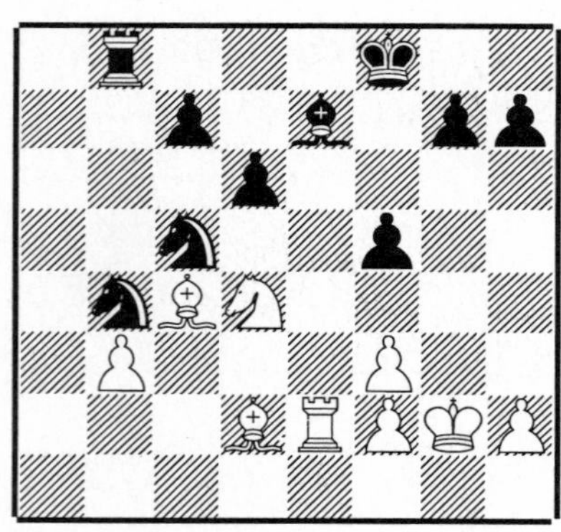

d5! **28. ♗b4** [28. ♗b5 ♘b3!] **♖b4 29. ♘c6** [29. ♖e7 ♔e7 30. ♘c6 ♔d6 31. ♘b4 dc4 32. bc4 ♘d7] **dc4**! **30. ♘b4 cb3 31. ♘d5** [31. ♖b2 ♗f6?! 32. ♖b1 b2 33. ♘d5!; 31. .... ♔f7 32. ♔f1 ♔e6 33. ♔e2 ♗f6 34. ♖b1 b2] **♘d3**! **32. ♖d2** [32. ♖e7 b2; 32. ♘e7 ♘f4] **b2 33. ♖d1** [33. ♘c3 ♗b4 34. ♖d3 ♗c3; 33. .... ♘f4 34. ♔g3 ♘h5] **c5** [33. .... ♘c1! 34. ♘c3 ♗b4 35. ♘b1 ♔e7] **34. ♖b1**! **c4 35. ♔f1 ♗c5**!

(diagram)

36. ♔e2 [36. ♘e3 ♗e3 37. fe3 c3] **♗f2**! **37. ♘e3 c3**! **38. ♘c2** [38. ♔d3 ♗e3 39. ♔c3 ♗c1] **♘e1**! **39. ♘a3** [39. ♘e1 ♗e1 40. ♔d3 ♗d2]

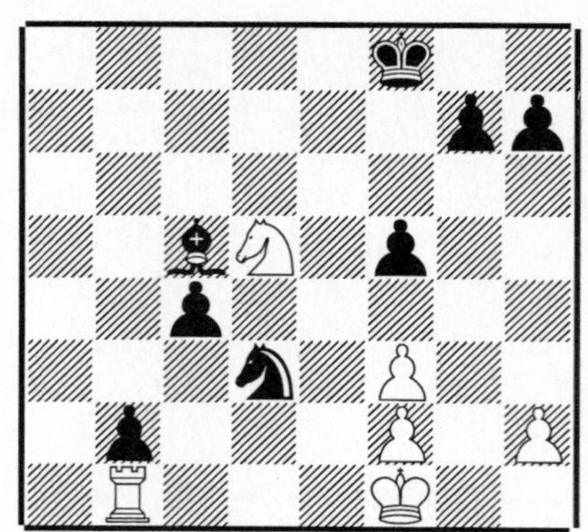

♗c5? [39. .... ♗h4! 40. ♖e1 ♗e1 41. ♔e1 c2] **40. ♔e1**? [40. ♖e1! ♗a3 41. ♔d3 ♗b4 42. ♔c2 a1) 42. .... ♔f7 43. ♖e5 ♔f6 44. ♖b5 ♗d6 45. ♖b6; a2) 42. .... g6 43. ♖e6! ♗c5 44. ♖c6 ♗d4 45. ♖c7 ♔g8 46. ♖b7; a3) 42. .... ♔f7 43. ♖e5 ♗d6! 44. ♖f5 ♔g6! 45. ♖b5 ♗h2 46. ♔c3 ♗e5 47. ♔d3 ♔f5 48. ♔e3 g5!] **♗a3 41. ♔d1 ♗d6 42. ♔c2 ♗h2 43. ♖h1 ♗e5** [43. .... ♗f4 44. ♖h7 ♔f7, 45. .... ♗d2] **44. ♖h7 ♔f7 45. ♖h1 g5**

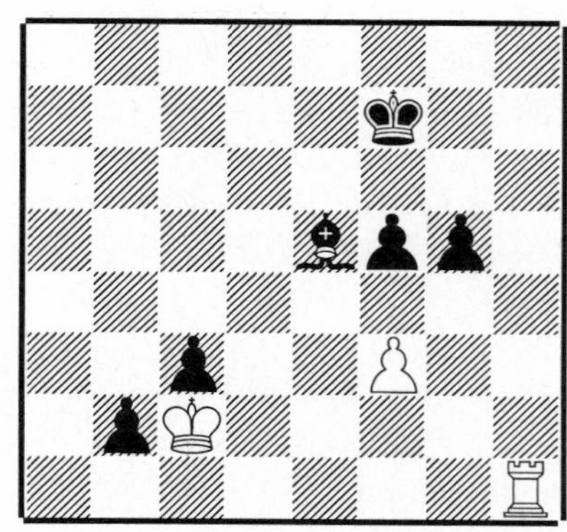

46. ♖e1 ♔f6 47. ♖g1 ♔g6 48. ♖e1 ♗f6 49. ♖g1 g4 50. fg4 f4 51. g5 ♗d4 52. ♖d1 ♗e3 53. ♔c3 ♗c1 54. ♖d6 [54. ♔c2 ♔g5] **♔g5 55. ♖b6 f3 56. ♔d3 ♔f4 57. ♖b8 ♔g3** [58. ♖g8 ♔f2 59. ♔c2 ♔e2 60. ♖e8 ♔f1 61. ♖f8 f2 62. ♖f7 ♔e2 63. ♖e7 ♔f3 64. ♖f7 ♗f4] **0:1**

Editorial Selection

PÄRNU - VILJANDI TEAM MATCH
Pärnu, 2.04.1929

2.04. **1.**

I. RAUD - P. KERES

1. d4 ♘f6 2. ♘f3 e6 3. c4 d5 4. e3 ♗e7 5. ♘c3 c6 6. ♗d3 dc4 7. ♗c4 0-0 8. 0-0 b6 9. e4 ♗b7 10. ♗g5 ♘bd7 11. ♖e1 h6 12. ♗h4 ♖c8 13. ♗b3 ♖e8 14. ♖c1 c5 15. d5 ed5 16. ed5 ♘f8 17. d6 ♕d6 18. ♕d6 ♗d6 19. ♗f6 gf6 20. ♘d5 ♗d5 21. ♗d5 ♔g7 22. ♘h4 ♖e1 23. ♖e1 ♖d8 24. ♖d1 ♔h8 25. g3 ♘g6 26. ♘f5 ♗f8 27. ♘e3 ♔g7 28. ♘f5 ♔h7 29. ♘e3 ♖d7 30. h4 h5 31. ♗f3 ♖d1 32. ♗d1 ♗h6 33. ♘f5 c4 34. ♗h5 ♗c1 35. b3 c3 36. ♘d4 ♗d2 37. ♗g6 fg6 38. ♔f1 ♔h6 39. ♔e2 ♔h5 40. ♘f3 ♗c1 41. ♘d4 ♔g4 42. ♘b5 c2 43. ♘d4 f5 44. ♘c2 f4 45. gf4 ♗f4 46. b4 a6 47. ♘d4 ♗d6 48. b5 ab5 49. ♘b5 ♗e7 50. ♘d4 ♗h4 51. a4 ♔f4 52. ♘c6 ♔e4 53. a5 ba5 54. ♘a5 ½:½

2.04. **2.**

P. KERES - I. RAUD

1. e4 e5 2. ♘f3 ♘c6 3. ♗c4 ♗c5 4. c3 ♘f6 5. d4 ed4 6. cd4 ♗b4 7. ♗d2 ♗d2 8. ♘bd2 d5 9. ed5 ♘d5 10. ♕b3 ♘ce7 11. 0-0 0-0 12. ♖fe1 ♘b6 13. ♗d3 ♗f5 14. ♖e7 ♗d3 15. ♖ae1 ♗g6 16. ♘h4 ♕d4 17. ♘g6 hg6 18. ♘f3 ♕d5 19. ♖c7 ♕b3 20. ab3 ♖ab8 21. ♘g5 ♘d5 22. ♖d7 ♘f6 23. ♖de7 ♖fe8 24. ♘f7 ♖e7 25. ♖e7 ♖c8 26. g3 ♖c2 27. ♖b7 ♖b2 28. ♘g5 ♘e8 29. ♖b8 ♔f8 30. ♘e4 ♖b1 31. ♔g2 ♖d1 32. ♔f3 ♖d7 33. ♔f4 ♔e7 34. ♔g5 ♔f7 35. f4 ♘c7 36. h4 ♘d5 37. ♘c5 ♖e7 38. ♖b7 ♘c7 39. g4 ♖d7 40. ♘d7 ♘e6 **0:1**

ESTONIAN YOUTH CHAMPIONSHIP
Tartu, 28.12. 1931 - 6.01.1932

28.12. **3.**

P. KERES - MÖLDER

1. e4 e5 2. f4 ef4 3. ♗c4 ♘c6 4. d4 h6 5. ♗f4 d6 6. ♘f3 ♘f6 7. 0-0 ♗e7 8. ♘c3 ♗g4 9. ♕d2 a6 10. h3 ♗f3 11. ♖f3 ♘a5 12. ♗d3 b5 13. ♘d1 ♘c6 14. c3 ♘b8 15. ♘e3 c5 16. ♘f5 ♗f8 17. ♖e1 ♘c6 18. ♗d6 ♗d6 19. ♘d6 ♕d6 20. e5 ♕d8 21. ef6 ♔f8 22. fg7 ♔g7 23. ♕f4 ♕d7 24. ♕f6 **1:0**

29.12. **4.**

L. NORVID - P. KERES

1. e4 e6 2. d4 d5 3. ♘c3 ♘f6 4. ♗g5 ♗b4 5. e5 h6 6. ♗d2 ♗c3 7. bc3 ♘e4 8. ♗d3 ♘d2 9. ♕d2 c5 10. ♘e2 ♘c6 11. 0-0 c4 12. ♗c4 dc4 13. f4 ♘e7 14. ♘g3 h5 15. ♘e4 ♘f5 16. ♖ab1 b6 17. ♕e2 ♗b7 18. a4 ♕d5 19. ♘d2 h4 20. h3 ♘g3 21. ♕f2 ♘f1 22. ♕f1 ♖h6 23. ♘c4 ♗a6 24. ♘d6 ♕d6 25. ♕a6 ♕c6 **0:1**

29.12. **5.**

P. KERES - Rich. PRUUN

1. e4 c6 2. d4 d5 3. e5 ♗f5 4. h4 h6 5. ♗d3 ♗d3 6. ♕d3 e6 7. ♘e2 ♘d7 8. ♘f4 ♘e7 9. ♘d2 ♘f5 10. ♘f3 c5 11. c3 cd4 12. cd4 ♕a5 13. ♗d2 ♗b4 14. a3 ♗d2 15. ♘d2 ♘b6 16. b4 ♕a4 17. ♖c1 ♕d7 18. ♘b3 ♘c4 19. ♘c5 ♕c8 20. g4 ♘e7 21. ♖h3 b6 22. ♘a4 ♕d7 23. ♘c3 ♖c8 24. ♘h5 ♖g8 25. ♕h7 ♘a3 26. ♘g7 ♔d8 27. ♘h5 ♕e8 28. ♕h6 ♖g6 29. ♕f4 ♘g8 30. ♘f6 ♘f6 31. ef6 ♘c4 32. h5 ♖g8 33. h6 ♖g6 34. h7 ♕h8 35. ♘b5 ♔d7 36. g5 a6 37. ♘c3 b5 38. ♖a1 ♖a8 39. ♘b5 ab5 40. ♖a8 ♕a8 41. h8♕ ♕a1 42. ♔e2 e5 43. ♕f5 **1:0**

30.12. **6.**

P. KERES - I. RAUD

1. e4 c5 2. ♘c3 ♘c6 3. ♘f3 g6 4. d4 cd4 5. ♘d4 ♘d4 6. ♕d4 f6 7. ♗c4 ♘h6 8. ♘d5 ♘f7 9. ♕c5 ♗g7 10. ♘c7 ♔f8 11. ♘a8 f5 12. ef5 gf5 13. ♕f5 e6 14. ♕c5 d6 15. ♕c7 ♕e8 16. ♗f4 ♗b2 17. ♗d6 ♔g7 18. ♖d1 ♗c3 19. ♔f1 ♗f6 20. ♖d3 ♖g8 21. ♖g3 ♔h8 22. ♖f3 ♕a4 23. ♖f6 ♘d6 24. ♗d3 ♘e4 25. ♖f7 ♘d2 26. ♔e2 ♕g4 27. ♔d2 ♕g5 28. ♔d1 ♕g4 29. f3 **1:0**

31.12. **7.**

Rud. PRUUN - P. KERES

1. d4 ♘f6 2. ♘f3 g6 3. c4 ♗g7 4. e3 b6 5. g3 ♗b7 6. ♘c3 d6 7. ♗g2 ♘bd7 8. ♕e2 c5 9. 0-0 0-0 10. b3 ♕c8 11. ♗b2 d5 12. cd5 ♘d5 13. ♘d5 ♗d5 14. dc5 ♗b2 15. ♕b2 ♘c5 16. ♖fd1 ♕b7 17. ♘e1 ♗g2 18. ♘g2 ♖fd8 19. ♖d4 ♘e6 20. ♖dd1 ♘g5 21. h4 ♘f3 22. ♔f1 ♕a6 23. ♕e2 ♘h2 24. ♔e1 ♕a5 **0:1**

2.01. **8.**

E. KIIVER - P. KERES

1. d4 ♘f6 2. c4 e6 3. ♘c3 ♗b4 4. ♗d2 c5 5. dc5 ♘a6 6. ♘f3 ♘c5 7. ♘b1 ♕b6 8. e3 ♘ce4 9. ♗d3 ♗d2 10. ♘bd2 ♘c5 11. ♘b3 ♕b4 12. ♔e2 b6 13. ♕d2 ♘d3 14. ♕d3 ♗a6 15. ♘bd2 b5 16. b3 bc4 17. bc4 d5 18. ♖hc1 dc4 19. ♘c4 0-0 20. ♕b3 ♖ab8 21. ♕b4 ♖b4 22. ♘d2 ♖c8 23. ♖ab1 ♖bc4 24. ♘c4 ♖c4 25. ♖c4 ♗c4 26. ♔e1 g6 27. ♖b4 ♗a2 28. ♖a4 ♗d5 29. f3 e5 30. e4 ♗e6 31. ♖a7 ♘h5 32. ♖a5 f6 33. ♖a6 ♘g7 34. ♖a8 ♔f7 35. ♖a7 ♔f8 36. ♔f2 ♗f7 37. ♖a6 ♘e6 38. ♖b6 ♔g7 39. ♖b5 h5 40. ♖a5 h4 41. h3 ♘f4 42. ♔g1 ♔h6 43. ♔h2 ♘e2 44. ♖c5 ♔g5 45. ♖c7 ♗b3 46. ♖e7 ♘g3 47. ♖e8 ♔f4 48. ♖h8 ♘h5 49. ♖b8 ♗d1 50. ♖b1 ♗e2 51. ♖b2 ♔e3 52. ♖b3 ♔f2 53. ♖b6 ♘g3 54. ♖b2 ♘f1 55. ♔h1 ♘e3 56. ♖b6 ♘g2 57. ♖f6 ♗f3 58. ♔h2 ♘e3 **0:1**

3.01. **9.**

A. REMMELGAS - P. KERES

1. d4 e6 2. ♘f3 ♘f6 3. ♗f4 d5 4. ♘bd2 c5 5. e3 ♘c6 6. c3 ♗d6 7. ♗g5 e5 8. de5 ♘e5 9. ♘e5 ♗e5 10. ♘f3 ♗c7 11. ♗b5 ♗d7 12. ♗f6 gf6 13. ♕a4 ♖g8 14. g3 a6 15. ♗d7 ♕d7 16. ♕d7 ♔d7 17. 0-0-0 ♔e6 18. ♖d2 ♖ad8 19. ♖hd1 ♖g4 20. ♔c2 a5 21. b3 b5 22. ♘e1 a4 23. ♘d3 ♗d6 24. ♘f4 ♗f4 25. ef4 ab3 26. ab3 ♖gg8 27. ♖a1 ♖a8 28. ♖dd1 ♔d6 29. ♔b2 ♖ac8 30. ♖a6 ♖c6 31. ♖a7 ♖e8 32. ♔c2 ♖e2 33. ♖d2 ♖e1 34. ♖f7 ♔e6 35. ♖a7 b4 36. ♖h7 ♖a6 37. cb4 ♖a2 38. ♔d3 c4 39. bc4 dc4 40. ♔c4 ♖d2 41. h4 ♖c1 42. ♔b5 ♖f2 43. h5 ♖h2 44. g4 ♖g1 45. f5 ♔e5 46. ♖g7 ♔f4 47. ♖g6 ♖g4 48. ♖f6 ♖h5 49. ♔b6 ♖f5 50. ♖f5 ♔f5 51. b5 ♔e6 52. ♔c6 ♖c4 53. ♔b7 ♔d7 54. b6 ♖b4 55. ♔a8 ♖b6 **0:1**

4.01. **10.**

P. KERES - L. PETERSON

1. e4 d5 2. ed5 ♕d5 3. ♘c3 ♕a5 4. d4 c6 5. ♗c4 ♘f6 6. ♘f3 ♗g4 7. ♗d2 ♕b6 8. ♘a4 ♕c7 9. ♘c5 e6 10. ♘d3 ♗d6 11. h3 ♗h5 12. ♕e2 0-0 13. g4 ♗g6 14. ♘fe5 ♗e4 15. g5 ♗d3 16. ♗d3 ♘d5 17. ♘g4 f5 18. gf6 ♘f6

19. ♕e6 ♔h8 20. 0-0-0 ♘bd7 21. ♖dg1 ♖ae8 22. ♕f5 ♘e4 23. ♕h5 ♘df6 24. ♘f6 ♘f6 25. ♕h4 h6 26. ♖g6 ♖f7 27. ♖hg1 ♗f8 28. ♗h6 ♖e1 29. ♖e1 **1:0**

5.01. **11.**

P. KERES - TUUL

1. e4 e5 2. f4 ef4 3. ♗c4 d6 4. d4 ♘c6 5. ♗f4 ♘f6 6. ♘c3 ♕e7 7. ♗g5 ♗g4 8. ♗f6 ♗d1 9. ♗e7 ♗c2 10. ♗f8 ♖f8 11. ♘f3 a6 12. ♔d2 ♗e4 13. ♘e4 h6 14. ♖he1 ♘e7 15. ♘c3 c6 16. ♖e4 ♖d8 17. ♖ae1 ♖d7 18. ♘h4 ♔d8 19. ♖f4 d5 20. ♗d3 a5 21. ♘f5 ♘f5 22. ♖f5 g6 23. ♖f6 ♖e7 24. ♖ef1 g5 25. ♘a4 h5 26. ♘c5 ♔e8 27. ♗g6 b6 28. ♘e6 ♖h8 29. ♗f7 ♖f7 30. ♖f7 c5 31. ♖b7 cd4 32. ♖ff7 h4 33. ♖fe7 **1:0**

MÕISAKÜLA - PÄRNU TEAM MATCH
Mõisaküla, 11.12.1932

11.12. **12.**

A. PEET - P. KERES

1. d4 d5 2. ♘f3 c5 3. c3 ♘c6 4. e3 ♗g4 5. dc5 e5 6. b4 e4 7. h3 ♗h5 8. g4 ♗g6 9. ♗b5 ef3 10. ♕f3 ♗e4 11. ♕f4 ♗h1 12. ♕e5 ♗e7 13. ♘d2 a6 14. ♗c6 bc6 15. f3 ♕b8 16. ♕b8 ♖b8 17. ♔f2 h5 18. ♗b2 ♗h4 19. ♔g1 hg4 20. hg4 ♗g5 21. f4 ♗e7 22. g5 ♗c5 23. ♘f1 ♗e4 24. ♔f2 ♘e7 25. ♘g3 ♖h2 26. ♔g1 ♖g2 27. ♔f1 ♖g3 28. ♖b1 ♗e3 29. ♔e2 ♘f5 **0:1**

11.12. **13.**

P. KERES - A. PEET

1. e4 e5 2. f4 ♘c6 3. ♘c3 ♘f6 4. fe5 ♘e5 5. d4 ♗b4 6. de5 ♗c3 7. bc3 ♘e4 8. ♕d4 ♘g5 9. ♗g5 ♕g5 10. ♘f3 ♕g6 11. ♗c4 ♕g2 12. 0-0-0 ♕f3 13. ♖hf1 ♕h3 14. ♗f7 ♔e7 15. ♕c5 ♔d8 16. e6 ♕h6 17. ♔b1 d6 18. ♖d6 ♗d7 19. ♖d7 **1:0**

ESTONIAN YOUTH CHAMPIONSHIP
Pärnu, 28.12.1932 - 3.01.1933

28.12. **14.**

A. HOLM - P. KERES

1. e4 e6 2. ♘c3 d5 3. d3 ♘f6 4. ♕e2 ♗b4 5. ♗d2 0-0 6. ♘f3 b6 7. g3 ♗b7 8. ed5 ed5 9. ♗g2 ♖e8 10. ♗e3 d4 11. ♘d4 ♗g2 12. ♖g1 ♘c6 13. ♘c6 ♗c6 14. ♕d2 ♘d5 15. a3 ♗c3 16. bc3 ♘e3 17. fe3 ♕g5 18. e4 ♕c5 19. ♖f1 ♖ad8 20. ♖f4 ♗e4 21. ♔f1 ♗f5 22. d4 ♕c4 23. ♔g1 ♖e2 24. ♕d1 ♗c2 25. ♕f1 ♗d3 26. d5 ♖e4 27. ♕f3 ♖f4 28. ♕f4 ♕c5 29. ♕d4 ♖d5 30. ♕c5 ♖c5 31. ♖d1 ♖c3 32. a4 c5 33. ♖e1 ♔f8 34. ♔f2 c4 35. ♖a1 ♖c2 36. ♔g1 c3 37. ♖d1 ♖d2 38. ♖e1 c2 39. h4 ♖d1 40. ♖d1 cd1♕ 41. ♔f2 ♕e2 42. ♔g1 ♗e4 43. a5 ♕g2 **0:1**

28.12. **15.**

P. KERES - J. SIITAM

1. e4 e5 2. f4 ef4 3. ♘c3 ♘c6 4. d4 ♗b4 5. ♗f4 ♕h4 6. g3 ♗c3 7. bc3 ♕e7 8. ♗g2 d6 9. ♘f3 ♕e4 10. ♔f2 ♗f5 11. ♖e1 ♕e1 12. ♕e1 ♘ge7 13. d5 0-0 14. dc6 ♗c2 15. ♕e7 ♖ae8 16. ♕c7 ♖e4 17. cb7 ♖fe8 18. b8♕ ♖e2 19. ♔g1 ♖g2 20. ♔g2 ♖b8 21. ♕b8 **1:0**

29.12. **16.**

Rich. PRUUN - P. KERES

1. d4 d5 2. c4 e5 3. de5 d4 4. ♘f3 ♘c6 5. a3 a5 6. e3 ♗c5 7. ed4 ♗d4 8. ♗e2 ♗e6 9. 0-0 ♗e5 10. ♘e5 ♘e5 11. ♕c2 ♘c6 12. ♗e3 ♘d4 13. ♗d4 ♕d4 14. ♖d1 ♕e5 15. ♗f3 c6 16. ♘c3 ♘f6 17. b3 0-0 18. ♖e1 ♕c7 19. ♘e4 ♘e4 20. ♗e4 f5 21. ♗d5 cd5 22. ♖e6 a4 23. ♖ae1 ab3 24. ♕b3 dc4 25. ♕b4 b5 26. ♕b5 ♖ab8 27. ♕d5 ♔h8 28. ♖c6 ♕e7 29. ♕a5 ♖fe8 30. ♔f1 ♕d7 31. ♖a6 ♖b1 32. ♖a8 ♖be1 33. ♕e1 ♖a8 **0:1**

29.12. **17.**

P. KERES - A. ABEL

1. e4 d5 2. ed5 ♘f6 3. d4 ♘d5 4. c4 ♘f6 5. ♘c3 c6 6. ♗e3 ♗f5 7. ♘f3 e6 8. g3 ♘bd7 9. ♗g2 ♗d6 10. 0-0 0-0 11. ♕e2 ♗g4 12. h3 ♗h5 13. g4 ♗g6 14. ♘h4 h5 15. ♘g6 fg6 16. g5 ♘h7 17. c5 ♗c7 18. f4 ♗b8 19. ♗e4 ♘hf6 20. ♗g6 ♗c7 21. gf6 ♘f6 22. ♘e4 ♘e4 23. ♗e4 ♕h4 24. ♕g2 ♗f4 25. ♗f4 ♖f4 26. ♖f4 ♕f4 27. ♖f1 ♕e3 28. ♔h1 ♖d8 29. ♕g6 ♕h3 30. ♔g1 ♕g4 31. ♕g4 hg4 32. ♖d1 ♔f7 33. ♔g2 ♔f6 34. ♔g3 ♔g5 35. ♗g2 g6 36. b4 ♖d7 37. a4 a6 38. ♖d2 ♔f5 39. ♖f2 ♔g5 40. ♖f4 e5 41. ♖g4 ♔f6 42. de5 ♔e5 43. ♖g6 ♖d4 44. ♖g5 ♔f6 45. ♖g4 ♖g4 46. ♔g4 ♔e5 47. ♗f1 ♔d4 48. ♔f5 a5 49. b5 ♔c5 50. ♗e2 ♔b4 51. bc6 bc6 52. ♗d1 ♔c3 53. ♔e4 c5 54. ♔d5 c4 55. ♔c5 ♔d3 56. ♗h5 c3 57. ♔b5 ♔d4 58. ♗g6 ♔d5 59. ♔a5 ♔c5 60. ♗c2 ♔c4 61. ♔b6 **1:0**

30.12. **18.**

L. PETERSON - P. KERES

1. ♘f3 d5 2. d4 c5 3. dc5 e6 4. b3 ♗c5 5. ♗b2 ♘f6 6. e3 ♘c6 7. ♗d3 ♕e7 8. 0-0 e5 9. ♗b5 ♗d6 10. c4 a6 11. ♗c6 bc6 12. cd5 cd5 13. ♘c3 ♗b7 14. ♘e2 0-0 15. ♘g3 g6 16. ♖c1 h5 17. h3 a5 18. ♖e1 ♘h7 19. a4 ♖ac8 20. ♖c8 ♖c8 21. ♕a1 h4 22. ♘e2 d4 23. ed4 ♗f3 24. gf3 ♘g5 25. ♔g2 ♘f3 26. ♔f3 ♕b7 27. ♔e3 ♕b3 28. ♘c3 ed4 29. ♔d4 ♕c4 30. ♔e3 ♗b4 31. ♔f3 ♗c3 32. ♗c3 ♕c3 33. ♕c3 ♖c3 34. ♖e3 ♖e3 35. ♔e3 ♔g7 36. ♔d4 g5 37. f3 f5 38. ♔e5 g4 39. fg4 fg4 **0:1**

30.12. **19.**

P. KERES - A. REMMELGAS

1. ♘f3 ♘f6 2. d4 e6 3. c4 d5 4. ♗g5 ♘bd7 5. e3 c6 6. ♘bd2 ♗e7 7. ♗d3 0-0 8. 0-0 c5 9. ♖c1 b6 10. cd5 ♘d5 11. ♗e7 ♕e7 12. ♗b5 cd4 13. ♘d4 ♘b8 14. e4 ♘f4 15. g3 ♘g6 16. ♕c2 ♗a6 17. ♕a4 ♗b7 18. ♖c3 ♖d8 19. ♖fc1 a6 20. ♗c6 b5 21. ♕a5 ♘c6 22. ♘c6 ♗c6 23. ♖c6 ♘e5 24. ♖c7 ♕f6 25. ♘f1 ♘d3 26. ♖1c2 ♘b2 27. e5 ♕e5 28. ♖a7 ♘a4 29. ♖a6 ♖ab8 30. ♖a7 ♘c5 31. ♖c7 ♘e4 32. ♕a7 ♕f6 33. ♘e3 h5 34. h4 ♕f3 35. ♖d7 ♖a8 36. ♕b7 ♖db8 37. ♕c6 ♖c8 38. ♕c8 ♖c8 39. ♖c8 ♔h7 40. ♖c2 g5 41. ♘g2 b4 42. ♖d4 e5 43. ♖d7 ½:½

31.12. **20.**

A. JÜRGENS - P. KERES

1. d4 d5 2. ♗f4 c5 3. dc5 ♘c6 4. e3 e5 5. ♗g3 ♗c5 6. ♘d2 ♘f6 7. h3 ♗e6 8. ♗b5 ♕c7 9. ♘e2 0-0 10. 0-0 ♘h5 11. c3 ♘g3 12. ♘g3 e4 13. b4 ♗e3 14. fe3 ♕g3 15. ♕e2 ♘e5 16. ♕f2 ♕f2 17. ♖f2 a6 18. ♗e2 ♖ac8 19. c4 ♘c4 20. ♗c4 dc4 21. ♘e4 ♖fd8 22. ♘c5 b6 23. ♘e6 fe6 24. ♖c2 c3 25. ♖ac1 ♖d3 26. ♔f2 a5 27. ba5 ba5 28. ♔e2 ♖cd8 29. a4 ♖d2 30. ♖d2 ♖d2 31. ♔e1 ♖g2 32. ♖c3 ♖a2 33. ♖c4 ♔f7 34. ♔d1 ♔f6 35. ♔c1 ♖e2 36. e4 ♔e5 37. ♖c5 ♔e4 38. ♖a5 e5 39. ♖a7 ♖e3 40. h4 ♖h3 41. ♖g7 ♖h4 42. ♖b7 ♔e3 43. ♖b3 ♔e2 44. a5 ♖a4 45. ♖b5 e4 46. ♖h5 e3 47. ♖h7 ♖a5 48. ♖h2 ♔d3 49. ♖h3 ♖c5 50. ♔d1 ♖g5 51. ♖h1 ♖a5 52. ♔c1 ♖a1 53. ♔b2 ♖h1 **0:1**

1.01. **21.**

P. KERES - L. PALMAS

1. e4 c6 2. d4 d5 3. e5 ♗f5 4. h4 ♕d7 5. c3 h6 6. ♗e3 e6 7. ♗d3 ♗d3 8. ♕d3 ♘e7 9. ♘e2 ♘a6 10. ♘d2 ♘f5 11. ♗f4 c5 12. ♘f3 c4 13. ♕c2 g6 14. ♘g3 ♗g7 15. ♘f1 b5 16. a3 ♕b7 17. ♘e3 ♔d7 18. ♘g4 ♘e7 19. ♘f6 ♗f6 20. ef6 ♘c6 21. ♕d2 g5 22. ♗g3 ♕c8 23. hg5 hg5 24. 0-0-0 ♖h1 25. ♖h1 ♘c7 26. ♕g5 ♕f8 27. ♕f4 ♘e8 28. ♖h7 a5 29. ♘g5 ♘d8 30. ♘f3 b4 31. ♘e5 ♔c8 32. ♘g6 fg6 33. ♖c7 **1:0**

2.01. **22.**

A. KIMMEL - P. KERES

1. e4 e6 2. d4 d5 3. ♘c3 ♘f6 4. ♗d3 c5 5. dc5 ♗c5 6. ♗g5 ♗e7 7. ♗b5 ♘c6 8. ed5 ♘d5 9. ♗e7 ♕e7 10. ♘ge2 0-0 11. ♘d5 ed5 12. ♕d5 ♖d8 13. ♕h5 g6 14. ♕h6 ♕b4 15. ♘c3 ♕b2 16. 0-0 ♕c3 17. ♗d3 ♘e5 18. ♕g5 ♗e6 19. ♕f6 ♗d5 20. ♖ae1 ♘f3 **0:1**

2.01. **23.**

P. KERES - A. OKSA

1. e4 c5 2. ♘c3 ♘c6 3. ♘ge2 e6 4. g3 g6 5. ♗g2 ♗g7 6. d3 ♘ge7 7. ♗e3 ♘d4 8. 0-0 ♘ec6 9. ♕d2 0-0 10. ♗h6 ♗h6 11. ♕h6 ♘c2 12. ♖ac1 ♘2d4 13. f4 ♕f6 14. e5 ♕g7 15. ♕g5 ♘f5 16. ♘e4 h6 17. ♕f6 b6 18. g4 ♘e3 19. ♕h4 ♘g2 20. ♔g2 ♕h8 21. ♘2g3 ♗b7 22. ♔f2 ♖fd8 23. ♔e3 d5 24. ♘f6 ♔f8 25. f5 g5 26. ♕h5 ♘e5 27. fe6 ♕g7 28. e7 ♔e7 29. ♘f5 ♔f6 30. ♘g7 ♔g7 31. h4 d4 32. ♔d2 ♘f3 33. ♖f3 ♗f3 34. ♖f1 ♗d5 35. hg5 hg5 36. ♕g5 ♔f8 37. ♖e1 ♗e6 38. ♕f6 ♔e8 39. g5 ♔d7 40. g6 ♖f8 41. gf7 **1:0**

3.01. **24.**

K. LÜLLMANN - P. KERES

1. e4 c6 2. d4 d5 3. ed5 cd5 4. ♕f3 ♘f6 5. ♗g5 ♘c6 6. ♗b5 ♗d7 7. ♗f6 gf6 8. ♕d5 e6 9. ♕e4 ♕a5 10. ♘c3 ♗b4 11. ♕d3 0-0-0 12. ♘e2 a6 13. ♗a4 ♕a4 14. 0-0 ♕a5 15. a3 ♗c3 16. bc3 ♖hg8 17. ♘c1 ♘e7 18. ♘b3 ♕g5 19. g3 ♗c6 20. ♘c5 ♘d5 21. ♖ab1 ♘f4 22. ♘e4 f5 23. ♘g5 ♘d3 24. f4 ♘f4 25. gf4 h6 26. h4 hg5 27. hg5 f6 28. ♔f2 fg5 29. fg5 ♖g5 30. ♖g1 ♖dg8 31. ♖g5 ♖g5 32. ♖g1 ♖g1 33. ♔g1 ♗e4 34. ♔f2 ♗c2 35. ♔f3 ♔d7 36. ♔f4 ♔d6 37. c4 b6 38. ♔e3 e5 **0:1**

3.01. **25.**

P. KERES - Rud. PRUUN

1. d4 g6 2. e4 ♗g7 3. ♘f3 e6 4. ♗e3 ♘f6 5. ♘bd2 0-0 6. c3 b6 7. ♗d3 ♗b7 8. h4 d5 9. e5 ♘g4 10. ♗f4 ♘d7 11. h5 c5 12. ♘g5 ♘h6 13. hg6 hg6 14. ♕f3 cd4 15. cd4 ♕e7 16. ♕h3 f5 17. ♘gf3 ♔f7 18. ♕g3 ♖h8 19. ♘g5 ♔g8 20. ♖c1 ♘f8 21. f3 ♘f7 22. ♖h8 ♗h8 23. ♔e2 ♗g7 24. ♖h1 ♗h6 25. ♘e6 ♕e6 26. ♗h6 ♘h6 27. ♖h6 ♔f7 28. ♕h4 ♕e7 29. ♕h3 ♔e8 30. ♔e3 ♖d8 31. f4 ♔d7 32. g4 ♔c8 33. gf5 gf5 34. ♕f5 ♔b8 35. ♕f6 ♕c7 36. ♖h8 ♕c8 37. ♗f5 ♕c1 38. ♕d8 ♗c8 39. ♕c8 ♕c8 40. ♗c8 ♔c8 41. ♖f8 ♔d7 42. f5 ♔e7 43. ♖a8 ♔f7 44. ♔f4 ♔g7 45. e6 ♔f6 46. ♖a7 b5 47. ♖f7 **1:0**

ESTONIAN CHAMPIONSHIP
Tallinn, 14.- 17.04.1933

14.04. **26.**

P. KERES - A. MAURER

1. e4 e6 2. d4 d5 3. ♘c3 ♘e7 4. ♘f3 g6 5. ♗d3 ♗g7 6. 0-0 ♘bc6 7. ♗g5 0-0 8. e5 f6 9. ef6 ♗f6 10. ♗f6 ♖f6 11. ♕d2 ♕f8 12. ♘e2 a6 13. c3 ♗d7 14. ♘g3 ♘f5 15. ♘e5 ♘e5 16. de5 ♖f7 17. ♗f5 ef5 18. ♕d5 ♗c6 19. ♕b3 f4 20. ♘e2 ♔g7 21. ♘d4 ♕e8 22. ♖fe1 ♖e7

23. ♖e2 ♖d8 24. f3 ♗d5 25. c4 ♗g8 26. ♕c3 c5 27. ♘b3 b6 28. e6 ♔h6 29. ♖ae1 ♕f8 30. ♘d2 ♖de8 31. ♘e4 ♖e6 32. g4 ♖8e7 33. g5 ♔h5 34. ♘f6 ♔h4 35. ♖e6 ♖e6 36. ♖e6 ♕d8 37. ♕e1 ♔h3 38. ♕f1 ♔h4 39. ♕f2 ♔g5 40. ♖e5 ♔f6 41. ♕h4 ♔e5 42. ♕d8 ♗c4 43. ♕e7 ♗e6 44. ♕c7 ♔d4 45. ♕f4 **1:0**

15.04. **27.**

L. BLUMENOFF - P. KERES

1. ♘f3 d5 2. b4 ♘f6 3. ♗b2 ♗f5 4. e3 e6 5. a3 ♘bd7 6. d4 a5 7. b5 c5 8. ♗d3 ♘e4 9. 0-0 ♗d6 10. c4 dc4 11. ♗c4 ♕c7 12. ♗e2 cd4 13. ♗d4 ♘df6 14. ♘bd2 ♘d2 15. ♕d2 e5 16. ♖ac1 ♕d7 17. ♗b2 e4 18. ♘d4 0-0 19. ♖fd1 ♖fd8 20. ♖c2 ♗g4 21. ♖dc1 ♕e7 22. ♕d1 ♕e5 23. g3 ♕h5 24. ♕f1 ♗f3 25. h3 ♘d5 26. ♔h2 ♘e3 27. fe3 ♗g3 28. ♔g3 ♕g5 29. ♔h2 ♕e5 30. ♔g1 ♕g3 **0:1**

15.04. **28.**

P. KERES - J. PETROV

1. e4 e5 2. f4 d5 3. ed5 e4 4. d3 ♕d5 5. ♘d2 ed3 6. ♗d3 ♕g2 7. ♗e4 ♕g4 8. ♕g4 ♗g4 9. ♗b7 **1:0**

16.04. **29.**

P. KERES - S. TAICH

1. ♘f3 ♘f6 2. c4 e6 3. d4 d5 4. ♗g5 ♘bd7 5. e3 c6 6. ♘bd2 ♗e7 7. ♗d3 dc4 8. ♘c4 0-0 9. 0-0 c5 10. ♖c1 b6 11. e4 ♗b7 12. ♕e2 cd4 13. ♖fd1 ♘c5 14. ♗b1 ♖c8 15. ♖d4 ♕e8 16. e5 ♘fe4 17. ♗e7 ♕e7 18. b4 ♘d7 19. ♖cd1 **1:0**

16.04. **30.**

P. SCHMIDT - P. KERES

1. d4 ♘f6 2. c4 e6 3. ♘c3 ♗b4 4. ♕b3 c5 5. dc5 ♘c6 6. ♘f3 ♘e4 7. ♗d2 ♘c5 8. ♕c2 f5 9. g3 b6 10. ♗g2 ♗b7 11. 0-0 0-0 12. ♖ad1 ♖c8 13. ♘b5 ♗d2 14. ♕d2 ♘a5 15. ♘e5 ♗g2 16. ♔g2 ♕f6 17. ♕f4 g5 18. ♕d4 ♘c6 19. ♘d7 ♕f7 20. ♕d2 ♖fd8 21. ♕g5 ♕g6 22. ♕g6 hg6 23. ♘c5 bc5 24. f4 a6 25. ♘c3 ♖d4 26. b3 ♖cd8 27. e3 ♖d3 28. ♖d3 ♖d3 29. ♘a4 ♖e3 30. ♘c5 a5 31. ♖f2 e5 32. fe5 ♖e5 33. ♘d3 ♖e4 34. ♘f4 ♔f7 35. ♖e2 g5 36. ♖e4 fe4 37. ♘e2 ♔e6 38. ♔f2 ♔e5 39. a3 g4 40. ♔e3 ♘e7 41. ♘d4 a4 42. b4 ♘c8 43. ♘c6 ♔d6 44. ♘b8 ♔e5 45. ♘d7 ♔f5 46. c5 ♘a7 47. ♘b6 ♘b5 48. ♘c4 ♘c3 49. c6 ♘b5 50. ♘b6 ♔e5 51. ♘a4 ♔d6 52. ♔e4 ♘a3 53. ♔f4 ♔c6 54. ♘c3 ♘c2 55. b5 ♔c5 56. ♔g4 ♘e3 57. ♔f4 ♘c4 58. h4 ♔b4 59. h5 ♔c3 60. h6 **1:0**

17.04. **31.**

P. KERES - Rich. PRUUN

1. e4 ♘f6 2. e5 ♘d5 3. d4 e6 4. c4 ♘b6 5. ♘c3 d6 6. ed6 cd6 7. ♗f4 d5 8. c5 ♘6d7 9. ♘b5 ♘a6 10. ♘d6 ♗d6 11. ♗d6 ♕a5 12. ♕d2 ♕d2 13. ♔d2 ♘f6 14. f3 ♘b8 15. ♗d3 ♘c6 16. ♘e2 ♗d7 17. ♖he1 ♘e7 18. ♘c3 ♗c6 19. b4 ♔f8 20. g4 ♖e8 21. g5 ♘h5 22. ♖e2 ♔g8 23. b5 ♗d7 24. ♗e7 ♖e7 25. ♘d5 ♖e8 26. ♖ae1 ♔f8 27. ♘c3 ♘f4 28. ♖e4 ♘d3 29. ♔d3 h6 30. ♖h4 ♔g8 31. gh6 ♖h6 32. ♖h6 gh6 33. d5 ed5 34. ♖e8 ♗e8 35. ♔d4 ♔f8 36. a4 a6 37. c6 bc6 38. b6 **1:0**

17.04. **32.**

V. KAPPE - P. KERES

1. d4 e5 2. de5 ♘c6 3. ♘f3 ♕e7 4. ♗f4 ♕b4 5. ♗d2 ♕b2 6. ♘c3 ♗b4 7. ♖b1 ♕a3 8. ♖b3 ♕a5 9. e3 a6 10. ♗d3 d6 11. a3 ♗a3 12. 0-0 ♗b4 13. ed6 ♗e6 14. ♖b4 ♘b4 15. ♘e4 ♕b6 16. ♕a1 ♘d5 17. ♕g7 0-0-0 18. c4 ♘gf6 19. cd5 ♘d5 20. ♖b1 ♖dg8 21. ♕a1 ♕a7 22. dc7 ♔c7 23. ♕e5 ♔d7 24. ♕d6 ♔e8 25. ♘c5 b6 26. ♘e6 fe6 27. ♕e6 ♘e7 28. ♗c3 ♕b7 29. ♗h8 ♖h8 30. ♕b6 ♕d7 31. ♕a6 ♔d8 32. ♗e2 ♕c7 33. ♕b6 ♕b6 34. ♖b6 **1:0**

1. Above left: The parents of Keres Peeter and Marie. **2.** Above right: Father Peeter Keres.
3. Below: 1931. In Pärnu Gymnasium.

4. Above left: 1934. **5.** Above right: Maria Riives 1934 (from Keres 1940).
6. Below: Dresden 1936. P. Keres – L. Engels.

ESTONIAN CHAMPIONSHIP
Rakvere, 29.03.- 2.04.1934

29.03. **33.**

J. TIKS - P. KERES

1. d4 ♘f6 2. c4 e6 3. ♘c3 ♗b4 4. ♗d2 b6 5. ♘f3 ♗b7 6. e3 0-0 7. ♗d3 ♗c3 8. ♗c3 ♘e4 9. ♕c2 f5 10. 0-0 ♖f6 11. ♘d2 ♘c3 12. bc3 ♖g6 13. d5 ♘a6 14. e4 ♕g5 15. g3 f4 16. ♗e2 ♘c5 17. ♗f3 e5 18. ♘b3 ♖f8 19. ♘c5 bc5 20. ♕e2 ♖gf6 21. ♖ab1 ♗a6 22. ♔g2 d6 23. ♖b2 ♗c8 24. ♕d3 ♕h6 25. h4 g5 26. g4 ♗g4 27. ♗g4 f3 28. ♗f3 ♖f3 29. ♕f3 ♖f3 30. ♔f3 ♕h4 31. ♖g1 ♕f4 32. ♔e2 ♕e4 33. ♔d2 g4 34. ♖b8 ♔f7 35. ♖b7 ♕f4 36. ♔d1 ♕f3 37. ♔c1 ♕c3 38. ♔b1 ♕d3 39. ♔a1 ♕c4 40. ♖c7 ♔f6 **0:1**

30.03. **34.**

A. MAURER - P. KERES

1. d4 d5 2. ♘f3 c5 3. e3 ♘f6 4. c3 ♘c6 5. ♘bd2 ♘e4 6. ♘e4 de4 7. ♘d2 cd4 8. cd4 e5 9. ♗b5 ed4 10. ♗c6 bc6 11. ♕a4 ♕d5 12. ♕d4 f5 13. 0-0 ♗a6 14. ♖e1 ♕f7 15. ♘e4 fe4 16. ♕e4 ♔d7 17. ♖d1 ♗d6 18. ♕g4 ♔c7 19. ♗d2 ♖af8 20. ♗a5 ♔b8 21. ♖d2 ♗c7 22. ♗c7 ♕c7 23. ♖ad1 ♖d8 24. ♖d7 ♗c8 25. ♕b4 ♔a8 26. ♖d8 ♖d8 27. ♖d8 ♕d8 28. h3 ♗e6 29. ♕c3 ♕d7 30. a3 g5 31. ♕c5 g4 32. hg4 ♗g4 33. ♕f8 ♕c8 34. ♕c5 ♗e6 35. e4 ♗f7 36. f4 ♕c7 37. ♕f8 ♔b7 38. ♕b4 ♕b6 39. ♕b6 ab6 40. ♔f2 ♔c7 41. ♔e3 ♔d6 42. g4 h6 43. ♔d4 c5 44. ♔e3 ♗b3 45. ♔e2 b5 46. ♔f3 ♗c2 47. e5 ♔d5 48. ♔g3 ♗g6 49. ♔h4 ♔e4 50. ♔g3 ♗f7 51. f5 ♔e5 52. ♔f3 h5 53. gh5 ♗h5 54. ♔e3 ♔f5 55. ♔d3 ♔e5 56. ♔c3 ♗f7 57. b3 ♔e4 58. a4 b4 59. ♔b2 ♔d3 60. a5 ♗d5 61. a6 ♔d2 62. a7 ♗a8 63. ♔b1 ♔c3 64. ♔a2 ♔c2 65. ♔a1 ♔b3 66. ♔b1 c4 **0:1**

30.03. **35.**

P. KERES - N. TCHERNOFF

1. e4 e5 2. f4 ef4 3. ♘c3 ♕h4 4. ♔e2 d6 5. ♘f3 ♗g4 6. ♘d5 ♔d7 7. ♘f4 ♗f3 8. ♔f3 ♘h6 9. h3 ♘c6 10. ♗b5 f5 11. d3 fe4 12. de4 ♖e8 13. ♕d4 ♖e5 14. ♗c6 bc6 15. g3 ♕f6 16. ♔g2 ♖c5 17. ♕d3 ♘f7 18. ♗e3 ♘e5 19. ♕d1 ♖c4 20. ♗d4 g5 21. ♗e5 ♕e5 22. ♘d3 ♕e4 23. ♔h2 ♗g7 24. c3 ♗c3 25. ♖c1 ♗b2 26. ♖c4 ♕c4 27. ♘b2 ♕a2 28. ♕c2 ♕f7 29. ♖c1 ♕f3 30. ♖e1 h5 31. ♖g1 ♖e8 32. ♖g2 h4 33. ♕f2 ♕f2 34. ♖f2 ♖e3 35. gh4 gh4 36. ♘c4 ♖c3 37. ♖f4 d5 38. ♘e5 ♔e6 39. ♘f3 ♖c4 40. ♖c4 dc4 41. ♘h4 a5 42. ♘f3 c5 43. ♘e1 **½:½**

31.03. **36.**

A. EIMANN - P. KERES

1. e4 e6 2. d4 d5 3. ♘c3 ♘f6 4. ♗g5 ♗b4 5. ♗d3 de4 6. ♗e4 c5 7. dc5 ♕a5 8. ♗f6 gf6 9. ♘e2 ♗c5 10. 0-0 f5 11. ♗f3 ♘c6 12. ♗c6 bc6 13. a3 ♗e7 14. ♕d3 ♗a6 15. ♕f3 ♕c7 16. ♖fe1 ♗b7 17. ♖ad1 ♗d6 18. ♘g3 0-0-0 19. ♕h5 ♖hg8 20. ♖d3 ♗a6 21. ♖d2 ♗c5 22. ♖d8 ♖d8 23. ♘f5 ♖d2 24. ♘e4 ♖d5 25. ♘c5 ♖c5 26. ♕f7 ♖f5 27. ♕e6 ♕d7 28. ♕g8 ♔b7 29. g4 ♖f7 30. ♕e8 ♕g4 **0:1**

31.03. **37.**

P. KERES - G. KARRING

1. e4 e5 2. ♘f3 ♘c6 3. ♗c4 ♗c5 4. c3 ♘f6 5. d4 ed4 6. cd4 ♗b4 7. ♘c3 0-0 8. 0-0 ♗c3 9. bc3 ♘e4 10. d5 ♘a5 11. ♗d3 ♘f6 12. ♕a4 b6 13. ♕h4 d6 14. ♗g5 h6 15. ♗h6 ♘g4 16. ♗g5 f6 17. ♕h7 **1:0**

1.04. **38.**

L. SEPP - P. KERES

1. d4 ♘f6 2. c4 e5 3. de5 ♘g4 4. ♘f3 ♗c5 5. e3 ♘c6 6. ♘bd2 d6 7. ♘e4 ♗b4 8. ♗d2 ♗f5 9. ♘g3 ♗g6 10. ♗b4 ♘b4 11. ♕a4 ♘c6 12. ♖d1 0-0 13. ed6 ♕f6 14. ♕a3 ♖ad8 15. h3 ♘ge5 16. dc7 ♘f3 17. gf3 ♖d1 18. ♔d1 ♖c8 19. f4 ♖c7 20. ♗e2 b5 21. ♔e1 b4 22. ♕b3

a5 23. ♔f1 ♖d7 24. ♕a4 ♗d3 25. ♗d3 ♖d3 26. ♕c2 ♕d6 27. ♔e2 ♖d4 28. ♖d1 ♕e6 29. b3 ♖f4 30. ♕d3 ♖d4 31. ♕f5 ♕e8 32. ♕c5 ♖d1 33. ♔d1 g6 34. ♕d5 ♕a8 35. ♘e4 ♕c8 36. ♔d2 ♕c7 37. ♕d6 ♕d6 38. ♘d6 ♔f8 39. ♔d3 ♔e7 40. ♘b7 ♔e6 41. ♘c5 ♔d6 42. ♘e4 ♔e7 43. f4 f5 44. ♘g5 h6 45. ♘f3 ♔d6 46. ♘h4 ♘e7 47. e4 fe4 48. ♔e4 ♔e6 49. ♘g6 ♘f5 50. ♘f8 ♔f6 51. ♘d7 ♔e6 52. ♘c5 ♔f6 53. ♘b7 ♘g3 54. ♔f3 ♘h5 55. ♔g4 ♘g7 56. ♘a5 h5 57. ♔f3 ♘e6 58. ♘c6 ♔f5 59. ♘e7 ♔f6 60. ♘d5 ♔f5 61. ♘b4 ♘f4 62. h4 ♘g6 63. ♔g3 ♘f4 64. ♔f3 ♘g6 65. a4 ♘h4 66. ♔g3 ♘g6 67. a5 ♘e7 68. a6 ♘c8 69. ♘c6 ♘b6 70. c5 ♘a8 71. b4 ♔e6 72. b5 h4 73. ♔h2 ♘c7 74. a7 ♔d5 75. b6 **1:0**

1.04. **39.**

P. KERES - E. JOONAS

1. c4 e5 2. ♘f3 ♘c6 3. ♘c3 d6 4. g3 f5 5. d3 ♘f6 6. ♗g2 ♗d7 7. 0-0 ♗e7 8. ♕b3 0-0 9. c5 ♔h8 10. ♘g5 ♘d4 11. ♕d1 h6 12. ♘f3 ♘f3 13. ♗f3 ♖b8 14. cd6 ♗d6 15. ♗e3 b6 16. d4 e4 17. ♗g2 ♕e7 18. ♕d2 ♖be8 19. ♗f4 ♗f4 20. ♕f4 g5 21. ♕c7 ♖a8 22. ♕e5 ♕e5 23. de5 ♘g4 24. ♖ad1 ♗e6 25. ♖d6 ♖ae8 26. ♘b5 ♖f7 27. ♘d4 ♗a2 28. e6 ♖f6 29. b3 ♗b3 30. ♘b3 ♖fe6 31. ♖e6 ♖e6 32. ♗h3 h5 33. ♘d4 ♖f6 34. ♗g4 hg4 35. ♖c1 a5 36. ♖c7 f4 37. e3 f3 38. ♖e7 ♖f8 39. ♖e4 ♖c8 40. h4 a4 41. ♘b5 ♖c5 42. ♘a3 gh4 43. gh4 ♖c1 44. ♔h2 ♖f1 45. ♖g4 ♖f2 46. ♔g3 ♖a2 47. ♖a4 f2 48. ♔g2 ♔h7 49. ♖a7 ♔h6 50. ♘b5 ♖b2 51. ♘d4 ♔h5 52. ♖a3 ♔h4 53. ♖b3 ♖a2 54. ♖b6 f1♕ 55. ♔f1 ♔g3 56. ♖g6 ♔h3 57. ♘e2 ♔h4 58. ♔f2 ♔h5 59. ♖g1 ♖b2 60. ♔f3 ♔h6 61. e4 ♖a2 62. e5 ♖c2 63. ♘d4 ♖a2 64. e6 ♖a5 65. ♔e4 ♔h7 66. e7 ♖a8 67. ♔e5 ♖e8 68. ♔f6 **1:0**

2.04. **40.**

L. BLUMENOFF - P. KERES

1. d4 ♘f6 2. c4 e6 3. ♘c3 ♗b4 4. ♕c2 d5 5. e3 c5 6. ♘f3 ♘c6 7. ♗d2 0-0 8. a3 cd4 9. ed4 ♗c3 10. ♗c3 b6 11. ♗d3 ♗b7 12. 0-0-0 ♘e7 13. c5 ♘g6 14. ♘e5 ♘d7 15. c6 ♘de5 16. cb7 ♘d3 17. ♖d3 ♖b8 18. h4 ♖b7 19. h5 ♕g5 20. ♔b1 ♕g2 21. ♖e1 ♘e7 22. ♖g3 ♕h2 23. ♗b4 ♖c8 24. ♕e2 ♘f5 25. ♖g4 ♖bc7 26. ♖eg1 ♔h8 27. ♖4g2 ♕f4 28. ♖g4 ♖c1 29. ♔a2 ♕c7 30. ♖c1 ♕c1 31. ♗c3 h6 32. ♖g2 ♕f4 33. ♖g1 ♘d4 34. ♕a6 ♖c3 35. bc3 ♕d2 **0:1**

2.04. **41.**

P. KERES - V. RAUDSIK

1. e4 e5 2. ♘f3 ♘c6 3. ♗c4 ♗c5 4. c3 ♘f6 5. d4 ed4 6. cd4 ♗b4 7. ♘c3 0-0 8. 0-0 ♗c3 9. bc3 d5 10. ed5 ♘d5 11. ♗a3 ♖e8 12. ♘e5 ♘e5 13. de5 ♗e6 14. ♕f3 ♕d7 15. ♗b3 b5 16. ♖ad1 ♖ad8 17. ♕g3 ♔h8 18. f4 ♕c6 19. ♕h4 ♘e3 20. ♕g3 ♘d1 21. ♗d1 ♖d2 22. ♗f3 ♕c3 23. ♕e1 ♖ed8 24. ♗e7 ♕d4 25. ♔h1 ♖d7 26. ♕h4 ♕f2 27. ♕f2 ♖f2 28. ♖f2 ♖e7 ½:½

ESTONIAN CHAMPIONSHIP
Tallinn, 26.12.1934 - 5.01.1935

26.12. **42.**

F. KIBBERMANN - P. KERES

1. d4 e6 2. c4 ♘f6 3. ♘c3 ♗b4 4. ♗g5 c5 5. ♗f6 ♕f6 6. e3 0-0 7. ♗d3 ♘c6 8. ♘e2 ♔h8 9. 0-0 cd4 10. ♘e4 ♕h4 11. g3 ♕h6 12. ed4 d5 13. cd5 ed5 14. ♘4c3 ♗h3 15. ♖e1 ♗g4 16. ♗b5 ♖ad8 17. ♕d3 ♕f6 18. ♖ad1 ♖fe8 19. ♗a4 ♗f3 20. ♗c2 g6 21. a3 ♗c3 22. bc3 ♘a5 23. ♕b5 ♘c4 24. ♗d3 ♖e6 25. ♗c4

dc4 26. ♕c4 ♖de8 27. d5 ♖e2 28. ♖e2 ♗e2 29. ♕d4 ♔g7 30. ♕f6 ♔f6 31. ♖b1 ♗f3 32. c4 b6 33. ♔f1 ♗e2 34. ♔e1 ♗c4 35. ♔d2 ♗d5 36. f4 ♗c4 37. ♔c3 b5 38. a4 a6 39. ab5 ab5 40. ♔d4 ♖e2 41. ♖h1 ♖c2 **0:1**

26.12. **43.**

P. KERES - V. UULBERG

1. e4 c5 2. b4 cb4 3. a3 e6 4. ab4 ♗b4 5. c3 ♗f8 6. d4 d5 7. e5 ♗d7 8. ♗d3 b5 9. ♘e2 ♕b6 10. 0-0 a5 11. ♘d2 ♘c6 12. ♘b3 a4 13. ♘c5 ♗c5 14. dc5 ♕c5 15. ♗e3 ♕e7 16. ♗b5 ♘e5 17. ♗a4 ♗a4 18. ♖a4 ♖a4 19. ♕a4 ♕d7 20. ♕d4 f6 21. ♖a1 ♘e7 22. ♕c5 ♘c8 23. f4 ♘c4 24. ♖a6 ♘e3 25. ♖c6 ♘e7 26. ♖c7 ♕d8 27. ♘d4 ♘3f5 28. ♘b5 ♔f7 29. g4 ♔g6 30. gf5 ♘f5 31. ♘d4 ♘d4 32. cd4 ♖e8 33. ♕a7 ♖g8 34. ♕b6 ♕e8 35. ♕d6 ♔f5 36. ♕a6 ♔g6 37. ♕a3 h5 **1:0**

27.12. **44.**

J. LORUP - P. KERES

1. d4 ♘f6 2. c4 d5 3. cd5 ♘d5 4. ♘f3 ♗f5 5. ♘h4 e6 6. ♘f5 ef5 7. ♘c3 ♘c6 8. e3 ♗b4 9. ♗d2 0-0 10. ♗d3 g6 11. 0-0 ♖e8 12. ♕f3 ♘f6 13. a3 ♗d6 14. h3 ♘a5 15. ♘d5 ♘b3 16. ♘f6 ♕f6 17. ♖ad1 c5 18. ♗b5 ♖e4 19. dc5 ♘c5 20. ♗c3 ♗e5 21. ♗b4 ♘e6 22. g3 h5 23. ♗d3 h4 24. ♗e4 ♘g5 25. ♕g2 fe4 26. ♖d7 ♕f5 27. ♖fd1 ♘h3 28. ♔f1 hg3 29. ♖d8 ♖d8 30. ♖d8 ♔g7 31. ♗c3 ♗c3 32. bc3 ♕b5 33. ♔e1 gf2 **0:1**

29.12. **45.**

P. KERES - I. RAUD

1. e4 e5 2. ♘f3 ♘c6 3. ♗c4 ♘f6 4. 0-0 ♗c5 5. c3 ♘e4 6. d4 d5 7. ♕e2 ed4 8. cd4 ♘d4 9. ♘d4 ♗d4 10. ♘c3 ♗c3 11. bc3 ♗e6 12. ♗d3 ♘c3 13. ♕h5 ♕d6 14. ♕g5 ♘e4 15. ♗e4 de4 16. ♗b2 f6 17. ♕g7 0-0-0 18. ♕f6 ♖hg8 19. ♗e5 ♖df8 20. ♗d6 ♖f6 21. ♖fc1 c6 22. ♗g3 ♖fg6 23. ♖c3 ♖d8 24. ♖a3 a6 25. ♖e3 ♖d4 26. f3 ♗d5 27. a4 a5 28. fe4 ♗e4 29. ♖f1 ♖g7 30. ♖f4 ♖e7 31. ♖f8 ♔d7 32. ♗h4 ♖e8 33. ♖f7 ♔c8 34. ♗g3 ♖d7 35. ♖d7 ♔d7 36. ♗e1 b6 37. ♖e2 ♗d3 38. ♖e8 ♔e8 39. ♔f2 ♗c2 40. ♔e2 ♗a4 41. ♗f2 c5 42. g4 ♔d7 43. h4 ♔e6 44. ♗g3 ♔d7 45. h5 ♗b3 46. g5 ♗f7 47. h6 ♔c6 48. ♔d3 b5 49. ♔c3 b4 50. ♔b2 a4 51. ♗e5 ♔d5 52. ♗g7 ♔c4 53. ♗f8 a3 54. ♔a1 b3 55. ♗g7 ♗g6 56. ♗f6 b2 57. ♗b2 ab2 58. ♔b2 ♔d3 **0:1**

30.12. **46.**

P. KERES - F. VILLARD

1. e4 e6 2. d4 d5 3. e5 c5 4. ♘f3 ♘c6 5. dc5 ♗c5 6. ♗d3 ♕c7 7. ♗f4 ♘ge7 8. 0-0 ♘g6 9. ♗g3 ♘b4 10. ♗e2 0-0 11. ♘c3 a6 12. ♖e1 ♕e7 13. a3 ♘c6 14. ♗d3 b5 15. h4 ♖e8 16. b4 ♗b6 17. h5 ♘f8 18. ♗h4 ♕a7 19. ♕d2 ♗d8 20. ♕f4 ♗h4 21. ♕h4 ♕e7 22. ♕f4 ♗b7 23. ♘e2 f6 24. ♘ed4 fe5 25. ♘e5 ♘e5 26. ♖e5 ♕f6 27. ♕e3 ♖e7 28. ♖e1 ♖ae8 29. ♘f5 ♖d7 30. g4 d4 31. ♕g3 ♖c8 32. g5 ♕d8 33. ♘h4 ♖c3 34. f4 ♕c7 35. ♕g4 ♕c6 36. ♔h2 ♖a3 37. f5 ef5 38. ♘f5 ♕c7 39. ♔g1 ♖a1 40. ♕e2 ♖e1 41. ♕e1 ♕c6 42. ♗e4 ♕b6 43. ♕f2 ♕c7 44. ♖e8 ♖f7 45. ♘e7 ♕e7 46. ♖e7 ♖e7 47. ♗d3 ♖e3 48. g6 hg6 49. hg6 ♖f3 50. ♕d4 ♖f6 51. ♕d8 ♗c6 52. c4 ♗d7 53. c5 ♖f4 54. ♕e7 ♗c6 55. ♗b1 ♗d5 56. c6 ♗e6 57. c7 ♖c4 58. ♗f5 **1:0**

3.01. **47.**

J. TÜRN - P. KERES

1. d4 e6 2. e4 d5 3. ♘c3 ♘f6 4. ♗g5 ♗b4 5. e5 h6 6. ♗d2 ♗c3 7. bc3 ♘e4 8. ♗c1 c5 9. ♘e2 ♕a5 10. f3 ♘c3 11. ♕d2 cd4 12. ♘d4 ♕c5 13. a4 ♘d7 14. ♗b2 ♘e5 15. ♗c3 ♘c6 16. ♘c6 bc6 17. ♗g7 ♖h7 18. ♕c3 ♕c3 19. ♗c3 ♔e7 20. ♗d3 f5 21. ♗e5 c5 22. ♗b5 ♗b7 23. a5 a6 24. ♗a4 ♔f7 25. ♖b1 ♔g6 26. ♖b6 f4 27. ♗f4 ♔f5 28. ♗d6 h5 29. c3 ♖g7 30. ♔f2 d4 31. ♗c2 ♔g5 32. h4 ♔f6

33. ♗c5 ♖d7 34. ♗d4 ♔f7 35. ♖e1 ♗d5 36. ♖e5 ♖h8 37. ♖g5 **1:0**

4.01. **48.**

P. KERES - L. LAURENTIUS

1. e4 e6 2. d4 d5 3. e5 c5 4. ♘f3 ♕b6 5. ♗d3 cd4 6. 0-0 ♘c6 7. ♖e1 ♗c5 8. a3 a5 9. ♘bd2 ♕c7 10. ♘b3 b6 11. ♗b5 ♘e7 12. ♘bd4 0-0 13. c3 ♗d4 14. cd4 ♗a6 15. ♗a6 ♖a6 16. ♘g5 ♘g6 17. ♕h5 h6 18. ♘f3 ♖c8 19. g4 ♘f8 20. g5 hg5 21. ♗g5 ♘e7 22. ♖ac1 ♕d7 23. ♖c8 ♘c8 24. ♖e3 ♖a7 25. ♘h4 ♘e7 26. ♖h3 ♘eg6 27. ♘g6 fg6 28. ♕h8 **1:0**

5.01. **49.**

E. KURSK - P. KERES

1. d4 ♘f6 2. ♘f3 e6 3. c4 d5 4. ♘c3 ♘bd7 5. e3 c6 6. ♗d3 dc4 7. ♗c4 b5 8. ♗d3 a6 9. e4 c5 10. e5 cd4 11. ef6 dc3 12. ♗e4 ♖b8 13. fg7 ♗g7 14. bc3 ♕c7 15. 0-0 ♘c5 16. ♗c2 ♗c3 17. ♗e3 ♗b7 18. ♖c1 b4 19. ♘d4 ♖g8 20. f3 ♖d8 21. ♗a4 ♔e7 22. ♘c6 ♗c6 23. ♗c5 ♔f6 24. ♕e2 ♗a4 25. ♗f2 ♕f4 26. ♕a6 ♕g5 27. ♗g3 ♗b5 28. f4 ♕c5 29. ♗f2 ♕d5 30. ♗h4 ♔f5 **0:1**

5.01. **50.**

P. KERES - G. FRIEDEMANN

1. e4 e5 2. ♘f3 ♘c6 3. ♗b5 a6 4. ♗a4 ♘f6 5. 0-0 ♗e7 6. ♖e1 b5 7. ♗b3 d6 8. c3 0-0 9. h3 ♘a5 10. ♗c2 c5 11. d4 ♕c7 12. ♘bd2 ♗d7 13. d5 ♘b7 14. ♘f1 c4 15. g4 h5 16. ♘3h2 hg4 17. hg4 ♕c8 18. ♘e3 g6 19. ♔g2 ♔g7 20. f3 ♖h8 21. ♘hf1 ♘h7 22. ♘g3 ♘g5 23. ♖h1 ♖h1 24. ♕h1 ♕c5 25. ♘d1 ♖h8 26. ♕f1 ♘h3 27. ♗e3 ♘f4 28. ♗f4 ef4 29. ♘e2 ♕c8 30. ♘f2 g5 31. ♘d4 ♘c5 32. ♕e2 ♗f6 33. ♕d2 ♗e5 34. ♖e1 ♖h4 35. ♕d1 ♘b7 36. ♖h1 ♖h1 37. ♕h1 f6 38. ♘f5 ♗f5 39. ef5 ♕h8 40. ♕h8 ♔h8 41. ♘e4 ♔g7 42. ♔f2 ♔f8 43. ♔e2 ♔e7 44. ♔d2 ♔d8 45. a4 ♔c7 46. ab5 ab5 47. b3 ♘a5 48. b4 ♘b7 49. ♘f2 ♘d8 50. ♗e4 ♘f7 51. ♘d1 ♘h6 52. ♔c2 ♘g8 53. ♔d2 ♘e7 54. ♔c2 ♘c8 55. ♔d2 ♘b6 **½:½**

KERES - FRIEDEMANN MATCH
Tallinn, 7.- 9.01.1935

7.01. **51.**

G. FRIEDEMANN - P. KERES

1. d4 ♘f6 2. c4 e6 3. ♘f3 d5 4. ♘c3 ♘bd7 5. ♗g5 c6 6. e3 ♕a5 7. ♘d2 ♗b4 8. ♕c2 0-0 9. ♗e2 e5 10. ♗f6 ♘f6 11. 0-0 ♖e8 12. cd5 ed4 13. ♘b3 ♕d8 14. ♘d4 ♘d5 15. ♖ad1 ♘c3 16. bc3 ♗d6 17. ♗d3 g6 18. ♕e2 ♕h4 19. f4 ♗g4 20. ♘f3 ♕f6 21. h3 ♗f3 22. ♖f3 ♕c3 23. ♗g6 hg6 24. ♖d6 ♖ad8 25. ♖d8 ♖d8 26. f5 ♖d2 27. ♕f1 ♖a2 28. ♔h2 ♕e5 29. ♖g3 ♔g7 30. fg6 fg6 31. ♕b1 ♕e6 32. ♕b7 ♕f7 33. ♕c6 ♖f2 34. e4 ♖f1 35. ♕d6 ♕f6 36. ♕d7 ♕f7 37. ♕d4 ♔h7 38. e5 ♕f2 39. ♕f2 ♖f2 40. ♖a3 ♖f7 41. ♔g3 ♔h6 42. ♔g4 ♖b7 43. ♔f4 ♖b4 44. ♔e3 ♔g5 45. ♖a7 ♔f5 46. ♖a5 ♖e4 47. ♔f3 ♖f4 48. ♔g3 ♖e4 49. h4 ♖g4 50. ♔h3 ♖e4 51. g3 ♖e3 52. ♖a8 ♖b3 53. ♖a6 g5 54. ♖f6 ♔e5 55. hg5 ♖b4 56. ♖f4 **1:0**

8.01. **52.**

P. KERES - G. FRIEDEMANN

1. e4 e5 2. ♘f3 ♘c6 3. ♗b5 a6 4. ♗a4 ♘f6 5. 0-0 ♗e7 6. ♖e1 b5 7. ♗b3 d6 8. c3 0-0 9. h3 ♘a5 10. ♗c2 c5 11. d3 ♕c7 12. ♘bd2 ♘c6 13. ♘f1 ♗d7 14. ♘e3 ♗d8 15. ♘d5 ♘d5 16. ed5 ♘e7 17. d4 cd4 18. cd4 ♖c8 19. ♗b3 ed4 20. ♘d4 ♔h8 21. ♗f4 ♘g6 22. ♖c1 ♕b6 23. ♖c8 ♗c8 24. ♗h2 ♗f6 25. ♘c6 ♕c7 26. ♕d2 ♘e7 27. ♖c1 ♕d7 28.

♕b4 ♗b2 29. ♖c2 ♗f6 30. ♗d6 a5 31. ♕c5 a4 32. ♘e7 ♗e7 33. ♗e7 ab3 34. ab3 ♖e8 35. d6 h6 36. ♕c6 ♔h7 37. ♕d7 ♗d7 38. ♖c7 ♗e6 39. d7 ♗d7 40. ♖d7 ♖a8 41. ♖b7 ♖a5 42. b4 **1:0**

9.01. **53.**

G. FRIEDEMANN - P. KERES

1. d4 ♘f6 2. c4 e6 3. ♘f3 d5 4. ♘c3 c6 5. ♗g5 ♘bd7 6. cd5 ed5 7. e3 ♗e7 8. ♗d3 0-0 9. ♕c2 ♖e8 10. 0-0 ♘f8 11. h3 ♘e4 12. ♗e7 ♕e7 13. ♗e4 de4 14. ♘d2 ♗f5 15. ♖ae1 ♕e6 16. f3 ♕g6 17. fe4 ♗h3 18. ♘f3 ♗e6 19. ♕f2 ♗c4 20. ♘h4 ♕h5 21. ♘f5 ♗f1 22. ♖f1 ♕g6 23. e5 f6 24. ♕h4 ♕g5 25. ♕g5 fg5 26. ♘e4 ♘d7 27. ♘g5 ♘e5 28. ♘d6 ♘g4 29. ♘e8 ♖e8 30. e4 h6 31. ♖f4 ♘f6 32. ♘f3 ♖e4 33. ♖e4 ♘e4 34. ♘e5 ♔f8 35. ♔f1 ♔e7 36. ♔e2 ♔e6 37. ♔e3 ♘d6 38. b3 ♔d5 39. ♔d3 ♘f5 40. ♘f3 h5

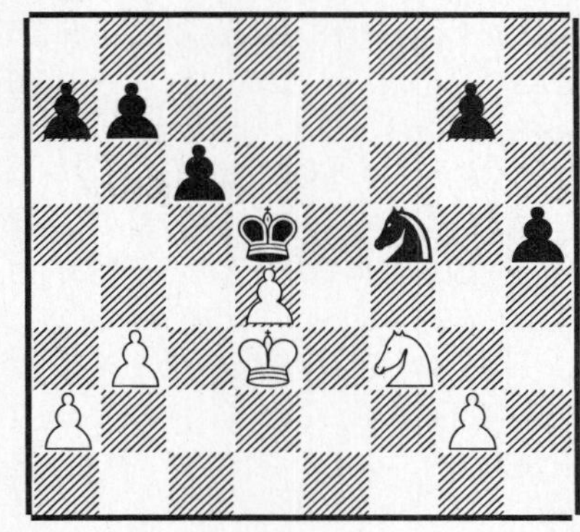

41. b4 b5 42. a3 a6 43. ♘e5 ♘d4 44. ♘g6 ♘e6 45. ♘e7 ♔d6 46. ♘g6 c5 47. bc5 ♔c5 48. ♔c3 a5 49. g3 b4 50. ab4 ab4 51. ♔b2 ♔b5 52. ♔b1 b3 53. ♔b2 ♔a4 54. ♘e5 ♘c5 55. ♘c6 g5 56. ♘d4 h4 57. gh4 gh4 58. ♘f3 h3 59. ♘h2 ♔b4 60. ♘g4 ♘a4 61. ♔a1 h2 62. ♘h2 ♔a3 **0:1**

TRAINING TOURNAMENT
Tartu, 5.02.- 1.05.1935

5.02. **54.**

H. JÕGI - P. KERES

1. d4 d5 2. c4 ♘c6 3. ♘f3 e5 4. de5 d4 5. a3 a5 6. e3 ♗c5 7. ed4 ♗d4 8. ♘d4 ♕d4 9. ♗e2 ♗e6 10. 0-0 0-0-0 11. ♕c2 ♕e5 12. ♗e3 ♘d4 13. ♗d4 ♖d4 14. ♕c3 ♘f6 15. ♘d2 ♕e2 16. ♕d4 ♖d8 17. ♕a7 ♖d2 18. ♕a8 ♔d7 19. ♕b7 ♗c4 20. ♕a7 ♕g4 **0:1**

8.02. **55.**

P. KERES - A. LOOG

1. e4 e6 2. d4 d5 3. e5 c6 4. ♗d3 g6 5. h4 h5 6. ♘f3 ♘e7 7. ♗g5 ♕c7 8. ♗f6 ♖h7 9. ♘g5 ♖h6 10. ♕f3 ♘f5 11. ♗f5 gf5 12. ♘h3 ♕b6 13. 0-0 ♘d7 14. ♗g5 ♖h7 15. c3 c5 16. ♘f4 ♗e7 17. ♕g3 f6 18. ♗f6 ♘f8 19. ♗e7 ♔e7 20. ♕g5 ♔f7 21. ♘h5 ♗d7 22. ♘d2 ♗e8 23. ♘f3 ♘g6 24. dc5 ♕c5 25. ♕f6 ♔g8 26. ♕e6 ♗f7 27. ♘f6 ♔g7 28. ♘g5 ♗g8 29. ♘fh7 ♗e6 30. ♘e6 ♔h7 31. ♘c5 **1:0**

8.02. **56.**

P. KERES - N. SHADSUNSKI

1. e4 e5 2. f4 d6 3. ♘f3 ♘c6 4. ♗c4 ♘f6 5. d3 ♗e7 6. ♘c3 0-0 7. ♗e3 ♘a5 8. ♗b3 ♘b3 9. ab3 ef4 10. ♗f4 d5 11. e5 ♘e8 12. 0-0 f6 13. ♕e1 fe5 14. ♕e5 ♗f6 15. ♕d5 ♕d5 16. ♘d5 ♗b2 17. ♖ae1 ♗d7 18. ♗e5 ♗e5 19. ♘e5 ♖f1 20. ♖f1 ♘f6 21. ♘f6 gf6 22. ♘d7 ♔g7 23. ♘f6 a5 24. ♘h5 ♔g8 25. ♖f4 b5 26. ♘f6 ♔g7 27. ♘d5 a4 28. ♘c7 ♖c8 29. ♘b5 ♖c2 30. ba4 **1:0**

12.02. **57.**

A. SHILOV - P. KERES

1. e4 e5 2. ♘f3 ♘c6 3. ♗c4 ♘f6 4. d3 ♗c5 5. ♗e3 ♗b6 6. ♘c3 0-0 7. 0-0 d6 8. h3 ♗e6

9. ♗b3 d5 10. ed5 ♘d5 11. ♘d5 ♗d5 12. ♗d5 ♕d5 13. ♖e1 f5 14. ♘d2 ♗a5 15. f3 ♖f6 16. a3 ♖g6 17. b4 ♗b6 18. ♗b6 ab6 19. ♘b3 b5 20. ♕e2 ♖e8 21. ♖ad1 ♘d4 22. ♘d4 ♕d4 23. ♔h1 ♕c3 24. d4 e4 25. ♕b5 ♖f8 26. ♕d5 ♔h8 27. fe4 fe4 28. ♕e4 ♕a3 29. ♕b7 c6 30. ♕e7 ♕a8 31. ♖e4 h6 32. c4 ♔h7 33. d5 cd5 34. cd5 ♖ff6 35. ♕c5 ♕a2 36. ♕g1 ♖d6 37. ♖ed4 ♖g5 38. b5 ♕b2 39. ♖b1 ♕c2 40. ♖dd1 ♖dg6 41. g4 h5 42. ♕g2 ♕c4 43. b6 hg4 44. h4 ♖h5 45. ♕f2 g3 46. ♕d4 ♖h4 47. ♕h4 ♕h4 48. ♔g2 ♕e4 49. ♔g1 ♕e3 50. ♔g2 ♕f2 51. ♔h3 ♕h2 **0:1**

15.02. **58.**

P. KERES - E. KOORM

1. e4 e5 2. ♘f3 ♘c6 3. ♗c4 ♗c5 4. c3 ♘f6 5. d4 ed4 6. cd4 ♗b4 7. ♘c3 d5 8. ed5 ♘d5 9. 0-0 ♗c3 10. bc3 0-0 11. ♖e1 h6 12. ♗a3 ♘b6 13. ♗f8 ♘c4 14. d5 ♕f8 15. dc6 ♘a5 16. ♘e5 ♘c6 17. ♘c6 bc6 18. ♕f3 ♗e6 19. ♕c6 ♖c8 20. ♕b7 a5 21. a4 ♕d6 22. ♕b5 ♕b6 23. ♖ab1 ♖b8 24. ♕d3 ♕a7 25. ♖b8 ♕b8 26. ♖b1 ♕a8 27. ♖b5 c6 28. ♖b6 ♕a7 29. ♖a6 ♕c5 30. ♖a8 **1:0**

19.02. **59.**

E. REINKUBJAS - P. KERES

1. d4 ♘f6 2. ♘c3 d5 3. g3 ♘bd7 4. ♗g2 c6 5. ♘f3 g6 6. b3 ♕a5 7. ♗d2 ♗g7 8. 0-0 0-0 9. e3 ♕c7 10. ♘h4 e5 11. de5 ♘e5 12. ♘e2 ♘e4 13. ♖b1 ♖e8 14. ♘c3 g5 15. ♘e4 de4 16. ♗e4 gh4 17. ♕h5 h6 18. ♕h4 ♗f5 19. ♗c3 ♘g6 20. ♕h5 ♗e4 21. ♗g7 ♔g7 22. ♖bc1 ♘e5 23. f3 ♗g6 24. ♕h4 ♖ad8 25. ♖f2 ♖d2 26. e4 ♕b6 27. ♖f1 ♘f3 28. ♔h1 ♖f2 **0:1**

22.02. **60.**

P. KERES - A. TOODE

1. e4 ♘c6 2. d4 d5 3. ♘c3 e6 4. e5 ♗b4 5. ♕g4 g6 6. ♗d3 ♘ge7 7. ♗g5 h5 8. ♕f4 ♕d7 9. ♘f3 b6 10. 0-0 ♗b7 11. h3 0-0-0 12. ♘e2 ♗a5 13. a4 ♘b4 14. ♕f7 ♕e8 15. ♕e7 ♕e7 16. ♗e7 ♖de8 17. ♗f6 ♖hg8 18. ♘c1 c6 19. c3 ♘d3 20. ♘d3 b5 21. ab5 ♗b6 22. bc6 ♗c6 23. b3 ♔b7 24. ♘g5 ♖c8 25. ♘e6 ♗b5 26. ♘dc5 ♗c5 27. ♘c5 ♔b6 28. c4 dc4 29. bc4 ♗c4 30. ♖fb1 ♔c6 31. ♖a7 **1:0**

26.02. **61.**

E. SANDER - P. KERES

1. e4 e6 2. d4 d5 3. ♘c3 ♘f6 4. ♗d3 c5 5. dc5 ♗c5 6. ed5 ed5 7. ♕e2 ♗e6 8. h3 ♘c6 9. ♘f3 0-0 10. ♗g5 ♖e8 11. 0-0-0 ♘b4 12. a3 ♗f5 13. ab4 ♖e2 14. ♗f5 ♗e7 15. ♘e2 a5 16. b5 a4 17. ♘c3 a3 18. b3 a2 19. ♔b2 ♕a5 20. ♘a4 ♕b5 21. ♖d4 h6 22. ♗d2 ♘e8 23. ♗d3 ♕c6 24. ♘e5 ♕c7 25. ♖e1 b5 26. ♗b5 a1♕ 27. ♔a1 ♕c2 28. ♘d7 ♕b3 29. ♗c6 ♖a7 30. ♖e3 ♕d1 31. ♔b2 ♖d7 32. ♗c3 ♕f1 33. ♗d7 ♕f2 34. ♗d2 ♘d6 35. ♔b3 ♘c4 36. ♖ed3 ♘e5 37. ♖d5 ♘d3 38. ♖d3 ♕g2 39. ♘c3 ♕g6 40. ♖e3 ♕d6 41. ♗b5 ♗g5 42. ♖e8 ♔h7 43. ♗g5 hg5 44. ♗c4 ♕b6 45. ♔c2 ♕c6 46. ♗d3 g6 47. ♖e4 ♕d7 48. ♖g4 ♔h6 49. ♘e4 ♕a4 50. ♔d2 ♕a2 51. ♗c2 ♕d5 52. ♔e3 ♕e6 53. ♖g5 ♕h3 54. ♖g3 ♕e6 55. ♔f3 ♕c6 56. ♗d3 f5 57. ♖h3 ♔g7 58. ♖g3 ♕d5 59. ♔f4 ♕d4 60. ♖h3 fe4 61. ♗e4 g5 **0:1**

8.03. **62.**

P. KERES - R. STAUB

1. c4 ♘f6 2. ♘c3 d5 3. cd5 ♘d5 4. g3 e5 5. ♗g2 ♘b6 6. ♘f3 ♘c6 7. 0-0 ♗g4 8. d3 ♕d7 9. a4 ♗b4 10. a5 ♗f3 11. ♗f3 ♘a5 12. ♘e4 ♘c6 13. ♗d2 ♗e7 14. ♖c1 0-0 15. ♘c5 ♗c5 16. ♖c5 ♕d6 17. b4 ♘d8 18. ♕a1 f6 19. ♖fc1 c6 20. ♗e3 ♘e6 21. ♖a5 ♘d5 22. ♗c5 ♘c5 23. bc5 ♕b8 24. ♕a2 ♔h8 25. ♗d5 cd5 26. ♕d5 b6 27. ♖b5 ♕c7 28. ♖c4 ♖ad8 29. ♕f3 bc5 30. ♖b7 ♕d6 31. ♖h4 ♖d7 32. ♕f5 **1:0**

15.03. **63.**

P. KERES - E. MILL

1. e4 e5 2. ♘f3 ♘c6 3. ♗b5 a6 4. ♗a4 ♘f6 5. 0-0 d6 6. c3 ♗d7 7. d4 b5 8. ♗b3 ♗e7 9. ♕e2 ♘a5 10. de5 ♘b3 11. ef6 ♘c1 12. ♖c1 ♗f6 13. ♘bd2 0-0 14. ♘f1 ♖e8 15. ♕d3 ♕e7 16. ♖e1 ♗c6 17. ♘g3 ♖ad8 18. ♘d4 ♗d4 19. cd4 g6 20. a4 ♗d7 21. ♕c3 ♖c8 22. e5 c5 23. ♘e4 cd4 24. ♕d4 de5 25. ♕d7 ♕d7 26. ♘f6 ♔g7 27. ♘d7 e4 28. ab5 ab5 29. b4 ♖c4 30. ♖ab1 f6 31. ♖b3 ♖d4 32. ♘c5 f5 33. f3 ♖e7 34. ♔f2 ♔f6 35. ♖bb1 ef3 36. ♖e7 ♔e7 37. ♔f3 f4 38. ♖e1 ♔f7 39. ♖e4 ♖e4 40. ♔e4 g5 41. ♔f5 h6 42. ♘e4 **1:0**

19.02. **64.**

E. VIILIP - P. KERES

1. ♘f3 f5 2. c4 ♘f6 3. g3 d6 4. d4 ♘bd7 5. ♗g2 e5 6. de5 de5 7. ♘g5 ♗b4 8. ♗d2 ♕e7 9. 0-0 ♗d2 10. ♘d2 0-0 11. a3 e4 12. f3 e3 13. ♘b3 h6 14. ♘h3 g5 15. ♔h1 c6 16. ♕c2 ♘h5 17. f4 g4 18. ♘g1 ♘g7 19. h4 ♘f6 20. ♖ad1 ♘fh5 21. ♔h2 ♘g3 22. ♔g3 ♘h5 23. ♔h2 ♕h4 24. ♘h3 gh3 25. ♗d5 cd5 26. ♖g1 ♔h7 27. ♖df1 ♗d7 28. ♕c3 ♖g8 29. ♕e3 ♖g2 30. ♖g2 hg2 31. ♔g2 ♖g8 **0:1**

19.03. **65.**

A. SCHULMANN - P. KERES

1. d4 ♘f6 2. g3 g6 3. ♗g2 ♗g7 4. e3 0-0 5. ♘e2 d5 6. ♘bc3 c6 7. 0-0 ♘bd7 8. e4 de4 9. ♘e4 ♘e4 10. ♗e4 e5 11. c3 f5 12. ♗g2 ♕e7 13. a4 e4 14. ♘f4 ♔h8 15. ♕b3 c5 16. ♘e6 c4 17. ♕c4 ♘b6 18. ♗g5 ♕e6 19. ♕e6 ♗e6 20. a5 ♘c4 21. b4 ♖fc8 22. f3 h6 23. ♗f4 e3 24. ♖fe1 ♗d5 25. ♗e3 ♘e3 26. ♖e3 ♖c3 27. ♖c3 ♗d4 28. ♔h1 ♗c3 29. ♖d1 ♗c6 30. ♖d6 ♖e8 31. h4 ♔g7 32. a6 ♗e5 33. ♖d3 ♗g3 34. ♖d1 ba6 35. f4 ♖e1 36. ♖e1 ♗g2 37. ♔g2 ♗e1 38. ♔f1 ♗b4 39. ♔e2 a5 40. ♔d1 ♗d6 41. ♔c2 ♗f4 **0:1**

19.03. **66.**

K. KURRIK - P. KERES

1. d4 ♘f6 2. c4 e5 3. e3 ed4 4. ♕d4 ♘c6 5. ♕d1 d5 6. a3 ♗e6 7. cd5 ♘d5 8. e4 ♘f6 9. ♕d8 ♖d8 10. ♗g5 ♘d4 11. ♗d3 ♘b3 **0:1**

19.03. **67.**

P. KERES - H. NISSEN

1. d4 d5 2. ♘f3 ♘f6 3. e3 ♘c6 4. ♗d3 ♗g4 5. c4 e6 6. ♘bd2 ♗b4 7. 0-0 ♗d2 8. ♗d2 0-0 9. ♕c2 ♗f3 10. gf3 ♖e8 11. f4 ♘e7 12. ♔h1 c6 13. ♖g1 ♕d7 14. ♖g5 h6 15. ♖g2 ♔h8 16. ♖ag1 ♖g8 17. ♗c3 ♘f5 18. ♕e2 ♕c7 19. f3 c5 20. dc5 ♕c5 21. ♗f5 ef5 22. ♖g7 ♖g7 23. ♗f6 ♖g8 24. ♖g7 ♖g7 25. ♕g2 ♕f8 26. cd5 ♔h7 27. ♗g7 ♕g7 28. ♕g7 ♔g7 29. ♔g2 ♔f6 30. e4 ♔e7 31. e5 **1:0**

21.03. **68.**

P. TAMM - P. KERES

1. ♘f3 f5 2. d4 ♘f6 3. g3 d6 4. ♗g2 ♘bd7 5. ♘g5 ♘b6 6. 0-0 g6 7. ♖e1 ♗g7 8. c3 0-0 9. e4 fe4 10. ♘e4 ♘e4 11. ♗e4 e5 12. de5 ♗e5 13. ♗h6 ♗g7 14. ♗g7 ♔g7 15. ♕d4 ♕f6 16. ♕f6 ♔f6 17. ♘d2 c6 18. ♗g2 d5 19. f4 ♘a4 20. c4 ♗e6 21. b3 ♘c5 22. cd5 ♗d5 23. ♘e4 ♗e4 24. ♗e4 ♖ad8 25. ♖ac1 ♘e4 26. ♖e4 ♖d2 27. a4 ♖fd8 28. ♖ce1 ♖b2 29. ♖e6 ♔g7 30. ♖e7 ♔h6 31. ♖1e2 ♖e2 32. ♖e2 ♖d1 33. ♔g2 ♖b1 34. ♖e3 ♖b2 35. ♔h3 b6 36. g4 ♔g7 37. ♔g3 c5 38. h3 ♔f6 39. g5 ♔f7 40. ♔f3 ♖c2 41. ♔g4 c4 42. bc4 ♖c4 43. ♖a3 ♔e6 44. h4 ♔d6 45. ♖a1 ♔c5 46. h5 gh5 47. ♔f5 h4 48. ♖h1 ♖a4 49. ♖h4 ♖a1 50. ♖h7 b5 51. g6 b4 52. g7 ♖g1 53. ♔f6 b3 54. ♖h5 ♔c6 55. ♖g5 ♖g5 56. fg5 b2 57. g8♕ b1♕ 58. ♕c8 ♔d6 59. ♕e6 ♔c7 60. ♕e7 ♔b6 ½:½

22.03. **69.**

P. KERES - O. LEESMENT

1. e4 e5 2. f4 d6 3. ♘f3 ♘c6 4. ♘c3 ♘f6 5. ♗c4 h6 6. 0-0 ♗g4 7. h3 ♗h5 8. g4 ♗g6 9.

d3 a6 10. ♗e3 ♕d7 11. ♘d5 ♗e7 12. c3 h5 13. ♘e7 ♔e7 14. g5 ♕h3 15. gf6 gf6 16. ♔f2 h4 17. ♔e2 ♗h5 18. ♖f2 ♖ag8 19. ♕h1 ♗f3 20. ♕f3 ♖g3 21. ♕h1 ♖e3 22. ♔d2 ♕h1 23. ♖h1 ♖g3 24. ♔e2 h3 25. f5 ♖hg8 26. b4 ♖8g4 27. a4 ♘a7 28. ♖fh2 ♖g2 29. ♔e1 ♖h2 30. ♖h2 ♖g3 31. ♔f2 ♖g2 32. ♖g2 hg2 33. ♔g2 b5 34. ♗b3 c5 35. bc5 dc5 36. ♔f3 ♔d7 37. ♔e3 ♘c6 38. ♔d2 ♘a5 39. ♗f7 ba4 40. ♔c2 ♔d6 41. ♔b2 c4 42. d4 ♘c6 43. d5 ♘a5 44. ♗e8 ♘b3 45. ♗a4 ♘c5 46. ♗c2 a5 47. ♔c1 ♔d7 48. ♔b2 ♔d6 49. ♗b1 ♔c7 50. ♔c1 ♔d6 51. ♔d2 ♔c7 52. ♔e3 ♘a4 53. ♗a2 ♘c3 54. ♗c4 ♔d6 55. ♗b3 ♘b5 56. ♗a4 ♘c7 57. ♔d3 ♘a6 58. ♔c4 ♘c5 59. ♗c2 a4 60. ♔b4 a3 61. ♔a3 ♘b7 62. ♔b4 ♔e7 63. ♔b5 ♘d6 64. ♔c6 ♘e8 65. ♔c5 ♘d6 66. ♔b4 ♘e8 67. ♔c3 ♘d6 68. ♔d3 ♘e8 69. ♗a4 ♘d6 70. ♔e3 ♘c4 71. ♔e2 ♘d6 72. ♔f3 ♘c4 73. ♗b5 ♘d6 74. ♗a6 ♘e8 75. ♔g4 ♘d6 76. ♗d3 ♘c8 77. ♔h5 ♔d6 78. ♔g6 ♔e7 79. ♔g7 ♘d6 ½:½

26.03. **70.**

J. SARAP - P. KERES

1. d4 ♘f6 2. ♘f3 d5 3. c4 c6 4. ♘c3 e6 5. ♗g5 ♘bd7 6. e3 ♕a5 7. c5 ♘e4 8. ♕c2 e5 9. a3 ♘g5 10. ♘g5 ♗e7 11. b4 ♕c7 12. h4 h6 13. ♘f3 0-0 14. ♗e2 ♖e8 15. e4 ed4 16. ♘d4 de4 17. ♘e4 ♘f6 18. ♗d3 ♕e5 19. ♘b3 ♘e4 20. ♗e4 f5 21. 0-0-0 fe4 22. ♖de1 ♗f5 23. g3 ♗f6 24. ♖e3 ♗e6 25. ♖e4 ♕e4 26. ♕e4 ♗d5 27. ♕d3 ♗h1 28. f3 ♖e1 29. ♔c2 ♖d8 30. ♕c4 ♔h8 31. ♘c1 ♗f3 32. ♕f4 ♖f1 33. ♕e3 ♗d4 34. ♕e7 ♖f2 35. ♔d3 ♗f6 36. ♕d8 ♗d8 37. ♔e3 ♖c2 38. ♘d3 ♖c3 39. ♔f3 ♖d3 **0:1**

26.03. **71.**

P. KERES - F. MUST

1. e4 e5 2. ♘f3 ♘c6 3. d4 ed4 4. ♗c4 ♘f6 5. e5 d5 6. ♗b5 ♗b4 7. c3 dc3 8. bc3 ♗c5 9. ef6 ♕f6 10. 0-0 0-0 11. ♕d5 ♗d6 12. ♗g5 ♕g6 13. ♘bd2 ♗e6 14. ♕e4 ♗f5 15. ♕h4 ♘e5 16. ♗f4 ♗e7 17. ♕e7 **1:0**

2.04. **72.**

P. KERES - L. LUCK

1. ♘f3 d5 2. e4 de4 3. ♘g5 ♘f6 4. ♗c4 e6 5. ♘c3 ♗d7 6. ♘ge4 ♘e4 7. ♘e4 ♗c6 8. ♕e2 ♕d4 9. f3 ♗d5 10. ♗b3 ♗b3 11. ab3 ♘d7 12. d3 ♗e7 13. ♖a4 ♕d5 14. ♗e3 0-0 15. 0-0 e5 16. f4 ef4 17. ♘c3 ♕e6 18. ♖e4 ♕c6 19. ♗f4 ♗d6 20. ♖c4 ♕a6 21. ♘d5 ♗f4 22. ♖cf4 f6 23. ♘e7 ♔f7 24. ♖e4 g6 25. ♘g6 hg6 26. ♖e7 ♔g8 27. ♖d7 ♖ae8 28. ♕g4 f5 29. ♕h4 ♕b6 30. ♔h1 ♖f7 31. ♖f7 ♔f7 32. ♕h7 ♔f6 33. h4 ♕d4 34. ♕h6 ♕b2 35. h5 ♖g8 36. hg6 ♖g6 37. ♕f8 ♔g5 38. ♖f5 ♔g4 39. ♖f4 ♔h5 40. ♕f5 ♔h6 41. ♖h4 ♔g7 42. ♕d7 ♔f8 43. ♕d8 ♔f7 44. ♖h7 ♔e6 45. ♕e8 ♔f5 46. ♖h5 ♔f6 47. ♕f8 ♔e6 48. ♕f5 ♔e7 49. ♕g6 **1:0**

3.04. **73.**

P. KERES - E. RÜGA

1. d4 ♘f6 2. c4 d5 3. cd5 ♘d5 4. ♘f3 c6 5. e4 ♘f6 6. ♘c3 ♗g4 7. ♕b3 ♕b6 8. ♘e5 e6 9. f3 ♗h5 10. ♕b6 ab6 11. h4 h6 12. ♗c4 ♔e7 13. g4 ♗g6 14. ♘g6 fg6 15. ♘e2 ♔f7 16. ♘f4 ♗b4 17. ♔f2 ♖e8 18. ♘d3 ♗f8 19. ♘e5 ♔g8 20. ♘g6 ♘bd7 21. ♘f4 ♔f7 22. g5 ♘g8 23. g6 ♔f6 24. e5 ♘e5 25. de5 ♔e5 26. ♘e6 ♗c5 27. ♔g3 ♖ac8 28. b4 ♗d6 29. ♗f4 **1:0**

5.04. **74.**

P. KERES - D. ADAMSON

1. d4 d5 2. ♘f3 ♘f6 3. ♘bd2 e6 4. e3 c5 5. c3 ♘c6 6. ♗d3 ♗d6 7. 0-0 0-0 8. ♕e2 ♕c7 9. dc5 ♗c5 10. e4 de4 11. ♘e4 ♘e4 12. ♕e4 f5 13. ♕c4 ♘e5 14. ♘e5 ♕e5 15. ♗f4 ♕d5 16. ♖ad1 ♕c4 17. ♗c4 a6 18. a4 a5 19. ♖fe1 ♔f7 20. ♖e5 b6 21. ♖f5 ♔g8 22. ♖f8 ♔f8 23. ♖d8 ♔f7 24. ♗b5 ♗e7 25. ♖d1 ♗a6 26.

♗a6 ♖a6 27. ♖d7 ♔f8 28. ♖b7 h6 29. ♔f1 g5 30. ♗b8 ♔e8 31. ♗a7 ♗c5 32. ♔e2 ♔d8 33. f3 ♔c8 34. ♖h7 ♗d6 35. g3 ♗c7 36. ♖h8 ♔b7 37. ♖h6 ♖a7 38. ♖e6 ♗d8 39. ♔e3 ♔c7 40. f4 gf4 41. ♔f4 ♔d7 42. ♖e4 ♖a8 43. h4 ♗c7 44. ♔f3 ♖e8 45. ♖d4 ♔e6 46. ♖e4 ♔f7 47. ♖e8 ♔e8 48. g4 ♔f7 49. g5 ♔g7 50. b4 ab4 51. cb4 ♗d6 52. a5 ba5 53. ba5 **1:0**

12.04. **75.**

J. VIIDIK - P. KERES

1. e4 a6 2. ♘f3 b5 3. d3 ♗b7 4. ♗e2 g6 5. ♗d2 ♗g7 6. ♗c3 ♘f6 7. ♘bd2 0-0 8. h3 c5 9. a3 d5 10. ed5 ♘d5 11. ♗g7 ♔g7 12. ♘e4 ♘d7 13. ♕d2 h6 14. g4 ♕c7 15. h4 ♕f4 16. ♕f4 ♘f4 17. ♖g1 ♖ac8 18. ♘fd2 ♘e5 19. f3 ♗d5 20. ♖g3 ♘c6 21. ♗f1 ♘d4 22. ♖c1 ♖fd8 23. ♔f2 ♔h8 24. ♔e3 e5 25. b3 f5 26. ♘c3 ♘d3 27. ♗d3 f4 28. ♔f2 fg3 29. ♔g3 ♗f7 30. ♗e4 b4 31. ♗b7 bc3 32. ♔f2 cd2 33. ♖d1 ♖b8 34. ♗a6 ♘c2 35. ♗c4 ♗c4 36. bc4 ♘a3 37. ♔e3 ♘c4 38. ♔e2 ♖b3 39. g5 h5 40. ♔f2 ♘e3 41. ♔e2 ♘d1 **0:1**

30.04. **76.**

A. KARU - P. KERES

1. d4 ♘f6 2. ♘f3 e6 3. c4 d5 4. ♘c3 ♗b4 5. ♗d2 0-0 6. e3 ♘bd7 7. ♗d3 ♖e8 8. a3 ♗d6 9. c5 ♗f8 10. 0-0 e5 11. de5 ♘e5 12. ♗b5 ♘fd7 13. ♗d7 ♗d7 14. b4 ♘d3 15. ♕e2 ♘e5 16. ♘d5 ♗g4 17. e4 c6 18. ♘e3 ♗f3 19. gf3 ♕d2 **0:1**

1.05. **77.**

H. MÄLK - P. KERES

1. d4 ♘f6 2. c4 e6 3. ♘c3 d5 4. ♘f3 ♗b4 5. ♕a4 ♘c6 6. ♘e5 ♗d7 7. ♘d7 ♕d7 8. e3 e5 9. a3 ♗c3 10. bc3 0-0 11. ♖b1 ♖fe8 12. ♗e2 ed4 13. cd4 ♕f5 14. ♖b7 ♘e4 15. f3 ♘c3 16. ♕c6 ♕c2 17. 0-0 ♘e2 18. ♔h1 ♕d3 19. ♖e1 ♘c1 20. ♖c1 ♕a3 21. cd5 ♕e3 22. ♖bb1 ♕d4 23. ♖e1 ♖ed8 24. ♕c7 ♕d5 25. h3 h6 26. ♖b7 ♖ac8 27. ♕f4 ♕b7 **0:1**

KERES - KIBBERMANN MATCH

Tallinn, 25.- 28.04.1935

25.04. **78.**

P. KERES - F. KIBBERMANN

1. e4 d5 2. ed5 ♕d5 3. ♘c3 ♕a5 4. b4 ♕b4 5. ♖b1 ♕d6 6. d4 ♘f6 7. ♘f3 e6 8. ♗d3 ♗e7 9. 0-0 c6 10. ♘e2 0-0 11. c4 c5 12. ♗f4 ♕d8 13. ♘c3 b6 14. dc5 ♗c5 15. ♘e4 ♘bd7 16. ♘c5 ♘c5 17. ♗d6 ♖e8 18. ♗c5 bc5 19. ♘g5 ♗a6 20. ♕f3 ♕d4 21. ♗h7 ♘h7 22. ♕f7 ♔h8 23. ♕h5 ♕d3 24. ♖b3 ♕f5 25. ♖h3 ♔g8 26. ♕h7 ♕h7 27. ♖h7 ♗c4 28. ♖c1 ♖ab8 29. h3 ♗d3 30. ♖h4 c4 31. ♘e4 ♖b4 32. a3 ♖a4 33. ♖c3 ♖c8 34. ♘d2 ♖c6 35. ♖d3 cd3 36. ♖a4 ♖c2 37. ♘f1 e5 38. ♖a7 ♖c1 39. ♖d7 e4 40. g3 ♖a1 41. ♔g2 ♖a3 42. ♖d4 ♖a7 43. ♘d2 ♖a3 44. ♘e4 ♖b3 45. ♘c5 ♖c3 46. ♘d3 **1:0**

26.04. **79.**

F. KIBBERMANN - P. KERES

1. d4 ♘c6 2. ♘f3 d5 3. c4 e5 4. ♘e5 ♘e5 5. de5 d4 6. e4 ♘e7 7. ♗d3 ♘g6 8. f4 ♗b4 9. ♗d2 ♘f4 10. ♗b4 ♘g2 11. ♔f2 ♕h4 12. ♔g1 ♕g5 13. ♕f3 ♘e1 14. ♕g3 ♕g3 15. hg3 ♘d3 16. ♗a3 ♘e5 17. ♘d2 ♗e6 18. b3 a5 19. ♔g2 ♗g4 20. ♖hf1 f6 21. ♖h1 ♔d7 22. ♗c5 ♘c6 23. ♘f3 b6 24. ♗a3 ♖ae8 25. ♖he1 ♗f3 26. ♔f3 h5 27. ♖e2 h4 28. c5 ♘e5 29. ♔g2 hg3 30. ♔g3 ♖h5 31. cb6 ♖g5 32. ♔f2 ♖h8 **0:1**

27.04. **80.**

P. KERES - F. KIBBERMANN

1. e4 d5 2. e5 c5 3. ♘f3 ♘c6 4. d4 ♗g4 5. dc5 e6 6. c3 ♗c5 7. b4 ♗b6 8. ♗f4 ♗c7 9. ♗b5

♘e7 10. ♘bd2 0-0 11. ♗c6 ♘c6 12. h3 ♗f3 13. ♘f3 f6 14. ♕e2 fe5 15. ♗g5 ♕d6 16. ♖d1 e4 17. ♘h2 ♘e5 18. ♗e3 ♘d3 19. ♖d3 ed3 20. ♕d3 ♖f7 21. ♘f3 h6 22. ♗c5 ♕d7 23. 0-0 e5 24. ♕e2 e4 25. ♘h2 b6 26. ♗d4 ♕d6 27. g3 ♕e6 28. ♔g2 ♖af8 29. ♕g4 ♕c6 30. b5 ♕b5 31. ♕g6 ♕e8 32. ♔g1 ♖e7 33. ♕e8 ♖fe8 34. ♘g4 ♖d8 35. ♖b1 a6 36. a4 ♖b8 37. ♘e3 ♖d7 38. ♘c2 b5 39. ab5 ♖b5 40. ♖b5 ab5 41. ♘a3 ♗a5 42. ♘b5 ♖b7 43. ♘d6 ♖b1 44. ♔g2 ♗b6 45. ♗b6 ♖b6 46. ♘c8 ♖b5 47. ♔f1 ♖c5 48. ♘b6 ♔f7 49. ♔e2 ♔e6 50. ♔d2 ♖a5 51. c4 d4 52. ♘d5 ♖a2 53. ♔e1 ♖c2 54. ♘f4 ♔f5 55. ♘h5 g5 56. g4 ♔e5 57. ♘g7 ♖c4 58. ♘f5 ♖c6 59. ♔e2 ♖a6 60. ♔e1 h5 61. ♔e2 h4 62. ♘e7 ♖a2 63. ♔f1 d3 64. ♘c6 ♔f4 65. ♘e7 ♔f3 66. ♔e1 ♖f2 67. ♘c6 e3 68. ♘d4 ♔e4 69. ♘b3 d2 70. ♘d2 ♖d2 71. ♔f1 ♔f3 **0:1**

28.04. **81.**

F. KIBBERMANN - P. KERES

1. d4 d5 2. ♘f3 c5 3. c4 e6 4. cd5 ed5 5. ♘c3 ♘c6 6. ♗f4 ♘f6 7. e3 ♗e7 8. ♗e2 0-0 9. 0-0 ♗f5 10. ♖c1 c4 11. b3 ♗a3 12. ♖b1 ♕a5 13. bc4 ♗b1 14. ♘b1 ♗e7 15. ♕c2 ♘b4 16. ♕f5 ♕a2 17. ♘bd2 ♕c2 18. ♕e5 ♘c6 19. ♕c7 ♖ab8 20. ♗g5 ♖fc8 21. ♕g3 ♘e4 22. ♘e4 de4 23. ♗h6 ♗f8 24. ♗d1 ♕c4 25. ♘d2 ♕e6 26. ♗f4 ♖a8 27. f3 ♕g6 28. ♕h3 ♕e6 29. ♕g3 ♘b4 30. fe4 ♖c1 31. d5 ♕g6 32. ♕f3 a5 33. ♗e5 a4 34. h4 h5 35. ♗b2 ♖c7 36. e5 ♘d3 37. d6 ♘e5 38. ♗e5 ♗d6 39. ♗d6 ♕d6 40. ♘e4 ♕g6 41. ♘g5 ♖c6 42. ♕d5 ♖f6 43. ♕b7 ♖f1 44. ♔f1 ♕a6 45. ♕a6 ♖a6 46. ♔e2 ♔f8 47. ♘e4 a3 48. ♘c3 a2 49. ♘a2 ♖a2 50. ♔f3 ♖b2 51. ♔g3 g6 52. ♗f3 ♔g7 53. ♗d5 f6 54. ♗f3 ♖b4 55. ♗c6 g5 56. hg5 fg5 57. ♗d5 ♔h6 58. ♗c6 g4 59. ♔h4 ♖b1 60. ♔g3 ♔g5 61. e4 ♖f1 62. ♗b5 h4 **0:1**

TALLINN
2.- 9.06.1935

2.06. **82.**

J. TÜRN - P. KERES

1. ♘f3 ♘f6 2. d4 e6 3. c4 d5 4. ♘c3 c5 5. e3 a6 6. dc5 ♗c5 7. ♗e2 0-0 8. 0-0 dc4 9. ♗c4 b5 10. ♕d8 ♖d8 11. ♗e2 ♗b7 12. ♗d2 ♘c6 13. ♖fd1 e5 14. ♘g5 ♘b4 15. a4 ♘d3 16. ♗d3 ♖d3 17. ab5 ab5 18. ♖a8 ♗a8 19. ♘b5 h6 20. ♘f3 ♗f3 21. gf3 e4 22. ♘c3 ♗b4 23. ♗c1 ♖d1 24. ♘d1 ef3 25. ♘c3 ♗c3 26. bc3 ♘e4 27. c4 ♔f8 28. ♗a3 ♔e8 29. h4 h5 30. ♔h2 ♔d7 31. ♗f8 g6 32. ♗g7 ♔e6 33. ♔h3 f6 34. ♗f8 g5 35. hg5 fg5 36. ♔h2 g4 37. ♔g1 h4 38. ♗h6 g3 39. fg3 h3 40. g4 f2 41. ♔f1 h2 **0:1**

3.06. **83.**

P. KERES - P. SCHMIDT

1. e4 e6 2. d4 d5 3. e5 c5 4. ♘f3 ♘c6 5. dc5 ♗c5 6. ♗d3 ♘ge7 7. ♗f4 ♗d7 8. 0-0 ♘d4 9. ♘bd2 ♘g6 10. ♗g3 ♘f5 11. ♗f5 ef5 12. h4 f4 13. ♗h2 ♗g4 14. c4 0-0 15. ♕b3 dc4 16. ♕c4 ♖c8 17. ♕a4 ♕d3 18. ♖fe1 h5 19. ♖ac1 ♗f2 20. ♔h1 ♗e1 21. ♖e1 ♖c2 22. ♗f4 b5 23. ♕d4 ♕d4 24. ♘d4 ♖b2 25. ♗g5 ♖e8 26. ♘e4 ♖e5 27. ♘c6 ♖d5 28. ♗c1 ♖e2 29. ♖e2 ♖d1 30. ♔h2 ♖c1 31. ♖b2 ♖c6 32. ♖b5 f6 33. ♖b8 ♔h7 34. ♖b7 a6 35. a4 ♘e5 **0:1**

4.06. **84.**

G. WITTE - P. KERES

1. d4 ♘f6 2. c4 e6 3. ♘c3 d5 4. ♘f3 c5 5. cd5 ♘d5 6. e4 ♘c3 7. bc3 cd4 8. cd4 ♗b4 9. ♗d2 ♗d2 10. ♕d2 0-0 11. ♗b5 a6 12. ♗d3 ♘c6 13. d5 ed5 14. ed5 ♖e8 15. ♗e2 ♘e7 16. ♖d1 ♗g4 17. 0-0 ♘d5 18. ♗c4 ♗f3 19. gf3 ♘f6 20. ♕b2 ♕b8 21. ♕b3 ♖e7 22. ♖fe1 ♖e1 23. ♖e1 ♕c7 24. a4 ♖c8 25. ♖c1 ♔h8 26.

♖c2 ♕d7 27. ♖b2 ♕f5 28. ♖b1 ♖c4 29. ♕b7 h5 30. ♖d1 ♔h7 31. ♕a6 ♕f3 32. ♕c4 ♕d1 33. ♔g2 ♕d5 34. ♕d5 ♘d5 35. a5 ♔g6 36. a6 ♔f5 37. a7 ♘c7 38. ♔f3 g5 39. ♔e3 g4 40. ♔d3 ♔e5 41. ♔e3 f5 42. ♔d3 h4 43. ♔c4 ♔d6 44. ♔d3 h3 45. ♔c4 f4 46. ♔d3 g3 47. fg3 fg3 **0:1**

5.06. **85.**

P. KERES - G. DANIELSSON

1. e4 ♘f6 2. e5 ♘d5 3. d4 c5 4. c4 ♘c7 5. d5 d6 6. ed6 ed6 7. ♗d3 ♗e7 8. ♘e2 ♘d7 9. f4 ♗h4 10. ♘g3 ♕e7 11. ♔d2

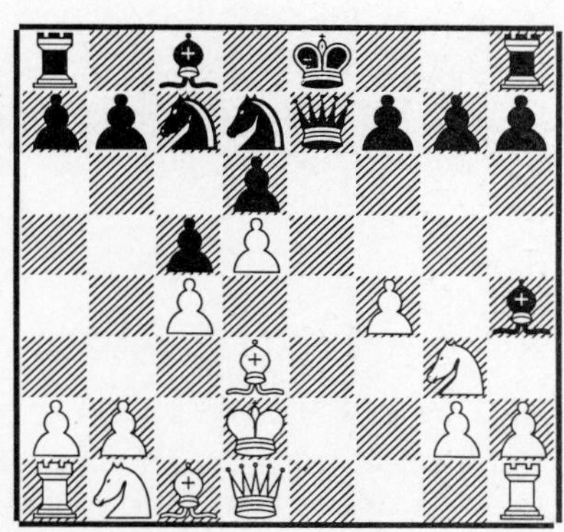

♗g3 12. hg3 ♔d8 13. ♖e1 ♕f8 14. b3 b5 15. ♗b2 bc4 16. bc4 ♘b6 17. ♕e2 f6 18. ♘c3 ♗d7 19. g4 ♔c8 20. a4 a5 21. ♗f5 ♗f5 22. gf5 ♕d8 23. ♕d3 ♕d7 24. ♘b5 ♘b5 25. ab5 a4 26. ♗a3 g6 27. ♖e6 ♖b8 28. ♖ae1 gf5 29. ♖e7 ♘c4 30. ♕c4 ♕b5 31. ♕c2 ♕a5 32. ♔d1 ♖b3 33. ♕f5 ♔b8 34. ♖e8 ♖e8 35. ♖e8 ♔a7 36. ♕d7 ♖b7 37. ♕d6 ♖b1 38. ♔c2 ♖b2 39. ♗b2 **1:0**

6.06. **86.**

T. BERG - P. KERES

1. d4 ♘f6 2. ♘f3 e6 3. c4 d5 4. ♘c3 c5 5. cd5 ♘d5 6. e4 ♘c3 7. bc3 cd4 8. cd4 ♗b4 9. ♗d2 ♗d2 10. ♕d2 0-0 11. ♗e2 b6 12. 0-0 ♗b7 13. ♕e3 ♘c6 14. ♖fd1 ♘e7 15. ♖ac1 ♘g6 16. ♗b5 ♕d6 17. h4 f5 18. e5 ♕d8 19. ♗c6 ♗c6 20. ♖c6 ♕d5 21. ♖c7 ♕a2 22. h5 ♘h8 23. d5 ♖ac8 24. d6 ♖c7 25. dc7 ♕c4 26. ♖c1 ♕a6 27. ♘d4 ♖c8 28. ♕b3 b5 29. ♘e6 ♘f7 30. ♘g5 ♖c7 31. ♖c7 ♕a1 32. ♔h2 ♕e5 33. ♕g3 ♕g3 34. ♔g3 ♘g5 35. ♖a7 ♘e4 36. ♔f4 ♘f2 37. ♔f5 ♘d1 38. h6 ♘e3 39. ♔e4 ♘c4 40. ♖g7 ♔h8 41. ♔f5 b4 42. ♔e6 **1:0**

7.06. **87.**

P. KERES - G. FRIEDEMANN

1. e4 d5 2. ed5 ♕d5 3. ♘c3 ♕a5 4. ♘f3 ♘f6 5. b4 ♕b4 6. ♖b1 ♕d6 7. d4 c6 8. ♗d3 ♘bd7 9. 0-0 e6 10. ♘e2 g6 11. ♘e5 ♕e7 12. ♘g3 ♗g7 13. ♘c4 0-0 14. ♗a3 c5 15. ♘e4 b6 16. dc5 ♘c5 17. ♘c5 bc5 18. ♘a5 ♕c7 19. ♘c4 ♗d7 20. ♕f3 ♖ab8 21. ♕g3 ♕g3 22. hg3 ♖fc8 23. ♖b8 ♖b8 24. ♗c5 ♘d5 25. a3 a6 26. ♗d6 ♖c8 27. ♘e5 ♗b5 28. ♘f3 ♖c6 29. ♗e5 ♗d3 30. cd3 ♗e5 31. ♘e5 ♖c3 32. ♖a1 f6 33. ♘d7 ♖c7 34. ♘b8 a5 35. d4 ♖c4 36. ♖b1 ♖d4 37. ♘c6 ♖a4 38. ♖b5 ♖a3 39. ♘a5 ♖a1 40. ♔h2 ♖f1 41. ♖b2 h5 42. ♘c6 ♘c3 43. ♖b7 ♘d5 44. ♘e7 ♘e7 45. ♖e7 e5 46. f3 ♔f8 47. ♖a7 f5 48. ♖b7 ♖e1 49. ♖a7 e4 50. fe4 fe4 51. g4 h4 52. g5 e3 53. ♖a4 ♖d1 54. ♖f4 ♔g7 55. ♖e4 ♖d3 56. g3 hg3 57. ♔g3 e2 58. ♔f2 ♖d5 59. ♖e7 ♔f8 60. ♖e2 ♖g5 61. ♔f3 ♔g7 62. ♖g2 ♖g2 63. ♔g2 ♔f6 64. ♔f2 **½:½**

8.06. **88.**

E. BÖÖK - P. KERES

1. d4 ♘f6 2. c4 e6 3. ♘c3 d5 4. ♗g5 ♘bd7 5. e3 c6 6. ♘f3 ♕a5 7. ♘d2 ♗b4 8. ♕c2 0-0 9. ♗f6 ♘f6 10. ♗e2 e5 11. ♘b3 ♕c7 12. a3 dc4 13. ♗c4 ♗d6 14. h3 ed4 15. ♘d4 ♕a5 16. ♖d1 ♗c7 17. f4 ♖e8 18. ♔f2 g5 19. b4 ♕a3 20. ♖b1 ♕c3 **0:1**

9.06. **89.**

P. KERES - F. SÄMISCH

1. c4 e5 2. ♘f3 ♘c6 3. ♘c3 ♘f6 4. d4 ed4 5. ♘d5 ♘d5 6. cd5 ♘b4 7. e4 de3 8. ♗e3 ♗e7

9. ♗c4 0-0 10. 0-0 a5 11. ♖e1 d6 12. ♕d2 ♗f6 13. a3 ♘a6 14. ♖ac1 c5 15. h3 a4 16. ♗g5 ♘c7 17. ♕f4 ♗g5 18. ♘g5 h6 19. ♘e4 b5 20. ♗a2 ♖a6 21. ♖c3 ♔h8 22. h4 c4 23. ♖d1 ♗b7 24. ♕f5 ♕c8 25. ♕h5 f5 26. ♖g3 fe4 27. ♕g6 ♘e8 28. ♕e4 ♕f5 29. ♕e2 ♕f7 30. ♗b1 ♘f6 31. ♗g6 ♕d7 32. ♖e3 ♘d5 33. ♖d5 ♗d5 34. ♖e7 ♕d8 35. g4 ♖a8 36. g5 ♗f3 37. gh6 gh6 38. ♕e3 ♖f4 39. ♕c3 **1:0**

THE 6th OLYMIAD
Warsaw, 16.- 31.08.1935

16.08. **90.**

P. KERES - B.P. REILLY

1. e4 c6 2. d4 d5 3. ed5 cd5 4. c4 ♘f6 5. ♘c3 e6 6. ♘f3 ♗e7 7. ♗f4 0-0 8. c5 ♗d7 9. b4 b6 10. ♗d3 a5 11. a3 ab4 12. ab4 ♖a1 13. ♕a1 ♘c6 14. ♕b2 bc5 15. bc5 ♗c5 16. dc5 e5 17. ♘e5 ♖e8 18. ♘e2 ♕a5 19. ♔f1 ♘e5 20. ♗e5 ♕a4 21. ♘c3 **1:0**

17.08. **91.**

Dr. A. ALEKHINE - P. KERES

1. e4 e5 2. ♘f3 ♘c6 3. ♗b5 a6 4. ♗a4 ♘f6 5. 0-0 d6 6. c3 ♗d7 7. d4 ♗e7 8. d5 ♘b8 9. ♗c2 h6 10. c4 ♕c8 11. ♘e1 g5 12. ♘c3 ♘h5 13. ♘e2 ♘f4 14. ♘g3 c6 15. ♘f5 cd5 16. ♗f4 gf4 17. cd5 ♗f5 18. ef5 ♘d7 19. ♖c1 ♕d8 20. ♗a4 ♖c8 21. ♘f3 b5 22. ♗b3 ♘c5 23. ♗c2 a5 24. ♕e2 ♔f8 25. ♗d3 ♕d7 26. ♘d2 ♖g8 27. ♗b1 ♕b7 28. ♕f3 ♖e8 29. ♖c5 dc5 30. d6 ♕f3 31. de7 ♖e7 32. ♘f3 e4 33. ♘d2 e3 34. fe3 fe3 35. ♘e4 ♖d7 36. ♖e1 e2 37. ♗c2 **1:0**

18.08. **92.**

P. KERES - V. PETROV

1. c4 e6 2. ♘c3 d5 3. d4 ♘f6 4. ♗g5 ♘bd7 5. ♘f3 ♗e7 6. e3 0-0 7. ♖c1 c6 8. ♗d3 dc4 9. ♗c4 b5 10. ♗d3 a6 11. a4 ♗b7 12. 0-0 ♖c8 13. ♕e2 b4 14. ♘e4 ♘e4 15. ♗e7 ♕e7 16. ♗e4 a5 17. ♖fd1 ♘f6 18. ♘d2 e5 19. ♗f5 ♖cd8 20. ♘b3 ed4 21. ♖d4 ♖d4 22. ♘d4 ♖d8 23. ♕c2 g6 24. ♗d3 ♘g4 25. ♕e2 c5 26. ♕g4 cd4 27. e4 ♕e5 28. ♕g3 ♕g3 29. hg3 ♖c8 30. ♖c8 ♗c8 31. ♗c4 ♔g7 32. ♔f1 ♗b7 33. f3 f5 34. e5 g5 35. ♔e2 g4 36. ♗e6 ♔g6 37. fg4 fg4 38. ♗g4 ♗c6 39. ♔d3 ♗a4 40. ♔d4 ♗e8 41. ♔c4 ♔g5 42. ♗c8 h5 43. g4 h4 44. e6 ♔f6 45. ♗d7 ♗d7 46. ed7 ♔e7 47. ♔b5 ♔d7 48. ♔a5 b3 49. ♔b4 ♔e6 50. ♔b3 ♔f6 51. ♔c2 ♔g5 52. ♔d2 ♔g4 53. ♔e2 ♔g3 54. ♔f1 h3 55. gh3 ♔h3 56. b4 **1:0**

18.08. **93.**

Prof. O. NAEGELI - P. KERES

1. d4 ♘f6 2. c4 e6 3. ♘c3 d5 4. ♗g5 ♘bd7 5. e3 c6 6. cd5 ed5 7. ♗d3 ♗e7 8. ♕c2 0-0 9. ♘ge2 ♖e8 10. ♘g3 ♘f8 11. 0-0 ♘g4 12. ♗e7 ♕e7 13. ♗f5 ♕h4 14. ♗g4 ♗g4 15. f3 ♗d7 16. e4 ♖e6 17. ♘f5 ♕g5 18. f4 ♕g6 19. ♘e3 ♕h5 20. e5 ♖h6 21. g3 c5 22. ♘cd5 cd4 23. ♘f5 ♗f5 24. ♘e7 ♔h8 25. ♘f5 d3 26. ♘g7 ♔g7 27. ♕g2 ♕h3 28. ♕h3 ♖h3 29. ♖ad1 ♖c8 30. ♖f2 ♖d8 31. ♖fd2 ♖h6 32. ♖d3 ♖d3 33. ♖d3 ♖b6 34. b3 ♖c6 35. ♖d2 ♔g6 36. ♖d8 ♘e6 37. ♖b8 ♖c2 38. ♖b7 ♖a2 39. f5 ♔f5 40. ♖f7 ♔e4 **0:1**

19.08. **94.**

P. KERES - V. PIRC

1. c4 e5 2. ♘c3 ♘f6 3. g3 d5 4. cd5 ♘d5 5. ♗g2 ♘b6 6. ♘f3 ♘c6 7. 0-0 ♗e7 8. d3 0-0 9. ♗e3 ♗g4 10. h3 ♗e6 11. d4 ed4 12. ♘d4 ♘d4 13. ♗d4 ♕c8 14. ♕c2 ♗h3 15. ♕e4 ♗g2 16. ♔g2 ♕e6 17. ♕b7 c5 18. ♗e3 ♖ab8 19. ♕f3 ♘c4 20. ♗f4 ♖b2 21. ♖h1 h6

22. ♘d5 ♗d8 23. ♗c1 ♖b8 24. ♗f4 ♖b2 25. ♗c1 ♖b8 26. ♗f4 ♖c8 27. ♖h5 ♘b6 28. e4 f5 29. ♘c3 fe4 30. ♘e4 ♗f6 31. ♖c1 ♗d4 32. ♘c5 ♗c5 33. ♖cc5 ♖c5 34. ♖c5 ♕a2 35. ♕g4 ½:½

20.08. 95.

Dr. S.G. TARTAKOWER - P. KERES

1. c4 e5 2. ♘c3 ♘f6 3. ♘f3 ♘c6 4. d4 ed4 5. ♘d4 ♗b4 6. ♗g5 h6 7. ♗h4 ♘e5 8. ♕b3 ♗c3 9. ♕c3 ♘g6 10. ♕e3 ♔f8 11. ♗g3 d6 12. 0-0-0 ♕e8 13. ♕e8 ♘e8 14. ♘b5 ♔e7 15. e4 ♗e6 16. f4 ♗d7 17. c5 f5 18. ♘c7 ♖c8 19. ♘d5 ♔d8 20. e5 ♖c5 21. ♔b1 ♗e6 22. ♘c3 ♔e7 23. ♗f2 ♖c8 24. ed6 ♘d6 25. g3 ♖hd8 26. ♗a7 ♘e4 27. ♖d8 ♘c3 28. bc3 ♖d8 29. ♗d4 ♖a8 30. a3 ♔f7 31. ♔b2 ♗d5 32. ♖g1 ♘e7 33. ♗d3 g6 34. ♖e1 ♘c6 35. ♗c5 b6 36. ♗b4 ♖a7 37. ♗c2 ♘a5 38. ♗a5 ♖a5 39. a4 ♔f6 40. ♖e5 ♗c6 41. ♖a5 ba5 42. c4 ♔e6 43. ♔c3 ♔d6 44. ♔d4 h5 45. c5 ♔e6 46. ♗b3 ♔f6 47. h4 ♗e8 48. c6 ♗c6 49. ♔c5 ♗e8 50. ♔b6 ♔e7 51. ♔a5 ♔d6 52. ♔b4 ♔c6 53. a5 ♔b7 54. ♗c4 **1:0**

21.08. 96.

P. KERES - E. ANDERSEN

1. e4 e5 2. ♘f3 ♘c6 3. ♗b5 a6 4. ♗a4 d6 5. ♗c6 bc6 6. d4 f5 7. ♘c3 ♘f6 8. de5 ♘e4 9. ♘e4 fe4 10. ♘d4 c5 11. ♘e2 ♗b7 12. ♘g3 g6 13. ♕g4 ♕e7 14. ed6 cd6 15. ♗g5 ♕d7 16. ♕f4 ♗g7 17. ♘e4 ♕e6 18. 0-0-0 ♗e4 19. ♖he1 ♗e5 20. ♕e4 0-0 21. f4 ♕g4 22. ♗h6 ♗f4 23. ♔b1 ♕f5 24. ♗f8 ♕e4 25. ♖e4 ♖f8 26. ♖f1 ♗h2 27. ♖f8 ♔f8 28. ♖h4 ♗e5 29. ♖h7 ♗g7 30. ♖h4 ♔e7 31. ♖a4 ♗e5 32. ♖a6 ♔f6 33. a4 ♔f5 34. a5 g5 35. ♖a8 ♔g4 36. a6 c4 37. ♖c8 **1:0**

21.08. 97.

E.F. GRÜNFELD - P. KERES

1. d4 e6 2. ♘f3 ♘f6 3. c4 d5 4. ♘c3 ♘bd7 5. ♗g5 c6 6. e3 ♕a5 7. ♘d2 ♗b4 8. ♕c2 0-0 9. ♗e2 e5 10. ♗f6 ♘f6 11. de5 ♘e4 12. ♘de4 de4 13. 0-0 ♗c3 14. ♕c3 ♕c3 15. bc3 ♖e8 16. ♖fd1 ♔f8 17. ♖ab1 ♖e5 18. ♖b2 ♔e7 19. ♖d4 f5 20. ♔f1 b6 21. ♔e1 ♗e6 22. ♔d1 ♖a5 23. ♔c1 c5 24. ♖d1 ♖d8 25. ♖d8 ♔d8 26. ♖d2 ♔e7 27. ♔b2 b5 28. a3 ♗c4 29. ♗c4 bc4 30. ♖d5 ♔e6 31. ♖d8 ♖b5 32. ♔c2 ♖b3 33. ♖e8 ♔f6 34. ♖c8 ♖a3 35. ♖c6 ♔g5 36. ♔b2 ♖a5 37. ♖c7 ♔h6 38. f3 ef3 39. gf3 g5 40. e4 f4 41. e5 ♔g6 42. e6 ♔f6 43. ♖h7 ♔e6 44. h4 gh4 45. ♖h4 ♔f5 46. ♖h7 ♖b5 47. ♔c2 a5 48. ♖f7 ♔g5 49. ♖g7 ♔f6 50. ♖g4 ♔f5 51. ♖g8 ♖b6 52. ♖a8 ♖e6 53. ♖a5 ♖e5 54. ♔d2 ♔g5 55. ♖a8 ♔h4 56. ♖g8 ♖g5 57. ♖e8 ♖g2 58. ♔e1 ♔g3 59. ♖e5 ♔f3 60. ♖c5 ♔e3 61. ♔f1 ♖c2 62. ♖c4 f3 **0:1**

22.08. 98.

P. KERES - B. RASMUSSON

1. e4 c6 2. d4 d5 3. ed5 cd5 4. c4 ♘f6 5. ♘c3 e6 6. ♘f3 ♗e7 7. ♗f4 dc4 8. ♗c4 0-0 9. 0-0 ♘bd7 10. ♘b5 ♕a5 11. ♗c7 ♘b6 12. a3 ♗d7 13. ♕e2 ♘fd5 14. b4 ♕a4 15. ♗b6 ab6 16. ♗d5 ♗b5 17. ♗c4 ♗c4 18. ♕c4 ♖fc8 19. ♕d3 ♕c2 20. ♕b5 ♕c6 21. ♕e5 ♗f6 22. ♕f4 h6 23. h4 ♕d5 24. ♖fd1 ♖c3 25. a4 ♖c4 26. a5 ba5 27. ba5 ♖a5 28. ♖a5 ♕a5 29. ♕b8 ♕d8 30. ♕b7 ♖c7 31. ♕e4 ♖d7 32. ♖a1 ♕c7 33. g4 g6 34. g5 hg5 35. hg5 ♗g7 36. ♘e5 ♗e5 37. ♖a8 ♔g7 38. de5 ♕c1 39. ♔h2 ♕g5 40. ♖a3 ♖d2 41. ♖f3 ♖a2 42. ♕d4 ♖a8 43. ♖h3 ♖d8 44. ♕e3 ♕e3 45. ♖e3 g5 46. ♔g3 ♖d4 47. ♔g2 ♔g6 48. ♔g3 ♖c4 49. ♔g2 ♖h4 50. ♔g3 ♖b4 51. ♔g2 ♖a4 52. ♔g3 ♔h6 53. ♖f3 ♔g7 54. ♖e3 ♔g6 55. ♔g2 ♖f4 56. ♔g3 ♔f5 57. ♔g2 ♖e4 58. ♖f3 ♔g6 59. ♖a3 ♖e5 60. ♖a7 ♖b5 61. ♖a8 ♔f5 62. ♖a3 f6 63. ♔f3 e5 64. ♖c3 ♖b4 65. ♖a3 g4 66. ♔g3 ♔g5 67. ♖a8 ♖b3 68. ♔g2 ♔f4 69. ♖a4 e4 70. ♖a6 f5 71. ♖a4 g3 **0:1**

23.08. **99.**

V. MIKENAS - P. KERES

1. d4 ♘f6 2. c4 e6 3. ♘c3 d5 4. ♗g5 ♘bd7 5. ♘f3 c6 6. e3 ♕a5 7. cd5 ♘d5 8. ♕d2 ♗b4 9. ♖c1 0-0 10. e4 ♘c3 11. bc3 ♗a3 12. ♖b1 e5 13. ♗d3 f6 14. ♗e3 ♘b6 15. 0-0 ♗e6 16. d5 cd5 17. ♖b5 ♕a4 18. ♗b6 ab6 19. ♖b6 de4 20. ♗c2 ♕a5 21. ♖e6 ef3 22. ♕d3 f5 23. ♗b3 ♔h8 24. ♕f3 e4 25. ♕g3 ♖ac8 26. ♕g5 ♕c3 27. h4 ♖c6 28. ♖c6 ♕c6 29. ♖d1 ♕f6 30. ♕f6 ♖f6 31. ♖d8 ♖f8 32. ♖f8 ♗f8 33. g4 fg4 34. ♗d5 ♗c5 35. ♔g2 e3 36. fe3 ♗e3 37. ♗b7 g6 38. a4 ♗d2 39. h5 gh5 40. ♗c8 ♔g7 **½:½**

24.08. **100.**

P. KERES - R. GRAU

1. e4 c5 2. ♘f3 ♘c6 3. d4 cd4 4. ♘d4 ♘f6 5. ♘c3 d6 6. ♗e2 g6 7. 0-0 ♗g7 8. ♘b3 0-0 9. f4 ♗d7 10. g4 ♕c8 11. g5 ♘e8 12. ♘d5 f5 13. e5 de5 14. ♘c5 e6 15. ♘b6 ab6 16. ♘d7 ♕c7 17. ♘f8 ♗f8 18. c3 ♗c5 19. ♔h1 ♖d8 20. ♕e1 e4 21. b4 ♗f8 22. ♗e3 ♘d6 23. ♖d1 ♗g7 24. ♕f2 ♘c8 25. ♖d8 ♕d8 26. ♖d1 ♕c7 27. ♗c4 ♔f7 28. ♕d2 ♘6e7 29. ♗b3 ♗c3 30. ♕c2 ♘a7 31. ♗e6 ♔e8 32. b5 ♗e5 33. ♕f2 **1:0**

25.08. **101.**

P. KERES - H.Y. FOERDER

1. e4 e6 2. d4 d5 3. e5 c5 4. ♘f3 ♘c6 5. dc5 ♗c5 6. ♗d3 ♕c7 7. ♗f4 ♘ge7 8. ♗g3 ♘g6 9. 0-0 ♘ge5 10. ♘e5 ♘e5 11. ♘c3 f6 12. ♗e5 ♕e5 13. ♔h1 0-0 14. f4 ♕c7 15. f5 ♗b4 16. ♕h5 ♗c3 17. fe6 g6 18. ♕d5 ♕e7 19. bc3 ♗e6 20. ♕d4 ♔g7 21. ♖ae1 ♕d7 22. ♕b4 ♖ae8 23. ♗b5 ♕f7 24. ♗e8 ♖e8 25. ♖e3 ♖c8 26. ♖d1 h5 27. ♖d6 ♗d5 28. ♕d4 ♖e8 29. ♖f6 ♕f6 30. ♖e8 ♕d4 31. cd4 ♔f7 32. ♖d8 ♔e6 33. a3 b5 34. ♔g1 a5 35. ♔f2 h4 36. ♖e8 ♔d7 37. ♖h8 b4 38. ab4 a4 39. ♖h7 ♔c6 40. ♖a7 ♔b5 41. ♖a5 ♔c4 42. ♖a4 **1:0**

26.08. **102.**

T. ICHIM - P. KERES

1. c4 e6 2. ♘c3 d5 3. d4 ♘f6 4. ♗g5 ♘bd7 5. cd5 ed5 6. e3 ♗e7 7. ♗d3 0-0 8. ♘ge2 c6 9. ♕c2 ♖e8 10. ♘g3 ♘f8 11. h4 a5 12. 0-0-0 b5 13. ♔b1 a4 14. ♘f5 ♗f5 15. ♗f5 ♕a5 16. ♘e2 ♖a6 17. g4 b4 18. ♗f6 ♗f6 19. ♕d2 ♗e7 20. h5 ♕d8 21. ♖c1 ♗d6 22. ♖cg1 ♕g5 23. f4 ♕e7 24. ♖h3 c5 25. dc5 ♗c5 26. ♘d4 ♕a7 27. g5 ♖e3 28. ♖e3 ♗d4 29. ♖ge1 ♗e3 30. ♖e3 a3 31. b3 ♕c5 32. ♗d3 ♖e6 33. ♖e6 ♘e6 34. ♗c2 ♕d4 35. ♕d4 ♘d4 36. ♗d1 ♘b5 37. ♗c2 h6 38. ♗d3 ♘c3 39. ♔a1 f6 40. gh6 gh6 41. ♗f5 ♔f7 **0:1**

26.08. **103.**

P. KERES - W. WINTER

1. e4 c5 2. ♘f3 ♘f6 3. e5 ♘d5 4. ♘c3 e6 5. ♘d5 ed5 6. d4 d6 7. ♗g5 ♕a5 8. c3 cd4 9. ♗d3 dc3 10. 0-0 cb2 11. ♖b1 de5

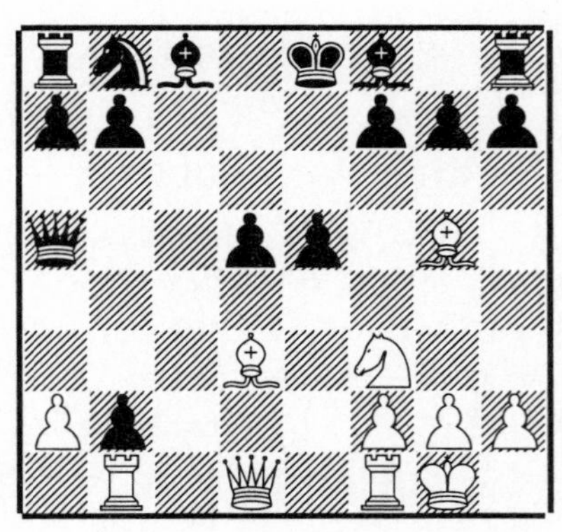

12. ♘e5 ♗d6 13. ♘f7 ♔f7 14. ♕h5 g6 15. ♗g6 hg6 16. ♕h8 ♗f5 17. ♖fe1 ♗e4 18. ♖e4 de4 19. ♕f6 **1:0**

27.08. **104.**

S. FLOHR - P. KERES

1. d4 ♘f6 2. ♘f3 e6 3. c4 d5 4. ♘c3 ♘bd7 5. ♗f4 c6 6. e3 ♗e7 7. ♗d3 0-0 8. 0-0 a6 9. c5

♖e8 10. ♘a4 ♘e4 11. ♗e4 de4 12. ♘d2 e5 13. de5 ♗c5 14. ♘e4 ♗b6 15. ♘b6 ♕b6 16. ♘d6 ♖e6 17. ♕h5 g6 18. ♕h4 f6 19. ♖ad1 fe5 20. ♘c8 **1:0**

28.08. **105.**

P. KERES - R. FINE

1. e4 e6 2. d4 d5 3. e5 c5 4. ♘f3 ♘c6 5. dc5 ♗c5 6. ♗d3 ♕c7 7. ♗f4 ♘ge7 8. ♗g3 ♘g6 9. 0-0 ♗d7 10. ♘c3 a6 11. ♖e1 ♘ge7 12. a3 ♘d4 13. ♘d4 ♗d4 14. ♕g4 ♗c3 15. bc3 ♘g6 16. h4 h5 17. ♕g5 ♕d8 18. ♕e3 ♘h4 19. ♗f4 ♘g6 20. ♗g6 fg6 21. ♗g5 ♕c8 22. ♕d3 0-0 23. ♕g6 ♕e8 24. ♕d3 ♗b5 25. ♕g3 ♕g6 26. ♖ac1 ♖ac8 27. ♖e3 ♖c4 28. f4 ♗a4 29. ♕f2 ♖fc8 30. ♕d2 ♕f5 31. ♖g3 ♔h7 32. ♖h3 ♗e8 33. ♖f1 ♗g6 34. ♖f2 d4 35. cd4 ♖c2 36. ♕e3 ♖c1 37. ♔h2 ♕b1 38. ♕f3 ♕a1 39. f5 ♖h1 40. ♔g3 ♖h3 41. ♔h3 ♗f5 42. ♔h2 ♕d4 43. ♕h5 ♔g8 44. ♖e2 b5 45. ♕h4 ♕h4 46. ♗h4 ♖c4 47. ♗e7 ♗e4 48. ♖f2 ♗d5 49. ♗d6 ♔h7 50. ♔h3 ♔g6 51. g3 ♗e4 52. ♖f4 a5 53. ♖f2 ♗c6 54. ♖f4 ♗e4 55. ♖f2 ♖c3 56. ♖f4 ♗f3 57. ♗e7 ♗d5 58. ♖g4 ♔f7 59. ♗d6 ♖c1 60. ♖f4 ♔g6 61. ♖g4 ♔h7 62. ♖h4 ♔g8 63. ♖f4 ♖a1 64. ♔g4 b4 65. ab4 a4 66. ♔g5 ♖g1 67. g4 a3 68. ♔g6 ♗e4 69. ♖e4 a2 70. ♖f4 ♖g4 71. ♖g4 a1♕ 72.♔g5 ♕b2 73. ♔f4 ♕f2 74. ♔g5 ♕e3 75. ♔h4 ♕f3 76. ♖g3 ♕f1 77. ♖g4 ♔h7 78. ♔g3 ♕g1 79. ♔f3 ♕f1 80. ♔e3 ♔h6 81. ♖f4 ♕e1 82. ♔d3 ♕d1 83. ♔e3 g5 84. ♖f6 ♔h5 85. ♖f8 ♔g4 86. ♖b8 ♕c1 87. ♔d3 ♕b1 89. ♔c4 ♕e4 90. ♔c5 ♕d5 91. ♔b6 ♔f3 92. b5 g4 93. ♔c7 **½:½**

29.08. **106.**

L. STEINER - P. KERES

1. e4 e5 2. ♘f3 ♘c6 3. ♗b5 a6 4. ♗a4 ♘f6 5. 0-0 d6 6. c3 ♗d7 7. ♖e1 ♗e7 8. d4 0-0 9. ♘bd2 ed4 10. cd4 ♘b4 11. d5 ♘d3 12. ♖e3 ♗a4 13. ♕a4 ♘c5 14. ♕c2 ♘g4 15. ♖e2 ♖e8 16. h3 ♘e5 17. ♘e5 de5 18. ♘c4 f5 19. ef5 e4 20. ♘e3 ♗d6 21. ♗d2 ♘d3 22. ♘f1 ♕f6 23. f3 ♕d4 24. ♗e3 ♕d5 25. ♖d1 ♕a2 26. fe4 ♘b4 27. ♕c3 ♖e4 28. ♖d6 ♖c4 29. ♕e5 cd6 30. ♕e6 ♔h8 31. f6 ♖c7 32. ♕d6 ♕c4 33. ♖f2 ♖f7 34. ♖f4 ♕c6 35. fg7 ♖g7 36. ♖f8 **1:0**

30.08. **107.**

P. KERES - G. STAHLBERG

1. e4 e6 2. d4 d5 3. e5 c5 4. ♘f3 ♕b6 5. ♗d3 cd4 6. 0-0 ♘d7 7. ♘bd2 ♘e7 8. ♘b3 ♘c6 9. ♖e1 g6 10. ♗f4 ♗g7 11. ♕d2 0-0 12. h4 ♕c7 13. ♕e2 f6 14. ef6 ♕f4 15. ♕e6 ♖f7 16. fg7 ♘de5 17. ♕e8 ♔g7 18. ♖e5 ♗h3 19. ♕a8 ♘e5 20. ♕e8 ♘c6 21. ♕f7 ♔f7 22. ♘g5 ♔f6 23. ♘h3 ♕h4 24. ♖e1 g5 25. ♘d2 ♕h6 26. ♘f3 g4 27. ♘fg5 ♕h5 28. ♘h7 ♔g7 29. ♘f4 ♕h6 30. ♘g5 ♕d6 31. ♘h5 ♔f8 32. ♖e6 ♕b4 33. ♗g6 ♘e7 34. ♖f6 ♔g8 35. ♗h7 **1:0**

31.08. **108.**

A.C. SACCONI - P. KERES

1. d4 ♘f6 2. ♘f3 e6 3. c4 d5 4. ♘c3 ♘bd7 5. ♗g5 c6 6. e3 ♕a5 7. ♗f6 ♘f6 8. ♗d3 c5 9. dc5 ♗c5 10. 0-0 0-0 11. a3 ♗e7 12. cd5 ♘d5 13. ♘d5 ♕d5 14. ♕c2 ♕h5 15. ♖fd1 ♗f6 16. ♖ac1 e5 17. ♗e4 ♖b8 18. ♕c5 a6 19. ♕b6 ♗f5 20. ♗f5 ♕f5 21. h3 ♖fc8 22. ♖c7 ♖c7 23. ♕c7 ♕c8 24. ♖d7 ♕c7 25. ♖c7 ♔f8 26. e4 ♗d8 27. ♖d7 ♔e8 28. ♖d2 f6 29. ♖c2 ♔d7 30. ♔f1 b5 31. ♘e1 ♗b6 32. ♘d3 a5 33. ♔e2 ♔d6 34. b3 ♗d4 35. f3 h5 36. b4 ♖a8 37. ♘c5 ab4 38. ab4 ♖a3 39. ♘b7 ♔d7 40. ♘c5 ♔e7 41. ♘b7 ♗c3 42. g4 h4 43. ♘a5 ♔d7 44. ♘c6 ♔c6 45. ♔d3 ♔d6 46. ♖c3 ♖a4 47. ♖c8 ♖b4 48. ♖g8 g5 49. ♖f8 ♖d4 50. ♔c3 b4 51. ♔b3 ♖d3 52. ♔b4 ♖f3 53. ♔c4 ♔c6 54. ♖a8 ♔d6 55. ♖a6 ♔e7 56. ♖a7 ♔e6 57. ♖a6 ♔f7 58. ♖a7 ♔g6 59. ♔d5 ♖h3 60. ♔e6 ♖b3 61. ♖a8 ♖b6 62. ♔e7 h3 63. ♖a2 ♖b7 64. ♔e6 ♖h7 65. ♖a8 ♖b7 66. ♖a2 ♖b6 67. ♔e7 ♔g7 68. ♖f2 ♖a6 69. ♖h2 ♖a3 70. ♖f2 ♖a4 71. ♖e2 h2 72. ♖h2 ♖e4 73. ♖g2 ♖f4 74. ♔e6 e4 75. ♖g3 ♔g6 76. ♔d5 e3 **0:1**

HELSINKI
8.- 18.10.1935

8.10. **109.**

P. FRYDMAN - P. KERES

1. d4 d5 2. c4 e6 3. ♘c3 ♘f6 4. ♗g5 ♘bd7 5. e3 c6 6. ♘f3 ♕a5 7. ♘d2 ♗b4 8. ♕c2 0-0 9. ♗e2 e5 10. 0-0 ed4 11. ♘b3 ♕b6 12. ♘d4 ♗c3 13. bc3 dc4 14. ♗f6 ♘f6 15. ♗c4 c5 16. ♘f5 ♗e6 17. ♖ab1 ♕c7 18. ♗e6 fe6 19. ♘g3 ♖f7 20. c4 ♖d8 21. ♖bd1 ♖d1 22. ♖d1 ♖d7 23. h3 ♖d1 24. ♕d1 ♕d7 25. ♕f3 a5 26. ♘e4 ♘e4 27. ♕e4 h6 28. g4 a4 29. a3 ♔h8 30. ♔g2 ♔g8 31. ♕e5 ♕c6 32. ♔g3 ♔f7 33. ♕b8 ♔e7 34. h4 g5 35. hg5 hg5 36. ♕e5 b5 37. ♕g5 ♔f7 38. ♕h5 ♔e7 39. ♕h7 ♔e8 40. ♕g6 ♔e7 41. ♕h7 ♔d6 42. ♕d3 ♔c7 43. cb5 ♕h1 44. ♕c2 ♕d5 45. ♕a4 c4 46. ♕a7 ♔d6 47. b6 ♕e5 48. ♔h3 ♕c5 49. ♕b8 ♔d7 50. b7 ♕c6 51. e4 ♕e4 52. ♕c8 ♔e7 53. ♕c5 ♔f7 54. b8♕ **1:0**

9.10. **110.**

P. KERES - T. GAUFFIN

1. e4 c5 2. ♘f3 a6 3. b4 cb4 4. a3 d5 5. ed5 ♕d5 6. ab4 ♗g4 7. ♘c3 ♕h5 8. ♗e2 e6 9. 0-0 ♘f6 10. ♖a5 ♘d5 11. h3 ♗f3 12. ♗f3 ♘c3 13. dc3 ♕g6 14. ♕d4 ♕f6 15. ♕c4 ♘d7

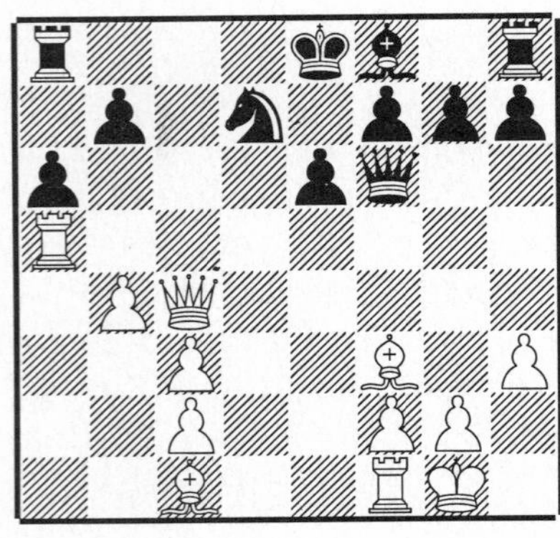

16. ♗g5 ♕g6 17. ♗b7 ♖b8 18. ♗c6 ♗e7 19. ♗d7 ♔d7 20. ♖d1 **1:0**

11.10. **111.**

R. KROGIUS - P. KERES

1. e4 e5 2. ♘f3 ♘c6 3. ♗b5 a6 4. ♗a4 ♘f6 5. 0-0 d6 6. ♕e2 ♗d7 7. c3 ♗e7 8. d4 0-0 9. ♗b3 ed4 10. cd4 ♘a5 11. ♗c2 ♗b5 12. ♗d3 ♗d3 13. ♕d3 d5 14. e5 ♘e4 15. ♘c3 ♘c3 16. ♕c3 ♘c6 17. a3 ♕d7 18. ♗f4 ♘d8 19. b4 ♘e6 20. ♗g3 b6 21. ♗h4 ♘f4 22. ♔h1 ♗h4 23. ♘h4 f6 24. ♖ae1 ♕b5 25. g3 ♘e6 26. ♘f3 a5 27. ♔g2 ab4 28. ab4 ♖a4 29. ef6 ♖f6 30. ♖e3 ♖b4 31. ♖fe1 ♖c4 32. ♕a3 ♘f8 33. ♖e7 ♕a5 34. ♕e3 ♕c3 35. ♕g5 ♕f3 **0:1**

13.10. **112.**

P. KERES - B. RASMUSSON

1. d4 d5 2. c4 e6 3. ♘f3 c6 4. ♕c2 ♘d7 5. ♘c3 ♘gf6 6. ♗g5 ♗e7 7. e3 ♘e4 8. ♗e7 ♕e7 9. ♘e4 de4 10. ♕e4 ♕b4 11. ♘d2 ♕b2 12. ♖b1 ♕a2 13. ♗d3 ♘f6 14. ♕f3 ♕a3 15. ♕e2 ♕e7 16. f4 c5 17. 0-0 0-0 18. ♖f3 ♖d8 19. ♖h3 g6 20. ♕f2 ♘g4 21. ♕e2 f5 22. ♘f3 ♕c7 23. d5 b6 24. ♘g5 h6 25. ♘e6 ♗e6 26. de6 ♕d6 27. ♗e4 ♖ab8 28. ♖g3 ♕d2 29. ♕d2 ♖d2 30. ♗c6 ♖bd8 31. ♖g4 fg4 32. e7 ♖c8 33. e8♕ ♖e8 34. ♗e8 ♖c2 35. ♗c6 h5 36. g3 ♔g7 37. ♗d5 ♔f6 38. e4 g5 39. e5 ♔f5 40. ♖e1 ♖d2 41. e6 gf4 42. gf4 ♖d5 43. cd5 **1:0**

14.10. **113.**

E. BÖÖK - P. KERES

1. e4 e6 2. d4 d5 3. ed5 ed5 4. ♗d3 ♗d6 5. ♘c3 ♘e7 6. ♘f3 ♘bc6 7. h3 ♘b4 8. ♗b5 c6 9. ♗a4 ♗f5 10. 0-0 0-0 11. ♗e3 a5 12. a3 b5 13. ab4 ab4 14. ♘b5 cb5 15. ♗b5 ♖a1 16.

♕a1 ♗c2 17. ♕a6 ♘f5 18. ♖e1 ♘e3 19. ♖e3 ♗f4 20. ♖e1 ♗e4 21. ♕c6 ♕f6 22. ♕f6 gf6 23. g3 ♗h6 24. ♘h4 b3 25. ♗d7 ♖a8 26. f3 ♗c2 27. ♗c6 ♖a2 28. ♗d5 ♔f8 29. ♗c6 ♖b2 30. ♖e8 ♔g7 31. ♗e4 ♗e4 32. fe4 ♗e3 33. ♔h1 ♖f2 34. ♘f5 ♖f5 35. ef5 ♗d4 ½:½

15.10. 114.

P. KERES - E. CANDOLIN

1. e4 e5 2. ♘f3 ♘c6 3. ♗b5 a6 4. ♗a4 ♘f6 5. 0-0 b5 6. ♗b3 ♗c5 7. c3 ♘e4 8. d4 ed4 9. cd4 ♗e7 10. d5 ♘a5 11. ♗c2 ♘f6 12. ♗g5 d6 13. ♘d4 ♗d7 14. ♖e1 ♔f8 15. ♕f3 ♘c4 16. ♗f5 ♘e5 17. ♕b3 ♘g8 18. ♗c1 ♗f6 19. ♘c3 ♘e7 20. ♗d7 ♘d7 21. ♕d1 h6 22. ♘e4 ♔g8 23. a4 ♗d4 24. ♕d4 ♔h7 25. ab5 ♘b6 26. ♘f6 gf6 27. ♕f6 ♔g8 28. ♖e7 ♖h7 29. ♖a3 **1:0**

16.10. 115.

P. KERES - O. KARHU

1. e4 e5 2. ♘f3 ♘c6 3. ♗c4 ♗e7 4. d4 d6 5. ♘c3 ♘f6 6. ♗e3 0-0 7. h3 ♘e4 8. ♘e4 d5 9. ♗d3 de4 10. ♗e4 ed4 11. ♘d4 ♘d4 12. ♕d4 ♕d4 13. ♗d4 c6 14. 0-0-0 ♗e6 15. ♖he1 ♖fd8 16. f4 ♗b4 17. c3 ♗f8 18. ♔c2 ♗d5 19. ♗d5 ♖d5 20. ♗g1 ♖d6 21. g3 b6 22. a4 ♖ad8 23. a5 ♖d1 24. ♖d1 ♖d1 25. ♔d1 ba5 26. ♗a7 a4 27. ♔c2 f5 28. ♔d3 a3 29. ba3 ♗a3 30. ♔d4 ♗b2 31. ♗c5 ♔f7 32. ♔d3 ♔e6 33. ♔c2 ♔d5 34. ♗f8 ♗a1 35. ♗g7 ♔c4 36. g4 **1:0**

18.10. 116.

G. STAHLBERG - P. KERES

1. d4 d5 2. c4 c6 3. ♘f3 ♘f6 4. e3 g6 5. ♘bd2 ♗g7 6. ♗e2 0-0 7. 0-0 ♘bd7 8. cd5 ♘d5 9. ♘c4 c5 10. e4 ♘5f6 11. e5 ♘d5 12. ♘g5 h6 13. ♘f7 ♔f7 14. e6 ♔e6 15. ♗d3 ♖f6 16. ♘e5 ♘e5 17. de5 ♔e5 18. b4 ♔d6 19. ♗e4 e6 20. ♗b2 ♖f7 21. ♗g7 ♖g7 22. ♖e1 ♕f6 23. ♖c1 b6 24. bc5 bc5 25. ♕d3 ♗b7 26. ♕a3 ♖c7 27. ♖cd1 ♖d7 28. ♖e3 ♔e7 29. ♕c5 ♔e8 30. ♖b3 ♘b6 31. ♗d3 ♖c8 32. ♕e3 ♔f7 33. ♕h6 ♖h8 34. ♗g6 ♔g8 35. ♕c1 ♖g7 36. ♖g3 ♖g6 37. ♕c7 ♗d5 38. ♕a7 ♖g3 39. hg3 ♕h6 40. ♕b8 ♔g7 41. ♕c7 ♔g6 **0:1**

TRAINING TOURNAMENT

Tallinn, 22.- 30.03.1936

22.03. 117.

P. KERES - E. LAHT

1. c4 ♘f6 2. ♘c3 d5 3. cd5 ♘d5 4. ♘f3 g6 5. ♕b3 ♘b6 6. ♘g5 e6 7. d3 ♗g7 8. g3 ♘c6 9. ♗g2 0-0 10. ♗c6 bc6 11. ♘ge4 ♘d5 12. ♗g5 f6 13. ♗d2 ♕e7 14. ♘d5 cd5 15. ♗b4 ♕d8 16. ♗f8 ♕f8 17. ♘d2 ♗d7 18. d4 ♖b8 19. ♕c3 c5 20. 0-0 cd4 21. ♕d4 ♖b7 22. ♘b3 f5 23. ♕c5 ♗b2 24. ♕f8 ♔f8 25. ♖ab1 ♗a3 26. ♘c5 ♖c7 27. ♘d7 ♖d7 28. ♖b8 ♔e7 29. ♖fb1 ♗d6 30. ♖8b7 a5 31. ♖d7 ♔d7 32. ♖b7 ♗c7 33. ♖a7 ♔c6 34. ♖a8 ♔b5 35. ♖h8 h5 36. ♖g8 ♔a4 37. ♖g6 ♔a3 38. ♖e6 ♔a2 39. ♖c6 ♗d8 40. ♖d6 ♗e7 41. ♖d5 a4 42. ♖f5 ♗b4 43. ♖h5 ♔b3 44. ♖h8 ♗a5 45. ♖b8 ♔c4 46. ♖b2 **1:0**

23.03. 118.

P. KERES - Rud. PRUUN

1. d4 d5 2. c4 e6 3. ♘f3 ♘f6 4. ♗g5 ♗e7 5. e3 0-0 6. ♕c2 ♘bd7 7. ♘c3 c6 8. ♖d1 dc4 9. ♗c4 ♘d5 10. ♗e7 ♕e7 11. 0-0 ♘c3 12. ♕c3 b6 13. e4 ♗b7 14. ♖fe1 ♖ac8 15. ♕b3 ♘f6 16. ♘d2 ♖fd8 17. e5 ♘e8 18. ♘f3 ♘c7 19. ♖c1 ♘e8 20. ♖ed1 c5 21. d5 ed5 22. ♗d5 ♗d5 23. ♖d5 ♘c7 24. ♖dd1 ♘e6 25. g3 ♕b7 26. ♕e3 h6 27. ♘d2 ♘d4 28. ♘e4 ♕d5 29. ♘d6 ♖c7 30. b3 ♖e7 31. ♘f5 ♖ee8 32.

♘d4 cd4 33. ♕d2 ♖e5 34. ♖c4 d3 35. ♖c3 ♕e4 36. ♖d3 ♖d3 37. ♕d3 ♕d3 38. ♖d3 ♖e7 39. ♖d8 ♔h7 40. ♖a8 ♖d7 41. ♔g2 **½:½**

24.03. **119.**

V. KAPPE - P. KERES

1. d4 e6 2. c4 ♘f6 3. ♘c3 ♗b4 4. ♕b3 ♘c6 5. e3 d6 6. ♗d3 e5 7. d5 ♗c3 8. ♕c3 ♘e7 9. ♕c2 0-0 10. ♘e2 c6 11. e4 ♘d7 12. 0-0 ♘c5 13. ♗e3 ♘d3 14. ♕d3 f5 15. f3 f4 16. ♗f2 c5 17. ♖fb1 a5 18. a3 a4 19. b4 ab3 20. ♖b3 g5 21. ♖ab1 ♖f6 22. ♖b6 ♖g6 23. h3 ♕f8 24. ♗c5 dc5 25. d6 ♘c6 26. d7 ♖d6 27. dc8♕ ♖c8 28. ♕c2 ♕d8 29. ♖6b2 ♖d3 30. ♔f1 ♘a5 31. a4 ♖c6 32. ♖b5 b6 33. ♖b6 ♖b6 34. ♖b6 ♖d1 35. ♔f2 ♖d2 36. ♖b8 ♖e2 37. ♔e2 ♕b8 38. ♕d2 ♕c7 39. ♕d5 ♔g7 40. ♕e6 ♘c6 41. ♔f2 ♘d4 42. ♕d5 ♔f6 43. h4 gh4 44. ♕g8 h3 45. g4 ♘e6 46. ♔g1 ♕d6 **0:1**

25.03. **120.**

G. NEDSEVEDSKI - P. KERES

1. e4 e5 2. ♘f3 ♘c6 3. ♗b5 a6 4. ♗a4 ♘f6 5. 0-0 d6 6. ♗c6 bc6 7. ♘c3 ♗g4 8. d3 ♗e7 9. ♘e2 ♕c8 10. ♘g3 h5 11. ♖e1 h4 12. ♘f1 h3 13. g3 ♘h7 14. ♗e3

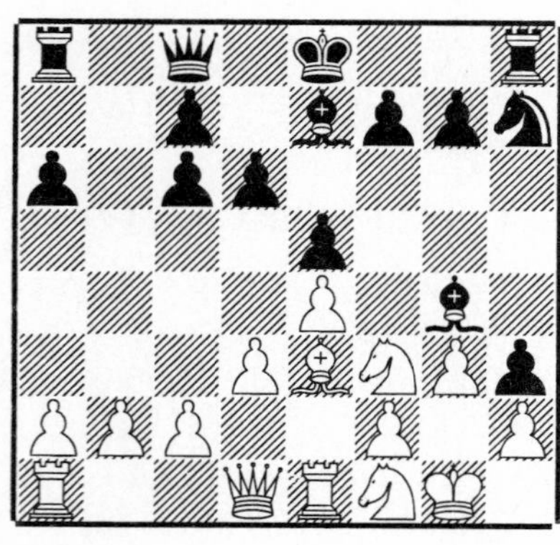

f5 15. c3 ♖f8 16. ♘1d2 f4 17. ♕a4 fe3 18. ♖e3 ♕d7 19. d4 ♘g5 20. ♘h4 ♘e6 21. ♘g6 ♗g5 22. ♘f8 ♔f8 23. ♘c4 ♗e3 24. ♘e3 ♘g5 25. d5 c5 26. ♕c2 ♗f3 27. ♕b3 ♗e4 28. ♕b7 ♘f3 29. ♔h1 ♖e8 30. ♕a6 ♕f7 31. ♖d1 ♘d2 32. ♔g1 ♕f3 **0:1**

26.03. **121.**

P. KERES - A. SAKOVSKI

1. e4 d5 2. ed5 ♘f6 3. d4 ♘d5 4. c4 ♘f6 5. ♘f3 e6 6. ♘c3 b6 7. ♗d3 ♗b7 8. 0-0 ♗e7 9. ♖e1 0-0 10. ♗g5 ♗f3 11. ♕f3 c6 12. ♖ad1 ♕c8 13. ♖e3 ♘bd7 14. ♕h3 g6 15. ♕h4 ♖e8 16. ♖h3 ♕d8 17. g4 h5 18. f3 ♔g7 19. ♘e2 ♖h8 20. ♘f4 hg4 21. ♗h6 ♔g8 22. ♘g6 fg6 23. ♕g5 ♘f8 24. ♗g6 ♘e8 25. ♕g4 ♘f6 26. ♕g5 ♘e8 27. ♗h7 ♔f7 28. ♕h5 ♔f6 29. ♖h4 ♕d6 30. ♖f4 ♕f4 31. ♗f4 ♖h7 32. ♗e5 **1:0**

27.03. **122.**

P. KERES - L. LAURENTIUS

1. e4 e6 2. d4 d5 3. e5 c5 4. ♘f3 ♕b6 5. ♗d3 cd4 6. 0-0 ♘c6 7. ♖e1 ♗c5 8. a3 a5 9. ♘bd2 ♕c7 10. ♘b3 b6 11. ♗b5 ♘e7 12. ♘bd4 0-0 13. c3 ♗d7 14. ♗d3 ♘g6 15. ♕e2 ♘d4 16. cd4 ♗e7 17. h4 ♖fc8 18. g3 ♕d8 19. ♔g2 ♕e8 20. ♘g5 h6 21. ♘h3 ♖c7 22. ♕g4 ♔h8 23. ♖h1 ♗b5 24. ♗g6 fg6 25. ♘f4 ♔h7 26. ♕e6 ♖c2 27. h5 ♖ac8 28. hg6 ♔h8 29. ♗e3 ♗g5 30. ♕f7 ♖8c7 31. ♕e8 ♗e8 32. ♘e6 ♗e3 33. ♘c7 ♗g6 34. ♖hf1 ♗d4 35. ♖ac1 ♗e4 36. ♔h3 ♖c1 37. ♖c1 ♗e5 38. b3 ♗b2 39. ♖d1 d4 40. ♘b5 ♗c2 41. ♖d4 ♗d4 42. ♘d4 ♗e4 43. ♔g4 g6 44. ♔f4 ♗d5 45. ♔e5 ♗g2 46. ♔d6 g5 47. g4 ♔g7 48. ♔c7 b5 49. ♔b6 a4 50. b4 ♗f1 51. ♘b5 ♗e2 52. ♘d4 ♗g4 53. ♔c7 h5 54. b5 h4 55. f3 ♗e6 56. ♘e6 ♔g6 57. ♘d4 h3 58. ♘e2 ♔f5 59. b6 h2 60. b7 g4 61. fg4 ♔g4 62. b8♕ ♔f3 63. ♕b7 **1:0**

28.03. **123.**

P. KERES - J. TÜRN

1. e4 ♘f6 2. e5 ♘d5 3. d4 d6 4. ♘f3 c5 5. ♘c3 ♘c3 6. bc3 ♘c6 7. ♖b1 e6 8. ♗f4 cd4 9. ♗b5 d5 10. cd4 ♗e7 11. 0-0 a6 12. ♗d3

♘b4 13. ♗e2 b5 14. a4 ♗d7 15. c3 ♘c6 16. ab5 ab5 17. ♗b5 0-0 18. c4 dc4 19. d5 ed5 20. ♕d5 ♕c8 21. ♘d4 ♘d4 22. ♕d4 ♗b5 23. ♖b5 ♕c6 24. ♖b6 ♕c8 25. ♕e4 ♖a6 26. ♕b7 ♖b6 27. ♕b6 ♕f5 28. ♕d4 c3 29. ♗c1 **½:½**

29.03. **124.**

H. ISRAEL - P. KERES

1. c4 e5 2. ♘c3 ♘f6 3. ♘f3 ♘c6 4. d4 ed4 5. ♘d4 ♗b4 6. ♘c6 ♗c3 7. bc3 dc6 8. ♕d8 ♔d8 9. ♗g5 ♔e7 10. f3 h6 11. ♗f4 ♗e6 12. e4 ♖ac8 13. ♖b1 b6 14. a4 c5 15. ♔f2 a5 16. ♗e2 ♖hd8 17. ♖bd1 ♘e8 18. ♖d8 ♖d8 19. e5 ♗f5 20. g4 ♗c2 21. ♖a1 g5 22. ♗g3 ♘g7 23. h4 ♘e6 24. ♔e3 ♖d7 25. ♖a2 ♗d1 26. f4 ♗e2 27. ♖e2 gf4 28. ♗f4 ♖d3 29. ♔d3 ♘f4 30. ♔e3 ♘e2 31. ♔e2 ♔e6 32. ♔f3 ♔e5 33. ♔e3 c6 34. ♔f3 b5 35. ab5 cb5 36. cb5 a4 37. b6 ♔d6 38. g5 h5 **0:1**

29.03. **125.**

P. KERES - A. RAUDVERE

1. e4 ♘c6 2. d4 d5 3. ♘c3 e6 4. e5 ♘ge7 5. ♘f3 ♘f5 6. ♘e2 ♗e7 7. ♘g3 0-0 8. c3 b6 9. ♗d3 f6 10. ♕a4 ♘a5 11. ♕c2 fe5 12. ♘e5 ♗d6 13. ♗f4 c5 14. 0-0 c4 15. ♗f5 ef5 16. ♕d2 ♗e7 17. ♗e3 ♗d7 18. ♘h5 ♗e8 19. ♕e2 g5 20. f4 g4 21. ♘g3 ♗g6 22. ♗d2 ♕d6

(diagram)

23. ♘g4 fg4 24. f5 ♗f7 25. ♗f4 ♕f6 26. ♗e5 ♕g5 27. ♖f4 h5 28. f6 ♗g6 29. fe7 ♕e7 30. ♘h5 ♗h5 31. ♖g4 ♗g4 32. ♕g4 ♔f7 33. ♖e1 ♕e6 34. ♕g7 ♔e8 35. ♗g3 ♕e1 36. ♗e1 ♖d8 37. ♗h4 ♖d7 38. ♕g6 ♖ff7 39. ♕g8 ♖f8 40. ♕e6 **1:0**

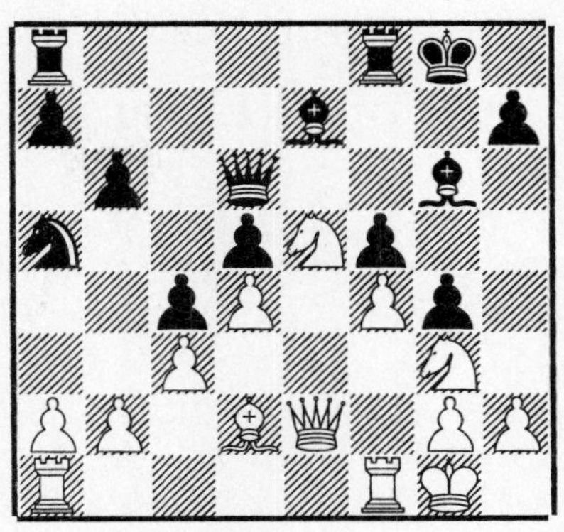

30.03. **126.**

L. SEPP - P. KERES

1. e4 e5 2. ♘f3 ♘c6 3. ♘c3 ♘f6 4. ♗b5 ♗e7 5. 0-0 d6 6. d4 ♗d7 7. de5 de5 8. ♕e2 ♘d4 9. ♗d7 ♘d7 10. ♘d4 ed4 11. ♘d5 0-0 12. ♗d2 ♗d6 13. ♖ad1 ♖e8 14. ♖fe1 c6 15. ♘f4 ♕c7 16. ♕g4 ♘e5 17. ♕h4 ♔h8 18. ♘h5 ♘g6 19. ♕h3 ♖e6 20. ♖e2 ♖ae8 21. ♖de1 ♕b6 22. b3 ♖6e7 23. ♔h1 ♗b4 24. c3 dc3 25. ♗c3 f6 26. ♗b4 ♕b4 27. ♕e3 a5 28. h3 ♖d8 29. f4 ♕b5 30. ♘g3 ♖d3 31. ♕f2 ♖e8 32. e5 fe5 33. f5 ♖f8 34. ♔h2 ♕b4 35. ♖e4 ♕d6 36. ♘h5 ♖d2 37. ♖1e2 ♖e2 38. ♖e2 ♘e7 39. ♘g3 g6 40. ♕e3 ♘f5 41. ♕e5 ♕e5 42. ♖e5 ♘g3 43. ♔g3 b6 44. ♖e7 ♖f6 45. ♖b7 c5 46. ♔g4 h6 47. ♔g3 ♔g8 48. h4 h5 49. ♔h3 ♖d6 50. ♔g3 ♖f6 51. ♔h3 ♖e6 52. ♔g3 ♔f8 53. ♔f3 ♔e8 54. ♔g3 ♔d8 55. ♔f3 ♔c8 56. ♖g7 a4 57. ♖a7 ab3 58. ab3 ♔b8 59. ♖g7 b5 60. g4 hg4 61. ♔g4 c4 62. bc4 bc4 63. h5 gh5 64. ♔h5 ♖e1 65. ♖g4 c3 **0:1**

KERES - SCHMIDT MATCH
Pärnu, 1.- 10.05. 1936

1.05. **127.**

P. SCHMIDT - P. KERES

1. d4 e6 2. c4 ♗b4 3. ♘c3 c5 4. dc5 ♗c3 5. bc3 ♕a5 6. ♕b3 ♘a6 7. ♕a3 ♕c5 8. ♕c5 ♘c5 9. ♘f3 ♘f6 10. ♘d4 ♔e7 11. f3 d6 12. ♗a3 ♗d7 13. e4 ♖hc8 14. ♗e2 ♘e8 15. ♔d2 f6 16. ♖he1 ♘a4 17. ♘c2 ♔f7 18. ♘e3 ♖c7 19. f4 ♖ac8 20. g4 b5 21. ♖ab1 bc4 22. ♘c4 ♖c4 23. ♗c4 ♖c4 24. ♖b7 ♔e7 25. ♖a7 ♘c3 26. ♔d3 ♖a4 27. ♖a4 ♘a4 28. e5 ♗b5 29. ♔c2 ♘b6 30. ♖b1 ♘c4 31. ♗d6 ♘ed6 32. ed6 ♔d6 33. ♔c3 ♔c5 34. a4 ♗a4 35. ♖b7 g6 36. ♖h7 ♘e3 37. ♖g7 ♘d5 38. ♔d2 ♘f4 39. ♖f7 f5 40. gf5 gf5 41. ♔e3 ♘d5 42. ♔d2 ♔d6 43. h4 ♗e8 44. ♖g7 ♘f6 45. ♔e3 e5 46. ♖a7 f4 47. ♔f2 ♔e6 **0:1**

2.05. **128.**

P. KERES - P. SCHMIDT

1. c4 ♘f6 2. ♘c3 e5 3. f4 e4 4. ♕c2 d5 5. cd5 ♗f5 6. ♕b3 ♘bd7 7. ♕b7 ♗c5 8. ♕b3 0-0 9. e3 ♘b6 10. ♘ge2 h5 11. ♕b5 ♕e7 12. b4 ♗b4 13. d6 ♕d6 14. ♕f5 ♘c4 15. a3 ♗a3 16. ♘b5 ♗c1 17. ♘d6 ♗d2 18. ♔d1 cd6 19. ♕b5 ♘g4 20. ♘g3 ♘ge3 21. ♔e2 ♖ab8 22. ♕a4 d5 23. ♖a2 ♗c3 24. h3 ♖b1 25. ♘h5 ♖fb8 26. ♔f2 ♗e1 27. ♔g1 ♘f1 28. ♖a1 ♗f2 29. ♔f2 ♖8b2 30. ♔g1 ♘fe3 **0:1**

3.05. **129.**

P. SCHMIDT - P. KERES

1. ♘f3 ♘f6 2. c4 e6 3. g3 d5 4. ♗g2 ♗e7 5. 0-0 0-0 6. b3 c5 7. ♗b2 ♘c6 8. cd5 ♘d5 9. d4 cd4 10. ♘d4 ♘d4 11. ♗d4 ♘b4 12. ♘a3 ♘c6 13. ♗b2 ♕a5 14. ♘c4 ♕a6 15. e3 ♖d8 16. ♕h5 ♗d7 17. ♖fd1 ♗e8 18. ♗f1 ♖d1 19. ♕d1 ♖d8 20. ♕g4 ♗f8 21. ♘d6 ♕b6 22. ♘e8 ♖e8 23. ♖d1 ♖d8 24. ♖d8 ♕d8 25. ♕e2 ♕b6 26. ♕g4 ♕d8 ½:½

5.05. **130.**

P. KERES - P. SCHMIDT

1. c4 e5 2. ♘c3 ♘f6 3. f4 e4 4. e3 ♗c5 5. ♘ge2 0-0 6. ♘g3 ♖e8 7. a3 c6 8. ♕c2 d5 9. cd5 cd5 10. ♘ce4 ♘e4 11. ♘e4 ♗e3 12. de3 ♗f5 13. ♗d3 ♗e4 14. 0-0 ♘d7 15. ♗e4 ♖e4 16. ♖d1 ♘f6 17. ♕b3 ♕d7 18. ♗d2 ♖ae8 19. h3 d4 20. ♕d3 ♖d8 21. ♖e1 ♕d5 22. ♕c2 d3 23. ♕d1 ♖c4 24. ♗c3 ♘e4 25. ♗d4 d2 26. ♖f1 h5 27. ♕f3 ♖dc8 28. ♖ad1 ♖c1 29. ♔h2 ♖d1 30. ♖d1 ♖c1 31. g4 ♖d1 32. ♕d1 ♘f2 33. ♕c2 ♕h1 34. ♔g3 ♘e4 35. ♔h4 ♕e1 **0:1**

6.05. **131.**

P. SCHMIDT - P. KERES

1. d4 e6 2. e4 d5 3. ed5 ed5 4. ♘c3 ♘c6 5. ♘f3 ♗g4 6. ♗e2 ♗b4 7. 0-0 ♘ge7 8. h3 ♗f5 9. ♗d3 ♕d7 10. ♗f4 f6 11. ♘b5 ♗a5 12. ♗f5 ♘f5 13. ♕e2 ♔f7 14. c4 ♖he8 15. ♕d3 a6 16. ♘c7 ♘b4 17. ♕b3 ♗c7 18. ♗c7 ♕c7 19. c5 ♘c6 20. ♕d5 ♔g6 21. g4 ♘g3 22. ♘h4 ♔h6 23. fg3 ♕g3 24. ♘g2 ♕h3 25. ♕f5 ♖e3 26. ♕f4 ♔g6 27. ♘e3 ♖e8 28. ♖f3 ♘d4 29. ♕f5 ♘f5 30. ♘f5 ♖e5 31. ♖ae1 ♔f7 32. ♘d6 **1:0**

7.05. **132.**

P. KERES - P. SCHMIDT

1. e4 e6 2. d4 d5 3. e5 c5 4. ♘f3 ♘e7 5. dc5 ♘g6 6. b4 a5 7. c3 ♗d7 8. b5 ♕c7 9. ♗e3 ♗c5 10. ♗c5 ♕c5 11. ♕d4 ♕d4 12. cd4 0-0 13. ♘c3 a4 14. h4 ♖c8 15. ♔d2 ♗e8 16. ♘e1 ♘d7 17. ♘d3 ♖c4 18. ♘e2 ♖ac8 19. ♖c1 ♘b6 20. ♘b2 ♖c1 21. ♘c1 a3 22. ♘d1 ♘c4 23. ♗c4 ♖c4 24. ♘b3 ♗b5 25. ♘e3 ♖c8 26. g3 ♘e7 27. ♖c1 ♗c4 28. ♘c2 ♖a8 29. ♔c3 ♘c6 30. ♖b1 b5 31. ♘b4 ♘b4 32. ♔b4 ♔f8 33. ♘a5 ♔e7 34. ♖c1 ♗a2 35.

♖c7 ♔f8 36. ♖c3 ♗c4 37. ♖a3 f5 38. ♘c4 **1:0**

10.05. **133.**

P. SCHMIDT - P. KERES

1. d4 ♘f6 2. ♘f3 g6 3. c4 ♗g7 4. g3 0-0 5. ♗g2 d6 6. 0-0 ♘bd7 7. ♘c3 e5 8. de5 de5 9. h3 ♕e7 10. ♗e3 c6 11. ♕b3 ♘e8 12. ♘g5 h6 13. ♘f3 f5 14. ♖ad1 ♔h8 15. ♘h4 ♖f6 16. g4 ♘f8 17. g5 ♖f7 18. gh6 ♗f6 19. ♘f3 g5 20. ♘a4 ♖h7 21. ♗c5 ♕f7 22. ♕c3 ♘g6 23. ♗d6 ♘d6 24. ♖d6 g4 25. hg4 fg4 26. ♘d2 ♘f4 27. ♖e1 ♖h6

(diagram)

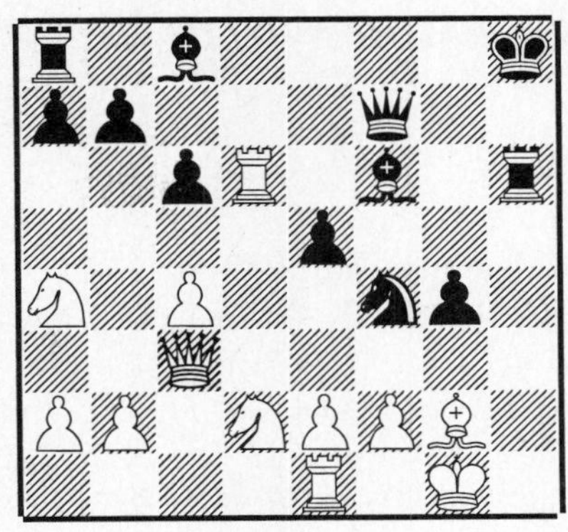

28. ♘e4 ♗e6 29. ♘f6 ♕f6 30. ♘c5 ♖f8 31. ♘e4 ♕f5 32. ♕e3 ♕h5 33. ♕g3 ♗c4 34. ♖h6 ♕h6 35. e3 ♘g2 36. ♔g2 ♗d5 37. f3 gf3 38. ♔f2 ♗e4 39. ♕e5 ♕g7 **0:1**

BAD NAUHEIM
17.- 24.05.1936

17.05. **134.**

P. KERES - L. RELLSTAB

1. e4 e5 2. ♘f3 ♘c6 3. ♗b5 a6 4. ♗a4 d6 5. ♗c6 bc6 6. d4 f6 7. ♗e3 ♗e6 8. 0-0 ♘e7 9. ♘c3 ♘g6 10. ♕d2 ♗e7 11. h4 0-0 12. h5 ♘h8 13. ♘h4 d5 14. ♘f3 ♘f7 15. ♖ad1 ♗g4 16. ed5 cd5 17. de5 c6 18. e6 ♘e5 19. ♘e5 fe5 20. f3 ♗h5 21. ♕e2 ♕c8 22. ♘a4 ♕e6 23. ♗c5 ♖f4 24. ♗e7 ♕e7 25. ♘c3 ♕c5 26. ♕f2 ♕f2 27. ♖f2 ♖af8 28. ♖dd2 g5 29. b3 ♔g7 30. ♘a4 ♖e8 31. ♘c5 g4 32. fg4 ♖g4 33. ♘d7 ♖g6 34. ♖f1 e4 35. ♖df2 ♗f3 36. ♔h2 ♖e7 37. gf3 ♖d7 38. fe4 de4 39. ♖g1 e3 40. ♖e2 ♖g1 41. ♔g1 ♖d1 42. ♔g2 ♖d2 43. ♔f3 ♔f6 44. ♖e3 ♖c2 45. ♖e4 a5 46. ♖a4 ♖c5 47. b4 ♖c3 48. ♔e2 ab4 49. ♖b4 ♖c2 50. ♔d3 ♖a2 51. ♖b6 ♖a3 52. ♔d2 ♖a2 53. ♔d3 h5 54. ♖c6 ♔g5 55. ♔e3 ♔g4 56. ♖g6 ♔h3 57. ♔f3 h4 58. ♖h6 ♖a3 59. ♔f2 ♖g3 60. ♖h7 ♖g4 61. ♖f7 ♔h2 62. ♖f8 h3 63. ♖f7 ♖g2 64. ♔f1 ½:½

18.05. **135.**

C.O. AHUES - P. KERES

1. d4 ♘f6 2. e3 b6 3. ♗d3 ♗b7 4. ♘f3 c5 5. ♘bd2 g6 6. c3 ♗g7 7. ♕e2 ♘c6 8. dc5 bc5 9. e4 0-0 10. 0-0 d6 11. ♘c4 ♘d7 12. ♗e3 ♘a5 13. ♘fd2 ♖b8 14. ♖ad1 ♘c4 15. ♘c4 ♘b6 16. ♗g5 ♕c7 17. ♘e3 ♗a8 18. f4 d5 19. ed5 ♘d5 20. ♘d5 ♗d5 21. ♗b1 e6 22. ♖d2 ♖fe8 23. ♗h4 ♕a5 24. ♖e1 ♗a2 25. b4 cb4 26. ♖a2 ♕c5 27. ♗f2 ♕c3 28. ♖a7 ♖ed8 29. ♖f7 ♕e1 30. ♗e1 ♔f7 31. h3 b3 32. ♗h4 ♖dc8 33. ♕d3 ♖c1 34. ♔h2 ♖b1 35. ♕b1 b2 36. ♗e1 ♖a8 37. ♕d3 ♖b8 38. ♕b1 ♖a8 39. ♕d3 ♖b8 40. ♕b1 ½:½

19.05. **136.**

P. KERES - E. BOGOLJUBOV

1. c4 ♘f6 2. ♘c3 e6 3. d4 d5 4. ♗g5 ♘bd7 5. e3 c6 6. cd5 ed5 7. ♗d3 ♗e7 8. ♘ge2 h6 9. ♗f4 ♘f8 10. 0-0 ♘e6 11. ♗e5 0-0 12. ♗c2 ♖e8 13. ♘g3 ♘f8 14. ♘h5 ♘h5 15. ♕h5 ♗e6 16. ♘e2 ♕d7 17. h3 f6 18. ♗h2 ♗f7 19.

♕f3 ♗d6 20. ♗d6 ♕d6 21. ♘g3 g6 22. ♘e2 ♔g7 23. h4 h5 24. g4 hg4 25. ♕g4 ♗e6 26. ♕f4 ♕f4 27. ♘f4 ♗f7 28. ♔g2 ♘e6 29. ♘e6 ♖e6 30. ♖h1 ♖h8 31. ♖ag1 ♖h5 32. ♔f1 ♖e8 33. ♖h3 ♖eh8 34. f4 ♖h4 35. ♖h4 ♖h4 36. ♗g6 ♗g6 37. f5 ♖h6 38. ♖g2 ♔f7 39. fg6 ♖g6 40. ♖h2 ♔g7 41. ♖c2 ♖h6 42. ♔g2 ♔g6 43. ♖c3 ♔f5 44. ♔f3 ♖h2 45. ♖a3 a6 46. ♖b3 ♖h3 47. ♔g2 ♖h7 48. ♔f3 ♔e6 49. ♔f4 a5 50. a4 ♖e7 51. ♖c3 ♖e8 52. ♖b3 ♖e7 53. ♖c3 ♖g7 54. ♖c5 ♖g2 55. ♖a5 ♖f2 56. ♔g4 ♖b2 57. ♖a7 ♖b4 58. ♔f3 b6 59. a5 b5 60. ♖a8 ♖a4 61. a6 ♔d6 62. e4 de4 63. ♔e4 ♔c7 64. ♖f8 ♖a6 65. ♖f6 ♖a1 66. ♔d3 ♖a3 67. ♔d2 ♖g3 68. ♖h6 b4 69. ♔c2 ♖c3 70. ♔d2 ♖f3 71. ♔c2 ♔d7 72. ♖h7 ♔d6 73. ♖b7 ♖c3 74. ♔d2 ♔d5 75. ♖b4 ♖a3 76. ♔c2 ♖e3 77. ♖a4 ♖e4 78. ♔d3 c5 79. ♖a8 ½:½

20.05. **137.**

P. KERES - Dr. M. VIDMAR

1. e4 e5 2. ♘f3 ♘c6 3. ♗b5 a6 4. ♗a4 ♘f6 5. 0-0 ♗e7 6. ♖e1 b5 7. ♗b3 0-0 8. c3 d6 9. h3 ♘a5 10. ♗c2 c5 11. d4 ♕c7 12. ♘bd2 ♘c6 13. d5 ♘d8 14. a4 ♖b8 15. c4 b4 16. ♘f1 ♘e8 17. g4 g6 18. ♘g3 ♘g7 19. ♔h2 f6 20. ♖g1 ♘f7 21. b3 ♖b7 22. ♗d2 ♔h8 23. ♕e2 ♗d8 24. ♖g2 ♕d7 25. ♖h1 ♕e8 26. ♔g1 ♖e7 27. ♘e1 ♕d7 28. f3 ♖g8 29. ♔f1 ♕b7 30. ♘d3 ♗d7 31. ♘f2 ♕c8 32. ♔e1 f5 33. gf5 gf5 34. ♘f5 ♘f5 35. ♖g8 ♔g8 36. ef5 ♗f5 37. ♘e4 ♖e8 38. ♕g2 ♔h8 39. ♖g1 ♗h4 40. ♘f2 ♗f6 41. ♗f5 ♕f5 42. ♘e4 h6 43. ♕g6 ♗h4 44. ♔e2 ♕g6 45. ♖g6 ♖g8 46. ♖e6 ♖g2 47. ♔d3 ♔g7 48. ♘d6 ♗g5 49. ♘e4 ♗d2 50. ♘d2 ♘g5 51. ♖a6 ♘h3 52. a5 ♘f4 53. ♔c2 e4 54. fe4 ♘e2 55. e5 ♖g3 56. ♘e4 ♘d4 57. ♔d2 ♘b3 58. ♔e2 ♘d4 59. ♔f2 ♖f3 60. ♔g2 ♖e3 61. ♘c5 ♖e5 62. ♖b6 ♖e2 63. ♔g3 ♖a2 64. ♖b4 ♖a5 65. ♘e4 **1:0**

21.05. **138.**

Dr. A. ALEKHINE - P. KERES

1. d4 e6 2. c4 ♗b4 3. ♘c3 c5 4. dc5 ♗c3 5. bc3 ♕a5 6. ♘f3 ♘f6 7. e3 0-0 8. ♘d4 ♘e4 9. ♗b2 ♘c5 10. ♘b3 ♕c7 11. ♘c5 ♕c5 12. ♕b3 d6 13. ♖d1 ♖d8 14. ♗a3 ♕e5 15. c5 d5 16. c4 ♘c6 17. ♗e2 dc4 18. ♖d8 ♘d8 19. ♕c4 ♕d5 20. ♕d5 ed5 21. ♔d2 ♗d7 22. ♖b1 ♗c6 23. ♔c3 ♖c8 24. ♔b4 f6 25. ♗g4 ♖c7 26. ♖d1 ♖e7 27. ♗f3 ♖d7 28. ♗b2 ♔f7 29. h4 ♘e6 30. ♗e2 ♖d8 31. ♗d4 ♖c8 32. a4 ♔e7 33. ♗b5 ♗e8 34. ♖c1 b6 35. cb6 ♖c1 36. b7 ♘d8 37. b8♕ ♘c6 38. ♗c6 ♖b1 39. ♔a5 ♖b8 40. ♗d5 ♔d6 41. ♗c4 ♔c7 42. g4 ♗c6 43. g5 ♔b7 44. f4 fg5 45. hg5 ♖e8 46. f5 ♗e4 47. ♗e6 ♖f8 48. ♗g7 ♖f5 49. ♗f5 ♗f5 50. ♔b5 ♗d3 51. ♔c5 ♔c7 52. ♔d5 ♔d7 53. ♗d4 a6 54. ♗c5 a5 55. ♔e5 ♗c2 ½:½

21.05. **139.**

P. KERES - H. HEINICKE

1. e4 c5 2. ♘f3 ♘c6 3. d4 cd4 4. ♘d4 ♘f6 5. ♘c3 d6 6. ♗g5 e6 7. ♕d2 ♗e7 8. 0-0-0 0-0 9. ♗f6 ♗f6 10. ♘c6 bc6 11. ♕d6 ♕a5 12. ♗c4 ♗a6 13. ♗a6 ♗c3 14. bc3 ♕a6 15. ♖d4 ♕a2 16. ♖hd1 ♕a5 17. ♕g3 c5 18. ♖d7 ♕a4 19. ♕d3 a5 20. ♔d2 c4 21. ♕d4 h6 22. g4 ♕b5 23. f4 a4 24. ♖g1 ♕b8 25. ♔e3 ♖d8 26. ♖d8 ♕d8 27. ♕d8 ♖d8 28. ♖a1 ♖a8 29. ♔d4 a3 30. ♔c4 ♖a4 31. ♔d3 f5 32. gf5 ef5 33. ef5 ♖f4 34. ♖a3 ♖f5 35. ♖a8 ♔f7 36. c4 ♖f3 37. ♔d4 ♖f2 38. c3 ♖h2 39. ♖a7 ♔f6 40. c5 ♔e6 41. ♖a6 ♔d7 42. ♔c4 ♖g2 ½:½

22.05. **140.**

G. WEISSGERBER - P. KERES

1. e4 e5 2. ♘f3 ♘c6 3. ♗b5 a6 4. ♗a4 ♘f6 5. 0-0 d6 6. ♗c6 bc6 7. d4 ♘e4 8. ♕e2 f5 9. de5 d5 10. e6 ♗d6 11. ♘d4 0-0 12. ♘c3 ♕f6 13. e7 ♗e7 14. ♘f3 ♗d6 15. ♗e3 ♕g6 16. ♗d4

♕h5 17. ♖fe1 ♖e8 18. ♕d3 ♗d7 19. h3 ♖e6 20. ♘a4 ♖ae8 21. ♔h1 f4 22. c4 c5 23. ♘c5 ♗c5 24. ♗c5 ♘c5 25. ♕d4 ♖e1 26. ♖e1 ♖e1 27. ♘e1 dc4 28. ♘f3 ♗c6 29. ♔g1 ♕d5 30. ♕f4 ♘e6 31. ♕e3 ♕e4 32. ♕d2 h6 33. b3 ♘f4 34. ♕d8 ♔h7 35. ♕h4 ♘e2 36. ♔f1 ♕h4 37. ♘h4 cb3 38. ab3 ♘d4 39. b4 ♘c2 40. ♔e2 ♘b4 **0:1**

23.05. **141.**

P. KERES - Mr. J.H.O. van den BOSCH

1. c4 e6 2. ♘c3 d5 3. d4 c6 4. ♘f3 ♘f6 5. ♗g5 ♘bd7 6. ♕c2 ♗e7 7. e3 ♘e4 8. ♗e7 ♕e7 9. ♗d3 ♘c3 10. ♕c3 0-0 11. 0-0 ♖d8 12. ♖ac1 dc4 13. ♕c4 e5 14. de5 ♘e5 15. ♘e5 ♕e5 16. ♗h7 ♔f8 17. ♕b4 ♕e7 18. ♕e7 ♔e7 19. ♗b1 ♖d2 20. ♖c2 ♖c2 21. ♗c2 ♗e6 22. a3 c5 23. ♗e4 ♖d8 24. ♖c1 c4 25. ♔f1 ♖d6 26. ♔e1 ♖b6 27. ♖c2 ♖b3 28. ♔d2 ♔d6 29. ♔c1 ♔e5 30. ♗f3 ♖b5 31. ♗e2 ♖c5 32. ♔d2 b5 33. ♔c3 a5 34. ♖d2 ♖c8 35. ♖d4 ♖b8 36. f4 ♔f6 37. e4 g6 38. ♖d6 b4 39. ab4 ab4 40. ♔c2 ♖h8 41. e5 ♔e7 42. h3 ♖h4 43. ♖d4 g5 44. ♗c4 gf4 45. ♗e6 ♔e6 46. ♖b4 ♔e5 47. ♔d3 ♖h8 48. ♖b5 ♔e6 49. ♔e4 ♖g8 50. ♖b6 ♔e7 51. ♔f3 ♖g3 52. ♔f2 ♖d3 53. b4 ♖b3 54. b5 f6 55. ♖b8 ♔e6 56. b6 ♔f5 57. b7 ♖b2 58. ♔e1 ♖b1 59. ♔d2 ♖b3 60. h4 ♖b2 61. ♔c3 **1:0**

24.05. **142.**

G. STAHLBERG - P. KERES

1. d4 e6 2. c4 ♗b4 3. ♘c3 c5 4. e3 ♘f6 5. a3 ♗c3 6. bc3 0-0 7. ♗d3 d5 8. cd5 ed5 9. ♘e2 b6 10. 0-0 ♗a6 11. ♗c2 ♘c6 12. ♖e1 ♖e8 13. f3 ♖c8 14. dc5 bc5 15. ♘g3

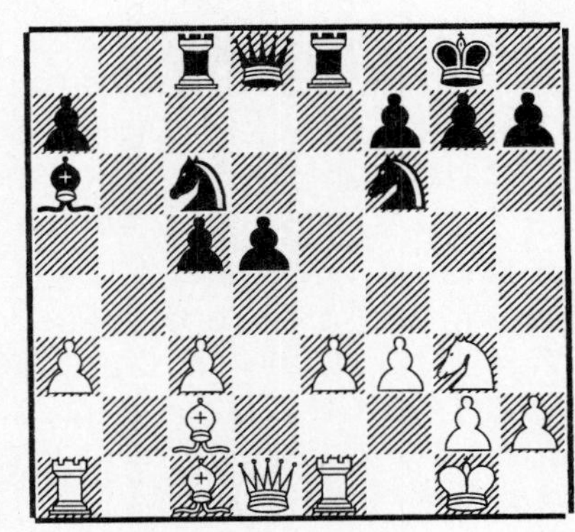

d4 16. ed4 cd4 17. ♖e8 ♕e8 18. cd4 ♘d4 19. ♗a4 ♕e5 20. ♖b1 ♘d5 21. ♗b2 ♘c3 22. ♗c3 ♖c3 23. ♔h1 h5 24. ♗d7 ♖d3 25. ♕a4 ♗b7 26. ♘e4 ♗e4 27. fe4 ♘f3 **0:1**

DRESDEN

7. - 14.06.1936

7.06. **143.**

P. KERES - G. STAHLBERG

1. e4 e6 2. d4 d5 3. e5 c5 4. ♘f3 ♘e7 5. dc5 ♘ec6 6. ♗f4 ♘d7 7. a3 ♕c7 8. b4 a5 9. c4 ab4 10. cd5 ed5 11. ♕d5 ♘c5 12. ♘d4 ♘d4 13. ♕d4 ♘e6 14. ♕d2 ♗c5 15. ♗b5 ♗d7 16. ♗d7 ♕d7 17. ♗e3 ♗e3 18. ♕e3 ♘d4 19. ♕d3 b3 20. 0-0 ♘c2 21. ♕b3 ♘a1 22. ♕b2 0-0 23. ♕a1 ♖fc8 24. ♘c3 ♕d3 25. ♘b1 ♖c2 26. a4 ♕b3 27. ♖d1 h6 28. ♘d2 ♕a4 29. ♕b1 ♖b2 30. ♕c1 ♕c2 31. ♘e4 ♕c1 32. ♖c1 b5 33. g4 b4 34. h4 b3 35. ♔g2 ♖c2 **0:1**

8.06. **144.**

H. GROB - P. KERES

1. e4 e5 2. ♘f3 ♘c6 3. ♗c4 ♘f6 4. ♘g5 d5 5. ed5 ♘a5 6. d3 h6 7. ♘f3 e4 8. ♕e2 ♘c4 9. dc4 ♗c5 10. c3 b5 11. b4 ♗e7 12. ♘fd2 ♗g4 13. f3 ef3 14. gf3 ♗h5 15. cb5 0-0 16. 0-0

♖e8 17. ♕c4 ♗d6 18. ♕h4 ♖e2 19. ♖f2 ♕e8 20. ♘e4 ♖e1 21. ♖f1 ♖f1 22. ♔f1 ♕b5 23. ♔f2 ♘e4 24. ♕e4 ♖e8 25. ♘a3 ♕d7 26. ♕h4 ♕f5 27. f4 ♖e2 28. ♔g1 ♕e4 **0:1**

9.06. **145.**

P. KERES - L. ENGELS

1. c4 e5 2. ♘c3 ♘f6 3. g3 d5 4. cd5 ♘d5 5. ♗g2 ♘b6 6. ♘f3 ♘c6 7. 0-0 ♗e7 8. d3 0-0 9. ♗e3 ♗g4 10. h3 ♗e6 11. ♘a4 ♕d7 12. ♘c5 ♗c5 13. ♗c5 ♖fe8 14. ♔h2 ♖ad8 15. ♕c1 f6 16. b3 ♘d5 17. ♗a3 b6 18. ♖d1 ♘d4 19. e3 ♘f3 20. ♗f3 c5 21. ♗b2 ♔h8 22. d4 cd4 23. ed4 e4 24. ♗e4 ♗f5 25. ♗f5 ♕f5 26. ♕d2 h5 27. h4 ♖c8 28. ♖ac1 ♖c1 29. ♖c1 ♖e4 30. ♕c2 ♕f3 31. ♖f1 ♖h4 32. gh4 ♘f4 33. ♕c8 ♔h7 34. ♕f5 ♔h6 35. ♕f4 ♕f4 36. ♔g2 ♕g4 37. ♔h2 ♕h4 38. ♔g2 ♕g4 39. ♔h2 g5 40. f3 ♕f4 41. ♔g2 h4 42. ♗a3 ♕g3 43. ♔h1 h3 44. ♖g1 ♕f3 45. ♔h2 ♕f2 46. ♔h1 ♕d4 **0:1**

9.06. **146.**

G. MAROCZY - P. KERES

1. e4 ♘f6 2. e5 ♘d5 3. d4 d6 4. c4 ♘b6 5. ♘f3 ♗g4 6. ed6 ed6 7. ♗e2 ♗e7 8. ♘c3 0-0 9. b3 ♖e8 10. 0-0 ♗f6 11. ♗e3 ♘c6 12. ♖c1 d5 13. c5 ♘c8 14. h3 ♗h5 15. a3 ♗g6 16. b4 a6 17. ♕b3 ♘8e7 18. ♖fd1 ♕d7 19. g4 h6 20. ♘e1 ♗h7 21. ♗f3 ♖ad8 22. ♗g2 g5 23. ♘f3 ♗g7 24. a4 ♔h8 25. b5 ♘a5 26. ♕b4 ♘c4 27. ♘d5 ♘d5 28. ♕c4 ♖e3 29. fe3 ♘e3 30. ♕e2 ♘d1 31. ♖d1 ab5 32. ab5 ♖e8 33. ♕f1 ♔g8 34. ♘e5 ♗e5 35. de5 ♕e7 36. ♕f2 ♕e5 37. ♗b7 ♗g6 38. ♗c6 ♖e6 39. ♗g2 ♗e4 40. ♖e1 ♕d5 41. ♖e4 ½:½

10.06. **147.**

P. KERES - E. BOGOLJUBOV

1. e4 e6 2. ♕e2 c5 3. f4 ♘f6 4. ♘f3 ♘c6 5. ♘c3 d5 6. ed5 ♘d5 7. g3 ♘db4 8. d3 ♘d4 9. ♘d4 cd4 10. ♘d1 ♕a5 11. c3 dc3 12. bc3 ♘d5 13. ♗d2 ♗e7 14. ♗g2 ♗f6 15. d4 0-0 16. ♗e4 ♕c7 17. ♖c1 ♗d7 18. ♘f2 ♗e7 19. c4 ♘f6 20. ♗d3 ♗c6 21. 0-0 ♖ad8 22. ♗c3 ♖fe8 23. ♗b1 b6 24. ♕c2 ♗a8 25. ♗b2 ♕c6 26. d5

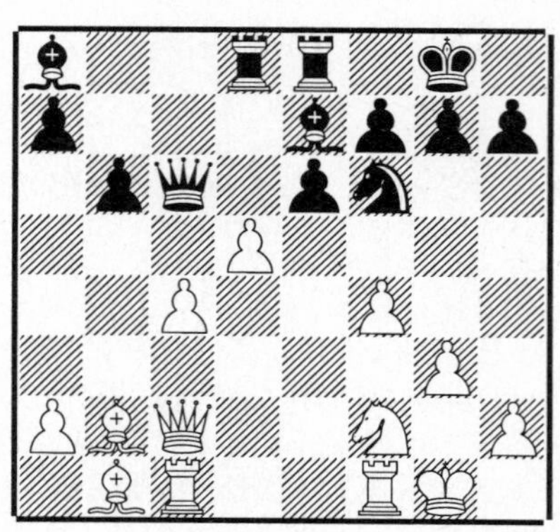

♖d5 27. cd5 ♕d5 28. ♘e4 ♘e4 29. ♕e4 ♕e4 30. ♗e4 ♗e4 31. ♖fd1 ♗d5 32. ♖c7 a5 33. a4 g5 34. ♔f2 h6 35. ♗d4 ♗d8 36. ♖c8 gf4 37. ♗f6 fg3 38. hg3 ♗f6 39. ♖e8 ♔g7 40. ♖b8 ♗b3 41. ♖d2 ♗a4 42. ♖b6 ♗c3 43. ♖d3 ♗b4 44. ♖b4 ab4 45. ♖d4 h5 46. ♖b4 ♗c2 47. ♔f3 ♔g6 48. ♖b5 f6 49. ♖b8 ♔f5 50. ♖g8 e5 51. ♔e3 ♗b3 52. ♖g7 ♗d5 53. ♔f2 ♗b3 54. ♔e3 ♗d1 55. ♖g8 ♗g4 56. ♖g7 ♔e6 57. ♖g8 ♔f7 58. ♖b8 ♗f5 59. ♖h8 ½:½

11.06. **148.**

P. KERES - Dr. A. ALEKHINE

1. d4 ♘f6 2. c4 e6 3. ♘c3 ♗b4 4. ♕c2 ♘c6 5. e3 e5 6. d5 ♘e7 7. ♘f3 ♗c3 8. ♕c3 d6 9. ♗e2 0-0 10. 0-0 ♘e4 11. ♕c2 f5 12. ♘d2 ♘d2 13. ♗d2 f4 14. ef4 ef4 15. ♗d3 ♗f5 16. f3 ♗d3 17. ♕d3 ♘g6 18. ♗c3 ♕g5 19. ♖ae1 ♖ae8 20. ♖e8 ♖e8 21. ♖e1 ♘e5 22. ♗e5 ♖e5 23. ♖e4 ♕g6 24. ♕d4 ♖e4 25. fe4 b6 26. b3 ♕h5 27. ♕d3 ♔f7 28. g3 fg3 29. hg3 ♔e7 30. ♔g2 ♕e5 31. ♕f3 h5 32. ♔h3 g6 33. ♕f4 ♕f6 34. ♕h6 ♔f7 35. ♔g2 ♕b2

36. ♔h3 ♕a1 37. ♕f4 ♔g7 38. ♕f3 ♕f6 39. ♕e2 ♔h6 40. ♔g2 g5 41. b4 ♕e5 42. ♕f3 ♔g6 43. g4 hg4 44. ♕g4 ♕b2 45. ♔f3 ♕a3 46. ♔e2 ♕a2 47. ♔d3 ♕b3 48. ♔d4 ♕b2 49. ♔d3 ♕f6 50. b5 ♕f4 51. ♕e6 ♔h5 52. ♕h3 ♕h4 53. ♕f3 ♕g4 54. ♕f7 ♔h4 55. ♕c7 ♕f3 56. ♔d4 ♕f6 57. ♔d3 g4 58. ♕h7 ♔g5 59. ♕g8 ♔f4 60. ♕e6 ♔g5 61. e5 ♕e5 62. ♕e5 de5 63. ♔e4 ♔f6 64. ♔e3 ♔f5 65. ♔f2 e4 66. ♔e2 g3 67. ♔e3 ♔g4 68. d6 g2 69. ♔f2 ♔h3 70. d7 e3 71. ♔f3 g1♕ 72. d8♕ ♕f2 73. ♔e4 e2 74. ♕d7 ♔g2 75. ♕g4 ♔f1 **0:1**

12.06. **149.**

Dr. L. RÖDL - P. KERES

1. e4 e5 2. ♘f3 ♘c6 3. ♗b5 a6 4. ♗a4 ♘f6 5. 0-0 d6 6. d4 ♗d7 7. c3 ♗e7 8. d5 ♘b8 9. ♗c2 ♕c8 10. c4 h6 11. ♘c3 g5 12. c5 ♘h5 13. ♘e2 ♘f4 14. ♘g3 ♗g4 15. cd6 cd6 16. ♗f4 gf4 17. ♖c1 ♘d7 18. ♘f5 ♕d8 19. ♕d2 ♗f5 20. ef5 ♖g8 21. ♔h1 ♖c8 22. f6 ♗f6 23. ♗f5 ♔e7 24. ♖c8 ♕c8 25. ♖c1 ♕b8 26. ♕c2 ♘b6 27. ♕c7 ♕c7 28. ♖c7 ♔f8 29. ♗e4 ♘a4 30. ♖b7 ♘c5 31. ♖b8 ♔g7 32. ♖g8 ♔g8 33. ♘d2 ♘e4 34. ♘e4 ♗e7 35. ♔g1 f5 36. ♘d2 ♔f7 37. ♔f1 h5 38. ♔e2 ♔e8 39. f3 h4 40. ♔d3 ♔d7 41. h3 ♗d8 42. ♔c4 ♗b6 43. ♔d3 ♗a5 44. ♘c4 ♗d8 45. b4 ♔c7 46. a4 ♗e7 47. ♘a5 ♔b6 48. ♔c4 ♗f6 49. ♘b3 e4 50. a5 ♔b7 51. ♘c1 ♗b2 52. ♘e2 ♗e5 53. ♔b3 ♔c7 54. ♔a3 ♔b7 55. ♔a4 ♔c7 56. ♔b3 ♔b7 57. ♔c4 ♔c7 58. b5 ab5 59. ♔b5 ♔b7 60. a6 ♔a7 61. ♔a5 ♔b8 62. ♔b6 ♔a8 63. a7 e3 64. ♔a6 ♗b2 65. ♘f4 ♗d4 66. ♔b5 ♔a7 67. ♘e2 ♗e5 68. f4 ♗g7 69. ♔c6 ♗f8 70. g3 hg3 71. ♘g3 ♔a6 72. ♔d7 ♔b6 73. ♔e6 ♔c5 74. h4 ♗h6 75. ♔f5 ♔d5 76. ♘e2 ♗g7 77. h5 ♔c4 78. ♔e4 d5 79. ♔e3 d4 80. ♔d2 ♗h6 ½:½

13.06. **150.**

P. KERES - F. SÄMISCH

1. d4 ♘f6 2. c4 e6 3. ♘c3 ♗b4 4. ♕c2 c5 5. dc5 ♘c6 6. ♘f3 ♗c5 7. ♗g5 b6 8. e3 ♗b7 9. ♗e2 ♖c8 10. 0-0 ♗e7 11. ♖ad1 d6 12. ♖d2 a6 13. ♖fd1 ♕c7 14. ♗f4 ♘e5 15. ♘e5 de5 16. ♗g3 0-0 17. a3 ♖fd8 18. b4 ♖d2 19. ♖d2 ♖d8 20. ♖d8 ♗d8 21. ♕d3 ♗e7 22. f3 ♘d7 23. ♗d1 ♗c6 24. ♗a4 ♗a4 25. ♘a4 f5 26. e4 f4 27. ♗e1 ♕c6 28. ♘c3 ♔f7 29. ♘e2 ♔e8 30. ♔f1 ♕a4 31. ♘c1 a5 32. ♕b3 ♕b3 33. ♘b3 ab4 34. ab4 ♔d8 35. ♔e2 ♔c7 36. ♔d3 ♔c6 37. ♔c3 ♗d8 38. ♘c1 g5 39. ♔b3 b5 40. cb5 ♔b5 41. ♘e2 ♗b6 42. ♘c3 ♔c6 43. b5 ♔b7 44. ♘a4 ♗g1 45. h3 h5 46. ♗b4 g4 47. hg4 hg4 48. fg4 ♘f6 49. ♗c5 ♗h2 50. g5 ♘e4 51. ♗e7 ♘g5 52. ♗g5 e4 53. ♘c5 ♔b6 54. ♘e4 ♔b5 55. ♔c3 ♔c6 56. ♘f6 ♔d6 57. ♔d4 **1:0**

14.06. **151.**

K. HELLING - P. KERES

1. d4 d5 2. ♘f3 ♘f6 3. ♗f4 e6 4. e3 ♗d6 5. ♘bd2 0-0 6. ♗d3 c5 7. ♘e5 ♘c6 8. c3 ♕c7 9. ♘df3 ♘e4 10. ♗g3 f5 11. ♘c6 bc6 12. ♗d6 ♕d6 13. ♘e5 cd4 14. ed4 c5 15. 0-0 ♕b6 16. f3 ♘d6 17. dc5 ♕c5 18. ♔h1 f4 19. ♕a4 ♖b8 20. ♖ab1 ♕c7 21. ♖fe1 ♖b6 22. ♖e2 ♘b7 23. ♕c2 g6 24. b4 ♘d6 25. a4 ♘f5 26. ♗f5 ♖f5 27. ♖be1 ♗d7 28. ♘g4 ♔g7 29. ♕d2 ♕c4 30. ♖e4 de4 31. ♕d7 ♔g8 32. ♕e8 ♖f8 33. ♘h6 ♔g7 34. ♕e7 ♔h6 35. ♕f8 ♔g5 36. h4 ♔h4 37. ♕h6 **1:0**

ZANDVOORT
18.07.- 1.08.1936

18.07. **152.**

P. KERES - Prof. A. BECKER

1. ♘f3 ♘f6 2. c4 g6 3. d4 ♗g7 4. g3 0-0 5. ♗g2 d6 6. 0-0 ♘bd7 7. ♘c3 e5 8. b3 ♕e7 9. e4 ed4 10. ♘d4 ♘c5 11. ♖e1 ♗d7 12. ♗b2 ♖ae8 13. ♕d2 ♕e5 14. b4 ♘a6 15. f4 ♕h5 16. ♘d5 ♗h3 17. ♘f5 gf5 18. ♗f6 ♗g2 19. ♕c3 ♕h6 20. ♔g2 fe4 21. g4 c6 22. ♗g7 ♕g7 23. ♘f6 ♔h8 24. g5 ♖e6 25. ♔h1 ♘c7 26. ♕e3 c5 27. bc5 dc5 28. ♕c5 ♖c6 29. ♕e7 ♖c8 30. ♖ad1 ♘e6 31. ♖e4 ♕f8 32. ♕b7 ♕a3 33. ♕b3 ♕b3 34. ab3 ♘c5 35. ♖e3 ♔g7 36. f5 h6 37. ♘h5 ♔f8 38. b4 ♘b7 39. ♖d7 ♘d8 40. ♖ed3 **1:0**

19.07. **153.**

P. KERES - Dr. M. EUWE

1. e4 e6 2. d4 d5 3. e5 c5 4. ♘f3 cd4 5. ♕d4 ♘c6 6. ♕f4 f5 7. ♗d3 ♘ge7 8. 0-0 ♘g6 9. ♕g3 ♗e7 10. ♖e1 0-0 11. a3 ♘b8 12. ♘bd2 a5 13. ♘b3 ♘a6 14. a4 ♘b4 15. ♘fd4 ♗d7 16. ♗b5 ♘c6 17. c4 ♘d4 18. ♘d4 ♗c5 19. ♕d3 ♗b5 20. ♘b5 ♕h4 21. ♕f1 ♖ad8 22. ♗e3 d4 23. ♗d2 d3 24. b3 f4 25. ♖e4 ♖f5 26. ♖ae1 ♖h5 27. h3 ♖g5 28. ♘d6 ♕h3 29. ♗f4 ♘f4 30. ♖f4 ♕g3 31. ♖ee4 ♖h5 **0:1**

20.07. **154.**

E.F. GRÜNFELD - P. KERES

1. d4 e6 2. ♘f3 ♘f6 3. c4 b6 4. g3 ♗b7 5. ♗g2 ♕c8 6. 0-0 c5 7. b3 cd4 8. ♗b2 ♗e7 9. ♘d4 ♗g2 10. ♔g2 d5 11. cd5 ♘d5 12. e4 ♘f6 13. ♘d2 0-0 14. ♖c1 ♕b7 15. ♕e2 ♘bd7 16. f3 ♖ac8 17. ♖fd1 ♖c1 18. ♖c1 ♖c8 19. ♖c8 ♕c8 20. ♕c4 ♕c4 21. ♘c4 ♗c5 22. ♔f1 ♔f8 23. ♔g2 ♔g8 24. ♔f1 ♔f8 **½:½**

22.07. **155.**

P. KERES - R. FINE

1. ♘f3 d5 2. c4 dc4 3. e3 ♘f6 4. ♗c4 e6 5. 0-0 c5 6. b3 ♘c6 7. ♗b2 a6 8. a4 ♗e7 9. ♘e5 ♘a5 10. d4 ♘c4 11. ♘c4 0-0 12. ♘bd2 ♗d7 13. ♘e5 ♗e8 14. ♖c1 cd4 15. ♗d4 ♘d7 16. ♘d7 ♗d7 17. ♘c4 ♖c8 18. ♕f3 b5 19. ♕g3 f6 20. ♗b6 ♕e8 21. ♘d6 ♗d6 22. ♕d6 ba4 23. ba4 ♗a4 24. ♗c5 ♖f7 25. ♗a3 ♖d8 26. ♕b6 h6 27. ♖c5 ♗b5 28. ♖fc1 ♖fd7 29. h3 ♖b8 30. ♕b8 ♕b8 31. ♖c8 ♕c8 32. ♖c8 ♔h7 33. ♗b4 h5 34. h4 ♔g6 35. ♔h2 e5 36. ♔g3 ♗d3 37. ♖c6 ♖b7 38. ♗c3 ♗b5 39. ♖c8 ♔f7 40. f3 ♗d7 41. ♖a8 ♗b5 42. ♖c8 ♖d7 43. ♔f2 ♖d1 44. ♖c7 ♔g8 45. g4 ♖f1 46. ♔g2 e4 47. fe4 hg4 48. e5 ♖f3 49. ef6 gf6 50. ♔g1 ♗f1 51. ♖c6 ♔f7 52. e4 g3 53. e5 fe5 54. ♗e5 ♗h3 55. ♖c1 a5 56. ♔h1 a4 57. ♗d4 a3 58. ♖c2 ♖b3 59. h5 ♖b1 60. ♗g1 ♖b2 61. ♖c7 ♔e6 62. ♗d4 ♖b1 63. ♗g1 a2 **0:1**

23.07. **156.**

S. LANDAU - P. KERES

1. d4 e6 2. c4 ♗b4 3. ♘c3 c5 4. e3 d5 5. cd5 ed5 6. a3 ♗c3 7. bc3 ♘f6 8. dc5 0-0 9. ♗d3 ♘bd7 10. ♘e2 ♘c5 11. ♗b1 b6 12. 0-0 ♗a6 13. ♖e1 ♖c8 14. ♗b2 ♗c4 15. ♘d4 ♖e8 16. ♗f5 ♖c7 17. a4 ♘fe4 18. ♗e4 de4 19. a5 ba5 20. ♗a3 ♘d3 21. ♖e2 ♕d7 22. ♖d2 ♖b7 23. f4 ♖eb8 24. h3 ♖b6 25. ♕h5 ♕d5 26. ♘f5 ♔h8 27. ♕g4 ♖g6 28. ♘e7 ♖g4 29. ♘d5 ♖g6 30. ♘e7 ♖f6 31. g4 g6 32. ♔g2 ♖fb6 33. ♔g3 f6 34. h4 ♖b1 35. ♖d1 ♖d1 36. ♖d1 ♖b3 37. ♗d6 ♖c3 38. g5 ♔g7 39. ♖a1 ♘c1 40. gf6 ♔f6 41. ♗e5 ♔e7 42. ♗c3 ♘e2 43. ♔f2 ♘c3 44. ♖c1 ♔d6 45. ♖c3 ♔c5 46. ♔e1 ♔b4

47. ♔d2 a4 48. ♖c1 a3 49. ♖b1 ♗b3 50. h5 a2 51. ♖a1 ♗c4 52. hg6 hg6 **0:1**

25.07. 157.

P. KERES - E. BOGOLJUBOV

1. ♘f3 ♘f6 2. c4 e6 3. g3 d5 4. ♗g2 ♗e7 5. 0-0 0-0 6. b3 c5 7. ♗b2 ♘c6 8. cd5 ed5 9. d4 ♘e4 10. dc5 ♗c5 11. ♘c3 ♘c3 12. ♗c3 d4 13. ♗b2 ♗g4 14. ♕d3 ♖e8 15. h3 ♗h5

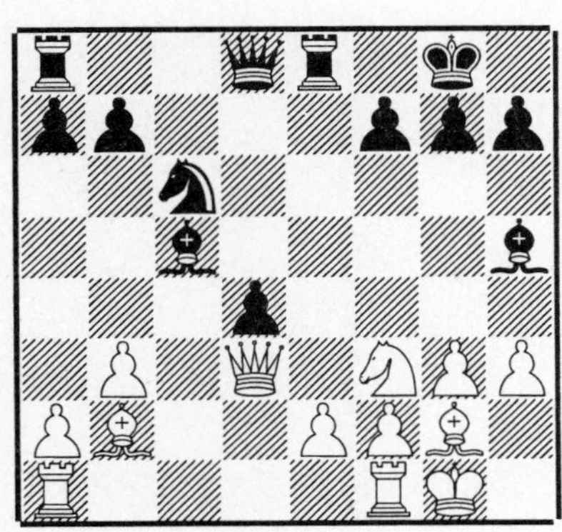

16. ♕f5 ♗f3 17. ♗f3 ♕d6 18. ♖ac1 ♗b6 19. ♖fd1 ♖e6 20. ♕f4 ♕e7 21. ♖c2 ♖d8 22. ♔g2 ♖f6 23. ♕h4 h6 24. ♗c6 g5 25. ♕g4 ♖c6 26. ♖c6 bc6 27. h4 c5 28. hg5 hg5 29. ♖h1 ♖d6 30. ♕h5 ♕e4 31. ♔g1 ♕b1 32. ♗c1 ♔f8 33. ♕h8 ♔e7 34. ♕e5 ♔d7 35. ♔g2 f6 36. ♕d6 ♔d6 37. ♗f4 gf4 38. ♖b1 fg3 39. ♔g3 **1:0**

26.07. 158.

L. PRINS - P. KERES

1. d4 ♘f6 2. ♘f3 e6 3. e3 d5 4. ♗d3 c5 5. c3 ♘bd7 6. 0-0 ♗d6 7. ♘bd2 0-0 8. ♕e2 ♕c7 9. e4 cd4 10. cd4 de4 11. ♘e4 ♗f4 12. g3 ♗c1 13. ♖fc1 ♕b6 14. ♘e5 ♘e4 15. ♕e4 ♘f6 16. ♕h4 ♖d8 17. ♖c5 h6 18. b3 ♕d6 19. ♖ac1 ♗d7 20. ♘c4 ♕f8 21. g4 ♘d5 22. ♘e5 b6 23. ♖c7 ♘c7 24. ♖c7 ♗e8 25. g5 ♕d6 26. ♖c4 ♕e7 27. ♘f3 ♖ac8 28. ♕e4 g6 29. gh6 ♖c4 30. bc4 ♕f6 31. h4 ♕f5 32. ♕f5 gf5 33. d5 ♔h7 34. ♘e5 f6 35. ♘f3 ed5 36. ♗f5 ♔h6 37. cd5 ♖d5 38. ♗e6 ♖d1 39. ♔h2 ♗c6 40. ♘g1 ♗d5 **0:1**

28.07. 159.

P. KERES - G.R.D. van DOESBURGH

1. ♘f3 d5 2. c4 e6 3. g3 ♘f6 4. ♗g2 ♗e7 5. 0-0 0-0 6. b3 c5 7. ♗b2 ♘c6 8. cd5 ♘d5 9. d4 ♘f6 10. dc5 ♘d7 11. b4 ♗f6 12. ♕d2 a5 13. b5 ♘a7 14. ♗f6 ♕f6 15. ♘a3 ♘c5 16. ♕a5 ♗d7 17. ♕b4 b6 18. ♘c4 ♗b5 19. ♘b6 ♘a6 20. ♕d2 ♖ad8 21. ♕e3 ♖d6 22. ♘e5 ♗e2 23. ♕e2 ♖b6 24. ♘d7 ♕b2 25. ♕e3 ♖fb8 26. ♗e4 ♖8b7 27. ♘b6 **1:0**

29.07. 160.

G. MAROCZY - P. KERES

1. e4 c6 2. d4 d5 3. ♘c3 de4 4. ♘e4 ♗f5 5. ♘g3 ♗g6 6. h4 h6 7. ♘f3 ♘d7 8. ♗d3 ♗d3 9. ♕d3 e6 10. ♗d2 ♘gf6 11. 0-0-0 ♕c7 12. ♖he1 0-0-0 13. ♔b1 ♗d6 14. ♘e4 ♘e4 15. ♕e4 ♔b8 16. c4 c5 17. ♗c3 ♘f6 18. ♕e2 cd4 19. ♘d4 a6 20. ♘f3 ♔a8 21. ♘e5 ♖hf8 22. g4 ♘g8 23. ♘f3 g6 24. b3 ♕e7 25. ♖d3 ♗c7 26. ♖ed1 ♖d3 27. ♖d3 ♖d8 28. ♕d2 ♔b8 29. g5 ♔c8 30. ♖d8 ♕d8 31. ♕e2 hg5 32. hg5 ♘e7 33. ♗f6 ♕d6 34. ♘e5 ♕c5 35. ♘f7 ♕f5 36. ♕c2 ♘g8 37. ♕f5 ef5 38. ♘h8 ♘f6 39. gf6 ♔d7 40. ♘g6 ♔e6 41. ♘e7 ♗d6 42. ♘d5 ♔e5 43. ♔c2 ♔e4 44. f4 a5 45. f7 a4 46. ba4 ♗a3 47. ♔c3 ♗d6 48. a5 ♗f8 49. ♔b3 ♗d6 50. ♔a4 ♔d4 51. ♔b5 **1:0**

30.07. 161.

P. KERES - R. SPIELMANN

1. ♘f3 ♘f6 2. c4 c6 3. d4 d5 4. cd5 cd5 5. ♘c3 ♘c6 6. ♗f4 e6 7. e3 ♗d6 8. ♗d6 ♕d6 9. ♗e2 0-0 10. 0-0 a6 11. ♕b3 b5 12. ♖fc1 ♗d7 13. ♕d1 ♖fc8 14. h3 ♘a5 15. ♘e5 ♘c4 16. ♘d3 ♘e4 17. ♘e4 de4 18. ♘c5 ♘b2 19. ♕b3 ♘a4 20. ♘e4 ♕e7 21. ♗f3 ♖ab8 22. ♕d3 ♘b2 23. ♕e2 ♘a4 24. ♕d3 ♘b2 25. ♕e2 ♘a4 **½:½**

1.08. **162.**

Dr. S.G. TARTAKOWER - P. KERES

1. e4 e5 2. ♘c3 ♘f6 3. ♘f3 ♘c6 4. ♗c4 ♘e4 5. ♘e4 d5 6. ♗d3 f5 7. ♘c3 e4 8. ♗b5 d4 9. ♘e4 fe4 10. ♕e2 ♗f5 11. 0-0 ♗e7 12. ♘e5 ♕d5 13. ♘c6 bc6 14. ♗c4 ♕d6 15. d3 ed3 16. cd3 ♔d7 17. ♖e1 ♖ae8 18. ♕f3 ♕g6 19. ♗f4 ♗b4 20. ♖e8 ♖e8 21. h3 ♗d6 22. ♖c1 ♖f8 23. ♗d6 ♕d6 24. ♖e1 ♔d8 25. a3 ♗d7 26. ♕h5 h6 27. ♖e5 g5 28. ♕e2 ♖e8 29. ♖e8 ♗e8 30. ♕e4 ♗g6 31. ♕f3 ♕f4 32. ♕f4 gf4 33. g4 ♔e7 34. ♔g2 ♔f6 35. ♔f3 ♔e5 36. b4 ♗h7 37. ♔e2 ♗g6 38. h4 ♗e8 39. ♗g8 ♗d7 40. f3 c5 41. bc5 a5 42. ♗f7 ♔f6 43. ♗d5 a4 44. ♔f2 ♔e5 45. ♗e4 ♔f6 46. ♔g2 ♗e8 47. ♔h3 ♗d7 48. ♗d5 ♗e8 49. c6 ♔g6 50. ♗e4 ♔f6 51. h5 ♗f7 52. ♔h4 ♗e6 53. ♗g6 ♗d5 54. ♗e4 ♗e6 55. ♗h7 ♗d5 56. ♗e4 ♗e6 57. ♗h7 ♗d5 58. ♗e4 ♗e6 ½:½

THE EXTRA OLYMPIAD
Munich, 17.08.- 1.09.1936

17.08. **163.**

P. KERES - L. STEINER

1. ♘f3 d5 2. c4 c6 3. b3 ♘f6 4. ♗b2 g6 5. g3 ♗f5 6. ♗g2 ♗g7 7. 0-0 ♕c8 8. ♘c3 0-0 9. ♖c1 dc4 10. bc4 ♗h3 11. d4 ♖d8 12. ♕b3 ♗g2 13. ♔g2 ♘bd7 14. ♗a3 c5 15. ♘d5 ♖e8 16. dc5 ♗f8 17. ♕e3 e6 18. ♘f6 ♘f6 19. ♖fd1 e5 20. ♔g1 ♕h3 21. ♖b1 ♗h6 22. ♘g5 ♕h5 23. h4 ♘g4 24. ♕f3 ♗g5 25. hg5 e4 26. ♕g2 ♖ad8 27. ♖d5 ♖d5 28. cd5 ♕g5 29. ♖d1 ♕e5 30. d6 f5 31. ♗c1 h6 32. c6 bc6 33. ♗f4 ♕e6 34. f3 ef3 35. ef3 ♘f6 36. ♗h6 ♖d8 37. ♗f4 ♘d5 38. ♕b2 ♘f4 39. gf4 ♕e3 40. ♔g2 ♔f7 41. ♕e5 ♕e5 42. fe5 f4 43. ♔h3 ♔e6 44. ♖e1 g5 45. ♔g4 ♖g8 46. ♖c1 ♔e5 47. ♖c6 ♔d5 48. ♖c7 ♔d6 49. ♖a7 ♔c5 50. ♖a5 ♔d4 51. a4 ♖c8 52. ♖g5 ♖c4 53. ♔f4 ♖a4 54. ♖g8 ♔d3 55. ♔g3 ♖a7 56. f4 ♔e4 57. ♔g4 ♖e7 58. f5 ♔e5 59. ♔g5 ♔d6 60. f6 ♖e1 61. f7 ♖g1 62. ♔h4 **1:0**

18.08. **164.**

M. ROMI - P. KERES

1. d4 e6 2. e4 d5 3. ♘d2 c5 4. dc5 ♗c5 5. ♗d3 ♘c6 6. ♘gf3 ♘f6 7. ♕e2 e5 8. ♗b5 0-0 9. 0-0 ♗g4 10. ♗c6 bc6 11. ed5 ♖e8 12. dc6 e4 13. ♕c4 ♕b6 14. ♘b3 ♗f2 15. ♖f2 ef3 16. gf3 ♖e1 17. ♔g2 ♗h3 18. ♔g3 ♖g1 19. ♔h3 ♕f2 20. ♕f4 ♕g2 21. ♔h4 h6 22. ♕g3 ♕g3 **0:1**

18.08. **165.**

P. KERES - G. ALEXANDRESCU

1. e4 e6 2. d4 d5 3. e5 c5 4. dc5 ♘c6 5. ♘f3 ♗c5 6. ♗d3 ♘ge7 7. ♗f4 ♕b6 8. 0-0 ♕b2 9. ♘bd2 ♕b6 10. c4 h6 11. ♕c1 ♘b4 12. ♗e2 ♗d7 13. a3 ♘a6 14. ♖b1 ♕c6 15. ♗g3 ♘f5 16. cd5 ed5 17. e6 fe6 18. ♘e5 ♘g3 19. hg3 ♕c7 20. ♘d7 ♔d7 21. ♕b2 ♗b6 22. ♕g7 ♔d6 23. ♘e4 de4 24. ♖fd1 **1:0**

19.08. **166.**

J. FOLTYS - P. KERES

1. e4 e5 2. ♘f3 ♘c6 3. ♗c4 ♘f6 4. d3 ♗c5 5. ♘c3 d6 6. ♗g5 h6 7. ♗f6 ♕f6 8. ♘d5 ♕g6 9. ♕e2 ♗g4 10. c3 ♗b6 11. a4 f5 12. ♘f4 ♕h7 13. ♘e6 fe4 14. ♕e4 ♕e4 15. de4 ♖h7 16. h3 ♗h5 17. ♘h4 ♗f7 18. ♗d5 ♔e7 19. ♘g7 ♖g7 20. ♘f5 ♔f8 21. ♘g7 ♔g7 22. ♗c6 bc6 23. a5 ♗c5 24. b4 ♗b4 25. cb4 ♖b8 26. ♖b1 c5 27. b5 ♗c4 28. ♔d2 ♗b5 29. g3 c6 30. f4 ♔f6 31. ♔e3 d5 32. ♖hc1 c4 33. fe5 ♔e5 34. ♖d1 a6 35. ♖d4 ♖g8 36. g4 h5 37. ed5 cd5 38. ♖bd1 ♗c6 39. ♖f1 hg4 40. hg4 ♗d7 41. ♖fd1 ♗e6 42. ♖h1 ♗g4 43. ♖g1

♗e6 44. ♖g8 ♗g8 45. ♖h4 ♗e6 46. ♖h5 ♗f5 47. ♖h4 ♗g6 48. ♖h6 d4 49. ♔f2 ♗e4 50. ♖a6 c3 51. ♖a7 ♔d6 52. ♖g7 ♔c5 53. a6 d3 54. ♔e3 d2 55. ♖d7 ♗d5 56. ♔e2 ♗f3 57. ♔e3 ♗d5 58. ♔e2 ♗f3 59. ♔e3 ♔c6 60. ♖d2 ½:½

20.08. **167.**

P. KERES - Prof. O. NAEGELI

1. e4 e5 2. f4 d5 3. ed5 e4 4. d3 ♘f6 5. ♘d2 ed3 6. ♗d3 ♘d5 7. ♘e4 ♗e7 8. a3 ♘c6 9. ♘f3 ♗g4 10. h3 ♗f3 11. ♕f3 f5 12. ♘g5 ♘d4 13. ♕d1 ♗g5 14. ♕h5 g6 15. ♕g5 ♕g5 16. fg5 0-0-0 17. ♗d2 ♖he8 18. ♔f2 ♘e6 19. g4 fg4 20. hg4 ♘df4 21. ♗f4 ♘f4 22. ♖ad1 ♖e7 23. ♔g3 ♖f8 24. ♖de1 ♖e1 25. ♖e1 ♘d3 26. cd3 ♔d7 ½:½

20.08. **168.**

P. FRYDMAN - P. KERES

1. d4 e6 2. c4 ♗b4 3. ♗d2 ♕e7 4. ♘f3 f5 5. ♗b4 ♕b4 6. ♕d2 ♘c6 7. e3 ♕d2 8. ♘bd2 ♘f6 9. a3 b6 10. g3 ♗b7 11. ♗g2 ♘d8 12. 0-0 ♔e7 13. ♘e5 d6 14. ♗b7 ♘b7 15. ♘d3 c5 16. ♖fe1 ♘e4 17. ♘b3 b5 18. ♖ac1 bc4 19. ♖c4 d5 20. ♖c2 c4 21. ♘e5 ♖hc8 22. ♘d2 ♘d2 23. ♖d2 ♘d6 24. ♖c1 ♖ab8 25. f3 ♖b6 26. ♔f2 ♖cb8 27. ♖cc2 ♔e8 28. ♖e2 ♖b3 29. ♖ed2 ♖8b5 30. ♖e2 ♘c8 31. ♔e1 ♘b6 32. e4 fe4 33. fe4 de4 34. ♘c4 ♘c4 35. ♖c4 ♔d7 36. ♖e4 ♖b2 37. ♖e2 ♔d6 38. ♖b2 ♖b2 39. ♖a4 ♖h2 40. ♖a7 g5 41. a4 h5 42. ♖a5 g4 43. ♖g5 ♖a2 ½:½

21.08. **169.**

P. KERES - K. RICHTER

1. ♘f3 f5 2. d4 ♘f6 3. g3 b6 4. ♗g2 ♗b7 5. 0-0 e6 6. c4 d5 7. ♘e5 ♗d6 8. ♗f4 0-0 9. ♘c3 ♘e4 10. cd5 ed5 11. ♕b3 ♔h8 12. ♖fd1 c6 13. ♘e4 fe4 14. f3 ef3 15. ♗f3 ♕e7 16. ♖ac1 ♗e5 17. ♗e5 ♘d7 18. ♗f4 ♘f6 19. a4 ♘e4 20. a5 ba5 21. ♗e4 a4 22. ♕e3 ♕e4 23. ♕e4 de4 24. d5 ♖ad8 25. d6 ♖f5 26. ♖c4 c5 27. ♖a4 a6 28. ♖a5 g6

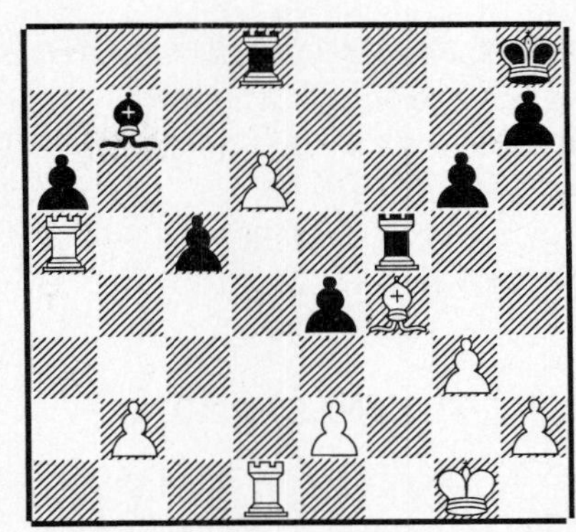

29. b4 cb4 30. ♖f5 gf5 31. d7 ♗c6 32. ♖c1 ♗d7 33. ♖d1 b3 34. ♗c7 ♖c8 35. ♖d7 ♔g8 36. ♗e5 ♖c5 37. ♖g7 ♔f8 38. ♗d6 ♔g7 39. ♗c5 ♔f7 40. ♗a3 ♔e6 41. ♔f2 ♔d5 42. ♔e3 ♔c4 43. ♔d2 e3 44. ♔e3 ♔c3 45 ♔f4 a5 46 g4 fg4 47. e4 a4 48. e5 b2 49. ♗b2 ♔b2 50. e6 a3 51. e7 a2 52. e8♕ a1♕ 53. ♕h8 ♔a2 54. ♕a1 ♔a1 55. ♔g4 ♔b2 56. ♔g5 ♔c3 57. ♔h6 ♔d4 58. ♔h7 ♔e5 59. ♔g6 **1:0**

22.08. **170.**

V. PETROV - P. KERES

1. d4 e6 2. ♘f3 ♘f6 3. c4 d5 4. ♗g5 ♗b4 5. ♘bd2 dc4 6. ♕a4 ♘c6 7. ♘e5 ♗d7 8. ♘c6 ♗d2 9. ♗d2 ♗c6 10. ♕c4 ♘e4 11. ♗f4 ♕f6 12. ♗e3 ♘d6 13. ♕c3 ♘f5 14. ♗f4 ♘d4 15. e3 ♘b5 16. ♕f6 gf6 17. a4 ♘d6 18. b4 e5 19. ♗g3 ♘f5 20. ♖a3 h5 21. f3 h4 22. ♗f2 h3 23. b5 hg2 24. ♗g2 ♗d7 25. f4 ♘d6 26. ♗g3 e4 27. ♖c3 a6 28. ba6 ♖a6 29. ♖c7 ♖c6 30. ♖c6 ♗c6 31. a5 ♖h5 32. 0-0 ♖a5 33. ♗e1 ♖a2 34. ♗c3 ♘f5 35. ♖f2 ♖a3 36. ♗f6 ♖e3 37. h4 ♔d7 38. h5 ♔e6 39. ♗b2 ♘h6 40. ♗c1 ♖e1 41. ♖f1 ♖f1 42. ♗f1 f5 43. ♗b2 ♘g4 44. ♗c4 ♗d5 45. ♗b5 ♔e7 46. ♗a3 ♔f7 47. ♔g2 ♘e3 48. ♔f2 ♘d1 49. ♔e1 ♘c3 50. ♗d7 ♗e6 51. ♗e6 ♔e6 52. h6 ♔f7 53. ♗b2 ♔g6 54. ♗c3 ♔h6 55. ♔f2 ♔h5 56. ♔g3 b5 ½:½

22.08. **171.**

P. KERES - E. GILFER

1. d4 ♘f6 2. c4 e6 3. ♘c3 ♗b4 4. ♕c2 0-0 5. e4 d5 6. e5 ♘fd7 7. a3 ♗c3 8. bc3 c5 9. ♘f3 cd4 10. cd4 dc4 11. ♗c4 h6 12. h4 ♖e8 13. ♖h3 ♘f8 14. ♖g3 ♔h8 15. ♗h6 ♕a5 16. ♔e2 gh6 17. ♕c1 ♔h7 18. ♘g5 hg5 19. ♕g5 ♘g6 20. h5 **1:0**

23.08. **172.**

V. MIKENAS - P. KERES

1. e4 e5 2. ♘f3 ♘c6 3. ♗b5 a6 4. ♗a4 ♘f6 5. 0-0 d6 6. ♗c6 bc6 7. d4 ♘e4 8. ♖e1 f5 9. de5 d5 10. c3 c5 11. ♘fd2 ♗e6 12. f3 ♘g5 13. ♘b3 ♗g8 14. ♕c2 g6 15. ♕f2 ♘e6 16. ♗e3 c4 17. ♘c5 f4 18. ♗d4 ♕e7 19. ♘e6 ♗e6 20. ♕d2 c5 21. ♗f2 g5 22. b3 cb3 23. ab3 ♕b7 24. ♖a5 ♕b3 25. ♗c5 ♔f7 26. ♗d4 ♗e7 27. ♕d3 ♕c4 28. ♕c4 dc4 29. ♘d2 ♖hb8 30. ♖ea1 ♖b2 31. ♘e4 g4 32. fg4 ♗g4 33. ♖f1 f3 34. e6 ♔e6 35. gf3 ♗h3 36. ♖e1 ♗h4 37. ♗f2 ♖f2 38. ♘f2 ♔f7 39. ♖e4 ♖g8 40. ♘g4 ♗f6 41. ♖c4 ♗d8 42. ♖f4 ♔g7 43. ♖a6 ♗g5 44. ♖e4 ♖b8 45. ♖b4 ♖e8 46. ♖b7 ♔h8 47. ♖a1 h5 48. ♘e5 ♗f6 49. ♘f7 ♔g8 50. ♘h6 ♔h8 51. ♘f7 ♔g8 52. ♘h6 ♔h8 53. ♔h1 ♗e6 54. ♖aa7 ♗g8 55. ♘f7 ♗f7 56. ♖f7 ♗c3 57. ♖h7 ♔g8 58. ♖h5 ♗d4 59. ♖d7 ♗f6 60. ♖b5 ♔h8 61. ♖bb7 ♖e1 62. ♔g2 ♗g7 63. ♔h3 ♖g1 64. f4 ♖g6 65. f5 ♖a6 66. ♔g4 ♖a1 67. ♖b8 ♔h7 68. f6 ♖g1 69. ♔h3 **1:0**

23.08. **173.**

P. KERES - E. ANDERSEN

1. ♘f3 ♘f6 2. c4 c5 3. d4 cd4 4. ♘d4 b6 5. f3 ♗b7 6. e4 ♘c6 7. ♘c3 g6 8. ♗e3 ♗g7 9. ♕d2 0-0 10. ♖d1 d6 11. ♗e2 ♖c8 12. 0-0 ♘d7 13. ♘c2 ♖e8 14. b3 ♘c5 15. h4 ♕d7 16. h5 ♖cd8 17. hg6 fg6 18. b4 ♘e6 19. f4 ♘f8 20. ♗f3 g5 21. ♗h5 gf4 22. ♗e8 ♖e8 23. ♗f4 ♘g6 24. ♗h6 ♗e5 25. ♖f5 e6 26. ♖f3 ♘d8 27. ♖df1 ♕c7 28. ♘e3 b5 29. ♘g4 ♕e7 30. ♘f6 ♗f6 31. ♖f6 e5 32. ♕g5 ♘e6 33. ♖g6 hg6 34. ♕g6 ♔h8 35. ♖f7 **1:0**

24.08. **174.**

E. ELISKASES - P. KERES

1. d4 e6 2. c4 ♗b4 3. ♗d2 ♕e7 4. ♘f3 f5 5. g3 b6 6. ♗g2 ♗b7 7. 0-0 ♗d2 8. ♕d2 ♘f6 9. ♘c3 ♘e4 10. ♘e4 ♗e4 11. ♘e1 ♗g2 12. ♘g2 0-0 13. ♖fe1 ♘c6 14. f4 ♕b4 15. ♕b4 ♘b4 16. ♖ed1 a5 17. a3 ♘a6 18. b3 ♖ab8 19. ♘e1 d6 20. ♘d3 c5 21. dc5 bc5 22. b4 ab4 23. ab4 ♘b4 24. ♘b4 cb4 25. ♖d6 ♖f7 26. c5 ♖c7 27. c6 ♔f7 28. ♖b1 ♔e7 29. ♖d4 ♖c6 30. ♖db4 ♖b4 31. ♖b4 ½:½

25.08. **175.**

P. KERES - G.R.D. van DOESBURGH

1. e4 e6 2. d4 d5 3. e5 c5 4. dc5 ♘c6 5. ♘f3 ♗c5 6. ♗d3 f5 7. 0-0 ♘ge7 8. c3 0-0 9. b4 ♗b6 10. b5 ♘a5 11. ♘bd2 ♗d7 12. ♗a3 ♖c8 13. ♖c1 ♗c5 14. ♗b4 ♘c4 15. ♘c4 dc4 16. ♗c4 ♗f2 17. ♖f2 ♖c4 18. ♖d2 ♕b6 19. ♔h1 ♘d5 20. ♗f8 ♔f8 21. ♘g5 ♕e3 22. ♘f3 ♗b5 23. ♖d3 ♕h6 24. ♘d4 ♘f4 25. ♖f3 ♗e8 26. ♖f4 **1:0**

26.08. **176.**

L. BETBEDER MATIBET - P. KERES

1. d4 e6 2. e4 d5 3. ♘c3 ♘f6 4. ♗g5 ♗b4 5. ♘e2 de4 6. a3 ♗e7 7. ♗f6 gf6 8. ♘e4 b6 9. ♘2c3 f5 10. ♘g3 ♗b7 11. d5 f4 12. ♘h5 ♕d6 13. ♗b5 ♔f8 14. de6 fe6 15. ♕g4 ♕e5 16. ♔d1 ♖g8 17. ♕f4 ♕f5 18. ♗d3 ♕f7 19. ♗h7 ♖g2 20. ♗e4 ♗e4 21. ♘e4 ♘c6 22. ♕f7 ♔f7 23. ♘hg3 ♘d4 24. c3 ♘b3 25. ♖b1 ♖h8 26. h3 ♘c5 27. ♔e2 ♘e4 28. ♘e4 ♖g6 29. ♖bd1 ♔e8 30. ♖d3 ♖h4 31. ♖e3 ♗f8 32. ♔d3 c5 33. b3 ♖g7 34. ♘f6 ♔e7 35. ♖e4 ♖h8 36. ♘g4 ♔d6 37. c4 ♖gh7 38. ♖e3 ♗g7 39. ♖f3 ♖h4 40. ♘e3 ♗d4 41. ♘g2 ♖4h6 42. ♔e4 a6 43. a4 b5 44. ab5 ab5 45. cb5 ♖b8 46. ♘e3 ♖h4 47. ♖f4 ♖f4 48. ♔f4 ♖b5 49. ♖b1 ♖b8 50. ♔e4 ♗e3 ½:½

28.08. **177.**

P. KERES - V. PIRC

1. ♘f3 d5 2. c4 e6 3. g3 ♘f6 4. ♗g2 ♗e7 5. 0-0 0-0 6. b3 c5 7. ♗b2 ♘c6 8. cd5 ♘d5 9. ♘c3 ♗f6 10. ♕c1 b6 11. ♘d5 ed5 12. d4 ♘d4 13. ♘d4 cd4 14. ♕d2 ♗a6 15. ♖fe1 ♖e8 16. ♗d4 ♗e2 17. ♖e2 ♖e2 18. ♕e2 ♗d4 19. ♖d1 ♕f6 20. ♗d5 ♖f8 21. ♖d3 ♗c5 22. ♖f3 ♕d4 23. ♗c4 ♕d7 24. ♕e4 a5 25. ♖d3 ♕e7 26. ♕e7 ♗e7 27. ♖d7 ♗c5 28. ♔g2 g6 29. g4 h6 30. h4 g5 31. hg5 hg5 32. ♔g3 ♔g7 33. f4 ♗e3 34. fg5 ♗g5 35. ♔f3 ♗d8 36. ♔f4 ♔g6 37. ♗d3 ♔g7 38. ♔f5 ♔h6 39. ♗c4 ♔g7 40. g5 ♔g8 41. g6 **1:0**

28.08. **178.**

G. STAHLBERG - P. KERES

1. d4 e6 2. e3 f5 3. ♗d3 ♘f6 4. ♘d2 c5 5. ♘gf3 ♘c6 6. 0-0 b6 7. c3 ♗e7 8. e4 cd4 9. cd4 ♘b4 10. ♗b1 ♗a6 11. ♖e1 ♘d3 12. ♗d3 ♗d3 13. ef5 ♗f5 14. ♘c4 ♖c8 15. ♘ce5 0-0 16. ♗g5 ♘d5 17. ♗e7 ♕e7 18. ♕b3 ♘f6 19. ♖ac1 ♗e4 20. ♘g5 ♗d5 21. ♕h3 ♖c1 22. ♖c1 h6 23. ♘g6 ♕e8 24. ♘f8 hg5 25. ♖c7 ♕f8 26. ♖a7 ♕b8 27. ♖a3 ♕f4 28. ♕e3 ♕f5 29. ♖c3 ♕b1 30. ♖c1 ♕b2 31. ♕g5 ♕a2 32. h4 ♗c6 33. h5 ♕f2 34. ♔f2 ♘e4 35. ♔e3 ♘g5 36. g4 ♔f7 37. ♔f4 ♔f6 38. ♖c2 ♘f3 39. ♖f2 d6 40. g5 ♘g5 41. ♖b2 e5 42. de5 de5 43. ♔e3 b5 44. ♖c2 ♗e8 45. ♖f2 ♔e6 46. ♖h2 ♘f7 47. ♔d2 ♘h6 **0:1**

29.08. **179.**

P. KERES - G. GESCHEFF

1. e4 e5 2. ♘f3 ♘c6 3. ♗b5 a6 4. ♗a4 ♘f6 5. 0-0 ♗e7 6. ♖e1 b5 7. ♗b3 d6 8. c3 ♘a5 9. ♗c2 c5 10. d4 ♕c7 11. a4 ♖b8 12. ab5 ab5 13. de5 de5 14. ♘e5 ♕e5 15. ♖a5 g5 16. ♘d2 ♕c7 17. ♖a1 ♗g4 18. f3 ♗e6 19. e5 ♘d5 20. ♘e4 h6 21. ♖a6 ♖d8 22. ♕e2 c4 23. ♘d6 ♗d6 24. ed6 ♕b7 25. ♕e5 ♔d7 26. ♖a1 ♖a8 27. ♖a8 ♖a8 28. f4 gf4 29. ♗f4 ♘f4 30. ♕f4 ♖g8 31. ♕f2 b4 32. cb4 ♕b4 33. ♕a7 ♔d6 34. ♖d1 ♗d5 35. ♗e4 ♖g5 36. ♕a6 ♔c7 37. ♕a7 ♔d6 38. ♕a6 ♔c7 39. ♕a7 ♔d6 40. ♗d5 ♖d5 41. ♖d5 ♔d5 42. ♕f7 ♔d4 43. ♕f2 ♔d3 44. g4 ♕d2 45. ♕d2 ♔d2 46. h4 ♔c2 47. g5 h5 48. g6 ♔b2 49. g7 c3 50. g8♕ c2 51. ♕b8 ♔a2 52. ♕c7 ♔b2 53. ♕e5 ♔b1 54. ♕b5 ♔a2 55. ♕h5 c1♕ 56. ♔f2 ♕f4 57. ♔g2 ♕d2 58. ♔g3 ♕d6 59. ♔g4 ♕d4 60. ♔f5 ♕d5 61. ♔g6 ♕g8 62. ♔f6 ♕d8 63. ♔g7 ♕d4 64. ♔h7 ♕d7 65. ♔h6 ♕d6 66. ♕g6 ♕f4 67. ♕g5 ♕f8 68. ♔h7 ♕f7 69. ♔h8 ♔a3 70. ♕e3 ♔b4 71. ♕e4 ♔a3 72. ♕e3 ♔b4 73. ♕e5 ♕f8 74. ♔h7 ♕f7 75. ♔h6 ♕f8 76. ♔g5 ♕g8 77. ♔f4 ♕f7 78. ♔e3 ♕b3 79. ♔e4 ♕c2 80. ♔f3 ♕d3 81. ♕e3 ♕d1 82. ♔g3 ♔b5 83. ♕e5 ♔c6 84. h5 ♕g1 85. ♔h4 ♕h1 86. ♔g5 ♕g2 87. ♔h6 ♕h3 88. ♔g5 ♕g2 89. ♔f6 ♕f3 90. ♕f5 ♕c3 91. ♔f7 ♕d2 92. ♕f6 ♔b5 93. h6 ♕d7 94. ♔f8 ♕c8 95. ♔g7 ♕g4 96. ♔f7 ♕d7 97. ♔g6 ♕e8 98. ♔g7 ♕d7 99. ♕f7 ♕d4 100. ♔h7 ♕e4 101. ♔g8 ♕g4 102. ♔f8 ♕b4 103. ♔e8 ♕e4 104. ♔f8 ♕b4 105. ♕e7 ♕f4 106. ♔g7 ♕g4 107. ♔f7 ♕h5 108. ♔g7 ♕g4 109. ♔h7 ♕f5 110. ♔g8 ♕g6 111. ♕g7 ♕e6 112. ♔f8 ♕c8 113. ♔e7 ♕c7 114. ♔e6 ♕c6 115. ♔e5 ♕c5 116. ♔e4 ♕c2 117. ♔f3 ♕d1 118. ♔g2 ♕e2 119. ♔h3 ♕f3 120. ♕g3 ♕h1 121. ♕h2 ♕f3 122. ♔h4 ♕f6 123. ♔g4 ♕g6 124. ♔f3 ♕d3 ½:½

29.08. **180.**

H.C. CHRISTOFFERSEN - P. KERES

1. e4 e5 2. ♘f3 ♘c6 3. ♗b5 a6 4. ♗a4 ♘f6 5. d3 d6 6. c3 ♗e7 7. 0-0 0-0 8. ♖e1 ♗d7 9. ♘bd2 h6 10. ♘f1 ♘h7 11. ♘g3 ♘g5 12. ♘f5 ♗f6 13. h3 ♗f5 14. ef5 d5 15. ♘g5 hg5 16.

♕h5 b5 17. ♗b3 ♘a5 18. h4 gh4 19. ♖e3 ♘b3 20. ab3 d4 21. ♖h3 e4 22. de4 ♖e8 23. f3 dc3 24. bc3 ♕d1 25. ♔f2 ♗c3 26. ♗e3 ♕a1 **0:1**

31.08. **181.**

P. KERES - Dr. F. MENDES de MORAES

1. c4 ♘f6 2. ♘c3 e5 3. ♘f3 ♘c6 4. e3 d6 5. ♗e2 ♗e7 6. 0-0 0-0 7. a3 d5 8. cd5 ♘d5 9. ♕c2 ♘c3 10. bc3 ♗d6 11. d4 ed4 12. cd4 f5 13. ♖b1 ♔h8 14. ♖d1 ♕e7 15. ♘e1 ♖b8 16. ♗f3 ♗d7 17. ♕c3 ♘d8 18. ♘d3 ♗c6 19. d5 ♗e8 20. ♗b2 ♖g8 21. ♖e1 ♗g6 22. ♘f4 ♗f7 23. g3 ♕g5 24. h4 ♕h6 25. ♔g2 ♗f4 26. ef4 ♕d6 27. ♕d3 ♘c6

(diagram)

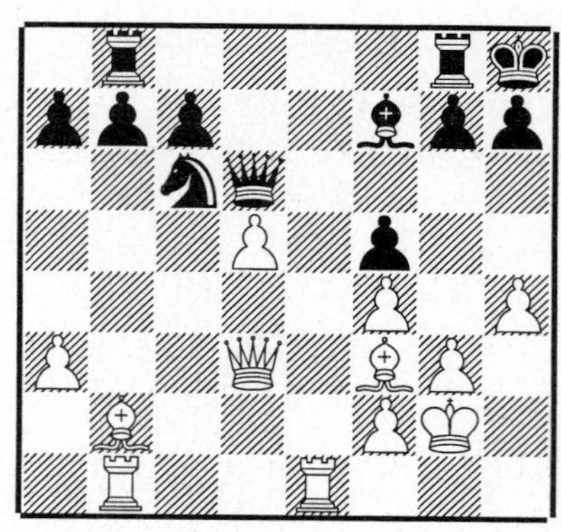

28. h5 ♖bd8 29. ♖bd1 ♕h6 30. ♕f5 ♖gf8 31. dc6 bc6 32. ♕f7 **1:0**

1.09. **182.**

E. BÖÖK - P. KERES

1. e4 e6 2. d4 d5 3. ♘d2 c5 4. ed5 ed5 5. ♗b5 ♘c6 6. ♕e2 ♗e6 7. ♘gf3 a6 8. ♗c6 bc6 9. 0-0 ♘f6 10. ♘g5 ♕c8 11. ♖e1 cd4 12. ♘df3 ♗b4 13. ♗d2 ♗d2 14. ♕d2 c5 15. b4 0-0 16. bc5 ♗d7 17. ♘d4 ♕c5 18. ♖ab1 ♖fe8 19. ♖e8 ♖e8 20. ♕b4 ♕b4 **0:1**

ESTONIAN TEAM CHAMPIONSHIP
Pärnu, 31.10.- 1.11.1936

31.10. **183.**

P. KERES - J. TIKS

1. d4 d5 2. c4 e6 3. ♘c3 ♘f6 4. ♘f3 ♘bd7 5. ♗f4 c6 6. e3 ♗e7 7. c5 ♘e4 8. ♘e4 de4 9. ♘e5 ♘e5 10. ♗e5 f6 11. ♗g3 ♕a5 12. ♕d2 ♕d2 13. ♔d2 e5 14. ♗c4 ♗g4 15. b4 0-0-0 16. ♔c3 ed4 17. ed4 ♖d7 18. ♖he1 ♗f5 19. f3 ef3 20. gf3 h5 21. h4 ♗d8 22. b5 ♗a5 23. ♔b3 cb5 24. ♗e6 ♗e6 25. ♖e6 ♖d4 26. ♗e1 ♗e1 27. ♖ae1 ♖h4 28. ♖e7 ♖d4 29. c6 bc6 30. ♖a7 ♖hd8 31. ♖g7 ♖8d7 32. ♖ee7 ♔c7 33. ♖ef7 h4 34. ♔c3 ♖f7 35. ♖f7 ♖d7 36. ♖f6 ♖h7 37. ♖g6 h3 38. ♖g1 h2 39. ♖h1 ♔d6 40. ♔d4 ♖h4 41. ♔e3 ♔e5 42. f4 ♔f5 43. ♔f3 c5 44. ♔g2 c4 45. ♔g3 ♖h7 46. ♔f3 c3 47. a3 c2 48. ♔e3 c1♕ 49. ♖c1 h1♕ 50. ♖h1 ♖h1 51. ♔d4 ♖a1 **0:1**

1.11. **184.**

L. LAURENTIUS - P. KERES

1. d4 e6 2. c4 ♗b4 3. ♗d2 ♕e7 4. e3 f5 5. ♗d3 ♘f6 6. h3 b6 7. ♘f3 ♗b7 8. ♘c3 ♘e4 9. ♕c2 ♗c3 10. ♗c3 d6 11. 0-0 0-0 12. ♘d2 ♘c3 13. bc3 c5 14. e4 cd4 15. cd4 ♘c6 16. ♕c3 ♕f6 17. ♘b3 fe4 18. ♗e4 ♘d4 19. ♕d4 ♕d4 20. ♗h7 ♔h7 21. ♘d4 ♖f6 22. ♘c2 ♗a6 23. ♖fd1 ♖d8 24. ♘e3 ♔g8 25. ♖ac1 ♖f7 26. ♖c2 ♖c7 27. ♖cd2 ♗c4 28. ♘c4 ♖c4 29. ♖d6 ♖d6 30. ♖d6 ♖c1 31. ♔h2 ♖c2 32. a4 ♖a2 33. ♖d8 ♔h7 34. ♖d4 ♔g6 35. ♔g3 ♔f5 36. h4 e5 37. ♖d7 ♖a4 38. ♖g7 ♔f6 39. ♖g8 ♔f7 40. ♖g5 a5 41. h5 ♖c4 42. ♖e5 ♖c5 43. ♔f4 a4 44. ♖e1 b5 45. g4 b4 46. g5 b3 47. h6 b2 48. h7 ♖c8 49. ♔f5 ♖b8 50. g6 ♔g7 51. ♖e7 ♔h8 52. ♖e1 b1♕ 53. ♖b1 ♖b1 54. ♔g5 a3 55. f4 a2 **0:1**

1.11. **185.**

P. KERES - I. RAUD

1. c4 ♘f6 2. ♘c3 e6 3. e4 ♘c6 4. d4 ♗b4 5. d5 ed5 6. cd5 ♘e4 7. dc6 ♘c3 8. bc3 ♗c3 9. ♗d2 ♕e7 10. ♗e2 ♗a1 11. ♕a1 0-0 12. ♘f3 dc6 13. ♗e3 ♕b4 14. ♘d2 ♖e8 15. a3 ♕d6 16. 0-0 ♖e3 17. ♘c4 ♖e2 18. ♘d6 cd6 19. ♕d4 d5 20. ♕f4 ♗e6 21. ♕c7 ♖c8 22. ♕b7 c5 23. f4 f5 24. ♖f3 ♖f8 25. ♕a7 c4 26. a4 ♗f7 27. ♕d7 g6 28. h4 h5 29. ♖g3 ♖e6 30. ♔h2 ♖f6 31. ♖e3 ♔g7 32. ♖e7 ♔g8 33. a5 c3 34. ♕a7 ♖c8 35. ♖c7 ♖c7 36. ♕c7 d4 37. ♕d8 ♔g7 38. ♕d4 c2 39. ♕c3 ♗b3 40. a6 ♔h7 41. a7 ♖a6 42. ♕b3 c1♕ 43. ♕b7 ♔h6 44. ♕a6 ♕f4 45. ♔g1 ♕e3 46. ♔f1 ♕f4 47. ♔e2 ♕e4 48. ♔d2 ♕g2 49. ♕e2 ♕d5 50. ♔e1 ♕h1 51. ♔f2 ♕h4 52. ♔g2 ♕a4 53. ♕e3 f4 54. ♕c5 ♕e4 55. ♔f2 ♔h7 56. ♕c7 ♔h6 57. ♕c3 ♔h7 58. ♕a3 ♕d4 59. ♔f3 ♕d5 60. ♔f4 ♕f5 61. ♔g3 ♕g4 62. ♔f2 ♕f4 63. ♕f3 ♕d2 64. ♕e2 ♕f4 65. ♕f3 ♕d2 66. ♔g3 ♕d6 67. ♔g2 ♕d2 68. ♕f2 ♕d5 69. ♔g3 ♕d6 70. ♔f3 ♕d5 71. ♔f4 ♕d6 72. ♔e4 ♕c6 73. ♔d3 ♕b5 74. ♔c3 ♕a5 75. ♔c4 ♕a4 76. ♔d3 ♕b5 77. ♔d2 ♕b2 78. ♔e3 ♕e5 79. ♔f3 ♕d5 80. ♔g3 ♕d6 81. ♔g2 ♕d5 82. ♕f3 ♕a2 83. ♕f2 ♕d5 84. ♔f1 ♕d1 85. ♕e1 ♕f3 86. ♔g1 ♕g4 87. ♔h2 ♕f4 88. ♔g2 ♕g4 89. ♕g3 ♕e2 90. ♕f2 ♕e4 91. ♔g1 ♕d5 92. ♕e3 ♕d1 93. ♔g2 ♕c2 94. ♔g3 ♕c7 95. ♔h4 ♕d8 96. ♔g3 ♕c7 97. ♔f3 ♕c6 98. ♔e2 ♕c2 99. ♔e1 ♕b1 100. ♔d2 ♕b2 101. ♔d3 ♕b3 102. ♔e4 ♕b7 103. ♔e5 ♕e7 104. ♔f4 ♕c7 105. ♔f3 ♕c6 106. ♕e4 ♕c3 107. ♔g2 ♕b2 108. ♔f3 ♕c3 109. ♕e3 ♕c6 110. ♔g3 ♕c7 111. ♔g2 ♕c6 112. ♔g1 ♕b7 113. ♔f2 ♕f7 114. ♔e1 ♕b7 115. ♕a3 ♕h1 116. ♔d2 ♕g2 117. ♔c3 ♕f3 118. ♔b4 ♕b7 119. ♔c4 ♕e4 120. ♔b3 **½:½**

TRAINING TOURNAMENT
Tallinn, 26.12.1936 - 1.01.1937

26.12. **186.**

P. KERES - P. SCHMIDT

1. ♘f3 ♘f6 2. c4 e6 3. ♘c3 d5 4. d4 c5 5. ♗g5 cd4 6. ♘d4 ♗e7 7. cd5 ♘d5 8. ♗e7 ♕e7 9. ♘d5 ed5 10. e3 0-0 11. ♗d3 ♘c6 12. ♘c6 bc6 13. 0-0 f5 14. ♖c1 ♖f6 15. ♕a4 ♕d6 16. ♕d4 ♖b8 17. b3 ♖b6 18. ♕c5 ♗a6 19. ♖fd1 ♔f7

(diagram)

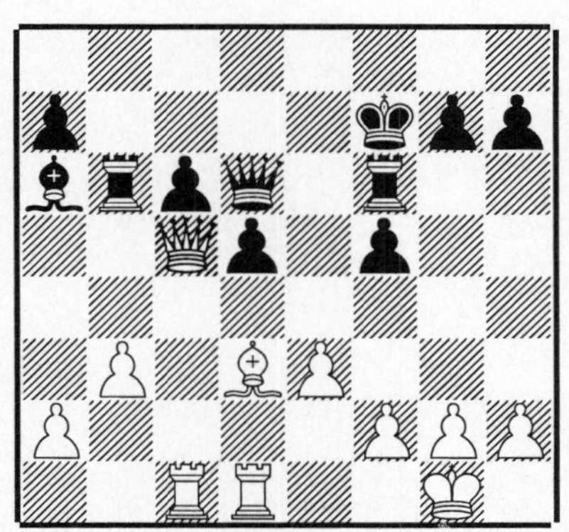

20. ♕d6 ♖d6 21. ♗f5 ♗b7 22. ♖c5 ♖a6 23. ♗b1 ♖a3 24. e4 ♖d7 25. h4 ♖e7 26. f3 g6 27. ♖d2 ♔f6 28. ♔f2 ♔e5 29. ed5 ♔d6 30. dc6 ♔c5 31. ♖d7 ♖e8 32. cb7 ♔b6 33. ♖h7 ♖b8 34. ♖g7 ♖b7 35. ♖g6 ♔c5 36. h5 ♔d4 37. h6 ♖a5 38. g4 ♖c5 39. ♖g8 **1:0**

26.12. **187.**

V. KAPPE - P. KERES

1. d4 e6 2. c4 ♗b4 3. ♗d2 ♕e7 4. g3 ♘c6 5. ♘f3 ♘f6 6. ♗g2 ♗d2 7. ♕d2 ♘e4 8. ♕c2 ♕b4 9. ♘c3 ♘c3 10. ♕c3 ♕c3 11. bc3 ♖b8

12. ♖b1 ♔e7 13. ♘d2 ♘a5 14. e3 b6 15. ♔d1 ♗a6 16. ♗f1 ♖hc8 17. ♔c2 ♗b7 18. ♖g1 c5 19. ♘b3 ♘c6 20. ♗e2 d6 21. ♔d2 ♖c7 22. ♖b2 ♖bc8 23. ♖c1 ♗a6 24. a3 ♘d8 25. ♖bc2 ♗b7 26. ♖b2 ♗c6 27. ♔e1 ♘b7 28. dc5 dc5 29. ♖d1 ♗a4 30. ♖dd2 ♘d6 31. f3 f5 32. ♔f2 g5 33. ♘c1 g4 34. ♘b3 gf3 35. ♔f3 ♗c6 36. ♔f4 ♘e4 37. ♖dc2 ♔f6 38. ♔f3 ♘d2 39. ♔f2 ♘b3 40. ♖b3 ♗a4 41. ♖bb2 ♗c2 42. ♖c2 ♖d8 43. ♔e1 ♖cd7 44. ♗f3 ♖d3 45. ♔e2 ♖d1 **0:1**

27.12. 188.

P. KERES - F. VILLARD

1. c4 e5 2. ♘f3 ♘c6 3. ♘c3 ♘f6 4. e3 d5 5. cd5 ♘d5 6. ♗b5 ♘c3 7. bc3 ♗d7 8. d4 e4 9. ♘d2 ♕g5 10. ♘e4 ♕b5 11. ♘d2 ♕d3 12. ♕b3 ♘a5 13. ♕d5 ♗b5 14. ♕e4 ♗e7 15. ♕d3 ♗d3 16. f3 0-0-0 17. ♔f2 g5 18. e4 f5 19. ♔e3 ♗c2 20. ♗b2 fe4 21. ♖ac1 ef3 22. ♖c2 fg2 23. ♖g1 ♗d6 24. ♖g2 ♖hf8 25. c4 ♘c6 26. a3 ♗f4 27. ♔d3 ♘d4 28. ♗d4 c5 29. ♘b3 cd4 30. ♖cf2 ♖fe8 31. ♖e2 ♖e2 32. ♖e2 ♗e3 33. ♖e1 g4 34. ♖f1 h5 35. ♖f7 ♗g1 36. ♖h7 ♗h2 37. ♖h5 ♗d6 38. ♖g5 ♗a3 39. ♖g4 b6 40. ♖d4 ♗c5 41. ♖d8 ♔d8 42. ♔c3 ♔d7 43. ♘c1 ♔e6 44. ♔b3 ♔e5 45. ♘e2 ♗d4 46. ♔b4 a6 47. ♘c1 ♗c5 48. ♔b3 ♔e4 49. ♘a2 ♔d3 50. ♘c3 ♗e7 51. ♘d5 ♗d8 52. ♘b4 ♔d4 53. ♘a6 ♗e7 54. ♘b4 ♗g5 55. ♘d5 b5 56. ♘e3 ♗e3 57. cb5 ♔c5 **½:½**

27.12. 189.

P. KERES - L. SEPP

1. e4 e5 2. ♘f3 ♘c6 3. ♗b5 ♘f6 4. 0-0 ♗e7 5. ♖e1 d6 6. d4 ed4 7. ♘d4 ♗d7 8. ♘c3 0-0 9. ♗f1 ♖e8 10. ♗g5 ♘e5 11. f4 ♘g6 12. ♘f5 ♗f5 13. ef5 ♘f8 14. ♔h1 ♘8d7 15. ♕d4 c6 16. ♗h4 d5 17. ♖ad1 ♗c5 18. ♕d2 ♕c7 19. ♗f2 ♗f2 20. ♕f2 b6 21. b4 b5 22. a4 a6 23. a5 ♕d6 24. ♕d4 ♖e7 25. ♘a2 ♖ae8 26. ♖e7 ♕e7 27. ♘c1 ♕e3 28. ♘b3 ♔f8 29. ♕e3 ♖e3 30. ♘d4 ♘b8 31. ♔g1 ♖e7 32. ♗e2 ♘e4 33. ♗f3 ♘d6 34. ♔f2 ♘c4 35. g4 h6 36. h4 ♖e8 37. g5 hg5 38. hg5 ♘d6 39. ♖h1 ♔e7 40. ♖h7 ♖g8 41. ♗g4 ♘e4 42. ♔e3 ♘d6 43. ♖g7 ♖g7 44. f6 ♔f8 45. fg7 ♔g7 46. ♘f5 ♘f5 47. ♗f5 **1:0**

28.12. 190.

F. KIBBERMANN - P. KERES

1. c4 e6 2. d4 ♗b4 3. ♗d2 ♕e7 4. ♘f3 f5 5. ♘c3 ♘f6 6. ♕c2 ♗c3 7. bc3 b6 8. e3 ♗b7 9. ♗d3 0-0 10. 0-0-0 c5 11. h3 ♖c8 12. ♘e1 d5 13. cd5 ♗d5 14. ♕b2 ♘e4 15. ♗e4 fe4 16. f3 ♘c6 17. c4 ♗c4 18. fe4 ♗e2 19. ♘c2 cd4 20. ed4

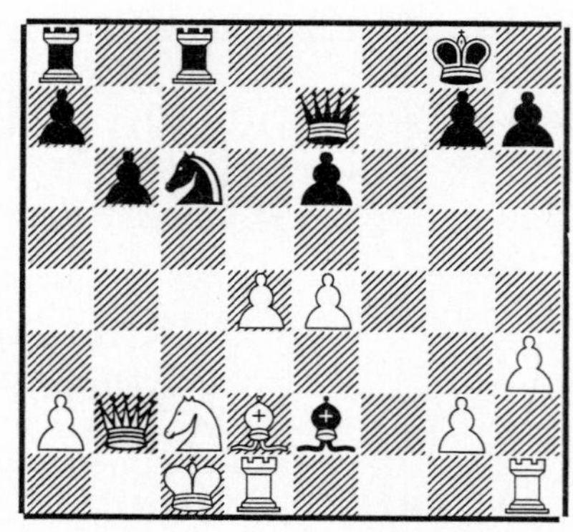

♘d4 21. ♕d4 ♖c4 22. ♕c4 ♗c4 23. ♗b4 ♕g5 24. ♖d2 ♖c8 25. ♔b2 ♕b5 26. ♖hd1 a5 27. ♖d8 ♖d8 28. ♖d8 ♔f7 29. ♖f8 ♔g6 30. a4 ♕a4 31. ♗d2 ♕a2 32. ♔c1 ♗d3 **0:1**

29.12. 191.

P. KERES - J. TÜRN

1. e4 c5 2. ♘f3 d6 3. b4 ♘f6 4. bc5 ♘e4 5. cd6 ♘d6 6. ♘a3 ♕a5 7. ♘c4 ♘c4 8. ♗c4 e6 9. 0-0 ♗a3 10. ♗a3 ♕a3 11. ♖b1 ♘d7 12. ♘g5 ♘f6 13. ♗b5 ♔e7 14. ♖b3 ♕c5 15. ♘f3 ♖d8 16. d4 ♕d6 17. ♕c1 ♗d7 18. ♘e5 ♗b5 19. ♖b5 b6 20. ♖b3 ♖ac8 21. ♖g3 ♖g8 22. c3 ♘e4 23. ♕f4 f5 24. ♕h4 ♘f6 25. ♖e1 b5 26. ♕g5 ♖c7 27. ♖ge3 ♔d8 28. ♘d3

♖e8 29. ♘c5 ♖ce7 30. a4 ba4 31. ♖b1 ♔c8 32. ♖e5 ♘d5 33. ♘a4 ♖c7 34. ♕h5 g6 35. ♕e2 ♘c3 36. ♘c3 ♖c3 37. ♕b2 ♕c7 38. ♖ee1 ♖c2 39. ♕b5 ♖d8 40. ♕a6 **1:0**

30.12. **192.**

L. LAURINE - P. KERES

1. d4 e6 2. c4 ♗b4 3. ♗d2 ♕e7 4. ♘c3 f5 5. ♘f3 ♘f6 6. ♕b3 b6 7. e3 ♗b7 8. ♗e2 0-0 9. 0-0 ♗c3 10. ♗c3 ♘e4 11. d5 ♘a6 12. ♖ad1 d6 13. de6 ♘ac5 14. ♕c2 ♘e6 15. b4 a5 16. a3 f4 17. ♖d3 ab4 18. ab4 ♘4g5 19. ef4 ♘f4 20. ♖e3 ♘e2 21. ♕e2 ♘f3 22. gf3 ♕g5 23. ♔h1 ♖f3 24. ♖f3 ♕g4 **0:1**

31.12. **193.**

P. KERES - G. FRIEDEMANN

1. e4 e5 2. ♘f3 ♘c6 3. ♗b5 a6 4. ♗a4 ♘f6 5. 0-0 ♗e7 6. ♖e1 b5 7. ♗b3 d6 8. c3 0-0 9. h3 ♘a5 10. ♗c2 c5 11. d4 ♕c7 12. a4 cd4 13. ab5 dc3 14. ♘c3 ab5 15. ♘b5 ♕c5 16. ♗d3 ♗d7 17. b4 ♕b4 18. ♖b1 ♕b1 19. ♗b1 ♗b5 20. ♗d3 ♗d3 21. ♕d3 ♖fc8 22. ♘h4 ♘c6 23. ♘f5 ♗f8 24. ♗g5 ♘e8 25. ♕g3 ♘d4 26. ♘d4 ed4 27. ♖d1 ♖c3 28. ♕g4 d3 29. ♔h2 ♖a4 30. ♕f3 h6 31. ♗d2 ♖cc4 32. ♕d3 ♖e4 33. ♗c3 ♖e6 34. ♖b1 ♖a2 35. ♗d4 d5 36. g3 ♖ee2 37. ♗e3 ♘f6 38. ♖b8 ♖ab2 39. ♖c8 ♘e4 40. ♕d5 ♘f6 41. ♕d3 ♘h7 42. ♔g1 ♖e1 43. ♔g2 ♖bb1 44. h4 g5 45. hg5 hg5 46. ♕f5 ♖b7 47. ♗c5 ♖b5 48. ♖c7 ♖e7 49. ♖e7 ♗e7 50. ♕c8 ♗f8 51. ♗d4 ♖d5 52. ♕c4 ♖d6 ½:½

1.01. **194.**

I. RAUD - P. KERES

1. d4 e6 2. e4 d5 3. ♘c3 ♗b4 4. ed5 ed5 5. ♗d3 ♘c6 6. ♘e2 ♘ge7 7. 0-0 ♗g4 8. a3 ♗d6 9. ♘b5 ♗f5 10. ♗g5 f6 11. ♘d6 ♕d6 12. ♗f4 ♕d7 13. c3 ♘a5 14. ♗f5 ♘f5 15. ♘g3 ♘g3 16. ♗g3 0-0-0 17. a4 ♖de8 18. ♕d3 a6 19. ♖fe1 g6 20. ♕f3 ♖e1 21. ♖e1 ♖e8 22. ♖e8 ♕e8 23. h4 ♕e6 24. ♕f4 ♕e7 25. ♕f3 ♕e6 26. ♕f4 ♕e7 27. ♕f3 ½:½

MARGATE
31.03.- 9.04.1937

31.03. **195.**

P. KERES - V. MENCHIK

1. ♘f3 ♘f6 2. c4 g6 3. ♘c3 ♗g7 4. d4 0-0 5. g3 d5 6. cd5 ♘d5 7. ♗g2 ♘c3 8. bc3 c5 9. 0-0 cd4 10. cd4 ♘c6 11. e3 ♖b8 12. ♘d2 ♘a5 13. ♗a3 b6 14. ♗b4 ♗b7 15. ♗b7 ♘b7 16. ♖c1 ♕d7 17. ♕b3 a5 18. ♗a3 b5 19. ♗c5 a4 20. ♕b4 ♘c5 21. ♖c5 ♖fc8 22. ♖fc1 ♖c5 23. dc5 ♖c8 24. ♘b1 ♕d5 25. ♕b5 ♕a2 26. ♕b7 ♖e8 27. c6 ♕b2 28. ♖c4 ♖b8 29. ♕b2 ♗b2 30. ♖a4 ♖c8 31. ♖c4 ♔f8 32. f4 e6 33. ♖c2 ♗g7 34. ♘a3 ♔e7 35. ♘b5 e5 36. ♔f2 f5 37. ♖c4 ef4 38. gf4 ♔e6 39. ♔e2 ♗f6 40. ♔d3 h6 41. ♖c2 g5 42. c7 ♔d7 43. ♖c5 gf4 44. ef4 ♗e7 45. ♖f5 **1:0**

1.04. **196.**

Sir P.S. MILNER-BARRY - P. KERES

1. e4 e5 2. f4 d5 3. ♘c3 d4 4. ♘ce2 ♗g4 5. d3 ♗d6 6. fe5 ♗e5 7. ♕d2 ♘c6 8. ♘f3 ♗f3 9. gf3 ♕h4 10. ♔d1 f5 11. ♕g5 ♕g5 12. ♗g5 h6 13. ♗f4 fe4 14. fe4 ♘f6 15. ♗h3 0-0 16. ♖g1 ♘e4 17. ♗e6 ♔h8 18. ♗e5 ♘f2 19. ♔d2 ♘e5 20. ♘d4 ♖ae8 21. ♖ae1 ♖e6 22. ♘e6 ♘f3 23. ♔e3 ♖f6 24. ♔f2 ♘e1 25. ♔e1 ♖e6 26. ♔d2 g5 27. d4 ♔h7 28. ♔d3 ♖f6 29. ♖g2 ♖f4 30. ♔c4 ♔g6 31. ♔d5 h5

32. ♔e5 ♖f8 33. ♔e6 h4 34. c4 ♖f4 35. ♔e5 ♔h5 36. ♖c2 ♖f1 37. d5 b6 **½:½**

2.04. **197.**

P. KERES - C.H.O'D. ALEXANDER

1. d4 ♘f6 2. c4 e6 3. ♘c3 ♗b4 4. ♘f3 b6 5. g3 ♗b7 6. ♗g2 ♕c8 7. 0-0 c5

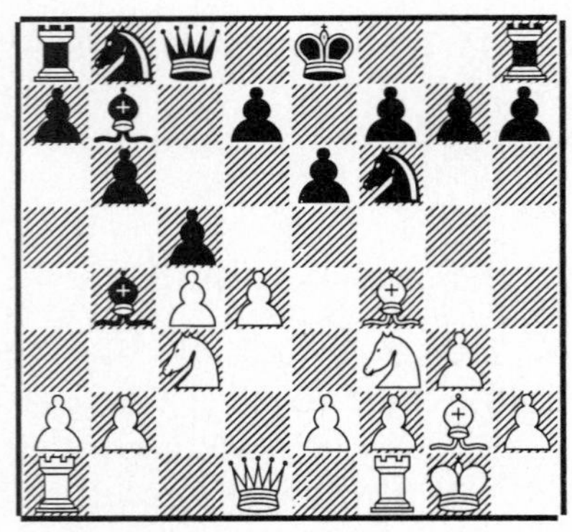

8. ♘b5 cd4 9. ♗f4 ♘a6 10. ♗d6 ♕c4 11. ♕a4 ♗c6 12. ♘fd4 ♗g2 13. ♕a6 ♗f1 14. ♖f1 ♕d4 15. ♘d4 ♗d6 16. ♘b5 ♔e7 17. ♖d1 ♗c5 18. a3 ♘e4 19. ♖d7 ♔f6 20. ♕b7 **1:0**

3.04. **198.**

V. BUERGER - P. KERES

1. d4 e6 2. ♘f3 f5 3. g3 ♘f6 4. ♗g2 c5 5. 0-0 ♘c6 6. c4 cd4 7. ♘d4 ♗e7 8. ♘c3 0-0 9. b3 ♘g4 10. ♘c6 dc6 11. h3 ♘f6 12. ♕d8 ♖d8 13. ♗e3 e5 14. ♖fd1 ♖d1 15. ♖d1 ♗e6 16. ♘a4 ♘d7 17. ♗c1 g5 18. e3 ♔f7 19. ♗b2 h5 20. ♔h2 ♗f6 21. ♗f1 ♖h8 22. f3 b6 23. ♗e2 g4 24. fg4 hg4 25. h4 f4 26. ef4 ef4 27. ♗f6 ♘f6 28. gf4 ♖h4 29. ♔g2 ♖h3 30. ♘b2 ♘h5 31. ♘d3 ♗f5 32. ♘e5 ♔e6 33. ♖d4 c5 **0:1**

5.04. **199.**

P. KERES - Sir T.H. TYLOR

1. e4 e5 2. ♘f3 ♘c6 3. ♗b5 a6 4. ♗a4 ♘f6 5. 0-0 ♗e7 6. ♖e1 b5 7. ♗b3 d6 8. c3 ♘a5 9. ♗c2 c5 10. d4 ♕c7 11. a4 b4 12. cb4 cb4 13. h3 ♗d7 14. ♘bd2 0-0 15. ♘f1 ♖fc8 16. ♘e3 ed4 17. ♘d4 ♘c6 18. ♘ef5 ♗f8 19. ♗g5 ♘d4 20. ♘d4 ♘e8 21. ♗b3 ♔h8 22. ♗f7 ♗a4 23. ♕h5 ♗d7 24. ♗d5 ♖a7 25. ♕f7 **1:0**

6.04. **200.**

Sir G.A. THOMAS - P. KERES

1. e4 e5 2. ♘f3 ♘c6 3. ♗b5 a6 4. ♗a4 ♘f6 5. ♘c3 b5 6. ♗b3 d6 7. ♘g5 d5 8. ♘d5 ♘d4 9. ♘e3 ♘b3 10. ab3 h6 11. ♘f3 ♘e4 12. ♘e5 ♕f6 13. ♘f3 ♗b7 14. ♕e2 0-0-0 15. 0-0 ♗d6 16. ♘g4 ♕f5 17. d3 ♘g5 18. ♘h4 ♕d5 19. c4 ♘h3 20. ♔h1 ♕h5 21. c5 ♖he8 22. ♕c2 ♕h4

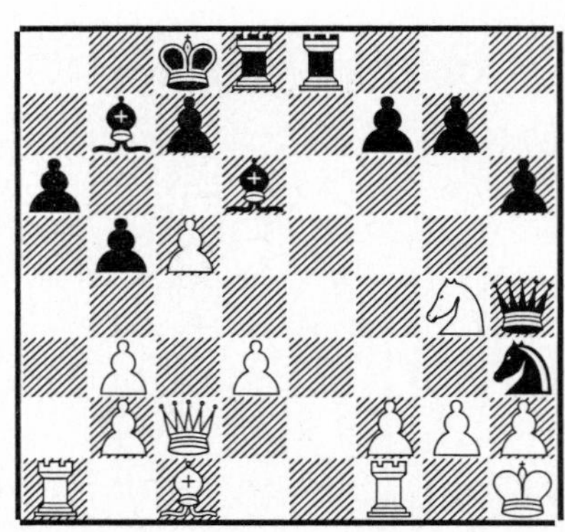

23. cd6 ♗g2 24. ♔g2 ♕g4 25. ♔h1 ♕f3 **0:1**

7.04. **201.**

P. KERES - Dr. A. ALEKHINE

1. e4 e5 2. ♘f3 ♘c6 3. ♗b5 a6 4. ♗a4 d6 5. c4 ♗d7 6. ♘c3 g6 7. d4 ♗g7 8. ♗e3 ♘f6 9. de5 de5 10. ♗c5 ♘h5 11. ♘d5 ♘f4 12. ♘f4 ef4 13. e5 g5 14. ♕d5 ♗f8 15. ♗f8 ♖f8 16. 0-0-0 ♕e7 17. ♗c6 ♗c6 18. ♕d3 ♗d7 19. ♘g5 0-0-0 20. ♘f3 f6 21. ef6 ♖f6 22. ♖he1 ♕b4 23. ♕d7 **1:0**

8.04. **202.**

J. FOLTYS - P. KERES

1. e4 e5 2. ♘c3 ♘f6 3. ♘f3 ♘c6 4. ♗b5 ♗b4 5. 0-0 0-0 6. d3 d6 7. ♗g5 ♘e7 8. ♘e2

♘g6 9. ♘h4 h6 10. ♘g6 fg6 11. ♗c4 ♔h7 12. ♗d2 ♗c5 13. ♗e3 ♗e3 14. fe3 c6 15. ♕d2 ♗d7 16. h3 d5 17. ed5 ♘d5 18. ♖f8 ♕f8 19. d4 ♖e8 20. ♗d5 cd5 21. de5 ♖e5 22. ♘f4 ♗f5 23. ♘d5 ♗h3 24. ♕d4 ♖g5 25. ♘f4 ♗f5 26. e4 ♗d7 27. ♖f1 ♕c8 28. ♖f2 ♖g4 29. ♘d5 ♗e6 30. c4 b6 31. ♕e5 ♗d5 32. ♕d5 ♕c5 33. ♕c5 bc5 34. ♖e2 ♔g8 35. b3 ♔f7 36. ♔f2 ♖f4 37. ♔e3 ♖f6 38. ♖d2 ♖a6 39. e5 ♔e6 40. ♔e4 h5 41. g3 g5 42. ♖h2 h4 43. gh4 gh4 44. a4 ♖b6 45. ♖h4 ♖b3 46. ♖g4 ♖c3 47. ♖g6 ♔f7 48. ♖a6 ♖c4 49. ♔d5 ♖c1 50. ♖a7 ♔g6 51. ♖c7 ♖a1 52. ♖a7 c4 53. ♔c4 ♔f5 54. ♔b5 ♖b1 55. ♔a6 g5 56. ♖e7 g4 57. ♖e8 ♖e1 58. ♖f8 ♔e6 **½:½**

9.04. **203.**

P. KERES - R. FINE

1. e4 e6 2. d4 d5 3. ♘d2 ♘f6 4. ♗d3 c5 5. e5 ♘fd7 6. c3 ♘c6 7. ♘e2 f6 8. ♘f4 ♕e7 9. ♘f3 fe5 10. ♘e5 ♘de5 11. de5 g6 12. 0-0 ♘e5 13. ♖e1 ♗g7 14. ♗b5 ♗d7 15. ♕a4 a6 16. ♗d7 ♕d7 17. ♕d7 ♔d7 18. ♗e3 b6 19. a4 ♘c4 20. ♘d3 e5 21. a5 d4 22. ♗g5 ♘a5 23. cd4 ♘b3 24. ♖ad1 ♘d4 25. b4 ♔c6 26. bc5 bc5 27. ♗e7 ♘b3 28. ♘c5 ♘c5 29. ♖d6 ♔c7 30. ♖c1 ♖ac8 31. ♖d2 ♔b7 32. ♗c5 ♗f8 33. ♖b1 ♔a8 34. ♗f8 ♖hf8 35. ♖d6 ♔a7 36. ♖a1 ♖c2 37. f3 e4 38. fe4 ♖ff2 39. ♖aa6 ♔b7 40. ♖db6 ♔c7 41. ♖c6 ♔d8 42. ♖c2 ♖c2 43. ♖a7 ♖c4 44. ♖h7 ♖e4 45. ♔f2 ♔e8 46. ♔f3 ♖a4 47. g3 ♔f8 48. ♖d7 ♖b4 49. ♔e3 ♖a4 50. h3 ♖b4 51. ♖d4 ♖b5 52. ♔f4 ♔g7 53. ♖e4 ♔f6 54. h4 ♖a5 55. g4 ♖b5 56. ♖a4 ♖c5 57. ♖a6 ♔f7 58. ♖d6 ♖a5 59. ♖c6 ♖b5 60. g5 ♖b4 61. ♔e5 ♖h4 62. ♖c7 ♔g8 63. ♔f6 ♖a4 64. ♖e7 ♖b4 **½:½**

OSTENDE
11.- 19.04.1937

11.04. **204.**

P. KERES - R. FINE

1. ♘f3 d5 2. d4 ♘f6 3. c4 e6 4. ♘c3 c5 5. cd5 ♘d5 6. e4 ♘c3 7. bc3 cd4 8. cd4 ♗b4 9. ♗d2 ♗d2 10. ♕d2 0-0 11. ♗c4 ♘d7 12. 0-0 b6 13. ♖ad1 ♗b7 14. ♖fe1 ♖c8 15. ♗b3 ♘f6 16. ♕f4 ♕c7 17. ♕h4 ♖fd8 18. ♖e3 b5 19. ♖de1 a5 20. a4 b4

(diagram)

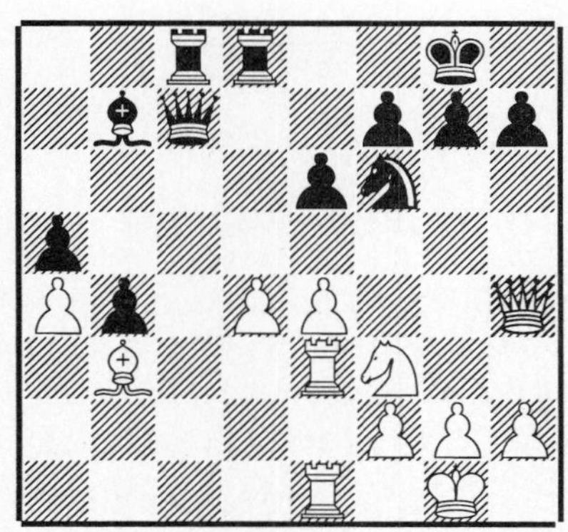

21. d5 ed5 22. e5 ♘d7 23. ♘g5 ♘f8 24. ♘h7 ♘h7 25. ♖h3 ♕c1 26. ♕h7 ♔f8 27. ♖e3 d4 28. ♕h8 ♔e7 29. ♕g7 ♖f8 30. ♕f6 ♔e8 31. e6 **1:0**

12.04. **205.**

P. KERES - P.O. LIST

1. d4 ♘f6 2. c4 e6 3. ♘c3 ♗b4 4. ♘f3 ♘e4 5. ♕c2 d5 6. e3 c5 7. ♗d3 ♕a5 8. 0-0 ♗c3 9. bc3 ♘f6 10. ♖b1 ♘bd7 11. ♘e5 dc4 12. ♘c4 ♕c7 13. e4 b5 14. ♖b5 ♗a6 15. e5 0-0 16. ♘d6 c4 17. ♗c4 ♗b5 18. ♗b5 ♘d5 19. c4 ♘e7 20. ♗a3 a6 21. ♗a4 f5 22. ef6 ♘f6 23. ♕e2 ♘g6 24. ♕e6 ♔h8 25. g3 ♕a5 26. ♗c6 ♖ab8 27. ♗c5 ♕c7 28. ♖e1 h6 29. h4

h5 30. ♘e4 ♘e4 31. ♗f8 ♖f8 32. ♗e4 ♕a5 33. ♗g6 **1:0**

13.04. **206.**

P. KERES - Dr. S.G. TARTAKOWER

1. ♘f3 ♘f6 2. c4 d6 3. ♘c3 ♗g4 4. d4 ♘bd7 5. e4 e5 6. ♗e2 ♗e7 7. 0-0 0-0 8. ♗e3 c6 9. ♘e1 ♗e2 10. ♕e2 ♖e8 11. ♖d1 ♗f8 12. f3 ♕a5 13. ♘c2 ♖ad8 14. d5 cd5 15. ♘d5 ♖c8 16. ♘c3 a6 17. ♖c1 ♕c7 18. ♘a3 ♕a5 19. ♘ab1 ♖c6 20. ♖fd1 ♖ec8 21. b3 ♘c5 22. ♘d5 ♘d5 23. ed5 ♖6c7 24. ♕b2 ♕b4 25. ♘d2 ♘d3 26. ♕c3 ♕c3 27. ♖c3 ♘b4 28. ♘e4 ♘a2 29. ♖c2 ♘b4 30. ♖e2 b5 31. c5 dc5 32. d6 ♖d7 33. ♗c5 a5 34. g4 ♖c6 35. ♗b4 ab4 36. g5 h6 37. ♖g2 ♔h7 38. ♔h1 hg5 39. ♖g5 f6 40. ♖g2 f5 41. ♘g5 ♔g8 42. ♖d5 ♖c1 43. ♖g1 ♖g1 44. ♔g1 ♗d6 45. ♔f1 g6 46. ♘e6 ♔f7 47. ♘c5 ♖c7 48. ♘d3 ♔e6 49. ♖b5 ♖c3 50. ♔e2 ♖b3 51. ♖b6 ♔d5 52. h4 e4 53. fe4 fe4 54. ♘c1 ♖b2 55. ♔d1 ♖h2 56. ♖b5 ♔c4 57. ♖b6 ♔c5 58. ♖a6 ♖h4 59. ♘e2 ♖h2 60. ♖a5 ♔c4 61. ♖g5 b3 62. ♖g6 b2 63. ♘c3 ♔c3 64. ♖g3 ♔c4 **0:1**

14.04. **207.**

H. GROB - P. KERES

1. e4 e5 2. ♘f3 ♘c6 3. ♗c4 ♘f6 4. ♘c3 ♘e4 5. ♘e4 d5 6. ♗b5 de4 7. ♘e5 ♕d5 8. ♗c6 bc6 9. d4 ♗a6 10. c3 f6 11. ♘g4 ♖b8 12. ♘e3 ♕b5 13. b4 ♗d6 14. a3 ♕d3 15. ♕d3 ♗d3 16. ♘f5 ♗f8 17. ♗f4 ♔d7 18. h4 a5 19. ♔d2 g6 20. ♘e3 ♖a8 21. g4 ♗d6 22. ♘g2 ♗e7 23. ♗e3 ♖a6 24. ♘f4 ♗c4 25. ♔c2 g5 26. hg5 ab4 27. cb4 c5 28. gf6 cd4 29. ♗d4 ♗f6 30. ♔c3 ♖c6 31. ♗f6 ♗b5 32. ♔d4 ♖f6 33. ♔e3 ♖hf8 34. ♖h7 ♔c8 35. ♘d5 ♖f3 36. ♔d4 ♗d7 37. ♖c1 ♔d8 38. ♘e3 ♖f2 39. ♖ch1 ♖d2 40. ♔c5 ♖f3 41. ♖h8 ♗e8 42. ♖8h3 ♖d3 43. ♖f3 ef3 44. ♖d1 ♖d7 45. ♖f1 ♖d3 46. ♖d1 ♖d7 47. ♖f1 ♖d3 48. ♖f3 ♖a3 49. g5 ♗g6 50. ♖f8 ♔e7 51. ♖f3 **1:0**

15.04. **208.**

G. KOLTANOWSKI - P. KERES

1. d4 e6 2. ♘f3 f5 3. g3 ♘f6 4. ♗g2 c5 5. c4 cd4 6. ♘d4 ♗e7 7. 0-0 0-0 8. ♘c3 ♘c6 9. ♘c2 b6 10. ♗f4 ♗b7 11. ♘b5 ♘a5 12. b3 a6 13. ♗c7 ♕c8 14. ♗d6 ♗g2 15. ♔g2 ♘c6 16. ♘c3 b5 17. cb5 ♗d6 18. ♕d6 ab5 19. ♘b4 ♕b7 20. ♘c6 ♖fc8 21. f3 ♖c6 22. ♕d2 ♖ac8 23. ♖fc1 b4 24. ♘d1 ♕a6 25. ♖c6 ♖c6 26. ♘e3 ♖c3 27. ♘c2 ♕b6 28. a3 ♖b3 29. ♘b4 ♕a7 30. ♕c1 ♕d4 31. ♖b1 ♖c3 32. ♕b2 ♕e3 33. ♘d3 ♖c8 34. ♕e5 ♕a7 35. ♖b3 h6 36. ♖c3 ♖b8 37. ♕c7 ♖a8 38. ♕a7 ♖a7 39. ♘b4 ♔f7 40. ♔f2 ♘e8 41. ♔e1 ♘d6 42. ♘c2 ♖a4 43. ♖b3 ♖a5 44. ♘e3 ♔e7 45. ♔d2 g5 46. ♘c2 h5 47. ♖b4 ♘b5 48. ♖b3 g4 49. ♔e3 gf3 50. ♔f3 e5 51. e3 ♔e6 52. h3 ♔d5 53. ♖d3 ♘d4 54. ♔f2 ♔e4 55. ♘b4 ♘c2 56. ♖d2 ♘b4 57. ab4 ♖a3 58. ♖b2 ♖e3 59. b5 ♖a3 60. b6 ♖a8 61. ♖b5 ♖b8 62. b7 ♔d4 63. ♔f3 d5 64. g4 e4 65. ♔f4 fg4 66. hg4 h4 67. g5 h3 68. ♔g3 e3 69. ♖b1 ♔c3 70. ♔f3 d4 71. ♔e2 h2 72. ♖c1 ♔b4 73. ♔d3 ♖b7 74. ♖h1 ♔c5 75. ♖h2 ♔d5 76. g6 ♖b3 77. ♔e2 ♖b2 78. ♔f3 ♖b7 79. ♖g2 ♖g7 80. ♖g5 ♔c4 81. ♔e2 ♔c3 82. ♖c5 ♔b4 83. ♖d5 ♔c4 84. ♖g5 ♔c3 85. ♖c5 ♔b3 86. ♖d5 **½:½**

16.04. **209.**

P. KERES - B. DYNER

1. e4 c5 2. ♘f3 d6 3. b4 cb4 4. d4 g6 5. ♗b5 ♗d7 6. ♗c4 ♕c8 7. ♘bd2 ♗g7 8. 0-0 ♘f6 9. e5 de5 10. de5 ♘g4 11. ♕e2 0-0 12. h3 ♘h6 13. a3 ♘c6 14. ab4 ♘b4 15. ♖b1 ♘c6 16. ♗a3 ♘f5 17. ♕e4 ♗e6 18. ♗e6 ♕e6 19. g4 ♘h6 20. ♖b7 ♘e5 21. ♖e7 ♘f3 22. ♕f3 ♕f6 23. ♕e2 ♖fd8 24. ♘e4 ♕c6 25. ♖e1 ♗f8 26. ♕f3 ♗e7 27. ♗e7 ♖dc8 28. ♕f4 **1:0**

17.04. **210.**

A. DUNKELBLUM - P. KERES

1. d4 ♘f6 2. ♘f3 c5 3. e3 g6 4. ♗e2 ♗g7 5. 0-0 0-0 6. c4 d5 7. cd5 ♘d5 8. dc5 ♘a6 9. ♗a6 ba6 10. ♘d4 ♕c7 11. ♘b3 ♖d8 12. ♕e2 a5 13. ♗d2 a4 14. ♗a5 ♕c6 15. ♗d8 ♗a6 16. ♘a5 ♕e6

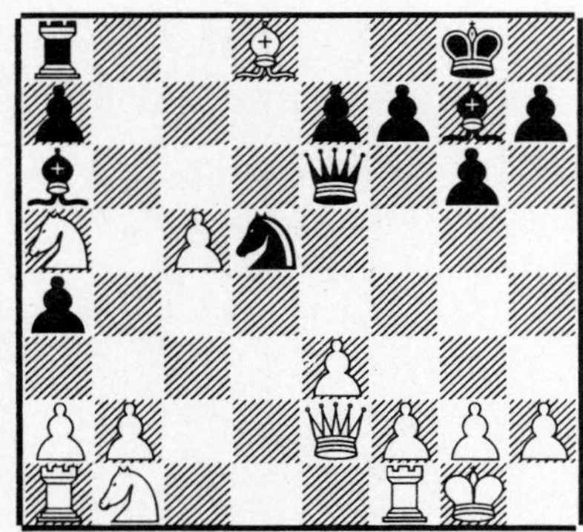

17. ♕d2 ♗f1 18. ♘c3 ♗g2 19. ♔g2 ♖d8 20. ♔h1 a3 21. ♖d1 ab2 22. ♘d5 ♖d5 **0:1**

18.04. **211.**

P. KERES - S. LANDAU

1. ♘f3 d5 2. c4 e6 3. d4 ♘f6 4. ♘c3 c5 5. cd5 ♘d5 6. e4 ♘c3 7. bc3 cd4 8. cd4 ♗b4 9. ♗d2 ♕a5 10. ♖b1 ♗d2 11. ♕d2 ♕d2 12. ♔d2 0-0 13. ♗e2 b6 14. ♖hc1 ♗b7 15. ♔e3 ♘c6 16. ♖c3 ♖ac8 17. ♖bc1 ♖fd8 18. ♗b5 ♘a5 19. ♘e5 ♖c3 20. ♖c3 ♖c8 21. ♖c8 ♗c8 22. g4 f6 23. ♘d3 ♔f7 24. ♘b4 ♔e7 25. f4 ♗b7 26. h4 h6 27. ♘c2 ♗c8 28. ♔d3 a6 29. ♗a4 b5 30. ♗b3 ♘b3 31. ab3 a5 32. b4 a4 33. ♘a3 ♗b7 34. ♘b1 ♗c6 35. ♘c3 ♔d6 36. d5 ed5 37. ed5 ♗d5 38. ♘b5 ♔c6 39. ♘d4 ♔b6 40. g5 fg5 ½:½

19.04. **212.**

A. REYNOLDS - P. KERES

1. c4 e5 2. ♘c3 ♘f6 3. g3 d5 4. cd5 ♘d5 5. ♗g2 ♘b6 6. ♘f3 ♘c6 7. 0-0 ♗e7 8. d4 ed4 9. ♘b5 ♗f6 10. ♗f4 ♘d5 11. e4 ♘f4 12. gf4 a6 13. e5 ab5 14. ef6 ♕f6 15. ♖e1 ♗e6 16. f5 ♕f5 17. ♘d4 ♘d4 18. ♕d4 0-0 19. ♗b7 ♖a2 20. ♖a2 ♗a2 21. ♕e5 ♕g6 22. ♔h1 c6 23. f3 ♗d5 24. ♖e3 f5 **0:1**

PRAGUE
26.04.- 8.05.1937

26.04. **213.**

P. KERES - E. ZINNER

1. e4 e5 2. ♘f3 ♘c6 3. ♗b5 a6 4. ♗a4 ♘f6 5. 0-0 b5 6. ♗b3 ♗e7 7. a4 ♖b8 8. ♖e1 d6 9. ab5 ab5 10. c3 ♗g4 11. d4 ♕d7 12. ♗e3 ♘e4 13. d5 ♘d8 14. ♗a7 ♖a8 15. ♖e4 f5 16. ♖e1 ♕c8 17. ♖a2 f4 18. ♕e2 ♕b7 19. ♗c5 ♖a2 20. ♗a2 ♘f7 21. ♗a3 g5 22. ♘bd2 h5 23. ♕e4 ♖h6 24. ♘d4 ♕c8 25. ♘b5 ♗d7 26. ♘d4 **1:0**

27.04. **214.**

J. DOBIAS - P. KERES

1. c4 e5 2. ♘c3 ♘f6 3. g3 d5 4. cd5 ♘d5 5. ♗g2 ♘b6 6. ♘f3 ♘c6 7. b3 ♗e7 8. ♗b2 0-0 9. d3 ♗g4 10. h3 ♗e6 11. 0-0 f5 12. ♖c1 ♗f6 13. ♕c2 ♘d4 14. ♘d4 ed4 15. ♘b1 c6 16. ♘d2 ♔h8 17. ♗a3 ♗e7 18. ♗e7 ♕e7 19. ♕c5 ♕f6 20. ♘f3 ♖fd8 21. ♕e5 ♕e5 22. ♘e5 ♘d5 23. ♗d5 ♖d5 24. f4 a5 25. ♘c4 ♖b5 26. ♘b2 ♖b4 27. ♘a4 ♗d5 28. ♖b1 ♔g8 29. ♔f2 ♔f7 30. ♖fc1 ♔e7 31. ♖c2 ♔d6 32. ♔g1 ♖a7 33. ♔f2 b6 34. ♖cc1 ♖c7 35. ♔f1 c5 36. ♘b2 b5 37. ♘d1 ♖a7 38. ♔e1 a4 39. ba4 ♖aa4 40. ♖b4 ♖b4 41. ♖c2 ♖a4 42. e3 ♗a2 43. ed4 cd4 44. ♖b2 b4 45. ♔d2 ♗d5 46. ♘f2 b3 47. ♔c1 ♖a1 48. ♖b1 ♖a8 49. ♖b2 ♔c5 50. ♘d1 ♔b4 **0:1**

28.04. **215.**

P. KERES - F.J. PROKOP

1. e4 c6 2. c4 d5 3. cd5 cd5 4. ♕a4 ♗d7 5. ♕b3 ♕c8 6. ♘c3 de4 7. ♘e4 ♘f6 8. ♘c3 ♘c6 9. ♘f3 e6 10. d4 ♗e7 11. ♗e2 0-0 12. 0-0 a6 13. ♗f4 b5 14. ♖ac1 ♕b7 15. ♗d3 ♘a5 16. ♕d1 ♗c6 17. ♕e2 b4 18. ♘b1 ♖fc8 19. ♘bd2 ♗b5 20. ♘g5 ♗d3 21. ♕d3 h6 22. ♘ge4 ♕b5 23. ♕f3 ♕d7 24. ♗e3 ♘e4 25. ♘e4 ♖c1 26. ♖c1 ♖c8 27. ♘c5 ♕b5 28. b3 ♗f8 29. h3 e5 30. ♕f5 ♖e8 31. de5 ♘c6 32. f4 ♕e2 33. ♕d3 ♕a2 34. ♕d7 ♕e2 35. ♗f2 ♖d8 36. ♕c6 ♖d2 37. ♕f3 ♕b5 38. ♘e4 ♖b2 39. ♖c8 ♖b1 40. ♔h2 ♕f1 41. ♘g3 ♕b5 42. ♕a8 **1:0**

29.04. **216.**

J. FOLTYS - P. KERES

1. d4 e6 2. e4 d5 3. ♘c3 ♘f6 4. ♗g5 ♗e7 5. ♗f6 ♗f6 6. ♘f3 0-0 7. ♗d3 c5 8. e5 ♗e7 9. dc5 ♘d7 10. h4 f5 11. ef6 ♗f6 12. ♕d2 ♘c5 13. 0-0-0 ♕a5 14. a3 ♗d7 15. ♖de1 ♖ac8

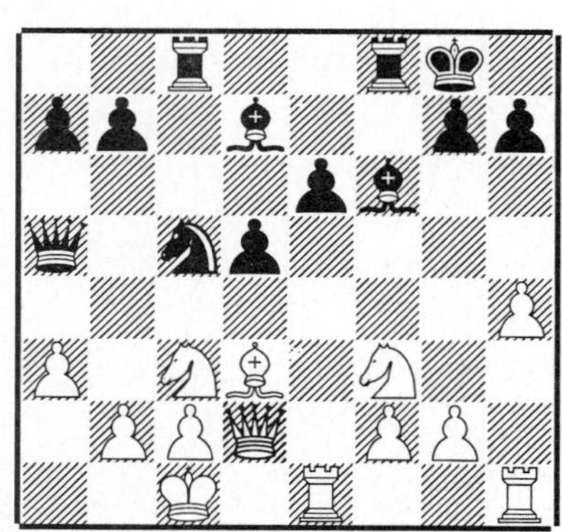

16. ♘e5 ♗e5 17. ♖e5 d4 18. ♖c5 ♕c5 19. ♘e4 ♕d5 20. ♔b1 e5 21. f3 h6 22. b3 ♗e6 23. h5 a5 24. a4 ♔h8 25. ♖g1 ♖c6 26. ♗b5 ♖c7 27. ♗d3 ♗d7 28. g4 ♖f3 29. g5 ♗f5 30. gh6 ♗e4 31. hg7 ♖g7 32. ♖g7 ♔g7 33. ♕g5 ♔f7 **0:1**

30.04. **217.**

P. KERES - K. GILG

1. d4 ♘f6 2. c4 e5 3. de5 ♘g4 4. e4 ♘e5 5. f4 ♘ec6 6. ♗e3 ♗b4 7. ♘c3 ♕h4 8. g3 ♕e7 9. ♗d3 ♗c3 10. bc3 ♘a6 11. ♗c2 b6 12. ♘f3 ♘c5 13. 0-0 ♗b7 14. e5 0-0-0 15. ♘d4 f6 16. ♘f5 ♕f8 17. ♗d4 g6 18. ♘e3 fe5 19. fe5 ♕h6 20. ♘d5 ♘e6 21. ♕d3 ♖hf8 22. ♖f6 ♕h5 23. ♖e1 ♘cd4 24. cd4 ♗d5 25. ♗d1 ♗c4 26. ♕c4 ♕g5 27. ♗f3 ♔b8 28. ♕d5 c6 29. ♕d6 ♔b7 30. ♖f8 ♖f8 31. ♕d7 ♘c7 32. ♕c6 **1:0**

1.05. **218.**

P. KERES - K. HROMADKA

1. d4 ♘f6 2. c4 c5 3. d5 g6 4. ♘c3 d6 5. g3 ♗g7 6. ♗g2 0-0 7. e4 a6 8. a4 ♖e8 9. ♘ge2 e6 10. 0-0 ed5 11. cd5 ♘bd7 12. h3 ♖b8 13. a5 ♘e5 14. f4 ♘ed7 15. g4 b5 16. ab6 ♕b6 17. g5 ♘h5 18. ♗f3 ♗d4 19. ♔g2 ♘g7 20. ♖a4 ♗c3 21. ♘c3 f5 22. ♖e1 ♕d8 23. b3 ♕b6 24. ef5 ♖e1 25. ♕e1 gf5 26. ♖a2 ♘f8 27. ♖e2 ♕d8 28. h4

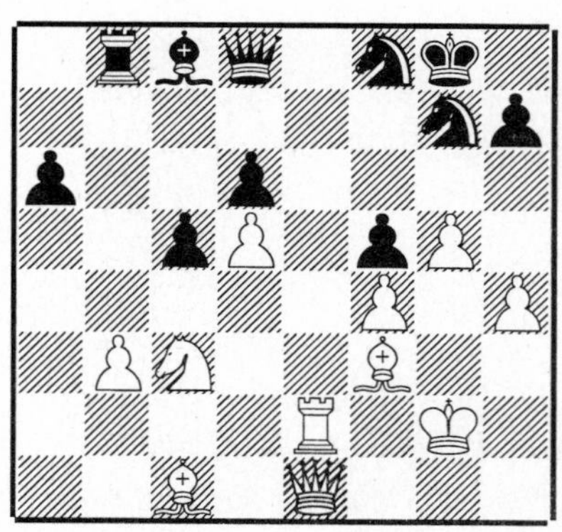

♖b3 29. h5 ♗d7 30. h6 ♘e8 31. ♗h5 ♘g6 32. ♗g6 hg6 33. ♖e7 a5 34. ♘d1 ♘c7 35. ♕e2 ♘d5 36. h7 **1:0**

3.05. **219.**

Dr. P. TRIFUNOVIC - P. KERES

1. d4 e6 2. ♘f3 ♘f6 3. c4 ♗b4 4. ♗d2 ♕e7 5. g3 ♘c6 6. ♗g2 ♗d2 7. ♘bd2 d6 8. ♘f1 0-0 9. ♘e3 ♘e4 10. d5 ♘d8 11. ♘d4 ♘c5 12. b4 ♘a6 13. a3 e5 14. ♘df5 ♕f6 15. ♗e4

h5 16. g4 g6 17. ♕d2 gf5 18. gf5 ♖e8 19. h4 ♔f8 20. 0-0-0 ♔e7 21. ♖dg1 ♖h8 22. ♖g5 ♘b8 23. ♘f1 a5 24. ♘g3 ab4 25. ♘h5 ♖h5 26. ♖h5 ♘d7 27. ♖h6 ♘c5 28. ♗c2 ♕f5 29. ♗f5 ♘b3 30. ♔c2 ♘d2 31. ♗c8 ♘c4 32. ♗f5 ♖a3 33. ♖h3 b5 34. ♖b3 c5 35. ♖h8 e4 36. h5 ♖a2 37. ♔d1 ♖d2 38. ♔e1 ♖d5 39. ♗e4 ♖e5 40. ♗b1 ♘e6 41. e3 ♘f8 42. ♔e2 ♖g5 43. ♗e4 ♖g4 44. ♗f5 ♖h4 45. ♖b1 ♘a3 46. ♖g1 b3 47. ♖gg8 ♔f6 48. ♖f8 ♔f5 49. ♖f7 ♔e6 50. ♖a7 b2 51. ♖h6 ♔d5 52. ♖a3 b1♕ 53. ♖d3 ♔c4 54. ♖dd6 ♖h1 **0:1**

4.05. **220.**

P. KERES - E. ELISKASES

1. ♘f3 ♘f6 2. c4 d6 3. d4 g6 4. g3 ♗g7 5. ♗g2 ♘bd7 6. 0-0 0-0 7. ♘c3 e5 8. b3 ♖e8 9. e4 b6 10. ♗b2 ♗b7 11. d5 a5 12. ♘d2 ♘c5 13. ♕c2 ♗c8 14. a3 ♘h5 15. b4 ♘b7 16. ♘e2 f5 17. f4 ef4 18. ♘f4 ♘f4 19. gf4 ab4 20. ab4 ♖a1 21. ♖a1 ♕e7 22. ♖e1 ♕h4 23. ♖f1 ♕e7 24. ♗c3 fe4 25. ♘e4 ♗f5 26. ♖e1 ♗c3 27. ♕c3 ♗e4 28. ♖e4 ♕f7 29. ♕e3 ♖e4 30. ♕e4 ♘d8 31. ♔f2 ♔g7 32. ♔e3 ♕f6 33. ♔d3 ♘f7 34. ♔c2 ♕h4 35. ♔b3 ♕h2 36. ♔a4 ♕h4 37. ♔b5 ♕d8 38. ♗h3 g5 39. ♔c6 gf4 40. ♔b7 ♘e5 41. c5 bc5 42. bc5 ♘d7 43. ♕d4 ♕f6 44. ♕g1 ♔f8 45. ♗d7 dc5 46. ♕c5 ♕d6 47. ♕d6 cd6 48. ♔c7 ♔e7 49. ♗g4 h6 50. ♗f3 **1:0**

5.05. **221.**

K. OPOCENSKY - P. KERES

1. d4 e6 2. c4 ♗b4 3. ♘d2 f5 4. g3 ♘f6 5. ♗g2 0-0 6. ♘h3 d6 7. 0-0 e5 8. ♕b3 ♗d2 9. ♗d2 ♘c6 10. de5 de5 11. ♗b4 ♘b4 12. ♕b4 ♘e4 13. ♖ad1 ♕f6 14. f4 ♗e6 15. ♕b7 ♗c4 16. ♗e4 fe4 17. ♕e4 ♗a2 18. ♘g5 ♕h6 19. ♕e5 ♖ae8 20. ♕b5 ♖b8 21. ♕d3 ♖b2 22. ♖f2 ♖b6 23. ♕c2 ♗b3 24. ♕c7 ♕c6 25. ♕c6 ♖c6 26. ♖a1 ♖a8 27. ♖a5 a6 28. ♖f3 ♖b8 29. ♔f2 ♗c4 30. ♖e3 ♗b5 31. ♖a2 h6 32. ♘f3 ♖d8 33. ♖e5 ♖c1 34. ♖b2 ♖dd1 35. ♖bb5 ab5 36. ♖b5 ♖c7 37. h4 ♖dc1 38. ♘e5 ♖1c5 39. ♖b8 ♖c8 40. ♖b6 ♖a5 41. h5 ♖ca8 42. ♔f3 ♖5a6 43. ♖b4 ♖a4 44. ♖b7 ♖4a7 45. ♖b5 ♖a5 46. ♖b4 ♖a4 47. ♖b2 ♖a3 48. e3 ♖a2 49. ♖b7 ♖2a7 50. ♖b4 ♖a4 51. ♖b6 ♖4a6 52. ♖g6 ♔h7 53. f5 ♖a1 54. ♘c6 ♖f1 55. ♔e4 ♖e8 56. ♖e6 ♖e6 57. fe6 ♔g8 58. ♘e7 ♔f8 59. ♘f5 ♖a1 60. ♔e5 ♖a5 61. ♔f4 ♖a6 62. ♔e5 ♖a5 63. ♔f4 ♖a6 64. e7 ♔f7 65. ♘g7 ♔e7 66. ♘f5 ♔f7 67. g4 ♖b6 68. e4 ♖a6 69. g5 hg5 70. ♔g5 ♖a1 71. ♘h6 ♔e6 72. ♘g4 ♖e1 73. h6 ♖h1 74. ♘f2 ♖h2 75. ♘d3 ♖g2 76. ♔h5 ♖h2 77. ♔g6 ♖g2 78. ♔h7 ♖g4 79. ♘f2 ♖g3 80. ♔h8 ♔e5 81. ♔h7 ♖g2 82. ♘d3 ♔e4 83. ♘c5 ♔f5 84. ♘d7 ♔e6 85. ♘f8 ♔f7 86. ♘d7 ♖e2 87. ♘c5 ♖e5 88. ♘d3 ♖e7 89. ♘f4 ♖e3 90. ♘g6 ♖e4 91. ♘h8 ♔f6 92. ♘g6 ♖a4 93. ♘f8 ♖a7 94. ♔g8 ♖e7 95. h7 ♖g7 96. ♔h8 ♖g3 97. ♘e6 ♔e7 98. ♘g5 ♖g2 99. ♔g7 **½:½**

7.05. **222.**

P. KERES - J. PELIKAN

1. d4 ♘f6 2. c4 e6 3. ♘c3 d5 4. ♘f3 ♗e7 5. ♗f4 0-0 6. e3 b6 7. ♗d3 ♗b7 8. 0-0 c5 9. ♕e2 ♘c6 10. ♖ad1 ♘b4 11. ♗b1 ♗a6 12. ♘e5 ♕c8 13. a3 ♘c6 14. ♗g5 cd4 15. ed4 ♖d8 16. ♖fe1 h6 17. ♗h4 dc4 18. ♘c6 ♕c6 19. d5 ♖d5 20. ♖d5 ed5 21. ♕e7 ♖e8 22. ♘d5 ♔h8 23. ♕e8 ♘e8 24. ♘b4 ♕b5 25. ♘a6 ♘f6 26. ♘b4 a5 27. ♘c2 ♕b2 28. ♗f6 gf6 29. a4 f5 30. g3 b5 31. ♘e3 b4 32. ♗f5 c3 33. ♖b1 ♕a2 34. ♗c2 ♔g7 35. ♔f1 ♔f6 36. ♔e2 ♔e5 37. ♔d3 h5 38. f4 ♔f6 39. h3 ♕e6 40. g4 hg4 41. hg4 ♕d6 42. ♔e2 ♕d2 43. ♔f3 ♕d7 44. ♖d1 ♕c6 45. ♔g3 ♔e7 46. ♘f5 ♔e8 47. ♘d4 ♕c5 48. g5 ♕b6 49. ♔g4 ♕b7 50. ♖e1 ♔f8 51. ♖e4 ♕d5 52. ♔f3 ♕d6 53. ♔e3 ♕d7 54. ♔d3 ♕h3 55. ♔c4 ♕f1 56. ♔b3 ♕c1 57. ♔c4 ♕f1 58. ♔c5

♕f2 59. ♗b3 ♕d2 60. ♔b6 ♕d3 61. ♗c2 ♕d2 62. f5 ♔g7 63. f6 ♔f8 64. ♖h4 ♔g8 65. ♗h7 ♔f8 66. g6 fg6 67. ♗g6 **1:0**

8.05. **223.**

S. GRAF - P. KERES

1. d4 e6 2. c4 ♗b4 3. ♗d2 ♕e7 4. ♗b4 ♕b4 5. ♕d2 ♘c6 6. e3 ♕d2 7. ♔d2 f5 8. ♘c3 ♘f6 9. ♘b5 ♔d8 10. f3 a6 11. ♘c3 f4 12. ♘ge2 fe3 13. ♔e3 d5 14. ♘g3 ♖e8 15. ♖d1 ♗d7 16. ♗e2 e5 17. ♔f2 dc4 18. de5 ♘e5 19. h3 ♔c8 20. ♖d4 b5 21. f4 ♘c6 22. ♖d2 ♖b8 23. ♗f3 ♘b4 24. ♘ge4 ♖b6 25. ♘c5 ♗f5 26. g4 ♘d3 27. ♘d3 ♗d3 28. g5 ♘e4 29. ♘e4 ♗e4 30. ♖e1 ♗g6 31. ♗g4 ♔b7 32. ♖e8 ♗e8 33. ♖d8 ♗c6 **½:½**

THEMATIC TOURNAMENT
Vienna, 19.- 25.05.1937

19.05. **224.**

Dr. W. WEIL - P. KERES

1. d4 ♘f6 2. ♘f3 ♘e4 3. c4 e6 4. g3 d5 5. ♗g2 ♗b4 6. ♘bd2 c5 7. 0-0 ♗d2 8. ♘d2 cd4 9. cd5 ed5 10. ♘b3 0-0 11. ♘d4 ♘c6 12. ♘c6 bc6 13. ♕a4 ♕e8 14. ♗e4 ♕e4 15. ♕e4 de4 16. ♗e3 **½:½**

20.05. **225.**

P. KERES - Prof. A. BECKER

1. d4 ♘f6 2. ♘f3 ♘e4 3. ♘fd2 d5 4. ♘e4 de4 5. ♘c3 ♗f5 6. g4 ♗g4 7. ♘e4 e5 8. de5 ♕d1 9. ♔d1 ♘c6 10. f4 0-0-0 11. ♗d2 ♘d4 12. ♘f2 h5 13. ♗h3 ♗h3 14. ♘h3 ♗c5 15. ♘g5 ♘f5 16. ♔e1 ♖d7 17. e6 fe6 18. ♘e6 ♗f2 19. ♔f2 ♖d2 20. ♖hd1 ♖c2 21. ♖ac1 ♖b2 22. ♖c7 ♔b8 23. ♖cd7 a6 24. ♘g7 ♘g7 25. ♖g7 ♖e8 26. ♖e1 ♖a2 27. ♔f3 ♖b2 28. e4 a5 29. f5 ♖f8 30. ♖e2 ♖b1 31. ♖g5 a4 32. e5 ♖f1 33. ♔e4 a3 34. f6 b5 35. ♖f5 ♖c1 36. e6 ♔c7 37. e7 ♖e8 38. ♔d3 ♖d1 39. ♖d2 ♖d2 40. ♔d2 a2 41. ♖f1 **1:0**

21.05. **226.**

D. PODHORZER - P. KERES

1. d4 ♘f6 2. ♘f3 ♘e4 3. ♘bd2 d5 4. g3 c5 5. dc5 ♘c5 6. ♗g2 ♘c6 7. 0-0 e5 8. c4 d4 9. b4 ♘d7 10. b5 ♘a5 11. ♘e1 ♗e7 12. f4 ef4 13. ♖f4 0-0 14. ♖f1 ♘e5 15. ♗b2 ♗g5 16. ♘c2 d3 17. ed3 ♘d3 18. ♗d4 ♘b4 19. ♘f3 ♘c2 20. ♕c2 ♗e6 21. ♖ad1 ♗c4 22. ♗c5 ♕c8 23. ♕f2 ♗d8 24. ♖d8 ♖d8 25. ♘e5 ♗f1 26. ♗f1 ♕e6 **0:1**

24.06. **227.**

Prof. A. BECKER - P. KERES

1. d4 ♘f6 2. ♘f3 ♘e4 3. ♗f4 d5 4. e3 ♗g4 5. c4 e5 6. ♗e5 ♗b4 7. ♘c3 ♘c3 8. ♕b3 ♘a2 9. ♔d1 dc4 10. ♗c4 0-0 11. ♖a2 c5 12. ♔e2 ♘c6 13. ♖d1 ♕e7 14. ♖aa1 ♖ac8 15. ♗d5 ♘a5 16. ♖a5 ♗a5 17. ♕b7 ♕b7 18. ♗b7 ♖b8 19. ♗b8 ♖b8 20. ♗d5 ♖b2 21. ♔f1 cd4 22. ♖d4 ♗e6 23. ♗e6 fe6 24. ♖a4 ♗b6 25. ♘d4 a5 26. ♘e6 ♔f7 27. ♘f4 ♔e8 28. ♘d3 ♖b5 29. ♔e2 ♔d7 30. f4 ♔c6 31. ♘e5 ♔b7 32. ♘c4 ♗c7 33. ♔d3 ♔a6 34. ♔d4 ♖h5 35. h3 ♖b5 36. g4 ♖b1 37. ♔c5 ♖h1 38. ♔c6 ♗d8 39. e4 ♖h3 40. e5 ♖h6 41. ♘d6 ♗e7 42. ♔d7 ♗f8 43. f5 ♖h1 44. ♔e6 ♗d6 45. ed6 ♖e1 46. ♔f7 ♖d1 47. ♔g7 ♔b5 48. ♖a2 h5 49. f6 ♖g1 50. f7 ♖g4 51. ♔h6 **1:0**

25.05. **228.**

P. KERES - D. PODHORZER

1. d4 ♘f6 2. ♘f3 ♘e4 3. ♘bd2 d5 4. ♘e4 de4 5. ♘g5 f5 6. e3 e6 7. h4 ♗e7 8. ♗c4 ♗g5 9. ♕h5 g6 10. ♕g5 ♕g5 11. hg5 c6 12. b3 0-0 13. ♗a3 ♖f7 14. 0-0-0 b5 15. ♗e2 ♗b7

16. ♖h6 ♘d7 17. ♗d6 a6 18. ♔b2 ♖c8 19. c4 ♖d8 20. ♖dh1 ♖c8 21. ♗b4 ♗a8 22. ♗c3 ♘f8 23. ♖a1 ♗b7 24. a4 bc4 25. ♗c4 c5 26. dc5 ♖c5 27. ♗b4 ♖c6 28. ♖ah1 ♘d7 29. ♖d1 ♗c8 30. ♖hh1 ♗b7 31. ♖d2 ♗c8 32. ♖hd1 ♔g7 33. ♖d6 ♖d6 34. ♖d6 ♘f8 35. ♖d8 **1:0**

26.05. 229.

P. KERES - Dr. W. WEIL

1. d4 ♘f6 2. ♘f3 ♘e4 3. ♘fd2 d5 4. ♘e4 de4 5. ♘c3 ♗f5 6. g4 ♗g4 7. ♗g2 e6 8. ♘e4 ♘c6 9. c3 ♗h5 10. ♕b3 ♖b8 11. ♗g5 ♕c8 12. ♖d1 ♗g6 13. c4 ♗e4 14. ♗e4 ♗e7 15. ♖g1 ♗g5 16. ♖g5 g6 17. ♕h3 ♕d8 18. ♖g3 ♕f6 19. d5 ♘e5 20. ♕h6 ♔e7 21. b3 ♖hd8 22. f4 ♘d7 23. de6 ♘c5 24. ♗d5 c6 25. ef7 cd5 26. ♖e3 ♔f7 27. ♕h7 ♔f8 28. cd5 ♖e8 29. ♖g3 ♕f4 30. ♖d2 ♕f7 31. ♕h8 ♔e7 32. ♕d4 b6 33. ♖f3 ♕h7 34. ♕f6 ♔d7 35. ♕c6 ♔d8 36. ♕d6 ♔c8 37. b4 ♕h4 38. ♔f1 ♕b4 39. ♕c6 ♔d8 40. d6 ♖b7 41. d7 ♘d7 42. ♖d7 ♖d7 43. ♕a8 ♔e7 44. ♖e3 ♔f6 45. ♕e8 ♕d4 46. ♖e6 ♔g5 47. ♕g6 **1:0**

KEMERI

15.06.- 9.07.1937

16.06. 230.

S. FLOHR - P. KERES

1. d4 e6 2. c4 ♗b4 3. ♘d2 f5 4. g3 ♘f6 5. ♗g2 0-0 6. ♘f3 ♘c6 7. 0-0 ♗d2 8. ♗d2 d6 9. ♗c3 ♕e7 10. d5 ♘d8 11. de6 ♘e4 12. ♕c2 ♘e6 13. ♘d4 ♘6g5 14. e3 ♗d7 15. ♗e1 g6 16. f3 ♘f6 17. ♗d2 ♖ae8 18. ♖ae1 ♘f7 19. b3 ♘e5 20. f4 ♘c6 21. ♘b5 ♖c8 22. ♗c3 a6 23. ♘d4 ♘e4 24. ♗a1 h6 25. ♗e4 fe4 26. ♕c3 ♔h7 27. ♖f2 ♘b8 28. ♔g2 ♖f7 29. ♖d2 ♖g8 30. ♕c2 a5 31. ♗b2 ♘a6 32. ♗a3 ♘b4 33. ♗b4 ab4 34. ♔g1 ♖a8 35. ♕b2 ♖a5 36. ♘c2 c5 37. a3 ba3 38. ♘a3 b5 39. cb5 ♗b5 40. b4 cb4 41. ♕b4 ♖a4 42. ♕b5 ♖a3 43. ♕d5 ♕a7 44. ♔f2 ♖a4 45. ♕d6 g5 46. ♔g2 ♖a2 47. ♖ee2 ♖d2 48. ♕d2 ♕a6 49. ♕c2 ♕e6 50. ♕a2 ♕f5 51. ♖f2 g4 52. ♖d2 ♖d7 53. ♔f2 ♖d2 54. ♕d2 ♕e6 55. ♔g2 ♔g6 56. ♕c2 ♕d5 57. ♔f2 ♕e6 58. ♕a4 ♔h5 59. ♔e1 ♔g6 60. ♕b5 ♕a2 61. ♕e8 ♔g7 62. ♕e5 ♔g8 63. ♕b8 ♔f7 64. ♕b7 ♔f6 65. ♕c6 ♔f7 66. ♕d7 ♔f6 67. ♕d8 ♔f7 68. ♕c7 ♔g6 69. ♕d6 ♔f7 70. ♕d7 ♔f6 71. ♕d8 ♔f7 72. ♕c7 ♔g6 73. ♕d6 ♔f7 74. ♕d2 ♕a1 75. ♕d1 ♕c3 76. ♔f2 h5 77. h3 gh3 78. ♕h5 ♔f8 79. ♕f5 ♔g8 80. ♕e6 ♔f8 81. ♕h6 ♔f7 82. ♕h5 ♔f8 83. ♕f5 ♔g8 84. ♕g6 ♔f8 85. ♕d6 ♔f7 86. ♕d5 ♔f8 87. ♕d6 ♔f7 88. ♕d7 ♔f8 89. ♕h3 ♕d2 90. ♔f1 ♕e3 91. ♕f5 ♔e7 92. ♕e5 ♔d7 93. ♕b5 ♔d6 94. ♕a6 ♔d7 95. ♕a4 ♔e6 96. ♕c4 ♔f6 97. ♕c6 ♔e7 98. ♕c7 ♔e8 99. ♕e5 ♔d7 100. ♕d5 ♔e7 101. ♕g5 ♔d6 102. ♕g6 ♔e7 103. ♕g7 ♔e8 104. ♕e5 ♔d7 ½:½

17.06. 231.

P. KERES - S. RESHEVSKY

1. d4 d5 2. ♘f3 ♘f6 3. ♗f4 c5 4. e3 ♘c6 5. c3 ♗g4 6. ♘bd2 e6 7. ♕a4 ♗f3 8. ♘f3 ♕b6 9. ♖b1 ♗e7 10. ♗d3 0-0 11. 0-0 ♖fd8 12. ♗g3 ♖ac8 13. ♘e5 ♘h5 14. ♕c2 g6 15. ♘c6 ♕c6 16. ♗e5 f6 17. ♗g3 ♘g3 18. hg3 ♔g7 19. g4 e5 20. ♕e2 ♕e6 21. ♖be1 ♖c7 22. f3 ♖h8 23. ♗c2 ♕b6 24. de5 fe5 25. b3 c4 26. ♕d2 ♖d8 27. ♔h1 cb3 28. ♗b3 ♕a5 29. ♖c1 d4 30. ed4 ed4 31. ♖fd1 dc3 32. ♕e3 ♖d1 33. ♖d1 ♕g5 34. ♕d4 ♔h6 35. ♕f2 ♕h4 36. ♕h4 ♗h4 37. ♔h2 ♗g5 38. ♗c2 ♖e7 39. ♖d3 ♗d2 40. ♔h3 ♖e2 **0:1**

19.06. 232.

Dr. S.G. TARTAKOWER - P. KERES

1. d4 e6 2. ♘f3 ♘f6 3. ♗g5 d5 4. ♘bd2 ♗e7 5. e3 c5 6. c3 ♘c6 7. ♗d3 h6 8. ♗h4 0-0 9. 0-0 b6 10. ♘e5 ♘e5 11. de5 ♘d7 12. ♗g3 ♗h4 13. ♗h4 ♕h4 14. f4 ♗b7 15. ♖f3 ♕e7 16. ♖g3 ♔h8 17. ♕h5 f5 18. ♘f3 ♕e8 19. ♖g6 ♖f7 20. g4 ♘f8 21. gf5 ♘g6 22. ♕g6 ef5 23. ♗f5 ♖f5 24. ♕f5 d4 25. ♘h4 de3 26. ♖e1 ♖d8 27. e6 ♖d5 28. ♕f7 ♕c6 29. ♘g6 ♔h7 30. ♘f8 ♔h8 31. ♘g6 ♔h7 ½:½

20.06. 233.

P. KERES - K. OZOLS

1. e4 e6 2. c4 c5 3. ♘c3 ♘c6 4. f4 g6 5. ♘f3 ♗g7 6. d3 d6 7. g3 ♘ge7 8. ♗g2 ♘d4 9. 0-0 ♗d7 10. ♗e3 a6 11. ♕d2 ♕a5 12. ♖ae1 ♘ec6 13. g4 h5 14. g5 ♘f3 15. ♗f3 ♘d4 16. ♗g2 0-0-0 17. ♖b1 ♗c6 18. ♔h1 ♔d7 19. ♕f2 ♕b4 20. ♗d2 ♕b6 21. b4 ♔c8 22. bc5 ♕c5 23. ♗e3 ♖hf8 24. ♖fc1 ♔b8 25. ♘d5 e5 26. f5 gf5 27. ef5 f6 28. g6 ♔a7 29. ♘f4 ♗h6 30. ♗d4 ♕d4 31. ♕d4 ed4 32. ♗c6 bc6 33. ♘e6 ♗c1 34. ♖c1 ♖b8 35. ♘f8 ♖f8 36. ♖e1 ♔b6 37. ♖e7 ♔c5 38. ♖f7 ♖g8 39. ♖f6 d5 40. cd5 ♔d5 41. ♖f7 ♔e5 42. g7 **1:0**

21.06. 234.

G. STAHLBERG - P. KERES

1. d4 e6 2. e4 d5 3. ♘c3 ♘f6 4. ♗g5 ♗e7 5. e5 ♘fd7 6. ♗e7 ♕e7 7. f4 0-0 8. ♕d2 c5 9. ♘f3 ♘c6 10. 0-0-0 f6 11. ef6 ♕f6 12. g3 cd4 13. ♘d4 ♘c5 14. ♗g2 ♗d7 15. ♖he1 ♖ac8 16. ♘c6 ♖c6 17. ♗d5 ed5 18. ♘d5 ♕h6 19. ♘e7 ♔h8 20. ♘c6 ♗c6 21. ♕a5 ♘d7 22. ♖e7 ♘b6 23. ♕a7 ♕f6 24. ♖ee1 ♘d5 25. ♕d4 ♕f7 26. ♕c4 h6 27. ♖e5 ♘f6 28. ♕f7 ♖f7 29. ♖d2 ♘d7 30. ♖e1 ♔h7 31. b3 h5 32. a4 h4 33. a5 ♘f6 34. ♖d6 ♗g2 35. gh4 ♘d5 36. ♔b2 ♘f4 37. ♖e5 ♗f3 38. b4 ♘g6 39. ♖c5 ♘h4 40. b5 ♘f5 41. ♖d8 ♖f6 42. a6 ba6 43. ba6 ♘e7 44. a7 ♖b6 45. ♔c1 ♖a6 46. ♖c7 ♘d5 47. ♖f7 ♘f6 48. ♖d3 ♗e4 49. ♖g3 ♘h5 50. ♖e3 ♗d5 51. ♖fe7 ♘f4 52. ♖c7 ♗h1 53. ♔b2 ♘e6 54. ♖e7 ♘d4 55. ♖g3 ♘f5 56. ♖h3 ♔g6 57. ♖d7 ♘d6 58. ♖g3 ♔f6 59. ♖gg7 ♘c4 60. ♔c3 ♘e5 61. ♖c7 ♗d5 62. h4 ♘f7 63. ♔d4 ♖a5 64. ♖g1 ♘d8 65. ♖f1 ♔e6 66. c4 ♔d6 67. ♖c8 ♘e6 68. ♔c3 ♗b7 69. ♖e8 ♘c5 70. ♖f6 ♔d7 71. ♖e5 ♘e4 72. ♔d4 ♖a7 73. ♖f7 ♔d6 74. ♖ef5 **1:0**

22.06. 235.

P. KERES - E. BÖÖK

1. ♘f3 d5 2. c4 e6 3. ♘c3 ♘f6 4. d4 ♗e7 5. g3 0-0 6. ♗g2 c6 7. 0-0 ♘bd7 8. b3 b6 9. ♗b2 a5 10. ♘d2 ♗a6 11. e4 dc4 12. e5 ♘d5 13. bc4 ♘c3 14. ♗c3 ♖c8 15. ♖e1 b5 16. c5 f6 17. ef6 ♗f6 18. ♘e4 b4 19. ♗b2 e5 20. ♘d6 ed4 21. ♘c8 ♘c5

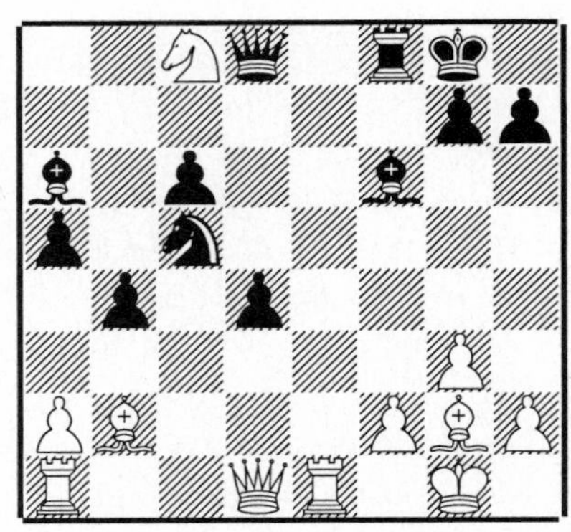

22. ♕h5 ♘a4 23. ♗e4 g6 24. ♗g6 hg6 25. ♕g6 ♔h8 26. ♘e7 ♗e7 27. ♖e7 **1:0**

23.06. 236.

V. PETROV - P. KERES

1. d4 e6 2. c4 ♗b4 3. ♘c3 f5 4. g3 ♘f6 5. ♗g2 0-0 6. ♘h3 c5 7. a3 ♗a5 8. 0-0 cd4 9. ♘b5 d5 10. b4 ♗b6 11. c5 ♗c7 12. ♘c7 ♕c7 13. ♕d4 ♘c6 14. ♕d3 ♖d8 15. ♖d1 h6 16. ♗b2 a6 17. ♘f4 ♕f7 18. ♕b3 ♔h8 19. ♘d3 ♗d7 20. a4 ♗e8 21. ♘e5 ♕c7 22. ♘d3 e5 23. f4 e4 24. ♘e5 a5 25. ♘c6 ♕c6 26. ♗d4

ab4 27. ♕b4 ♖a4 28. ♖a4 ♕a4 29. ♕a4 ♗a4 30. ♖b1 ♗c6 31. ♗h3 ♘g4 32. ♗g4 fg4 33. ♖a1 ♔g8 34. ♔f2 ♔f7 35. ♔e3 ♔g6 36. ♖f1 ♖f8 37. f5 ♖f5 38. ♖f5 ♔f5 39. ♗g7 **½:½**

25.06. **237.**

L. RELLSTAB - P. KERES

1.d4 ♘f6 2. ♘c3 d5 3. ♗g5 ♗f5 4. e3 c6 5. ♗d3 ♗g6 6. ♘f3 ♘bd7 7. 0-0 e6 8. ♘e5 ♕b6 9. ♘d7 ♘d7 10. ♖b1 ♗d6 11. ♗h4 ♕c7 12. ♗g3 ♗g3 13. fg3 e5 14. ♗f5 0-0 15. e4 ♗f5 16. ♖f5 de4 17. ♘e4 ♕b6 18. c3 ♖ad8 19. ♘d6 ed4 20. ♔h1 c5 21. ♘e4 ♕e6 22. ♕f3 ♖fe8 23. ♘c5 ♘c5 24. ♖c5 ♕e1 25. ♕f1 ♕f1 26. ♖f1 d3 27. ♖cf5 d2 **0:1**

26.06. **238.**

P. KERES - Dr. V. HASENFUSS

1. e4 e6 2. d4 d5 3. e5 c5 4. ♘f3 ♘c6 5. ♗d3 cd4 6. 0-0 ♘ge7 7. ♗f4 ♘g6 8. ♗g3 ♗e7 9. ♖e1 ♕b6 10. ♘bd2 ♗d7 11. ♘b3 ♖c8 12. a3 a6 13. h4 ♗d8 14. ♕d2 ♘ge7 15. ♕f4 ♘g6 16. ♕g4 h5 17. ♕h3 ♘ge7 18. ♗f4 g6 19. ♕g3 ♕a7 20. ♗g5 ♖g8 21. ♗f6 ♘f5 22. ♕g5 ♘ce7 23. ♖ad1 ♗c6 24. ♕f4 ♗b6 25. ♘g5 ♖c7 26. ♘h7 ♔d8 27. ♖e2 ♔c8 28. ♗e7 ♖e7 29. ♘f6 ♖h8 30. ♗f5 gf5 31. ♘d4 ♗d4 32. ♖d4 ♕b6 33. c4 dc4 34. ♖ed2 ♖c7 35. ♕h6 ♖e8 36. ♖d8 ♖d8 37. ♖d8 ♔d8 38. ♕f8 **1:0**

27.06. **239.**

R. FINE - P. KERES

1. d4 e6 2. ♘f3 ♘f6 3. e3 c5 4. ♗d3 d5 5. c3 ♘bd7 6. 0-0 ♗d6 7. ♘bd2 0-0 8. ♖e1 ♕b6 9. b3 e5 10. e4 cd4 11. cd4 de4 12. ♘e4 ♘e4 13. ♗e4 ed4 14. ♗b2 ♘f6 15. ♗d4 ♗c5 16. ♗c5 ♕c5 17. ♖c1 ♕a5 18. ♕d2 ♕b6 19. ♕e3 ♕a5 20. ♕d2 ♕b6 21. ♕e3 ½:½

28.06. **240.**

P. KERES - T. BERG

1. e4 e5 2. ♘f3 ♘c6 3. ♗b5 a6 4. ♗a4 ♘f6 5. 0-0 ♗e7 6. ♖e1 b5 7. ♗b3 d6 8. c3 ♘a5 9. ♗c2 c5 10. d4 ♕c7 11. a4 b4 12. cb4 cb4 13. h3 0-0 14. ♘bd2 ♗e6 15. ♘f1 ♖fc8 16. ♘e3 ♘e8 17. b3 f6 18. ♗b2 ♗f8 19. ♕d3 g6 20. ♖ec1 ♕f7 21. ♘d2 ♗h6 22. ♗d1 ♕a7 23. ♗g4 ♗g4 24. hg4 ♔h8 25. ♘f3 ♗g7 26. g5 fg5 27. de5 ♘c6 28. ♕d5 ♘e5 29. ♗e5 de5 30. ♘g5 h6 31. ♘e6 ♘f6 32. ♕d3 ♕d7 33. ♕d7 ♘d7 34. ♘d5 a5 35. ♘e7 ♖c1 36. ♖c1 ♖e8 37. ♘g6 ♔h7 38. ♘c7 ♖b8 39. ♘e7 ♗f8 40. ♘cd5 ♖b7 41. ♘c6 ♘c5 42. ♘a5 ♖a7 43. ♘c6 **1:0**

1.07. **241.**

E. STEINER - P. KERES

1. e4 e5 2. ♘f3 ♘c6 3. ♗b5 a6 4. ♗a4 ♘f6 5. 0-0 d6 6. c3 ♗d7 7. d3 ♗e7 8. ♘bd2 0-0 9. ♖e1 ♘e8 10. d4 ed4 11. cd4 d5 12. ed5 ♘b4 13. ♗d7 ♕d7 14. ♘e5 ♕d8 15. ♕b3 a5 16. ♘e4 a4 17. ♕c4 ♘d5 18. ♗d2 c6 19. b4 ♘ec7 20. a3 ♘b5 21. ♕d3 ♖e8 22. ♖ad1 ♕c7 23. ♗c1 ♖ad8 24. ♗b2 ♗f6 25. ♕c2 ♖a8 26. ♘g4 ♗e7 27. ♘c5 ♖ed8 28. g3 b6 29. ♘d3 f6 30. h4 ♗f8 31. ♘h2 ♕d7 32. ♔g2 ♖e8 33. ♘f3 ♘d6 34. ♖c1 ♘e7 35. ♘f4 b5 36. ♘d2 ♖ac8 37. ♕d3 ♘df5 38. ♘e6 g6 39. ♕f3 ♗h6 40. ♖e2 ♘d5 41. ♘c5 ♕f7 42. ♖e8 ♖e8 43. ♖d1 ♗d2 44. ♖d2 ♕e7 45. ♔h2 ♘d6 46. ♖c2 ♘c4 47. ♗c1 ♕e1 48. ♔g2 f5 49. h5 ♖e3 50. fe3 ♘ce3 51. ♗e3 ♘e3 52. ♔h3 g5 53. ♖e2 g4 54. ♔h2 gf3 55. ♖e1 f2 56. ♖c1 f1♕ 57. ♖f1 ♘f1 58. ♔g2 ♘e3 59. ♔f3 ♘c2 60. ♔e2 ♘a3 61. ♔d3 ♔f7 62. ♔c3 ♘c4 63. ♘a4 ba4 64. ♔c4 ♔e6 65. ♔c3 ♔d5 66. ♔b2 ♔d4 67. ♔a3 ♔e3 68. ♔a4 ♔f3 69. ♔a5 ♔g3 70. ♔b6 f4 71. ♔c6 f3 72. b5 f2 73. b6 f1♕ 74. b7 ♕f4 **0:1**

2.07. **242.**

P. KERES - F. APSHENEEK

1. ♘f3 ♘f6 2. c4 e6 3. ♘c3 d5 4. d4 dc4 5. e4 ♗b4 6. e5 ♘d5 7. ♗d2 ♗c3 8. bc3 b5 9. a4 c6 10. ♘g5 f5 11. ef6 ♕f6 12. ♘e4 ♕g6 13.

♕f3 ♖f8 14. ♕e2 ♗d7 15. g3 ♔f7 16. ♗h3 e5 17. ♗g2 ed4 18. cd4 ♔g8 19. 0-0 ♖e8 20. ab5 cb5 21. ♕f3 ♗c6 22. ♖fe1 ♘d7 23. ♘g5 ♘7b6 24. ♗h3 ♘e3 25. d5 ♗d5 26. ♕f4 h6 27. ♗e3 hg5 28. ♕d4 ♗b7 29. ♗g2 ♗g2 30. ♔g2 ♕c6 31. ♔g1 ♖e4 32. ♕d2 c3 33. ♕d3 ♕c4 34. ♕d6 ♖e6 35. ♕d1 ♘d5 36. ♗g5 ♖ae8 37. ♖e6 ♖e6 38. ♖a7 ♖e8 39. ♖d7 ♘b4 40. ♖d8 ♖d8 41. ♕d8 ♔h7 42. ♕e8 ♕g4 43. ♕b5 c2 44. f3 ♕d4 45. ♔g2 ♕d5 46. ♕b4 ♕g5 47. ♕e4 ♕g6 48. ♕h4 ½:½

3.07. 243.

Dr. A. ALEKHINE - P. KERES

1. e4 e5 2. ♘f3 ♘c6 3. ♗b5 a6 4. ♗a4 ♘f6 5. 0-0 ♗e7 6. d4 ed4 7. e5 ♘e4 8. ♖e1 ♘c5 9. ♗c6 dc6 10. ♘d4 0-0 11. ♘c3 ♖e8 12. ♗e3 ♗f8 13. f4 f6 14. ef6 ♕f6 15. ♕f3 ♗f5 16. ♗f2 ♖ad8 17. ♖e3 ♗g6 18. ♖ae1 ♗d6 19. ♖e8 ♖e8 20. ♖e8 ♗e8 21. g3 ♗f7 22. b4 ♘e6 23. ♘e4 ♕g6 24. f5 ♘d4 25. ♗d4 ♕h5 26. ♕h5 ♗h5 27. c3 ♗f3 28. ♘d6 cd6 29. f6 ♗d5 30. a3 ½:½

4.07. 244.

P. KERES - V. MIKENAS

1. e4 e6 2. ♕e2 c5 3. f4 ♘c6 4. ♘f3 ♘ge7 5. g3 d5 6. d3 b6 7. ♗g2 de4 8. de4 ♘b4 9. ♘a3 ♗a6 10. ♘c4 ♘ec6 11. a3 ♘d4 12. ♘d4 ♕d4 13. ab4 ♗c4 14. ♕e3 a6 15. bc5 ♗c5 16. ♕d4 ♗d4 17. c3 ♗c5 18. b4 ♗e7 19. ♗e3 ♗d8 20. ♔f2 0-0 21. ♖hd1 ♗c7 22. ♖d7 ♖a7 23. ♗f1 ♗f1 24. ♔f1 ♖fa8 25. c4 ♖c8 26. b5 a5 27. c5 bc5 28. ♗c5 ♖b7 29. b6 ♗b6 30. ♖b7 ♗c5 31. ♖c1 **1:0**

7.07. 245.

S. LANDAU - P. KERES

1. d4 ♘f6 2. c4 e6 3. ♘c3 ♗b4 4. e3 c5 5. ♗d3 ♘c6 6. ♘f3 d5 7. 0-0 0-0 8. a3 ♗c3 9. bc3 b6 10. ♘e5 ♘e5 11. de5 ♘d7 12. f4 dc4 13. ♗c4 ♗b7 14. ♗d3 c4 15. ♗c4 ♕c7 16. ♕e2 ♖ac8 17. ♗a2 ♕c3 18. ♗d2 ♕c6 19. ♖ac1 ♘c5 20. ♖f3 ♕d7

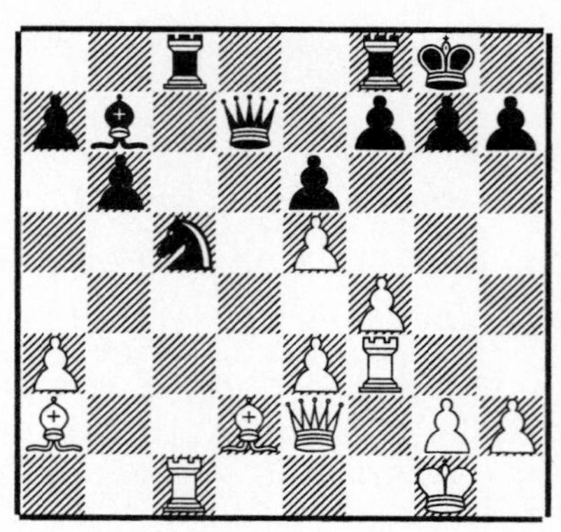

21. ♖h3 ♘e4 22. ♗b1 h6 23. ♖c8 ♖c8 24. ♗e1 ♖c1 25. ♗e4 ♗e4 26. ♖g3 ♕d5 27. h4 ♕a5 28. ♔f2 ♕a3 29. ♗d2 ♖c2 30. ♖h3 ♗d3 31. ♕d1 ♕a2 32. ♔e1 ♖b2 33. e4 ♖b1 34. ♖d3 ♖d1 35. ♔d1 ♕b1 36. ♔e2 a5 37. f5 ♕b2 38. ♔f3 a4 39. f6 a3 **0:1**

8.07. 246.

P. KERES - M. FEIGIN

1. d4 d5 2. ♘f3 ♘f6 3. c4 e6 4. ♘c3 ♗e7 5. g3 0-0 6. ♗g2 b6 7. 0-0 ♗b7 8. ♕a4 ♘bd7 9. ♘e5 ♘b8 10. ♖d1 c6 11. ♗f4 a6 12. ♕c2 b5 13. b3 ♘h5 14. ♗c1 f5 15. f3 ♘d7 16. ♘d7 ♕d7 17. e4 ♘f6 18. ♗f4 c5 19. cd5 cd4 20. ♘e2 ♖ac8 21. ♕d3 fe4 22. fe4 ed5 23. e5 ♘e4 24. ♘d4 ♖c3 25. ♕e2 ♗c5 26. ♖d3 ♕e7 27. ♖ad1 ♖d3 28. ♕d3 g5 29. ♗e3 ♕e5 30. ♖c1 ♗b6 31. ♘f3 ♕d6 32. ♗b6 ♕b6 33. ♕d4 ♕d4 34. ♘d4 ♖c8 35. ♖f1 h5 36. ♗e4 de4 37. ♖f5 g4 38. ♔f2 ♖c3 39. ♔e2 ♖c1 40. ♘e6 ♗c6 41. ♖h5 ♖c2 42. ♔e3 ♖a2 43. ♘d4 ♗e8 44. ♖g5 ♔f7 45. ♖g4 ♖h2 46. ♖f4 ♔g8 47. ♖e4 ♗f7 48. ♖g4 ♔f8 49. ♖f4 ♔e8 50. b4 ♖b2 51. ♘f5 ♖b3 52. ♔d2 ♗c4 53. ♘d6 ♔d7 54. ♖d4 ♔e6 55. ♘c4 bc4 56. ♖c4 ♖g3 57. ♔c2 ♔d6 58. ♖c5 ♖a3 59. ♔b2 ♖a4 60. ♔b3 ♖a1 ½:½

PÄRNU
15.- 25.07.1937

16.07. **247.**

P. SCHMIDT - P. KERES

1. d4 d5 2. c4 g6 3. cd5 ♘f6 4. ♕a4 c6 5. dc6 ♘c6 6. e3 ♗g7 7. ♘f3 0-0 8. ♗e2 ♗d7 9. ♘c3 e5 10. de5 ♘e5 11. ♕d1 ♕e7 12. 0-0 ♖fd8 13. ♘d4 ♘c6 14. ♗f3 ♖ac8 15. ♗d2 ♘e5 16. ♗e2 ♗f5 17. ♕b3 ♗d3 18. ♖fd1 ♗c4 19. ♗c4 ♘c4 20. ♗e1 ♘g4 21. ♘f3 ♘ce5 22. ♖d8 ♖d8 23. ♖d1 ♖e8 24. ♘d5 ♕d6 25. ♘f4 ♕c7 26. ♘e5 ♗e5 27. h3 ♘f6 28. ♘d3 ♗d6 29. ♗c3 ♘e4 30. ♗d4 b6 31. ♖c1 ♕d7 32. ♕c2 ♕f5 33. b4 ♖d8 34. a3 ♗b8 35. ♗a1 f6 36. ♗d4 ♔g7 37. ♕e2 ♕e6 38. ♕g4 ♕e7 39. ♘f4 ♔f7 40. g3 ♘g5 41. h4 ♗f4 42. hg5 ♗g5 43. ♖c6 ♖d6 44. b5 f5 45. ♕d1 ♕e6 46. ♖c7 ♖d7 47. ♗b6 ♖c7 48. ♗c7 ♗e7 49. ♕d4 ♕b3 50. a4 g5 51. ♗b8 a5 52. b6 ♗f6 53. ♕d7 ♔g6 54. ♕e8 ♔g7 55. ♕d7 ♔g6 56. ♕c6 f4 57. ef4 gf4 58. ♗f4 ♔f5 59. b7 **1:0**

17.07. **248.**

Dr. S.G. TARTAKOWER - P. KERES

1. e4 e6 2. b3 d5 3. ♗b2 de4 4. ♘c3 ♘f6 5. ♕e2 ♗b4 6. 0-0-0 ♕e7 7. ♘e4 ♗a3 8. ♘f6 ♕f6 9. d4 ♗b2 10. ♔b2 0-0 11. ♘f3 ♖d8 12. ♕e4 c5 13. ♗d3 g6 14. ♕e5 ♕e5 15. de5 ♘c6 16. h4 h6 17. ♗e4 ♗d7 18. ♖d6 ♔f8 19. ♖hd1 ♔e7 20. g4 ♖ac8 21. g5 h5 22. a4 ♘a5 23. c3 b6 24. ♔a3 ♗c6 25. ♗c6 ♘c6 26. b4 cb4 27. cb4 ♔e8 28. ♖d8 ♖d8 29. ♖d8 ♔d8 30. ♔b3 **½:½**

18.07. **249.**

P. KERES - S. FLOHR

1. ♘f3 d5 2. c4 d4 3. e3 ♘c6 4. b4 ♘b4 5. ed4 e5 6. a3 e4 7. ab4 ef3 8. ♖a3 ♕d4 9. ♖d3 fg2 10. ♕e2 ♗e6 11. ♗g2 ♕c4 12. 0-0 ♖d8 13. ♖d8 ♔d8 14. ♕e3 ♗d6 15. f4 ♘e7 16. ♕a7 ♗b4 17. ♕b8 ♘c8 18. ♕b7 ♖e8 19. ♗b2 ♘d6 20. ♕f3 ♗f5 21. ♘c3 ♕c5 22. ♔h1 ♗c3 23. ♗c3 ♗e4 24. ♕g4 ♗g2 25. ♕g2 g6 26. ♗e5 ♔d7 27. ♕h3 ♖e6 28. ♕h7 ♕d5 29. ♔g1 ♕d2 30. ♗d6 ♕d4 31. ♔h1 ♕d5 32. ♔g1 ♕d4 33. ♔h1 ♕d5 34. ♔g1 ♖d6 35. ♕h3 ♕e6 36. f5 gf5 37. ♕f5 ♕f5 38. ♖f5 ♔e6 39. ♖c5 ♖d1 40. ♔f2 ♔d6 41. ♖f5 ♔e6 42. ♖c5 ♖d7 43. ♔e3 ♔d6 44. ♔d4 c6 45. h4 ♖e7 46. ♖f5 ♔e6 47. ♖c5 ♖d7 48. ♔e4 ♖c7 49. h5 ♖c8 50. ♖e5 ♔f6 51. ♖c5 ♖e8 52. ♔f4 ♖e6 53. ♔g4 ♖d6 54. ♔f4 ♔g7 55. ♖g5 ♔h6 56. ♖f5 f6 57. ♖c5 ♖e6 58. ♔f5 ♖e5 59. ♖e5 fe5 60. ♔e4 ♔h5 61. ♔f5 ♔h4 62. ♔e4 ♔g5 63. ♔e5 c5 64. ♔e4 ♔f6 65. ♔d5 c4 66. ♔d4 ♔e6 67. ♔e4 ♔d6 68. ♔d4 ♔c6 **½:½**

21.07. **250.**

F. VILLARD - P. KERES

1. e4 c5 2. ♘f3 d6 3. d4 cd4 4. ♘d4 ♘f6 5. ♘c3 g6 6. ♗e2 ♗g7 7. ♗e3 ♘c6 8. ♘b3 0-0 9. f4 a5 10. a4 ♗e6 11. ♘d4 ♗g4 12. ♘db5 ♕c8 13. 0-0 ♘b4 14. ♗d4 ♖d8 15. ♗b6 ♖f8 16. ♘c7 ♖b8 17. ♗a5 ♗e2 18. ♕e2 ♘c6 19. ♗b6 ♘d7 20. a5 ♘b6 21. ab6 ♗d4 22. ♔h1 ♗b6 23. ♘7d5 ♗d4 24. ♖a4 ♗g7 25. ♘b5 ♕d8 26. c3 ♖a8 27. ♖a8 ♕a8 28. f5 ♗e5 29. f6 ♕d8 30. fe7 ♘e7 31. ♘bc7 ♘d5 32. ♘d5 ♕h4 33. g3 ♗g3 34. ♘f6 ♔h8 35. ♕g2 ♗f4 36. ♘d5 ♗e5 37. ♘e3 h5 38. ♘d1 b5 39. ♘e3 ♔h7 40. ♘d5 f5 41. ef5 gf5 42. ♖g1 ♕e4 43. ♘c7 b4 44. ♘e6 ♕g2 45. ♖g2 ♖e8 46. ♘c7 ♖c8 47. ♘e6 bc3 48. bc3 ♔h6 49. ♖f2 ♔g6 50. ♘d4 ♗d4 51. cd4 ♖c4 52. ♔g2 ♖d4 53. ♔f3 f4 54. ♖a2 ♔f5 55. ♖a8 ♖d3 56. ♔f2 d5 57. ♖h8 h4 58. ♖h4 ♔e4 59. ♖h8 ♖d2 60. ♔e1 ♖a2 61. h4 ♖h2 62. h5 ♔e3 63. ♖e8 ♔d3 64. ♖f8 ♖h1 65. ♔f2

♖h5 66. ♖f4 d4 67. ♖f8 ♔d2 68. ♖f4 d3 69. ♖f8 ♖c5 70. ♖d8 ♖f5 71. ♔g3 ♔e3 72. ♔g4 ♖f4 73. ♔g3 ♖e4 74. ♖f8 d2 75. ♖f3 ♔d4 76. ♖f8 ♔d3 **0:1**

22.07. **251.**

P. KERES - I. RAUD

1. e4 e5 2. ♘f3 ♘c6 3. ♗b5 a6 4. ♗a4 ♘f6 5. 0-0 ♗e7 6. ♖e1 d6 7. c3 0-0 8. d4 ♗d7 9. d5 ♘b8 10. ♗c2 c6 11. c4 ♕c7 12. ♘c3 cd5 13. cd5 ♖c8 14. ♗e3 ♘g4 15. ♗d2 ♕b6 16. ♖e2 ♕b2 17. ♖b1 ♕a3 18. ♖b7 ♖c3 19. ♗c3 ♕c3 20. ♕b1 ♗b5 21. ♖e7 ♔f8 22. ♖b7 ♗e2 23. ♕b6

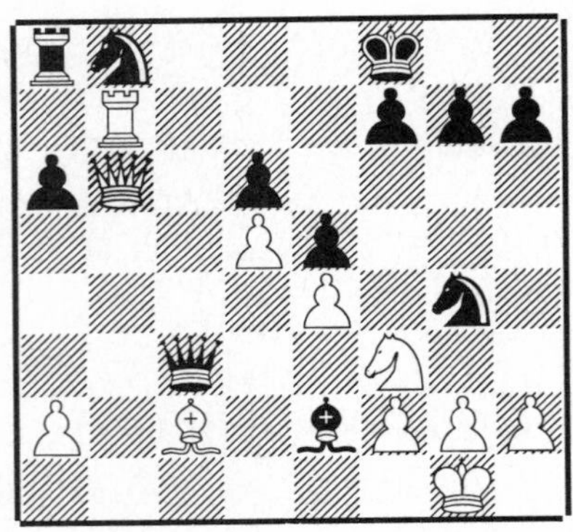

♘c6 24. ♕c7 ♘h6 25. ♕d6 ♔g8 26. dc6 ♔h8 27. ♖b8 ♖b8 28. ♕b8 ♘g8 29. c7 ♗b5 30. ♕d8 ♕c2 31. ♔h1 f6 32. c8♕ ♕b1 33. ♘g1 ♕a2 34. ♕f8 **1:0**

23.07. **252.**

G. STAHLBERG - P. KERES

1. d4 d5 2. c4 c6 3. ♘f3 ♘f6 4. e3 g6 5. ♗e2 ♗g7 6. 0-0 dc4 7. ♗c4 ♘bd7 8. ♗f7 ♔f7 9. ♘g5 ♔g8 10. ♕b3 ♘d5 11. e4 ♘b6 12. ♘c3 h6 13. ♘f3 ♗e6 14. ed5 ♗d5 15. ♘d5 ♕d5 16. ♕c2 ♕f5 17. ♕f5 gf5 18. ♗f4 ♖d8 19. ♖fe1 ♗f6 20. ♗e5 ♔f7 21. ♗f6 ♔f6 22. ♖e2 e6 23. ♖ae1 ♖he8 24. g3 ♘c4 25. a4 ♖d5 26. b3 ♘b6 27. ♖e5 ♖e5 28. ♖e5 ♖d8 29. ♖c5 ♖d6 30. ♔f1 ♘d7 31. ♖c3 ♖d5 32. ♔e2 c5 33. ♖d3 cd4 34. ♖d4 ♖d4 35. ♘d4 ♔e5 36. ♔d3 ♔d5 37. f3 a6 38. h3 h5 39. a5 ♘e5 40. ♔e3 h4 41. f4 ♘g6 42. gh4 ♘h4 43. ♘c2 ♘g2 44. ♔f3 ♘h4 45. ♔e3 ♘g2 46. ♔f3 ♘h4 **½:½**

25.07. **253.**

P. KERES - K. OPOCENSKY

1. d4 ♘f6 2. c4 g6 3. g3 c5 4. d5 b5 5. cb5 d6 6. ♗g2 ♗g7 7. ♘c3 0-0 8. ♘f3 a6 9. ba6 ♘a6 10. 0-0 ♕b6 11. ♘d2 ♘c7 12. b3 ♗a6 13. ♗b2 ♖fb8 14. ♕c2 ♕b4 15. ♖ab1 ♘b5 16. ♘b5 ♗b5 17. a3 ♕g4 18. ♖fe1 ♕h5 19. h3 ♗d7 20. g4 ♕g5 21. ♘f3 ♕d5 22. ♘e5 ♕e6 23. ♘d7 ♕d7 24. ♗a8 ♖a8 25. ♕d3 d5 26. ♖ed1 d4 27. ♖bc1 ♖c8 28. b4 h5 29. ♖c5 e5 30. ♖e5 ♘g4 31. ♖e4 ♘e5 32. ♖d4 ♕e8 33. ♕e3 ♔h7 34. ♖d5 **1:0**

THE 7th OLYMPIAD

Stockholm, 31.07.- 14.08.1937

31.07. **254.**

J. ENEVOLDSEN - P. KERES

1. d4 e6 2. e4 d5 3. ed5 ed5 4. ♗d3 ♗d6 5. ♘e2 ♘e7 6. ♗f4 ♘bc6 7. c3 ♗g4 8. ♕d2 ♘g6 9. ♗d6 ♕d6 10. f3 ♗d7 11. ♘a3 0-0-0 12. 0-0-0 ♘a5 13. h4 h5 14. ♕g5 ♖dg8 15. ♗g6 fg6 16. ♘f4 ♗f5 17. ♖de1 ♖e8 18. ♘h5 ♖e1 19. ♖e1 b5 20. ♘g7 ♗d7 21. ♕e5 ♖g8 22. ♕d6 cd6 23. ♖e7 ♘c6 24. ♖f7 ♘d8 25. ♖e7 ♘c6 26. ♖f7 ♘d8 27. ♖e7 **½:½**

1.08. **255.**

P. KERES - Dr. M. EUWE

1. e4 e5 2. ♘f3 ♘c6 3. ♗b5 a6 4. ♗a4 ♘f6 5. 0-0 ♘e4 6. d4 b5 7. ♗b3 d5 8. de5 ♗e6 9.

c3 ♗e7 10. ♗e3 ♘a5 11. ♘d4 0-0 12. f3 ♘c5 13. f4 ♘cb3 14. ♘b3 ♘c4 15. ♗d4 ♗f5 16. ♖f2 a5 17. ♘c5 a4 18. ♕c1 ♕e8 19. ♘d2 ♕c6 20. b4 ab3 21. ♘db3 ♖a3 22. g4 ♗e4 23. f5 ♗h4 24. ♘e4 de4 25. ♖g2 ♖fa8 26. ♘c5 ♘e5 27. ♗e5 ♕c5 28. ♗d4 ♕d5 29. ♕f4 c5 30. ♗g7 ♔g7 31. g5 ♖c3 32. ♕h4 ♕f5 33. ♕h6 ♔g8 34. ♕c6 ♖d8 35. ♕b5 ♖cd3 36. ♖f1 ♖d1 37. ♖gf2 ♕g4 38. ♔h1 e3 39. ♖f7 e2 40. ♕b3 ♖df1 41. ♖f1 c4 **0:1**

3.08. **256.**

P. KERES - C.D.O'D. ALEXANDER

1. ♘f3 ♘f6 2. c4 e6 3. g3 d5 4. ♗g2 ♗e7 5. 0-0 0-0 6. d4 ♘e4 7. ♘c3 ♘c3 8. bc3 c6 9. ♘d2 f5 10. ♕b3 ♘d7 11. f3 ♗g5 12. e4 ♗e3 13. ♔h1 ♘f6 14. cd5 cd5 15. e5 ♘d7 16. f4 ♘b6 17. ♘b1 ♗c1 18. ♖c1 g5 19. ♘d2 ♖f7 20. c4 gf4 21. gf4 ♖g7 22. ♖g1 ♗d7 23. c5 ♘a4 24. ♕b7 ♖b8 25. ♕a7 ♖a8 26. ♕b7 ♖b8 27. ♕a6 ♖b2 28. c6 ♖d2 29. cd7 ♕d7 30. ♕a8 ♔f7 31. ♗f3 ♖g6 32. ♗h5 **1:0**

3.08. **257.**

V. CASTALDI - P. KERES

1. e4 e5 2. ♘f3 ♘c6 3. ♗c4 ♘f6 4. ♘g5 d5 5. ed5 ♘a5 6. ♗b5 c6 7. dc6 bc6 8. ♗d3 ♘d5 9. ♘e4 f5 10. ♘g3 ♘f4 11. ♗f1 ♗c5 12. c3 ♗b6 13. d4 ♘g6 14. ♗d3 0-0 15. b4 ♘b7 16. ♗c4 ♔h8 17. d5 ♘d6 18. ♗b3 f4 19. ♘f1 ♘e4 **0:1**

4.08. **258.**

P. KERES - G.H. GUDMUNDSSON

1. d4 d5 2. c4 e6 3. ♘f3 ♘f6 4. g3 ♗e7 5. ♗g2 0-0 6. 0-0 ♘e4 7. ♘c3 ♘c3 8. bc3 c6 9. ♕b3 b6 10. ♘d2 f5 11. ♗a3 ♗b7 12. ♗e7 ♕e7 13. a4 ♘d7 14. a5 ♕d8 15. a6 ♗c8 16. cd5 ed5 17. ♗d5 ♔h8 18. ♗c6 ♖b8 19. ♘f3 ♕f6 20. ♕b5 ♖d8

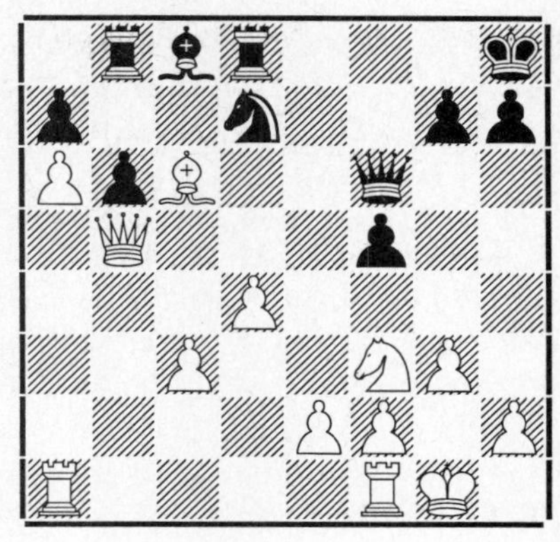

21. e4 fe4 22. ♗e4 ♘f8 23. ♘e5 ♘e6 24. f4 ♖f8 25. ♕e2 **1:0**

5.08. **259.**

Dr. J.M. AITKEN - P. KERES

1. e4 ♘f6 2. e5 ♘d5 3. d4 d6 4. ♘f3 ♗g4 5. ♗e2 c6 6. 0-0 e6 7. c4 ♘c7 8. ♕b3 ♕c8 9. ♖e1 ♘d7 10. ♗f4 d5 11. ♘fd2 ♗f5 12. ♘c3 ♗e7 13. ♗g3 0-0 14. ♖ac1 ♖d8 15. ♗f3 ♗g5 16. ♖cd1 b5 17. c5 a5 18. a4 ♖b8 19. h4 ♗h6 20. ♘f1 ba4 21. ♕a4 ♖b4 22. ♕a1 ♗c2 23. ♗h2 ♕b7 24. g4 ♗d1 25. ♖d1 g6 26. g5 ♗f8 27. ♘e3 ♖b2 28. ♘g4 ♖b3 29. ♔g2 ♕b4 30. ♘e2 ♘b5 31. ♕c1 a4 32. h5 a3 33. ♘h6 ♗h6 34. gh6 ♖f8 35. ♕g5 ♖f3 36. ♕e7 ♕b3 37. ♖g1 ♖f5 38. ♗f4 ♖h5 39. ♘g3 ♘d4 40. ♘h5 ♕f3 41. ♔f1 a2 42. ♖g6 hg6 **0:1**

6.08. **260.**

P. KERES - V. MIKENAS

1. ♘f3 ♘f6 2. c4 g6 3. g3 ♗g7 4. ♗g2 0-0 5. d4 d5 6. cd5 ♘d5 7. 0-0 c5 8. ♘c3 cd4 9. ♘d4 ♘c6 10. ♘c6 bc6 11. ♘d5 cd5 12. ♕d5 ♕d5 13. ♗d5 ♖b8 14. ♗b3 ♗e6 15. ♗e6 fe6 16. ♖b1 ♖fc8 17. ♖d1 ♖c2 18. ♔f1 ♔f7 19. ♖d7 a5 20. ♖d2 ♖c5 21. b3 ♖bc8 22. ♗b2 ♗b2 23. ♖bb2 e5 24. ♔g2 ♖8c7 25. ♔f3 ♔e6 26. ♔e3 ♔f5 27. f3 h5 28. h3 e6 29. ♖d8 ♖c3 30. ♖d3 ♖c1 31. ♖bd2 ♔f6 32. ♖d1 ♖1c2 33. ♖3d2 ♖2c3 34. ♔f2 e4

7

35. fe4 h4 36. ♖d3 hg3 37. ♔g3 ♖d3 38. ed3 ♖c2 39. d4 ♖a2 40. ♖f1 ♔e7 41. ♔f4 a4 42. ba4 ♖a4 43. ♔e5 ♖a3 44. ♖b1 ♖a5 45. d5 ed5 46. ♖b7 ♔e8 47. ed5 ♖a3 48. ♖h7 g5 49. ♔e6 ♖e3 50. ♔f6 ♖d3 51. ♔e6 ♖e3 52. ♔d6 ♖a3 53. ♖h5 ♖a6 54. ♔e5 ♖g6 55. ♔f5 ♖d6 56. ♖h7 ♔d8 57. ♔e5 ♖a6 58. ♖h5 ♖a3 59. ♔e6 ♖e3 60. ♔d6 ♔e8 61. ♖h8 ♔f7 62. ♔d7 ♔g7 63. ♖c8 ♖h3 64. d6 ♔g6 65. ♖c5 ♖h8 66. ♔e7 ♔h5 67. d7 ♔g4 68. ♔f6 ♖f8 69. ♔e6 ♖d8 70. ♖d5 ♔f4 71. ♖f5 ♔g4 72. ♖f7 ♔h3 73. ♔f5 g4 74. ♔f4 g3 75. ♔f3 ♔h4 ½:½

8.08. **261.**

P. KERES - S. HERSETH

1. e4 c5 2. ♘f3 d6 3. b4 ♘f6 4. bc5 ♘e4 5. ed6 ♘d6 6. ♘a3 ♕c7 7. ♗b2 ♗g4 8. ♗e2 ♘d7 9. 0-0 ♘f6 10. c4 ♗d7 11. ♖c1 ♖d8 12. c5 ♘c8 13. ♘b5 ♗b5 14. ♗b5 ♘d7 15. ♘e5 h5 16. ♕b3 e6 17. c6 bc6 18. ♖c6 ♕b7 19. ♖e6 **1:0**

8.08. **262.**

V. PIRC - P. KERES

1. d4 e6 2. ♘f3 f5 3. g3 ♘f6 4. ♗g2 ♗e7 5. 0-0 0-0 6. c4 d6 7. ♘c3 ♕e8 8. ♕c2 ♕g6 9. b3 ♘c6 10. ♗a3 ♘e4 11. d5 ♘c3 12. dc6 ♘e4 13. ♘d2 ♘d2 14. ♕d2 bc6 15. ♗c6 ♖b8 16. f4 ♗b7 17. ♗b7 ♖b7 18. ♖ae1 ♖b6 19. ♖f3 ♔h8 20. ♔g2 ♕e8 21. e4 fe4 22. ♖e4 d5 23. cd5 ♗a3 24. ♕e2 ♕b5 25. ♕b5 ♖b5 26. de6 ♖d5 27. b4 ♗b2 28. ♖b3 ♖d2 29. ♔f3 ♖e8 30. f5 ♔g8 31. ♖e2 ♖e2 32. ♔e2 ♗e5 33. ♔f3 ♖b8 34. ♔e4 ♗d6 35. b5 ♔f8 36. h3 h5 37. g4 ♔e7 38. ♔d5 ♖b6 39. gh5 a6 40. a4 ab5 41. ab5 ♔f6 42. ♖b1 ♔f5 43. ♖g1 ♗e5 44. ♖g6 ♖b5 45. ♔c6 ♖b6 46. ♔d7 ♖d6 47. ♔e7 ♗f6 48. ♖f6 gf6 49. h6 ♖e6 50. ♔f7 ♖e3 **0:1**

9.08. **263.**

P. KERES - A. LILIENTHAL

1. ♘f3 ♘f6 2. c4 b6 3. g3 ♗b7 4. ♗g2 c5 5. 0-0 e6 6. ♘c3 ♕c8 7. b3 ♗e7 8. ♗b2 0-0 9. ♖c1 ♖d8 10. d4 d5 11. cd5 ♘d5 12. ♘d5 ♗d5 13. ♕c2 ♕b7 14. dc5 bc5 15. e4 ♗c6 16. ♘e5 ♗b5 17. ♖fd1 ♘c6 18. ♘c4 ♕c7 19. ♕c3 ♘d4 20. ♕e3 e5 21. ♔h1 a5 22. f4 f6 23. ♕f2 a4 24. b4 ♗c4 25. ♖c4 ♕b6 26. ♗d4 ♖d4 27. ♖dd4 cd4 28. a3 ♕e6 29. ♕c2 ♔h8 30. f5 ♕f7 31. ♖c7 ♕f8 32. ♗f1 h6 33. ♕c6 ♗d6 34. ♖d7 ♗b4 35. ab4 a3 36. ♗c4 a2 37. ♗a2 ♖a2 38. ♕d5 ♖a8 39. ♔g2 ♔h7 40. ♕c6 ♖c8 41. ♕b7 ♖b8 42. ♖g7 ♕g7 43. ♕b8 ♕d7 44. ♔f2 d3 45. ♔e1 ♕d4 46. ♕c7 ♔h8 47. ♕c8 ♔g7 48. ♕b7 ♔h8 49. ♕a8 ♔g7 50. ♕b7 ♔h8 51. ♕c8 ½:½

10.08. **264.**

Jul. BOLBOCHAN - P. KERES

1. ♘f3 ♘f6 2. d4 c5 3. d5 b5 4. c4 ♗b7 5. a4 a6 6. ab5 ab5 7. ♖a8 ♗a8 8. ♘c3 ♕a5 9. ♗d2 b4 10. ♕a4 ♕a4 11. ♘a4 e6 12. ♗f4 d6 13. e4 ♘e4 14. ♗d3 ♘f6 15. 0-0 ♘bd7 16. ♖e1 e5 17. h3 ♗e7 18. ♗h2 0-0 19. g4 g6 20. ♘d2 ♖e8 21. f4 ♗f8 22. g5 ef4 23. ♖e8 ♘e8 24. ♗f4 ♗g7 25. ♘e4 ♗e5 26. ♗e5 ♘e5 27. ♗e2 ♔f8 28. ♔f2 ♔e7 29. ♔e3 ♗b7 30. ♔f4 ♘d7 31. b3 f6 32. h4 ♗c8 33. ♘b2 ♘b6 34. ♘g3 ♘c7 35. ♘d1 ♘cd5 36. cd5 ♘d5 37. ♔e4 f5 38. ♔f3 ♘b6 39. ♘f1 ♔e6 40. ♘fe3 ♔e5 41. ♗c4 f4 42. ♗g8 fe3 43. ♘e3 ♗b7 44. ♔e2 ♗e4 45. ♗h7 d5 46. ♘g4 ♔d4 47. h5 gh5 48. ♗e4 hg4 49. g6 ♘d7 50. g7 ♘f6 51. ♗f5 g3 52. ♔f3 ♔c3 53. ♗g6 c4 54. bc4 dc4 55. ♔g3 b3 56. ♔f4 b2 57. ♔e5 ♘g8 58. ♔d5 ♘e7 59. ♔c5 ♔b3 60. ♔d4 c3 61. ♗f7 ♔c2 62. ♗g6 ♔d2 **0:1**

11.08. **265.**

P. KERES - S. RESHEVSKY

1. e4 e5 2. ♘f3 ♘c6 3. ♗b5 a6 4. ♗a4 ♘f6 5. 0-0 ♗e7 6. ♖e1 b5 7. ♗b3 d6 8. c3 ♘a5 9. ♗c2 c5 10. d4 ♕c7 11. a4 b4 12. cb4 cb4 13. h3 0-0 14. ♘bd2 ♗e6 15. ♘f1 ♖fc8 16. ♘e3 g6 17. b3 ♘h5 18. ♗b2 ♗f6 19. ♖c1 ed4 20. ♘d4 ♕d7 21. ♖b1 ♖c5

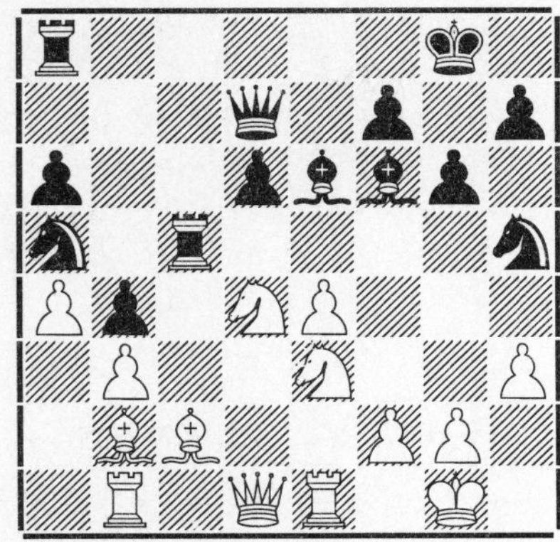

22. ♘df5 ♗f5 23. ef5 ♗b2 24. ♖b2 ♖e8 25. ♗d3 ♕c6 26. ♕g4 ♕b6 27. ♖be2 ♖ce5 28. fg6 hg6 29. ♗g6 fg6 30. ♕g6 ♔h8 31. ♘f5 ♖8e6 32. ♕h5 ♔g8 33. ♕g5 ♔f8 34. ♕g7 ♔e8 35. ♘d6 **1:0**

12.08. 266.

T. GAUFFIN - P. KERES

1. d4 e6 2. c4 ♗b4 3. ♗d2 ♕e7 4. ♘f3 f5 5. g3 ♘f6 6. ♗g2 ♗d2 7. ♕d2 ♘e4 8. ♕c2 c5 9. 0-0 ♘c6 10. e3 b6 11. ♘c3 ♗b7 12. a3 0-0 13. d5 ♘a5 14. ♘e4 fe4 15. ♕e4 ♕f6 16. b4 ♘c4 17. ♕c4 ♗d5 18. ♕f4 ♕c3 19. ♕e5 ♕c2 20. ♘e1 ♕d2 21. ♗d5 ed5 22. ♘g2 ♖ae8 23. ♕d6 d4 24. ed4 cb4 25. ♕b4 ♕h6 26. ♖fe1 ♖c8 27. ♖a2 ♖c6 28. ♖ae2 ♖cf6 29. ♕c4 ♔h8 30. f4 ♕h5 31. ♕d3 ♖h6 32. ♘h4 ♖c6 33. ♖e5 ♕f7 34. d5 ♖f6 35. ♕f3 ♖d6 36. g4 g6 37. f5 ♕f6 38. ♘g2 gf5 39. ♖f5 ♕d4 40. ♔h1 ♖df6 41. ♘e3 ♕c3 42. ♖f1 ♖f5 43. ♘f5 **1:0**

12.08. 267.

P. KERES - A. DUNKELBLUM

1. ♘f3 ♘f6 2. c4 e6 3. g3 d5 4. ♗g2 ♗e7 5. 0-0 0-0 6. d4 ♘bd7 7. ♘c3 dc4 8. e4 ♘b6 9. a4 a5 10. ♗f4 ♘e8 11. ♕e2 f6 12. ♖fd1 ♗b4 13. ♘d2 ♗c3 14. bc3 ♗d7 15. ♘c4 ♘a4 16. ♕c2 b5 17. ♘d2 ♖b8 18. e5 f5 19. ♘b3 c6 20. c4 bc4 21. ♘a5 ♕a5 22. ♖a4 ♕d8 23. ♕c4 ♕c8 24. ♖c1 ♘c7 25. ♗c6 ♗c6 26. ♕c6 ♘d5 27. ♕d6 ♕e8 28. ♖a6 ♘f4 29. gf4 ♕g6 30. ♔h1 ♖fd8 31. ♖b6 ♖a8 32. ♕c6 ♕h6 33. ♖g1 ♖a7 34. ♖b7 ♖b7 35. ♕b7 ♖e8 36. ♕d7 ♔f8 37. d5 ed5 38. ♕f5 ♔g8 39. ♕d7 ♔f8 40. ♖g5 g6 41. ♕d6 ♔g7 42. e6 ♔h8 43. ♕d7 ♕f8 44. ♖d5 ♖e7 45. ♕d6 ♕f6 46. ♕d8 ♔g7 47. ♖d7 ♖d7 48. ♕d7 ♔h6 49. e7 ♕a1 50. ♔g2 ♕a8 51. ♔g3 ♕a3 52. ♔g2 ♕a8 53. f3 ♕a2 54. ♔g3 ♕b1 55. ♕h3 **1:0**

13.08. 268.

S. FLOHR - P. KERES

1. d4 ♘f6 2. c4 c6 3. ♘f3 d5 4. cd5 cd5 5. ♘c3 ♘c6 6. ♗f4 e6 7. e3 ♗e7 8. ♗d3 0-0 9. h3 a6 10. 0-0 b5 11. ♖c1 ♗b7 12. ♘e5 ♖c8 13. ♗b1 ♘e5 14. ♗e5 ♘d7 15. ♗h2 g6 16. ♘e2 ♕b6 17. ♘f4 a5 18. ♘d3 ♗a6 19. ♕d2 b4 20. ♖c8 ♖c8 21. ♖c1 ♖c4 22. b3 ♖c6 23. ♖c6 ♕c6 24. ♕c2 ♕c2 25. ♗c2 ♗d8 **½:½**

SEMMERING - BADEN
8.- 27.09.1937

		1		2		3		4		5		6		7		8		
1	P. KERES	•		½	½	½	½	1	0	½	1	1	0	½	1	1	1	9
2	R. FINE	½	½	•		½	½	½	½	½	½	½	½	1	½	1	½	8
3	J. R. CAPABLANCA	½	½	½	½	•		½	½	1	½	½	0	½	1	½	½	7½
4	S. RESHEVSKY	0	1	½	½	½	½	•		½	½	1	1	½	0	1	0	7½
5	S. FLOHR	½	0	½	½	0	½	½	½	•		1	½	½	½	1	½	7
6	E. ELISKASES	0	1	½	½	½	1	0	0	0	½	•		½	1	0	½	6
7	V. RAGOZIN	½	0	0	½	½	0	½	1	½	½	½	0	•		1	½	6
8	V. PETROV	0	0	0	½	½	½	0	1	0	½	1	½	0	½	•		5

8.09. **269.**

S. FLOHR - P. KERES

1. d4 ♘f6 2. c4 e6 3. ♘c3 d5 4. ♗g5 ♘bd7 5. e3 c6 6. cd5 ed5 7. ♗d3 ♗e7 8. ♕c2 0-0 9. ♘f3 ♖e8 10. 0-0 ♘f8 11. ♘e5 ♘g4 12. ♗e7 ♕e7 13. ♘g4 ♗g4 14. ♘e2 ♕h4 15. ♘g3 ♖ad8 16. b4 ♖d6 17. ♖fe1 ♖h6 18. ♘f1 ♘e6 19. b5 ♗f3 20. gf3 ♘g5 21. ♗f5 ♘f3 22. ♔g2 ♕h5 23. ♘g3 ♘e1 24. ♖e1 ♕h2 25. ♔f3 ♕h4 26. ♖h1 ♕f6 27. ♖h6 gh6 28. bc6 bc6 29. ♔g2 ♖b8 30. ♗h7 ♔h8 31. ♗d3 ♖g8 32. ♕d1 ♕g5 33. ♕f3 ♔g7 34. ♔f1 ♔f8 35. ♗f5 ♔e7 36. ♗c2 ♕f6 37. ♘f5 ♔d7 38. ♕h3 ♔c7 39. ♕h2 ♔b6 40. ♔e2 ♖h8 41. ♕h5 ♕g6 42. ♕g6 fg6 43. ♘e7 g5 44. ♘g6 ♖b8 45. ♔f3 c5 46. ♘e5 ♖d8 47. dc5 ♔c5 48. ♗b3 ♖e8 49. ♘d3 ♔d6 50. ♘b4 a5 51. ♘c2 ♖f8 52. ♔g2 ♖a8 53. ♘d4 a4 54. ♗d1 ♔c5 55. a3 ♔c4 56. ♘c6 ♔c3 57. ♗f3 **½:½**

9.09. **270.**

V. RAGOZIN - P. KERES

1. c4 e5 2. ♘f3 ♘c6 3. ♘c3 ♘f6 4. d3 d5 5. cd5 ♘d5 6. g3 f6 7. ♗g2 ♗e6 8. a3 ♘b6 9. 0-0 ♗e7 10. ♗e3 ♘d4 11. b4 ♕d7 12. ♗d4 ed4 13. ♘e4 ♘a4 14. ♘d4 ♘b2 15. ♕c2 ♕d4 16. ♘c3 ♘c4 17. dc4 c6 18. c5 a5 19. ♖fd1 ♕c4 20. ♕e4 ab4 21. ♕c4 ♗c4 22. ab4 ♔f7 23. h4 f5 24. e4 ♖a1 25. ♖a1 ♗f6 26. ♖c1 ♗e6 27. ef5 ♗f5 28. b5 ♖c8 29. bc6 bc6 30. ♘a4 ♖c7 31. ♘b6 ♗d3 32. ♘a8 ♖c8 33. ♘b6 ♖c7 34. ♖d1 ♗b5 35. ♔h2 ♗e7 36. ♘d7 ♔e8 37. ♗h3 ♖a7 38. ♗e6 ♗c4 39. ♗c4 ♖d7 40. ♗f7 ♔d8 **½:½**

10.09. **271.**

P. KERES - R. FINE

1. ♘f3 d5 2. c4 dc4 3. ♘a3 c5 4. ♘c4 ♘c6 5. ♘ce5 ♘e5 6. ♘e5 ♘f6 7. e3 e6 8. b3 ♘d7 9. ♗b5 ♗d6 10. ♗b2 0-0 11. ♘d7 ♗d7 12. ♕g4 f6 13. ♗c4 ♕e7 14. a4 ♔h8 15. f4 ♖ae8 16. 0-0 ♗c6 17. ♕h5 ♕f7 18. ♕f7 ♖f7 19. ♖ac1 ♖d7 20. d4 cd4 21. ♗d4 a5 22. ♗b6 ♗c7 23. ♗c7 ♖c7 24. ♖fd1 h6 25. ♖d4 ♖ce7 26. ♖d6 f5 27. ♖cd1 e5 28. ♖d8 ef4 29. ♖e8 ♖e8 30. ef4 ♔h7 31. ♔f2 ♖e7 32. ♖d8 g6 33. g3 ♔g7 34. h3 ♖c7 35. ♔e3 ♗a4 36. ba4 ♖c4 37. ♖d7 ♔f6 38. ♖b7 ♖a4 39. ♖b6 ♔f7 40. ♖b7 ♔e6 41. ♖b6 **½:½**

11.09. **272.**

V. PETROV - P. KERES

1. d4 ♘f6 2. c4 g6 3. ♘c3 ♗g7 4. g3 d5 5. ♗g2 dc4 6. ♕a4 c6 7. ♕c4 0-0 8. ♘f3 ♗e6 9. ♕d3 ♘a6 10. 0-0 ♕a5 11. ♘e5 ♖fd8 12. ♖d1 ♘c5 13. ♕b1 ♗f5 14. b4 ♕c7 15. ♕b2 ♘e6 16. ♗e3 ♘d7 17. f4 g5 18. ♖ac1 gf4 19. gf4 ♘df8 20. ♘e4 f6 21. ♘g3 ♗g6 22. ♘g6 hg6 23. f5 ♘f4 24. ♗f3 ♘d5 25. ♕b3 e6 26. fe6 ♕e7 27. ♗f2 ♗h6 28. ♖b1 ♘e6 29. e4 ♘df4 30. d5 ♘g5 31. dc6 ♔g7 32. cb7 ♕b7 33. ♗g2 f5 34. ♖bc1 ♔h7 35. h4 ♘gh3 36. ♗h3 ♘h3 37. ♔g2 ♘f2 38. ♔f2 ♗c1 39. ♖c1 fe4 40. h5 ♖f8 41. ♔e2 ♕b5 42. ♕c4 ♕c4 43. ♖c4 gh5 44. ♘h5 ♖ae8 45. ♘g3 ♖f4 46. ♘h5 ♖f3 47. a3 ♖ef8 48. ♖e4 ♔g6 49. ♖h4 ♖8f5 **0:1**

14.09. **273.**

P. KERES - E. ELISKASES

1. e4 c5 2. ♘f3 d6 3. b4 cb4 4. d4 ♘f6 5. ♗d3 d5 6. ♘d2 de4 7. ♘e4 ♘bd7 8. ♘eg5 ♕c7 9. c4 h6 10. ♘h3 g5 11. ♘hg1 ♗g7 12. ♘e2 e5 13. ♘g3 0-0 14. 0-0 e4 15. ♘e4 ♘e4 16. ♗e4 ♕c4 17. ♗d3 ♕d5 18. ♖e1 g4 19. ♘h4 ♘b6 20. ♖b1 ♗d7 21. ♖e4 ♖fe8 22. ♖f4 ♕d6 23. ♗d2 ♘d5 24. ♖g4 ♗g4 25. ♕g4 ♕f6 26. ♘f5 ♔f8

(diagram)

27. ♘g7 ♕g7 28. ♕h5 ♘f6 29. ♕h4 h5 30. ♖b4 ♖ac8 31. h3 ♖c7 32. ♖b5 ♖e6 33. ♖h5 **1:0**

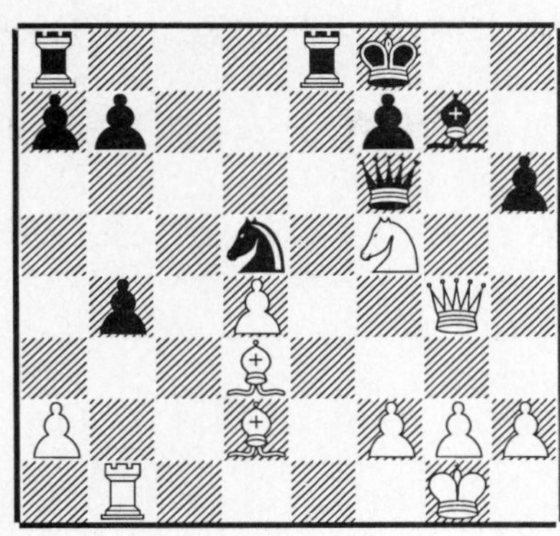

16.09. **274.**

S. RESHEVSKY - P. KERES

1. ♘f3 ♘f6 2. d4 e6 3. c4 b6 4. g3 ♗b7 5. ♗g2 ♗b4 6. ♗d2 ♗d2 7. ♕d2 0-0 8. 0-0 d6 9. ♕c2 ♘bd7 10. ♘c3 ♕e7 11. e4 ♖ac8 12. ♖fe1 e5 13. ♖ad1 c6 14. ♕a4 ♖c7 15. ♕a3 ♖e8 16. b3 g6 17. de5 de5 18. ♕e7 ♖e7 19. ♗h3 ♗c8 20. b4 ♘f8 21. ♗c8 ♖c8 22. ♖d6 ♘e8 23. ♖d3 f6 24. ♖ed1 ♔f7 25. a4 ♔e6 26. ♖d8 ♖ec7 27. ♔f1 ♔e7 28. ♖8d3 ♖d7 29. ♖d7 ♘d7 30. ♔e2 ♘d6 31. ♘d2 ♘f8 32. ♖a1 ♘e6 33. a5 b5 34. cb5 ♘d4 35. ♔d3 cb5 36. ♖c1 ♔e6 37. ♘e2 ♘c6 38. ♖b1 ♖d8 39. ♔c3 f5 40. ef5 gf5 41. f3 ♖c8 42. ♔d3 ♘e8 43. ♘c3 ♘f6 44. ♖b2 a6 45. g4 e4 46. fe4 ♘e5 47. ♔c2 fg4 48. ♔b3 ♘c4 49. ♘c4 ♖c4 50. ♖e2 ♔e5 51. ♖e1 h5 52. ♖d1 h4 53. ♖d8 g3 54. hg3 hg3 55. ♖d3 g2 56. ♘e2 ♖e4 57. ♘g1 ♖e1 **0:1**

17.09. **275.**

P. KERES - J.R. CAPABLANCA

1. e4 c5 2. ♘e2 d6 3. d4 cd4 4. ♘d4 ♘f6 5. f3 ♘c6 6. c4 g6 7. ♘c3 ♗g7 8. ♗e3 0-0 9. ♕d2 ♕a5 10. ♘b3 ♕b4 11. ♕c2 ♘d7 12. ♗d2 ♘c5 13. ♘c5 ♕c5 14. ♘d5 a5 15. 0-0-0 ♘b4 16. ♘e7 ♔h8 17. ♕b3 ♗e6 18. a3 ♘c6 19. ♗e3 ♕e5 20. ♘d5 a4 21. ♕c2 ♗d5 22. ♖d5 ♕e6 23. ♕d2 ♖fc8 24. ♔b1 ♘e5 25. ♖d6 ♘c4 26. ♗c4 ♕c4 27. ♖hc1 ♕c1 28. ♕c1 ♖c1 29. ♗c1 ♗e5 30. ♖d7 ♗h2 31. ♖f7 b5 32. f4 ♖e8 33. e5 g5 34. fg5 ♗e5 35. ♗d2 ♖d8 36. ♗a5 ♖d1 37. ♔c2 ♖g1 38. ♖f2 ♔g8 39. ♗c3 ♗c3 40. ♔c3 ♖e1 41. ♖f5 ♖e3 42. ♔c2 ♖e2 43. ♔b1 b4 44. ab4 ♖g2 45. ♔a2 ♖g3 46. ♖a5 ♔f7 47. ♖a7 ♔g6 48. ♖a8 ♔f7 49. ♖a4 ♖g5 50. ♖a5 h6 51. ♔b3 ♔e7 52. ♔c4 ♔d6 53. ♖c5 ♖g8 54. b3 ♖f8 55. ♖d5 ♔c7 56. ♔c5 ♖g8 ½:½

18.09. **276.**

P. KERES - S. FLOHR

1. d4 ♘f6 2. c4 g6 3. ♘f3 ♗g7 4. g3 c6 5. ♗g2 d5 6. cd5 ♘d5 7. 0-0 0-0 8. ♘c3 ♘c3 9. bc3 c5 10. ♗a3 cd4 11. ♘d4 ♕c7 12. ♕b3 ♗f6 13. ♖fd1 ♘d7 14. c4 ♘c5 15. ♕b4 ♘e6 16. ♘b5 ♕e5 17. ♖ac1 ♖d8 18. ♖d5 ♖d5 19. cd5 a6

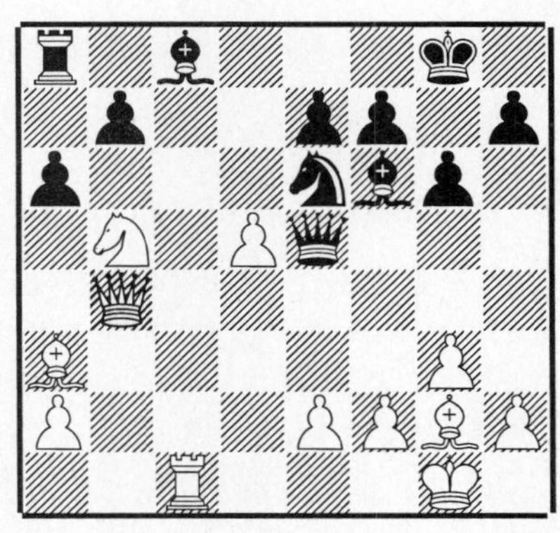

20. ♘a7 ♘d4 21. ♖c8 ♖c8 22. ♘c8 ♕e2 23. h4 ♘f5 24. ♕e4 **1:0**

19.09. **277.**

P. KERES - V. RAGOZIN

1. d4 ♘f6 2. c4 e6 3. ♘c3 d5 4. g3 dc4 5. ♕a4 ♘c6 6. ♗g2 ♗d7 7. ♕c4 ♘b4 8. ♕b3 c5 9. ♘f3 ♗c6 10. 0-0 cd4 11. ♖d1 ♕a5 12. ♘d4 ♗g2 13. ♔g2 ♗e7 14. a3 0-0 15. ♗d2 ♘c6 16. ♘c6 bc6 17. ♕c4 ♕b6 18. b4 a5 19. ♘a4 ♕b5 20. ♕b5 cb5 21. ♘b6 ♖a6 22. ba5 ♗d8

23. ♗b4 ♖e8 24. ♖d6 ♗c7 25. ♖c6 ♘d5 26. e4 ♘b4 27. ab4 ♗e5 28. ♖d1 g6 29. ♖c5 ♗f6 30. ♘d7 ♗e7 31. ♖b5 ♖aa8 32. ♖b7 ♖a6 33. ♘b8 ♖a8 34. ♘c6 ♗f8 35. b5 ♖ec8 36. a6 ♗c5 37. ♖dd7 ♖f8 38. a7 h5 39. ♖b8 ♔g7 40. b6 **1:0**

22.09. **278.**

R. FINE - P. KERES

1. d4 ♘f6 2. c4 g6 3. ♘c3 d5 4. ♗f4 ♗g7 5. e3 0-0 6. ♕b3 c6 7. ♘f3 dc4 8. ♗c4 ♘bd7 9. 0-0 ♘b6 10. ♗e2 ♗e6 11. ♕c2 ♘fd5 12. ♗g3 ♖c8 13. e4 ♘c7 14. ♖fd1 h6 15. ♘e5 ♕e8 16. a4 f6 17. ♘d3 ♘d7 18. a5 f5 19. ef5 gf5 20. a6 ba6 21. ♘f4 ♗f7 22. ♗a6 ♖b8 23. ♖e1 ♗d4 24. ♗d3 ♗b3 25. ♕e2 e5 26. ♗c4 ♗c4 27. ♕c4 ♕f7 28. ♕c6 ef4 29. ♗h4 ♘e5 30. ♕d6 ♕d7 31. ♕h6 ♕g7 32. ♕g7 ♔g7 33. ♘e2 ♗b2 34. ♖a7 ♖f7 35. ♘f4 ♖e8 36. ♔f1 ♘e6 37. ♘e6 ♖e6 38. ♖f7 ♔f7 39. ♗g3 ♔f6 40. f4 ♘g4 41. ♖e6 ♔e6 42. h3 **½:½**

23.09. **279.**

P. KERES - V. PETROV

1. d4 e6 2. ♘f3 ♘f6 3. ♗g5 b6 4. e3 ♗b7 5. ♗d3 ♗e7 6. ♘bd2 d6 7. 0-0 ♘bd7 8. e4 e5 9. ♖e1 ♘g4 10. ♗e7 ♕e7 11. ♘c4 0-0 12. ♕d2 ♖ae8 13. h3 ♘gf6 14. a4 a6 15. ♕c3 g6 16. ♘cd2 ♖c8 17. ♗c4 ♘h5 18. ♗d5 c6 19. ♗c4 ♘f4 20. ♗f1 c5 21. de5 ♘e5 22. ♘e5 de5 23. ♘c4 ♖c6 24. g3 ♘h5 25. ♘e5 ♖d6 26. ♘c4 ♖e6 27. e5 f6 28. ef6 ♕f6 29. ♕f6 ♖ef6 30. ♖e2 a5 31. ♗g2 ♗a6 32. ♗d5 ♔h8 33. ♖ae1 ♖f5 34. ♗e6 ♖5f6 35. b3 ♘g7 36. ♗d5 ♘f5 37. ♖e6 ♘d4 38. ♖f6 ♖f6 39. ♖e8 ♔g7 40. ♘e5 h5 41. ♖e7 ♔h8 42. ♘f7 ♔g7 43. ♘g5 ♔f8 44. ♖a7 **1:0**

24.09. **280.**

E. ELISKASES - P. KERES

1. d4 ♘f6 2. c4 g6 3. ♘c3 d5 4. e3 ♗g7 5. ♕b3 dc4 6. ♗c4 0-0 7. ♘f3 ♘bd7 8. 0-0 ♘b6 9. ♗e2 ♗f5 10. ♗d2 ♘e4 11. ♘e4 ♗e4 12. ♗c3 ♕d5 13. ♕d5 ♗d5 14. ♖fc1 ♖fc8 15. ♘d2 ♘a4 16. ♗f3 ♗f3 17. ♘f3 c5 18. ♖ab1 b6 19. ♗d2 cd4 20. ed4 ♖c1 21. ♗c1 ♖c8 22. ♔f1 b5 23. ♔e2 ♖c2 24. ♘d2 ♗h6 25. ♔d3 ♖c7 26. ♘b3 ♗c1 27. ♘c1 ♘b6 28. ♘e2 ♘d5 29. a3 ♔f8 30. g3 ♔e8 31. ♘c3 ♘c3 32. bc3 a6 33. a4 ♖b7 34. d5 e6 35. ab5 ab5 36. de6 fe6 37. ♔e4 ♔f7 38. c4 b4 39. ♔d4 ♔e7 40. c5 g5 41. ♔c4 ♔d8 42. ♖b4 ♖f7 43. ♖b2 h5 44. ♖a2 ♔c8 45. ♔b5 h4 46. ♔b6 ♖f3 47. gh4 gh4 48. ♖a8 ♔d7 49. c6 ♔e7 50. ♖h8 ♖b3 51. ♔c7 ♖b2 52. ♖h7 ♔f6 53. ♔d8 ♖d2 54. ♖d7 ♖f2 55. c7 ♔g5 56. c8♕ ♖f8 57. ♔c7 ♖c8 58. ♔c8 e5 59. ♖e7 ♔f4 60. ♔d7 e4 61. ♔d6 ♔f3 62. ♔d5 e3 63. ♔d4 ♔g2 64. ♔e3 h3 65. ♖g7 **1:0**

26.09. **281.**

P. KERES - S. RESHEVSKY

1. ♘f3 d5 2. d4 ♘f6 3. c4 dc4 4. e3 e6 5. ♗c4 c5 6. 0-0 a6 7. ♕e2 b5 8. ♗b3 ♗b7 9. ♖d1 ♘bd7 10. a4 b4 11. ♘bd2 ♕c7 12. ♘c4 ♗e7 13. ♘fe5 0-0 14. ♗d2 ♖ac8 15. ♖ac1 ♖fd8 16. a5 ♗d5 17. ♘d7 ♘d7 18. e4 ♗c4 19. ♗c4 ♕a5 20. ♖a1 ♕c7 21. dc5 a5 22. ♗e3 ♘c5 23. ♗c5 ♗c5 24. b3 ♗d4 25. ♖ac1 a4 26. ba4 b3 27. g3 b2 28. ♖c2 ♗f2 29. ♔g2 ♗d4 30. ♗b3 ♗c3 31. ♖f1 ♕b7 32. ♗a2 ♖d4 33. ♖f3 ♖a4 34. ♗b1 ♖e4 35. ♕d3 ♖d4 36. ♕e3 ♖dc4 37. ♔h3 ♗d4 38. ♕d3 ♖c2 39. ♗c2 ♖c2 40. ♕d4 ♖c8 41. ♖d3 h6 **0:1**

27.09. **282.**

J.R. CAPABLANCA - P. KERES

1. c4 c6 2. d4 d5 3. ♘f3 ♘f6 4. ♘c3 dc4 5. a4 ♗f5 6. e3 e6 7. ♗c4 ♘bd7 8. ♕e2 ♗b4 9. 0-0 ♘e4 10. ♘e4 ♗e4 11. ♗d3 ♘c5 12. ♗e4 ♘e4 13. ♕c2 ♕d5 14. ♘e5 0-0 15. f3 ♘c5 16. ♘c4 b5 17. ab5 cb5 18. ♗d2 ♗d2 19. ♘d2 ♘a4 20. ♖fc1 h6 21. b3 ♘b6 **½:½**

Rahvusvaheline maleturniir Pärnus.

15.—25. juulini 1937.

Partii nr. 7. VII voor.

Mängitud 25. juulil 1937.

Valge: P. Keres. Must: K. Opočenský.

1.	d2 – d4	Rg8 – f6	18.	Vf1 – e1	Lg4 – h5
2.	c2 – c4	g7 – g6	19.	h2 – h3	Ob5 – d7
3.	g2 – g3	c7 – c5	20.	g3 – g4	Lh5 – g5
4.	d4 – d5	b7 – b5	21.	Rd2 – f3	Lg5 : d5
5.	c4 : b5	d7 – d6	22.	Rf3 – e5	Ld5 – e6
6.	Of1 – g2	Of8 – g7	23.	Re5 : d7	Le6 : d7
7.	Rb1 – c3	0 – 0	24.	Og2 : a8	Vb8 : a8
8.	Rg1 – f3	a7 – a6	25.	Lc2 – d3	d6 – d5
9.	b5 : a6	Rb8 : a6	26.	Ve1 – d1	d5 – d4
10.	0 – 0	Ld8 – b6	27.	Vb1 – c1	Va8 – c8
11.	Rf3 – d2	Ra6 – c7	28.	b3 – b4	h7 – h5
12.	b2 – b3	Oc8 – a6	29.	Vc1 : c5	e7 – e5
13.	Oc1 – b2	Vf8 – b8	30.	Vc5 : e5	Rf6 : g4
14.	Ld1 – c2	Lb6 – b4	31.	Ve5 – e4	Rg4 – e5
15.	Va1 – b1	Rc7 – b5	32.	Ve4 : d4	Ld7 – e8
16.	Rc3 : b5	Oa6 : b5	33.	Ld3 – e3	Kg8 – h7
17.	a2 – a3	Lb4 – g4	34.	Vd4 – d5	alistus.

7. Pärnu 1937. P. Keres – K. Opocensky.

SEMMERING – BADEN 1937

8. 1. P. Keres, 2. J.R. Capablanca, 3. S. Flohr, 4. S. Reshevsky, 5. R. Fine, 6. E. Eliskases, 7. V. Petrov, 8. V. Ragozin

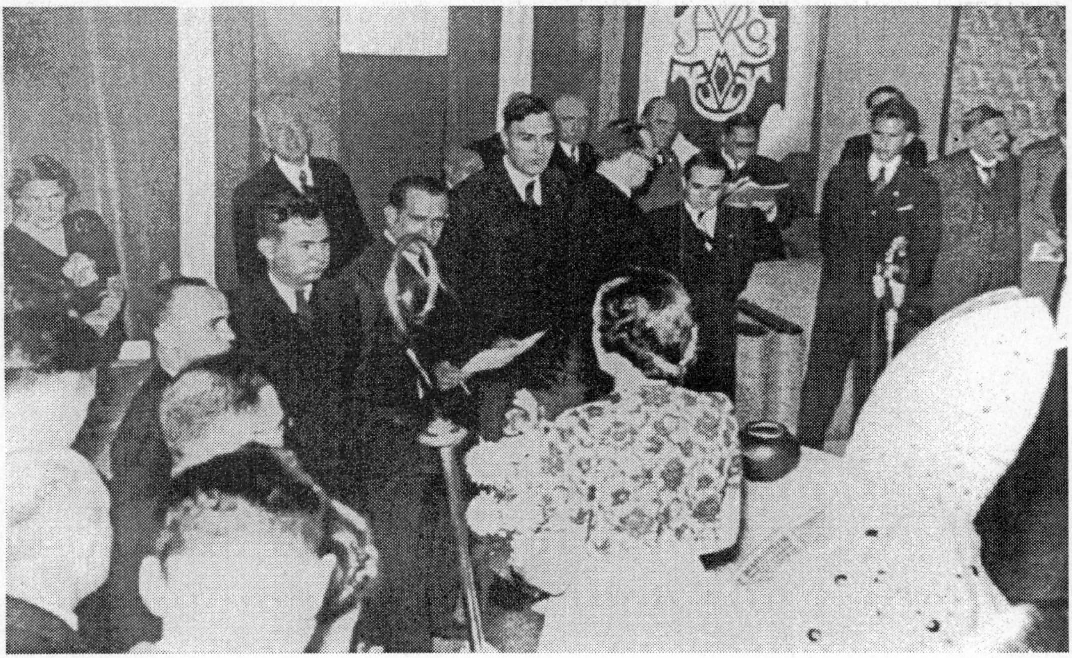

9. Above: Holland 1938. The Opening Ceremony of the A.V.R.O. Tournament.
10. Tallinn 1938, after the A.V.R.O. Tournament the first Estonian President Konstantin Päts and Paul Keres.

11. Above: Buenos Aires 1939 in Estonian Society. Second line f. l. t. r. 1. P. Schmidt, 2. J. Türn, G. Friedemann, 5. P. Keres, 6. I. Raud.
12. Below: Amsterdam 1939/40. Match M. Euwe – P. Keres.

ESTONIA - LITHUANIA TEAM MATCH
Tallinn, 30.11.- 1.12.1937

30.11. **283.**

P. KERES - V. MIKENAS

1. d4 ♘f6 2. c4 g6 3. g3 ♗g7 4. ♗g2 d5 5. ♘f3 0-0 6. ♘c3 dc4 7. ♘e5 ♘e8 8. ♗f4 ♘d6 9. 0-0 ♘f5 10. ♕a4 g5 11. ♗c1 ♘d4 12. ♘c4 c6 13. ♕d1 ♗g4 14. ♗d2 ♕d7 15. ♖e1 h6 16. ♘e4 ♘a6 17. ♘e3 ♗h5 18. ♘c2 f5 19. ♘d4 ♗d4 20. ♗c3 ♖ad8 21. ♗d4 ♕d4 22. ♕b3 ♗f7 23. ♕b7 fe4 24. ♕a6 ♗d5 25. ♖f1 ♖f7 26. ♖ad1 ♕b2 27. ♗e4 ♕b6 28. ♕b6 ab6 29. ♗d5 cd5 30. ♖d2 e5 31. ♖b1 ♖d6 32. ♖b5 ♖fd7 33. ♔g2 ♔f7 34. e3 ♔e6 35. ♖db2 d4 36. ed4 ed4 37. ♔f3 d3 38. ♖d2 ♔f6 39. ♖b4 ♖a7 40. ♖b3 ♖ad7 41. ♔g2 g4 42. ♔f1 ♔f5 43. ♔e1 ♖e7 44. ♔d1 ♖a7 45. ♖b5 ♔e4 46. ♖b4 ♔f5 47. ♖db2 ♖a5 48. a4 ♖e5 49. ♖b6 ♖b6 50. ♖b6 ♖e2 51. ♖b5 ♔f6 52. ♖b6 ♔e5 53. ♖h6 ♖f2 54. a5 ½:½

1.12. **284.**

V. MIKENAS - P. KERES

1. e4 e5 2. ♘f3 ♘c6 3. ♗b5 a6 4. ♗a4 ♘f6 5. 0-0 ♗e7 6. ♖e1 b5 7. ♗b3 d6 8. c3 0-0 9. h3 ♘a5 10. ♗c2 c5 11. d4 ♕c7 12. d5 ♗d7 13. ♘bd2 c4 14. ♘f1 ♘b7 15. ♗e3 ♘c5 16. ♘3d2 g6 17. f4 ef4 18. ♗f4 ♘h5 19. ♗h6 ♘g7 20. ♘e3 ♗f6 21. ♖f1 ♕d8 22. ♕f3 ♗g5 23. ♗g5 ♕g5 24. b4 cb3 25. ab3 f5 26. ef5 ♖ae8 27. ♖ae1 ♘f5 28. ♗f5 ♗f5 29. ♘f5 ♖e1 30. ♖e1 ♕d2 31. ♘e7 ♔g7 32. ♕g3 ♘d3 33. ♖e4 ♘f2 34. ♘f5 ♖f5 35. ♖e7 ♔f8 36. ♕d6 ♘h3 37. ♔h2 ♕f4 38. ♕f4 ♘f4 39. ♖h7 ♖d5 40. ♖a7 ♖d6 41. c4 bc4 42. bc4 ♖c6 43. ♔g3 ♘d3 44. ♔f3 ♘b4 45. ♔e4 ♖c4 46. ♔e5 ♘c6 **0:1**

HASTINGS
28.12.1937 - 6.01.1938

28.12. **285.**

Sir T.H. TYLOR - P. KERES

1. e4 e5 2. ♘f3 ♘c6 3. ♘c3 ♘f6 4. ♗b5 ♗e7 5. 0-0 d6 6. d4 ♗d7 7. ♖e1 ed4 8. ♘d4 0-0 9. b3 ♘d4 10. ♕d4 ♗b5 11. ♘b5 d5 12. ed5 ♘d5 13. ♗a3 ♗f6 14. ♕d3 ♗a1 15. ♗f8 a6 16. ♖a1 ab5 17. ♗c5 b6 18. ♗d4 ♘b4 19. ♕f3 ♘c2 20. ♗g7 ♔g7 21. ♖d1 ♘d4 22. ♕g4 ♔h8 23. ♖d4 ♕f6 24. ♕e4 ♖g8 25. g3 c5 26. ♖d5 ♖d8 27. ♖d8 ♕d8 28. ♕e2 b4 29. h4 ♕d6 30. h5 h6 31. g4 ♕e6 32. ♕e6 fe6 33. f4 b5 34. ♔f2 ♔g7 ½:½

29.12. **286.**

A.R.B. THOMAS - P. KERES

1. d4 ♘f6 2. c4 e6 3. ♘f3 ♗b4 4. ♗d2 ♕e7 5. g3 ♗d2 6. ♘fd2 ♘c6 7. e3 e5 8. d5 ♘d8 9. ♗g2 d6 10. 0-0 0-0 11. ♘c3 ♘d7 12. e4 g6 13. f4 ef4 14. ♖f4 ♘e5 15. ♕f1 b6 16. ♖f2 ♗g4 17. h3 ♗d7 18. ♘f3 ♘b7 19. ♖d1 a5 20. ♔h2 ♘c5 21. ♘e5 ♕e5 22. ♖e2 ♖ae8 23. ♕f4 ♕g7 24. g4 ♖e5 25. ♕g3 h5 26. g5 ♖e7 27. ♖f1 ♕e5 28. ♕e5 ♖e5 29. h4 ♖e7 30. ♗f3 a4 31. ♔g3 ♗c8 32. ♖e3 ♖fe8 33. ♖fe1 ♗a6 34. ♗e2 ♘e4 **0:1**

30.12. **287.**

P. KERES - V. MIKENAS

1. c4 ♘f6 2. ♘c3 d5 3. cd5 ♘d5 4. ♘f3 g6 5. g3 ♗g7 6. ♗g2 0-0 7. 0-0 c5 8. d4 cd4 9. ♘d4 ♘c3 10. bc3 ♕c7 11. ♕b3 ♘c6 12. ♘c6 bc6 13. ♗f4 e5 14. ♗e3 ♗e6 15. c4 f5 16. ♖ac1 ♖ab8 17. ♕a4 ♖b2 18. ♗c6 f4 19. ♗a7 ♖f7 20. ♗c5 ♖a2 21. ♕a2 ♕c6 22. ♕a5 ♖c7 23.

♕b5 ♗h3 24. ♕c6 ♖c6 25. ♗b4 ♗f1 26. ♔f1 fg3 27. hg3 ♔f7 28. e4 h5 29. ♔e2 ♖b6 30. ♗d2 ♖b2 31. ♔d3 ♗f8 32. c5 ♖b8 33. ♗e3 ♔e6 34. ♖a1 ♖d8 35. ♔c4 ♖c8 36. ♖a6 ♔f7 37. ♔d5 g5 38. c6 h4 39. gh4 gh4 40. ♔e5 h3 41. ♗f4 ♗c5 42. ♗g3 ♔g6 43. ♔d5 ♗f8 44. ♔e6 ♖e8 45. ♔d7 ♖e7 46. ♔d8 ♔f7 47. c7 **1:0**

31.12. **288.**

W.A. FAIRHURST - P. KERES

1. d4 e6 2. ♘f3 ♘f6 3. c4 ♘e4 4. e3 b6 5. ♗d3 ♗b4 6. ♘bd2 ♗b7 7. a3 ♗d2 8. ♘d2 f5 9. ♘e4 fe4 10. ♕h5 ♔f8 11. ♗e2 d6 12. 0-0 ♘d7 13. f3 ♘f6 14. fe4 ♗e4 15. ♕h4 d5 16. ♗d2 ♔f7 17. cd5 ed5 18. ♖c1 ♖e8 19. ♗h5 ♗g6 20. ♗g6 hg6 21. ♖f6 ♔g8 22. ♖cc6 gf6 23. ♕h6 ♕e7 24. ♕g6 ♕g7 25. ♕f5 ♕g5 26. ♕f3 ♖ac8 27. ♗c1 ♔g7 28. g3 ♖e4 29. ♔f2 ♔g6 30. ♔e2 ♕f5 31. ♕g2 ♖ce8 32. ♔d1 ♕g4 33. ♔c2 ♖d4 34. ed4 ♖e2 35. ♕e2 ♕e2 36. ♔c3 ♕f3 37. ♔d2 ♕h1 38. ♖c7 ♕h2 39. ♔d1 ♕g3 40. ♖a7 ♕d3 41. ♗d2 f5 **0:1**

1.01. **289.**

P. KERES - R. FINE

1. e4 ♘f6 2. ♘c3 e5 3. ♗c4 ♗c5 4. d3 d6 5. ♘a4 ♗b4 6. c3 d5 7. ed5 ♗d6 8. ♗e3 0-0 9. ♘c5 b6 10. ♘e4 ♗b7 11. ♗g5 ♘bd7 12. ♕f3 ♗e7 13. ♘g3 ♗d5 14. ♗d5 ♘d5 15. h4 ♘f4 16. ♗e7 ♕e7 17. ♘1e2 ♕e6 18. 0-0 ♘e2 19. ♘e2 ♖ad8 20. ♖fe1 ♖fe8 21. ♘d4 ♕f6 22. ♕f6 ♘f6 23. ♘c6 ♖d3 24. ♘e5 ♖d2 25. ♘c4 ♖dd8 26. ♖ad1 h5 27. ♘e3 ♔f8 28. g3 g6 29. ♔g2 ½:½

3.01. **290.**

S. FLOHR - P. KERES

1. e4 e5 2. ♘f3 ♘c6 3. ♗b5 a6 4. ♗a4 ♘f6 5. ♗c6 dc6 6. d3 ♗d6 7. ♘bd2 ♗e6 8. ♕e2 ♘d7 9. ♘c4 f6 10. d4 ♗g4 11. de5 ♘e5 12. ♘ce5 ♗e5 13. h3 ♗f3 14. ♕f3 ♕e7 15. c3 0-0 16. 0-0 ♖ae8 17. ♗d2 ♗d6 18. ♖fe1 ♕e5 19. g3 ♕b5 20. b3 c5 21. ♗f4 ♗f4 22. ♕f4 ♖e5 23. ♖ad1 c4 24. b4 ♖fe8 25. ♕d2 ♕c6 26. ♕d7 ♕d7 27. ♖d7 ♖e4 28. ♖e4 ♖e4 29. ♖c7 ♖e1 30. ♔g2 b5 ½:½

4.01. **291.**

P. KERES - Sir G.A. THOMAS

1. e4 e5 2. ♘f3 ♘c6 3. ♗b5 a6 4. ♗a4 d6 5. c4 ♗d7 6. ♘c3 ♘f6 7. d4 ♘d4 8. ♘d4 ed4 9. ♗d7 ♕d7 10. ♕d4 ♗e7 11. 0-0 0-0 12. b3 ♖fe8 13. ♗b2 ♗f8 14. ♖fe1 ♖e6 15. f4 ♖ae8 16. ♖e3 c6 17. ♖d1 ♕c7 18. ♖de1 b5 19. cb5 ab5 20. ♘d1 c5 21. ♕d3 c4 22. bc4 bc4 23. ♕c2 d5 24. ♗f6 ♖f6 25. ♘c3 ♕a7 26. ♘d5 ♖a6 27. ♔h1 ♖a2 28. ♕c4 ♗c5 29. ♖c3 ♖a1 30. ♖cc1 ♖c1 31. ♖c1 ♗a3 32. ♖a1 ♕f2 33. ♕a4 **1:0**

5.01. **292.**

C.H.O'D. ALEXANDER - P. KERES

1. e4 e5 2. ♘f3 ♘c6 3. ♗b5 a6 4. ♗a4 ♘f6 5. 0-0 ♗e7 6. ♖e1 b5 7. ♗b3 d6 8. c3 0-0 9. h3 ♘a5 10. ♗c2 c5 11. d4 ♕c7 12. ♘bd2 ♘c6 13. d5 ♘a5 14. b3 ♗d7 15. ♘f1 ♘b7 16. c4 ♖fb8 17. ♘e3 bc4 18. ♘c4 ♗f8 19. a4 ♘a5 20. ♘fd2 g6 21. g4 h5 22. ♘a5 ♕a5 23. ♕f3 ♘h7 24. ♖f1 ♕d8 25. ♕g3 hg4 26. hg4 ♕g5 27. f3 ♕e3 28. ♔g2 ♕c3 29. ♖a2 ♗e7 30. ♘b1 ♕b4 31. ♖h1 ♘f8 32. ♗d2 ♕d4 33. ♖e1 c4 34. ♗e3 cb3 35. ♗d4 ba2 36. ♗a1 ab1♕ 37. ♖b1 ♖b1 38. ♗b1 g5 39. ♗c2 ♖c8 40. ♕f2 ♘g6 41. ♕d2 ♔g7 42. ♗c3 ♘f4 43. ♔f1 ♗d8 44. ♕e3 ♔f6 45. ♗b3 ♖b8 46. ♕a7 ♖b3 47. ♕d7 ♖b1 48. ♗e1 ♗a5 49. ♕d6 ♔g7 50. ♕e5 ♔f8 51. ♕h8 ♔e7 52. ♕e5 ♔f8 ½:½

6.01. **293.**

P. KERES - S. RESHEVSKY

1. e4 c5 2. ♘f3 d6 3. d4 cd4 4. ♘d4 ♘f6 5. ♘c3 g6 6. ♗g5 ♗g7 7. ♕d2 ♘c6 8. ♘b3 0-0 9. ♗h6 a5 10. ♗g7 ♔g7 11. a4 ♗e6 12. ♘d4 ♘d4 13. ♕d4 ♕c7 14. ♗e2 ♖ac8 15. 0-0-0 ♕c5 16. ♕c5 ♖c5 17. ♖d4 ♖fc8 18. ♔b1 d5 19. ♗d3 de4 20. ♘e4 ♘e4 21. ♗e4 f5 ½:½

ESTONIAN TEAM CHAMPIONSHIP
Tallinn, 24.- 27.02.1938

24.02. **294.**

P. KERES - A. RAJAVEE

1. e4 e5 2. ♘f3 ♘c6 3. ♗b5 ♘f6 4. 0-0 d6 5. d4 ♗d7 6. ♘c3 ed4 7. ♘d4 ♘d4 8. ♕d4 ♗b5 9. ♘b5 a6 10. ♘c3 ♗e7 11. b3 0-0 12. ♗b2 ♖e8 13. ♘d5 c6 14. ♘e7 ♕e7 15. f3 ♕e5 16. ♕e5 de5 17. ♖ad1 ♖e6 18. ♗a3 ♖ae8 19. ♖d2 h6 20. ♗c5 g6 21. ♖fd1 ♔g7 22. ♔f2 ♖b8 23. ♖d6 ♖d6 24. ♖d6 b6 25. ♗a3 c5 26. ♗b2 ♘e8 27. ♗e5 ♔g8 28. ♖g6 fg6 29. ♗b8 ♘f6 30. ♗c7 ♘d7 31. f4 ♔f7 32. g4 b5 33. f5 gf5 34. gf5 ♔f6 35. ♔f3 c4 36. ♔f4 cb3 37. ab3 **1:0**

25.02. **295.**

I. RAUD - P. KERES

1. ♘f3 ♘f6 2. d4 c5 3. c4 cd4 4. ♘d4 e6 5. ♘c3 ♗b4 6. ♕b3 ♘a6 7. ♗d2 0-0 8. e3 b6 9. ♗e2 ♗b7 10. ♗f3 ♘c5 11. ♕c2 ♗f3 12. ♘f3 ♖c8 13. 0-0 ♘b7 14. ♕d3 ♕c7 15. b3 a6 16. ♖fd1 ♖fd8 17. ♘e4 ♗e7 18. ♖ac1 ♘c5 19. ♘c5 bc5 20. ♗c3 h6 21. e4 d6 22. ♕e2 a5 23. ♕e1 ♖a8 24. h3 ♘d7 25. ♖d3 a4 26. ♖cd1 ab3 27. ab3 e5 28. ♕d2 ♘f8 29. b4 ♖db8 30. b5 ♖a4 31. ♕c2 ♖ba8 32. ♘d2 ♘e6 33. ♗b2 ♗g5 34. ♘f3 ♘d4 35. ♗d4 cd4 36. ♘g5 ♖c4 37. ♕d2 ♖c2 38. ♕b4 hg5 39. b6 ♖b8 40. ♖b3 ♕c6 41. b7 ♔f8 42. ♕a5 **½:½**

25.02. **296.**

P. KERES - A. EIMANN

1. e4 e5 2. ♘f3 ♘c6 3. ♗b5 a6 4. ♗a4 d6 5. 0-0 ♗g4 6. c3 ♘f6 7. ♖e1 ♗e7 8. d4 b5 9. ♗c2 0-0 10. a4 ♗f3 11. gf3 ♘h5 12. f4 ♘f4 13. ♗f4 ef4 14. ♕g4 ♗h4 15. ab5 ♘b8 16. ♕f3 ♕g5 17. ♔h1 ♕b5 18. e5 ♕b2 19. ♘a3 ♕b6 20. ♖eb1 ♕c6 21. ♗e4 ♕e8 22. ♗a8 de5 23. ♖e1 ♕d8 24. de5 ♘d7 25. ♗d5 ♔h8 26. ♘c4 **1:0**

26.02. **297.**

P. SCHMIDT - P. KERES

1. d4 ♘f6 2. ♘f3 g6 3. g3 ♗g7 4. ♗g2 d5 5. 0-0 0-0 6. ♘e5 ♘fd7 7. ♘d7 ♘d7 8. ♗d5 ♘b6 9. ♗g2 ♕d4 10. ♕d4 ♗d4 11. c3 ♗g7 12. a4 c6 13. a5 ♘d5 14. e4 ♘c7 15. ♗f4 e5 16. ♗e3 ♗e6 17. ♘d2 ♖fd8 18. ♖fd1 f6 19. ♗f1 ♗f8 20. f3 ♔f7 21. ♔f2 ♘b5 22. ♘c4 ♘d6 23. ♘d6 ♗d6 24. ♖a4 ♔e7 25. ♗c4 ♗c4 26. ♖c4 ♔d7 27. ♖a4 ♔c7 28. ♔e2 c5 29. ♖aa1 ♗e7 30. c4 ♖d1 31. ♖d1 ♔c6 32. ♗d2 b6 33. ab6 ab6 34. ♗c3 ♗d6 35. ♔d3 ♖f8 36. ♖a1 h5 37. ♗d2 ♔c7 38. ♗c3 f5 39. ef5 gf5 40. ♖e1 ♖d8 **½:½**

26.02. **298.**

P. KERES - L. BLUMENOFF

1. e4 c5 2. ♘f3 d6 3. d4 cd4 4. ♘d4 ♘f6 5. f3 e5 6. ♗b5 ♗d7 7. ♗d7 ♕d7 8. ♘f5 d5 9. ♗g5 de4 10. ♗f6 gf6 11. ♕d7 ♘d7 12. fe4 ♖c8 13. ♘c3 ♗b4 14. 0-0-0 ♗c3 15. ♘d6 ♔e7 16. ♘c8 ♖c8 17. bc3 ♖c3 18. ♖d3 ♖c4 19. ♖e1 ♘c5 20. ♖h3 b5 21. ♖ee3 b4 22. ♖h7 ♘e4 23. ♖h4 f5 24. ♖h6 a5 25. ♖a6 ♖c5 26. g4 ♘c3 27. gf5 e4 28. f6 ♔d7 29. ♖h3 ♖d5 30. ♔b2 ♘a4 31. ♔b3 ♘c5 32. ♔c4 ♖f5 33. ♖a5 **1:0**

27.02. **299.**

F. KIBBERMANN - P. KERES

1. c4 e5 2. ♘c3 ♘f6 3. g3 d5 4. cd5 ♘d5 5. ♗g2 ♘e7 6. ♘f3 ♘bc6 7. 0-0 g6 8. d3 ♗g7 9. ♕b3 0-0 10. ♗g5 ♖b8 11. ♖ac1 ♗e6 12. ♕a4 f6 13. ♗d2 ♕d7 14. ♘e4 b6 15. b4 a6 16. ♕c2 h6 17. ♘h4 ♘d4 18. ♕d1 ♗a2 19.

♖c3 f5 20. ♖a3 fe4 21. ♖a2 g5 22. e3 ♘b5 23. ♗e4 gh4 24. ♕h5 ♘d6 25. ♗g2 hg3 26. hg3 ♕f5 27. ♕e2 ♔h8 28. ♖a6 e4 29. de4 ♘e4 30. ♖a7 ♖bd8 31. ♗c1 ♘c3 32. ♕c4 ♘b5 33. ♖a2 ♕f7 34. ♕c2 ♘d5 35. ♗d2 ♘dc3 36. ♗c3 ♘c3 37. ♖b2 c5 38. bc5 bc5 39. ♖b7 ♖d7 40. ♖d7 ♕d7 41. ♕g6 ♖f6 42. ♕h5 ♕f5 43. ♕f5 ♖f5 44. e4 ♘e2 45. ♔h2 ♖h5 46. ♗h3 c4 47. ♔g2 ♖h3 48. ♔h3 c3 **0:1**

ESTONIA - LATVIA TEAM MATCH
Tallinn, 7.- 8.03.1938

7.03. **300.**

P. KERES - V. PETROV

1. d4 ♘f6 2. ♘f3 d5 3. c4 c6 4. ♘c3 dc4 5. a4 ♗f5 6. e3 e6 7. ♗c4 ♗b4 8. 0-0 0-0 9. ♕e2 ♘e4 10. ♗d3 ♗c3 11. bc3 ♘c3 12. ♕c2 ♗d3 13. ♕d3 ♘d5 14. ♗a3 ♖e8 15. ♖ab1 b6 16. ♖fc1 ♘f6 17. ♘e5 ♕d5 18. ♕c3 ♘e4 19. ♕b2 f6 20. ♘c4 ♘g5 21. f3 ♘f7 22. e4 ♕d7 23. a5 b5 24. ♘e3 ♘a6 25. ♕c3 ♖ac8 26. ♖d1 ♖ed8 27. ♕b3 ♖b8 28. ♖bc1 ♖dc8 29. ♗b2 ♘c7 30. ♕c3 ♘a6 31. f4 ♕e7 32. g4 ♕b4 33. ♕d3 ♕b2 34. ♖b1 ♘b4 35. ♖b2 ♘d3 36. ♖d3 a6 37. ♖c2 ♘d6 38. ♖dc3 ♘e4 39. ♖c6 ♖c6 40. ♖c6 b4 41. ♘c4 b3 42. ♘b2 ♔f7 43. ♔g2 ♖d8 44. ♔f3 ♖d4 45. ♔e3 ♖d2 46. ♘c4 ♖c2 47. ♔e4 b2 48. ♘d6 ♔e7 49. ♖b6 ♖c6 50. ♖b2 ♔d6 51. ♖b7 ♖c7 52. ♖b6 ♖c6 53. ♖b7 ♖c7 54. ♖b6 ♖c6 55. ♖b7 ½:½

8.03. **301.**

V. PETROV - P. KERES

1. d4 e6 2. ♘f3 f5 3. g3 ♘f6 4. ♗g2 ♗e7 5. 0-0 0-0 6. c4 ♕e8 7. ♘c3 d6 8. b3 ♕g6 9. ♕c2 ♘c6 10. ♗a3 ♘e4 11. ♘b5 ♗d8 12. d5 ♘b8 13. de6 ♗e6 14. ♘d2 ♘d2 15. ♕d2 ♘c6 16. ♘c3 ♗g5 17. f4 ♗f6 18. e3 ♖ae8 19. ♖ad1 ♗d8 20. ♖fe1 ♔h8 21. c5 dc5 22. ♗c5 ♗e7 23. ♗e7 ♖e7 24. ♗c6 bc6 25. ♕d4 ♕f6 26. ♕f6 gf6 27. e4 ♖fe8 28. ♔f2 ♔g7 29. e5 ♗f7 30. ef6 ♔f6 31. ♖e7 ♔e7 32. ♘a4 ♖b8 33. ♔e3 ♗d5 34. ♔d3 ♔d6 35. ♖e1 ♗e4 36. ♔c3 h5 37. b4 a5 38. a3 ab4 39. ab4 ♖a8 40. ♘c5 ♖a2 41. ♘e4 de4 42. ♔d4 ♖h2 43. ♔e4 ♖h3 44. ♖g1 ♔e6 45. ♖g2 ♔f6 46. ♖g1 ♔e6 47. ♖g2 ♔f6 48. ♔f3 ♔f5 49. ♖c2 h4 50. ♖c5 ♔f6 51. ♖c6 ♔f5 52. ♖c5 ♔f6 53. ♔g4 ♖g3 54. ♔h4 ♖g7 55. b5 ♔e6 56. ♖g5 ♖d7 57. ♔g4 ♖d4 58. ♖g6 ♔d7 59. ♖g7 ♔d6 60. ♖g8 ♖c4 61. ♖g6 ♔d7 62. ♖h6 ♖b4 63. ♖h5 ♔d6 64. ♖f5 ♖b1 65. ♔g5 ♔e6 66. ♖e5 ♔d6 67. ♔f6 ♖f1 68. ♖e4 ♔c5 69. ♖e5 ♔d6 70. ♖f5 ♖b1 71. ♔g6 ♖b4 72. ♔f7 ♖b1 73. ♔e8 ♖h1 **1:0**

BALTIC AND FINLAND STUDENTS TOURNAMENT
Tartu, 25.- 27.03.1938

25.03. **302.**

A. VAITONIS - P. KERES

1. d4 ♘f6 2. c4 g6 3. ♘c3 d5 4. ♘f3 ♗g7 5. ♗g5 ♘e4 6. cd5 ♘g5 7. ♘g5 e6 8. ♘f3 ed5 9. e3 0-0 10. ♗e2 c6 11. 0-0 ♕e7 12. ♖c1 ♘d7 13. ♘e1 ♘b6 14. ♘d3 ♖e8 15. ♘c5 ♘c4 16. ♗c4 dc4 17. ♘e2 b6 18. ♘a4 c5 19. ♘ac3 cd4 20. ♘d4 ♗b7 21. ♘f3 a6 22. ♕e2 b5 23. ♖fd1 f5 24. ♖d2 f4 25. ef4 ♕f6 26. ♕d1 ♕f4 27. ♘e2 ♕f6 28. ♘fd4 ♖ad8 29. ♖c3 ♗h6 30. f4 ♗f4 31. ♘f4 ♕f4 32. ♖g3 ♖f8 33. ♘f3 ♗f3 **0:1**

26.03. **303.**

V. MEZGAILIS - P. KERES

1. c4 e5 2. ♘c3 ♘f6 3. e4 ♗c5 4. d3 d6 5. h3 c6 6. ♘f3 0-0 7. ♗e2 ♘bd7 8. 0-0 ♖e8 9. ♗e3 ♘f8 10. d4 ♗b6 11. de5 de5 12. ♕d8 ♗d8 13. b4 ♘g6 14. ♖fd1 ♗e6 15. c5 ♗c7 16. ♘d2 b5 17. cb6 ♗b6 18. ♗b6 ab6 19. a4 ♖ed8 20. ♘c4 ♗c4 21. ♗c4 ♖d4 22. ♖d4 ed4 23. ♘e2 ♘e5 24. ♗b3 c5 25. f4 ♘d3 26. e5 ♘e8 27. bc5 bc5 28. ♖d1 ♘b2 29. ♖b1 ♘a4 30. ♖c1 d3 31. ♘g3 ♘b2 32. ♘e4 ♖b8 33. ♘d2 ♖c8 34. ♖b1 c4 35. ♖b2 c3 36. ♖b1 cd2 37. ♖d1 ♖c1 38. ♔f2 ♖d1 39. ♗d1 ♘c7 40. ♔e3 ♘d5 41. ♔d2 ♘f4 42. g3 ♘h3 43. ♗g4 ♘g5 44. ♔d3 g6 45. ♔e3 ♘e6 46. ♔e4 h5 47. ♗e2 ♔g7 48. ♔e3 ♔h6 49. ♗f1 g5 50. ♗b5 g4 51. ♗f1 ♔g5 52. ♗d3 h4 53. gh4 ♔h4 54. ♗a6 ♔h3 55. ♗f1 ♔h2 56. ♔e4 ♔g1 57. ♔f5 ♔f1 58. ♔g4 ♔f2 59. ♔f5 ♔e3 60. ♔f6 ♘d8 61. ♔e7 ♔e4 **0:1**

27.03. **304.**

P. KERES - O.I. KAILA

1. e4 c6 2. d4 d5 3. ed4 cd5 4. c4 ♘f6 5. ♘c3 e6 6. ♘f3 ♗e7 7. ♗d3 0-0 8. 0-0 dc4 9. ♗c4 a6 10. ♕e2 b5 11. ♗b3 ♗b7 12. ♗g5 ♘bd7 13. ♖ad1 ♘b6 14. ♘e5 ♘bd5 15. f4 ♘c3 16. bc3 ♘e4 17. ♗e7 ♕e7

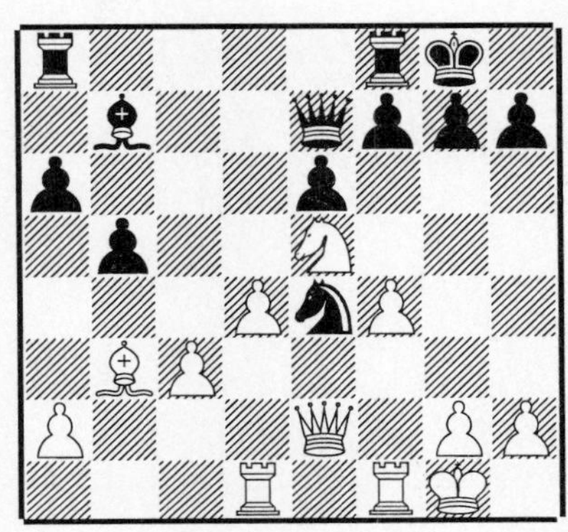

18. f5 ♘c3 19. ♕g4 ef5 20. ♕f5 ♘d1 21. ♘f7 ♕e3 22. ♔h1 ♗g2 23. ♔g2 ♕b3 24. ♕e4 ♕d5 25. ♘h6 ♔h8 26. ♘f7 ♖f7 27. ♕d5 ♘e3 28. ♔g3 ♘d5 29. ♖f7 ♘c3 30. ♖e7 ♘a2 31. d5 ♔g8 32. d6 ♖d8 33. ♖e6 ♔f7 **0:1**

STAHLBERG - KERES TRAINING MATCH
Gothenburg, 20.- 30.04.1938

20.04. **305.**

P. KERES - G. STAHLBERG

1. c4 e6 2. ♘f3 ♘f6 3. g3 d5 4. ♗g2 ♗e7 5. 0-0 0-0 6. d4 c5 7. cd5 ♘d5 8. ♘c3 ♘c6 9. ♘d5 ed5 10. dc5 ♗c5 11. ♘g5 ♗d4 12. ♕c2 g6 13. ♕b3 ♗f6 14. ♕d5 ♘d4 15. ♕d8 ♖d8 16. ♘e4 ♘e2 17. ♔h1 ♘c1 18. ♘f6 ♔g7 19. ♖ac1 ♔f6 20. ♖c7 ♖b8 21. ♖fc1 ♗e6 22. a3 ♖d2 23. ♖7c2 ♖c2 24. ♖c2 b5 25. ♖c6 b4 26. h4 ba3 27. ba3 ♖b6 28. ♖c5 ♖a6 29. ♖c3 ♔e5 30. ♖d3 ♖b6 31. f4 ♔f6 32. ♔g1 ♖b1 33. ♔f2 ♖b2 34. ♔g1 a5 35. ♗c6 ♔f5 36. a4 ♔g4 37. ♖e3 ♔h3 38. h5 gh5 39. ♗e4 ♔g4 40. ♗d3 h4 41. ♗e2 ♖e2 42. ♖e2 hg3 43. ♖e5 h5 44. ♖g5 ♔f4 45. ♖h5 f5 46. ♖h6 ♗d5 47. ♖a6 ♔e5 48. ♖a5 f4 49. ♖c5 f3 50. a5 ♔d4 51. ♖c8 ♗e4 52. ♖c1 ♗d3 53. ♖a1 ♗a6 54. ♖a2 ♔e3 55. ♖a3 ♔f4 56. ♔h1 ♗b7 57. ♖a4 ♔g5 **0:1**

21.04. **306.**

G. STAHLBERG - P. KERES

1. d4 ♘f6 2. c4 e6 3. ♘c3 ♗b4 4. ♕b3 ♘c6 5. e3 0-0 6. ♗d3 d5 7. ♘f3 dc4 8. ♗c4 ♗d6 9. ♘b5 ♘a5 10. ♕c3 ♘c4 11. ♕c4 ♗d7 12. 0-0 ♗c6 13. ♘d6 cd6 14. ♗d2 ♘e4 15. ♖fc1

♕f6 16. ♕e2 ♕f5 17. a4 ♕h5 18. ♕d1 ♕g6 19. ♘e1 f5 20. f3 ♘f6 21. ♘d3 ♖fc8 22. ♘b4 ♗d7 23. ♖c8 ♖c8 24. ♖c1 ♕e8 25. a5 ♔f7 26. ♖c8 ♕c8 27. ♕c2 ♕d8 28. a6 ba6 29. ♘a6 ♕b6 30. ♘b4 f4 31. ♕c3 a5 32. ♘c2 ♘d5 33. ♕a3 fe3 34. ♗a5 ♕a6 35. h3 ♕e2 36. ♕d6 ♗b5 37. ♘b4 ♘f6 38. ♔h2 ♕c4 39. ♕c7 ♕c7 40. ♗c7 ♘d5 41. ♘d5 ed5 42. ♔g3 ♔e6 43. ♗f4 e2 44. ♗d2 ♔f5 45. ♔f2 h5 46. g4 hg4 47. hg4 ♔f6 48. ♔e3 ♔e6 49. ♔f4 ♔f6 50. ♗e1 g5 51. ♔e3 ♔e6 52. b3 ♔f6 53. ♗a5 ♔e6 54. ♗d2 ♔f6 55. f4 gf4 56. ♔f4 ♗d7 57. g5 ♔e6 58. g6 ♔f6 59. g7 ♔g7 60. ♔e5 ♔f7 61. ♔d6 ♔e8 62. ♔d5 ♔d8 63. ♔d6 ♔c8 64. d5 ♗f5 65. ♗e1 ♗c2 66. b4 ♗a4 67. ♔c5 ♔b7 68. b5 ♗b3 ½:½

22.04. **307.**

P. KERES - G. STAHLBERG

1. ♘f3 d5 2. c4 e6 3. g3 ♘f6 4. ♗g2 ♗e7 5. 0-0 0-0 6. d4 c5 7. cd5 ♘d5 8. ♘c3 ♘c3 9. bc3 cd4 10. cd4 ♗d7 11. ♘e5 ♘c6 12. ♘d7 ♕d7 13. e3 ♖fd8 14. ♖b1 ♖ac8 15. ♗d2 b6 16. ♕a4 ♘d4 17. ♕d4 ♕e8 18. ♕b2 ♗f6 19. ♕b4 ♗e7 20. ♕b2 ♗f6 21. ♕b4 ♗e7 ½:½

25.04. **308.**

G. STAHLBERG - P. KERES

1. d4 ♘f6 2. c4 e6 3. ♘c3 ♗b4 4. ♕b3 ♘c6 5. e3 0-0 6. a3 ♗e7 7. ♘f3 d6 8. ♕c2 e5 9. ♗e2 ed4 10. ed4 d5 11. cd5 ♘d5 12. ♘d5 ♕d5 13. 0-0 ♗d6 14. ♗e3 ♖e8 15. ♖fd1 ♗f5 16. ♕c3 ♗g6 17. ♕c4 ♗e4 18. ♕d5 ♗d5 19. ♖ac1 ♖ad8 20. ♔f1 ♘e7 21. ♗d2 ♘f5 22. ♗b4 ♗f4 23. ♗d2 ♗d2 24. ♖d2 c6 25. ♗d3 ♗e6 26. ♖e1 g6 27. ♗f5 ♗f5 28. ♖e8 ♖e8 29. ♘e5 ♗e6 30. f3 ♖d8

(diagram)

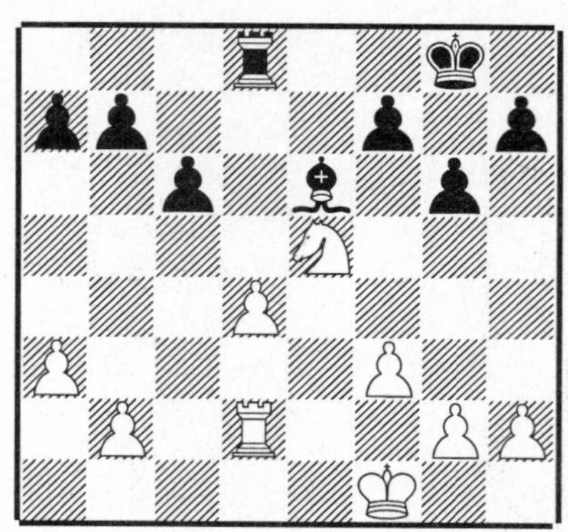

31. ♔e2 f6 32. ♘g4 ♗g4 33. fg4 ♔f7 34. ♔d3 ♖d5 35. ♔e4 h5 36. gh5 ♖h5 37. g3 ♖f5 38. b4 ♔e6 39. ♖b2 g5 40. h3 ♖f1 41. ♖e2 f5 42. ♔d3 ♔f6 43. ♖e8 ♖a1 44. ♖f8 ♔e6 45. ♖e8 ♔f7 46. ♖b8 ♖a3 47. ♔e2 ♖g3 48. ♖b7 ♔e6 49. ♖a7 ♖h3 50. ♖a5 ♖c3 51. ♖e5 ♔f6 52. b5 cb5 53. ♖b5 ♖c6 54. ♖d5 g4 55. ♖d8 ♖a6 56. ♔e3 ♖a3 57. ♔e2 f4 58. ♖f8 ♔g5 59. d5 ♖e3 60. ♔d2 ♖e5 61. ♖d8 f3 62. d6 f2 63. ♖g8 ♔h6 64. ♖f8 g3 65. d7 ♖d5 66. ♔e2 ♖d7 **0:1**

26.04. **309.**

P. KERES - G. STAHLBERG

1. ♘f3 d5 2. c4 e6 3. g3 ♘f6 4. ♗g2 ♗e7 5. 0-0 0-0 6. d4 c5 7. cd5 ♘d5 8. e4 ♘f6 9. ♘c3 cd4 10. ♘d4 ♘c6 11. ♘c6 bc6 12. ♕c2 ♗a6 13. ♖d1 ♕a5 14. ♗d2 ♕h5 15. ♕a4 ♗b5 16. ♘b5 cb5 17. ♕b3 ♗c5 18. h3 ♖ad8 19. ♗e1 ♕e5 20. ♗b4 h5 21. ♗c5 ♕c5 22. ♖ac1 ♖d1 23. ♕d1 ♕e5 24. ♖c2 ♘e4 25. ♕e2 f5 26. ♕h5 ♕d4 27. ♕e2 ♖d8 28. ♔h2 ♕d3 29. f3 ♕e2 30. ♖e2 ♖d2 31. ♗f1 ♖e2 32. ♗e2 ♘d6 33. ♔g2 ♔f7 34. ♔f2 e5 35. ♔e3 ♔e6 36. ♔d3 ♔d5 37. h4 e4 38. ♔e3 ef3 39. ♗f3 ♔e5 40. b3 b4 41. ♗c6 ♘c8 42. ♔d3 ♘d6 43. ♗g2 ♘e4 44. ♔c4 a5 45. ♔b5 ♘c3 46. ♔a5 ♘a2 47. ♔b5 ♔d4 48. ♗h3 ♔e4 49. ♔c5 ½:½

27.04. **310.**

G. STAHLBERG - P. KERES

1. d4 e6 2. c4 ♗b4 3. ♗d2 ♕e7 4. ♘f3 ♘f6 5. g3 ♗d2 6. ♘bd2 d6 7. ♗g2 e5 8. ♕b3 0-0

9. 0-0 ♖e8 10. e3 ♘bd7 11. ♖ac1 c6 12. c5 dc5 13. de5 ♘e5 14. ♘e5 ♕e5 15. ♕a3 ♕e7 16. ♘b3

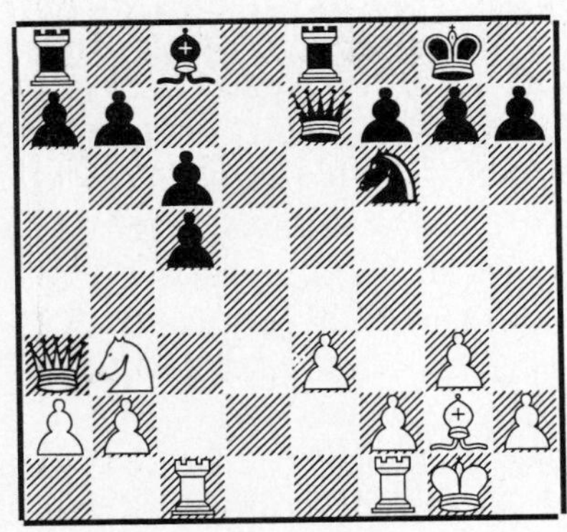

b6 17. ♗c6 ♗b7 18. ♗b7 ♕b7 19. ♕a4 ♖ad8 20. ♖fd1 ♘e4 21. ♘d2 ♘g5 22. ♕g4 ♖d2 23. ♕g5 ♕d7 24. ♖d2 ♕d2 25. ♖c4 ♕b2 26. ♖a4 a5 27. ♕g4 ♖d8 28. ♔g2 ♕d2 29. ♕h4 h6 30. ♖g4 ♕d5 31. e4 ♕d6 32. a4 ♖e8 33. ♕h5 ♖e5 34. ♕h3 c4 35. ♖f4 ♕c6 36. ♕h4 c3 37. ♕d8 ♖e8 **0:1**

28.04. **311.**

P. KERES - G. STAHLBERG

1. ♘f3 d5 2. c4 d4 3. e3 ♘c6 4. b4 de3 5. fe3 ♘b4 6. d4 e5 7. a3 ♘c6 8. d5 e4 9. ♘fd2 ♘e5 10. ♘e4 ♕h4 11. ♘f2 ♗c5 12. ♘c3 ♘f6 13. g3 ♕h6 14. ♘d3 ♘d3 15. ♕d3 0-0 16. e4 ♕g6 17. ♗g2 ♘g4 18. ♘a4 ♘f2 19. ♕c2 ♗d4 20. ♗f4 ♖e8 21. ♖d1 ♘e4 22. ♖d4 ♘g3 23. ♔d1 ♗g4 24. ♔c1 ♘e2 25. ♔b2 ♗f5 26. ♗e4 ♗e4 27. ♕e2 ♗h1 28. ♕f2 ♕f6 29. ♘c3 ♗e4 30. ♖d2 ♖ac8 31. ♕g3 ♕b6 32. ♘b5 a6 33. ♗e3 ♕g6 34. ♘c3 ♕g3 35. hg3 b6 36. a4 ♗f5 37. ♗f2 h5 38. ♔b3 ♗d7 39. ♔b4 f5 40. ♖d3 ♔f7 41. ♗e3 ♖h8 42. ♗g5 ♔g6 43. ♗h4 ♖he8 44. d6 a5 45. ♔b3 cd6 46. ♖d6 ♗e6 47. ♘d5 ♔f7 48. ♘b6 ♖c5 49. ♔c3 ♖e5 50. ♖d3 ♖b8 51. ♗d8 ♖c5 52. ♖d6 ♖b6 53. ♖b6 ♖c4 54. ♔d3 ♖a4 55. ♖b7 ♔g8 56. ♗c7 ♖g4 57. ♖a7 a4 58. ♗e5 ♗d5 59. ♔d2 ♗f7 60. ♖a8 ♔h7 61. ♖a7 ♗b3 62. ♔c3 ♔g8 63. ♔d2 ♔f8 64. ♗d6 ♔e8 65. ♔e3 ♖e4 66. ♔f2 g6 67. ♔g2 h4 68. gh4 ♖h4 69. ♖e7 ♔d8 70. ♖g7 ♖g4 71. ♔f2 ♔e8 72. ♖e7 ♔f8 73. ♖a7 ♔g8 74. ♗e5 ♖e4 75. ♗f6 ♗f7 76. ♖a8 ♗e8 77. ♖a7 ♖e6 78. ♗c3 ♖d6 79. ♔e3 ♗d7 80. ♔f4 ♔f7 81. ♔e5 ♖e6 82. ♔d5 ♖e7 83. ♔d6 f4 84. ♗d4 f3 85. ♗f2 g5 86. ♖b7 ♖e6 87. ♔d5 ♔e7 88. ♗c5 ♔d8 89. ♖b8 ♔c7 90. ♖f8 ♖a6 91. ♗d4 ♖a5 92. ♔e4 g4 93. ♖f6 ♖f5 94. ♗e5 ♖e5 95. ♔e5 a3 **0:1**

30.04. **312.**

G. STAHLBERG - P. KERES

1. d4 d5 2. c4 c6 3. cd5 cd5 4. ♘c3 ♘f6 5. ♘f3 ♘c6 6. ♗f4 ♕a5 7. ♗d2 ♕b6 8. ♕b3 ♗f5 9. ♕b6 ab6 10. ♘b5 ♔d7 11. e3 e6 12. ♗e2 ♘e4 13. ♗d3 ♗b4 14. ♗e4 ♗e4 15. ♘e5 ♘e5 16. de5 ♗e7 17. f3 ♗d3 18. ♘d4 f6 19. ef6 gf6 20. ♔f2 ♖hc8 21. ♗c3 e5 22. ♘e2 ♔e6 23. ♖hd1 ♗c4 24. a3 b5 25. ♖ac1 ♖a4 26. ♗e1 b4 27. ab4 ♗b4 28. ♗b4 ♖b4 29. ♖d2 ♖c6 30. ♘c3 ♖cb6 31. ♘d1 ♖a6 32. ♘c3 ♗b3 33. g3 ♖c4 34. ♖g1 ♖c5 35. g4 b5 36. ♘e2 ♖ac6 37. ♖d3 ♗c2 38. ♖d2 ♗a4 39. b4 ♖c2 40. ♖gd1 ♗b3 41. f4 ♖d2 42. ♖d2 ♖c4 43. g5 fg5 44. fe5 ♔e5 45. ♘d4 ♗a4 46. ♘f3 ♔d6 47. ♘g5 ♖b4 48. e4 d4 49. ♘h7 ♖c4 50. ♘g5 ♔e5 51. h4 ♔f4 52. e5 ♔e5 53. h5 ♔d5 54. ♘f3 b4 55. h6 ♗c2 56. ♘d4 ♖d4 57. ♖c2 ♖h4 58. ♔e3 b3 59. ♖c8 ♖h6 60. ♔d2 ♖h1 61. ♖c1 ♖h3 62. ♖g1 b2 63. ♔c2 b1♕ 64. ♔b1 **½:½**

NOORDWIJK
8.- 21.06.1938

8.06. **313.**

P. KERES - E. BOGOLJUBOV

1. ♘f3 ♘f6 2. c4 e6 3. g3 d5 4. ♗g2 ♗e7 5. 0-0 0-0 6. d4 ♘bd7 7. ♘c3 c6 8. b3 a6 9. ♗b2 b5 10. ♘e5 ♘e5 11. de5 ♘d7 12. cd5 cd5 13. e4 d4 14. ♘e2 ♘e5 15. ♘d4 ♕b6 16. ♕e2 ♗f6 17. ♖fd1 ♗b7 18. ♖d2 ♖fd8 19. ♖ad1 h6 20. h3 ♖d7 21. ♔h2 ♖ad8 22. f4 ♘g6 23. e5 ♗e7 24. f5 ♗g2 25. ♔g2 ef5 26. ♘f5 ♕c6 27. ♔h2 ♖d2 28. ♖d2 ♖d2 29. ♕d2 ♕e6 30. ♘e7 ♘e7 31. ♕d8 ♔h7 32. ♕d3 g6 33. g4 ♘c6 34. ♕d6 ♔g7 35. ♔g3 ♘e7 36. ♔f3 h5 37. ♕e6 fe6 38. ♔e4 ♔f7 39. ♔d4 ♘d5 40. ♗c1 ♔e7 41. gh5 ½:½

9.06. **314.**

P. KERES - S. LANDAU

1. e4 c5 2. ♘f3 d6 3. d4 cd4 4. ♘d4 ♘f6 5. f3 g6 6. c4 ♗g7 7. ♘c3 ♘c6 8. ♗e3 ♘d7 9. ♕d2 ♘d4 10. ♗d4 ♗d4 11. ♕d4 0-0 12. ♘d5 ♘b6 13. ♘e3 ♕c7 14. ♗e2 ♗e6 15. f4 ♕c5 16. ♕c5 dc5 17. 0-0-0 ♖ad8 18. b3 ♗d7 19. ♗f3 ♗c6 20. ♔b2 ♔g7 21. ♔c3 ♘a8 22. ♖he1 ♘c7 23. ♘d5 ♖d7 24. e5 ♘e6 25. f5 gf5 26. ♘e3 ♖fd8 27. ♖d7 ♖d7 28. ♘f5 ♔g6 29. ♗c6 bc6 30. ♖f1 ♘g5 31. ♔c2 ♘e4 32. ♖d1 ♖c7 33. ♘e3 f5 34. ef6 ef6 35. ♖d8 ♘g5 36. ♔d3 h5 37. h4 ♘f7 38. ♖g8 ♔h7 39. ♖e8 ♖d7 40. ♔e2 ♘e5 41. ♘d1 ♖g7 42. ♔f1 ♖d7 43. ♔e2 ♖g7 44. ♔f1 ♖d7 45. ♘f2 ♔g6 46. ♔e2 ♔f5 47. ♖h8 ♔g6 48. ♖g8 ♔f5 49. ♘h1 ♖h7 50. ♘g3 ♔f4 51. ♖g7 ♖g7 52. ♘h5 ♔g4 53. ♘g7 ♔h4 54. ♘e6 ♔g3 55. ♘c5 ♔g2 56. ♔e3 ♔f1 57. ♘e4 ♘d7 58. b4 ♔e1 59. c5 f5 60. ♘d6 f4 61. ♔f4 ♔d2 62. a4 ♔c3 63. b5 ♘c5 64. bc6 ♔b4 65. ♔e5 ♘a6 66. ♘b7 ♔a4 67. ♔d6 ♔b5 68. ♘c5 ♘c5 69. c7 a5 70. c8♕ ♘b3 71. ♔d5 a4 72. ♕c4 ♔a5 73. ♔c6 **1:0**

11.06. **315.**

Sir G.A. THOMAS - P. KERES

1. d4 ♘f6 2. ♘f3 c5 3. e3 d5 4. c4 cd4 5. ed4 ♘c6 6. ♘c3 ♗g4 7. ♗e2 e6 8. 0-0 ♗e7 9. ♘e5 ♗e2 10. ♘e2 0-0 11. ♘c6 bc6 12. ♕d3 ♕b6 13. c5 ♕b7 14. ♗f4 ♘d7 15. ♖ab1 ♖fe8 16. b4 f6 17. ♗g3 e5 18. f3 a5 19. a3 ab4 20. ab4 ♖a4 21. ♗e1 ♖ea8 22. ♗d2 ♖a3 23. ♘c3 g6 24. ♖fe1 ♗f8 25. ♔h1 ♖d8 26. ♗c1 ♖a7 27. ♗e3 ♕a8 28. ♕d2 ♖a3 29. ♕c2 ♖b8 30. f4 ♗h6 31. ♗c1 ed4 32. ♗a3 ♕a3 33. ♖b3 ♕a6 34. b5 cb5 35. ♘d5 ♗f8 36. c6 ♘c5 37. c7 ♖c8 38. ♖bb1 ♔g7 39. ♕d2 d3 40. ♖ec1 ♕e6 41. ♖c5 ♗c5 42. ♕d3 b4 ½:½

12.06. **316.**

P. KERES - E. ELISKASES

1. e4 e6 2. d4 d5 3. ♘d2 c5 4. ed5 ♕d5 5. ♘f3 cd4 6. ♗c4 ♕d8 7. 0-0 ♘c6 8. ♘b3 ♘f6 9. ♕e2 ♗e7 10. ♖d1 0-0 11. ♘bd4 ♕c7 12. ♘c6 bc6 13. ♗g5 ♗b7 14. ♕e5 ♕e5 15. ♘e5 ♖fd8 16. ♘d7 c5 17. ♘f6 ♗f6 18. ♗f6 gf6 19. f3 f5 20. ♔f2 ♔g7 21. ♔e3 ♔f6 22. ♗e2 e5 23. g3 ♗d5 24. b3 ♗e6 25. f4 ♖d4 26. fe5 ♔e5 27. ♖d4 cd4 28. ♔d2 ♗d5 29. ♗c4 ♖c8 30. ♗d5 ♔d5 31. ♖e1 ♔d6 32. ♖e2 ♖c3 33. ♖e8 ♖f3 34. ♔e2 ♖c3 35. ♔d1 ♖f3 36. ♖d8 ♔e5 37. ♖d7 ♖f2 38. ♖a7 ♖h2 39. a4 ♖g2 40. ♖f7 ♖g3 41. ♖h7 f4 42. a5 f3 43. ♔e1 ♔f4 44. ♔d2 ♖g1 45. ♖f7 ♔e4 46. a6 ♖g2 47. ♔c1 d3 48. cd3 ♔e3 49. b4 ♖a2 50. b5 f2 51. d4 ♔d4 52. ♖f2 ♖f2 53. a7 ♖a2 54. b6 ♔c3 55. ♔b1 ♖a6 56. b7 ♖b6 57. ♔c1 ♖h6 ½:½

15.06. **317.**

P. SCHMIDT - P. KERES

1. d4 ♘f6 2. c4 e6 3. ♘c3 ♗b4 4. ♕c2 0-0 5. ♘f3 c5 6. dc5 ♘a6 7. a3 ♗c3 8. ♕c3 ♘c5 9.

♗f4 d5 10. cd5 ♘ce4 11. ♕d4 ♕d5 12. ♕d5 ♘d5 13. g3 ♗d7 14. ♗g2 ♗c6 15. ♘d4 ♘f4 16. gf4 ♗d5 17. ♗e4 ♗e4 18. f3 ♖fd8 19. e3 ♗d5 20. ♔f2 f6 21. ♖hg1 ♖d7 22. ♖ad1 ♖ad8 23. ♖d2 ♗c6 24. ♖c2 ♗d5 25. ♖d2 ♔f7 26. ♖gd1 ♔e7 27. e4 ♗c4 28. ♔e3 g6 29. ♘c2 ♖d2 30. ♖d2 ♖c8 31. ♘d4 e5 32. ♘e2 ♗e2 33. ♖e2 ♖c1 34. fe5 fe5 35. f4 ♔e6 36. ♖f2 ♖e1 37. ♔d3 ♖b1 38. ♔c3 ♖d1 39. fe5 ♖d7 40. ♖f8 ♔e5 41. ♖e8 ♔f6 42. ♖f8 ♔e6 43. ♖h8 b6 44. b3 ♔f6 45. ♖f8 ♖f7 46. ♖e8 ♖e7 47. ♖f8 ♔g7 48. ♖a8 g5 49. ♔d4 h5 50. e5 g4 51. ♔e4 ♖f7 52. e6 ♖f2 53. ♔e3 ♖f6 54. ♖a7 ♔g6 55. e7 ♔f7 56. ♖b7 ♖f3 57. ♔e4 ♖b3 58. ♔f4 ♖f3 59. ♔g5 ♖h3 60. ♖b6 ♖h2 61. ♖e6 ♔e8 62. ♖e5 g3 63. ♔f6 ♖f2 64. ♔e6 h4 65. ♖h5 ♖e2 66. ♔d6 g2 67. ♖h4 g1♕ 68. ♖h8 ♔f7 69. ♖f8 ♔g7 70. e8♕ **0:1**

16.06. **318.**

P. KERES - Dr. M. EUWE

1. ♘f3 d5 2. c4 d4 3. e3 ♘c6 4. ed4 ♘d4 5. ♘d4 ♕d4 6. ♘c3 ♗g4 7. ♕a4 c6 8. d3 ♘f6 9. ♗e3 ♕d7 10. d4 e6 11. f3 ♗f5 12. 0-0-0 ♗d6 13. g4 ♗g6 14. h4 h5 15. g5 ♘h7 16. c5 ♗e7 17. d5 0-0 18. dc6 ♕c6 19. ♕c6 bc6 20. ♖d7 ♖fe8 21. ♗a6 e5 22. ♖c7 ♘f8 23. ♗b7 ♖ab8 24. ♗c6 ♘e6 25. ♗e8 ♘c7 26. ♗d7 a5 27. c6 ♖b4 28. b3 f6 29. ♔b2 fg5 30. hg5 ♗f7 31. ♖d1 ♖h4 32. ♖d2 ♖h1 33. f4 ♗b4 34. fe5 ♗g6 35. a3 ♗c3 36. ♔c3 h4 37. e6 ♖e1 38. ♔d4 ♔f8 39. ♗f2 ♘e6 40. ♔d5 ♘c7 41. ♔c5 **1:0**

18.06. **319.**

R. SPIELMANN - P. KERES

1. e4 e6 2. d4 d5 3. ♘c3 ♘f6 4. e5 ♘fd7 5. f4 c5 6. dc5 ♘c6 7. a3 ♗c5 8. ♕g4 g6 9. ♘f3 a6 10. ♗d3 b5 11. b4 ♗a7 12. h4 h5 13. ♕g3 ♕e7 14. f5 ♗b8 15. fg6 ♘de5 16. gf7 ♕f7 17. ♘g5 ♕f6 18. ♖f1 ♘g4 19. ♕f3 ♕c3 20. ♔d1 ♕g7 21. ♕e2 ♖f8 22. ♖f8 ♔f8 23. ♘e6 ♗e6 24. ♕e6 ♘f2 25. ♔e1 ♘d3 26. cd3 **0:1**

19.06. **320.**

P. KERES - V. PIRC

1. ♘f3 ♘f6 2. c4 e6 3. g3 d5 4. ♗g2 ♗e7 5. 0-0 0-0 6. d4 ♘bd7 7. ♕c2 c6 8. ♖d1 ♖e8 9. ♘bd2 b6 10. e4 de4 11. ♘e5 ♕c7 12. ♘e4 ♘e5 13. de5 ♘e4 14. ♗e4 h6 15. ♕e2 ♗b7 16. ♗d2 ♖ad8 17. ♗c3 c5 18. ♗f3 ♖d1 19. ♖d1 ♖d8 20. ♖d8 ♗d8 21. ♗b7 ♕b7 22. ♕d3 ♗e7 23. f3 ♕c6 24. b3 ♔f8 25. ♔f2 ♔e8 26. ♔e2 ♗f8 27. ♔e3 ♗e7 28. ♕e4 ♕e4 29. ♔e4 h5 30. ♗d2 a6 31. h3 ♔d7 32. g4 hg4 33. hg4 ♗d8 34. f4 g6 35. a4 a5 36. f5 gf5 37. gf5 f6 ½:½

21.06. **321.**

Dr. S.G. TARTAKOWER - P. KERES

1. d4 ♘f6 2. ♘f3 c5 3. e3 d5 4. ♘bd2 ♘bd7 5. a3 ♕c7 6. c4 g6 7. cd5 ♘d5 8. ♕b3 ♘5b6 9. a4 cd4 10. ed4 ♘f6 11. ♗b5 ♘bd7 12. ♘e5 e6 13. ♘df3 ♕d6 14. 0-0 a6

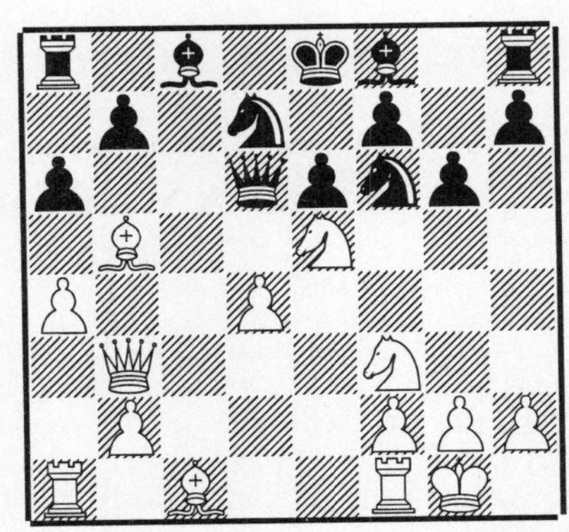

15. ♗c4 ♘d5 16. ♖e1 ♗e7 17. ♗h6 ♘7b6 18. ♗f1 f6 19. ♘d3 ♘b4 20. ♘c5 ♘6d5 21. a5 ♔f7 22. ♘d2 ♘c6 23. ♘c4 ♕c7 24. ♗e3 ♖b8 25. ♘b6 ♘a5 26. ♘d5 ♘b3 27. ♘c7 ♘a1 28. ♘5e6 ♘c2 29. ♗c4 ♗e6 30. ♗e6 ♔g7 31. ♗b3 ♖hc8 32. ♗c2 ♖c7 33. ♗f4 ♖c2 34. ♗b8 ♔f7 35. ♖b1 ♔e6 36. ♗f4 ♔d5 37. ♗e3 ♔c4 38. b3 ♔c3 39. d5 ♗d6 40. g3 ♔b4 41. ♔g2 ½:½

ESTONIA - FINLAND TEAM MATCH
Tallinn, 25.- 26.09.1938

25.09. **322.**

T. SALO - P. KERES

1. ♘f3 ♘f6 2. d4 g6 3. g3 ♗g7 4. ♗g2 d5 5. 0-0 c5 6. dc5 ♘a6 7. c4 0-0 8. ♘c3 dc4 9. c6 bc6 10. ♘e5 ♗b7 11. ♘c6 ♕e8 12. ♕a4 ♘b8

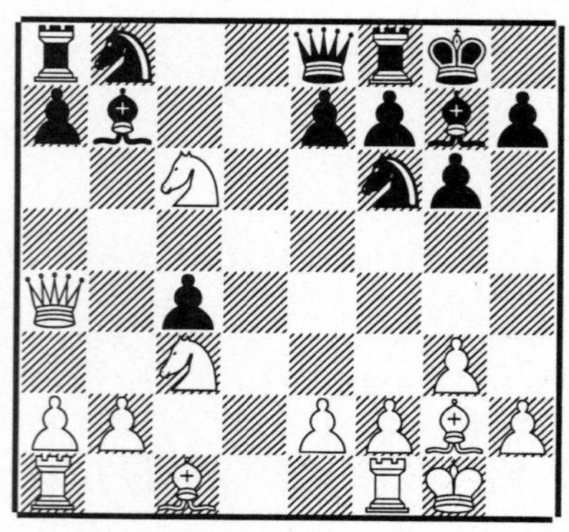

13. ♘b8 ♕a4 14. ♘a4 ♗g2 15. ♔g2 ♖ab8 16. ♖b1 ♖b4 17. ♘c3 ♖fb8 18. ♖d1 h6 19. ♗e3 ♖b2 20. ♖b2 ♖b2 21. ♗a7 ♖c2 22. ♖d8 ♔h7 23. ♗d4 ♘g4 24. ♗g7 ♔g7 25. ♖d4 ♘f2 26. ♔f2 ♖c3 27. ♖d7 ♔f6 28. ♖c7 ♔e6 29. a4 ♔d6 30. ♖c8 e5 31. ♖f8 ♔e7 32. ♖c8 ♔d7 33. ♖f8 ♔e6 34. ♖c8 ♔d5 35. ♖c7 f5 36. ♖g7 g5 37. ♖d7 ♔e4 38. ♖c7 f4 39. gf4 gf4 40. a5 ♖c2 41. a6 f3 **0:1**

26.09. **323.**

P. KERES - T. SALO

1. d4 ♘f6 2. c4 e6 3. ♘c3 d5 4. ♗g5 ♘bd7 5. ♘f3 ♗e7 6. e3 0-0 7. cd5 ed5 8. ♗d3 c6 9. ♕c2 ♖e8 10. 0-0 ♘e4 11. ♗e4 de4 12. ♘e4 f6 13. ♗f4 ♘f8 14. ♖fd1 ♕d5 15. ♘c3 ♕h5 16. d5 cd5 17. ♘d5 ♗e6 18. ♘c7 ♖ac8 19. ♕e4 f5 20. ♕b7 ♖b8 21. ♕a7 ♖ec8 22. ♘e6 **1:0**

A.V.R.O. (unofficial cand.tourn.)
Amsterdam, Arnheim, 6.-28.11.1938

		1	2	3	4	5	6	7	8	
1	P. KERES	•	1 ½	½ ½	½ ½	½ ½	1 ½	1 ½	½ ½	8½
2	R. FINE	0 ½	•	1 ½	1 1	1 0	1 0	½ ½	1 ½	8½
3	M. BOTVINNIK	½ ½	0 ½	•	1 ½	½ 0	1 ½	½ 1	½ ½	7½
4	Dr. A. ALEKHINE	½ ½	0 0	0 ½	•	1 ½	½ ½	½ 1	½ 1	7
5	Dr. M. EUWE	½ ½	0 1	½ 1	0 ½	•	0 ½	0 1	1 ½	7
6	S. RESHEVSKY	0 ½	0 1	0 ½	½ ½	1 ½	•	½ ½	1 ½	7
7	J. R. CAPABLANCA	0 ½	½ ½	½ 0	½ 0	1 0	½ ½	•	½ 1	6
8	S. FLOHR	½ ½	0 ½	½ ½	½ 0	0 ½	0 ½	½ 0	•	4½

6.11. **324.**

Dr. M. EUWE - P. KERES

1. d4 e6 2. c4 ♗b4 3. ♘c3 f5 4. ♕b3 ♕e7 5. a3 ♗c3 6. ♕c3 ♘f6 7. g3 d6 8. ♘f3 b6 9. ♗g2 ♗b7 10. 0-0 ♘bd7 11. b4 0-0 12. ♗b2 ♖ac8 13. ♖fd1 c5 14. dc5 bc5 15. ♕d3 ♘b6 16. b5 ♖fd8 17. a4 d5 18. cd5 ♖d5 19. ♕c2 ♖d1 20. ♕d1 ♘c4 21. ♗c1 e5 22. ♕b3 ♗d5 23. ♘d2 e4 24. ♘c4 ♕e6 25. ♗h3 ♗c4 26. ♕c2 ♗d5 27. a5 ♗b7 28. ♗b2 ♘d5 29. ♕c4 h5 30. e3 ♔h7 31. ♖d1 g6 32. ♗f1 ♖c7 33. ♕b3 ♖d7 34. ♗c4 ♔h6 35. h4 f4 36. ef4 e3 37. ♗d5 e2 38. ♖e1 ♕d5 39. ♕d5 ♖d5 40. f3 ♖d1 ½:½

8.11. **325.**

P. KERES - M. BOTVINNIK

1. ♘f3 ♘f6 2. d4 b6 3. c4 ♗b7 4. g3 e6 5. ♗g2 ♗e7 6. 0-0 0-0 7. ♖e1 d5 8. ♘c3 ♘bd7 9. ♘e5 ♘e4 10. cd5 ♘c3 11. bc3 ♘e5 12. d6 ♗g2 13. de7 ♕e7 14. ♔g2 ♘c6 15. ♕a4 ♕d7 16. e4 ♖fd8 17. ♖b1 ♖ac8 18. ♗e3 ♘a5 19. ♕d7 ♖d7 20. ♖b4 f6 21. ♖a4 ♖cd8 22. ♖c1 ♔f7 23. ♖d1 ♘c6 24. ♖b1 ♘a5 25. ♖d1 ♘c6 26. ♖b1 ♘a5 **½:½**

10.11. **326.**

S. FLOHR - P. KERES

1. d4 ♘f6 2. c4 e6 3. ♘f3 b6 4. ♘c3 ♗b7 5. ♗g5 h6 6. ♗h4 ♗e7 7. e3 ♘e4 8. ♗e7 ♕e7 9. ♕c2 ♘c3 10. ♕c3 0-0 11. ♗e2 d6 12. 0-0 ♘d7 13. ♖fd1 ♘f6 14. ♘d2 c5 15. dc5 dc5 16. ♘f1 ♖fd8 17. ♘g3 ♕c7 18. h3 ♔f8 19. ♖d8 ♖d8 20. ♖d1 ♖d1 21. ♗d1 ♕d6 22. ♗e2 ♘e4 23. ♘e4 ♗e4 **½:½**

12.11. **327.**

P. KERES - S. RESHEVSKY

1. e4 e5 2. ♘f3 ♘c6 3. ♗b5 a6 4. ♗a4 ♘f6 5. 0-0 d6 6. ♗c6 bc6 7. d4 ♘e4 8. ♖e1 f5 9. de5 d5 10. ♘d4 c5 11. ♘e2 c6 12. ♘f4 g6 13. c4 d4 14. ♕a4 ♗b7 15. f3 ♘g5 16. h4 ♘f7 17. e6 ♕h4 18. ef7 ♔f7 19. ♘d3 ♗d6 20. f4 ♖ae8 21. ♕d1 g5 22. ♘d2 g4 23. ♘f1 ♖e4 24. ♘f2 ♖e1 25. ♕e1 ♖e8 26. ♕d1 ♕h6 27. ♘d3 ♗c8 28. ♗d2 ♕h4 29. ♕c2 ♖e2 30. ♖e1 ♖e1 31. ♗e1 ♕e7 32. ♕d2 h5 33. ♘e5 ♔g7 34. ♕e2 h4 35. ♘d2 ♗d7 36. ♘b3 ♗e8 37. ♘c1 ♗f7 38. b3 ♗h5 39. ♘cd3 ♔h6 40. g3 h3 41. ♕b2 ♗e8 42. ♕a3 ♕a7 43. ♕a5 ♗e7 44. ♗d2 **1:0**

13.11. **328.**

Dr. A. ALEKHINE - P. KERES

1. d4 ♘f6 2. c4 e6 3. ♘c3 ♗b4 4. e3 d5 5. ♘f3 0-0 6. ♗d3 c5 7. 0-0 ♘c6 8. a3 ♗c3 9. bc3 b6 10. a4 cd4 11. cd5 ♕d5 12. ed4 ♗b7 13. ♖e1 ♖fd8 14. ♗g5 ♖ac8 15. ♕d2 ♘e7 16. a5 ♘g6 17. ab6 ab6 18. h4 ♖d7 19. ♖a7 ♗c6 20. ♖d7 ♗d7 21. ♘e5 ♘e8 22. c4 ♕b7 23. ♘d7 ♕d7 24. h5 ♘f8 25. d5 ed5 26. cd5 h6 27. ♗e7 ♘d6 28. ♖e5 ♘c4 29. ♗c4 ♖c4 30. ♗f8 ♔f8 31. d6 ♖c6 32. ♖d5 f6 33. ♖d3 ♖c8 34. ♕b4 b5 35. ♖d5 ♖d8 36. g3 ♔f7 37. ♔h2 ♕e6 38. ♕d4 ♖d7 39. ♕d3 b4 40. ♖d4 ♖d8 41. ♕g6 ♔f8 42. ♕h7 ♔f7 **½:½**

14.11. **329.**

P. KERES - J.R. CAPABLANCA

1. e4 e6 2. d4 d5 3. ♘d2 c5 4. ed5 ed5 5. ♘f3 ♘c6 6. ♗b5 ♕e7 7. ♗e2 cd4 8. 0-0 ♕c7 9. ♘b3 ♗d6 10. ♘bd4 a6 11. b3 ♘ge7 12. ♗b2 0-0 13. ♘c6 bc6 14. c4 ♗e6 15. ♕c2 dc4 16. ♗c4 ♗c4 17. ♕c4 ♖fb8 18. h3 ♖b5 19. ♖ac1 ♖c8 20. ♖fd1 ♘g6 21. ♘d4 ♖b6

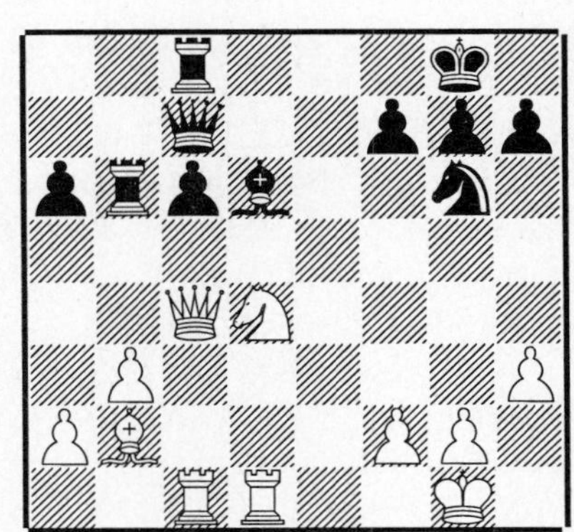

22. ♘e6 ♕b8 23. ♘g5 ♖b7 24. ♕g4 ♗f4 25. ♖c4 ♖b5 26. ♘f7 ♖e8 27. g3 ♕c8 28. ♖f4 ♕g4 29. ♖g4 ♔f7 30. ♖d7 ♖e7 31. ♖e7 ♔e7 32. ♗g7 ♖a5 33. a4 ♖c5 34. ♖b4 ♔e6 35. ♔g2 h5 36. ♖c4 ♖c4 37. bc4 ♔d6 38. f4 **1:0**

15.11. **330.**

R. FINE - P. KERES

1. e4 e5 2. ♘f3 ♘c6 3. ♗b5 a6 4. ♗a4 ♘f6 5. 0-0 ♗e7 6. ♕e2 b5 7. ♗b3 d6 8. a4 ♗g4 9. c3 0-0 10. ab5 ab5 11. ♖a8 ♕a8 12. ♕b5

♘a7 13. ♕e2 ♕e4 14. ♕e4 ♘e4 15. d4 ♗f3 16. gf3 ♘g5 17. ♔g2 ♖b8 18. ♗c4 ed4 19. cd4 ♘e6 20. d5 ♘c5 21. ♘c3 ♘c8 22. ♖e1 ♔f8 23. ♖e2 f5 24. ♘b5 ♘b6 25. b3 ♘d5 26. ♘d4 ♘b4 27. ♗d2 d5 28. ♗b4 ♖b4 29. ♘c6 dc4 30. ♘b4 cb3 31. ♘d5 ♘d3 32. ♖d2 b2 33. ♖d1 c5 34. ♖b1 c4 35. ♔f1 ♗c5 36. ♔e2 ♗f2 37. ♘e3 c3 38. ♘c2 ♘e1 39. ♘a3 ♗c5 40. ♔e1 ♗a3 41. ♔d1 ♗d6 42. ♔c2 ♗h2 43. ♖h1 ♗e5 44. ♖h7 ♔f7 45. ♖h1 g5 46. ♖e1 ♔f6 47. ♖g1 ♔g6 48. ♖e1 ♗f6 49. ♖g1 g4 50. fg4 f4 51. g5 ♗d4 52. ♖d1 ♗e3 53. ♔c3 ♗c1 54. ♖d6 ♔g5 55. ♖b6 f3 56. ♔d3 ♔f4 57. ♖b8 ♔g3 **0:1**

17.11. **331.**

P. KERES - Dr. M. EUWE

1. ♘f3 d5 2. c4 c6 3. b3 ♗f5 4. ♗b2 e6 5. g3 ♘f6 6. ♗g2 ♘bd7 7. 0-0 h6 8. d3 ♗c5 9. ♘bd2 0-0 10. ♕c2 ♕e7 11. e4 de4 12. de4 ♗h7 13. a3 a5 14. h3 ♗b6 15. ♗c3 ♘c5 16. ♘e5 ♖fd8 17. b4 ♖d2 18. ♕d2 ♘b3 19. ♕e1 ♘a1 20. ♗a1 ab4 21. ab4 c5 22. b5 ♗c7 23. ♘d3 e5 24. ♕e3 ♘d7 25. ♗b2 f6 26. ♖c1 ♗g6 27. ♗f1 ♗f7 28. ♘e1 ♘f8 29. ♕d3 ♘e6 30. ♘g2 ♘d4 31. ♘e3 ♖a2 32. ♕b1 ♖a8 33. ♖c3 ♕d7 34. ♖a3 ♖a3 35. ♗a3 ♘f3 36. ♔g2 ♘g5 37. ♘f5 b6 38. ♕d3 ½:½

19.11. **332.**

M. BOTVINNIK - P. KERES

1. d4 ♘f6 2. c4 e6 3. ♘c3 ♗b4 4. a3 ♗c3 5. bc3 c5 6. e3 0-0 7. ♗d3 ♘c6 8. ♘e2 d6 9. ♘g3 b6 10. ♗b2 ♗a6 11. e4 ♖c8 12. ♖c1 cd4 13. cd4 e5 14. ♕a4 ♘a5 15. 0-0 ♕e8 16. ♕b4 ♘c6 17. ♕a4 ♘a5 18. ♕b4 ♘c6 19. ♕d2 ♕d8 20. d5 ♘a5 21. ♕b4 ♘d7 22. ♗e2 ♘c5 23. ♖c3 ♖c7 24. ♗c1 ♗c8 25. f4 f6 26. f5 ♕d7 27. ♗e3 ♗a6 28. ♖fc1 ♖fc8 29. ♗d1 ♕e8 30. ♗e2 ♖b8 31. h3 ♗c8 32. ♗c5 ♖c5 33. ♘f1 ♗a6 34. a4 ♗c8 35. ♘d2 ♗d7 36. ♖a1 ♕d8 37. ♘b3 ♘b3 38. ♖b3 ♖bc8 39. ♖c3 ♕c7 40. ♔f2 ♖a5 41. ♖b3 ½:½

20.11. **333.**

P. KERES - S. FLOHR

1. e4 c6 2. ♘c3 d5 3. ♘f3 de4 4. ♘e4 ♘f6 5. ♘f6 ef6 6. d4 ♗d6 7. ♗e2 0-0 8. 0-0 ♖e8 9. ♗e3 ♗g4 10. ♖e1 ♘d7 11. ♕d3 ♕c7 12. g3 ♘f8 13. ♘d2 ♕d7 14. d5 ♗e2 15. ♖e2 ♘g6 16. dc6 ♕c6 17. ♕c4 ♕d7 18. ♘f3 ♕f5 19. ♘d4 ♕h5 20. ♕d3 ♘e5 21. ♕f5 ♕f5 22. ♘f5 ♗f8 23. b3 ♖ad8 24. ♔g2 g6 25. ♘h4 ♘g4 26. ♘f3 ♗c5 27. ♖ae1 ♘e3 28. fe3 f5 29. ♔f2 ♗b4 30. ♖b1 ½:½

22.11. **334.**

S. RESHEVSKY - P. KERES

1. d4 ♘f6 2. c4 e6 3. ♘c3 ♗b4 4. e3 0-0 5. ♗d3 d6 6. ♘e2 e5 7. 0-0 ♖e8 8. ♘g3 ♗c3 9. bc3 c5 10. ♕c2 h6 11. d5 ♘bd7 12. f4 ef4 13. ef4 ♘f8 14. ♗d2 ♗d7 15. h3 a6 16. a4 b5 17. ab5 ab5 18. ♖a8 ♕a8 19. cb5 ♘d5 20. ♘e4 ♕b8 21. f5 ♘h7 22. c4 ♘b4 23. ♗b4 cb4 24. ♕f2 d5 25. cd5 ♗b5 26. ♕d4 ♗d3 27. ♕d3 ♕b6 28. ♔h1 ♘f6 29. ♘f6 ♕f6 30. d6 ♖d8 31. ♖d1 b3 32. ♕b3 ♕f5 33. ♕b6 ♖d7 34. ♕d4 ♕e6 35. ♕d3 ♕g6 36. ♕b5 ♕e6 37. ♕c6 ♔h7 38. ♕c2 ♕g6 39. ♕d2 ♕e6 40. ♕f4 ♕g6 41. h4 ♕e6 42. h5 ♔g8 43. ♖d4 ♔h7 44. ♔h2 ♔g8 45. ♖d2 ♔h7 46. ♖d4 ♔g8 47. ♖d2 ♔h7 ½:½

24.11. **335.**

P. KERES - Dr. A. ALEKHINE

1. e4 c6 2. d4 d5 3. ed5 cd5 4. c4 ♘f6 5. ♘c3 ♘c6 6. ♗g5 e6 7. ♘f3 ♗e7 8. c5 0-0 9. ♗b5 ♘e4 10. ♗e7 ♕e7 11. ♕c2 ♘g5 12. ♘g5 ♕g5 13. ♗c6 bc6 14. 0-0 e5 15. de5 ♕e5 16. ♖fe1 ♕f6 17. ♖ad1 ♖b8 18. ♕d2 ♗g4 19. f3 ♗e6 20. b3 ♕e7 21. ♕e3 ♖fe8 22. ♘e2 h6 23. ♕c3 ♕g5 24. ♘d4 ♗h3 25. g3 ♕f6 26. ♖e3 ♗d7 27. ♖de1 ♖e3 28. ♖e3 h5 29. ♘e2 ♕f5 30. ♕d3 ♕f6 31. ♕d4 ♕f5 32.

♔f2 ♕b1 33. ♕f4 ♖f8 34. ♖e5 ♗h3 35. g4 hg4 36. fg4 d4 37. ♔g3 d3 38. ♘d4 ♕f1 39. ♕f1 ♗f1 40. ♘c6 f6 41. ♖d5 ♗e2 42. ♔f2 ♔f7 43. ♖d7 ♔e6 44. ♖d6 ♔f7 45. ♘a7 ♗g4 46. ♖d3 ♖a8 47. ♖d4 ♖a7 48. ♖g4 ♖a2 49. ♔e3 ♖h2 50. b4 g5 51. c6 ♔e7 52. b5 ♖b2 53. ♖c4 ♔d8 54. ♖c5 g4 55. ♔f4 ♖b4 56. ♔g3 ♔c7 57. ♔h4 ♔c8 58. ♖h5 ♔c7 59. ♖h7 ♔c8 60. ♖b7 ♖c4 61. ♔g3 f5 62. ♔h4 ♖c5 ½:½

25.11. 336.

J.R. CAPABLANCA - P. KERES

1. d4 e6 2. c4 ♗b4 3. ♘c3 c5 4. e3 ♘f6 5. ♘e2 cd4 6. ed4 0-0 7. a3 ♗e7 8. ♘f4 d5 9. cd5 ♘d5 10. ♘fd5 ed5 11. ♕b3 ♘c6 12. ♗e3 ♗f6 13. ♖d1 ♗g4 14. ♗e2 ♗e2 15. ♔e2 ♖e8 16. ♔f1 ♘e7 17. g3 ♕d7 18. ♔g2 ♖ad8 19. ♕b5 ♘f5 20. ♕d7 ♖d7 21. ♖d3 h6 22. h4 ♖c8 23. h5 b5 24. g4 ♘e3 25. fe3 a5 26. b4 ab4 27. ab4 ♗e7 28. ♖b1 ♖c4 29. ♘b5 ♖b4 30. ♖b4 ♗b4 31. ♔f3 g6 32. ♖b3 ♗a5 33. ♖a3 ♗d2 34. ♔e2 ♖b7 35. ♘d6 ♖b2 36. ♖a8 ♔h7 37. ♘f7 gh5 38. ♘e5 ♗c1 39. ♔d3 ♖d2 40. ♔c3 ♖g2 41. gh5 ♗e3 42. ♖a7 ½:½

27.11. 337.

P. KERES - R. FINE

1. e4 e5 2. ♘f3 ♘c6 3. ♗b5 a6 4. ♗a4 ♘f6 5. 0-0 ♘e4 6. d4 b5 7. ♗b3 d5 8. de5 ♗e6 9. c3 ♗e7 10. ♘bd2 0-0 11. ♘d4 ♘d4 12. cd4 ♘d2 13. ♗d2 c5 14. dc5 ♗c5 15. ♖c1 ♖c8 16. ♖c5 ♖c5 17. ♗b4 ♕c7 18. ♕d4 ♖c1 19. ♗f8 ♔f8 ½:½

LENINGRAD - MOSCOW
3.- 31.01.1939

3.01. 338.

V. MAKAGONOV - P. KERES

1. d4 e6 2. c4 ♗b4 3. ♘c3 f5 4. ♕b3 ♕e7 5. a3 ♗c3 6. ♕c3 ♘f6 7. g3 d6 8. ♘f3 b6 9. ♗g2 ♗b7 10. 0-0 0-0 11. b4 ♘bd7 12. ♗b2 c5 13. ♖fd1 ♘e4 14. ♕b3 ♘df6 15. dc5 bc5 16. ♘d2 ♖ab8 17. f3 ♘d2 18. ♖d2 ♗a8 19. ♕e3 f4 20. ♕d3 fg3 21. hg3 ♖fd8 22. ♕e3 cb4 23. ab4 ♖b4 24. ♖a7 ♖b7 25. ♖a6 ♖c7 26. ♗h3 e5 27. ♗a3 ♘e8 28. c5 ♖c6 29. cd6 ♘d6 30. ♖d6 ♖cd6 31. ♗d6 ♕b7 32. ♗e6 ♔h8 33. ♕b6 ♖e8 34. ♗e5 ♕e7 35. ♖a7 **1:0**

4.01. 339.

P. KERES - S. BELAVIENETZ

1. d4 ♘f6 2. c4 e6 3. ♘c3 ♗b4 4. e3 b6 5. ♗d3 ♗b7 6. ♘f3 0-0 7. 0-0 ♗c3 8. bc3 d6 9. ♕c2 ♘bd7 10. e4 e5 11. ♘d2 ♘h5 12. g3 ♕f6 13. ♘b3 ♖ae8 14. f3 ♕e6 15. a4 a5 16. c5 dc5 17. dc5 ♘c5 18. ♘c5 bc5 19. ♗a3 ♖b8 20. ♗c5 ♖fd8 21. ♗b5 ♗a6 22. ♕e2 ♕c6 23. ♗c6 ♗e2 24. ♖fb1 ♗f3 25. ♗e7 ♖dc8 26. ♖b5 ♖b6 27. ♗d5 ♘f6 28. ♗f6 gf6 29. c4 ♖b5 30. ab5 f5 31. ♖a5 ♗e4 32. ♗e4 fe4 33. ♖a6 ♔f8 34. ♔f2 ♔e7 35. ♔e3 f5 36. g4 fg4 37. ♔e4 ♖g8 38. c5 g3 39. hg3 ♖g3 40. ♖a7 ♔d8 41. ♔d5 ♔c8 42. ♔e5 ♖g5 43. ♔d4 ♖g4 44. ♔c3 ♖g3 45. ♔b4 ♖g4 46. ♔a5 ♖g1 47. ♖a8 ♔b7 48. ♖h8 ♖a1 49. ♔b4 ♖b1 ½:½

5.01. 340.

V. RAGOZIN - P. KERES

1. e4 e5 2. ♘f3 ♘c6 3. ♗b5 a6 4. ♗a4 ♘f6 5. 0-0 ♗e7 6. ♖e1 b5 7. ♗b3 d6 8. c3 0-0 9. a4 b4 10. d4 ed4 11. cd4 ♗g4 12. ♗e3 d5 13. e5 ♘e4 14. a5 ♘a7 15. ♘bd2 ♔h8 16. ♗f4 f5 17. ef6 ♗f6 18. ♘e4 de4 19. ♖e4 ♗f3 20. gf3 ♘b5 21. ♗e3 ♖e8 22. ♖g4 c6 23. ♕d3 ♖a7 24. ♕c4 ♕d5 25. ♕d5 cd5 26. ♗d5 ♖d8 27. ♗c4 ♘d4 28. ♔g2 ♖aa8 29. ♖d1

♘f5 30. ♖d8 ♗d8 31. ♗b6 ♗f6 32. ♗d5 ♖b8 33. ♖b4 g6 34. ♗c4 ♘h4 35. ♔h3 ♘f3 36. ♗d4 ♖f8 37. ♖b8 ♔g7 38. ♖f8 ♘d4 39. ♖a8 ♘f5 40. ♖a7 ♔h6 41. b3 ♗d4 42. ♖a6 ♗f2 43. ♖e6 ♔g5 44. b4 **1:0**

6.01. 341.

P. KERES - V. PANOV

1. d4 ♘f6 2. c4 c5 3. d5 e5 4. g3 d6 5. ♗g2 ♗e7 6. e4 0-0 7. ♘e2 ♘e8 8. ♘bc3 a6 9. 0-0 ♘d7 10. a4 g6 11. ♗h6 ♘g7 12. ♕d2 ♘f6 13. h3 ♔h8 14. ♗g5 ♘d5 15. ♗e7 ♘e7 16. ♖ad1 ♗e6 17. b3 ♘c6 18. ♕d6 ♕d6 19. ♖d6 ♖ad8 20. ♖d8 ♖d8 ½:½

9.01. 342.

V. GOGLIDZE - P. KERES

1. d4 ♘f6 2. ♘f3 b6 3. g3 ♗b7 4. ♗g2 c5 5. 0-0 cd4 6. ♘d4 ♗g2 7. ♔g2 ♕c8 8. b3 d5 9. ♗b2 g6 10. ♘d2 ♕b7 11. ♔g1 ♗g7 12. c4 0-0 13. ♘4f3 ♖d8 14. ♖c1 ♘a6 15. cd5 ♖d5 16. ♕c2 ♖ad8 17. ♘c4 ♘c5 18. ♘e3 ♖5d6 19. ♖fd1 ♘d3 20. ♖d3 ♖d3 21. ed3 ♕f3 22. ♕c7 ♖f8 23. ♕c6 ♕e2 24. ♕c2 ♕h5 25. ♕d1 ♕d1 26. ♖d1 ♖d8 27. ♔f1 ♘g4 28. ♗a3 ♘e3 29. fe3 ♗f6 30. ♔e2 ♖d5 31. ♗b4 ♖h5 32. h4 g5 33. hg5 ♗g5 34. ♗e1 ♗f6 35. ♖c1 ♗e5 36. ♗f2 ♔g7 37. ♖c4 ♖h1 38. ♖c2 ♖b1 39. ♔f3 ♔f6 40. d4 ♗d6 41. e4 e5 42. d5 ½:½

10.01. 343.

P. KERES - S. RESHEVSKY

1. e4 e5 2. ♘f3 ♘c6 3. ♗b5 a6 4. ♗a4 ♘f6 5. 0-0 ♗e7 6. ♖e1 b5 7. ♗b3 d6 8. c3 0-0 9. d3 ♘a5 10. ♗c2 c5 11. ♘bd2 ♘c6 12. ♘f1 ♗e6 13. ♘e3 d5 14. ed5 ♘d5 15. ♘d5 ♕d5 16. ♕e2 ♗f6 17. ♗g5 ♗g5 18. ♘g5 ♗f5 19. ♘e4 ♖ad8 20. ♗b3 ♕d3 21. ♕d3 ♖d3 22. ♘c5 ♖d2 23. ♘a6 ♖b2 24. ♖ad1 ♘a5 25. ♖e5 ♘b3 26. ♖f5 ♖a2 27. ♘b4 ♖e2 28. ♖b5 ♖fe8 29. ♘d3 ♘d2 30. ♖b2 ♘c4 31. ♖e2 ♖e2 32. ♖e1 ♖e1 33. ♘e1 ♔f8 34. ♔f1 ♔e7 35. ♔e2 ♔e6 36. ♘c2 ♔e5 37. ♘e3 ♘b2 38. ♘d1 ♘a4 39. ♔d3 ♔d5 40. ♘e3 ♔c5 41. ♘f5 g6 42. ♘h6 f5 43. ♘f7 ♔d5 44. ♘g5 ♘c5 45. ♔e3 h6 46. ♘f3 g5 47. g3 ♘e4 48. ♘d4 ♘c3 49. ♘f5 h5 50. ♘g7 h4 51. gh4 gh4 52. f4 h3 53. ♘f5 ♔e6 54. ♘g3 ♔d5 55. ♔f3 ♔d4 56. ♘h1 ♘d1 57. ♘f2 ♘e3 58. ♔g3 ♔d5 59. ♔h3 ♔e6 60. ♔g3 ♔f5 61. ♔f3 ♘f1 62. h3 ♘d2 63. ♔e2 ♘c4 64. ♔d3 ♘b6 ½:½

11.01. 344.

A. TOLUSH - P. KERES

1. d4 ♘f6 2. c4 e6 3. ♘c3 ♗b4 4. ♕b3 ♘c6 5. ♘f3 0-0 6. e3 d5 7. ♗d2 dc4 8. ♗c4 ♗d6 9. ♘b5 ♘e4 10. ♘d6 cd6 11. 0-0 b6 12. ♗e1 ♘e7 13. ♘d2 ♘d2 14. ♗d2 ♗b7 15. ♖fd1 ♘f5 16. d5 e5 17. ♕d3 ♘h4 18. f4 ♖c8 19. ♗b3 ♖e8 20. ♗c3 f6 21. ♗a4 ♖e7 22. f5 b5 23. ♗b3 e4 24. ♕f1 ♕d7 25. ♕f4 ♘f5 26. ♖f1

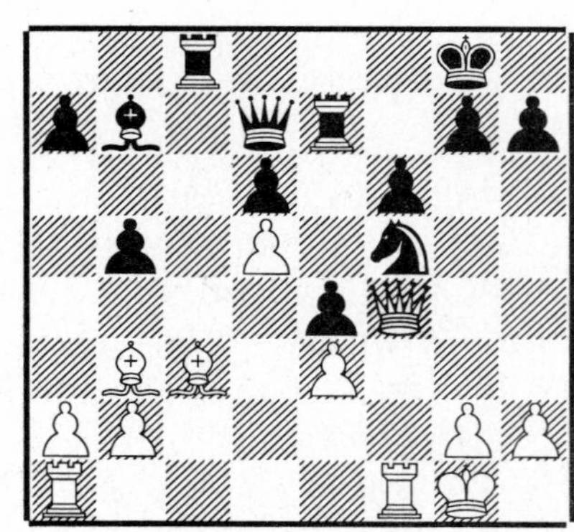

♖c3 27. bc3 ♖e5 28. a4 ♕c7 29. ab5 ♕c3 30. ♖a7 ♘e3 31. ♖b7 ♘f1 32. ♕f1 ♕b3 33. ♕c1 h5 34. h4 e3 35. ♔h2 e2 36. ♕c7 ♕g3 37. ♔g3 e1♕ **0:1**

12.01. 345.

P. KERES - P. ROMANOVSKY

1. d4 ♘f6 2. c4 e6 3. ♘c3 ♗b4 4. ♕c2 ♘c6 5. ♘f3 0-0 6. a3 ♗c3 7. ♕c3 a5 8. b3 d6 9.

♗b2 ♖e8 10. ♘d2 d5 11. f4 ♘e7 12. ♕f3 ♗d7 13. e3 ♗c6 14. ♕h3 ♘f5 15. ♗d3 ♘d6 16. c5 ♘de4 17. ♘f3 ♖f8 18. 0-0 a4 19. b4 ♕e8 20. ♘g5 h6 21. ♗e4 ♘e4 22. ♘e4 de4 23. f5 ef5 24. d5 ♗d5 25. ♖f5 ♕e6 26. ♖af1 f6 27. ♕g3 ♔h7 28. ♕c7 ♖f7 29. ♕g3 ♗c4 30. ♖1f2 ♖d8 31. h4 ♖d5 32. ♖d5 ♕d5 33. ♗d4 ♗b5 34. ♕d6 ♖d7 35. ♕d5 ♖d5 36. ♖f4 f5 37. g4 ♗d7 38. gf5 ♗f5 39. b5 g5 40. hg5 hg5 41. ♖f2 ♔g6 42. ♖b2 ♗c8 43. ♖b4 ♔h5 44. ♖a4 ♗h3 45. ♖b4 g4 46. c6 ♖f5 47. ♗e5 ♖e5 48. cb7 ♖e8 49. ♖e4 ♖b8 50. ♖e7 g3 51. ♖h7 ♔g4 52. ♖g7 ♔f3 53. ♖f7 ♔e3 54. ♖e7 ♔f4 55. ♖f7 ♗f5 56. a4 ♖d8 57. ♔g2 ♖b8 58. ♔g1 ♔g4 59. ♖e7 ♔h3 60. a5 ♖d8 61. ♖e1 ♗e4 62. b8♕ ½:½

16.01. 346.

G. LEVENFISH - P. KERES

1. e4 e5 2. ♘f3 ♘c6 3. ♗b5 a6 4. ♗a4 ♘f6 5. 0-0 ♗e7 6. ♖e1 b5 7. ♗b3 d6 8. c3 0-0 9. a4 b4 10. d4 ed4 11. cd4 ♗g4 12. ♗e3 ♘a5 13. ♗c2 c5 14. b3 ♘d7 15. ♘bd2 ♗f6 16. ♕b1 h6 17. ♖a2 ♘c6 18. ♗f4

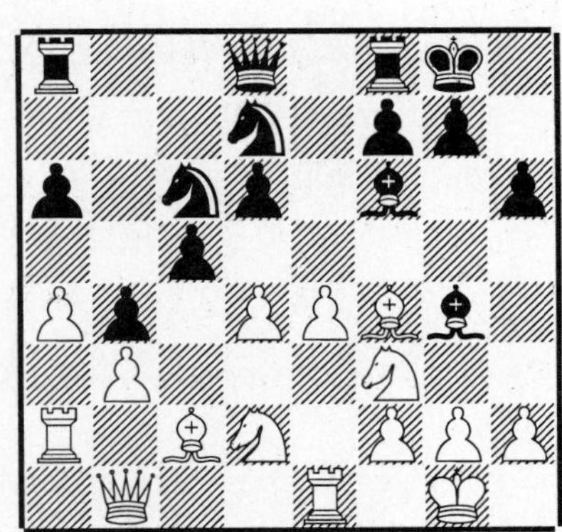

♗f3 19. ♘f3 ♘d4 20. ♗d6 ♘f3 21. gf3 ♗e5 22. ♗f8 ♕h4 23. ♗d3 ♕h2 24. ♔f1 ♘f8 25. ♔e2 ♘e6 26. ♗c4 ♘f4 27. ♔d1 ♖d8 28. ♗d5 ♕g2 29. ♖d2 ♕f3 30. ♔c2 ♘d5 31. ed5 ♗c3 32. ♖e3 ♕f5 33. ♖dd3 ♕f2 34. ♔d1 f5 35. ♕c1 f4 36. ♖e7 ♖d6 37. ♖e6 ♖e6 38. de6 ♕e1 39. ♔c2 ♕e2 **0:1**

17.01. 347.

P. KERES - A. LILIENTHAL

1. d4 ♘f6 2. c4 g6 3. ♘c3 d5 4. ♗f4 ♗g7 5. e3 0-0 6. cd5 ♘d5 7. ♘d5 ♕d5 8. ♗c7 ♘c6 9. ♘e2 ♗g4 10. f3 ♖ac8 11. ♗f4 ♕a5 12. ♘c3 e5 13. de5 ♗e6 14. ♗e2 ♘e5 15. 0-0 ♘c4 16. ♗c4 ♗c4 17. ♖f2 ♖fd8 18. ♖d2 ♖d2 19. ♕d2 ♖d8 20. ♕c2 b5 21. ♗g5 ♖d3 22. ♖c1 h6 23. ♗f4 g5 24. ♗g3 ♖e3 25. ♕f5 ♖e8 26. ♗f2 ♕a6 27. ♕d7 ♕e6 28. ♕e6 ♖e6 29. b3 ♗d3 30. ♖d1 ♗c3 31. ♖d3 ♗f6 32. ♗a7 ♖a6 ½:½

18.01. 348.

S. FLOHR - P. KERES

1. d4 d5 2. c4 c6 3. ♘f3 ♘f6 4. ♘c3 dc4 5. a4 ♗f5 6. e3 e6 7. ♗c4 ♗b4 8. 0-0 0-0 9. ♕e2 ♘e4 10. ♘a2 ♗d6 11. ♗d3 ♘g5 12. ♘e1 ♗d3 13. ♘d3 ♘e4 14. ♘c3 ♘c3 15. bc3 ♘d7 16. ♗a3 ♕e7 17. ♕b2 ♖ab8 18. ♗d6 ♕d6 19. ♕b4 ♕c7 20. ♖fd1 ♖fc8 21. a5 c5 22. ♘c5 ♘c5 23. dc5 ♕e5 24. ♖d7 ♖c5 25. ♖b7 ♖b7 26. ♕b7 g6 27. ♕a7 ♕c3 28. ♕b8 ♔g7 29. ♕b1 ♖a5 30. ♖a5 ♕a5 ½:½

19.01. 349.

I. KAN - P. KERES

1. ♘f3 ♘f6 2. c4 c6 3. d4 d5 4. e3 g6 5. ♘c3 ♗g7 6. ♗d3 0-0 7. 0-0 c5 8. ♘d5 ♘d5 9. cd5 cd4 10. ♘d4 ♕d5 11. ♕e2 ♘c6 12. ♘c6 ♕c6 13. e4 ♕b6 14. ♖b1 ♗e6 15. b3 ♖fd8 16. ♗g5 ♕c5 17. ♗e3 ♗d4 18. ♖bc1 ♕a5 19. ♗f4 ♖ac8 20. ♖c8 ♖c8 21. ♖c1 ♖c1 22. ♗c1 ♕c5 23. ♗b2 ♗b2 24. ♕b2 a5 25. h3 b5 26. ♔f1 f6 27. ♕c2 ♕e5 28. ♔e2 ♔f7 29. ♕c6 ♕b2 30. ♕c2 ♕c2 31. ♗c2 ♗d7 32. a3 ♔e6 33. b4 ab4 34. ab4 ♔e5 35. ♔e3 g5 36. ♗d3 h5 ½:½

24.01. **350.**

P. KERES - I. RABINOVICH

1. e4 c5 2. ♘f3 d6 3. d4 cd4 4. ♘d4 ♘f6 5. ♘c3 g6 6. ♗e2 ♗g7 7. ♗e3 ♘c6 8. ♘b3 0-0 9. g4 a5 10. g5 ♘d7 11. ♘d4 ♘b6 12. f4 d5 13. ♕d2 ♘d4 14. ♗d4 de4 15. 0-0-0 ♕d4 16. ♕d4 ♗d4 17. ♖d4 ♗f5 18. ♘e4 ♖fc8 19. ♘c3 ♖c7 20. ♖hd1 ♔g7 21. ♖d8 ♖ac8 22. ♖c8 ♖c8 23. ♖d4 ♖c7 24. ♔d2 ♖d7 25. ♖d7 ♘d7 26. ♗f3 ♘c5 27. ♘d5 ♔f8 28. ♘e3 ♗e6 29. c4 ♔e8 30. ♔c3 ♘a4 31. ♔d4 b6 32. ♗c6 ♗d7 33. ♗d7 ♔d7 34. b3 ♘c5 35. ♘d5 ♔d6 36. ♘b6 ♘e6 37. ♔e3 ♘c7 38. ♘c8 ♔d7 39. ♘a7 f6 40. h4 fg5 41. hg5 e5 42. fe5 ♘e6 43. ♘b5 ♘g5 44. ♘d4 h5 45. ♔f4 ♘e6 46. ♘e6 ♔e6 47. c5 ♔d5 48. a3 h4 49. b4 ab4 50. ab4 g5 51. ♔f5 h3 52. e6 h2 53. e7 h1♕ 54. e8♕ ♕b1 55. ♔f6 ♕b2 56. ♔f7 ♕b4 57. c6 ♕f4 58. ♔g7 ♕d6 59. ♕d7 ♔c5 60. ♕f5 **½:½**

25.01. **351.**

I. BONDAREVSKY - P. KERES

1. d4 ♘f6 2. c4 g6 3. ♘c3 d5 4. e3 ♗g7 5. ♕b3 c6 6. ♘f3 0-0 7. ♗d2 e6 8. ♗d3 b6 9. 0-0 ♗b7 10. e4 c5 11. ed5 cd4 12. ♘a4 e5 13. ♘e5 ♘d5 14. ♘c5 ♘e7 15. ♘b7 ♕c7 16. ♘g4 h5 17. ♘d6 ♕d6 18. c5 bc5 19. ♘h6 ♗h6 20. ♗h6 ♖d8 21. ♗c4 ♔h7 22. ♗d2 ♘bc6 23. ♗f7 ♖ab8 24. ♕h3 ♘e5 25. ♗f4 ♖f8 26. ♖ae1 ♘7c6 27. ♗g6 ♕g6 28. ♗e5 ♖be8 29. ♗d6 ♖e1 30. ♖e1 ♕d6 31. ♖e6 ♕d5 32. ♕d3 ♕f5 33. ♕f5 ♖f5 34. ♖c6 ♖e5 35. ♔f1 d3 36. ♖d6 c4 37. b3 ♖b5 38. ♔e1 cb3 39. ab3 ♖b3 40. ♔d2 ♖b2 41. ♔e3 ♖e2 42. ♔f3 ♖d2 43. ♖a6 ♖d1 44. ♔g3 ♔g7 45. ♖a7 ♔f6 46. ♖d7 ♔f5 47. ♔f3 h4 48. h3 d2 49. ♖d8 ♔f6 50. ♖d3 ♔f5 51. ♖d6 ♔e5 52. ♖d8 ♔f6 53. ♖d4 ♔f5 54. ♖d7 ♔e6 55. ♔e2 ♖g1 56. ♖d2 ♖g2 57. ♖d4 ♔f5 58. ♖h4 ♖g1 59. ♔f3 ♖a1 60. ♖g4 ♖a3 61. ♔g2 ♖b3 62. f3 ♖b2 63. ♔g3 ♖b1 64. h4 ♖g1 65. ♔h3 ♖b1 66. ♔g2 ♖b2 67. ♔g3 ♖b1 68. h5 ♖b6 69. ♖h4 ♖h6 70. ♖a4 ♖b6 71. ♖a5 ♔f6 72. ♔g4 ♖b1 73. ♖a6 ♔g7 74. f4 ♖g1 75. ♔f5 ♖h1 76. h6 ♔h7 77. ♖e6 ♖b1 78. ♔e5 ♖b5 79. ♔e4 ♖b1 80. f5 ♖b2 81. ♔f4 ♖g2 82. ♔e5 ♖a2 83. ♖b6 ♖a1 84. ♔f4 ♖g1 85. ♖a6 ♖g2 86. ♖c6 ♖g1 87. ♖d6 ♖g2 88. ♖a6 ♖g1 89. ♖e6 ♖g2 90. ♔e5 ♖a2 91. ♔d6 ♖a5 92. f6 ♔g6 93. ♖e8 ♖a6 94. ♔e7 ♖f6 95. ♖g8 ♔h7 96. ♖g7 ♔h8 97. ♔f6 **½:½**

26.01. **352.**

P. KERES - V. SMYSLOV

1. d4 ♘f6 2. c4 e6 3. ♘c3 d5 4. ♗g5 ♗e7 5. e3 0-0 6. ♘f3 b6 7. cd5 ed5 8. ♗d3 ♗b7 9. ♕c2 ♘bd7 10. 0-0 h6 11. ♗f4 a6 12. ♖fd1 ♘e8 13. ♖ac1 ♗d6 14. ♘e2 ♕e7 15. ♗d6 ♕d6 16. ♘g3 g6 17. h4 h5 18. ♘g5 c5 19. ♗f5 cd4 20. ♗e6 d3 21. ♕d3 ♘e5 22. ♕b1 fe6

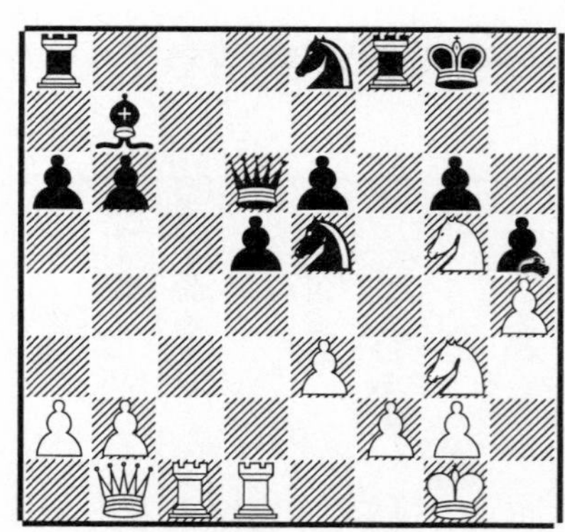

23. f4 ♔g7 24. fe5 ♕e5 25. ♖f1 ♖f1 26. ♖f1 ♘d6 27. ♘h5 ♔h6 28. ♘f6 ♕e3 29. ♔h1 ♕d4 30. ♘e6 ♕h4 31. ♔g1 d4 32. ♕c1 g5 33. ♕c7 **1:0**

27.01. **353.**

A. KONSTANTINOPOLSKY - P. KERES

1. ♘f3 d5 2. e3 ♘f6 3. c4 c6 4. b3 g6 5. ♗b2 ♗g7 6. ♗e2 0-0 7. 0-0 ♘bd7 8. cd5 ♘d5 9.

♗g7 ♔g7 10. d4 ♘7f6 11. ♘bd2 ♗f5 12. ♕c1 a5 13. a3 ♘b6 14. ♕b2 ♔g8 15. ♖ac1 ♘c8 16. ♘e5 ♘d7 17. f4 ♘d6 18. ♗f3 f6 19. ♘ec4 ♘b6 20. e4 ♗e6 21. ♔h1 f5 22. d5 fe4 23. de6 ef3 24. ♘f3 ♖f6 25. ♘ce5 ♕f8 26. ♕d4 ♖a6 27. ♘d7 ♘d7 28. ed7 ♘f7 29. ♖cd1 ♖d6 30. ♕c4 ♖a8 31. ♘g5 b5 32. ♕e4 e6 33. ♖d6 ♕d6 34. ♕e6 ♕e6 35. ♘e6 ♘d8 36. ♘c5 ♘f7 37. ♖e1 ♔f8 38. ♘e6 ♔g8 39. ♘c7 ♖a7 40. ♖e8 ♔g7 41. ♖e7 **1:0**

31.01. **354.**

P. KERES - V. ALATORTSEV

1. d4 d5 2. c4 c6 3. ♘f3 ♘f6 4. e3 e6 5. ♗d3 a6 6. 0-0 c5 7. b3 ♘bd7 8. ♗b2 b6 9. ♘c3 ♗b7 10. ♕e2 ♗e7 11. ♖ad1 0-0 12. e4 dc4 13. ♗c4 b5 14. ♗d3 cd4 15. ♘d4 ♘e5 16. ♗b1 ♕b6 17. ♘c2 ♗d6 18. ♘e3 ♖fd8 19. ♔h1 ♘g6 20. ♘g4 ♘g4 21. ♕g4 ♗e5 22. h4 ♖ac8 23. ♕h3 ♖d1 24. ♖d1 ♕f2 25. ♗a1 h5 26. ♘d5 ♗a1 27. ♘e7 ♘e7 **0:1**

LATVIA - ESTONIA TEAM MATCH

Riga, 24.- 25.02.1939

24.02. **355.**

P. KERES - V. PETROV

1. e4 e6 2. d4 d5 3. ♘d2 de4 4. ♘e4 ♘d7 5. ♘f3 ♗e7 6. ♗d3 ♘gf6 7. ♕e2 ♘e4 8. ♗e4 ♘f6 9. ♗d3 c5 10. dc5 ♕a5 11. ♗d2 ♕c5 12. 0-0-0 0-0 13. ♘e5 b6 14. g4 ♗b7 15. g5 ♘d5 16. ♖hg1 ♕c7

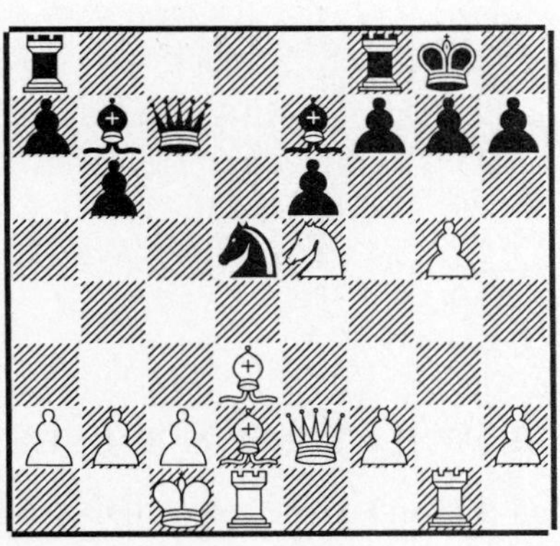

17. ♖g4 g6 18. ♖h4 ♗d6 19. ♘g4 ♖fc8 20. ♔b1 b5 21. ♖g1 ♗e7 22. ♘h6 ♔f8 23. ♘f7 ♗c5 24. ♖h7 ♗d4 25. ♕e6 ♗g7 26. ♘d6 ♖d8 27. ♘b7 ♕b7 28. ♗g6 ♕e7 29. ♕e7 ♘e7 30. ♗b4 ♖d7 31. ♖e1 ♖ad8 32. ♗d3 **1:0**

25.02. **356.**

V. PETROV - P. KERES

1. d4 ♘f6 2. c4 g6 3. g3 ♗g7 4. ♗g2 d5 5. ♘c3 c6 6. ♕b3 dc4 7. ♕c4 0-0 8. ♘f3 ♗e6 9. ♕d3 ♕c8 10. ♘g5 ♗d7 11. 0-0 h6 12. ♘ge4 ♘e4 13. ♗e4 ♗f5 14. ♖d1 ♖d8 15. ♗e3 ♘a6 16. ♗f5 ♕f5 17. ♕f5 gf5 18. f3 e6 19. ♗f2 ♖d7 20. e3 ♖ad8 21. ♗e1 ♘b4 22. ♔f2 c5 23. dc5 ♗c3 24. ♗c3 ♖d1 25. ♖d1 ♖d1 26. ♗b4 ♖c1 27. ♗c3 ♖c2 28. ♔g1 h5 29. h4 ♔f8 30. a3 ♔e7 31. ♗b4 ♔d7 32. ♗c3 ♔c6 33. ♗d4 ♔d5 **0:1**

LITHUANIA - ESTONIA TEAM MATCH

Kaunas, 28.02.- 1.03.1939

28.02. **357.**

P. KERES - V. MIKENAS

1. e4 ♘c6 2. ♘f3 d6 3. d4 g6 4. ♗b5 ♗g7 5. 0-0 ♘f6 6. ♖e1 0-0 7. c3 ♗d7 8. ♘a3 e5 9. de5 ♘e5 10. ♘e5 de5 11. ♗d7 ♕d7 12. ♕d7 ♘d7 13. ♗e3 a6 14. ♘c4 ♖fd8 15. ♘a5 ♘f8 16. ♘b7 ♖db8 17. ♘c5 ♖b2 18. ♖eb1 ♖c2 19. ♖b7 f5 20. g3 ♖c8 21. ♖b3 f4 22. gf4 ef4 23. ♗f4 ♗c3 24. ♖c1 ♖c1 25. ♗c1 ♗d4 26. ♗e3 ♗c5 27. ♗c5 ♘e6 28. ♗e3 ♖d8 29. ♖c3 g5 30. ♗g5 ♘g5 31. ♖g3 h6 32. h4 ♖d4 33. f3 ♖a4 34. hg5 ♖a2 35. gh6 ♔h7 36. e5 ♖e2 37. f4 a5 38. ♖c3 a4 39. ♖c7 ♔h6 40.

♖a7 ♖e4 41. ♔f2 ♖f4 42. ♔e3 ♖b4 43. e6 ♔g6 **½:½**

1.03. **358.**

V. MIKENAS - P. KERES

1. d4 ♘f6 2. c4 g6 3. ♘c3 d5 4. ♘f3 ♗g7 5. ♗g5 ♘e4 6. cd5 ♘c3 7. bc3 ♕d5 8. ♕b3 ♕b3 9. ab3 c5 10. e3 cd4 11. ed4 ♗e6 12. ♗b5 ♘c6 13. ♘d2 h6 14. ♗f4 0-0 15. ♗c6 bc6 16. b4 a5 17. ♖a5 ♖a5 18. ba5 c5 19. dc5 ♗c3 20. ♗h6 ♖a8 21. 0-0 ♖a5 22. ♖c1 ♖c5 23. ♘e4 ♖h5 24. ♖c3 ♖h6 **½:½**

MARGATE
12.- 21.04.1939

12.04. **359.**

Sir P.S. MILNER-BARRY - P. KERES

1. e4 e5 2. ♘c3 ♘f6 3. ♗c4 ♘e4 4. ♕h5 ♘d6 5. ♕e5 ♕e7 6. ♕e7 ♗e7 7. ♗b3 ♘c6 8. ♘f3 ♘f5 9. d3 ♘cd4 10. ♘d4 ♘d4 11. ♗e3 ♘f5 12. ♗f4 d6 13. 0-0-0 ♗e6 14. d4 ♗b3 15. ab3 ♔d7 16. ♘d5 c6 17. ♘e7 ♘e7 18. c4 a5 19. ♔c2 a4 20. ♖a1 b5 21. ba4 bc4 22. a5 ♘f5 23. ♔c3 ♖he8 24. ♔c4 ♖e4 25. ♗e3 ♘e3 26. fe3 ♖e3 27. d5 cd5 28. ♔d4 ♖ae8 29. ♖hf1 ♖8e4 30. ♔d5 ♖e5 31. ♔d4 f5 32. ♖f5 ♖3e4 33. ♔d3 ♖e3 34. ♔d4 ♖3e4 35. ♔d3 ♖e3 **½:½**

13.04. **360.**

P. KERES - J.R. CAPABLANCA

1. e4 e5 2. ♘f3 ♘c6 3. ♗b5 a6 4. ♗a4 ♘f6 5. 0-0 ♗e7 6. ♖e1 b5 7. ♗b3 d6 8. c3 ♘a5 9. ♗c2 c5 10. d4 ♕c7 11. a4 b4 12. cb4 cb4 13. ♘bd2 ♗b7 14. ♘f1 0-0 15. ♗g5 h6 16. ♗h4 ♖fc8 17. ♗d3 ♘h5 18. ♗e7 ♕e7 19. g3 ♘f6 20. ♘e3 g6 21. ♘d5 ♘d5 22. ed5 ♗d5 23. de5 ♗f3 24. ♕f3 de5 25. ♕e3 ♔g7 **½:½**

14.04. **361.**

Sir G.A. THOMAS - P. KERES

1. e4 e5 2. ♘f3 ♘c6 3. ♗b5 a6 4. ♗a4 ♘f6 5. 0-0 d6 6. ♖e1 b5 7. ♗b3 ♗e7 8. c3 0-0 9. d4 ♗g4 10. d5 ♘a5 11. ♗c2 c5 12. ♘bd2 ♘e8 13. ♘f1 g6 14. ♘e3 ♗d7 15. b4 ♘b7 16. a4 ♘g7 17. h3 ♕c7 18. ♕d2 ♖fc8 19. ♗b2 f5 20. ef5 gf5 21. ab5 ab5 22. ♖a8 ♖a8 23. g4 ♖f8 24. ♘f5 ♘f5 25. gf5 ♗f5 26. ♗f5 ♖f5 27. ♕d3 ♕d7 28. ♖e4 h5 29. ♗c1 ♖f7 30. ♘g5 ♗g5 31. ♗g5 ♕f5 32. ♕e3 cb4 33. cb4 ♖g7 34. h4 ♘d8 35. ♕e2 ♘f7 36. ♖e3 ♘g5 37. hg5 h4 38. ♕b5 ♕g5 39. ♔f1 ♕g2 40. ♔e1 ♖f7 41. f3 h3 42. ♕f1 ♖g7 43. ♕b5 ♕g5 **0:1**

15.04. **362.**

P. KERES - S. FLOHR

1. d4 d5 2. c4 c6 3. ♘f3 ♘f6 4. cd5 cd5 5. ♘c3 ♘c6 6. ♗f4 e6 7. e3 ♗d6 8. ♗d6 ♕d6 9. ♗d3 0-0 10. 0-0 ♗d7 11. ♖c1 ♖ac8 12. ♕e2 a6 13. ♖fd1 ♖fd8 14. b3 e5 15. de5 ♘e5 16. h3 ♘f3 17. ♕f3 ♕e5 18. ♕f4 ♕f4 19. ef4 ♔f8 20. ♘e2 ♔e7 21. f3 ♖c1 22. ♖c1 ♔d6 23. ♔f2 h6 24. g4 ♘g8 25. h4 ♘e7 26. ♘d4 ♘c6 **½:½**

17.04. **363.**

R.G. WHEATCROFT - P. KERES

1. e4 e5 2. f4 d5 3. ed5 e4 4. d3 ♘f6 5. de4 ♘e4 6. ♘f3 ♗c5 7. ♕e2 ♗f5 8. ♘c3 ♕e7 9. ♗e3 ♗e3 10. ♕e3 ♘c3 11. ♕e7 ♔e7 12. bc3 ♗c2 13. ♔d2 ♗g6 14. ♖e1 ♔d8 15. ♘d4 c5 16. ♘b5 ♘d7 17. g4 f6 18. ♗g2 a6 19. ♘d6 ♖b8 20. ♖e6 ♔c7 21. ♘c4 ♖be8 22. ♖he1 h5 23. f5 ♗f7 24. d6 ♔c8 25. h3 hg4 26. hg4 b5 27. ♘a5 ♘e5 28. ♗b7 ♔b8 29. ♖1e5 fe5 30. d7 ♖e6 31. fe6 ♗e6 32. ♘c6 ♔c7 33. d8♕ ♖d8 34. ♘d8 ♔d8 35. ♗a6 b4 **0:1**

18.04. **364.**

H. GOLOMBEK - P. KERES

1. d4 ♘f6 2. c4 g6 3. g3 d5 4. cd5 ♘d5 5. ♗g2 ♗g7 6. ♘f3 0-0 7. 0-0 c6 8.e4 ♘b6 9. h3 ♗e6 10. ♘c3 ♘a6 11. ♗e3 ♕c8 12. ♔h2 ♖d8 13. ♕c1 ♘c7 14. ♖d1 f6 15. ♕c2 ♗f7 16. ♖ac1 ♘c4 17. ♕e2 ♘e3 18. ♕e3 ♖d6 19. ♘g1 ♕f8 20. f4 e5 21. de5 fe5 22. ♘f3 ef4 23. ♕f4 ♖ad8 24. ♖d6 ♖d6 25. ♖f1 ♗c4 26. ♕f8 ♗f8 27. ♖e1 ♖d8 28. ♗f1 ♗f1 29. ♖f1 ♘e6 30. ♔g2 ♗b4 31. ♘e2 ♗e7 32. ♖c1 ♘g5 33. ♖c3 ♘f3 34. ♔f3 ♗f6 35. ♖c2 ♗e5 36. ♔e3 ♖d1 37. b3 ♗c7 38. ♘f4 ♔f7 39. ♖d2 ♗b6 40. ♔e2 ♖d2 41. ♔d2 ♗f2 42. g4 ♔f6 43. ♔e2 ♗d4 44. ♔f3 a5 45. g5 ♔e5 46. ♘d3 ♔d6 47. h4 b5 48. ♘e1 ♗c5 49. ♘d3 ♗b6 50. ♘f4 ♗d4 51. ♘d3 c5 52. ♘f4 c4 53. bc4 bc4 54. ♘d5 ♔e5 55. ♘f6 h5 56. ♘d5 c3 57. ♘f4 c2 58. ♘d3 ♔e6 59. ♔e2 ♗b2 **0:1**

19.04. **365.**

P. KERES - M. NAJDORF

1. d4 ♘f6 2. c4 e6 3. ♘c3 d5 4. ♗g5 ♗e7 5. e3 0-0 6. ♘f3 ♘bd7 7. cd5 ed5 8. ♗d3 c6 9. ♕c2 ♖e8 10. h3 ♘f8 11. 0-0 ♘h5 12. ♗e7 ♕e7 13. ♖ab1 ♘f6 14. b4 ♗e6 15. ♘a4 ♘e4 16. ♘c5 ♘d6 17. a4 f6 18. ♖fc1 ♗f7 19. ♘d2 g6 20. b5 cb5 21. ab5 ♖ec8 22. ♕b3 ♘d7 23. ♕b4 ♘e4 24. ♘de4 de4 25. ♗e4 b6 26. ♗a8 bc5

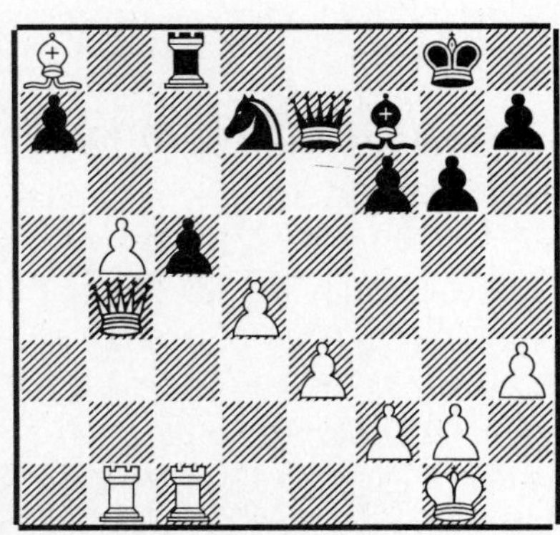

27. ♖c5 ♘c5 28. ♗c6 a6 29. dc5 ab5 30. ♕b5 **1:0**

20.04. **366.**

E.G. SERGEANT - P. KERES

1. e4 e5 2. ♘f3 ♘c6 3. ♗b5 a6 4. ♗a4 ♘f6 5. 0-0 d6 6. ♖e1 ♗d7 7. c3 ♗e7 8. d4 0-0 9. ♘bd2 ♖e8 10. h3 ♗f8 11. ♗c2 g6 12. ♘f1 ♗g7 13. ♘g3 ♕e7 14. ♗e3 ♖ad8 15. d5 ♘b8 16. ♕d2 ♖c8 17. ♖ed1 ♕f8 18. ♘h2 ♔h8 19. ♖f1 ♗b5 20. ♗d3 ♗d3 21. ♕d3 ♘g8 22. f4 ef4 23. ♗f4 ♘d7 24. ♘f3 h6 25. ♖ae1 ♕e7 26. ♗e3 ♘e5 27. ♘e5 ♗e5 28. ♗d4 ♖f8 29. ♕f3 ♖ce8 30. ♘e2 ♔g7 31. ♗e5 ♕e5 32. ♘f4 ♘f6 33. ♘d3 ♕g5 34. ♔h2 ♘d7 35. g3 ♘e5 36. ♘e5 ♖e5 37. ♕f4 ♕e7 38. g4 h5 39. c4 ♕h4 40. ♖e3 hg4 41. ♕g4 ♖h8 42. ♖ef3 ♖e7 43. ♔g2 ♖h5 44. ♕h4 ♖h4 45. ♖f4 ♖f4 46. ♖f4 g5 47. ♖g4 ♔g6 48. ♔f3 f6 49. ♖g2 ♖h7 50. ♔g3 ♖h4 51. ♖e2 ♖f4 52. b4 ♖f1 53. ♖c2 ♖b1 54. b5 a5 55. ♔g4 b6 56. ♔g3 ♖d1 57. ♖c3 ♖d2 58. a3 a4 59. h4 ♖e2 60. hg5 ♔g5 61. ♔f3 ♖h2 62. ♔e3 ♖h3 63. ♔d4 ♖c3 64. ♔c3 ♔g4 65. ♔d4 ♔f4 66. ♔d3 ♔f3 67. ♔d4 ♔e2 68. ♔c3 ♔e3 69. ♔b4 ♔e4 70. ♔a4 f5 71. ♔b3 ♔d3 72. a4 f4 **0:1**

21.04. **367.**

P. KERES - V. MENCHIK

1. e4 e6 2. d4 d5 3. ♘d2 ♘f6 4. ♗d3 c5 5. e5 ♘fd7 6. c3 cd4 7. cd4 ♘c6 8. ♘e2 f6 9. ♘f4 ♕b6 10. ♕h5 ♔d8 11. ♘e6 ♔e7 12. ♘f4 ♕d4 13. ♘f3 ♕b4 14. ♗d2 ♕b2 15. 0-0 ♔d8 16. ♘e6 ♔e7 17. ♘c7 ♔d8 18. ♖fb1 ♕b1 19. ♖b1 ♔c7 20. e6 ♘de5 21. ♘e5 fe5 22. ♕e8 ♖b8 23. ♗b5 ♘e7 24. ♗b4 ♘g6 25. ♖c1 ♔b6 26. ♕d8 **1:0**

THE 8th OLYMPIAD
Buenos Aires, 21.08.- 19.09.1939

24.08. **368.**

P. KERES - G. STAHLBERG

1. e4 e6 2. d4 d5 3. ♘d2 c5 4. ♘gf3 ♘c6 5. ed5 ed5 6. ♗b5 c4 7. 0-0 ♗d6 8. b3 cb3 9. ab3 ♘e7 10. ♖e1 0-0 11. ♘f1 ♗g4 12. c3 ♕c7 13. ♗a3 ♖fd8 14. ♗d3 ♗a3 15. ♖a3 ♕f4 16. ♗e2 ♘g6 17. ♘e3 ♗e6 18. g3 ♕d6 19. ♖a2 h6 20. ♗d3 ♗h3 21. ♘d2 ♘ce7 22. f4 ♗d7 23. ♘f3 b5 24. ♘e5 ♘e5 25. fe5 ♕b6 26. b4 a5 27. ba5 ♖a5 28. ♕b3 ♖a2 29. ♕a2 ♕c6 30. ♕a3 ♘g6 31. ♖b1 ♖b8 32. ♕b4 ♘f8 33. ♕b3 ♗e6 34. ♔f2 b4 35. cb4 ♕b6 36. ♕b2 ♘d7 37. b5 f6 38. ef6 ♘f6 39. ♖c1 ♗d7 40. ♔g1 ♖e8 41. ♘g2 ♘e4 42. ♘f4 ♘g5 43. ♔g2 ♗g4 44. ♖f1 ♖f8 45. h4 ♘f3 46. ♗e2 ♖f4 47. ♗f3 ♖d4 48. ♗g4 ♖g4 49. ♕e5 ♕g6 50. b6 ♖b4 51. ♕d5 ♔h7 52. ♖f8 ♕c2 53. ♔h3 ♖b2 54. ♕g8 ♔g6 55. h5 ♔h5 56. ♕f7 **1:0**

26.08. **369.**

M. CZERNIAK - P. KERES

1. e4 e5 2. ♘f3 ♘c6 3. ♘c3 ♘f6 4. ♗b5 ♗b4 5. 0-0 0-0 6. d3 ♗c3 7. bc3 ♕e7 8. ♖e1 d6 9. ♗c6 bc6 10. d4 ♘d7 11. ♕d3 a5 12. ♗a3 ♗a6 13. ♕e3 ♖fe8 14. ♘d2 ♕f6 15. ♖ad1 ♘f8 16. ♕f3 ♕e6 17. ♖a1 ♘g6 18. g3 ♕h3 19. ♕f5 ♕h6 20. ♗c1 ♗c8 21. ♕f3 ♕h3 22. ♕g2 ♕e6 23. ♕f3 ♘f8 24. a4 ♕g6 25. ♘c4 ♘d7 26. ♕f5 ♕f5 27. ef5 h5 28. f3 c5 29. de5 d5 30. ♘e3 ♘e5 31. ♔f2 ♗b7 32. f4 ♘d7 33. ♗a3 ♘f6 34. c4 d4 35. ♘d5 ♗d5 36. cd5 ♖ad8 37. ♗c5 ♘e4 38. ♖e4 ♖e4 39. ♔f3 ♖e3 40. ♔f2 ♖c3 41. ♗d4 ♖c2 42. ♔e3 ♖d5 43. f6 gf6 44. ♗f6 ♖c6 45. ♔e4 ♖dc5 46. ♗d4 f5 47. ♔f3 ♖c2 48. h3 ♖d6 49. ♔e3 ♖g2 50. ♔f3 ♖d2 51. ♗e3 ♖2d3 52. ♔f2 ♖e6 53. ♗a7 ♖c6 54. ♖a2 ♖dc3 **0:1**

27.08. **370.**

P. KERES - J.R. CAPABLANCA

1. e4 e5 2. ♘f3 ♘c6 3. ♗b5 a6 4. ♗a4 d6 5. c4 ♗d7 6. ♘c3 g6 7. d4 ed4 8. ♘d4 ♗g7 9. ♗e3 ♘ge7 10. 0-0 0-0 11. h3 ♘d4 12. ♗d7 ♘e2 13. ♘e2 ♕d7 14. ♗d4 ♗d4 15. ♕d4 ♘c6 16. ♕d5 ♖ae8 17. ♘c3 ♕e6 18. ♖ad1 f5 19. ef5 ♖f5 20. ♖de1 ♖d5 21. ♖e6 ♖e5 22. ♖e8 ♖e8 23. ♖d1 ♔f7 24. ♔f1 ♘e5 25. b3 ♘d7 26. ♘d5 c6 27. ♘f4 ♖e4 28. g3 ♔e7 29. ♘e2 ♘c5 30. f3 ♖e3 31. ♔f2 ♖d3 32. ♖d3 ♘d3 33. ♔e3 ♘b4 **½:½**

29.08. **371.**

P. KERES - E. ROJAHN

1. e4 c5 2. ♘f3 ♘c6 3. d4 cd4 4. ♘d4 ♘f6 5. ♘c3 d6 6. ♗g5 ♗d7 7. ♕d2 ♘d4 8. ♕d4 ♕a5 9. ♗h4 ♖c8 10. ♗e2 e5 11. ♕d2 ♗e7 12. 0-0 0-0 13. ♗f6 ♗f6 14. ♕d6 ♗e6 15. ♕d2 h6 16. ♗d3 ♖fd8 17. ♕e1 ♗g5 18. ♔h1 a6 19. g3 ♗h3 20. ♖g1 ♗g4 21. h4 ♗f3 22. ♔h2 ♕b6 23. hg5 ♕g6 24. ♖g2 hg5 25. ♔g1 ♖d6 26. ♗e2 ♗g2 27. ♔g2 ♕h7 28. ♗g4 ♖e8 29. ♕e3 ♖h6 30. ♕g5 ♖h2 31. ♔f3 ♖h1 32. ♖h1 ♕h1 33. ♔e2 ♕a1 34. ♘d5 ♕b2 35. ♘f6 ♔f8 36. ♘e8 ♕c2 37. ♔f1 ♕b1 38. ♔g2 ♕e4 39. ♗f3 **1:0**

30.08. **372.**

G. VASSAUX - P. KERES

1. e4 e5 2. ♘f3 ♘c6 3. ♗b5 a6 4. ♗a4 ♘f6 5. 0-0 ♗e7 6. ♖e1 b5 7. ♗b3 d6 8. h3 ♘a5 9. d4 ed4 10. c3 ♘b3 11. ab3 dc3 12. ♘c3 b4 13. ♘e2 c5 14. ♗f4 0-0 15. ♘g3 ♖e8 16. ♕d3 ♗b7 17. ♖ad1 d5 18. e5 ♘d7 19. ♘f5 ♘f8 20. h4 d4 21. h5 ♕d5 22. h6 g6 23. ♘e7 ♖e7 24. ♘h4 ♖ae8 25. ♕g3 ♗c8 26. ♕g5 f6 27. ♕g3 fe5 28. ♗g5 ♖f7 29. f4 e4 30. ♘f3 ♕b3 **0:1**

1.09. **373.**

E. ELISKASES - P. KERES

1. ♘f3 ♘f6 2. b3 g6 3. ♗b2 ♗g7 4. g3 0-0 5. ♗g2 c5 6. c4 ♘c6 7. 0-0 d5 8. cd5 ♘d5 9. ♗g7 ♔g7 10. ♕c1 ♕a5 11. ♘c3 ♘c3 12. ♕c3 ♕c3 13. dc3 ♖d8 14. ♖fd1 ♗f5 15. ♘e1 ♖ac8 16. ♗c6 ♖d1 17. ♖d1 ♖c6 18. c4 ♖d6 19. ♘d3 ♔f6 20. f3 ♗d3 21. ed3 ♖a6 22. ♖d2 ♔e5 23. ♖e2 ♔d4 24. ♖e7 ♖a2 25. ♖f7 b6 26. ♖h7 ♔e3 27. ♖f7 ♖b2 28. h4 ♖b3 29. g4 ♖d3 30. ♔g2 ♖d6 31. ♖a7 ♔d4 32. g5 ♔c4 33. f4 b5 34. f5 gf5 35. h5 ♖d4 36. g6 b4 37. g7 ♖g4 38. ♔f3 b3 39. h6 ♔d3 40. h7 b2 41. g8♕ **1:0**

2.09. **374.**

P. KERES - V. PETROV

1. d4 ♘f6 2. c4 e6 3. ♘c3 ♗b4 4. ♕c2 d5 5. cd5 ♕d5 6. ♘f3 c5 7. ♗d2 ♗c3 8. ♗c3 cd4 9. ♘d4 e5 10. ♘f3 ♘c6 11. e3 0-0 12. ♗e2 ♗g4 13. 0-0 ♖ac8 14. ♖fd1 ♕c5 15. ♖ac1 e4 16. ♘d4 ♘d4 17. ♖d4 ♗e2 18. ♕e2 ♖fd8 19. ♖cd1 ♕b6 20. ♕d2 ♖d4 21. ♕d4 ♕d4 22. ♖d4 ♔f8 23. h3 a6 24. g4 h6 25. ♔g2 ♖c6 26. a4 b6 27. ♔g3 ♔e7 28. ♖b4 ♖e6 29. ♖c4 g5 30. ♖c7 ♘d7 31. ♖c8 a5 32. ♗d4 ♖g6 33. f4 ef3 34. ♔f3 ♖e6 35. ♔e2 ♔d6 36. ♖c1 ♔d5 37. ♖f1 f6 38. b3 ♔c6 39. ♖f5 ♔d6 40. ♔d3 ♔c6 41. ♔c4 ♖e4 42. b4 ab4 43. ♔b4 h5 44. gh5 ♖h4 45. ♖f3 ♔d6 46. ♖g3 ♖h5 47. ♖f3 ♔e6 48. ♖g3 ½:½

4.09. **375.**

Dr. A. ALEKHINE - P. KERES

1. d4 ♘f6 2. c4 e6 3. ♘f3 b6 4. g3 ♗b7 5. ♗g2 ♗e7 6. 0-0 0-0 7. ♘c3 ♘e4 8. ♕c2 ♘c3 9. ♕c3 d6 10. ♕c2 f5 11. ♘e1 ♗g2 12. ♘g2 c6 13. e4 ♘a6 14. ef5 ef5 15. ♕a4 ♕c8 16. ♖e1 ♗f6 17. ♗f4 ♗d4 18. ♖ad1 ♗e5 19. ♗e5 de5 20. ♖e5 ♘c5 21. ♕c2 ♘e4 22. ♖e7 ♖e8 23. ♖ed7 ♘f6 24. ♖7d6 ♘e4 25. ♖d7 ♘f6 26. ♖7d3 ♖e4 27. f3 ♖e5 28. ♖e3 ♕c7 29. ♖de1 ♖ae8 30. ♕c3 ♖e3 31. ♖e3 ½:½

6.09. **376.**

J. ENEVOLDSEN - P. KERES

1. d4 ♘f6 2. c4 e6 3. ♘c3 ♗b4 4. ♕c2 0-0 5. ♘f3 c5 6. dc5 ♘a6 7. ♗d2 ♘c5 8. e3 b6 9. a3 ♗c3 10. ♗c3 ♗b7 11. b4 ♘ce4 12. ♗e2 d5 13. ♗d4 ♖c8 14. ♕a4 a6 15. cd5 b5 16. ♕b3 ♕d5 17. ♕b2 ♕f5 18. 0-0 ♘g5 19. ♘e1 ♖fe8 20. f3 e5 21. e4 ♘h3 22. ♔h1 ♕g5 23. ♗c5 ♘f4 24. ♗e3 ♕h5 25. ♗f4 ef4 26. ♕d2 ♕h6 27. g4 ♖ed8 28. ♕b2 ♕g6 29. ♖d1 h5 30. gh5 ♘h5 31. ♘g2 ♘g3 32. hg3 ♕h6 33. ♘h4 fg3 34. ♔g2 ♕h4 35. ♖h1 ♕f4 36. ♗d3 ♖d6 37. ♖h3 ♖cc6 38. e5 ♖c2 39. ♕c2 ♕f3 40. ♔g1 ♕e3 41. ♔f1 g2 42. ♕g2 ♗g2 43. ♔g2 ♕e5 **0:1**

7.09. **377.**

P. KERES - A. LOPEZ

1. d4 ♘f6 2. c4 e6 3. ♘c3 ♗b4 4. ♕c2 d5 5. cd5 ed5 6. ♗g5 h6 7. ♗h4 c6 8. e3 ♘bd7 9. ♗d3 0-0 10. ♘e2 ♖e8 11. 0-0 ♘f8 12. a3 ♗e7 13. b4 a6 14. ♘a4 ♘e4 15. ♗e7 ♕e7 16. ♘c5 ♘d6 17. a4 ♗g4 18. ♘f4 ♘e6 19. ♘ce6 ♗e6 20. ♖fc1 ♗d7 21. ♕c5 ♘c8 22. h3 ♕d6 23. ♗f1 ♕b8 24. b5 ab5 25. ab5 ♘e7 26. ♘d3 ♘g6 27. ♕b6 cb5 28. ♘c5 ♗c6 29. ♗b5 ♕d8 30. ♕d8 ♖ed8 31. ♖ab1 ♖ab8 32. ♖c3 ♘e7 33. ♖cb3 ♖a8 34. ♗d3 ♖ab8 35. ♗a6 ♔f8 36. ♖b6 ♖a8 37. ♗b7 ♗b7 38. ♖b7 ♔e8 39. ♘d3 ♖dc8 40. ♘e5 ♖a2 41. ♖bd7 **1:0**

8.09. **378.**

Dr. S.G. TARTAKOWER - P. KERES

1. ♘f3 ♘f6 2. e3 g6 3. d4 ♗g7 4. c4 0-0 5. ♘c3 d5 6. ♕b3 c6 7. ♗d2 e6 8. ♖c1 b6 9. cd5 ed5 10. ♗e2 ♗b7 11. 0-0 ♘bd7 12. ♕a3 ♖e8 13. b4 ♘e4 14. ♗a6 ♕c8 15. ♗b7 ♕b7 16. ♖c2 ♖ac8 17. ♕b3 ♘df6 18. ♖fc1 ♘d6 19. ♘e5 ♘fe4 20. ♘e4 ♘e4 21. ♘d3 ♘d6

22. a4 ♘c4 23. ♘b2 ♘d6 24. ♘d3 ♘c4 25. ♘b2 ♘d6 26. ♘d3 ♘c4 ½:½

9.09. 379.

P. KERES - R. FLORES

1. e4 e6 2. d4 d5 3. ♘d2 ♘f6 4. ♗d3 c5 5. e5 ♘fd7 6. c3 ♘c6 7. ♘e2 ♕b6 8. ♘f3 cd4 9. cd4 ♗b4 10. ♗d2 ♗d2 11. ♕d2 ♕b4 12. ♖c1 ♕d2 13. ♔d2 ♘b6 14. b3 ♔e7 15. h4 ♗d7 16. ♖h3 ♘b4 17. ♗b1 a5 18. a3 ♘a6 19. a4 ♖ac8 20. ♖g3 g6 21. h5 ♖c1 22. ♘c1 ♘c8 23. ♖h3 gh5 24. ♖h5 h6 25. ♘h2 ♔f8 26. ♘g4 ♔g7 27. ♘f6 ♗c6 28. ♖h3 ♘c7 29. ♘d3 ♘e8 30. ♘e8 ♗e8 31. ♘f4 ♗c6 32. ♘h5 ♔f8 33. ♘f6 ♘b6 34. ♘h7 ♔e7 35. ♖h6 ♘d7 36. ♗d3 ♖b8 37. ♘g5 ♖g8 38. f4 ♖g7 39. ♖h7 ♖h7 40. ♘h7 ♘b6 41. g4 ♘c8 42. f5 ef5 43. gf5 ♘a7 44. f6 **1:0**

11.09. 380.

H.Y. FOERDER - P. KERES

1. ♘f3 ♘f6 2. b3 g6 3. ♗b2 ♗g7 4. e3 0-0 5. ♗e2 c5 6. c4 ♘c6 7. 0-0 b6 8. d4 cd4 9. ♘d4 ♗b7 10. ♗f3 ♕b8 11. ♘c3 ♖d8 12. ♖c1 ♘e5 13. ♗b7 ♕b7 14. ♕e2 a6 15. ♖fd1 ♘c6 16. ♘c6 dc6 17. ♖d8 ♖d8 18. ♖d1 ♕c7 19. ♖d8 ♕d8 20. ♕d1 ♕c7 21. h3 a5 22. ♕d3 ♘d7 23. ♘a4 ♘c5 24. ♘c5 ♗b2 25. ♘e4 f6 26. a4 ♗a3 27. c5 ♔g7 28. ♕d4 bc5 29. ♘c5 ♕d6 30. ♕d6 ed6 31. ♘e6 ♔g8 32. ♘d8 c5 33. ♘b7 c4 34. bc4 ♗b4 35. ♔f1 ♔f8 36. ♘d8 ♔e7 37. ♘c6 ♔d7 38. ♘b4 ab4 39. ♔e2 ♔c6 40. a5 ♔b7 41. ♔d3 ♔a6 42. ♔c2 ♔a5 43. ♔b3 f5 44. h4 h6 45. f3 g5 46. h5 f4 47. e4 ♔b6 48. ♔b4 ♔c6 49. ♔c3 ♔d7 50. ♔d4 ♔e6 51. c5 dc5 52. ♔c5 ♔e5 53. ♔c4 g4 54. fg4 ♔f6 55. ♔d5 ♔g5 56. e5 ♔g4 57. e6 ♔g3 58. e7 ♔g2 59. e8♕ f3 60. ♕g6 **1:0**

12.09. 381.

P. KERES - G. STAHLBERG

1. e4 e6 2. d4 d5 3. ♘d2 c5 4. ♘f3 c4 5. g3 ♘c6 6. ♗g2 ♗b4 7. 0-0 ♘ge7 8. c3 ♗a5 9. ♘e5 0-0 10. ♘c6 bc6 11. f4 ♖b8 12. ♕c2 c5 13. dc5 ♕c7 14. b4 cb3 15. ab3 ♕c5 16. ♔h1 ♕c3 17. ♕c3 ♗c3 18. ♖a7 ♖b7 19. ♖b7 ♗b7 20. ed5 ♗d5 21. ♗a3 ♗d2 22. ♗e7 ♖e8 23. ♗d5 ♖e7 24. ♗c4 g6 25. ♖d1 ♗b4 26. ♔g2 ♖c7 27. ♔f3 ♔f8 28. ♔e4 ♔e7 29. ♖a1 ♖d7 30. h4 h5 ½:½

13.09. 382.

N. CORTLEVER - P. KERES

1. e4 e5 2. ♘f3 ♘c6 3. ♘c3 ♘f6 4. ♗b5 ♗b4 5. 0-0 0-0 6. d3 ♗c3 7. bc3 ♕e7 8. ♖e1 d6 9. ♗g5 ♘d8 10. d4 ♘e6 11. ♗c1 c5 12. d5 ♘c7 13. ♗d3 h6 14. c4 ♗d7 15. ♗e3 b5 16. ♘d2 ♘g4 17. ♕e2 ♖ab8 18. ♖ab1 a6 19. ♘f1 ♘e3 20. ♘e3 g6 21. ♖b2 ♖be8 22. ♕d2 b4 23. c3 a5 24. cb4 ab4 25. a3 ♘a6 26. ♘c2 ♗a4 27. ab4 ♗c2 28. ♗c2 ♘b4 29. ♕h6 ♕f6 30. ♖e3 ♖a8 31. ♖f3 ♕g7 32. ♕g7 ♔g7 33. ♔f1 ♖a1 34. ♗b1 ♖h8 35. h3 ♖ha8 36. ♔e2 ♖8a4 37. ♖fb3 ♖4a3 38. ♔d2 ♔h6 39. g3 g5 40. ♔e3 ♔g7 41. f4 gf4 42. gf4 ♔f6 43. ♔f3 ♖a8 44. f5 ♖1a3 45. h4 ♔g7 46. ♔g4 ♔h6 47. ♔h3 ♔h5 48. f6 ♔h6 49. ♔g4 ♖g8 50. ♔h3 ♖b3 51. ♖b3 ♖g1 52. ♗d3 ♖e1 53. ♗b1 ♔h5 54. ♔g3 ♖f1 55. ♗d3 ♘d3 56. ♖d3 ♖f4 57. ♖a3 ♖e4 58. ♖a6 ♖g4 59. ♔h3 ♖h4 60. ♔g3 ♖g4 61. ♔h3 ♖c4 62. ♖d6 ♖d4 63. ♔g3 ♔g5 64. ♔f3 ♔f5 65. ♔e3 c4 **0:1**

14.09. 383.

TROMPOWSKY - P. KERES

1. d4 e6 2. ♘f3 ♘f6 3. g3 c5 4. c4 d5 5. ♗g2 ♘c6 6. 0-0 cd4 7. cd5 ♘d5 8. ♘d4 ♗e7 9. ♘c6 bc6 10. ♕c2 ♗b7 11. ♗d2 0-0 12. ♘c3 c5 13. ♖fd1 ♕b6 14. ♖ac1 ♖ac8 15. a3 ♖fd8 16. e4 ♘f6 17. h3 ♗c6 18. ♗e3 ♕b7 19. ♔h2 ♖b8 20. ♖d8 ♖d8 21. f4 ♖b8 22. ♖b1 h5 23. ♗f3 g6 24. g4 hg4 25. hg4 g5 26. ♔g3 ♘h7 27. ♕h2 f6 28. ♖h1 ♗d6 29. ♘e2 ♗e4 30. ♘g1 ♗f3 31. ♘f3 gf4 32. ♗f4 ♗f4 33. ♔f4 ♕c7 34. ♔e4 ♕c6 **0:1**

15.09. **384.**

P. KERES - V. MIKENAS

1. e4 c6 2. d4 d5 3. ♘c3 de4 4. ♘e4 ♘f6 5. ♘f6 ef6 6. ♗c4 ♗d6 7. ♕h5 0-0 8. ♘e2 g6 9. ♕f3 ♖e8 10. ♗h6 ♗f5 11. 0-0-0 ♗e4 12. ♕b3 ♕c7 13. f3 ♗d5 14. ♗d5 ♖e2 15. ♖he1 ♖e1 16. ♖e1 ♘a6 17. ♗c4 b5 18. ♕e3 ♕d7 19. ♗b3 ♘c7 20. ♕f2 a5

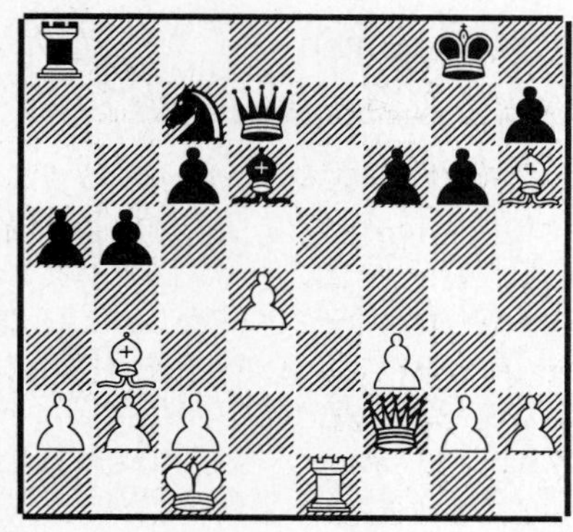

21. a4 ba4 22. ♗a4 ♘d5 23. ♕h4 g5 24. ♕e4 ♗h2 25. c4 ♘b4 26. ♕e7 ♗f4 27. ♔b1 ♕f5 28. ♔a1 ♗e5 29. de5 ♘d3 30. ♗c2 fe5 31. ♖d1 ♕g6 32. ♗g5 h6 33. ♗f6 e4 34. fe4 ♘b4 35. ♖d8 **1:0**

16.09. **385.**

K. OPOCENSKY - P. KERES

1. d4 ♘f6 2. c4 e6 3. ♘f3 b6 4. g3 ♗b7 5. ♗g2 ♗e7 6. ♘c3 ♘e4 7. ♗d2 d6 8. 0-0 ♘d7 9. ♕c2 ♘c3 10. ♗c3 ♘f6 11. d5 e5 12. ♘e5 de5 13. d6 ♗g2 14. de7 ♕e7 15. ♔g2 0-0 16. ♖fd1 ♖fe8 17. b4 ♕e6 18. ♗b2 h5 19. h4 a5 20. b5 ♖ad8 21. a4 c6 22. ♖d8 ♖d8 23. ♖c1 c5 24. ♕c3 e4 25. ♖c2 ♘e8 26. ♗c1 ♖d1 27. ♗f4 ♘d6 28. ♕e5 ♕e5 29. ♗e5 f6 30. ♗d6 ♖d6 31. f3 ♖d4 32. fe4 ♖e4 33. ♔f3 ♖d4 34. e3 ♖d6 35. ♔e4 ♔f7 36. ♖f2 ♔e6 37. ♖c2 ♖d1 38. ♖a2 ♖g1 39. ♔f3 ♖c1 40. ♖d2 ♔e7 41. ♔e4 ♔e6 42. ♖d8 ♖c4 43. ♔d3 ♖a4 44. ♖b8 ♔d5 45. e4 ♔e5 46. ♖b6 ♖e4 47. ♖b7 ♖g4 48. b6 ♔d6 49. ♖f7 ♖g3 50. ♔c2 ♖g4 51. b7 ♖b4 52. ♖g7 a4 53. ♖f7 ♔c6 54. b8♕ ♖b8 55. ♖f6 ♔b5 56. ♖h6 ♖g8 57. ♖h5 ♖g2 58. ♔c3 ♖g3 59. ♔c2 ♔b4 60. ♖h8 ♖g2 61. ♔b1 ♖h2 62. h5 c4 63. ♖b8 ♔c3 64. ♖h8 ♖h1 65. ♔a2 ♔d2 66. h6 c3 67. h7 ♔c2 68. ♔a3 ♖h4 69. ♔a2 ♖h3 70. ♔a3 ♔c1 71. ♔a4 c2 72. ♖g8 ♖h7 73. ♔b3 ♔b1 **0:1**

18.09. **386.**

P. KERES - L. PIAZZINI

1. d4 d5 2. c4 c6 3. ♘c3 ♘f6 4. e3 e6 5. ♘f3 ♘bd7 6. ♗d3 dc4 7. ♗c4 b5 8. ♗d3 a6 9. e4 c5 10. e5 cd4 11. ♘b5 ab5 12. ef6 ♕b6 13. fg7 ♗g7 14. ♕e2 0-0 15. 0-0 ♗b7 16. ♗b5 ♘c5 17. ♘d4 ♖fd8 18. ♘f3 ♗f3 19. gf3 ♘b3 20. ♗e3 ♘d4 21. ♗d4 ♖d4 22. ♔h1 ♖b4 23. ♗d3 ♖d8 24. ♖g1 ♔h8 25. ♖ad1 ♖b2 26. ♕e4 f5 27. ♕h4 ♕d4 28. ♕e7 ♖g8 29. ♗f5 ♕f6 30. ♕e6 ♖f2 31. ♖d7 ♕h4 32. ♕d6 ♖f3 33. ♖dg7 **1:0**

BUENOS AIRES
2.- 19.10.1939

2.10. **387.**

P. KERES - J. GERSHMAN

1. d4 ♘f6 2. c4 e6 3. ♘c3 d5 4. ♗g5 ♗e7 5. ♘f3 0-0 6. e3 h6 7. ♗h4 ♘e4 8. ♗e7 ♕e7 9. ♕c2 ♘c3 10. ♕c3 c6 11. cd5 ed5 12. ♗d3 b6 13. 0-0 ♗b7 14. ♖fe1 ♘d7 15. ♖ac1 ♘f6 16. ♕b3 ♖ac8 17. ♖c2 c5 18. ♕a3 ♗a8 19. ♖ec1 ♘e4 20. dc5 ♖c5 21. ♗e4 de4 22. ♖c5 bc5 23. ♘d4 ♗d5 24. ♖c5 ♗a2 25. h3 ♗e6 26. ♕c3 ♕f6 27. ♖c7 ♖d8 28. ♖a7 ♖c8 29. ♖c7 ♖a8 30. ♘c2 ♕d8 31. ♕e5 ♕d1 32. ♔h2 ♖d8 33. ♘d4 ♖e8 34. ♘f5 ♗f5 35. ♕e8 ♔h7 36. ♕f7 **1:0**

3.10. **388.**

F. BENKO - P. KERES

1. e4 e5 2. ♘f3 ♘c6 3. ♗b5 a6 4. ♗a4 ♘f6 5. 0-0 ♗e7 6. ♖e1 b5 7. ♗b3 d6 8. c3 0-0 9. d4 ♗g4 10. ♗e3 ed4 11. cd4 d5 12. e5 ♘e4 13. ♕c1 ♘a5 14. ♗d1 ♘c4 15. ♗f4 c5 16. b3 ♘b6 17. ♘bd2 ♖c8 18. ♘e4 de4 19. ♖e4 ♗f5 20. ♖e1 cd4 21. ♕b2 ♗b4 22. ♗d2 ♗c3 23. ♗c3 dc3 24. ♕c1 ♘d5 25. a3 ♕b6 26. ♗c2 ♗c2 27. ♕c2 ♖fd8 28. e6 fe6 29. ♘g5 ♘f6 30. ♖e6 ♕c5 31. ♘f3 a5 32. h3 ♕d5 33. ♖e3 b4 34. a4 ♖c5 35. ♖ae1 ♕f5 36. ♖3e2 ♕c2 37. ♖c2 ♖cd5 38. ♔f1 ♘d7 39. ♖b1 ♘c5 40. ♔e2 ♘b3 41. ♖b3 ♖e8 42. ♘e5 ♖ee5 43. ♔f3 ♖d3 44. ♔f4 ♖e1 **0:1**

5.10. **389.**

P. KERES - C.E. GUIMARD

1. d4 ♘f6 2. c4 e6 3. ♘c3 d5 4. ♗g5 ♗e7 5. e3 0-0 6. ♘f3 h6 7. ♗h4 ♘e4 8. ♗e7 ♕e7 9. ♕c2 ♘f6 10. cd5 ed5 11. ♗d3 ♘c6 12. a3 ♗g4 13. 0-0 ♗f3 14. gf3 ♘d8 15. b4 ♘e6 16. ♔h1 c6 17. ♘a4 ♘g5 18. ♗e2 ♘e8 19. ♖g1 ♘d6 20. ♖g2 ♔h8 21. ♖ag1 ♖g8 22. ♘c5 a5 23. ba5 ♖a5 24. a4 ♖a7 25. ♗d1 ♘c4 26. ♕f5 g6 27. ♕g4 b6 28. ♘d3 ♕e6 29. ♕g3 ♘h3 30. ♖e1 ♘g5 31. e4 ♕f6 32. e5 ♕f5 33. f4 ♘e4 34. ♕h4 g5 35. ♕h6 ♕h7 36. ♕c6 ♘c3 37. ♕f6 ♕g7 38. ♖g3 **1:0**

6.10. **390.**

M. LUCKIS - P. KERES

1. e4 e5 2. ♘f3 ♘c6 3. ♗c4 ♘f6 4. ♘g5 d5 5. ed5 ♘a5 6. d3 h6 7. ♘f3 e4 8. ♕e2 ♘c4 9. dc4 ♗c5 10. ♘fd2 0-0 11. ♘b3 ♗g4 12. ♕f1 ♗b4 13. ♘c3 c6 14. h3 ♗h5 15. g4 ♗g6 16. dc6 bc6 17. ♗d2

(diagram)

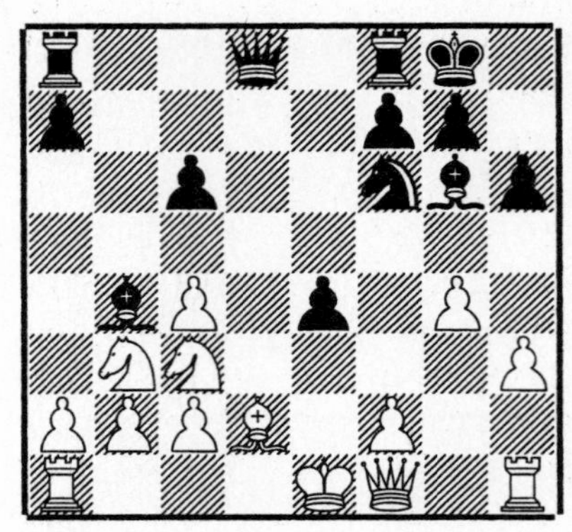

e3 18. fe3 ♗c3 19. bc3 ♗c2 20. ♘d4 ♘e4 21. h4 c5 22. ♘f3 ♘g3 23. ♕g2 ♘h1 24. ♕h1 ♗e4 **0:1**

7.10. **391.**

P. KERES - P. FRYDMAN

1. d4 d5 2. c4 c6 3. ♘f3 ♘f6 4. ♘c3 g6 5. cd5 cd5 6. ♕b3 ♗g7 7. ♗g5 e6 8. e3 0-0 9. ♗d3 ♘c6 10. 0-0 h6 11. ♗h4 g5 12. ♗g3 ♘h5 13. ♖ac1 ♘g3 14. hg3 f5 15. ♗b5 g4 16. ♘d2 ♘e7 17. ♘e2 ♘g6 18. ♕c3 h5 19. ♘f4 ♘f4 20. gf4 ♖f7 21. g3 h4 22. ♔g2 hg3 23. ♔g3 ♗f6 24. ♖h1 ♗d7 25. ♗d7 ♕d7 26. ♘b3 ♖h7 27. ♘c5 ♕e7 28. ♘d3 ♖h1 29. ♖h1 ♔g7 30. ♔g2 ♖h8 31. ♖h8 ♔h8 32. ♕c8 ♔g7 33. ♘c5 b6 34. ♘e6 ♔f7 35. ♘c7 ♕e4 36. ♔g1 ♕b1 37. ♔h2 ♕f1 38. ♕e8 ♔g7 39. ♘e6 ♔h6 40. ♕f8 ♔g6 41. ♕g8 ♔h6 **½:½**

10.10. **392.**

S. GRAF - P. KERES

1. d4 ♘f6 2. c4 g6 3. ♘c3 d5 4. ♘f3 ♗g7 5. ♘e5 0-0 6. e3 c5 7. ♗e2 dc4 8. ♗c4 cd4 9. ed4 ♘c6 10. ♘c6 bc6 11. 0-0 ♘d5 12. ♕f3 ♗e6 13. ♗b3 ♖b8 14. ♘e2 ♕c8 15. h3 ♕a6 16. ♗d2 ♖b7 17. ♖ac1 ♕b6 18. ♖fd1 ♖c7 19. ♕g3 ♖cc8 20. ♕h4 a5 21. ♖c5 a4 22. ♗a4 ♕a6 **0:1**

11.10. **393.**

P. KERES - R. GRAU

1. d4 d5 2. c4 e6 3. ♘c3 ♘f6 4. ♗g5 ♗e7 5. e3 0-0 6. cd5 ♘d5 7. ♗e7 ♕e7 8. ♘f3 ♘c3

9. bc3 b6 10. ♗e2 ♗b7 11. 0-0 ♘d7 12. a4 c5 13. a5 ♖fd8 14. ♕b3 ♗d5 15. ♕b2 ♖db8 16. ab6 ♘b6 17. ♕a3 ♔f8 18. ♕c5 ♕c5 19. dc5 ♘d7 20. ♖a5 ♖c8 21. c4 ♗b7 22. ♖b1 ♗e4 23. ♖ba1 ♖c5 24. ♘d4 ♖a5 25. ♖a5 ♔e7 26. f3 ♗b7 27. c5 ♘e5 28. ♗a6 ♗a6 29. ♖a6 ♘d3 30. ♘b3 ♘b4 31. ♖a4 ♘c6 32. ♔f2 a5 33. ♔e2 ♔d7 34. ♔d3 ♔c7 35. ♘d4 ♘d4 36. ed4 ♔c6 37. ♔c4 ♖a7 38. f4 g6 39. g4 ♖a8 40. f5 ♖a7 41. h3 gf5 42. gf5 ♖a8 43. h4 h5 44. ♖a3 a4 45. fe6 fe6 46. ♖e3 a3 47. ♖e6 ♔d7 48. ♖e1 ♖a4 49. ♔d5 a2 50. ♖a1 ♔c7 51. ♔e4 ♔c6 52. ♔e5 ♖a8 53. ♔e6 ♖a6 54. ♔f5 ♔d5 55. ♔g5 ♔d4 56. c6 ♖c6 57. ♖a2 ♖c5 58. ♔f4 ♔d5 59. ♖a6 ♖c6 60. ♖c6 ♔c6 61. ♔g5 ♔d6 62. ♔h5 ♔e7 63. ♔g6 ♔f8 64. h5 ♔g8 65. h6 ♔h8 66. h7 ½:½

13.10. **394.**

M. NAJDORF - P. KERES

1. d4 d5 2. c4 c6 3. e3 ♘f6 4. ♘f3 g6 5. ♗d3 ♗g7 6. 0-0 0-0 7. ♘c3 dc4 8. ♗c4 ♘bd7 9. ♕e2 ♘e8 10. ♗b3 e5 11. ♘e5 ♘e5 12. de5 ♗e5 13. f4 ♗g7 14. e4 ♗e6 15. ♗e6 fe6 16. e5 ♘c7 17. ♗e3 ♘d5 18. ♘e4 b6 19. ♖ad1 ♕e7 20. g3 ♖ad8 21. a3 ♘c7 22. ♖d6 c5 23. f5 ef5 24. ♗g5 ♕e5 25. ♗d8 ♘e6 26. ♗f6 **1:0**

14.10. **395.**

P. KERES - G. STAHLBERG

1. e4 e6 2. d4 d5 3. ♘d2 c5 4. ♘gf3 cd4 5. ed5 ♕d5 6. ♗c4 ♕c5 7. 0-0 ♘f6 8. ♕e2 ♘c6 9. ♘b3 ♕b6 10. ♖d1 ♗c5 11. a4 a5 12. ♘c5 ♕c5 13. b3 ♘d5 14. ♗a3 ♘db4 15. ♗b2 0-0 16. ♘d4 ♘d4 17. ♖d4 ♕f5 18. ♖g4 g6 19. ♖c1 ♗d7 20. ♖e4 ♗c6 21. ♖e6 ♕g5 22. f4 ♕c5 23. ♔h1 ♖ae8 24. ♖e5 ♘d5 25. ♖e1 f6 26. ♖e7 ♖e7 27. ♕e7 ♕e7 28. ♖e7 ♖d8 29. ♗f6 ♔f8 30. ♖f7 ♔f7 31. ♗d8 ♔e8 32. ♗a5 ♘e3 33. ♗b5 ♗b5 34. ab5 ♘c2 35. ♗c3 ♘e3 36. ♔g1 ♔d7 37. ♗e5 ♔e6 38. h3 ♔d5 39. ♔f2 ♔e4 40. ♗c7 ♘d5 41. b6 ♘f4 **½:½**

17.10. **396.**

L. PALAU - P. KERES

1. d4 ♘f6 2. ♘f3 c5 3. e3 d5 4. b3 cd4 5. ed4 ♗g4 6. ♗e2 e6 7. 0-0 ♗d6 8. ♘bd2 ♘c6 9. ♗b2 ♖c8 10. c4 dc4 11. bc4 0-0 12. ♖c1 ♕a5 13. ♕b3 ♖fd8 14. d5 ed5 15. ♗f6 gf6 16. cd5 ♗f3 17. ♘f3 ♘e7 18. ♖c8 ♖c8 19. ♕b7 ♕a2 20. ♕d7 ♗c5 21. d6 ♕e2 22. h3 ♕e6 23. ♕e7 ♕e7 24. de7 ♗e7 25. ♖a1 ♗c5 26. ♔f1 ♗b6 27. ♖a2 f5 28. ♔e2 ♔g7 29. ♘d2 ♔f6 30. ♘f1 ♔e5 31. ♔d3 ♖d8 32. ♔c3 ♖g8 33. g3 f4 34. gf4 ♔f4 35. ♖a4 ♔e5 36. ♘e3 f5 37. ♖h4 f4 38. ♘c4 ♔e4 39. ♘b6 ab6 40. ♔d2 ♔f3 41. ♔e1 ♖g1 42. ♔d2 ♖g7 43. ♔e1 b5 44. ♖h5 ♖g1 45. ♔d2 ♔f2 46. ♖h7 f3 47. h4 ♖g2 **0:1**

19.10. **397.**

P. KERES - M. CZERNIAK

1. e4 c6 2. d4 d5 3. ed5 cd5 4. c4 ♘f6 5. ♘c3 ♘c6 6. ♗g5 ♕a5 7. ♕d2 dc4 8. ♗c4 e5 9. d5 ♘d4 10. f4 ♗d6 11. ♘ge2 ♘f5 12. ♗b5 ♗d7 13. ♗f6 gf6 14. ♗d7 ♔d7 15. 0-0 ♘e3 16. ♖f3 ♘g4 17. ♕d3 ♖ag8 18. ♔h1 ♕b6 19. ♖af1 ♔c8 20. h3 h5 21. ♘e4 ♔b8 22. ♕b3 ♕a6 23. ♘2g3 ef4 24. ♘f5 ♘e3

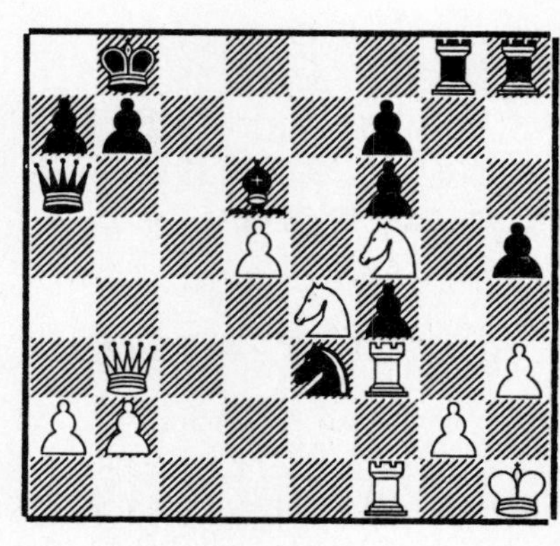

25. ♘e3 fe3 26. ♕e3 ♗e5 27. ♘f6 ♗f6 28.

♖f6 ♕a2 29. ♕e5 ♔a8 30. ♖f7 ♕c4 31. b3 ♕c2 32. ♖1f2 ♕c5 33. ♕e7 ♕e7 34. ♖e7 ♖d8 35. ♖f5 h4 36. ♔g1 ♖c8 37. d6 ♖c1 38. ♔h2 ♖d1 39. d7 ♖d8 40. ♖e8 **1:0**

EUWE - KERES MATCH
Amsterdam, 24.12.1939 - 14.01.1940

24.12. 398.

Dr. M. EUWE - P. KERES

1. e4 e5 2. ♘f3 ♘c6 3. ♗b5 a6 4. ♗a4 ♘f6 5. 0-0 ♗e7 6. ♖e1 b5 7. ♗b3 d6 8. c3 0-0 9. d4 ♗g4 10. d5 ♘a5 11. ♗c2 ♘e8 12. ♘bd2 g6 13. a4 c5 14. dc6 b4 15. ♘f1 ♘c6 16. ♗h6 ♘g7 17. ♘e3 ♗e6 18. cb4 ♖b8 19. b5 ab5 20. ab5 ♖b5 21. ♗a4 ♖c5 22. ♕d2 ♕b8 23. ♖ec1 ♖c8 24. ♖c5 dc5 25. ♗c6 ♖c6 26. ♘d5 ♗d8 27. ♗g5 ♖d6 28. ♗d8 ♕d8 29. ♘e5 ♗d5 30. ed5 ♖d5 31. ♕e1 **½:½**

25.12. 399.

P. KERES - Dr. M. EUWE

1. e4 e5 2. ♘f3 ♘c6 3. ♗b5 a6 4. ♗a4 ♘f6 5. 0-0 ♘e4 6. d4 b5 7. ♗b3 d5 8. de5 ♗e6 9. c3 ♗e7 10. ♘bd2 0-0 11. ♕e1 ♘c5 12. ♘d4 ♕d7 13. ♗c2 f6 14. ♘e6 ♘e6 15. ♘f3 fe5 16. ♘e5 ♘e5 17. ♕e5 ♗d6 18. ♕h5 g6 19. ♕h3 ♖f7 20. ♗h6 ♗f4 21. ♖ae1 ♗h6 22. ♕h6 ♘f4 23. g3 ♖af8 24. f3 ♘h5 25. ♕e3 ♘g7 26. f4 ♖e8 27. ♕d2 ♖fe7 28. ♖e7 ♖e7 29. f5 gf5 30. ♕g5 ♖e5 31. ♕f6 ♕e8 32. ♗f5 ♘f5 33. ♖f5 ♖f5 34. ♕f5 ♕e3 35. ♔g2 c6 36. ♔h3 ♕h6 37. ♔g2 ♕d2 38. ♕f2 ♕d3 39. ♔h3 ♕c4 40. ♕f6 ♕a2 41. ♕c6 **½:½**

27.12. 400.

Dr. M. EUWE - P. KERES

1. e4 e5 2. ♘f3 ♘c6 3. ♗b5 a6 4. ♗a4 ♘f6 5. 0-0 d6 6. ♖e1 ♗d7 7. c3 ♗e7 8. d4 0-0 9. ♘bd2 ed4 10. cd4 ♘b4 11. ♗b3 c5 12. ♘f1 ♗b5 13. ♘g3 d5 14. e5 ♘e4 15. ♘e4 de4 16. ♖e4 ♗d3 17. ♖e3 c4 18. a3 cb3 19. ab4 ♗c4 20. ♘d2 ♗d5 21. ♘b3 ♗b4 22. ♖g3 f6 23. ♗f4 ♔h8 24. ♘c1 ♗e7 25. ♕g4 g6 26. ef6 ♗f6 27. ♗e5 ♖c8 28. ♘d3 ♖c4 29. h4 ♕b6 30. ♖d1 ♖c2 31. h5 ♗e5 32. de5 ♗e6 33. ♕g5 ♗f5 34. hg6 ♗g6 35. ♕h6 ♖g8 36. ♖d2 ♖d2 37. ♕d2 ♖d8 38. ♕h6 ♕c6 39. ♘f4 ♕c1 40. ♔h2 ♔g8 41. ♖g6 hg6 42. ♕g6 **1:0**

29.12. 401.

P. KERES - Dr. M. EUWE

1. e4 e5 2. ♘f3 ♘c6 3. ♗b5 a6 4. ♗a4 ♘f6 5. ♘c3 ♗e7 6. 0-0 b5 7. ♗b3 d6 8. ♘d5 ♘a5 9. ♘e7 ♕e7 10. d4 0-0 11. de5 de5 12. ♗g5 ♗b7 13. ♕e1 ♘b3 14. ab3 h6 15. ♗f6 ♕f6 16. ♕e3 ♕c6 17. ♖fe1 f6 18. b4 ♕c4 19. c3 ♖fd8 20. ♘d2 ♕f7 21. ♖a3 ♖d6 22. ♘b3 ♖ad8 23. ♘c5 ♗c8 24. h3 ♖d2 25. ♖e2 ♖d1 26. ♔h2 ♕h5 27. b3 ♖b1 28. ♘d3 ♗e6 29. ♖d2 ♖d1 30. ♖a6 ♖d2 31. ♕d2 ♗b3 32. ♕e3 ♕d1 33. ♘c5 ♗c4 34. ♖a7 ♖c8 35. ♕g3 ♕d6 36. ♖a6 ♕e7 37. ♕e3 ♖d8 38. ♖a7 ♔f8 39. ♕c1 ♕d6 40. ♘b7 ♕d2 41. ♕d2 ♖d2 42. ♖a8 ♔e7 43. ♖c8 ♖f2 44. ♖c7 ♔f8 45. ♘d6 ♗d3 46. ♔g3 ♖c2 47. ♔g4 ♖g2 48. ♔f5 ♔g8 49. ♖c5 h5 50. c4 bc4 51. b5 ♖b2 52. ♔g6 ♖g2 53. ♔f5 ♗f1 54. b6 ♖b2 55. ♔g6 ♗h3 56. ♔h5 ♗e6 57. ♘f5 ♖b6 58. ♖c7 ♗f5 59. ef5 ♖b2 60. ♖c4 ♖g2 **0:1**

30.12. 402.

Dr. M. EUWE - P. KERES

1. d4 ♘f6 2. c4 e6 3. ♘c3 ♗b4 4. ♕c2 0-0 5. ♗g5 h6 6. ♗h4 ♘c6 7. e3 ♖e8 8. ♗d3 e5 9. d5 e4

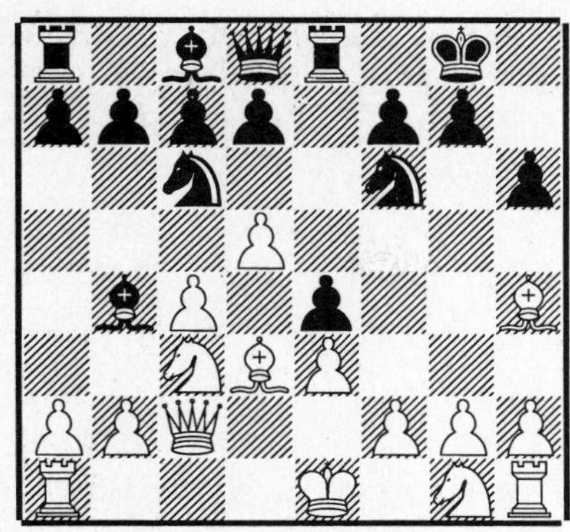

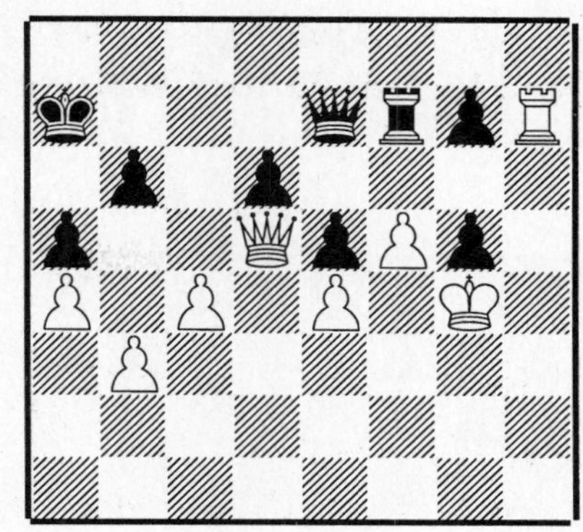

10. dc6 ed3 11. ♕d3 dc6 12. ♕d8 ♗c3 13. ♕d2 ♗d2 14. ♔d2 ♘e4 15. ♔e2 ♗e6 16. ♖c1 g5 17. ♗g3 ♖ad8 18. ♘f3 c5 19. ♖hd1 ♖d1 20. ♔d1 g4 21. ♘g1 ♖d8 22. ♔e1 ♖d2 23. f3 ♖g2 24. fe4 ♖g1 25. ♔d2 ♖c1 26. ♔c1 ♗c4 27. b3 ♗d3 28. ♗c7 h5 29. ♔d2 ♗b1 30. ♔c3 h4 31. a4 ♗e4 32. ♔c4 b6 33. a5 ba5 34. ♔c5 ♗c2 35. ♔b5 ♗b3 36. ♔a5 ♔g7 37. ♔a6 ♔g6 38. e4 g3 39. hg3 h3 40. g4 ♔g5 **0:1**

1.01. **403.**

P. KERES - Dr. M. EUWE

1. d4 ♘f6 2. c4 e6 3. ♘c3 ♗b4 4. ♕c2 ♘c6 5. ♘f3 0-0 6. ♗g5 h6 7. ♗h4 d6 8. e3 ♕e7 9. ♗e2 e5 10. d5 ♘b8 11. ♘d2 ♘bd7 12. 0-0 a5 13. ♖ae1 ♖e8 14. f4 ♗c3 15. ♕c3 ♘e4 16. ♘e4 ♕h4 17. g3 ♕e7 18. ♗g4 ♘f6 19. ♘f6 ♕f6 20. ♗c8 ♖ac8 21. ♖f2 b6 22. ♖ef1 ♕g6 23. f5 ♕f6 24. e4 c6 25. dc6 ♖c6 26. a4 ♔f8 27. ♖d1 ♖ec8 28. b3 ♔e7 29. ♕f3 ♔d7 30. h4 ♔c7 31. ♔f1 ♔b7 32. ♔e2 ♖8c7 33. ♖h2 ♕d8 34. g4 f6 35. ♖g2 ♖c8 36. ♖g3 ♕d7 37. ♕d3 ♕f7 38. ♖h1 ♖h8 39. ♖hh3 ♖cc8 40. g5 hg5 41. hg5 ♕c7 42. ♕d5 ♔a7 43. ♖d3 ♖h3 44. ♖h3 fg5 45. ♖h7 ♕e7 46. ♔f3 ♖f8 47. ♔g4 ♖f7

(diagram)

48. b4 ab4 49. a5 ♕b7 50. ab6 ♔b6 51. ♕d6 ♔a7 52. ♕e5 b3 53. ♖h3 ♖f6 54. ♕d4 ♖b6 55. ♖b3 **1:0**

2.01. **404.**

Dr. M. EUWE - P. KERES

1. e4 e5 2. ♘f3 ♘c6 3. ♗b5 a6 4. ♗a4 ♘f6 5. 0-0 ♗e7 6. ♖e1 b5 7. ♗b3 d6 8. c3 0-0 9. d4 ♗g4 10. d5 ♘a5 11. ♗c2 c6 12. dc6 ♘c6 13. ♘bd2 b4 14. ♗a4 ♖c8 15. ♗c6 bc3 16. ♗b7 cd2 17. ♗d2 ♖b8 18. ♗a6 d5 19. ♗e2 ♗f3 20. gf3 ♗c5 21. ♖b1 de4 22. ♗e3 ♗d4 23. ♗d4 ed4 24. ♗f1 ♕d5 25. fe4 ♘e4 26. ♕f3 f5 27. b3 ♕a8 28. a4 ♖b6 29. ♖bd1 ♕a5 30. ♗c4 **1:0**

3.01. **405.**

P. KERES - Dr. M. EUWE

1. d4 d5 2. c4 c6 3. ♘c3 dc4 4. e4 e5 5. ♘f3 ed4 6. ♕d4 ♕d4 7. ♘d4 ♗c5 8. ♗e3 ♘f6 9. f3 b5 10. a4 b4 11. ♘d1 ♗a6 12. ♖c1 ♘fd7 13. f4 0-0 14. ♗c4 ♖e8 15. ♘f2 ♗d4 16. ♗d4 ♗c4 17. ♖c4 c5 18. ♗e3 ♘b6 19. ♖c5 ♘a4 20. ♖c2 ♘d7 21. ♔e2 a5 22. ♖d1 ♘ab6 23. b3 a4 24. ba4 ♖a4 25. ♖c6 ♖a2 26. ♔e1 f5 27. e5 ♘e5 28. fe5 ♖e5 29. ♖d8 ♔f7 30. ♖c7 ♔g6 31. ♖d6 ♔h5 32. g4 ♔h4 33. ♖g7 ♖e3 34. ♔f1 h5 35. ♖h6 **1:0**

5.01. **406.**

Dr. M. EUWE - P. KERES

1. d4 ♘f6 2. c4 e6 3. ♘f3 b6 4. g3 ♗b7 5. ♗g2 ♗e7 6. 0-0 0-0 7. ♘c3 ♘e4 8. ♕c2 ♘c3 9. ♕c3 d6 10. ♕c2 f5 11. ♘e1 ♕c8 12.

e4 ♘d7 13. d5 fe4 14. ♕e4 ♘c5 15. ♕e2 ♗f6 16. ♗h3 ♖e8 17. ♗e3 ♕d8 18. ♗c5 ed5 19. ♗e6 ♔h8 20. ♖d1 dc5 21. ♘g2 d4 22. f4

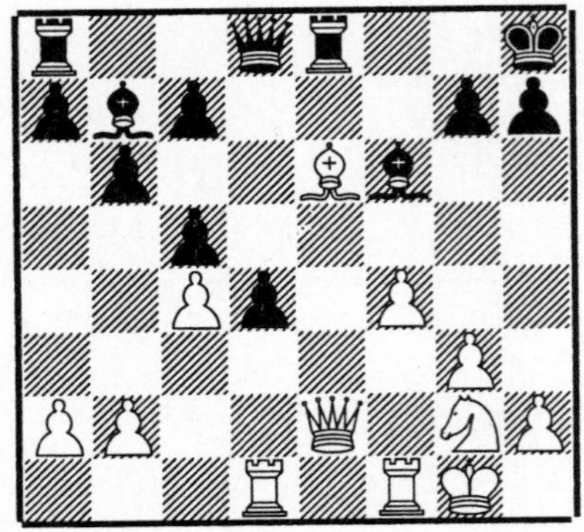

d3 23. ♖d3 ♕d3 24. ♕d3 ♗d4 25. ♖f2 ♖e6 26. ♔f1 ♖ae8 27. f5 ♖e5 28. f6 gf6 29. ♖d2 ♗c8 30. ♘f4 ♖e3 31. ♕b1 ♖f3 32. ♔g2 ♖f4 33. gf4 ♖g8 34. ♔f3 ♗g4 **0:1**

6.01. **407.**

P. KERES - Dr. M. EUWE

1. d4 ♘f6 2. c4 e6 3. ♘c3 ♗b4 4. ♕c2 ♘c6 5. e3 e5 6. de5 ♘e5 7. ♗d2 d6 8. a3 ♗c3 9. ♗c3 0-0 10. ♘f3 ♘fd7 11. ♗e2 ♕e7 12. ♖d1 ♘f3 13. gf3 f5 14. ♖g1 ♖f7 15. ♕d2 ♘f6 16. c5 d5 17. ♗f6 ♕f6 18. ♕d5 ♗e6 19. ♕b7 ♖af8 20. f4 ♖e7 21. ♖d2 ♗f7 22. ♕a7 ♕h4 23. ♕b7 ♖e3 24. ♕g2 g6 25. ♕g5 ♖h3 26. ♕h4 ♖h4 27. ♖d4 ♖h2 28. ♗f3 ♗e8 29. a4 ♖f6 30. ♖h1 ♖h1 31. ♗h1 ♔f8 32. ♗b7 ♗c6 33. ♗c6 ♖c6 34. b4 ♔e7 35. ♔d2 h5 36. a5 ♖a6 37. ♔c3 ♖a8 38. c6 ♖h8 39. b5 h4 40. b6 cb6 41. ab6 h3 42. b7 h2 43. ♖d1 ♖d8 44. ♖d8 h1♕ 45. b8♕ ♕c1 46. ♔b4 ♕b2 47. ♔a5 ♕a3 48. ♔b6 ♕b4 49. ♔c7 **1:0**

7.01. **408.**

Dr. M. EUWE - P. KERES

1. d4 d5 2. c4 c6 3. ♘f3 ♘f6 4. cd5 cd5 5. ♘c3 ♘c6 6. ♗f4 ♕a5 7. e3 ♘e4 8. ♕b3 e6 9. ♗d3 ♗b4 10. ♗e4 de4 11. ♘d2 0-0 12. 0-0 ♕f5 13. ♘de4 ♗c3 14. ♘g3 ♕d5 15. bc3 ♘a5 16. ♕b4 b6 17. e4 ♕c6 18. ♖fd1 ♖d8 19. ♖d3 ♗a6 20. ♖f3 ♖d7 21. ♘h5 f6 22. ♖g3 ♔h8 23. ♘g7 ♕e4 24. ♘h5 ♕f5 25. ♘f6 ♖f7 26. ♗e5 ♘c6 27. ♕d6 ♘e5 28. de5 ♖af8 29. h3 ♗c4 30. ♖d1 ♗a2 31. ♕d8 **1:0**

10.01. **409.**

P. KERES - Dr. M. EUWE

1. ♘f3 d5 2. c4 dc4 3. e3 c5 4. ♗c4 ♘f6 5. 0-0 a6 6. b3 b5 7. ♗e2 ♗b7 8. ♗b2 ♘bd7 9. a4 ♕b6 10. ab5 ab5 11. ♖a8 ♗a8 12. ♘a3 ♗c6 13. d4 e6 14. dc5 ♗c5 15. ♘d4 ♗d4 16. ♕d4 ♕b7 17. ♕b4 ♘d5 18. ♕d6 ♘e7 19. ♖c1 b4 20. ♘c4 ♘f5 21. ♕f4 ♗g2 22. ♘d6 ♘d6 23. ♕d6 **1:0**

13.01. **410.**

Dr. M. EUWE - P. KERES

1. d4 ♘f6 2. c4 e6 3. ♘f3 b6 4. g3 ♗b7 5. ♗g2 ♗e7 6. 0-0 0-0 7. ♘c3 ♘e4 8. ♕c2 ♘c3 9. ♕c3 ♗e4 10. ♘e1 ♗g2 11. ♘g2 c6 12. d5 cd5 13. cd5 ♘a6 14. ♘f4 ♕c8 15. ♕f3 e5 16. d6 ♗d6 17. ♘h5 ♗e7 18. ♗e3 ♕c6 19. ♕c6 dc6 20. g4 ♗c5 21. ♗c5 ♘c5 22. ♖ac1 a5 23. ♖fd1 **½:½**

14.01. **411.**

P. KERES - Dr. M. EUWE

1. d4 d5 2. c4 dc4 3. ♘f3 a6 4. e3 ♘f6 5. ♗c4 e6 6. 0-0 c5 7. ♕e2 ♘c6 8. ♖d1 b5 9. ♗b3 c4 10. ♗c2 ♘b4 11. ♘c3 ♘c2 12. ♕c2 ♘d5 13. b3 cb3 14. ♕b3 ♗b7 15. ♘e5 ♘c3 16. ♕c3 ♖c8 17. ♕e1 ♗d6 18. ♘d3 ♕h4 19. h3 0-0 20. a4 b4 21. ♘b4 ♗f3 22. ♘a6 f5 23. ♗a3 ♗a3 24. ♖a3 ♗d1 25. ♕d1 f4 26. e4 ♕e7 27. ♖b3 ♕d6 28. ♕d3 ♖fd8 29. ♘b4 ♕d4 30. ♕d4 ♖d4 31. ♘d3 g5 32. h4 ♖a4 33. f3 h6 34. hg5 hg5 35. ♖b5 ♔f7 36. ♖b7 ♔f6 37. ♘f2 ♔g6 38. ♖b5 ♖c1 39. ♔h2 ♖aa1 40. ♖b2 ♖f1 41. ♖c2 ♔h5 42. ♖b2 g4 43.

fg4 ♔g5 44. ♖c2 ♔f6 45. ♖b2 ♔e5 46. g5 ♖a3 47. ♘h3 ♔e4 48. g6 ♖aa1 49. ♘f2 ♔f5 50. g7 ♖a8 51. ♖b7 ♖g8 52. ♘d3 ♔f6 53. ♘c5 ♖g7 54. ♖g7 ♔g7 55. ♘e6 ♔f6 56. ♘c5 ♔e5 57. ♔h3 ♔f5 58. g4 ♔e5 59. ♘d3 ♔e4 60. ♔g2 ♖b1 61. ♘c5 ♔e3 **0:1**

ESTONIAN TEAM CHAMPIONSHIP

Tallinn, 24.- 26.02.1940

24.02. **412.**

G. FRIEDEMANN - P. KERES

1. d4 ♘f6 2. c4 e6 3. ♘c3 ♗b4 4. ♕c2 ♘c6 5. ♘f3 d6 6. ♗d2 e5 7. a3 ♗c3 8. ♗c3 ♕e7 9. de5 de5 10. e3 a5 11. ♗e2 0-0 12. 0-0 a4 13. h3 ♘d7 14. ♖ad1 ♘c5 15. ♗b4 f6 16. ♖d5 ♘b4 17. ab4 ♘a6 18. ♕a4 ♕b4 19. ♖a1 ♕b2 20. c5 ♘b4 21. ♗c4

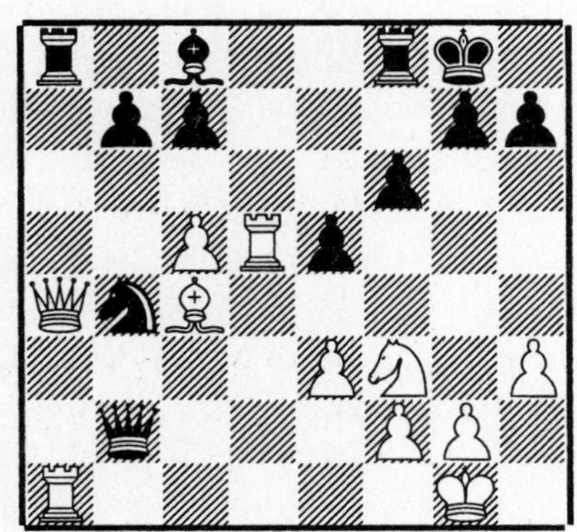

♗e6 22. ♕a8 ♗d5 23. ♗d5 ♘d5 24. ♕a7 ♘c3 25. ♖e1 ♕b4 26. c6 bc6 27. ♕c7 e4 28. ♕c6 ef3 29. ♕f3 f5 30. ♖a1 ♕e4 31. ♕h5 f4 32. ef4 ♘e2 33. ♔h1 ♕g2 34. ♔g2 ♘f4 35. ♔g3 ♘h5 36. ♔g4 g6 37. ♖a7 ♖f2 38. ♔h4 h6 39. ♖a8 ♖f8 40. ♖a4 ♖f4 41. ♖f4 ♘f4 **0:1**

25.02. **413.**

B. MÄLKSOO - P. KERES

1. e4 e5 2. ♘f3 ♘c6 3. ♗b5 a6 4. ♗a4 ♘f6 5. 0-0 ♗e7 6. c3 ♘e4 7. ♖e1 ♘c5 8. ♗c6 dc6 9. ♘e5 0-0 10. d4 ♘d7 11. ♘d3 ♘f6 12. ♘d2 ♗g4 13. f3 ♗f5 14. ♘e4 ♖e8 15. ♗f4 ♘d5 16. ♗e5 ♗h4 17. ♖e2 a5 18. ♕d2 a4 19. ♖d1 f6 20. ♗g3 ♗g3 21. ♘g3 ♖e2 22. ♕e2 ♗g6 23. c4 ♘e7 24. ♘f4 ♗f7 25. ♘e6 ♕d6 26. ♘c5 b6 27. ♘ce4 ♕d7 28. ♘c3 ♘g6 29. b3 ab3 30. ab3 ♖a3 31. ♕c2 ♕e7 32. ♘ge2 ♘h4 33. ♔f2 b5 34. d5 bc4 35. bc4 ♕c5 36. ♔f1 cd5 37. ♘d5 ♗e6 38. ♕b2 ♖f3 39. gf3 ♗h3 40. ♔e1 ♘f3 **0:1**

25.02. **414.**

J. TÜRN - P. KERES

1. e4 e5 2. ♘f3 ♘c6 3. ♗b5 a6 4. ♗a4 ♘f6 5. 0-0 ♗e7 6. ♖e1 b5 7. ♗b3 d6 8. c3 0-0 9. a4 b4 10. ♗d5 ♗d7 11. d4 ♖b8 12. ♗c4 ♗c8 13. ♕d3 bc3 14. bc3 ed4 15. ♗a6 ♘e5 16. ♕e2 ♘f3 17. gf3 ♗a6 18. ♕a6 dc3 19. ♘c3 ♘d7 20. ♘d5 ♗f6 21. ♖a3 ♗b2 22. ♗b2 ♖b2 23. f4 ♘f6 24. ♖g3 h5 25. ♕c4 h4 26. ♖g5 ♘d5 27. ♖d5 ♖e8 28. ♕d4 ♖a2 29. ♖g5 g6 30. ♕c4 ♖a3 31. ♖g6 ♔f8 32. ♖g5 ♕f6 33. e5 de5 34. ♕c5 ♕d6 35. ♖ee5 ♖e5 36. ♖e5 h3 37. f3 ♖a4 38. ♖d5 ♕c5 39. ♖c5 ♖a7 40. ♔f2 ♔e7 41. ♔g3 ♔d6 42. ♖c1 c5 43. ♔h3 ♔d5 44. ♖d1 ♔c4 45. ♖c1 ♔d4 46. ♖d1 ♔e3 47. ♔g4 c4 48. h4 c3 49. h5 c2 50. ♖c1 ♔d2 51. ♖c2 ♔c2 52. h6 ♖a8 53. ♔f5 ♖a6 54. ♔g5 ♖g6 55. ♔h5 ♖g1 **0:1**

26.02. **415.**

P. KERES - L. BLUMENOFF

1. d4 ♘f6 2. c4 e6 3. ♘c3 ♗b4 4. f3 b5 5. cb5 ♘d5 6. ♕d3 ♕h4 7. g3 ♕e7 8. e4 e5 9. ♗d2 ♘f6 10. ♘ge2 d6 11. ♗g2 a6 12. 0-0 0-0 13. f4 ed4 14. ♘d4 ♗c5 15. ♖ae1 ♗b7 16. e5 ♗g2 17. ♔g2 ♗d4 18. ef6 ♕f6 19. ♘d5 ♕h6 20. ♕d4 ab5 21. f5 **1:0**

STUDENTS TEAM CHAMPIONSHIP
Tartu, 1.- 6.03.1940

1.03. **416.**

D. VOOREMAA - P. KERES

1. e4 ♘c6 2. ♘f3 e5 3. ♗b5 a6 4. ♗a4 ♘f6 5. 0-0 d6 6. ♖e1 ♗e7 7. c3 0-0 8. h3 ♗d7 9. d4 ed4 10. cd4 d5 11. e5 ♘e4 12. ♘c3 ♘c3 13. bc3 ♕c8 14. ♗c2 ♗f5 15. ♗f4 ♘a5 16. ♘d2 c5 17. ♗f5 ♕f5 18. ♕g4 ♕g4 19. hg4 ♖fc8 20. a4 cd4 21. cd4 ♖c2 22. ♖ec1 ♖ac8 23. ♖c2 ♖c2 24. ♘f3 ♘c4 25. ♘e1 ♖c3 26. ♘f3 ♔f8 27. ♔f1 ♔e8 28. ♖b1 b6 29. ♘d2 ♗d8 30. ♔e1 ♔d7 31. ♘b3 ♘a3 32. ♖b2 ♖c4 33. a5 b5 34. ♗e3 ♔c6 35. ♔e2 ♖a4 36. ♘c5 ♖c4 37. ♘b3 ♗e7 38. ♔d3 b4 39. ♗d2 ♔b5 40. f3 ♗d8 41. ♖a2 ♘b1 42. ♗e1 ♘c3 43. ♖a1 ♘a4 44. ♗d2 ♗a5 45. ♘a5 ♔a5 46. g5 ♔b5 47. ♖h1 ♘b2 48. ♔e3 ♖c2 49. ♗c1 ♘c4 50. ♔d3 b3 51. ♗f4 ♔b4 **0:1**

2.03. **417.**

P. KERES - V. TOMBERG

1. e4 e5 2. f4 ef4 3. ♗c4 d6 4. d4 h6 5. ♗f4 ♕h4 6. g3 ♕e7 7. ♘f3 ♕e4 8. ♔f2 ♗e7 9. ♘c3 ♕g6 10. ♖e1 ♗g4 11. ♘d5 ♔d8 12. ♗e2 ♕h5 13. ♘e3 g5 14. ♗e5 f6 15. h3 ♗d7 16. g4 ♕f7 17. ♗g3 c6 18. d5 f5 19. gf5 ♗f5 20. dc6 ♘c6 21. ♗d6 ♗d6 22. ♕d6 ♗d7 23. ♖ad1 ♘f6 24. ♗d3 ♘e8 25. ♕c5 ♖c8 26. ♗f5 ♘f6 27. ♘c4 ♕g7 28. ♘ce5 ♘e5 29. ♕e5 ♕f8 30. ♕f6 **1:0**

4.03. **418.**

P. KERES - H. LEPIK

1. e4 e5 2. f4 ef4 3. ♘f3 ♗e7 4. ♗c4 d6 5. 0-0 ♗g4 6. d4 ♘f6 7. ♘c3 g5 8. h3 ♗h5 9. g4 fg3 10. ♗g5 ♘bd7 11. ♕d2 h6 12. ♗h4 ♘b6 13. ♗b3 g2 14. ♔g2 ♕d7 15. e5 ♖g8 16. ♔h2 ♘h7 17. e6 fe6 18. ♗e6 ♕e6 19. ♖ae1 ♖g6 20. ♖e6 ♖e6 21. d5 ♖g6 22. ♗e7 ♔e7 23. ♕e3 ♔d7 24. ♘e5 de5 25. ♖f7 ♔e8 26. ♖h7 ♘d7 27. ♖h8 ♘f8 28. ♕e5 ♔f7 29. ♕c7 **1:0**

5.03. **419.**

F. SAUKS - P. KERES

1. e4 ♘c6 2. ♘f3 e5 3. ♗c4 ♘f6 4. d4 ed4 5. 0-0 ♘e4 6. ♖e1 d5 7. ♗d5 ♕d5 8. ♘c3 ♕a5 9. ♘e4 ♗e6 10. ♘eg5 0-0-0 11. ♘e6 fe6 12. ♖e6 h6 13. ♕e1 ♕h5 14. ♗f4 ♕f7 15. ♗g3 ♗b4 16. ♕e4 ♖he8 17. ♖e8 ♖e8 18. ♕g4 ♕d7 19. ♕d7 ♔d7 20. ♔f1 ♗d6 21. ♗d6 ♔d6 22. a3 ♔d5 23. ♖e1 ♖f8 24. ♔e2 g5 25. h3 ♘e7 26. ♔d3 ♘g6 27. c4 dc3 28. ♔c3 c5 29. ♖d1 ♔c6 30. ♖d2 a5 31. b4 b6 32. bc5 bc5 33. ♘e1 ♘f4 34. f3 ♖f5 35. ♔c4 ♖e5 36. ♘d3 ♖d5 37. ♔c3 h5 38. h4 ♘d3 39. ♖d3 gh4 40. a4 ♖d3 41. ♔d3 ♔d5 42. ♔c3 ♔e5 43. ♔c4 ♔f4 44. ♔c5 ♔g3 45. f4 ♔f4 **0:1**

6.03. **420.**

P. KERES - JUNKUR

1. e4 e5 2. f4 ef4 3. ♘f3 ♗c5 4. d4 ♗b6 5. ♗f4 d6 6. ♗c4 ♕f6 7. ♕d2 h6 8. ♘c3 ♗a5 9. 0-0 ♕g6 10. e5 ♘c6 11. ♖ae1 d5 12. ♗d5 ♘ge7 13. ♗e4 ♗f5 14. ♘h4 ♕g4 15. ♘f5 ♘f5 16. h3 ♕h5 17. g4 ♕h3 18. ♗f5 ♘d4 19. ♖e3 ♕h4 20. ♕d4 ♖d8 21. ♘d5 0-0 22. ♕c5 ♖d5 23. ♕d5 ♗b6 24. ♔g2 ♖d8 25. ♕e4 ♖d2 26. ♖e2 ♖d4 27. ♕f3 **1:0**

ESTONIA - LITHUANIA TEAM MATCH
Tallinn, 27.- 28.04.1940

27.04. **421.**

V. MIKENAS - P. KERES

1. d4 ♘f6 2. c4 e6 3. ♘c3 ♗b4 4. ♕c2 0-0 5. ♘f3 c5 6. dc5 ♘a6 7. a3 ♗c3 8. ♕c3 ♘c5 9. b4 ♘ce4 10. ♕d4 d6 11. ♘g5 e5 12. ♕b2 a5 13. f3 ♘g5 14. ♗g5 ab4 15. ♕b4 ♗e6 16. e4 ♕c7 17. ♗e2 ♕c6 18. a4 ♖fc8 19. 0-0 ♕c5 20. ♕c5 dc5 21. ♖fb1 ♖c7 22. a5 ♔f8 23. ♗e3 ½:½

28.04. **422.**

P. KERES - V. MIKENAS

1. e4 e6 2. d4 d5 3. ♘d2 ♘f6 4. ♗d3 c5 5. e5 ♘fd7 6. c3 b6 7. ♕a4 a5 8. ♕c2 ♗a6 9. ♘df3 ♕c8 10. ♘h3 ♗d3 11. ♕d3 ♕a6 12. ♕a6 ♘a6 13. ♗e3 ♗e7 14. ♔e2 0-0 15. ♖hc1 ♖fc8 16. ♘d2 b5 17. f4 c4 18. g4 b4 19. f5 a4 20. ♘f4 ♘c7 21. cb4 ♗b4 22. ♖c2 ♘f8 23. ♖ac1 ♖cb8 24. ♔d1 ♘b5 25. ♘e2 ♖b7 26. h3 ♖ab8 27. ♘c4 dc4 28. ♖c4 a3 29. b3 ♗e7 30. ♘g3 ♖d7 31. g5 ♗d8 32. f6 g6 33. ♔e2 ♗b6 34. ♔d3 ♖bd8 35. ♘e2 ♘c7 36. ♖a4 ♘d5 37. ♖cc4 ♖a7 38. ♖a7 ♗a7 39. ♖a4 ♗b8 40. ♔e4 h6 41. ♖a3 ♖c8 42. ♗d2 hg5 43. ♖a4 ♘d7 44. ♖c4 ♗c7 45. ♗g5 ♖a8 46. ♖c2 ♔f8 47. ♗d2 ♔g8 48. h4 ♗a5 49. ♗a5 ♖a5 50. ♖c8 ♔h7 51. a4 ♘5b6 52. ♖c7 ♔h6 53. ♘f4 ♖a8 54. ♘h3 ♔h5 55. ♘g5 ♔h4 56. ♘f7 ♖c8 57. ♖c8 ♘c8 58. ♘d8 ♘f8 59. d5 ed5 60. ♔d5 g5 61. e6 g4 62. ♘c6 g3 63. ♘d4 g2 64. e7 ♘h7 65. ♔e6 ♘f6 66. ♔f6 ♘e7 67. ♔e7 ♔g4 68. ♘e2 ♔f3 ½:½

TALLINN - ESTONIA TEAM MATCH
Narva-Jõesuu, 7.07.1940

7.07. **423.**

P. KERES - G. FRIEDEMANN

1. d4 ♘f6 2. c4 e6 3. ♘f3 b6 4. g3 ♗b7 5. ♗g2 ♗e7 6. ♘c3 ♘e4 7. ♕c2 ♘c3 8. ♕c3 ♗e4 9. 0-0 c6 10. ♗f4 0-0 11. ♖ac1 d6 12. ♖fd1 ♘d7 13. c5 bc5 14. dc5 ♗f6 15. ♕d2 d5 16. ♗d6 ♖e8 17. ♘d4 ♗g2 18. ♔g2 ♕c8 19. b4 ♘e5 20. b5 cb5 21. ♘b5 ♖d8 22. ♗c7 ♖f8 23. ♗d6 ♘c4 24. ♕f4 ♘d6 25. ♘d6 ♕c6 26. e4 de4 27. ♕e4 ♖ac8 28. ♕c6 ♖c6 29. ♘b5 ♖b8 30. ♘a7 ♖c7 31. ♖b1 ♖a8 32. ♘b5 ♖c5 33. ♖dc1 ♖c1 34. ♖c1 g5 35. ♖c2 ♗e5 36. ♖c5 f6 37. ♖c6 ♔f7 38. ♘c7 ♖a2 39. ♘e6 h5 40. ♔f3 ♗b8 41. ♘c5 ♖c2 42. ♘b7 ♖c6 43. ♘d8 ½:½

XII USSR CHAMPIONSHIP
Moscow, 5.09.- 2.10.1940

5.09. **424.**

M. STOLBERG - P. KERES

1. c4 ♘f6 2. ♘c3 e5 3. ♘f3 ♘c6 4. e3 ♗e7 5. d4 ed4 6. ♘d4 0-0 7. ♗e2 d5 8. ♘c6 bc6 9. 0-0 ♗d6 10. ♕a4 ♗d7 11. ♖d1 ♕e7 12. ♗f3 ♘g4 13. ♗g4 ♗g4 14. c5 ♗h2 15. ♔h2 ♗d1 16. ♕d1 ♕c5 17. g3 ♖ab8 18. ♘a4 ♕d6 19. b3 ♕f6 20. ♕d4 ♕f2 21. ♔h3 ♕f1 22. ♔h2 ♕e2 23. ♔g1 ♖fe8 24. ♘c5 ♕f3 25. ♔h2 f6 26. ♕f4 ♕d1 27. ♕d4 ♕e2 28. ♔g1 ♖e5 29. ♕d2 ♕g4 30. ♕e1 ♖h5 31. ♘d3 ♕f3 **0:1**

		1	2	3	4	5	6	7	8	9	10	11	12	13	14	15	16	17	18	19	20	
1	I. BONDAREVSKY	•	0	½	1	½	1	1	1	½	½	1	0	½	1	½	1	1	1	½	1	13½
2	A. LILIENTHAL	1	•	½	½	½	1	1	1	1	½	½	½	½	½	1	½	½	1	½	1	13½
3	V. SMYSLOV	½	½	•	½	½	½	1	½	0	1	½	1	½	½	1	1	1	1	½	1	13
4	P. KERES	0	½	½	•	½	½	0	1	0	1	1	1	1	½	½	1	1	1	1	0	12
5	I. BOLESLAVSKY	½	½	½	½	•	0	½	0	1	1	½	1	½	½	1	1	0	1	1	½	11½
6	M. BOTVINNIK	0	0	½	½	1	•	1	½	0	1	½	½	1	0	1	1	½	½	1	1	11½
7	G. VERESOV	0	0	0	1	½	0	•	1	0	1	½	½	½	1	0	1	½	1	1	1	10½
8	P. DUBNIN	0	0	½	0	1	½	0	•	1	1	1	1	½	½	½	½	1	1	0	½	10½
9	V. MAKAGONOV	½	0	1	1	0	1	1	0	•	0	½	1	½	½	½	½	1	½	½	½	10½
10	V. PETROV	½	½	0	0	0	0	0	0	1	•	1	½	0	½	½	1	1	1	1	½	9
11	G. LISITSIN	0	½	½	0	½	½	½	0	½	0	•	0	1	1	0	1	1	0	½	1	8½
12	V. RAGOZIN	1	½	0	0	0	½	½	0	0	½	1	•	1	½	0	0	½	1	½	1	8½
13	A. KONSTANTINOPOLSKY	½	½	½	0	½	0	½	½	½	1	0	0	•	½	1	0	½	0	½	1	8
14	V. MIKENAS	0	½	½	½	½	1	0	½	½	½	0	½	½	•	1	0	0	0	1	½	8
15	V. PANOV	½	0	0	½	0	0	1	½	½	½	1	1	0	0	•	½	0	1	½	½	8
16	M. STOLBERG	0	½	0	0	0	0	0	½	½	0	0	1	1	1	½	•	1	1	½	½	8
17	E. GERSTENFELD	0	½	0	0	1	½	½	0	0	0	0	½	½	1	1	0	•	0	½	1	7
18	A. KOTOV	0	0	0	0	0	½	0	0	½	0	1	0	1	1	0	0	1	•	1	½	6½
19	G. LEVENFISH	½	½	½	0	0	0	0	1	½	0	½	½	½	0	½	½	½	0	•	½	6½
20	I. RUDAKOVSKY	0	0	0	1	½	0	0	½	½	½	0	0	0	½	½	½	0	½	½	•	5½

6.09. **425.**

P. KERES - V. RAGOZIN

1. e4 e5 2. ♘f3 ♘c6 3. ♗b5 a6 4. ♗a4 ♘f6 5. 0-0 d6 6. c3 ♘e4 7. d4 ♗d7 8. ♖e1 f5 9. de5 de5 10. ♘bd2 ♘f2 11. ♘e5 ♘d1 12. ♘c6 ♗e7 13. ♘d8 ♗a4 14. ♘e6 ♔f7 15. ♘f3 ♖he8 16. b3 ♘c3 17. ba4 ♗f6 18. ♘fg5 ♔g8 19. ♗b2 ♖ac8 20. ♔f1 h6 21. ♘f3 c5 22. ♘f4 ♖e4 23. ♘h5 ♗d4 24. ♘g3 ♖f4 25. ♗c1 ♖g4 26. ♘f5 ♖f8 27. h3 ♖e4 28. ♖e4 ♘e4 29. ♘5d4 cd4 30. ♗b2 d3 31. ♖d1 d2 32. ♗d4 ♖c8 33. ♔e2 ♖c4 34. a5 ♖a4 35. ♔d3 ♘d6 36. ♖d2 ♖a5 37. ♗e5 ♖a3 38. ♔d4 ♖a4 39. ♔c3 ♘c4 40. ♖e2 b5 41. ♔d4 g5 42. ♔c5 ♘a5 43. ♗d4 ♔f8 44. ♘e5 ♘b7 45. ♔d5 b4 46. ♗b6 ♔e7 47. ♔c6 **1:0**

7.09. **426.**

V. PANOV - P. KERES

1. e4 e5 2. ♘f3 ♘c6 3. ♗b5 a6 4. ♗a4 d6 5. c3 ♗d7 6. 0-0 g6 7. d4 ♗g7 8. de5 ♘e5 9. ♘e5 de5 10. ♗e3 ♘f6 11. ♘d2 0-0 12. ♗c2 ♕e7 13. h3 ♘h5 14. ♕f3 ♕f6 15. ♕f6 ♗f6 16. ♖fd1 ♖ad8 17. ♘b3 ♗a4 18. ♖d8 ♖d8 19. ♖d1 ♖d1 20. ♗d1 ♘f4 21. ♗g4 b6 22. g3 ♘e6 23. ♗e6 fe6 24. c4 ♗e7 25. c5 **½:½**

8.09. **427.**

P. KERES - G. VERESOV

1. d4 ♘f6 2. c4 e6 3. ♘c3 ♗b4 4. g3 c5 5. d5 b5 6. ♗g2 ♗b7 7. e4 bc4 8. ♘e2 ed5 9. ed5 d6 10. 0-0 ♘bd7 11. a3 ♗c3 12. ♘c3 0-0 13. ♗f4 ♘e5 14. ♗e5 de5 15. ♖e1 ♕b6 16. ♕d2 ♖fe8 17. ♘d1 ♖ad8 18. ♘e3 e4 19. ♘c4 ♕a6 20. ♘e3 ♗d5 21. ♖ad1 ♕b6 22. ♕c3 ♗e6 23. ♖d8 ♖d8 24. ♖c1 h6 25. ♖c2 ♖c8 26. ♖d2 ♕c7 27. h3 ♖b8 28. ♔h2 a5 29. ♗f1 h5 30. ♗c4 ♖e8 31. ♔g2 h4 32. ♗e6 ♖e6 33. g4 g6 34. ♔g1 ♔h7 35. b4 ab4 36. ab4 ♘d7 37. ♖d5 ♘e5 38. ♖c5 ♘f3 39. ♔f1 ♕h2 40. ♖c8 ♕h3 41. ♔e2 ♘e5 42. ♕d4 ♕f3 43. ♔f1 ♕h1 44. ♔e2 ♕b1 45. ♕d8 ♕d3 46. ♕d3 ed3 47. ♔d2 ♖f6 48. ♖c1 ♖f2 49. ♔c3 ♖f3 50. ♖e1 h3 51. ♘f1 ♘g4 52. b5 d2 53. ♔d2 ♖b3 54. ♖e4 f5 55. ♖c4 ♖b5 56. ♖c3 h2 57. ♖h3 ♔g7 58. ♔c1 ♖a5 59. ♘h2 ♖a1 60. ♔b2 ♖h1 **0:1**

9.09. **428.**

V. MAKAGONOV - P. KERES

1. d4 ♘f6 2. c4 g6 3. ♘c3 ♗g7 4. e4 0-0 5. ♗e3 d6 6. f3 e5 7. d5 a5 8. ♕d2 ♘a6 9. ♘ge2 ♘c5 10. 0-0-0 ♘e8 11. g4 f5 12. gf5 gf5 13. ♗g5 ♗f6 14. h4 f4 15. ♗h3 ♗h3 16. ♖h3 ♔h8 17. ♖dh1 ♖g8 18. ♘d1 ♕e7 19. ♘f2 ♗g5 20. hg5 ♖g5 21. ♘g4 ♘d7 22. ♘g3 ♘df6 23. ♘f5 ♕f7 24. ♕h2 h5 25. ♖g1 ♕g6 26. ♘e7 ♕f7 27. ♘f5 ♖d8 28. ♖g2 ♕g6 29. ♘e7 ♕f7 30. ♘f6 ♖g2 31. ♖h5 ♔g7 32. ♕g2 ♔f8 33. ♘g6 ♔g7 34. ♘e5 **1:0**

12.09. 429.

G. LISITSIN - P. KERES

1. ♘f3 d5 2. c4 c6 3. e3 ♘f6 4. ♘c3 g6 5. d4 ♗g7 6. ♗d3 0-0 7. 0-0 c5 8. ♕b3 cd4 9. ♘d5 ♘c6 10. ♘f6 ♗f6 11. ♘d4 ♘d4 12. ed4 ♗d4 13. ♗h6 ♖e8 14. ♖ad1 e5 15. ♗e3 ♗g4 16. ♖de1 ♗e6 17. ♗e2 ♕c7 18. ♗d4 ed4 19. ♕d3 ♖ed8 20. ♖d1 ♖d7 21. b3 a5 22. ♗f3 a4 23. g3 ♕b6 24. ♖fe1 ab3 25. ab3 ♖a3 26. ♖b1 ♕b4 27. ♗e4 b5 28. cb5 ♖b3 29. ♕f1 d3 30. ♖b3 ♕b3 31. ♖b1 d2 32. ♗c6 ♕b1 **0:1**

13.09. 430.

P. KERES - A. KOTOV

1. d4 ♘f6 2. c4 e6 3. ♘c3 ♗b4 4. ♕c2 ♘c6 5. e3 d5 6. ♘f3 0-0 7. a3 ♗c3 8. ♕c3 ♗d7 9. ♗d3 a5 10. 0-0 a4 11. ♗d2 ♘a5 12. ♘e5 dc4 13. ♘c4 ♘b3 14. ♖ad1 c5 15. dc5 ♖c8 16. ♘b6 ♖c5 17. ♕b4 ♘d5 18. ♘d5 ♖d5 19. ♗c3 ♗c6 20. ♗c2 ♘c5 21. ♖d5 ♕d5 22. ♕g4 g6 23. ♖d1 ♕h5 24. ♕h5 gh5 25. ♖d4 ♖c8 26. g4 e5 27. ♖c4 ♗d5 28. ♖b4 f6 29. gh5 ♗f3 30. ♖c4 ♔h8 31. ♔f1 b5 32. ♗f5 ♖c6 33. ♖b4 ♖b6 34. ♗g4 ♗d5 35. ♗e2 ♗c6 36. f3 ♔g7 37. ♖g4 ♔h6 38. ♗b4 ♘e6 39. ♔f2 ♔h5 40. ♗e7 f5 41. ♖g8 f4 42. e4 ♗d7 43. ♗f6 b4 44. ab4 h6 45. ♗e5 ♖b4 46. ♗c3 ♖b6 47. ♖a8 ♘g5 48. ♖a6 ♖b8 49. ♗c4 ♖c8 50. ♗d5 ♗e8 51. h4 ♔h4 52. ♖h6 ♗h5 53. ♔g2 ♘f3 54. ♗f7 ♘g5 55. ♗e1 **1:0**

14.09. 431.

A. KONSTANTINOPOLSKY - P. KERES

1. e4 e5 2. ♘c3 ♘f6 3. f4 d5 4. fe5 ♘e4 5. ♘f3 ♗e7 6. d4 0-0 7. ♗d3 f5 8. ef6 ♗f6 9. 0-0 ♘c6 10. ♘e4 de4 11. ♗e4 ♘d4 12. ♘g5 ♗f5 13. ♗f5 ♘f5 14. ♘e6 ♕d1 15. ♖d1

(diagram)

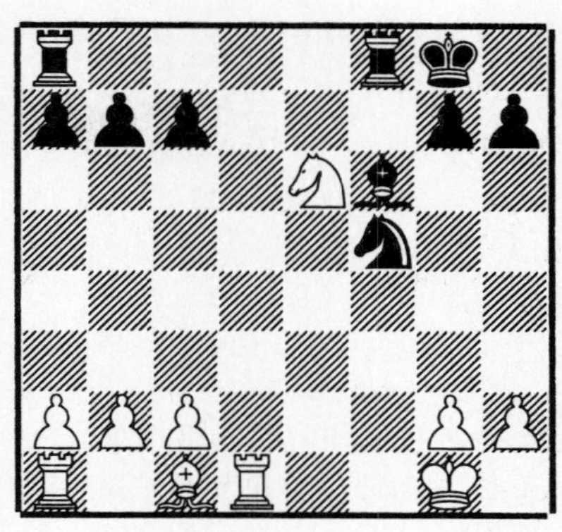

♖fe8 16. ♘c7 ♖ad8 17. ♗f4 ♖e2 18. ♖d8 ♗d8 19. ♖d1 ♗f6 20. ♖d2 ♖e4 21. ♘d5 ♗b2 22. ♖d3 ♖a4 23. g4 ♘d4 24. ♖e3 ♘c6 25. ♖b3 ♗d4 26. ♔g2 b6 27. a3 ♗c5 28. ♗c1 ♖g4 29. ♖g3 ♖g3 30. hg3 ♘d4 31. c4 ♘b3 32. ♗f4 ♘a5 33. a4 ♘c4 34. ♗b8 a5 35. ♗c7 ♔f7 36. ♔f3 ♔e6 37. ♘c3 ♗d6 38. ♗d8 ♔d7 39. ♗g5 ♔c6 40. ♗c1 ♗e5 41. ♘b5 ♔c5 42. g4 **0:1**

15.09. 432.

P. KERES - V. MIKENAS

1. e4 e6 2. d4 d5 3. ♘c3 ♗b4 4. ♘e2 de4 5. a3 ♗e7 6. ♘e4 ♘f6 7. ♘2c3 0-0 8. ♗e3 ♘e4 9. ♘e4 f5 10. ♘c3 f4 11. ♗c1 ♘c6 12. d5 ed5 13. ♕d5 ♕d5 14. ♘d5 ♗d6 15. ♗d2 ♗g4 16. f3 ♖ae8 17. ♔d1 ♗h5 18. ♗d3 ♘d4 19. ♖f1 ♔h8 20. ♘c3 ♘f5 21. ♘e4 ♗e5 22. c3 ♘h4 23. ♖f2 ♘g2 24. ♖g2 ♗f3 25. ♖e2 ♗e2 26. ♔e2 f3 27. ♔f2 ♗h2 28. ♖h1 ♗f4 29. ♗f4 ♖f4 30. ♘g3 h6 31. ♘f5 ♖e2 32. ♔g3 ♖f5 33. ♗f5 ♖b2 34. ♗e4 f2 35. ♔g2 ♔g8 36. ♖d1 ♔f7 37. ♖d7 ♔f6 38. ♖c7 b6 39. ♖a7 h5 40. ♗d5 h4 41. ♖f7 ♔e5 42. ♗c4 ♖c2 43. ♖f3 f1♕ 44. ♔f1 g5 45. ♗b3 ♖c1 46. ♔f2 g4 47. ♖d3 h3 48. ♗d1 h2 49. ♔g2 g3 50. a4 ♔e4 51. ♖d6 ♔e5 52. ♖d3 ♔e4 53. ♖d8 ♖c3 54. ♖h8 ♖a3 55. ♖h4 ♔e5 56. ♗f3 ♔d6 57. ♔g3 h1♕ 58. ♖h1 ♖a4 **½:½**

18.09. **433.**

E. GERSTENFELD - P. KERES

1. e4 e5 2. ♘f3 ♘c6 3. ♗b5 a6 4. ♗a4 ♘f6 5. 0-0 d6 6. h3 ♗d7 7. ♖e1 ♗e7 8. c3 0-0 9. d4 ♖e8 10. a3 ed4 11. cd4 d5 12. e5 ♘e4 13. ♗c2 f5 14. ef6 ♗f6 15. ♘c3 ♘c3 16. ♖e8 ♗e8 17. bc3 ♕d6 18. ♗d2 ♘a5 19. ♕c1 ♕c6 20. ♗f4 ♘c4 21. ♘e5 ♗e5 22. ♗e5 ♗g6 23. ♗b3 ♘b6 24. ♕g5 ♖e8 25. ♖c1 h6 26. ♕g3 ♖e7 27. ♕h4 ♖f7 28. ♕d8 ♔h7 29. a4 a5 30. f3 ♖d7 31. ♕b8 ♘c4 32. ♗c4 dc4 33. ♕a8 ♕b6 34. ♖e1 c6 35. ♕c8 ♖e7 36. ♔h2 ♕b2 37. ♕d8 ♖f7 38. ♕a5 ♖f3 39. ♕c7 ♖f7 40. ♖e3 ♖c7 **0:1**

19.09. **434.**

P. KERES - A. LILIENTHAL

1. e4 e6 2. d4 d5 3. ♘c3 ♗b4 4. e5 c5 5. a3 ♗c3 6. bc3 ♘e7 7. ♘f3 ♕c7 8. a4 ♘d7 9. ♗d3 ♕a5 10. ♕d2 ♘c6 11. 0-0 f5 12. ef6 ♘f6 13. ♗a3 c4 14. ♕g5 ♕c7 15. ♗e2 h6 16. ♕h4 ♖h7 17. ♘d2 ♗d7 18. ♗h5 ♔d8 19. ♗g6 ♖h8 20. ♖fe1 ♔c8 21. ♘f3 b6 22. ♘e5 ♗e8 23. ♕h3 ♘d8 24. ♕g3 ♗g6 25. ♕g6 a5 26. f4 ♔b7 27. f5 ♖e8 28. fe6 ♖e6 29. ♘f7 ♕d7 30. ♖e6 ♕e6 31. ♘e5 ♘e8 32. ♕g3 ♕f5 33. ♖e1 ♘e6 34. ♘g6 ♘8c7 35. ♘e7 ♕f4 36. ♕f4 ♘f4 37. ♗d6 ♘fe6 38. ♘f5 b5 39. ab5 a4 40. ♗b4 a3 41. ♖a1 ½:½

20.09. **435.**

M. BOTVINNIK - P. KERES

1. d4 ♘f6 2. c4 e6 3. ♘c3 ♗b4 4. ♘f3 b6 5. ♗g5 ♗b7 6. e3 h6 7. ♗h4 ♗c3 8. bc3 d6 9. ♘d2 e5 10. f3 ♕e7 11. e4 ♘bd7 12. ♗d3 g5 13. ♗f2 ♘h5 14. g3 ♘g7 15. ♕e2 h5 16. h4 gh4 17. ♖h4 ♘f8 18. ♖h2 ♘g6 19. d5 0-0-0 20. ♘f1 h4 21. g4 ♕f6 22. ♕e3 ♔b8 23. ♘d2 ♘e8 24. 0-0-0 c6 25. ♔b2 ♘c7 26. ♘b3 ♘a6 27. ♖dh1 ♖h7 28. ♗f1 ♖dh8 29. ♗e1 ½:½

21.09. **436.**

P. KERES - I. RUDAKOVSKY

1. d4 ♘f6 2. c4 e6 3. ♘c3 d5 4. ♗g5 ♗e7 5. e3 h6 6. ♗h4 0-0 7. cd5 ♘d5 8. ♗e7 ♕e7 9. ♘d5 ed5 10. ♗d3 c5 11. ♘e2 ♘c6 12. 0-0 cd4 13. ♘d4 ♘d4 14. ed4 ♕b4 15. ♗c2 ♗d7 16. a3 ♕b6 17. ♖e1 ♖fe8 18. ♕d3 g6 19. ♕b3 ♕d4 20. ♖ed1 ♕f6 21. ♕b7 ♗c6 22. ♕a6 ♖e6 23. b4 ♖ae8 24. ♗d3 d4 25. ♕c4 ♗a4 26. ♖dc1 ♖c6 27. ♕a2 ♖c3 28. ♕d2 ♖ec8 29. ♖f1 ♔g7 30. ♖a2 ♕e6 31. ♖aa1 ♕d5 32. ♖fe1 ♗c2 33. ♗f1 ♗f5 34. ♖ad1 d3 35. f3 g5 36. ♕e3 ♖a3 37. h4 ♗g6 38. hg5 hg5 39. ♖d2 ♖d8 40. ♖b1 ♕b5 41. f4 gf4 42. ♕f4 ♕b6 43. ♕f2 ♖c3 44. ♕b6 ab6 45. ♖bd1 ♖c2 46. ♖f2 ♖d4 47. b5 ♖c5 48. ♖fd2 ♖b5 49. ♔f2 ♖bd5 50. ♔e3 ♔f8 51. g3 ♖e4 52. ♔f2 ♖c4 53. ♔e3 ♖e5 54. ♔f2 ♖c2 55. g4 ♔e7 56. ♔f3 ♖d2 57. ♖d2 ♖d5 58. ♔e3 ♔f6 59. ♖b2 ♖d6 60. ♗g2 ♔g5 61. ♗f3 ♖e6 62. ♔f2 ♔f6 63. ♖b5 ♔e7 64. ♖b4 ♔d8 65. ♔g3 ♖d6 66. ♔f4 ♔c7 67. ♖c4 ♔d7 68. ♖b4 d2 69. ♗d1 ♔c6 70. ♔e3 ♔c5 71. ♖b2 f6 72. ♖d2 ♖d2 73. ♔d2 ♔d4 74. ♔e2 b5 75. ♗b3 ♔c3 76. ♗d5 b4 77. ♔e3 ♗d3 78. ♗b3 ♔b3 **0:1**

24.09. **437.**

I. BONDAREVSKY - P. KERES

1. d4 ♘f6 2. c4 e6 3. ♘c3 ♗b4 4. ♕c2 ♘c6 5. ♘f3 d6 6. a3 ♗c3 7. ♕c3 a5 8. g3 0-0 9. ♗g2 a4 10. 0-0 ♘a5 11. ♗f4 b6 12. ♘d2 ♗b7 13. e4 ♘d7 14. ♖fe1 e5 15. ♗e3 ♕e7 16. d5 ♘c5 17. ♗c5 dc5 18. f4 f6 19. ♖f1 ♗c8 20. fe5 ♕e5 21. ♕e5 fe5 22. ♖f8 ♔f8 23. ♗f1 ♗g4 24. h3 ♗d7 25. ♗e2 ♖e8 26. ♖f1 ♔g8 27. ♔g2 ♘b7 28. h4 ♘d6 29. ♔f3 g6 30. ♔e3 ♔g7 31. ♘f3 h6 32. ♘d2 ♖e7 33. ♘b1 ♖e8 34. ♘c3 ♖a8 35. ♖f2 ♗c8 36. ♘b1 ♗a6 37. ♘d2 ♖b8 38. ♔d3 ♗c8 39. ♔c3 ♗d7 40. ♗d3 ♗g4 41. ♘f1 g5 42. hg5 hg5 43. ♖h2 ♖f8 44. ♘d2 ♘e8 45. ♗c2 ♗d7 46. ♗d1 ♘f6 47. ♔d3 ♔g6 48. ♗e2 ♗g4

49. ♔e3 ♗d7 50. ♔d3 ♖b8 51. ♔c3 g4 52. ♔d3 ♘h5 53. ♘f1 b5 54. cb5 ♗b5 55. ♔c2 ♗d7 56. ♘e3 **1:0**

25.09. **438.**

P. KERES - I. BOLESLAVSKY

1. e4 e6 2. d4 d5 3. ♘c3 ♗b4 4. a3 ♗c3 5. bc3 de4 6. ♕g4 ♘f6 7. ♕g7 ♖g8 8. ♕h6 ♖g6 9. ♕d2 ♘c6 10. ♗b2 ♘e7 11. f3 ♗d7 12. fe4 ♘e4 13. ♕e3 ♘d6 14. ♕e5 ♖g8 15. ♘f3 ♘g6 16. ♕e3 ♘h4 17. ♘e5 ♘g2 18. ♗g2 ♖g2 19. 0-0-0 ♕g5 20. ♕g5 ♖g5 21. ♖dg1 ♖g1 22. ♖g1 0-0-0 23. ♖g7 f6 24. ♘g4 ♘e4 25. c4 h5 26. ♘e3 b6 27. ♔d1 f5 28. ♘g2 ♘d6 29. ♗c1 ♘c4 30. ♗g5 ♖h8 31. ♗f6 ♖e8 32. ♘f4 ♘e3 33. ♔e2 ♘g4 34. ♘h5 ♖h8 35. ♖g4 ♖h5 36. ♖g8 ♔b7 37. h4 f4 38. ♗g5 ♗c6 39. ♖g7 ♗e4 40. c3 b5 41. ♖f7 **½:½**

26.09. **439.**

V. SMYSLOV - P. KERES

1. e4 e5 2. ♘f3 ♘c6 3. ♗b5 a6 4. ♗c6 dc6 5. d4 ed4 6. ♕d4 ♕d4 7. ♘d4 ♗d7 8. ♗e3 0-0-0 9. ♘c3 ♖e8 10. 0-0-0 ♗b4 11. ♘de2 f5 12. ef5 ♗f5 13. a3 ♗d6 14. ♗f4 ♗c5 15. ♘g3 ♗g6 16. f3 ♘f6 17. ♖he1 ♗f2 18. ♖f1 ♗c5 19. ♖fe1 ♖e1 20. ♖e1 ♖f8 21. ♗e5 ♖e8 22. ♖e2 ♗g1 23. ♘f1 ♗c5 24. ♗g3 ♖e2 25. ♘e2 ♗d6 26. ♔d2 ♔d7 27. ♘f4 ♗e8 28. ♘d3 c5 29. c4 b6 30. b3 ♘h5 31. ♗e5 ♔e6 32. ♗c3 ♘f4 33. ♘f4 ♗f4 34. ♔d1 g5 35. g3 ♗d6 36. ♘d2 ♗e5 37. ♘e4 ♗c3 38. ♘c3 ♔e5 39. ♔d2 ♗h5 40. ♔e3 **½:½**

27.09. **440.**

P. KERES - G. LEVENFISH

1. d4 ♘f6 2. c4 e6 3. ♘c3 d5 4. ♗g5 ♗e7 5. e3 h6 6. ♗h4 0-0 7. ♕c2 b6 8. cd5 ♘d5 9. ♗e7 ♕e7 10. ♘d5 ed5 11. ♘f3 c5 12. ♗e2 ♗a6 13. ♗a6 ♘a6 14. dc5 bc5 15. 0-0 ♕f6 16. ♖ad1 ♖ab8 17. ♖d2 ♖b7 18. ♕a4 ♖d8 19. ♖fd1 ♘c7 20. ♕a5 ♘e6 21. ♕c3 ♕f5 22. h3 ♖bd7 23. a3 ♖d6 24. ♕e5 ♕e5 25. ♘e5 d4 26. ed4 cd4 27. ♖c1 ♖d5 28. ♘d3 a5 29. ♖c4 ♖b5 30. ♔f1 ♖db8 31. ♔e2 h5 32. h4 ♔f8 33. ♖dc2 ♔e7 34. g3 ♖8b6 35. ♔d2 ♔d6 36. b4 ab4 37. ab4 ♔d5 38. ♖c8 ♔e4 39. ♔e2 ♖b4 40. f3 ♔d5 41. ♘b4 ♖b4 42. ♖a8 ♖b3 43. ♖a5 ♔d6 44. ♔f2 g6 45. ♖d2 ♖b7 46. ♖da2 ♖d7 47. ♖a7 ♖a7 48. ♖a7 f6 49. ♔e2 ♔d5 50. ♖a8 f5 51. ♖a6 f4 52. g4 d3 53. ♔d2 ♘d4 54. ♔d3 ♘f3 55. gh5 ♘e5 56. ♔e2 gh5 57. ♖a4 ♘g6 58. ♖a5 ♔e4 59. ♖h5 f3 60. ♔f2 ♔f4 61. ♖h7 ♘e5 62. ♖g7 ♘g4 63. ♔g1 ♘f6 64. ♖f7 ♔f5 65. ♔f2 ♔g6 66. ♖a7 ♔h5 67. ♖a4 ♘g4 68. ♔f3 ♘e5 69. ♔g3 ♘g6 70. ♖a5 ♔h6 71. ♔g4 ♘f8 72. ♖a6 ♔g7 73. h5 ♘h7 74. h6 ♔f7 75. ♔f5 ♘f8 76. ♖a7 ♔g8 77. ♖g7 ♔h8 78. ♔f6 ♘h7 79. ♔f7 ♘f6 80. ♔g6 **1:0**

30.09. **441.**

P. DUBININ - P. KERES

1. e4 e5 2. ♘f3 ♘c6 3. ♗b5 a6 4. ♗a4 ♘f6 5. d3 b5 6. ♗b3 d6 7. c3 ♗e7 8. 0-0 0-0 9. ♖e1 ♘a5 10. ♗c2 c5 11. ♘bd2 ♘c6 12. ♘f1 ♗e6 13. ♘g3 d5 14. ed5 ♕d5 15. ♕e2 ♘d7 16. ♘g5 ♗g5 17. ♗g5 ♖fe8 18. ♗e3 h6 19. ♕h5 ♘f6 20. ♕e2 ♘e7 21. ♘e4 ♘d7 22. ♕f3 ♖ac8 23. ♘d2 ♕d6 24. ♕h5 ♕c6 25. ♗b3 ♘f5 26. ♕f3 ♕f3 27. ♘f3 c4 28. dc4 bc4 29. ♗a4 f6 30. ♖ad1 ♘e3 31. ♗d7 ♘d1 32. ♗c8 ♘b2 33. ♗a6 ♖a8 34. ♖b1 ♘a4 35. ♗b7 ♖b8 36. ♖b4 ♘c3 37. a3 ♔f8 38. ♗a6 ♖b4 39. ab4 ♘a2 40. b5 c3 41. ♘e1 ♘b4 **0:1**

2.10. **442.**

P. KERES - V. PETROV

1. e4 e5 2. f4 d5 3. ed5 e4 4. d3 ♘f6 5. ♘d2 ed3 6. ♗d3 ♕d5 7. ♘gf3 ♗c5 8. ♕e2 ♕e6 9. ♘e5 0-0 10. ♘e4 ♘e4 11. ♕e4 g6 12. b4 ♗e7 13. ♗b2 ♗f6 14. 0-0-0 ♘c6 15. h4 h5 16. g4 ♗e5 17. fe5 ♕g4 18. ♕e3 ♘b4 19. e6 ♘d5 20. ef7 ♖f7 21. ♗c4 c6 22. ♖d5 ♕c4 23. ♕e8 **1:0**

USSR ABSOLUTE CHAMPIONSHIP
Leningrad - Moscow, 22.03.-30.04.1941

23.03. **443.**

P. KERES - I. BONDAREVSKY

1. e4 c6 2. ♘c3 d5 3. ♘f3 ♗g4 4. h3 ♗h5 5. ed5 cd5 6. ♗b5 ♘c6 7. g4 ♗g6 8. ♘e5 ♕d6 9. d4 f6 10. ♘g6 hg6 11. ♕d3 0-0-0 12. ♗c6 ♕c6 13. ♕g6 e5 14. ♕d3 ♗b4 15. ♗d2 e4 16. ♕b5 ♗c3 17. ♕c6 bc6 18. bc3 g5 19. ♔e2 ♘e7 20. f4 ef3 21. ♔f3 ♘g6 22. ♗e1 ♖d7 23. ♗g3 ♖b7 24. ♖ab1 ♖b1 25. ♖b1 ♖h3 26. ♖b8 ♔d7 27. ♖b7 ♔e6 28. ♔g2 ♖h8 29. ♖a7 ♖c8 30. a4 c5 31. ♖a6 ♔f7 32. ♖a7 ♔e6 33. ♖c7 ♖c7 34. ♗c7 ♔d7 35. ♗b6 c4 36. a5 f5 37. a6 ♔c6 38. a7 ♔b7 39. ♔f3 ♘h4 40. ♔g3 fg4 41. ♔g4 ♘g2 42. ♔g5 ♘e3 43. ♔f4 ♘c2 44. ♗c5 ♔a8 45. ♔e5 ♘e3 46. ♔e6 ♔b7 47. ♔d6 ♘d1 48. ♔d5 ♘c3 49. ♔c4 ♘e4 50. d5 ♔a8 51. ♔d4 ♘f6 52. d6 ♔b7 53. ♔c4 **1:0**

24.03. **444.**

V. SMYSLOV - P. KERES

1. e4 e5 2. ♘f3 ♘c6 3. ♗b5 a6 4. ♗a4 ♘f6 5. 0-0 d6 6. ♖e1 ♗d7 7. c3 ♗e7 8. d4 0-0 9. ♘bd2 ed4 10. cd4 ♘b4 11. ♗d7 ♕d7 12. ♕b3 a5 13. a3 ♘a6 14. ♘f1 d5 15. e5 ♘e4 16. ♘1d2 a4 17. ♕d3 ♘d2 18. ♗d2 c6 19. ♘g5 ♗g5 20. ♗g5 ♘c7 21. ♖e3 ♘e6 22. ♕f5 ♘c5 23. g4 ♕f5 24. gf5 f6 25. ef6 ♘e4 26. fg7 ♖f5 27. ♗e7 ♔g7 28. f3 ♘d2 29. ♔f2 ♖e8 30. ♖ae1 ♘e4 31. ♔g2 ♖e7 32. fe4 ♖e4 33. ♖e4 de4 34. ♖e4 ♖b5 35. ♖e2 ♖b3 36. ♔f2 ♔f6 37. ♔e1 h6

(diagram)

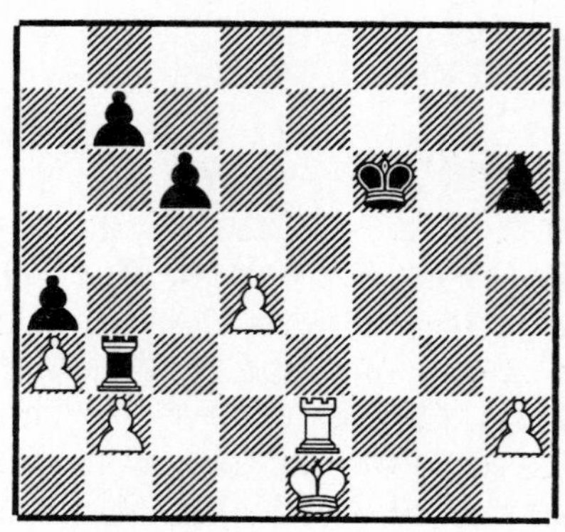

38. ♖g2 ♔e6 39. ♔d1 ♔d5 40. ♔c2 ♖h3 41. ♖d2 ♔c4 42. ♔b1 h5 43. ♔a2 ♖h4 44. ♖f2 ♔d4 45. ♖f7 b5 46. ♖f2 ♖h3 47. ♖d2 ♖d3 48. ♖f2 ♔c4 49. ♖c2 ♔d5 50. ♖g2 ♖h3 51. ♖d2 ♔c5 52. ♖c2 ♔b6 53. ♖f2 c5 54. ♖f6 ♔a5 55. ♖f2 c4 56. ♖g2 c3 57. b4 ab3 58. ♔b3 c2 59. ♔c2 ♖a3 60. ♔b2 ♖f3 61. ♖e2 h4 62. ♖d2 h3 63. ♖e2 ♔a4 64. ♔b1 ♖f1 65. ♔c2 b4 66. ♔d3 ♖d1 67. ♔c2 ♖g1 **0:1**

26.03. **445.**

P. KERES - M. BOTVINNIK

1. d4 ♘f6 2. c4 e6 3. ♘c3 ♗b4 4. ♕c2 d5 5. cd5 ed5 6. ♗g5 h6 7. ♗h4 c5 8. 0-0-0 ♗c3 9. ♕c3 g5 10. ♗g3 cd4 11. ♕d4 ♘c6 12. ♕a4 ♗f5 13. e3 ♖c8 14. ♗d3 ♕d7 15. ♔b1 ♗d3 16. ♖d3 ♕f5 17. e4 ♘e4 18. ♔a1 0-0 19. ♖d1 b5 20. ♕b5 ♘d4 21. ♕d3 ♘c2 22. ♔b1 ♘b4 **0:1**

27.03. **446.**

A. LILIENTHAL - P. KERES

1. d4 ♘f6 2. c4 e6 3. ♘f3 b6 4. g3 ♗b7 5. ♗g2 ♗e7 6. 0-0 0-0 7. ♘c3 ♘e4 8. ♕c2 ♘c3 9. ♕c3 ♗e4 10. ♘e1 ♗g2 11. ♘g2 c6 12. d5 cd5 13. cd5 ♘a6 14. ♘f4 ♕c8 15. ♕f3 ♕c2 16. e4 e5 17. ♘d3 f6 18. ♘e1 ♕a4 19. b3 ♕a5 20. ♘g2 ♗c5 21. ♗e3 ♖ac8 22. ♗c5 ♕c5 23. ♘e3 ♔h8 24. ♕g4 ♖f7 25. ♖ad1 g6 26. ♕e2 ♘b8 27. ♖d2 ♖ff8 28. ♖c2 ♕a3 29. ♘c4 ♕b4 30. ♖fc1 ♖fd8 31.

h4 ♕f8 32. ♘e3 ♖c2 33. ♖c2 ♖c8 34. ♖c8 ♕c8 35. ♕f3 ♔g7 36. ♘g4 ♕f8 37. h5 gh5 38. ♘e3 d6 39. ♘f5 ♔g6 40. ♕c3 ♘a6 41. ♕c6 ♘c5 42. f3 ♘d3 43. ♕c7 b5 44. ♕a7 **1:0**

29.03. **447.**

P. KERES - I. BOLESLAVSKY

1. e4 e6 2. d4 d5 3. ♘c3 ♗b4 4. e5 c5 5. a3 ♗c3 6. bc3 ♘e7 7. ♘f3 ♕a5 8. ♕d2 ♕a4 9. ♖b1 c4 10. ♘g5 ♘bc6 11. ♗e2 0-0 12. h4 f6 13. ef6 ♖f6 14. ♘f3 ♘f5 15. ♘e5 ♘e5 16. de5 ♖f8 17. ♗g4 b6 18. ♖h3 ♗b7 19. ♔f1 ♖ad8 20. ♔g1 ♕c6 21. ♕e2 ♕c5 22. ♗b2 ♔h8 23. ♖d1 b5 24. h5 h6 25. ♗f5 ♖f5 26. ♖f3 ♖f3 27. ♕f3 ♖f8 28. ♕e2 ♖f4 29. ♖d4 ♖e4 30. ♕f3 ♔g8 31. ♕g3 ½:½

31.03. **448.**

I. BONDAREVSKY - P. KERES

1. d4 d5 2. c4 c6 3. ♘f3 ♘f6 4. e3 ♗f5 5. ♗d3 e6 6. ♘c3 ♗e7 7. ♗f5 ef5 8. ♕b3 ♕b6 9. ♗d2 dc4 10. ♕c4 0-0 11. 0-0 ♕a6 12. b3 ♖d8 13. ♘e5 ♕c4 14. bc4 ♘bd7 15. ♘d7 ♖d7 16. a4 f4 17. ♖ab1 fe3 18. fe3 ♖e8 19. ♖b3 a5 20. h3 c5 21. d5 ♗d8 22. ♖fb1 ♖ee7 23. e4 ♘e4 24. ♘e4 ♖e4 25. ♖b7 ♖b7 26. ♖b7 ♔f8 27. ♖b5 ♖c4 28. ♗a5 ♗a5 29. ♖a5 ♔e7 30. ♖a7 ♔d6 31. ♖f7 ♖a4 32. ♖g7 h5 33. ♔f2 h4 34. ♔e3 ♔d5 35. ♔d3 ♖a3 36. ♔c2 ♖e3 37. ♖g4 ♖e4 38. ♖g8 ♔d4 39. g3 ♖e2 40. ♔d1 ♖h2 41. gh4 ♖h3 42. ♔c2 ½:½

1.04. **449.**

P. KERES - V. SMYSLOV

1. d4 ♘f6 2. c4 e6 3. ♘c3 ♗b4 4. ♕c2 d6 5. e3 0-0 6. ♘e2 e5 7. ♗d2 ♖e8 8. a3 ♗c3 9. ♗c3 ed4 10. ♘d4 ♘e4 11. ♗d3 ♘c3 12. ♕c3 ♘d7 13. 0-0 ♘e5 14. ♗c2 ♗d7 15. ♖ad1 ♕e7 16. ♖fe1 a6 17. f3 ♘c6 18. ♗e4 ♖ab8 19. ♘e2 f5 20. ♗d5 ♔h8 21. ♘g3 ♘e5 22. f4 ♘g4 23. h3 ♘f6 24. ♗f3 ♘e4 25. ♗e4 fe4 26. ♖d4 ♕h4 27. ♖d5 h6 28. ♔h2 ♔g8 29. c5 ♗e6 30. ♖dd1 d5 31. ♖f1 ♕f6 32. ♕f6 gf6 33. f5 ♗f7 34. ♖c1 c6 35. ♘e2 h5 36. ♘d4 ♔f8 37. b4 ♔e7 38. a4 ♖g8 39. ♖b1 ♗e8 40. g3 ♗d7 41. ♖g1 ♖a8 42. ♖g2 a5 43. b5 cb5 44. ab5 a4 45. c6 bc6 46. bc6 ♗c8 47. ♖a2 ♔d6 48. ♖b4 ♔e5 49. ♖ba4 ♖a4 50. ♖a4 ♗f5 51. ♖a7 ♗c8 52. ♖h7 ♔d6 53. ♖h5 ♔c5 54. g4 f5 55. ♘f5 ♗f5 56. ♖f5 ♔c6 57. ♔g3 ♔c5 58. h4 ♔c4 59. h5 ♖e8 60. h6 d4 61. ed4 e3 62. ♖f1 e2 63. ♖e1 ♔d3 64. g5 ♖e3 65. ♔g4 **1:0**

4.04. **450.**

M. BOTVINNIK - P. KERES

1. d4 d5 2. c4 dc4 3. ♘f3 a6 4. e3 ♘f6 5. ♗c4 e6 6. a4 c5 7. 0-0 ♘c6 8. ♕e2 ♗e7 9. ♖d1 ♕c7 10. h3 0-0 11. ♘c3 ♖d8 12. b3 ♗d7 13. ♗b2 ♗e8 14. d5 ed5 15. ♗d5 ♘d4 16. ♘d4 ♘d5 17. ♘f5 ♘c3 18. ♗c3 f6 19. ♕g4 ♗g6 20. ♗a5 ♖d1 21. ♖d1 ♕e5 22. ♘e7 ♕e7 23. ♖d7 ♕e4 24. ♕g3 ♕c6 25. ♕c7 ♕c7 26. ♖c7 ♖b8 27. ♗b6 ♗c2 28. a5 ♗b3 29. ♗c5 ♗d5 30. f3 ♗c6 31. ♗b6 ♖f8 32. ♗c5 ♖d8 33. e4 ♖d7 34. ♖c8 ♔f7 35. ♔h2 ♖d2 36. ♔g3 ♗b5 37. f4 g6 38. f5 gf5 39. ef5 ♗c6 40. ♔f4 ♖d5 41. ♖c7 ♖d7 ½:½

5.04. **451.**

P. KERES - A. LILIENTHAL

1. e4 e5 2. ♘f3 ♘c6 3. ♗b5 a6 4. ♗a4 ♘f6 5. 0-0 ♗e7 6. ♕e2 b5 7. ♗b3 d6 8. c3 0-0 9. ♖d1 ♘a5 10. ♗c2 c5 11. d4 ♕c7 12. de5 de5 13. ♘bd2 ♖d8 14. ♘f1 ♖d1 15. ♕d1 ♗b7 16. ♕e2 ♖d8 17. h3 ♘h5 18. g3 g6 19. ♘e3 ♘f6 20. ♘g4 ♘g4 21. hg4 ♗c8 22. ♘h2 ♗e6 23. ♘f1 ♕d7 24. f3 ♗c4 25. ♕f2 ♗f1 26. ♔f1 ♘c4 27. ♗b3 ♘d2 28. ♗d2 ♕d2 29. ♗d5 ♕f2 30. ♔f2 ♖b8 31. b3 ♔g7 32. a4 b4 33. cb4 ♖b4 34. ♗c4 a5 35. ♖d1 ♖b7 36. ♖d5 f6 37. g5 fg5 38. ♖e5 ♗f6 39. ♖d5 ♖e7 40. ♔e3 ♗d4 41. ♔d3 g4 42. fg4 h6 43. ♖d6 ♗f2 44. ♖a6 ♗e1 45. ♗e6 ♗g3 46.

♔c4 h5 47. gh5 gh5 48. ♔c5 h4 49. ♗f5 ♖b7 50. ♗e6 h3 51. ♗h3 ♖b3 52. ♗f5 ♗e1 53. e5 ♖b7 54. ♔d5 ♗b4 55. ♖g6 ♔f8 56. ♖h6 ♖c7 57. ♗d3 ♖d7 58. ♔e4 ♗c3 59. ♗b5 ♖e7 60. ♖h5 ♔g7 61. ♖f5 ♔g6 62. ♗c4 ♗b2 63. ♔f4 ♗c1 64. ♔g4 ♔g7 65. e6 ♗d2 66. ♖f2 ♗b4 67. ♔f5 ♖c7 68. ♗d5 ♔f8 69. ♔f6 ♖g7 70. ♖f3 ♗e7 71. ♔e5 ♔g8 72. ♗e4 ♖g5 73. ♗f5 ♖h5 74. ♔d5 ♖g5 75. ♔c6 ♗b4 76. ♗e4 ♖e5 77. ♗d5 ♔g7 78. ♗b3 ♖e2 79. ♔d7 ♔g6 80. ♗c4 ♖d2 81. ♗d3 ♔g5 82. ♖f5 ♔g6 83. ♖f3 ♔g5 84. e7 ♗e7 85. ♔e7 ♔g4 86. ♖e3 ♔f4 87. ♖e4 ♔f3 88. ♗b1 ♖b2 89. ♖e1 ♖b4 90. ♗c2 ♖c4 91. ♗d1 ♔f4 92. ♔d6 ♖c1 93. ♖f1 ♔e3 94. ♗e2 **1:0**

6.04. **452.**

I. BOLESLAVSKY - P. KERES

1. e4 e5 2. ♘f3 ♘c6 3. ♗b5 a6 4. ♗a4 ♘f6 5. 0-0 ♗e7 6. ♖e1 b5 7. ♗b3 d6 8. c3 0-0 9. h3 ♘a5 10. ♗c2 c5 11. d4 ♕c7 12. ♘bd2 cd4 13. cd4 ♘c6 14. ♘b3 ♖d8 15. d5 ♘a5 16. ♘a5 ♕a5 17. ♗e3 ♗d7 18. ♕d2 ♕d2 19. ♘d2 ♖dc8 20. ♗d3 ♘h5 21. ♖ac1 g6 22. ♘b3 ♗d8 23. ♖c8 ♖c8 24. ♖c1 ♖c1 25. ♘c1 f5 26. f3 ♔f7 27. ♘e2 ♘f6 28. ♔f1 h5 29. b4 f4 30. ♗f2 g5 31. ♘c3 ♘e8 32. a3 ♘c7 33. ♗b6 ♔e8 34. ♗e2 ♗c8 35. ♗f2 ♘a8 36. a4 ba4 37. ♘a4 ♗d7 38. ♘c3 a5 39. ba5 ♗a5 40. ♘b5 ♔e7 41. ♘a3 ♗b6 42. ♘c4 ♗f2 43. ♔f2 ♗e8 44. ♗f1 ♘c7 45. ♘a5 ♗d7 46. ♗e2 ♘e8 47. ♘c4 ♔d8 48. ♘a3 ♘c7 49. ♗d3 ♗e8 50. ♗e2 ♔c8 51. g4 h4 52. ♔e1 ♔b7 53. ♔d2 ♔b6 54. ♔c3 ♔c5 55. ♗d3 ♗d7 56. ♗c2 ♗b5 57. ♗d3 ♗d3 58. ♔d3 ♔b4 59. ♘c2 ♔b3 60. ♘e1 ♘a6 61. ♔d2 ♔c4 62. ♘d3 ♘c7 63. ♔c2 ♘b5 64. ♘b2 ♔c5 65. ♘a4 ♔b4 66. ♘b6 ♘d4 67. ♔d3 ♘f3 68. ♘d7 ♘d4 69. ♘f6 ♘b3 70. ♔e2 ♘c5 71. ♔f3 ♘b3 72. ♔e2 ♘c5 73. ♔f3 ♔c3 74. ♘e8 ♔d2 75. ♘d6 ♔e1 76. ♘c4 ♔f1 77. ♘d2 ♔g1 78. ♘c4 ♘d7 79. ♘d6 ♘c5 80. ♘c4 ♘d7 81. ♘d6 ♔h2 82. ♘f7 ♔h3 83. ♘g5 ♔h2 84. d6 h3 85. ♘h3 ♔h3 86. g5 ♘c5 87. g6 ♘e6 88. d7 ♘g5 89. ♔e2 ♔g3 90. d8♕ **1:0**

11.04. **453.**

P. KERES - I. BONDAREVSKY

1. d4 ♘f6 2. c4 e6 3. g3 d5 4. ♗g2 dc4 5. ♕a4 ♘bd7 6. ♘f3 a6 7. ♘c3 ♖b8 8. ♕c4 b5 9. ♕d3 ♗b7 10. 0-0 c5 11. a3 cd4 12. ♕d4 ♗c5 13. ♕h4 ♘d5 14. ♗g5 f6 15. ♗d2 ♘c3 16. ♗c3 0-0 17. ♖ad1 ♕e7 18. ♕h5 ♘b6 19. b4 ♗d6 20. ♘d2 ♗g2 21. ♔g2 ♕b7 22. ♔g1 ♕c6 23. ♗d4 ♗e7 24. ♖c1 ♕d7 25. ♗b6 ♖b6 26. ♘b3 ♖d8 27. ♕f3 ♕d5 28. ♕d5 ♖d5 29. ♖c7 ♔f7 30. ♖fc1 ♖bd6

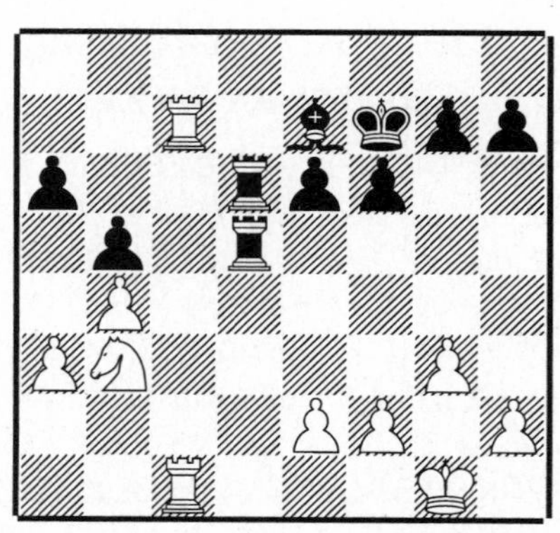

31. ♔g2 ♖d7 32. ♖1c6 ♖c7 33. ♖c7 ♖d6 34. ♘a5 ♔e8 35. ♘c6 ♖d7 36. ♖c8 ♔f7 37. ♖a8 ♖d6 38. ♖a6 ♗f8 39. ♔f3 ♔g6 40. ♘b8 ♖d1 41. ♖e6 ♖a1 **1:0**

12.04. **454.**

V. SMYSLOV - P. KERES

1. e4 e5 2. ♘f3 ♘c6 3. ♗b5 a6 4. ♗a4 ♘f6 5. 0-0 ♗e7 6. ♖e1 b5 7. ♗b3 d6 8. c3 0-0 9. h3 ♘a5 10. ♗c2 c5 11. d4 ♕c7 12. ♘bd2 cd4 13. cd4 ♘c6 14. ♘b3 ♖d8 15. ♗d2 ♕b8 16. d5 ♘a7 17. ♘a5 ♗d7 18. ♗d3 ♖c8 19. b4 ♗d8 20. ♘b3 ♗b6 21. ♘h4 g6 22. ♕f3 ♗d8

23. ♗g5 ♘e8 24. ♗d8 ♖d8 25. ♕e3 ♘c8 26. ♘f5 ♕b6 27. ♕g5 f6 28. ♕g3 ♔h8 29. ♘h6 ♔g7 30. ♕h4 ♘e7 31. ♖e3 ♘g8 32. ♘g8 ♔g8 33. ♖g3 ♔g7 34. ♔h2 ♖dc8 35. f4 ef4 36. ♕f4 ♕d8 37. ♘d4 ♕e7 38. ♘f5 ♗f5 39. ef5 ♕e5 40. ♕f1 h5 41. ♖e1 h4 42. ♖e5 hg3 43. ♔g3 de5 44. ♕e2 g5 45. ♔h2 ♖c3 46. h4 gh4 47. ♕g4 ♔f8 48. ♗e4 ♖d8 49. ♕h4 ♔g8 50. ♕g4 ♔f8 51. ♕h5 ♔e7 52. ♕h7 ♔f8 53. ♗f3 ♖f3 54. gf3 ♖d5 55. ♔g3 ♘g7 56. ♕h8 ♔f7 57. ♕c8 ♖d2 58. f4 ef4 59. ♔g4 ♖d4 60. ♕b7 ♔g8 61. ♕a6 ♖b4 62. ♕f6 f3 63. ♔f3 ♖b1 64. ♕d8 ♔f7 65. ♕d5 ♔f8 66. ♕d6 ♔g8 67. f6 ♘f5 68. ♕d3 ♖e1 69. ♕f5 ♖f1 70. ♔g4 ♖f5 71. ♔f5 ♔f7 72. a3 **1:0**

13.04. **455.**

P. KERES - M. BOTVINNIK

1. e4 e5 2. ♘f3 ♘c6 3. ♗c4 ♘f6 4. d3 ♗c5 5. ♘c3 d6 6. ♗g5 h6 7. ♗f6 ♕f6 8. ♘d5 ♕d8 9. c3 0-0 10. a4 a6 11. 0-0 ♗a7 12. ♘e3 ♘e7 13. d4 ♘g6 14. ♖e1 c6 15. de5 ♘e5 16. ♘e5 de5 17. ♕f3 ♕e7 18. ♖ad1 ♗e6 19. ♗e6 ♕e6 20. ♘f5 ♖ad8 21. h4 ♔h7 22. h5 g6 23. ♘e3 ♔g7 24. g3 ♗b6 25. ♔g2 ♖d1 26. ♖d1 ♖d8 27. ♖d8 ♗d8 28. ♕g4 ♕g4 29. ♘g4 ♗c7 30. ♘e3 b5 31. ab5 ab5 32. ♘c2 ♗d6 33. hg6 fg6 34. ♘e1 ♔f6 35. ♘d3 ♔e6 36. ♔f3 h5 37. ♔e3 g5 38. ♔f3 ♗f8 **½:½**

15.04. **456.**

A. LILIENTHAL - P. KERES

1. d4 ♘f6 2. c4 e6 3. ♘c3 ♗b4 4. e3 c5 5. ♗d3 d5 6. ♘f3 ♘c6 7. 0-0 0-0 8. a3 ♗c3 9. bc3 b6 10. cd5 ed5 11. dc5 bc5 12. c4 ♖b8 13. cd5 ♕d5 14. ♗e2 ♕f5 15. ♗d2 ♖d8 16. ♖b1 ♗e6 17. ♖b8 ♖b8 18. ♗c3 ♘e4 19. ♗a1 ♗b3 20. ♕c1 ♕d5 21. ♕b2 f6 22. ♕c1 a5 23. ♖d1 ♕e6 24. ♘d2 ♘d2 25. ♖d2 ♘e5 26. h3 ♘c4 27. ♖d3 ♗a2 28. ♖d1 ♗b3 29. ♖d3 ♗a2 30. ♖d1 ♗b3 **½:½**

17.04. **457.**

P. KERES - I. BOLESLAVSKY

1. e4 e6 2. d4 d5 3. ♘c3 ♗b4 4. e5 c5 5. a3 ♗c3 6. bc3 ♘e7 7. a4 ♕a5 8. ♗d2 c4 9. g3 ♗d7 10. ♗h3 ♘bc6 11. ♘e2 ♘g6 12. ♗g2 0-0-0 13. ♗c1 f6 14. ef6 gf6 15. 0-0 h5 16. h4 ♘ce7 17. ♕e1 ♖de8 18. ♘f4 ♘f4 19. ♗f4 ♘g6 20. ♗d2 f5 21. ♗g5 f4 22. ♕d2 ♕c7 23. ♔h2 ♖ef8 24. ♖ae1 ♖f7 25. ♕d1 ♕d6 26. ♗f3 ♖fh7 27. a5 ♕c7 28. ♕d2 ♖d8 29. ♔g2 a6 30. ♕d1 ♖dh8 31. ♕a1 ♖f7 32. ♕a3 ♖f5 33. ♖h1 e5 34. ♗d5 fg3 35. fg3 ed4 36. ♗e4 ♖a5 37. ♕c1 ♗c6 38. cd4 ♖f5 39. d5 ♗d5 40. ♗d5 ♖d5 41. ♖e6 ♖d6 42. ♖e2 ♕c6 43. ♔h2 ♖e8 44. ♖he1 ♖de6 45. ♖e6 ♖e6 46. ♕d2 b5 47. ♖e6 ♕e6 48. ♕g2 ♘e5 49. ♕a8 ♔d7 50. ♔g1 ♕b6 51. ♔f1 ♘g4 52. ♔e2 ♕f2 53. ♔d1 ♕g1 54. ♔d2 ♕d4 55. ♔c1 ♕a1 56. ♔d2 ♕d4 57. ♔c1 ♕a1 58. ♔d2 ♕a5 59. ♔c1 ♕e1 60. ♔b2 ♕b4 61. ♔a2 ♕a4 62. ♔b2 ♕b4 63. ♔a2 ♕a4 **½:½**

21.04. **458.**

I. BONDAREVSKY - P. KERES

1. d4 ♘f6 2. c4 e6 3. ♘c3 ♗b4 4. ♕c2 0-0 5. ♘f3 c5 6. dc5 ♘a6 7. g3 ♘c5 8. a3 ♗c3 9. ♕c3 ♘ce4 10. ♕c2 ♕a5 11. ♘d2 d5 12. b4 ♕d8 13. ♘e4 ♘e4 14. ♗b2 b6 15. ♗g2 ♗b7 16. cd5 ed5 17. 0-0 ♕e7 18. ♕d3 ♕e6 19. ♖ac1 ♖ac8 20. ♕d4 f6 21. ♕e3 ♖c4 22. ♖c4 dc4 23. f3 ♘g5 24. ♕e6 ♘e6 25. ♖d1 ♘c7 26. e4 ♗c8 27. ♔f2 ♔f7 28. ♔e3 ♗e6 29. a4 ♖c8 30. f4 g6 31. f5 gf5 32. ef5 ♗f5 33. ♖f1 ♖e8 34. ♔d2 ♔g6 35. ♖f4 ♖d8 36. ♔e1 ♘d5 37. ♗d5 ♖d5 38. ♖c4 **½:½**

23.04. **459.**

P. KERES - V. SMYSLOV

1. d4 ♘f6 2. c4 g6 3. ♘c3 d5 4. ♘f3 ♗g7 5. ♕b3 c6 6. cd5 ♘d5 7. e4 ♘c7 8. ♗e3 0-0 9. ♗e2 ♘d7 10. ♖d1 b6 11. 0-0 ♗b7 12. a4 ♕c8 13. h3 ♗a6 14. ♖c1 ♕b7 15. ♖fd1

♖ac8 16. ♘d2 ♗e2 17. ♘e2 ♘e6 18. ♘c4 ♕a6 19. f4 ♘f6 20. ♘g3 c5 21. d5 ♘d4 22. ♗d4 cd4 23. ♘e5 ♖c1 24. ♖c1 ♗h6 25. ♘d3 ♘d7 26. ♖c6 ♕a5 27. ♕c2 b5 28. ab5 ♕b5 29. ♘e2 ♗g7 30. ♖c7 a5 31. ♕c4 ♕c4 32. ♖c4 ♖b8 33. e5 f6 34. e6 ♘b6 35. ♖d4 f5 36. ♘e5 ♘c8 37. ♖d2 ♖b5 38. ♘c3 ♖c5 39. ♘a4 ♖c1 40. ♔h2 ♗f6 41. g4 fg4 42. hg4 g5 43. ♘d7 ♔g7 44. ♘ac5 gf4 45. ♘e4 ♗h4 46. ♔h3 ♗e1 47. ♖d3 ♖c4 48. ♘g5 ♗b4 49. b3 ♖c1 50. ♔g2 ♘d6 51. ♘h3 ♘e4 52. ♘f4 ♖c2 53. ♔g1 ♗d6 54. ♖e3 ♘c3 55. ♘h5 ♔g6 56. ♘e5 ♔g5 57. ♘f7 ♔g4 58. ♘d6 ♘d5 59. ♖e5 ♘f4 60. ♘f4 ♔f4 61. ♘f7 ♖b2 62. ♖b5 ♖e2 63. ♘d8 ♖d2 64. ♘b7 ♖e2 65. ♘c5 ♖a2 66. ♘a6 a4 67. ♖b4 ♔g3 68. ♖a4 ♖b2 69. ♔f1 ♖b3 70. ♘c5 ♖e3 71. ♖a7 ♖e5 72. ♖a3 ♔g4 73. ♖c3 h5 74. ♔f2 h4 75. ♖c4 ♔g5 76. ♔f3 ♖f5 77. ♔g2 ♖e5 78. ♔f2 ♖f5 79. ♔g1 ♖e5 80. ♔g2 ♖e3 81. ♖c1 ♔g4 82. ♖c4 ♔g5 83. ♔f2 ♖e5 84. ♔f3 ♖f5 85. ♔e3 ♔f6 86. ♖c2 h3 87. ♔d4 ♖h5 88. ♖f2 ♖f5 89. ♖h2 ♖h5 90. ♘e4 ♔e6 91. ♖h3 ½:½

24.04. **460.**

M. BOTVINNIK - P. KERES

1. c4 ♘f6 2. ♘f3 e6 3. ♘c3 d5 4. d4 ♘bd7 5. cd5 ed5 6. ♗g5 ♗e7 7. e3 c6 8. ♕c2 ♘f8 9. ♗d3 ♘e6 10. ♗h4 g6 11. 0-0 ♘g7 12. b4 a6 13. ♗f6 ♗f6 14. a4 ♗f5 15. b5 0-0 16. bc6 bc6 17. ♖ab1 ♕d6 18. e4 de4 19. ♘e4 ♗e4 20. ♗e4 ½:½

27.04. **461.**

P. KERES - A. LILIENTHAL

1. e4 e5 2. f4 d5 3. ed5 e4 4. d3 ed3 5. ♗d3 ♘f6 6. ♘c3 ♗e7 7. ♘f3 0-0 8. 0-0 ♘bd7 9. ♗c4 ♘b6 10. ♗b3 a5 11. a4 ♗c5 12. ♔h1 ♗f5 13. ♘e5 ♗b4 14. g4 ♗c8 15. ♗e3 ♘bd7 16. g5 ♗c3 17. bc3 ♘e4 18. d6 ♘e5 19. fe5 **1:0**

29.04. **462.**

I. BOLESLAVSKY - P. KERES

1. e4 e5 2. ♘f3 ♘c6 3. ♗b5 a6 4. ♗a4 ♘f6 5. 0-0 ♗e7 6. ♖e1 b5 7. ♗b3 d6 8. c3 0-0 9. h3 ♗e6 10. ♗e6 fe6 11. d4 ♕e8 12. ♕b3 ♕d7 13. de5 ♘e5 14. ♘e5 de5 15. ♘d2 ♘h5 16. ♘f3 ♗d6 17. a4 ♖ab8 18. ab5 ab5 19. ♗e3 h6 20. ♘h2 ♔h7 21. ♖ed1 ♕c6 22. ♕e6 ♕e4 23. ♕d5 ♕g6 24. ♘g4 ♘f4 25. ♗f4 ef4 26. ♕d3 ½:½

ESTONIAN CHAMPIONSHIP
Tallinn, 17.- 29.05.1942

17.05. **463.**

P. KERES - V. KALDE

1. c4 e6 2. ♘c3 d5 3. d4 ♘f6 4. ♘f3 ♗b4 5. ♗g5 dc4 6. e4 h6 7. ♗f6 ♕f6 8. ♗c4 0-0 9. 0-0 ♘d7 10. e5 ♕e7 11. ♘e4 ♖d8 12. ♖c1 ♘f8 13. ♗d3 ♗a5 14. ♘c5 ♖b8 15. ♗e4 c6 16. ♕e2 ♗d7 17. ♘d2 ♗e8 18. ♘c4 ♗c7 19. ♕e3 f5 20. ef6 ♕f6 21. ♘e5 ♗e5 22. de5 ♕e7 23. b4 b6 24. ♘d3 ♖bc8 25. ♖c3 ♗g6 26. ♖fc1 ♗e4 27. ♕e4 c5 28. bc5 bc5 29. ♕e3 ♘d7 30. g3 ♖c7 31. ♘c5 ♘c5 32. ♖c5 ♖cd7 33. ♖c8 ♖d1 34. ♖d1 ♖c8 35. ♖d6 ♖b8 36. ♕d3 ♕e8 37. ♔g2 h5 38. h4 ♕e7 39. ♖d7 ♕c5 40. ♕d6 ♕d6 41. ed6 ♖b6 42. ♔f3 ♖a6 43. ♔e4 ♖a2 44. ♖c7 ♔f8 45. ♖c8 ♔f7 46. d7 **1:0**

17.05. **464.**

G. KARRING - P. KERES

1. d4 ♘f6 2. ♘f3 c5 3. d5 b5 4. c4 ♗b7 5. e3 e6 6. de6 fe6 7. ♗d3 bc4 8. ♗c4 ♘c6 9. 0-0 d5 10. ♗b5 ♗d6 11. b4 cb4 12. ♘d4 ♕d7 13. ♕a4 ♖c8 14. ♗d2 e5 15. ♘c6 ♗c6 16. ♗c6 ♕c6 17. ♕a5 ♖b8 18. ♖c1 ♕d7 19. ♗e1 0-0 20. ♘d2 e4 21. ♘b3 ♕f5 22. ♘d4 ♕e5 23. g3 ♕h5 24. ♘e6 ♘g4 25. h4 ♖f2 26. ♕a7

♕e5 27. ♗f2 ♕e6 28. ♖c6 ♖f8 29. ♖f1 ♘e5 30. ♗e1 ♘c6 31. ♖f8 ♗f8 **0:1**

18.05. **465.**

P. KERES - J. TÜRN

1. e4 e6 2. d4 d5 3. ♘c3 de4 4. ♘e4 ♘d7 5. ♘f3 ♗e7 6. ♗d3 ♘gf6 7. ♕e2 c5 8. ♘c5 ♘c5 9. dc5 ♕a5 10. ♗d2 ♕c5 11. 0-0-0 0-0 12. ♘e5 ♖d8 13. g4 ♘d7 14. f4 ♘f8 15. g5 ♗d7 16. ♖hg1 ♗e8 17. ♖g3 ♖ac8 18. ♔b1 ♗b5 19. c4 ♗e8 20. ♗c3 b5 21. ♖f1 bc4 22. ♗c4 ♗d6 23. b3 a5 24. f5 ♗e5 25. ♗e5 ef5 26. ♖f5 ♘g6 27. ♖gf3 ♘e5 28. ♖e5 ♕c7 29. g6 hg6 30. ♖e7 ♕c6 31. ♖ef7 ♗f7 32. ♗f7 **1:0**

19.05. **466.**

A. REMMELGAS - P. KERES

1. c4 ♘f6 2. ♘c3 e6 3. g3 d5 4. cd5 ed5 5. ♗g2 c6 6. ♘f3 ♗d6 7. 0-0 0-0 8. b3 ♗g4 9. ♗b2 ♘bd7 10. d4 ♖e8 11. ♖c1 ♘e4 12. ♕c2 f5 13. e3 ♖e6 14. ♖fe1 ♖h6 15. ♘d2 ♕g5 16. f4 ♕h5 17. ♘f1 ♘df6 18. a3 ♘c3 19. ♕c3 ♗f3 20. ♗f3 ♕f3 21. ♕c2 ♖f8 22. ♕g2 ♕e4 23. ♕e4 de4 24. ♖c2 ♘d5 25. ♘d2 ♔f7 26. ♘c4 ♔e6 27. ♖g2 ♖g6 28. ♔f2 h5 29. h3 ♖h8 30. ♖eg1 ♗c7 31. ♖c1 ♘f6 32. ♖cg1 h4 33. gh4 ♖g2 34. ♖g2 ♘e8 35. ♖g6 ♔f7 36. ♖g5 g6 37. h5 ♖h5 38. ♖h5 gh5 39. ♘e5 ♔e6 40. ♔g3 ♗d8 41. ♔f2 ♔d5 42. ♔e2 b5 43. ♗c1 ♗f6 44. ♘d7 ♗e7 45. ♘e5 ♘d6 46. ♘d7 ♘c8 47. ♔d1 ♗d8 48. ♔c2 a5 49. ♘e5 ♗e7 50. ♘d7 ♗d8 51. ♘e5 a4 52. ♘d7 ♘b6 53. ♘b6 ♗b6 54. b4 ♔c4 55. ♗d2 ♗d8 56. ♗e1 ♗e7 57. ♗d2 ♗h4 58. ♗c3 ♗g3 59. ♗d2 ♗f2 60. ♗c1 ♗e1 61. ♗b2 h4 62. d5 **0:1**

20.05. **467.**

P. KERES - Rud. PRUUN

1. e4 e5 2. ♘f3 ♘c6 3. ♗b5 a6 4. ♗a4 ♘f6 5. 0-0 d6 6. ♖e1 b5 7. ♗b3 ♗e7 8. c3 ♘a5 9. ♗c2 c5 10. d4 ♕c7 11. a4 b4 12. cb4 cb4 13. ♘bd2 ♗g4 14. h3 ♗h5 15. g4 ♗g6 16. ♘f1 0-0 17. ♘g3 ♘d7 18. ♘f5 ♗f5 19. ef5 ♖fe8 20. g5 ♗f8 21. g6 ♘f6 22. de5 de5 23. ♘g5 ♖ed8 24. ♕e2 ♖d5 25. ♗e4 ♘e4 26. ♕e4 ♕d7 27. gf7 ♔h8 28. f6 g6 29. ♘h7 ♕f7 30. ♘g5 ♕d7 31. ♕g6 **1:0**

21.05. **468.**

L. SEPP - P. KERES

1. e4 e5 2. ♘f3 ♘c6 3. ♘c3 ♘f6 4. ♗b5 ♗b4 5. 0-0 0-0 6. d3 d6 7. ♗g5 ♗c3 8. bc3 ♕e7 9. ♗c6 bc6 10. ♕e2 h6 11. ♗f6 ♕f6 12. ♕e3 c5 13. c4 ♗d7 14. ♘d2 ♖ab8 15. ♖fb1 ♖b6 16. ♘b3 ♖fb8 17. ♕d2 ♕g5 18. ♕g5 hg5 19. ♔f1 f6 20. ♔e2 ♔f7 21. h3 g6 22. ♘d2 ♗a4 23. ♘b3 ♖h8 24. ♖g1 f5 25. f3 ♖h4 26. ♖ab1 ♔e6 27. ♔e3 ♖b4 28. ♘a1 ♖b6 29. ♘b3 ♖h8 30. ♖a1 ♔e7 31. ♔e2 ♗d7 32. ♖ab1 ♖hb8 33. ♖a1 ♗e6 34. ♖gb1 c6 35. ♖c1 ♖b4 36. ♔d2 ♖a4 37. a3 ♖f8 38. ♔e2 g4 39. ♖h1 fe4 40. fe4 g3 41. ♖hf1 ♖c4 **0:1**

22.05. **469.**

P. KERES - A. ARULAID

1. d4 ♘f6 2. c4 e6 3. ♘c3 ♗b4 4. ♕c2 ♘c6 5. e3 d6 6. ♘e2 0-0 7. a3 ♗c3 8. ♘c3 a5 9. ♗d3 e5 10. d5 ♘b8 11. 0-0 ♘bd7 12. f4 ef4 13. ef4 ♘c5 14. ♗e3 ♘d3 15. ♕d3 ♖e8 16. ♗d4 c5 17. dc6 bc6 18. ♖fe1 ♗a6 19. ♖e8 ♘e8 20. ♖e1 ♕h4 21. ♕e4 h6 22. g3 ♕d8 23. ♕c6 ♕c8 24. ♕c8 ♖c8 25. b3 ♔f8 26. a4 ♗b7 27. ♗b6 ♖a8 28. ♘b5 ♗c6 29. ♔f2 ♖a6 30. ♗d8 f6 31. f5 ♖a8 32. ♗e7 ♔f7 33. ♘d6 ♘d6 34. ♗d6 ♖d8 35. ♖e6 ♔g8 36. ♗c7 **1:0**

23.05. **470.**

R. RENTER - P. KERES

1. c4 ♘f6 2. ♘c3 e6 3. d4 ♗b4 4. ♕c2 0-0 5. ♗g5 h6 6. ♗h4 c5 7. e3 ♘c6 8. ♘f3 d6 9. ♖d1 ♕e7 10. ♗e2 e5 11. d5 ♘b8 12. 0-0 ♗c3 13. ♗f6 ♕f6 14. ♕c3 ♗g4 15. ♕c2

♘d7 16. ♕e4 ♗f5 17. ♕h4 g5 18. ♕g3 ♕g6 19. ♘e1 e4 20. f3 ♖ae8 21. f4 f6 22. ♕f2 h5 23. ♘c2 ♖e7 24. ♖d2 ♖g7 25. ♗d1 ♖ff7 26. ♘a3 a6 27. ♘b1 gf4 28. ♕f4 ♗h3 29. ♖ff2 ♘e5 30. ♕h4 ♗g4 31. ♗g4 hg4 32. ♕g3 ♘c4 33. ♖c2 ♘e5 34. ♘c3 ♕h7 35. ♖f4 f5 36. ♔h1 ♖g6 37. ♘e2 ♘f3 38. gf3 gf3 39. ♕f2 ♖g2 40. ♕h4 ♕h4 41. ♖h4 ♖fg7 **0:1**

24.05. **471.**

P. KERES - F. KIBBERMANN

1. e4 d5 2. ed5 ♕d5 3. ♘c3 ♕a5 4. ♘f3 ♘f6 5. d4 ♗f5 6. ♘e5 c6 7. g4 ♗e6 8. ♗c4 ♗c4 9. ♘c4 ♕d8 10. ♗f4 e6 11. ♗e5 ♘bd7 12. ♕f3 ♘b6 13. ♘b6 ab6 14. g5 ♘d7 15. ♕f4 ♘e5 16. de5 ♕c7 17. ♖d1 ♖a5 18. ♔f1 ♕e5 19. ♕d2 ♕c7 20. a3 ♖a8 21. h4 ♖d8 22. ♕e2 ♖d1 23. ♕d1 ♗e7 24. ♕g4 0-0 25. ♖h3 ♖d8 26. ♖f3 ♕e5 27. ♘e4 ♖d4 28. ♖f4 ♗d6 29. ♘f6 ♔h8 30. ♖d4 gf6 31. gf6 **1:0**

24.05. **472.**

Th. SINKEL - P. KERES

1. e4 e5 2. ♘f3 ♘c6 3. ♗c4 ♘f6 4. d3 ♗e7 5. ♗e3 d5 6. ed5 ♘d5 7. ♗d5 ♕d5 8. ♘bd2 ♗g4 9. h3 ♗h5 10. g4 ♗g6 11. ♖g1 h5 12. ♘g5 hg4 13. hg4 ♗g5 14. ♗g5 e4 15. f4 ef3 16. ♘f3 ♔d7 17. ♔d2 ♘d4 18. ♘d4 ♕g5 19. ♔e2 **0:1**

25.05. **473.**

P. KERES - V. TEPAKS

1. e4 c6 2. d4 d5 3. ed5 ♕d5 4. ♘c3 ♕d8 5. ♗c4 ♘f6 6. ♘f3 ♗g4 7. ♗f7 ♔f7 8. ♘e5 ♔g8 9. ♘g4 h5 10. ♘e5 ♘bd7 11. ♘g6 ♖h7 12. 0-0 e6 13. ♖e1 ♕e8 14. ♘f4 ♕f7 15. ♘e6 ♗d6 16. ♗f4 ♗f4 17. ♘f4 ♘g4 18. ♕f3 ♖f8 19. ♘e6 ♕f3 20. gf3 ♖f3 21. ♘g5 ♖f5 22. ♖e8 ♘f8 23. ♘h7 ♔h7 24. ♘e4 ♘g6 25. f3 ♘e3 26. ♘f6 ♖f6 27. ♖e3 ♘f4 28. ♔h1 ♔h6 29. ♖ae1 h4 30. ♖e8 h3 31. ♖h8 ♔g6 32. ♖g1 ♔f5 33. ♖g7 ♔e6 34. ♖h4 ♔d5 35. ♖gg4 ♘e2 36. ♖h5 ♔c4 37. ♖c5 ♔b4 38. c3 ♔a4 39. d5 ♘f4 40. d6 b5 41. d7 ♖d6 42. ♖f4 ♔a5 43. ♖d4 ♖e6 44. d8♕ ♔a6 45. ♖a4 ♔b7 46. ♕d7 ♔b8 47. ♕e6 **1:0**

25.05. **474.**

L. LAURINE - P. KERES

1. e4 e5 2. ♘f3 ♘c6 3. ♘c3 d6 4. d4 ♗g4 5. ♗b5 ed4 6. ♕d4 ♘e7 7. ♘d5 a6 8. ♗c6 bc6 9. ♘e7 ♕e7 10. ♕c4 ♕d7 11. ♘d4 c5 12. ♘e2 ♕b5 13. ♕b5 ab5 14. b3 ♗e7 15. ♗b2 0-0 16. f3 ♗d7 17. ♘g3 ♗h4 18. 0-0 g6 19. a3 ♖fe8 20. ♖ad1 ♗c6 21. ♖fe1 ♗g5 22. ♘f1 ♗f4 23. ♘e3 ♗e5 24. ♗e5 ♖e5 25. ♖a1 ♖a7 26. ♔f2 ♖e8 27. ♖a2 ♖ea8 28. ♖ea1 ♔f8 29. ♘d1 ♔e7 30. ♔e3 ♔e6 31. ♘c3 f5 32. a4 ba4 33. ef5 ♔f5 34. ♘a4 d5 35. g4 ♔e5 36. f4 ♔d6 37. ♔f2 d4 38. ♔g3 c4 39. ♔h4 cb3 40. cb3 ♗d5 41. ♖d2 c5 42. ♖c1 ♖a4 43. ba4 ♖a4 44. ♔g5 ♖a3 45. f5 gf5 46. gf5 ♖f3 47. ♖dc2 d3 48. ♖c5 d2 49. ♖d5 ♔d5 50. ♖d1 ♖f2 51. f6 ♔e4 52. h4 ♖f5 53. ♔h6 ♖f6 54. ♔h7 ♖d6 55. h5 ♔f5 56. ♔g7 ♔g5 **0:1**

26.05. **475.**

P. KERES - V. ROOTARE

1. e4 ♘f6 2. ♘c3 e5 3. f4 d5 4. fe5 ♘e4 5. ♘f3 ♗b4 6. ♕e2 ♘c6 7. ♘e4 de4 8. ♕e4 0-0 9. c3 ♗a5 10. ♗c4 ♕e7 11. d4 ♗b6 12. ♗g5 ♕d7 13. ♗d3 g6 14. ♗f6 ♕g4 15. ♕e3 ♕h5 16. h3 ♖e8 17. 0-0-0 ♘e7 18. g4 ♘d5 19. ♕d2 ♗g4 20. hg4 ♕g4 21. ♕h6 ♕f4 22. ♕f4 ♘f4 23. ♖h7 ♔h7 24. ♖h1 ♘h5 25. ♖h5 **1:0**

27.05. **476.**

P. KERES - H. SOONURM

1. e4 e5 2. f4 ef4 3. ♘f3 h6 4. d4 g5 5. h4 ♗g7 6. hg5 hg5 7. ♖h8 ♗h8 8. g3 g4 9. ♘h2 fg3 10. ♕g4 ♔f8 11. ♕g3 ♗d4 12. ♘f3 ♗f6 13. e5 ♗e7 14. ♘g5 ♗g5 15. ♗g5 ♕e8 16. ♘c3

♘c6 17. 0-0-0 ♕e5 18. ♗f4 ♕g7 19. ♕h2 d6 20. ♗d6 cd6 21. ♕d6 ♔e8 22. ♘d5 ♕h6 23. ♕h6 ♘h6 24. ♘c7 **1:0**

27.05. **477.**

V. TRÄSS - P. KERES

1. e4 e5 2. ♘f3 ♘c6 3. ♗b5 a6 4. ♗a4 ♘f6 5. 0-0 b5 6. ♗b3 ♗e7 7. ♖e1 0-0 8. c3 d6 9. h3 ♘a5 10. d4 ♘b3 11. ♕b3 ♗e6 12. ♕c2 ed4 13. cd4 c5 14. d5 ♗d7 15. ♗g5 ♘d5 16. ♗e7 ♘e7 17. ♘bd2 ♘g6 18. ♘f1 ♕f6 19. ♘g3 ♖fe8 20. ♘h5 ♕e7 21. ♖e3 ♗c6 22. ♖ae1 ♖ad8 23. b4 ♘e5 24. ♘e5 ♕e5 25. g4 g6 26. ♘g3 ♗b7 27. bc5 dc5 28. ♘f5 gf5 29. ef5 ♕b8 **0:1**

SALZBURG
9.- 18.06.1942

9.06. **478.**

P. KERES - P. SCHMIDT

1. e4 e5 2. f4 ef4 3. ♘f3 d5 4. ed5 ♘f6 5. c4 c6 6. d4 cd5 7. c5 ♗e7 8. ♗f4 0-0 9. ♘c3 b6 10. b4 a5 11. a3 ♘e4 12. ♘a4 ♘d7 13. ♗b5 g5 14. ♗e3 ab4 15. ab4 ♖b8 16. ♕e2 g4 17. ♘d2 bc5 18. ♘e4 de4 19. ♘c5 ♘c5 20. bc5 ♗f6 21. 0-0 ♗d4 22. ♖ad1 ♗e3 23. ♕e3 ♕e7 24. ♗c6 ♖b4 25. ♖d6 ♗e6 26. ♗e4 ♗f5 27. ♖f5 ♖e4 28. ♕g5 ♕g5 29. ♖g5 ♔h8 30. ♖f6 ♖c4 31. ♔f2 ♖g8 32. ♖gf5 g3 33. hg3 ♖c8 34. ♖h6 ♖c2 35. ♔f3 ♖8c5 36. ♖f7 ♖5c3 37. ♔g4 ♖g2 38. ♖hh7 ♔g8 39. ♖hg7 ♔h8 40. ♔h3 ♖f2 41. ♖h7 ♔g8 42. ♖fg7 ♔f8 43. ♖a7 ♔g8 44. ♖hg7 ♔f8 45. ♖gd7 ♔g8 46. ♔h4 ♖h2 47. ♔g4 ♖c4 48. ♔f3 ♖c3 49. ♔e4 ♖e2 50. ♔f5 ♖f2 51. ♔g4 ♖c4 52. ♔h3 ♖c3 53. ♖d5 ♖f7 54. ♖g5 ♔f8 55. ♖a8 ♔e7 56. ♔g4 ♖c6 57. ♖h8 ♖c1 58. ♖g6 ♖cf1 59. ♖a8 ♖g1 60. ♖gg8 ♖g2 61. ♖a7 ♔f6 62. ♖a6 ♔e7 63. ♔h5 ♖f5 64. ♔h4 ♔f7 65. ♖b8 ♔g7 66. g4 ♖f7 67. ♖aa8 ♔g6 68. ♖b6 ♔g7 69. ♔g5 ♖c2 70. ♖g6 ♔h7 71. ♖h6 ♔g7 72. ♖aa6 ♔g8 73. ♖a8 ♔g7 74. ♖hh8 ♖c5 75. ♔h4 ♔g6 76. ♖hg8 ♖g7 77. ♖a6 ♔h7 78. ♖f8 ♖c1 79. ♖aa8 ♖h1 80. ♔g3 ♖g1 81. ♔h3 **½:½**

10.06. **479.**

K. JUNGE - P. KERES

1. d4 ♘f6 2. c4 e6 3. g3 d5 4. ♗g2 dc4 5. ♕a4 ♘bd7 6. ♘d2 c6 7. ♕c4 e5 8. de5 ♘e5 9. ♕c3 ♗d6 10. ♘gf3 ♕e7 11. ♘e5 ♗e5 12. ♕c2 0-0 13. 0-0 ♗g4 14. ♘f3 ♗c7 15. ♗e3 ♖fe8 16. ♖fe1 ♗a5 17. ♗d2 ♗b6 18. ♗c3 ♖ad8 19. e3 ♘e4 20. ♘d4 c5 21. ♗e4 ♕e4 22. ♕e4 ♖e4 23. ♘b3 ♖a4 24. ♘d2 ♗a5 25. ♗a5 ♖a5 26. ♘c4 ♖a6 27. a3 f6 28. e4 ♖e6 29. ♖ac1 ♗f3 30. e5 b5 31. ♘d6 a6 32. ♖c5 ♖dd6 **0:1**

11.06. **480.**

P. KERES - G. STOLTZ

1. d4 d5 2. c4 c6 3. ♘c3 ♘f6 4. ♘f3 e6 5. ♕b3 dc4 6. ♕c4 b5 7. ♕b3 a6 8. ♗g5 ♘bd7 9. ♖d1 ♗e7 10. a3 ♗b7 11. e4 c5 12. e5 ♘d5 13. ♗e7 ♕e7 14. ♘e4 0-0 15. ♘d6 ♖ab8 16. dc5 ♘c5 17. ♕c2 ♘d7 18. ♘b7 ♖b7 19. ♗d3 ♖c7 20. ♕b1 h6 21. 0-0 ♘c5 22. ♗c2 ♖b8 23. ♖d4 b4 24. ab4 ♖b4 25. ♖c1 ♖d4 26. ♘d4 ♕g5 27. ♘f3 ♕f4 28. ♖d1 ♕b4 29. ♖d4 ♕b5 30. b4 ♘a4 31. ♗d3 ♕b6 32. ♕a1 ♘ac3 33. h3 ♘b5 34. ♖g4 ♖c3 35. ♗f1 ♖c2 36. ♗b5 ♕f2 37. ♔h1 ♘e3

(diagram)

38. ♕a6 ♖c1 39. ♔h2 ♘g4 40. hg4 ♕e3 41.

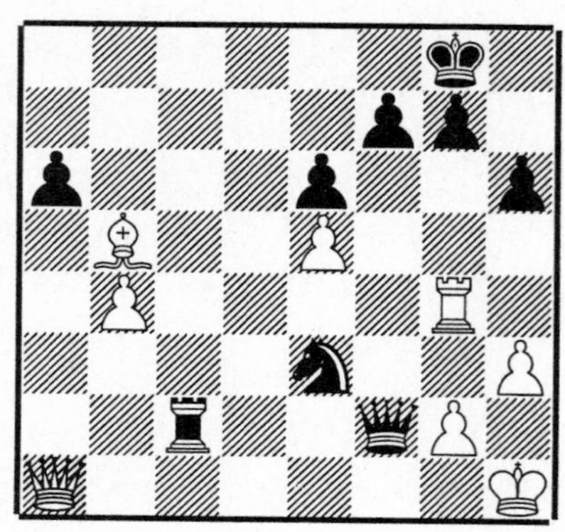

Be2 Qf4 42. g3 Qg4 43. Qd6 h5 44. Qd8 **1:0**

12.06. **481.**

P. KERES - E. BOGOLJUBOV

1. e4 e6 2. d4 d5 3. Nd2 c5 4. Ngf3 Nf6 5. ed5 Qd5 6. Bc4 Qh5 7. Be2 cd4 8. Nd4 Qd5 9. Nb5 Qd8 10. Nc4 Nd5 11. Ne3 Nc7 12. Qd8 Kd8 13. Nc7 Kc7 14. Nc4 f6 15. Bf4 e5 16. Bg3 Be6 17. f4 Bc4 18. Bc4 Nc6 19. fe5 Ne5 20. Be5 fe5 21. Rf1 Rd8 22. Ke2 Bd6 23. Rf7 Rd7 24. Raf1 g6 25. Rd7 Kd7 26. Rf7 Be7 27. Bd5 b6 28. c4 a5 29. Kd3 Kd8 30. Ke4 Rf8 31. Ke5 Rf7 32. Bf7 Bc5 33. Ke6 Bg1 34. h3 Be3 35. b3 Kc7 36. Bg8 h6 37. Bf7 g5 38. Bh5 Kc6 39. Kf5 Kc5 40. Kg6 Kd6 41. Bg4 Ke5 42. Kh6 Kf6 43. Kh5 Bc5 44. Bd7 Be7 45. h4 gh4 46. Kh4 Ba3 47. Kg4 Bc1 48. Kf3 Ke5 49. Ke2 Ba3 50. Kd3 Be7 51. g4 Kd6 52. Bf5 Ke5 53. Bc8 Bg5 54. a3 Be7 55. a4 Bd8 56. Bb7 Be7 57. Bf3 Bd8 58. Be2 Be7 59. Bd1 Bc5 60. Bf3 Kf4 ½:½

12.06. **482.**

Dr. A. ALEKHINE - P. KERES

1. e4 e5 2. Nf3 Nc6 3. Bb5 a6 4. Ba4 Nf6 5. 0-0 Be7 6. Qe2 b5 7. Bb3 d6 8. c3 0-0 9. Rd1 Na5 10. Bc2 c5 11. d4 Qc7 12. Bg5 Bg4 13. de5 de5 14. Nbd2 Rfd8 15. Nf1 Nh5 16. h3 Be6 17. Ne3 f6 18. Nh2 g6 19. Bh6 Bf8 20. Bf8 Kf8 21. g3 Rd1 22. Bd1 Rd8 23. a4 Nc4 24. ab5 ab5 25. Nd5 Qb7 26. b3 Nd6 27. c4 bc4 28. bc4 Bd5 29. ed5 Ng7 30. Ng4 Qe7 31. Bc2 Nge8 32. h4 e4 33. Ne3 Qe5 34. Ra7 Kg8 35. Ng4 Qd4 36. Be4 f5 37. Nh6 Kh8 38. Bc2 Qf6 39. Qe6 Qe6 40. de6 Rc8 41. Nf7 Nf7 42. ef7 Nd6 43. Bd3 Kg7 44. f8Q Kf8 45. Rh7 Kg8 46. Rd7 Ne8 47. h5 gh5 48. Bf5 Ra8 49. Be6 Kh8 50. Rd5 Nf6 51. Rc5 Kg7 52. Kg2 Ra2 53. Bf5 Ra3 54. Rc7 Kh6 55. Rf7 Ra6 56. f4 h4 57. g4 **1:0**

14.06. **483.**

P. SCHMIDT - P. KERES

1. d4 Nf6 2. c4 e6 3. Nf3 b6 4. g3 Ba6 5. Qa4 Be7 6. Bg2 0-0 7. Nc3 Bb7 8. Qc2 Nc6 9. 0-0 d5 10. cd5 Nb4 11. Qb3 Nbd5 12. Rd1 Qc8 13. Ne5 Nc3 14. Qc3 c5 15. dc5 Bg2 16. Kg2 Bc5 17. Qf3 Qc7 18. Bf4 Nd5 19. Rac1 Qb7 20. Nd3 Be7 21. Bd2 Rac8 22. Nf4 Rfd8 23. Nd5 Rd5 24. Bc3 Rcd8 25. Rd5 Qd5 26. Qd5 Rd5 27. e4 Rd7 28. Kf3 f6 29. Ke2 Kf7 30. Bd2 f5 31. ef5 ef5 32. Bf4 Bc5 33. Rc4 Ke6 34. Be3 Kd5 35. Rf4 g6 36. Bc5 bc5 37. b3 Kc6 38. f3 h5 39. h4 Re7 40. Kd2 Rd7 41. Ke2 Re7 ½:½

15.06. **484.**

P. KERES - K. JUNGE

1. Nf3 d5 2. c4 c6 3. d4 Nf6 4. Nc3 e6 5. e3 Nbd7 6. b3 Bb4 7. Bd2 Qe7 8. Be2 0-0 9. 0-0 Bd6 10. Qc2 e5 11. cd5 Nd5 12. Nd5 cd5 13. de5 Ne5 14. h3 Nf3 15. Bf3 Qe5 16. g3 Bh3 17. Bc3 Qg5 18. Bg2 Bg2 19. Kg2 Rac8 20. Qd3 Rc6 21. Rad1 Rd8 22. Bb2 Be7 23. Rc1 Qg6 24. Qg6 hg6 25. Bd4 Rdc8 26. Rc6 bc6 27. Rc1 Ba3 28. Rc2 c5 29. Bb2 Bb2 30. Rb2 c4 31. Kf3 f6 32. bc4

♖c4 33. ♖b8 ♔h7 34. ♖d8 ♖a4 35. ♖d5 ♖a2 36. ♖d8 a5 37. ♖a8 a4 38. g4 g5 39. ♔g3 ♖a1 40. ♔g2 ♔g6 41. ♖a7 a3 42. ♔g3 ♔h7 43. ♖a8 g6 44. ♖a7 ♔g8 45. ♔g2 ♔f8 46. ♔f3 ♔e8 47. ♔e4 a2 48. ♔f3 ♔d8 49. ♔g2 ♔c8 50. ♖a3 ♔d7 51. ♖a7 ♔c6 52. ♖a6 ♔c5 53. ♖a8 ♔c4 54. ♖c8 ♔d3 55. ♖d8 ♔e2 56. ♖a8 f5 57. gf5 gf5 58. ♖a7 **½:½**

16.06. **485.**

G. STOLTZ - P. KERES

1. d4 ♘f6 2. ♘f3 g6 3. ♘bd2 d5 4. e3 ♗g7 5. ♗d3 0-0 6. 0-0 ♘bd7 7. e4 de4 8. ♘e4 ♘e4 9. ♗e4 c5 10. c3 cd4 11. ♘d4 ♘c5 12. ♗c2 b6 13. ♘b3 ♗a6 14. ♘c5 ♗f1 15. ♕d8 ♖ad8 16. ♘e6 fe6 17. ♔f1 ♖d6 18. ♗e3 ♔f7 19. g4 ♔e8 20. ♔e2 ♗e5 21. a4 ♗f4 22. a5 ♗e3 23. ♔e3 b5 24. ♗e4 ♔d7 25. f3 ♖c8 26. h4 e5 27. ♖h1 b4 28. cb4 ♖b8 29. h5 ♖b4 30. ♖b1 ♖b3 31. ♔e2 gh5 32. g5 ♖g6 33. ♖d1 ♖d6 34. ♖b1 ♖d4 35. ♗h7 ♔e8 36. ♗c2 ♖b5 37. a6 ♖b6 38. ♔e3 ♔f8 39. b3 ♖a6 40. ♖h1 ♖a2 41. ♗e4 ♖b4 42. ♗d5 h4 43. ♗c4 ♖b2 44. ♖h4 ♖2b3 45. ♔f2 ♔g7 46. g6 ♖c3 47. ♖h7 ♔g6 48. ♗g8 ♖b8 **0:1**

17.06. **486.**

E. BOGOLJUBOV - P. KERES

.1. d4 ♘f6 2. c4 e6 3. ♘f3 b6 4. e3 ♗b7 5. ♗d3 d6 6. ♘c3 ♘bd7 7. 0-0 e5 8. d5 g6 9. ♕c2 ♗g7 10. b3 0-0 11. ♗b2 ♘h5 12. g4 ♘hf6 13. h3 h5 14. g5 ♘h7 15. ♘e4 ♘c5 16. ♘c5 bc5 17. h4 ♕d7 18. ♘e1 c6 19. e4 f6 20. gf6 ♗f6 21. ♘g2 ♕h3 22. ♖ae1 ♗g7 23. ♖e3 ♖f3 24. ♖f3 ♕f3 25. ♗e2 ♕h3 26. f4 ♖f8 27. ♖f3 ♕d7 28. fe5 de5 29. ♖f8 ♘f8 30. ♕c3 ♕d8 31. ♕g3 ♕f6 32. ♗c1 cd5 33. cd5 ♗a6 34. ♗g5 ♕b6 35. ♗a6 ♕a6 36. ♗e7 ♘d7 37. d6 ♔f7 38. ♕f2 ♔g8 39. ♕g3 ♔f7 40. ♕f2 ♔g8 41. ♕d2 ♔h7 42. ♕d5 ♕e2 43. ♕b7 ♕g4 44. ♕a7 ♗h6 45. ♔f2 ♗f4 46. ♗g5 ♕g3 47. ♔g1 ♕h2 48. ♔f1 ♕h3 49. ♕a6 ♗g3 50. ♕b7 ♕h1 51. ♔e2 ♕g2 52. ♔d3 ♕f1 53. ♔c2 ♕f2 54. ♔b1 ♕f7 55. a4 ♗e1 56. ♔c2 ♗b4 57. ♗e3 g5 58. ♗g5 ♕f2 59. ♔b1 ♕f1 60. ♗c1 ♕d3 61. ♔a2 ♕d6 62. ♕d5 ♕d5 63. ed5 ♔g6 64. ♔b2 ♔f5 65. ♔c2 e4 66. ♔d1 ♔e5 67. ♔e2 ♔d5 68. ♗g5 ♔e5 69. ♗d8 c4 70. bc4 ♔d4 71. a5 ♗c5 72. ♗g5 ♔c4 73. ♗d8 ♔b5 74. ♗c7 ♘f6 **0:1**

18.06. **487.**

P. KERES - Dr. A. ALEKHINE

1. e4 e5 2. f4 ef4 3. ♘f3 ♘f6 4. e5 ♘h5 5. ♕e2 ♗e7 6. d4 0-0 7. g4 fg3 8. ♘c3 d5 9. ♗d2 ♘c6 10. 0-0-0 ♗g4 11. ♗e3 f6 12. h3 ♗e6 13. ♘g5 fg5 14. ♕h5 g6 15. ♕e2 g4 16. hg4 ♗g5 17. ♔b1 ♗e3 18. ♕e3 ♗g4 19. ♕h6 ♖f7 20. ♗g2 ♘e7 21. ♖df1 ♖g7 22. ♕f4 ♗e6 23. ♘e2 ♘f5 24. ♗h3 ♕d7 25. ♖fg1 ♖f8 26. ♕d2 ♘d4 27. ♕d4 ♗h3 28. ♖g3 ♗f5 29. ♕a7 b6 30. ♕a3 c5 31. ♕b3 ♗e4 32. ♖d1 ♕f5 33. ♘c3 c4 34. ♕a4 ♕e5 35. ♖e3 ♗c2 36. ♕c2 ♕e3 37. ♘d5 ♕c5 38. ♕c3 h5 39. a3 ♖f5 40. ♘f6 ♖f6 41. ♕f6 ♕f5 42. ♕f5 gf5 43. ♔c2 ♔h7 44. ♔c3 ♖g4 45. ♖d7 ♔g6 46. ♖d6 ♔g5 47. ♖b6 h4 48. ♖b8 h3 49. ♖g8 ♔f4 50. ♖h8 ♔g3 51. ♖h5 h2 **0:1**

MUNICH
15.- 26.09. 1942

		1	2	3	4	5	6	7	8	9	10	11	12	
1	Dr. A. ALEKHINE	•	1	½	½	1	1	1	0	½	1	1	1	8½
2	P. KERES	0	•	½	1	0	1	½	1	1	½	1	1	7½
3	E. BOGOLJUBOV	½	½	•	0	1	0	1	1	1	½	½	1	7
4	J. FOLTYS	½	0	1	•	½	1	0	½	1	1	½	1	7
5	K. RICHTER	0	1	0	½	•	½	½	1	1	½	1	1	7
6	G. BARCZA	0	0	1	0	½	•	½	0	½	1	1	1	5½
7	K. JUNGE	0	½	0	1	½	½	•	1	0	½	0	1	5
8	L. RELLSTAB	1	0	0	½	0	1	0	•	½	0	1	½	4½
9	V. ROHACEK	½	0	0	0	0	½	1	½	•	1	½	0	4
10	G. STOLTZ	0	½	½	0	½	0	½	1	0	•	0	1	4
11	Dr. M. NAPOLITANO	0	0	½	½	0	0	1	0	½	1	•	0	3½
12	F. RABAR	0	0	0	0	0	0	0	½	1	0	1	•	2½

15.09. **488.**

P. KERES - F. RABAR

1. e4 e5 2. ♘f3 ♘c6 3. ♗b5 a6 4. ♗a4 ♘f6 5. 0-0 ♗e7 6. ♖e1 b5 7. ♗b3 d6 8. c3 0-0 9. a4 ♖b8 10. ab5 ab5 11. d4 ed4 12. cd4 ♗g4 13. ♘c3 ♕d7 14. ♗e3 ♗d8 15. ♕d3 ♗f3 16. gf3 ♘e7 17. ♔h1 ♘g6 18. ♖g1 ♘h5 19. ♕f1 ♔h8 20. ♘e2 c6 21. f4 d5 22. f5 ♘h4 23. f3 ♕e8 24. ♘f4 ♘f6 25. ♕h3 ♘e4 26. fe4 ♕e4 27. ♘g2 ♘f5 28. ♗f4 ♖b7 29. ♖ae1 ♕d4 30. ♕f5 ♕b2 31. ♗e5 ♕b3 32. ♖e3 **1:0**

16.09. **489.**

E. BOGOLJUBOV - P. KERES

1. e4 e5 2. ♘f3 ♘c6 3. ♗c4 ♘f6 4. d3 ♗c5 5. ♘c3 d6 6. ♗e3 0-0 7. ♗g5 h6 8. ♗h4 ♗e6 9. 0-0 ♘d4 10. ♘d4 ♗d4 11. ♗b3 c6 12. ♔h1 a5 13. ♖b1 g5 14. ♗g3 b5 15. ♘e2 ♗b6 16. c3 ♘h5 17. d4 ♕f6 18. d5 cd5 19. ♗d5 ♖ab8 20. f3 ♖fc8 21. ♕d3 b4 22. ♗e1 ♗c5 23. b3 ♗d7 24. c4 ♕d8 25. ♗f2 ♘f6 26. ♗c5 ♖c5 27. g4 ♘h7 28. ♕e3 ♘f8 29. ♘c1 ♘g6 30. ♘d3 ♖cc8 31. ♖bc1 ♔g7 32. ♖f2 ♘f4 33. ♘f4 gf4 34. ♕a7 ♕c7 35. ♕c7 ♖c7 36. ♖fc2 ♖c5 37. ♖b2 ♔f6 38. h4 ♔e7 39. ♖g1 ♖h8 40. ♔g2 h5 41. g5 ♖b8 42. ♔h2 ♗e8 43. ♖a1 ♔d8 44. ♖d1 ♔c7 45. ♖d3 ♔b6 46. ♖bd2 ♖c7 47. ♔g1 ♔c5 48. ♔f2 ♖d8 49. ♔e1 ♖a7 50. ♔f2 a4 51. ♖b2 ♖b8 52. ♔g1 ab3 53. ♖db3 ♖b6 54. ♔f2 ♖a4 55. ♔e2 ♖ba6 56. ♔f2 ♖a7 57. ♔e2 ♗c6 58. ♔f2 ♗a8 59. ♔e2 **½:½**

17.09. **490.**

P. KERES - G. BARCZA

1. e4 e5 2. ♘f3 ♘c6 3. ♗b5 a6 4. ♗a4 ♘f6 5. 0-0 ♗e7 6. ♖e1 b5 7. ♗b3 d6 8. c3 ♘a5 9. ♗c2 c5 10. d4 ♕c7 11. a4 b4 12. cb4 cb4 13. ♘bd2 0-0 14. ♘f1 ♗g4 15. ♘e3 ♗f3 16. ♕f3 ed4 17. ♘f5 ♕c2 18. ♘e7 ♔h8 19. ♘f5 ♕b3 20. ♕f4 ♕e6 21. ♕g5 g6 22. ♘d4 ♕e5 23. ♗f4 ♕g5 24. ♗g5 ♔g7 25. ♖ac1 ♖fc8 26. f3 ♖c5 27. ♗e3 ♖ac8 28. ♔f2 ♘d7 29. ♘e2 ♖c1 30. ♖c1 ♖c1 31. ♘c1 ♘c5 32. ♗d2 ♘c6 33. b3 ♔f6 34. ♔e3 ♔e6 35. ♘d3 a5 36. ♘c5 dc5 37. ♔d3 ♘e5 38. ♔c2 c4 39. f4 ♘d7 40. bc4 ♘c5 41. ♗e3 ♔d6 42. e5 ♔c6 43. g4 ♘a4 44. ♗d4 ♘c5 45. ♗c5 ♔c5 46. f5 ♔c6 47. f6 ♔d7 48. c5 **1:0**

18.09. **491.**

Dr. A. ALEKHINE - P. KERES

1. ♘f3 ♘f6 2. c4 b6 3. d4 ♗b7 4. g3 e6 5. ♗g2 ♗e7 6. 0-0 0-0 7. b3 d5 8. ♘e5 c6 9. ♗b2 ♘bd7 10. ♘d2 ♖c8 11. ♖c1 c5 12. e3 ♖c7 13. ♕e2 ♕a8 14. cd5 ♘d5 15. e4 ♘5f6

16. b4 ♖fc8 17. dc5 bc5 18. b5 a6 19. a4 ab5 20. ab5 ♕a2 21. ♘ec4 ♕a8 22. ♗f6 gf6 23. b6 ♖c6 24. e5 ♖b6 25. ♘b6 ♘b6 26. ♗b7 ♕b7 27. ef6 ♗f6 28. ♘e4 ♗e7 29. ♕g4 ♔h8 30. ♕f4 ♗f8 31. ♘c5 ♕c7 32. ♘e6 ♕f4 33. ♘f4 **1:0**

19.09. **492.**

P. KERES - L. RELLSTAB

1. e4 e5 2. ♘f3 d6 3. ♘c3 ♘f6 4. d4 ♘bd7 5. ♗c4 ♗e7 6. 0-0 0-0 7. a4 c6 8. ♗b3 b6 9. ♕e2 a6 10. d5 c5 11. h3 ♘e8 12. g4 g6 13. ♗h6 ♘g7 14. ♔h2 ♘f6 15. ♖g1 ♔h8 16. ♖g3 ♘g8 17. ♕d2 ♖a7 18. ♖h1 ♗d7 19. ♗c4 ♗e8 20. h4 f6

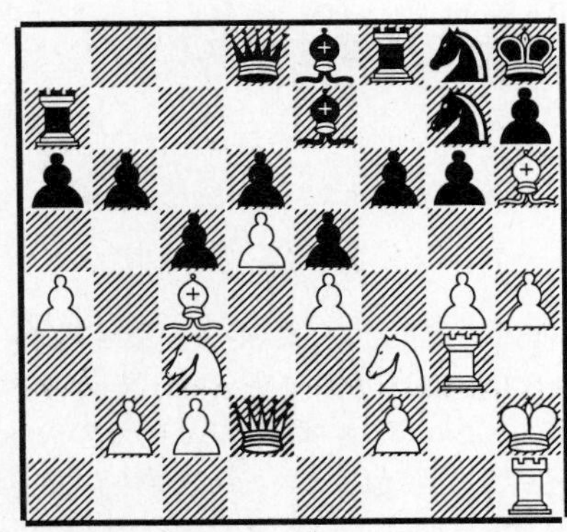

21. ♔g2 ♗d7 22. b3 ♖f7 23. ♗d3 ♗c8 24. ♘e2 ♗f8 25. ♗e3 ♗e7 26. ♘fg1 ♘e8 27. f4 ef4 28. ♘f4 ♘g7 29. ♘f3 ♘e8 30. g5 fg5 31. hg5 ♔g7 32. ♘e6 ♗e6 33. de6 ♖f3 34. ♖f3 **1:0**

20.09. **493.**

P. KERES - Dr. M. NAPOLITANO

1. d4 ♘f6 2. c4 e6 3. ♘c3 ♗b4 4. ♕c2 ♘c6 5. e3 e5 6. de5 ♘e5 7. ♗d2 0-0 8. ♘f3 ♖e8 9. ♗e2 ♗f8 10. ♘e5 ♖e5 11. e4 ♕e7 12. f4 ♖e4 13. ♘e4 ♘e4 14. ♖f1 d5 15. 0-0-0 ♗f5 16. ♗d3 dc4 17. ♕c4 ♖ad8 18. ♗e4 b5 19. ♗b4 ♖d1 20. ♖d1 ♕e8 21. ♕d5 ♗e4 22. ♖e1 ♗b4 23. ♖e4 ♗e7 24. ♕c5 ♗c5 25. ♖e8 ♗f8 26. ♖c8 g6 27. g3 a5 28. ♖c7 a4 29. a3 h5 30. ♔c2 h4 31. gh4 ♗d6 32. ♖b7 b4 33. ab4 ♗f4 34. b5 ♗h2 35. b6 ♔g7 36. ♖d7 **1:0**

21.09. **494.**

V. ROHACEK - P. KERES

1. e4 ♘f6 2. ♘c3 d5 3. e5 ♘fd7 4. d4 e6 5. f4 c5 6. dc5 ♘c6 7. a3 f6 8. ♗d3 g6 9. ef6 ♕f6 10. ♕e2 ♗e7 11. ♘f3 ♘c5 12. ♗d2 ♗d7 13. g4 0-0-0 14. 0-0-0 ♗d6 15. f5 ♖de8 16. ♘g5 ♘d4 17. ♕f1 gf5 18. gf5 ♘d3 19. ♕d3 ♘f5 20. ♘ce4 de4 21. ♘e4 ♕f8 22. ♖hf1 ♗c7 23. ♗c3 ♗c6 24. ♗h8 ♕h8 25. ♘c5 ♕e5 26. ♘e6 ♕e6 27. ♕f5 ♕f5 28. ♖f5 ♗h2 29. b4 ♗e4 30. ♖c5 ♔b8 31. ♖e1 ♗f4 32. ♔b2 ♗g6 33. ♖e8 ♗e8 34. ♖f5 ♗d6 35. c4 ♗g6 36. ♖d5 ♔c7 37. c5 ♗f4 38. ♖d1 h5 39. ♖h1 ♗g3 40. ♔c3 h4 41. ♔c4 ♗e4 42. ♖g1 a6 43. a4 h3 **0:1**

22.09. **495.**

P. KERES - K. RICHTER

1. c4 e5 2. ♘c3 ♘f6 3. ♘f3 ♘c6 4. d4 ed4 5. ♘d4 ♗b4 6. ♗g5 h6 7. ♗h4 g5 8. ♗g3 d6 9. ♖c1 ♘d4 10. ♕d4 ♗f5 11. h4 ♔d7 12. ♖d1 ♘e4 13. ♕e5 ♗c3 14. bc3 ♘g3 15. fg3 ♗g6 16. hg5 ♕g5 17. ♕f4 ♖ae8 18. ♖d5 ♕f4 19. gf4 b6 20. ♔f2 h5 21. e3 h4 22. ♖g5 ♗e4 23. ♗e2 ♖eg8 24. ♗g4 ♔c6 25. ♖g8 ♖g8 26. ♖h4 ♔c5 27. ♗f3 ♗f3 28. ♔f3 ♔c4 29. ♖h7 ♖f8 30. g4 ♔c3 31. ♔e4 c5 32. ♔d5 c4 33. e4 ♔b4 34. g5 c3 35. ♖h2 ♖c8 36. ♖c2 b5 37. f5 a5 38. ♔d6 ♔c4 39. e5 b4 40. ♔d7 ♖a8 41. e6 fe6 42. f6 a4 43. f7 b3 44. ab3 ab3 45. ♖c3 ♔c3 46. g6 b2 47. g7 b1♕ 48. f8♕ ♕b7 49. ♔e6 ♖a6 50. ♔f5 ♕d7 51. ♔f4 ♖a4 52. ♔g3 ♕d3 53. ♕f3 ♖a8 54 g8♕ ♖g8 55. ♔h2 ♖h8 56. ♔g1 ♖g8 57. ♔h2 ♔c2 58. ♕c6 ♔d1 59. ♕f3 ♕e2 **0:1**

23.09. **496.**

G. STOLTZ - P. KERES

1. d4 ♘f6 2. c4 e6 3. ♘c3 ♗b4 4. ♗d2 b6 5. ♘f3 ♗b7 6. e3 0-0 7. ♗d3 d5 8. cd5 ed5 9.

♘e5 ♘bd7 10. f4 c5 11. 0-0 ♘e8 12. ♖f3 g6 13. ♕a4 ♘e5 14. fe5 f5 15. ♖af1 ♘g7 16. ♕d1 ♗c3 17. bc3 ♕e7 18. ♗c1 c4 19. ♗c2 b5 20. g4 fg4 21. ♖f6 ♘h5 22. ♖f8 ♖f8 23. ♖f8 ♕f8 24. ♕g4 ♗c8 25. ♕g2 ♗e6 26. e4 ♘f4 27. ♕f1 ♘d3 28. ♗d3 cd3 29. ♕d3 de4 30. ♕e4 ♗c4 31. ♕g2 b4 32. cb4 ♕b4 33. ♕a8 ♕f8 34. ♕f8 ♔f8 35. a3 ♔f7 36. ♔f2 ♔e6 37. ♔e3 a6 38. ♔d2 ♗d5 39. ♔c3 ♔d7 40. ♔b4 ♔c6 **½:½**

24.09. **497.**

P. KERES - J. FOLTYS

1. e4 c5 2. ♘f3 d6 3. d4 cd4 4. ♘d4 ♘f6 5. f3 e5 6. ♗b5 ♗d7 7. ♗d7 ♘bd7 8. ♘f5 ♘b6 9. ♗g5 d5 10. ♕d3 g6 11. ♘e3 d4 12. ♘g4 ♗e7 13. ♘e5 0-0 14. ♗h6 ♗b4 15. c3 ♖e8 16. cb4 ♖e5 17. 0-0 ♖c8 18. ♘d2 ♖e6 19. ♖ac1 ♖ec6 20. ♖c6 ♖c6 21. ♘b3 ♖c4 22. ♖c1 ♕c7 23. ♕d4 ♖d4 24. ♖c7 ♖d7 25. ♖c1 ♘e8 26. ♘c5 ♖e7 27. a4 f6 28. ♗f4 ♔f7 29. ♔f2 ♘a8 30. ♗b8 b6 31. ♘a6 ♖b7 32. ♖c8 ♔e7 33. ♗g3 **1:0**

25.09. **498.**

K. JUNGE - P. KERES

1. d4 ♘f6 2. c4 e6 3. g3 d5 4. ♗g2 dc4 5. ♕a4 ♘bd7 6. ♘f3 a6 7. ♘c3 ♖b8 8. ♕c4 b5 9. ♕d3 ♗b7 10. 0-0 c5 11. b3 cd4 12. ♕d4 ♗c5 13. ♕h4 0-0 14. ♗b2 ♕e7 15. ♖fd1 ♖fd8 16. ♘g5 ♗g2 17. ♔g2 ♗a3 18. ♗a3 ♕a3 19. ♘ce4 h6 20. ♘f6 ♘f6 21. ♘e4 ♘d5 22. ♘c3 ♘e7 23. ♖ac1 ♖d1 24. ♖d1 ♖c8 25. ♖d3 ♕c5 26. ♘e4 ♕c6 27. ♖c3 ♕d5 28. f3 ♖c3 29. ♘c3 ♕c5 30. b4 ♕c7 31. ♕d4 ♘f5 **½:½**

PRAGUE
10.- 30.04.1943

10.04. **499.**

P. KERES - K. OPOCENSKY

1. e4 c5 2. ♘e2 d5 3. ed5 ♘f6 4. d4 e6 5. de6 ♗e6 6. ♘f4 ♗e7 7. ♘e6 fe6 8. ♗c4 ♕d4 9. ♕d4 cd4 10. ♗e6 ♘bd7 11. ♗f4 ♖c8 12. ♔d1 ♖c6 13. ♖e1 ♘c5 14. ♗c4 a6 15. ♘d2 b5 16. ♗b3 d3 17. ♖c1 ♘b3 18. ♘b3 dc2 19. ♖c2 ♖c2 20. ♔c2 ♔f7 21. ♗e5 ♖c8 22. ♔d3 ♘d5 23. a3 b4 24. a4 g6 25. ♖e4 ♖d8 26. ♗d4 ♗d6 27. g3 ♖c8 28. ♖e2 h5 29. ♖c2 ♖c2 30. ♔c2 h4 31. gh4 ♗h2 32. ♔d3 ♗d6 33. ♔c4 ♘f4 34. ♘c5 ♘e6 35. ♗e3 a5 36. ♘b7 ♔e7 37. ♔b5 ♗e5 38. b3 ♔d7 39. ♘a5 ♘c7 40. ♔b4 ♘d5 41. ♔c5 ♘e3 42. fe3 ♗f6 43. ♘c6 ♔c7 44. b4 ♗h4 45. b5 ♗f2 46. b6 ♔b7 47. ♔b5 ♗e3 48. a5 ♗b6 49. ab6 **1:0**

11.04. **500.**

Dr. M. KATETOV - P. KERES

1. d4 ♘f6 2. c4 g6 3. g3 ♗g7 4. ♗g2 0-0 5. ♘c3 d6 6. e4 e5 7. d5 ♘e8 8. ♘ge2 f5 9. 0-0 c5 10. dc6 bc6 11. c5 ♗e6 12. ♗e3 ♕c7 13. ♖c1 dc5 14. ♗c5 ♖f7 15. ♘d5 ♕b7 16. ♕a4 ♗d7 17. ♘b4 f4 18. f3 a5 19. ♘d3 ♘a6 20. ♕c4 g5 21. gf4 gf4 22. ♔h1 ♕b5 23. ♖fd1 ♖b8 24. b3 ♘ec7 25. ♗d6 ♖e8 26. ♘c5 ♘c5 27. ♗c7 ♕c4 28. ♖c4 ♘b7 29. ♗b6 c5 30. ♘c3 ♗f8 31. ♘d5 ♖c8 32. ♖cc1 ♗e6 33. ♗f1 ♖c6 34. ♗c4 ♗d5 35. ♖d5 ♖b6 36. ♖g1 ♔h8 37. ♖d7 ♖g7 38. ♖gg7 ♗g7 39. ♗d5 h5 40. ♖b7 ♖b7 41. ♗b7 ♗f8 42. ♗d5 ♗d6 43. ♗c4 ♗c7 44. ♗d5 ♗d6 45. ♗c4 ♗c7 **½:½**

12.04. **501.**

P. KERES - A. NOVOTNY

1. e4 d5 2. ed5 ♘f6 3. d4 ♘d5 4. c4 ♘f6 5. ♘c3 ♗f5 6. ♘f3 e6 7. ♗d3 ♗d3 8. ♕d3 ♗e7 9. ♗f4 c6 10. 0-0-0 ♕a5 11. ♖he1 ♘bd7 12. ♘e5 ♖d8 13. ♘d7 ♖d7 14. ♗e5 0-0 15. ♕g3 ♖fd8 16. ♔b1 ♘e8 17. ♕g4 ♗f6 18. f4 ♕b4 19. ♕e2 ♗e5 20. de5 ♖d1

21. ♖d1 ♖d1 22. ♘d1 b5 23. cb5 cb5 24. ♘c3 a6 25. ♕e4 ♕a5 26. ♕c6 ♕d8 27. ♔c2 b4 28. ♘e4 ♘c7 29. ♘d6 ♘d5 30. g3 ♔f8 31. ♔b3 a5 32. ♕b7 ♘e7 33. g4 f6 34. ♔a4 ♔g8 35. h4 h6 36. h5 fe5 37. fe5 ♕f8 38. ♕d7 ♔h7 39. ♕e6 ♕d8 40. ♕f7 ♕c7 41. ♕g7 ♔g7 42. ♘e8 ♔f7 43. ♘c7 ♘c6 44. e6 ♔e7 45. ♔b5 **1:0**

13.04. **502.**

J. FOLTYS - P. KERES

1. d4 ♘f6 2. c4 e6 3. ♘c3 ♗b4 4. ♕c2 0-0 5. ♘f3 c5 6. dc5 ♘a6 7. g3 ♘c5 8. a3 ♗c3 9. ♕c3 b6 10. ♗g2 ♗a6 11. ♘g5 ♗b7 12. ♗b7 ♘b7 13. 0-0 ♖c8 14. b3 d5 15. ♕f3 h6 16. ♘h3 ♘c5 17. b4 ♘ce4 18. cd5 ♕d5 19. ♘f4 ♕f5 20. ♘d3 ♕f3 21. ef3 ♘c3 22. a4 ♖fd8 23. ♘e5 ♖d4 24. b5 ♖a4 25. ♖a4 ♘a4 26. ♘c6 ♘d5 27. ♘a7 ♖c7 28. ♘c6 ♘ac3 29. ♘d4 ♖c4 30. ♘b3 ♘b5 31. ♗d2 ♖c2 32. ♖b1 ♘a3 33. ♖a1 ♘c4 34. ♗e1 ♘e5 35. f4 ♘c6 36. ♖b1 ♔f8 37. ♔g2 ♔e7 38. ♔f3 f5 39. ♗d2 ♔d6 40. h3 h5 41. ♗e3 e5 42. ♗d2 ♘d4 43. ♘d4 ed4 44. ♗b4 ♔c6 45. ♗f8 ♘c3 46. ♖f1 **0:1**

14.04. **503.**

P. KERES - J. PODGORNY

1. e4 c5 2. ♘e2 d6 3. g3 ♘c6 4. ♗g2 g6 5. c3 ♗g7 6. 0-0 ♗d7 7. d4 cd4 8. cd4 h5 9. ♘bc3 h4 10. ♗e3 ♘f6 11. d5 ♘e5 12. ♗d4 hg3 13. hg3 ♕c8 14. ♖c1 ♗h3 15. ♘f4 ♗g2 16. ♔g2 g5 17. ♗e5 gf4 18. ♗f4 ♕h3 19. ♔f3 ♕h5 20. ♔e3 ♘g4 21. ♔d3 f5 22. f3 fe4 23. fe4 0-0 24. ♕e2 ♕g6 25. ♔c2 ♖ac8 26. ♔b3 a6 27. ♖h1 ♗f6 28. ♘b1 ♕g7 29. ♖c2 b5 30. ♖hc1 ♖c4 31. a3 ♖fc8 32. ♖c4 bc4 33. ♖c4 ♖b8 34. ♖b4 ♖f8 35. ♔a2 a5 36. ♖b7 ♗d4 37. ♘d2 ♖c8 38. ♖e7 ♕e7 39. ♕g4 **1:0**

15.04. **504.**

P. KERES - J. SAJTAR

1. e4 ♘f6 2. e5 ♘d5 3. d4 d6 4. c4 ♘b6 5. f4 de5 6. fe5 ♘c6 7. ♗e3 ♗f5 8. ♘c3 e6 9. ♘f3 ♘b4 10. ♖c1 c5 11. ♗e2 ♗e7 12. 0-0 0-0 13. a3 cd4 14. ♘d4 ♘c6 15. ♘f5 ef5 16. ♖f5 g6 17. ♖f1 ♗g5 18. ♗c5 ♖e8 19. ♕d8 ♖ad8 20. ♖cd1 ♘e5 21. ♘e4 ♖d1 22. ♗d1 ♗e7 23. b3 ♗c5 24. ♘c5 ♖e7 25. ♗c2 f5 26. ♖d1 ♔f7 27. h3 ♖c7 28. ♘d3 ♘d3 29. ♗d3 ♔f6 30. ♔f2 ♔e5 31. ♔e3 ♘d7 32. ♗e2 ♘f6 33. ♗f3 b6 34. ♖d8 h5 35. h4 ♖d7 36. ♖d7 ♘d7 37. g3 a5 38. b4 ab4 39. ab4 ♘f8 40. ♗d5 ♘d7 41. ♗f7 ♔f6 42. ♗e8 ♘f8 43. ♗c6 ♔e5 44. ♗d5 ♘d7 45. ♗b7 ♘f8 46. ♗c6 ♘e6 47. ♗e8 f4 48. gf4 ♘f4 49. ♔f3 ♘d3 **½:½**

16.04. **505.**

J. LOKVENC - P. KERES

1. d4 ♘f6 2. c4 e6 3. ♘c3 ♗b4 4. ♕c2 0-0 5. a3 ♗c3 6. ♕c3 b6 7. ♗g5 ♗b7 8. ♘f3 d6 9. e3 ♘bd7 10. ♗e2 ♖e8 11. ♕c2 e5 12. d5 h6 13. ♗h4 a5 14. b3 ♘f8 15. h3 c6 16. dc6 ♗c6 17. 0-0 ♘g6 18. ♗g3 ♘e4 19. ♗h2 f5 20. ♖ad1 ♖e6 21. ♘e1 ♕g5 22. f4 ♕f6 23. fe5 de5 24. c5 b5 25. a4 ♖b8 26. ♘f3 ♘g5 27. ♘d4 ed4 28. ♗b8 ♘h3 29. ♔h1 ♘h4 30. ab5 ♗g2

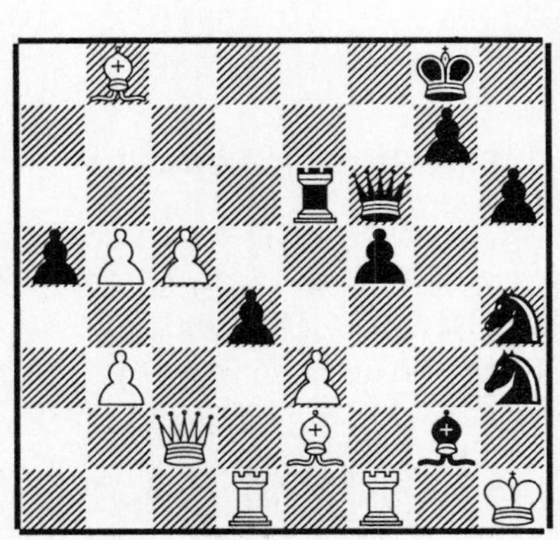

31. ♔h2 ♖e3 32. ♖d3 ♗f1 33. ♖e3 de3 34. ♗f1 ♘f3 35. ♔g3 ♕g5 **0:1**

17.04. **506.**

P. KERES - T. FLORIAN

1. e4 e5 2. ♘f3 ♘c6 3. ♗b5 a6 4. ♗a4 ♘f6 5. 0-0 ♗e7 6. ♖e1 d6 7. c3 b5 8. ♗c2 ♗g4 9. h3 ♗f3 10. ♕f3 g5 11. d3 ♖g8 12. ♘d2 ♕d7 13. a4 0-0-0 14. ab5 ab5 15. ♘f1 g4 16. hg4 ♕g4 17. ♕g4 ♘g4 18. ♗b3 ♖g7 19. f3 ♘f6 20. ♘e3 ♖dg8 21. ♖e2 ♘h5 22. ♘f5 ♘g3 23. ♘g3 ♖g3 24. ♗f7 ♖8g7 25. ♗e6 ♔b7 26. ♗d5 ♗g5 27. ♗g5 ♖7g5 28. b4 ♔b6 29. ♖a8 **1:0**

18.04. **507.**

K. URBANEC - P. KERES

1. d4 ♘f6 2. c4 e6 3. ♘c3 ♗b4 4. ♗d2 d5 5. e3 0-0 6. ♘f3 b6 7. cd5 ed5 8. ♘e5 c5 9. ♗d3 ♗a6 10. ♗a6 ♘a6 11. ♕a4 ♘c7 12. dc5 ♗c5 13. 0-0 ♖e8 14. ♘f3 ♕c8 15. ♘e2 ♘e4 16. ♗b4 b5 17. ♕a3 ♗b6 18. ♗d6 ♘e6 19. ♗g3 ♕c4 20. ♘f4 ♘f4 21. ♗f4 ♖ac8 22. b3 ♕c6 23. ♗e5 ♗c5 24. ♕b2 f6 25. ♗d4 ♗b4 26. ♖ac1 ♕d7 27. ♖c8 ♖c8 28. ♖c1 a6 29. h3 ♖c6 30. ♔f1 ♕c8 31. ♖c6 ♕c6 32. ♘e1 ♗c3 33. ♗c3 ♕c3 34. ♕c2 ♔f7 35. f3 ♕c2 36. ♘c2 ♘c3 37. a3 a5 38. b4 ab4 39. ab4 ♔e6 40. ♔e1 ♔e5 41. ♔d2 ♘a2 42. ♘d4 ♘b4 43. ♘b5 ♘c6 44. ♔d3 g5 45. ♘c3 ♘b4 **½:½**

19.04. **508.**

P. KERES - J. KUBANEK

1. e4 e5 2. f4 ♗c5 3. ♘f3 d6 4. c3 ♘f6 5. fe5 de5 6. ♘e5 0-0 7. d4 ♗d6 8. ♘f3 ♘e4 9. ♗d3 ♘f6 10. 0-0 c5 11. ♘bd2 ♘c6 12. ♘c4 cd4 13. ♘g5 h6 14. ♖f6 ♕f6 15. ♘e4 ♗h2 16. ♔h2 ♕h4 17. ♔g1 ♗g4 18. ♕f1 ♖ae8 19. ♗f4 f5 20. ♕f2 ♕f2 21. ♘f2 g5 22. ♗d6 ♖f6 23. ♘g4 fg4 24. ♖f1 ♖f1 25. ♔f1 ♖d8 26. a4 dc3 27. bc3 a6 28. ♗e4 ♔f7 29. ♔e2 ♔e6 30. ♗c7 ♖c8 31. ♗g3 ♘e7 32. ♔d3 b5 33. ab5 ab5 34. ♘e3 h5 35. ♘c2 h4 36. ♘d4 ♔f6 37. ♗e1 ♖d8 38. ♗d2 h3 39. g3 ♘f5 40. ♗e1 ♘d4 41. cd4 ♖e8 42. ♗c3 ♖e4 43. ♔e4 h2 44. d5 ♔f7 **0:1**

20.04. **509.**

Dr. A. ALEKHINE - P. KERES

1. d4 ♘f6 2. c4 e6 3. ♘f3 d5 4. ♘c3 c6 5. e3 ♘bd7 6. ♗d3 dc4 7. ♗c4 b5 8. ♗d3 a6 9. e4 c5 10. e5 cd4 11. ♘b5 ab5 12. ef6 ♕b6 13. ♗e4 ♗b7 14. ♗b7 ♕b7 15. 0-0 gf6 16. ♘d4 ♖g8 17. ♕f3 ♕f3 18. ♘f3 ♖g4 19. b3 ♘b6 20. ♗b2 ♘d5 21. a3 ♗c5 22. ♖fc1 ♗b6 23. h3 ♖e4 24. ♔f1 ♖d8 25. ♖d1 b4 26. a4 ♘c3 27. ♖d8 ♔d8 28. a5 ♗a7 29. ♗c3 bc3 30. ♖d1 ♔e8 31. ♖c1 ♖b4 32. ♖c3 ♖b5 33. b4 ♖b4 34. ♖c7 ♗b8 35. ♖c8 ♔d7 36. ♖h8 ♗c7 37. a6 ♖a4 38. ♖h7 ♔e7 39. g4 ♖a6 40. g5 fg5 41. ♘g5 ♔f6 42. h4 ♔g6 43. ♖f7 ♗d8 44. ♖f8 ♗g5 45. ♖g8 ♔h5 46. hg5 e5 **½:½**

21.04. **510.**

P. KERES - L. PACHMAN

1. d4 ♘f6 2. c4 e6 3. ♘c3 ♗b4 4. ♕c2 d5 5. cd5 ed5 6. ♗g5 h6 7. ♗f6 ♕f6 8. a3 ♗a5 9. e3 ♕d6 10. ♘f3 0-0 11. b4 ♗b6 12. ♗d3 c6 13. 0-0 ♘d7 14. b5 c5 15. dc5 ♗c5 16. ♖fd1 ♘f6 17. a4 ♗e6 18. ♘e2 ♖ac8 19. ♕b2 ♕e7 20. ♘fd4 ♗d4 21. ♘d4 ♖c5 22. a5 ♖fc8 23. a6 ba6 24. ♖a6 ♖5c7 25. ♘c6 ♕d7 26. ♕d4 ♘e4 27. ♗e4 de4 28. ♕d7 ♗d7 29. ♘e7 **1:0**

22.04. **511.**

K. PRUCHA - P. KERES

1. d4 ♘f6 2. ♘f3 c5 3. d5 b5 4. c4 ♗b7 5. ♕c2 d6 6. e4 b4 7. g3 e5 8. ♗h3 ♗e7 9. ♘h4 ♗c8 10. ♗c8 ♕c8 11. h3 g6 12. ♘g2 ♘bd7 13. ♗e3 ♘h5 14. g4 ♘g7 15. ♗h6 ♗f8 16. ♕a4 f6 17. a3 ♔f7 18. ♘d2 ♘b6 19. ♕d1 ♘e8 20. ♗f8 ♔f8 21. f4 h5 22. ♘h4 ♔f7 23. f5 g5 24. ♘g6 ♖h6 25. h4 gh4 26. ♖h4 ♘g7 27. ♕f3 ♘d7 28. gh5 ba3 29. ♖a3 ♕b7 30.

b3 a5 31. ♕e3 ♖h5 32. ♖h5 ♘h5 33. ♕h6 ♘g7 34. ♘h8 ♔g8 35. b4 cb4 36. ♖g3 ♘f8 37. ♘g6 ♘h7 38. ♘f3 b3 39. ♖h3 ♘f5 40. ef5 b2 41. ♘d2 b1♕ 42. ♘b1 ♕b1 43. ♔e2 ♕e4 44. ♔d1 ♕g4 45. ♔e1 ♕g1 46. ♔e2 ♕g2 47. ♔e1 ♕e4 48. ♔d2 ♕d4 49. ♔e1 ♕a7 50. c5 ♕g7 51. ♕g7 ♔g7 52. c6 a4 53. ♖a3 ♘g5 54. ♔d2 ♘e4 55. ♔d3 ♘g3 56. ♘h4 ♔h6 57. ♔c4 ♔h5 58. ♖g3 ♔h4 59. ♖a3 ♔g5 60. ♔b5 e4 61. c7 ♔f5 62. ♖a4 ♖c8 63. ♔c6 ♔e5 64. ♔d7 ½:½

23.04. **512.**

P. KERES - J. FICHTL

1. d4 d5 2. c4 e6 3. ♘c3 ♘f6 4. ♗g5 ♗e7 5. e3 0-0 6. ♘f3 ♘bd7 7. ♕c2 c5 8. 0-0-0 ♕a5 9. ♔b1 dc4 10. ♗c4 cd4 11. ed4 ♘b6 12. ♗b3 ♗d7 13. ♘e5 ♖ac8 14. ♕e2 ♘fd5 15. ♘d5 ♘d5 16. ♘d7 ♗g5 17. ♘f8 ♔f8 18. ♕e4 h6 19. h4 ♗f6 20. g4 g5 21. hg5 ♗g5 22. f4 ♘f4 23. ♖hf1 ♕c7 24. ♖c1 ♕b8 25. ♖c8 ♕c8 26. ♖f4 ♗f4 27. ♕f4 ♔g7 28. d5 ed5 29. ♗d5 ♕d7 30. ♕d4 f6 31. a3 b6 32. ♕e4 ♕d6 33. ♗b3 a5 34. ♕e8 ♕f8 35. ♕d7 ♔g6 36. ♕f5 ♔g7 37. ♗c2 ♔f7 38. ♕d7 **1:0**

24.04. **513.**

M. DIETZE - P. KERES

1. d4 ♘f6 2. ♘f3 g6 3. c4 ♗g7 4. ♘c3 d5 5. ♗f4 0-0 6. cd5 ♘d5 7. ♘d5 ♕d5 8. ♗c7 ♘c6 9. e3 ♗f5 10. ♕a4 ♕d7 11. ♗a5 ♘d4 12. ♕d7 ♘f3 13. gf3 ♗d7 14. ♖b1 ♗f5 15. e4 ♗e6 16. b3 ♖fc8 17. ♗d3 ♗c3 18. ♗c3 ♖c3 19. ♔d2 ♖ac8 20. ♖hc1 ♖3c5 21. ♖c5 ♖c5 22. ♖c1 ♖a5 23. ♗b1 ♖h5 24. ♖c7 ♖h2 25. ♔e3 ♖h1 26. ♗d3 h5 27. f4 h4 28. f3 h3 29. ♖c2 h2 30. ♔d4 ♗h3 31. ♔e5 ♖d1 32. ♖h2 f6 **0:1**

25.04. **514.**

P. KERES - Dr. M. BARTOSHEK

1. e4 e6 2. d4 d5 3. ♘d2 c5 4. ♘gf3 ♘c6 5. ed5 ♕d5 6. ♗c4 ♕d8 7. ♘b3 cd4 8. 0-0 ♘f6 9. ♕e2 ♗e7 10. ♖d1 0-0 11. ♘bd4 ♘d4 12. ♖d4 ♕b6 13. ♗g5 ♖d8 14. ♖d8 ♕d8 15. ♖d1 ♕c7 16. ♘e5 ♘d5 17. ♗e7 ♘e7 18. ♕d2 ♘d5 19. ♗d5 ed5 20. ♕d5 ♗e6 21. ♕e4 ♖d8 22. ♖d8 ♕d8 23. ♘d3 ♕d7 24. h3 h6 25. b3 a6 26. ♕e3 ♗f5 27. ♕f3 ♕c8 28. ♕d5 ♗e6 29. ♕c5 ♕c5 30. ♘c5 ♗c8 31. f3 ♔f8 32. ♔f2 ♔e7 33. ♔e3 ♔d6 34. ♔d4 b6 35. ♘e4 ♔c6 36. c4 h5 37. h4 ♗f5 38. b4 f6 39. a4 ♗e6 40. b5 ab5 41. ab5 ♔c7 42. ♘g3 ♗f7 43. f4 ♗g6 44. ♘f1 ♗f5 45. ♘e3 ♗e6 46. f5 ♗d7 47. ♘d5 ♔b7 48. ♘f4 ♗f5 49. ♘h5 g5 50. g3 gh4 51. gh4 **1:0**

26.04. **515.**

B. THELEN - P. KERES

1. ♘f3 ♘f6 2. c4 c6 3. e3 g6 4. d4 ♗g7 5. ♘c3 0-0 6. ♗e2 d5 7. 0-0 e6 8. ♕c2 ♘bd7 9. ♗d2 b6 10. ♖ac1 ♗b7 11. ♖fd1 dc4 12. ♗c4 c5 13. ♗e2 ♕e7 14. ♗e1 ♖fc8 15. ♕a4 a6 16. dc5 ♕c5 17. ♗d2 b5 18. ♕h4 ♕b6 19. b4 ♘d5 20. ♘d5 ♗d5 21. ♕e7 ♕b7 22. ♖c8 ♖c8 23. ♘g5 ♘b6 24. ♕b7 ♗b7 25. ♖c1 ♗d5 26. ♖c8 ♘c8 27. ♗f3 ♗a2 28. ♗b7 ♘d6 29. ♗a6 ♗c4 30. f4 f6 31. ♘f3 ♔f7 32. ♗c3 ♘e4 33. ♗e1 ♘d6 34. ♗c3 ♔e7 35. ♘d2 ♗d5 36. ♗d4 ♔d7 37. ♔f2 ♔c6 38. g4 e5 39. fe5 fe5 40. ♗c5 ♘e8 41. ♗c8 ♘c7 42. g5 ♗e6 43. ♗e6 ♘e6 44. ♗e7 h6 45. h4 hg5 46. hg5 ♔d5 47. ♘b1 e4 48. ♗f6 ♗f8 49. ♘c3 ♔c4 50. ♘e4 ♗b4 51. ♔e2 ♘c7 52. ♘f2 ♘d5 53. ♘d3 ♗c3 54. ♘f4 ♘f6 55. gf6 ♗f6 56. ♘g6 b4 57. ♔d2 ♔b3 58. ♘f4 ♔a3 59. ♘d3 b3 60. ♔c1 ♔a2 61. ♘b4 ♔a1 62. ♘c2 bc2 ½:½

27.04. **516.**

P. KERES - P. SUCHA

1. e4 e6 2. d4 d5 3. ♘c3 de4 4. ♘e4 ♗e7 5. ♘f3 ♘f6 6. ♗d3 ♘bd7 7. ♕e2 a6 8. ♗d2 c5 9. ♘f6 ♗f6 10. c3 cd4 11. cd4 0-0 12. h4 e5 13. ♗h7 ♔h8 14. ♗c2 ed4 15. ♕d3 ♕e8 16.

♔f1 g6 17. ♖e1 ♘e5 18. ♖e5 ♗e5 19. h5 ♔g7 20. hg6 fg6 21. ♘e5 ♗f5 22. ♕d4 **1:0**

29.04. **517.**

F. SÄMISCH - P. KERES

1. d4 ♘f6 2. ♘f3 b6 3. c4 ♗b7 4. g3 e6 5. ♗g2 ♗e7 6. 0-0 0-0 7. ♘c3 ♘e4 8. ♕c2 ♘c3 9. ♕c3 ♗e4 10. ♖d1 d6 11. ♘e1 ♗g2 12. ♘g2 ♘d7 13. b3 e5 14. de5 ♘e5 15. ♗b2 ♗f6 16. ♕c2 ♘g4 17. f3 ♗b2 18. ♕b2 ♘e5 19. ♖d2 ♖e8 20. ♖ad1 ♕d7 21. ♕d4 ♕c6 22. ♔f1 a5 23. a4 ♕c5 24. ♕c3 ♖ac8 25. ♖d5 ♕c6 26. ♘f4 ♘g6 27. ♘g6 hg6 **½:½**

TRAINING TOURNAMENT
Posen, 24.- 26.05.1943

24.05. **518.**

BICKENBACH - P. KERES

1. e4 e5 2. ♘f3 ♘c6 3. ♗c4 ♘f6 4. ♘c3 ♘e4 5. ♘e4 d5 6. ♗d5 ♕d5 7. ♘c3 ♕a5 8. d3 ♗g4 9. ♗d2 ♘d4 10. ♘e2 ♘f3 11. gf3 ♕d5 12. ♘c3 ♕f3 13. ♕f3 ♗f3 14. ♖g1 0-0-0 15. ♖g3 ♗c6 16. 0-0-0 ♖d4 17. ♖e1 ♖h4 18. h3 f5 19. ♖g5 g6 20. ♖e5 ♖h3 21. ♖g1 ♗d6 22. ♖e2 ♗f3 23. ♖e6 ♔d7 24. ♖ge1 a6 25. ♗g5 h6 26. ♗f6 ♖g8 27. a3 g5 28. b4 ♖g6 29. d4 ♖h1 30. ♖h1 ♔e6 **0:1**

24.05. **519.**

P. KERES - E.F. GRÜNFELD

1. e4 e5 2. ♘f3 ♘c6 3. ♗b5 a6 4. ♗a4 ♘f6 5. 0-0 ♗e7 6. ♘c3 b5 7. ♗b3 d6 8. ♘d5 ♘a5 9. ♘e7 ♕e7 10. d4 ♘b3 11. ab3 ♗b7 12. ♗g5 h6 13. ♗f6 ♕f6 14. ♖e1 0-0 15. de5 de5 16. ♕d3 ♖fe8 17. ♕c3 ♕e7 18. b4 ♖ac8 19. ♕c5 ♕c5 20. bc5 ♖cd8 21. ♖e2 ♖e7 22. ♘e1 f6 23. f3 ♖ed7 24. ♘d3 ♖d4 25. ♔f2 ♖a8 26. ♖a5 ♔f7 27. ♔e3 ♖ad8 28. ♖d2 ♔e7 29. g4 ♗c8 30. ♖a1 ♗b7 31. h4 g5 32. hg5 hg5 33. ♖h1 ♖f8 34. c3 ♖a4 35. ♖h7 ♖f7 36. ♖dh2 ♗c8 37. ♖f7 ♔f7 38. ♖h7 ♔g6 39. ♖c7 ♗e6 40. ♖c6 **1:0**

25.05. **520.**

G. KIENINGER - P. KERES

1. d4 ♘f6 2. c4 e6 3. ♘f3 d5 4. ♘c3 c6 5. e3 ♘bd7 6. cd5 ed5 7. ♗d3 ♗d6 8. 0-0 0-0 9. ♖e1 ♖e8 10. ♕c2 ♘f8 11. e4 de4 12. ♘e4 ♘d5 13. ♗g5 f6 14. ♘d6 ♖e1 15. ♖e1 ♕d6 16. ♗h4 ♗e6 17. ♗g3 ♕d7 18. a3 ♘b6 19. ♕c5 ♖d8 20. h3 ♘c8 21. ♗e4 a6 22. ♕b4 ♘e7 23. ♗b1 ♘fg6 24. h4 ♗g4 25. ♗a2 ♘d5 26. ♘h2 ♗e6 27. ♕d2 ♘f8 28. ♕a5 ♗f7 29. ♘f3 ♘e7 30. ♗f7 ♔f7 31. ♗c7 ♖e8 32. ♗b6 ♘d5 33. ♖e8 ♕e8 34. ♗c5 ♘g6 35. h5 ♘gf4 36. ♘h4 ♕d7 37. h6 g5 38. ♘f3 ♘g2 39. ♔g2 ♕g4 40. ♔h2 ♕f3 41. ♕d8 ♕f2 42. ♔h1 ♕e1 43. ♔h2 ♘f4 44. ♕f8 ♔g6 45. ♕g7 ♔h5 46. ♕h7 ♕f2 47. ♔h1 ♕g2 **0:1**

26.05. **521.**

P. KERES - EYSSER

1. e4 c6 2. d4 d5 3. ed5 cd5 4. c4 ♘f6 5. ♘c3 ♘c6 6. ♗g5 e6 7. c5 ♗e7 8. ♗b5 ♗d7 9. ♘f3 0-0 10. 0-0 ♘e4 11. ♗e7 ♘e7 12. ♗d3 f5 13. ♘e2 ♘g6 14. b4 a6 15. a4 ♕c7 16. ♕b3 b5 17. ab5 ♗b5 18. ♗b5 ab5 19. ♕d3 ♕c6 20. ♘e5 ♘e5 21. de5 ♖a1 22. ♖a1 ♖a8 23. ♖a3 ♖a3 24. ♕a3 d4 25. f3 ♘d2 26. ♕d3 ♘c4 27. ♕d4 ♕a8 28. ♕d7 **1:0**

26.05. **522.**

G. ROGMANN - P. KERES

1. e4 e5 2. ♘f3 ♘c6 3. ♗b5 a6 4. ♗a4 ♘f6 5. 0-0 ♗e7 6. d4 ed4 7. e5 ♘e4 8. ♖e1 ♘c5 9. ♗c6 dc6 10. ♘d4 0-0 11. ♘c3 ♖e8 12. ♗e3 ♗f8 13. f4 f6 14. ef6 ♕f6 15. ♕f3 ♗f5

16. ♘f5 ♕f5 17. ♖e2 h5 18. ♖ae1 ♖ad8 19. ♔f1 ♗d6 20. ♗c5 ♖e2 21. ♕e2 ♕c5 22. ♕e6 ♔h8 23. ♘e4 ♕c2 24. ♘g5 ♕d3 25. ♔g1 ♕d4 26. ♔h1 ♕f4 27. ♘f7 ♔h7 28. ♘d6 ♖d6 29. ♕e8 ♕f5 30. h3 ♖d2 31. ♕b8 ♕d5 32. ♖g1 ♖b2 33. ♕c7 c5 34. a4 c4 35. ♕g3 ♕e4 36. ♖e1 h4 37. ♕g7 ♔g7 38. ♖e4 c3 39. ♖c4 c2 40. ♔h2 b5 41. ab5 ab5 42. ♖c7 ♔f6 43. ♖c6 ♔e5 44. ♖c5 ♔d4 45. ♖h5 c1♕ 46. ♖d5 ♔e3 47. ♖d3 ♔e2 **0:1**

SALZBURG
9.- 18.06.1943

9.06. **523.**

P. KERES - E. BOGOLJUBOV

1. e4 c5 2. ♘e2 e6 3. d4 cd4 4. ♘d4 ♘f6 5. ♘c3 d6 6. g4 ♘c6 7. g5 ♘d4 8. ♕d4 ♘d7 9. ♗e3 a6 10. ♗e2 ♕c7 11. f4 b6 12. f5 ♘e5 13. fe6 fe6 14. a4 ♗e7 15. h4 ♕c5 16. ♕d2 ♕c7 17. ♖f1 ♗b7 18. ♗d4 ♖f8

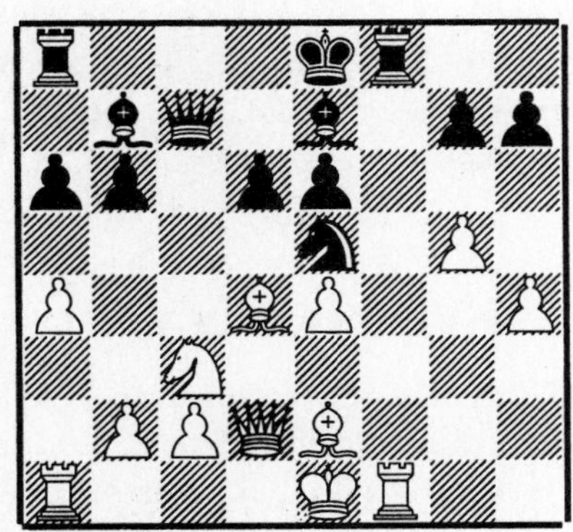

19. 0-0-0 ♖f1 20. ♖f1 ♗d8 21. ♕f4 ♘g6 22. ♕g4 ♕e7 23. ♕h5 e5 24. ♗e3 ♗c7 25. ♕h7 ♘f4 26. ♗f4 ef4 27. ♗h5 ♔d7 28. ♗g4 ♔c6 29. ♕f5 b5 30. ♕d5 ♔b6 31. ♕d4 ♔c6 32. ♘d5 **1:0**

10.06. **524.**

P. KERES - L. RELLSTAB

1. e4 ♘f6 2. e5 ♘d5 3. d4 d6 4. c4 ♘b6 5. f4 de5 6. fe5 ♘c6 7. ♗e3 ♗f5 8. ♘c3 e6 9. ♘f3 ♘b4 10. ♖c1 c5 11. ♗e2 ♗e7 12. 0-0 0-0 13. a3 cd4 14. ♘d4 ♘c6 15. ♘f5 ef5 16. ♖f5 g6 17. ♖f2 ♕d1 18. ♖d1 ♘e5 19. ♘d5 ♘d5 20. ♖d5 f6 21. ♗d4 ♖fd8 22. ♖d8 ♗d8 23. ♗f3 ♘f3 24. ♖f3 ♔f7 25. g4 ♖c8 26. b3 a6 27. ♖h3 ♔g8 28. a4 ♗e7 29. ♔f2 ♖d8 30. ♔e3 ♖d7 31. ♔e4 ♗d8 32. ♖f3 ♖e7 33. ♔d3 ♖d7 34. c5 f5 35. gf5 ♗f6 36. ♖f4 gf5 37. ♔c4 ♔f7 38. b4 ♔e6 39. ♗f6 ♔f6 40. ♖f2 ♔e5 41. ♖e2 ♔f4 42. ♖e6 ♔f3 43. c6 ♖c7 44. b5 ab5 45. ab5 bc6 46. b6 ♖g7 47. ♖c6 f4 48. ♖c7 ♖g8 49. b7 ♖b8 50. ♖h7 ♔g2 51. ♖g7 ♔h2 52. ♔d3 ♖e8 53. ♖c7 ♔g2 54. ♖c2 ♔g1 55. ♖c8 ♖e3 56. ♔d2 **1:0**

11.06. **525.**

P. SCHMIDT - P. KERES

1. e4 e5 2. ♘f3 ♘c6 3. ♗b5 a6 4. ♗a4 ♘f6 5. 0-0 d6 6. ♖e1 b5 7. ♗b3 ♘a5 8. d4 ♘b3 9. ab3 ♘d7 10. ♗d2 ♗b7 11. ♗a5 ♗e7 12. ♘c3 0-0 13. ♘d5 ♗d5 14. ed5 ♗f6 15. de5 ♘e5 16. ♗c3 ♖e8 17. ♘d4 ♕d7 18. h3 ♘g6 19. ♖e8 ♕e8 20. ♕d2 ♘e7 21. ♘e2 ♗c3 22. ♘c3 b4 23. ♘d1 ♕b5 24. ♘e3 a5 25. ♕d4 h6 26. ♖a4 ♕e2 27. ♖a1 ♕b5 28. ♖a4 ♕e2 29. ♖a1 ♕b5 30. ♖a4 ♕e2 **½:½**

12.06. **526.**

P. KERES - Dr. A. ALEKHINE

1. e4 e5 2. ♘f3 ♘c6 3. ♗b5 a6 4. ♗a4 ♘f6 5. 0-0 ♗e7 6. ♖e1 b5 7. ♗b3 d6 8. c3 0-0 9. h3 ♗e6 10. ♗e6 fe6 11. d4 ed4 12. cd4 d5 13. e5 ♘e4 14. ♘bd2 ♘b4 15. ♘e4 de4 16. ♖e4 ♘a2 17. ♗d2 ♕d5 18. ♖g4 ♘b4 19. ♖c1 ♖ac8 20. ♗g5 ♕d7 21. ♗e7 ♕e7 22. ♘g5 ♖f5 23. ♘e4 ♖cf8 24. ♕d2 ♔h8 25. f3 a5 26. ♖c5 ♕d7 27. ♔h2 ♖d8 28. ♖c1 ♖a8 29. ♖a1 ♖ff8 30. ♘c5 ♕e7 31. ♖f4 ♖f4 32. ♕f4 ♘d5 33. ♕g4 ♕f7 34. ♕e6 ♕f4 35.

♔h1 ♕d4 36. ♕c6 ♖g8 37. ♕b5 c6 38. ♕a5 ♕b2 ½:½

13.06. **527.**

J. FOLTYS - P. KERES

1. e4 e5 2. ♘f3 ♘c6 3. ♗b5 a6 4. ♗a4 ♘f6 5. 0-0 ♗e7 6. ♕e2 b5 7. ♗b3 0-0 8. c3 d5 9. ed5 ♗g4 10. dc6 e4 11. d4 ef3 12. gf3 ♗h5 13. ♗f4 ♖e8 14. ♗e5 ♗d6 15. ♘d2 ♗e5 16. de5 ♘d5 17. ♘e4 ♘f4 18. ♕e3 ♕h4 19. ♘g3 g5 20. ♘h5 ♕h5 21. e6 ♕h3 22. ef7 ♔g7 23. ♕d4 ♖e5 24. ♕e5 ♔g6 25. ♕f4 gf4 26. ♖fe1 ♖f8 27. ♖e7 ♕f3 28. ♖ae1 ♕g4 29. ♔h1 ♕f3 30. ♔g1 ♕g4 31. ♔h1 ♕f3 ½:½

14.06. **528.**

E. BOGOLJUBOV - P. KERES

1. d4 ♘f6 2. c4 e6 3. ♘c3 ♗b4 4. e3 b6 5. ♘e2 ♗b7 6. a3 ♗e7 7. f3 d5 8. cd5 ed5 9. ♘g3 0-0 10. ♗d3 c5 11. 0-0 ♖e8 12. ♘f5 ♗f8 13. g4 g6 14. ♘g3 ♘c6 15. g5 cd4 16. ed4 ♘d7 17. ♘ge2 ♗g7 18. ♘b5 ♘f8 19. f4 a6 20. f5 ab5 21. f6 ♗h8 22. ♗b5 ♗a6 23. ♗a6 ♖a6 24. ♗f4 ♕d7 25. ♖c1 ♖aa8 26. ♖c3 ♖e4 27. ♘g3 ♖d4 28. ♕c2 ♘a5 29. ♗e3 ♖g4 30. ♕d1 ♘c4 31. ♗c1 b5 32. ♖d3 d4 33. ♖e1 h5 34. b3 ♘b6 35. ♖e7 ♕d6 36. ♖e4 ♖e4 37. ♘e4 ♕c6 38. ♘d2 ♘e6 39. ♘f3 ♖d8 40. ♗e3 ♕e4 **0:1**

15.06. **529.**

L. RELLSTAB - P. KERES

1. e4 e5 2. ♘f3 ♘c6 3. ♗b5 a6 4. ♗a4 ♘f6 5. 0-0 d6 6. c3 ♗d7 7. ♖e1 ♗e7 8. d4 0-0 9. h3 ♖e8 10. ♘bd2 ed4 11. cd4 ♘b4 12. ♗d7 ♕d7 13. ♘b1 d5 14. e5 ♘e4 15. a3 ♘c6 16. ♘c3 ♘c3 17. bc3 ♘a5 18. ♗g5 ♗f8 19. ♕d3 ♖e6 20. ♘d2 ♕b5 21. ♕c2 c5 22. a4 ♕d7 23. ♗e3 ♖c6 24. dc5 ♗c5 25. ♗c5 ♖c5 26. ♘b3 ♘b3 27. ♕b3 ♖ac8 28. ♖ad1 ♕c6 29. ♖e3 ♖c4 30. ♖ed3 ♖cd8 31. ♖d4 ♖c3 32. ♖d5 ♖d5 33. ♕d5 ½:½

16.06. **530.**

P. KERES - P. SCHMIDT

1. e4 c5 2. ♘e2 ♘f6 3. ♘bc3 e6 4. d4 d5 5. ed5 ♘d5 6. ♘d5 ♕d5 7. ♗e3 ♘d7 8. ♘c3 ♕d6 9. d5 ed5 10. ♕d5 ♕d5 11. ♘d5 ♗d6 12. 0-0-0 a6 13. ♘b6 ♘b6 14. ♖d6 ♘d7 15. ♗e2 ♔e7 16. ♖hd1 b6 17. ♗g4 ♖a7 18. ♖c6 ♖e8 19. ♗g5 f6 20. ♖e1 ♔f7 21. ♖e8 ♔e8 22. ♖c8 **1:0**

19.06. **531.**

Dr. A. ALEKHINE - P. KERES

1. d4 ♘f6 2. c4 e6 3. ♘f3 b6 4. g3 ♗b7 5. ♗g2 ♗e7 6. 0-0 0-0 7. ♘c3 ♘e4 8. ♕c2 ♘c3 9. ♕c3 ♗e4 10. ♘e1 d5 11. f3 ♗g6 12. ♘d3 ♘d7 13. cd5 ed5 14. ♕c6 ♗f6 15. ♕d5 ♗d3 16. ed3 c5 17. ♗e3 ♖e8 18. f4 ♖c8 19. ♗e4 cd4 20. ♗d4 ♘c5 21. ♕d8 ♖cd8 22. ♗f6 gf6 23. ♖ae1 ♔g7 24. ♗f5 ♖e1 25. ♖e1 ♖d5 26. ♗e4 ♘e4 27. ♖e4 ♖d3 28. ♔f2 ½:½

18.06. **532.**

P. KERES - J. FOLTYS

1. e4 c5 2. ♘e2 ♘f6 3. ♘bc3 ♘c6 4. g3 d5 5. ed5 ♘d5 6. ♗g2 ♘c3 7. bc3 e6 8. 0-0 ♗e7 9. ♖b1 0-0 10. c4 ♕d7 11. ♗b2 b6 12. d4 ♗b7 13. d5 ♘a5 14. ♘f4 ♘c4 15. ♗g7 ♔g7 16. ♕g4 ♔h8

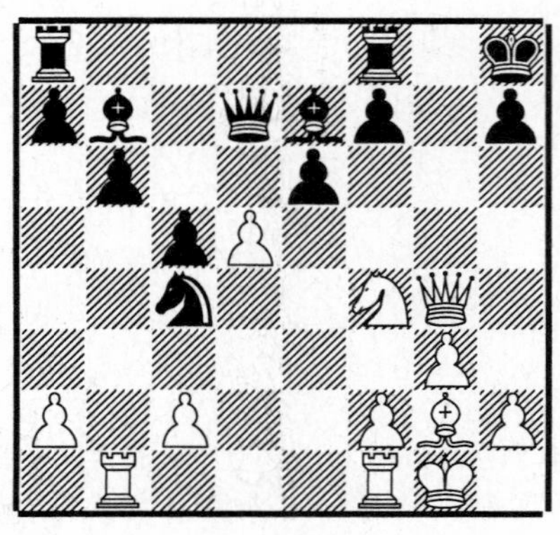

17. de6 ♖g8 18. ♕g8 **1:0**

ESTONIAN CHAMPIONSHIP
Tallinn, 20.- 28.07.1943

20.07 **533.**

P. KERES - Rud. PRUUN

1. e4 e5 2. f4 ♘c6 3. ♘f3 ef4 4. d4 d5 5. ed5 ♕d5 6. ♘c3 ♗b4 7. ♗f4 ♘f6 8. ♗d3 ♕e6 9. ♔f2 ♘g4 10. ♔g1 0-0 11. h3 ♘f6 12. d5 ♗c5 13. ♔f1 ♕e7 14. dc6 ♘h5 15. ♕d2 ♕f6 16. ♘e4 ♕b2 17. ♗e5 ♕b6 18. ♕g5 **1:0**

21.07. **534.**

H. SOONURM - P. KERES

1. d4 ♘f6 2. c4 e6 3. ♘f3 d5 4. ♗g5 c6 5. cd5 ed5 6. e3 ♕a5 7. ♘bd2 ♘e4 8. a3 ♘g5 9. ♘g5 ♗f5 10. ♕f3 ♗g6 11. ♗d3 ♕c7 12. e4 ♗e7 13. ♘h3 de4 14. ♘e4 ♕a5 15. ♘c3 ♗d3 16. ♕d3 0-0 17. 0-0 ♖d8 18. ♖fe1 ♗f6 19. ♖e4 ♘a6 20. ♖ae1 ♘c7 21. ♘f4 g6 22. g3 ♕b6 23. ♘a4 ♕b5 24. ♕d1 ♘d5 25. ♘d5 ♕d5 26. ♘c3 ♕d7 27. ♕f3 ♗d4 28. ♖e7 ♕f5 29. ♕f5 gf5 30. ♖b7 ♖ab8 31. ♖ee7 ♗c5 32. ♖b8 ♖b8 33. ♖e2 ♗d4 34. ♖c2 c5 35. ♘a4 ♔f8 36. ♖c4 ♖d8 37. ♘c5 ♗b2 38. a4 ♔e7 39. ♘b3 ♖d3 40. ♘a5 ♔d7 41. ♖c5 ♖d4 42. ♘c4 ♖d1 43. ♔g2 ♖c1 44. ♖d5 ♔c6 45. ♘e3 ♖c5 46. ♖d8 ♗e5 47. ♖f8 f4 48. gf4 ♗f4 49. ♖f7 ♖g5 50. ♔h3 ♗e3 51. fe3 ♖a5 52. ♖f6 ♔c7 53. ♖f4 ♖e5 54. ♖c4 ♔d6 55. e4 ♖e6 56. ♔g4 ♖h6 57. h4 ♖f6 58. ♔g5 ♖f7 59. h5 ♔e5 60. ♔h6 ♖b7 61. a5 a6 62. ♖c6 ♖a7 63. ♖c8 ♔e4 64. ♖h8 ♖c7 65. ♖a8 ♖c5 66. ♖a6 ♔f4 67. ♖a8 ♔g4 68. ♔h7 ♔h5 69. a6 ♖c7 70. ♔g8 ♔g6 71. ♔f8 ♖h7 72. ♖d8 ♔f6 **½:½**

21.07. **535.**

J. RANDVIIR - P. KERES

1. a3 c5 2. e4 ♘f6 3. ♘c3 ♘c6 4. ♘f3 d5 5. ed5 ♘d5 6. ♗b5 ♗g4 7. h3 ♗h5 8. g4 ♗g6 9. ♘e5 ♘c3 10. ♘c6 ♕b6 11. dc3 ♕b5 12. ♘e5 ♕a4 13. ♗e3 ♖d8 14. ♕e2 ♗c2 15. ♗c5 f6 16. ♘f3 ♗d3 17. ♕e3 ♗e4 18. ♗b4 ♕c6 19. ♘d4 ♖d4 20. ♕d4 e5 21. ♕a7 ♗h1 22. 0-0-0 ♗b4 23. ♕b8 ♔f7 24. ♕h8 ♗c3 25. ♔b1 ♗e4 26. ♔a1 ♗b2 **0:1**

22.07. **536.**

P. KERES - H. ISRAEL

1. d4 ♘f6 2. c4 e6 3. ♘c3 ♗b4 4. ♕c2 ♘c6 5. e3 d5 6. ♘f3 0-0 7. a3 ♗c3 8. ♕c3 ♕e7 9. b4 ♖e8 10. ♗b2 a5 11. b5 ♘b8 12. c5 c6 13. a4 ♘bd7 14. ♗d3 h6 15. 0-0 ♘h7 16. ♘d2 e5 17. bc6 bc6 18. de5 ♕c5 19. e6 ♕c3 20. ed7 **1:0**

23.07. **537.**

P. KERES - R. RENTER

1. d4 ♘f6 2. c4 e6 3. g3 d5 4. ♗g2 dc4 5. ♕a4 ♗d7 6. ♕c4 ♗c6 7. ♘f3 ♗e7 8. ♘c3 0-0 9. 0-0 ♘bd7 10. ♖d1 ♘b6 11. ♕d3 ♘a4 12. ♘a4 ♗a4 13. ♖e1 ♗c6 14. e4 ♗b4 15. ♗d2 ♗d2 16. ♘d2 ♕d7 17. ♘f3 ♖ad8 18. ♖ac1 ♕e7 19. ♕c2 ♕b4 20. a3 ♕b6 21. ♖e3 ♖d7 22. ♗h3 ♖e7 23. ♖ce1 ♖d8 24. ♖c3 ♕a5 25. ♗f1 ♕h5 26. h3 ♖ee8 27. b4 a6 28. a4 ♕g6 29. ♗d3 ♕h5 30. ♔g2 e5 31. de5 ♖e5 32. ♘e5 ♕e5 33. b5 ab5 34. ab5 ♘d5 35. ed5 ♗d5 36. ♗e4 ♗e4 37. ♕e4 **1:0**

23.07. **538.**

P. KERES - H. KORD

1. e4 e6 2. d4 d5 3. ♘c3 ♗b4 4. a3 ♗c3 5. bc3 de4 6. ♕g4 ♘f6 7. ♕g7 ♖g8 8. ♕h6 ♖g6 9. ♕d2 c5 10. ♘e2 ♘c6 11. dc5 ♕e7 12. ♘d4 a6 13. ♘b3 e5 14. ♗b2 ♗e6 15. ♕e3 ♖d8 16. h3 h5 17. ♖d1 ♖d1 18. ♔d1 ♗b3 19. cb3 ♘d5 20. ♕e4 ♕c5 21. ♔c1 ♘c3 22. ♕c2 ♘e4 23. ♗c4 ♘f2 24. ♖f1 ♕e3 25. ♔b1 ♖f6 26. ♗d5 ♘e4 27. ♖d1 ♘f2 28. ♖d2 ♔f8 29. ♗f3 ♘h3 30. ♗c1 ♕b6 31. ♗b2 ♘f4 32. ♔a2 ♘d4 33. ♕c4

♖d6 34. a4 ♘fe6 35. ♗a3 ♔g7 36. ♗d6 ♕d6 37. ♗b7 ♕b6 38. ♗a6 ♘c5 39. ♗b5 ♘e4 40. ♖b2 ♕d6 41. a5 ♘b5 42. b4 ♘bc3 43. ♔b3 ♕d1 **0:1**

25.07. **539.**

V. ROOTARE - P. KERES

1. d4 ♘f6 2. c4 e6 3. ♘c3 ♗b4 4. e3 b6 5. a3 ♗c3 6. bc3 ♗b7 7. f3 d5 8. ♗d3 0-0 9. ♘e2 c5 10. 0-0 ♘c6 11. cd5 ed5 12. e4 cd4 13. ♗g5 dc3 14. ed5 ♘e7 15. ♗f6 gf6 16. ♕c1 ♕d5 17. ♖d1 ♕g5 18. ♘c3 ♖ac8 19. ♕g5 fg5 20. ♘e4 ♗e4 21. ♗e4 ♖fd8 22. g4 ♔g7 23. ♔f2 h5 24. h3 h4 25. ♔e2 ♔f6 26. ♖d8 ♖d8 27. ♖c1 ♖c8 28. ♖d1 ♔e6 29. f4 gf4 30. ♗f5 ♘f5 31. gf5 ♔f5 32. ♖d7 f3 33. ♔f2 ♖c2 34. ♔f1 a5 35. ♖f7 ♔e4 36. ♖h7 b5 **0:1**

25.07. **540.**

L. LAURINE - P. KERES

1. e4 c5 2. ♘f3 d6 3. d4 cd4 4. ♘d4 ♘f6 5. ♗d3 ♘c6 6. ♘c6 bc6 7. 0-0 g6 8. c3 ♗g7 9. ♘d2 0-0 10. ♖e1 ♕c7 11. ♘c4 ♖d8 12. ♗f4 ♘h5 13. ♗g5 h6 14. ♗e3 d5 15. ed5 cd5 16. ♘a3 e5 17. ♖c1 f5 18. f3 ♘f6 19. ♕a4 a6 20. b4 ♗f8 21. ♘b1 g5 22. ♘d2 g4 23. ♕c2 e4 24. fe4 de4 25. ♗c4 ♔h8 26. ♗d4 ♗g7 27. ♗b3 ♗b7 28. ♘c4 ♘d5 29. ♕f2 ♖f8 30. ♘a5 ♖ad8 31. ♘b7 ♕b7 32. ♖ed1 ♘e7 33. ♕e3 f4 34. ♗g7 ♔g7 35. ♕c5 ♖f5 36. ♕c4 ♖fd5 37. ♖d5 ♖d5 38. ♖e1 ♖f5 39. ♕e4 ♕e4 40. ♖e4 ♘g6 41. c4 ♘e5 42. c5 h5 43. ♗e6 ♖g5 44. ♖f4 g3 45. hg3 ♖g3 46. ♖f5 ♖e3 47. ♖h5 ♘d3 48. ♗d7 ♘b4 49. c6 ♖c3 50. ♖a5 ♖c1 51. ♔f2 ♘c6 52. ♖a4 ♖c5 53. ♗e8 ♔f8 54. ♗c6 ♖c6 55. ♔e3 ♖e6 56. ♔d3 ♖g6 57. g4 ♖g5 58. ♖f4 ♔g7 59. a4 ♔g6 60. ♔c3 ♖e5 61. ♔b4 a5 62. ♔c4 ♔g5 63. ♖d4 ♔h4 **½:½**

26.07. **541.**

P. KERES - J. TÜRN

1. e4 e5 2. ♘f3 ♘c6 3. ♗b5 a6 4. ♗a4 ♘f6 5. 0-0 ♗e7 6. ♕e2 b5 7. ♗b3 d6 8. c3 0-0 9. d4 ♗g4 10. ♖d1 ♕c8 11. ♗g5 ♘a5 12. ♗c2 c5 13. dc5 dc5 14. h3 ♗f3 15. ♕f3 ♕e6 16. ♘d2 ♖fd8 17. ♘f1 ♖d1 18. ♗d1 ♖d8 19. ♘g3 ♘e8 20. ♗e7 ♕e7 21. ♘f5 ♕f6 22. a4 b4 23. ♕e3 bc3 24. bc3 ♘b7 25. ♗e2 ♘ed6 26. ♖b1 ♘f5 27. ef5 ♘d6 28. ♕c5 ♘f5 29. ♖b6 ♕e7 30. ♕e7 ♘e7 31. ♗a6 ♔f8 32. a5 ♘d5 33. ♖c6 ♖a8 34. ♖c8 ♖c8 35. ♗c8 ♘c3 36. ♗d7 ♘d5 37. a6 ♔e7 38 a7 ♘b6 39 ♗c6 ♔d6 40. a8♕ ♘a8 41. ♗a8 ♔e7 42. ♔h2 ♔f8 43. ♔g3 f6 44. ♔f3 ♔g8 45. ♔e4 ♔h8 46. ♔f5 ♔g8 47. ♗d5 ♔h8 48. f3 h5 49. ♔g6 h4 50. ♗e6 e4 51. fe4 f5 52. e5 f4 53. ♗g4 f3 54. e6 fg2 55. e7 g1♕ 56. e8♖ **1:0**

27.07. **542.**

F. KIBBERMANN - P. KERES

1. c4 ♘f6 2. ♘c3 g6 3. g3 ♗g7 4. ♗g2 d6 5. d4 ♘bd7 6. e3 0-0 7. ♘ge2 e5 8. 0-0 ♖e8 9. b3 ♘f8 10. ♗b2 e4 11. ♘f4 c6 12. f3 ♗f5 13. g4 ef3 14. gf5 fg2 15. ♘g2 d5 16. ♕f3 ♕d7 17. ♖ae1 b5 18. cd5 cd5 19. ♗a3 a5 20. ♗c5 ♖ac8 21. ♘f4 ♘e4 22. ♘cd5 ♕f5 23. ♘e7 ♖e7 24. ♗e7 ♘d2 25. ♕d5 ♕d5 26. ♘d5 ♘f1 27. ♔f1 ♘e6 28. ♗a3 ♗f8 29. ♖c1 ♖c1 30. ♗c1 f5 31. ♗d2 b4 32. ♘b6 ♗d6 33. ♔g2 ♔f7 34. ♘c4 ♗c7 35. a3 ba3 36. ♘a3 f4 **½:½**

28.07. **543.**

A. ARULAID - P. KERES

1. e4 e5 2. ♘f3 ♘c6 3. ♘c3 ♘f6 4. ♗b5 ♗b4 5. 0-0 0-0 6. d3 d6 7. ♗g5 ♗c3 8. bc3 ♕e7 9. ♗c6 bc6 10. ♘d2 h6 11. ♗f6 ♕f6 12. ♕f3 ♕f3 13. ♘f3 f5 14. ♘d2 fe4 15. ♘e4 ♗f5 16. f3 ♗e4 17. fe4 ♖f1 18. ♔f1 ♖b8 19. ♔e2 ♔f7 20. ♔d2 ♔e6 21. c4 h5 22. ♖f1 g6 23. ♔c3 c5 24. ♔d2 ♔e7 25. ♔c3 a5 26. a3 a4 27. ♔d2 ♖f8 28. ♖f8 ♔f8 29. ♔e3 g5 30. h3 ♔f7 **½:½**

13. Above left: Dr. A. Alekhine. **14.** Above right: Madrid 1943.
15. Below: Moscow 1941. P. Keres – M. Botvinnik.

16. Above: Posen 1943. Bickenbach – P. Keres.
17. Below: Leningrad 1947. P. Keres – V. Ragozin.

MADRID
4.- 21.10.1943

		1	2	3	4	5	6	7	8	9	10	11	12	13	14	15	
1	P. KERES	•	1	1	½	1	1	1	1	1	1	1	½	1	1	1	13
2	H. FUENTES	0	•	½	½	1	1	1	1	1	1	1	1	½	1	1	11½
3	A. BRINCKMANN	0	½	•	½	½	½	1	1	0	1	½	1	1	1	1	9½
4	A. MEDINA GARCIA	½	½	½	•	1	½	0	1	½	0	1	1	1	0	1	8½
5	ALONSO	0	0	½	0	•	1	1	½	0	1	½	1	1	1	1	8½
6	INGELMO	0	0	½	½	0	•	1	1	1	0	0	1	1	1	1	8
7	F. PEREZ PEREZ	0	0	0	1	0	0	•	0	1	1	1	1	1	1	1	8
8	J. SANZ	0	0	0	0	½	0	1	•	1	0	1	½	1	½	1	6½
9	E. GOMEZ	0	0	1	½	1	0	0	0	•	0	½	1	½	1	½	6
10	M. De AGUSTIN	0	0	0	1	0	1	0	1	1	•	1	0	0	0	1	6
11	A. POMAR	0	0	½	0	½	1	0	0	½	0	•	1	½	½	1	5½
12	F. SÄMISCH	½	0	0	0	0	0	0	½	0	1	0	•	1	1	1	5
13	W. KOCHER	0	½	0	0	0	0	0	0	½	1	½	0	•	1	1	4½
14	NAVARRO	0	0	0	1	0	0	0	½	0	1	½	0	0	•	1	4
15	C. NIKOLAS	0	0	0	0	0	0	0	0	½	0	0	0	0	0	•	½

4.10. **544.**

A. MEDINA-GARCIA - P. KERES

1. e4 e5 2. ♘f3 ♘c6 3. d4 ed4 4. ♗c4 ♘f6 5. 0-0 ♘e4 6. ♖e1 d5 7. ♗d5 ♕d5 8. ♘c3 ♕a5 9. ♘e4 ♗e6 10. ♗g5 h6 11. ♗h4 ♗b4 12. ♖e2 g5 13. a3 ♗e7 14. ♗g3 0-0-0 15. b4 ♕d5 16. ♕e1 h5 17. h4 ♗g4 18. c4 ♕f5 19. b5 ♗f3 20. bc6 d3 21. cb7 ♔b8 22. ♗c7 ♔c7 23. ♘g3 de2 24. ♘f5 ♖d1 25. ♘e7 ♖e1 26. ♖e1 ♗b7 27. ♖e2 gh4 28. ♔h2 ♖d8 29. ♘f5 ♗c8 30. ♖e5 ♖d2 31. f3 h3 32. ♔h3 ♖d3 33. a4 ♗d7 34. a5 ♖c3 35. ♖c5 ♔d8 36. ♔h4 ♗f5 37. ♖f5 ♖c4 38. ♔h5 ♔e7 39. ♖b5 ♔f6 40. g3 ♖a4 41. f4 ♖a3 **½:½**

6.10. **545.**

P. KERES - F. SÄMISCH

1. e4 e5 2. ♘f3 ♘c6 3. ♗b5 a6 4. ♗a4 ♘f6 5. 0-0 ♗e7 6. ♕e2 b5 7. ♗b3 d6 8. c3 ♗g4 9. h3 ♗h5 10. d3 ♕c8 11. ♗g5 ♘a5 12. ♗d1 h6 13. ♗f6 ♗f6 14. a4 ♘c6 15. ♕e3 ♘d8 16. ♘a3 0-0 17. ab5 ab5 18. ♘h2 ♗g5 19. ♕g3 ♗f4 20. ♕h4 ♗d1 21. ♖fd1 ♗h2 22. ♔h2 ♘e6 23. ♘c2 ♕d8 24. ♕g3 ♕g5 25. ♕g5 hg5 26. d4 f6 27. f3 ♔f7 28. ♔g3 ♖fd8 **½:½**

7.10. **546.**

C. NIKOLAS - P. KERES

1. e4 e5 2. ♘f3 ♘c6 3. ♗b5 a6 4. ♗a4 ♘f6 5. ♕e2 d6 6. c3 ♗d7 7. 0-0 ♗e7 8. d3 0-0 9. ♗g5 ♘h5 10. ♗e3 g6 11. ♗h6 ♖e8 12. ♘bd2 ♗f8 13. ♗f8 ♖f8 14. ♘e1 ♘f4 15. ♕e3 f5 16. ♔h1 ♔h8 17. ♘df3 ♕f6 18. ♘g1 ♖ae8 19. ♘h3 fe4 20. de4 ♘h3 21. gh3 ♕h4 22. ♘g2 ♕h3 23. ♕h3 ♗h3 24. ♖ae1 ♖e7 25. ♗d1 ♘d8 26. ♖e3 ♗d7 27. f3 ♘e6 28. ♗e2 ♖ef7 29. ♗c4 g5 30. h3 ♖f6 31. h4 gh4 32. ♗e6 ♗e6 33. b3 ♖g8 34. f4 h3 35. ♘e1 ♖f4 36. ♖f4 ef4 37. ♖f3 ♖g4 38. ♘d3 ♖g3 39. ♘e1 d5 40. e5 d4 41. ♖f4 dc3 42. ♖f1 ♖e3 43. ♘c2 ♖e2 **0:1**

8.10. **547.**

P. KERES - INGELMO

1. e4 g6 2. d4 ♗g7 3. ♘f3 d6 4. ♘c3 ♘f6 5. ♗g5 ♘c6 6. h3 ♗d7 7. e5 de5 8. de5 ♘g8 9. ♗c4 h6 10. ♗f4 e6 11. ♕e2 g5 12. ♗h2 ♕e7 13. 0-0-0 0-0-0 14. ♖he1 ♕b4 15. a3 ♕a5 16. ♖d3 ♘ge7 17. ♘d2 a6 18. ♘b3 ♕b6 19. f4 ♘a5 20. ♘a5 ♕a5 21. fg5 hg5 22. ♕f2 ♖hf8 23. ♕a7 ♘c6 24. ♕a8 ♘b8 25. ♖ed1 ♗e5 26. ♗b5 ♗h2 27. ♖d7 ♗d6 28. ♖1d6 ♖d7

29. ♖d7 ♕b6 30. ♗a4 ♕g1 31. ♖d1 ♕e3 32. ♔b1 c6 33. ♖d3 ♕f2 34. ♔a2 f5 35. ♖d6 ♕c5 36. ♖e6 ♔c7 37. b4 ♕c3 38. ♖e7 ♔d6 39. ♕b7 ♔d5 40. ♗b3 ♔d4 41. ♕b6 **1:0**

10.10. **548.**

E. GOMEZ - P. KERES

1. d4 ♘f6 2. ♘f3 c5 3. c3 b6 4. g3 ♗b7 5. ♗g2 e6 6. 0-0 ♗e7 7. ♗f4 0-0 8. ♘bd2 ♘d5 9. e4 ♘f4 10. gf4 ♘a6 11. a3 ♘c7 12. ♖e1 f5 13. ef5 ♖f5 14. dc5 bc5 15. ♘e5 ♗g2 16. ♔g2 ♘d5 17. ♘d3 ♕c7 18. ♖e4 ♖af8 19. ♕e2 ♗d6 20. c4 ♘f4 21. ♘f4 ♗f4 22. ♖f1 ♗d2 23. ♕d2 ♕b7 24. ♕e2 ♖g5 25. ♔h3 ♖f6 26. f3 ♕b8 27. ♖h4 ♖f4 28. ♕d2 ♖h4 29. ♔h4 ♖g6 30. f4 ♕f8 31. ♕c2 d5 32. ♖f2 ♖g1 33. ♔h3 ♕f7 34. ♖g2 ♕h5 35. ♔g3 ♖g2 36. ♔g2 ♕g4 **0:1**

11.10. **549.**

P. KERES - M. De AGUSTIN

1. e4 e5 2. ♘f3 d5 3. ed5 e4 4. ♕e2 ♘f6 5. d3 ♕d5 6. ♘fd2 ♗e7 7. ♘e4 0-0 8. ♘bc3 ♕a5 9. ♗d2 ♘c6 10. ♘f6 ♗f6 11. ♘e4 ♕f5 12. 0-0-0 ♗e6 13. ♘f6 ♕f6 14. ♗c3 ♘d4 15. ♗d4 ♕d4 16. ♕e3 ♕a4 17. a3 c5 18. ♕e4 ♕d7 19. d4 ♖ad8 20. ♗d3 f5 21. ♕e2 cd4 22. ♖he1 ♗f7 23. ♕e5 g6 24. h4 ♕d6 25. ♕d6 ♖d6 26. ♖e7 ♗d5 27. f3 ♖f7 28. ♖de1 ♔g7 29. ♔d2 ♔f6 30. ♖e8 ♗c6 31. ♖c8 ♗d5 32. ♗c4 ♗c4 33. ♖c4 ♖fd7 34. ♔d3 h5 35. f4 ♖d5 36. g3 a6 37. ♖e8 ♖5d6 38. a4 a5 39. ♖e5 b6 40. ♖b5 ♖e7 41. ♖d4 ♖de6 42. ♔c3 ♖e3 43. ♖d3 ♖3e6 44. ♖bd5 ♖c7 45. ♔d2 ♔e7 46. c3 ♖c4 47. ♖d7 ♔f6 48. ♖3d6 ♖c6 49. ♖c6 ♖c6 50. ♔d3 ♔e6 51. ♖d8 ♔e7 52. ♖g8 ♖e6 53. ♔c4 ♔f7 54. ♖b8 ♖e3 55. ♖b7 ♔f8 56. ♖b6 ♖g3 57. b4 ab4 58. cb4 ♖g4 59. a5 ♖h4 60. a6 ♖f4 61. ♔b5 **1:0**

12.10. **550.**

H. FUENTES - P. KERES

1. e4 e5 2. ♘f3 ♘c6 3. ♗b5 a6 4. ♗a4 ♘f6 5. 0-0 ♗e7 6. ♖e1 b5 7. ♗b3 0-0 8. h3 ♗b7 9. c3 d5 10. ed5 ♘d5 11. d3 ♕d6 12. d4 ed4 13. ♘bd2 ♘f6 14. cd4 ♖fe8 15. ♘g5 ♖f8 16. ♘f1 ♘a5 17. ♘g3 ♕c6 18. d5 ♕d7 19. ♗c2 ♖fe8 20. ♘f5 ♗b4 21. ♖e8 ♖e8 22. ♘e3 ♘c4 23. a3 ♗c5 24. ♘g4 ♘g4 25. hg4 ♕d5 26. ♕d5 ♖e1 27. ♔h2 ♗d5 28. ♗h7 ♔h8 29. ♗f5 ♗d6 **0:1**

13.10. **551.**

P. KERES - A. BRINCKMANN

1. e4 e5 2. ♘f3 ♘c6 3. ♗b5 a6 4. ♗a4 ♘f6 5. 0-0 ♗e7 6. ♕e2 b5 7. ♗b3 0-0 8. c3 d5 9. d3 ♗g4 10. h3 ♗f3 11. ♕f3 d4 12. ♕e2 ♘d7 13. ♗d5 ♘db8 14. f4 ♗f6 15. fe5 ♗e5 16. ♕h5 g6 17. ♕f3 ♕e7 18. a4 ba4 19. ♖a4 ♗g7 20. ♕f2 ♖a7 21. cd4 ♘b4 22. ♗c4 ♘d7 23. ♗d2 c5 24. dc5 ♘c6 25. ♗d5 ♘c5 26. ♗c6 ♘a4 27. ♗a4 ♖d8 28. ♗c3 ♖d3 29. ♗g7 ♔g7 30. ♘c3 ♖b7 31. ♗c6 ♖b8

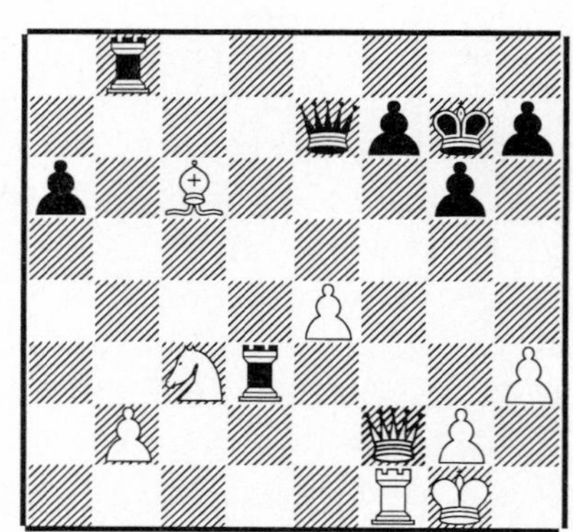

32. ♘d5 ♕e5 33. ♕f7 ♔h6 34. ♘f6 ♕d4 35. ♔h1 ♖h8 36. ♘g4 ♔h5 37. ♕f4 g5 38. ♕f7 ♔h4 39. ♘h6 **1:0**

15.10. **552.**

J. SANZ - P. KERES

1. c4 ♘f6 2. ♘f3 b6 3. d4 ♗b7 4. g3 e6 5. ♗g2 ♗e7 6. 0-0 0-0 7. b3 c5 8. e3 ♘c6 9. ♘e5 ♕c7 10. ♗b2 ♖ad8 11. ♘c3 a6 12. ♘c6 dc6 13. ♕e2 cd4 14. ed4 ♖d7 15. ♖fe1 ♖fd8 16. ♖ad1 ♕b8 17. ♘a4 ♕a7 18. ♘c3 ♗a8

19. a4 ♕b8 20. ♘a2 ♘e8 21. b4 ♗f6 22. ♕d2 ♘d6 23. ♕c2 ♘f5 24. ♗e4 g6 25. d5 ♗b2 26. ♕b2 cd5 27. ♗f5 ef5 28. cd5 ♖d5 29. ♖d5 ♗d5 30. ♘c3 ♗a8 31. ♕e2 ♕b7 32. f3 ♕f3 33. ♕f3 ♗f3 34. ♔f2 ♗c6 35. b5 ab5 36. ab5 ♗e4 37. ♘e4 fe4 38. ♖e4 ♖d5 39. ♖b4 ♖d2 40. ♔g1 ♔g7 41. h4 ♔h6 42. g4 ♔g7 43. ♔h1 h6 44. ♔g1 ♖e2 45. ♔h1 g5 46. hg5 hg5 47. ♔g1 ♖c2 48. ♔f1 ♔f6 49. ♖d4 ♔e6 50. ♖e4 ♔d6 51. ♖d4 ♔c5 52. ♖d7 ♖c4 53. ♖f7 ♖g4 54. ♖f5 ♔d4 55. ♔e2 ♖e4 56. ♔d2 ♖e5 57. ♖f8 ♖b5 58. ♖d8 ♔e4 59. ♖e8 ♔f3 60. ♖f8 ♔g3 61. ♔e2 g4 62. ♖f7 ♖b1 63. ♖f6 ♔g2 64. ♖g6 g3 65. ♖g8 ♔h2 66. ♔f3 ♖b3 67. ♔e2 g2 **0:1**

16.10. 553.

P. KERES - A. POMAR

1. e4 e5 2. ♘f3 ♘c6 3. ♗b5 a6 4. ♗a4 ♘f6 5. 0-0 b5 6. ♗b3 ♘e4 7. a4 ♗b7 8. d4 ed4 9. ♖e1 d5 10. ♗d5 ♕d5 11. ♘c3 ♕d8 12. ♘e4 ♗e7 13. ♘c5 ♖b8 14. ab5 ab5 15. ♘b7 ♖b7 16. ♖a6 ♘b4 17. ♖e7 ♕e7 18. ♖a8 ♔d7 19. ♖h8 ♖a7 20. ♘d4 ♘d5 21. ♕g4 f5 22. ♕f5 ♔d6 23. ♖d8 ♕d8 24. ♕e6 ♔c5 25. ♘b3 **1:0**

17.10. 554.

ALONSO - P. KERES

1. d4 ♘f6 2. c4 e6 3. ♘f3 d5 4. ♘c3 c6 5. e3 ♘bd7 6. ♗d3 dc4 7. ♗c4 b5 8. ♗d3 a6 9. e4 c5 10. e5 cd4 11. ♘b5 ab5 12. ef6 ♕b6 13. fg7 ♗g7 14. ♕e2 0-0 15. 0-0 ♘c5 16. ♗b1 f5 17. ♗c2 b4 18. ♖e1 ♗a6 19. ♕d1 ♗c4 20. ♘e5 ♗e5 21. ♖e5 b3 22. ♕d4 ♖a2 23. ♖a2 ba2 24. b4 ♘d3 25. ♗b2 ♕d4 26. ♗d4 ♖d8 27. ♗a1 ♘e5 28. ♗e5 ♖d2 **0:1**

18.10. 555.

P. KERES - F. PEREZ PEREZ

1. e4 e5 2. ♘f3 ♘c6 3. ♗b5 a6 4. ♗a4 ♘f6 5. 0-0 b5 6. ♗b3 d6 7. c3 ♗g4 8. h3 ♗h5 9. d3 ♘a5 10. ♗c2 c5 11. ♘bd2 g5 12. a4 g4 13. hg4 ♗g4 14. ab5 ab5 15. d4 ♖g8 16. ♕e2 ♘h5 17. ♘b3 ♘b3 18. ♖a8 ♕a8 19. ♗b3 c4 20. ♗d1 ♕d8 21. de5 de5 22. ♕d2 ♕f6 23. ♘g5 ♘f4 24. ♗g4 ♗d6 25. ♖d1 ♘d3 26. ♗h5 ♖g7 27. ♘h3 ♕h4 28. ♕h6 ♕h3 29. ♗f7 **1:0**

20.10. 556.

NAVARRO - P. KERES

1. ♘f3 ♘f6 2. d4 c5 3. c4 cd4 4. ♘d4 e6 5. ♘c3 ♗b4 6. ♘b5 d5 7. ♗f4 ♘a6 8. e3 0-0 9. ♕c2 ♗d7 10. 0-0-0 ♗b5 11. ♘b5 ♕b6 12. ♔b1 ♖fc8 13. ♗d3 ♘c5 14. cd5 ♘d3 15. ♕d3 ♘d5 16. ♗e5 a6 17. ♘a3 ♗c3 18. ♗c3 ♘c3 19. ♔a1 ♘d1 20. ♕d1 ♖c5 21. ♕e2 ♖d8 22. e4 ♕c6 **0:1**

21.10. 557.

P. KERES - W. KOCHER

1. e4 e6 2. d4 d5 3. ♘d2 ♘f6 4. ♗d3 de4 5. ♘e4 ♘bd7 6. ♘f3 ♗e7 7. ♕e2 b6 8. ♘e5 ♘e5 9. de5 ♘d7 10. ♗f4 0-0 11. 0-0-0 c5 12. h4 ♕c7 13. ♘g5 h6 14. ♕e4 f5 15. ef6 ♘f6 16. ♗c7 ♘e4 17. ♗e4 hg5 18. ♗a8 gh4 19. f4 g5 20. g3 hg3 21. ♗e5 ♗a6 22. ♖h8 ♔f7 23. ♖h7 **1:0**

EKSTRÖM - KERES TRAINING MATCH

Stockholm, 17.- 22.06.1944

17.06. 558.

P. KERES - F. EKSTRÖM

1. e4 c5 2. ♘e2 g6 3. g3 ♗g7 4. ♗g2 ♘c6 5. c3 e6 6. d4 cd4 7. cd4 d5 8. e5 ♘ge7 9. ♘bc3 a6 10. ♗g5 h6 11. ♗e3 ♘f5 12. 0-0 ♗d7 13. ♕d2 ♖c8 14. f4 h5 15. h3 ♗f8 16. ♗f2 ♘a5 17. b3 ♗b4 18. ♕b2 ♕b6 19. ♖ac1 ♕d8 20. ♗f3 h4 21. g4 ♘g3 22. ♘g3 hg3 23. ♗g3

♖h3 24. ♔g2 ♗c3 25. ♖c3 ♖c3 26. ♕c3 ♖h8 27. ♕e1 ♕c7 28. ♗f2 ♔d8 29. ♗h4 ♔c8 30. ♗f6 ♖e8 31. ♕c1 ♕c1 32. ♖c1 ♔b8 33. ♔f2 ♖c8 34. ♖c8 ♔c8 35. ♗e7 ♗b5 36. ♔e3 ♘c6 37. ♗c5 ♗f1 38. f5 gf5 39. gf5 ef5 40. ♗d5 ♘d8 41. ♗b6 ♘e6 42. ♗c4 ♗h3 43. d5 ♘f8 44. ♗d4 ♔d7 45. a4 ♘g6 46. d6 f4 47. ♔e4 ♗e6 48. ♗e6 ♔e6 49. a5 ♘f8 50. ♔f4 ♘d7 51. ♔e4 ♘b8 52. ♗c3 ♘d7 53. b4 ♘f8 54. ♔f4 ♘h7 55. ♗b2 f6 ½:½

18.06. 559.

F. EKSTRÖM - P. KERES

1. d4 ♘f6 2. ♘f3 c5 3. e3 d5 4. c3 ♕c7 5. ♘bd2 ♗f5 6. ♗e2 ♘bd7 7. ♘h4 ♗g6 8. ♘g6 hg6 9. h3 e5 10. de5 ♘e5 11. b3 0-0-0 12. ♗b2 ♘e4 13. ♕c2 f5 14. ♖d1 ♗e7 15. c4 ♘f6 16. ♘f3 d4 17. ed4 ♘f3 18. ♗f3 cd4 19. 0-0 ♘g4 20. ♗g4 fg4 21. ♕g6 gh3 22. gh3 ♗f6 23. ♖d3 ♖h4 24. ♖e1 ♕d7 25. ♕g2 ♖dh8 26. ♖e4 ♕f5 27. ♖h4 ♖h4 28. ♕f3 ♖f4 29. ♕e2 ♖f2 30. ♕e8 ♗d8 31. ♗d4 ♖a2 32. ♕e3 ♖a6 33. ♕f3 ♖g6 34. ♔f1 ♕e6 35. ♗c3 ♗f6 36. ♖e3 ♕d7 37. ♖d3 ♕e6 38. ♖e3 ♕d7 39. ♖d3 ♕e6 ½:½

19.06. 560.

P. KERES - F. EKSTRÖM

1. c4 e6 2. b3 d5 3. ♗b2 ♘f6 4. ♘f3 ♘bd7 5. g3 ♗d6 6. ♗g2 c6 7. d4 0-0 8. 0-0 ♖e8 9. ♘e5 ♕e7 10. e3 ♖f8 11. ♕e2 c5 12. f4 b6 13. e4 ♘e4 14. ♗e4 de4 15. ♕e4 ♗a6 16. ♘c6 ♕e8 17. d5 ♘f6 18. ♗f6 gf6 19. ♘c3 ♔h8 20. ♖fe1 ♗b7 21. ♖ad1 a6 22. ♕f3 ♖g8 23. ♘e4 ♗e7 24. ♕c3 ♖g6 25. f5 ♖h6 26. ♘e7 ♕e7 27. de6 fe6 28. fe6 ♕e6 29. ♘d6 ♕h3 30. ♖d2 ♕d7 31. ♖f1 ♖f8 32. ♘f5 ♕c6 33. ♖d5 ♖h3 34. ♕e3 ♖e8 35. ♕f4 ♖h5 36. ♕d6 ♕d6 37. ♘d6 ♗d5 38. ♘e8 ♗c6 39. ♖f6 ♗e8 40. ♖f8 ♔g7 41. ♖e8 ♔f7 42. ♖b8 ♖h6 43. ♖b7 ♔g8 44. a4 a5 45. ♔g2 ♖f6 46. g4 h6 47. h4 ♔f8 48. ♔g3 ♔e8 49. g5 hg5 50. hg5 ♖d6 51. ♔f4 ♔f8 52. ♔f5 ♔g8 53. g6 **1:0**

20.06. 561.

F. EKSTRÖM - P. KERES

1. d4 ♘f6 2. c4 e6 3. ♘f3 ♗b4 4. ♗d2 ♕e7 5. g3 ♘c6 6. ♗g2 ♗d2 7. ♕d2 ♘e4 8. ♕c2 ♕b4 9. ♘c3 ♘c3 10. ♕c3 ♕c3 11. bc3 ♖b8 12. c5 b6 13. ♖b1 ♔e7 14. ♘e5 ♘e5 15. de5 ♗b7 16. ♗b7 ♖b7 17. ♔d2 ♖hb8 18. cb6 ab6 19. ♖b2 ♖a7 20. ♔c2 ♖a4 21. ♔d3 ♖ba8 22. ♖a1 g5 23. e3 g4 24. ♖b4 ♖a2 25. ♖a2 ♖a2 26. ♖g4 ♖f2 27. ♖h4 ♖f5 28. ♖h7 ♖e5 29. h4 b5 30. ♖h8 ♖d5 31. ♔e2 f5 32. ♔f3 ♖c5 33. h5 ♖c3 34. ♖g8 ♖c2 35. g4 fg4 36. ♔g3 ♖c1 37. ♔h4 ♖h1 38. ♔g5 g3 39. ♔h6 ♖h3 40. e4 ♔d6 41. ♖g5 b4 **0:1**

21.06. 562.

P. KERES - F. EKSTRÖM

1. c4 ♘f6 2. ♘c3 e6 3. d4 d5 4. ♗g5 ♗e7 5. e3 ♘bd7 6. ♕c2 c6 7. ♘f3 ♘e4 8. ♗e7 ♕e7 9. a3 f5 10. ♗d3 0-0 11. ♘e5 ♘e5 12. de5 ♗d7 13. ♘e2 ♔h8 14. h4 ♗e8 15. ♘f4 ♗f7 16. g4 ♕c7 17. cd5 ♕e5 18. de6 ♗e6 19. ♘e6 **1:0**

22.06. 563.

F. EKSTRÖM - P. KERES

1. d4 ♘f6 2. ♘f3 c5 3. e3 d5 4. ♘bd2 g6 5. c3 ♕c7 6. ♗d3 ♗f5 7. ♗f5 gf5 8. c4 dc4 9. ♕a4 ♕c6 10. ♕c4 e6 11. b3 ♖g8 12. ♖g1 ♘bd7 13. ♗b2 ♘e4 14. ♘e4 ♕e4 15. ♖c1 a6 16. ♕c2 ♗d6 17. ♗a3 ♖c8 18. ♕e4 fe4 19. ♘d2 f5 20. b4 c4 21. ♘c4 ♔e7 22. ♔e2 b5 23. ♘d6 ♔d6 24. ♖c8 ♖c8 25. ♖c1 ♖c1 26. ♗c1 ♔d5 27. f3 h5 28. ♗d2 ♘f6 29. ♗e1 ♔c4 30. ♗h4 ef3 31. gf3 ♘d5 32. ♗e1 ♘b4 33. ♗b4 ♔b4 34. ♔d3 ♔a3 35. e4 ♔a2 36. d5 ed5 37. ef5 b4 38. f6 b3 39. f7 b2 40. f8♕ b1♕ 41. ♔d4 a5 42. ♕c5 ♕g1 43. ♔d5 ♕c5 44. ♔c5 a4 **0:1**

LIDKÖPING
25.06.- 2.07.1944

25.06. **564.**

B. EKENBERG - P. KERES

1. e4 e5 2. ♘f3 ♘c6 3. ♗c4 ♘f6 4. ♘g5 d5 5. ed5 ♘a5 6. ♗b5 c6 7. dc6 bc6 8. ♗e2 h6 9. ♘f3 e4 10. ♘e5 ♗d6 11. d4 ed3 12. ♘d3 ♕c7 13. h3 0-0 14. ♘c3 ♖b8 15. 0-0 c5 16. ♗f3 ♖d8 17. ♕e2 ♖e8 18. ♕d1 ♗e6 19. b3 c4 20. bc4 ♘c4 21. ♖b1 ♕a5 22. ♖b8 ♗b8 23. ♘e2 ♖d8 24. ♗f4 ♗f4 25. ♘ef4 ♗f5 26. ♖e1 ♕a2 27. ♖e7 a5 28. ♕e2 ♔f8 29. g4 ♗d7 30. ♘c5 ♗c8 31. ♘d5 ♘d2 32. ♕d2 ♘d5 33. ♖e5 ♕a1 34. ♖e1 ♕a3 35. ♗d5 ♕c5 36. c4 ♕c4 37. ♖e8 ♔e8 38. ♕e3 ♗e6 39. ♗c4 ♖d6 40. ♗b5 ♔e7 41. ♕a7 ♗d7 42. ♗d7 ♖d7 43. ♕a5 f6 44. ♔g2 ♔f7 45. ♕h5 ♔f8 46. ♕c5 ♖e7 47. ♔f3 ♔f7 48. ♔f4 ♖e8 49. h4 ♔g8 50. ♕d5 ♔h7 51. ♕d3 ♔h8 52. ♔f5 ♔h7 53. f4 ♖e1 54. g5 fg5 55. hg5 hg5 56. fg5 ♖e8 57. g6 **1:0**

26.06. **565.**

P. KERES - O. KINNMARK

1. e4 e5 2. ♘f3 ♘c6 3. ♗b5 a6 4. ♗a4 ♘f6 5. 0-0 b5 6. ♗b3 d6 7. c3 ♗g4 8. ♖e1 ♗e7 9. d3 0-0 10. h3 ♗d7 11. ♘bd2 ♕c8 12. ♘f1 ♘h5 13. d4 g6 14. ♗h6 ♘f4 15. ♕d2 ♔h8 16. ♗f4 ef4 17. ♕f4 f6 18. ♘e3 ♘a5 19. ♗c2 ♗e6 20. b4 ♘c4 21. ♗b3 ♘e3 22. ♕e3 a5 23. ♗e6 ♕e6 24. d5 ♕d7 25. ♘d4 ab4 26. cb4 ♖a4 27. a3 ♖fa8 28. ♖ec1 ♔g8 29. ♕d3 ♖b8 30. ♖c6 **1:0**

27.06. **566.**

S. LUNDHOLM - P. KERES

1. e4 e5 2. ♘f3 ♘c6 3. ♘c3 ♘f6 4. ♗b5 d6 5. d4 ♗d7 6. 0-0 ♗e7 7. ♗c6 ♗c6 8. de5 ♘e4 9. ♘e4 ♗e4 10. ed6 ♗d6 11. ♗g5 ♗f3 12. ♕e1 ♗e7 13. gf3 f6 14. ♖d1 ♕c8 15. ♗f4 ♔f7 16. ♕e4 ♖d8 17. ♖fe1 ♗d6 18. ♗d6 ♖d6 19. ♖d6 cd6 20. ♕h7 ♕d7 21. ♕h5 ♔g8 22. ♕d5 ♕f7 23. ♖e6 ♖d8 24. f4 ♔h8 25. f5 ♖c8 26. c3 ♕h5 27. ♖e3 ♖c5 28. ♕b7 ♖f5 29. ♕b8 ♔h7 30. ♕d6 ♖d5 31. ♖h3 ♖g5 32. ♖g3 ♖d5 33. ♕e6 ♖g5 34. ♔g2 ♕d1 35. ♖g5 fg5 36. ♕f5 ♔h6 37. ♕e6 ♔h7 38. ♕e4 ♔h6 39. ♕c6 g6 40. ♕f3 ♕b1 41. ♕a8 g4 42. ♕h8 ♔g5 43. ♕e5 ♔h6 44. ♕h8 ♔g5 45. ♕e5 ♔h6 46. c4 ♕a2 47. c5 ♕c4 48. b3 ♕c2 49. ♔g3 ♔h7 50. ♕d5 ♕c1 51. ♔g2 ♕c3 52. c6 ♔h6 53. b4 a6 54. ♕e4 g5 55. ♕e6 ♔h5 56. ♕f7 ♔h6 57. ♕d5 ♕c2 58. ♕d6 ♔h5 59. c7 ♕e4 60. ♔f1 ♕c2 61. ♕d7 ♕b1 62. ♔e2 ♕e4 63. ♔d1 ♕b1 64. ♔e2 ♕e4 65. ♔d2 ♕b4 66. ♔d3 ♕b1 67. ♔c4 ♕a2 68. ♔c5 ♕f2 69. ♔c6 ♕c2 70. ♔b7 ♕b2 71. ♔c8 ♕h8 72. ♕d8 ♕c3 73. ♕d5 ♕f3 74. ♕d6 ♕b3 75. ♔d7 ♕f7 76. ♔c6 ♕f3 77. ♔b6 ♕b3 78. ♔a7 ♕f7 79. ♕c6 g3 80. hg3 ♔g4 81. ♔a8 **1:0**

28.06. **567.**

P. KERES - O. KARLIN

1. c4 e5 2. g3 ♘f6 3. ♗g2 d5 4. cd5 ♘d5 5. ♘f3 ♘c6 6. 0-0 ♗e7 7. d4 e4 8. ♘e5 ♘e5 9. de5 f5 10. ef6 ♘f6 11. ♕b3 ♗d6 12. ♘c3 ♕e7 13. ♗g5 ♗f5 14. ♗f6 gf6 15. ♕b5 ♕d7 16. ♕b7 0-0 17. ♗e4 ♗e4 18. ♘e4 ♗e5 19. ♖ad1 ♕e6 20. b3 a5 21. ♘c5 **1:0**

29.06. **568.**

Z. NILSSON - P. KERES

1. d4 ♘f6 2. c4 e6 3. ♘f3 ♘c6 4. ♗g5 h6 5. ♗f6 ♕f6 6. ♘c3 ♗b4 7. ♖c1 0-0 8. e3 d6 9. ♗e2 e5 10. d5 ♘b8 11. 0-0 a5 12. ♘a4 ♗f5 13. a3 ♗c5 14. ♘c5 dc5 15. ♕b3 b6 16. ♕c3 ♘d7 17. ♘d2 ♖ae8 18. e4 ♗h7 19. ♖ce1 ♕d6 20. g4 ♔h8 21. ♗d1 ♖e7 22. ♖e3 ♖g8 23. ♖g3 ♘f8 24. ♕e3 ♘g6 25. ♘f3 c6 26.

♗a4 b5 27. cb5 cd5 28. ed5 ♘f4 29. ♖d1 ♗d3 30. ♖d3 ♘d3 31. ♘h4 ♘f4 32. ♘f5 ♕g6 33. d6 ♖e6 34. h3 ♖d8 35. ♗c2 ♖dd6 36. ♘d6 ♕c2 37. ♘f7 ♔g8 38. ♘e5 ♘e2 39. ♔h2 ♘g3 40. ♕g3 ♕b2 41. ♘d3 ♕b5 42. ♘f4 ♖e8 43. g5 hg5 44. ♕g5 ♕c6 45. ♘h5 ♕d6 46. ♔g2 ♕e5 **0:1**

30.06. 569.

P. KERES - G. STOLTZ

1. ♘f3 d5 2. c4 e6 3. g3 c5 4. ♗g2 ♘c6 5. 0-0 ♘f6 6. cd5 ed5 7. d4 ♗e7 8. ♘c3 0-0 9. ♗g5 ♗e6 10. ♖c1 b6 11. e3 h6 12. ♗f6 ♗f6 13. dc5 bc5 14. ♘e1 ♖b8 15. ♘d3 c4 16. ♘f4 ♗c3 17. bc3 ♖b5 18. a4 ♖a5 19. ♖b1 ♕d7 20. ♖b5 ♖b5 21. ab5 ♘e7 22. ♕a4 ♖b8 23. ♖b1 ♗f5 24. ♖b2 ♖b6 25. ♕a3 g5 26. ♘e2 ♖b5 27. ♘d4 ♖b2 28. ♕b2 ♗g6 29. ♕b4 ♕c7 30. ♕b5 ♕d6 31. ♕e8 ♔h7 32. f4 ♕a3 33. ♗f3 ♕c1 34. ♔f2 ♕d2 35. ♗e2 ♘g8 36. f5 ♗h5 37. ♕e5 ♗e2 38. ♘e2 a5 39. g4 a4 40. f6 a3 41. ♕e8 ♔g6 42. ♕g8 ♔f6 ½:½

1.07. 570.

S. HJORTH - P. KERES

1. e4 e5 2. ♘f3 ♘c6 3. ♗b5 a6 4. ♗a4 ♘f6 5. 0-0 ♗e7 6. ♕e2 b5 7. ♗b3 0-0 8. c3 d5 9. ed5 ♗g4 10. h3 ♗f3 11. ♕f3 e4 12. ♕e2 ♘a5 13. ♗c2 ♕d5 14. d3 ed3 15. ♗d3 ♖fe8 16. ♕c2 ♖ad8 17. ♗e2 ♘c4 18. ♗f4 ♗d6 19. ♗f3 ♕e6 20. ♗d6 ♖d6 21. a4 ♘e5 22. ♗d1 ♖ed8 23. ab5 ab5 24. ♘a3 ♖d2 25. ♕c1 ♕b6 26. ♘c2 ♘e4 27. ♘d4 ♘d3 28. ♕b1 ♘ef2 29. ♕a2 ♕h6 30. ♕d5 ♘h3 31. gh3 ♕e3 **0:1**

TALLINN - NÕMME CLUB TEAM MATCH

Tallinn, 3.12.1944

3.12. 571.

P. KERES - A. ARULAID

1. d4 ♘f6 2. c4 e6 3. ♘c3 ♗b4 4. ♘f3 b6 5. ♕b3 a5 6. e3 0-0 7. ♗d3 ♗b7 8. 0-0 d5 9. ♘e5 ♘bd7 10. f4 c5 11. cd5 ed5 12. ♗b5 c4 13. ♕a4 ♗c3 14. ♘d7 ♘d7 15. bc3 ♗c8 16. ♗c6 ♖b8 17. ♗a3 ♖e8 18. ♕b5 ♕c7 19. ♕d5 ♖e6 20. ♗b5 ♘f6 21. ♕c4 ♕c4 22. ♗c4 ♖e3 23. ♗d6 ♖b7 24. ♖f3 ♖f3 25. gf3 b5 26. ♗d3 ♘d5 27. ♖e1 ♘f6 28. ♖b1 ♗e6 29. c4 ♘e8 30. ♗c5 b4 31. d5 ♗d7 32. ♔f2 ♘c7 33. ♔e3 ♘a6 34. ♗d6 a4 35. c5 ♗b5 36. c6 ♗d3 37. ♔d3 **1:0**

DAUGAVA - KALEV CLUB TEAM MATCH

Riga, 20.- 21.12.1944

20.12. 572.

Z. SOLMANIS - P. KERES

1. e4 e5 2. ♘f3 ♘c6 3. ♗b5 a6 4. ♗a4 ♘f6 5. 0-0 ♗e7 6. ♖e1 b5 7. ♗b3 0-0 8. c3 d5 9. d4 ♘e4 10. de5 ♗e6 11. ♘bd2 ♘c5 12. ♗c2 d4 13. cd4 ♘d4 14. ♘d4 ♕d4 15. ♕h5 ♘d3 16. ♘e4 g6 17. ♕h6 ♘c1 18. ♕f4 ♕b2 19. ♖ac1 ♖ad8 20. ♗b1 ♗c4 21. ♖c3 ♖d4 22. ♘f6 ♗f6 23. ♕d4 c5 24. ♕e3 ♗g5 25. ♕g3 ♗h4 26. ♕h4 ♕c3 27. f4 ♖e8 28. h3 ♗d3 29. ♖d1 c4 30. ♕f6 ♕d4 31. ♔h1 ♖e6 32. ♕g5 b4 33. ♕g3 a5 34. ♗d3 cd3 35. ♖d3 ♕e4 36. ♖e3 ♕c2 37. ♖d3 ♕c7 38. ♕g5 ♔g7 39. h4 h6 40. ♕g4 ♕c4 41. ♕g3 ♕e4 42. ♖e3 ♕f5 43. ♕f2 ♖c6 44. ♖g3 ♖c4 45. ♖f3 ♖c2 46. ♕e3 ♕g4 47. ♖g3 ♕h4 48. ♔g1 ♖c3 **0:1**

BALTIC TOURNAMENT
Riga, 25.12.1944 - 9.01.1945

25.12. 573.

T. ZEIDS - P. KERES

1. e4 e5 2. ♘f3 ♘c6 3. d4 ed4 4. ♘d4 ♗c5 5. ♘b3 ♗b6 6. ♘c3 d6 7. ♗e2 ♕h4 8. g3 ♕f6 9. f4 ♘ge7 10. ♘a4 ♗h3 11. ♘b6 ab6 12. ♗f3 0-0 13. c3 ♖fe8 14. ♔f2 ♘g6 15. ♖e1 ♘f8 16. ♗e3 ♗e6 17. a3 ♗b3 18. ♕b3 ♘e6 19. ♖ad1

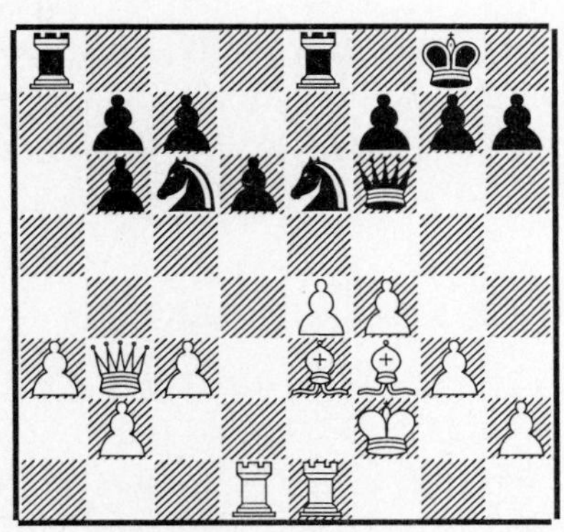

g5 20. f5 ♘e5 21. ♗e2 g4 22. ♖h1 ♘g5 23. ♗g5 ♕g5 24. h4 ♕g7 25. ♖hf1 ♘d7 26. ♖d4 ♕e5 27. ♗d3 ♘f6 28. ♗b1 d5 29. ♖d5 ♘d5 30. ♕d5 ♕d5 31. ed5 ♖e5 32. ♔g1 ♖ae8 33. c4 ♖e2 34. ♖f2 ♖e1 35. ♖f1 ♖8e3 36. ♗a2 ♖1e2 37. ♖f2 ♖g3 **0:1**

26.12. 574.

Rud. PRUUN - P. KERES

1. d4 ♘f6 2. ♘f3 c5 3. c3 b6 4. g3 ♗b7 5. ♗g2 g6 6. 0-0 ♗g7 7. ♕b3 cd4 8. ♘e5 d5 9. cd4 0-0 10. ♘c3 ♘c6 11. ♘c6 ♗c6 12. ♗d2 ♕d7 13. ♖ac1 h5 14. h4 ♖ac8 15. ♗f4 e6 16. ♕d1 ♗b7 17. ♕d3 ♖c6 18. ♖c2 ♖fc8 19. ♖fc1 ♘e8 20. ♗f1 ♗f8 21. e3 ♗d6 22. ♘e2 ♖c2 23. ♖c2 ♗a6 24. ♕d2 ♗e2 25. ♗e2 ♗f4 26. ef4 ♘d6 27. ♗d3 ♕a4 28. ♖c8 ♘c8 29. ♕c2 ♕c2 30. ♗c2 ♘e7 31. f5 ♘f5 32. ♗f5 gf5 33. ♔g2 f6 34. ♔f3 a5 35. a4 e5 36. ♔e3 ♔f7 37. f3 ♔e6 38. ♔d3 ed4 39. ♔d4 ♔d6 40. ♔e3 ♔e5 41. ♔d3 d4 42. ♔e2 f4 43. g4 hg4 44. fg4 ♔e4 45. h5 f3 46. ♔f2 d3 47. h6 d2 **0:1**

27.12. 575.

P. KERES - N. KAUKITIS

1. e4 c5 2. ♘e2 ♘c6 3. ♘bc3 d6 4. g3 g6 5. ♗g2 ♗g7 6. 0-0 e6 7. d3 ♘ge7 8. ♗g5 a6 9. ♕d2 h6 10. ♗e3 ♕b6 11. ♖ab1 ♕c7 12. f4 ♗d7 13. a3 ♖d8 14. g4 h5 15. f5 ef5 16. gf5 gf5 17. ef5 ♗f5 18. ♖f5 ♘f5 19. ♘d5 ♕b8 20. ♗g5 ♖d7 21. ♗h3 ♘e5 22. ♖f1 ♘h6 23. ♗d7 ♔d7 24. ♘g3 h4 25. ♘h5 ♘f5 26. ♘df6 ♗f6 27. ♘f6 ♔e6 28. ♕g2 ♘d4 29. ♕h3 **1:0**

29.12. 576.

Rich. PRUUN - P. KERES

1. d4 e6 2. e3 f5 3. g3 ♘f6 4. ♗g2 ♗e7 5. ♘h3 d6 6. 0-0 0-0 7. c4 e5 8. ♘c3 ♘c6 9. de5 de5 10. ♘d5 e4 11. ♘hf4 ♘e5 12. ♕d4 ♘d5 13. ♘d5 ♗f6 14. ♘f6 ♕f6 15. f4 ef3 16. ♗f3 ♗e6 17. b3 ♖ad8 18. ♗d5 ♗d5 19. cd5 c5 20. ♕b2 ♘d3 21. ♕f6 ♖f6 22. ♗d2 ♖d5 23. ♗c3 ♖e6 24. ♖f3 g6 25. ♖af1 ♖e4 26. h3 h5 27. ♖d1 ♘f4 28. ♖d5 ♘d5 29. ♗d2 c4 30. bc4 ♖c4 31. ♖f1 ♖c2 32. ♖d1 ♔f7 33. a3 ♔e6 34. ♗b4 ♔e5 35. ♖d3 ♘b4 36. ab4 ♖c4 37. ♖b3 ♔e4 38. b5 ♖c2 39. ♖a3 ♖b2 40. ♖a7 ♖b5 **0:1**

2.01. 577.

R. BALINCH - P. KERES

1. d4 ♘f6 2. ♘f3 c5 3. e3 d5 4. c3 ♕c7 5. ♘bd2 ♗f5 6. ♗b5 ♘bd7 7. ♘e5 a6 8. ♗d3 ♗d3 9. ♘d3 c4 10. ♘f4 e6 11. ♕c2 ♗d6 12. ♘e2 ♕c6 13. ♘g3 b5 14. a3 a5 15. 0-0 h5 16. ♖e1 ♗g3 17. hg3 ♘e4 18. ♘e4 de4 19. ♗d2 ♘b6 20. ♖eb1 h4 21. gh4 ♖h4 22. g3 ♖h8

23. ♔g2 ♕d5 24. ♖h1 ♔e7 25. ♖ag1 ♕f5 26. ♕d1 ♘d5 27. f4 ef3 28. ♕f3 ♕c2 29. ♕f2 f5 30. ♗c1 ♕f2 31. ♔f2 ♘f6 32. ♔f3 g5 33. ♗d2 g4 34. ♔g2 ♘e4 35. ♗e1 ♘g5 36. ♗f2 ♔d6 37. e4 ♘e4 38. ♗e3 ♔d5 39. ♗f4 b4 40. ♖h8 ♖h8 41. ♗e5 ♖a8 42. cb4 ab4 43. ♖b1 ba3 44. ba3 ♖a3 45. ♖b5 ♔c6 46. ♖b8 c3 47. ♗f4 ♔d5 **0:1**

03.01. **578.**

P. KERES - Z. SOLMANIS

1. e4 c5 2. ♘e2 e5 3. ♘bc3 ♘e7 4. ♘g3 d5 5. ed5 ♘d5 6. ♗c4 ♗e6 7. ♕f3 ♘c6 8. ♘d5 ♘d4 9. ♕e4 ♗d6 10. ♘e3 ♗d7 11. c3 0-0 12. cd4 ed4 13. ♘ef5 ♗c6 14. ♕g4 ♖e8 15. ♔d1 ♕f6 16. d3 ♗g3 17. fg3 ♗g2 18. ♖g1 h5 19. ♕h5 g6 20. ♕g4 ♖e5 21. ♖g2 ♖f5 22. ♗f4 ♕c6 23. a4 **1:0**

4.01. **579.**

A. ARULAID - P. KERES

1. e4 e5 2. ♘f3 ♘c6 3. ♘c3 d6 4. ♗b5 ♗d7 5. d4 ed4 6. ♘d4 g6 7. 0-0 ♗g7 8. ♗c6 bc6 9. ♖e1 ♘e7 10. ♗g5 0-0 11. ♕d2 ♖e8 12. ♖ad1 ♕b8 13. b3 ♕b6 14. h3 h6 15. ♗e3 c5 16. ♘f3 ♔h7 17. ♕d3 ♖ad8 18. ♘d5 ♘d5 19. ed5 ♕a5 20. ♘h4 ♕a2 21. ♗c1 ♕a1 22. ♘f3 ♕c3 23. ♕a6 ♕c2 24. ♕a7 ♗c3

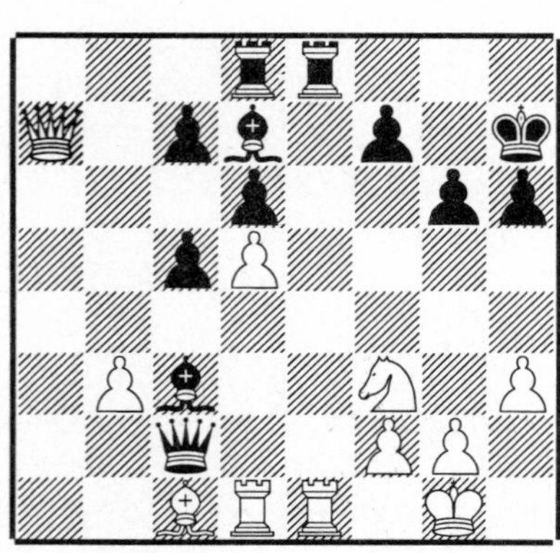

25. ♖f1 ♗b5 26. ♕c7 ♖d7 27. ♕b6 ♗e2 28. ♖de1 ♗e1 29. ♖e1 ♗f3 **0:1**

5.01. **580.**

P. KERES - A. KOBLENCS

1. e4 e5 2. ♘f3 ♘c6 3. ♗b5 ♘f6 4. 0-0 ♘e4 5. d4 ♗e7 6. ♕e2 ♘d6 7. ♗c6 bc6 8. ♘e5 0-0 9. ♘d2 ♖e8 10. ♘b3 f6 11. ♘f3 a5 12. ♘c5 ♗f8 13. ♗e3 ♘f7 14. ♕d2 d6 15. ♘d3 ♗g4 16. ♘fe1 ♕e7 17. h3 ♗d7 18. ♘f3 f5 19. ♖fe1 ♕f6 20. ♘h2 g5 21. f3 ♗e7 22. ♖e2 ♕g7 23. ♗f2 ♗f6 24. ♖e8 ♗e8 25. c3 ♗d7 26. a4 ♗e6 27. ♘f1 ♘h8 28. ♖e1 ♗d7 29. ♕c2 ♕f7 30. b4 ♘g6 31. ba5 ♕c4 32. ♘d2 ♕a6 33. ♘b3 c5 34. dc5 ♗a4 35. ♘b2 ♗d7 36. ♗d4 ♘e5 37. ♖d1 ♖e8 38. cd6 cd6 39. ♗b6 ♘g6 40. ♘d4 ♘f4 41. ♘d3 ♗d4 42. ♗d4 ♘e2 43. ♔h2 ♘d4 44. cd4 ♕a5 **½:½**

6.01. **581.**

P. KERES - R. RENTER

1. e4 c5 2. ♘e2 ♘c6 3. ♘bc3 g6 4. g3 ♗g7 5. ♗g2 e6 6. d3 ♘ge7 7. ♘f4 0-0 8. h4 h6 9. ♗e3 ♘d4 10. ♕d2 ♔h7 11. ♖b1 f5 12. a3 d5 13. ed5 e5 14. ♘e6 ♗e6 15. de6 ♘e6 16. f4 ef4 17. gf4 ♖e8 18. ♔f1 ♕c7 19. ♖e1 ♗d4 20. ♗d4 ♘d4 21. h5 gh5 22. ♖h5 ♖g8 23. ♕f2 ♖g4 24. ♗h3 ♖g6 25. ♕h4 ♘g8 26. ♗f5 ♘f5 27. ♖f5 ♕g7 28. ♕h1 ♘e7 29. ♖fe5 ♘c6 30. ♖e6 ♖f8 31. ♘d5 ♖g4 32. ♖1e3 ♔g8 33. ♖e8 ♕f7 34. ♕h6 ♖e8 35. ♘f6 ♕f6 36. ♖e8 **1:0**

7.01. **582.**

M. ZVIRBULIS - P. KERES

1. e4 c5 2. ♘f3 d6 3. d4 cd4 4. ♘d4 ♘f6 5. ♘c3 a6 6. a4 g6 7. ♗e2 ♗g7 8. ♗e3 ♘c6 9. ♘b3 0-0 10. 0-0 ♗e6 11. ♘d4 d5 12. ed5 ♘d5 13. ♘e6 fe6 14. ♗g4 ♘c3 15. bc3 ♗c3 16. ♗e6 ♔h8 17. ♖b1 ♕c7 18. ♕d7 ♕d7 19. ♗d7 ♖ab8 20. ♖b3 ♗e5 21. ♗b6 ♖f4 22. ♖e1 ♗d6 23. a5 ♖c4 24. c3 ♔g7 25. ♖eb1 ♔f7 26. ♔f1 h5 27. g3 e6 28. ♖e1 e5 29. ♖eb1 e4 30. ♗c6 bc6 31. ♗d4 ♖b5 32. ♖b5 cb5 33. ♖b3 ♔e6 34. ♔e2 ♗c7 35.

♔e3 ♔d5 36. ♗g7 ♗a5 37. ♖a3 ♗b6 38. ♗d4 ♖c3 **0:1**

9.01. **583.**

P. KERES - J. KRUHZKOPS

1. e4 e5 2. f4 ef4 3. ♘f3 ♘f6 4. e5 ♘h5 5. ♕e2 g6 6. d4 ♗e7 7. ♘c3 ♗h4 8. ♘h4 ♕h4 9. ♕f2 ♕f2 10. ♔f2 c6 11. ♘e4 d5 12. ♘d6 ♔e7 13. g3 f5 14. gf4 ♘d7 15. h4 ♘f8 16. ♗e2 ♖g8 17. ♖g1 ♘g7 18. ♗d2 ♘e8 19. ♗b4 ♘d6 20. ♗d6 ♔f7 21. ♗f8 ♖f8 22. ♖g3 ♗e6 23. ♖b3 ♖ab8 24. ♖a3 ♖a8 25. ♖h1 h5 26. ♖g1 ♖g8 27. ♖gg3 a5 28. ♖ac3 a4 29. ♔e1 ♗d7 30. ♖g1 ♗e6 31. ♔d2 ♔e7 32. ♖cg3 ♗f7 33. ♔c3 b6 34. b4 b5 35. ♔b2 ♖ab8 36. ♖c3 ♖gc8 37. ♖c5 ♔e6 38. ♗f3 ♔d7 39. ♔a3 ♖a8 40. c4 bc4 41. b5 cb5 42. ♗d5 ♖c5 43. ♗f7 ♖cc8 44. d5 ♔e7 45. ♗e6 ♖g8 46. ♔b4 ♖ab8 47. ♖g3 ♖g7 48. ♗f5 ♖f8 49. d6 ♔d8 50. ♖g6 ♖g6 51. ♗g6 ♔d7 52. f5 ♔c6 53. ♗h5 ♔d5 54. d7 ♔c6 55. e6 ♔d6 56. f6 ♖b8 57. ♗g4 c3 58. e7 **1:0**

TALLINN - RIGA CLUB TEAM MATCH

Tallinn, 29.- 30.08.1945

29.30. **584.**

A. KOBLENCS - P. KERES

1. d4 ♘f6 2. c4 e6 3. ♘c3 ♗b4 4. ♕c2 0-0 5. ♘f3 c5 6. dc5 ♘a6 7. a3 ♗c3 8. ♕c3 ♘c5 9. b4 ♘ce4 10. ♕c2 a5 11. ♖b1 ab4 12. ♖b4 d5 13. ♘e5 ♕c7 14. ♗b2 d4 15. ♗d4 ♖a3 16. ♖a4 ♖a4 17. ♕a4 b5 18. ♕a2 ♗b7 19. f3 ♖a8 20. ♕b2 ♕a5 21. ♔d1 ♘d6 22. c5 ♘f5 23. ♗c3 ♕a4 24. ♔e1 ♖d8 25. e4 ♕d1 26. ♔f2 ♗e4 27. ♖g1 ♕d5 28. ♕b5

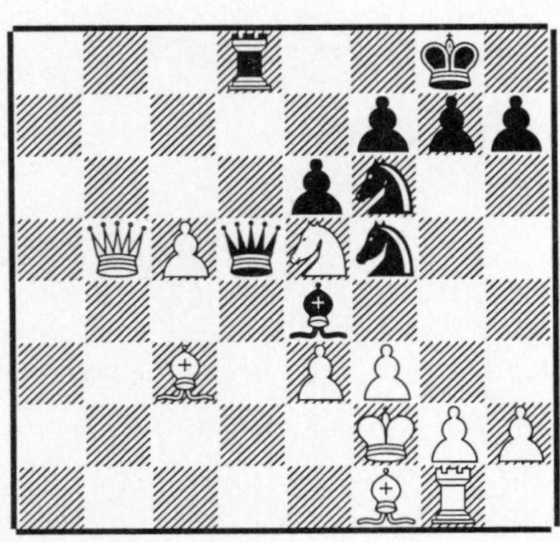

♘d4 29. ♕a5 ♖a8 30. ♕c7 ♕a2 31. ♔g3 ♘f5 32. ♔h3 ♕f2 33. ♕f7 ♔h8 34. g3 ♕g1 35. ♗g2 ♘e3 36. ♘g4 ♕g2 37. ♔h4 ♘f5 38. ♔g5 h6 39. ♔f4 ♕f3 **0:1**

30.08. **585.**

P. KERES - A. KOBLENCS

1. d4 ♘f6 2. c4 c6 3. ♘c3 d5 4. e3 e6 5. ♘f3 ♘bd7 6. ♗d3 ♗d6 7. 0-0 0-0 8. e4 dc4 9. ♗c4 e5 10. ♗g5 ♕e7 11. d5 ♖d8 12. ♕e2 h6 13. ♗h4 ♘f8 14. ♘e1 ♘g6 15. ♗g3 ♘f4 16. ♗f4 ef4 17. dc6 bc6 18. ♘d3 ♘g4 19. ♕f3 ♗c7 20. e5 ♖d3 21. ♕d3 ♕h4 22. ♕h3 ♕h3 23. gh3 ♘e5 24. b3 ♗h3 25. ♖fd1 ♖e8 26. ♗f1 ♗g4 27. ♗e2 ♗f5 28. ♖d4 f3 29. ♗f1 ♖e6 30. h3 ♖g6 31. ♔h1 ♗b6 32. ♖f4 ♗e6 33. ♘d1 ♖g5 34. ♘e3 ♖h5 35. ♔g1 ♗h3 36. ♗h3 ♖h3 37. ♖e4 ♖h5 38. ♖d1 ♖g5 39. ♔f1 ♗e3 40. ♖e3 ♘g4 41. ♖e7 ♖h5 42. ♔e1 ♖h1 43. ♔d2 ♖h2 44. ♔c3 ♘f2 45. ♖d8 ♔h7 46. ♖dd7 ♖g2 47. ♖f7 ♖g3 48. ♔d2 ♘h3 49. ♖a7 f2 50. ♔e2 ♖g1 51. ♖f2 ♘f2 52. ♔f2 ♖c1 53. b4 h5 54. a4 ♖c4 55. ♖b7 c5 56. bc5 ♖c5 57. ♖b2 ♔h6 58. ♖a2 ♖a5 59. ♔g3 ♔g5 60. ♔h3 g6 61. ♖g2 ♔h6 62. ♖a2 g5 63. ♔g3 ♔g6 64. ♖a3 ♔f6 65. ♖f3 ♔g7 66. ♖a3 ♔g6 67. ♖a1 h4 68. ♔g4 ♖c5 69. ♔f3 ♖c3 70. ♔g2 ♖c2 71. ♔f3 ♔f5 72. a5 g4 73. ♔e3 g3 74. a6 g2 75. a7 ♖a2 76. ♖a2 g1♕ 77. ♖f2 ♔g4 78. a8♕ ♕e1 79. ♖e2 ♕c3 80. ♔f2 ♕d4 81. ♔e1 ♕g1 82. ♔d2 ♕d4 83.

♔c1 ♕c5 84. ♖c2 ♕e3 85. ♔b1 ♕b3 86. ♖b2 ♕d3 87. ♔a1 h3 88. ♕a4 ♔g3 89. ♖b3 ♕b3 90. ♕b3 ♔g2 91. ♕d5 ♔g1 92. ♕g5 ♔f2 93. ♕h4 **1:0**

KALEV - DAUGAVA CLUB TEAM MATCH

Tallinn, 1.- 2.09.1945

1.09. **586.**

P. KERES - M. BEILIN

1. e4 c5 2. ♘e2 ♘c6 3. ♘bc3 g6 4. g3 ♗g7 5. ♗g2 d6 6. d3 ♘f6 7. h3 0-0 8. ♗e3 ♘e8 9. d4 cd4 10. ♘d4 ♘c7 11. 0-0 ♘e6 12. ♘de2 ♗d7 13. ♕d2 ♖c8 14. ♖ad1 ♖e8 15. f4 ♘f8 16. f5 ♕a5 17. ♕c1 ♘e5 18. ♗d4 ♗c6 19. b3 ♘fd7 20. ♕b2 b5 21. ♘f4 b4 22. ♘cd5 ♘b6 23. c4 bc3 24. ♘c3 ♕a6 25. g4 ♕b7 26. ♕f2 ♖f8 27. ♕h4 ♖c7 28. ♖d2 ♖fc8 29. ♔h1 ♗f6 30. g5 ♗g7 31. f6 ef6 32. gf6 ♗f8 33. ♕g3 ♘bd7 34. ♘fd5 ♗d5 35. ♘d5 ♖c1 36. ♖c1 ♖c1 37. ♔h2 ♗h6 38. ♗e3 ♗f8 39. ♘e7 ♔h8 40. ♖d6 ♖c3 41. ♔h1 ♕c7 42. ♖d1 ♘f6 43. ♘d5 ♘d5 44. ed5 ♗c5 45. d6 ♗d6 46. ♕g5 ♔g8 47. ♗d4 ♘f3 48. ♕f6 ♘d4 49. ♕d4 ♖c1 50. ♕d2 ♗f4 51. ♖c1 ♕c1 52. ♕c1 ♗c1 53. ♗b7 ♗a3 54. ♔g2 ♔f8 55. ♔f3 ♔e7 56. ♔e4 ♔d6 57. ♗a6 f5 58. ♔f4 ♗c1 59. ♔f3 ♔e5 60. ♗c4 g5 61. ♗f7 ♔f6 62. ♗e8 ♗a3 63. ♔g3 ♗b4 64. ♗d7 ♗d6 65. ♔g2 ♔e5 66. ♔f3 h5 67. ♗e8 g4 68. ♔g2 h4 69. ♗d7 ♔f4 70. ♗c8 ♗e7 71. ♗d7 gh3 72. ♔h3 ♔e4 73. ♗c8 f4 74. ♔g4 ♔e3 75. ♗b7 ♔f2 76. ♔f4 h3 77. ♔e5 h2 78. ♔d4 ♔g1 79. ♔c4 h1♕ 80. ♗h1 ♔h1 81. ♔b5 ♔g2 82. b4 ½:½

2.09. **587.**

M. BEILIN - P. KERES

1. d4 ♘f6 2. ♘f3 c5 3. c4 cd4 4. ♘d4 e6 5. g3 d5 6. ♗g2 e5 7. ♘c2 d4 8. 0-0 ♘c6 9. e4 ♗c5 10. ♘e1 ♗e6 11. ♘d3 ♘d7 12. ♘d2 a5 13. f4 f6 14. ♗h3 ♕e7 15. ♗e6 ♕e6 16. ♕h5 ♕f7 17. ♕f7 ♔f7 18. ♘f3 ♗d6 19. ♔g2 ♖he8 20. f5 ♖ec8 21. ♗d2 ♗b4 22. a3 ♗d2 23. ♘d2 a4 24. ♖ac1 ♘a5 25. ♔f3 ♘c5 26. ♔e2 ♘cb3 27. ♘b3 ♘b3 28. ♖c2 ♖c7 29. c5 ♖ac8 30. ♖c4 ♘c5 31. ♘c5 ♖c5 32. ♖c5 ♖c5 33. ♔d3 ♔e7 34. g4 ♖b5 35. ♖f2 ♖b3 36. ♔c4 ♔d6 37. g5 b5 **0:1**

ESTONIAN OPEN CHAMPIONSHIP

Tallinn, 27.09.- 20.10.1945

27.09. **588.**

P. KERES - A. ARULAID

1. e4 e5 2. ♘f3 ♘c6 3. ♗b5 a6 4. ♗a4 ♘f6 5. 0-0 ♗e7 6. ♕e2 b5 7. ♗b3 0-0 8. c3 d6 9. ♖d1 ♘a5 10. ♗c2 c5 11. d3 ♕c7 12. ♘bd2 ♘c6 13. ♘f1 ♗e6 14. ♘g5 ♘d7 15. ♘e6 fe6 16. ♗b3 ♖f6 17. ♘g3 ♖af8 18. ♘h5 ♖g6 19. f4 ♘a5 20. f5 ♘b3 21. fg6 ♘a1 22. gh7 ♔h7 23. ♗e3 ♘f6 24. ♖a1 c4 25. d4 ed4 26. ♗d4 d5 27. ed5 ed5 28. ♘f6 ♗f6 29. ♕h5 ♔g8 30. ♕d5 ♕f7 31. ♕f7 ♖f7 32. ♗f6 ♖f6 33. ♖d1 ♔h7 34. h4 ♔g6 35. g4 ♔h7 36. ♔g2 ♖e6 37. ♔f3 ♖f6 38. ♔g3 ♖e6 39. ♖d2 ♖e1 40. ♔f4 ♖f1 41. ♔g5 ♖e1 42. h5 ♖e5 43. ♔f4 ♖e1 44. a3 ♖f1 45. ♔g5 ♖e1 46. ♖d7 ♖e5 47. ♔f4 ♖e1 48. g5 ♖f1 49. ♔e5 ♖g1 50. ♔f5 **1:0**

28.09. **589.**

Rud. PRUUN - P. KERES

1. d4 ♘f6 2. c4 e6 3. g3 d5 4. ♗g2 dc4 5. ♕a4 ♘bd7 6. ♕c4 c5 7. dc5 ♗c5 8. ♘f3 a6

9. 0-0 b5 10. ♕h4 ♗b7 11. b4 ♗e7 12. a3 ♖c8 13. ♖a2 ♗d5 14. ♖d2 ♘e4 15. ♕g4 h5 16. ♕h3 ♘d2 17. ♘bd2 ♗f6 18. e4 ♗a8 19. ♖e1 g5 20. g4 ♖c3 21. ♘b1 ♖d3 22. ♗f1 ♘e5 23. ♗d3 ♕d3 24. ♘bd2 hg4 25. ♕g3 ♖h3 **0:1**

29.09. 590.

P. KERES - A. LILIENTHAL

1. c4 ♘f6 2. ♘c3 e5 3. g3 d5 4. cd5 ♘d5 5. ♗g2 ♘b6 6. ♘f3 ♘c6 7. 0-0 ♗e7 8. a3 0-0 9. b4 ♗e6 10. d3 f5 11. ♗e3 ♗f6 12. ♖c1 ♘d4 13. ♗d4 ed4 14. ♘a4 ♘a4 15. ♕a4 c6 16. b5 cb5 17. ♕b5 ♕b6 18. ♕b6 ab6 19. ♖b1 ♖a3 20. ♖b6 ♗c8 21. ♖fb1 ♖e8 22. ♔f1 ♔f8 23. ♘d2 ♖a2 24. ♖6b2 ♖b2 25. ♖b2 ♖e7 26. ♘c4 ♖c7 27. f4 g5 28. ♖b6 ♔e7 29. ♗d5 gf4 30. gf4 ♗g7 31. ♔f2 ♔d8 32. ♘d6 ♗f8 33. ♗b7 ♗d6 34. ♖d6 ♔e7 35. ♖c6 ♖c6 36. ♗c6 ♗e6 37. ♗b5 h6 38. e3 de3 39. ♔e3 ♔d6 40. ♗c4 ♗d7 41. d4 ♗c8 42. ♔f2 ♗d7 43. ♔g3 ♗e8 44. ♔h4 ♔c6 45. ♗e6 ♗g6 46. ♗b3 ♔d6 47. ♗d1 ♔e7 48. ♗e2 ♔f8 49. ♗h5 ♗h7 50. ♔h3 ♔e7 51. ♔g3 ♔f8 52. ♔h4 ♔e7 53. ♗d1 ♗g6 54. ♗e2 ♔f8 55. ♗f3 ♔e7 56. ♗h5 ♗h7 57. d5 ♗g8 58. ♗g6 ♗d5 59. ♔h5 ♔f6 60. ♔h6 ♗e6 61. ♔h7 ♗d5 62. h4 ♗c4 63. h5 ♗d5 64. ♗e8 ♗e6 65. h6 ♗f7 66. ♗d7 ♗c4 67. ♗f5 ♔f7 68. ♗d7 ♗d3 69. f5 ♔f8 70. ♗e6 **1:0**

30.09. 591.

J. RANDVIIR - P. KERES

1. e4 e5 2. f4 d5 3. ♘f3 ef4 4. ed5 ♘f6 5. c4 c6 6. d4 ♗b4 7. ♗d2 ♗d2 8. ♕d2 cd5 9. ♕f4 0-0 10. ♘c3 ♘c6 11. ♗e2 dc4 12. 0-0 ♗e6 13. ♘b5 a6 14. ♘d6 ♘h5 15. ♕g5 ♘d4 16. ♕h5 ♘e2 17. ♔h1 ♕d6 18. ♘g5 h6 19. ♖ad1 ♕e5 20. ♖fe1 ♖ad8 **0:1**

3.10. 592.

P. KERES - V. KALDE

1. d4 d5 2. c4 e6 3. ♘c3 ♘f6 4. ♘f3 ♘bd7 5. cd5 ed5 6. ♗f4 c6 7. e3 ♗e7 8. ♗d3 0-0 9. ♕c2 ♖e8 10. g4 ♘f8 11. h3 b6 12. 0-0-0 ♗b7 13. ♔b1 a6 14. ♖hg1 c5 15. g5 ♘h5 16. ♗e5 g6 17. dc5 bc5

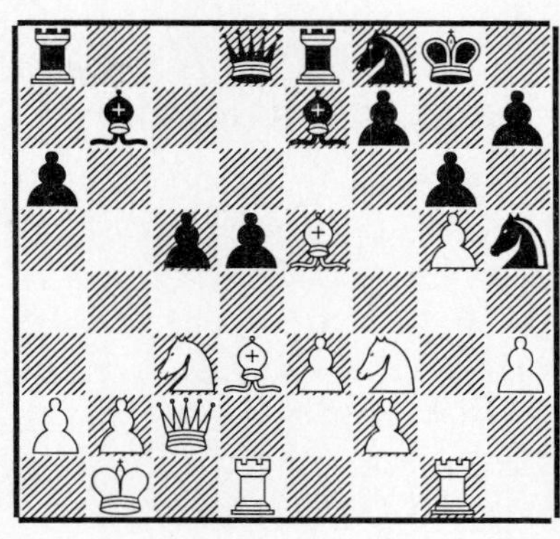

18. ♗c4 dc4 19. ♖d8 ♖ad8 20. ♘d2 ♗c8 21. ♘c4 ♗h3 22. e4 ♗c8 23. f4 ♘e6 24. ♘d5 ♘d4 25. ♕f2 ♗f8 26. ♖h1 ♗g7 27. ♘f6 ♗f6 28. gf6 ♔h8 29. ♘d6 ♖d6 30. ♗d6 ♖e4 31. ♖e1 ♘f6 32. ♗e5 ♖e1 33. ♕e1 ♗f5 34. ♔c1 ♔g7 35. ♗f6 **1:0**

4.10. 593.

P. KERES - V. ROOTARE

1. e4 e5 2. ♘f3 ♘c6 3. ♗b5 a6 4. ♗a4 d6 5. c3 ♘f6 6. d4 b5 7. ♗c2 ♗g4 8. d5 ♘b8 9. h3 ♗h5 10. a4 ♘bd7 11. ♕e2 ♖b8 12. ♘bd2 ♕c8 13. ab5 ab5 14. ♘f1 b4 15. ♘g3 bc3 16. ♘h5 ♘h5 17. bc3 ♘hf6 18. 0-0 ♗e7 19. ♘h4 0-0 20. ♘f5 ♖e8 21. ♗a4 ♗f8 22. ♗g5 g6 23. ♗f6 ♘f6 24. ♗e8 ♕e8 25. ♘g3 ♗h6 26. ♕c4 ♗f4 27. ♘e2 ♖b2 28. ♖a7 ♕b8 29. ♖c7 ♔g7 30. ♘f4 ef4 31. e5 ♘d5 32. ed6 **1:0**

6.10. 594.

E. KUNGS - P. KERES

1. d4 ♘f6 2. ♘f3 c5 3. d5 b5 4. a4 ♗b7 5. d6 a6 6. de7 ♗e7 7. ab5 ab5 8. ♖a8 ♗a8 9. g3 0-0 10. ♗g2 ♕a5 11. c3 d5 12. 0-0 ♖d8 13. ♗f4 ♘c6 14. ♘bd2 b4 15. ♕a1 ♕b5 16.

♖e1 ♗b7 17. h3 h6 18. ♔h2 g5 19. ♗e3 d4 20. c4 ♕b6 21. ♗g5 hg5 22. ♘g5 ♘e5 23. ♗b7 ♕b7 24. ♕b1 ♘fg4 25. hg4 ♗g5 26. ♘e4 ♘g4 27. ♔h3 ♕e4 **0:1**

7.10. **595.**

P. KERES - Rich. PRUUN

1. c4 ♘f6 2. g3 c5 3. ♗g2 ♘c6 4. ♘f3 g6 5. d4 cd4 6. ♘d4 ♗g7 7. ♘c3 0-0 8. 0-0 ♕a5 9. ♘c2 d6 10. ♘e3 ♘g4 11. ♘g4 ♗g4 12. ♘d5 ♗e6 13. ♗g5 ♖fe8 14. ♗d2 ♕d8 15. ♖c1 ♕d7 16. ♗c3 ♗c3 17. ♖c3 ♖ac8 18. ♕d2 ♘e5 19. ♖fc1 b6 20. b3 ♗h3 21. e4 ♗g2 22. ♔g2 ♕e6 23. ♖e1 ♘d7 24. ♖ce3 ♘f6 25. e5 ♘d5 26. cd5 ♕d7 27. e6 fe6 28. ♖e6 ♖c5 29. b4 ♖c7 30. h4 ♕c8 31. ♖1e2 ♕d7 32. h5 gh5 33. ♖2e4 ♔h8 34. ♖h4 ♖g8 35. ♖h5 ♖g7 36. ♖g5 ♖g5 37. ♕g5 a5 38. ♖h6 ♕c8 39. ♕e3 ♕g8 40. ♖e6 ab4 41. ♕b6 ♕a8 42. ♕d4 ♔g8 43. ♖e4 h5 44. ♖e6 ♕f8 45. ♖g6 ♔h7 46. ♖g5 **1:0**

10.10. **596.**

R. RENTER - P. KERES

1. d4 ♘f6 2. c4 g6 3. ♘c3 ♗g7 4. e4 d6 5. ♘f3 0-0 6. ♗e2 ♘bd7 7. 0-0 e5 8. ♖e1 c6 9. h3 ♖e8 10. d5 c5 11. ♗e3 ♖f8 12. g4 ♘e8 13. ♗d3 ♘b6 14. ♔h2 f5 15. gf5 gf5 16. ef5 ♗f5 17. ♘g5 ♕d7 18. ♖g1 e4 19. ♘ce4 h6 20. ♘e6 ♗e6 21. de6 ♕e6 22. ♕h5 ♘c4 23. ♕h6 ♕h6 24. ♗c4 ♔h7 25. ♗h6 ♔h6 26. ♖g4 ♗e5 27. ♔h1 **½:½**

11.10. **597.**

P. KERES - S. FLOHR

1. e4 c6 2. d4 d5 3. ed5 cd5 4. c4 ♘f6 5. ♘c3 ♘c6 6. ♗g5 ♕a5 7. ♕d2 dc4 8. ♗c4 e5 9. ♘ge2 ed4 10. ♗f6 gf6 11. ♘d4 ♕e5 12. ♘de2 ♗e6 13. ♗e6 fe6 14. 0-0 ♗d6 15. ♘g3 0-0-0 16. ♖ae1 ♕d4 17. ♕c2 ♗e5 18. ♔h1 ♘b4 19. ♕e2 ♔b8 20. f4 ♗f4 21. ♘b5 ♕d2 22. ♕d2 ♗d2 23. ♖e6 ♗g5 24. ♘d6 ♖d7 25. ♘gf5 ♘d3 26. g3 ♗c1 27. ♖f3 ♘e5 28. ♖f2 ♖hd8 29. ♖c2 ♗h6 30. ♘h6 ♖d6 31. ♖d6 ♖d6 32. ♔g2 **½:½**

12.10. **598.**

A. TOLUSH - P. KERES

1. d4 ♘f6 2. c4 e6 3. ♘c3 ♗b4 4. e3 d5 5. ♘f3 0-0 6. ♗d3 c5 7. 0-0 ♘c6 8. a3 ♗c3 9. bc3 b6 10. cd5 ed5 11. a4 c4 12. ♗c2 ♗g4 13. ♕e1 ♖e8 14. ♘d2 ♘e7 15. f3 ♗f5 16. e4 ♗g6 17. ♗a3 de4 18. fe4 ♘ed5 19. ♖f3 ♖c8 20. ♔h1 ♖c6 21. ♕b1 ♘c3

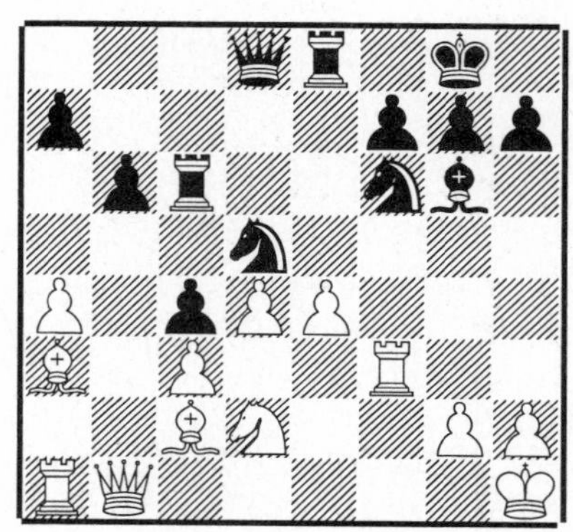

22. ♖c3 ♕d4 23. ♗b4 ♕d2 24. a5 ♗e4 **0:1**

14.10. **599.**

P. KERES - V. MIKENAS

1. ♘f3 ♘f6 2. d4 g6 3. c4 ♗g7 4. g3 0-0 5. ♗g2 d5 6. cd5 ♘d5 7. 0-0 c5 8. ♘c3 cd4 9. ♘d4 ♘c3 10. bc3 ♘c6 11. ♘c6 bc6 12. ♕b3 ♗a6 13. ♗g5 ♗e2 14. ♖fe1 ♕a5 15. ♗e7 ♗c3 16. ♗f8 ♗e1 17. ♗h6 ♖d8 18. ♗c6 ♗d2 19. ♗d2 ♕d2 **½:½**

15.10. **600.**

J. TÜRN - P. KERES

1. e4 ♘f6 2. e5 ♘d5 3. d4 d6 4. ♘f3 ♗g4 5. ♗e2 c6 6. ♘g5 ♗f5 7. e6 fe6 8. g4 ♗g6 9. ♘e6 ♕d7 10. ♘f4 ♗f7 11. c4 ♘b6 12. b3 e5 13. de5 de5 14. ♘d3 ♕c7 15. ♘c3 ♘a6 16. ♗g5 ♗g6 17. ♕d2 ♘c5 18. ♕e3 ♘bd7 19. ♖d1 ♘e6 20. ♗h4 ♕a5 21. b4 ♗b4 22. ♘b4 ♕b4 23. 0-0

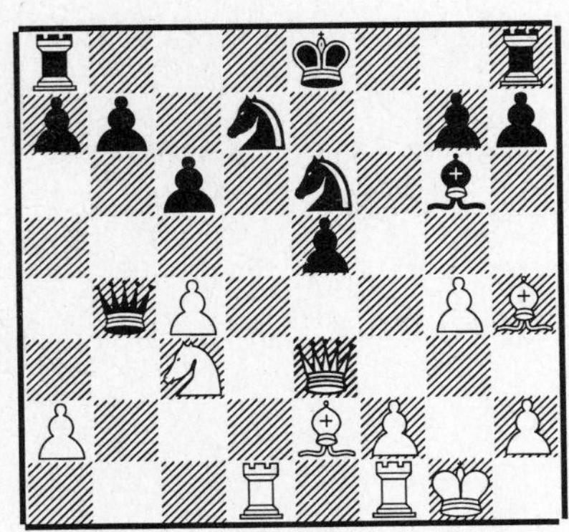

♕c5 24. ♘e4 ♗e4 25. ♕e4 ♘d4 26. ♗d3 ♘f6 27. ♕g2 0-0 28. ♕h3 g6 29. ♗g5 ♖ae8 30. ♗e3 ♕e7 31. f4 c5 32. f5 e4 33. ♗b1 gf5 34. gf5 ♔h8 35. ♔h1 ♕e5 36. ♖f4 ♖g8 37. ♕h4 ♘f3 38. ♖f3 ef3 39. ♗c5 ♕c5 40. ♕f6 ♖g7 41. ♗e4 f2 42. h4 ♕e3 **0:1**

18.10. **601.**

P. KERES - A. KOTOV

1. ♘f3 d5 2. c4 dc4 3. ♘a3 c5 4. ♘c4 ♘c6 5. ♘ce5 ♘e5 6. ♘e5 ♘f6 7. e3 ♕d5 8. f4 e6 9. ♗b5 ♗d7 10. ♘d7 ♘d7 11. 0-0 ♗e7 12. ♕a4 a6 13. ♗d7 ♕d7 14. ♕d7 ♔d7 15. b3 ♗f6 16. ♖b1 ♔c6 17. ♔f2 ♖hd8 18. ♔e2 ♖d7 19. ♗b2 ♖ad8 20. ♖fd1 ♗b2 21. ♖b2 ♔b5 22. ♖c1 b6 23. ♖c4 f5 24. d4 cd4 25. a4 ♔a5 26. b4 ♔a4 27. b5 ♔a3 28. ♖cb4 a5 29. ♖2b3 ♔a2 ½:½

20.10. **602.**

P. TAMM - P. KERES

1. d4 ♘f6 2. ♘f3 c5 3. e3 d5 4. c3 ♕c7 5. dc5 ♕c5 6. ♗e2 ♗f5 7. ♘d4 ♗g6 8. f4 e6 9. ♘d2 ♘bd7 10. ♘2f3 ♗d6 11. ♘b5 ♗b8 12. ♕d4 a6 13. ♘a3 ♕d6 14. h3 0-0 15. ♕d1 ♗a7 16. ♘c2 ♘e4 17. g4 f5 18. ♘h4 ♗f7 19. g5 ♘g5 20. ♖g1 ♘e4 21. ♘d4 ♔h8 22. ♖g7 ♕e7 23. ♘hf5 ef5 24. ♘f5 ♕f6 25. ♗g4 ♗e6 26. ♖d7 ♗f5 27. ♕d5 ♕h4 28. ♔d1 ♘f2 29. ♔e2 ♘g4 30. hg4 ♕g4 31. ♔f1 ♖ae8 32. ♕b7 ♗d3 33. ♔f2 ♖f4 **0:1**

GEORGIAN OPEN CHAMPIONSHIP
Tbilisi, 10.03.- 11.04.1946

10.03. **603.**

P. KERES - VEISER

1. e4 ♘f6 2. e5 ♘d5 3. d4 d6 4. ♘f3 ♗g4 5. ♗e2 e6 6. 0-0 ♗f3 7. ♗f3 c6 8. c4 ♘b6 9. ♕b3 de5 10. c5 ed4 11. cb6 ♕b6 12. ♘d2 ♘d7 13. ♖e1 0-0-0 14. ♘c4 ♕c7 15. ♗d2 ♗e7 16. ♖ac1 ♘c5 17. ♕a3 ♘a6 18. ♕a4 ♕b8 19. ♘e5 ♘c5 20. ♕a3 **1:0**

11.03. **604.**

AGAMALIAN - P. KERES

1. d4 ♘f6 2. g3 d5 3. ♗g2 ♗f5 4. c4 e6 5. ♘c3 ♗b4 6. ♕a4 ♘c6 7. ♗g5 0-0 8. ♘f3 h6 9. ♗f6 ♕f6 10. 0-0 ♖fd8 11. ♕b5 ♕e7 12. cd5 a6 13. ♕a4 ed5 14. ♖fe1 ♗e4 15. a3 b5 16. ♕b3 ♗a5 17. e3 ♖ab8 18. ♖ec1 ♖d6 19. ♕d1 ♗c3 20. ♖c3 ♘a5 21. ♗h3 ♘c4 22. b3 ♗f3 23. ♕f3 ♘a3 24. ♖c5 b4 25. ♖d5 ♖d5 26. ♕d5 ♕d6 27. ♕e4 a5 28. ♕d3 a4 29. ♗g2 c5 30. ♗f1 ab3 31. ♕b3 cd4 32. ed4 ♖c8 33. ♖d1 ♖c3 34. ♕a4 b3 35. ♗d3 ♖d3 36. ♕a8 ♕f8 **0:1**

12.03. **605.**

P. KERES - V. MIKENAS

1. d4 ♘c6 2. e4 e5 3. de5 ♘e5 4. ♘c3 ♗c5 5. f4 ♘g6 6. ♘f3 d6 7. ♗c4 ♗e6 8. ♕e2 ♗c4 9. ♕c4 ♕d7 10. f5 ♘6e7 11. ♗g5 f6 12. ♗f4 ♘c6 13. 0-0-0 0-0-0 14. g4 g5 15. ♗g3 h5 16. h3 ♕h7 17. ♖h2 ♗e3 18. ♔b1 h4 19. ♗f2

♗f2 20. ♖f2 ♖d7 21. ♘d4 ♘d4 22. ♕d4 b6 23. ♘d5 ♕f7 24. ♕a4 ♔b7 25. ♖f3 ♘h6 26. ♘b4 a5 27. ♕c6 ♔b8 28. ♘a6 ♔a7 29. ♘c5 **1:0**

15.03. **606.**

V. KARSELADZE - P. KERES

1. d4 ♘f6 2. ♘f3 c5 3. g3 cd4 4. ♘d4 d5 5. ♗g2 e5 6. ♘f3 ♘c6 7. 0-0 ♗c5 8. c3 0-0 9. b4 ♗d6 10. a4 e4 11. ♘d4 ♘d4 12. ♕d4 ♕c7 13. ♘a3 ♗d7 14. ♗b2 ♗e5 15. ♕d1 ♖ac8 16. ♖c1 ♕b6 17. h3 a5 18. b5 ♗g3 19. c4 ♗b8 20. ♕d4 ♕d6 21. f4 ef3 22. ♖f3 ♖fe8 23. ♔f1 ♕h2 24. ♕h4 ♘e4 25. ♖c2 ♘g3 26. ♔f2 ♘f5 27. ♖f5 ♗f5 28. ♖d2 ♗f4 **0:1**

16.03. **607.**

P. KERES - PIRTSHALAVA

1. e4 e6 2. d4 d5 3. ♘d2 de4 4. ♘e4 ♘d7 5.♘f3 ♘gf6 6. ♘f6 ♘f6 7. ♗d3 ♗e7 8. ♕e2 0-0 9. ♗g5 ♖b8 10. h4 b6 11. 0-0-0 ♗b7 12. c4 ♕d6 13. ♘e5 ♖bd8 14. ♗f4 ♕b4 15. ♗c2 ♕a5 16. ♔b1 c5 17. ♗d2 ♕a6 18. dc5 bc5 19. ♗g5 ♕b6 20. ♘d7 ♖d7 21. ♖d7 ♘d7 22. ♗e7 ♖b8 23. b3 ♘f8 24. ♕e5 ♖c8 25. h5 f6 26. ♕g3 ♕c7 27. ♗d6 ♕f7 28. f3 e5 29. ♗f5 ♖c6 30. ♖d1 ♘e6 31. ♕g4 ♗c8 32. ♗h7 ♔h7 33. ♕e4 ♔h6 34. ♕c6 ♗b7 35. ♕b5 ♘d4 36. ♕c5 ♕h5 37. ♔b2 ♕g5 38. ♕b4 ♕g2 39. ♖d2 ♕f3 40. ♗c5 ♘f5 41. ♖f2 ♕e4 42. ♖f5 **1:0**

17.03. **608.**

P. KERES - T. GEORGADZE

1. e4 e5 2. ♘f3 ♘c6 3. ♗b5 a6 4. ♗a4 ♘f6 5. 0-0 b5 6. ♗b3 d6 7. c3 ♗g4 8. ♖e1 ♗e7 9. d3 0-0 10. ♘bd2 ♘a5 11. ♗c2 c5 12. ♘f1 h6 13. h3 ♗e6 14. g4 ♘h7 15. ♔g2 ♘c6 16. ♘e3 ♖e8 17. ♘f5 ♗f8 18. d4 cd4 19. cd4 ♘b4 20. ♗b1 a5 21. ♗d2 d5 22. a3 ♘c6 23. de5 d4 24. ♗f4 ♕b6 25. ♖e2 ♗c5 26. ♗d3 ♘f8 27. ♖c1 ♘g6 28. ♗g3 a4 29. ♕c2 **1:0**

20.03. **609.**

E. ZAGORIANSKY - P. KERES

1. d4 ♘f6 2. c4 e6 3. ♘f3 ♗b4 4. ♗d2 ♕e7 5. g3 ♘c6 6. ♗g2 ♗d2 7. ♘bd2 d6 8. 0-0 0-0 9. ♕c2 a5 10. ♖ac1 e5 11. e3 ♗g4 12. d5 ♘b4 13. ♕b1 a4 14. a3 ♘a6 15. b4 ab3 16. ♘b3 ♘d7 17. ♘fd2 ♘ac5 18. ♘c5 ♘c5 19. ♘b3 ♘d7 20. ♕b2 ♖a4 21. ♖c3 ♖fa8 22. ♖a1 f5 23. ♕c1 b6 24. e4 fe4 25. ♗e4 ♕f7 26. ♗c2 ♖f8 27. ♕e1 ♗f5 28. ♖f3 ♕h5 29. ♖f5 ♖f5 30. ♘d2 ♖a5 31. ♗f5 ♕f5 32. ♘e4 ♕f3 33. ♕b1 h6 34. a4 ♕e2 35. ♖a3 ♖a7 36. ♘c3 ♕c4 37. ♕f5 ♘f8 38. ♘b5 ♖a4 39. ♖a4 ♕a4 40. ♘c7 ♕d7 41. ♘e6 ♘e6 42. de6 ♕e7 43. f4 ♕f6 44. ♕g4 ef4 45. gf4 ♕d4 46. ♔f1

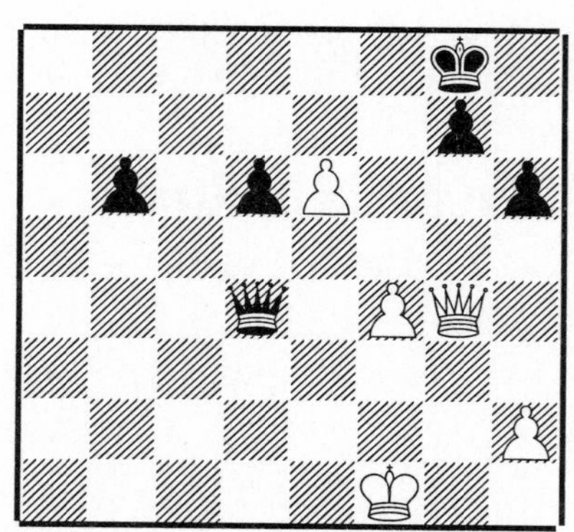

♕e4 47. ♔f2 b5 48. ♔g3 b4 49. e7 ♕e3 50. ♔g2 ♕e7 51. ♕c8 ♔h7 52. ♕f5 ♔h8 53. ♕c8 ♔h7 54. ♕c2 g6 55. h4 h5 56. f5 ♕f7 57. ♕c6 gf5 58. ♔f3 ♕e7 59. ♔g3 ♕e5 **0:1**

21.03. **610.**

P. KERES - N. SOROKIN

1. d4 d5 2. c4 e6 3. ♘c3 c6 4. ♘f3 ♘f6 5. ♕b3 ♘bd7 6. ♗g5 h6 7. ♗h4 ♕a5 8. cd5 ♘d5 9. e4 ♘c3 10. bc3 c5 11. d5 ed5 12. ed5 ♗d6 13. ♗e2 0-0 14. 0-0 ♘b6 15. ♘d2 ♗e5 16. ♖ac1 ♗f4 17. ♖cd1 ♗d7 18. ♗g3 ♗g3 19. hg3 ♖fe8 20. ♗d3 ♗g4 21. ♖de1 ♖ad8 22. ♘c4 ♘c4 23. ♗c4 ♗h5 24. d6 ♖e1 25.

♖e1 b5 26. ♗b5 ♖d6 27. ♗c4 ♕d8 28. g4 ♖b6 29. ♕a4 ♕h4 30. gh5 **1:0**

22.03. 611.

MALASHIA - P. KERES

1. d4 ♘f6 2. c4 g6 3. ♘f3 ♗g7 4. ♘c3 0-0 5. e4 d6 6. g3 c5 7. ♗g2 ♗g4 8. ♗e3 cd4 9. ♕d4 ♘c6 10. ♕d2 ♖c8 11. ♘d4 ♘d4 12. ♕d4 ♗e6 13. ♕a7 ♗c4 14. ♗f1 b5 15. ♗c4 ♖c4 16. ♕a6 ♘e4 17. ♘e4 ♖e4 18. ♕b5 ♕a8 19. 0-0 ♖b8 20. ♕d7 ♗b2 21. ♖ab1 ♖d8 22. ♕c7 ♖c8 23. ♕b6 ♗f6 24. ♖fc1 ♖c1 25. ♖c1 ♖a4 26. ♖c2 h5 27. h4 ♖a2 28. ♖a2 ♕a2 29. ♗d4 ♗d4 30. ♕d4 d5 31. ♕e5 ♕b1 32. ♔h2 ♕e4 33. ♕b8 ♔g7 34. ♕b2 d4 35. f3 ♕e3 36. ♔g2 ♕c3 37. ♕e2 d3 38. ♕e7 ♕b2 39. ♔f1 ♕c1 40. ♔f2 ♕c2 41. ♔f1 d2 42. ♕e5 ♔h7 **0:1**

25.03. 612.

P. KERES - A. EBRALIDZE

1. e4 e5 2. ♘f3 ♘c6 3. ♗b5 ♘f6 4. ♕e2 ♗e7 5. 0-0 d6 6. c3 0-0 7. d4 ♘d7 8. ♘a3 ♗f6 9. ♗e3 a6 10. ♗c6 bc6 11. de5 ♘e5 12. ♘e5 ♗e5 13. ♘c4 ♖e8 14. ♖ad1 ♕h4 15. ♘e5 ♖e5 16. f3 c5 17. b4 cb4 18. cb4 ♖h5 19. g3 ♕e7 20. ♕c4 ♗b7 21. ♖c1 ♖c8 22. ♖f2 ♖e5 23. ♗d4 ♖e6 24. ♗b2 ♖g6 25. a4 h5 26. ♖fc2 h4 27. g4 h3 28. ♕f1 d5 29. ed5 ♗d5 30. ♖c5 ♕e3 31. ♕f2 ♕f3 32. ♕f3 ♗f3 33. g5 ♖d8 34. ♔f2 ♖d2 35. ♔f3 ♖b2 36. ♔g3 ♖b4 37. ♔h3 ♖a4 38. ♔g3 ♖d6 39. ♖1c4 ♖d3 40. ♔g4 ♖a2 41. ♖c2 ♖d4 42. ♔f3 ♖a3 43. ♖2c3 ♖c3 44. ♖c3 ♖d5 45. g6 c5 46. ♔e4 ♖h5 47. gf7 ♔f7 48. ♖c2 ♔e6 49. ♔d3 ♔d5 50. ♖g2 g5 51. ♔c3 a5 52. ♔b3 ♔e4 53. ♔a4 ♔f3 54. ♖g3 ♔f4 55. ♖g2 ♖h8 56. ♔a5 ♖c8 57. ♖c2 c4 58. ♔b4 ♔g4 59. ♖g2 ♔h4 60. ♔c3 g4 61. ♔d4 c3 62. ♖c2 ♔h3 63. ♔e4 ♖f8 64. ♔e5 ♖f1 65. ♔e4 ♖g1 66. ♔f5 ♖g2 67. ♖c3 ♔h4 68. ♖c4 ♖f2 69. ♖f4 **½:½**

26.03. 613.

NERZESOV - P. KERES

1. d4 ♘f6 2. ♘f3 c5 3. c4 cd4 4. ♘d4 e6 5. ♘c3 ♗b4 6. ♘b5 0-0 7. a3 ♗c3 8. ♘c3 d5 9. cd5 ed5 10. e3 ♘c6 11. ♗b5 ♗g4 12. f3 ♗e6 13. ♗c6 bc6 14. ♘a4 ♘d7 15. ♕d4 ♕a5 16. ♗d2 ♕b5 17. ♖c1 ♖ab8 18. ♔f2 ♖fc8 19. ♖c2 c5 **0:1**

27.03. 614.

P. KERES - GABTCHETCHILADZE

1. e4 c5 2. ♘e2 ♘c6 3. ♘bc3 g6 4. g3 ♗g7 5. ♗g2 e6 6. d3 ♘ge7 7. ♗f4 d6 8. ♕d2 ♘d4 9. 0-0 0-0 10. ♖ab1 ♘ec6 11. a3 ♖b8 12. b4 b6 13. ♘d4 cd4 14. ♘e2 e5 15. ♗h6 b5 16. ♗g7 ♔g7 17. c4 a6 18. ♖bc1 ♘a7 19. c5 ♗e6 20. f4 f6 21. f5 ♗f7 22. h4 ♖c8 23. g4 h6 24. g5 hg5 25. hg5 ♗e8 26. gf6 ♕f6 27. ♖f3 ♖h8 28. fg6 ♕e7 29. cd6 ♖c1 30. ♕c1 ♕d6 31. ♘g3 ♗g6 32. ♕g5 ♕e6 33. ♘f5 ♔g8 34. ♘e7 ♔g7 35. ♘g6 **1:0**

30.03. 615.

PALAVANDISHVILI - P. KERES

1. d4 ♘f6 2. c4 e6 3. ♘c3 ♗b4 4. ♕c2 0-0 5. e4 d6 6. ♘f3 e5 7. d5 a5 8. h3 ♘a6 9. ♗e3 ♘h5 10. g4 ♘f4 11. a3 ♗c5 12. ♘a4 ♕e7 13. ♘c5 ♘c5 14. ♗c5 dc5 15. ♕c3 ♖e8 16. ♘g1 ♖a6 17. 0-0-0 a4 18. ♕e3 ♖b6 19. ♗d3 ♗d7 20. ♘e2 ♕d6 21. ♗c2 ♘e2 22. ♕e2 ♕h6 23. ♕d2 ♕d2 24. ♖d2 ♖f6 25. ♗d1 ♖a8 26. f3 ♖aa6 27. ♔c2 ♖f4 28. ♗e2 h5 29. ♗d1 ♖h6 30. g5 ♖g6 31. h4 f6 32. ♖g2 f5 33. ♔d3 ♖b6 34. ♔e3 fe4 35. fe4 ♗g4 36. ♖d2 ♗d1 37. ♖dd1 ♖b2 38. ♖d3 ♖bf2 39. ♖h3 ♖c2 40. ♖h1 ♖c4 41. d6 cd6 **0:1**

31.03. 616.

P. KERES - TSINTSADZE

1. e4 e5 2. ♘f3 ♘c6 3. ♗b5 ♘f6 4. 0-0 ♘e4 5. d4 ♗e7 6. ♕e2 ♘d6 7. ♗c6 bc6 8. de5

♘b7 9. ♘c3 0-0 10. ♘d4 ♗c5 11. ♖d1 ♗d4 12. ♖d4 ♖e8 13. ♗f4 ♘c5 14. ♗g3 d5 15. ♖ad1 ♗f5 16. b4 ♘e6 17. ♖4d2 ♕b8 18. ♖b1 d4 19. ♘e4 a5 20. b5 ♗e4 21. ♕e4 cb5 22. f4 ♕b6 23. f5 ♘c5 24. ♕g4 ♔h8 25. ♖d4 ♖ad8 26. ♖bd1 ♖d4 27. ♖d4 ♘d7 28. f6 ♘f6 29. ef6 ♕f6 30. h3 c5 31. ♖e4 ♖g8 32. ♗e5 ♕h6 33. ♕f5 ♕c1 34. ♔h2 **1:0**

1.04. 617.

T. PETROSIAN - P. KERES

1. d4 ♘f6 2. c4 g6 3. ♘c3 d5 4. g3 ♗g7 5. ♗g2 dc4 6. ♘f3 0-0 7. 0-0 c6 8. ♘e5 ♗e6 9. e4 ♘a6 10. ♗e3 ♘e8 11. ♕e2 ♘d6 12. ♖ad1 ♕c8 13. a3 f6 14. ♘f3 ♘c7 15. d5 cd5 16. ed5 ♗f5 17. ♗f4 ♗d3 18. ♕e7 ♖f7 19. ♕e3 ♗f1 20. ♗f1 ♕d7 21. ♗d6 ♕d6 22. ♘e4 ♕b6 23. d6 ♖d7 24. ♗c4 ♔h8 25. ♕b6 ab6 26. ♖c1 ♘e8 27. ♗b5 ♖d6 28. ♘d6 ♘d6 29. ♗d3 f5 30. ♖c2 ♔g8 31. ♔f1 ♗f6 32. ♘d2 b5 33. ♘b3 ♔f8 34. ♘c5 ♔f7 35. ♘b7 ♘b7 36. ♖c7 ♔g8 37. ♖b7 ♗b2 38. ♗b5 ♗a3 39. ♗c4 ♔h8 40. h3 ♗c5 41. ♔g2 ♖c8 42. ♗a6 **½:½**

4.04 618.

P. KERES - ARTIUNOV

1. c4 e6 2. g3 d5 3. ♗g2 ♘f6 4. ♘f3 ♗e7 5. 0-0 d4 6. b4 0-0 7. ♗b2 c5 8. e3 de3 9. fe3 ♘bd7 10. bc5 ♘c5 11. d4 ♘cd7 12. ♘bd2 ♕a5 13. ♕b3 ♖b8 14. c5 b5 15. ♖ac1 ♗a6 16. e4 ♖fc8 17. e5 ♘g4 18. ♘e4 b4 19. ♖fe1 ♗b7 20. ♘fd2 ♗d5 21. ♘c4 ♕a6 22. h3 ♘h6 23. ♘ed2 ♗g2 24. ♔g2 ♕c6 25. ♔h2 ♘f5 26. ♖f1 ♗g5 27. ♖ce1 ♗d2 28. ♘d2 ♘f8 29. d5 ♕c5 30. de6 ♕c2 31. ef7 ♔h8 32. ♖f2 ♖b6 33. e6 ♘e7 34. ♗d4 ♕b3 35. ♘b3 ♖e6 36. ♖e6 ♘e6 37. ♖e2 ♘d4 38. ♘d4 b3 39. ♖e7 **1:0**

5.04. 619.

SEREDA - P. KERES

1. ♘f3 d5 2. d4 ♘f6 3. c4 e6 4. ♗g5 h6 5. ♗h4 dc4 6. ♕a4 ♘bd7 7. ♘c3 a6 8. ♕c4 b5 9. ♕d3 ♗b7 10. a3 c5 11. dc5 ♗c5 12. e4 ♕b6 13. ♗e2 ♘g4 14. 0-0 ♘ge5 15. ♘e5 ♘e5 16. ♕h3 0-0 17. ♔h1 ♘g6 18. ♗g3 ♗d4 19. ♗d3 ♖ac8 20. ♘d1 e5 21. ♕g4 ♕d6 22. ♖e1 ♕e6 23. ♕h5 ♖fd8 24. ♗b1 ♕f6 25. ♗a2 ♘f4 26. ♗f4 ♕f4 27. ♘e3 ♗e4 28. f3 g6 29. ♕h3 ♗b7 30. ♘d5 ♗d5 31. ♗d5 ♖c2 32. ♗e4 ♖d2 33. g3 ♕g5 34. ♖ac1 ♗b2 35. ♖c7 ♗a3 36. ♖c8 ♔g7 37. ♖d8 ♕d8 38. ♕f1 ♕d4 39. f4 ef4 40. ♕f4 ♕b2 41. ♕h4 ♗e7 42. ♕h3 ♖e2 43. ♖b1 ♕e5 **0:1**

6.04. 620.

P. KERES - M. SHISHOV

1. e4 e6 2. d4 d5 3. ♘d2 c5 4. ♘gf3 ♘c6 5. ♗b5 de4 6. ♘e4 ♕a5 7. ♘c3 cd4 8. ♘d4 ♗d7 9. 0-0 ♘f6 10. ♗f4 ♕b4 11. ♘de2 a6 12. a3 ♕c5 13. ♗d3 ♕h5 14. ♕d2 ♗e7 15. b4 e5 16. ♘g3 ♕g4 17. ♗e3 0-0 18. h3 ♕h4 19. ♗g5 ♕d4 20. ♘ce2 ♕b6 21. ♗f6 ♗f6 22. ♗h7 ♔h7 23. ♕d7 ♖ad8 24. ♕g4 g6 25. c3 ♘e7 26. ♖ad1 ♕c6 27. h4 ♗g7 28. h5 ♔g8 29. hg6 ♕g6 30. ♕f3 ♕c6 31. ♘f5 ♘f5 32. ♕f5 ♖d6 33. ♖d6 ♕d6 34. ♘g3 ♖d8 35. ♘e4 ♕h6 36. g3 b6 37. ♖e1 ♕c6 38. ♘g5 ♕f6 39. ♕h7 ♔f8 40. ♕h5 ♔g8 41. ♖e3 ♕g6 42. ♕g6 fg6 43. ♖e1 ♗f6 44. ♘e4 ♗e7 45. ♔f1 ♔f7 46. ♔e2 ♔e6 47. ♖d1 ♖h8 48. a4 ♖c8 49. ♖h1 ♔d5 50. f3 ♔c4 51. ♘d2 ♔d5 52. ♖h7 ♔e6 53. ♘e4 ♖g8 54. b5 a5 55. g4 ♗d8 56. ♖b7 g5 57. ♖b8 ♔e7 58. c4 ♖h8 59. ♘g5 ♖h2 60. ♔d3 ♖a2 61. ♖b7 ♔f6 62. ♘h7 **1:0**

11.04. 621.

A. BLAGIDZE - P. KERES

1. e4 e5 2. ♘f3 ♘c6 3. ♗b5 a6 4. ♗a4 ♘f6 5. d4 ed4 6. 0-0 ♗e7 7. e5 ♘e4 8. ♘d4 ♘d4 9. ♕d4 ♘c5 10. ♗b3 0-0 11. ♘c3 d6 12. ♗f4 de5 13. ♕e5 ♗d6 14. ♕d4 ♘b3 15. ab3 ♗f5 16. ♗d6 ♕d6 17. ♕d6 cd6 18. ♖ac1 ♖ac8 19. ♖fd1 ♖fd8 20. ♖d2 ♔f8 21. ♘e2 a5 22.

♘d4 ♖c5 23. ♖a1 ♔e7 24. f3 ♖d5 25. g4 ♗e6 26. ♘f5 ♔f6 27. ♖d5 ♗d5 28. ♘e3 ♗e6 29. ♖a5 d5 30. ♖b5 d4 31. ♘d1 ♗d5 32. ♔f2 ♗c6 33. ♖a5 g6 34. b4 ♖d6 35. ♖c5 d3 36. b5 dc2 37. ♘e3 ♗b5 38. ♖c2 ♗c6 39. b4 ♖d4 40. ♖c4 ♖d2 41. ♔g3 ♖e2 42. ♖f4 ♔e6 43. ♘c4 b5 44. ♘a5 ♗d5 45. g5 ♔e5 46. h4 ♖g2 47. ♔g2 ♔f4 48. ♔f2 ♗f3 49. ♘b3 ♗c6 50. ♘d4 ♗e8 51. ♘f3 ♗d7 52. ♘d2 ♗c6 53. ♘b3 ♔e4 54. ♔g3 ♔d3 55. ♘c5 ♔c4 56. ♘a6 ♗b7 57. ♘c5 ♗c8 58. ♘e4 ♔b4 59. ♔f4 ♗f5 60. ♘d6 ♔c5 61. ♘b5 ♔b5 62. h5 ♔c6 63. ♔e5 ♔d7 64. ♔f6 ♔e8 **0:1**

USSR - GREAT BRITAIN RADIO MATCH

Moscow-London, 19.- 22.06.1946

19.06. **622.**

E. KLEIN - P. KERES

1. e4 e5 2. ♘f3 ♘c6 3. ♗b5 a6 4. ♗a4 ♘f6 5. 0-0 ♗e7 6. ♗c6 dc6 7. ♘c3 ♗g4 8. h3 ♗h5 9. g4 ♗g6 10. ♕e2 ♘d7 11. d4 ed4 12. ♘d4 ♗c5 13. ♘f5 0-0 14. ♘g3 ♖e8 15. ♗e3 ♕e7 16. f4 f6 17. ♖ad1 b5 18. ♗c5 ♘c5 19. ♖fe1 a5 20. ♕f2 ♕f8 21. ♖d4 b4 22. ♘b1 ♘a4 23. b3 ♘b6 24. ♘d2 c5 25. ♖d3 a4 26. c4 ab3 27. ab3 ♖a2 28. ♕e3 ♖d8 29. ♘f3 ♖d3 30. ♕d3 ♖a3 31. f5 ♗f7 32. ♕d1 ♕d6 33. e5 fe5 34. ♘e4 ♕d1 35. ♖d1 ♔f8 36. ♘e5 ♖b3 37. ♘c5 ♖e3 38. ♖d8 ♔e7 39. ♘c6 ♔f6 40. ♔f2 ♖e8 41. ♖e8 ♗e8 42. ♘e4 ♔f7 43. ♘g5 ♔g8 44. ♘b4 ♘c4 45. ♘e6 h5 ½:½

21.06. **623.**

P. KERES - E. KLEIN

1. d4 ♘f6 2. c4 e6 3. g3 d5 4. ♗g2 c5 5. ♘f3 ♘c6 6. cd5 ♘d5 7. 0-0 ♘f6 8. ♘e5 ♗d7 9. ♘c6 ♗c6 10. ♗c6 bc6 11. ♕a4 ♕b6 12. dc5 ♗c5 13. ♘d2 0-0 14. ♘c4 ♕b5 15. ♕c2 ♗e7 16. e4 ♖fd8 17. f3 ♘d7 18. a4 ♕a6 19. ♗e3 c5 20. ♖fd1 ♘b6 21. b3 ♘c4 22. ♕c4 ♕c4 23. bc4 f5 24. ♔f2 ♔f7 25. ♖d8 ♖d8 26. ♖b1 ♖d7 27. ♖b8 ♖c7 28. e5

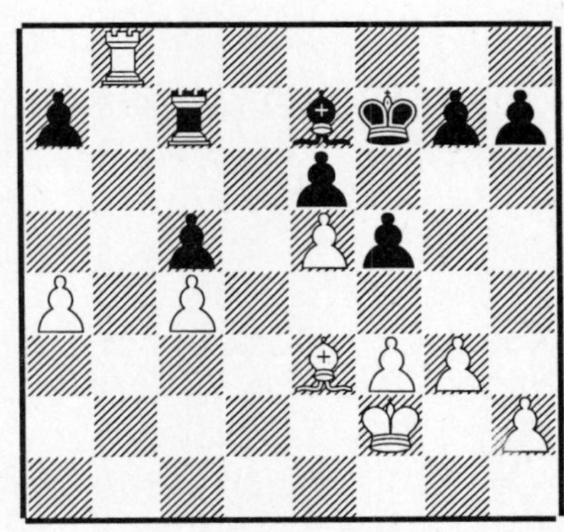

♖c6 29. ♖b7 ♖b6 30. ♖e7 ♔e7 31. ♗c5 ♔d7 32. ♗b6 ab6 33. ♔e3 ♔c6 34. ♔d4 g5 35. g4 f4 36. c5 b5 37. a5 b4 38. a6 h5 39. gh5 g4 40. a7 ♔b7 41. h6 **1:0**

USSR - USA TEAM MATCH

Moscow, 11.- 12.09.1946

11.09. **624.**

P. KERES - R. FINE

1. c4 c5 2. ♘f3 ♘f6 3. ♘c3 d5 4. cd5 ♘d5 5. e3 ♘c3 6. bc3 g6 7. ♕a4 ♘d7 8. ♗a3 ♕c7 9. ♗e2 ♗g7 10. 0-0 0-0 11. d4 a6 12. c4 e5 13. ♖ad1 ed4 14. ed4 b6 15. d5 ♗b7 16. ♕b3 ♖ab8 17. ♗c1 b5 18. cb5 ab5 19. ♗b5 ♗a6 20. a4 ♗b5 21. ab5 ♕b7 22. ♘g5 ♕b5 23.

♕h3 ♘f6 24. ♗f4 ♖bc8

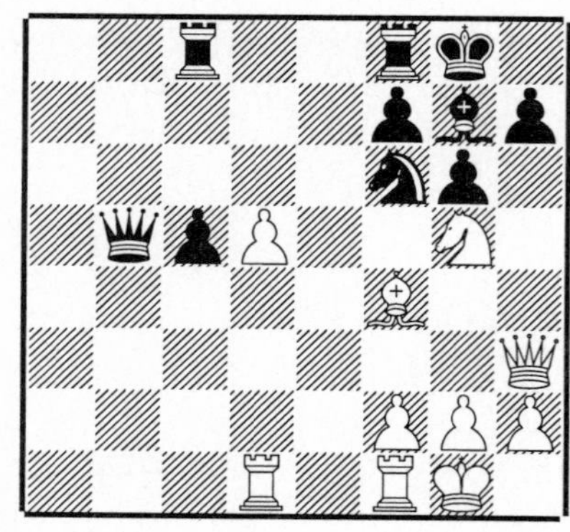

25. ♘f7 ♕d7 26. ♕d7 ♘d7 27. ♘d6 ♖cd8 28. ♗e3 ♘b6 29. ♗c5 ♘a4 30. ♗a3 ♘c3 31. ♘b7 ♘d1 32. ♘d8 **1:0**

12.09. **625.**

R. FINE - P. KERES

1. d4 ♘f6 2. c4 e6 3. ♘c3 ♗b4 4. e3 d5 5. a3 ♗e7 6. ♘f3 b6 7. ♗d3 0-0 8. ♕e2 c5 9. 0-0 ♘c6 10. ♖d1 cd4 11. ed4 ♗a6 12. ♗g5 dc4 13. ♗c4 ♗c4 14. ♕c4 ♖c8 15. ♕a6 ♘d5 16. ♗e7 ♘de7 17. ♘e5 ♘e5 18. de5 ♕c7 19. ♕e2 ♘g6 20. ♖e1 ♖fd8 21. g3 ♕c4 22. ♕c4 ♖c4 23. ♖ad1 ♖cd4 24. f4 ♘e7 25. ♖d4 ♖d4 26. ♖d1 ♖d1 27. ♘d1 **½:½**

XV USSR CHAMPIONSHIP

Leningrad, 2.02.- 8.03.1947

2.02. **626.**

G. KASPARIAN - P. KERES

1. e4 c5 2. ♘c3 g6 3. d4 cd4 4. ♕d4 ♘f6 5. ♘d5 ♗g7 6. ♗g5 ♘c6 7. ♕c3 0-0 8. ♗f6 ef6 9. 0-0-0 f5 10. ♕c4 fe4 11. ♕e4 d6 12. ♘f3 ♗f5 13. ♕a4 ♖c8 14. ♗c4 ♗c2 15. ♔c2 ♘a5 16. ♘d2 a6 17. ♔b1 b5 18. ♗b5 ab5 19. ♕b4 ♘c6 20. ♕b3 ♖a8 21. ♘b4 ♘b4 22. ♕b4 ♖a4 23. ♕b3 ♕a5 24. a3 ♖e8 25. ♕f3 b4 26. ♘c4 ♕a7 27. ♖he1 ♖b8 28. ♖d6 ba3 29. ♕c6 a2 30. ♔c2 ♕f2 **0:1**

3.02. **627.**

P. KERES - V. RAGOZIN

1. d4 d5 2. c4 c6 3. ♘c3 ♘f6 4. ♘f3 e6 5. ♗g5 ♘bd7 6. cd5 ed5 7. e3 ♗e7 8. ♗d3 0-0 9. ♕c2 ♖e8 10. 0-0 ♘f8 11. h3 ♘h5 12. ♗e7 ♕e7 13. ♖ab1 ♗e6 14. b4 ♖ad8 15. ♘a4 a6 16. ♘c5 ♗c8 17. ♗f5 ♗f5 18. ♕f5 ♘f6 19. ♕e5 ♘e4 20. ♘e4 de4 21. ♕e7 ♖e7 22. ♘d2 ♘d7 23. ♘c4 ♘f6 24. a4 ♘d5 25. ♖fc1 ♖c7 26. ♖b3 ♔f8 27. f3 ef3 28. gf3 ♔e7 29. ♔f2 f6 30. h4 b5 31. ♘b2 ba4 32. ♘a4 ♖b8 33. ♘c3 ♔d7 34. ♘d5 cd5 35. ♖c7 ♔c7 36. ♖c3 ♔d6 37. ♖a3 ♖b6 38. ♔g3 ♔e6 39. ♖a5 g6 40. ♔f4 h6 41. ♔g4 ♖d6 42. f4 h5 43. ♔f3 ♖b6 44. f5 ♔f5 45. ♖d5 ♔e6 46. ♖a5 ♔e7 47. ♔e4 ♔d6 48. ♖d5 ♔c6 49. ♖d8 ♔b5 50. ♖g8 ♔b4 51. ♖g6 f5 52. ♔f5 ♖g6 53. ♔g6 a5 54. ♔f7 ♔c4 55. ♔e6 a4 56. d5 a3 57. d6 a2 58. d7 a1♕ 59. d8♕ ♕a6 60. ♔f5 ♕a7 61. e4 ♕h7 62. ♔e5 ♕g7 63. ♕f6 ♕g3 64. ♕f4 ♕g6 65. ♕g5 ♕e8 66. ♔f4 ♕f8 67. ♕f5 ♕h6 68. ♔f3 ♕d6 69. ♕f7 ♔d4 70. ♕g7 ♔c4 71. ♕g8 ♔d4 72. ♕g1 ♔c4 73. ♕c1 ♔b5 74. ♕b2 ♔c6 75. ♕c3 ♔d7 76. ♕g7 ♔c6 77. e5 ♕d4 78. ♕g6 ♔c5 79. ♕e4 ♕d1 80. ♔f2 ♕d5 81. ♕e3 ♔c4 82. ♕e2 ♔d4 83. e6 ♕f5 84. ♔e1 ♔c3 85. e7 ♕g6 86. e8♕ ♕g1 87. ♕f1 ♕g3 88. ♕f2 ♕e5 89. ♕e3 **1:0**

4.02. **628.**

A. UFIMTSEV - P. KERES

1. c4 ♘f6 2. ♘c3 e6 3. d4 ♗b4 4. a3 ♗c3 5. bc3 0-0 6. e3 c5 7. ♗d3 d5 8. ♘f3 dc4 9. ♗c4 ♕c7 10. ♗e2 b6 11. 0-0 ♗b7 12. a4 ♘c6 13. ♗a3 ♖fd8 14. ♕c2 ♘a5 15. dc5 bc5 16. c4 ♗e4 17. ♕c3 ♖ab8 18. ♖fd1 ♖dc8 19. ♘d2 ♗g6 20. ♖a2 ♘d7 21. ♖b2 ♖b2 22. ♗b2 f6

23. ♗g4 ♘f8 24. h4 h5 25. ♗f3 ♘c6 26. ♗e4 ♖d8 27. ♗c6 ♕c6 28. ♖a1 ♗f5 29. ♕a5 ♖d7 30. ♗a3 ♘g6 31. ♘f3 ♗e4 32. ♘e1 ♘h4 33. ♕c5 ♕c5 34. ♗c5 ♖c7 35. ♗d6 ♖c4 36. a5 ♘f5 37. ♗b8 a6 38. ♗a7 ♗c6 39. ♗b6 ♘e7 40. ♖b1 ♘d5 41. ♘d3 ♗b5 42. f3 ♘e3 43. ♘c5 ♖c2 44. ♘e6 ♘f5 45. ♘d4 ♘d4 46. ♗d4 ♔f7 47. ♖b2 ♖c4 48. ♖d2 h4 49. ♔h2 ♖a4 50. ♗b6 g5 51. ♗d8 ♔e6 52. ♖c2 ♖d4 53. ♗b6 ♖d1 54. g3 hg3 55. ♔g3 f5 56. ♖h2 ♖d3 57. ♖c2 ♗a4 58. ♖e2 ♔f6 59. ♖h2 f4 60. ♔g2 ♔g6 61. ♖h8 ♗c6 62. ♖g8 ♔f5 63. ♗d8 ♗f3 64. ♔f2 g4 65. ♖f8 ♔e4 66. ♖e8 ♔d5 67. ♖e1 g3 68. ♔g1 ♖d2 69. ♗c7 ♖h2 **0:1**

7.02. 629.

P. KERES - K. KLAMAN

1. c4 ♘f6 2. ♘c3 d6 3. g3 g6 4. ♗g2 ♗g7 5. ♘f3 0-0 6. 0-0 ♘bd7 7. d3 e5 8. ♗d2 ♘c5 9. b4 ♘e6 10. ♖b1 ♘e8 11. a4 c6 12. a5 ♘8c7 13. b5 cb5 14. ♘b5 ♘b5 15. ♖b5 ♘c5 16. ♘g5 ♗d7 17. ♖c5 dc5 18. ♗b7 ♖b8 19. ♗d5 ♕e7 20. f4 ef4 21. ♗f4 ♖b2 22. ♘e4 ♗f5 23. ♗d2 ♖d8 24. ♗g5 ♗d4 25. ♖f2 ♕e5 26. ♗f4 ♕g7 27. e3 ♖f2 28. ♔f2 ♗e5 29. ♘c5 ♗f4 30. gf4 ♕h6 31. ♔g1 ♖b8 32. ♘b7 ♕h4 33. c5 ♕e7 34. ♕f3 ♗d3 35. c6 ♗a6 36. ♕e4 ♕a3 37. ♔f2 ♕b2 38. ♔g3 ♕c1 39. ♕e5 ♕e1 40. ♔h3 ♗f1 41. ♗g2 ♖f8 42. ♘d6 ♕e2 43. ♗f1 ♕f1 44. ♔g3 ♕g1 45. ♔f3 ♕h1 46. ♔g3 ♕c6 47. h4 ♖d8 48. ♘e4 ♕e6 49. ♘f6 ♔g7 50. ♘e8 ♔f8 51. ♕e6 fe6 52. ♘c7 ♔e7 53. ♘b5 ♖d5 54. ♘a7 ♔d7 55. a6 ♔c7 56. e4 ♖c5 57. h5 ♔b6 58. e5 ♔a7 59. ♔g4 ♖c8 **0:1**

8.02. 630.

V. MAKAGONOV - P. KERES

1. d4 ♘f6 2. ♘f3 d5 3. c4 e6 4. ♘c3 ♗b4 5. ♕a4 ♘c6 6. a3 ♗c3 7. bc3 ♗d7 8. cd5 ed5 9. ♗g5 h6 10. ♗f6 ♕f6 11. ♕b3 ♕d6 12. e3 ♗f5 13. ♗e2 0-0 14. 0-0 b6 15. ♘d2 ♘a5 16. ♕a2 c5 17. ♘b3 ♘b3 18. ♕b3 ♖ac8 19. ♖ac1 ♖c7 20. ♖fd1 ♖fc8 21. ♗a6 ♖b8 22. ♗f1 c4 23. ♕b2 b5 24. ♖e1 a5 25. f3 ♖e7 26. ♖a1 g5 27. e4 de4 28. a4 b4 29. fe4 ♖e4 30. ♖e4 ♗e4 31. ♗c4 ♖c8 32. ♕e2 ♗g6 33. ♗d3 ♗d3 34. ♕d3 ♖c3 35. ♕e4 b3 36. ♖f1 ♕e6 37. ♕e6 fe6 38. ♖b1 ♔f7 39. ♔f2 ♖c2 40. ♔f3 b2 41. h3 ♔e7 42. g4 ♔d6 43. ♔e4 ♖h2 44. d5 ed5 45. ♔d4 ♖g2 46. ♔c3 ♔c5 47. ♖f1 d4 48. ♔b3 ♖f2 49. ♖e1 d3 50. ♔a2 ♔c4 51. ♖e8 d2 **0:1**

11.02. 631.

P. KERES - A. LILIENTHAL

1. e4 e5 2. ♘c3 ♘f6 3. ♘f3 ♘c6 4. ♗b5 ♗b4 5. 0-0 0-0 6. d3 ♗c3 7. bc3 d6 8. ♗g5 ♕e7 9. ♗c6 bc6 10. c4 c5 11. ♘d2 h6 12. ♗f6 ♕f6 13. ♖e1 ♖b8 14. ♘f1 ♗e6 15. ♖b1 ♖b6 16. ♘e3 ♕e7 17. ♕d2 ♖fb8 18. ♖b3 ♕d7 19. ♕a5 ♖8b7 20. ♖eb1 ♕c6 21. ♖b6 ♖b6 22. ♖b6 ♕b6 23. ♕b6 cb6 ½:½

12.02. 632.

I. BOLESLAVSKY - P. KERES

1. e4 e5 2. ♘f3 ♘c6 3. ♗b5 a6 4. ♗a4 ♘f6 5. 0-0 ♘e4 6. d4 b5 7. ♗b3 d5 8. de5 ♗e6 9. c3 ♗e7 10. ♘bd2 0-0 11. ♕e2 ♘c5 12. ♘d4 ♘b3 13. ♘2b3 ♕d7 14. ♘c6 ♕c6 15. f4 ♗f5 16. ♗e3 ♕g6 17. ♕f2 f6 18. e6 ♖fe8 19. ♗c5 ♕h5 20. ♗e7 ♖e7 21. ♕c5 ♖e6 22. ♘d4 ♖d6 23. ♕c7 ♖d7 24. ♕c6 ♖dd8 ½:½

14.02. 633.

P. KERES - P. DUBININ

1. d4 ♘f6 2. c4 g6 3. ♘c3 d5 4. ♘f3 ♗g7 5. ♕b3 c6 6. cd5 ♘d5 7. e4 ♘b6 8. ♗e2 ♗e6 9. ♕c2 ♗g4 10. ♗e3 ♗f3 11. gf3 ♗d4 12. ♖d1 e5 13. ♗d4 ed4 14. e5 ♕e7 15. ♖d4 ♘8d7 16. a4 0-0-0 17. f4 ♘c5 18. ♖d8 ♖d8 19. a5 ♘d5 20. ♘d5 ♖d5 21. a6 ♘a6 22. ♗a6 ♕b4 23. ♔e2 ♖c5 24. ♕d2 ♕d2 25. ♔d2 ba6 26.

h4 ♔d7 27. ♔e3 ♖b5 28. ♖d1 ♖d5 29. ♖c1 h5 30. f3 a5 31. ♖c2 c5 32. ♖c3 ♔c6 33. ♖b3 ♖d8 34. f5 gf5 35. ♔f4 ♖d4 36. ♔g5 ♖d7 37. ♔h5 c4 38. ♖b8 ♔d5 39. f4 ♔e4 40. ♔g5 ♖d2 41. ♖c8 ♖c2 42. h5 ♔d3 43. h6 ♖h2 44. ♖c7 ♖b2 45. ♖f7 c3 46. ♖d7 ♔e2 47. ♖c7 ♔d2 48. ♖c8 ♖b7 49. ♔g6 ♖b6 50. ♔h5 ♖b7 51. ♔g6 ♖b6 52. ♔g5 ♖b7 53. ♖d8 ♔e2 54. ♔g6 ♖b6 55. ♔g5 ♖b7 56. ♔g6 ♖b6 57. ♔g5 ♖b7 58. e6 c2 59. ♖c8 ♔d2 60. ♔f6 c1♕ 61. ♖c1 ♔c1 62. e7 ♖b6 63. ♔f7 **1:0**

17.02. **634.**

S. FLOHR - P. KERES

1. d4 ♘f6 2. c4 e6 3. ♘c3 ♗b4 4. ♕c2 ♘c6 5. ♘f3 d6 6. ♗d2 e5 7. de5 de5 8. a3 ♗c3 9. ♗c3 ♕e7 10. e3 0-0 11. b4 ♗g4 12. ♗e2 e4 13. b5 ef3 14. gf3 ♗f3 15. ♗f3 ♘e5 16. ♗e2 ♖fe8 17. ♕f5 ♖ad8 18. 0-0 ♘g6 19. ♗b4 ♕e4 20. ♕e4 ♘e4 21. ♖fd1 f5 22. ♖d8 ♖d8 23. ♖d1 ♖d1 24. ♗d1 b6 25. ♗b3 ♘c5 26. ♗c2 ♘e7 27. ♔f1 ♔f7 28. ♔e2 ♔e6 29. f3 ♘g6 30. f4 **½:½**

18.02. **635.**

P. KERES - V. SMYSLOV

1. c4 ♘f6 2. ♘c3 c5 3. ♘f3 e6 4. g3 d5 5. cd5 ♘d5 6. ♗g2 ♘c6 7. 0-0 ♘c7 8. b3 ♗e7 9. ♗b2 e5 10. ♖c1 f6 11. ♘a4 b6 12. ♘h4 ♗d7 13. e3 0-0 14. d4 ed4 15. ed4 ♖c8 16. dc5 b5 17. ♘c3 f5 18. ♖c2 ♗h4 19. ♖d2 ♖f7

(diagram)

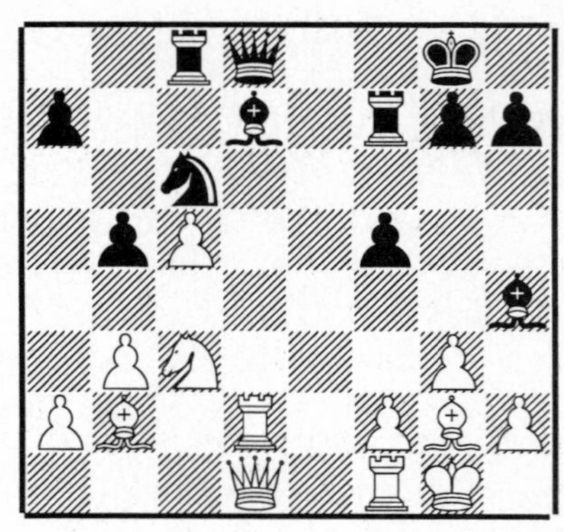

20. gh4 ♘e6 21. ♘b5 ♘c5 22. ♘d6 ♖e7 23. ♘c8 ♕c8 24. ♗a3 ♘e4 25. ♗e4 fe4 26. ♗e7 ♘e5 27. ♖d7 **1:0**

22.02. **636.**

A. TOLUSH - P. KERES

1. d4 ♘f6 2. c4 e6 3. ♘c3 ♗b4 4. ♕c2 0-0 5. ♘f3 c5 6. dc5 ♘a6 7. ♗d2 ♘c5 8. e3 b6 9. ♗e2 ♗a6 10. 0-0 d5 11. cd5 ♗e2 12. ♘e2 ♗d2 13. ♕d2 ♘d5 14. ♖fd1 ♕f6 15. ♕d4 a5 16. ♖ac1 ♕d4 17. ♖d4 ♘b4 18. ♘c3 ♘cd3 19. ♖b1 ♖ac8 20. a3 ♘b2 21. ab4 ♖c3 22. ba5 ba5 23. h3 ♖b3 24. ♖d2 ♖fb8 25. ♘d4 ♖3b6 26. ♘c6 ♖c6 27. ♖bb2 ♖cc8 28. ♖a2 ♖a8 29. ♖d7 h5 30. ♖b7 ♖d8 31. ♖c2 a4 32. ♖cc7 ♖db8 33. ♖a7 ♖a7 34. ♖a7 ♖b4 35. f4 h4 36. ♔f2 ♖e4 37. ♔f3 f5 38. ♖b7 ♔h7 39. ♖b8 ♔g6 40. ♖a8 ♔f6 41. ♖f8 ♔e7 42. ♖g8 ♔f7 43. ♖a8 g6 44. ♖b8 ♔f6 45. ♖b7 g5 46. ♖a7 ♖b4 47. g3 g4 48. ♔g2 ♖b2 49. ♔g1 hg3 50. hg4 ♖a2 51. ♖a6 a3 52. g5 ♔f7 53. ♔f1 ♖f2 54. ♔g1 a2 55. ♔h1 ♔g6 56. ♔g1 ♔h5 **0:1**

23.02. **637.**

P. KERES - D. BRONSTEIN

1. e4 e6 2. d4 d5 3. ♘d2 c5 4. ♘gf3 ♘f6 5. ed5 ♘d5 6. ♘e4 cd4 7. ♘d4 ♗e7 8. ♗e2 0-0 9. 0-0 e5 10. ♘b5 ♘c6 11. c4 ♘db4 12. a3 ♕d1 13. ♗d1 ♘d3 14. ♘c7 ♖b8 15. ♘d5 ♗d8 16. ♘d6 ♗e6 17. b4 ♘d4 18. ♗e3 b5 19. f4 bc4 20. fe5 ♗d5 21. ♗d4 ♗b6 22. ♗b6 ab6 23. ♘f5 ♖fe8 24. ♘e3 ♖e5 25. ♘d5 ♖d5 26. ♗c2 g6 27. ♗d3 ♖d3 28. a4 ♖b3 29. ♖fb1 ♖b1 30. ♖b1 ♔g7 31. ♖c1 ♖c8 32. a5 b5 33. a6 ♔f6 34. ♔f2 ♔e5 35. ♔e3 ♔d5 36. g4 ♖e8 37. ♔d2 ♔d4 38. ♖f1 ♖e6

39. ♖f4 ♔e5 40. a7 ♖a6 41. ♖f7 ♖a2 42. ♔c3 ♖a3 43. ♔b2 ½:½

25.02. **638.**

B. GOLDENOV - P. KERES

1. d4 ♘f6 2. c4 e6 3. ♘f3 ♗b4 4. ♘bd2 d5 5. a3 ♗e7 6. ♕c2 b6 7. e4 de4 8. ♘e4 ♗b7 9. ♗d3 c5 10. dc5 bc5 11. 0-0 ♕c7 12. ♖e1 ♘c6 13. ♗e3 ♘g4 14. ♘c3

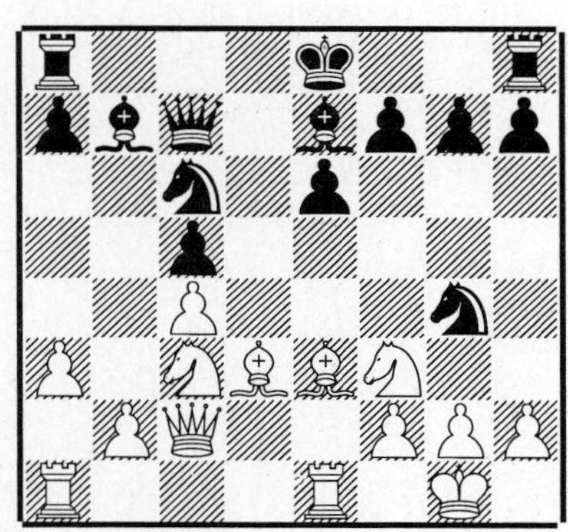

♘d4 15. ♗d4 ♗f3 16. gf3 ♕h2 17. ♔f1 cd4 18. ♗e4 ♖b8 19. fg4 dc3 20. ♗c6 ♔f8 21. ♕c3 h5 22. g5 ♗g5 23. ♖ad1 ♖h6 24. ♕a5 ♗h4 25. ♕a7 ♗f2 26. ♕f2 ♖f6 27. ♗f3 ♕h3 **0:1**

26.02. **639.**

P. KERES - V. ALATORTSEV

1. e4 e5 2. ♘f3 ♘c6 3. ♗b5 a6 4. ♗a4 ♘f6 5. 0-0 ♘e4 6. d4 b5 7. ♗b3 d5 8. de5 ♗e6 9. ♕e2 ♘c5 10. ♖d1 ♘b3 11. ab3 ♗e7 12. c4 0-0 13. cd5 ♗d5 14. ♘c3 ♗f3 15. gf3 ♕c8 16. ♘d5 ♖e8 17. f4 ♘b4 18. ♘e7 ♖e7 19. ♗e3 ♕h3 20. ♗c5 ♖e6 21. ♕e4 ♘c6 22. ♖d3 ♕h4 23. ♖g3 ♖d8 24. ♖a6 ♘d4 25. ♖a8 ♘e2 26. ♔g2 f5 27. ♖d8 ♕d8 28. ♕e2 ♕d5 29. ♕f3 ♕c5 30. ♕a8 ♕f8 31. ♕f8 ♔f8 32. ♖c3 c6 33. b4 ♔e7 34. ♖a3 ♖g6 35. ♔f3 ♔e6 36. ♖a7 ♔d5 37. ♖d7 ♔c4 38. ♖d6 ♖g1 39. ♖c6 ♔b4 40. ♖c3 ♖e1 41. ♖e3 ♖d1 42. e6 ♖d8 43. e7 ♖e8 44. ♔e2 ♔c4 45. ♔d2 b4 46. b3 ♔d4 47. h4 ♔d5 48. ♔d3 ♔d6 49. ♔c4 ♔d7 50. ♔d5 g6 51. ♖e6 h6 52. ♖d6 ♔e7 53. ♖e6 ♔f7 54. ♖e8 ♔e8 55. ♔c5 ♔f7 56. ♔b4 ♔f6 57. ♔c5 g5 58. hg5 hg5 59. b4 gf4 60. b5 ♔g5 61. b6 ♔g4 62. b7 **1:0**

1.03. **640.**

I. BONDAREVSKY - P. KERES

1. d4 ♘f6 2. ♘f3 e6 3. e3 c5 4. ♗d3 b6 5. b3 ♗a6 6. ♗b2 ♗d3 7. ♕d3 cd4 8. ♘d4 ♘c6 9. 0-0 ♘d4 10. ♕d4 ♗c5 11. ♕h4 d5 12. ♘d2 0-0 13. c4 ♗e7 14. ♖fd1 ♘e4 15. ♕g4 ♗f6 16. ♘e4 ♗b2 17. ♖ab1 f5 18. ♕e2 fe4 19. ♖b2 ♖f5 20. cd5 ed5 21. ♖c2 ♕h4 22. ♖dc1 ♖af8 23. g3 ♕h3 24. ♕f1 ♕g4 25. ♕d1 ♕g5 26. h4 ♕g6 27. ♕f1 h6 28. ♕h3 ♔h7 29. ♖d1 ♕f7 30. ♕g2 ♕e6 31. ♖dd2 ♖f3 32. ♖c7 ♕e5 33. ♖cc2 ♖8f6 34. ♖c1 ♖g6 35. ♔h1 ♖gf6 36. ♔g1 ♕f5 37. ♖f1 ♕e6 38. ♔h2 ♕f7 39. ♔g1 ♕h5 40. ♖e1 ♕g4 41. ♖ee2 ½:½

2.03. **641.**

P. KERES - M. JUDOWITSCH

1. d4 d5 2. c4 c6 3. ♘c3 ♘f6 4. ♘f3 e6 5. ♗g5 h6 6. ♗f6 ♕f6 7. ♕b3 dc4 8. ♕c4 ♘d7 9. ♖d1 ♗e7 10. e3 0-0 11. ♗d3 g6 12. ♘e4 ♕g7 13. ♕c3 ♘b6 14. 0-0 ♘d5 15. ♕c1 ♖d8 16. a3 ♗d7 17. ♘c5 ♖ab8 18. b4 ♗e8 19. e4 ♘f6 20. ♖fe1 b6 21. ♘b3 ♕f8 22. ♕f4 ♔g7 23. ♗c4 a5 24. ba5 ba5 25. ♘a5 ♗a3 26. ♖b1 ♗b4 27. ♖ed1 ♕e7 28. ♘b3 ♘d7 29. ♘e5 ♘e5 30. ♕e5 ♕f6 31. ♕g3 ♗e7 32. ♖a1 ♖b4 33. ♖dc1 ♖db8 34. ♖a7 ♕g5 35. f4 ♕g3 36. hg3 ♔f8 37. ♘c5 ♖d8 38. ♘b3 ♖db8 39. ♘d2 ♗d8 40. ♘f3 ♗b6 41. ♖a3 ½:½

3.03. **642.**

I. KAN - P. KERES

1. d4 ♘f6 2. ♘f3 e6 3. c4 ♗b4 4. ♗d2 ♕e7 5. g3 ♘c6 6. ♗g2 ♗d2 7. ♘bd2 d6 8. 0-0 0-0

9. e4 e5 10. d5 ♘b8 11. ♘e1 a5 12. ♘d3 ♘a6 13. ♕e2 ♘d7 14. b3 ♘dc5 15. ♘c5 ♘c5 16. ♕e3 f5 17. ef5 ♗f5 18. a3 ♗d3 19. ♖fe1 ♗g6 20. f4 ♖ae8 21. fe5 ♘d3 22. ♖f1 ♘e5 23. ♖f8 ♖f8 24. ♖e1 ♕d7 25. ♘f3 ♖e8 26. ♘e5 ♖e5 27. ♕d2 ♕e7 28. ♔f2 ♖e1 29. ♕e1 ♕e1 30. ♔e1 ♔f7 31. ♔d2 ♔f6 32. ♔c3 ♔e5 33. ♗f3 ♗f5 34. ♗e2 g6 35. ♗f3 h6 36. a4 b6 37. ♔d2 ♔d4 38. ♗e2 ♔e4 39. ♗d1 h5 40. ♗e2 ♗g4 41. h4 ♔d4 42. ♗f1 ♗f3 43. ♗h3 c6 44. dc6 ♗c6 45. ♗f1 ♗e4 46. ♗e2 d5 47. cd5 ♗d5 48. ♗d1 ♗e6 49. ♗c2 ♗f5 50. ♗d1 ♔e4 51. ♗e2 ♗g4 52. ♗g4 hg4 ½:½

5.03. **643.**

P. KERES - G. LEVENFISH

1. c4 ♘f6 2. ♘f3 e6 3. g3 d5 4. ♗g2 ♗e7 5. d4 0-0 6. 0-0 ♘bd7 7. ♕c2 c5 8. cd5 ♘d5 9. ♘c3 ♘b4 10. ♕b1 ♘c6 11. dc5 ♘c5 12. ♖d1 ♕a5 13. ♗d2 ♘d7 14. ♘e4 ♕f5 15. ♗c3 ♖d8 16. ♘d4 ♘d4 17. ♖d4 ♘b6 18. ♖d8 ♗d8 19. ♕d1 ♗e7 20. ♕d4 ♕g6 21. ♘c5 ♘d5 22. ♖d1 b6

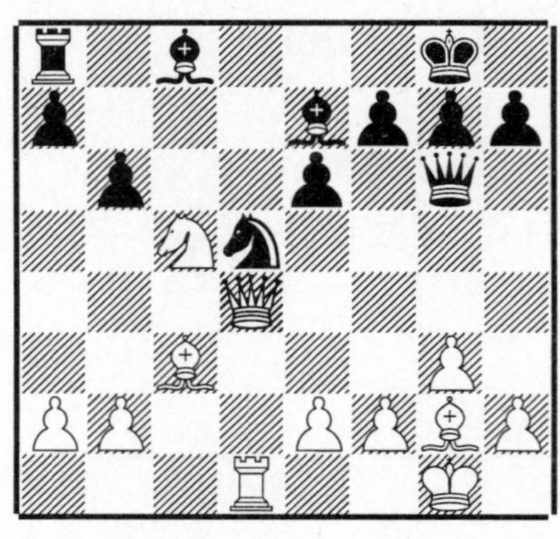

23. ♘e6 ♗e6 24. ♗d5 ♖d8 25. e4 ♗g4 26. ♖d3 ♔h8 27. ♕e5 ♗f6 28. ♕c7 ♖d7 29. ♕c6 ♗h3 30. ♗e6 **1:0**

8.03. **644.**

L. ARONIN - P. KERES

1. d4 ♘f6 2. c4 e6 3. ♘f3 b6 4. g3 ♗b7 5. ♗g2 ♗e7 6. 0-0 0-0 7. ♕c2 ♗e4 8. ♕a4 c5 9. d5 ed5 10. ♘c3 ♘c6 11. ♘e4 de4 12. ♘g5 ♖e8 13. ♘e4 ♘e4 14. ♗e4 ♗f6 15. ♕c2 ♘d4 16. ♕d3 d5 17. ♗d5 ♘e2 18. ♔g2 ♘c1 19. ♖ac1 ½:½

ESTONIA - LATVIA TEAM MATCH
Tallinn, 15.- 18.06.1947

16.06. **645.**

A. KOBLENCS - P. KERES

1. e4 e5 2. ♘f3 ♘c6 3. ♗b5 a6 4. ♗a4 ♘f6 5. 0-0 ♗e7 6. ♕e2 b5 7. ♗b3 0-0 8. c3 d5 9. ed5 ♗g4 10. h3 ♗f3 11. ♕f3 e4 12. ♕e2 ♘a5 13. ♗c2 ♕d5 14. ♖e1 ♖ae8 15. ♗e4 ♘e4 16. ♕e4 ♕d8 17. ♕f3 ♗g5 18. ♖d1 ♘c4 19. d4 ♗c1 20. ♖c1 ♘b2 21. ♘d2 ♖e6 22. ♖ab1 ♘a4 23. ♘f1 c5 24. dc5 ♘c5 25. c4 ♘d3 26. ♖d1 bc4 27. ♖bc1 ♖f6 28. ♕e3 ♖e8 29. ♕g3 ♕a8 30. ♖c2 ♖g6 31. ♕h2 ♘e1 32. ♖e1 ♖e1 33. ♖c4 ♕d8 34. ♕c7 ♖f1 **0:1**

17.06. **646.**

P. KERES - A. KOBLENCS

1. c4 ♘f6 2. ♘f3 e6 3. g3 d5 4. ♗g2 dc4 5. ♕a4 ♘bd7 6. ♕c4 ♗d6 7. d4 c6 8. ♗f4 ♕c7 9. ♗d6 ♕d6 10. ♕c3 0-0 11. ♘bd2 ♘d5 12. ♘c4 ♕b4 13. ♕b4 ♘b4 14. 0-0 ♘b6 15. ♘a5 ♖b8 16. a3 ♘4d5 17. ♘e5 ♘e7 18. e3 ♘bd5 19. ♖fc1 ♖d8 20. b4 ♗d7 21. ♘b3 ♗e8 22. ♗h3 ♘c8 23. ♘c5 ♘d6 24. ♘c4 ♘c4 25. ♖c4 ♔f8 26. ♖b1 ♔e7 27. ♖cc1 a6 28. ♖b3 ♘c7 29. ♗g2 ♔f8 30. f4 ♔e7 31. ♔f2 f6 32. ♖d3 ♗f7 33. e4 ♗e8 34. ♔e3 ♗f7 35. h4 h5 36. ♗f3 ♖h8 37. ♖e1 ♖hd8

38. ♖d2 ♔f8 39. ♖g1 g6 40. e5 f5 41. ♖c1 ♔e7 42. ♘b3 ♗e8 43. ♘a5 ♘d5 44. ♔d3 ♗d7 45. ♘c4 b6 46. ♘d6 b5 47. ♖a2 ♖b6 48. ♖c5 ♖a8 49. ♗d5 ed5 50. a4 ba4 51. ♖a4 ♖bb8 52. ♔c3 ♔e6 53. ♖a1 ♔e7 54. ♔b3 ♔e6 55. ♔a4 ♖b6 56. ♔a5 ♖b5 57. ♔a4 ♖b6 58. ♖b1 ♔e7 59. ♔a5 ♖ab8 60. ♖c3 ♗e6 61. ♖a3 ♔d7 62. b5 ♔c7 63. ♖c1 ♗d7 64. ♔b4 ♖a8 65. ♔c5 ♖ab8 66. ♖a5 cb5 67. ♔d5 ♗c6 68. ♔e6 ♔d8 69. d5 ♗d7 70. ♔f7 ♖d6 71. ed6 ♖b6 72. ♔g6 ♖d6 73. ♔h5 **1:0**

KALEV - DAUGAVA CLUB TEAM MATCH
Tallinn, 19.- 20.06.1947

20.06. **647.**

P. KERES - ALEKSANDROV

1. e4 e5 2. ♘f3 ♘c6 3. ♗b5 a6 4. ♗a4 ♘f6 5. 0-0 ♗e7 6. ♕e2 b5 7. ♗b3 0-0 8. c3 d6 9. a4 ♗g4 10. h3 ♗h5 11. d3 ♘a5 12. ♗c2 c5 13. ♘bd2 ♕c7 14. ♖e1 ♘d7 15. ♘f1 ♘b6 16. ab5 ab5 17. ♘e3 ♘c6 18. ♖a8 ♖a8 19. ♗b3 c4 20. ♗c2 ♘a5 21. ♘f5 ♗f8 22. g4 ♗g6 23. d4 ♘c6 24. h4 f6 25. h5 ♗e8 26. ♘e3 ♗f7 27. ♖d1 ♖d8 28. ♗b1 ♘a5 29. ♗c2 ♕c8 30. ♘h4 ♘c6 31. ♕f3 ♖d7 32. ♘d5 ♕d8 33. h6 ♗e8 34. hg7 ♗g7 35. ♕f5 ♖f7 36. ♗e3 ♘c8 37. ♕f3 ♖f8 38. ♘f5 ♕d7 39. ♕h3 ♗h8 40. ♗h6 ♖f7 41. ♔h2 ♘6e7 42. ♘de7 ♘e7 43. de5 ♘f5 44. ef5 fe5 45. ♗e4 ♖e7 46. ♕h4 ♗g7 47. f6 ♗h6 48. ♕h6 **1:0**

19.06. **648.**

G. MELNGAILIS - P. KERES

1. c4 ♘f6 2. ♘f3 g6 3. ♘c3 ♗g7 4. e4 0-0 5. d4 d6 6. ♗e2 ♘bd7 7. 0-0 e5 8. de5 de5 9. ♕c2 c6 10. ♖d1 ♖e8 11. h3 ♕e7 12. ♗e3 ♘h5 13. ♖d2 ♘f4 14. ♗f1 ♘f8 15. ♘a4 g5 16. ♗c5 ♕f6 17. ♘h2 h5 18. ♕d1 ♕g6 19. ♖d8 ♖d8 20. ♕d8 g4 21. hg4 hg4 22. ♗f8 ♗f8 23. ♕h4 ♗e6 24. ♖d1 ♔g7 25. ♕g3 ♗e7 26. ♕c3 ♕h5 27. ♕g3 ♗h4 28. ♕b3 ♖h8 29. ♘c5 ♗c8 30. ♕e3 ♗e7 **0:1**

TRAINING TOURNAMENT
Pärnu, 14.07.- 4.08.1947

14.07. **649.**

V. SIMAGIN - P. KERES

1. d4 ♘f6 2. c4 e6 3. a3 b6 4. ♘c3 ♗b7 5. ♘f3 ♘e4 6. ♕c2 ♘c3 7. ♕c3 ♗e7 8. ♗f4 0-0 9. h4 f5 10. g3 c5 11. dc5 bc5 12. ♗g2 ♗f6 13. ♗e5 ♘c6 14. ♗f6 ♕f6 15. ♕f6 gf6 16. 0-0-0 ♖fd8 17. ♘d2 ♖ab8 18. e3 ♔f7 19. ♔c2 ♔e7 20. ♖he1 d6 21. b3 a5 22. ♗c6 ♗c6 23. a4 d5 24. ♔c3 d4 25. ♔c2 ♖g8 26. ed4 cd4 27. c5 ♖gc8 28. ♔b2 ♗d5 29. ♖c1 e5 30. ♘c4 ♖c5 31. ♘b6 ♖c1 32. ♘d5 ♔d6 33. ♖c1 ♔d5 34. ♖c7 ♔e4 35. ♖c6 ♔f3 36. ♖f6 f4 37. gf4 e4 **0:1**

15.07. **650.**

P. KERES - V. SMYSLOV

1. d4 ♘f6 2. c4 e6 3. ♘c3 ♗b4 4. ♘f3 b6 5. ♗g5 ♗b7 6. e3 h6 7. ♗h4 g5 8. ♗g3 ♘e4 9. ♕c2 d6 10. ♘d2 ♗c3 11. bc3 ♘g3 12. hg3 ♘d7 13. f3 ♕e7 14. ♗d3 0-0-0 15. a4 a5 16. ♖b1 g4 17. f4 h5 18. ♗e4 d5 19. ♗d3 h4 20. c5 hg3 21. ♖g1 f6 22. ♘b3 e5 23. ♕e2 ef4 24. ef4 ♕g7 25. ♔d2 ♖de8 26. ♕f1 ♕e7 27. ♕e2 ♕e2 28. ♗e2 ♖e7 29. ♖bf1 ♖e2 30. ♔e2 ♗a6 31. ♔d2 ♗f1 32. ♖f1 ♖h2 33. ♖g1 f5 34. cb6 cb6 35. ♔d3 ♘f6 36. ♘d2 ♔d7 37. ♘f1 ♘h5 38. ♔e3 ♔c6 39. ♘d2

♘f6 40. ♘f1 ♘e4 41. ♔d3 ♘f2 42. ♔e3 ♘e4 43. ♔d3 ♖h8 44. ♘e3 ♘d6 45. ♖e1 ♖e8 46. ♖h1 ♖e4 47. ♖h6 ♖f4 48. c4 dc4 49. ♘c4 ♖f3 50. ♘e3 ♖f2 51. ♘c4 ♖g2 52. ♖d6 ♔c7 53. d5 ♖g1 54. ♖c6 ♔d8 55. ♖d6 ♔c7 56. ♖c6 ♔d8 57. ♖d6 ½:½

16.07. **651.**

S. FLOHR - P. KERES

1. d4 e6 2. c4 ♗b4 3. ♗d2 ♕e7 4. ♘f3 ♘f6 5. e3 0-0 6. ♗b4 ♕b4 7. ♕d2 ♕d2 8. ♘fd2 b6 9. ♗e2 ♗b7 10. 0-0 d6 11. ♘c3 ♖d8 12. ♖fd1 ♘bd7 13. ♗f3 ♗f3 14. ♘f3 ♔f8 15. ♔f1 ♔e7 16. ♔e2 a6 17. d5 e5 18. ♘e1 ♘c5 19. ♘c2 a5 20. ♘a3 ♖dc8 21. ♖ac1 ♘fe4 22. ♘e4 ♘e4 23. ♘b5 ♔d7 24. ♖c2 f5 25. b3 g5 26. ♘c3 ♘c3 27. ♖c3 ♖f8 28. a3 ♖f6 29. ♖cc1 f4 30. ef4 ♖f4 31. ♔f1 ½:½

18.07. **652.**

P. KERES - A. LILIENTHAL

1. e4 e5 2. ♘f3 ♘c6 3. ♗b5 a6 4. ♗a4 ♘f6 5. 0-0 ♗e7 6. ♕e2 b5 7. ♗b3 0-0 8. c3 d5 9. d3 d4 10. cd4 ♘d4 11. ♘d4 ♕d4 12. ♗e3 ♕d8 13. ♘c3 c6 14. h3 ♘d7 15. ♖ac1 ♗b7 16. ♕h5 ♗d6 17. ♘e2 ♘f6 18. ♕f3 a5 19. a3 a4 20. ♗a2 b4 21. ab4 a3 22. ba3 ♖a3 23. ♗c4 ♗b4 24. ♘g3 ♗a6 25. ♖fd1 ♘e8 26. ♗a6 ♖a6 27. d4

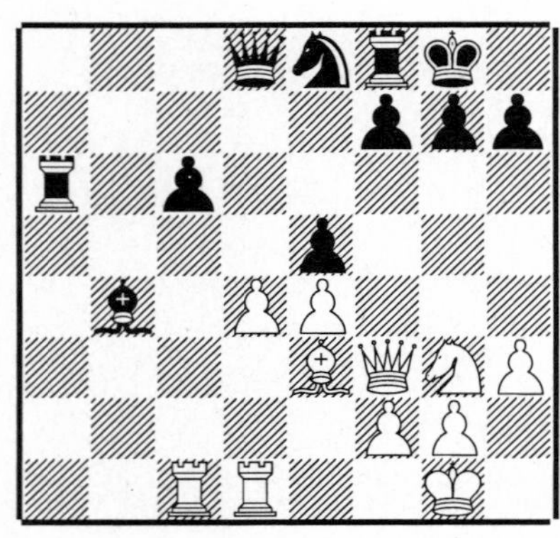

ed4 28. ♗d4 ♕g5 29. ♘f5 ♖a3 30. ♗e3 ♕f6 31. ♕g4 ♖e3 32. ♘e3 ♗a3 33. ♖c2 ♘c7 34. ♕g3 ♘b5 35. ♘f5 g6 36. ♖b1 ♖a8 37. ♘h6 ♔g7 38. ♘g4 ♕e6 39. ♕e5 ♕e5 40. ♘e5 ♘d4 41. ♖c4 ♖e8 42. ♖d4 ♖e5 43. ♖b7 ♗e7 44. ♔f1 c5 45. ♖dd7 **1:0**

19.07. **653.**

J. RANDVIIR - P. KERES

1. e4 e5 2. ♘f3 ♘c6 3. d4 ed4 4. ♘d4 ♗c5 5. ♗e3 ♕f6 6. c3 ♘ge7 7. ♗b5 a6 8. ♗a4 ♘e5 9. ♕e2 ♘7g6 10. ♘d2 ♘f4 11. ♗f4 ♕f4 12. g3 ♕g4 13. ♕g4 ♘g4 14. h3 ♘e5 15. ♗c2 d6 16. 0-0-0 ♗d7 17. ♘f1 0-0-0 18. ♘e3 ♖de8 19. ♖d2 ♗c6 20. ♘ef5 ♗d4 21. ♘d4 ♗d7 22. f4 ♘c6 23. ♘c6 ♗c6 24. ♖e2 ♖e7 25. ♔d2 f6 26. ♖e3 ♖he8 27. ♖he1 g5 28. f5 ♖e5 29. c4 b5 30. b3 ♔b7 31. ♔c3 ♔b6 32. ♔d4 ♗d7 33. ♗d1 ♔a5 34. ♗c2 ♔b4 35. a3 ♔a5 36. ♖f1 c5 37. ♔d3 bc4 38. bc4 d5 39. g4 ♖e4 40. ♖e4 ♖e4 41. cd5 ♖g4 42. hg4 ♗b5 43. ♔e3 ♗f1 44. ♗d3 ♗d3 45. ♔d3 ♔b5 46. a4 ♔b6 47. ♔c4 a5 48. d6 ♔c6 49. d7 ♔d7 50. ♔c5 ♔e7 51. ♔d5 ♔f7 52. ♔e4 ♔f8 53. ♔e3 ♔e7 54. ♔e4 ♔d6 55. ♔d4 h6 56. ♔e4 ♔c5 57. ♔e3 ♔d5 58. ♔d3 ♔e5 59. ♔e3 h5 60. gh5 ♔f5 61. ♔f3 ♔e6 62. ♔g4 ♔f7 63. ♔f5 ♔g7 **0:1**

23.07. **654.**

P. KERES - V. MAKAGONOV

1. e4 e5 2. ♘f3 ♘c6 3. ♗b5 a6 4. ♗a4 d6 5. c3 ♗d7 6. 0-0 ♘ge7 7. d4 ♘g6 8. ♘bd2 ♗e7 9. ♗c2 ♗f6 10. ♘c4 ♗g4 11. d5 ♘e7 12. ♘e3 ♗d7 13. c4 ♘f4 14. ♗d2 g5 15. ♘e1 h5 16. b4 g4 17. ♘d3 ♗g5 18. ♗c3 ♖g8 19. c5 ♘eg6 20. ♖e1 ♘h4 21. ♗a4 ♔f8 22. ♗d7 ♕d7 23. ♔h1 ♖e8 24. ♕c2 ♘hg6 25. ♗d2 h4 26. ♘f5 g3 27. fg3 hg3 28. hg3 f6 29. ♔g1 ♖h8 30. gf4 ef4 31. ♔f2 ♖h2 32. ♖h1 ♕h7 33. ♖h2 ♕h2 34. cd6 f3 35. ♔f3 ♕h5 36. ♔f2 ♖e4 37. ♗g5 ♕g5 38. dc7 ♕f5 39. ♔g1 ♖e8 40. ♖f1 ♕g5 41. c8♕ **1:0**

24.07. 655.

R. RENTER - P. KERES

1. d4 ♘f6 2. c4 e6 3. ♘c3 ♗b4 4. ♕c2 0-0 5. ♗g5 h6 6. ♗h4 c5 7. e3 cd4 8. ed4 b6 9. ♘f3 ♗b7 10. ♗e2 ♗e7 11. 0-0 d5 12. ♗f6 ♗f6 13. cd5 ed5 14. ♕f5 g6 15. ♕f4 ♗g7 16. ♖ac1 a6 17. ♘e5 ♘c6 18. ♘c6 ♗c6 19. ♗f3 ♕d7 20. ♖fe1 ♖fe8 21. h3 ♗b7 22. ♖e8 ♖e8 23. ♘e2 ♗c6 24. ♖c3 ♗f8 25. ♖e3 ♖d8 26. ♕f6 ♗g7 27. ♕e7 ♕d6 28. ♕d6 ♖d6 29. g3 ♔f8 30. ♔g2 ♗f6 31. h4 ♗d7 32. b3 g5 33. hg5 hg5 34. g4 ♗e6 35. ♖d3 ♔e7 36. ♘c3 ♖d8 37. ♘a4 ♖b8 38. ♘c3 ♔d6 39. ♘e2 ♖c8 40. ♖d2 b5 41. ♘g3 ♖c1 42. ♘e2 ♖a1 43. ♘g3 ♗d8 44. ♘f5 ♔c6 45. ♖c2 ♔d7 46. ♘e3 ♔d6 47. ♘f5 ♗f5 48. gf5 ♗b6 49. ♖d2 ♖c1 50. ♗h5 f6 51. ♗f3 ♖c3 52. ♗h5 ♗a7 53. ♗f3 ♖c1 54. ♔h3 a5 55. ♔g4 a4 56. ♔h5 a3 57. ♔g6 ♖g1 58. ♔f6 g4 59. ♖d1 ♖d1 60. ♗d1 ♗d4 61. ♔g6 ♗f2 62. ♗g4 b4 63. f6 ♔e5 64. f7 ♗c5 **0:1**

26.07. 656.

P. KERES - A. KOTOV

1. e4 c5 2. ♘e2 d6 3. g3 b5 4. ♗g2 ♗b7 5. d4 cd4 6. ♘d4 a6 7. 0-0 ♘f6 8. ♖e1 ♕c7 9. a4 ba4 10. ♖a4 ♘bd7 11. ♗d2 ♘c5 12. ♖c4 e5 13. ♘f5 ♕d7 14. ♗h3 ♘e6 15. ♗a5 g6 16. ♘e3 ♖c8 17. ♘c3 ♖c4 18. ♘c4 ♕c6 19. b3 ♘c5 20. ♘e5 **1:0**

27.07. 657.

A. TOLUSH - P. KERES

1. e4 e5 2. ♗c4 ♘f6 3. d3 ♗c5 4. ♘c3 d6 5. ♘a4 ♗b4 6. c3 d5 7. ed5 ♗d6 8. d4 ♘bd7 9. ♗e2 0-0 10. c4 b5 11. cb5 ♘d5 12. ♘c3 ♗b7 13. ♘f3 ♘c3 14. bc3 e4 15. ♘g5 h6 16. ♘h3 ♕h4 17. 0-0 f5 18. f4 ♘f6 19. c4 ♖ad8 20. ♕b3 ♔h8 21. ♘f2 e3 22. ♕e3 ♖fe8 23. ♕e8 ♘e8 24. ♘d3 ♕e7 25. ♖f2 ♗e4 26. ♗b2 ♗d3 27. ♗d3 ♗f4 28. ♖e2 ♕h4 29. g3 ♗g3 30. ♗f5 ♘d6 31. ♗e6 ♖f8 32. hg3 ♕g3 33. ♖g2 ♕e3 34. ♔h2 ♖f4 35. ♗g4 h5 36. ♗c1 ♕e4 37. ♗h3 ♖f1 **0:1**

30.07. 658.

P. KERES - D. BRONSTEIN

1. e4 c5 2. ♘e2 ♘c6 3. ♘bc3 d6 4. d4 cd4 5. ♘d4 ♘f6 6. ♗g5 e6 7. ♗e2 ♗e7 8. ♕d2 a6 9. ♖d1 0-0 10. 0-0 ♕b6 11. ♘b3 ♖d8 12. ♔h1 ♕c7 13. a4 b6 14. ♗e3 ♖b8 15. ♗f4 ♘e5 16. ♕e3 ♘c4 17. ♗c4 ♕c4 18. ♔g1 ♗b7 19. ♖fe1 ♕c6 20. ♕h3 ♖bc8 21. ♖d3 ♕e8 22. ♕e3 b5 23. ab5 ab5 24. ♕b6 ♗a8 25. e5 de5 26. ♗e5 b4 27. ♗f6 ♗f6 28. ♕b4 ♖d3 29. cd3 ♗c3 30. bc3 ♖b8 31. ♕a3 ♕c6 32. f3 ♕c3 33. ♖a1 h6 34. ♘c5 ♖b1 **0:1**

31.07. 659.

G. KASPARIAN - P. KERES

1. e4 c5 2. ♘c3 g6 3. g3 ♗g7 4. ♗g2 ♘c6 5. d3 d6 6. ♗g5 ♗d7 7. ♕d2 ♖b8 8. ♘ge2 ♘d4 9. 0-0 ♕c8 10. ♖ab1 ♗h3 11. f3 b5 12. ♘d1 b4 13. ♗e3 h5 14. ♗h3 ♕h3 15. ♘f4 ♕d7 16. c3 bc3 17. ♘c3 e6 18. ♘ce2 ♘e7 19. ♗d4 cd4 20. ♘g2 0-0 21. g4 hg4 22. fg4 d5 23. ♘g3 de4 24. ♘e4 f5 25. gf5 ef5 26. ♘g5 ♘d5 27. ♘f4 ♗h6 28. ♘d5 ♕d5 29. ♖be1 ♕a2 30. ♖e2 ♖fe8 31. ♖fe1 ♖e2 32. ♖e2 ♖c8 33. h4 ♕a1 34. ♔f2 ♕a6 35. ♕b4 ♕b6 36. ♕e7 ♗g5 37. hg5 ♕c7 38. ♕f6 ♕h2 39. ♔f3 ♕h3 40. ♔f2 ♕h2 41. ♔f3 ♕h5 42. ♔f2 ♖f8 43. ♕e6 ♖f7 44. ♕e8 ♔g7 45. ♕e5 **½:½**

1.08. 660.

I. BONDAREVSKY - P. KERES

1. d4 ♘f6 2. ♘f3 d5 3. c4 e6 4. ♗g5 h6 5. ♗f6 ♕f6 6. ♘c3 c6 7. e3 ♘d7 8. ♗d3 ♗b4 9. 0-0 0-0 10. ♕b3 ♗a5 11. ♖fd1 ♕e7 12. ♖ac1 ♕b4 13. ♕b4 ♗b4 14. a3 ♗e7 15. e4

de4 16. ♘e4 ♖d8 17. c5 ♘f6 18. ♘f6 ♗f6 19. ♗e4 ♗d7 20. b4 ♖ac8 21. ♘e5 ♗e8 22. f4 ♖c7 23. ♔f2 ♗e7 24. ♗f3 ♔f8 25. g3 f6 26. ♘c4 ♗f7 27. ♘a5 ♖b8 28. h4 ♖d7 29. ♔e3 ♗d8 30. ♗e2 a6 31. ♗c4 ♗c7 32. ♘b3 ♖e8 33. ♖f1 ♔g8 34. ♔d3 ♖ed8 35. ♔c3 e5 36. ♗f7 ♖f7 37. fe5 fe5 38. ♖f7 ♔f7 39. g4 ed4 40. ♔d3 ♖d7 41. ♖f1 ½:½

4.08. 661.

P. KERES - I. BOLESLAVSKY

1. e4 c5 2. ♘e2 ♘c6 3. ♘bc3 d6 4. d4 cd4 5. ♘d4 ♘f6 6. ♗g5 e6 7. ♗e2 ♗e7 8. 0-0 a6 9. ♕d3 0-0 10. ♖ad1 ♘e5 11. ♕g3 ♘h5 12. ♗e7 ♘g3 13. ♗d8 ♘e2 14. ♘de2 ♖d8 15. ♖d4 ♔f8 16. f4 ♘c6 17. ♖d3 b5 18. ♘d4 ♗b7 19. ♘c6 ♗c6 20. a3 ½:½

GREAT BRITAIN - USSR TEAM MATCH
London, 21.- 23.09.1947

21.09. 662.

P. KERES - C.H.O'D. ALEXANDER

1. e4 e5 2. ♘f3 ♘c6 3. ♗b5 a6 4. ♗a4 ♘f6 5. 0-0 ♘e4 6. d4 b5 7. ♗b3 d5 8. de5 ♗e6 9. ♕e2 ♘c5 10. ♖d1 ♘b3 11. ab3 ♗e7 12. c4 0-0 13. ♘c3 ♘b4 14. ♗e3 c6 15. ♖ac1 ♕b8 16. ♗g5 ♕b7 17. cd5 ♗d5 18. ♘d5 ♘d5 19. ♗e7 ♘e7 20. ♖d6 ♖fd8 21. ♘g5 ♖d6 22. ed6 ♘d5 23. ♕c2 ♘f6 24. ♕c6 ♕c6 25. ♖c6 ♖d8 26. ♖a6 ♘e8 27. ♘e4 f5 28. ♘c3 ♖d6 29. ♖a8 ♔f7 30. ♖b8 ♖d2 31. ♖b5 ♖b2 32. ♖b7 ♔f6 33. g3 ♘d6 34. ♖b6 ♔e7 35. ♘d5 ♔d7 36. ♘e3 ♘e4 37. ♘f5 ♘f2 38. ♖b7 ♔c6 39. ♖g7 ♘h3 40. ♔h1 ♘f2 41. ♔g2 ♘g4 42. ♔f3 h5 43. h3 ♖b3 44. ♔f4 ♖b4 45. ♔g5 ♘f2 46. h4 ♖b5 47. ♔g6 ♔d5 48. ♔h5 ♔e4 49. g4 ♔f4 50. ♖g5 ♘e4 51. ♘d4 ♘f6 52. ♔g6 ♖g5 53. hg5 ♘g4 54. ♘c6 ♘e3 55. ♔h5 ♘f5 56. g6 ♘g7 57. ♔h6 ♘e8 58. ♘d4 ♔e5 59. ♘b5 ♔f6 60. ♘c7 ♘d6 61. ♔h7 ♘f5 62. ♘d5 ♔e5 63. ♘c3 ♔f6 64. ♘e4 ♔e5 65. ♘g5 ♔f6 66. ♘f7 ♘e7 ½:½

22.09. 663.

C.H.O'D. ALEXANDER - P. KERES

1. e4 e5 2. ♘f3 ♘c6 3. ♗b5 a6 4. ♗a4 ♘f6 5. 0-0 ♗e7 6. ♖e1 b5 7. ♗b3 0-0 8. c3 d6 9. h3 ♘d7 10. d4 ♗f6 11. d5 ♘a5 12. ♗c2 c5 13. ♘bd2 ♘b6 14. ♘f1 g6 15. g4 ♗g7 16. ♘g3 ♗d7 17. b3 ♘b7 18. ♔h2 a5 19. ♗e3 a4 20. ♕d2 f6 21. ♘g1 ♕c7 22. ♘1e2 ♘d8 23. f3 ♘f7 24. h4 ♖a7 25. ♖g1 ab3 26. ab3 ♖fa8 27. ♖a7 ♖a7 28. g5 fg5 29. ♗g5 h6 30. ♗e3 ♕d8 31. h5 ♕h4 32. ♔g2 ♘g5 33. ♖h1 ♗h3 34. ♔f2 ♘f3 35. ♕d3 ♖f7 36. hg6 ♖f8 37. ♖h3 ♘g5 38. ♔e1 ♕h3 39. ♗g5 hg5 40. ♕b5 ♘c8 41. b4 cb4 42. cb4 ♘e7 43. ♕b7 ♘g6 44. ♘f5 ♖f7 45. ♕c8 ♔h7 46. ♕e6 ♖c7 47. ♘g7 ♕e6 48. ♘e6 ♖c2 49. ♘g5 ♔g8 50. ♔d1 ♖b2 51. ♘c3 ♖b4 52. ♔c2 ♘f8 53. ♘f3 ♘d7 54. ♘h4 ♘c5 55. ♘f5 ♖b6 56. ♘e3 ♔f7 57. ♘c4 ♖a6 58. ♔d2 ♔e7 59. ♔e3 ♖a1 60. ♔e2 ♖c1 61. ♔d2 ♖h1 62. ♔e3 ♖h2 63. ♘d2 ♖h3 64. ♘f3 ♔d7 65. ♔e2 ♘b3 66. ♘b5 ♖g3 67. ♔f2 ♖g8 68. ♔e3 ♖c8 69. ♔d3 ♘c5 70. ♔e3 ♖b8 71. ♘c3 ♖b3 72. ♔d2 ♘e4 **0:1**

MOSCOW
25.11.- 23.12.1947

26.11. **664.**

P. KERES - K. PLATER

1. e4 c5 2. ♘e2 e6 3. d4 cd4 4. ♘d4 ♘f6 5. ♘c3 d6 6. g4 ♗e7 7. ♗g2 0-0 8. 0-0 ♘c6 9. ♘b3 a6 10. f4 ♕c7 11. g5 ♘d7 12. ♗e3 b5 13. ♕h5 b4 14. ♘e2 ♗b7 15. c4 bc3 16. ♘c3 ♘b4 17. ♖ac1 ♕d8 18. ♘d4 ♘c6 19. ♖f3 ♖e8 20. ♘c6 ♗c6 21. f5 ef5 22. ♖h3 ♘f8 23. ef5 ♗g2 24. ♔g2 ♕a5 25. ♖f1 ♖ab8 26. ♗d4 ♖b2 27. ♔h1 ♕b4 28. ♗g7 ♕b7 29. ♖hf3 ♔g7 30. f6 ♔g8 31. fe7 ♖e7 32. ♔g1 ♕b6 33. ♖3f2 ♖f2 34. ♖f2 ♖e1 35. ♔g2 ♕b7 36. ♕f3 ♕f3 37. ♖f3 ♘e6 38. h4 ♔g7 39. ♔f2 ♖h1 40. ♔g3 ♖g1 41. ♔h3 ½:½

27.11. **665.**

A. TSVETKOV - P. KERES

1. e4 e5 2. ♘f3 ♘c6 3. ♗b5 a6 4. ♗a4 ♘f6 5. 0-0 ♗e7 6. ♖e1 b5 7. ♗b3 0-0 8. d4 d6 9. c3 ♗g4 10. h3 ♗h5 11. ♗g5 ♗f3 12. gf3 ♘h5 13. ♗e3 ♘a5 14. de5 ♘b3 15. ab3 ♗g5 16. f4 ♘f4 17. ♗f4 ♗f4 18. ed6 cd6 19. ♕g4 ♕f6 20. ♘a3 ♖ae8 21. ♔f1 ♖e5 22. ♘c2 ♖g5 23. ♕f3 ♕h6 24. ♘e3 ♗e3 25. ♖e3 f5 26. e5 f4 27. ♖d3 de5 28. ♖e1 ♕g6 29. ♕d5 ♔h8 30. ♕d6 ♖g1 31. ♔e2 ♕e4 32. ♖e3 ♖e1 33. ♔e1 ♕b1 34. ♔e2 f3 35. ♖f3 ♕e4 36. ♖e3 ♕c2 37. ♔e1 ♕f2 38. ♔d1 h6 39. ♕e5 ♕b2 40. ♔e1 a5 41. ♖f3 ♕c1 42. ♔f2 ♕c2 43. ♔e3 ♖c8 44. ♔f4 a4 45. ba4 ♕b2 46. ♖g3 ♕f2 47. ♔e4 ♕c2 48. ♖d3 ba4 49. ♔e3 a3 50. ♕e7 a2 51. ♕d7 **0:1**

28.11. **666.**

P. KERES - A. SOKOLSKY

1. e4 e5 2. ♘f3 ♘c6 3. ♗b5 a6 4. ♗a4 d6 5. c4 ♗g4 6. d3 ♘e7 7. h3 ♗f3 8. ♕f3 ♘g6 9. ♘c3 ♗e7 10. ♗e3 ♗g5 11. 0-0 0-0 12. ♕g4 h6 13. ♘e2 ♗e3 14. fe3 ♕g5 15. ♕g3 ♕g3 16. ♘g3 ♘ge7 17. ♔f2 g6 18. ♔e2 ♔g7 19. ♔d2 h5 20. a3 h4 21. ♘e2 f5 22. ♘c3 fe4 23. ♘e4 ♖f5 24. ♖g1 ♖af8 25. ♗d1 ♖f1 26. ♗f3 ♖a1 27. ♖a1 ♘d8 28. b4 ♘e6 29. ♖b1 b6 30. a4 ♖b8 31. ♘c3 ♘g5 32. ♘d5 ♘f3 33. gf3 ♘d5 34. cd5 ♖a8 35. ♖c1 ♖a7 36. e4 ♔f6 37. ♔e3 g5 38. d4 ed4 39. ♔d4 ♔e7 40. e5 de5 41. ♔e5 ♔d7 42. ♖g1 ♖a8 43. ♖g5 ♖e8 44. ♔d4 ♖e1 45. ♖g7 ♔d6 46. ♖g6 ♔d7 47. ♖g4 ♔d6 48. ♖g6 ♔d7 49. a5 ♖b1 50. ♔c4 ♖c1 51. ♔d3 ♖d1 52. ♔e3 ♖d5 53. ab6 cb6 54. ♖b6 a5 55. ♔e4 ♖h5 56. ♔f4 ab4 57. ♖b4 ♔e6 58. ♔g4 ♖h8 59. ♔g5 ♖g8 60. ♔h4 ♔f5 61. ♖g4 ♖h8 62. ♔g3 ♖a8 63. h4 ♖a1 64. h5 ♖a6 65. ♖h4 ♖h6 66. ♖f4 ♔g5 67. ♖g4 ♔f5 68. ♔h4 ♖h8 69. ♖g5 ♔f6 70. ♔g4 ♔f7 71. ♖f5 ♔g7 72. ♔g5 ♖g8 73. ♖f6 ♔h7 74. ♖g6 ♖a8 75. f4 ♖a1 76. ♖e6 ♖g1 77. ♔f6 ♖f1 78. f5 ♖f2 79. ♖e5 ♖h2 80. ♖e7 ♔h6 81. ♖e8 ♔h7 82. ♔e6 ♖e2 83. ♔f7 ♖a2 84. f6 ♖a6 85. ♔e7 ♖a7 86. ♔f8 ♖a6 87. f7 ♖a7 88. ♖c8 ♖a1 89. ♔e7 **1:0**

1.12. **667.**

R. KHOLMOV - P. KERES

1. d4 ♘f6 2. ♘f3 c5 3. c4 cd4 4. ♘d4 e6 5. g3 ♘c6 6. ♗g2 ♗c5 7. ♘c2 0-0 8. ♘c3 ♗e7 9. 0-0 b6 10. ♗f4 ♗b7 11. ♗d6 ♘a5 12. ♗e7 ♕e7 13. ♗b7 ♘b7 14. e4 d6 15. ♕e2 ♖ac8 16. ♘e3 a6 17. ♖ad1 ♖c5 18. ♖d4 ♖fc8 19. ♖fd1 ♘d7 20. f4 ♘f8 21. b4 ♖5c6 22. ♘a4 ♕c7 23. ♔g2 ♖b8 24. b5 ab5 25. cb5 ♖c1 26. ♖c1 ♕c1 27. ♘c4 ♕b1 28. ♘cb6 ♘c5 29. ♘c5 dc5 30. ♖d6 ♕b4 31. a4 ♕a5 32. ♘c4 ♕a4 33. b6 ♕b5 34. ♕d3 h5 35. ♔h3 ♔h7 36. f5 ef5 37. ef5 ♕e8 38. ♕d5 ♕e2 39. ♕f7 ♖e8 **0:1**

2.12. **668.**

P. KERES - V. SMYSLOV

1. d4 d5 2. c4 c6 3. ♘c3 ♘f6 4. cd5 cd5 5. ♘f3 ♘c6 6. ♗f4 e6 7. e3 ♗e7 8. ♗d3 0-0 9. ♖c1 b6 10. 0-0 ♗b7 11. ♘e5 ♘b4 12. ♗b1 ♘d7 13. ♕h5 g6 14. ♕h6 ♘e5 15. ♗e5 ♗f6 16. f4 ♗e5 17. fe5 f5 18. ♘b5 ♖c8 19. ♘d6 ♖c1 20. ♖c1 ♕e7 21. h4 ♗a6 22. h5 ♕h4 23. a3 ♘c6 24. ♖c6 ♕e1 25. ♔h2 ♕h4 **½:½**

3.12. **669.**

V. RAGOZIN - P. KERES

1. d4 ♘f6 2. c4 e6 3. ♘c3 ♗b4 4. e3 0-0 5. ♗d3 d6 6. ♘e2 e5 7. 0-0 c5 8. ♘e4 ♕e7 9. ♘f6 ♕f6 10. d5 ♕e7 11. e4 f5 12. ef5 e4 13. ♗c2 ♗f5 14. ♘g3 ♗g6 15. ♕g4 ♘d7 16. ♗g5 ♘f6 17. ♗f6 ♕f6 18. ♗e4 ♖ae8 19. ♗g6 hg6 20. ♖ad1 ♕b2 21. ♕g6 ♕f6 22. ♕f6 ♖f6 23. f3 ♖e3 24. ♘e4 ♖h6 25. ♖c1 a6 26. a4 ♔f8 27. ♔f2 ♖d3 28. ♖fd1 ♖b3 29. ♖b1 ♖a3 30. ♖a1 ♖b3 31. ♖db1 ♖d3 32. h3 ♔e7 33. ♖d1 ♖b3 34. ♖ab1 ♖a3 35. ♖a1 ♖b3 36. ♖db1 ♖d3 37. ♖a2 ♔f7 38. ♔e2 ♖d4 39. ♖c2 ♖h5 40. ♔e3 b6 41. ♖b4 ♖e4 42. fe4 cb4 43. ♖f2 ♔e7 44. ♔d4 a5 45. ♖f3 ♖h4 46. g4 g5 47. e5 de5 48. ♔e5 ♖h6 49. ♖d3 ♖h8 50. ♖e3 ♖f8 51. d6 ♔d7 52. ♔d5 ♖f7 53. ♖e5 b3 54. ♖e3 b2 55. ♖b3 ♖f1 56. ♖b2 ♖d1 57. ♔e5 ♖d6 58. ♔f5 ♖c6 59. ♔g5 ♖c4 60. ♖b6 ♖a4 61. ♖a6 ♔c7 62. h4 ♔b7 63. ♖f6 ♖c4 64. h5 **1:0**

6.12. **670.**

P. KERES - I. BOLESLAVSKY

1. d4 ♘f6 2. c4 d6 3. ♘f3 g6 4. ♗f4 ♗g7 5. e3 c6 6. ♘c3 ♕a5 7. ♗d3 ♘h5 8. ♗g5 h6 9. ♗h4 g5 10. ♗g3 ♘d7 11. ♖b1 ♘df6 12. b4 ♕d8 13. 0-0 0-0 14. ♕c2 ♗d7 15. c5 ♘g3 16. hg3 ♘g4 17. ♘h2 ♘h2 18. ♔h2 f5 19. ♘e2 ♔h8 20. b5 dc5 21. ♕c5 cb5 22. ♗b5 ♗e6 23. ♖b2 ♕d6 24. ♕d6 ed6 25. ♗d3 ♖f7 26. ♖fb1 b6 27. a4 ♖c8 28. a5 ba5 29. ♖a1 ♗f6 30. ♖a5 ♗d8 31. ♖a3 ♗b6 32. ♗a6 ♖d8 33. ♖c3 ♔g7 34. ♗c4 d5 35. ♗a6 ♖e7 36. ♔g1 ♗d7 37. f4 ♔f6 38. ♔f2 ♖e6 39. ♘g1 g4 40. ♘e2 ♖d6 41. ♖a2 ♖b8 42. ♘c1 ♗d8 43. ♘d3 ♖db6 44. ♘c5 ♗e8 45. ♗e2 ♖a8 46. ♖ca3 ♗e7 47. ♖a7 ♖a7 48. ♖a7 ♖b2 49. ♘d3 ♖c2 50. ♖a5 ♔e6 51. ♔e1 h5 52. ♔d1 ♖c3 53. ♔d2 ♖a3 54. ♖a3 ♗a3 55. ♘c5 ♔f6 56. ♗a6 ♗b4 57. ♔e2 ♔e7 58. ♔f2 ♗d7 59. ♗d3 ♗c8 60. ♗b5 ♗a3 61. ♘d3 ♗d7 62. ♗d7 ♔d7 63. ♔e2 ♗e7 64. ♔d2 ♔c6 65. ♔c3 ♔b5 66. ♘e5 ♗b4 67. ♔d3 ♗e7 68. ♔c2 ♔b6 69. ♔b3 ♔b5 70. ♔c3 ♔b6 71. ♘g6 ♗f6 72. ♔b4 ♗d8 73. ♔a4 ♔a6 74. ♘e5 ♗a5 75. ♘c6 ♗e1 76. ♘e7 ♗g3 77. ♘f5 ♗f2 78. ♔b4 ♔b6 79. g3 ♔c6 80. ♔c3 ♔d7 81. ♔d3 ♔e6 82. ♔e2 ♗g1 83. ♘h4 ♔f6 84. ♘g2 ♔f5 85. ♔f1 ♗h2 86. ♘h4 **1:0**

8.12. **671.**

L. PACHMAN - P. KERES

1. d4 ♘f6 2. ♘f3 g6 3. c4 ♗g7 4. ♘c3 d5 5. ♕b3 dc4 6. ♕c4 0-0 7. e4 ♗g4 8. ♗e2 ♘fd7 9. ♗e3 ♘b6 10. ♕d3 ♘c6 11. 0-0-0 ♕c8 12. ♕c2 e5 13. ♘e5 ♘e5 14. de5 ♗e5 15. ♗g4 ♕g4 16. f3 ♕e6 17. ♗d4 ♖ad8 18. ♗e5 ♕e5 19. g3 c6 20. ♖d8 ♖d8 21. ♖d1 ♖d4 22. f4 ♕c5 23. ♖d4 ♕d4 24. b3 ♕g1 25. ♔b2 ♕e3 26. ♕e2 ♕d4 27. ♕d1 ♕f2 28. ♕e2 ♕c5 29. ♕d2 ♔g7 30. ♘e2 h5 31. ♕c3 ♕c3 32. ♔c3 ♔f6 33. ♔d4 **½:½**

9.12. **672.**

P. KERES - A. KOTOV

1. e4 c5 2. ♘e2 ♘f6 3. ♘bc3 d5 4. ed5 ♘d5 5. ♘d5 ♕d5 6. d4 cd4 7. ♕d4 ♕d4 8. ♘d4 a6 9. ♗e3 ♗d7 10. 0-0-0 ♘c6 11. ♘b3 e6 12. ♘c5 0-0-0 13. ♗e2 ♗e8 14. c3 ♗e7 15. ♗f3 ♖d1 16. ♖d1 ♘d8 17. g3 ♗c6 18. ♗e2 e5 19. ♗g4 ♔b8 20. ♘d7 ♗d7 21. ♖d7 ♖e8 22. ♗b6 ♘c6 23. ♗c7 ♔a8 24. ♔c2 f6 25. ♗f5 h6 26. ♗e4 g5 27. b4 h5 28. a4 f5 29. ♗f5 ♖f8 30. ♗e4 ♖f2 31. ♔d3 ♘b4 32. cb4

♗b4 33. ♔c4 ♖d2 34. ♖d2 ♗d2 35. a5 g4 36. ♔d5 ♗g5 37. ♔d6 h4 38. ♔d7 **1:0**

11.12. **673.**

P. KERES - Dr. P. TRIFUNOVIC

1. e4 c5 2. ♘f3 ♘c6 3. d4 cd4 4. ♘d4 ♘f6 5. ♘c3 e6 6. ♘db5 ♗b4 7. ♘d6 ♔e7 8. ♘c8 ♖c8 9. ♗d3 d5 10. ed5 ♕d5 11. 0-0 ♕h5 12. ♕h5 ♘h5 13. ♗d2 ♘f6 14. a3 ♗d6 15. ♘e4 ♘e4 16. ♗e4 f5 17. ♗d3 ♘e5 18. ♖ad1 ♔f7 19. ♗b5 ♖hd8 20. ♗a5 b6 21. ♗a6 ♖b8 22. ♗c3 ♘g4 23. g3 ♗e5 24. ♗b4 ♘f6 25. ♖d8 ♖d8 26. b3 ♗d6 27. ♗d6 ♖d6 28. ♗d3 ♘d7 **½:½**

12.12. **674.**

I. BONDAREVSKY - P. KERES

1. d4 ♘f6 2. c4 e6 3. g3 d5 4. ♗g2 dc4 5. ♘f3 c6 6. ♘e5 ♗b4 7. ♘c3 ♘d5 8. ♗d2 ♘b6 9. ♘e4 a5 10. e3 0-0 11. ♕c2 ♘8d7 12. ♗b4 ab4 13. ♘c4 ♘c4 14. ♕c4 ♕e7 15. f4 ♘b6 16. ♕b3 ♘d5 17. 0-0 b6 18. ♘d2 c5 19. e4 ♘c7 20. d5 ♗a6 21. ♖fe1 ♘b5 22. de6 fe6 23. ♘f3 ♔h8 24. ♗f1 ♘c7 25. ♗a6 ♖a6 26. ♖ed1 ♘b5 27. a4 ♘d4 28. ♘d4 cd4 29. ♖d4 e5 30. fe5 ♕e5 31. ♕b4 ♕f6 32. ♕d2 b5 33. b3 ba4 34. ba4 h6 35. ♖d1 ♖aa8 36. ♕e2 ♕c6 37. ♕c4 ♕b6 38. ♕b5 ♕f6 39. ♕e2 ♕b6 40. ♔g2 ♕b3 41. ♖f1 ♖fc8 42. ♖f3 ♕b1 43. ♖f2 ♖c1 44. ♕b2 ♕a1 45. ♕b6 ♔h7 46. ♖d6 ♖g8 47. ♕b5 ♖g1 48. ♔h3 ♕e1 49. ♕f5 ♔h8 50. ♕h5 ♕e4 51. ♖e2 ♕b7 52. ♕e5 ♕c8 53. ♔h4 ♔h7 54. ♕e4 g6 55. ♖c2 ♖e1 56. ♕d3 ♕f5 57. ♖c7 ♖g7 58. ♖g7 ♔g7 59. ♖d7 ♔f6 60. ♕d4 ♖e5 61. ♕d6 ♖e6 62. ♕f8 ♔e5 63. ♕c5 ♔f6 64. ♕f8 ♔e5 65. ♕b8 ♔e4 66. ♕b1 ♔e3 67. ♕e1 ♔f3 68. ♕f1 ♔e3 69. ♕g1 ♔f3 70. ♕f1 ♔e3 71. ♕f5 gf5 72. a5 f4 73. gf4 ♔f4 74. ♖a7 ♔f3 75. ♔h3 ♔f4 76. ♖b7 ♖a6 77. ♖b5 ♔f3 78. ♔h4 ♔f4 79. ♖b4 ♔f3 80. ♖a4 ♔g2 81. ♖a2 ♔f3 82. ♖a3 ♔e4 83. ♖a4 ♔f5 84. ♔h5 ♔e5 85. ♔g4 ♔e6 86. ♔f4 ♔f6 87. ♔e4 ♔e6 88. ♖a3 ♔e7 89. ♔e5 ♔e8 90. h4 ♔e7 91. ♔d5 ♔d7 92. h5 ♔d8 93. ♔c5 ♔c7 94. ♔b5 ♖f6 95. ♖c3 ♔b7 96. ♖c5 ♖f1 97. a6 ♔a7 98. ♖c7 ♔b8 99. ♖c6 ♔a7 100. ♖h6 ♖f5 101. ♔c4 ♖e5 102. ♔d4 ♖g5 103. ♔e4 ♖c5 104. ♔d4 ♖g5 105. ♖h8 ♖f5 **½:½**

15.12. **675.**

P. KERES - C. KOTTNAUER

1. d4 ♘f6 2. c4 e6 3. ♘c3 ♗b4 4. e3 c5 5. ♗d3 0-0 6. ♘f3 d6 7. 0-0 ♗c3 8. bc3 ♘c6 9. e4 e5 10. d5 ♘a5 11. h3 b6 12. ♗g5 h6 13. ♗e3 ♗a6 14. ♕e2

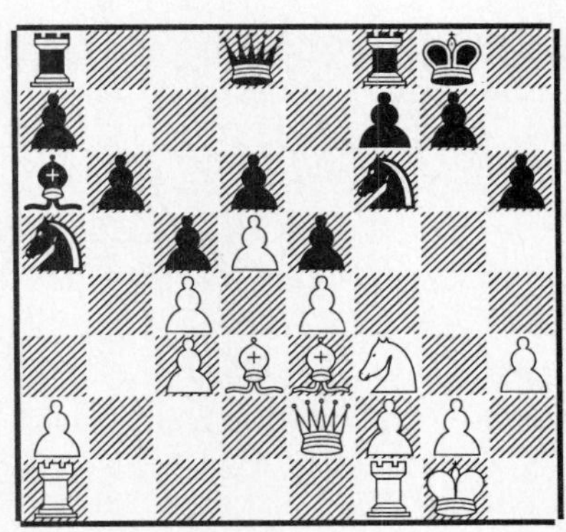

♘e4 15. ♗e4 f5 16. ♗c2 ♗c4 17. ♕d1 ♗f1 18. ♕f1 e4 19. ♘h2 ♕f6 20. ♗d2 ♖ae8 21. ♕e2 ♖e5 22. f3 e3 23. ♗e1 ♖d5 24. ♕e3 ♖e5 25. ♕d3 ♕e6 26. ♗f2 ♖d5 27. ♕e3 ♕e3 28. ♗e3 ♖e8 29. ♘f1 ♔f8 30. ♔f2 ♘c4 31. ♗c1 ♖de5 32. ♗d3 ♘a5 33. ♗f4 ♖d5 34. ♗b5 ♖e6 35. h4 c4 36. a4 ♖d3 37. ♘e3 ♖c3 38. ♗d7 ♖f6 39. ♘f5 ♖c2 40. ♔f1 ♘b7 41. ♖e1 ♔g8 **1:0**

16.12. **676.**

S. GLIGORIC - P. KERES

1. e4 e5 2. ♘f3 ♘c6 3. ♗b5 a6 4. ♗a4 d6 5. c3 ♗d7 6. d4 ♘ge7 7. 0-0 ♘g6 8. c4 ♗e7 9. ♘c3 0-0 10. ♗e3 ♗g4 11. ♗c6 bc6 12. h3 ♗f3 13. ♕f3 ed4 14. ♗d4 c5 15. ♗e3 ♗f6

16. ♖ac1 ♖e8 17. ♖fe1 ♖e6 18. ♔h2 ♖b8 19. b3 ♘h4 20. ♕h5 g6 21. ♕g4 ♗e5 22. ♗f4 ♗c3 23. ♖c3 ♘f5 24. ♗g5 ♕e8 25. ♖cc1 ♘d4 26. ♗d2 ♕e7 27. ♗c3 ♖e8 28. f3 ♘c6 29. ♖cd1 a5 30. ♕f4 ♖a8 31. ♕h6 f6 32. ♕d2 ♕e8 33. ♕d5 ♘d4 34. ♕b7 ♕c6 35. ♕c6 ♘c6 36. ♖b1 ♔f7 37. g4 ♖ee8 38. ♔g3 a4 39. b4 cb4 40. ♗b4 ♖eb8 41. ♗c3 a3 42. h4 ♘e5 43. ♖b8 ♖b8 44. c5 dc5 45. f4 ♘d7 46. f5 ♔e7 47. g5 ♖b6 48. ♔f4 ♖d6 49. ♖c1 gf5 50. ef5 ♔f7 51. ♔e4 ½:½

48. ♖g7 ♖f2 49. ♔b3 ♖b2 50. ♔a4 ♖h2 51. ♖f7 ♔g6 52. ♖f8 ♘d6 53. ♘b5 ♘f5 54. ♘c7 ♖e2 55. ♘e8 ♘d4 56. ♖f6 ♔h5 57. ♖f7 ♘f5 58. ♖h7 ♔g4 59. ♖d7 ♔f4 60. ♘c7 ♔e5 61. ♔b4 ♖c2 62. ♔b3 ♘d4 63. ♔b4 ♖c4 64. ♔a5 ♘f5 65. ♔b6 d4 66. ♘a6 ♘d6 67. ♘c5 ♔d5 68. ♘d3 e5 69. ♖h7 ♖c6 70. ♔a5 ♘c4 71. ♔b5 ♖b6 72. ♔a4 ♘b2 73. ♔a5 ♘c4 74. ♔a4 ♖b8 75. ♘b4 ♔e6 76. ♘c6 ♘b2 77. ♔a3 ♘c4 78. ♔a4 ♖b1 79. ♖h6 ♔f5 80. ♘b4 **0:1**

19.12. **677.**

P. KERES - M. BOTVINNIK

1. d4 e6 2. ♘f3 f5 3. g3 ♘f6 4. ♗g2 ♗e7 5. 0-0 0-0 6. c4 d5 7. ♘c3 c6 8. ♖b1 ♔h8 9. cd5 cd5 10. ♗f4 ♘c6 11. ♘e5 ♗d7 12. ♖c1 ♖c8 13. ♕d3 ♘h5 14. ♗d2 ♗d6 15. ♘c6 ♗c6 16. ♕f3 ♕e8 17. ♕d3 ♘f6 18. a3 ♖c7 19. ♗g5 ♘g4 20. ♕d2 ♘f6 21. ♗f4 ♕d7 22. ♗d6 ♕d6 23. ♕f4 ♕f4 24. gf4 ♖fc8 25. e3 ♗b5 26. ♖fe1 ♔g8 27. f3 ♗c4 28. ♗f1 ♘e8 29. ♗c4 ♖c4 30. ♔f2 ♘d6 31. ♔e2 b5 32. ♔d3 b4 33. ♘a2 ba3 34. ba3 ♖a4 35. ♖c8 ♘c8 36. ♘c3 ♖a3 37. ♔c2 ♘d6 38. ♖b1 ♔f7 39. ♖b4 ♖a1 40. ♔d3 ♖a3 41. ♔c2 ♖a1 42. ♔d3 ♖e1 43. ♖a4 ♘c4 44. ♖a7 ♔g6 45. e4 ♖e3 46. ♔c2 ♖f3 47. ef5 ♔f5

22.12. **678.**

N. NOVOTELNOV - P. KERES

1. d4 ♘f6 2. c4 e6 3. ♘f3 d5 4. ♘c3 c6 5. e3 ♘bd7 6. ♗d3 ♗b4 7. 0-0 0-0 8. ♗d2 ♕e7 9. ♘e5 ♖d8 10. a3 ♗d6 11. ♘d7 ♗d7 12. c5 ♗c7 13. f4 ♗e8 14. ♕c2 g6 15. b4 ♘d7 16. a4 b6 17. a5 f6 18. e4 bc5 19. bc5 ♖ab8 20. ed5 ed5 21. ♖fe1 ♕g7 22. f5 ♘f8 23. ♖e3 ♗d7 24. ♘e2 ♖e8 25. ♖e8 ♖e8 26. ♘f4 ♕h6 27. g3 g5 28. ♘g2 ♕g7 29. ♖b1 ♗c8 30. ♕d1 ♕f7 31. ♘e3 h5 32. ♗e2 ♖e4 33. ♗h5 ♕e7 34. ♘c2 ♗f5 35. ♖b7 ♕d8 36. ♗f3 ♖e7 37. ♘e3 ♗g6 38. a6 ♘e6 39. ♕a4 ♗d3 40. ♕c6 ♘d4 41. ♕d5 ♔g7 42. ♗c3 ♖d7 43. ♗d4 ♖d5 44. ♘d5 ♔g6 45. ♖c7 ♕e8 46. ♗h5 **1:0**

WORLD CHAMPIONSHIP TOURNAMENT
The Hague-Moscow 1.03.- 18.04.1948

2.03. **679.**

Dr. M. EUWE - P. KERES

1. e4 e5 2. ♘f3 ♘c6 3. ♗b5 a6 4. ♗a4 d6 5. c3 ♗d7 6. d4 ♘ge7 7. ♗b3 h6 8. ♘bd2 ♘g6 9. ♘c4 ♗e7 10. 0-0 0-0 11. ♘e3 ♗f6 12. ♘d5 ed4 13. ♘d4 ♖e8 14. ♘f6 ♕f6 15. f3 ♘f4 16. ♘c6 ♗c6 17. ♗e3 ♖ad8 18. ♕d2 ♘g6 19. ♗d4 ♕e7 20. ♖ae1 ♕d7 21. c4 ♗a4 22. ♗a4 ♕a4 23. ♕c3 f6 24. f4 ♔h7 25. b3 ♕d7 26. ♕f3 b5 27. ♕d3 bc4 28. ♕c4

(diagram)

♖e4 29. ♖e4 d5 30. ♕a6 de4 31. ♗e3 ♕g4 32. ♕c4 ♖d3 33. ♗c1 ♘h4 34. ♕e4 f5 35. ♕b7 c6 36. ♕c6 ♖c3 37. ♕d5 ♖c5 38. ♕d2 ♖c1 39. h3 ♕g3 40. ♕e2 ♕f4 41. ♖c1 ♕c1 42. ♔h2 ♕f4 43. ♔g1 ♘g6 44. ♕c2 ♘e7 45. a4 ♕d4 46. ♔h2 ♕e5 47. ♔g1 ♘d5 48. ♕d1 ♘c3 49. ♕c2 ♔g6 50. ♔h1 ♕e1 51. ♔h2 ♘e2 52. ♕c6 ♔h7 53. ♕c5 ♘g3 54. ♕d6 ♘f1 55. ♔g1 h5 56. ♕f4 **0:1**

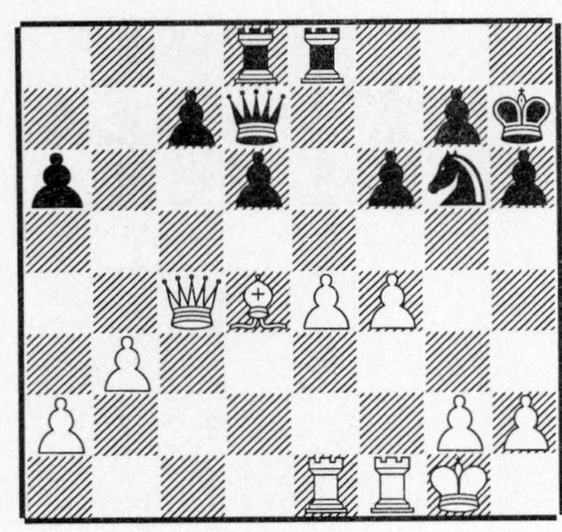

4.03. **680.**

P. KERES - V. SMYSLOV

1. c4 ♘f6 2. ♘f3 c6 3. ♘c3 d5 4. e3 g6 5. d4 ♗g7 6. cd5 ♘d5 7. ♗c4 0-0 8. 0-0 b6 9. ♕b3 ♘c3 10. bc3 ♗a6 11. ♗a3 ♗c4 12. ♕c4 ♖e8 13. e4 b5 14. ♕b3 ♘d7 15. c4 ♖b8 16. ♖ad1 ♕a5 17. c5 b4 18. ♗b2 e5 19. ♘g5 ♖e7 20. f4 ed4 21. f5 ♘c5 22. ♕h3 h5 23. f6 ♗h6 24. fe7 ♗g5 25. ♕f3 f6 26. ♗d4 ♘d7 27. h4 **1:0**

8.03. **681.**

S. RESHEVSKY - P. KERES

1. ♘f3 ♘f6 2. c4 b6 3. d3 g6 4. e4 d6 5. ♘c3 ♗g7 6. d4 0-0 7. ♗e2 ♗b7 8. ♕c2 e5 9. de5 de5 10. ♗e3 ♖e8 11. 0-0 ♘bd7 12. ♖fd1 c6 13. b4 ♕e7 14. ♖ab1 ♘f8 15. a4 ♕c7 16. b5 ♖ed8 17. ♖d8 ♖d8 18. a5 ♘g4 19. ab6 ab6 20. ♗g5 f6 21. bc6 ♗c6 22. ♗d2 f5 23. ♗g5 ♖e8 24. h3 fe4 25. ♘e4 ♗e4 26. ♕e4 ♘f6 27. ♕e3 ♘8d7 28. ♕b3 ♖b8 29. ♗e3 ♘c5 30. ♕c2 ♖a8 31. ♘g5 ♖e8 32. h4 e4 33. ♘h3 ♖d8 34. ♘f4 ♖d6 35. h5 g5 36. ♘d5 ♘d5 37. cd5 h6 38. ♗c5 bc5 39. ♕e4 ♗d4 40. ♕e8 ♔g7 41. ♖b8 **1:0**

11.03. **682.**

P. KERES - M. BOTVINNIK

1. c4 e6 2. g3 d5 3. ♗g2 d4 4. b4 c5 5. b5 e5 6. d3 ♗d6 7. e4 ♕c7 8. ♘e2 h5 9. h4 ♘h6 10. 0-0 ♗g4 11. f3 ♗e6 12. f4 ♗g4 13. f5 ♘d7 14. ♘d2 g6 15. fg6 fg6 16. ♘f3 ♗e7 17. ♖f2 ♕d6 18. ♗h6 ♖h6 19. ♕d2 ♖h8 20. ♘g5 ♘f6 21. ♖e1 ♕b6 22. ♘f3 ♘d7 23. ♘g5 ♖f8 24. ♖f8 ♗f8 25. a4 ♗h6 26. a5 ♕f6 27. ♘c1 0-0-0 28. ♘b3 ♖f8 29. ♖a1 ♕e7 30. ♕c1 ♔b8 31. ♖a2 ♖f7 32. ♕a3 ♗g5 33. hg5 ♗d1 34. ♕c1 ♗b3 35. ♖b2 ♗d1 36. ♕d1 ♕g5 37. ♕e1 ♘f8 38. ♔h2 ♕f6 39. ♗h3 ♘h7 40. ♕d1 ♘g5 41. b6 h4 42. ♕g4 hg3 43. ♔g3 ♖f8 44. ba7 ♔a7 45. a6 ♘h3 46. ♕h3 ♕f4 47. ♔g2 ♕f1 48. ♔h2 ♖f2 49. ♖f2 ♕f2 50. ♔h1 ♕e1 51. ♔g2 ♕e2 52. ♔g1 ♕e3 53. ♕e3 de3 54. ab7 ♔b7 55. ♔g2 ♔b6 56. ♔f3 ♔a5 57. ♔e3 ♔b4 58. ♔d2 g5 **0:1**

15.03. **683.**

P. KERES - Dr. M. EUWE

1. e4 e5 2. ♘f3 ♘c6 3. ♗b5 a6 4. ♗a4 ♘f6 5. 0-0 ♗e7 6. ♕e2 b5 7. ♗b3 0-0 8. c3 d5 9. d3 d4 10. cd4 ♘d4 11. ♘d4 ♕d4 12. ♗e3 ♕d6 13. ♘c3 ♗e6 14. ♗e6 fe6 15. f4 ef4 16. ♗f4 e5 17. ♗g3 ♖ad8 18. ♖ad1 ♕e6 19. ♖f5 ♗c5 20. ♔h1 ♗d4 21. ♗h4 ♖d7 22. ♖c1 ♖df7 23. a3 ♗c3 24. bc3 ♘d7 25. ♖f7 ♖f7 26. ♗g3 ♕b3 27. d4 ♕a3 28. ♕d1 ♘f6 29. ♖a1 ♕f8 30. de5 ♘e4 31. ♕d3 ♘c5 32. ♕e2 ♘e6 33. h3 ♕c8 34. ♕a2 **½:½**

16.03. **684.**

V. SMYSLOV - P. KERES

1. d4 ♘f6 2. c4 e6 3. g3 d5 4. ♗g2 dc4 5. ♕a4 ♗d7 6. ♕c4 ♗c6 7. ♘f3 ♘bd7 8. ♘c3 ♘b6 9. ♕d3 ♗b4 10. 0-0 0-0 11. ♖d1 h6 12. ♗d2 ♕e7 13. a3 ♗c3 14. ♕c3 ♖fd8 15. ♗e1 ♖ac8 16. ♗f1 ♗d5 17. b4 ♘bd7 18. ♘h4 ♘e4 19. ♕c2 ♘d6 20. f3 g5 21. ♘g2 f5 22. ♗f2 ♘f6 23. ♘e1 a5 24. ♘d3 ♖a8 25. ♗g2 ♖a7 26. ♖e1 ♕h7 27. b5 ♘b5 28. ♕c5 c6 29. a4 ♘d7 30. ♕c2 ♘d6 31. ♘e5 ♘f6 32. ♖ac1 ♖aa8 33. ♘d3 ♖ab8 34. ♘c5 b6 35. e4

fe4 36. ♘e4 ♕g6 37. ♕e2 ♖b7 38. ♘c3 ♗c4 39. ♕b2 b5 40. ab5 cb5 41. ♘e4 ♘de4 42. fe4 ♘g4 43. ♖c4 ♕h5 44. ♖c2 ♕h2 45. ♔f1 ♖f7 46. ♖ee2 ♕g3 47. ♕c3 ♕c3 48. ♖c3 ♖df8 49. ♖cc2 ♘f2 50. ♖f2 ♖f2 51. ♖f2 ♖f2 52. ♔f2 a4 53. ♗h3 ♔f7 54. d5 ed5 55. ♗d7 ♔f6 56. ♗c6 de4 57. ♗b5 a3 **0:1**

18.03. **685.**

P. KERES - S. RESHEVSKY

1. e4 e5 2. ♘f3 ♘c6 3. ♗b5 a6 4. ♗a4 d6 5. c4 ♗g4 6. ♘c3 ♘e7 7. h3 ♗f3 8. ♕f3 ♘g6 9. ♘d5 ♖b8 10. ♘b4 ♘e7 11. ♘c2 ♕d7 12. d3 ♘c8 13. ♗d2 ♗e7 14. ♕g3 ♗f6 15. ♖c1 ♘b6 16. ♗b3 ♕d8 17. 0-0 ♘d7 18. a3 ♘c5 19. ♗a2 0-0 20. b4 ♘e6 21. ♗e3 ♘f4 22. ♕f3 ♘d3 23. ♖b1 ♘f4 24. b5 ½:½

25.03. **686.**

M. BOTVINNIK - P. KERES

1. d4 ♘f6 2. c4 e6 3. ♘c3 ♗b4 4. e3 0-0 5. a3 ♗c3 6. bc3 ♖e8 7. ♘e2 e5 8. ♘g3 d6 9. ♗e2 ♘bd7 10. 0-0 c5 11. f3 cd4 12. cd4 ♘b6 13. ♗b2 ed4 14. e4 ♗e6 15. ♖c1 ♖e7 16. ♕d4 ♕c7 17. c5 dc5 18. ♖c5 ♕f4 19. ♗c1 ♕b8 20. ♖g5 ♘bd7 21. ♖g7 ♔g7 22. ♘h5 ♔g6 23. ♕e3 **1:0**

11.04. **687.**

Dr. M. EUWE - P. KERES

1. e4 e5 2. ♘f3 ♘c6 3. ♗b5 a6 4. ♗a4 d6 5. c3 f5 6. ef5 ♗f5 7. d4 e4 8. ♘g5 d5 9. f3 e3 10. f4 ♗d6 11. ♕f3 ♕f6 12. ♕e3 ♘e7 13. ♗c6 bc6 14. 0-0 0-0 15. ♘d2 ♘g6 16. g3 ♖ae8 17. ♕f2 ♗d3 18. ♖e1 ♖e1 19. ♕e1

(diagram)

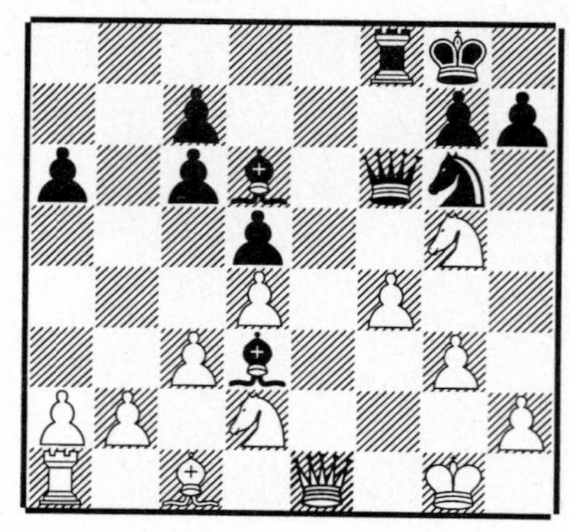

♗f4 20. gf4 ♘f4 21. ♘df3 ♘e2 22. ♔g2 h6 23. ♕d2 ♕f5 24. ♕e3 hg5 25. ♗d2 ♗e4 **0:1**

13.04. **688.**

P. KERES - V. SMYSLOV

1. d4 ♘f6 2. c4 g6 3. ♘c3 d5 4. ♘f3 ♗g7 5. ♕b3 dc4 6. ♕c4 0-0 7. e4 ♗g4 8. ♗e3 ♘fd7 9. ♕b3 ♘b6 10. ♖d1 e5 11. de5 ♘8d7 12. ♗e2 ♕e7 13. ♗g5 ♕e8 14. 0-0 ♘e5 15. ♘d5 ♘d5 16. ed5 ♘f3 17. ♗f3 ♗f3 18. ♕f3 ♕d7 19. ♖d2 ♖fe8 20. ♖c1 ♗e5 21. g3 a5 22. ♔g2 a4 23. ♖e2 ♗d6 24. ♖ce1 ♖e2 25. ♖e2 ♖e8 26. ♖e8 ♕e8 27. ♗f6 ♗f8 28. d6 cd6 29. ♕b7 ♕e6 30. ♗c3 ♕a2 31. ♕e4 f5 32. ♕d4 ♔f7 33. ♕h8 ♔e8 34. ♕h7 ♕f7 35. ♕h4 ♕d5 36. ♔g1 ♕d1 37. ♔g2 ♕d5 38. f3 ♕b5 39. ♕d4 ♕e2 40. ♕f2 ♕f2 41. ♔f2 ♔f7 42. ♔e3 ♔e6 ½:½

22.04. **689.**

P. KERES - M. BOTVINNIK

1. d4 e6 2. e4 d5 3. ♘d2 c5 4. ed5 ed5 5. ♘gf3 a6 6. dc5 ♗c5 7. ♘b3 ♗a7 8. ♗g5 ♘f6 9. ♘fd4 0-0 10. ♗e2 ♕d6 11. 0-0 ♘e4 12. ♗e3 ♘c6 13. ♘c6 ♗e3 14. fe3 bc6 15. ♗d3 ♘f6 16. ♕e1 ♘g4 17. ♕h4 f5 18. ♖f4 ♘e5 19. ♕g3 ♖a7 20. ♖af1 ♖af7 21. ♘d4 ♘d3 22. cd3 c5 23. ♘f3 ♕b6 24. ♖h4 h6 25. ♘e5 ♖f6 26. d4 cd4 27. ♖d4 ♕b2 28. ♖d5 ♗e6 29. ♖d4 ♔h7 30. ♘d7 ♗d7 31. ♖d7 ♖g6 32. ♕f2 ♕e5 33. ♖d4 ♖b8 34. ♕f4 ♕e6 35. ♖d2 ♖b5 36. h3 ♖e5 37. ♔h2 ♖f6 38. ♖fd1

♖e4 39. ♕b8 ♖e3 40. ♖d8 ♕e5 41. ♕e5 ♖e5 42. ♖1d2 g5 43. g4 ♖f7 44. ♖8d7 ♔g7 45. gf5 ♖f5 46. a3 ♖f2 47. ♔g3 ♖d2 48. ♖d2 ♖c7 49. ♖d4 ♖c6 50. a4 ♔g6 51. h4 ♔h5 52. hg5 hg5 53. ♖d3 ♖c4 54. ♖a3 a5 55. ♔h3 ♖b4 56. ♔g3 ♖f4 57. ♖a1 ♖g4 58. ♔h3 ♖e4 59. ♖a3 ♔g6 60. ♔g3 ♔f5 61. ♔f3 ♔e5 62. ♔g3 ♖d4 63. ♖a1 ♔d5 64. ♖b1 ♖b4 65. ♖f1 ♔e4 66. ♖e1 ♔d4 67. ♔h2 ♖a4 68. ♖g1 ♖c4 69. ♖g5 a4 70. ♔g2 ♔c3 71. ♔f3 a3 72. ♖a5 ♔b3 **0:1**

19.04. **690.**

S. RESHEVSKY - P. KERES

1.d4 d5 2. c4 c6 3. ♘f3 ♘f6 4. ♘c3 e6 5. e3 a6 6. c5 ♘bd7 7. b4 a5 8. b5 e5 9. ♕a4 ♕c7 10. ♗a3 e4 11. ♘d2 ♗e7 12. ♗e2 h5 13. b6 ♕d8 14. h3 ♘f8 15. 0-0-0 ♘e6 16. ♘de4 ♘e4 17. ♘e4 h4 18. ♘d2 0-0 19. ♖hg1 ♖e8 20. ♗d3 ♗f8 21. ♗b2 ♘g5 22. ♕c2 a4 23. a3 ♕e7 24. ♖de1 ♘e4 25. ♘f1 ♕g5 26. f3 ♘f6 27. ♔b1 ♘h5 28. ♗c3 ♗d7 29. f4 ♕h6 30. ♕f2 ♕f6 31. ♔b2 ♗f5 32. ♕c2 ♗e4 33. g4 hg3 34. ♘g3 ♘g3 35. ♖g3 ♗d3 36. ♕d3 ♖e4 37. ♖eg1 ♖ae8 38. ♖f1 ♕h4 39. ♖fg1 ♖8e6 40. ♕d2 f5 41. ♕d3 ♕h5 42. ♗d2 g6 43. ♖g5 ♕h3 44. ♖1g3 ♕h2 45. ♖g6 ♖g6 46. ♖g6 ♔f7 47. ♖g5 ♗e7 48. ♖f5 ♗f6 49. ♔c3 ♕h3 50. ♖f6 ♔f6 51. ♕c2 ♕f1 52. ♕a4 ♕a1 53. ♔c2 ♖e8 54. ♕b3 ♖a8 55. ♗c1 ♖h8 56. e4 ♖h1 57. e5 ♔e7 58. ♕e3 ♕a2 59. ♔c3 ♖h2 60. ♕d3 ♕a1 61. ♔b3 ♕c1 62. f5 ♕b2 63. ♔a4 ♖h8 **0:1**

22.04. **691.**

P. KERES - Dr. M. EUWE

1. e4 e5 2. ♘f3 ♘c6 3. ♗b5 a6 4. ♗a4 ♘f6 5. 0-0 ♘e4 6. d4 b5 7. ♗b3 d5 8. de5 ♗e6 9. ♕e2 ♗e7 10. ♖d1 0-0 11. c4 bc4 12. ♗c4 ♗c5 13. ♗e3 ♗e3 14. ♕e3 ♕b8 15. ♗b3 ♘a5 16. ♘bd2 ♘d2 17. ♖d2 ♘b3 18. ab3 ♖c8 19. ♖c1 c5 20. ♖c5 ♖c5 21. ♕c5 ♕b3 22. ♘d4 ♕b7 23. h3 ♖d8 24. ♔h2 g6 25. f4 h5 26. ♖d3 ♕d7 27. ♕b6 ♖a8 28. ♖a3 ♕a7 29. ♕b4 ♕d7 30. ♕a5 ♗f5 31. ♖c3 ♖a7 32. ♖c5 ♗e4 33. ♕c3 ♕e7 34. ♘c6 **1:0**

25.04. **692.**

V. SMYSLOV - P. KERES

1. d4 d5 2. c4 e6 3. ♘c3 ♘f6 4. ♗g5 c6 5. e3 ♘bd7 6. cd5 ed5 7. ♗d3 ♗e7 8. ♘f3 0-0 9. ♕c2 ♖e8 10. 0-0 ♘f8 11. ♖ab1 ♘g6 12. b4 ♗d6 13. b5 ♗d7 14. bc6 ♗c6 15. ♕b3 ♗e7 16. ♗f6 ♗f6 17. ♗b5 ♕d6 18. ♖fc1 h5 19. ♘e2 h4 20. ♗c6 bc6 21. ♕a4 ♘e7 22. ♖b7 a5 23. h3 ♖eb8 24. ♖cb1 ♖b7 25. ♖b7 c5 26. ♖b5 cd4 27. ♘ed4 ♖c8 28. ♘b3 ♗c3 29. ♕h4 ♖c4 30. g4 a4 31. ♘bd4 ♗d4 32. ♘d4 ♕e5 33. ♘f3 ♕d6 34. ♖a5 ♖c8 35. ♖a4 ♘g6 36. ♕h5 ♕f6 37. ♕f5 ♕c6 38. ♖a7 ♖f8 39. ♖d7 d4 40. ♖d4 ♖a8 41. a4 **1:0**

27.04. **693.**

P. KERES - S. RESHEVKY

1. e4 e5 2. ♘f3 ♘c6 3. ♗b5 a6 4. ♗a4 ♘f6 5. 0-0 ♘e4 6. d4 b5 7. ♗b3 d5 8. de5 ♗e6 9. ♕e2 ♘c5 10. ♖d1 ♘b3 11. ab3 ♕c8 12. ♗g5 h6 13. ♗h4 ♗c5 14. ♘c3 g5 15. ♗g3 ♕b7 16. ♘d5 0-0-0 17. ♘f6 g4 18. ♘e1 ♘d4 19. ♕f1 h5 20. ♗f4 h4 21. ♗e3 h3 22. ♖d2 hg2 23. ♕g2 ♘f3 24. ♘f3 ♗e3 25. ♖d8 ♖d8 26. ♘e1 ♗d4 27. ♘d3 ♗f5 28. ♖e1 a5 29. ♘e4 ♔b8 30. b4 a4 31. c3 ♗e4 32. ♖e4 ♗c3 33. ♖e3 ♕g2 34. ♔g2 ♖d3 35. ♖d3 ♗b2 36. ♖d5 c6 37. ♖d8 ♔c7 38. ♖a8 ♔b7 39. ♖f8 ♗e5 40. ♖f7 ♔b6 41. f4 **0:1**

4.05. **694.**

M. BOTVINNIK - P. KERES

1. d4 d5 2. ♘f3 ♗f5 3. c4 e6 4. cd5 ed5 5. ♕b3 ♘c6 6. ♗g5 ♗e7 7. ♗e7 ♘ge7 8. e3 ♕d6 9. ♘bd2 0-0 10. ♖c1 a5 11. a3 ♖fc8 12. ♗d3 a4 13. ♕c2 ♗d3 14. ♕d3 ♘d8 15. 0-0 ♘e6 16. ♖c3 b5 17. ♕c2 ♖cb8 18. ♘e1 ♘c8 19. ♖c6 ♕e7 20. ♘d3 ♘b6 21. ♘b4 ♖d8 22.

♕f5 ♖d6 23. ♖fc1 ♖c6 24. ♖c6 ♖d8 25. ♖b6 cb6 26. ♘c6 ♕c7 27. ♘d8 ♕d8 28. ♕c2 ♕c7 29. ♕c7 ♘c7 30. ♘b1 ♔f8 31. ♔f1 ♔e7 32. ♔e2 ♔d6 33. ♔d3 ♔c6 34. ♘c3 ♘e8 35. ♘a2 f6 36. f3 ♘c7 37. ♘b4 ♔d6 38. e4 de4 39. fe4 ♘e6 40. ♔e3 ♘c7 41. ♔d3 ♘e6 42. ♘d5 ♔c6 43. h4 ♘d8 44. ♘f4 ♔d6 45. ♘h5 ♘e6 46. ♔e3 ♔e7 47. d5 ♘c5 48. ♘g7 ♔d6 49. ♘e6 ♘d7 50. ♔d4 ♘e5 51. ♘g7 ♘c4 52. ♘f5 ♔c7 53. ♔c3 ♔d7 54. g4 ♘e5 55. g5 fg5 56. hg5 ♘f3 57. ♔b4 ♘g5 58. e5 h5 59. e6 ♔d8 60. ♔b5 **1:0**

6.05. 695.

Dr. M. EUWE - P. KERES

1. d4 ♘f6 2. c4 e6 3. ♘c3 ♗b4 4. ♕c2 0-0 5. ♗g5 h6 6. ♗h4 c5 7. dc5 ♘a6 8. e3 ♘c5 9. ♘e2 d5 10. 0-0-0 ♗d7 11. cd5 ♖c8 12. ♔b1 ♘a4 13. de6 fe6 14. ♕b3 ♗c3 15. ♘c3 ♘c3 16. bc3 ♕e8 17. ♖d4 ♘d5 18. c4 ♘b6 19. ♗d3 ♘a4 20. ♗c2 ♘c5 21. ♕c3 b5 22. ♔a1 a5 23. cb5 ♗b5 24. ♕b2 ♕c6 25. ♖g4 ♖f7 26. ♗f6 ♖cc7 27. ♖d1 ♗d3 28. ♗d3 ♘d3 29. ♖d3 ♖f6 30. f3 ♖f5 31. ♖gd4 ♖c5 32. ♖d8 ♔h7 33. ♖d1 ♖c2 34. ♕d4 ♖c1 35. ♔b2 ♕c2 **0:1**

9.05. 696.

P. KERES - V. SMYSLOV

1. c4 ♘f6 2. ♘c3 d5 3. cd5 ♘d5 4. e4 ♘c3 5. bc3 g6 6. ♗a3 ♘d7 7. ♘f3 ♗g7 8. ♗e2 c5 9. 0-0 0-0 10. d4 cd4 11. cd4 ♘b6 12. ♕b3 ♗g4 13. ♖ad1 ♗d7 14. ♖c1 ♗a4 15. ♕b4 e6 16. ♗b5 ♗b5 17. ♕b5 ♖e8 18. ♖fd1 ♖c8 19. ♗c5 ♕c7 20. ♖b1 ♕c6 21. ♗b6 ab6 22. e5 ♕b5 23. ♖b5 ♖c6 24. g3 ♖a8 25. ♖d2 ♗h6 26. ♖db2 ♗c1 27. ♖b1 ♖a2 28. ♖b6 ♖b6 29. ♖b6 ♖b2 30. ♖b2 ♗b2 31. ♔f1 ♔f8 32. ♔e2 ♔e8 33. ♔d3 b5 34. ♘g5 h5 35. h3 ♗a3 36. f3 ♗e7 37. ♘e4 ♔d7 38. g4 ♔c6 39. ♘g3 hg4 40. fg4 b4 41. ♔c4 g5 42. ♘e4 b3 43. ♘c3 b2 44. ♔b3 f6 45. ♔b2 fe5 46. de5 ♔c5 47. ♔c2 ♔d4 48. ♘b5 ♔e5 49. ♔d3 ½:½

11.05. 697.

S. RESHEVSKY - P. KERES

1. d4 ♘f6 2. c4 e6 3. ♘c3 ♗b4 4. ♕c2 0-0 5. a3 ♗c3 6. ♕c3 b6 7. ♗g5 ♗b7 8. ♘f3 d6 9. e3 ♘bd7 10. ♕c2 ♕e8 11. ♘d2 c5 12. dc5 bc5 13. b4 e5 14. bc5 dc5 15. ♗e2 h6 16. ♗f6 ♘f6 17. 0-0 ♕c6 18. f3 ♖fe8 19. ♗d3 ♖ad8 20. ♖fd1 ♕c7 21. ♘e4 ♖e6 22. ♘f6 ♖f6 23. ♗h7 ♔h8 24. ♖d8 ♕d8 25. ♖d1 ♖d6 26. ♖d6 ♕d6 ½:½

16.05. 698.

P. KERES - M. BOTVINNIK

1. e4 e6 2. d4 d5 3. ♘c3 ♗b4 4. ♗d2 de4 5. ♕g4 ♘f6 6. ♕g7 ♖g8 7. ♕h6 ♘c6 8. 0-0-0 ♖g6 9. ♕h4 ♗c3 10. ♗c3 ♕d5 11. b3 ♘e7 12. f3 ♗d7 13. ♗b2 ♗c6 14. c4 ♕f5

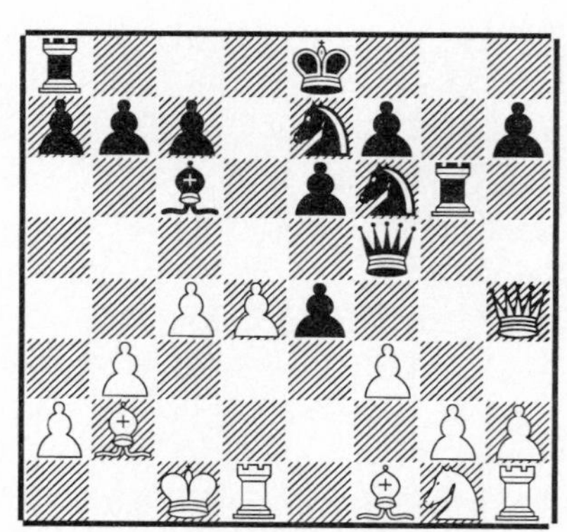

15. d5 ed5 16. fe4 de4 17. ♘h3 ♘g4 18. ♕g3 ♕c5 19. ♕c7 ♖c8 20. ♕f4 ♕e3 21. ♖d2 ♕f4 22. ♘f4 e3 23. ♖c2 ♖g5 24. ♗e2 ♘f2 25. ♖e1 ♖d8 26. g3 ♖f5 27. ♗f1 ♖f4 28. gf4 ♘d3 29. ♗d3 ♖d3 30. ♖c3 ♖c3 31. ♗c3 ♘f5 32. ♗d2 ♔d7 33. ♗e3 b6 34. ♗f2 f6 35. ♔d2 h5 36. ♔d3 ♘h6 37. ♗h4 f5 38. ♖e7 ♔d6 39. h3 **1:0**

XVI USSR CHAMPIONSHIP
Moscow, 11.11.- 13.12.1948

11.11. **699.**

P. KERES - R. KHOLMOV

1. e4 e6 2. d4 d5 3. ♘d2 c5 4. ed5 ed5 5. ♘gf3 ♘f6 6. ♗b5 ♗d7 7. ♕e2 ♗e7 8. dc5 0-0 9. ♘b3 ♗c5 10. ♗d7 ♘bd7 11. 0-0 ♖e8 12. ♕d3 ♗b6 13. ♗d2 ♕c7 14. ♗e3 ♘e4 15. ♗d4 ♖ac8 16. c3 ♗d4 17. ♘bd4 ♘b6 18. ♖fe1 ♘c4 19. ♖e2 g6 20. ♖ae1 a6 21. ♕b1 b5 22. ♕c1 ♖e7 23. ♘c2 ♖ce8 24. ♘b4 ♕d6 25. ♕d1 ♘f6 26. ♖e7 ♖e7 27. ♖e7 ♕e7 28. b3 ♘e5 29. ♘d5 ♘f3 30. gf3 ♘d5 31. ♕d5 ♕e1 32. ♔g2 ♕c3 33. ♕a8 ♔g7 34. ♕a6 ♕c5 35. ♕a5 ♕g5 36. ♔f1 ♕c1 37. ♕e1 ♕f4 38. ♕c3 f6 39. ♕e3 ♕d6 40. a4 ba4 41. ♕a7 ♔f8 42. ba4 ♕h2 43. ♕c5 ♔g7 44. ♕e7 ♔h6 45. ♕f6 ♕h3

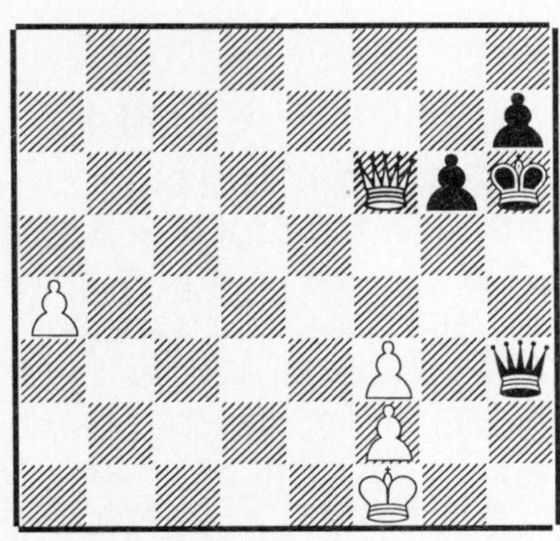

46. ♔g1 ♕g4 47. ♔h2 ♕h5 48. ♔g2 ♕g4 49. ♔f1 ♕a4 50. ♕f8 ♔g5 51. ♕e7 ♔h6 52. ♕e3 ♔g7 53. ♕e5 ♔f7 54. ♔g2 ♕e8 55. ♕f4 ♔g8 56. ♔g3 ♕e7 57. ♕c4 ♔g7 58. f4 ♕d7 59. ♕c3 ♔g8 60. ♕e5 ♔f7 61. ♕h8 ♕d3 62. ♔h4 h5 63. ♕c8 ♕d5 ½:½

12.11. **700.**

A. TOLUSH - P. KERES

1. d4 ♘f6 2. c4 e6 3. g3 ♗b4 4. ♗d2 ♕e7 5. ♗g2 ♘c6 6. ♘f3 ♗d2 7. ♘bd2 d6 8. 0-0 0-0 9. e4 e5 10. d5 ♘b8 11. ♘e1 a5 12. ♘d3 ♘a6 13. f4 ♘c5 14. ♘c5 dc5 15. f5 ♘e8 16. ♖c1 ♖a6 17. g4 ♔h8 18. ♖c3 ♖g8 19. ♖g3 g5 20. ♔f2 ♖h6 21. ♖h1 ♘d6 22. ♗f1 ♖h4 23. ♗d3 h5 24. h3 hg4 25. ♖g4 ♖g7 26. ♘f3 ♖g4 27. hg4 ♔g8 28. ♖h6 f6 29. ♕h1 ♖h7 ½:½

14.11. **701.**

P. KERES - Y. AVERBAKH

1. c4 ♘f6 2. ♘f3 e6 3. d4 d5 4. ♗g5 ♗b4 5. ♘bd2 ♘bd7 6. a3 ♗e7 7. e3 0-0 8. ♕c2 h6 9. ♗h4 ♖e8 10. ♖c1 c6 11. ♗d3 dc4 12. ♘c4 c5 13. ♘cd2 cd4 14. ed4 ♘b6 15. 0-0 ♗d7 16. ♘e5 ♖c8 17. ♕b1 ♘bd5 18. ♗g3 ♖f8 19. ♖c8 ♗c8 20. ♗e2 ♗d7 21. ♖c1 ♕b6 22. ♘d7 ♘d7 23. ♘f3 ♘7f6 24. h3 ♘e8 25. ♖c2 ♘d6 26. ♗d3 ♖c8 27. ♗e5 ♖c2 28. ♕c2 ♕d8 29. ♘d2 ♕c8 30. ♗h7 ♔h8 31. ♕c8 ♘c8 32. ♗e4 f6 33. ♗h2 ♗d6 34. ♘c4 ♗h2 35. ♔h2 ♘ce7 36. ♘e3 b6 37. ♔g3 ♔g8 38. h4 ♔f7 39. ♗d5 ed5 40. h5 f5 41. ♔f4 ♔e6 42. g3 ½:½

15.11. **702.**

S. FLOHR - P. KERES

1. d4 ♘f6 2. c4 e6 3. ♘c3 ♗b4 4. ♕c2 0-0 5. ♘f3 c5 6. dc5 ♘a6 7. ♗d2 ♘c5 8. e3 b6 9. ♗e2 ♗b7 10. 0-0 ♘ce4 11. ♘e4 ♗e4 12. ♗d3 ♗d3 13. ♕d3 ♕e7 14. e4 ♗d2 15. ♘d2 ♖fd8 16. e5 ♘e8 17. ♘e4 d6 18. ed6 ♘d6 19. ♖ad1 ♘f5 20. ♕f3 ♘d4 21. ♕e3 ♘f5 22. ♕f3 h6 23. ♘g3 ♘g3 24. hg3 ½:½

19.11. **703.**

P. KERES - I. BONDAREVSKY

1. e4 e6 2. d4 d5 3. ♘d2 c5 4. ♘gf3 ♘f6 5. ed5 ed5 6. ♗b5 ♗d7 7. ♕e2 ♗e7 8. dc5 0-0 9. ♘b3 ♖e8 10. ♗e3 ♗c5 11. ♗d7 ♘bd7 12. ♘c5 ♘c5 13. ♕b5 ♘e6 14. 0-0 ♕c7 15. c3

a6 16. ♕b6 ♕b6 17. ♗b6 ♘f4 18. ♖fd1 ♖ac8 19. ♔f1 ♘e6 20. ♗e3 h6 21. h3 ♖ed8 22. ♘h4 d4 23. cd4 ♖c2 24. ♖ab1 ♘d5 25. ♘f3 f5 26. ♖d3 ♖dc8 27. ♗d2 ♖8c6 28. ♖b3 b5 29. g3 ♖c8 30. ♖d3 ♘f6 31. ♘e1 ♖2c4 32. ♖d1 ♖d8 33. ♗a5 ♖d5 34. ♘g2 ♖a4 35. ♗c3 b4 36. b3 ♖a2 37. ♗b4 ♖b5 38. ♗e1 ♘d5 39. ♘e3 f4 40. ♘d5 ♖d5 41. gf4 **½:½**

21.11. **704.**

S. FURMAN - P. KERES

1. d4 ♘f6 2. c4 e6 3. ♘f3 b6 4. g3 ♗a6 5. ♕a4 c6 6. ♘c3 d5 7. cd5 ed5 8. ♘e5 ♗b7 9. ♗g5 ♗e7 10. ♗g2 0-0 11. 0-0 h6 12. ♗f6 ♗f6 13. f4 a5 14. ♖ad1 ♕c8 15. e4 b5 16. ♕c2 ♘a6 17. ♖c1 ♘c7 18. ♖fd1 ♕e6 19. ♘d5 ♘d5 20. ed5 cd5 21. ♕c7 ♖a7 22. ♕c5 ♖a6 23. ♕b5 ♖b6 24. ♕e2 ♗e7 25. ♖c2 ♖d8 26. ♕h5 ♗d6 27. ♗h3 ♕f6 28. ♘g4 ♕e7 29. ♖e2 ♕f8 30. ♘e5 ♗a6 31. ♖f2 ♗b5 32. ♖c1 ♗b8 33. ♖fc2 g6 34. ♕h4 ♔g7 35. a3 ♗e5 36. fe5 ♗d3 37. ♖c6 ♖b2 38. ♕f6 ♔g8 39. e6 ♖db8 40. ♖c8 ♖c8 41. ♖c8 ♖b1 42. ♔f2 ♕c8 43. ef7 ♔h7 44. f8♘ ♔g8 45. ♗e6 ♕e6 46. ♕e6 ♔f8 **1:0**

22.11. **705.**

P. KERES - M. TAIMANOV

1. ♘f3 ♘f6 2. c4 c5 3. ♘c3 d5 4. cd5 ♘d5 5. e3 ♘c6 6. ♗b5 ♘c3 7. bc3 ♗d7 8. 0-0 e6 9. d4 ♗e7 10. e4 0-0 11. ♕e2 cd4 12. cd4 ♖c8 13. ♗b2 ♘b4 14. ♗c4 ♗b5 15. ♗b5 ♖c2 16. ♕e3 ♖b2 17. ♕a3 ♖c2 18. ♕a7 ♕c7 19. a3 ♘a2 20. ♗d3 ♖c3 21. ♖a2 ♖d3 22. ♖b2 ♖a3 23. ♕b7 ♕c3 24. ♖bb1 ♗f6 25. ♖bc1 ♕a5 26. ♖c5 ♕a4 27. e5 ♗d8 28. ♖c8 ♖b3 29. ♕e4 h6 30. h3 ♗e7 31. ♖fc1 ♖b8 32. ♖f8 ♗f8 33. ♖c7 ♕a5 34. ♕c6 ♕a2 35. ♕e4 ♕a5 36. ♖c2 ♕a4 37. ♔h2 ♕a5 38. ♕c6 ♕d8 39. ♕c7 ♕c7 40. ♖c7 ♖d8 41. ♔g3 ♖a8 42. h4 ♗b4 43. ♖b7 ♗c3 44. ♖b3 ♖c8 45. ♔f4 ♔f8 46. ♔e3 ♔e8 47. ♘g1 ♗a5 48. ♘e2 ♖c2 49. ♖b8 ♗d8 50. g3 ♔e7 51. ♖a8 g5 52. hg5 hg5 53. ♖a7 ♔e8 54. g4 ♗b6 55. ♖a6 ♖b2 56. ♔d3 ♔d7 57. ♘c3 ♖b4 58. ♖a4 ♖a4 59. ♘a4 ♗d8 60. ♘c5 ♔e7 61. d5 ed5 62. ♔d4 ♔f8 63. ♔d5 ♔g7 64. ♘b3 ♔g6 65. ♔c6 ♗e7 66. ♘c5 ♗f8 67. ♘d3 ♗e7 68. ♔d7 ♗f8 69. ♔e8 ♗a3 70. ♔d8 ♔g7 71. ♔c7 ♔g6 72. ♔c8 ♔g7 73. ♔d7 ♔g6 74. ♔c6 ♗e7 75. ♔c7 ♗f8 76. ♔c8 ♗e7 77. ♔d7 ♗a3 78. ♔c7 ♗e7 79. ♔c6 ♗a3 80. ♔d5 ♗e7 81. e6 fe6 82. ♔e6 ♗d8 83. ♘e5 ♔g7 84. f3 ♗b6 85. ♘c4 ♗c7 86. ♔f5 ♗f4 87. ♘e5 ♗c1 88. ♘d7 ♗e3 89. ♘f6 ♗c1 90. ♘e8 ♔h6 91. ♔f6 ♗b2 92. ♔f7 ♔h7 93. ♘d6 ♔h6 94. ♘c4 ♗d4 95. ♔e6 ♔g6 96. ♘e5 ♔g7 97. ♔f5 ♗e3 98. ♘d3 ♔h6 99. ♔f6 ♗d4 100. ♘e5 ♗b2 101. ♔f5 ♔g7 102. ♘d3 ♗f6 103. ♘b4 ♗c3 104. ♘c6 ♗d2 105. ♘d4 ♗c1 **½:½**

25.11. **706.**

A. KOTOV - P. KERES

1. d4 e6 2. e4 d5 3. ♘d2 ♘f6 4. e5 ♘fd7 5. ♗d3 c5 6. c3 b6 7. ♘e2 ♗a6 8. ♗a6 ♘a6 9. 0-0 ♗e7 10. ♘g3 0-0 11. ♕g4 f5 12. ef6 ♖f6 13. ♘h5 ♖g6 14. ♕e2 ♘c7 15. ♘f3 ♗d6 16. g3 e5 17. ♘e5 ♗e5 18. de5 ♖e6 19. ♕g4 g6 20. ♘f6 ♘f6 21. ef6 ♕f6 22. ♗f4 ♘e8 23. ♖ad1 ♕f7 24. ♕f3 ♘f6 25. c4 ♖ae8 26. cd5 ♖e2 27. ♕b3 ♘d7 28. ♖d3 g5 29. ♗c7 ♘f6 30. ♖f3 ♕c7 31. ♖f6 c4 32. ♕b5 ♕e5 33. ♖c6 ♖b2 34. ♕c4 ♖d2 35. ♖c8 ♖c8 36. ♕c8 ♔f7 37. ♖c1 ♕d5 38. ♖c7 ♔g6 39. ♕e8 ♔f5 40. ♕f8 ♔g4 41. f3 **1:0**

26.11. **707.**

P. KERES - G. LEVENFISH

1. e4 e6 2. d4 d5 3. ♘c3 ♗b4 4. ♗d2 de4 5. ♕g4 ♕d4 6. 0-0-0 f5 7. ♕g3 ♗d6 8. ♗f4 ♗f4 9. ♕f4 ♕c5 10. f3 ♘e7 11. fe4 0-0 12. ♘f3 ♘d7 13. ♗d3 e5 14. ♕d2 ♘b6 15. ♖he1 ♘c6 16. ♘d5 fe4 17. ♗e4 ♗f5 18.

♘b6 ab6 19. ♕d5 ♕d5 20. ♗d5 ♔h8 21. ♘e5 ♘e5 22. ♖e5 c6 23. ♗b3 ♗g4 24. ♖de1 ♖ad8 25. ♖e7 ♗c8 26. ♗f7 g5 27. b3 b5 28. ♖1e5 ♖d7 29. ♖d7 ♗d7 30. ♖e7 ♖d8 31. h3 b4 32. ♗c4 ♗f5 33. g4 b5 34. ♗f7 ♖d7 35. ♖e8 ♔g7 36. ♗h5 ♗g6 37. ♗g6 hg6 38. ♖e6 ♖c7 39. ♔d2 ♔f7 40. ♖d6 ♖c8 41. ♖d4 ♖a8 42. ♖d6 ♖c8 43. ♔e3 ♖h8 44. ♖c6 ♖h3 45. ♔f2 ♖h2 46. ♔f3 ♖d2 47. ♖c5 ♔f6 48. ♖b5 ♖c2 49. ♖b4 ♖a2 50. ♖e4

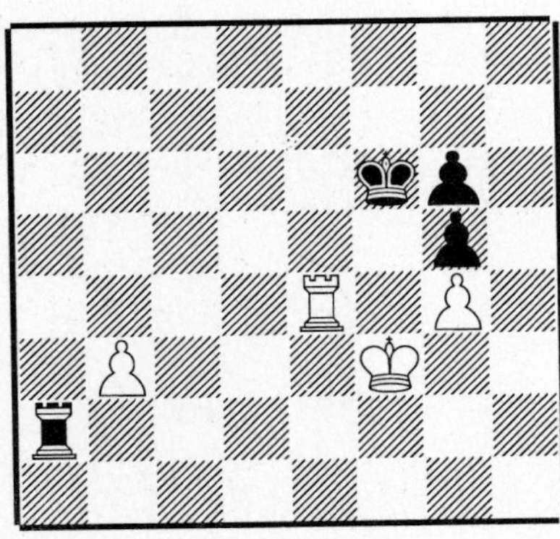

♖a8 51. b4 ♖b8 52. ♔e3 ♖d8 53. b5 ♖b8 54. ♖b4 ♔e5 55. b6 ♔d5 56. b7 ♔c5 57. ♖b1 ♖e8 58. ♔d3 ♖d8 59. ♔c3 ♖b8 60. ♖b2 ♔d5 61. ♖b4 ♔c5 62. ♔b3 ♔d5 63. ♖b5 ♔e4 64. ♔a4 ♔f3 65. ♖b4 ♖b7 66. ♖b7 ♔g4 67. ♔b3 ♔f3 68. ♔c3 g4 69. ♔d2 g3 70. ♔e1 ♔g2 71. ♖g7 **1:0**

28.11. **708.**

V. ALATORTSEV - P. KERES

1. d4 ♘f6 2. c4 e6 3. g3 d5 4. ♗g2 dc4 5. ♘f3 ♘bd7 6. ♘bd2 ♘b6 7. ♘c4 ♘c4 8. ♕a4 ♗d7 9. ♕c4 ♗c6 10. 0-0 ♗e7 11. ♘e5 ♗g2 12. ♔g2 0-0 13. ♗f4 ♘d5 14. ♘d3 c6 15. ♖fd1 ♕b6 16. ♗d2 ♖fd8 17. e3 ♘f6 18. ♖ac1 ♖d5 19. ♗b4 ♗b4 20. ♘b4 ♖h5 21. ♘d3 ♖d8 22. ♘e5 ♕b2 23. ♖c2 ♕b6 24. ♖d3 ♘d7 25. ♖b3 ♕c7 26. f4 ♘b6 27. ♕e2 ♖h6 28. ♘g4 ♖g6 29. ♘e5 ♖h6 30. ♘g4 ♖g6 31. ♘e5 ½:½

29.11. **709.**

P. KERES - A. KONSTANTINOPOLSKY

1. e4 c6 2. d4 d5 3. ed5 cd5 4. c4 ♘f6 5. ♘c3 e6 6. ♘f3 ♗e7 7. a3 0-0 8. c5 ♘e4 9. ♕c2 f5 10. ♗e2 ♘c6 11. ♗b5 ♗f6 12. ♗c6 bc6 13. 0-0 g5 14. ♘e5 ♗e5 15. de5 ♘c3 16. ♕c3 f4 17. ♗d2 ♗a6 18. ♖fe1 ♖b8 19. ♕d4 ♗c4 20. ♗c3 ♕e8 21. ♕d1 ♖b7 22. a4 ♕g6 23. ♖a3 g4 24. ♗d4 ♖g7 25. f3 h5 26. ♖c3 ♖f5 27. ♔h1 ♖g5 28. b3 ♗a6 29. ♖g1 gf3 30. ♕f3 ♕e4 31. ♕f2 ♗d3 32. b4 ♕f5 33. b5 ♗e4 34. bc6 ♖g2 35. ♖g2 ♖g2 36. ♕g2 ♗g2 37. ♔g2 ♕e4 38. ♔f1 f3 39. ♗e3 ♕g6 40. ♔e1 ♕b1 41. ♔d2 ♕b2 42. ♖c2 ♕e5 43. c7 ♕h2 44. ♔d1 ♕c7 45. c6 e5 46. ♗a7 d4 47. ♗b6 d3 48. ♖c1 ♕b6 49. c7 ♕c7 50. ♖c7 f2 **0:1**

2.12. **710.**

G. ILIVITSKY - P. KERES

1. d4 ♘f6 2. c4 e6 3. g3 c5 4. ♘f3 cd4 5. ♘d4 d5 6. ♗g2 e5 7. ♘f3 d4 8. 0-0 ♘c6 9. e3 ♗e7 10. ed4 ed4 11. a3 a5 12. b3 0-0 13. ♗b2 ♗c5 14. b4 ab4 15. ab4 ♖a1 16. ♗a1 ♘b4 17. ♗d4 b6 18. ♘c3 ♗e6 19. ♗c5 bc5 20. ♕d8 ♖d8 21. ♘a4 ♖c8 22. ♘e5 ♔f8 23. f4 ♗f5 24. ♗f3 h5 25. ♘c3 ♘c2 26. ♘b5 ♖d8 27. ♖d1 ½:½

3.12. **711.**

P. KERES - V. PANOV

1. c4 ♘f6 2. d4 e6 3. g3 d5 4. ♗g2 ♗e7 5. ♘f3 0-0 6. 0-0 ♘c6 7. b3 ♘e4 8. ♗b2 f5 9. ♘e5 ♘e5 10. de5 c6 11. ♘c3 ♗d7 12. e3 ♘c3 13. ♗c3 dc4 14. bc4 ♕c7 15. ♖b1 ♖ad8 16. ♕b3 ♗c8 17. ♕a4 ♗c5 18. ♖fd1 ♖d1 19. ♖d1 ♖d8 20. ♗d4 ♗e7 21. c5 a6 22. ♖b1 ♖f8 23. f4 ♕d7 24. ♕c4 ♖d8 25. ♗f3 ♕e8 26. ♖b2 ♕g6 27. ♖g2 ♔h8 28. ♕c2 ♕f7 29. g4 fg4 30. ♗g4 ♔g8 31. ♗e2 ♕f5 32. ♕f5 ef5 33. ♗c4 ♔f8 34. e6 g6 35. h4 b6

36. h5 ♗c5 37. ♗c5 bc5 38. hg6 hg6 39. ♖g6 ♔e7 40. ♔f2 ♖d2 41. ♔f3 ♖c2 42. ♖g7 ♔d6 43. e7 ♗d7 44. ♗f7 c4 45. e8♕ ♗e8 46. ♗e8 c3 47. ♖d7 ♔c5 48. ♖c7 ♖a2 49. ♖c6 ♔b4 50. ♗g6 ♖a5 51. e4 fe4 52. ♗e4 ♖a1 53. f5 a5 54. ♔e2 ♖a2 55. ♔e3 ♖h2 56. f6 ♖h8 57. f7 a4 58. ♗d5 a3 59. ♖c4 ♔b3 60. ♖c8 **1:0**

5.12. **712.**

D. BRONSTEIN - P. KERES

1. e4 e5 2. ♘f3 ♘c6 3. ♗b5 a6 4. ♗a4 d6 5. c3 ♗d7 6. d4 ♘ge7 7. ♗b3 h6 8. ♘bd2 ♘g6 9. ♘c4 ♗e7 10. ♘e3 0-0 11. 0-0 ♖e8 12. ♖e1 ♗f8 13. ♗c2 ♘h4 14. ♘h4 ♕h4 15. ♘d5 ♖ac8 16. ♖f1 ♘e7 17. ♘e3 ♘g6 18. g3 ♕h3 19. f4 ef4 20. gf4 f5 21. ♖f3 ♕h5 22. ef5 ♘h4 23. ♖f1 ♕d1 24. ♖d1 c5 25. ♔f2 ♗e7 26. ♗b3 ♔h8 27. ♗e6 ♗e6 28. fe6 cd4 29. cd4 d5

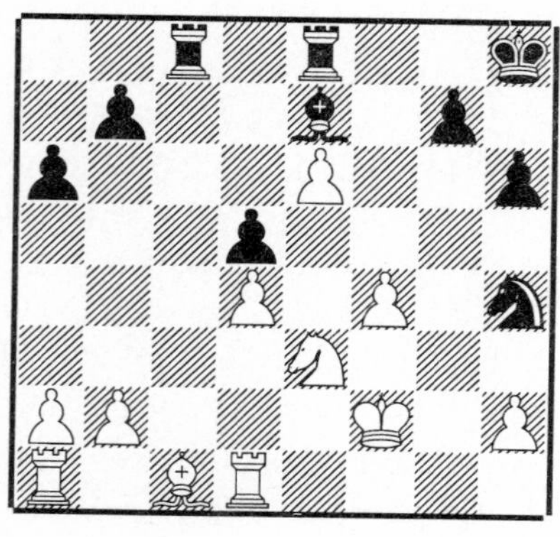

30. ♘d5 ♗d6 31. ♗d2 ♖e6 32. ♖ac1 ♖f8 33. ♖e1 ♖g6 34. ♖g1 ♖f5 35. ♖g6 ♘g6 36. ♘c3 ♘f4 37. ♔e3 ♘g2 38. ♔d3 ♗h2 39. d5 ♖f3 40. ♔e4 ♖f2 41. ♖d1 ♔g8 42. ♘a4 ♘h4 43. ♗e3 ♖g2 44. ♘c5 ♖b2 45. ♖d2 ♖b4 46. ♖d4 ♖b6 47. ♘e6 ♗d6 48. ♗f4 ♘g6 49. ♗d6 ♖d6 50. ♔f5 ♔f7 51. ♘c5 ♖f6 52. ♔e4 b6 53. ♘a6 ♔e7 54. ♘c7 ♘f8 55. ♘b5 g5 56. d6 ♔d7 57. ♔e3 ♘e6 58. ♖b4 ♘g7 59. ♘d4 ♖d6 60. ♖a4 ♔e7 61. ♖a6 ♔f6 62. a4 ♘f5 63. ♘f5 ♔f5 **0:1**

6.12. **713.**

P. KERES - V. RAGOZIN

1. c4 ♘f6 2. ♘f3 e6 3. g3 d5 4. ♗g2 ♗e7 5. 0-0 0-0 6. d4 c6 7. b3 ♘bd7 8. ♗b2 b6 9. ♘bd2 ♗b7 10. ♖c1 ♖c8 11. e3 ♖c7 12. ♘e5 c5 13. ♕e2 ♕a8 14. cd5 ed5 15. ♘d7 ♘d7 16. dc5 bc5 17. e4 ♖e8 18. e5 ♗f8 19. f4 a5 20. ♖fd1 a4 21. ♘f1 ♖cc8 22. ♗h3 ♖cd8 23. e6 d4 24. f5 fe6 25. fe6 ♗f3 26. ♕c2 ♗d1 27. ♖d1 ♘f6 28. ♖e1 ab3 29. ab3 ♗e7 30. ♘d2 ♖f8 31. ♗f5 ♕d5 32. ♕d3 g6 33. ♗h3 ♕h5 34. ♗g2 ♘g4 35. h3 ♘f2 36. ♕e2 ♘h3 37. ♔h2 ♕e2 38. ♖e2 ♖f2 39. ♖f2 ♘f2 40. ♗f1 ♘d1 41. ♗c1 ♖f8 42. ♔g1 ♘e3 43. ♗d3 ♖f6 **0:1**

9.12. **714.**

L. ARONIN - P. KERES

1. e4 e5 2. ♘f3 ♘c6 3. ♗b5 a6 4. ♗a4 ♘f6 5. 0-0 ♗c5 6. c3 ♗a7 7. ♖e1 d6 8. d4 0-0 9. h3 ♘d7 10. ♗g5 f6 11. ♗e3 ♘e7 12. ♘bd2 ♔h8 13. ♘f1 b5 14. ♗b3 c5 15. ♗e6 ♘b6 16. ♗c8 ♖c8 17. dc5 dc5 18. ♕d8 ♖fd8 19. ♖ad1 ♘a4 20. ♗c1 c4 21. g4 ♔g8 22. ♘g3 ♔f7 23. ♔f1 ♗c5 24. ♔e2 ♘g6 25. ♘h5 ♗e7 26. ♖d8 ♖d8 27. ♘d2 ♘f8 28. f3 ♘e6 29. ♔d1 ♗c5 30. ♖h1 ♗e3 31. ♖h2 g6 32. ♘g3 ♗f4 33. ♖g2 ♘g5 34. ♔c2 ♖d3 35. ♘gf1 ♘f3 36. ♘f3 ♖f3 37. ♘d2 ♖h3 **0:1**

10.12. **715.**

P. KERES - G. LISITSIN

1. c4 f5 2. g3 ♘f6 3. ♗g2 e6 4. ♘f3 ♗e7 5. 0-0 0-0 6. b3 d6 7. d4 ♘e4 8. ♗b2 ♘d7 9. ♕c2 ♘df6 10. ♘e1 ♕e8 11. ♘d3 ♗d8 12. f3 ♘g5 13. ♘d2 ♘f7 14. ♕c3 b6 15. e4 fe4 16. fe4 ♗b7 17. b4 a5 18. b5 ♘d7 19. c5 ♘f6 20. c6 ♗c8 21. ♖ae1 e5 22. ♘c4 ♗e6 23. de5 ♘e5 24. ♘ce5 de5 25. ♘e5 ♗e7 26. ♘d7

♖f7 27. e5 ♘g4 28. ♖e4 ♖f1 29. ♗f1 ♕g6 30. ♕f3 h5 31. ♗d3 ♕g5 32. ♖f4 ♗a2 33. h3 ♘e5 34. ♗e5 ♗e6 35. ♔h2 a4 36. ♕e4 ♕h6 37. ♗f6 ♗f6 38. ♕e6 ♔h8 39. ♘f6 a3 40. ♗c4 gf6 41. h4 ♕g6 42. ♖f6 **1:0**

13.12. **716.**

A. LILIENTHAL - P. KERES

1. d4 ♘f6 2. c4 e6 3. ♘f3 b6 4. g3 ♗b7 5. ♗g2 ♗e7 6. 0-0 0-0 7. ♘c3 ♘e4 8. ♕c2 ♘c3 9. ♕c3 f5 10. ♘e1 ♗g2 11. ♘g2 ♗f6 12. ♗e3 ♘c6 13. ♖ad1 ♕c8 14. ♕c2 ♘b4 15. ♕d2 a5 16. a3 ♘c6 17. d5 ♘e5 18. ♕c2 ♕a6 19. ♖c1 c5 20. de6 de6 21. ♖fd1 ♖ad8 22. ♖d8 ♖d8 23. ♘f4 ♕c8 24. ♘h5 ♕c6 25. ♘f6 gf6 26. ♖d1 ♖d7 27. ♖d7 ♕d7 28. ♕b3 ♘g4 29. h3 a4 30. ♕c2 ♘e3 31. fe3 ½:½

XVII USSR CHAMPIONSHIP

Moscow, 16.10.- 19.11.1949

17.10. **717.**

Y. GELLER - P. KERES

1. e4 e5 2. ♘f3 ♘c6 3. ♗b5 a6 4. ♗a4 ♘f6 5. 0-0 b5 6. ♗b3 d6 7. c3 ♗e7 8. d4 ♗g4 9. h3 ♗h5 10. d5 ♘a5 11. ♗c2 c6 12. dc6 ♕c7 13. a4 b4 14. ♕d3 0-0 15. ♘h4 ♖fc8 16. ♘f5 ♗f8 17. ♗g5 ♘e8 18. ♘e3 b3 19. ♗d1 ♗d1 20. ♖d1 ♕c6 21. ♘d2 ♘c7 22. ♗h4 ♘e6 23. ♘d5 ♘c5 24. ♕f3 ♖a7 25. ♘f1 ♘c4 26. ♘fe3 ♘e3 27. ♕e3 a5 28. f4 ef4 29. ♕f4 ♖e8 30. ♖e1 ♖e6 31. ♗f2 ♘d3 32. ♕d2 ♘e1 33. ♗a7 ♘c2 34. ♖f1 ♖e4 35. ♖f3 ♖e5 36. ♘f6 gf6 37. ♖g3 ♔h8 38. ♕f4 d5 **0:1**

18.10. **718.**

R. KHOLMOV - P. KERES

1. e4 e5 2. ♘f3 ♘c6 3. ♗b5 a6 4. ♗a4 ♘f6 5. 0-0 b5 6. ♗b3 d6 7. c3 ♗e7 8. h3 0-0 9. d4 ♗b7 10. ♕e2 ♘d7 11. a4 b4 12. a5 bc3 13. bc3 ed4 14. cd4 ♗f6 15. ♗b2 ♘b4 16. ♗c3 c5 17. ♗b4 cb4 18. ♘bd2 ♖c8 19. ♗c4 ♘b8 20. ♖fb1 ♘c6 21. ♘b3 ♖e8 22. ♗a6 ♕e7 23. ♗b7 ♕b7 24. a6 ♕b6 25. ♕d3 ♖a8 26. ♖a4 ♖a7 27. ♖ba1 g6 28. ♖1a2 ♔g7 29. g3 h5 30. ♔g2 ♖c8 31. ♕c4 ♕b8 32. ♖c2 ♕b6 33. ♕e2 ♖e8 34. e5 de5 35. ♕e4 ♘b8 36. de5 ♗e7 37. ♕d4 ♕d4 38. ♘fd4 ♖a6 39. ♖a6 ♘a6 40. f4 ♖d8 ½:½

19.10. **719.**

P. KERES - A. LILIENTHAL

1. e4 e6 2. d4 d5 3. ♘c3 ♘f6 4. ♗g5 ♗e7 5. e5 ♘fd7 6. ♗e7 ♕e7 7. f4 0-0 8. ♘f3 c5 9. dc5 ♘c5 10. ♗d3 f5 11. ef6 ♕f6 12. g3 ♘c6 13. 0-0 ♗d7 14. ♕d2 ♗e8 15. ♖ae1 ♖d8 16. ♘e5 ♘e5 17. ♖e5 ♗f7 18. ♘d1 ♘d7 19. ♖ee1 ♕d4 20. ♕e3 ♕e3 21. ♖e3 ♘c5 22. ♘f2 ♖c8 23. c3 ♖fd8 24. ♖d1 ♖d6 25. ♖d2 ♖b6 26. ♗c2 ♔f8 27. ♘d3 ♘e4 28. ♖g2 ♗e8 29. ♘e5 ♘f6 30. ♗d1 ♘e4 31. ♖d3 ♔e7 32. ♖d4 ♘d6 33. ♗b3 a5 34. g4 ♘b5 35. ♖dd2 ♘d6 36. ♖ge2 ♗b5 37. ♖e1 ♘e4 38. ♖d4 ♗e8 39. ♖e2 ♔f8 40. f5 ef5 41. ♗d5 ♘f6 42. gf5 a4 43. ♗g2 a3 44. b3 ♖c3 45. ♘c4 ♖b5 46. ♘d6 ♖c1 47. ♔f2 ♖bc5 48. ♗b7 ♗h5 49. ♗f3 ♖5c2 50. ♗h5 ♘h5 51. ♖4d2 ♖d2 52. ♖d2 ♔e7 53. ♘c4 ♔f6 54. ♘a3 ♔f5 55. ♘c2 ♘f6 56. ♔f3 ♔e5 57. ♘e3 ♖c3 58. ♖c2 ♘d5 59. ♖c3 ♘c3 60. a4 g6 61. ♔g4 h6 62. ♘c4 ♔d4 63. ♘d6 ♔e5 64. ♘f7 ♔f6 65. ♘h6 ♔g7 66. ♘f5 gf5 67. ♔f5 ♔f7 68. ♔e5 **1:0**

20.10. **720.**

L. ARONIN - P. KERES

1. e4 e5 2. ♘f3 ♘c6 3. ♗b5 a6 4. ♗a4 ♘f6 5. 0-0 ♘e4 6. d4 b5 7. ♗b3 d5 8. de5 ♗e6 9. ♕e2 ♗e7 10. ♖d1 ♘c5 11. ♘c3 ♘b3 12.

ab3 0-0 13. ♗e3 ♘b4 14. ♘a2 ♘a2 15. ♖a2 c5 16. b4 d4 17. ♖aa1 ♗c4 18. ♕e1 ♗d5 19. ♘d4 cd4 20. ♖d4 ♕d7 21. ♖ad1 ♖ad8 22. ♖d5 ♕d5 23. ♖d5 ♖d5 24. f4 f6 25. e6 ♖c8 26. c3 ♖e8 27. g4 f5 28. ♕e2 fg4 29. ♕g4 g6 30. ♗d4 ♖f5 31. ♕f3 ♖ef8 32. ♕b7 ♖f4 **½:½**

23.10. **721.**

P. KERES - T. PETROSIAN

1. d4 ♘f6 2. ♘f3 g6 3. c4 ♗g7 4. ♘c3 d6 5. ♗f4 ♘h5 6. ♗g5 h6 7. ♗e3 c6 8. g3 ♘d7 9. ♗g2 ♘hf6 10. h3 0-0 11. 0-0 ♔h7 12. g4 e5 13. ♕b3 ed4 14. ♘d4 ♘e5 15. ♖ad1 ♕e7 16. ♗f4 h5 17. g5 ♘fd7 18. ♘e4 ♘b6 19. ♕g3 ♘ec4 20. b3 ♘e5 21. ♘d6 ♕d6 22. ♘f5 ♕a3 23. ♘g7 ♘ed7 24. ♗d6 ♕a5 25. ♗f8 ♘f8

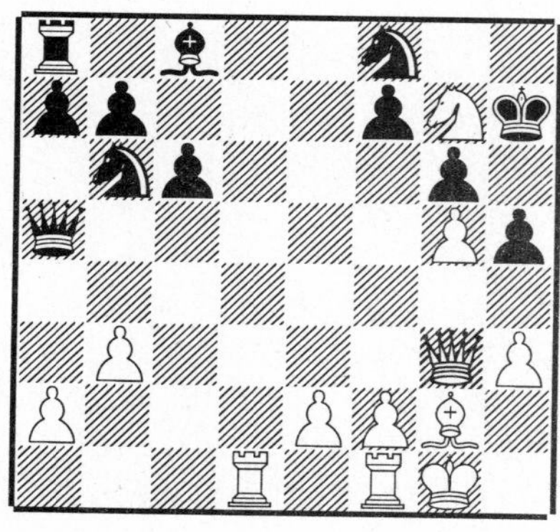

26. ♘e8 ♗e6 27. ♘f6 ♔h8 28. ♕f4 ♘h7 29. ♕d4 ♘f6 30. ♕f6 ♔h7 31. e4 ♕a2 32. f4 ♗b3 33. ♖d6 ♖g8 34. f5 ♖g7 35. ♖d8 ♕a5 36. ♕d6 f6 37. ♕f8 gf5 38. ♕h8 ♔g6 39. ♕h6 **1:0**

24.10. **722.**

V. MIKENAS - P. KERES

1. d4 ♘f6 2. c4 e6 3. ♘c3 ♗b4 4. ♕d3 c5 5. d5 0-0 6. ♗d2 ed5 7. cd5 d6 8. g3 b6 9. ♗g2 ♗a6 10. ♕c2 ♘bd7 11. ♘h3 ♖e8 12. ♘f4 ♗c3 13. bc3

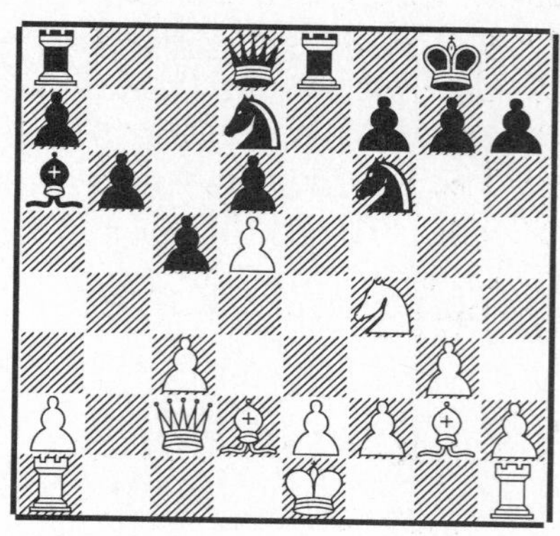

g5 14. ♘d3 ♖e2 15. ♔e2 ♘e5 16. ♔d1 ♗d3 17. ♕a4 b5 18. ♕a6 ♕d7 19. ♔c1 b4 20. ♕a5 a6 **0:1**

26.10. **723.**

P. KERES - G. GOLDBERG

1. d4 ♘f6 2. c4 e6 3. g3 ♗b4 4. ♗d2 ♕e7 5. ♗g2 d5 6. ♘f3 ♘bd7 7. 0-0 c6 8. ♕c2 ♗d6 9. ♘h4 ♘f8 10. ♘c3 ♘g6 11. ♘g6 hg6 12. e4 ♘e4 13. ♘e4 de4 14. ♕e4 ♗d7 15. ♖fe1 0-0-0 16. c5 ♗c7 17. b4 ♕f6 18. h4 ♕f5 19. ♕e2 ♗e8 20. ♕e3 f6 21. ♗c3 ♗d7 22. ♕f3 ♖he8 23. ♖ad1 e5 24. de5 ♗e5 25. ♗e5 ♖e5 26. ♕f5 ♖e1 27. ♖e1 ♗f5 28. a3 ♖d3 29. ♖e7 ♖d7 30. ♖e3 ♖d1 31. ♔h2 ♔d7 32. ♗f3 ♖d4 33. ♔g2 ♗e6 34. ♖e1 ♗d5 35. ♗d5 ♖d5 36. ♖e3 a5 37. ♔f3 ab4 38. ab4 ♖d4 39. ♖e4 ♖d3 40. ♔e2 ♖d5 41. ♖g4 g5 42. hg5 fg5 43. ♖e4 ♖f5 44. ♔e3 g6 45. g4 ♖f6 46. ♖d4 ♔e7 47. f3 ♖e6 48. ♔f2 ♖f6 49. ♔g3 ♖f7 50. ♖e4 ♔f6 51. ♖e8 ♖e7 52. ♖d8 ♔f7 53. ♔f2 ♖e6 54. ♖d4 ♔e7 55. ♖d1 ♔f7 56. ♖a1 ♖e7 57. ♔g3 ♔f6 58. ♖d1 ♖e2 59. ♖d7 ♖e7 60. ♖d8 ♔f7 61. ♖d4 ♔f6 **½:½**

27.10. **724.**

D. BRONSTEIN - P. KERES

1. e4 e5 2. ♘f3 ♘c6 3. ♗b5 a6 4. ♗a4 ♘f6 5. 0-0 ♗e7 6. ♖e1 b5 7. ♗b3 0-0 8. c3 d6 9.

h3 Na5 10. Bc2 c5 11. d4 Qc7 12. Nbd2 Bd7 13. Nf1 Nc4 14. Ng3 Rfc8 15. Bd3 Nb6 16. Nh4 Bf8 17. f4 cd4 18. cd4 ed4 19. Nf3 Nc4 20. Qe2 b4 21. e5 de5 22. fe5 Bb5 23. Bg5 Ne8 24. Rac1 Qa7 25. e6 f6 26. e7 Qe7 27. Bh7 Kh8 28. Qd1 Ne3 29. Be3 de3 30. Bf5 e2 31. Qd4 Rc1 32. Qh4 Kg8 33. Qh7 Kf7 34. Qh5 Kg8 35. Bh7 **1:0**

30.10. **725.**

P. KERES - G. LEVENFISH

1. e4 e5 2. Nf3 Nc6 3. Bb5 a6 4. Ba4 Nf6 5. 0-0 Ne4 6. d4 b5 7. Bb3 d5 8. de5 Be6 9. c3 Be7 10. a4 b4 11. Nd4 Ne5 12. f4 Bg4 13. Qc2 c5 14. fe5 cd4 15. cd4 Rc8 16. Qd3 0-0 17. Nd2 Ng5 18. Rf2 Rc6 19. Nf1 Bh5 20. Ng3 Bg6 21. Nf5 Kh8 22. Be3 Ne6 23. Qd2 Bg5 24. Nd6 Be3 25. Qe3 Nc7 26. a5 Qe7 27. Qd2 Rb8 28. Ba4

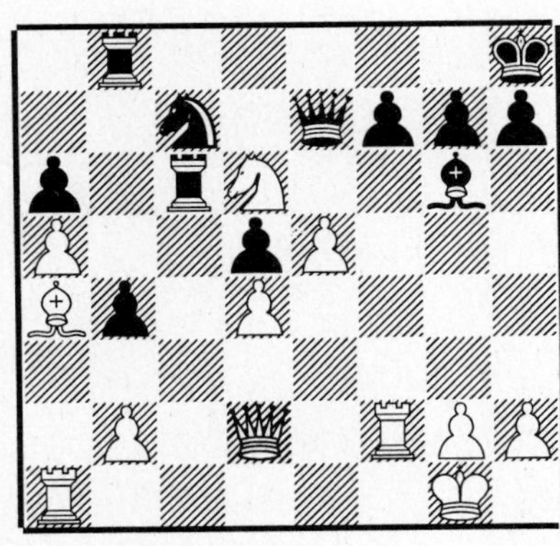

Rc4 29. Nc4 dc4 30. Rc1 Qe6 31. d5 Nd5 32. Rc4 Ne7 33. Bb3 Qe5 34. Re2 Qf6 35. Qb4 **1:0**

31.10. **726.**

I. BOLESLAVSKY - P. KERES

1. e4 e5 2. Nf3 Nc6 3. Bb5 a6 4. Ba4 Nf6 5. 0-0 Be7 6. Re1 b5 7. Bb3 0-0 8. d4 d6 9. c3 Bg4 10. h3 Bh5 11. d5 Na5 12. Bc2 c6 13. dc6 Qc7 14. Nbd2 Nc6 15. Nf1 Rfc8 16. Ng3 Bg6 17. Nh4 b4 18. Nhf5 bc3 19. bc3 Bf8 20. Bg5 Nd7 21. Bb3 Nb6 22. h4 Na5 23. h5 Bf5 24. Nf5 Nb3 25. ab3 Re8 26. Re3 Re6 27. Rg3 g6 28. hg6 fg6 29. Be3 Nd7 30. Bg5 Qb7 31. Qg4 Rae8 32. b4 d5 33. Ne3 de4 34. Qh4 Bg7 35. Rh3 Nf6 36. Rd1 Nh5 37. Nd5 h6 38. Qe4 Qf7 39. Bc1 Nf4 40. Rf3 g5 41. c4 Rd6 42. Re1 Rdd8 43. Rd1 ½:½

2.11. **727.**

P. KERES - S. FURMAN

1. e4 e5 2. Nf3 Nc6 3. Bb5 a6 4. Ba4 Nf6 5. 0-0 Be7 6. Qe2 b5 7. Bb3 d6 8. a4 Bg4 9. c3 0-0 10. h3 Bh5 11. d3 Na5 12. Bc2 c5 13. Nbd2 b4 14. Re1 Rb8 15. Nf1 bc3 16. bc3 Nb3 17. Rb1 Nc1 18. Rec1 Qa5 19. g4 Bg6 20. Ne3 h6 21. Bb3 Kh8 22. Nh4 Nd7 23. Nhf5 Bf5 24. ef5 Bg5 25. Qc2 Nf6 26. Re1 Be3 27. Re3 Rb7 28. Ree1 Re7 29. Qc1 d5 30. Bd1 e4 31. h4 d4 32. g5 Nd5 33. f6 gf6 34. gf6 Nf6 35. Qh6 Nh7 36. Bf3 Re6 37. Qh5 Rg6 38. Bg4 Rg4 39. Qg4 Rg8 40. Re4 Nf6 41. Qg8 Kg8 42. Re5 dc3 43. Rg5 Kf8 44. Rb8 Ke7 45. Rb7 Ke6 46. d4 c2 47. Re5 Kd6 48. Rc5 Qe1 **0:1**

3.11. **728.**

A. SOKOLSKY - P. KERES

1. e4 e5 2. Nf3 Nc6 3. Bc4 Nf6 4. d4 ed4 5. Ng5 d5 6. ed5 Qe7 7. Be2 Nd5 8. 0-0 h6 9. Nf3 Qf6 10. Nbd2 Bf5 11. Nb3 0-0-0 12. Nfd4 Nd4 13. Qd4 Qd4 14. Nd4 Bh7 15. c4 Nb4 16. Be3 Be7 17. Rad1 Bf6 18. Nb5 a6 19. Nc3 Bd3 20. Bd3 Nd3 21. Bc1 Rhe8 22. Nd5 Nc1 23. Rc1 Bb2 24. Rc2 Bd4 25. g3 c6 26. Nf4 Kc7 27. h4 Re4 28. Kg2 Be5 29. Kf3 Red4 30. Ne2 Rd3 31. Kg2 Rd2 32. Rfc1 Bb2 33. Rd2 Rd2 34. Re1 Bf6 35. Nf4 Ra2 36. Nh5 Kd6 37. Nf6 gf6 38. c5 Kc5 39. Re7 b5 40. Rf7 b4 41. Rf6 b3 42. Rf5 **0:1**

5.11. **729.**

P. KERES - N. KOPYLOV

1. e4 c6 2. ♘c3 d5 3. ♘f3 ♘f6 4. e5 ♘e4 5. ♗e2 ♗f5 6. ♘h4 e6 7. ♘f5 ♘c3 8. dc3 ef5 9. c4 d4 10. 0-0 ♗e7 11. ♕d3 ♕d7 12. ♕g3 g6 13. ♗h6 ♕e6 14. ♕b3 b6 15. f4 ♘d7 16. ♕h3 f6 17. ef6 ♘f6 18. ♗f3 ♔f7 19. ♖fe1 ♕c4 20. ♖e5 ♖he8 21. ♗c6 ♕c6 22. ♕b3 ♘d5 23. ♖d5 ♕e6 24. ♖d7 ♕b3 25. ab3 ♔e6 26. ♖b7 ♔d5 27. ♔f1 ♔c6 28. ♖aa7 ♖a7 29. ♖a7 ♗b4 30. ♗g7 ♖e1 31. ♔f2 ♖d1 32. c3 dc3 33. bc3 ♗c5 34. ♔e2 ♖g1 35. b4 ♗d6 36. ♔f2 ♖h1 37. h3 ♗f4 38. ♗d4 ♗c7 39. c4 ♖c1 40. b5 ♔d6 41. ♖a4 f4 42. ♔f3 ♔e6 43. ♖a6 ♖c4 44. ♗b6 ♗b6 45. ♖b6 ♔e5 46. ♖c6 ♖b4 47. ♖c5 ♔f6 48. h4 h5 49. ♖c6 ♔f5 50. b6 ♖b2 51. ♖d6 ♖b3 52. ♔e2 g5 53. hg5 ♔g5 54. ♔d2 f3 55. gf3 ♖f3 56. ♖d5 ♔g4 57. ♖d4 ♔g5 58. b7 ♖b3 59. ♖d7 h4 60. ♔c2 ♖b6 61. ♔c3 h3 ½:½

9.11. **730.**

M. TAIMANOV - P. KERES

1. d4 d5 2. c4 e6 3. ♘c3 ♗b4 4. ♘f3 c5 5. cd5 ed5 6. ♗g5 ♘e7 7. e3 c4 8. ♗e2 ♘bc6 9. 0-0 0-0 10. e4 ♗c3 11. bc3 de4 12. ♘d2 ♕a5 13. ♘e4 ♗e6 14. ♗d2 ♗d5 15. ♕c2 ♖ad8 16. ♖fe1 ♘g6 17. ♗f1 ♕c7 18. ♖e3 ♘ce7 19. ♖ae1 ♕c6 20. ♘g5 h6 21. ♖e7 hg5 22. ♖7e3 f5 23. ♖g3 g4 24. h3 gh3 25. ♖h3 ♖de8 26. ♖e8 ♕e8 27. ♗c1 f4 28. ♖h5 ♗e6 29. d5 ♗d7 30. ♗c4 ♖f6 31. ♕e2 ♕c8 32. ♖g5 ♘f8 33. ♗d3 ♗f5 34. ♗f5 ♖f5 35. ♕g4 g6 36. ♗f4 ♔f7 37. c4 ♔f6 38. ♗e3 b6 39. ♕d4 ♔f7 40. ♕g4 ♕d7 41. ♖f5 **1:0**

11.11. **731.**

P. KERES - V. RAGOZIN

1. c4 e6 2. ♘f3 f5 3. g3 ♘f6 4. ♗g2 d5 5. 0-0 c6 6. d3 ♗e7 7. ♘bd2 0-0 8. ♕c2 c5 9. cd5 ed5 10. d4 c4 11. b3 cb3 12. ♘b3 ♘c6 13. ♘e5 ♕e8 14. ♗b2 ♘e4 15. ♖fc1 ♗d7 16. f3 ♘f6 17. ♘d7 ♘d7 18. e4 f4 19. ♖e1 ♕h5 20. ed5 ♕d5 21. ♖e4 fg3 22. hg3 ♘f6 23. ♖e3 ♕h5 24. ♘c5 ♗d6 25. ♘e4 ♘e4 26. fe4 ♕g5 27. ♕b3 ♔h8 28. e5 ♘e5 29. ♖e5 ♗e5 30. de5 ♖ad8 31. ♖f1 ♖f1 32. ♗f1 h5 33. ♕f3 h4 34. ♕f4 ♕f4 35. gf4 ♖d2 36. e6 ♔g8 37. ♗c4 ♖b2 38. e7 **1:0**

12.11. **732.**

V. LJUBLINSKY - P. KERES

1. e4 e5 2. ♘f3 ♘c6 3. ♘c3 ♘f6 4. d4 ed4 5. ♘d5 ♗e7 6. ♘d4 d6 7. ♗b5 ♗d7 8. 0-0 0-0 9. ♘c6 ♗c6 10. ♗d3 ♘d5 11. ed5 ♗d7 12. c3 ♗f6 13. ♕c2 g6 14. ♕b3 b6 15. ♗d2 ♕c8 16. ♖ac1 ♕b7 17. ♗b5 c6 18. dc6 ♗c6 19. ♗c6 ♕c6 20. ♗e3 d5 21. ♖cd1 ♖fd8 22. ♖d3 ♖d7 23. ♖fd1 ♖ad8 24. a4 ♔g7 25. ♕b5 ♕b5 26. ab5 ♗e5 27. f4 ♗f6 28. ♔f2 h5 29. ♔f3 ♔f8 30. h3 ♗g7 31. g4 hg4 32. hg4 ♗f6 33. ♖3d2 ♔g8 34. ♔f2 ♗g7 35. ♔f3 d4 36. ♗d4 ♗d4 37. ♖d4 ♖d4 38. ♖d4 ♖c8 39. ♖d7 ♖c5 40. ♖a7 ♖b5 41. b4 ♖d5 42. ♔e4 ♖d8 43. c4 ♔f8 44. ♖b7 ♖e8 45. ♔d4 ♖d8 46. ♔e5 ♖e8 47. ♔d5 ♖d8 48. ♔e5 ♖e8 49. ♔d6 ♖e4 50. ♔d5 ♖f4 51. ♖b6 ♖g4 52. c5 ♖g1 53. b5 ♖d1 54. ♔c6 g5 55. ♖a6 ♔e7 56. b6 **1:0**

15.11. **733.**

P. KERES - A. KOTOV

1. c4 e6 2. ♘f3 d5 3. b3 ♘f6 4. ♗b2 c5 5. cd5 ed5 6. g3 ♘c6 7. ♗g2 d4 8. 0-0 ♗e7 9. ♘a3 0-0 10. ♘c4 ♗e6 11. ♘g5 ♗d5 12. e4 de3 13. de3 ♗g2 14. ♔g2 h6 15. ♘f3 ♕c8 16. ♘fe5 ♘e5 17. ♘e5 ♕e6 18. ♕f3 ♘d5 19. ♘d3 f5 20. ♖fe1 ♕e4 21. ♖ac1 ♕f3 22. ♔f3 b6 23. ♖ed1 ♖ad8 24. ♘f4 ♘f4 25. ♔f4 g5 26. ♔f3 g4 27. ♔e2 ♔f7 28. h3 h5 29. hg4 hg4 30. ♖h1 ♔g6 31. ♖cd1 ½:½

17.11. **734.**

V. SMYSLOV - P. KERES

1. d4 ♘f6 2. c4 e6 3. ♘c3 ♗b4 4. e3 d5 5. a3 ♗e7 6. ♘f3 0-0 7. ♗d3 b6 8. 0-0 c5 9. cd5

ed5 10. dc5 bc5 11. e4 de4 12. ♘e4 ♗a6 13. ♗a6 ♘a6 14. ♘g3 ♘c7 15. ♕c2 ♘e6 16. ♖d1 ♕c8 17. ♘f5 ♖e8 18. b3 ♕b7 19. ♗b2 ♕e4 20. ♖ac1 ♖ab8 21. ♕e4 ♘e4 22. ♖d7 ♗f8 23. ♖a7 ♖b3 24. ♗e5 c4 25. ♖a4 g6 26. ♘e3 ♗a3 27. ♖a1 ♗c5 28. ♖c4 ♘f2 29. ♔f2 ♗e3 30. ♔f1 ♘g5 31. ♗c3 ♘f3 32. gf3 ♗h6 33. ♖a7 ♖b5 34. ♖e4 ♖c8 35. ♗e5 ♗f8 36. ♖e2 ♗g7 37. ♗g7 ♔g7 38. ♔f2 ♖f5 39. ♖ae7 ♖c4 40. ♖7e4 ♖c1 41. ♖e1 ♖c6 42. ♖e5 ♖e5 43. ♖e5 ♖c4 44. ♔g3 ♔f6 45. f4 ♖c3 46. ♔g2 ♔g7 47. h3 ♖c7 48. ♔g3 ♔h6 49. ♖a5 f5 50. ♖a3 ♔h5 51. ♖b3 h6 52. ♖a3 ♖c4 53. ♖b3 g5 54. fg5 hg5 55. ♖b8 f4 56. ♔g2 ♖c2 57. ♔f3 ♖c3 58. ♔g2 ♖g3 59. ♔h2 ♖e3 60. ♔g2 ♔g6 61. ♖f8 ♖e2 62. ♔f3 ♖h2 63. ♖h8 ♔g7 64. ♖h5 ♔f6 65. ♖h8 ♖h1 66. ♔g2 ♖d1 67. ♖f8 ♔g7 68. ♖f5 ♖d2 69. ♔f3 ♖d3 70. ♔g2 ♔g6 ½:½

19.11. **735.**

P. KERES - S. FLOHR

1. d4 d5 2. c4 dc4 3. ♘f3 a6 4. e3 ♗g4 5. ♗c4 e6 6. ♕b3 ♗f3 7. gf3 ♖a7 8. ♘c3 ♘f6 9. 0-0 c5 10. ♖d1 cd4 11. ♖d4 ♕c7 12. ♗e2 ♘c6 13. ♖d1 ♗e7 14. ♗d2 0-0 15. ♖ac1 ♖d8 16. ♘a4 b5 17. ♘c5 ♘a5 18. ♗a5 ♕a5 19. ♖d8 ♗d8 20. ♕d3 ♕c7 21. ♘b3 ♕b8 22. ♖c6 ♘d5 23. a3 ♗f6 24. ♕c2 ½:½

1st CANDIDATES' TOURNAMENT
Budapest, 11.04.- 18.05.1950

11.04. **736.**

G. STAHLBERG - P. KERES

1. ♘f3 ♘f6 2. c4 c5 3. ♘c3 e6 4. g3 b6 5. ♗g2 ♗b7 6. 0-0 ♗e7 7. b3 0-0 8. ♗b2 d5 9. cd5 ♘d5 10. d4 ♘a6 11. ♘d5 ♗d5 12. ♕d3 ♘b4 13. ♕d2 cd4 14. ♕d4 ♗f6 15. ♕b4 ♗b2 16. ♖ad1 ♕f6 17. ♘d4 ♗g2 18. ♔g2 ♖ac8 19. ♘b5 a6 20. ♘d6 ♖c6 21. ♕e4 ♖c7 22. ♘c4 b5 23. ♘e3 ♕e5 24. ♕e5 ♗e5 25. ♘g4 ♗b2 26. ♖d6 ♖a8 27. ♖fd1 ♔f8 28. ♖6d2 ♗c3 29. ♖d7 ♖aa7 30. ♖d8 ♔e7 31. ♖1d3 ♗b2 32. ♘e3 ♗c1 33. ♔f3 ♗e3 34. ♔e3 ♖c2 35. ♖d2 ♖a2 36. ♖a2 ♔d8 37. ♔d4 ♔c7 38. ♔c5 ♖a8 39. ♖d2 ♖c8 40. ♖d6 ♔b7 41. ♔b4 ♖c2 42. f4 ♖e2 43. ♖d7 ♔b6 44. ♖d6 ♔a7 45. ♖d7 ♔b6 46. ♖d6 ♔b7 47. ♖d7 ♔c6 48. ♖f7 ♖e4 49. ♔a5 ♖e3 50. ♔a6 ♖b3 51. ♔a5 ♖b2 52. h3 ♖e2 53. ♖f8 ♖e3 54. g4 ♖h3 55. ♖c8 ♔d5 56. ♖c7 g6 57. ♔b5 ♖b3 58. ♔a4 ♖f3 59. ♖h7 ♖f4 60. ♔b3 ♖g4 61. ♔c3 ♔e4 62. ♔d2 ♖g2 63. ♔e1 g5 64. ♔f1 ♖a2 65. ♖g7 g4 **0:1**

12.04. **737.**

I. BOLESLAVSKY - P. KERES

1. e4 e5 2. ♘f3 ♘c6 3. ♗b5 a6 4. ♗a4 ♘f6 5. 0-0 ♗e7 6. ♖e1 b5 7. ♗b3 d6 8. c3 0-0 9. h3 ♘a5 10. ♗c2 c5 11. d4 ♕c7 12. ♘bd2 cd4 13. cd4 ♗b7 14. ♘f1 ♖ac8 15. ♘e3 ♘e4 16. ♘f5 ♕c2 17. ♘e7 ♔h8 18. ♕c2 ♖c2 19. de5 de5 20. ♘e5 f6 21. ♘g4 f5 22. ♘e5 ♖c7 23. ♘7g6 hg6 24. ♘g6 ♔g8 25. ♘f8 ♔f8 26. f3 ♘f6 27. ♗d2 ♘c6 28. ♗f4 ♖d7 29. ♖ad1 ♘d5 30. ♖d2 ♔f7 31. ♗g5 ♘d8 32. ♗d8 ♖d8 33. ♔f2 ♔f6 34. ♖c1 ♖h8 35. ♖cd1 ♔e6 36. ♖e1 ♔d6 37. ♖c1 ♗c6 38. ♖dc2 ♗d7 39. ♖d2 ♖h6 40. ♖cd1 ♗e6 41. ♖d4 ♔c5 42. ♖4d2 ♖h4 43. ♖e1 ♔d6 44. ♖c1 ♖b4 45. g3 a5 46. ♖cc2 ♗d7 47. ♖d3 ♖a4 48. a3 b4 49. ♖cd2 ♗c6 50. h4 g6 51. ♔e1 ba3 52. ♖a3 ♖a3 53. ba3 ♔e6 54. ♖e2 ♔d6 55. ♖d2 ♗d7 56. ♖c2 a4 57. ♔d2 ♗e6 58. ♖c4 ♘b6 59. ♖b4 ♘c4 60. ♔c3 ½:½

14.04. **738.**

P. KERES - L. SZABO

1. e4 e5 2. ♘f3 ♘c6 3. ♗b5 ♘f6 4. 0-0 ♗c5

5. ♘e5 ♘e4 6. ♕e2 ♘e5 7. d4 ♗e7 8. de5 ♘c5 9. ♕g4 0-0 10. ♗h6 ♘e6 11. ♗d3 f5 12. ef6 ♖f6 13. ♗d2 d5 14. ♕g3 ♗d6 15. ♕h4 h6 16. ♘c3 c6 17. ♖ae1 ♘f4 18. ♗f4 ♗f4 19. ♘e2 ♗d6 20. c4 ♗f5 21. ♗f5 ♖f5 22. ♕h3 ♖e5 23. ♘c3 ♕e7 24. ♖e5 ♕e5 25. cd5 cd5 26. f4 ♕d4 27. ♔h1 ♕c4 28. ♕e6 ♔h8 29. ♖f3 ♗f4 30. b3 ♕c7 31. g3 d4 32. ♘d5 ♕c1 33. ♔g2 ♗g5 34. h4 ♗e3 35. ♘e3 de3 36. ♕e3 ♕b1 37. ♖f2 ♖c8 38. ♕e6 ♕c1 39. ♕e7 ♕c6 40. ♔h2 ♔h7 ½:½

16.04. **739.**

V. SMYSLOV - P. KERES

1. d4 d5 2. c4 dc4 3. ♘f3 ♘f6 4. e3 e6 5. ♗c4 c5 6. 0-0 a6 7. ♕e2 b5 8. ♗b3 ♗b7 9. ♘c3 ♘bd7 10. ♖d1 ♗e7 11. e4 cd4 12. ♘d4 ♕c7 13. ♗g5 b4 14. ♘a4 ♕e5 15. ♗f6 ♘f6 16. ♘b6 ♖d8 17. ♗a4 ♔f8 18. ♗c6 ♕c7 19. ♗b7 ♕b7 20. ♘a4 g6 21. f3 e5 22. ♘b3 ♖d1 23. ♕d1 ♔g7 24. ♖c1 ♕b5 25. ♘ac5 ♕b6 26. ♔f1 ½:½

18.04. **740.**

P. KERES - A. KOTOV

1. e4 c5 2. ♘f3 d6 3. d4 cd4 4. ♘d4 ♘f6 5. ♘c3 a6 6. ♗e2 ♕c7 7. ♗g5 ♘bd7 8. 0-0 e6 9. ♗h5 ♕c4

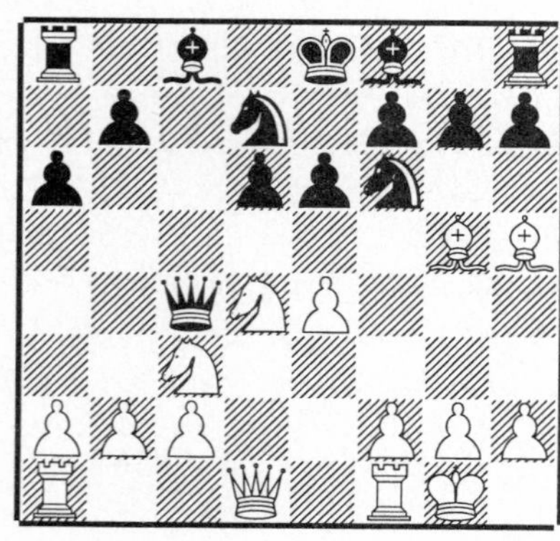

10. ♘e6 ♕e6 11. ♘d5 ♔d8 12. ♗g4 ♕e5 13. f4 ♕e4 14. ♗d7 ♗d7 15. ♘f6 gf6 16. ♗f6 ♔c7 17. ♗h8 ♗c6 18. ♕d2 ♗h6 19. ♖ae1 ♕g6 20. ♖e7 ♔d8 21. ♖fe1 a5 22. ♗d4 ♖a6 23. ♕f2 ♗f8 24. ♗b6 ♔c8 25. ♖e8 ♗e8 26. ♖e8 ♔d7 27. ♖f8 **1:0**

19.04. **741.**

S. FLOHR - P. KERES

1. ♘f3 ♘f6 2. c4 b6 3. g3 ♗b7 4. ♗g2 e6 5. 0-0 ♗e7 6. ♘c3 0-0 7. b3 d5 8. cd5 ♘d5 9. ♗b2 c5 10. ♖c1 ♗f6 11. ♕c2 ♘c6 12. ♘d5 ed5 13. d4 cd4 14. ♖fd1 ♖e8 15. ♘d4 ♘d4 16. ♗d4 ♗d4 17. ♖d4 ♖c8 18. ♕d2 ♖c1 19. ♕c1 ♖e2 20. ♗d5 ♗d5 21. ♖d5 ½:½

22.04. **742.**

P. KERES - M. NAJDORF

1. c4 e6 2. g3 d5 3. ♗g2 ♘f6 4. ♘f3 ♗e7 5. 0-0 0-0 6. d4 ♘bd7 7. ♘bd2 c6 8. b3 b6 9. ♗b2 ♗b7 10. ♖c1 a5 11. ♘e5 ♘e5 12. de5 ♘d7 13. cd5 cd5 14. ♘f3 ♖c8 15. ♘d4 ♖c1 16. ♕c1 ♕b8 17. f4 ♖c8 18. ♕b1 ♘c5 19. ♖c1 ♘a6 20. ♗h3 ♖c1 21. ♕c1 ♕c8 22. ♕c8 ♗c8 23. ♗f1 ♗c5 24. e3 g6 25. ♔f2 ♘b8 26. ♘b5 ♗a6 27. ♗d4 ♗d4 28. ♘d4 ♗f1 29. ♔f1 h5 30. ♔e2 ♔f8 31. ♔d2 ♔e7 32. ♔c3 ♔d7 33. b4 ♘c6 34. ♘c6 ♔c6 35. ♔b3 ♔b5 36. a4 ♔c6 37. b5 ♔d7 38. ♔c3 ♔c7 39. ♔d3 ♔d7 40. ♔e2 ♔e7 41. ♔f3 ½:½

23.04. **743.**

A. LILIENTHAL - P. KERES

1. d4 d5 2. c4 dc4 3. ♘f3 a6 4. e3 ♘f6 5. ♗c4 e6 6. 0-0 c5 7. dc5 ♕d1 8. ♖d1 ♗c5 9. a3 b5 10. ♗e2 ♗b7 11. b4 ♗b6 12. ♗b2 ♘bd7 13. ♘c3 0-0 14. ♖ac1 ♖fc8 15. ♘b1 ♔f8 16. ♖c8 ♖c8 17. ♖c1 ♖c1 18. ♗c1 ½:½

25.04. **744.**

P. KERES - D. BRONSTEIN

1. e4 c5 2. ♘f3 ♘c6 3. d4 cd4 4. ♘d4 ♘f6 5. ♘c3 d6 6. ♗g5 e6 7. ♗e2 ♗e7 8. 0-0 0-0 9.

♕d3 h6 10. ♗c1 ♔h8 11. a3 ♘d4 12. ♕d4 ♗d7 13. e5 de5 14. ♕e5 ♗c6 15. ♖d1 ♕b8 16. ♕b8 ♖ab8 17. ♘b5 a6 18. ♘d4 ♗e4 19. c4 ♖fd8 20. ♗e3 ♘d7 21. b4 ♖bc8 22. ♖ac1 b6 23. ♘b3 a5 24. ♖d4 ♗f5 25. ba5 ba5 26. ♘a5 ½:½

28.04. **745.**

P. KERES - G. STAHLBERG

1. e4 c5 2. ♘f3 ♘c6 3. d4 cd4 4. ♘d4 ♘f6 5. ♘c3 d6 6. ♗g5 e6 7. ♕d3 a6 8. ♖d1 ♗d7 9. ♗e2 ♗e7 10. 0-0 0-0 11. ♕g3 ♕c7 12. ♘b3 ♔h8 13. ♗f4 ♘e5 14. ♗c1 ♗b5 15. f4 ♘c6 16. ♖fe1 ♗e2 17. ♖e2 d5 18. ed5 ed5 19. ♘d5 ♘d5 20. ♖d5 ♘b4 21. ♖h5 ♖ad8 22. ♗d2 ♘a2 23. f5 ♕g3 24. hg3 ♗f6 25. c3 ♖d5 26. ♗e3 ♖e8 27. ♔f2 g6 28. ♖h1 ♖f5 29. ♔e1 ♘c3 30. bc3 ♗c3 31. ♗d2 ♗d2 32. ♘d2 ♖c8 33. ♔d1 ♖fc5 34. ♖ee1 ♔g7 35. ♖h4 ♖c3 36. ♖e7 ♖g3 37. ♖f4 ♖f8 38. ♖f2 b5 39. ♖a7 ♖a3 40. ♔c1 ♖c3 41. ♔b2 ♖e3 42. ♖a6 ♖fe8 43. ♖a7 ♖8e7 44. ♖e7 ♖e7 45. ♔c3 f5 46. ♔b4 ♖e5 47. ♘f3 ♖d5 48. ♖d2 ♖d2 49. ♘d2 ♔h6 50. ♔b5 ♔g5 51. ♔c4 ♔g4 52. ♘f1 f4 53. ♔d3 ½:½

3.05. **746.**

P. KERES - I. BOLESLAVSKY

1. c4 ♘f6 2. g3 g6 3. ♗g2 ♗g7 4. ♘f3 d6 5. ♘c3 e5 6. d3 0-0 7. ♗d2 ♘bd7 8. 0-0 ♖e8 9. ♖b1 ♘f8 10. b4 c6 11. b5 ♕c7 12. ♘e1 ♘e6 13. ♘c2 ♗d7 14. ♗e3 ♕c8 15. ♕c1 ♗f8 16. ♕b2 ♘g4 17. ♗d2 ♘c5 18. ♘e4 ♘e4 19. ♗e4 f5 20. ♗g2 c5 21. ♘e3 ♘e3 22. fe3 ♗g7 23. ♕c2 ♖f8 24. e4 ♕c7 25. ef5 ♗f5 26. ♖f2 e4 27. de4 ♗e6 28. ♖bf1 ♗d4 29. e3 ♗e5 ½:½

4.05. **747.**

L. SZABO - P. KERES

1. d4 ♘f6 2. c4 e6 3. ♘c3 ♗b4 4. a3 ♗c3 5. bc3 c5 6. e3 ♘c6 7. ♗d3 e5 8. ♘e2 d6 9. 0-0 ♕e7 10. e4 ♘d7 11. f4 b6 12. ♘g3 g6 13. fe5 de5 14. d5 ♘a5 15. ♖a2 ♘b7 16. ♖af2 ♘d6 17. ♗h6 ♔d8 18. ♗e2 ♔c7 19. ♗g4 ♘b8 20. ♗e2 ♖g8 21. ♕d2 ♘d7 22. ♗g5 ♕e8 23. ♗f6 ♘f6 24. ♖f6 ♕e7 25. ♕h6 ♗d7 26. ♗d3 ♖af8 27. ♕g5 ♘e8 28. ♗e2 ♘f6 29. ♖f6 h6 30. ♕h4 ♕d8 31. ♘f1 ♔b7 32. ♘e3 ♖h8 33. ♕f2 ♗f5 34. ♖c6 ♗e4 35. ♘g4 f6 36. ♗f3 ♗f5 37. d6 e4 38. ♖c7 ♔b8 39. ♕g3 ♖e8 40. ♖c6 ef3 41. d7 ♔b7 42. de8♕ ♖e8 43. ♖d6 ♕e7 44. ♕f3 ♔a6 45. ♖d1 ♗g4 46. ♕g4 ♕e3 **0:1**

6.05. **748.**

P. KERES - V. SMYSLOV

1. e4 e5 2. ♘f3 ♘c6 3. ♗b5 a6 4. ♗a4 ♘f6 5. 0-0 ♗e7 6. ♘c3 d6 7. ♗c6 bc6 8. d4 ♘d7 9. de5 de5 10. ♗e3 ♗d6 11. ♘a4 ♕e7 12. ♘d2 a5 13. ♖e1 0-0 14. ♘c4 ♗a6 15. ♘d6 cd6 16. b3 f5 17. ef5 ♖f5 18. c4 ♕e6 19. ♕d2 ♗b7 20. ♖ad1 d5 21. ♘c5 ♘c5 22. ♗c5 ♕g6 23. ♖e2 h5 24. ♖de1 e4 25. ♔h1 a4 26. f3 ab3 27. ab3 h4 28. fe4 de4 29. b4 ♖e8 30. h3 ♗c8 31. ♕d4 ♖fe5 ½:½

9.05. **749.**

A. KOTOV - P. KERES

1. d4 ♘f6 2. c4 e6 3. ♘c3 ♗b4 4. a3 ♗c3 5. bc3 ♘c6 6. f3 b6 7. e4 ♗a6 8. e5 ♘g8 9. ♘h3 ♘a5 10. ♕a4 ♘e7 11. ♗d3 0-0 12. ♗g5 h6 13. ♗h4 d5 14. ♗b1 g5 15. ♕c2 ♘g6 16. ♘f4 gh4 17. ♘g6 ♖e8 18. ♘h8 ♖e7 19. ♕h7 ♔f8 20. f4 ♘c4 21. f5 ef5 22. 0-0 ♗c8 23. ♗f5 ♗f5 24. ♖f5 ♔e8 25. ♖f7 ♔d7 26. ♕f5 ♔c6 27. ♕f6 ♔d7 28. e6 ♔c6 29. ♖e7 ♕h8 30. ♖c7 ♔b5 31. ♕e7 a5 32. ♕d7 ♔a6 33. ♖b1 **1:0**

15.05. **750.**

P. KERES - S. FLOHR

1. e4 c6 2. ♘c3 d5 3. ♘f3 ♗g4 4. h3 ♗f3 5. ♕f3 e6 6. d4 ♕b6 7. ♗d3 ♕d4 8. ed5 ed5 9. ♗f4 ♘d7 10. 0-0-0 ♕f6 11. g4 ♗d6 12. ♗f5 0-0-0 13. ♘d5 cd5 14. ♖d5 ♗f4 15. ♕f4

♘e7 16. ♖d6 ♕h4 17. ♖d3 ♕f6 18. ♖d6 ♕h4 19. ♕c4 ♔b8 20. ♗d7 ♕f2 21. ♕e4 ♘g6 22. ♖hd1 ♕f4 23. ♕f4 ♘f4 ½:½

13.05. **751.**

M. NAJDORF - P. KERES

1. d4 e6 2. ♘f3 ♘f6 3. c4 b6 4. g3 ♗b7 5. ♗g2 ♗e7 6. 0-0 0-0 7. ♘c3 ♘e4 8. ♕c2 ♘c3 9. ♕c3 ♗e4 10. b3 c5 11. ♗b2 ♘c6 12. dc5 ♗f6 13. ♕d2 ♗b2 14. ♕b2 bc5 15. ♖fd1 ♕e7 16. ♘e5 ♗g2 17. ♔g2 ♕f6 18. ♘d3 ♕e7 19. ♘e5 ♕f6 20. ♘d3 ♕e7 21. ♘e5 ½:½

16.05. **752.**

P. KERES - A. LILIENTHAL

1. e4 e5 2. ♘f3 ♘c6 3. ♗b5 a6 4. ♗a4 ♘f6 5. 0-0 ♗e7 6. ♕e2 b5 7. ♗b3 0-0 8. c3 d5 9. d3 d4 10. cd4 ♘d4 11. ♘d4 ♕d4 12. ♘d2 c5 13. ♘f3 ♕d6 14. ♗e3 ♗e6 15. ♖fc1 ♖ac8 16. ♗e6 ♕e6 17. a4 ♘d7 18. ♘d2 ♘b8 19. ab5 ab5 20. ♘b1 ♘a6 21. ♘c3 ♘c7 22. ♖a5 ♖a8 23. ♖ca1 ♖a5 24. ♖a5 ♕c6 25. ♕c2 ♖a8 26. ♖a8 ♕a8 27. h3 ♕c6 28. ♔f1 h6 29. ♕b3 ♔f8 30. ♕a2 ♕b7 31. ♕a5 ♔e8 32. f4 ef4 33. ♗f4 ♘e6 34. ♗e3 ♘c7 35. ♗f4 ♘e6 36. ♗g3 b4 37. ♘d5 ♗d8 38. ♕a4 ♕d7 39. ♕a6 ♔f8 40. ♔e1 ♔g8 ½:½

18.05. **753.**

D. BRONSTEIN - P. KERES

1. e4 e5 2. ♘f3 ♘c6 3. ♗b5 a6 4. ♗a4 ♘f6 5. 0-0 ♗e7 6. ♖e1 b5 7. ♗b3 0-0 8. d4 d6 9. c3 ♗g4 10. h3 ♗f3 11. ♕f3 ed4 12. ♕d1 dc3 13. ♘c3 ♘a5 14. ♗c2 ♖e8 15. f4 b4 16. ♘d5 ♘d5 17. ♕d5 c6 18. ♕d3 g6 19. ♔h1 ♗f8 20. ♖f1 ♗g7 21. ♗d2 c5 22. ♗a4 ♖f8 23. ♖ab1 ♕b6 24. f5 ♗d4 25. ♕g3 ♘c4 26. ♗h6 ♗g7 27. ♗g7 ♔g7 28. f6 ♔h8 29. ♕g5 b3 30. ab3 ♕b4 31. bc4 ♕a4 32. ♖f4 ♕c2 33. ♕h6 **1:0**

SZCZAWNO ZDROJ
18.06.- 15.07.1950

18.06. **754.**

P. KERES - J. FOLTYS

1. e4 e6 2. d4 d5 3. ♘d2 de4 4. ♘e4 ♘d7 5. ♘f3 ♘gf6 6. ♘f6 ♘f6 7. ♗d3 b6 8. 0-0 ♗b7 9. c3 ♗e7 10. ♕e2 0-0 11. ♗f4 c5 12. dc5 bc5 13. ♖fd1 ♕b6 14. ♘e5 ♖fd8 15. ♗g3 g6 16. ♘c4 ♕c6 17. f3 a5 18. ♗e5 a4 19. ♕f2 ♘d5 20. h4 f6 21. ♗h2 a3 22. h5 g5 23. ♔h1 ♕e8 24. ♕e1 ab2 25. ♕e6 ♕f7 26. ♗h7 ♔g7 27. ♕f7 ♔f7 28. ♘b2 ♘c3 29. ♗g6 ♔f8 30. ♖d8 ♖d8 31. ♘c4 ♗d5 32. ♘e3 ♗f7 33. a4 ♖a8 34. a5 ♗g6 35. hg6 ♗d8 36. ♘f5 ♖a5 37. ♖e1 ♖a7 38. ♗d6 **1:0**

19.06. **755.**

I. GRYNFELD - P. KERES

1. d4 ♘f6 2. ♘f3 c5 3. d5 b5 4. ♗g5 ♕b6 5. ♗f6 ♕f6 6. c3 d6 7. e4 a6 8. ♘bd2 ♘d7 9. g3 g5 10. a4 b4 11. cb4 cb4 12. ♖c1 g4 13. ♕c2 ♘c5 14. ♘h4 ♗h6 15. f4 ♗f4 16. gf4 ♕h4 17. ♔e2 g3 18. ♔e3 ♗g4 19. ♗g2 gh2 20. ♘f3 ♕g3 21. ♖h2 e5 22. fe5 0-0 23. ♖ch1 f5 24. ed6 fe4 25. ♔d4 ♗f3 26. ♗f3 ♘b3 27. ♕b3 ♕g7 28. ♔c5 ♕a7 29. ♔b4 ♖ab8 **0:1**

20.06. **756.**

P. KERES - J. POGATS

1. e4 e5 2. ♘f3 ♘c6 3. ♗b5 a6 4. ♗a4 ♘f6 5. 0-0 ♗e7 6. ♕e2 b5 7. ♗b3 0-0 8. d4 d6 9. c3 ♗g4 10. ♖d1 ♕c8 11. h3 ♗f3 12. ♕f3 ♘a5 13. ♗c2 c5 14. de5 de5 15. ♘d2 ♖d8 16. ♖e1 c4 17. ♘f1 ♘b7 18. ♘e3 ♘c5 19. ♘d5 ♖a7 20. ♗e3 ♖b7 21. ♖ad1 ♘d5 22. ed5 ♗d6 23. h4 ♖e8 24. ♗f5 ♕c7 25. h5 ♘d3 26. ♖e2 ♔h8 27. h6 g6 28. ♗d3 f5 29. ♗c2 e4 30. ♗d4 ♔g8 31. ♕h3 **1:0**

22.06. **757.**

S. GAWLIKOWSKI - P. KERES

1. c4 e6 2. ♘c3 c5 3. ♘f3 ♘f6 4. g3 b6 5. ♗g2 ♗b7 6. 0-0 ♗e7 7. d4 ♘e4 8. ♘e4 ♗e4 9. ♘e5 ♗g2 10. ♔g2 ♗f6 11. f4 ♕c7 12. ♗e3 ♘c6 13. ♘c6 ♕c6 14. ♖f3 cd4 15. ♗d4 ♕c4 16. ♗f6 gf6 17. b3 ♕e4 18. ♖c1 d5 19. ♔f2 0-0 20. ♖e3 ♕b4 21. ♖ec3 a5 22. e3 ♕e4 23. ♕d4 ♕d4 24. ed4 ♖a7 25. ♖c6 b5 26. ♖1c5 b4 27. ♖b5 f5 28. ♔f3 h5 29. h3 ♔g7 30. ♖cc5 ♖fa8 31. ♖c6 ♖h8 32. ♖cc5 ♔f6 33. ♔f2 ♖ha8 34. ♔f3 ♔e7 35. g4 fg4 36. hg4 hg4 37. ♔g4 ♔f6 38. f5 ♖g8 39. ♔f4 ♖h8 40. fe6 fe6 41. ♖c2 ♖h4 42. ♔e3 ♖h3 43. ♔d2 ♖h2 44. ♔d3 ♖c2 45. ♔c2 ♔f5 46. ♔d3 ♖h7 47. ♖a5 ♖h3 48. ♔d2 ♔e4 49. ♖a6 ♖h2 50. ♔c1 ♖h6 **0:1**

23.06. **758.**

P. KERES - I. BONDAREVSKY

1. c4 e6 2. ♘f3 ♘f6 3. g3 b6 4. ♗g2 ♗b7 5. 0-0 c5 6. b3 ♗e7 7. ♗b2 0-0 8. d4 cd4 9. ♘d4 ♗g2 10. ♔g2 d5 11. ♘d2 ♕d7 12. cd5 ♕d5 13. ♘2f3 ♘c6 14. ♘c6 ♕c6 15. ♖c1 ♕b7 **½:½**

24.06. **759.**

O. TROIANESCU - P. KERES

1. d4 ♘f6 2. c4 e6 3. ♘f3 d5 4. g3 dc4 5. ♕a4 ♘bd7 6. ♕c4 a6 7. ♕c2 b5 8. ♗g2 ♗b7 9. a4 c5 10. ab5 ab5 11. ♖a8 ♕a8 12. ♘a3 cd4 13. 0-0 ♗a3 14. ba3 0-0 15. ♕d3 e5 16. ♕b5 ♖b8 17. ♕c4 ♖c8 18. ♕a2 ♘e4 19. ♘h4 ♘c3 20. ♗b7 ♕b7 21. ♕d2 ♘c5 22. ♖e1 ♘b3 23. ♕b2 g6 24. ♗h6 ♕d5 25. ♘g2 ♕c4 26. h4 ♖a8 27. h5 ♕a4 28. e3 ♕a3 29. ♕a3 ♖a3 30. ed4 ♘d4 31. ♘h4 f6 32. hg6 hg6 33. ♗d2 g5 34. ♔g2 gh4 35. gh4 ♘f5 36. ♖h1 ♘d5 37. h5 ♖a2 38. ♗c1 ♔h7 39. ♔f3 ♘d4 40. ♔e4 ♘e7 41. f4 ♘df5 **0:1**

27.06. **760.**

P. KERES - F. KOEBERL

1. d4 e6 2. e4 d5 3. ♘d2 c5 4. ♘gf3 ♘c6 5. ed5 ed5 6. ♗b5 a6 7. ♗c6 bc6 8. 0-0 cd4 9. ♖e1 ♗e7 10. ♘b3 ♔f8 11. ♕d4 ♗d7 12. ♗d2 ♖b8 13. ♗a5 ♕c8 14. ♗b6 h5 15. ♗c5 ♗e6 16. ♘g5 ♖b7 17. ♖e3 ♗f5 18. ♖ae1 f6 19. ♗e7 ♖e7 20. ♕c5 ♕d7 21. ♘d4 fg5 22. ♘c6 ♗e4 23. f3 ♕c7 24. fe4 d4 25. ♖b3 ♖h6 26. ♖b8 ♔f7 27. ♘d8 ♔g6 28. ♕f5 **1:0**

28.06. **761.**

H. SZAPIEL - P. KERES

1. d4 ♘f6 2. c4 e6 3. ♘f3 ♘c6 4. ♘c3 ♗b4 5. ♕c2 d5 6. e3 0-0 7. a3 ♗e7 8. b4 b6 9. ♗e2 ♗b7 10. 0-0 a5 11. b5 ♘b8 12. ♗b2 ♘bd7 13. ♘d2 c5 14. bc6 ♗c6 15. e4 de4 16. ♘ce4 ♖c8 17. ♖ac1 ♕c7 18. ♕d3 ♖fd8 19. ♕e3 ♕b7 20. ♗f3 b5 21. cb5 ♕b5 22. ♘f6 ♘f6 23. ♗c6 ♖c6 24. ♖c6 ♕c6 25. ♖c1 ♕b5 26. ♖c2 h6 27. h3 ♖b8 28. ♕c3 ♕f5 29. ♘f3 ♘d5 30. ♕c4 ♗d6 31. ♘e5 ♕e4 32. ♕e2 ♕f5 33. ♕d2 a4 34. ♕d3 ♕d3 35. ♘d3 ♗a3 36. ♗a3 ♖b3 37. ♖c8 ♔h7 38. ♘e5 ♖a3 39. ♘f7 ♖a1 40. ♔h2 a3 41. ♖h8 ♔g6 42. ♘e5 ♔f5 43. f3 ♔f4 44. ♖a8 ♔e3 45. ♖a3 ♖a3 46. ♘c4 ♔f2 47. ♘a3 ♘e3 48. f4 ♘g2 49. f5 ef5 50. d5 ♘f4 51. d6 g5 52. ♘c2 g4 53. hg4 fg4 54. ♘e1 g3 55. ♔h1 ♔e1 **0:1**

29.06. **762.**

P. KERES - Y. AVERBAKH

1. e4 c5 2. ♘e2 ♘c6 3. ♘bc3 g6 4. d4 cd4 5. ♘d4 ♗g7 6. ♗e3 d6 7. ♗e2 ♘f6 8. 0-0 0-0 9. ♘b3 a5 10. ♘d2 a4 11. ♘c4 ♖a6 12. f3 ♗e6 13. ♕c1 ♘d7 14. ♕d2 ♖a8 15. ♖ab1 ♘ce5 16. ♘d5 ♗d5 17. ♕d5 ♘c4 18. ♕c4 ♕a5 19. ♕b5 ♕b5 20. ♗b5 ♘e5 21. f4 ♘c6 22. a3 ♗d4 23. ♔f2 ♖fc8 24. ♖fc1 ♗e3 25. ♔e3 ♘d8 26. b3 ♖a5 27. ba4 ♖c3 28. ♔d4 ♖c5 29. ♖b3 ♘e6 30. ♔e3 ♖c7 31. g3 ♖a8 **½:½**

1.07. **763.**

C. KOTTNAUER - P. KERES

1. c4 e6 2. ♘f3 ♘f6 3. d4 b6 4. g3 ♗b7 5. ♗g2 ♗e7 6. ♘c3 ♘e4 7. ♕c2 ♘c3 8. ♕c3

0-0 9. 0-0 ♗e4 10. ♘e1 d5 11. cd5 ed5 12. ♗e3 ♗f6 13. ♕a3 ♘c6 14. ♖d1 ♖e8 15. ♕a4 ♘e7 16. ♘f3 ♘f5 17. ♗f4 c5 18. dc5 bc5 19. b3 ♕b6 20. ♗h3 ♕b7 21. ♖fe1 ♖ad8 22. ♗g5 ♗g5 23. ♘g5 ♘d4 24. e3 ♘f3 25. ♘f3 ♗f3 26. ♖c1 ♕b6 27. ♗g2 **½:½**

2.07. 764.

P. KERES - E. ARLAMOWSKI

1. e4 c6 2. ♘c3 d5 3. ♘f3 de4 4. ♘e4 ♘f6 5. ♕e2 ♘bd7 6. ♘d6 **1:0**

3.07. 765.

P. KERES - A. PYTLAKOWSKI

1. e4 e5 2. ♘f3 ♘c6 3. ♗b5 a6 4. ♗a4 ♘f6 5. 0-0 ♗e7 6. ♕e2 b5 7. ♗b3 0-0 8. c3 d5 9. d3 d4 10. cd4 ♘d4 11. ♘d4 ♕d4 12. ♗e3 ♕d6 13. ♘d2 ♖d8 14. ♘f3 ♗g4 15. ♖ac1 a5 16. h3 ♗f3 17. ♕f3 a4 18. ♗c2 c5 19. ♕e2 ♘d7 20. ♗b1 b4 21. f3 ♖ac8 22. ♗c2 ♕a6 23. ♕f2 ♗d6 24. f4 ef4 25. ♗f4 ♗f4 26. ♕f4 f6 27. g4 ♘f8 28. e5 ♘g6 29. ♕f5 fe5 30. d4 ed4 31. ♗d3 ♕d6 32. ♕f2 ♖f8 33. ♗f5 ♘e7 34. ♖ce1 ♘f5 35. gf5 ♖ce8 36. f6 ♕f6 37. ♕g2 ♕g6 38. ♕g6 hg6 39. ♖c1 ♖f1 40. ♔f1 ♖e5 41. ♔f2 ♔f7 42. ♔f3 g5 43. b3 ab3 44. ab3 ♔e6 45. ♔f2 ♔d5 46. ♖a1 ♖e3 47. ♖g1 ♖b3 48. ♖g5 ♔c4 49. h4 ♖h3 50. h5 b3 51. ♔g2 ♖h5 52. ♖h5 b2 **0:1**

6.07. 766.

V. SIMAGIN - P. KERES

1. e4 e5 2. ♘f3 ♘c6 3. ♗b5 a6 4. ♗a4 d6 5. ♗c6 bc6 6. d4 ed4 7. ♘d4 ♗d7 8. 0-0 g6 9. b4 ♗g7 10. ♗b2 ♘f6 11. ♘b3 0-0 12. ♘1d2 ♖e8 13. f3 ♕b8 14. a3 a5 15. ba5 c5 16. ♖b1 ♕a7 17. c4 ♗a4 18. ♕c1 ♖ab8 19. ♗c3 ♖b7 20. ♕b2 ♘h5 21. ♗g7 ♘g7 22. ♕c3 ♘e6 23. f4 ♘d4 24. ♘d4 cd4 25. ♕f3 ♖b1 26. ♖b1 ♕a5 27. ♕f2 ♕c3 28. ♖e1 ♗c6 29. f5 gf5 30. ef5 ♖e1 31. ♕e1 ♕a3 32. ♘f1 ♕d3 33. ♕h4 ♕f5 34. ♕d4 ♕e4 35. ♕d2 ♕c4 36. ♕g5 ♔f8 37. ♘e3 ♕c1 38. ♔f2 ♕b2 39. ♔g1 ♕a1 40. ♔f2 ♕b2 41. ♔g1 ♕e5 42. ♕h6 ♔e8 43. h4 ♕g3 44. ♔f1 ♗e4 45. ♔e2 ♗g6 46. ♔f1 ♗d3 47. ♔g1 ♗e4 48. ♔f1 ♔e7 49. ♔e2 c5 50. h5 f6 51. ♘d1 **0:1**

7.07. 767.

P. KERES - G. BARCZA

1. e4 e5 2. ♘f3 ♘c6 3. ♗b5 a6 4. ♗a4 ♘ge7 5. ♗b3 f6 6. d4 d6 7. c3 ♘a5 8. ♗c2 g6 9. ♘bd2 ♗g7 10. de5 de5 11. b4 ♘ac6 12. ♗b3 ♗d7 13. ♘f1 ♗g4 14. ♕c2 ♕d7 15. ♘e3 ♗e6 16. 0-0 ♘d8 17. ♖d1 ♗b3 18. ♕b3 ♕c6 19. ♘d5 ♘f7 20. c4 ♘d6 21. b5 ab5 22. cb5 ♕d7 23. ♗a3 ♘d5 24. ♖d5 b6 25. ♗d6 cd6 26. ♘d2 ♕c7 27. ♘c4 ♗f8 28. ♖ad1 ♖d8 29. ♖5d2 d5 30. ♖d5 ♖d5 31. ed5 ♗c5 32. d6 ♕d7 33. a4 ♔f8 34. ♕f3 ♔g7 35. h3 ♖c8 36. ♕d5 ♗d4

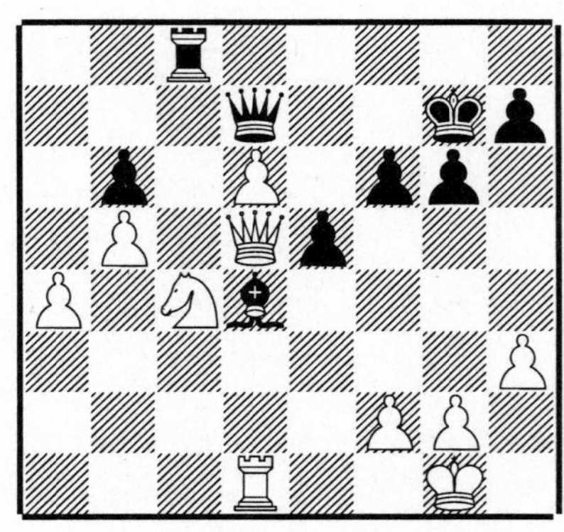

37. ♖d4 ♖c5 38. ♘b6 ♖d5 39. ♖d5 ♕f5 40. d7 **1:0**

8.07. 768.

Y. GELLER - P. KERES

1. e4 e5 2. ♘f3 ♘c6 3. ♗b5 a6 4. ♗a4 d6 5. c3 f5 6. d4 fe4 7. ♘e5 de5 8. ♕h5 ♔e7 9. ♗c6 bc6 10. ♗g5 ♘f6 11. de5 ♕d5 12. ♗h4

♔e6 13. ♗f6 gf6 14. ♕e8 ♔f5 15. ♕h5 ♔e6 16. ♕e8 ♔f5 ½:½

10.07. **769.**

P. KERES - F. ZITA

1. e4 c6 2. ♘c3 d5 3. ♘f3 de4 4. ♘e4 ♘f6 5. ♘f6 ef6 6. ♗c4 ♗d6 7. ♕e2 ♕e7 8. ♕e7 ♗e7 9. d4 0-0 10. ♗f4 ♗g4 11. ♘d2 ♘d7 12. h3 ♗e6 13. 0-0-0 ♘b6 14. ♗b3 ♖ad8 15. c3 ♘d5 16. ♗h2 ♖fe8 17. ♖he1 f5 18. ♘f3 ♔f8 19. ♖e2 ♗d6 20. ♗d6 ♖d6 21. g3 ♘f6 22. ♗e6 ♖de6 23. ♖e6 ♖e6 24. ♖e1 ♘e4 25. ♖e2 ♔e7 26. ♔c2 ♔d6 27. ♘e5 f6 28. ♘d3 ♘g5 29. ♖e6 ♘e6 30. ♔d2 g5 31. ♔e3 ♘f8 32. g4 fg4 33. hg4 ♘g6 34. ♔e4 ♘e7 35. c4 b6 36. b3 c5 37. dc5 bc5 38. f3 h6 39. ♘b2 f5 40. gf5 ♘g8 41. ♘d3 ½:½

11.07. **770.**

A. TARNOWSKI - P. KERES

1. e4 e5 2. ♘f3 ♘c6 3. ♗b5 a6 4. ♗a4 d6 5. c4 ♗d7 6. ♘c3 g6 7. d4 ♗g7 8. ♗e3 ♘ge7 9. ♕d2 0-0 10. h3 f5 11. de5 fe4 12. ♘g5 ♘e5 13. ♗b3 ♘d3 14. ♔f1 ♘c5 15. ♗c2 ♕e8 16. ♖d1

(diagram)

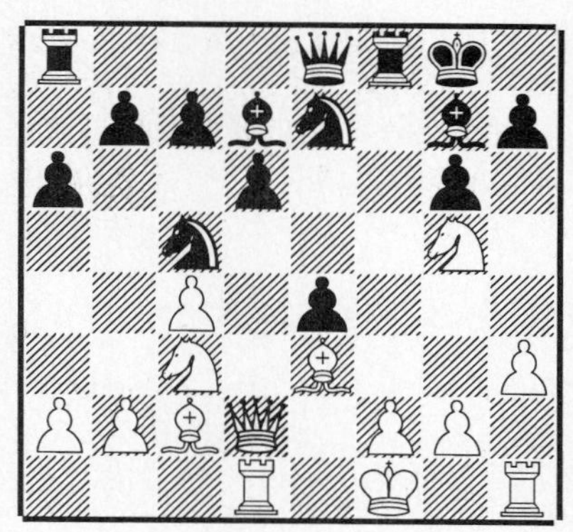

♘f5 17. ♗c5 e3 18. ♕d5 ♔h8 19. ♘e2 ef2 20. ♗e4 ♗c6 21. ♕d3 dc5 22. g4 ♗e4 23. ♘e4 ♖d8 **0:1**

15.07. **771.**

M. TAIMANOV - P. KERES

1. e4 e5 2. ♘c3 ♘f6 3. f4 d5 4. fe5 ♘e4 5. ♘f3 ♗e7 6. d4 0-0 7. ♗d3 f5 8. ef6 ♗f6 9. 0-0 ♘c6 10. ♘e4 de4 11. ♗e4 ♘d4 12. ♘g5 ♗f5 13. c3 ♗g5 14. ♗g5 ♕g5 15. ♕d4 ♗e4 16. ♕e4 ♕c5 17. ♔h1 ♖f1 18. ♖f1 ♖f8 19. ♕e6 ♔h8 20. ♖f8 ♕f8 ½:½

18.07. **772.**

P. KERES - L. SZABO

1. e4 e5 2. ♘f3 ♘c6 3. ♗b5 a6 4. ♗a4 ♘f6 5. 0-0 d6 6. ♖e1 ♗e7 7. ♗c6 bc6 8. d4 ♘d7 9. de5 de5 10. ♘bd2 a5 11. ♘c4 f6 12. ♘h4 g6 13. ♘f5 ♘b6 14. ♕d8 ♗d8 15. ♘b6 cb6 16. ♘d6 ♔e7 17. ♘c8 ♖c8 18. a4 ♗c7 ½:½

XVIII USSR CHAMPIONSHIP
Moscow, 12.11.- 11.12.1950

12.11. **773.**

P. KERES - I. LIPNITZKY

1. c4 ♘f6 2. d4 e6 3. g3 d5 4. ♗g2 dc4 5. ♕a4 ♗d7 6. ♕c4 ♗c6 7. ♘f3 ♘bd7 8. 0-0 ♘b6 9. ♕d3 h6 10. ♘bd2 a6 11. b3 ♗e7 12. ♗b2 0-0 13. ♖fd1 ♗b5 14. ♘c4 ♘c4 15. bc4 ♗a4 16. ♖db1 ♗c6 17. ♕c3 ♘e4 18. ♕c2 ♘d6 19. ♖d1 ♕e8 20. a4 ♗f6 21. ♗f1 ♗e4 22. ♕b3 b5 23. ab5 ab5 24. cb5 ♗d5 25. ♕b4 ♕b5 26. ♕b5 ♘b5 27. ♘e5 ♖a1 28. ♖a1 ♗e5 29. de5 ♖a8 30. ♖a8 ♗a8 31. f3 ♔f8 32. ♔f2 c5 33. e3 ♗c6 34. ♗e2 ♔e7 35. ♔e1 ♔d8 36. ♔d2 ♔c7 37. ♔d3 ♘a7 38. ♗d1 ♘c8 39. ♗a3 ♔b6 40. e4 ♘a7 41. f4 ♗b5 ½:½

13.11. **774.**

V. SMYSLOV - P. KERES

1. d4 ♘f6 2. c4 e6 3. g3 d5 4. ♗g2 dc4 5. ♕a4 ♘bd7 6. ♘d2 c6 7. ♕c4 e5 8. de5 ♘e5

9. ♕c3 ♗d6 10. ♘gf3 ♕e7 11. 0-0 0-0 12. ♘e5 ♗e5 13. ♕c2 ♗c7 14. e4 ♖e8 15. b3 ♗g4 16. ♘c4 ♖ad8 17. ♗a3 ♕e6 18. f3 ♗h3 19. ♖ad1 ♗g2 20. ♔g2 h5 21. ♖d8 ♖d8 22. ♖d1 ♖d7 23. ♖d7 ½:½

15.11. 775.

P. KERES - A. KONSTANTINOPOLSKY

1. e4 c5 2. ♘f3 e6 3. d4 d5 4. ed5 ed5 5. ♗b5 ♘c6 6. 0-0 ♘f6 7. ♘e5 ♗d7 8. ♗c6 bc6 9. ♖e1 ♗e7 10. dc5 0-0 11. ♗g5 h6 12. ♗h4 ♖e8 13. ♘d2 g5 14. ♗g3 ♗c5 15. ♘b3 ♗b6 16. ♕f3 ♖e6 17. c3 ♕e7 18. ♘d4 ♗d4 19. cd4 ♖e8 20. h3 ♘e4 21. ♕d3 c5 22. b3 ♗c8 23. ♘f3 ♗a6 24. ♕c2 c4 25. bc4 ♗c4 26. ♘e5 ½:½

16.11. 776.

Y. GELLER - P. KERES

1. e4 e5 2. ♘f3 ♘c6 3. ♗b5 a6 4. ♗a4 d6 5. c3 ♗d7 6. d4 ♘ge7 7. ♗b3 h6 8. ♘h4 ♘c8 9. ♘f5 g6 10. ♘g3 ♗g7 11. 0-0 ed4 12. f4 dc3 13. ♘c3 ♘b6 14. f5 ♘e5 15. ♗e3 ♘bc4 16. ♗d4 ♗b5 17. fg6 fg6 18. ♗c4 ♗c4 19. ♗e5 ♗e5 20. ♕a4 b5 21. ♕c2 ♗f1 22. ♖f1 ♖f8 23. ♘d5 ♖f1 24. ♘f1 ♔d7 25. ♕d3 ♕h4 26. a4 ♖f8 27. g3 ♕h3 28. ♘de3 c6 29. ab5 ab5 30. ♘g2 ♕e6 **0:1**

17.11. 777.

P. KERES - V. ALATORTSEV

1. e4 e5 2. f4 ef4 3. ♘f3 ♗e7 4. ♗c4 ♘f6 5. e5 ♘g4 6. 0-0 ♘c6 7. d4 d5 8. ed6 ♗d6 9. ♘c3 0-0 10. ♘e2 ♘e3 11. ♗e3 fe3 12. a3 ♕f6 13. ♕d3 ♕h6 14. ♖ae1 ♗g4 15. h3 ♗h5 16. ♘c3 ♖ae8 17. ♘d5 e2 18. ♖f2 ♗g3 19. c3 ♘a5 20. ♖ee2 ♗f2 21. ♖f2 ♘c4 22. ♕c4 c6 23. ♘b4 ♗f3 24. ♖f3 ♕c1 25. ♔h2 ♕b2 26. d5 a5 27. ♘d3 ♕a3 28. ♖g3 ♕d6 29. ♕d4 g6 30. c4 cd5 31. cd5 f5 32. ♘c5 b6 33. ♘b7 ♕c7 **0:1**

20.11. 778.

P. KERES - I. BONDAREVSKY

1. e4 e5 2. ♘f3 ♘c6 3. ♗b5 a6 4. ♗a4 d6 5. c3 ♘e7 6. d4 ♗d7 7. ♗b3 h6 8. ♘bd2 ♘g6 9. ♘c4 ♗e7 10. 0-0 ♗g5 11. ♘e3 ♗e3 12. ♗e3 0-0 13. ♘d2 ♘a5 14. ♗c2 ♗b5 15. ♖e1 ♘c4 16. ♘c4 ♗c4 17. ♕f3 ♗e6 18. b3 ♕e7 19. ♕g3 c5 20. f4 cd4 21. cd4 ef4 22. ♗f4 ♘f4 23. ♕f4 ♖ac8 24. ♗d3 ♖c3 25. ♕d2 ♖cc8 26. ♖ac1 ♕g5 27. ♕g5 hg5 28. ♔f2 f6 29. ♔e3 ♔f7 ½:½

22.11. 779.

A. SUETIN - P. KERES

1. e4 e5 2. ♘f3 ♘c6 3. ♗c4 ♘f6 4. ♘g5 d5 5. ed5 ♘a5 6. ♗b5 c6 7. dc6 bc6 8. ♗e2 h6 9. ♘f3 e4 10. ♘e5 ♗d6 11. f4 ♕c7 12. d4 0-0 13. c3 c5 14. ♘a3 a6 15. ♘c2 ♖d8 16. 0-0 ♖b8 17. ♕e1 ♘c6 18. ♔h1 ♘e7 19. ♗c4 ♖f8 20. ♘e3 cd4 21. cd4 ♘f5 22. ♘f5 ♗f5 23. b3 ♗e6 24. ♗a6 ♘d7 25. ♗c4 ♗e5 26. fe5 ♗c4 27. bc4 ♕c4 28. ♗a3 ♖fe8 29. ♗d6 ♖b6 30. ♕f2 e3 31. ♕f5 ♘f8 32. ♗c5 ♖b2 33. ♖ac1 ♕a2 34. ♗f8 ♖f8 35. ♖c8 ½:½

23.11. 780.

P. KERES - A. TOLUSH

1. d4 ♘f6 2. c4 d6 3. ♘c3 e5 4. ♘f3 ♘bd7 5. ♗g5 c6 6. ♕c2 ♕a5 7. ♗h4 ♗e7 8. e3 0-0 9. ♗d3 ed4 10. ♘d4 ♘e5 11. ♗h7 ♘h7 12. ♗e7 ♖e8 13. ♗d6 ♘c4 14. ♗g3 ♕b6 15. ♘b3 a5 16. 0-0-0 a4 17. ♘d2 ♘d2 18. ♖d2 ♕a5 19. ♖d4 b5 20. ♗d6 ♗e6 21. ♖h4 g6 22. ♗c5 ♕d8 23. g3 ♗f5 24. ♕d2 ♕f6 25. ♖d4 ♘g5 26. ♖d6 ♕e5 27. ♕d4 ♕d4 28. ♗d4 b4 29. h4 ♘h7 30. e4 ♗g4 31. ♘b1 ♗f3 32. ♖e1 ♗e4 33. a3 ♗d5 34. ♖e3 ba3 35. ba3 ♖ec8 36. ♘c3 ♗b3 37. ♗c5 ♘f8 38. ♖d2 ♘e6 39. ♗e7 ♘c7 40. ♗f6 ♘d5 ½:½

24.11. 781.

V. MIKENAS - P. KERES

1. c4 e5 2. ♘c3 ♘f6 3. ♘f3 ♘c6 4. e3 ♗e7 5. d4 ed4 6. ♘d4 0-0 7. ♗e2 d5 8. cd5 ♘b4 9.

0-0 ♘bd5 10. ♘d5 ♕d5 11. ♘b5 c6 12. ♕d5 ♘d5 13. ♘d4 ♗f6 14. ♖d1 ♖d8 15. e4 ♘c7 16. ♗e3 ♘e6 17. ♘e6 ♗e6 18. ♖d8 ♖d8 19. ♖b1 c5 20. b3 ♗d4 21. ♖d1 ♔f8 22. ♔f1 ♔e7 23. ♗d4 ♖d4 24. ♖d4 cd4 25. ♗c4 ♗g4 26. f3 ♗h5 27. ♔e2 ♔d6 28. ♔d3 ♔e5 29. ♗d5 b6 30. ♗c6 f6 31. b4 g5 32. a3 ♗f7 33. g3 ♗b3 34. ♗d7 ♗d1 35. f4 gf4 36. gf4 ♔f4 37. ♔d4 h5 38. h4 ♔g3 39. e5 fe5 40. ♔e5 ♔h4 41. ♔f4 ♗g4 42. ♗a4 ♔h3 43. ♗b3 ♔g2 **0:1**

27.11. **782.**

P. KERES - G. BORISENKO

1. c4 e5 2. g3 g6 3. d4 d6 4. ♗g2 ♘c6 5. ♘f3 ♗g7 6. e3 f5 7. ♘c3 ♘h6 8. de5 de5 9. ♕d8 ♘d8 10. e4 ♘hf7 11. ♘d5 ♘e6 12. ef5 gf5 13. ♘h4 c6

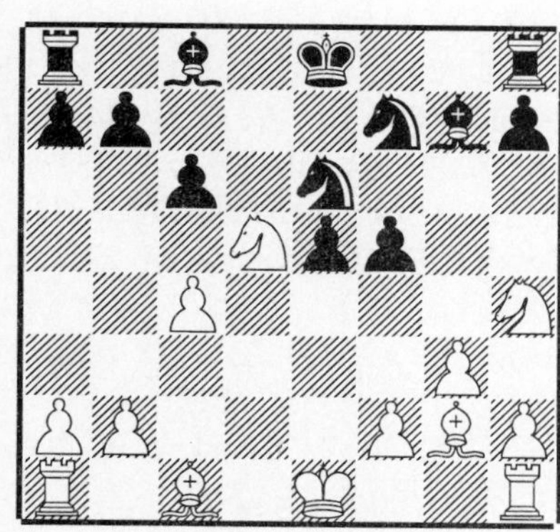

14. ♘f5 cd5 15. cd5 ♘d4 16. ♘g7 ♔f8 17. ♘e6 ♗e6 18. de6 ♘c2 19. ♔d1 ♘a1 20. ef7 ♖d8 21. ♗d2 ♔f7 22. ♔c1 ♖c8 23. ♗c3 b5 24. ♔b1 ♘c2 25. ♗e5 ♖he8 26. ♗d5 ♔f8 27. ♗f4 ♘d4 28. ♗h6 ♔e7 29. ♗e3 ♘c6 30. ♖d1 ♔f6 31. h4 a6 32. ♗g2 ♘e5 33. ♖d6 ♔f7 34. ♗d5 ♔e7 35. ♖a6 ♘c4 36. ♗f4 ♔d7 37. ♖a7 **1:0**

29.11. **783.**

A. SOKOLSKY - P. KERES

1. b4 e6 2. ♗b2 ♘f6 3. b5 c5 4. e3 d5 5. ♘f3 ♘bd7 6. c4 ♗d6 7. d3 0-0 8. ♘bd2 b6 9. ♗e2 ♗b7 10. 0-0 ♕e7 11. a4 a5 12. ba6 ♖a6 13. d4 ♖a7 14. ♘e5 ♖fa8 15. f4 cd4 16. ed4 ♗b4 17. ♘df3 ♘e4 18. ♕b3 ♘e5 19. fe5 ♖c8 20. ♖ac1 ♘d2 21. ♘d2 ♗d2 22. ♖c2 dc4 23. ♖c4 ♖c4 24. ♗c4 ♕g5 25. d5 ♕e3 26. ♔h1 ♕b3 27. ♗b3 ♗d5 28. ♗d5 ed5 29. ♖d1 ♗e3 30. ♖d5 h6 31. ♖d8 ♔h7 32. ♖d3 ♗c5 33. h3 ♖a4 34. ♔h2 ♖b4 35. ♗a3 ♖d4 36. ♖b3 ♖e4 37. ♗b2 ♖e1 38. ♖f3 ♗g1 39. ♔g3 ♔g6 40. ♗c3 ♖e4 41. ♖d3 ♔f5 42. ♖f3 ♔e6 43. ♖d3 h5 44. ♔f3 ♔f5 45. g3 ♗c5 46. e6 fe6 47. ♗g7 ♖a4 48. ♗b2 ♖b4 49. ♗c3 ♖c4 50. ♗b2 h4 51. g4 ♔g5 52. ♗e5 ♖c2 53. ♗c7 ♔g6 54. ♗d8 ♗f2 55. ♖b3 ♔f7 56. ♗b6 ♗b6 57. ♖b6 ♖h2 58. g5 ♖h3 59. ♔g4 ♖h1 60. ♖b7 ♔f8 61. ♖h7 ♖g1 62. ♔f4 ♖f1 63. ♔g4 e5 64. ♖h4 ♔f7 65. ♖h6 e4 66. ♖f6 **½:½**

30.11. **784.**

P. KERES - L. ARONIN

1. e4 c5 2. ♘e2 ♘c6 3. d4 cd4 4. ♘d4 ♘f6 5. ♘c3 d6 6. ♗g5 e6 7. ♕d2 a6 8. 0-0-0 h6 9. ♗f4 ♗d7 10. ♘c6 ♗c6 11. f3 d5 12. ♕e1 ♗b4 13. a3 ♗c3 14. ♕c3 0-0 15. ♗e5 ♘d7 16. ♗d6 ♖e8 17. e5 ♖c8 18. ♕e3 ♗b5 19. ♗b5 ab5 20. ♖d4 ♕b6 21. ♖d3 ♕a6 22. ♖hd1 ♖c6 23. ♖c3 ♖ec8 24. ♖c6 ♕c6 25. ♖d2 b6 26. b3 f5 27. ♔b2 ♘c5 28. h3 ♘b7 29. ♗b4 ♘c5 30. ♕d4 ♕e8 31. ♖e2 ♕h5 32. ♖e3 ♕g5 33. ♖e2 ♕g3 34. ♗e1 ♕g5 35. ♗d2 ♕g3 36. ♕b4 ♕h2 37. ♕b5 ♕g1 38. ♗e3 ♕d1 39. ♖d2 ♕e1 40. ♕e2 ♕g3 41. ♗d4 g5 42. a4 ♔f7 43. ♖d1 h5 44. a5 g4 45. hg4 fg4 46. ab6 gf3 47. ♖f1 ♔e7 48. ♖f3 ♕g4 49. ♗c5 ♖c5 50. ♕f2 ♖b5 51. ♖f7 ♔e8 52. ♖f8 **1:0**

2.12. **785.**

V. LJUBLINSKY - P. KERES

1. e4 e5 2. ♘f3 ♘c6 3. ♗b5 a6 4. ♗a4 ♘f6 5. 0-0 ♗e7 6. d3 b5 7. ♗b3 0-0 8. ♖e1 d6 9. c3 ♘a5 10. ♗c2 c5 11. ♘bd2 ♘c6 12. h3

♕c7 13. ♕e2 ♗e6 14. ♘f1 ♘d7 15. ♘g3 d5 16. ed5 ♗d5 17. ♘f5 ♖ae8 18. ♘g5 ♗g5 19. ♗g5 f6 20. ♗d2 ♘e7 21. d4 ♘f5 22. ♗f5 ♗e6 23. ♗e6 ♖e6 24. de5 ♖e5 25. ♕f3 ♖fe8 26. ♖e5 ♘e5 27. ♕d5 ♕f7 28. ♕c5 ♘c4 29. ♖e1 ♖e1 30. ♗e1 ♕e6 31. ♔f1 ♘b2 32. ♕d4 h6 33. ♕e3 ♕a2 34. ♕e8 ♔h7 35. ♕e4 ♔h8 36. ♕a8 ♕g8 37. ♕a6 ♕c4 38. ♔g1 ♕e4 39. ♗d2 ♘c4 40. ♕c8 ♔h7 41. ♕d7 ♔g6 42. f3 ♕e5 43. ♕g4 ♔h7 44. ♗f4 ♕d5 45. h4 ♕d3 46. ♕e6 b4 **0:1**

3.12. **786.**

P. KERES - I. BOLESLAVSKY

1. e4 c5 2. ♘f3 ♘c6 3. d4 cd4 4. ♘d4 ♘f6 5. ♘c3 d6 6. ♗g5 e6 7. ♕d3 ♗e7 8. 0-0-0 0-0 9. ♘b3 a5 10. a3 a4 11. ♘d4 h6 12. ♗h4 ♗d7 13. ♘db5 ♘e5 14. ♕d2 ♗b5 15. ♗b5 ♕a5 16. ♕e2 ♖fc8 17. ♖d4 ♕b6 18. ♖a4 ♖a4 19. ♘a4 ♕a5 20. f3 ♕c7 21. ♗e1 ♘g6 22. ♗c3 e5 23. ♖d1 ♘f4 24. ♕f2 d5 25. ed5 ♘4d5 26. ♕e1 ♘c3 27. ♕c3 ♕b8 28. ♕b3 e4 29. g3 ♕c7 30. f4 h5 31. ♖d4 ♕a5 32. ♗c4 ♔h7 33. ♔b1 ♗c5 34. ♖d1 ♗f2 35. ♘c3 e3 36. ♘e2 ♖d8 37. ♖d8 ♕d8 38. ♗d3 g6 39. ♕b7 ♔g8 40. ♗c4 ♕d7 41. ♕d7 ♘d7 42. a4 ♔f8 **1:0**

5.12. **787.**

S. FLOHR - P. KERES

1. ♘f3 c5 2. c4 ♘f6 3. g3 b6 4. ♗g2 ♗b7 5. 0-0 e6 6. ♘c3 ♗e7 7. d4 ♘e4 8. ♕c2 ♘c3 9. ♕c3 ♗f6 10. ♗e3 ♘c6 11. ♖ad1 ♖c8 12. ♕a3 ♘a5 13. b3 ♗e7 14. dc5 f6 15. ♗h3 ♔f7 16. ♖d2 bc5 17. ♖fd1 d6 18. ♘e1 ♕b6 19. ♕c1 h5 20. f3 h4 21. g4 ♘c6 22. ♘g2 ♘d4 23. ♖d4 cd4 24. ♗d4 ♕a6 25. g5 fg5 26. f4 g4 27. ♗g4 h3 28. ♕e3 ♖h6 29. ♘e1 ♖g6 30. ♕h3 ♕c6 31. ♘f3 ♕e4 32. ♕g3 ♔g8 33. ♖d3 ♖f8 34. ♗e3 e5 35. ♕g2 ef4 36. ♗d2 ♗d8 37. h3 ♖e8 38. ♔f1 d5 39. ♖d4 ♕b1 40. ♗e1 dc4 41. ♖c4 **0:1**

9.11. **788.**

P. KERES - T. PETROSIAN

1. e4 e6 2. d4 d5 3. ♘d2 ♘c6 4. c3 f5 5. ef5 ef5 6. ♗d3 ♗d6 7. ♘e2 ♘ge7 8. ♘f3 0-0 9. ♕c2 ♕e8 10. ♗d2 ♗d7 11. 0-0-0 ♘a5 12. ♗f4 b5 13. ♖de1 b4 14. ♗d6 cd6 15. cb4 ♘c6 16. a3 a5 17. b5 ♘b4 18. ab4 ♖c8 19. ♘c3 ab4 20. ♔d2 ♕f7 21. ♕b3 bc3 22. bc3 ♖b8 23. ♖e3 h6 24. ♖he1 ♘c8 25. c4 ♘b6 26. cd5 ♖fc8 27. ♖e7 ♕f6 28. h4 ♖a8 29. ♖7e2 f4 30. ♘e5 de5 31. de5 ♕e7 32. ♖e4 ♖a3 33. ♕b2 ♗f5 34. ♕d4 ♖a2 35. ♔d1 ♕a3 **0:1**

11.12. **789.**

Y. AVERBAKH - P. KERES

1. e4 e5 2. ♘f3 ♘c6 3. ♘c3 ♘f6 4. ♗b5 ♗b4 5. 0-0 0-0 6. d3 d6 7. ♘e2 ♘e7 8. c3 ♗a5 9. ♘g3 c6 10. ♗a4 ♘g6 11. d4 ♗e6 12. ♗c2 ♖e8 13. ♖e1 ♗g4 14. ♘f5 d5 15. h3 ♗f3 16. ♕f3 ♘e4 17. ♗e4 ed4 18. ♘d4 ♗b6 19. ♗d2 de4 20. ♖e4 ♖e4 21. ♕e4 ♗d4 22. cd4 ♕e7 23. ♕g4 ♕d6 24. ♖e1 ♕d5 25. b3 h5 26. ♕e4 ♕e4 27. ♖e4 f6 28. ♔f1 ♔f7 29. ♗a5 b6 30. ♗c3 ♖d8 31. ♗b2 ♖d6 32. g4 hg4 33. hg4 ♖e6 34. f3 ♘e7 35. ♗c1 ♘d5 36. ♗d2 ♖d6 37. ♔e2 ♖d8 38. ♔f2 ♘c7 39. a4 ♘e6 40. ♗e3 ♖d5 41. ♔g3 ♔e7 42. g5

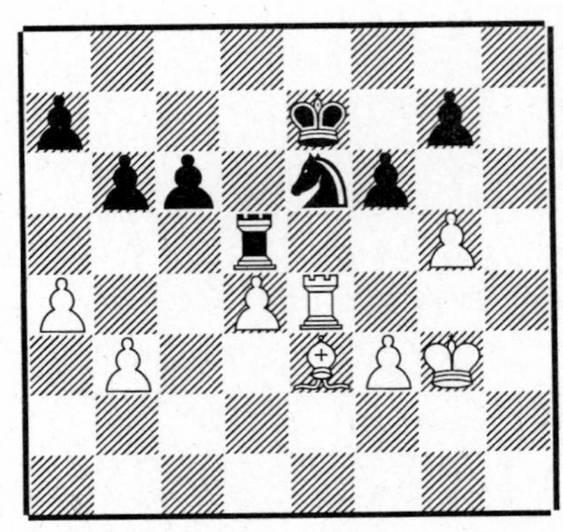

f5 43. ♖e5 ♔d6 44. ♖d5 ♔d5 45. g6 a5 46. ♔h4 ♘d4 47. ♗h6 ♘e6 48. ♗e3 c5 49. ♔h5 ♔e5 50. ♗c1 ♘d4 51. ♗h6 ♔f6 52. ♗g5 ♔e6 53. ♗h6 gh6 54. ♔h6 ♘c6 55. g7 ♘e7 56. ♔h7 ♔f7 57. ♔h6 ♔g8 58. f4 ♔f7 **0:1**

XIX USSR CHAMPIONSHIP
Moscow, 11.11.- 13.12.1951

		1	2	3	4	5	6	7	8	9	10	11	12	13	14	15	16	17	18	
1	P. KERES	•	1	½	1	½	½	½	1	1	½	0	½	0	1	1	1	1	1	12
2	Y. GELLER	0	•	½	0	1	½	0	1	1	0	1	½	1	1	1	1	1	1	11½
3	T. PETROSIAN	½	½	•	1	½	½	½	1	0	½	0	1	1	1	1	½	1	1	11½
4	V. SMYSLOV	0	1	0	•	1	0	1	1	½	1	1	½	½	1	1	½	0	1	11
5	M. BOTVINNIK	½	0	½	0	•	½	1	½	1	½	0	½	½	½	1	1	1	1	10
6	Y. AVERBAKH	½	½	½	1	½	•	0	0	1	½	½	1	½	½	0	½	1	1	9½
7	D. BRONSTEIN	½	1	½	0	0	1	•	1	0	½	1	½	0	½	½	½	1	1	9½
8	M. TAIMANOV	0	0	0	0	½	1	0	•	½	½	1	1	½	½	1	1	1	1	9½
9	L. ARONIN	0	0	1	½	0	0	1	½	•	1	1	0	½	½	1	½	1	½	9
10	S. FLOHR	½	1	½	0	½	½	½	½	0	•	½	½	1	½	½	1	0	1	9
11	N. KOPYLOV	1	0	1	0	1	½	0	0	0	½	•	1	0	1	1	0	1	½	8½
12	I. BONDAREVSKY	½	½	0	½	½	0	½	0	1	½	0	•	½	½	0	1	1	1	8
13	A. KOTOV	1	0	0	½	½	½	1	½	½	0	1	½	•	½	0	½	1	0	8
14	V. SIMAGIN	0	0	0	0	½	½	½	½	½	½	0	½	½	•	½	1	1	1	7½
15	I. LIPNITSKY	0	0	0	0	0	1	½	0	0	½	0	1	1	½	•	½	½	1	6½
16	O. MOISEYEV	0	0	½	½	0	½	½	0	½	0	1	0	½	0	½	•	1	1	6½
17	N. NOVOTELNOV	0	0	0	1	0	0	0	0	0	1	0	0	0	0	½	0	•	½	3
18	E. TERPUGOV	0	0	0	0	0	0	0	0	½	0	½	0	1	0	0	0	½	•	2½

11.11. **790.**

P. KERES - E.TERPUGOV

1. d4 d5 2. c4 ♘c6 3. ♘c3 ♘f6 4. ♘f3 ♗g4 5. cd5 ♘d5 6. e4 ♗f3 7. gf3 ♘b6 8. d5 ♘b8 9. ♗f4 c6 10. ♕b3 ♘8d7 11. ♖d1 ♕c8 12. ♗h3 g6 13. ♘a4 f5 14. ♘b6 ab6 15. ef5 ♘c5 16. ♕b6 e5 17. de6 ♖a6 18. f6 ♘e6 19. ♕b3 ♔f7 20. 0-0 c5 21. ♖fe1 c4 22. ♕b5 **1:0**

14.11. **791.**

N. KOPYLOV - P. KERES

1. e4 c5 2. ♘f3 ♘c6 3. d4 cd4 4. ♘d4 d5 5. ♘c6 bc6 6. ed5 ♕d5 7. ♘c3 ♕d1 8. ♘d1 ♘f6 9. ♗c4 e6 10. ♘e3 ♗e7 11. 0-0 0-0 12. ♖d1 ♘d5 13. ♗f1 ♖b8 14. ♖d3 ♖d8 15. ♖b3 ♗d7 16. ♘d5 cd5 17. ♗e3 ♗f6 18. c3 ♖a8 19. ♗a6 ♗c6 20. h3 e5 21. ♖c1 ♖d7 22. ♗e2 ♗e7 23. ♗b5 ♖c8 24. ♗c6 ♖c6 25. ♖b8 ♗f8 26. ♖d1 f6 27. ♖b5 d4 28. cd4 a6 29. ♖b8 ♔f7 30. d5 ♖c2 31. ♖b6 a5 32. ♖b5 a4 33. ♖c1 ♖c1 34. ♗c1 ♗d6 35. ♗e3 ♖c7 36. ♖a5 ♖c2 37. ♖a7 ♔g6 38. ♖a6 ♗b4 39. d6 ♖b2 40. d7 ♖b1 41. ♔h2 ♖d1 42. ♖a4 ♗e7 43. ♖a7 ♗d8 44. a4 ♖d5 45. g4 h5 46. ♔g2 hg4 47. hg4 e4 48. ♔h3 f5 49. ♖a6 ♔f7 50. gf5 ♖d7 51. ♔g4 ♗f6 52. ♖a7 ♖a7 53. ♗a7 ♗e5 54. a5 ♔e8 55. a6 ♔d7 56. ♗e3 ♔c6 57. ♔g5 ♗c7 58. ♗d4 ♗d6 59. ♔g6 **1:0**

15.11. **792.**

P. KERES - L. ARONIN

1. e4 c5 2. ♘e2 ♘c6 3. d4 cd4 4. ♘d4 ♘f6 5. ♘c3 d6 6. ♗g5 e6 7. ♕d3 ♗e7 8. ♖d1 0-0 9. ♗e2 d5 10. ed5 ♘b4 11. ♕g3 ♘fd5 12. ♘d5 ♘d5 13. ♗e7 ♕e7 14. 0-0 e5 15. ♗f3 ♘f4 16. ♘e2 ♘e2 17. ♗e2 ♗f5 18. ♗d3 ♕e6 19. b3 ♖ac8 20. ♖fe1 ♗d3 21. ♕d3 ♕e7 22. h3 b6 23. ♕e4 f6 24. ♖d5 ♖fd8 25. ♖ed1 ♖d5 26. ♕d5 ♔f8 27. c4 g6 28. a4 ♖c7 29. a5 ba5 30. ♕a5 ♖d7 31. ♖d5 ♕e6 32. ♕c5 ♔f7 33. ♖d7 ♕d7 34. b4 ♔e6 35. g3 ♕d1 36. ♔g2 ♕d7 37. h4 ♕b7 38. ♔h2 ♕d7 39. ♕f8 h5 40. ♕g8 ♔f5 41. c5 ♕d4 42. ♕c8 ♔e4 43. ♔g2 ♔d3 44. ♕a6 ♔d2 45. ♕d6 ♔e2 46. ♕d4 ed4 47. c6 d3 48. c7 d2 49. c8♕ d1♕

50. ♕e6 ♔d3 51. ♕d7 ♔e2 52. ♕e7 ♔d3 53. ♕a7 ♕g4 54. ♕e3 ♔c4 55. ♕c5 ♔d3 56. ♕e3 ♔c4 57. ♕c5 ♔d3 58. b5 ♕e4 59. ♔h2 ♕a8 60. ♕c6 ♕a2 61. ♔g2 g5 62. b6 gh4 63. ♕f3 **1:0**

18.11. 793.

Y. GELLER - P. KERES

1. e4 e5 2. ♘f3 ♘c6 3. ♗b5 a6 4. ♗a4 ♘f6 5. 0-0 ♗e7 6. ♖e1 b5 7. ♗b3 d6 8. c3 0-0 9. h3 ♘a5 10. ♗c2 c5 11. d4 ♕c7 12. ♘bd2 cd4 13. cd4 ♗b7 14. ♘f1 ♖ac8 15. ♗b1 d5 16. ed5 ed4 17. ♗g5 h6 18. ♗h4 ♘d5 19. ♕d3 g6 20. ♗g3 ♗d6 21. ♗d6 ♕d6 22. ♕d2

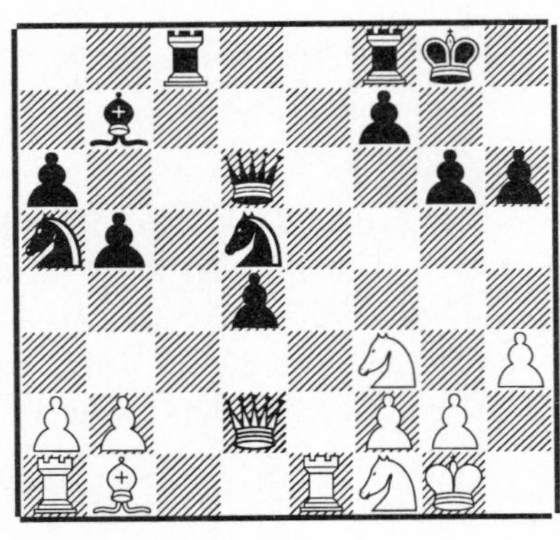

♘f4 23. ♕a5 ♗f3 24. gf3 ♘h3 25. ♔g2 ♘f4 26. ♔g1 ♘h3 27. ♔g2 ♘f4 28. ♔g1 ♕d5 29. ♘g3 d3 30. ♘e4 ♕f5 31. ♕b4 ♖fe8 **0:1**

19.11. 794.

P. KERES - I. BONDAREVSKY

1. e4 c5 2. ♘e2 ♘c6 3. ♘bc3 d6 4. g3 g6 5. ♗g2 ♗g7 6. d3 ♘f6 7. ♗e3 ♗d7 8. h3 a6 9. 0-0 0-0 10. ♔h2 b5 11. ♕d2 b4 12. ♘d1 ♘e8 13. d4 cd4 14. ♘d4 ♖b8 15. a3 ba3 16. ♖a3 ♘c7 17. ♘c6 ♗c6 18. ♗h6 ♗h6 19. ♕h6 ♖b5 20. ♖e1 ♕a8 21. ♕d2 ♖fb8 22. ♖ae3 ♘e6 23. b3 ♖b4 24. ♘c3 ♖d4 25. ♕c1 ♘c5 26. ♘d5 e5 27. c3 ♘d3 28. ♖d3 ♖d3 29. ♘f6 ♔g7 30. ♕c2 ♖g3 31. ♘h5 gh5 32. fg3 ♕b7 33. ♖f1 f6 **½:½**

21.11. 795.

A. KOTOV - P. KERES

1. d4 e6 2. c4 ♗b4 3. ♘c3 c5 4. e3 b6 5. ♘e2 ♘f6 6. a3 ♗a5 7. ♖b1 ♘a6 8. ♘g3 ♗b7 9. f3 h5 10. e4 ♗c3 11. bc3 h4 12. ♘e2 h3 13. ♗g5 ♕c7 14. ♗f4 d6 15. ♘g3 0-0-0 16. a4 ♘b8 17. a5 ♘d7 18. gh3 ♘h5 19. ♗e3 f5 20. ♘h5 ♖h5 21. ♗g2 ba5 22. 0-0 ♘b6 23. ♕b3 ♗a6 24. ♖fd1 ♗c4 25. ♕a3 fe4 26. fe4 ♗e2 27. dc5 ♘c4 28. ♕a2 ♘e3 29. ♕e2 ♕c5 30. ♖d4 e5 31. ♕e3 ed4 32. cd4 ♕g5 33. ♕c3 ♔d7 34. e5 ♔e7 35. ♕c7 ♔f8 36. e6 ♔g8 37. ♕f7 ♔h7 38. e7 ♖b8 39. ♖e1 ♕h4 40. ♗e4 **1:0**

22.11. 796.

P. KERES - Y. AVERBAKH

1. e4 e5 2. ♘f3 ♘c6 3. ♗b5 a6 4. ♗a4 ♘f6 5. 0-0 ♘e4 6. d4 b5 7. ♗b3 d5 8. de5 ♗e6 9. c3 ♗e7 10. ♘bd2 0-0 11. ♕e2 ♘c5 12. ♘d4 ♘b3 13. ♘2b3 ♕d7 14. ♘c6 ♕c6 15. ♗e3 ♗f5 16. ♖fd1 ♕g6 17. f3 c6 18. ♕f2 ♖fe8 19. ♖e1 f6 20. ♗d4 fe5 21. ♗e5 a5 22. a4 ba4 23. ♖a4 c5 24. ♖a5 ♖a5 25. ♘a5 ♕b6 26. b4 ♕b5 27. ♘b3 cb4 28. ♘d4 ♕d7 29. ♘f5 ♕f5 30. ♕d4 bc3 31. ♗g7 c2 32. ♗h6 ♕f7 33. ♖c1 ♗f6 34. ♕g4 ♔h8 35. ♖c2 ♕a7 36. ♔f1 ♕a6 37. ♔f2 ♕b6 **½:½**

26.11. 797.

O. MOISEYEV - P. KERES

1. d4 ♘f6 2. c4 e6 3. ♘c3 ♗b4 4. e3 0-0 5. ♗d3 ♖e8 6. ♘e2 e5 7. de5 ♖e5 8. 0-0 ♖e8 9. ♘d5 ♗f8 10. ♘g3 d6 11. ♗d2 ♘bd7 12. ♗c3 g6 13. ♕d2 ♗g7 14. ♖ac1 h5 15. f3 c6 16. ♘f6 ♘f6 17. e4 ♗e6 18. ♘e2 ♕e7 19. ♖cd1 ♖ad8 20. ♖fe1 d5 21. cd5 cd5 22. e5 ♘e4 23. ♕c2 ♘c3 24. ♘c3 ♕b4 25. ♘b5 ♗d7 26. a3 ♕f4 27. ♘d6 ♗e5 28. ♘e8 ♕h2

29. ♔f1 ♕h1 30. ♔f2 ♗d4 31. ♖e3 ♕h4 32. g3 ♕h2 33. ♔e1 ♕g1 **0:1**

28.11. **798.**

P. KERES - S. FLOHR

1. e4 c6 2. ♘c3 d5 3. ♘f3 de4 4. ♘e4 ♘f6 5. ♘f6 ef6 6. ♗c4 ♗d6 7. ♕e2 ♕e7 8. ♕e7 ♔e7 9. 0-0 ♗e6 10. ♗b3 ♗b3 11. ab3 ♘a6 12. ♘d4 ♔d7 13. ♘f5 g6 14. ♘d6 ♔d6 15. ♖a4 ♘c7 16. d3 ♘e6 17. ♗d2 f5 18. f3 a6 19. g4 b5 20. ♖a5 ♖he8 21. b4 ♔c7 22. gf5 gf5 23. ♖aa1 ♔b7 24. ♖ae1 ♖ad8 25. ♔f2 ♖d5 26. ♖g1 ♖c8 27. ♖g3 f4 28. ♖h3 h5 29. ♖h4 c5 **½:½**

29.11. **799.**

M. BOTVINNIK - P. KERES

1. d4 ♘f6 2. c4 e6 3. ♘c3 ♗b4 4. e3 c5 5. ♗d3 ♘c6 6. a3 ♗c3 7. bc3 b6 8. e4 d6 9. ♘e2 e5 10. 0-0 ♘d7 11. ♕a4 ♕c7 12. d5 ♘a5 13. ♘g3 0-0 14. ♕d1 ♖e8 15. ♘f5 ♘f8 16. ♘e3 ♘g6 17. g3 ♕e7 18. ♖a2 ♗h3 19. ♖e1 ♗d7 20. f3 a6 21. a4 ♖eb8 22. ♗f1 ♕e8 23. ♘f5 ♕f8 24. ♖b2 f6 25. f4 ♘h8 26. ♕g4 ♗f5 27. ♕f5 ♘f7 28. ♕h5 ♖b7 29. ♕e2 ♕e8 30. ♕d1 ♖ab8 31. ♗d3 b5 32. ab5 ab5 33. cb5 c4 34. ♗c2 ♕c8 35. ♗a4 ♘b3 36. ♗e3 ♖a8 37. ♖a2 ♖b5 38. ♗b3 cb3 39. ♖a8 ♕a8 40. c4 ♖b4 41. ♗d2 ♕a7 42. ♔h1 ♖b8 43. ♕f3 ♕d4 44. ♕c3 ♕f2 45. ♕e3 ♕e3 46. ♗e3 b2 47. ♖b1 ♖b3 48. c5 ♖e3 49. ♖b2 g6 50. c6 ♖c3 51. ♖b7 ♔g7 52. c7 ♖c2 53. ♔g1 h5 54. h4 ♖c4 55. ♔g2 ♖c2 56. ♔f1 ♖c4 57. ♔g2 ♖c2 58. ♔f1 ♖c4 **½:½**

2.11. **800.**

P. KERES - I. LIPNITZKY

1. d4 ♘f6 2. c4 e6 3. ♘c3 ♗b4 4. e3 0-0 5. ♗d3 d5 6. ♘f3 ♘c6 7. 0-0 h6 8. h3 dc4 9. ♗c4 ♗d6 10. e4 e5 11. ♗e3 a6 12. ♖e1 ♗d7 13. ♕c2 ♖e8 14. a3 ed4 15. ♘d4 ♘e5 16. ♗f1 ♘g6 17. ♖ad1 ♕e7 18. g3 ♘e4 19. ♗c1 f5 20. ♗g2 ♘e5 21. ♘f5 ♗f5 22. ♘e4 ♘f7 23. ♕b3 ♖ab8 24. ♗d2 ♕e6 25. ♕e6 ♖e6 26. ♘d6 cd6 27. ♗d5 ♖e1 28. ♖e1 ♔f8 29. ♖c1 ♘d8 30. ♖c7 ♗e6 31. ♗e6 ♘e6 32. ♖d7 ♘g5 33. ♗g5 hg5 34. ♖d6 ♖c8 35. ♔g2 ♖c5 36. ♖b6 ♖c7 37. ♔f3 ♖f7 38. ♔g4 ♖f2 39. ♖b7 ♖h2 40. a4 a5 41. ♖b5 **1:0**

5.12. **801.**

D. BRONSTEIN - P. KERES

1. e4 e5 2. ♘f3 ♘c6 3. ♗b5 a6 4. ♗a4 ♘f6 5. 0-0 ♗e7 6. ♖e1 b5 7. ♗b3 d6 8. c3 0-0 9. h3 ♘a5 10. ♗c2 c5 11. d4 ♕c7 12. ♘bd2 cd4 13. cd4 ♗b7 14. d5 ♗c8 15. ♘f1 ♗d7 16. ♘3h2 ♖fc8 17. ♗d3 ♘b7 18. b4 a5 19. ♗d2 ab4 20. ♗b4 ♘c5 21. a3 ♕a7 22. ♘g3 ♗d8 23. ♗f1 ♗a5 24. ♕f3 ♕b6 25. ♘g4 ♘g4 26. hg4 g6 27. ♖ab1 ♕d8 28. ♕e3 ♕h4 29. ♗e2 ♗g4 30. ♗b5 ♗b6 31. ♗c6 ♖ab8 32. ♗d2 ♗d7 33. ♗d7 ♘d7 34. ♕d3 ♗d4 35. ♗e3 ♘c5 36. ♕c2 ♗e3 37. ♖e3 ♖b1 38. ♕b1 ♕d8 39. ♘f1 ♖b8 40. ♕c2 ♖a8 41. ♘d2 **½:½**

6.12. **802.**

P. KERES - N. NOVOTELNOV

1. c4 e6 2. g3 d5 3. ♗g2 ♘f6 4. ♘f3 ♘bd7 5. 0-0 ♗e7 6. d4 0-0 7. ♘bd2 b6 8. b3 ♗b7 9. ♗b2 ♖c8 10. ♖c1 c6 11. e3 ♕c7 12. ♘e5 ♘e5 13. de5 ♘d7 14. f4 ♖fd8 15. cd5 ed5 16. ♕g4 c5 17. ♘f3 ♕c6 18. e6 ♘f6 19. ef7 ♔f8 20. ♕h3 h6 21. ♘e5 ♕d6 22. ♕f5 ♖c7 23. g4 ♗c8 24. ♕g6 ♘g4 25. ♘d7 **1:0**

7.12. **803.**

V. SMYSLOV - P. KERES

1. c4 ♘f6 2. g3 c6 3. ♘f3 d5 4. b3 ♗f5 5. ♗b2 e6 6. ♗g2 ♘bd7 7. 0-0 h6 8. d3 ♗c5 9. ♘c3 0-0 10. ♕c2 ♗h7 11. e4 de4 12. ♘e4 ♘e4 13. de4 ♘f6 14. ♘e5 ♕b6 15. ♘d3 ♘e4 16. ♘c5 ♘c5 17. ♕c3 f6 18. ♕e3 ♘d3 19. ♕e6 ♔h8 20. ♗c3 ♖fe8 21. ♕g4 ♖ad8 22.

♕h5 ♘e5 23. ♖ad1 ♗g6 24. ♕h4 ♖d1 25. ♖d1 ♘d3 26. ♗d4 ♕a5 27. h3 ♔h7 28. ♗f3 ♘e1 29. ♗h1 ♘c2 30. ♗f3 ♖e1 31. ♖e1 ♕e1 32. ♔h2 b6 33. ♕f4 c5 34. ♗e3 ♘e3 35. ♕e3 ♕e3 36. fe3 ♗b1 37. a3 a5 38. ♗d1 ♔g6 39. ♔g2 ♔f5 40. ♔f3 ♔e5 41. a4 g5 42. ♔e2 ♗f5 43. g4 ♗b1 44. ♔f3 f5 45. gf5 ♔f5 46. ♔f2 ♗e4 47. ♔g3 ♔g6 48. ♔f2 h5 49. ♔g3 h4 50. ♔f2 ♗f5 51. ♔g2 ♔f6 52. ♔h2 ♔e6 **0:1**

9.12. 804.

P. KERES - V. SIMAGIN

1. d4 f5 2. g3 e6 3. ♗g2 ♘f6 4. ♘f3 ♗e7 5. 0-0 0-0 6. c4 d6 7. ♘c3 ♕e8 8. ♖e1 ♕h5 9. e4 fe4 10. ♘e4 ♘e4 11. ♖e4 ♘c6 12. ♗f4 ♗f6 13. ♕d2 ♔h8 14. ♖ae1 ♗d7 15. c5 dc5 16. dc5 e5 17. ♘e5 ♘e5 18. ♗e5 ♗c6 19. ♗f6 ♗e4 20. ♗g7 ♔g7 21. ♕d4 ♖f6 22. ♖e4 ♖f8 23. h4 ♔h8 24. ♖e7 ♕f5 25. f4 ♕g6 26. ♔h2 ♖f7 27. ♖e8 ♔g7 28. ♗e4 ♕g4 29. ♗d5 ♕d7 30. ♕e5

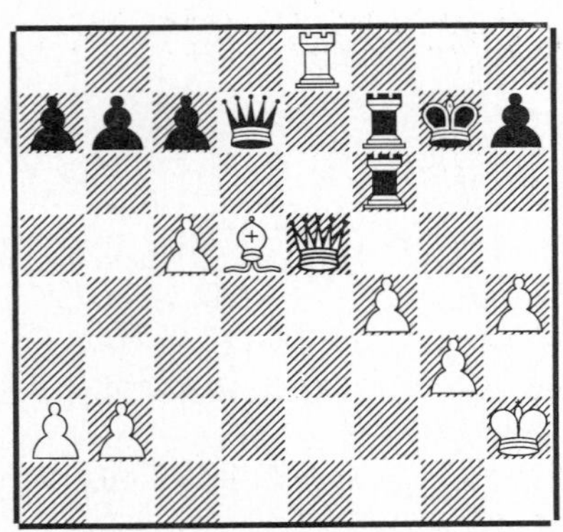

h6 31. ♗f7 ♔f7 32. ♖f8 ♔f8 33. ♕f6 ♔g8 34. ♕g6 ♔h8 35. ♕h6 ♔g8 36. ♕g6 ♔h8 37. ♕f6 ♔g8 38. h5 ♕d1 39. ♕g6 ♔h8 40. ♕e8 **1:0**

10.12. 805.

T. PETROSIAN - P. KERES

1. d4 ♘f6 2. c4 e6 3. ♘f3 b6 4. e3 ♗b7 5. ♗d3 c5 6. 0-0 ♗e7 7. ♘c3 d5 8. cd5 ed5 9. ♗b5 ♗c6 10. ♕a4 ♗b5 11. ♕b5 ♕d7 12. ♘e5 ♕b5 13. ♘b5 ♘a6 14. ♖d1 0-0 15. ♘c6 ♖fe8 16. ♘ba7 ♗f8 17. ♗d2 ♖e6 18. dc5 bc5 19. ♗c3 ♘b8 20. ♘b8 ♖a7 21. ♗f6 ♖f6 22. ♖d5 ♖d6 23. ♖d6 ♗d6 24. ♖d1 ♖a2 25. g3 ♖b2 26. ♖d6 ♖b8 27. ♖c6 g6 28. ♖c5 h5 29. ♖c2 ♔g7 30. ♔g2 ♖b5 31. ♔f3 ♔f6 32. h4 ♖f5 33. ♔g2 ♖a5 34. ♔h3 ♖a4 35. ♖d2 ♔e5 36. ♖b2 ♔f6 37. ♖b5 ♖a2 38. ♔g2 ♖a4 39. ♔f3 ♖a3 40. ♔f4 ♖a2 41. f3 ♖e2 42. e4 ♖e1 43. ♖b6 ♔g7 44. ♖a6 ♖b1 45. ♖c6 ♖g1 46. ♖c2 ♔f6 47. ♖a2 ♔g7 48. ♖e2 ♔f6 49. ♖e3 ♔g7 50. e5 ♔f8 51. g4 hg4 52. fg4 ♔g7 53. ♔g5 ♖f1 54. ♖e4 ♖f3 55. h5 gh5 56. gh5 f6 57. ♔g4 ♖f1 58. h6 ♔g6 **½:½**

13.12. 806.

P. KERES - M. TAIMANOV

1. c4 ♘f6 2. ♘f3 e6 3. ♘c3 d5 4. e3 ♗e7 5. b3 0-0 6. ♗b2 b6 7. d4 ♗b7 8. ♗d3 dc4 9. bc4 c5 10. 0-0 cd4 11. ed4 ♘c6 12. ♕e2 ♖e8 13. ♖fd1 ♖c8 14. ♖ac1 ♕d6 15. ♗b1 ♕f4

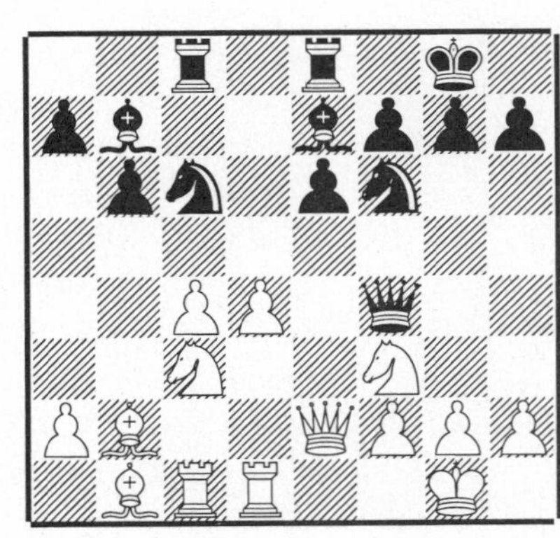

16. d5 ed5 17. cd5 ♘b8 18. ♖d4 ♕d6 19. ♖cd1 ♗f8 20. ♘e4 ♘e4 21. ♖e4 ♖e4 22. ♕e4 ♕h6 23. ♘g5 ♗d6 24. h4 ♘d7 25. ♕f5 ♘f6 26. ♗f6 gf6 27. ♘f7 ♕c1 28. ♕h7 ♔f8 29. ♘d6 ♕d1 30. ♔h2 ♕d5 31. ♘b7 ♕e5 32. g3 ♖c7 33. ♕h8 ♔f7 34. h5 ♖b7 35. ♕h7 ♔e6 36. ♕b7 ♕h5 37. ♔g2 **1:0**

BUDAPEST
3.03.- 3.04.1952

		1	2	3	4	5	6	7	8	9	10	11	12	13	14	15	16	17	18	
1	P. KERES	•	1	½	1	½	0	0	1	1	½	1	1	½	½	1	1	1	1	12½
2	Y. GELLER	0	•	1	½	½	1	½	1	½	½	1	½	½	½	1	1	1	1	12
3	M. BOTVINNIK	½	0	•	½	½	½	½	1	1	½	½	0	1	1	1	1	1	½	11
4	V. SMYSLOV	0	½	½	•	½	½	½	0	1	1	1	½	1	0	1	1	1	1	11
5	G. STÅHLBERG	½	½	½	½	•	0	1	½	½	0	½	1	1	1	½	1	1	1	11
6	L. SZABO	1	0	½	½	1	•	1	½	½	1	1	1	1	0	½	0	0	1	10½
7	T. PETROSIAN	1	½	½	½	0	0	•	0	½	0	1	½	1	½	½	1	1	1	9½
8	H. PILNIK	0	0	0	1	½	½	1	•	½	½	0	1	½	½	½	1	1	1	9½
9	C. A. O'KELLY de GALWAY	0	½	0	0	½	½	½	½	•	1	½	½	1	½	½	1	1	½	9
10	P. BENKO	½	½	½	0	1	0	1	½	0	•	0	1	1	1	½	0	0	1	8½
11	G. BARCZA	0	0	½	0	½	0	0	1	½	1	•	½	½	1	1	0	½	1	8
12	Dr. J. SZILY	0	½	1	½	0	0	½	0	½	0	½	•	½	1	1	0	1	1	8
13	H. GOLOMBEK	½	½	0	0	0	0	0	½	0	0	½	½	•	½	1	1	1	1	7
14	C. KOTTNAUER	½	½	0	1	0	1	½	½	½	0	0	0	½	•	0	1	1	0	7
15	E. GEREBEN	0	0	0	0	½	½	½	½	½	½	0	0	0	1	•	1	0	1	6
16	O. TROIANESCU	0	0	0	0	0	1	0	0	0	1	1	1	0	0	0	•	½	1	5½
17	B. SLIWA	0	0	0	0	0	1	0	0	0	1	½	0	0	0	1	½	•	1	5
18	H. PLATZ	0	0	½	0	0	0	0	0	½	0	0	0	0	1	0	0	0	•	2

3.03. **807.**

P. KERES - H. PLATZ

1. d4 ♘f6 2. c4 e6 3. g3 d5 4. ♗g2 dc4 5. ♕a4 ♘bd7 6. ♕c4 a6 7. ♕c2 c5 8. ♘f3 b5 9. a4 ♗b7 10. 0-0 ♖c8 11. ab5 ab5 12. ♕b3 ♕b6 13. ♘a3 ♗a6 14. ♘c4 bc4 15. ♕b6 ♘b6 16. ♖a6 ♘bd5 17. ♗d2 ♘e4 18. ♗a5 c3 19. ♘e5 ♘d2 20. ♖d1 c2 21. ♖c1 ♘b3 22. ♖c2 ♘d4 23. ♖d2 ♘b3 24. ♗d5 ♘d2 25. ♗b7 1:0

4.03. **808.**

T. PETROSIAN - P. KERES

1. d4 ♘f6 2. c4 e6 3. ♘c3 ♗b4 4. e3 0-0 5. ♗d3 d5 6. ♘f3 c5 7. 0-0 b6 8. dc5 bc5 9. ♘e2 ♘bd7 10. b3 e5 11. ♗b1 e4 12. ♘d2 ♗a6 13. ♗b2 ♕a5 14. ♘e4 de4 15. a3 ♗d2 16. b4 cb4 17. ♕d2 ♗c4 18. ab4 ♕g5 19. ♖a5 ♕h4 20. h3 ♖fb8 21. ♘g3 ♖b5 22. ♖b5 ♗b5 23. ♖c1 ♗d3 24. ♗d3 ed3 25. ♗d4 ♘e4 26. ♕d3 ♘g3 27. fg3 ♕g3 28. ♕e4 ♖d8 29. ♕e7 ♕b8 30. ♗a7 ♕a7 31. ♕d8 ♘f8 32. ♕e8 ♕a3 33. ♖c7 ♕b3 34. ♔h2 ♕d5 35. ♕e7 h6 36. ♖c8 **1:0**

6.03. **809.**

P. KERES - V. SMYSLOV

1. d4 d5 2. c4 dc4 3. e3 ♘f6 4. ♗c4 e6 5. ♘f3 c5 6. 0-0 a6 7. ♕e2 b5 8. ♗d3 ♘c6 9. a4 b4 10. dc5 ♗c5 11. e4 e5 12. ♗e3 ♗e3 13. ♕e3 0-0 14. ♘bd2 ♘h5 15. ♘c4 ♘f4 16. ♖fd1 ♘d3 17. ♖d3 ♕e7 18. ♘b6 ♖b8 19. ♖c1 ♕b7 20. ♘d5 ♗d7 21. ♘d2 ♔h8 22. ♘b3 ♖fc8 23. ♘b6

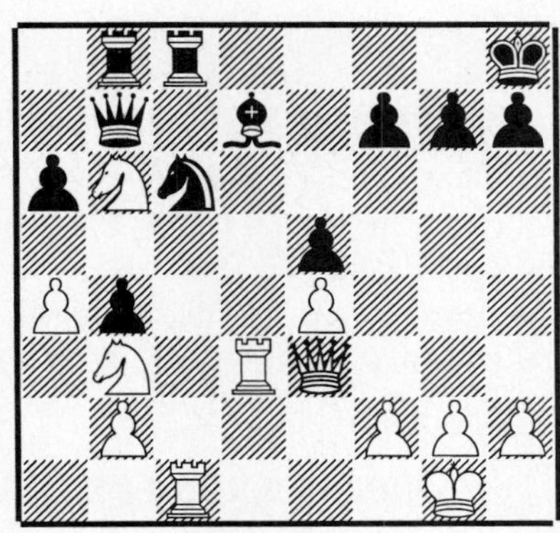

♕b6 24. ♕b6 ♖b6 25. ♖d7 ♖bb8 26. g3 h6 27. ♖f7 ♘d4 28. ♖c8 ♖c8 29. ♘d4 ed4 30. ♖d7 ♖c2 31. ♖d4 ♖b2 32. ♔g2 b3 33. ♖b4 ♔h7 34. ♔f3 ♖b1 35. ♖b6 a5 36. ♖b5 b2 37. ♔f4 ♔g6 38. h4 ♔f6 39. h5 ♔e6 40. ♖b6 ♔e7 41. ♔f5 ♖h1 42. ♖b7 **1:0**

8.03. **810.**

P. KERES - H. PILNIK

1. e4 e5 2. ♘f3 ♘c6 3. ♗b5 a6 4. ♗a4 d6 5. c3 ♘f6 6. d4 ♗d7 7. ♘bd2 g6 8. 0-0 ♕e7 9. ♖e1 ♗g7 10. ♘f1 0-0 11. ♗g5 b5 12. ♗c2

♘a5 13. ♘e3 c6 14. a4 ♘c4 15. ♘c4 bc4 16. ♕e2 ed4 17. ♘d4 c5 18. ♘f3 h6 19. ♗h4 ♗g4 20. ♖ad1 ♗f3 21. gf3 ♕e6 22. ♗g3 ♖fd8 23. f4 ♘h5 24. ♗b1 ♖e8 25. ♗a2 ♕f6 26. ♕d2 d5 27. ed5 ♗f8 28. ♖e8 ♖e8 29. d6 ♖d8 30. d7 ♕e6 31. f5 ♕f5 32. ♗c4 ♘f6 33. ♕f4 ♕f4 34. ♗f4 ♖d7 35. ♖d7 ♘d7 36. ♗a6 g5 37. ♗c7 ♗g7 38. ♗b5 ♘f6 39. ♗c6 ♗f8 40. a5 c4 41. a6 ♗c5 42. ♗e5 **1:0**

10.03. **811.**

B. SLIWA - P. KERES

1. d4 ♘f6 2. ♘f3 g6 3. g3 ♗g7 4. ♗g2 c5 5. d5 b5 6. 0-0 ♗b7 7. ♘e1 0-0 8. a4 a6 9. ab5 ab5 10. ♖a8 ♗a8 11. ♘a3 ♕b6 12. b3 d6 13. c4 bc4 14. bc4 ♘bd7 15. ♘d3 ♗b7 16. e4 ♖a8 17. f4 ♘e8 18. h4 ♗c8 19. ♔h1 ♖b8 20. ♕e2 ♕b3 21. ♖f3 ♕a4 22. e5 ♖b3 23. e6 ♘df6 24. ♗h3 ♔f8 25. ♘e1 fe6 26. ♗e6 ♗e6 27. ♕e6 ♖f3 28. ♘f3 ♕d1 29. ♔g2 ♘c7 30. ♕e3 ♘g4 31. ♕d2 ♕b3 32. ♕e2 ♘h6 33. ♕c2 ♕c2 34. ♘c2 ♘a8 35. ♗d2 ♘b6 36. ♘a3 ♘f5 37. ♗c1 ♗c3 38. g4 ♘h6 39. ♔g3 ♗b4 40. ♘d2 ♘g8 41. ♘ab1 ♘a4 42. h5 ♘f6 43. hg6 hg6 44. ♔f3 ♘d7 45. g5 ♔f7 46. ♘f1 ♘db6 47. ♘e3 ♘c3 48. ♘a3 ♘a2 49. ♗b2 ♘a4 50. f5 ♘b2 51. ♘ac2 ♗d2 52. ♔g4 ♘b4 **0:1**

12.03. **812.**

P. KERES - Y. GELLER

1. e4 e5 2. ♘f3 ♘c6 3. ♗b5 a6 4. ♗a4 ♘f6 5. 0-0 ♗e7 6. ♕e2 b5 7. ♗b3 0-0 8. c3 d5 9. d3 ♖e8 10. ♖e1 ♗b7 11. ♘bd2 ♕d7 12. ♘f1 ♖ad8 13. ♗g5 ♘a5 14. ♗c2 de4 15. de4 ♘c4 16. ♘e3 ♘b2 17. ♘e5 ♕e6 18. ♘f7 ♕f7 19. ♗b3 ♘c4 20. ♘c4 bc4 21. ♗c4 ♘d5 22. ♗e7 ♕e7 23. ed5 ♕e2 24. ♖e2 ♖e2 25. ♗e2 ♗d5 26. a4 ♖d6 27. ♖d1 ♔f7

(diagram)

28. a5 ♖e6 29. ♗f1 ♗b3 30. ♖d7 ♔f8 31.

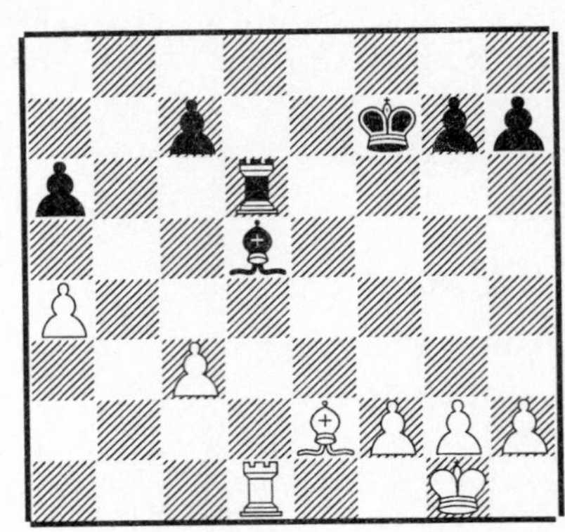

♖c7 ♖e5 32. ♖c6 ♖a5 33. ♖b6 ♗c2 34. ♖a6 ♖c5 35. ♖a3 ♖d5 36. f3 ♖d1 37. ♔f2 ♖c1 38. h4 ♗g6 39. ♗c4 h6 40. g4 ♔e7 41. ♗d5 **1:0**

15.03. **813.**

H. GOLOMBEK - P. KERES

1. d4 ♘f6 2. c4 e6 3. ♘f3 d5 4. ♘c3 ♗b4 5. e3 0-0 6. ♗d3 b6 7. cd5 ed5 8. 0-0 c5 9. ♗d2 ♗g4 10. ♖c1 ♘c6 11. dc5 bc5 12. a3 ♗a5 13. ♕a4 ♗f3 14. ♕c6 ♖c8 15. ♕a4 ♗h5 16. ♗f5 ♖b8 17. ♕c2 ♖e8 18. ♘a4 c4 19. ♗c3 ♗c3 20. ♕c3 ♕d6 21. ♕d4 ♖e5 22. ♕f4 ♖d8 23. h3 ♕b8 24. g4 ♗g6 25. ♗g6 hg6 26. ♘c3 ♖de8 27. ♖c2 g5 28. ♕g3 g6 29. ♖d2 ♔g7 30. ♖fd1 ♕b6 31. ♕f3 ♖8e7 32. ♕e2 ♕b7 33. ♖d4 ♖7e6 34. ♖1d2 ♖b6 35. ♘a4 ♖b5 36. ♘c3 ♖b3 37. h4 ♕c6 38. hg5 ♖g5 39. f3 ♖b8 40. ♕h2 ♖e8 41. ♕h4 ♖ge5 42. ♖h2 ♔f8 43. ♕h6 ♔e7 44. ♕f4 ½:½

16.03. **814.**

P. KERES - G. STAHLBERG

1. e4 e6 2. d4 d5 3. ♘d2 c5 4. ♘gf3 ♘f6 5. ed5 ♘d5 6. ♘b3 cd4 7. ♘bd4 ♗e7 8. g3 0-0 9. ♗g2 ♗f6 10. 0-0 ♘c6 11. c3 ♕b6 12. ♘b3 h6 13. ♕e2 ♕c7 14. ♖e1 ♖d8 15. c4 ♘b6 16. ♗f4 e5 17. ♘e5 ♗e5 18. ♗e5 ♘e5 19. ♕e5 ♕e5 20. ♖e5 ♘c4 21. ♖e7 ♖b8 22.

♖c1 ♘b2 23. ♘a5 ♔f8 24. ♖ec7 ♘d3 25. ♖b1 ♗f5 26. ♖b5 ♗d7 27. ♖bb7 ♗e8 28. ♗c6 ♘e5 29. ♗e8 ♖b7 30. ♘b7 ♖d1 31. ♔g2 ♔e8 32. a4 g5 33. h3 ♖d2 ½:½

18.03. **815.**

L. SZABO - P. KERES

1. c4 ♘f6 2. d4 e6 3. ♘f3 b6 4. g3 ♗b7 5. ♗g2 ♗e7 6. 0-0 0-0 7. ♘c3 ♘e4 8. ♕c2 ♘c3 9. ♕c3 ♗e4 10. ♗f4 d6 11. ♕e3 ♗b7 12. ♖fd1 ♘d7 13. b4 ♘f6 14. a4 ♕d7 15. a5 b5 16. ♘e5 de5 17. de5 ♕c8 18. ef6 ♗f6 19. ♖ac1 ♗g2 20. ♔g2 e5 21. ♗g5 ♗g5 22. ♕g5 ♕b7 23. ♔g1 ♖ae8 24. cb5 ♕b5 25. ♖c7 ♕e2 26. ♕d2 ♕a6 27. ♕d3 ♕e6 28. ♖a7 e4 29. ♕e3 ♖d8 30. ♖d8 ♖d8 31. ♕d4 ♕e8 32. ♕c5 ♖c8 33. ♕e7 ♕e7 34. ♖e7 f5 35. a6 h5 36. a7 h4 37. ♖b7 ♔h7 38. ♔g2 e3 39. fe3 ♖c2 40. ♔f3 **1:0**

19.03. **816.**

P. KERES - E. GEREBEN

1. d4 ♘f6 2. c4 e6 3. ♘c3 d5 4. ♗g5 ♗e7 5. e3 0-0 6. ♘f3 ♘bd7 7. ♕c2 c6 8. a3 ♖e8 9. ♖d1 ♘f8 10. ♗d3 dc4 11. ♗c4 ♘g6 12. h4 b5 13. ♗d3 ♗b7 14. e4 ♕a5 15. h5 ♘f8 16. h6 g6 17. 0-0 ♖ac8 18. ♕d2 ♕d8 19. e5 ♘d5 20. ♘e4 f6 21. ef6 ♘f6 22. ♗f6 ♗f6 23. ♕f4 ♘d7 24. ♘d6 ♕c7 25. ♕g3 ♖e7 26. ♘c8 ♕c8 27. ♘e5 ♗e5 28. de5 ♕c7 29. ♖fe1 ♘f8 30. ♗e4 c5 31. ♗b7 ♕b7 32. ♖d8 ♖d7 33. ♖d1 ♖d1 34. ♖d1 ♕e7 35. ♖d6 c4 36. ♕f4 ♘d7 37. ♕d2 ♘f8 38. ♖d8 c3 39. bc3 ♕a3 40. g3 ♕a1 41. ♔h2 **1:0**

22.03. **817.**

Dr. J. SZILY - P. KERES

1. e4 e5 2. ♘f3 ♘c6 3. ♗b5 a6 4. ♗a4 ♘f6 5. 0-0 ♗e7 6. ♖e1 b5 7. ♗b3 0-0 8. c3 d6 9. h3 ♘a5 10. ♗c2 c5 11. d4 ♕c7 12. ♘bd2 cd4 13. cd4 ♗b7 14. ♘f1 ♖ac8 15. ♖e2 ♘d7 16. ♘e3 ♖fe8 17. b3 ♗f8 18. ♗b2 ♘c6 19. ♖c1 ♕b8 20. ♘d5 ♘d8 21. ♗b1 ♘e6 22. ♖c8 ♖c8 23. ♖c2 ♖e8 24. ♖c1 f6 25. ♕d3 g6 26. de5 de5 27. ♘f6 ♘f6 28. ♗e5 ♘f4 29. ♕d2 ♘h3 30. gh3 ♖e5 31. ♕f4 ♘d7 32. ♘e5 ♘e5 33. ♕f6 ♕d6 34. ♕d6 ♗d6 35. a4 g5 36. ♖d1 ♗e7 37. ♖c1 ♗c6 38. ♗d3 ♔f7 39. ab5 ab5 40. ♔g2 ♗d6 41. f3 h5 42. ♗f1 h4 43. ♖a1 ♔e6 44. ♖a6 ♔d7 45. ♖a5 ♗c7 46. ♖a1 ♔c8 47. ♔f2 ♗b6 48. ♔g2 ♔b7 49. ♖d1 ♗c7 50. ♔f2 ♔b6 51. ♔e3 ♔a5 52. ♔d4 ♔b4 53. ♗e2 ♘g6 54. ♗f1 ♗b6 55. ♔d3 ♘e5 56. ♔c2 ♘f3 57. ♖d6 ♗c7 **0:1**

23.03. **818.**

P. KERES - P. BENKO

1. d4 ♘f6 2. c4 g6 3. ♘f3 ♗g7 4. g3 0-0 5. ♗g2 c6 6. 0-0 d5 7. ♘bd2 ♘e4 8. e3 ♘d2 9. ♘d2 dc4 10. ♘c4 ♗e6 11. b3 ♗d5 12. ♗b2 ♗g2 13. ♔g2 ♘d7 14. ♕f3 b5 15. ♘a3 ♕b6 16. ♖ac1 ♖ac8 17. ♖fd1 c5 18. dc5 ♘c5 19. ♗g7 ♔g7 20. ♕d5 ♔g8 21. h4 ♖fd8 22. ♕f3 ♖d1 23. ♕d1 ♖d8 24. ♕e2 a6 25. ♘c2 h5 26. ♘d4 e5 27. ♘f3 ♕d6 28. ♖c2 ♘e4 29. ♕e1 ♕d5 30. ♕c1 ♖d6 ½:½

25.03. **819.**

C. KOTTNAUER - P. KERES

1. d4 ♘f6 2. c4 e6 3. ♘c3 ♗b4 4. ♕c2 0-0 5. ♘f3 c5 6. dc5 ♘a6 7. ♗d2 ♘c5 8. a3 ♗c3 9. ♗c3 ♘ce4 10. e3 b6 11. ♗e2 ♗b7 12. 0-0 ♖c8 13. ♗b4 ♖e8 14. ♖fc1 ♕c7 15. ♗e1 ♕b8 16. b4 d5 17. ♕b2 dc4 18. ♗c4 ♖e7 19. ♗e2 ♖ec7 20. ♘d4 ♘d6 21. f3 e5 22. ♘b5 ♘b5 23. ♗b5 ♘d5 24. ♗d2 ½:½

26.03. **820.**

P. KERES - C.A. O'KELLY de GALWAY

1. d4 ♘f6 2. c4 e6 3. ♘c3 ♗b4 4. ♗g5 h6 5. ♗h4 c5 6. d5 ♗c3 7. bc3 e5 8. e3 d6 9. ♕c2 ♘bd7 10. ♗d3 ♕e7 11. f3 g5 12. ♗g3 ♘h5 13. ♘e2 ♘df6 14. ♖b1 ♘g7 15. ♗f2 h5 16. h4 g4 17. e4 ♘g8 18. ♗e3 f6 19. f4 ♕c7 20. 0-0 ♔e7 21. ♖f2 ♘e8 22. ♖bf1 ♗d7 23.

♕d1 a5 24. ♘g3 b6 25. ♖b2 ♖a6 26. ♗c2 a4 27. a3 ♔d8 28. ♖b1 ♖h7 29. ♕d2 ♔c8 30. ♖bd1 ♕b7 31. ♘e2 ♘e7 32. ♘c1 ♘g6 33. ♘d3 ♕c7 34. ♕f2 ♔d8 35. ♖d2 ♔c8 36. ♕e1 ♔d8 37. ♖df2 ♔c8 38. ♕d1 ef4 39. ♘f4 ♘e5 40. ♘e6 ♕a7 41. ♖f6 ♘f6 42. ♖f6 b5 43. cb5 ♗b5 44. ♖f8 ♔b7 45. ♕e1 ♖b6 46. ♕g3 ♗d3 47. ♘d8 ♔c7 48. ♗d3 ♘d3 49. ♘c6 ♖c6 50. dc6 ♔c6 51. ♗f4 c4 52. ♔h2 ♖f7 53. ♖c8 ♔d7 54. ♗e3 ♕a6 55. ♖b8 ♕c6 56. ♖b6 ♕c7 57. ♖b5 ♕c6 58. ♖b6 ♕c7 59. ♗d4 ♖e7 60. ♖b5 ♖e4 61. ♖h5 ♔c6 62. ♖g5 ♕d7 63. ♖g6 ♖f4 64. ♕e3 ♕d8 65. g3 ♖f2 66. ♔g1 ♕f8 67. ♕e4 ♔c7 68. ♖g7 ♖f7 69. ♕g4 ♔b8 70. ♖g8 **1:0**

29.03. **821.**

O. TROIANESCU - P. KERES

1. e4 e5 2. ♘f3 ♘c6 3. ♗b5 a6 4. ♗a4 ♘f6 5. 0-0 ♗e7 6. ♗c6 dc6 7. ♕e1 ♗e6 8. b3 ♘d7 9. ♗b2 ♗d6 10. d4 f6 11. ♕e3 ♕e7 12. ♘c3 0-0 13. ♖ad1 ♗g4 14. ♘e2 ♖ae8 15. ♖fe1 c5 16. de5 fe5 17. ♘d2 c4 18. ♕g3 ♗e6 19. ♘f3 ♖f6 20. ♘e5 ♗e5 21. ♗e5 ♖g6 22. ♕c3 ♘e5 23. ♘f4 ♕g5 24. ♘g6 ♘g6 25. ♕g3 ♕g3 26. hg3 cb3 27. ab3 ♘e5 28. f3 ♔f7 29. ♔f2 a5 30. ♔e3 ♔f6 31. ♖d2 ♖a8 32. f4 ♘g4 33. ♔d4 ♗d7 34. ♔c3 ♔e7 35. ♖h1 h6 36. ♖e2 ♖a6 37. e5 ♗b5 38. ♖ee1 g6 39. ♔d4 ♗d7 40. ♖a1 ♗f5 41. c3 ♖a8 42. ♔c4 ♘e3 43. ♔c5 b6 44. ♔c6 ♖a7 **0:1**

30.03. **822.**

P. KERES - M. BOTVINNIK

1. d4 ♘f6 2. ♘f3 g6 3. ♗g5 ♘e4 4. ♗f4 ♗g7 5. ♘bd2 d5 6. e3 c5 7. c3 ♘c6 8. ♘e4 de4 9. ♘g5 cd4 10. ed4 ♕d5 11. ♕b3 e6 12. ♕c2 f5 13. f3 0-0 14. fe4 fe4 15. g3 e5 16. de5 ♘e5 17. ♕e4 ♕e4 18. ♘e4 ♗g4 19. ♗e5 **½:½**

1.04. **823.**

G. BARCZA - P. KERES

1. ♘f3 d5 2. d4 ♘f6 3. c4 dc4 4. e3 e6 5. ♗c4 c5 6. 0-0 a6 7. ♕e2 b5 8. ♗d3 cd4 9. ed4 ♗b7 10. a4 ba4 11. ♖a4 ♗e7 12. ♘bd2 0-0 13. ♘b3 ♗c6 14. ♖a1 ♕b6 15. ♘a5 ♗b5 16. ♘c4 ♕b7 17. ♘fe5 ♘c6 18. ♗e3 ♘b4 19. ♗b1 ♖ac8 20. ♖c1 ♖fd8 21. b3 g6 22. f3 ♘fd5 23. ♗e4 f5 24. ♗d5 ed5 25. ♘a5 ♖c1 26. ♗c1 ♕b6 27. ♕d1 ♖c8 28. ♔h1 ♘c2 29. ♘ac6 ♖c6 30. ♘c6 ♕c6 31. ♖a2 ♘b4 32. ♖f2 ♕c3 33. ♗b2 ♘d3 34. ♖c2 ♘b2 35. ♕c1 ♕b3 36. ♖b2 ♕c4 37. ♖c2 ♕f1 **0:1**

THE 10th OLYMPIAD
Helsinki, 9.- 31.08.1952.

10.08. **824.**

P. KERES - M. CZERNIAK

1. e4 e6 2. d4 d5 3. ♘d2 ♘f6 4. ♗d3 c5 5. e5 ♘fd7 6. c3 ♘c6 7. ♘e2 f6 8. ♘f4 ♕e7 9. ef6 ♕f6 10. ♘f3 cd4 11. 0-0 ♘de5 12. ♘e5 ♘e5 13. ♗b5 ♗d7 14. ♗d7 ♔d7 15. ♖e1 ♖e8 16. cd4 ♘c6 17. ♗e3 ♗d6 18. ♘e2 ♖e7 19. ♖c1 ♔e8 20. ♕d2 h6 21. ♖ed1 ♔f7 22. ♗f4 ♗f4 23. ♘f4 ♖c8 24. ♖c3 ♔g8 25. h4 ♖f7 26. g3 g5 27. hg5 hg5 28. ♘h3 ♖g7 29. ♔g2 ♖f8 30. ♖e3 ♕f5 31. ♖de1 ♖f6 32. f3 g4 33. ♘f4 gf3 34. ♖f3 ♖h6 35. ♕d3 ♕g4 36. ♖g1 ♖gh7 37. ♔f2 ♖h2 38. ♖g2 ♖g2 39. ♔g2 ♘e7 40. ♕b5 ♘c6 41. ♕d3 ♖h6 42. ♕e3 ♖f6 43. ♖f1 ♕f5 44. ♖e1 ♔f7 45. ♖e2 ♕g4 46. ♖c2 ♕f5 47. ♖f2 ♔g8 48. a3 ♕g4 49. ♖f1 ♕f5 50. ♖c1 a6 51. ♖e1 ♔f7 52. b4 ♕c2 53. ♖e2 ♕f5 54. ♖f2 ♕g4 55. ♖b2 ♕d1 56. ♖d2 ♕g4 57. ♖c2 ♕f5 58. ♖c1 ♖h6 59. ♖e1 ♖f6 60. ♘d3 ♕g4 61. ♘f2 ♕f5 62. ♖h1 ♕c2 63. ♖h4 ♘e7 64. ♖f4 ♘f5 65. ♕d3 ♕d3 66. ♘d3 ♘e3 67. ♔f2

♘c2 68. a4 ♘d4 69. ♘c5 ♘c6 70. b5 ab5 71. ab5 ♘a7 72. b6 ♘c8 73. ♘d7 ♖f4 74. gf4 ♘d6 75. ♘c5 ♔f6 76. ♔e2 ♔f5 77. ♔d3 ♘c4 78. ♘b7 ♘b6 79. ♘c5 ♘c8 80. ♔e3 ♘e7 81. ♘b3 ♔g4 82. ♘c5 ♔f5 83. ♘b3 ♔g4 84. ♘c5 ♘f5 85. ♔d3 ♘g7 86. ♔e3 ♔f5 87. ♘b3 ♔f6 88. ♘c5 ♔e7 89. ♔d4 ♔f6 90. ♘d7 ♔e7 ½:½

12.08. 825.

P. KERES - A. TARNOWSKI

1. e4 e5 2. ♘f3 ♘c6 3. ♗b5 a6 4. ♗a4 ♘f6 5. 0-0 ♗e7 6. ♕e2 b5 7. ♗b3 d6 8. c3 ♘a5 9. ♗c2 c5 10. a4 b4 11. d3 ♘c6 12. ♘bd2 0-0 13. ♖d1 h6 14. ♘c4 ♕c7 15. ♘e3 ♖e8 16. ♘h4 ♗f8 17. ♕f3 ♘e7 18. ♘hf5 ♘f5 19. ♘f5 ♘h7 20. ♗b3 ♗e6

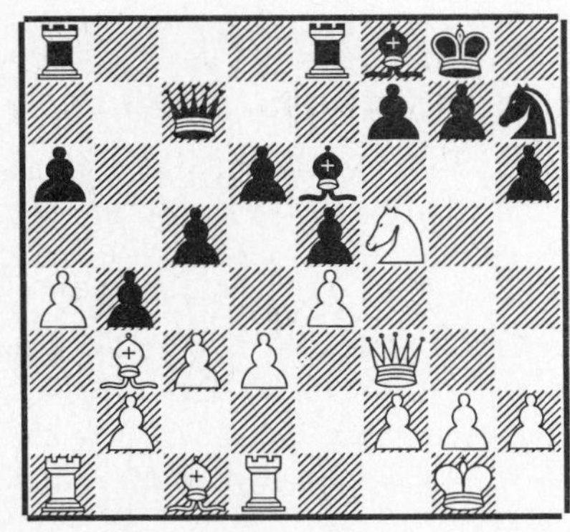

21. ♗c4 bc3 22. bc3 ♗c4 23. dc4 ♖e6 24. h4 ♖b8 25. g4 ♖b3 26. ♗d2 ♕b7 27. ♕d3 ♖g6 28. f3 h5 29. g5 f6 30. ♔f1 fg5 31. hg5 ♖e6 32. ♖db1 ♖b1 33. ♖b1 ♕f7 34. ♕d5 g6 35. ♖b7 ♕e8 36. ♘e7 ♔f7 37. ♘c6 ♔g8 38. ♘d8 ♕d8 39. ♕e6 ♔h8 40. ♕f7 **1:0**

14.08. 826.

T.D. van SCHELTINGA - P. KERES

1. d4 ♘f6 2. c4 e6 3. ♘f3 b6 4. e3 ♗b7 5. ♗d3 d5 6. ♘c3 ♗e7 7. ♕a4 c6 8. ♕c2 ♘bd7 9. 0-0 0-0 10. b3 c5 11. cd5 ed5 12. dc5 bc5 13. e4 d4 14. ♘a4 ♗d6 15. ♘b2 ♖e8 16. ♗g5 h6 17. ♘c4 ♗c7 18. ♗f6 ♕f6 19. ♖ae1 ♕f4 20. ♕d2 ♕d2 21. ♘fd2 g5 22. g3 ♖e6 23. f3 ♖ae8 24. ♖e2 ♔g7 25. ♔f2 ♘f8 26. ♖c1 ♘g6 27. ♘b2 ♗d6 28. ♗b5 ♖b8 29. ♗c4 ♖ee8 30. ♘d3 h5 31. ♗b5 ♖ec8 32. ♘c4 ♗e7 33. ♗d7 ♖c7 34. ♗f5 ♗a6 35. e5 ♖d8 36. ♗e4 ♗c8 37. ♖g1 f5 38. ef6 ♗f6 39. ♗g6 ♔g6 40. ♖ge1 ♗f5 41. ♘ce5 ½:½

15.08. 827.

P. KERES - E. BÖÖK

1. d4 d5 2. c4 c6 3. ♘f3 ♘f6 4. ♘c3 e6 5. e3 ♘bd7 6. ♗d3 dc4 7. ♗c4 b5 8. ♗e2 a6 9. 0-0 ♗b7 10. e4 c5 11. e5 ♘d5 12. a4 b4 13. ♘e4 ♖c8 14. ♗g5 ♕b6 15. ♘fd2 cd4 16. ♘c4 ♖c4 17. ♗c4 ♘e5 18. a5 ♕a7 19. ♖c1 f5 20. ♘g3 ♔f7 21. ♗b3 h6 22. ♗d2 ♗d6 23. ♕h5 g6 24. ♕e2 d3 25. ♕d1 ♕d4 26. ♖e1 ♕h4 27. h3 ♘f4 28. ♗f4 ♕f4 29. ♖e3 h5 30. ♕d2 h4 31. ♘f1 ♖h5 32. ♖ce1 ♖g5 33. f3 ♗f3 34. ♖e5 ♗e5 35. g4 ♗d4 36. ♘e3 ♕g3 37. ♔f1 ♕h3 **0:1**

17.08. 828.

TSHIKNOPOULOS - P. KERES

1. e4 e5 2. ♘f3 ♘c6 3. ♗b5 a6 4. ♗a4 ♘f6 5. 0-0 ♗e7 6. ♕e2 b5 7. ♗b3 d6 8. c3 0-0 9. ♖d1 ♘a5 10. ♗c2 c5 11. d4 ♕c7 12. de5 de5 13. ♘bd2 ♗e6 14. ♘f1 ♖fd8 15. ♖d8 ♖d8 16. b3 ♘c6 17. ♘e3 h6 18. h3 ♗f8 19. ♗d2 ♕b7 20. c4 ♘d4 21. ♘d4 cd4 22. ♘d5 bc4 23. bc4 ♘d7 24. ♖b1 ♕c6 25. ♖b3 ♖c8 26. ♖g3 ♕c4 27. ♗d3 ♕a2 28. ♖g7 ♗g7 29. ♘e7 ♔h7 30. ♘c8 ♘c5 31. ♘d6 ♕b3 **0:1**

21.08. 829.

L. SZABO - P. KERES

1. d4 ♘f6 2. c4 e6 3. ♘c3 ♗b4 4. e3 d5 5. a3 ♗e7 6. ♘f3 0-0 7. ♗d3 b6 8. 0-0 c5 9. b3 ♘c6 10. ♗b2 cd4 11. ed4 ♗a6 12. ♖c1 ♖c8 13. ♘b5 ♗b7 14. ♖e1 ♖e8 15. ♘c3 ♗f8 16. ♘e2 ♘e4 17. ♘g3 ♘g3 18. hg3 dc4 19. bc4 ♘b8 20. d5 ♘d7 21. de6 ♖e6 22. ♖e6 fe6 23.

♕c2 ♗f3 24. ♗h7 ♔h8 25. gf3 ♖c5 26. ♔g2 ♖h5 27. ♗g6 ♖h6 28. ♖d1 ♕g5 29. ♗e8 ♘e5 30. ♕e4 ♕e7 31. ♗a4 ♘f7 32. ♖d7 ♕c5 33. ♖f7 ♔g8 34. ♖f4 ♗d6 35. ♖h4 **1:0**

22.08. 830.

P. KERES - S. RESHEVSKY

1. e4 c5 2. ♘c3 ♘c6 3. g3 g6 4. ♗g2 ♗g7 5. d3 e6 6. ♗e3 d6 7. ♕d2 ♕a5 8. ♘d1 ♕d2 9. ♔d2 ♘f6 10. h3 ♗d7 11. f4 e5 12. fe5 ♘e5 13. ♘e2 0-0 14. ♖f1 h6 15. ♘dc3 b5 16. a3 a5 ½:½

23.08. 831.

M. NAJDORF - P. KERES

1. d4 ♘f6 2. c4 e6 3. ♘c3 ♗b4 4. ♕c2 0-0 5. ♘f3 c5 6. dc5 ♘a6 7. e3 ♘c5 8. ♗d2 b6 9. ♗e2 ♗b7 10. 0-0 ♘ce4 11. ♘e4 ♗e4 12. ♗d3 ♗d3 13. ♕d3 ♗d2 14. ♕d2 ♖c8 15. ♖ac1 ½:½

25.08. 832.

P. KERES - Dr. M. FILIP

1. e4 c5 2. ♘e2 ♘f6 3. ♘bc3 d5 4. ed5 ♘d5 5. ♘d5 ♕d5 6. d4 e5 7. ♘c3 ♕d4 8. ♗b5 ♗d7 9. ♕e2 ♘c6 10. 0-0 0-0-0 11. ♖d1 ♕g4 12. ♗c6 ♕e2 13. ♗b7 ♔b7 14. ♘e2 ♗e7 15. ♗e3 ♗f5 ½:½

26.08. 833.

S. GLIGORIC - P. KERES

1. e4 e5 2. ♘f3 ♘c6 3. ♗b5 a6 4. ♗a4 ♘f6 5. 0-0 ♗e7 6. ♖e1 b5 7. ♗b3 0-0 8. c3 d6 9. h3 ♘a5 10. ♗c2 c5 11. d4 ♕c7 12. ♘bd2 cd4 13. cd4 ♗b7 14. ♘f1 ♖ac8 15. ♖e2 ♖fe8 16. ♘g3 ♗f8 17. d5 ♖a8 18. ♗d3 ♗c8 19. ♖c2 ♕b8 20. ♕e1 ♘b7 21. b4 ♗d7 22. ♗g5 ♗e7 23. ♖ac1 h6 24. ♗e3 ♖c8 25. ♖c8 ♗c8 26. ♘d2 ♗d7 27. ♘b3 ♕d8 28. ♖c6 ♕b8 29. ♖c2 ♕d8 30. ♕c1 ♖c8 31. ♘e2 ♖c2 32. ♕c2 ♘e8 33. a3 ♕c7 34. ♕c7 ♘c7 35. ♘c3 ♗g5 36. ♗a7 ♘a8 ½:½

27.08. 834.

P. KERES - E. BÖÖK

1. e4 c5 2. ♘f3 e6 3. d4 cd4 4. ♘d4 ♘f6 5. ♘c3 d6 6. ♗e2 ♗e7 7. 0-0 ♘c6 8. ♗e3 0-0 9. f4 ♗d7 10. ♕e1 e5 11. ♘b3 a5 12. a3 a4 13. ♘c1 ef4 14. ♗f4 ♘d4 15. ♗d3 ♗c6 16. ♘1a2 d5 17. ed5 ♘d5 18. ♗e5 ♘e6 19. ♔h1 ♗c5 20. ♘d5 ♕d5 21. ♕g3 ♗d4 22. ♗d4 ♕d4 23. c3 ♕b6 24. ♘b4 ♖ad8 25. ♖f5 g6 26. ♖f6 ♕c5 27. ♖e1 ♕e7 28. ♕e5 ♕d6 29. h3 ♕e5 30. ♖e5 ♔g7 31. ♖f2 ♖fe8 32. ♗c4 h5 33. ♔h2 h4 34. ♗d3 f6 35. ♖a5 g5 36. ♗c2 ♖a8 37. ♖a8 ♖a8 38. ♘c6 bc6 39. ♖e2 ♘c5 40. ♖e7 ♔g8 41. ♖c7 ♖a6 42. ♗d1 ♘e6 43. ♖b7 c5 44. b4 ab3 45. ♗b3 ♔h8 46. ♗c4 ♖d6 47. a4 ♘f4 48. a5 f5 49. a6 g4 50. hg4 fg4 51. ♖b1 g3 52. ♔h1 ♔g7 53. a7 ♖d8 54. ♖a1 ♖a8 55. ♗b5 **1:0**

28.08. 835.

R. TESCHNER - P. KERES

1. e4 e5 2. ♘f3 ♘c6 3. ♗b5 a6 4. ♗a4 ♘f6 5. 0-0 ♗e7 6. d4 ed4 7. e5 ♘e4 8. ♖e1 ♘c5 9. ♗c6 dc6 10. ♘d4 0-0 11. ♘c3 ♖e8 12. ♗e3 ♗f8 13. ♕h5 g6 14. ♕g5 ♕g5 15. ♗g5 h6 16. ♗f6 ♗g7 17. ♗g7 ♔g7 18. ♖ad1 a5 19. h3 ♗e6 20. f4 f5 21. ef6 ♔f6 22. ♖e5 ♘d7 23. ♘e6 ♘e5 24. ♘c7 ♘c4 25. ♘a8 ♖a8 26. ♘e4 ♔f5 27. ♘g3 ♔e6 28. b3 ♘d6 29. ♖e1 ♔f6 30. ♔f2 a4 31. ♖d1 ♔e6 32. ♔f3 ab3 33. ab3 ♖a2 34. ♖d2 h5 35. ♖e2 ♔f6 36. ♘e4 ♘e4 37. ♔e4 ♖a1 38. g4 hg4 39. hg4 ♖d1 40. ♖e3 ♖d2 41. c3 g5 42. f5 ♖g2 43. ♔f3 ♖b2 44. b4 ♖c2 45. ♖d3 ♔e5 46. ♔e3 ♖g2 47. ♔f3 ♖c2 48. ♖e3 ♔f6 49. ♔g3 ♔f7 50. ♖d3 ♔f6 51. ♖d6 ♔f7 52. ♖d7 ♔f6 53. ♖d3 ♖c1 54. ♔f2 ♖c2 55. ♔e3 ♔e5 56. ♔f3 ♖c1 57. ♖e3 ♔f6 58. ♔e2 ♖g1 59. ♖e4 ♖g3 60. ♔d2 ♔f7 61. ♔c2 b5 62. ♔d2 ♔f8 63. ♖e6 ♖g4 64. ♖c6 ♖f4 65. ♖c5 g4 66. f6 ♖f6 67. ♖b5 ♖g6 68. ♔e2 ♖e6 69. ♔d3 ♖g6 70. ♔e2 ♖e6 71. ♔f2 ♖c6 72. ♖f5 ♔g7 73. ♔e3 ♔g6 74. ♖f4 ♖c3 75. ♔d4 ♖g3 76. ♖f1 ♔g5 77. ♖b1 ♖f3 78. b5 g3 79. b6 ½:½

18. Above left: Moscow 1948. **19.** Above rigth: brother Harald Keres. **20.** Below: father and his children.

21. Above: Hobby. **22.** Below: Argentina 1954.

XX USSR CHAMPIONSHIP
Moscow, 29.11.- 28.12.1952

29.11. **836.**

P. KERES - G. KASPARIAN

1. e4 c6 2. ♘c3 d5 3. d4 de4 4. ♘e4 ♗f5 5. ♘g3 ♗g6 6. ♘h3 ♘d7 7. ♗c4 ♘gf6 8. ♘f4 e5 9. de5 ♕a5 10. ♗d2 ♕e5 11. ♘ge2 ♗c5 12. 0-0 0-0-0 13. ♘g3 ♕d4 14. ♗d3 ♖he8 15. b4 ♗b4 16. c3 ♗c3 17. ♘ge2 ♗a1 18. ♘d4 ♗d4 19. ♕c2 **½:½**

30.11. **837.**

I. KAN - P. KERES

1. d4 ♘f6 2. ♘f3 b6 3. ♗g5 ♗b7 4. ♘bd2 c5 5. e3 e6 6. c3 ♗e7 7. ♗d3 ♘c6 8. 0-0 0-0 9. dc5 bc5 10. e4 d6 11. ♕e2 ♖b8 12. ♖ad1 ♘h5 13. ♗e3 g6 14. ♖fe1 ♕c7 15. ♗h6 ♖fe8 16. ♘f1 ♗f8 17. ♗f8 ♖f8 18. ♕e3 ♕e7 19. h3 ♔g7 20. ♘1h2 ♘f6 21. e5 de5 22. ♘e5 ♘d5 23. ♕g3 ♘e5 24. ♕e5 ♕f6 25. ♘g4 ♕e5 26. ♘e5 ♘b6 27. b3 ♖fd8 28. ♗e2 ♔f6 29. ♘g4 ♔e7 30. ♘e3 a5 31. ♖d8 ♖d8 32. ♖d1 ♘d5 33. ♘d5 ♗d5 34. c4 ♗e4 35. ♖d8 ♔d8 36. ♗d1 ♔c7 37. ♔f1 ♔d6 38. f4 e5 39. g3 ♗b1 40. a4 ef4 41. gf4 ♔e6 42. ♔f2 ♔f5 43. ♔e3 h5 44. ♔f3 h4 45. ♔e3 ♔e6 46. ♗g4 ♗f5 47. ♔f3 ♔f6 48. ♗f5 ♔f5 49. ♔e3 f6 **0:1**

3.12. **838.**

Y. GELLER - P. KERES

1. d4 ♘f6 2. c4 e6 3. ♘c3 ♗b4 4. ♘f3 b6 5. e3 0-0 6. ♗d3 d5 7. 0-0 ♗b7 8. ♗d2 dc4 9. ♗c4 c5 10. a3 cd4 11. ab4 dc3 12. ♗c3 ♘e4 13. ♕d8 ♖d8 14. ♖fd1 ♖c8 15. ♗e1 ♔f8 16. ♖d4 ♔e7 17. ♖ad1 ♖c7 18. ♘e5 f6 19. ♗d3 ♘d6 20. ♗h7 fe5 21. ♖d6 ♗d5 22. ♖6d5 ed5 23. ♖d5 ♖c1 24. ♔f1 ♘c6 25. ♔e2 ♖d8 26. ♖d8 ♘d8 27. ♗c3 ♔e6 28. ♗g8 ♔d6 29. f4 ef4 30. ef4 ♘e6 31. ♗e5 ♔d5 32. ♗g7 ♖c8 33. ♗e6 ♔e6 34. ♔f3 ♖c4 35. ♗c3 ♔d5 36. h4 a5 37. ba5 ♖c3 38. bc3 ba5 39. h5 ♔e6 40. ♔e3 **1:0**

4.12. **839.**

P. KERES - O. MOISEYEV

1. d4 ♘f6 2. c4 e6 3. ♘c3 d5 4. ♗g5 ♗e7 5. e3 0-0 6. ♘f3 ♘bd7 7. ♕c2 c6 8. ♖d1 b6 9. cd5 cd5 10. ♗d3 ♗b7 11. 0-0 h6 12. ♗f4 ♖c8 13. ♕b1 a6 14. h3 b5 15. ♘e5 ♘e5 16. de5 ♘d7 17. ♗g3 ♗c5 18. ♘e2 7♕c7 19. b4 ♗a7 20. ♘d4 ♘b6 21. f4 ♘c4 22. ♗f2 ♕e7 23. ♕b3 f6 24. ♗b1 fe5 25. fe5 ♘e5 26. ♗g3 ♘d7 27. ♕d3 ♖f1 28. ♖f1 ♘f8 29. ♗e5 ♗b8 30. ♘f3 ♗d6 31. a3 ♖c4 32. ♗a2 ♖c8 33. ♕d4 ♘g6 34. ♗b1 ♘e5 35. ♘e5 ♗e5 36. ♕e5 ♗c6 37. ♕c3 e5 38. ♕d3 e4 39. ♕d4 ♕e6 40. ♗a2 ♖f8 41. ♖c1 **½:½**

5.12. **840.**

P. KERES - G. ILIVITSKY

1. c4 ♘f6 2. g3 c6 3. ♗g2 d5 4. ♕c2 g6 5. ♘f3 ♗g7 6. b3 0-0 7. ♗b2 b6 8. 0-0 ♗b7 9. d4 ♘bd7 10. ♘c3 ♕c7 11. ♖ad1 e6 12. ♕b1 ♖ac8 13. ♖fe1 ♖fd8 14. e3 ♕b8 15. ♘d2 c5 16. dc5 ♘c5 17. cd5 ♘d5 18. ♘d5 ♗d5 19. ♗g7 ♔g7 20. e4 ♗b7 21. ♘c4 **½:½**

7.12. **841.**

V. BYVCHEV - P. KERES

1. e4 e5 2. ♘f3 ♘c6 3. ♗b5 a6 4. ♗a4 ♘f6 5. 0-0 ♗e7 6. ♖e1 b5 7. ♗b3 0-0 8. c3 d6 9. h3 ♘a5 10. ♗c2 c5 11. d4 ♕c7 12. ♘bd2 cd4 13. cd4 ♗b7 14. d5 ♗c8 15. ♖b1 ♗d7 16. ♘f1 ♘c4 17. b3 ♘b6 18. ♗a3 ♖fc8 19. ♗d3 ♗f8 20. ♕e2 ♘h5 21. ♗c1 g6 22. g4 ♘f4 23. ♗f4 ef4 24. ♖bc1 ♕d8 25. ♕d2 ♗h6 26. ♘1h2 ♖c1 27. ♖c1 ♖c8 28. ♖c8 ♕c8 29. g5 ♗g7 30. ♕f4 ♗h3 31. ♕d6 ♘d7 32. ♗f1 ♕c1 33. ♕g3 ♗f1 34. ♘f1 h6 35. ♔g2 ♕c2

36. gh6 ♗f6 37. ♕d6 ♕c8 38. e5 ♗h8 39. e6 fe6 40. ♘g5 ♘f8 41. ♕e7 ♗d4 42. h7 ♔h8 43. ♘f7 **1:0**

8.12. **842.**

P. KERES - A. SUETIN

1. d4 d5 2. c4 e6 3. ♘c3 ♘f6 4. ♗g5 ♗e7 5. e3 h6 6. ♗h4 0-0 7. ♖c1 c6 8. ♘f3 ♘bd7 9. cd5 ♘d5 10. ♗g3 ♘c3 11. bc3 b6 12. ♗d3 ♗b7 13. 0-0 c5 14. ♕e2 ♘f6 15. ♘e5 ♘e4

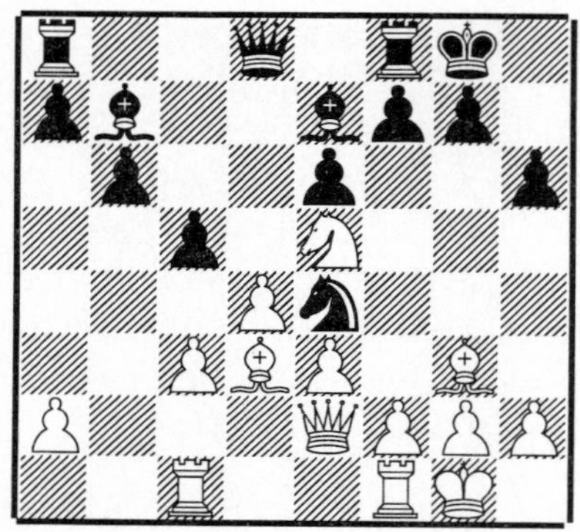

16. ♗f4 ♗g5 17. ♖fd1 ♕e7 18. ♗e4 ♗e4 19. dc5 bc5 20. ♖d7 ♕f6 21. ♗g3 ♗h4 22. ♘g4 ♕f5 23. ♗h4 h5 24. f3 ♗c6 25. ♖c7 ♖fc8 26. ♖c8 ♖c8 27. ♘f2 g5 28. ♗g3 h4 29. e4 **1:0**

9.12. **843.**

M. BOTVINNIK - P. KERES

1. d4 ♘f6 2. c4 e6 3. ♘c3 d5 4. cd5 ed5 5. ♗g5 ♗e7 6. e3 0-0 7. ♗d3 ♘bd7 8. ♕c2 ♖e8 9. ♘ge2 ♘f8 10. 0-0 c6 11. ♖ab1 ♗d6 12. ♔h1 ♘g6 13. f3 ♗e7 14. ♖be1 ♘d7 15. ♗e7 ♖e7 16. ♘g3 ♘f6 17. ♕f2 ♗e6 18. ♘f5 ♗f5 19. ♗f5 ♕b6 20. e4 de4 21. fe4 ♖d8 22. e5 ♘d5 23. ♘e4 ♘f8 24. ♘d6 ♕c7 25. ♗e4 ♘e6 26. ♕h4 g6 27. ♗d5 cd5 28. ♖c1 ♕d7 29. ♖c3 ♖f8 30. ♘f5 ♖fe8 31. ♘h6 ♔f8 32. ♕f6 ♘g7 33. ♖cf3 ♖c8 34. ♘f7 ♖e6 35. ♕g5 ♘f5 36. ♘h6 ♕g7 37. g4 **1:0**

11.12. **844.**

P. KERES - B. GOLDENOV

1. e4 e5 2. ♘f3 ♘c6 3. ♗b5 a6 4. ♗a4 d6 5. c3 ♗d7 6. d4 g6 7. 0-0 ♗g7 8. de5 ♘e5 9. ♘e5 de5 10. f4 ♘e7 11. f5 f6 12. ♗e3 ♗a4 13. ♕a4 ♕d7 14. ♕d7 ♔d7 15. c4 ♖hd8 16. ♘c3 gf5 17. ef5 ♔e8 18. g4 ♖d3 19. ♔f2 b5 20. cb5 ab5 21. ♘b5 ♖b8 22. ♘c7 ♔d7 23. ♘e6 ♖b2 24. ♔f3 ♖e3 25. ♔e3 ♗h6 26. ♔f3 ♘d5 27. ♖fd1 ♔c6 28. g5 e4 29. ♔g3 ♗g5 30. ♘g5 fg5 31. ♖ac1 ♔d6 32. ♖c8 ♖b5 33. ♖d8 ♔e5 34. ♖8d5 ♖d5 35. ♖d5 ♔d5 36. a4 h5 37. f6 h4 38. ♔g4 ♔e6 39. a5 e3 40. ♔f3 g4 41. ♔e3 **1:0**

15.12. **845.**

P. KERES - M. TAIMANOV

1. e4 c5 2. ♘f3 ♘c6 3. d4 cd4 4. ♘d4 ♘f6 5. ♘c3 d6 6. ♗g5 e6 7. ♕d2 ♗e7 8. 0-0-0 ♘d4 9. ♕d4 0-0 10. f4 ♕a5 11. ♕d3 ♖d8 12. ♕h3 ♗d7 13. ♗d3 ♖ac8 14. ♖he1 e5 15. f5 ♖c3 16. bc3 ♕c3 17. ♔b1 ♕b4 18. ♔a1 ♕c3 ½:½

16.12. **846.**

L. ARONIN - P. KERES

1. e4 e5 2. ♘f3 ♘c6 3. ♗b5 ♘f6 4. 0-0 ♗c5 5. ♘e5 ♘e5 6. d4 c6 7. de5 ♘e4 8. ♗d3 d5 9. ed6 ♘f6 10. ♗f4 ♗d6 11. ♗d6 ♕d6 12. ♘c3 ♗e6 13. ♕e2 0-0 14. ♘e4 ♕e5 15. ♘f6 ♕f6 16. c3 ♖ad8 17. ♖ad1 g6 18. ♗c4 ♖de8 19. ♖fe1 ♔g7 20. ♗e6 ♖e6 21. ♕c4 ♖d8 22. ♔f1 ♖e1 23. ♖e1 ♖d2 24. ♖e2 ♖d1 25. ♖e1 ♖e1 26. ♔e1 ♕e5 27. ♔d2 ♕h2 28. ♕d4 ♔h6 29. g3 ♕h5 30. ♕a7 ♕d5 31. ♔e3 c5 32. b4 ♕e6 33. ♔d3 ♕d7 34. ♔c2 ♕f5 35. ♔b3 ♕b1 36. ♔c4 ♕f1 37. ♔b3 ♕d1 38. ♔a3 ♕c1 39. ♔b3 ♕b1 40. ♔c4 ♕f1 41. ♔b3 ♕d1 42. ♔a3 cb4 43. cb4 ♕f3 44. ♔b2 ♕f6 45. ♔b3 b6 46. ♕c7 ♕f3 47. ♔c4 ♕e2 48. ♔b3 ♕d1 49. ♔b2 ♕d4 50. ♔b3 ♕d5 51. ♔c3 b5 52. ♕c5 ♕a2 53. ♕b5 ♕f2 54. ♕e5 g5 55. b5 ♕b6 56. ♔c4 f6

57. ♕c5 ♕e6 58. ♔b4 ♕e1 59. ♔c4 ♕e2 60. ♔d5 ♕f3 61. ♔e6 ♕g3 62. b6 g4 63. b7 ♕b3 64. ♔f6 ♕f3 65. ♕f5 ♕c3 66. ♕e5 ♕f3 67. ♕f5 ♕c3 ½:½

17.12. 847.

P. KERES - V. SIMAGIN

1. d4 d5 2. c4 c6 3. ♘c3 e6 4. ♘f3 ♘f6 5. ♗g5 dc4 6. a4 h6 7. ♗f6 ♕f6 8. e4 ♗b4 9. ♗c4 ♘d7 10. 0-0 0-0 11. e5 ♕e7 12. ♕e2 ♗c3 13. bc3 ♖d8 14. a5 ♘f8 15. ♖fb1 ♖b8 16. ♕e3 ♗d7 17. ♘d2 c5 18. dc5 ♗c6 19. ♘b3 ♘g6 20. ♖d1 ♕g5 21. ♕g5 hg5 22. ♖e1 ♗d5 23. ♗d5 ♖d5 24. ♖a4 ♘e5 25. ♖d4 ♖d4 26. cd4 ♘c6 27. ♔f1 b6 28. ab6 ab6 29. ♖e3 bc5 30. dc5 ♔f8 ½:½

18.12. 848.

A. TOLUSH - P. KERES

1. d4 ♘f6 2. c4 e6 3. ♘c3 ♗b4 4. ♕c2 0-0 5. ♘f3 c5 6. dc5 ♘a6 7. ♗d2 ♘c5 8. e3 b6 9. ♗e2 ♗b7 10. 0-0 ♘ce4 11. ♘e4 ♗e4 12. ♕c1 ♗d2 13. ♕d2 ♖c8 14. ♖ac1 ♕e7 15. ♖fd1 ♖fd8 16. h3 h6 17. ♘d4 ♗b7 18. ♗f3 ♗f3 19. ♘f3 ♖c7 20. b3 ♕a3 21. ♕d6 ♕d6 22. ♖d6 ♔f8 23. ♖cd1 ♔e7 24. ♖6d3 d6 25. ♘d4 a6 26. f3 ♘d7 27. ♔f2 ♘c5 28. ♖3d2 g6 29. e4 ♖b8 30. ♘e2 ♖d7 31. ♘d4 ♖c7 32. ♘e2 ♖d7 33. h4 h5 34. ♘d4 ♖c7 35. ♘e2 ♖d7 36. ♘d4 ♖c8 37. ♖c2 ♖b7 38. ♔e3 ♖bc7 39. ♖cd2 ♖b7 40. ♖c2 ♖d7 41. ♖cd2 ½:½

19.12. 849.

D. BRONSTEIN - P. KERES

1. d4 ♘f6 2. c4 e6 3. ♘c3 d5 4. ♘f3 ♘bd7 5. cd5 ed5 6. ♗f4 c6 7. ♕c2 ♗e7 8. e3 ♘h5 9. ♗g3 ♘f8 10. ♗d3 ♗e6 11. 0-0-0 ♕a5 12. ♘d2 ♘g3 13. hg3 0-0-0 14. ♔b1 ♔b8 15. ♘b3 ♕c7 16. ♖c1 h5 17. ♘e2 ♗c8 18. ♘c5 ♔a8 19. ♘f4 g6 20. ♕a4 ♘d7 21. ♔a1 h4 22. ♘d7 ♕d7 23. gh4 ♗h4 24. g3 ♗e7 25. ♗e2 ♗d6 26. b4 ♕e7 27. ♘d3 ♗f5 28. ♘c5 ♗c5 29. bc5 ♕f6 30. ♕d1 ♖h1 31. ♕h1 ♖h8 32. ♕f3 ♕e7 33. ♖h1 ♖h1 34. ♕h1 ½:½

20.12. 850.

P. KERES - A. KONSTANTINOPOLSKY

1. e4 c6 2. ♘c3 d5 3. ♘f3 de4 4. ♘e4 ♘f6 5. ♘f6 gf6 6. d4 ♗g4 7. ♗e2 ♕c7 8. ♗e3 ♘d7 9. h3 ♗f5 10. ♘h4 ♗g6 11. ♗c4 e6 12. ♕e2 0-0-0 13. 0-0-0 ♗e4 14. ♗b3 ♗e7 15. f3 ♗g6 16. g4 f5 17. ♘g2 fg4 18. hg4 ♗d6 19. ♕d2 c5 20. ♕c3 ♖hg8 21. ♘h4 cd4 22. ♗d4 ♗f4 23. ♔b1 ♕c3 24. ♗c3 ♗g3 25. ♘g6 hg6 26. ♖d4 ♘b6 27. a4 ♖d4 28. ♗d4 ♖d8 29. c3 ♗c7 30. ♖h7 ♖d7 31. a5 ♘d5 32. ♗a4 ♖d8 33. ♖f7 ♗a5 34. ♖g7 ♗b6 35. ♗b6 ♘b6 36. ♗b3 e5 37. ♖g6 ♖d3 38. ♖f6 ♖e3 39. g5 ♖e1 40. ♔a2 ♘d7 41. ♖f7 **1:0**

23.12. 851.

P. KERES - I. LIPNITZKY

1. e4 c6 2. ♘c3 d5 3. ♘f3 ♘f6 4. e5 ♘fd7 5. e6 fe6 6. d4 e5 7. ♘g5 ed4 8. ♘e6 ♕b6 9. ♗f4 dc3 10. ♗d3 ♘f6 11. ♘c7 ♔f7 12. 0-0 ♘bd7 13. ♘a8 ♕b4 14. ♗e3 cb2 15. ♖b1 e5 16. c4 d4 17. ♗d2 ♕d6 18. ♖b2 ♕b8 19. ♖e1 ♘c5 20. ♗g5 ♘d3 21. ♕d3 ♕a8 22. ♖e5 h6 23. ♗f6 gf6 24. ♖e1 b6 25. ♕e2 ♗f5 26. ♖b3 d3 27. ♖d3 ♕c8 28. ♖f3 ♗b4 29. ♖d1 ♖e8 30. ♕b2 ♗c5 31. h3 ♕e6 32. ♕d2 ♔g7 33. ♕f4 ♗g6 34. ♖g3 ♖e7 35. ♖d8 ♖d7 36. ♖g6 ♔g6 37. ♕g3 ♔h7 38. ♖a8 ♕e1 39. ♔h2 ♗d6 **0:1**

24.12. 852.

V. SMYSLOV - P. KERES

1. c4 ♘f6 2. d4 e6 3. ♘c3 ♗b4 4. e3 d5 5. a3 ♗e7 6. ♗d3 b6 7. cd5 ed5 8. ♘ge2 0-0 9. b4 ♘bd7 10. ♕b3 ♗b7 11. 0-0 ♖e8 12. b5 ♗d6 13. h3 ♘f8 14. a4 ♘e4 15. ♘e4 de4 16. ♗c4 ♕f6 17. ♗a3 ♖ad8 18. a5 ♘g6 19. ab6 ab6

20. ♗d6 cd6 21. ♗d5 ♗d5 22. ♕d5 ♕e6 23. ♘c3 ♘f8 24. ♕e6 fe6 25. ♘e4 d5 26. ♘g5 e5 27. de5 d4 28. ed4 ♖d4 29. ♖a7 ♖d5 30. f4 ♖b5 31. ♘e4 ♖b8 32. ♘d6 ♖a5 33. ♖a5 ba5 34. f5 ♘d7 35. e6 ♘f6 36. g4 h6 37. ♖a1 ♖d8 38. ♘c4 ♖c8 39. ♘e5 ♖c5 40. ♘g6 ♖b5 41. ♖c1 ♖b8 42. ♖c4 ♖a8 43. ♖a4 ♘d5 44. ♘e5 ♘c3 45. ♖c4 ♘b5 46. ♘d7 ♘d6 47. ♖a4 ♘e8 48. ♔f2 ♘f6 49. ♘e5 ♔f8 50. ♔f3 ♘d5 51. ♘c6 g6 52. ♖d4 ♖c8 53. ♖d5 ♖c6 54. ♖a5 gf5 55. gf5 ♔e7 56. ♖a7 **1:0**

26.12. **853.**

P. KERES - V. KORCHNOI

1. c4 f5 2. ♘f3 ♘f6 3. g3 g6 4. ♗g2 ♗g7 5. ♘c3 d6 6. d4 0-0 7. 0-0 ♘c6 8. d5 ♘a5 9. ♕a4 c5 10. dc6 ♘c6 11. ♖d1 ♘a5 12. c5 ♗d7 13. ♕a3 ♘e8 14. ♗g5 ♗e6 15. cd6 ♘d6 16. ♖d6 ♕d6 17. ♕a5 b6 18. ♕a4 ♗d7 19. ♕h4 ♗c3 20. ♗e7 ♕e6 21. bc3 ♖fe8 22. ♘d4 **1:0**

28.12. **854.**

I. BOLESLAVSKY - P. KERES

1. e4 e5 2. ♘f3 ♘c6 3. ♗b5 a6 4. ♗a4 ♘f6 5. 0-0 ♗e7 6. ♖e1 d6 7. ♗c6 bc6 8. d4 ♘d7 9. ♘bd2 0-0 10. ♘c4 ed4 11. ♘d4 ♘b8 12. ♕f3 ♗f6 13. ♗e3 ♗d7 14. ♖ad1 ♖e8 15. ♘f5 ♗f5 16. ef5 d5 17. ♘a5 ♗b2 18. c4 ♕c8 19. ♗d2 dc4 20. ♖e8 ♕e8 21. ♘c4 ♗f6 22. ♗a5 ♕c8 23. ♕d3 h6 24. ♘e3 c5 25. ♕d5 c6 26. ♕c5 ♘d7 27. ♕d6 ♖a7 28. ♖c1 ♘e5 29. ♘d5 ♘g4 30. h3 ♖d7 31. ♕c5 ♕b7 32. ♘f6 ♘f6 33. ♕c6 ♖d1 34. ♔h2 ♕b8 35. ♕c7 ♕c7 36. ♖c7 ♖d5 37. ♗b6 ♖b5 38. ♖c8 ♔h7 9. ♖c6 ♘d5 40. ♗d4 ♘b4 41. ♖c7 **½:½**

ESTONIAN OPEN CHAMPIONSHIP
Tartu, 22.03.- 13.04.1953

22.03. **855.**

I. NEI - P. KERES

1. c4 ♘f6 2. d4 g6 3. ♘c3 ♗g7 4. g3 d5 5. cd5 ♘d5 6. ♗g2 ♘c3 7. bc3 c5 8. e3 0-0 9. ♘e2 ♕c7 10. 0-0 ♘d7 11. a4 ♖b8 12. a5 e5 13. d5 ♘f6 14. c4 ♗g4 15. ♗b2 ♘e8 16. e4 ♘d6 17. ♕c2 ♖be8 18. ♘c1 ♗d7 19. ♘d3 f5 20. f4 ♘f7 21. ♖ae1 ♕a5 22. ♕c3 ♕c3 23. ♗c3 b6 24. ef5 ♗f5 25. ♘e5 ♗d3 26. ♘d3 ♗c3 27. ♖e6 ♘d8 28. ♖e8 ♖e8 29. d6 ♔g7 30. ♗d5 ♖e2 31. ♘e5 ♔f8 32. ♘c6 ♘c6 33. ♗c6 ♖e6 34. d7 ♔e7 35. ♗b5 a6 36. ♗a6 ♔d7 37. ♖d1 ♗d4 38. ♔f1 ♖e3 39. ♗b5 ♔e6 40. ♖e1 ♔f5 **½:½**

24.03. **856.**

F. KIBBERMANN - P. KERES

1. d4 ♘f6 2. ♘f3 g6 3. ♘bd2 ♗g7 4. e4 d6 5. ♗c4 0-0 6. 0-0 ♘e4 7. ♘e4 d5 8. ♗d3 de4 9. ♗e4 ♘d7 10. c3 c5 11. ♗e3 ♕c7 12. ♕e2 ♘f6 13. ♗d3 b6 14. dc5 bc5 15. ♖ad1 ♗b7 16. ♗c1 ♘d5 17. ♗e4 ♖ad8 18. c4 ♘b4 19. ♗b7 ♕b7 20. b3 e5 21. ♖d8 ♖d8 22. ♖d1 ♖d7 23. ♖d7 ♕d7 24. ♘e1 f5 25. ♗e3 ♕d6 26. f3 ♘c6 27. ♕d2 ♕d2 28. ♗d2 e4 29. ♔f2 ♔f7 30. ♘c2 ♔e6 31. fe4 fe4 32. ♘e3 ♗h6 33. ♘f1 ♗g7 34. ♘e3 ♗d4 35. ♔e2 ♗e5 36. h3 ♘d4 37. ♔d1 ♘f5 38. ♔e2 ♗d4 39. g4 ♘e3 40. ♗e3 ♗e3 41. ♔e3 ♔e5 42. a3 **0:1**

24.03. **857.**

P. KERES - Rich. PRUUN

1. e4 e5 2. ♘f3 ♘c6 3. ♗b5 a6 4. ♗a4 d6 5. c3 ♗d7 6. d4 ♘f6 7. ♘bd2 b5 8. ♗b3 ♗e7 9. 0-0 0-0 10. ♕e2 ♘h5 11. g3 g6 12. ♖d1 ♗f6 13. ♘f1 ♘a5 14. ♗c2 ♘c4 15. a4 ed4 16. cd4 ♖e8 17. b3 ♘b6 18. ♗b2 ba4 19. ba4 d5 20. ♘e5 ♗e5 21. de5 ♘c4 22. ♗c3 ♘e5 23. ♖d5

♗g4 24. ♕e3 ♘f3 25. ♔g2 ♕c8 26. ♕h6 f6 27. ♖h5 **1:0**

26.03. **858.**

U. MILISTVER - P. KERES

1. d4 ♘f6 2. c4 d6 3. ♘c3 e5 4. ♘f3 ♘bd7 5. e4 g6 6. d5 ♗g7 7. ♗e2 0-0 8. 0-0 ♘c5 9. ♕c2 a5 10. ♘e1 ♘e8 11. ♘d3 f5 12. ef5 gf5 13. f3 ♕e7 14. ♗e3 ♘f6 15. ♘c5 dc5 16. ♗d3 ♘e8 17. ♖fe1 b6 18. ♗f2 ♘d6 19. ♖ab1 ♗d7 20. b3 ♕f6 21. ♘b5 e4 22. ♗f1 ♗b5 23. cb5 ♖ae8 24. f4 ♕c3 25. ♖bc1 e3 26. ♗h4 ♕d4 27. ♗d3 ♕f4 28. ♗g3 ♕h6 29. ♗d6 cd6 30. ♗f5 ♗e5 31. g3 ♕h5 32. g4 ♕h4 33. ♕g2 ♔h8 34. ♔h1 ♖f5 35. gf5 ♖g8 36. ♕e2 ♕e4 **0:1**

27.03. **859.**

P. KERES - S. ZUHOVITZKY

1. d4 ♘f6 2. c4 d6 3. ♘c3 e5 4. ♘f3 ♘bd7 5. ♗g5 ♗e7 6. e3 0-0 7. ♕c2 c6 8. ♗d3 h6 9. ♗h4 ♖e8 10. 0-0 ♕c7 11. h3 a6 12. ♗g3 b6 13. b4 c5 14. bc5 bc5 15. de5 ♘e5 16. ♘e5 de5 17. ♗e4 ♖b8 18. ♘d5 ♘d5 19. ♗d5 ♗f6 20. ♖ab1 ♗d7 21. ♕c3 ♖ec8 22. ♕a3 ♖b6 23. ♖b6 ♕b6 24. ♕d3 ♗e6 25. ♖b1 ♕d6 26. e4 ♖b8 27. ♔h2 ♖b1 28. ♕b1 ♗c8 29. ♕d1 ♔f8 30. ♕a4 ♗g5 31. ♕a5 ♗d8 32. ♕c3 ♗f6 33. f3 ♕c7 34. ♕b2 ♔e8 35. ♗e1 ♗e7 36. f4 ♗d6 37. f5 ♗e7 38. ♗f2 ♔f8 39. ♕e2 ♗f6 40. ♕h5 ♔e8 41. ♕f3 ♕b6 42. ♕a3 ♗e7 43. ♗g3 ♗f6 44. ♕c3 ♕c7 45. ♕b2 g5 46. ♗e1 ♔f8 47. ♗c3 ♔e8 48. ♕d2 ♕d7 49. ♗a5 ♗b7 50. ♕b2 ♗d5 51. ♕b8 ♔e7 52. cd5 ♗g7 53. ♗c7 f6 54. d6 ♔f7 55. ♕b3 **1:0**

29.03. **860.**

V. HEUER - P. KERES

1. d4 d5 2. c4 ♘f6 3. cd5 ♘d5 4. ♘f3 ♗f5 5. ♘c3 e6 6. e3 ♘d7 7. ♗e2 ♗d6 8. 0-0 0-0 9. ♗d3 ♗g4 10. h3 ♗h5 11. ♘e4 f5 12. ♘d6 cd6 13. ♗e2 ♘7f6 14. ♘g5 ♗e2 15. ♕e2 ♕d7 16. e4 fe4 17. ♘e4 ♖ac8 18. ♗g5 ♘e4 19. ♕e4 ♖f5 20. ♗d2 ♘f6 21. ♕d3 ♕b5 22. ♕a3 ♘e4 23. ♕e3 ♕d5 24. ♖ac1 ♖cf8 25. ♗e1 ♘g5 26. f4 ♘f7 27. ♖c7 ♘d8 28. ♗c3 ♖5f7 29. ♖f7 ♖f7 30. a3 h5 31. ♔h2 ♘c6 32. ♖e1 ♖f6 33. g3 ♘e7 34. ♕e4 ♔f7 35. ♕d5 ♘d5 36. ♔g2 h4 37. ♗d2 hg3 38. ♔g3 ♘e7 39. ♗e3 ♘f5 40. ♔f3 ♖h6 41. ♖h1 d5 42. ♗f2 ♖h8 43. ♔e2 ♘d6 44. ♗e3 ♔f6 45. ♔d3 ♘e4 46. ♖h2 ♔f5 47. ♔e2 ♘g3 48. ♔f2 ♔e4 49. ♔g3 ♔e3 50. ♖c2 ♖h6 51. ♖c3 ♔d4 52. ♖c7 ♔e3 53. ♖g7 d4 54. f5 d3 **0:1**

31.03. **861.**

A. ELLER - P. KERES

1. c4 ♘f6 2. ♘c3 g6 3. d4 ♗g7 4. e4 d6 5. ♗d3 0-0 6. ♘ge2 ♘c6 7. f3 e5 8. d5 ♘d4 9. ♗e3 ♘h5 10. ♕d2 c5 11. 0-0 ♗d7 12. f4 ef4 13. ♘f4 ♘f4 14. ♗f4 ♗e5 15. ♗h6 ♖e8 16. ♗g5 f6 17. ♗e3 a6 18. ♖f2 b5 19. ♖af1 ♕e7 20. ♘e2 ♘e2 21. ♗e2 ♖ab8 22. b3 b4 23. ♗d3 ♖f8 24. ♔h1 a5 25. ♗c2 ♖a8 26. ♗h6 ♖f7 27. ♗e3 a4 28. ♕d1 ♕e8 29. ba4 ♗a4 30. ♗a4 ♖a4 31. ♕g4 ♖fa7 32. ♗f4 ♖a2 33. ♖a2 ♖a2 34. ♗e5 fe5 35. ♕d1 ♕e7 36. g3 ♔g7 37. ♔g1 h5 38. ♔h1 h4 39. ♕g4 hg3 40. ♕g3 ♖a3 41. ♕g4 ♖a8 42. ♖f3 ♖f8 43. ♖f8 ♕f8 44. ♔g2 ♕d8 45. h4 ♔h6 46. ♔h3 ♕f6 47. ♕c8 ♕f3 48. ♔h2 ♔h5 49. ♕h8 ♔g4 50. ♕c8 ♔h4 51. ♕d8 g5 52. ♕d6 ♕f2 53. ♔h1 ♔g3 **0:1**

2.04. **862.**

P. KERES - R. RENTER

1. d4 ♘f6 2. c4 e6 3. ♘c3 ♗b4 4. ♘f3 d6 5. ♗g5 h6 6. ♗h4 c5 7. d5 e5 8. ♕c2 ♗g4 9. ♘d2 ♘bd7 10. e3 ♘b6 11. ♗d3 g5 12. ♗g3 ♗d7 13. f3 ♕e7 14. a3 ♗c3 15. ♕c3 h5 16. h4 g4 17. f4 ♘a4 18. ♕c2 e4 19. ♗e4 0-0-0 20. 0-0 ♖de8 21. ♗d3 ♕e3 22. ♗f2 ♕f4 23. g3 ♕e5 24. b3 ♘b2 25. ♖ae1 ♘d3 26. ♖e5 ♘e5 27. ♗c5 ♘f3 28. ♘f3 gf3 29. ♖f3 dc5

30. ♖f6 ♖hg8 31. ♕f2 b6 32. ♖f7 ♗g4 33. ♕f4 ♖e1 34. ♔f2 **1:0**

3.04. **863.**

J. RANDVIIR - P. KERES

1. e4 c5 2. ♘f3 d6 3. c3 ♘f6 4. ♗e2 ♘c6 5. d3 ♗g4 6. 0-0 e6 7. ♘bd2 ♗e7 8. h3 ♗h5 9. ♘h2 ♗e2 10. ♕e2 d5 11. e5 ♘g8 12. f4 g6 13. ♘df3 h5 14. ♘g5 ♕c7 15. ♘hf3 ♘h6 16. ♗e3 ♘f5 17. ♗f2 h4 18. ♖fc1 ♔f8 19. ♖c2 ♔g7 20. ♕e1 ♖h5 21. ♖e2 ♖ah8 22. a3 a5 23. ♖c1 b5 24. ♖d1 c4 25. d4 ♘b8 26. ♖a1 ♘d7 27. ♖b1 ♕c6 28. ♖a1 ♘f8 29. ♔h1 ♘h7 30. ♘h7 ♖5h7 31. ♕d2 ♖a8 32. ♘h2 ♖hh8 33. ♘g4 b4 34. ab4 ab4 35. ♖ee1 ♖a4 36. ♘e3 ♘e3 37. ♕e3 ♖ha8 38. ♖a4 ♖a4 39. ♖b1 ♕a8 40. ♕e1 ♕h8 41. ♖a1 ♖a1 42. ♕a1 ♕h6 43. ♗e3 ♕h5 44. ♕e1 ♕f5 45. cb4 ♕e4 46. b5 ♕c2 47. ♕a1 ♕b3 48. ♕a7 ♗d8 49. ♕b8 ♗a5 50. ♗g1 ♕d1 51. f5 gf5 **0:1**

4.04. **864.**

P. KERES - V. ROZDESTVENSKI

1. d4 ♘f6 2. c4 e6 3. ♘c3 ♗b4 4. ♘f3 b6 5. ♗g5 ♗b7 6. e3 h6 7. ♗h4 g5 8. ♗g3 ♘e4 9. ♕c2 d6 10. ♗d3 ♗c3 11. bc3 f5 12. d5 ed5 13. cd5 ♗d5 14. ♘d4 ♕f6 15. f3 ♘g3 16. hg3 ♘d7 17. ♗f5 0-0-0 18. ♕a4 ♕e5 19. ♔f2 a5 20. g4 ♖he8 21. ♖ae1 ♗b7 22. ♖h6 ♕c5 23. ♖h7 c6 24. ♘e6 ♕c3 25. ♘d8 ♖d8 26. ♕d4 ♕d4 27. ed4 c5 28. ♖ee7 ♗c6 29. d5 ♗b5 30. ♔e3 **1:0**

5.04. **865.**

P. KERES - J. HEINRA

1. e4 c5 2. ♘e2 d6 3. g3 d5 4. ♗g2 de4 5. ♘bc3 ♘f6 6. ♘e4 ♘e4 7. ♗e4 ♘c6 8. d3 e5 9. 0-0 ♗e7 10. f4 0-0 11. ♘c3 f5 12. ♗g2 ♗e6 13. fe5 ♕d4 14. ♔h1 ♘e5 15. ♕e2 ♗f6 16. ♗b7 ♖ae8 17. ♕g2 ♖d8 18. ♗f4 ♘g6 19. ♖ae1 ♗f7 20. ♗e3 ♕b4 21. ♘d5 ♕b2 22. ♗c5 ♖fe8 23. c4 ♕g2 24. ♔g2 ♘e5 25. ♗d4 ♘d3 26. ♖e8 ♖e8 27. ♗f6 ♖b8 28. ♘e7 ♔f8 29. ♗g7 ♔e7 30. ♗d5 ♗d5 31. cd5 f4 32. ♖d1 ♘b4 33. ♗e5 ♖b5 34. d6 ♔d7 35. ♗f4 ♖a5 36. ♔f3 ♖a2 37. h4 a5 38. ♔g4 a4 39. ♖b1 ♘d5 40. ♖b7 ♔e6 41. ♗g5 **1:0**

6.04. **866.**

U. TARVE - P. KERES

1. e4 e5 2. ♘f3 ♘c6 3. ♘c3 d6 4. ♗b5 ♗d7 5. d4 ed4 6. ♘d4 g6 7. ♗e3 ♗g7 8. ♕d2 ♘f6 9. f3 0-0 10. 0-0 ♖e8 11. ♖fe1 ♕e7 12. ♗f1 a6 13. ♔h1 ♖ad8 14. ♘d5 ♘d5 15. ♘c6 bc6 16. ed5 ♕f8 17. dc6 ♗c6 18. ♗d4 ♗b5 19. ♗g7 ♕g7 20. ♗b5 ab5 21. ♕b4 ♖e5 22. ♖e5 ♕e5 23. ♖e1 ♕c5 24. a3 ♔g7 25. c3 ♕f2 26. ♕d4 ♕d4 27. cd4 ♖a8 28. ♔g1 ♖a4 29. ♖c1 ♖d4 30. ♖c7 ♖d1 31. ♔f2 ♖d2 32. ♔g3 ♖b2 33. ♖b7 ♔f6 34. a4 b4 35. a5 ♔e6 36. a6 ♖a2 37. ♖b4 ♖a6 38. ♖b2 d5 39. ♔f4 h6 40. ♔e3 ♔e5 41. f4 ♔f5 42. g3 h5 43. ♔d4 h4 44. gh4 ♖a4 45. ♔d5 ♖f4 46. h5 gh5 47. ♖g2 f6 48. ♖a2 h4 49. ♖g2 ♖f3 50. ♔d4 ♔f4 51. ♖a2 f5 52. ♖b2 ♖f1 53. ♔d3 ♔f3 **0:1**

8.04. **867.**

P. KERES - U. MIKKOV

1. d4 ♘f6 2. c4 e6 3. ♘c3 ♗b4 4. e3 c5 5. a3 ♗c3 6. bc3 ♘c6 7. ♗d3 d6 8. ♘e2 e5 9. 0-0 ♘d7 10. ♘g3 g6 11. f4 b6 12. fe5 **1:0**

9.04. **868.**

A. TOLUSH - P. KERES

1. d4 ♘f6 2. c4 e6 3. ♘c3 d5 4. ♗g5 ♗e7 5. e3 h6 6. ♗h4 0-0 7. ♘f3 ♘e4 8. ♗e7 ♕e7 9. ♕c2 ♘c3 10. ♕c3 dc4 11. ♗c4 b6 12. 0-0 ♗b7 13. ♗e2 ♖c8 14. b4 c5 15. bc5 bc5 16. ♕a3 ♘d7 17. ♖ac1 ♔f8 18. ♖fd1 cd4 19. ♖c8 ♗c8 20. ♕e7 ♔e7 21. ♘d4 ♗b7 **½:½**

10.04. **869.**

P. KERES - V. RUBANOVICH

1. d4 ♘f6 2. c4 g6 3. ♘c3 ♗g7 4. e4 d6 5. f4 c5 6. dc5 ♕a5 7. ♗d3 ♕c5 8. ♘f3 ♘c6 9. ♕e2 0-0 10. ♗e3 ♕a5 11. 0-0 ♘g4 12. ♗d2 ♘d4 13. ♘d4 ♗d4 14. ♔h1 ♕h5 15. h3 ♕h4 16. ♗e1 ♕h6 17. ♘d5 ♔h8 18. f5 ♘e5 19. ♘e7 g5 20. ♖d1 ♖e8 21. ♗b1 ♗b6 22. ♘d5 g4 23. ♘b6 ab6 24. h4 ♗d7 25. b3 ♗c6 26. ♕d2 ♕h5 27. ♕d6 ♘d7 28. ♗g3 **1:0**

11.04. **870.**

F. VILLARD - P. KERES

1. d4 ♘f6 2. c4 e6 3. ♘c3 ♗b4 4. e3 b6 5. ♗d3 ♗b7 6. f3 c5 7. ♘e2 cd4 8. ♘d4 ♘c6 9. ♘c6 dc6 10. ♕c2 ♕c7 11. ♗d2 ♗d6 12. 0-0-0 0-0-0 13. g4 a6 14. ♘e4 ♗e7 15. ♗c3 h5 16. h3 c5 17. ♘f6 ♗f6 18. ♗f6 gf6 19. ♗e4 ♕e5 20. ♗b7 ♔b7 21. ♕e2 ♖d1 22. ♖d1 hg4 23. f4 ♕e4 24. hg4 ♔c6 25. b3 ♖h3 26. ♖d3 ♕h1 27. ♖d1 ♕f3 28. ♔d2 ♕g3 29. ♕d3 ♕f2 30. ♕e2 ♖h2 31. ♕f2 ♖f2 32. ♔d3 ♖a2 33. ♖h1 ♖b2 34. ♔c3 ♖e2 35. ♖h6 ♖e3 36. ♔c2 ♔d6 37. ♖f6 ♔e7 38. g5 ♖h3 39. ♔b2 b5 40. cb5 ab5 41. ♔c2 ♖f3 42. ♔b2 ♖d3 43. ♔c2 ♖d5 44. ♖h6 ♖f5 45. ♖h4 **0:1**

12.04. **871.**

L. VÕHANDU - P. KERES

1. ♘f3 g6 2. e4 c5 3. d4 cd4 4. ♕d4 ♘f6 5. e5 ♘c6 6. ♕f4 ♘h5 7. ♕e3 d6 8. ♗d2 de5 9. ♘e5 ♘e5 10. ♕e5 ♗g7 11. ♕g5 ♗f6 12. ♕c5 0-0 13. ♘c3 ♗d4 14. ♕g5 ♘f6 15. ♗d3 ♘g4 16. 0-0 ♗f6 17. ♕d5 ♕c7 18. g3 ♗e6 19. ♗f4 ♕c3 20. ♕e6 ♕d3 21. ♕g4 ♕c2 22. ♖ac1 ♕b2 23. ♖b1 ♕a2 24. ♖b7 a5 **0:1**

12.04. **872.**

P. KERES - A. ARULAID

1. d4 ♘f6 2. c4 e6 3. ♘c3 d5 4. ♗g5 ♗e7 5. e3 0-0 6. ♘f3 h6 7. ♗h4 ♘e4 8. ♗e7 ♕e7 9. ♖c1 ♘c3 10. ♖c3 c6 11. ♗d3 dc4 12. ♗c4 ♘d7 13. 0-0 e5 14. ♕b1 ed4 15. ed4 ♘b6 16. ♗b3 ♕f6 17. ♖e1 ♗f5 18. ♕c1 ♖fe8 19. ♘e5 ♗e6 20. ♖ce3 ♖ad8 21. ♘f7 **1:0**

13.04. **873.**

P. KERES - H. HINDRE

1. d4 ♘f6 2. c4 e6 3. g3 d5 4. ♗g2 dc4 5. ♘f3 ♗b4 6. ♗d2 ♗d2 7. ♘bd2 0-0 8. ♘c4 ♘bd7 9. 0-0 c5 10. ♖c1 ♖b8 11. dc5 ♘c5 12. ♘fe5 ♗d7 13. ♘d6 b6 14. b4 ♘a6 15. ♕d4 ♘d5 16. e4 ♘dc7 17. ♖fd1 ♗a4 18. ♘c6 ♗c6 19. ♖c6 ♕e7 20. e5 ♖bd8 21. ♖dc1 ♖d7 22. ♖6c2 ♘b8 23. ♕g4 ♘e8 24. ♘e4 ♔h8 25. a3 ♖c7 26. ♕d1 ♖c2 27. ♖c2 ♘a6 28. ♖c8 ♘ec7 29. ♕d7 **1:0**

2nd CANDIDATES` TOURNAMENT
Neuhausen - Zürich, 29.08.- 24.10.1953

30.08. **874.**

T. PETROSIAN - P. KERES

1. c4 c5 2. ♘f3 ♘f6 3. d4 cd4 4. ♘d4 e6 5. g3 d5 6. ♗g2 e5 7. ♘c2 d4 8. 0-0 ♘c6 9. ♘d2 ♗g4 10. ♘f3 a5 11. ♗g5 ♗c5 12. e4 h6 13. ♗f6 ♕f6 14. ♘ce1 ♕e6 15. ♘d3 ♗e7 16. h3 ♗f3 17. ♕f3 ♕c4 18. ♖fc1 ♕e6 19. ♕f5 ♗d6 20. ♕e6 fe6 21. a3 ♔d7 22. ♗f1 a4 23. ♘e1 ♖a5 24. ♖c2 ♖c8 25. ♖ac1 ♘a7 26. ♖c8 ♘c8 27. ♗c4 ♗e7 28. ♘d3 ♘d6 29. f3 ♘c4 30. ♖c4 ♗d6 31. ♔f2 ♖a6 32. ♔e2 g5 33. ♔d1 ♖a8 34. ♔e2 h5 35. ♖c1 ♖h8 36. ♖h1 h4 37. g4 b5 38. ♖c1 ♖b8 39. ♔d1 ♖b6 40. ♖c2 ♖b8 41. ♖c1 ♖a8 ½:½

31.08. **875.**

P. KERES - Y. AVERBAKH

1. d4 ♘f6 2. c4 e6 3. ♘c3 ♗b4 4. e3 0-0 5. ♗d3 d5 6. ♘f3 c5 7. 0-0 ♘c6 8. a3 ♗c3 9.

bc3 b6 10. ♘e5 ♗b7 11. f4 ♘a5 12. cd5 ♕d5 13. ♕e2 cd4 14. ed4 ♘b3 15. ♖b1 ♘c1 16. ♖bc1 ♖ac8 17. ♕b2 ♕d6 18. f5 ef5 19. ♗f5 ♖c7 20. c4 ♖d8 21. ♖f4 g5 22. ♖f2 ♕d4 23. ♕d4 ♖d4 24. ♖cf1 ♖d6 25. h4 gh4 26. ♖f4 ♖c5 27. ♘g4 ♘g4 28. ♖g4 ♔f8 29. ♗h7 ♗a6 30. ♖ff4 ♖h6 31. ♗d3 h3 32. gh3 ♖h3 33. ♖d4 ♗c8 34. ♖d8 ♔e7 35. ♖gd4 ♗e6 36. ♔g2 ♖g5 37. ♔f2 ♖a5 38. ♖b8 ♖a3 39. ♗e2 ♖h2 40. ♔e1 ♖a1 41. ♖d1 ♖e2 **0:1**

2.09. **876.**

L. SZABO - P. KERES

1. d4 d5 2. ♘f3 ♘f6 3. c4 dc4 4. ♘c3 a6 5. ♕a4 b5 6. ♕c2 ♘c6 7. e4 e6 8. ♗g5 ♘d4 9. ♘d4 ♕d4 10. ♖d1 ♕c5 11. ♗e3 ♕c6 12. ♗e2 ♗b7 13. ♗f3 e5 14. 0-0 ♗c5 15. ♘d5 ♗e3 16. ♘e3 0-0 17. g4 ♖fe8 18. ♘f5 ♘d7 19. b3 ♘b6 20. ♕c1 cb3 21. ab3 ♕c1 22. ♖c1 ♖ac8 23. ♖fd1 g6 24. ♘h6 ♔g7 25. g5 c5 26. ♗g4 ♖c7 27. ♖d6 ♘c8 28. ♖f6 ♗e4 29. ♖d1 c4 30. bc4 bc4 31. f3 ♗d3 32. ♖a6 ♘e7 33. ♖d6 ♘g8 34. ♖c1 ♖b7 35. ♗d7 ♖d8 36. ♘g8 ♔g8 37. ♗c6 ♖d6 38. ♗b7 ♖b6 39. ♗d5 ♔f8 40. ♖a1 c3 41. ♖a8 ♔e7 **0:1**

5.09. **877.**

P. KERES - Dr. M. EUWE

1. d4 ♘f6 2. c4 e6 3. ♘c3 ♗b4 4. e3 c5 5. ♗d3 0-0 6. ♘f3 d5 7. 0-0 ♘bd7 8. a3 dc4 9. ♗c4 cd4 10. ed4 ♗e7 11. ♗a2 ♘b6 12. ♘e5 ♘bd5 13. ♕f3 ♘c3 14. bc3 ♘d7 15. ♘g4 ♘f6 16. ♘f6 ♗f6 17. ♗f4 ♗g5 18. ♗g3 ♗h4 19. ♗e5 ♗f6 20. ♖fe1 ♗e5 21. ♖e5 ♕f6 22. ♕e4 ♖b8 23. d5 ed5 24. ♗d5 ♗d7 25. ♖e1 ♗c6 26. c4 g6 27. g3 ♖be8 28. ♔g2 ♖e5 29. ♕e5 ♕e5 30. ♖e5 ♗d5 31. cd5 ♖d8 32. ♖e7 ♖d5 33. ♖b7 ♖a5 34. ♖b3 ½:½

6.09. **878.**

G. STAHLBERG - P. KERES

1. d4 ♘f6 2. c4 e6 3. ♘f3 d5 4. ♘c3 c5 5. cd5 cd4 6. ♕d4 ed5 7. ♗g5 ♗e7 8. e3 ♘c6 9. ♕d2 0-0 10. ♗e2 ♗e6 11. 0-0 ♘e4 12. ♘e4 de4 13. ♗e7 ♕e7 14. ♘d4 ♖fd8 15. ♖fd1 ♘d4 16. ed4 ♖d6 17. ♕e3 ♗d5 18. ♖ac1 ♖ad8 19. ♗c4 h6 20. h3 a6 21. ♗d5 ♖d5 22. ♖c4 f5 23. f3 b5 24. ♖c6 ♕d7 25. ♖a6 ef3 26. ♕f3 ♖d4 27. ♖f1 ♖d2 28. ♖a8 ♖a8 29. ♕a8 ♔h7 30. ♕f3 g6 31. ♖e1 ♖b2 32. ♕a3 ♕d4 33. ♔h1 h5 34. ♕e7 ♔h6 35. ♕f8 ♔g5 36. ♕e7 ♔h6 37. ♕f8 ♕g7 38. ♕c5 ♕f6 39. a3 ♖b3 40. ♖d1 f4 41. ♖f1 f3 42. ♖f3 ♖f3 43. gf3 ♕f3 44. ♔h2 h4 45. ♕e5 ♕f2 46. ♔h1 ♕f5 47. ♕h8 ♔g5 48. ♕d8 ♔f4 49. ♕d2 ♔f3 50. ♕d1 ♔e3 51. ♕e1 ♔d3 52. ♕b1 ♔e2 53. ♕b2 ♔e3 54. ♕c1 ♔e4 55. ♕b1 ♔f3 56. ♕d1 ♔f4 57. ♕d2 ♔e5 58. ♕c3 ♔d5 59. ♕b3 ♔c6 60. ♕c3 ♔b7 61. ♕g7 ♔a6 62. ♕c3 ♕f1 63. ♔h2 ♕f2 64. ♔h1 ♔b6 65. ♕c8 ♕e1 66. ♔g2 ♕e4 67. ♔g1 ♕d4 **0:1**

8.09. **879.**

P. KERES - I. BOLESLAVSKY

1. d4 ♘f6 2. c4 d6 3. ♘c3 e5 4. ♘f3 ♘bd7 5. ♗g5 h6 6. ♗h4 g5 7. de5 gh4 8. ef6 ♕f6 9. ♘d5 ♕b2 10. ♖b1 ♕a2 11. ♘c7 ♔d8 12. ♘a8 ♘c5 13. ♖a1 ♕b2 14. ♕d4 ♕d4 15. ♘d4 ♗g7 16. e3 ♖e8 17. ♗e2 ♗d4 18. ed4 ♘b3 19. ♖a7 ♘d4 20. ♖a2 h3 21. ♖g1 ♖g8 22. g4 **1:0**

9.09. **880.**

A. KOTOV - P. KERES

1. c4 ♘f6 2. d4 g6 3. ♘c3 ♗g7 4. g3 d5 5. ♗g2 dc4 6. ♕a4 ♘fd7 7. e3 0-0 8. ♕c4 c5 9. ♘f3 cd4 10. ♘d4 ♘e5 11. ♕e2 ♘bc6 12. ♘c6 ♘d3 13. ♔d2 ♘c1 14. ♘d8 ♘e2 15. ♘b7 ♘c3 16. bc3 ♗e6 17. ♖hc1 ♖ac8 18. ♖c2 ♖c7 19. ♖ac1 ♗f5 20. ♖b2 ♖d7 21. ♔e2 ♖c8 22. ♖b3 ♗g4 23. ♗f3 ♗f3 24. ♔f3 ♖dc7 25. c4 ♖c4 26. ♖c4 ♖c4 27. ♖a3

h5 28. ♖a7 g5 29. ♘a5 ♖c2 30. ♘b3 g4 31. ♔g2 e6 32. a4 ♗h6 33. ♔f1 ♖b2 34. ♖b7 ♖b1 35. ♔g2 ♖b2 36. ♔f1 ♖b1 37. ♔g2 ♖b2 38. ♘c5 ♖c2 39. ♘e4 ♗e3 40. ♔f1 ♗d4 41. ♖d7 e5 42. ♖d8 ♔g7 43. ♖d6 ♖a2 44. a5 ♖a5 45. ♘f6 ♔f8 46. ♘h5 ♔e7 47. ♖c6 f5 48. ♘g7 e4 49. ♖c7 ♔f6 50. ♘h5 ♔e5 51. ♖c2 ♖a1 52. ♔g2 ♖a3 53. ♘f4 ♖f3 54. h3 gh3 55. ♘h3 ♖a3 56. ♘f4 ♔f6 57. ♖c6 ♔e7 58. ♖c4 ♗a7 ½:½

12.09. **881.**

P. KERES - Y. GELLER

1. d4 ♘f6 2. c4 g6 3. ♘c3 ♗g7 4. ♗g5 d6 5. e3 0-0 6. ♘f3 c5 7. ♗e2 h6 8. ♗h4 cd4 9. ♘d4 ♘c6 10. 0-0 ♗d7 11. ♕d2 a6 12. ♖fd1 ♔h7 13. ♘b3 ♗e6 14. ♘d5 ♗d5 15. cd5 ♘e5 16. f4 ♘ed7 17. ♗f3 ♖c8 18. ♖ac1 ♖c1 19. ♖c1 ♕b8 20. e4 ♖c8 21. ♗f2 ♖c7 22. ♖c7 ♕c7 23. ♕c1 ♘e8 24. ♕c7 ♘c7 25. ♘a5 ♗b2 26. ♘b7 f5 ½:½

13.09. **882.**

V. SMYSLOV - P. KERES

1. d4 d5 2. c4 dc4 3. ♘f3 ♘f6 4. e3 e6 5. ♗c4 c5 6. 0-0 a6 7. ♕e2 b5 8. ♗b3 ♗b7 9. ♖d1 ♘bd7 10. ♘c3 ♗e7 11. e4 b4 12. e5 bc3 13. ef6 ♗f6 14. d5 e5 15. bc3 0-0 16. ♘d2 ♗e7 17. ♘c4 a5 18. ♘e5 ♘e5 19. ♕e5 ♗f6 20. ♕g3 c4 21. ♗a4 ♕e7 22. ♗f4 ♖fd8 23. d6 ♕e4 24. ♖e1 ♕f5 25. d7 h5 26. ♖e8 ♔h7 27. h4 ♖a6 28. ♗g5 ♖d7 29. ♗d7 ♕d7 30. ♖ae1 ♖d6 31. ♗f6 ♖f6 32. ♕b8 ♖f5 33. ♖h8 ♔g6 34. ♖d8 ♕b5 35. ♖d6 ♔h7 36. ♖d8 ♕c5 37. ♖e3 ♗d5 38. ♖h8 ♔g6 39. ♕d8 ♗f3 40. ♖f3 ♖f3 41. gf3 **1:0**

16.09. **883.**

P. KERES - S. RESHEVSKY

1. d4 ♘f6 2. c4 e6 3. ♘c3 ♗b4 4. e3 c5 5. ♗d3 0-0 6. a3 ♗c3 7. bc3 b6 8. e4 ♗b7 9. ♗g5 h6 10. h4 d6 11. e5 de5 12. de5 ♗e4 13. ♖h3 ♗d3 14. ♖d3 ♕c7 15. ♗f6 gf6 16. ♕g4 ♔h8 17. ♕f3 ♘d7 18. 0-0-0 ♘e5 19. ♕f6 ♔h7 20. ♖d6 ♘c4 21. ♘f3 ♘d6 22. ♘g5 ♔g8 23. ♕h6 f6 24. ♘e6 ♕e7 25. ♖d6 ♖f7 26. ♕d2 ♖e8 27. f4 f5 28. ♕d5 ♔h8 29. ♕e5 ♕f6 30. ♔c2 c4 31. ♔d2 ♔g8 32. ♕d5 ♕h4 33. ♕c4 ♕f2 34. ♔c1 ♕g1 35. ♔c2 ♕g2 36. ♔b3 b5 37. ♕d4 ♕f1 38. ♔b4 ♕c4 39. ♕c4 bc4 40. ♔c4 ♖c8 41. ♔d5 ½:½

19.09. **884.**

D. BRONSTEIN - P. KERES

1. e4 c5 2. ♘c3 g6 3. g3 ♗g7 4. d3 ♘c6 5. ♗g2 ♖b8 6. f4 d6 7. ♘f3 e6 8. 0-0 ♘ge7 9. e5 de5 10. fe5 ♘e5 11. ♗f4 ♘f3 12. ♕f3 ♖a8 13. ♗e3 0-0 14. ♗c5 ♗d4 15. ♗d4 ♕d4 16. ♔h1 ♖b8 17. ♘e4 f5 18. ♕f4 ♗d7 19. c3 ♕b6 20. ♘f6 ♖f6 21. ♕b8 ♗c8 22. d4 ♖f8 23. ♖f2 ♘c6 24. ♕f4 ♗d7 25. ♖e1 ♘d8 26. d5 ♘f7 27. de6 ♗e6 28. b3 ♗d7 29. ♕d4 ♗c6 30. ♕b6 ab6 31. ♗c6 bc6 32. ♖e6 ♖c8 33. ♖fe2 ♔f8 34. h4 b5 35. a4 ba4 36. ba4 ♖a8 37. ♖c6 ♖a4 38. ♖c7 ♖a6 39. ♖b2 h6 40. c4 f4 41. c5 f3 42. ♔g1 ♖a8 43. ♖cb7 ♖a1 44. ♖b1 ♖a6 45. ♖d7 ♖a8 46. ♖e1 ♖a2 47. ♖e3 ♖a1 48. ♔f2 ♖a2 49. ♔f3 ♖c2 50. ♖c7 h5 51. ♔e4 ♘h6 52. ♖a3 ♖e2 53. ♔f4 ♖e8 54. ♖h7 ♔g8 55. ♖h6 ♔g7 56. c6 ♔h6 57. ♖c3 g5 58. hg5 **1:0**

22.09. **885.**

P. KERES - S. GLIGORIC

1. e4 c5 2. ♘e2 ♘f6 3. ♘bc3 d6 4. g3 ♘c6 5. ♗g2 g6 6. d4 cd4 7. ♘d4 ♘d4 8. ♕d4 ♗g7 9. 0-0 0-0 10. ♕d3 ♗e6 11. ♗d2 ♕c7 12. b3 a6 13. ♖ac1 ♖fd8 14. ♘d5 ♘d5 15. ed5 ♗f5 16. ♗e4 ♗e4 17. ♕e4 ♗b2 18. ♖ce1 ♗f6 19. c4 ♖ac8 20. ♖c1 ♕d7 21. ♗a5 ♖e8 22. ♗b6 e5 23. de6 ♖e6 24. ♕d3 ♖ce8 25. ♗e3 ♕e7 26. ♖cd1 ♗b2 27. ♗d2 ♕c7 28. ♖fe1 ♗a3 29. ♖e6 ♖e6 30. ♖e1 ♗c5 31. ♖e6 fe6 32. b4 ♗b6 33. ♗f4 e5 34. ♗d2 ♗d4 35. ♗e3 ♗e3 36. fe3 ♕c6 37. ♔f2 b5 38. cb5 ab5 39. e4 ♔f7 ½:½

23.09. **886.**

M. TAIMANOV - P. KERES

1. d4 ♘f6 2. c4 e6 3. ♘c3 d5 4. ♗g5 c5 5. e3 cd4 6. ed4 ♗e7 7. ♘f3 0-0 8. ♖c1 b6 9. ♗d3 ♘c6 10. 0-0 ♘b4 11. cd5 ♘fd5 12. ♗e7 ♕e7 13. ♗e4 ♗b7 14. ♖e1 ♖ac8 15. ♕d2 h6 16. a3 ♘c3 17. ♗b7 ♕b7 18. bc3 ♘c6 19. ♕d3 ♖fd8 20. h3 ♖c7 21. ♖e4 ♘a5 22. ♘d2 ♕d5 23. ♖g4 f5 24. ♖g3 ♖dc8 25. ♖e3 ♘c4 26. ♘c4 ♖c4 27. ♕d2 ♕c6 28. ♖ce1 ♖c3 29. ♖e6 ♕c4 30. ♕f4 ♖c1 31. ♕f5 ♕d4 32. ♖c1 ♖c1 33. ♔h2 ♕d7 34. ♕e4 ♖c8 35. f4 ♖f8 36. ♕e5 ♕d2 37. f5 ♕a5 38. ♕a5 ba5 39. g4 ♖b8 **½:½**

26.09. **887.**

P. KERES - M. NAJDORF

1. e4 c5 2. ♘e2 ♘f6 3. ♘bc3 d6 4. g3 ♘c6 5. ♗g2 g6 6. d3 ♗g7 7. ♗e3 0-0 8. h3 ♘e8 9. ♕d2 ♘d4 10. ♘d1 ♖b8 11. ♘f4 ♘c7 12. c3 e5 13. ♘e2 ♘e2 14. ♕e2 b6 15. 0-0 d5 16. c4 de4 17. de4 f5 18. ef5 ♗f5 19. ♖e1 ♗d3 20. ♗g5 ♕d4 21. ♕e3 ♗c4 22. ♖c1 ♕e3 23. ♘e3 ♗a2 24. ♖a1 ♗b3 25. ♖a3 ♗e6 26. ♖a7 ♘b5 27. ♖e7 ♘d4 28. ♘g4 ♗g4 29. hg4 ♘f3 30. ♗f3 ♖f3 31. ♖d1 ♖f7 32. ♖f7 ♔f7 33. ♖d7 ♔g8 34. b3 b5 35. ♖c7 c4 36. bc4 b4 37. ♗c1 e4 38. c5 b3 39. c6 b2 40. ♗b2 ♖b2 41. ♖d7 **½:½**

27.09. **888.**

P. KERES - T. PETROSIAN

1. d4 ♘f6 2. c4 g6 3. ♘c3 ♗g7 4. ♘f3 d6 5. ♗f4 ♘bd7 6. h3 c5 7. e3 0-0 8. ♗e2 b6 9. 0-0 ♗b7 10. d5 a6 11. a4 ♘e8 12. ♕d2 ♘e5 13. ♘h2 e6 14. ♖ad1 ♕e7 15. ♕c2 ♖d8 16. ♕b3 ♕c7 17. ♖d2 ed5 18. ♘d5 ♗d5 19. ♖d5 ♘f6 20. ♖dd1 ♘c6 21. ♗f3 ♖fe8 22. ♘g4 ♘g4 23. hg4 ♘b4 24. ♖d2 ♕e7 25. ♖fd1 ♗e5 26. g5 a5 27. g3 ♕e6 28. ♔g2 ♕e7 29. ♖h1 ♕e6 30. ♖h4 ♖f8 31. ♕d1 ♗f4 32. ef4 f6 33. ♖e2 ♕f7 34. gf6 ♕f6 35. ♕e1 ♖d7 36. ♖e6 ♕b2 37. ♖e7 ♖e7 38. ♕e7 ♕g7 39. ♕d6 ♕f6 40. ♕d7 ♕f7 41. ♕d6 ♕f6 42. ♕c7 ♖f7 43. ♕c8 ♖f8 44. ♕d7 ♕f7 45. ♕d2 ♕e6 46. ♖h1 ♕c4 47. ♕d6 ♕d4 48. ♕e6 ♔h8 49. ♕g6 ♕g7 50. ♕e4 ♘a2 51. ♕c4 ♘b4 52. ♗e4 ♖f4 53. ♕e6 ♖e4 54. ♕e4 ♕d7 55. ♕e5 ♔g8 56. ♖h5 **1:0**

29.09. **889.**

Y. AVERBAKH - P. KERES

1. e4 e5 2. ♘f3 ♘c6 3. ♗b5 a6 4. ♗a4 ♘f6 5. 0-0 ♗e7 6. ♖e1 b5 7. ♗b3 0-0 8. c3 d6 9. h3 ♘a5 10. ♗c2 c5 11. d4 ♕c7 12. ♘bd2 ♗b7 13. d5 ♗c8 14. ♘f1 ♗d7 15. b3 g6 16. ♗h6 ♖fb8 17. g4 ♗f8 18. ♕d2 ♔h8 19. ♘g5 ♔g8 20. ♘f3 **½:½**

3.10. **890.**

P. KERES - L. SZABO

1. e4 c5 2. ♘f3 d6 3. d4 cd4 4. ♘d4 ♘f6 5. ♘c3 a6 6. ♗e2 e5 7. ♘b3 ♗e7 8. ♗e3 ♗e6 9. 0-0 ♘bd7 10. f4 ♖c8 11. ♔h1 ♗c4 12. ♘d2 ♗e2 13. ♘e2 0-0 14. ♘g3 d5 15. fe5 ♘e5 16. ♗d4 ♘fg4 17. ♖f4 ♗c5 18. ♗c5 ♖c5 19. ♖g4 ♘g4 20. ♕g4 ♖c2 21. ♘f3 de4 22. ♕e4 ♖b2 23. h3 ♖e8 24. ♕a4 ♕c8 25. ♘f5 ♕c6 26. ♕d4 ♕f6 27. ♕f6 gf6 28. a4 ♖b4 29. a5 ♖f4 30. ♘d6 ♖b8 31. ♖b1 ♖a4 32. ♖b7 ♖b7 33. ♘b7 ♔f8 34. ♘d2 ♔e7 35. ♘b3 ♖b4 36. ♘3c5 f5 37. ♔g1 ♖b5 38. ♔f2 ♔f6 39. ♘d7 ♔e6 40. ♘b6 ♔e5 41. ♔g3 ♖b3 42. ♔h4 ♖c3 43. ♘c5 ♖c5 44. ♘d7 ♔d6 45. ♘c5 ♔c5 46. ♔g5 ♔b5 47. ♔h6 ♔a5 48. ♔h7 ♔b4 49. h4 a5 50. h5 a4 51. h6 a3 52. ♔g8 a2 53. h7 a1♕ 54. h8♕ ♕a8 55. ♔h7 ♕g2 56. ♕d4 ♔b3 57. ♕d3 **½:½**

4.10. **891.**

Dr. M. EUWE - P. KERES

1. d4 ♘f6 2. c4 g6 3. g3 ♗g7 4. ♗g2 d5 5. cd5 ♘d5 6. e4 ♘b6 7. ♘e2 c5 8. d5 e6 9. 0-0 0-0 10. ♘ec3 ed5 11. ed5 ♘8d7 12. ♘e4 ♘f6

13. ♘bc3 ♘bd7 14. d6 ♖b8 15. ♗g5 h6 16. ♗f6 ♗f6 17. ♘f6 ♘f6 18. ♖e1 ♗e6 19. ♕f3 b5 20. ♕f4 ♔h7 21. ♖ad1 ♖b6 22. a3 ♖e8 23. ♘e4 ♘e4 24. ♖e4 ♕d7 25. ♕e5 ♖d8 26. ♕c5 ♖d6 ½:½

6.10. **892.**

P. KERES - G. STAHLBERG

1. d4 ♘f6 2. c4 e6 3. ♘c3 d5 4. ♗g5 ♗e7 5. e3 ♘bd7 6. ♘f3 0-0 7. ♕c2 c6 8. ♖d1 ♖e8 9. a3 dc4 10. ♗c4 ♘d5 11. ♗e7 ♕e7 12. 0-0 ♘c3 13. ♕c3 b6 14. ♘e5 ♗b7 15. f4 ♘e5 16. fe5 c5 17. ♕e1 ♗e4 18. ♖f4 ♗g6 19. h4 cd4 20. ed4 ♖ac8 21. ♕e2 ♖c7 22. ♖df1 h5 23. ♖1f3 ♖ec8 24. ♗d3 ♗d3 25. ♖d3 g6 26. ♖g3 ♔h7 27. ♖g5 ♕f8 28. ♕e4 ♕h6 29. d5 ed5 30. ♕d5 ♕f8 31. e6 ♕c5 32. ♕c5 bc5 33. ef7 ♔g7 34. f8♕ ♖f8 35. ♖f8 ♔f8 36. ♖g6 c4 37. ♖g5 ♖b7 38. ♖h5 ♖b2 39. ♖c5 ♖c2 40. ♔h2 ♔e7 41. h5 c3 42. ♖c6 **1:0**

7.10. **893.**

I. BOLESLAVSKY - P. KERES

1. e4 e5 2. ♘f3 ♘c6 3. ♗b5 a6 4. ♗a4 ♘f6 5. 0-0 ♗e7 6. ♖e1 b5 7. ♗b3 0-0 8. c3 d6 9. h3 ♘a5 10. ♗c2 c5 11. d4 ♕c7 12. ♘bd2 ♖d8 13. ♘f1 d5 14. ed5 ed4 15. cd4 ♘d5 16. ♕e2 ♗b7 17. ♘g3 cd4 18. ♘d4 g6 19. ♗h6 ♗f6 20. ♘b3 ♘c4 21. ♘e4 ♗b2 22. ♘bc5 ♗a1 23. ♖a1 f5

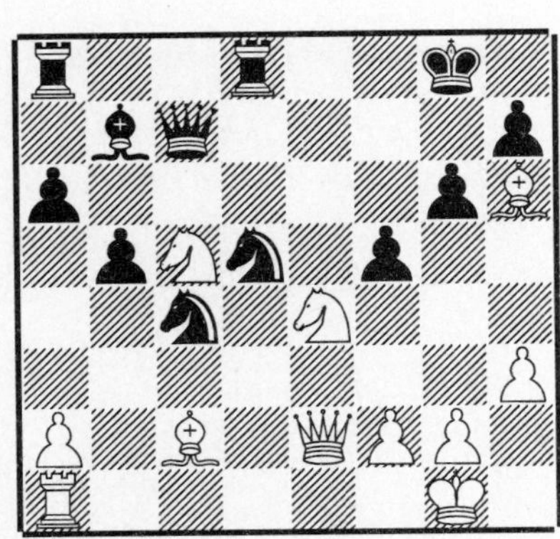

24. ♘b7 ♕b7 25. ♘c5 ♕c6 26. ♘d3 ♘c3 27. ♕e1 ♕f6 28. f4 ♘e4 29. ♔h2 ♕c3 30. ♕b1 ♘cd2 31. ♕c1 ♖d3 32. ♗d3 ♕d3 33. ♕c7 ♘f3 **0:1**

10.10. **894.**

P. KERES - A. KOTOV

1. d4 ♘f6 2. c4 e6 3. g3 d5 4. ♗g2 ♗e7 5. ♘f3 0-0 6. 0-0 c6 7. b3 ♘bd7 8. ♗b2 b6 9. ♘bd2 ♗b7 10. ♖c1 ♖c8 11. e3 c5 12. ♕e2 cd4 13. ♘d4 ♘c5 14. ♖fd1 ♕d7 15. ♘2f3 ♖fd8 16. ♘e5 ♕e8 17. cd5 ♗d5 18. ♘dc6 ♖c6 19. ♘c6 ♕c6 20. ♗d5 ed5 21. b4 ♘fe4 22. bc5 bc5 23. ♕g4 g6 24. h4 ♕e6 25. ♕e6 fe6 26. ♗e5 c4 27. ♖c2 ♘c5 28. ♖b1 ♔f7 29. ♗d4 ♖d7 30. ♖cb2 e5 31. ♗c5 ♗c5 32. ♖c2 ♖c7 33. e4 ♔e6 34. ♔f1 ♗d4 35. f3 c3 36. ♔e2 ♖f7 37. ♖f1 ♔d6 38. ♔d3 ♔c5 39. ♖e2 ♖b7 40. f4 de4 41. ♖e4 ♖d7 42. ♔c2 ♔d5 43. ♖fe1 ♖b7 44. ♔c1 ♖b2 45. ♖4e2 e4 46. ♖e4 ♖a2 47. g4 ♖g2 48. f5 gf5 49. gf5 ♖f2 50. ♖e7 ♔c4 51. ♖1e4 ♔d3 52. ♖d4 ♔d4 53. ♖h7 a5 54. ♖d7 ♔e4 55. h5 ♖f5 56. h6 ♖h5 ½:½

11.10. **895.**

Y. GELLER - P. KERES

1. d4 ♘f6 2. c4 e6 3. ♘c3 d5 4. ♘f3 c5 5. cd5 cd4 6. ♕d4 ed5 7. e4 ♘c6 8. ♗b5 ♘e4 9. 0-0 ♘f6 10. ♖e1 ♗e7 11. ♕e5 0-0 12. ♕e2 ♖e8 13. ♗g5 ♗g4 14. ♖ad1 h6 15. ♗h4 ♘e4 16. ♗g3 ♘c3 17. bc3 ♗f6 18. ♕e8 ♕e8 19. ♖e8 ♖e8 20. ♖d5 ♖c8 21. ♖d3 ♘b4 22. ♖e3 ♘a2 23. h3 ♗f3 24. gf3 ♘c3 25. ♗d7 ♖d8 26. ♗f5 g6 27. ♗d3 ♘d1 **0:1**

13.10. **896.**

P. KERES - V. SMYSLOV

1. c4 ♘f6 2. ♘c3 e6 3. ♘f3 c5 4. e3 ♗e7 5. b3 0-0 6. ♗b2 b6 7. d4 cd4 8. ed4 d5 9. ♗d3 ♘c6 10. 0-0 ♗b7 11. ♖c1 ♖c8 12. ♖e1 ♘b4 13. ♗f1 ♘e4 14. a3 ♘c3 15. ♖c3 ♘c6 16.

♘e5 ♘e5 17. ♖e5 ♗f6 18. ♖h5 g6 19. ♖ch3 dc4 20. ♖h7 c3 21. ♕c1 ♕d4 22. ♕h6 ♖fd8 23. ♗c1 ♗g7 24. ♕g5 ♕f6 25. ♕g4 c2 26. ♗e2 ♖d4 27. f4 ♖d1 28. ♗d1 ♕d4 **0:1**

17.10. 897.

S. RESHEVSKY - P. KERES

1. d4 ♘f6 2. c4 e6 3. ♘c3 ♗b4 4. e3 b6 5. ♘e2 ♗a6 6. ♘g3 0-0 7. e4 d6 8. ♗d2 c5 9. a3 ♗a5 10. d5 ed5 11. cd5 ♗f1 12. ♔f1 ♘bd7 13. h4 ♖e8 14. f3 ½:½

18.10. 898.

P. KERES - D. BRONSTEIN

1. d4 ♘f6 2. c4 g6 3. ♘c3 ♗g7 4. e4 d6 5. f4 c5 6. dc5 ♕a5 7. ♗d3 ♕c5 8. ♘f3 0-0 9. ♕e2 ♘c6 10. ♗e3 ♕h5 11. h3 ♘g4 12. ♗d2 ♘f6 13. 0-0 ♘d7 14. ♖ad1 ♕a5 15. ♗b1 ♕b4 16. ♗e3 ♘b6 17. ♘d5 ♕b2 18. ♕b2 ♗b2 19. ♘b6 ab6 20. ♖f2 ½:½

20.10. 899.

S. GLIGORIC - P. KERES

1. d4 ♘f6 2. c4 e6 3. ♘c3 ♗b4 4. e3 b6 5. a3 ♗c3 6. bc3 ♗b7 7. f3 ♘c6 8. e4 d6 9. ♗d3 ♘a5 10. ♘e2 ♕d7 11. 0-0 ♗a6 12. ♘g3 ♗c4 13. ♗c4 ♘c4 14. ♕e2 ♕c6 15. ♗g5 h5 16. ♗h4 0-0-0 17. f4 ♖dg8 18. ♗f6 gf6 19. ♘h5 f5 20. ♘g3 fe4 21. ♘e4 ♖h3 22. ♘g3 ♖h6 23. ♖f3 ♖gh8 24. h3 f5 25. ♘f1 ♖g8

(diagram)

26. ♖g3 ♖g3 27. ♘g3 a5 28. a4 ♖g6 29. ♔h2 ♔b7 30. ♖a2 d5 31. ♕h5 ♕e8 32. ♖e2 ♘d6 33. ♖e5 ♕f7 34. ♕f3 ♕d7 35. ♕h5 ♕f7 36. ♕f3 ♖h6 37. ♖e2 ♕d7 38. ♖a2 ♕c6 39. ♖a1 ♕c4 40. ♔g1 ♕b3 41. ♘e2 ♕c2 42. g4 fg4 43. hg4 ♖h4 44. ♖c1 ♕h7 45. c4 ♖h3 46. ♕g2 ♕d3 47. cd5 ♘e4 48. de6 ♕e3 49. ♔f1 ♖f3 **0:1**

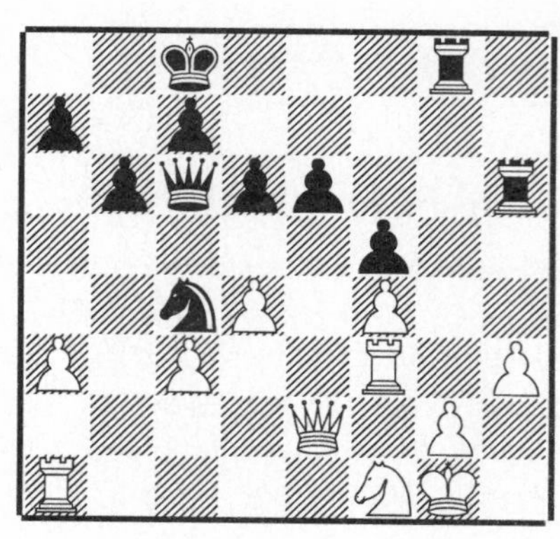

21.10. 900.

P. KERES - M. TAIMANOV

1. e4 c5 2. ♘f3 ♘c6 3. d4 cd4 4. ♘d4 ♘f6 5. ♘c3 d6 6. ♗c4 e6 7. 0-0 a6 8. ♗e3 ♕c7 9. ♗b3 ♘a5 10. f4 b5 11. f5 ♘b3 12. cb3 ♗e7 13. ♖c1 ♕d7 14. fe6 fe6 15. b4 0-0 16. ♕b3 ♔h8 17. h3 e5 18. ♘f5 ♗b7 19. ♘e7 ♕e7 20. ♗g5 h6 21. ♗f6 ♖f6 22. ♖f6 ♕f6 23. ♖f1 ♕g6 24. ♕d1 ♖c8 25. ♕f3 ♖c4 26. ♖d1 ♔h7 27. a3 ♗e4 28. ♘e4 ♖e4 29. ♖d6 ♖e1 30. ♔f2 ♕d6 31. ♔e1 ♕g6 32. ♔d2 e4 33. ♕f2 ♕g5 34. ♔e2 ♕d5 35. ♔e3 ♕d3 36. ♔f4 g5 37. ♔e5 ½:½

23.10. 901.

M. NAJDORF - P. KERES

1. d4 ♘f6 2. c4 e6 3. ♘c3 d5 4. ♘f3 c5 5. cd5 cd4 6. ♕d4 ed5 7. e4 ♘c6 8. ♗b5 a6 9. ♗c6 bc6 10. ♘e5 ♗b7 11. ed5 ♘d5 12. 0-0 ♗e7 13. ♘c6 ♗c6 14. ♕g7 ♖f8 15. ♖e1 ♕d6 16. ♘e4 ½:½

ESTONIA - LATVIA TEAM MATCH
Tallinn, 29.- 30.01.1954

29.01. **902.**

M. TAL - P. KERES

1. d4 ♘f6 2. c4 g6 3. ♘c3 ♗g7 4. e4 d6 5. ♘f3 0-0 6. ♗e2 e5 7. ♗e3 ♘c6 8. d5 ♘e7 9. h3 ♘d7 10. ♘d2 f5 11. f3 fe4 12. ♘de4 ♘f5 13. ♗g5 ♘f6 14. ♗d3 ♕e8 15. ♘e2 ♘e4 16. ♗e4 ♗f6 17. ♗f6 ♖f6 18. ♕d2 c5 19. dc6 bc6 20. g4 ♘e7 21. 0-0 ♗a6 22. b3 d5 23. ♕g5 ♕f7 24. ♗d3 dc4 25. ♗c4 ♗c4 26. bc4 ♖f8 27. ♕e5 ♖e6 28. ♕h2 ♖e3 29. ♘g3 ♕c4 30. ♘e4 ♕d4

(diagram)

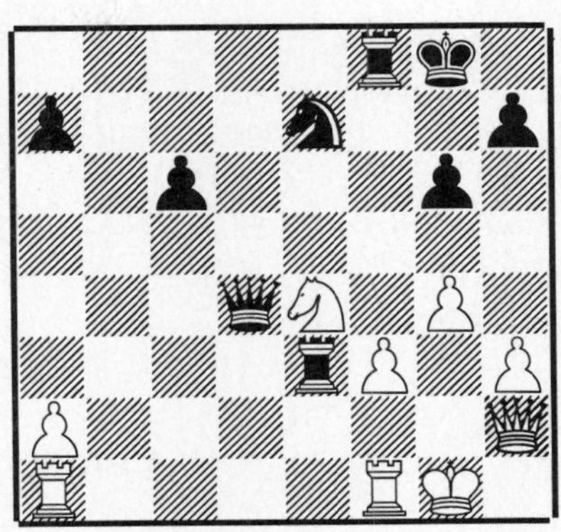

31. ♖ad1 ♖d3 32. ♘f2 ♖ff3 33. ♖d3 ♖d3 34. ♕b8 ♔g7 35. ♕c7 ♕e3 36. ♕b7 ♔h6 37. ♕b1 ♖d2 38. ♕b3 ♘d5 39. g5 ♔h5 40. ♕b7 ♕g3 41. ♔h1 ♖f2 42. ♕h7 ♔g5 43. h4 ♔f6 **0:1**

30.01. **903.**

P. KERES - M. TAL

1. d4 ♘f6 2. c4 c5 3. d5 e6 4. ♘c3 ed5 5. cd5 d6 6. ♘f3 g6 7. ♗f4 ♗g7 8. h3 0-0 9. e3 b6 10. ♘d2 ♘e8 11. ♘c4 ♗a6 12. a4 ♗c4 13. ♗c4 ♘d7 14. 0-0 ♘e5 15. ♗e2 f5 16. ♕d2 ♕f6 17. a5 ♘c7 18. ♖a4 ♖fb8 19. ab6 ab6 20. ♖fa1 ♖a4 21. ♖a4 b5 22. ♖a7 ♕d8 23. b3 b4 24. ♘a4 ♖a8 25. ♖b7 ♘e8 26. ♗b5 ♖b8 27. ♖b8 ♕b8 28. ♗c6 ♔f8 29. ♗e5 ♗e5 30. ♕d3 ♘f6 31. ♕a6 ♕c7 32. ♘b6 ♕e7 33. ♕b7 ♕b7 34. ♗b7 ♘e4 35. ♗c6 ♘d2 36. ♗a4 g5 37. f3 ♗g3 38. ♘c4 ½:½

ARGENTINA - USSR TEAM MATCH
Buenos Aires, 16.- 25.03.1954

16.03. **904.**

Jul. BOLBOCHAN - P. KERES

1. d4 ♘f6 2. c4 e6 3. ♘c3 ♗b4 4. e3 b6 5. ♘f3 ♗b7 6. ♗d3 c5 7. 0-0 0-0 8. ♗d2 cd4 9. ed4 d5 10. cd5 ♘d5 11. ♖e1 ♘d7 12. ♕e2 ♗d6 13. ♖ad1 ♖c8 14. ♕e4 ♘7f6 15. ♕h4 ♗e7 16. ♗b1 g6 17. ♕h3 ♘c3 18. bc3 ♘d5 19. ♖c1 b5 20. ♕h6 ♗f6 21. ♘g5 ♗g5 22. ♗g5 ♕d7 23. ♗d2 ♖c7 24. h4 ♖fc8 25. h5 ♘c3 26. hg6 fg6 27. ♗c3 ♖c3 28. ♖c3 ♖c3 29. ♗g6 ♕g7 30. ♗h7 ♕h7 31. ♕e6 ♕f7 32. ♕g4 ♔f8 33. ♖e5 ♖c1 34. ♔h2 ♖c6 35. ♕h4 ♕f6 36. ♕f6 ♖f6 37. ♖b5 ♗c6 38. ♖a5 ♖f2 39. d5 ♖f5 40. ♖a7 ♗d5 ½:½

19.03. **905.**

P. KERES - Jul. BOLBOCHAN

1. e4 c5 2. ♘e2 ♘f6 3. ♘bc3 d6 4. g3 ♘c6 5. ♗g2 g6 6. d4 cd4 7. ♘d4 ♘d4 8. ♕d4 ♗g7 9. ♗g5 0-0 10. ♕d2 ♗e6 11. 0-0 ♕b6 12. a4 ♖ac8 13. ♘b5 a6 14. ♗e3 ♕d8 15. ♘c3 ♘g4 16. ♗d4 ♗h6 17. ♕d1 ♘e5 18. ♘d5

♗d5 19. ed5 ♕a5 20. ♖e1 ♖fe8 21. c3 ♗g7 22. ♕b3 ♕c7 23. ♖e2 ♕c4 24. ♕d1 ♗f6 25. a5 ♕b5 26. b3 ♕d7 27. ♖a4 ♕f5 28. ♖e3 ♘g4 29. ♖e1 ♗d4 30. ♕d4 ♘e5 31. ♕e3 ♕d3 32. c4 ♕e3 33. ♖e3 ♖c5 34. ♗h3 ♖c7 35. ♔f1 h5 36. ♔e2 ♔g7 37. ♖a1 ♖h8 38. ♖e4 f5 39. ♖d4 ♖cc8 40. ♗g2 h4 41. gh4 ♖c7 42. h3 ♖b8 43. ♔d2 b6 44. ab6 ♖b6 45. ♔c3 ♖cb7 46. ♖a3 ♘d7 47. ♖d2 ♘c5 48. ♖b2 a5 49. ♖a5 ♖b3 50. ♖b3 ♖b3 51. ♔c2 ♖b8 52. ♗f3 ♔f6 53. ♖a3 ♖h8 54. h5 gh5 55. h4 ♘d7 56. ♗e2 **½:½**

21.03. **906.**

Jul. BOLBOCHAN - P. KERES

1. d4 ♘f6 2. c4 e6 3. ♘c3 ♗b4 4. e3 b6 5. ♗d3 ♗b7 6. ♘f3 c5 7. 0-0 0-0 8. ♗d2 cd4 9. ed4 d5 10. cd5 ♘d5 11. ♕e2 ♘d7 12. ♕e4 ♘7f6 13. ♕h4 ♗e7 14. ♘e5 g6 15. ♗h6 ♖e8 16. ♕h3 ♘c3 17. bc3 ♕c7 18. ♖ac1 ♗f8 19. ♗f4 ♗d6 20. ♖fe1 a6 21. c4 ♘h5 22. ♗d2 ♖ad8 23. ♕h4 ♗e7 24. ♕g4 f5 25. ♕e2 ♗f6 26. c5 ♖d4 27. c6 ♗c8 28. ♘f3 ♖a4 29. ♗c4 ♔g7 30. ♕d1 b5 31. ♗b3 ♖e4 32. ♖e4 fe4 33. ♘g5 ♕e5 34. ♕g4 ♗g5 35. ♗c3 ♕c3 36. ♖c3 ♗d2 37. ♖c2 e3 38. ♖d2 ed2 39. ♕d4 ♘f6 40. ♕d2 ♘g8 41. h4 **1:0**

23.03. **907.**

P. KERES - Jul. BOLBOCHAN

1. e4 c5 2. ♘f3 d6 3. d4 cd4 4. ♘d4 ♘f6 5. ♘c3 a6 6. ♗c4 g6 7. f3 ♗g7 8. ♗e3 0-0 9. ♕d2 ♘c6 10. 0-0 ♘d4 11. ♗d4 ♗e6 12. ♗e6 fe6 13. ♘e2 ♖c8 14. ♖fc1 ♘h5 15. c3 ♕a5 16. ♗e3 ♕a4 17. ♖d1 ♗e5 18. ♘d4 ♕d7 19. ♕c2 ♗d4 20. ♖d4 ♕b5 21. ♖e1 ♘f4 22. a4 ♕d7 23. e5 ♘d5 24. ♗h6 ♖f5 25. ♖de4 de5 26. ♖e5 ♖e5 27. ♖e5 ♖c4 28. b3 ♖c6 29. c4 ♘b4 30. ♕c3 ♔f7

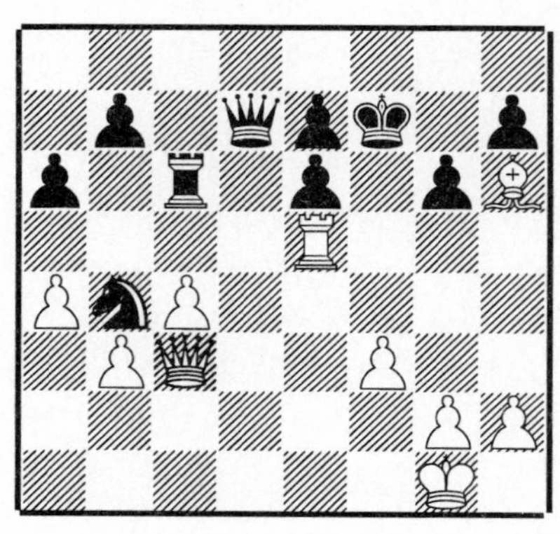

31. ♖e1 ♕d6 32. ♕h8 e5 33. ♕h7 ♔e8 34. ♕h8 ♔d7 35. ♕e5 ♘d3 36. ♕d6 ♖d6 37. ♖b1 ♘b4 38. ♔f2 ♔c6 39. ♗g5 ♖e6 40. ♖d1 ♘c2 41. ♖d2 **1:0**

FRANCE - USSR TEAM MATCH
Paris, 17.- 19.04.1954

17.04. **908.**

Dr. S.G. TARTAKOWER - P. KERES

1. f4 ♘f6 2. ♘f3 c5 3. e3 b6 4. b3 g6 5. ♗b2 ♗g7 6. e4 d6 7. g3 0-0 8. ♗g2 ♘c6 9. d3 ♗b7 10. 0-0 d5 11. ed5 ♘d5 12. ♗g7 ♔g7 13. ♕d2 ♖c8 14. ♘a3 ♕c7 15. ♖ae1 ♖fd8 16. f5 ♘f6 17. ♗h3 ♘d4 18. ♘h4 ♕c6 19. ♗g2 ♕d7 20. ♗b7 ♕b7 21. c3 ♘c6 22. fg6 hg6 23. ♕g5 ♖d5 24. ♘f5 ♖f5 25. ♖f5 ♘h7 26. ♕g4 ♘f6 27. ♖f6 ef6 28. ♘c4 ♖d8 29. ♕e4 ♕d7 30. a4 ♖h8 31. ♖e3 ♖h5 32. ♕f4 ♖d5 33. ♖f3 ♕d8 34. ♕d2 a6 35. ♕e2 b5 36. ab5 ab5 37. ♘e3 ♖d6 38. ♘g4 f5 39. ♘f2 b4 40. cb4 ♘d4 41. ♕b2 ♕f6 42. ♔g2 ♘f3 43. ♕f6 ♖f6 44. ♔f3 cb4 45. ♔e3 ♖c6 46. ♘d1 ♔f6 47. d4 ♖c2 48. ♔d3 ♖h2 49. ♘e3 ♔e6 50. ♔c4 ♖e2 51. ♘f1 g5 52. ♔b4 ♔d5 53. ♔c3 ♖e1 54. ♘d2 ♖e3 55. ♔c2 ♔d4 56. b4 ♖g3 **0:1**

19.04. **909.**

P. KERES - Dr. S.G. TARTAKOWER

1. e4 c6 2. ♘c3 d5 3. ♘f3 d4 4. ♘e2 c5 5. ♘g3 ♘c6 6. ♗c4 e5 7. d3 ♗e7 8. 0-0 ♘f6 9. ♘h4 0-0 10. a4 ♘e4 11. ♘e4 ♗h4 12. f4 ef4 13. ♗f4 ♗e7 14. ♕h5 ♗e6 15. ♖f3 ♕d7 16. ♖g3 ♔h8 17. ♖f1 f6 18. ♖ff3 g5 19. ♖h3 ♗f5 20. g4 ♗e4 21. de4 ♗d8 22. ♗d6 ♗c7 23. ♗e6 ♕g7 24. ♗f8 ♖f8 25. ♗f5 ♖f7 26. ♗h7 ♖e7

(diagram)

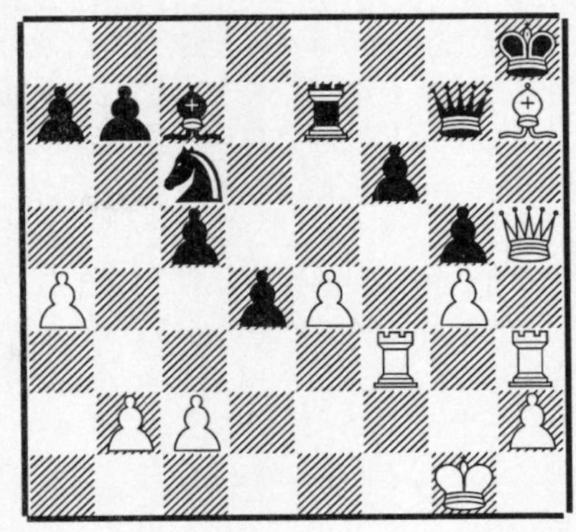

27. e5 ♘e5 28. ♗e4 ♔g8 29. ♗d5 ♘f7 30. ♗b7 ♗h2 31. ♖h2 ♖b7 32. ♖e2 ♔f8 33. ♖f5 ♕h6 34. ♕h6 ♘h6 35. ♖f6 ♔g7 36. ♖c6 ♘g4 37. ♖c5 ♔f6 38. ♖e4 ♘e3 39. b3 ♖d7 40. ♔f2 ♔g6 41. ♖e8 ♖f7 42. ♔e2 ♘f5 43. ♖e6 ♔h5 44. ♔d3 ♔g4 45. b4 ♔f4 46. ♖e4 ♔f3 47. ♖e1 ♔f4 48. ♖f1 ♔g4 49. b5 ♖f6 50. a5 **1:0**

USA - USSR TEAM MATCH
New York, 16.- 26.06.1954

16.06. **910.**

P. KERES - M. PAVEY

1. e4 e6 2. d4 d5 3. ♘c3 de4 4. ♘e4 ♗e7 5. ♘f3 ♘f6 6. ♗d3 ♘e4 7. ♗e4 ♘d7 8. ♕e2 c5 9. ♗e3 0-0 10. 0-0-0 ♘f6 11. ♗d3 ♕c7 12. dc5 ♗c5 13. ♗g5 ♗e7 14. ♔b1 ♗d7 15. ♘e5 ♗c6 16. c4 ♖fd8 17. ♖he1 ♗e8 18. ♕f3 ♕c5 19. ♕h3 g6 20. ♕h4 ♔g7 21. ♗e3 ♘g8 22. ♗c5 ♗h4 23. ♗e4 ♗f6 24. ♖d8 ♖d8 25. ♗b7 ♘h6 26. f4 ♘f5 27. ♗a7 ♘d6 28. ♗f3 ♗e5 29. fe5 ♘c4 30. ♖d1 ♖d2 31. b3 ♘a3 32. ♔a1 ♘c2 33. ♔b2 ♖d1 34. ♗d1 ♘b4 35. ♗d4 ♗c6 36. ♗f3 ♘d5 37. a4 ♔f8 38. ♔a3 ♔e8 39. b4 ♔d8 40. b5 ♗d7 41. ♔b3 ♔c7 42. ♔c4 ♘b6 43. ♗b6 ♔b6 44. ♔b4 **1:0**

19.06. **911.**

M. PAVEY - P. KERES

1. ♘f3 ♘f6 2. c4 c5 3. ♘c3 ♘c6 4. d4 cd4 5. ♘d4 e6 6. e3 ♗b4 7. ♕c2 d5 8. ♘c6 bc6 9. ♗d2 0-0 10. ♗e2 e5 11. cd5 cd5 12. 0-0 ♗b7 13. ♖fd1 ♕e7 14. a3 ♗d6 15. ♕a4 a6 16. ♕h4 ♖fd8 17. ♗d3 h6 18. ♖ac1 ♕f8 19. ♗f5 ♗e7 20. ♕a4 g6 21. ♗h3 d4 22. ed4 ed4 23. ♘e2 ♘e4 24. ♗a5 ♘c5 25. ♖c5 ♗c5 26. ♗d8 ♖d8 27. ♘f4 ♕d6 28. ♘d3 ♗b6 29. ♕b3 ♖e8 30. ♕b4 ♕f6 31. ♕d2 ♔g7 32. ♖e1 ♖e1 33. ♕e1 ♗c7 34. ♕b4 ♗c6 35. ♗g4 ♗d6 36. ♕d2 h5 37. ♗e2 ♕e6 38. ♗f1 ♕d5 39. ♕c2 a5 40. b4 a4 41. f3 h4 42. ♘f2 ♗f4 43. ♗d3 ♕e5 44. ♔f1 ♗d7 45. h3 ♗e3 46. ♘d1 ♗g5 47. ♘f2 ♗e3 48. ♘d1 ♗f4 49. ♘f2 ♕e3 50. ♘e4 ♗h2 51. ♘f2 ♗g3 52. ♗a6 ♕a3 53. ♕d2 ♗f2 54. ♔f2 ♕e3 55. ♕e3 de3 56. ♔e3 a3 57. ♔d4 a2 **0:1**

21.06. **912.**

P. KERES - A. KEVITZ

1. e4 ♘c6 2. d4 e5 3. de5 ♘e5 4. ♘f3 ♕f6 5. ♗e2 ♗b4 6. ♘bd2 ♘f3 7. ♗f3 ♘e7 8. 0-0

0-0 9. ♘b3 ♘c6 10. g3 ♖e8 11. ♗g2 ♗f8 12. c3 d6 13. f4 ♗e6 14. ♘d4 ♗d7 15. ♗e3 ♘a5 16. ♕d3 c5 17. ♘f3 ♕e6 18. ♘d2 a6 19. b3 ♖ad8 20. ♖fe1 ♗b5 21. ♕c2 ♕g6 22. a4 ♗d7 23. b4 cb4 24. ♗b6 bc3 25. ♕c3 ♘c6 26. ♗d8 ♖d8 27. ♖ab1 ♗c8 28. ♘c4 ♗e7 29. ♖ed1 h5 30. ♘b6 ♗g4 31. ♖d2 ♗f6 32. ♕e3 h4 33. h3 ♗e6 34. g4 d5 35. f5 ♗g5 36. ♕e2 ♕h6 37. ♖d3 de4 38. ♖d8 ♘d8 39. fe6 ♗e3 40. ♔h1 ♘e6 41. ♘d5 ♗c5 42. ♖b7 ♘d4 43. ♖b8 ♔h7 44. ♕e4 f5 45. ♕e3 ♕d6 46. ♕e8 **1:0**

23.06. **913.**

M. PAVEY - P. KERES

1. d4 ♘f6 2. ♘f3 g6 3. c4 ♗g7 4. g3 0-0 5. ♗g2 d6 6. 0-0 ♘bd7 7. ♕c2 e5 8. ♖d1 ♖e8 9. ♘c3 c6 10. e4 a6 11. h3 b5 12. de5 de5 13. ♗e3 ♕a5 14. ♘d2 b4 15. ♘b3 ♕c7 16. ♘a4 ♗f8 17. c5 a5 18. ♗f1 ♘h5 19. ♘d2 ♘g7 20. ♘c4 ♘e6 21. ♘cb6 ♖b8 22. ♖ac1 ♗g7 23. ♘d7 ♗d7 24. ♘b6 ♘d4 25. ♕a4 ♗e6 26. ♕a5 b3 27. a3 f5 28. ♗d4 ed4 29. ef5 ♗f5 30. ♗d3 ♗h3 31. ♕b4 ♔h8 32. ♕b3 ♗h6 33. ♖c2 ♖e3 34. ♔h2 ♗g4 35. ♖f1 ♕e5 36. ♔g1 ♗e6 37. ♕b4 ♖d3 38. ♖e1 ♕f6 39. ♘d7 ♖b4 40. ♘f6 ♖c4 41. ♖ce2 ♖c1 42. ♖e6 ♖e1 43. ♖e1 ♔g7 44. ♘g4 ♖b3 45. ♖d1 ♗g5 46. ♖d4 ♖b2 47. ♖d7 ♔f8 48. ♖h7 ♖c2 49. ♘e5 ♔g8 50. ♖c7 ♖c5 51. ♘c6 ♔h8 52. a4 ♗d2 53. ♖d7 ♗e1 54. ♘e7 ♔g7 55. ♘d5 ♔h6 56. ♘e3 ♖c8 57. ♔g2 ♖a8 58. f4 g5 59. f5 ♖a4 60. ♔h3 g4 61. ♔h4 ♗g3 62. ♔g3 ♖e4 63. ♘d5 ♔g5 64. f6 ♖d4 65. f7 ♖d3 66. ♔g2 ♖f3 67. ♘e3 ♔h4 68. ♘g4 **1:0**

GREAT BRITAIN - USSR TEAM MATCH
London, 3.- 5.07.1954

3.07. **914.**

R.G. WADE - P. KERES

1. d4 ♘f6 2. c4 e6 3. ♘c3 ♗b4 4. ♕c2 0-0 5. ♘f3 c5 6. dc5 ♘a6 7. g3 ♘c5 8. ♗d2 b6 9. ♗g2 ♗b7 10. 0-0 ♖c8 11. ♖fd1 ♕e7 12. a3 ♗c3 13. ♕c3 d5 14. ♗f4 ♘fe4 15. ♕b4 dc4 16. ♖ac1 ♗d5 17. ♘e5 ♘f6 18. ♘c4 ♗g2 19. ♔g2 ♘d5 20. ♕e1 ♘b3 21. ♗d6 ♕b7 22. e4 ♘c1 23. ♗f8 ♖c4 24. ed5 ♔f8 25. ♖c1 ♕d5 26. ♔g1 ♖d4 27. ♕c3 g6 28. ♕c7 ♖d2 29. ♕a7 ♖b2 30. h4 ♔g7 31. ♕c7 ♖b3 32. ♕c2 b5 33. ♖b1 ♖d3 34. a4 b4 35. ♕b2 ♖d4 36. a5 e5 37. a6 ♕c5 38. ♖a1 ♕a7 39. ♕e2 ♖d5 40. ♕c4 ♖d2 41. ♖f1 ♕b6 42. ♕e4 ♕a6 43. ♕b4 ♕e2 44. ♕c5 h5 45. ♖a1 ♕e4 46. ♖f1 ♖e2 47. ♖d1 ♕f3 48. ♖f1 ♔h7 49. ♕b4 g5 50. hg5 ♔g6 51. ♕b8 ♔g5 52. ♕g8 ♔f6 53. ♕c8 ♔g7 54. ♕d8 ♔h7 55. ♕g5 ♖e4 56. ♕d2 h4 57. ♕d1 ♖e2 58. gh4 ♕g4 59. ♔h2 ♖f2 **0:1**

5.07. **915.**

P. KERES - R.G. WADE

1. e4 e6 2. d4 d5 3. ♘c3 ♘f6 4. ♗g5 ♗e7 5. e5 ♘fd7 6. h4 ♗g5 7. hg5 ♕g5 8. ♘h3 ♕e7 9. ♘f4 a6 10. ♕g4 ♔f8 11. ♕f3 ♔g8 12. ♗d3 c5 13. ♗h7 ♖h7 14. ♖h7 ♔h7 15. 0-0-0 f5 16. ♖h1 ♔g8 17. ♖h8 **1:0**

SWEDEN - USSR TEAM MATCH
Stockholm, 9.- 13.07.1954

9.07. 916.

G. STOLTZ - P. KERES

1. e4 e5 2. ♘f3 ♘c6 3. ♗b5 a6 4. ♗a4 ♘f6 5. 0-0 ♗e7 6. ♖e1 b5 7. ♗b3 0-0 8. d4 d6 9. c3 ♗g4 10. ♗e3 ed4 11. cd4 ♘a5 12. ♗c2 c5 13. ♘c3 ♘c4 14. dc5 dc5 15. e5 ♕d1 16. ♖ad1 ♘d7 17. h3 ♘e3 18. ♖e3 ♗e6 19. ♗e4 ♖a7 20. ♘d5 ♗d8 21. ♘f4 ♘b6 22. ♘e6 fe6 23. h4 h6 24. g3 ♗e7 25. ♔g2 ♖c7 26. ♘e1 ♘c4 27. ♖e2 ♘e5 28. ♗c2 ♗f6 29. f4 ♘c6 30. ♖e6 ♘d4 31. ♖a6 ♘c2 32. ♘c2 c4 33. ♖b6 ♖c5 34. a4 ba4 35. ♖a1 c3 36. b4 ab3 37. ♖b3 ♖d8 38. ♖c1 ♖d2 39. ♔h3 h5 40. ♖b8 ♔h7 41. ♖b3 ♖e2 42. ♘e1 c2 43. g4 ♖e1 44. ♖e1 c1♕ 45. ♖c1 ♖c1 **0:1**

12.07. 917.

P. KERES - G. STOLTZ

1. e4 e5 2. ♘f3 ♘c6 3. ♗b5 a6 4. ♗a4 ♘f6 5. 0-0 b5 6. ♗b3 ♗e7 7. d4 ♘e4 8. de5 ♘c5 9. ♗d5 ♗b7 10. ♘c3 0-0 11. ♗e3 d6 12. ♖e1 de5 13. ♘e5 ♘e5 14. ♗c5 c6 15. ♖e5 ♗c5 16. ♗f7 ♔f7 17. ♖c5 ♕e7 18. ♖f5 ♔g8 19. ♕e2 ♕b4 20. ♖f8 ♖f8 21. ♘d1 ♗c8 22. c3 ♕d6 23. ♘e3 ♗e6 24. ♖d1 ♕e5 25. a3 a5 26. h3 a4 27. ♕d3 ♗b3 28. ♖d2 ♕f4 29. ♕d4 ♕g5 30. ♕d6 c5 31. ♕b6 ♗c4 32. ♘c4 bc4 33. ♕e6 ♔h8 34. ♕d5 ♕e7 35. ♔h2 h6 36. ♕c4 ♕e5 37. g3 ♕e1 38. ♕c5 ♕d2 39. ♕f8 ♔h7 40. ♕f5 ♔h8 41. ♕c5 ♕b2 42. h4 ♕b3 43. g4 ♔g8 44. g5 hg5 45. hg5 g6 46. ♔g3 ♔f7 47. ♔f4 ♔g7 48. ♔e5 ♕b8 49. ♔e6 ♕g8 50. ♔d7 ♕f7 51. ♕e7 ♔h8 52. ♔d6 ♕b3 53. ♕f8 ♔h7 54. ♕h6 ♔g8 55. ♕g6 ♔h8 56. ♕f6 ♔g8 57. ♕e6 ♔g7 58. ♕e5 ♔f7 59. ♕c5 ♔g6 60. ♔c6 ♔h5 61. f4 ♔g6 62. ♕b4 ♔h5 63. ♔b5 ♔g6 64. c4 ♔h5 65. ♔a5 ♕d1 66. c5 ♕d7 67. ♕e4 ♕d1 68. c6 ♕b3 69. c7 ♕c3 70. ♔b6 ♕b3 71. ♔a7 ♕c3 72. ♕h7 ♔g4 73. ♕d7 **1:0**

THE 11th OLYMPIAD
Amsterdam, 4.- 25.09.1954

4.09. 918.

P. KERES - O. KATAJISTO

1. e4 c5 2. ♘f3 d6 3. d4 cd4 4. ♘d4 ♘f6 5. ♘c3 a6 6. ♗g5 e6 7. f4 ♘bd7 8. ♗c4 ♘b6 9. ♗b3 ♗e7 10. ♕f3 ♕c7 11. 0-0-0 0-0 12. g4 ♘c4 13. ♗c4 ♕c4 14. h4 ♖e8 15. h5 ♗d7 16. h6 g6 17. e5 ♘d5 18. ♗e7 ♘c3 19. bc3 ♖e7 20. ed6 ♖ee8 21. g5 ♕a2 22. ♕e3 ♕a1 23. ♔d2 ♕a5 24. ♕e5 ♕e5 25. fe5 ♖ec8 26. ♖he1 ♗c6 27. c4 ♔f8 28. ♖b1 ♖a7 29. ♖f1 ♔e8 30. ♖f4 ♗g2 31. d7 ♔d7 32. ♖f7 ♔e8 33. ♖h7 ♖c4 34. ♔d3 **1:0**

5.09. 919.

PANAGOPOULOS - P. KERES

1. d4 ♘f6 2. c4 e6 3. ♘f3 c5 4. d5 ed5 5. cd5 d6 6. g3 b5 7. ♗g2 ♗b7 8. ♘h4 g6 9. 0-0 ♗g7 10. a4 b4 11. a5 0-0 12. e4 ♗a6 13. ♖e1 ♘bd7 14. f4 ♖e8 15. ♗f3 c4 16. ♗d2 ♖b8 17. ♗e3 ♕c7 18. ♘d2 ♘c5 19. ♕c2 ♘d3 20. ♖eb1 ♘d5 21. ♗b6 ab6 22. ed5 ♕c5 23. ♔h1 b3 **0:1**

7.09. 920.

P. KERES - A. PRAMESHUBER

1. e4 e5 2. ♘f3 ♘c6 3. ♗b5 a6 4. ♗a4 ♘f6 5. 0-0 ♗e7 6. ♘c3 b5 7. ♗b3 0-0 8. ♘d5 d6 9. c3 ♘e4 10. d4 ♘f6 11. ♖e1 e4 12. ♘d2 ♘d5 13. ♗d5 ♗b7 14. ♗e4 ♘a5 15. d5 ♗f6 16. a4 g6 17. ♘f3 ♘c4 18. ♘d4 ba4 19. ♖a4 ♘b6 20. ♖a5 ♗g7 21. ♘c6 ♕d7 22. ♕d3

♖fe8 23. ♗d2 f5 24. ♗f3 ♗h6 25. ♖aa1 ♗d2 26. ♕d2 ♗c6 27. dc6 ♕f7 28. h4 ♖e1 29. ♖e1 ♖e8 30. ♖a1 ♕c4 31. h5 d5 32. ♖a5 ♕c6 33. ♖d5 ♕e6 34. ♕d4 ♔f7 35. ♖c5 ♖e7 36. ♖c6 ♕e1 37. ♔h2 ♕e5 38. ♕e5 ♖e5 39. ♖c7 ♔f6 40. ♖h7 gh5 41. ♖h6 **1:0**

11.09. **921.**

P. KERES - G. PALMASON

1. e4 c5 2. ♘e2 ♘c6 3. d4 cd4 4. ♘d4 ♘f6 5. ♘c3 d6 6. ♗c4 e6 7. 0-0 ♗e7 8. ♗e3 0-0 9. ♗b3 a6 10. f4 ♗d7 11. ♕f3 ♕c7 12. ♖ad1 ♖ac8 13. f5 e5 14. ♘de2 ♘a5 15. g4 ♘b3 16. ab3 ♗c6 17. g5 ♘e8 18. ♘g3 ♗d8 19. f6 b5 20. b4 ♖a8 21. ♕h5 a5 22. ba5 gf6 23. gf6 ♔h8 24. ♖f5 ♗f6 25. ♖df1 ♘g7 26. ♕h6 ♗d8 27. ♖h5 **1:0**

12.09. **922.**

Z. NILSSON - P. KERES

1. e4 e5 2. ♘f3 ♘c6 3. ♗b5 a6 4. ♗a4 ♘f6 5. 0-0 ♗e7 6. ♖e1 b5 7. ♗b3 0-0 8. c3 d6 9. h3 ♘a5 10. ♗c2 c5 11. d4 ♕c7 12. ♘bd2 ♖d8 13. ♘f1 cd4 14. cd4 d5 15. ♘e5 de4 16. ♘g3 ♗d6 17. ♕e2 ♗e5 18. de5 ♕e5 19. ♘e4 ♗f5 20. ♗g5 ♗e4 21. ♗f6 ♕f6 22. ♗e4 ♖ac8 23. ♖ac1 g6 24. b3 ♘c6 25. ♗c6 ♖c6 26. ♖c6 ♕c6 27. ♔f1 h5 28. ♕e4 ♕c3 29. g3 ♖d2 30. ♖e2 ♖e2 31. ♕e2 h4 32. ♔g2 hg3 33. fg3 ♔g7 34. h4 ♕a1 35. ♔h2 ♕d4 36. ♔g2 ♕d5 37. ♕f3 ♕e5 38. ♕f2 a5 39. ♕c2 ♕d5 40. ♔h2 ♕f3 41. ♕b2 ♔h7 **½:½**

13.09. **923.**

P. KERES - P.H. CLARKE

1. e4 e6 2. d4 d5 3. ♘d2 ♘f6 4. e5 ♘fd7 5. ♗d3 c5 6. c3 ♘c6 7. ♘e2 ♕b6 8. ♘f3 cd4 9. cd4 f6 10. ef6 ♘f6 11. 0-0 ♗d6 12. ♘f4 0-0 13. ♖e1 ♘e4 14. g3 ♗d7 15. ♗e4 de4 16. ♖e4 ♖ae8 17. d5 ♘d8 18. ♗e3 ♕a6 19. ♘e5 ♗e5 20. ♖e5 ♕d6 21. ♘d3 b6 22. ♗f4 ♘f7 23. ♖e6 ♕d5 24. ♖e8 ♖e8 25. ♘b4 ♕f5 26. ♕d5 ♕h3 27. ♘d3 ♗f5 28. ♖e1 ♖e1 29. ♘e1 ♗c8 30. ♘f3 h6 31. ♘d4 ♕d7 32. ♕d7 ♗d7 33. b4 g5 34. ♗c7 ♔g7 35. b5 ♔f6 36. f4 ♔e7 37. ♗b8 ♘d6 38. ♗a7 ♘b5 39. ♗b6 ♘d4 40. ♗d4 gf4 41. gf4 ♔f7 42. ♔f2 ♔g6 43. ♔e3 ♗c6 44. ♗e5 h5 45. ♔d4 ♔f5 46. ♔c5 ♗d7 47. ♔b4 ♔e4 48. a4 ♔d5 49. a5 **1:0**

14.09. **924.**

P. KERES - Dr. M. OREN

1. e4 c5 2. ♘f3 d6 3. d4 cd4 4. ♘d4 ♘f6 5. ♘c3 g6 6. f3 ♗g7 7. ♗e3 ♘c6 8. ♕d2 ♗d7 9. 0-0-0 ♖c8 10. ♔b1 0-0 11. h4 ♘h5 12. ♕f2 ♗e5 13. ♗d3 ♗g3 14. ♕d2 ♘e5 15. ♘de2 f5 16. ♗h6 ♘d3 17. ♕d3 ♖f7 18. ♘g3 ♘g3 19. ♖he1 fe4 20. fe4 ♘h5 21. e5 ♗g4 22. ♖d2 ♖c6 23. ♕d4 ♕d7 24. ♕a7 ♘g3 25. ♖d3 ♖f1 26. ♖f1 ♘f1 27. ♕d4 **1:0**

15.09. **925.**

P. KERES - E. GEREBEN

1. d4 ♘f6 2. c4 g6 3. ♘c3 ♗g7 4. e4 d6 5. f4 c5 6. dc5 ♕a5 7. ♗d3 ♕c5 8. ♘f3 ♘c6 9. ♕e2 0-0 10. ♗e3 ♕a5 11. 0-0 ♘g4 12. ♗d2 ♘b4 13. ♘d5 ♕c5 14. ♔h1 ♘d5 15. cd5 ♗d7 16. ♖ac1 ♕b6 17. e5 ♖ac8 18. e6 fe6 19. de6 ♖c1 20. ♗c1 ♗c6

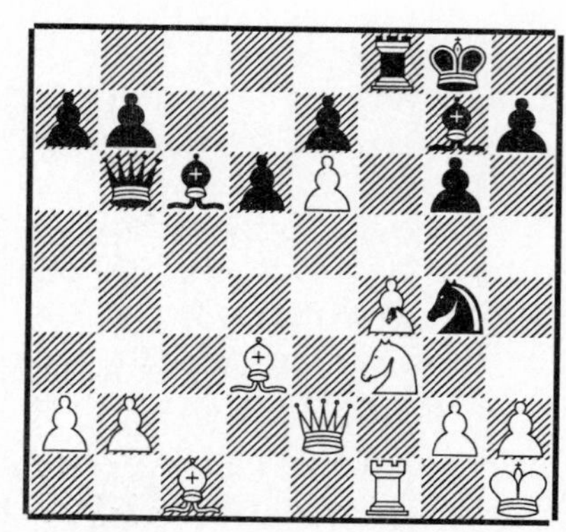

21. ♘h4 ♘h6 22. f5 ♕d4 23. ♖f4 ♕c5 24.

♗e3 g5 25. ♗c5 dc5 26. f6 gf4 27. fg7 ♖f6 28. ♕h5 ♔g7 29. ♕g5 ♔f8 30. ♘g6 hg6 31. ♕h6 ♔g8 32. ♗g6 **1:0**

17.09. **926.**

R. BOBECOV - P. KERES

1. ♘f3 ♘f6 2. c4 c5 3. d4 cd4 4. ♘d4 e6 5. e3 ♘c6 6. ♗e2 d5 7. cd5 ed5 8. ♘c3 ♗d6 9. ♘c6 bc6 10. 0-0 0-0 11. b3 ♕e7 12. ♗b2 ♕e5 13. g3 ♗h3 14. ♖e1 ♖ad8 15. ♖c1 ♕g5 16. f4 ♕g6 17. ♗d3 ♕h6 18. ♘a4 ♗b4 19. ♗c3 ♗c3 20. ♖c3 ♖d6 21. ♘c5 ♖e8 22. ♗f1 ♘g4 23. ♗h3 ♕h3 24. ♖e2 ♖h6 25. ♕d2 ♖g6 26. e4 h5 27. e5 ♘h6 28. ♖g2 ♕c8 29. b4 h4 30. ♘b3 hg3 31. hg3 ♕h3 32. ♘d4 ♘g4 33. ♖c6 ♖c6 34. ♘c6 ♖e6 35. ♕d5 ♖h6 36. ♕d8 ♔h7 37. ♕d3 g6 38. ♔f1 ♕h1 39. ♖g1 ♕c6 **0:1**

18.09. **927.**

P. KERES - G. AGUSTSSON

1. e4 c6 2. ♘c3 d5 3. ♘f3 ♗g4 4. h3 ♗f3 5. ♕f3 e6 6. d4 ♗b4 7. ♕g3 de4 8. ♗d2 ♘e7 9. ♕g7 ♘g6 10. ♘e4 ♗d2 11. ♘d2 ♘d7 12. ♗d3 ♕f6 13. ♕f6 ♘f6 14. ♘f3 ♘f4 15. ♗f1 ♔e7 16. g3 ♘g6 17. 0-0-0 ♖ad8 18. ♗c4 ♖d6 19. ♖he1 ♖hd8 20. ♗b3 ♔f8 21. c3 ♔g7 22. ♘e5 ♘e7 23. ♖e3 ♘fd5 24. ♖f3 ♖f8 25. ♖e1 ♘f5 26. ♗c2 ♘de7 27. ♖e4 h5 28. g4 ♘h4 29. ♖g3 ♔h8 30. ♖f4 f6 31. g5 ♘hf5 32. gf6 ♖f6 33. ♖g5 h4 34. ♖h5 ♔g7 35. ♖g4 ♘g6 36. ♖hg5 **1:0**

19.09. **928.**

H. PILNIK - P. KERES

1. e4 e5 2. ♘f3 ♘c6 3. ♗b5 a6 4. ♗a4 ♘f6 5. 0-0 ♗e7 6. ♖e1 b5 7. ♗b3 0-0 8. d3 d6 9. c3 ♘a5 10. ♗c2 c5 11. ♘bd2 ♘c6 12. ♘f1 ♘d7 13. a4 ♘b6 14. ab5 ab5 15. ♖a8 ♘a8 16. ♘e3 ♘b6 17. d4 ♖e8 18. dc5 dc5 19. ♕e2 ♗d7 20. ♖d1 ♗f8 21. ♘d5 ♘b8 22. ♘g5 h6 23. ♘f3 ♘d5 24. ed5 e4 25. ♘d2 ♗d6 26. ♘f1 ♕h4 27. b4 ♘a6 28. bc5 ♘c5 29. ♗a3 f5 30. g3 ♕h3 31. ♕e3 ♘b7 32. ♗d6 ♘d6 33. ♗b3 ♔h7 34. ♖a1 ♘f7 35. ♖a7 ♘e5 36. ♗d1 b4 37. c4 ♘c4 38. ♕d4 ♘e5 39. ♘e3 f4 40. gf4 ♘f3 41. ♗f3 ef3 42. ♕d3 ♔g8 43. ♕f1 ♖c8 44. ♕a1 ♖c3 45. ♕b2 ♖d3 46. ♖a1 ♗f5 47. ♔h1 ♖e3 48. fe3 ♗e4 49. ♕f2 b3 50. ♔g1 ♕g4 51. ♔f1 ♕g2 52. ♕g2 fg2 53. ♔f2 b2 54. ♖a8 ♔f7 55. ♖b8 b1♕ **0:1**

22.09. **929.**

P. KERES - K. DARGA

1. e4 c5 2. ♘e2 ♘c6 3. ♘bc3 ♘f6 4. g3 g6 5. ♗g2 ♗g7 6. d3 d6 7. ♗e3 0-0 8. h3 e5 9. 0-0 ♘d4 10. ♔h2 ♖b8 11. f4 b5 12. ♕d2 b4 13. ♘d1 ♘h5 14. f5 gf5 15. ef5 ♘f5 16. ♖f5 ♗f5 17. g4 ♗g4 18. hg4 ♕h4 19. ♗h3 ♘f4 20. ♘f4 ef4 21. ♗f4 ♖be8 22. ♘e3 ♗e5 23. ♗e5 ♖e5 24. ♘f5 ♕f6 25. ♖f1 ♔h8 26. ♖f2 ♖e6 27. d4 ♖fe8 28. g5 ♕g6 29. ♘h4 ♕h5 30. ♗e6 ♕h4 31. ♗h3 cd4 32. ♖f7 ♖e3 33. ♕g2 d5 34. ♕g4 **1:0**

23.09. **930.**

P. KERES - J. SAJTAR

1. e4 c5 2. ♘f3 d6 3. d4 cd4 4. ♘d4 ♘f6 5. ♘c3 a6 6. ♗g5 ♘bd7 7. ♗c4 e6 8. 0-0 ♕c7

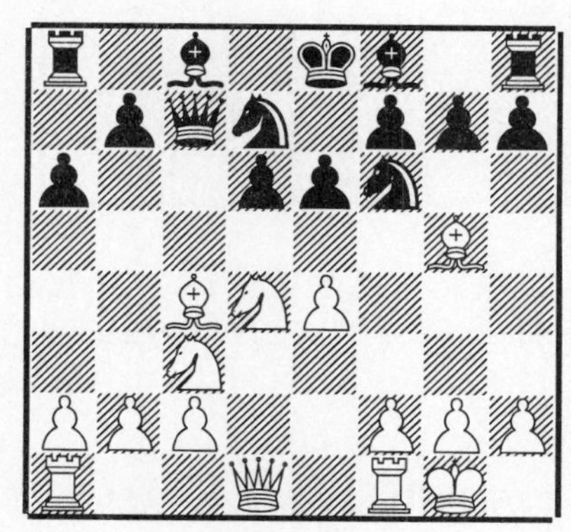

9. ♗e6 fe6 10. ♘e6 ♕c4 11. ♘d5 ♔f7 12. ♗f6 ♔e6 13. ♗c3 ♘f6 14. ♗f6 gf6 15. ♘b6

♕c6 16. ♘a8 ♗e7 17. a4 b6 18. ♕d5 ♔d7 19. ♖a3 ♗d8 20. ♘b6 **1:0**

25.09. 931.

P. KERES - J.H. DONNER

1. e4 e5 2. ♘f3 ♘c6 3. ♗b5 a6 4. ♗a4 ♘f6 5. 0-0 ♗e7 6. ♕e2 b5 7. ♗b3 d6 8. c3 0-0 9. a4 ♘a5 10. ♗c2 ♗e6 11. ab5 ab5 12. d4 ♗c4 13. ♗d3 ♘d7 14. ♘bd2 ♗d3 15. ♕d3 b4 16. cb4 ♘c6 17. ♖a8 ♕a8 18. ♘b3 ♘b4 19. ♕c4 ♘a6 20. de5 ♘e5 21. ♘e5 de5 22. ♗e3 ♕c8 23. ♖a1 ♘b8 24. h3 ♗d6 25. ♖a7 ♕e6 26. ♘a5 ♕c4 27. ♘c4 ♘c6 28. ♖b7 ♖b8 29. ♖b8 ♘b8 30. ♔f1 ♔f8 31. ♘d6 cd6 32. ♔e2 ♔e7 33. ♔d3 ♔d7 34. ♔c4 ♘c6 35. b4 ♔e6 36. g4 g6 37. ♗b6 ♔d7 38. ♔b5 ♘e7 39. ♗e3 d5 40. ed5 ♘d5 41. ♔c5 ♘c7 42. g5 ♘a6 43. ♔b5 ♘c7 44. ♔b6 ♘d5 45. ♔c5 ♘c7 46. b5 ♘e6 47. ♔b6 ♘d4 48. ♔a6 **1:0**

HASTINGS
31.12. 1954 - 7.01.1955

31.12. 932.

P. KERES - C.H.O'D. ALEXANDER

1. e4 e5 2. ♘f3 ♘f6 3. ♘e5 d6 4. ♘f3 ♘e4 5. d4 d5 6. ♗d3 ♗e7 7. 0-0 ♘c6 8. ♖e1 ♗g4 9. c3 ♘f6 10. ♗g5 ♕d7 11. ♘bd2 0-0-0 12. ♕a4 h6 13. ♗h4 g5 14. ♗g3 ♗f3 15. ♘f3 g4

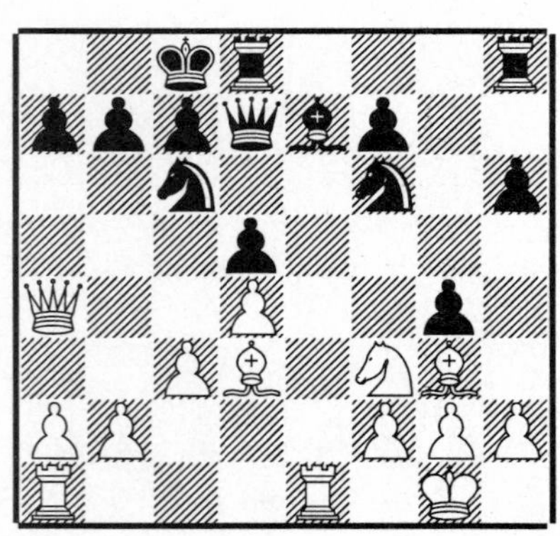

16. ♘e5 ♘e5 17. ♗f5 ♕f5 18. ♖e5 ♕d3 19. ♖e7 ♖d7 20. ♖e3 ♕a6 21. ♕a6 ba6 22. ♗e5 **1:0**

1.01. 933.

A. PHILLIPS - P. KERES

1. c4 ♘f6 2. ♘c3 e6 3. ♘f3 c5 4. e3 d5 5. d4 ♘c6 6. ♗d3 a6 7. 0-0 dc4 8. ♗c4 b5 9. ♗b3 ♗b7 10. ♕e2 cd4 11. ♖d1 d3 12. ♖d3 ♕c7 13. e4 ♗e7 14. ♗g5 h6 15. ♗h4 ♘h5 16. ♗g3 ♘g3 17. hg3 0-0 18. ♖e1 ♖fd8 19. ♖d8 ♖d8 20. ♘d5 ed5 21. ed5 ♗f6 22. dc6 ♕c6 23. ♖d1 ♖d1 24. ♕d1 a5 25. ♕d2 a4 26. ♗c2 g5 27. g4 ♕c4 28. ♗f5 ♔g7 29. a3 ♕b3 30. ♕d7 ♗d5 **0:1**

2.01. 934.

W. UNZICKER - P. KERES

1. e4 e5 2. ♘f3 ♘c6 3. ♗b5 a6 4. ♗a4 d6 5. c4 ♗d7 6. ♘c3 g6 7. d4 ed4 8. ♘d4 ♗g7 9. ♘c6 bc6 10. 0-0 ♘f6 11. ♗g5 h6 12. ♗h4 0-0 13. h3 ♖e8 14. ♕f3 ♖b8 15. ♖ab1 ♖b4 16. b3 ♖e6 17. a3 ♖b8 18. b4 ♕e8 19. ♗c2 ♘h5 20. ♖fd1 a5 21. b5 g5 22. ♕h5 ♗c3 23. bc6 ♗c6 24. ♗g3 ♖b1 25. ♖b1 ♔g7 26. h4 gh4 27. ♕g4 ♖g6 28. ♕h4 ♗f6 29. ♕h5 ♗d4 30. ♔h2 ♕e6 31. ♕e2 ♖g4 32. ♖d1 ♗e5 33. ♗e5 ♕e5 34. ♔g1 ♕g5 35. ♕f3 f5 36. g3 fe4 37. ♕c3 ♕e5 38. ♕e3 h5 39. ♕a7 ♕e7 40. ♕a5 h4 41. ♕c3 ♕f6 42. ♖d4 hg3 43. fg3 ♕e5 44. ♔h2 ♖h4 **0:1**

2.01. 935.

P. KERES - V. SMYSLOV

1. d4 d5 2. c4 c6 3. ♘f3 ♘f6 4. cd5 cd5 5. ♘c3 ♘c6 6. ♗f4 ♗f5 7. ♕b3 ♘a5 8. ♕a4 ♗d7 9. ♕d1 e6 10. e3 ♗e7 11. ♗d3 0-0 12. 0-0 ♕b6 13. ♕e2 ♖fc8 14. ♘e5 ♗e8 15.

♖ac1 ♕d8 16. ♖c2 ♘c6 17. a3 ♘e5 18. ♗e5 ♘d7 19. ♗g3 ♘b6 20. ♖fc1 g6 21. h3 ♗d6 22. ♗d6 ♕d6 23. ♘b1 ♖c2 24. ♖c2 ♖c8 25. ♖c8 ♘c8 **½:½**

3.01. **936.**

L. PACHMAN - P. KERES

1. d4 ♘f6 2. c4 e6 3. ♘f3 b6 4. e3 ♗b7 5. ♗d3 c5 6. 0-0 ♗e7 7. b3 ♗f3 8. ♕f3 ♘c6 9. ♗b2 ♘b4 10. ♖d1 cd4 11. ♗d4 0-0 12. e4 d6 13. e5 de5 14. ♗e5 ♘d7 15. ♗b2 ♗f6 16. ♘c3 ♘d3 17. ♕d3 ♘c5 18. ♕e2 ♕e7 19. b4 ♘b7 20. ♘b5 ♗b2 21. ♕b2 a5 22. ba5 ♘a5 23. ♘d6 ♕c7 24. ♖ab1 ♖fd8 25. ♕b6 ♕b6 26. ♖b6 ♘c4 27. ♖c6 ♘d6 28. ♖cd6 **½:½**

4.01. **937.**

P. KERES - A. FUDERER

1. d4 ♘f6 2. c4 g6 3. ♘c3 ♗g7 4. e4 d6 5. f4 c5 6. dc5 ♕a5 7. ♗d3 ♕c5 8. ♘f3 ♘c6 9. ♕e2 ♗g4 10. ♗e3 ♕h5 11. 0-0 ♗f3 12. ♖f3 ♘g4 13. ♖h3 ♘d4 14. ♗d4 ♗d4 15. ♔f1 ♘h2 16. ♔e1 ♕g4 17. ♕d2 ♕h3 18. gh3 ♘f3 19. ♔e2 ♘d2 20. ♔d2 ♗c3 21. ♔c3 e5 22. ♖f1 ♔e7 23. f5 f6 24. ♗e2 ♖ac8 25. b4 b5 26. ♔b3 gf5 27. ♖f5 ♖hg8 28. cb5 ♖g3 29. ♖f3 ♖f3 30. ♗f3 d5 31. ♗g4 ♖f8 32. ♗f5 de4 33. ♔c3 ♖g8 34. a4 ♖g3 35. ♔c2 e3 36. ♔d3 e2 37. ♔e2 ♖b3 38. ♗h7 ♖b4 39. ♗c2 ♖h4 40. ♔d3 ♖h3 41. ♔c4 ♔d6 42. ♔b4 e4 43. ♔c4 f5 44. a5 ♔e5 45. b6 ab6 46. ab6 f4 47. ♗a4 f3 48. ♗b5 ♖h8 49. ♔c3 ♖b8 **0:1**

5.01. **938.**

J.H. DONNER - P. KERES

1. d4 ♘f6 2. c4 e6 3. g3 c5 4. d5 ed5 5. cd5 d6 6. ♘c3 g6 7. ♗g2 ♗g7 8. ♘f3 0-0 9. 0-0 ♘bd7 10. ♘d2 a6 11. a4 ♖b8 12. ♘c4 ♘e8 13. a5 ♘e5 14. ♘b6 ♘c7 15. f4 ♘g4 16. ♘c4 ♖e8 17. ♘e4 ♘b5 18. h3 ♗f5 19. hg4 ♗e4 20. e3 f5 21. ♗e4 ♖e4 22. ♕d3 ♕d7 23. ♗d2 h6 24. ♖ad1 ♖be8 25. gf5 ♕f5 26. ♗c1 ♕h3 27. ♖f2 g5 28. ♘e5 ♖8e5 29. fe5 ♕g3 30. ♖g2 ♕e5 31. b3 ♘c3 32. ♖e1 ♘d5 33. ♖d1 ♘c3 34. ♗b2 ♖e3 **0:1**

6.01. **939.**

P. KERES - L. SZABO

1. c4 ♘f6 2. ♘f3 g6 3. b3 ♗g7 4. ♗b2 0-0 5. g3 d6 6. d4 c5 7. ♗g2 ♘e4 8. 0-0 ♘c6 9. ♘bd2 ♘d2 10. ♕d2 ♗g4 11. d5 ♗b2 12. ♕b2 ♗f3 13. ♗f3 ♘a5 14. h4 b5 15. cb5 ♕b6 16. a4 a6 17. h5 ab5 18. hg6 hg6 19. ♔g2 f6 20. ♖h1 ♔g7 21. ab5 ♕b5 22. ♕d2 g5 23. ♕e3 ♕d7

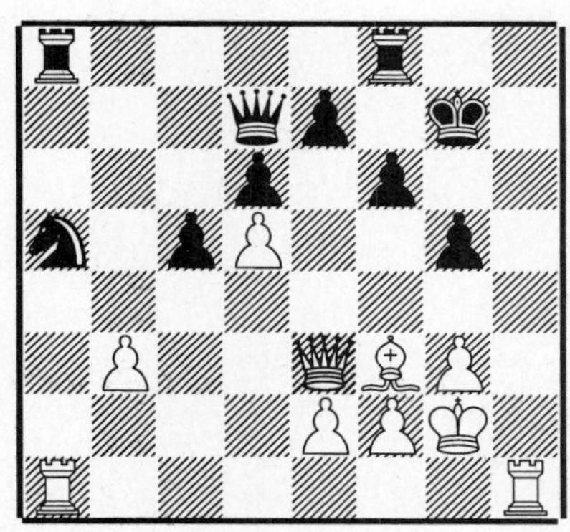

24. ♗g4 ♕c7 25. ♗f5 ♔f7 26. ♖h7 ♔e8 27. ♖ah1 ♕b7 28. ♖h8 **1:0**

7.01. **940.**

W. A. FAIRHURST - P. KERES

1. d4 ♘f6 2. c4 e6 3. ♘c3 ♗b4 4. e3 b6 5. ♘e2 ♗a6 6. a3 ♗e7 7. ♘g3 d5 8. cd5 ♗f1 9. ♘f1 ed5 10. ♘g3 0-0 11. ♘f5 ♖e8 12. ♘e7 ♖e7 13. 0-0 a5 14. ♖b1 c6 15. ♘a4 ♘bd7 16. ♕c2 ♕c7 17. f3 b5 18. ♘c3 ♕a7 19. a4 b4 20. ♘e2 ♖c8 21. b3 ♕a6 22. ♕d2 ♖ce8 23. ♕c2 g6 24. ♘f4 ♖c8 25. ♘d3 ♕b6 26. ♗d2 c5 27. dc5 ♘c5 28. ♖fc1 ♖ec7 29. ♘c5 ♖c5 30. ♕d3 ♘h5 31. ♕d4 ♘g7 32. ♖c5 ♖c5 33. ♖c1 ♖c1 34. ♗c1 ♕d4 35. ed4 ♘f5 36. ♗b2 ♘e3 37. ♗c1 ♘c2 38. ♗b2 f5 39. ♔f2 f4 40.

g4 fg3 41. hg3 h5 42. ♔e2 g5 43. ♔d2 h4 44. gh4 gh4 45. ♔e2 ♔f7 46. ♔f2 ♔g6 47. ♔f1 ♔g5 48. ♔g1 ♘e1 49. ♗c1 ♔f5 50. ♗e3 ♘f3 51. ♔f2 ♔e4 **0:1**

XXII USSR CHAMPIONSHIP
Moscow, 11.02.- 14.03.1955

11.02. **941.**

B. SPASSKY - P. KERES

1. d4 ♘f6 2. c4 e6 3. ♘c3 ♗b4 4. ♘f3 d5 5. ♗g5 h6 6. ♗h4 dc4 7. e3 b5 8. a4 c6 9. ♗e2 ♘bd7 10. 0-0 ♕b6 11. e4 ♗b7 12. ♕c2 a6 13. ♖ad1 c5 14. d5 ♗c3 15. ♕c3 0-0 16. a5 ♕c7 17. d6 ♕c8 18. e5 ♘d5 19. ♕c1 ♕c6 20. ♖fe1 f6 21. ef6 ♘7f6 22. ♘e5 ♕d6 23. ♘g6 ♖f7 24. ♗f3 ♖e8 25. ♘e5 ♖ff8 26. ♘g6 ♖f7 27. ♘e5 ♖ff8 28. ♘g6 **½:½**

12.02. **942.**

P. KERES - Y. AVERBAKH

1. e4 c5 2. ♘f3 d6 3. g3 ♘f6 4. d3 g6 5. ♗g2 ♗g7 6. 0-0 0-0 7. c3 ♘c6 8. ♘bd2 ♖b8 9. a4 a6 10. ♖e1 ♘g4 11. ♘b3 e5 12. h3 ♘f6 13. a5 ♗e6 14. ♘fd2 ♘e8 15. f4 ef4 16. gf4 ♕h4 17. ♘c4 ♗h3 18. ♗e3 ♕g3 19. ♕f3 ♕g2 20. ♕g2 ♗g2 21. ♔g2 ♖d8 22. e5 d5 23. ♘b6 d4 24. ♗d2 dc3 25. ♗c3 ♘c7 26. ♘c5 ♘e6 **½:½**

14.02. **943.**

V. SIMAGIN - P. KERES

1. e4 e5 2. ♘f3 ♘c6 3. ♘c3 g6 4. d4 ed4 5. ♘d5 ♗g7 6. ♗g5 ♘ce7 7. ♘e7 ♘e7 8. ♗c4 h6 9. ♗h4 0-0 10. 0-0 d5 11. ed5 g5 12. ♗g3 ♘d5 13. ♗e5 c5 14. ♖e1 ♘b6 15. ♗d3 ♗e6

(diagram)

16. ♗g7 ♔g7 17. ♘e5 ♕f6 18. ♕e2 ♖fe8 19. ♗b5 ♗c4 20. ♗c4 ♘c4 21. ♕c4 ♖e5 22. ♕b5 ♕b6 23. a4 ♖ae8 24. ♖e5 ♖e5 25. ♕b6 ab6 26. ♔f1 ♔f6 27. c4 ♖e4 28. ♖a3 ♔e7 29. ♖b3 ♖e6 30. ♖f3 f6 31. ♖b3 ♔d7

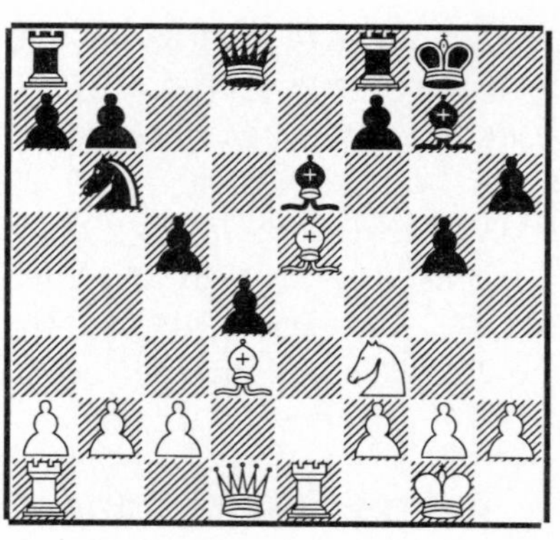

32. ♖f3 ♔c7 33. ♖d3 f5 34. ♖f3 f4 35. g4 ♔b8 36. ♖b3 ♔a7 37. h3 ♔a6 38. ♔g2 ♔a5 39. ♔f3 ♔a4 40. ♖d3 ♔b4 **0:1**

15.02. **944.**

P. KERES - V. SMYSLOV

1. e4 e5 2. ♘f3 ♘c6 3. ♗b5 a6 4. ♗a4 ♘f6 5. 0-0 ♗e7 6. ♖e1 b5 7. ♗b3 d6 8. c3 0-0 9. a4 b4 10. d4 bc3 11. de5 ♘e5 12. ♘e5 de5 13. ♘c3 a5 14. ♘d5 ♘d5 15. ♗d5 ♖a6 16. ♗e3 ♗b4 17. ♖e2 ♖d6 18. ♕c1 c6 19. ♗c6 ♗e6 20. ♕c2 ♕b8 21. ♗d5 ♗d5 22. ed5 ♖d5 23. ♖c1 ♕d6 24. h3 ♖d8 25. ♕c4 h6 26. ♖ec2 ♕e6 27. ♕e2 ♕d7 28. ♖c7 ♕a4 29. ♗h6 ♖d1 30. ♔h2 ♖c1 31. ♕g4 ♖h1 32. ♔g3 ♖d3 33. ♗e3 ♖e3 34. fe3 ♗e1 35. ♔f3 e4 36. ♔f4 ♖f1 37. ♔e5 ♕b5 38. ♔d4 ♕b6 39. ♖c5 ♗b4 **0:1**

18.02. **945.**

S. FURMAN - P. KERES

1. d4 d5 2. c4 dc4 3. ♘f3 ♘f6 4. e3 c5 5. ♗c4 e6 6. 0-0 a6 7. ♕e2 ♘bd7 8. a4 cd4 9. ed4

♘b6 10. ♗b3 ♗e7 11. ♘c3 0-0 12. ♖d1 ♘bd5 13. ♘e5 ♗d7 14. ♗g5 ♗c6 15. ♖d3 ♕d6 16. ♖ad1 ♖fd8 17. ♖h3 g6 18. ♗c1 ♖ac8 19. ♕d2 ♘h5 20. ♖h5 gh5 21. ♘e4 ♕b4 22. ♕d3 h4 23. ♘g5 ♗g5 24. ♗g5 f6 25. ♗d5 ♗d5 26. ♗f6 ♖f8 27. ♗h4 ♕b2 28. ♘d7 ♖c3 29. ♕f1 ♖fc8 30. ♗g5 ♗c4 31. ♕e1 ♕e2 32. ♘b6 ♖c6 33. a5 ♕e1 34. ♖e1 ♗b3 35. h4 ♖d3 36. ♖e4 ♖d6 37. ♗f6 h5 38. ♗e5 ♖c6 39. ♖f4 ♖d1 40. ♔h2 ♖a1 41. ♘d7 ♖a5 42. ♖f8 ♔h7 43. ♖f7 ♔g6 44. ♖g7 ♔h6 45. ♘f8 ♗c2 46. ♗f6 e5 47. de5 ♖a4 48. ♖g8 ♖f6 49. ef6 ♖h4 50. ♔g3 ♖c4 51. f4 ♖c7 52. ♖h8 ♗h7 53. ♘e6 ♖c3 54. ♔h4 ♔g6 55. f7 ♔f7 56. ♘g5 ♔g6 57. ♖h7 ♖b3 58. g4 hg4 59. ♔g4 ♖b4 60. ♖d7 ♔f6 61. ♖f7 ♔g6 62. ♖e7 a5 63. ♖e6 ♔g7 64. ♔f5 a4 65. ♖e7 ♔f8 66. ♖c7 ♖b6 67. ♘e6 ♔g8 68. ♔f6 a3 69. ♖c8 ♔h7 70. ♔f7 **1:0**

19.02. **946.**

P. KERES - S. FLOHR

1. d4 d5 2. ♘f3 ♘f6 3. c4 dc4 4. e3 c5 5. ♗c4 e6 6. 0-0 cd4 7. ed4 ♘c6 8. ♘c3 a6 9. ♗e3 ♗e7 10. a3 0-0 11. ♘e5 ♕c7 12. ♘c6 ♕c6 13. ♗a2 ♖d8 14. ♖c1 ♕d6 15. ♕f3 ♗d7 16. d5 e5 17. h3 ♖ac8 18. ♖fe1 h6 19. ♗d2 ♖e8 20. ♘e2 ♖c1 21. ♖c1 ♖c8 22. ♖c8 ♗c8 23. ♘g3 ♕d7 24. ♗c3 ♗d6 25. ♗b1 ♕c7 26. ♗f5 ♗d7 27. ♗d7 ♘d7 28. ♘f5 ♗f8 29. d6 ♗d6 30. ♕g3 g6 31. ♘h6 ♔f8 32. ♕f3 ♘c5 33. ♕f6 ♘e4 34. ♕h8 ♔e7 35. ♘g8 ♔e6 36. ♘h6 ♘c3 37. bc3 **½:½**

21.02. **947.**

G. ILIVITSKY - P. KERES

1. d4 ♘f6 2. c4 e6 3. ♘c3 ♗b4 4. e3 b6 5. ♘e2 ♗a6 6. ♘f4 0-0 7. ♗d3 c5 8. 0-0 cd4 9. ed4 ♗c3 10. bc3 ♕c7 11. ♕f3 ♘c6 12. c5 ♗d3 13. ♘d3 ♘a5 14. ♗f4 ♕c6 15. ♕c6 dc6 16. ♗d6 ♖fc8 17. f3 ♘c4 18. ♗g3 ♘d5 19. ♖fc1 ♘a3 20. ♘b4 f6 21. ♔f2 bc5 22. ♘d5 cd5 23. ♗d6 ♘c4 24. ♗c5 ♘b2 25. ♔e3 ♘a4 26. c4 ♘c5 27. dc5 ♖c5 28. cd5 ♖d5 29. ♖c7 ♖a5 30. a4 ♖b8 31. ♖d1 ♖b3 32. ♔f4 ♖f5 33. ♔g3 ♖g5 34. ♔h3 h6 35. ♖a7 ♖b2 36. g4 h5 37. ♖d3 f5 38. ♔h4 ♖g6 39. ♖d8 ♔h7 40. ♖aa8 ♖h6 41. g5 f4 **1:0**

22.02. **948.**

P. KERES - M. TAIMANOV

1. d4 ♘f6 2. c4 e6 3. ♘c3 ♗b4 4. ♘f3 b6 5. ♗g5 ♗b7 6. e3 h6 7. ♗h4 g5 8. ♗g3 ♘e4 9. ♕c2 ♗c3 10. bc3 d6 11. ♗d3 f5 12. d5 ed5 13. cd5 ♗d5 14. ♘d4 ♘d7 15. f3 ♘g3 16. hg3 ♕f6 17. ♗f5 0-0-0 18. ♕a4 a5 19. ♔f2 h5 20. ♖ab1 h4 21. e4 ♗b7 22. gh4 gh4 23. ♘e6 ♘e5

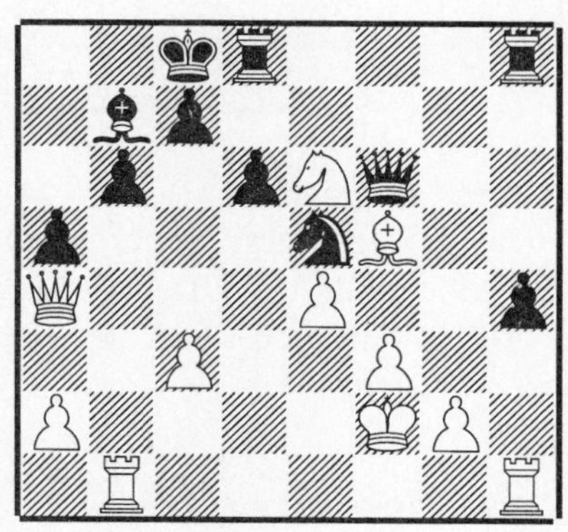

24. ♕d4 ♖dg8 25. ♘c7 ♔b8 26. ♕b6 ♘d3 27. ♔f1 ♘b4 28. ♖b4 ab4 29. ♘b5 **1:0**

25.02. **949.**

G. BORISENKO - P. KERES

1. d4 ♘f6 2. c4 e6 3. ♘c3 d5 4. ♗g5 c5 5. cd5 cd4 6. ♕d4 ♗e7 7. e4 ♘c6 8. ♕e3 ♘b4 9. ♗b5 ♗d7 10. ♗d7 ♕d7 11. ♕d2 ed5 12. ♗f6 ♗f6 13. ed5 ♗c3 14. ♕c3 ♘d5 15. ♕e5 ♔f8 16. ♘e2 ♖e8 17. ♕g5 f6 18. ♕d2 ♕b5 19. ♔f1 ♔f7 20. h4 ♖e5 21. ♖h3 ♖he8 22. ♖e1 ♕c4 23. b3 ♕g4 24. ♖d3 ♘f4 **0:1**

26.02. **950.**

P. KERES - V. KORCHNOI

1. e4 c5 2. ♘e2 ♘f6 3. ♘bc3 d6 4. g3 g6 5. ♗g2 ♗g7 6. 0-0 ♘c6 7. d4 cd4 8. ♘d4 ♗d7 9. ♘de2 0-0 10. h3 ♖c8 11. ♘f4 ♘a5 12. ♘cd5 ♘d5 13. ♘d5 e6 14. ♘e3 ♗b5 15. ♖e1 ♕c7 16. c3 ♖fd8 17. ♕f3 ♘c6 18. ♘g4 h5 19. ♘f6 ♔h8 20. ♗g5 ♘e5

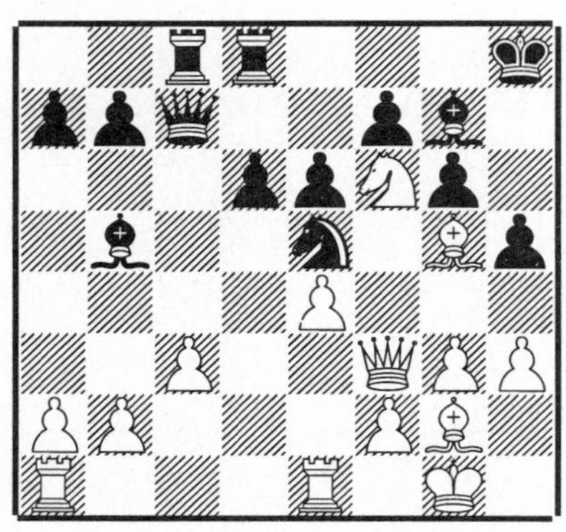

21. ♕f4 ♘d7 22. g4 e5 23. ♘d5 ef4 24. ♘c7 f6 25. ♘b5 fg5 26. ♘d6 ♘e5 27. ♘c8 ♖c8 28. gh5 f3 29. h6 ♗h6 30. ♗f1 ♔g7 31. ♖ad1 g4 32. ♖d5 ♗f4 33. ♖ed1 ♖h8 34. ♖e5 ♗e5 35. ♖d5 ♔f6 36. hg4 ½:½

28.02. **951.**

G. LISITSIN - P. KERES

1. ♘f3 d5 2. e3 c5 3. b3 ♘f6 4. ♗b2 e6 5. ♗b5 ♘bd7 6. 0-0 ♗d6 7. d4 0-0 8. ♘bd2 ♕e7 9. ♘e5 a6 10. ♗d3 b6 11. ♕e2 ♗b7 12. c4 ♖fd8 13. ♖fd1 ♘e4 14. ♖ac1 ♘d2 15. ♖d2 cd4 16. ed4 dc4 17. ♘c4 ♕g5 18. ♘e3 ♘f6 19. g3 ♘e4 20. h4 ♕g6 21. ♘g2 f5 22. ♖dc2 b5 23. ♕e3 ♖f8 24. ♘f4 ♕h6 25. ♗f1 ♖ad8 26. ♗g2 ♖d7 27. ♖e2 ♖e8 28. ♖ce1 ♖c7 29. ♘d3 ♕e3 30. ♖e3 ♖c2 31. ♖c1 ♖ec8 32. ♖c2 ♖c2 33. ♗f3 ♗d5 34. ♖e2 ♖c7 35. ♗g2 a5 36. ♘f4 ♗f4 37. gf4 ♘f6 38. ♗d5 ♘d5 39. f3 ♔f7 40. ♔f2 ♘f4 41. ♖d2 ♘d5 42. ♔g3 b4 43. f4 ♔g6 44. ♖e2 ♖c6 45. ♔f3 ♔h5 46. ♖d2 h6 47. ♖e2 g6 48. ♖d2 a4 49. ba4 ♖a6 50. ♖e2 ♖a4 51. ♖e6 ♖a2 52. ♖e2 ♘b6 53. ♖g2 ♘c4 54. d5 ♘b2 **0:1**

1.03. **952.**

I. KAN - P. KERES

1. ♘f3 ♘f6 2. d4 c5 3. d5 b5 4. c4 ♗b7 5. a4 a6 6. ab5 ab5 7. ♖a8 ♗a8 8. ♘c3 ♕a5 9. ♘d2 b4 10. ♘b3 ♕b6 11. ♘a4 ♕c7 12. f3 d6 13. e4 g6 14. ♗d3 ♗g7 15. 0-0 0-0 16. ♗g5 e6 17. ♘d2 ♗b7 18. b3 ♗a6 19. de6 fe6 20. e5 ♘h5 21. ed6 ♕d6 22. ♘e4 ♗d4 23. ♔h1 ♕c7 24. ♕e1 ♘d7 25. ♕h4 ♗b7 26. ♖e1 ♘e5 27. ♗e2 ♖f7 28. ♗d8 ♕c6 29. ♗g5 ♖f5 30. ♗h6 ♘f7 31. ♗c1 ♘f6 32. ♗d3 ♕c7 33. ♘f6 ♗f6 34. ♕g3 ♕g3 35. hg3 ♖h5 36. ♔g1 ♗d4 37. ♗e3 ♖e5 38. ♔f2 ♖e3 39. ♖e3 ♗c6 40. ♘b6 ♘d6 41. ♔e2 ♗e3 42. ♔e3 ♔f7 43. g4 h6 44. f4 g5 45. g3 ♔e7 46. ♗g6 ♔d8 47. ♔d3 ♘b7 48. ♘a4 ♔e7 49. ♔e3 ♔f6 50. ♗e4 ♗a4 51. ba4 ♘a5 52. ♔d3 ♔e7 53. ♗g2 ♔d6 54. ♗e4 ♔c7 55. f5 ef5 56. gf5 h5 57. ♗d5 ♔d6 58. f6 h4 59. gh4 gh4 60. f7 ♔e7 61. ♗e6 ♘c6 62. ♗d5 ♘e5 63. ♔c2 ♘f7 64. a5 ♘d6 65. a6 ♘c8 66. ♗g2 ♔d6 67. ♔b3 ♔c7 68. ♗b7 h3 69. ♔a4 h2 **0:1**

4.03. **953.**

P. KERES - V. MIKENAS

1. e4 c5 2. ♘f3 ♘c6 3. d4 cd4 4. ♘d4 ♘f6 5. ♘c3 d6 6. ♗c4 e6 7. 0-0 ♗e7 8. ♗b3 0-0 9. ♗e3 ♗d7 10. f4 ♘d4 11. ♗d4 ♗c6 12. ♕d3 b5 13. a3 a5 14. e5 de5 15. fe5 ♘d7 16. ♕e3 b4 17. ab4 ab4 18. ♘e2 ♖a5 19. c3 ♗g2 20. cb4 ♗b4 21. ♖a5 ♗f1 22. ♖b5 ♗e2 23. ♖b4 ♗a6 24. ♗c2 ♕e7 25. ♗c3 ♖c8 26. ♖a4 ♗b7 27. ♖a7 ♗c6 28. ♗e4 ♗e4 29. ♕e4 ♕g5 30. ♔f2 ♘c5 31. ♕f3 ♖f8 32. ♖a8 ♘d3 33. ♔e2 ♘f4 34. ♔f1 ♘d5 35. ♖f8 ♔f8 36. ♔e2 ♕h4 37. ♔d3 ♕h2 38. ♔c4 ♕c2 39. ♕g3 ♕a4 40. ♔c5 ♕b3 41. ♕h4 ♔e8 42. ♕g3 g6 43. ♕e1 h5 44. ♕g3 ♕a4

45. ♕g5 ♔d7 46. ♕g3 ♘e3 47. ♕f2 ♕c4 48. ♔b6 ♘d5 49. ♔a7 ♕a4 50. ♔b7 ♕b5 51. ♔a7 ♔c8 **0:1**

5.03. **954.**

V. ANTOSHIN - P. KERES

1. e4 e5 2. ♘f3 ♘c6 3. ♗b5 a6 4. ♗a4 ♘f6 5. 0-0 ♗e7 6. ♖e1 b5 7. ♗b3 0-0 8. c3 d6 9. h3 a5 10. d4 ed4 11. ♘d4 ♘d4 12. cd4 d5 13. ♘c3 de4 14. ♘b5 ♗b7 15. ♘c3 ♕d7 16. ♗f4 ♖ad8 17. ♕e2 ♕f5 18. ♗c7 ♖d4 19. ♖ad1 ♖b4 20. ♗d6 ♗d6 21. ♖d6 ♘h5 22. ♘d5 ♕e5 23. ♖d7 ♘f6 24. ♘f6 ♕f6 25. ♕h5 a4 26. ♕c5 ♖b6 27. ♗a4 ♖b2 28. ♖ed1 h6 29. ♗b3 ♗c8 30. ♖7d6 ♗e6 31. ♗e6 ef6 32. ♖6d2 ♖fb8 33. ♕e3 ♖d2 34. ♖d2 ♖b4 35. ♔h2 ♔h7 36. ♕g3 **½:½**

8.03. **955.**

P. KERES - V. STSERBAKOV

1. d4 ♘f6 2. ♘f3 g6 3. ♗g5 ♗g7 4. ♘bd2 d5 5. e3 c5 6. c3 0-0 7. ♗d3 ♘c6 8. 0-0 ♕b6 9. ♕b1 e5 10. de5 ♘g4 11. e4 ♘ce5 12. ♘e5 ♘e5 13. ed5 ♘d3 14. ♕d3 ♗f5 15. ♘e4 ♕b2 16. d6 ♕b6 17. ♖fe1 ♕c6 18. ♗e7 c4 19. ♕f3 ♗e4 20. ♖e4 ♗c3 21. ♖c1 f5 22. ♖e2 ♕f3 23. gf3 ♗g7 24. ♖c4 ♖fb8 25. d7 ♗f8 26. ♖ec2 ♗e7 27. ♖c8 ♔f7 28. ♖b8 ♖b8 29. ♖c8 **1:0**

9.03. **956.**

T. PETROSIAN - P. KERES

1. d4 e6 2. ♘f3 ♘f6 3. c4 b6 4. ♘c3 ♗b7 5. e3 ♗e7 6. ♗d3 c5 7. 0-0 cd4 8. ed4 d5 9. cd5 ♘d5 10. ♗b5 ♗c6 11. ♗c4 0-0 12. ♘e5 ♗b7 13. ♕f3 ♘d7 14. ♗d5 ed5 15. ♘g4 ♘f6 16. ♗f4 ♘e4 17. ♖fd1 ♖c8 18. ♖ac1 ♕d7 19. h3 f6 20. ♘e3 ♖fe8 21. ♕h5 ♘c3 22. bc3 ♗a3 23. ♖c2 ♕f7 24. ♕f3 ♕g6 25. ♖dd2 ♕e4 26. ♕g3 ♖ed8 27. ♕g4 g5 28. ♗g3 ♕g4 29. hg4 ♗c6 30. ♖d3 ♗a4 31. ♖e2 ♗f8 32. ♖b2 ♔f7 33. ♘f5 ♗a3 34. ♖bd2 ♖c6 35. f4 ♖dc8 36. fg5 ♖c3 37. gf6 ♔f6 38. ♗h4 ♔g6 39. ♘e7 ♗e7 40. ♖c3 ♖c3 41. ♗e7 ♗d7 42. g5 ♔h5 43. ♔f2 ♔g4 44. ♖e2 ♗f5 45. ♗d6 ♗e4 46. ♗e5 ♔g5 47. g3 ♖a3 48. ♗d6 ♖f3 49. ♔e1 ♔g4 50. a4 ♖b3 51. a5 b5 52. ♖f2 ♗f3 53. ♖c2 b4 54. ♖c7 ♖b2 55. ♖a7 b3 56. ♖b7 ♖e2 57. ♔f1 ♖e6 58. ♗e5 ♖a6 59. ♖b3 ♖a5 60. ♖b7 ♖a1 61. ♔f2 ♖a2 62. ♔e3 ♖e2 63. ♔d3 h5 64. ♖f7 ♖a2 65. ♔e3 ♗d1 66. ♖d7 ♖a3 67. ♔f2 ♖f3 68. ♔e1 ♗b3 69. ♖g7 **½:½**

11.03. **957.**

P. KERES - Y. GELLER

1. c4 ♘f6 2. ♘c3 e6 3. d4 d5 4. ♗g5 ♗e7 5. e3 0-0 6. ♘f3 h6 7. ♗h4 b6 8. ♖c1 ♗b7 9. cd5 ♘d5 10. ♗e7 ♕e7 11. ♗e2 ♖c8 12. 0-0 c5 13. ♕a4 ♘d7 14. ♖fd1 ♘c3 15. ♖c3 a6 16. ♕a3 ♔f8 17. dc5 ♘c5 18. ♖dc1 ♘d7 19. ♕e7 ♔e7 **½:½**

12.03. **958.**

A. KOTOV - P. KERES

1. d4 ♘f6 2. c4 g6 3. ♘c3 ♗g7 4. g3 d5 5. cd5 ♘d5 6. ♗g2 ♘c3 7. bc3 c5 8. e3 ♘c6 9. ♘e2 0-0 10. 0-0 cd4 11. cd4 ♗e6 12. ♗a3 ♗d5 13. ♗d5 ♕d5 14. ♘f4 ♕d7 15. ♕a4 ♖fd8 16. ♖fd1 ♕f5 17. ♖ab1 ♕e4 18. ♘d3 b6 19. ♘b4 ♘b4 20. ♕b4 e6 21. ♖bc1 h5 22. ♕c4 ♖d5 23. ♕d3 ♕d3 24. ♖d3 e5 25. ♗b2 ed4 26. ♗d4 ♖ad8 27. ♖c7 ♖8d7 28. ♖c8 ♔h7 29. ♖c4 b5 30. ♖c2 a5 31. a3 ♗d4 32. ♖cd2 ♔g7 33. ed4 ♖c7 34. ♔g2 g5 35. h3 f5 36. g4 hg4 37. hg4 fg4 38. ♔g3 ♖f7 39. ♔g4 ♖f4 40. ♔g3 ♔f6 41. f3 ♔e6 42. ♖e3 **½:½**

14.03. **959.**

P. KERES - M. BOTVINNIK

1. e4 e6 2. d4 d5 3. ♘d2 ♘c6 4. c3 e5 5. ed5 ♕d5 6. ♘gf3 ♗g4 7. ♗c4 ♗f3

(diagram)

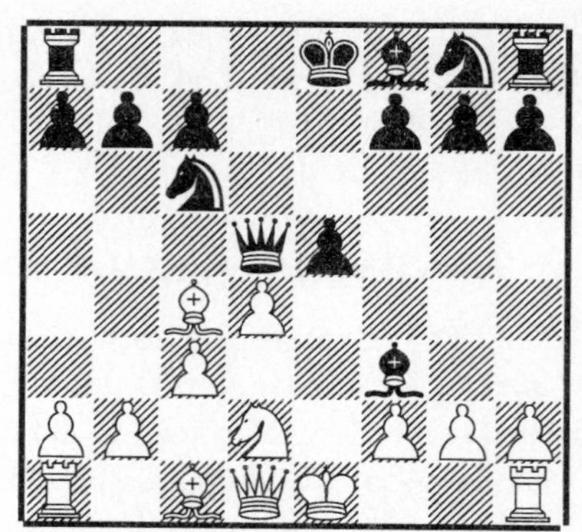

8. ♕b3 ♘a5 9. ♕a4 ♕d7 10. ♗f7 ♔d8 11. ♕d7 ♔d7 12. ♘f3 ed4 13. ♘d4 c5 14. ♘f3 ♔e7 15. ♗d5 ♘f6 16. ♗g5 h6 17. ♗f6 ♔f6 18. 0-0-0 ♗d6 19. g3 ♖he8 20. ♘d2 ♗f8 21. ♘e4 ♔f5 22. f3 ♖ed8 23. h4 ♘c6 24. h5 ♗e7 25. ♖he1 ♘e5 26. ♘f2 g5 27. hg6 **1:0**

HUNGARY - USSR TEAM MATCH-TOURNAMENT
Budapest, 23.05.- 5.06.1955

23.05. **960.**

P. BENKO - P. KERES

1. ♘f3 ♘f6 2. g3 c5 3. ♗g2 ♘c6 4. 0-0 d5 5. d4 ♗g4 6. c4 ♗f3 7. ♗f3 ♘d4 8. ♗g2 e6 9. ♘c3 ♗e7 10. e3 ♘c6 11. cd5 ed5 12. ♘d5 ♘d5 13. ♗d5 0-0 14. ♗c6 bc6 15. ♗d2 ♗f6 16. ♕c2 ♕d5 17. ♗c3 ♗c3 18. ♕c3 ♖ad8 19. ♖ac1 ♕a2 20. ♖a1 ♕d5 21. ♖a7 ♖b8 22. ♖c1 ♖b5 23. ♖e7 ♖fb8 24. ♕e5 h6 ½:½

24.05. **961.**

P. KERES - G. BARCZA

1. e4 c5 2. ♘e2 ♘f6 3. ♘bc3 d6 4. d4 cd4 5. ♘d4 a6 6. ♗g5 e6 7. ♕f3 ♘bd7 8. 0-0-0 ♕a5 9. ♕g3 h6 10. ♗d2 ♕c7 11. f4 ♘c5 12. ♖e1 ♗d7 13. e5 de5 14. fe5 ♘g8 15. ♘e4 ♘e4 16. ♖e4 ♘e7 17. ♗e2 ♘f5 18. ♘f5 ef5 19. ♖c4 ♕b6 20. ♕c3 ♗e7 21. ♖d1 ♗c6 22. g4 f4 23. ♖f4 ♗g5 24. ♖d4 ♖d8 25. ♗e3 ♖d4 26. ♖d4 ♗e3 27. ♕e3 0-0 28. ♗c4 ♗d7 29. ♕e4 ♗e6 30. ♗d3 g6 31. b3 ♖d8 32. ♖d8 ♕d8 33. ♕b7 ♕g5 34. ♔b1 ♕e5 35. a4 a5 36. h3 h5 37. gh5 ♕h5 38. h4 ♕h4 39. ♕a8 ♔g7 40. ♕a5 ♕d4 41. ♕b5 ♗d5 42. c3 ♕g1 43. ♔b2 ♕g2 44. ♔a3 g5 45. c4 ♗c6 46. ♕e5 ♔f8 47. ♕d6 ♔g7 48. ♕e5 ♔g8 49. ♗e2 ♗d7 50. a5 g4 51. a6 g3 52. ♕g5 ♔f8 53. ♕h6 ♔g8 54. ♕g5 ♔f8 55. ♕d8 ♔g7 56. ♕d7 ♕e2 57. ♕d4 f6 58. ♕d7 ♔g6 59. a7 ♕e1 60. ♔a4 g2 61. ♕g4 ♔f7 62. ♕g2 ♕a1 63. ♔b5 ♕a7 64. c5 f5 65. ♕d5 ♔f6 66. ♕d8 ♔e5 67. ♕d6 ♔e4 68. c6 f4 69. c7 ♕b7 70. ♔c5 ♕c8 71. ♕d4 ♔f3 72. ♕d8 **1:0**

25.05. **962.**

P. KERES - L. SZABO

1. e4 c5 2. ♘f3 d6 3. d4 cd4 4. ♘d4 ♘f6 5. ♘c3 ♘c6 6. ♗g5 e6 7. ♕d2 ♗e7 8. 0-0-0 0-0 9. f4 a6 10. e5 de5 11. ♘c6 bc6 12. fe5 ♘d7 13. h4 ♖b8 14. ♕e3 ♖e8 15. ♖h3 ♕a5 16. ♗e7 ♖e7 17. ♖g3 ♖e8 18. ♖d7 ♗d7 19. ♗d3 h6 20. ♕f4 ♔f8 21. ♖g7 ♔g7 22. ♕f6 ♔f8 23. ♗g6 **1:0**

28.05. **963.**

I. BILEK - P. KERES

1. ♘f3 d5 2. c4 dc4 3. ♘a3 c5 4. ♘c4 ♘c6 5. g3 g6 6. ♘ce5 ♘e5 7. ♘e5 ♗g7 8. ♕a4 ♔f8 9. ♘f3 ♗d7 10. ♕f4 ♗c6 11. ♗g2 ♘h6 12. 0-0 ♘f5 13. d3 ♕d6 14. ♖b1 ♕e6 15. e4 ♘d4 16. ♘d4 ♗d4 17. b4 ♗b5 18. bc5 ♗d3

19. ♖b7 ♗f1 20. ♗f1 h5 21. ♗b5 h4 22. ♗d7 ♕c4 23. gh4 ♕c5 24. ♗e6 ♗f6 25. ♖c7 ♕b6 26. ♖e7 ♔e7 27. ♗a3 ♔e6 28. ♕g4 ♔e5 29. ♕g3 ♔e4 30. ♕g4 ♔d3 31. ♕d1 ♔c3 32. ♕f3 ♔c2 33. ♕e4 ♔d2 34. ♕f4 ♔d1 35. ♕f3 ♔c2 36. ♕e4 ♔c3 37. ♕f3 ♔d4 38. ♕e3 ♔c4 39. ♕e2 ♔d5 40. ♕f3 ♔e5 41. ♕g3 **½:½**

31.05. **964.**

P. KERES - P. BENKO

1. e4 c5 2. ♘e2 g6 3. g3 d5 4. ♗g2 de4 5. ♗e4 ♘f6 6. ♗g2 ♘c6 7. d3 ♗g7 8. 0-0 0-0 9. ♘d2 ♗e6 10. ♘f4 ♗g4 11. f3 ♗f5 12. ♘e4 b6 13. c3 e5 14. ♘h3 ♕d7 15. ♘hf2 ♘d5 **½:½**

1.06. **965.**

G. BARCZA - P. KERES

1. ♘f3 d5 2. g3 c5 3. ♗g2 g6 4. d4 ♗g7 5. 0-0 cd4 6. ♘d4 a6 7. ♘b3 e6 8. c4 d4 9. e3 de3 10. ♕d8 ♔d8 11. fe3 ♔e8 12. ♘1d2 ♘d7 13. c5 ♗f8 14. ♘e4 f5 15. ♘d6 ♗d6 16. cd6 ♘gf6 17. e4 ♘e4 18. ♗e4 fe4 19. ♖f4 b6 20. ♖e4 ♘f6 21. ♖e2 ♔d7 22. ♘d4 ♖e8 23. ♗f4 ♗b7 24. ♖f1 ♘e4 25. ♘f3 ♗d5 26. ♘e5 ♔d6 27. ♘c4 ♔e7 28. ♘b6 ♖a7 29. ♖d1 ♔f7 30. ♘d5 ed5 31. ♖d5 ♘c3 32. ♖f2 ♘e2 33. ♔g2 ♘f4 34. ♖f4 ♔g7 35. ♖f2 ♖e6 36. ♖fd2 ♔f6 37. ♖d6 ♖c7 38. ♔f3 ♖c5 39. ♖e6 ♔e6 40. ♔e4 a5 41. ♔d4 ♖c1 42. ♖e2 ♔d6 43. ♖f2 ♔e6 44. ♔d3 ♖c5 45. ♖c2 ♖d5 46. ♔c4 ♔d6 47. ♖f2 ♖e5 48. a3 a4 49. ♔b4 ♖e4 50. ♔b5 ♔e6 51. h4 h5 52. ♖f3 ♖g4 53. b4 ab3 54. ♖b3 g5 55. hg5 ♖g5 56. ♔c6 ♖a5 57. ♔b6 ♖a8 58. ♖f3 ♔e5 59. ♔b5 ♖b8 60. ♔c4 ♖c8 61. ♔d3 ♖a8 62. ♔c2 ♔e6 63. ♔b2 ♖h8 64. ♖d3 h4 65. gh4 ♖h4 66. ♔b3 ♖h7 67. ♔b4 ♖d7 68. ♖c3 ♖b7 69. ♔a5 ♔d7 **½:½**

5.06. **966.**

P. KERES - G. KLUGER

1. e4 e5 2. ♘f3 ♘c6 3. ♗b5 a6 4. ♗a4 ♘f6 5. 0-0 ♗e7 6. ♕e2 b5 7. ♗b3 0-0 8. a4 ♗b7 9. c3 d5 10. d3 ♕d6 11. ♘bd2 ♖ad8 12. ab5 ab5 13. ♖d1 ♖a8 14. ♖a8 ♖a8 15. d4 de4 16. ♘g5 ♘d8 17. ♘de4 ♘e4 18. ♘e4 ♕c6 19. d5 ♕e8 20. ♗g5 ♗g5 21. ♘g5 ♕e7 22. ♘f3 e4 23. ♘d2 c6 24. d6 ♕d6 25. ♘e4 ♕e7 26. ♘f6 ♔f8 27. ♘h7 ♔e8 28. ♕h5 g6 29. ♕h6 ♗c8 30. ♕g7 **1:0**

USSR - USA TEAM MATCH
Moscow, 29.06.- 6.07.1955

29.06. **967.**

R. BYRNE - P. KERES

1. d4 ♘f6 2. c4 e6 3. ♘c3 ♗b4 4. a3 ♗c3 5. bc3 b6 6. f3 ♘c6 7. e4 d6 8. ♗d3 ♘a5 9. f4 ♗a6 10. e5 ♘d7 11. ♕e2 ♕e7 12. ♗e3 f5 13. ♘f3 0-0-0 14. 0-0 h6 15. ♖fb1 de5 16. fe5 g5 17. ♘d2 f4 18. ♗f2 g4 19. ♘b3 ♘b3 20. ♖b3 ♖hg8 21. g3 ♗b7 22. ♗e4 fg3 23. ♗g3 h5 24. c5 ♘b8 25. ♗b7 ♔b7 26. a4 h4 27. ♗f4 ♕d7 28. a5 ♕d5 29. ♕a2 ♔c8 30. ab6 ab6 31. cb6 cb6 32. ♖b6 g3 33. hg3 ♕a2 34. ♖a2 ♖df8 35. ♖ab2 ♘d7 36. ♖c6 ♔d8 37. ♖a6 ♔e7 38. ♗h6 ♖g3 39. ♖g2 ♖fg8 40. ♖g3 ♖g3 41. ♔h2 ♖c3 42. d5 ♖g3 43. ♖e6 ♔f7 44. ♗f4 ♖g4 45. ♖d6 ♖f4 46. ♖d7 ♔e8 47. ♖h7 ♖f5 48. ♖h8 ♔d7 49. e6 ♔d6 50. ♖d8 ♔e7 51. ♖d7 ♔e8 52. ♔h3 ♖h5 53. d6 ♖h6 54. ♖e7 ♔d8 55. ♖d7 ♔e8 56. ♖e7 ♔d8 **½:½**

1.07. **968.**

P. KERES - R. BYRNE

1. e4 c5 2. ♘e2 ♘f6 3. ♘bc3 d5 4. ed5 ♘d5 5. ♘d5 ♕d5 6. d4 cd4 7. ♕d4 ♕d4 8. ♘d4

a6 9. ♗e3 e5 10. ♘b3 ♗f5 11. 0-0-0 ♘d7 12. ♗d3 ♗d3 13. ♖d3 0-0-0 14. ♘a5 b6 15. ♖c3 ♗c5 16. ♖d1 ♔c7 17. ♘b3 f6 18. ♘c5 bc5 19. ♖cd3 a5 20. ♗d2 ♘b6 21. ♗a5 ♖d3 22. ♖d3 ♔c6 23. ♗b6 ♔b6 24. ♖d7 ♖a8 25. ♖g7 ♖a2 26. ♔b1 ♖a4 27. g3 f5 28. ♖g5 ♖e4 29. ♖f5 ♖e1 30. ♔a2 **1:0**

3.07. **969.**

R. BYRNE - P. KERES

1. e4 e5 2. f4 ef4 3. ♘f3 g5 4. h4 g4 5. ♘e5 ♘f6 6. ♗c4 d5 7. ed5 ♗g7 8. d4 ♘h5 9. 0-0 ♕h4 10. ♕e1 ♕e1 11. ♖e1 0-0 12. ♘c3 ♘d7 13. ♘b5 c6 14. ♘c7 cd5 15. ♘a8 dc4 16. ♗d2 ♘e5 17. de5 ♗f5 18. ♘c7 ♗c2 19. ♖ac1 ♗d3 20. ♘d5 b5 21. ♗f4 ♖d8 22. ♘e7 ♔f8 23. ♗g5 ♖e8 24. ♘c6 ♘g3 25. ♖cd1 ♖e6 26. ♘a7 ♗e5 27. ♘b5 ♘e2 28. ♖e2 ♗e2 29. ♖d8 ♖e8 30. ♖e8 ♔e8 31. ♔f2 ♗d3 32. ♘c3 ♔d7 33. ♔e3 ♗h2 34. ♗f4 ♗g1 35. ♔d2 h5 36. g3 ♗f2 37. ♘d1 ♗d4 38. ♘c3 ♔c6 39. b4 ♗f6 40. b5 ♔b7 41. a4 ♗d8

(diagram)

42. ♘d5 ♗e4 43. ♘c3 ♗f3 44. ♔e3 ♗b6 45. ♔d2 f6 46. ♗d6 ♗a5 47. ♗f4 ♗e4 48. ♗d6 ♗d3 49. ♗f4 ♗b4 50. ♗e3 h4 51. gh4 g3 52. h5 g2 53. h6 f5 54. ♗f2 f4 55. ♗g1 ♗a5 56. ♗h2 ♗b6 57. h7 ♗h7 58. ♔e2

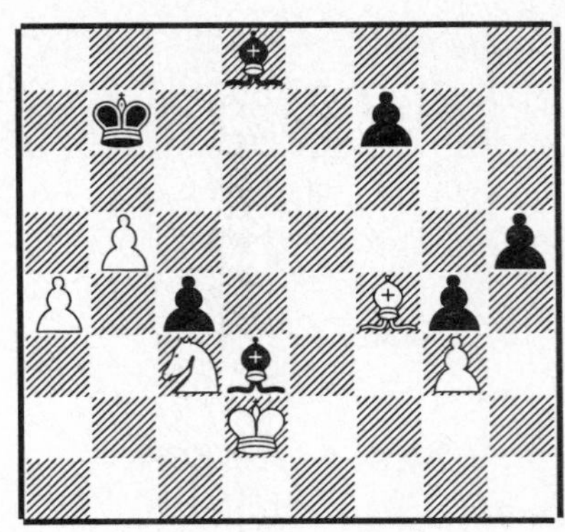

g1♕ 59. ♗g1 ♗g1 60. ♘d5 ♗d4 61. ♘f4 c3 62. ♘d3 ♗d3 63. ♔d3 ♔b6 64. ♔c2 ♔a5 65. ♔b3 ♗e5 66. ♔c2 ♔a4 **0:1**

5.07. **970.**

P. KERES - R. BYRNE

1. e4 c5 2. ♘f3 ♘c6 3. d4 cd4 4. ♘d4 ♘f6 5. ♘c3 d6 6. ♗g5 e6 7. ♕d2 h6 8. ♗f6 gf6 9. 0-0-0 a6 10. ♗e2 h5 11. ♔b1 ♕b6 12. h4 ♗d7 13. f4 ♕d4 14. ♕d4 ♘d4 15. ♖d4 0-0-0 16. ♗f3 ♗e7 17. ♘e2 ♖dg8 18. ♖hd1 ♗b5 19. c4 ♗c6 20. f5 ♖g7 21. ♖4d2 ef5 22. ef5 ♗f3 23. gf3 ♖g2 24. ♘f4 ♖g3 25. ♖d3 ♗d8 26. ♖e1 ♖hg8 27. ♔c2 ♖g1 28. ♖g1 ♖g1 29. ♘h5 ♖h1 30. ♖d4 ♗b6 31. ♖g4 ♗f2 32. ♘f6 ♖h4 33. ♔d3 ♖h3 34. ♖g8 ♔c7 35. ♘d5 ♔d7 36. ♖f8 b5 37. ♖f7 ♔e8 38. ♖e7 ♔f8 39. cb5 ab5 40. ♖b7 **1:0**

PÄRNU
12.- 31.07.1955

14.07. **971.**

G. ILIVITSKY - P. KERES

1. ♘f3 c5 2. e4 g6 3. d4 cd4 4. ♘d4 ♗g7 5. c4 ♘c6 6. ♗e3 ♘h6 7. ♗e2 d6 8. 0-0 f5 9. ♘c3 0-0 10. ef5 ♗d4 11. ♗h6 ♖f5 12. ♕d2 ♕b6 13. ♗e3 ♗e3 14. fe3 ♕a5 15. ♖f5 ♗f5 16. ♕d5 ♕d5 17. ♘d5 ♖c8 18. ♖c1 ♔f7 19. g4 ♗e6 20. ♖f1 ♔g7 21. ♘f4 ♗d7

(diagram)

22. g5 ♘e5 23. b3 b5 24. cb5 ♖c2 25. a4 ♖c3 26. ♗d1 ♖e3 27. ♘d5 ♖d3 28. ♘e7 ♖d2 29. b4 ♗h3 30. ♖e1 ♘d3 31. ♖f1 ♖g2 **0:1**

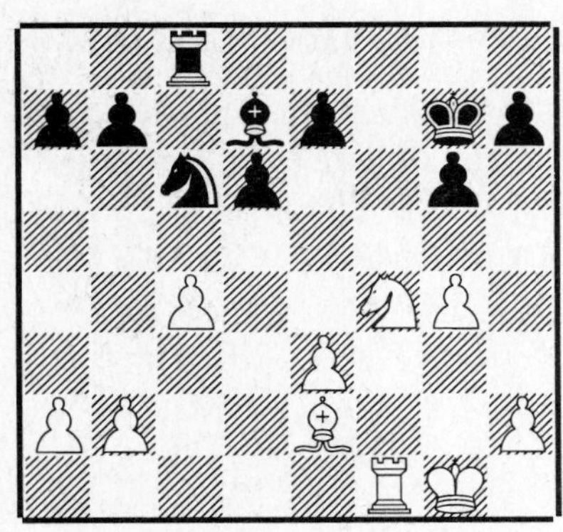

15.07. **972.**

P. KERES - V. MIKENAS

1. d4 d5 2. c4 e6 3. ♘c3 c5 4. cd5 ed5 5. ♘f3 ♘c6 6. g3 c4 7. ♗g2 ♗b4 8. 0-0 ♘ge7 9. e4 0-0 10. ed5 ♘d5 11. ♕c2 ♗g4 12. ♘g5 ♘f6 13. ♘d5 g6 14. ♕c4 ♘d5 15. ♗d5 ♕e7 16. ♘e4 ♗h3 17. ♗g5 ♕c7 18. ♖fc1 ♖ac8 19. ♗h6 ♖fd8 20. ♗f7 ♔h8 21. ♗f4 ♕a5 22. d5 **1:0**

16.07. **973.**

A. SUETIN - P. KERES

1. e4 c6 2. ♘c3 d5 3. d4 de4 4. ♘e4 ♘d7 5. ♗c4 ♘gf6 6. ♘g5 e6 7. ♕e2 ♘b6 8. ♗b3 ♗e7 9. ♘1f3 h6 10. ♘e4 ♘bd5 11. ♗d2 ♕c7 12. ♘e5 a5 13. c3 ♘d7 14. f4 a4 15. ♗c2 c5 16. ♘c5 ♘c5 17. dc5 ♕c5 18. ♕e4 a3 19. b4 ♕c7 20. ♕d3 b6 21. ♖b1 ♗d6 22. 0-0 ♗a6 23. b5 ♗b7 24. c4 ♘e7 25. ♗c3 ♘f5 26. ♖be1 0-0-0 27. ♕h3 ♗c5 28. ♔h1 ♘d6 29. f5 ef5 30. ♗f5 ♔b8 31. ♘d7 ♔a7 32. ♗e5 ♖he8 33. ♗f4 g6 34. ♘c5 ♕c5 35. ♗d6 ♖e1 36. ♖e1 ♖d6 37. ♗g4 ♖d2 38. ♗f3 ♕f2 39. ♖g1 ♗f3 40. gf3 f5 41. ♖f1 ♕e2 **0:1**

18.07. **974.**

P. KERES - V. RAGOZIN

1. e4 e5 2. ♘f3 ♘c6 3. ♗b5 a6 4. ♗a4 ♘f6 5. 0-0 ♗e7 6. ♖e1 b5 7. ♗b3 d6 8. c3 0-0 9. a4 ♗g4 10. h3 ♗h5 11. d3 b4 12. ♘bd2 ♘a5 13. ♗a2 ♖b8 14. d4 c5 15. ♕e2 b3 16. ♗b1 ♕c8 17. de5 de5 18. ♕f1 ♗f3 19. ♘f3 ♘d7 20. ♖d1 c4 21. ♖d5 ♕c7 22. ♗e3 ♖fc8 23. ♘d2 ♘f6 24. ♖a5 ♕a5 25. ♘c4 ♕c7 26. ♗d3 ♗c5 27. ♗g5 ♘d7 28. a5 h6 29. ♗h4 ♖e8 30. ♘d2 ♕d6 31. ♕e2 ♖e6 32. ♗c4 ♖g6 33. ♘b3 ♗a7 34. ♕h5 ♔f8 35. ♖d1 ♘f6 36. ♖d6 ♘h5 37. ♖d7 ♘f4 38. ♖f7 ♔e8 39. ♖a7 ♖g2 40. ♔h1 ♖g6 41. ♗f7 ♔f8 42. ♗g6 ♘g6 43. ♘c5 **1:0**

19.07. **975.**

S. FLOHR - P. KERES

1. ♘f3 ♘f6 2. c4 e6 3. b3 b6 4. g3 ♗b7 5. ♗g2 ♗e7 6. 0-0 0-0 7. d4 c5 8. ♗b2 cd4 9. ♘d4 ♗g2 10. ♔g2 d5 11. ♘d2 ♕d7 12. cd5 ♕d5 13. ♘4f3 ♘c6 14. ♘c4 ♖ac8 15. ♕d5 ♘d5 **½:½**

22.07. **976.**

U. MIKKOV - P. KERES

1. d4 ♘f6 2. c4 g6 3. ♘c3 ♗g7 4. e4 d6 5. f3 0-0 6. ♗e3 e5 7. d5 ♘h5 8. ♕d2 f5 9. 0-0-0 ♘d7 10. ♗d3 ♘c5 11. ♗c2 a5 12. ♘ge2 ♗d7 13. ♔b1 a4 14. ♘c1 b6 15. ♘d3 ♕c8 16. ♘b4 ♕b7 17. ♖c1 ♘f6 18. ♖he1 ♖f7 19. h3 ♘h5 20. ♘e2 fe4 21. ♗e4 ♕a7 22. ♗c2 ♕a5 23. ♘d3 ♕a6 24. ♘b4 ♕a5 25. ♘d3 ♕a7 26. ♘f2 ♘f4 27. ♘f4 ef4 28. ♗d4 ♕a5 29. ♕a5 ♖a5 30. ♗g7 ♔g7 31. b4 ab3 32. ab3 ♖a8 33. ♔b2 ♗f5 34. ♗f5 ♖f5 35. ♖e7 ♖f7 36. ♖f7 ♔f7 37. b4 ♘d7 38. ♘d3 g5 39. ♔b3 ♖e8 40. ♖e1 ♖e1 41. ♘e1 b5 42. ♘c2 ♘b6 43. c5 dc5 44. bc5 ♘d5 45. ♘d4 ♔f6 46. ♘b5 ♔e5 47. ♔c4 c6 48. ♘d4 ♘e3 49. ♔d3 ♔d5 50. g3 ♘g2 51. g4 ♘e1 52. ♔c3 h6 53. ♘f5 ♘f3 **0:1**

23.07. **977.**

P. KERES - A. LILIENTHAL

1. e4 e5 2. ♘f3 ♘c6 3. ♗b5 a6 4. ♗a4 ♘f6 5. 0-0 ♘e4 6. d4 b5 7. ♗b3 d5 8. de5 ♗e6 9.

c3 ♗c5 10. ♘bd2 0-0 11. ♗c2 f5 12. ♘b3 ♗b6 13. ♘fd4 ♘d4 14. ♘d4 ♕e7 15. f3 ♘c5 16. ♗e3 ♖ac8 17. ♕d2 ♘d7 18. ♖fe1 c6 19. a4 ♗d4 20. cd4 ♘b6 21. ♗g5 ♕c7 22. ab5 ab5 23. ♕b4 ♖fe8 24. b3 h6 25. ♗d2 c5 26. dc5 ♕c5 27. ♕c5 ♖c5 28. ♗d3 d4 29. ♗b4 ♖d5 30. ♖a5 ♖a8 31. ♖b5 ♖b5 32. ♗b5 ♗b3 33. e6 ♗a4 34. ♗a4 ♘a4 35. ♖a1 ♘b6 36. ♖a8 ♘a8 37. ♗a5 **1:0**

24.07. **978.**

A. TOLUSH - P. KERES

1. d4 ♘f6 2. c4 e6 3. ♘c3 d5 4. ♘f3 ♗e7 5. g3 dc4 6. ♗g2 0-0 7. 0-0 ♘c6 8. e4 a6 9. ♗f4 b5 10. ♕e2 ♗b7 11. ♖ad1 ♖e8 12. ♖fe1 ♘b4 13. ♘e5 ♘d7 14. ♕g4 ♘e5 15. ♗e5 ♗f8 16. ♖e2 ♘d3 17. ♗f6 ♕c8 18. e5 ♗g2 19. ♔g2 c5 20. ♘e4 cd4 21. ♗g7 ♗g7 22. ♘f6 ♔h8 23. ♕h4 h6 24. ♖e4 ♘e5 25. ♕h5 ♘g6 26. ♘g4 ♕c6 27. f3 ♕d5 28. ♕h3 ♕g5 29. ♖ed4 ♗d4 30. ♖d4 h5 31. ♘f2 ♖ad8 32. ♖g4 ♕f5 33. ♘e4 ♖d3 **0:1**

27.07. **979.**

P. KERES - A. ARULAID

1. e4 e5 2. ♘f3 ♘c6 3. ♗b5 a6 4. ♗a4 d6 5. c3 ♗d7 6. d4 ♘ge7 7. ♗b3 h6 8. ♘h4 ♘a5 9. ♗c2 g5 10. ♘f5 ♘f5 11. ef5 ♕f6 12. d5 ♗g7 13. ♘d2 b5 14. a4 ba4 15. ♗a4 ♘b7 16. ♗d7 ♔d7 17. ♕a4 ♔c8 18. ♕c6 ♕f5 19. 0-0 ♕d7 20. ♖a6 ♖b8 21. ♕c4 f5 22. ♖a7 ♔d8 23. b4 ♖e8 24. ♕c6 ♔c8 25. ♕a6 e4 26. ♘c4 f4 27. ♘a5 **1:0**

28.07. **980.**

J. RANDVIIR - P. KERES

1. e4 e5 2. ♘f3 ♘c6 3. ♗b5 a6 4. ♗a4 ♘f6 5. ♕e2 d6 6. c3 ♗d7 7. d4 ♗e7 8. 0-0 0-0 9. ♗c2 ed4 10. cd4 ♘b4 11. ♘c3 ♘c2 12. ♕c2 ♗g4 13. e5 ♘d7 14. ♕e4 ♗f3 15. ♕f3 c6 16. ♖e1 de5 17. de5 ♘c5 18. ♗e3 ♕a5 19. ♖ad1 ♖ad8 20. ♕g4 ♘e6 21. ♕e4 ♖d1 22. ♖d1 ♖d8 23. ♖d8 ♕d8 24. ♕c4 ♕d7 **½:½**

30.07. **981.**

P. KERES - I. NEI

1. d4 d5 2. c4 c6 3. ♘c3 ♘f6 4. ♘f3 e6 5. e3 ♘bd7 6. ♗d3 dc4 7. ♗c4 b5 8. ♗d3 ♗b7 9. 0-0 a6 10. e4 b4 11. e5 bc3 12. ef6 cb2 13. fg7 ♗g7 14. ♗b2 c5 15. ♖e1 ♖b8 16. ♖b1 ♗d5 17. ♗c3 ♖b1 18. ♗b1 ♕a8 19. ♘g5 h6 20. ♘e4 ♕c6 21. ♗c2 0-0 22. dc5 f5 23. ♗g7 ♔g7 24. ♘c3 ♕c5 25. ♘d5 ed5 26. h3 d4 27. ♕h5 ♕c2 28. ♖e7 ♔f6 29. ♕h4 ♔g6 30. ♕g3 ♔h5 31. ♖d7 ♕c1 32. ♔h2 ♕g5 33. ♕f3 ♔g6 34. ♖d4 ♕e7 35. ♕d3 ♖f6 36. h4 ♕e5 37. ♕g3 ♕g3 38. ♔g3 ♖c6 39. ♖a4 ♔f6 40. ♔f4 ♖b6 41. f3 ♖c6 42. g4 fg4 43. fg4 ♖b6 44. ♖c4 ♖d6 45. ♖a4 ♖c6 46. h5 ♔e6 47. ♖a5 ♔f6 48. ♔g3 ♖d6 49. ♔h4 ♖c6 50. a4 ♔e6 51. ♖f5 ♔e7 52. ♖f4 ♖c1 53. ♖b4 ♖h1 54. ♔g3 ♖g1 55. ♔f4 ♖a1 56. ♔f5 a5 57. ♖b7 ♔f8 58. ♔g6 ♖a4 59. ♖b8 ♔e7 60. g5 hg5 61. h6 ♖h4 62. ♔g5 **1:0**

CANDIDATES TOURNAMENT
Gothenburg, 15.08.- 25.09.1955

15.08. **982.**

P. KERES - J.H. DONNER

1. e4 c5 2. ♘f3 ♘c6 3. d4 cd4 4. ♘d4 ♘f6 5. ♘c3 e6 6. ♘db5 ♗b4 7. a3 ♗c3 8. ♘c3 d5 9. ed5 ♘d5 10. ♘d5 ♕d5 11. ♕d5 ed5 12. ♗g5 f6 13. ♗e3 ♗e6 14. 0-0-0 ♔f7 15. ♗e2 ♖hd8 16. c3 ♗f5 17. ♗d3 ♗d3 18. ♖d3 ♖d7 19. ♖hd1 ♖hd8 20. a4 ♘e5 21. ♖d4 ♘c4 22. ♗f4 g5 23. ♗g3 f5 24. h4 f4 25. ♗h2 h6 26. b3 ♘e5 27. f3 ♔e6 28. ♗g1 b6 29. ♗f2 ♔f5 30. hg5 hg5 31. ♖h1 ♔g6 32. ♖d2 ♖e8 33. ♔c2 g4 34. ♗d4 gf3 35. gf3 ♘f3 36. ♖g2

♔f5 37. ♖h5 ♔e6 38. ♖h6 ♔e7 39. ♗f6 ♔d6 40. ♗e5 ♔e7 41. ♗f6 ♔d6 42. ♖f2 ♘g1 43. ♖f4 ♖e6 44. ♖f1 ♘e2 45. ♗g5 ♖h6 46. ♗h6 ♔c6 47. ♔d3 ♘g3 48. ♖f6 ♔b7 49. b4 ♘e4 50. ♖g6 ♘d6 51. ♖e6 a6 52. ♗f4 ♘c4 53. ♔d4 ♖f7 54. ♗g3 ♖d7 55. ♖g6 a5 56. ♗f4 ♘b2 **½:½**

16.08. **983.**

T. PETROSIAN - P. KERES

1. d4 ♘f6 2. c4 e6 3. ♘c3 ♗b4 4. e3 b6 5. ♘f3 ♗b7 6. ♗d3 c5 7. 0-0 0-0 8. ♘a4 cd4 9. ed4 ♗e7 10. ♗f4 ♘e4 11. ♘c3 d5 12. cd5 ♘c3 13. bc3 ♕d5 14. ♖e1 ♘c6 15. ♖b1 ♖fd8 16. ♖b5 ♕a2 17. ♖e2 ♕a3 18. ♕b1 ♕c3 19. ♖b3 ♕a5 20. ♖b5 ♕c3 21. ♖b3 ♕a5 22. ♖b5 **½:½**

19.08. **984.**

P. KERES - B. SPASSKY

1. d4 ♘f6 2. c4 e6 3. ♘f3 b6 4. e3 ♗b7 5. ♗d3 ♗e7 6. 0-0 0-0 7. b3 d5 8. ♗b2 ♘bd7 9. ♘c3 c5 10. ♕e2 dc4 11. bc4 ♕c7 12. ♖ad1 ♖ad8 13. d5 a6 14. de6 fe6 15. ♘g5 ♕c6 16. f4 h6 17. ♘f3 ♕c7 18. ♘h4 ♗d6 19. ♗b1 ♖fe8 20. ♕f2 ♘f8 21. ♕g3 ♘h5 22. ♕h3 ♘f6 23. ♘g6 e5 24. ♘d5 ♗d5 25. fe5 ♗e5 26. ♘e5 ♗e6 27. ♕g3 ♖d1 28. ♖d1 b5 29. ♖f1 ♘6d7

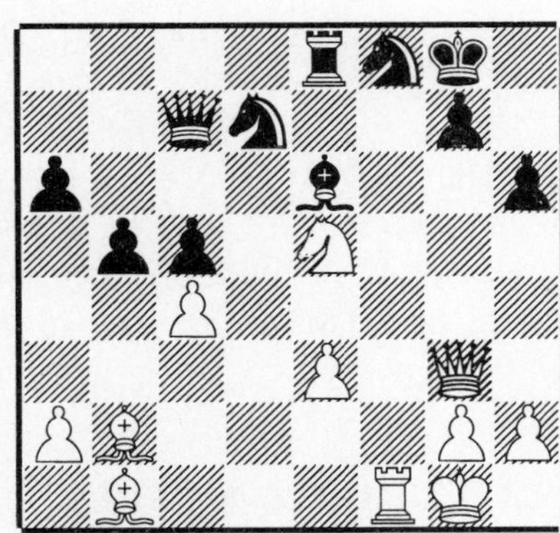

30. ♕g7 **1:0**

22.08. **985.**

Y. GELLER - P. KERES

1. c4 ♘f6 2. ♘f3 c5 3. ♘c3 e6 4. g3 b6 5. ♗g2 ♗b7 6. 0-0 ♗e7 7. d4 cd4 8. ♕d4 ♘c6 9. ♕d2 ♘a5 10. b3 d5 11. cd5 ♘d5 12. ♗b2 ♗f6 13. ♘d5 ♗d5 14. ♗f6 ♕f6 15. ♖ac1 0-0 16. ♕d4 ♕d4 17. ♘d4 ♖fd8 18. ♗d5 ♖d5 **½:½**

23.08. **986.**

P. KERES - G. ILIVITSKY

1. c4 ♘f6 2. ♘c3 d5 3. cd5 ♘d5 4. g3 ♘c3 5. bc3 g6 6. ♗g2 ♗g7 7. ♘f3 0-0 8. h4 h6 9. ♖b1 c5 10. c4 ♘c6 11. ♖b5 ♕d6 12. d3 ♖b8 13. ♗e3 b6 14. ♕c1 ♔h7 15. 0-0 e5 16. ♗d2 ♗g4 **½:½**

25.08. **987.**

D. BRONSTEIN - P. KERES

1. d4 ♘f6 2. c4 e6 3. ♘c3 ♗b4 4. e3 c5 5. ♗d3 b6 6. ♘e2 ♗b7 7. 0-0 cd4 8. ed4 0-0 9. d5 h6 10. ♗c2 ♘a6 11. ♘b5 ed5 12. a3 ♗e7 13. ♘g3 dc4 14. ♗h6 gh6 15. ♕d2 ♘h7 16. ♕h6 f5 17. ♘f5 ♖f5 18. ♗f5 ♘f8 19. ♖ad1 ♗g5 20. ♕h5 ♕f6 21. ♘d6 ♗c6 22. ♕g4 ♔h8 23. ♗e4 ♗h6 24. ♗c6 dc6 25. ♕c4 ♘c5 26. b4 ♘ce6 27. ♕c6 ♖b8 28. ♘e4 ♕g6 29. ♖d6 ♗g7 30. f4 ♕g4 31. h3 ♕e2 32. ♘g3 ♕e3 33. ♔h2 ♘d4 34. ♕d5 ♖c8 35. ♘h5 ♘e2 36. ♘g7 ♕g3 37. ♔h1 ♘f4 38. ♕f3 ♘e2 39. ♖h6 **1:0**

26.08. **988.**

P. KERES - L. PACHMAN

1. e4 e5 2. ♘f3 ♘c6 3. ♗b5 a6 4. ♗a4 ♘f6 5. 0-0 ♗e7 6. ♕e2 b5 7. ♗b3 d6 8. a4 ♗g4 9. c3 0-0 10. h3 ♘a5 11. ♗c2 ♗e6 12. ab5 ab5 13. d4 ♗c4 14. ♗d3 ♘d7 15. ♘bd2 ♗d3 16. ♕d3 b4 17. cb4 ♘c6 18. ♖a8 ♕a8 19. ♘b3 ed4 20. ♘bd4 ♘de5 21. ♘e5 de5 22. ♘f5 ♗f6 23. b5 ♖d8 24. ♕c4 ♘d4 25. ♘d4 ed4 26. ♕c7 ♕e4 27. b6 ♖e8 28. b7 ♗e5 29. ♕c8 ♗b8 30. ♗d2 g6 31. ♖e1 **1:0**

29.08. **989.**

B. RABAR - P. KERES

1. d4 ♘f6 2. c4 e6 3. ♘c3 ♗b4 4. e3 b6 5. ♘e2 ♗a6 6. a3 ♗e7 7. ♘f4 0-0 8. ♗d3 d5 9. cd5 ♗d3 10. ♕d3 ed5 11. 0-0 ♕d7 12. ♗d2 a5 13. f3 ♖d8 14. ♗e1 c5 15. dc5 bc5 16. ♖d1 d4 17. ed4 cd4 18. ♘ce2 ♘c6 19. ♗f2 ♖ab8 20. ♘d4 ♘d4 21. ♕d4 ♕d4 22. ♗d4 ♖d4 23. ♖d4 ♗c5 24. ♖d1 g5 25. ♘e2 ♖b2 26. ♔f1 ♗d4 27. ♖d4 ♔g7 28. ♖a4 ♖b5 29. ♘d4 ♖b1 30. ♔f2 ♖b2 31. ♔g1 ♖b1 32. ♔f2 ♖b2 ½:½

30.08. **990.**

P. KERES - A. MEDINA-GARCIA

1. e4 e5 2. ♘f3 ♘c6 3. ♗b5 a6 4. ♗a4 d6 5. c3 ♗d7 6. d4 g6 7. 0-0 ♗g7 8. de5 de5 9. ♗g5 ♘ge7 10. ♕e2 h6 11. ♗e3 0-0 12. ♖d1 ♕c8 13. ♘bd2 b6 14. ♘f1 ♗e6 15. ♘g3 ♕b7 16. ♗b3 ♗b3 17. ab3 a5 18. h4 ♖ad8 19. h5 ♕c8 20. ♕c4 g5 21. ♘h2 ♖d1 22. ♖d1 ♖d8 23. ♖e1 ♖d6 24. f3 ♕d7 25. ♘g4 ♘d8 26. ♔h2 ♖c6 27. ♕b5 ♖d6 28. ♕d7 ♖d7 29. ♘f5 ♘f5 30. ef5 f6 31. ♘f2 ♗f8 32. ♘e4 ♔f7 33. ♔g1 ♘c6 34. ♔f2 ♘e7 35. ♘g3 ♘c8 36. ♔e2 ♔e8 37. c4 c5 38. ♘e4 ♗e7 39. ♘c3 ♘d6 40. g4 ♗d8 41. ♔f2 ♔f7 42. ♖d1 ♔e8 43. ♖e1 ♔f7 44. ♔e2 ♘c8 45. ♘e4 ♔e8 46. ♗d2 ♘d6 47. ♘f2 ♗e7 48. ♘d3 ♘f7 49. ♖a1 ♘d8 50. ♗c3 ♘c6 51. ♔e3 ♗d8 52. ♔e4 ♗c7 53. ♘f2 ♘d4 54. ♗d4 ed4 55. ♔d3 ♖e7 56. ♘e4 ♔f7 57. ♖e1 ♗f4 58. ♖e2 ♖e8 59. ♘f2 ♖e2 60. ♔e2 ♔e7 61. ♔d3 ♗g3 62. ♘e4 ♗f4 ½:½

1.09. **991.**

A.B. BISGUIER - P. KERES

1. e4 e5 2. ♘f3 ♘c6 3. ♘c3 g6 4. d4 ed4 5. ♘d5 ♗g7 6. ♗g5 ♘ce7 7. ♘d4 c6 8. ♘c3 h6 9. ♗h4 ♕b6 10. ♘b3 a5 11. a4 d5 12. ♗d3 ♘f6 13. 0-0 de4 14. ♘e4 ♘e4 15. ♗e4 g5 16. ♗g3 0-0 17. ♘d2 ♗e6 18. ♗d6 ♖fe8 19. ♗a3 ♖ad8 20. ♗d3 ♕c7 21. ♖e1 ♘d5 22. ♘e4 ♘b4 23. ♘c5 ♘d3 24. ♘e6 ♖e6 25. cd3 ♖e1 26. ♕e1 ♕f4 27. g3 ♕f3 28. ♖d1 ♖d5 29. ♖d2 ♖e5 30. ♕c1 h5 31. ♗d6 ♖e6 32. ♗c7 ♗d4 33. h3 h4 34. ♖c2 ♔h7 35. g4 ♕h3 36. ♕d1 ♖f6 37. b3 ♖f3 38. ♕f1 ♕g4 39. ♕g2 ♕f5 40. ♗a5 ♖g3 **0:1**

2.09. **992.**

P. KERES - O.R. PANNO

1. e4 c5 2. ♘f3 d6 3. d4 cd4 4. ♘d4 ♘f6 5. ♘c3 a6 6. ♗g5 e6 7. f4 ♕b6 8. ♕d2 ♘c6 9. 0-0-0 ♕d4 10. ♕d4 ♘d4 11. ♖d4 ♘d7 12. ♗e2 h6 13. ♗h4 g5 14. fg5 ♘e5 15. ♘a4 ♗e7 16. ♘b6 ♖b8 17. ♗g3 hg5 18. ♖hd1 f6 19. c4 0-0 20. ♖4d2 f5 21. c5 f4 22. cd6 ♗d6 23. ♖d6 fg3 24. hg3 ♖f7 25. ♔b1 ♖c7 26. ♖d8 ♔g7 27. ♖c1 ♘c6 28. e5 ♔g6 29. ♗d3 ♔f7 30. ♖h8 ♔e7 31. ♗g6 **1:0**

6.09. **993.**

H. PILNIK - P. KERES

1. e4 e5 2. ♘f3 ♘c6 3. ♗b5 a6 4. ♗a4 ♘f6 5. 0-0 ♗e7 6. d3 d6 7. c3 0-0 8. ♖e1 ♘d7 9. ♗c2 ♘b6 10. a4 a5 11. ♗e3 ♗e6 12. ♗b6 cb6 13. ♘a3 ♕c7 14. ♗b3 ♖ad8 15. ♘c4 d5 16. ed5 ♖d5 17. ♘e3 ♖d6 18. ♘c4 ♖d5 19. ♘e3 ♖d6 ½:½

7.09. **994.**

P. KERES - M. NAJDORF

1. e4 c5 2. ♘f3 d6 3. d4 cd4 4. ♘d4 ♘f6 5. ♘c3 a6 6. ♗g5 e6 7. f4 ♗e7 8. ♕f3 h6 9. ♗h4 g5 10. fg5 ♘d7 11. ♘e6 fe6 12. ♕h5 ♔f8 13. ♗b5 ♔g7 14. 0-0 ♘e5 15. ♗g3 ♘g6 16. gh6 ♖h6 17. ♖f7 ♔f7 18. ♕h6 ab5 19. ♖f1 ♔e8 20. ♕g6 ♔d7 21. ♖f7 ♘c6 22. ♘d5 ♖a2 23. h4 ♕h8 24. ♘e7 ♘e7 25. ♕g5 **1:0**

9.09. **995.**

C.E. GUIMARD - P. KERES

1. d4 ♘f6 2. ♘f3 c5 3. d5 b5 4. c4 ♗b7 5. ♘c3 b4 6. ♕b3 ♕a5 7. ♘d1 e6 8. e4 ♘e4 9.

♗d3 ♘f6 10. 0-0 g6 11. ♗g5 ♗g7 12. ♘e3 0-0 13. h4 ♕c7 14. ♖ae1 d6 15. ♗f6 ♗f6 16. ♘g4 ♗g7 17. h5 ed5 18. hg6 hg6 19. ♘g5 ♕d7 20. ♖e6 fe6 21. ♗g6 ♖f5 22. ♕e3 ♖g5 23. ♕g5 ♘c6 24. cd5 ♕e7 25. ♕h5 ♘e5 26. ♖e1 ♗d5 27. ♕h7 ♔f8 28. ♘h6 ♕f6 29. ♖e5 de5 30. f3 ♗h6 31. ♕h6 ♔e7 32. ♕h7 ♔d6 **0:1**

10.09. **996.**

P. KERES - A. FUDERER

1. e4 c5 2. ♘f3 d6 3. d4 cd4 4. ♘d4 ♘f6 5. ♘c3 a6 6. ♗g5 e6 7. f4 ♕b6 8. ♕d2 ♕b2 9. ♖b1 ♕a3 10. e5 ♘fd7 11. f5

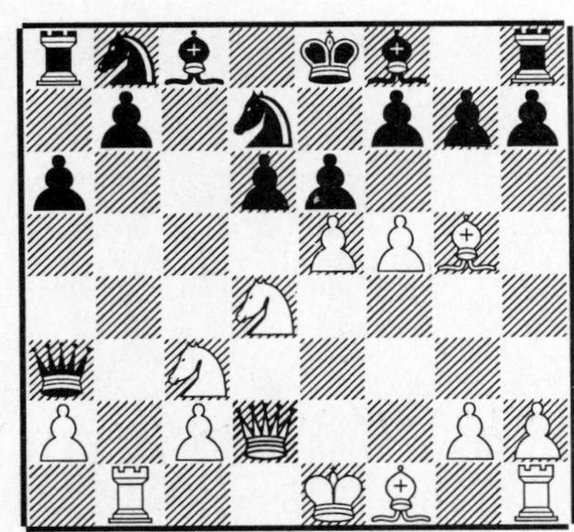

♘e5 12. fe6 fe6 13. ♗e2 ♘bc6 14. ♘c6 bc6 15. ♘e4 d5 16. 0-0 ♕a4 17. ♗h5 ♔d7 18. ♖f8 **1:0**

13.09. **997.**

Dr. M. FILIP - P. KERES

1. d4 ♘f6 2. c4 e6 3. ♘f3 b6 4. g3 ♗b7 5. ♗g2 ♗e7 6. 0-0 0-0 7. ♘c3 ♘e4 8. ♕c2 ♘c3 9. ♕c3 ♗e4 10. b3 c5 11. ♗b2 ♘c6 12. dc5 ♗f6 13. ♕d2 ♗b2 14. ♕b2 bc5 15. ♘e5 ♗g2 16. ♔g2 ♕c7 17. ♘c6 ♕c6 **½:½**

14.09. **998.**

P. KERES - G. STAHLBERG

1. e4 c5 2. ♘f3 d6 3. d4 cd4 4. ♘d4 ♘f6 5. ♘c3 a6 6. ♗g5 e6 7. f4 ♕c7 8. ♕f3 ♘c6 9. 0-0-0 ♗d7 10. ♗h4 ♗e7 11. g4 ♘d4 12. ♖d4 ♗c6 13. ♗g2 ♖c8 14. ♖hd1 0-0 15. g5 ♘d7 16. ♖4d2 ♘c5 17. ♕e3 b5 18. ♘e2 ♕b7 19. ♘g3 g6 20. ♖e1 ♖fe8 21. ♘h1 d5 22. ♘f2 h5 23. ed5 ed5 24. ♕d4 ♘e6 25. ♖e6 fe6 26. ♘d3 ♗d6 27. ♖e2 ♕g7 28. ♘e5 ♗d7 29. ♗f2 ♗e5 30. ♖e5 ♖c4 31. ♕d2 ♕f8 32. ♗e3 ♖ec8 33. ♗e4 de4 34. ♕d7 ♖c2 35. ♔b1 ♕f7 36. ♕e6 ♕e6 37. ♖e6 ♖e2 38. ♖g6 ♔f7 39. ♖f6 ♔e7 40. a4 ♖e3 41. f5 **0:1**

16.09. **999.**

W. UNZICKER - P. KERES

1. e4 e5 2. ♘f3 ♘c6 3. ♗b5 a6 4. ♗a4 ♘f6 5. 0-0 ♗e7 6. ♖e1 b5 7. ♗b3 0-0 8. c3 d6 9. h3 a5 10. d4 ed4 11. ♘d4 ♘d4 12. cd4 ♗b7 13. ♘d2 c5 14. a4 cd4 15. ab5 d5 16. ed5 ♘d5 17. ♘f3 ♗c5 18. ♘e5 ♕d6 19. ♘c6 ♘b4 20. ♘a5 ♕c7 21. ♗f4 ♕f4 22. ♘b7 ♖a1 23. ♕a1 ♘d3 24. ♖f1 ♗b6 25. ♗d5 ♘f2 26. ♕c1 ♕c1 27. ♖c1 d3 28. ♗f3 d2 29. ♖c6 ♗e3 30. ♔f1 f5 31. ♘d6 g5 32. b6 g4 33. ♗d5 ♔g7 34. ♗b3 ♘d3 35. b7 ♗f4 36. ♗d1 ♘b2 37. ♔e2 ♗d6 38. ♖d6 ♖e8 39. ♔f1 ♘d1 40. ♖d2 ♘e3 41. ♔f2 gh3 42. gh3 ♘c4 43. ♖c2 ♘d6 44. ♖c6 ♘e4 45. ♔f3 ♖b8 46. ♖b6 ♔f7 47. ♔f4 ♘c5 48. ♖b5 ♘e6 49. ♔e3 ♔f6 50. ♖b6 ♔e5 51. ♖b5 ♔d6 52. ♖b6 ♔d5 53. h4 ♔e5 54. ♖b5 ♔d6 55. ♖b6 ♔e7 56. h5 ♘d8 57. ♖h6 ♘f7 58. ♖h7 ♔f6 **0:1**

18.09. **1000.**

P. KERES - B. SLIWA

1. e4 e5 2. ♘f3 ♘c6 3. ♗b5 a6 4. ♗a4 d6 5. c3 ♗d7 6. d4 ♘f6 7. 0-0 ♗e7 8. ♘bd2 0-0 9. ♖e1 ed4 10. cd4 ♘b4 11. ♗d7 ♕d7 12. ♘f1 d5 13. ♘e5 ♕e8 14. a3 ♘c6 15. ♘c6 ♕c6 16. e5 ♘e4 17. ♘e3 f5 18. ♕b3 ♖ad8 19. ♘f5 ♖f5 20. ♖e4 ♕c4 21. ♕c4 dc4 22. g4 ♖f3 23. ♗e3 g5 24. ♔g2 ♖ff8 25. h4 h6 26. ♖h1 ♔g7 27. hg5 hg5 28. ♖h5 ♔g6 29. e6 ♖h8 30. ♗g5 ♗g5 31. e7 ♗e7 32. ♖h8 ♖h8

33. ♖e7 ♖h7 34. ♖h7 ♔h7 35. ♔f3 b5 36. ♔e4 a5 37. d5 **1:0**

21.09. **1001.**

L. SZABO - P. KERES

1. ♘f3 ♘f6 2. g3 c5 3. ♗g2 ♘c6 4. d4 cd4 5. ♘d4 g6 6. c4 ♗g7 7. 0-0 h5 8. h3 h4 9. g4 ♕c7 10. ♘b5 ♕b8 11. e4 a6 12. ♘5c3 b5 13. f4 ♗b7 14. e5 ♘h7 15. ♘d5 d6 16. cb5 ab5 17. ed6 ♕d6 18. ♘bc3 0-0 19. ♗e3 ♕b8 20. a3 ♖d8 21. ♕f3 e6 22. ♘b6 ♖a6 ½:½

3rd CANDIDATES` TOURNAMENT
Amsterdam, 27.03.- 1.05.1956

27.03. **1002.**

P. KERES - D. BRONSTEIN

1. e4 e5 2. ♗c4 ♘f6 3. ♘c3 ♘c6 4. f4 ♗c5 5. fe5 ♘e5 6. ♗b3 ♗g1 7. ♖g1 ♘fg4 8. d4 ♕h4 9. ♔d2 ♘c6 10. ♕f3 ♘f6 11. ♔d3 b6 12. ♗e3 ♗b7 13. ♕f4 ♗a6 14. ♔d2 ♕f4 15. ♗f4 ♘d4 16. ♗c7 ♘b3 17. ab3 ♗b7 18. e5 ♘e4 19. ♘e4 ♗e4 20. ♗d6 h5 21. ♖a4 ♗c6 22. ♖f4 ♖h6 23. c4 f6 24. b4 b5 25. b3 a5 26. cb5 ♗b5 27. ♖a1 a4 28. ba4 ♖a4 29. ♖a4 ♗a4 30. ♔c3 ♖g6 31. g3 ♖g4 32. ♖f5 ♖g5 33. ♖f2 ♔f7 34. ef6 gf6 35. ♖e2 ♗b5 36. ♖e4 ♖d5 37. ♗c5 ♖d3 38. ♔c2 ♖d5 39. ♗d4 d6 40. ♖f4 f5 41. ♔c3 ♔g6 42. ♖f3 ♗a6 43. ♖e3 ♔f7 44. ♖e1 ♗b5 45. ♖a1 ♔e6 46. ♖a8 ♔d7 47. ♖a7 ♔c6 ½:½

28.03. **1003.**

B. SPASSKY - P. KERES

1. d4 d5 2. c4 dc4 3. ♘f3 ♘f6 4. e3 e6 5. ♗c4 c5 6. 0-0 a6 7. ♕e2 ♘bd7 8. ♘c3 b5 9. ♗b3 ♗b7 10. ♖d1 b4 11. ♘a4 ♕a5 12. e4 ♕b5 13. ♕e1 ♗e4 14. ♘e5 c4 15. ♘c4 ♗e7 16. ♗f4 0-0 17. ♘d6 ♗d6 18. ♗d6 ♖fc8 19. ♕b4 ♕c6 20. f3 ♘d5 21. ♕a3 ♗g6 22. ♖ac1 ♕c1 23. ♖c1 ♖c1 24. ♔f2 a5 25. ♗d5 ed5 26. ♘c3 ♘b6 27. ♕c5 ♖c2 28. ♔g3 ♖b2 29. ♗c7 ♖c8 ½:½

30.03. **1004.**

P. KERES - H. PILNIK

1. e4 c5 2. ♘e2 d6 3. g3 g6 4. ♗g2 ♗g7 5. c3 ♘f6 6. d4 0-0 7. 0-0 ♕c7 8. ♘a3 ♘c6 9. h3 ♖d8 10. ♗e3 e5 11. d5 ♘b8 12. b4 ♘bd7 13. ♕b3 b6 14. ♘c4 ♘e8 15. g4 ♗b7 16. ♘g3 ♖dc8 17. ♖fc1 ♕d8 18. a4 ♗f6 19. a5 b5 20. ♘d2 a6 21. ♘f3 ♖c7 22. c4 bc4 23. ♖c4 ♖b8 24. ♕a3 cb4 25. ♖b4 ♖bc8 26. ♗f1 ♖c3 27. ♕b2 ♗a8 28. ♗a6 ♖8c7 29. ♘e2 ♖c2 30. ♕b1 ♖2c5

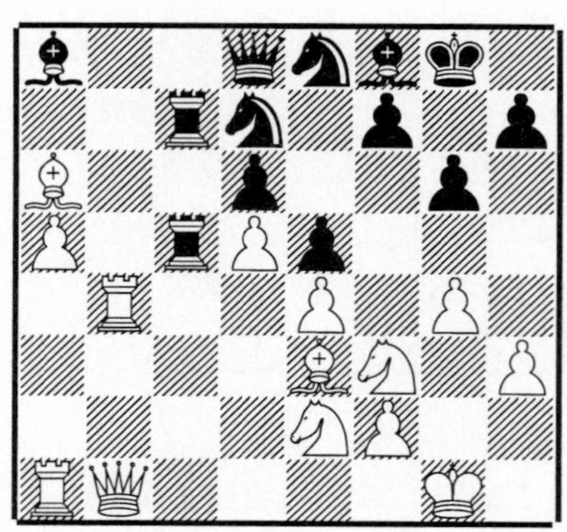

31. ♗b5 ♖c8 32. ♗d7 ♕d7 33. ♗c5 dc5 34. ♖b8 ♘d6 35. ♘c3 h5 36. ♖c8 ♕c8 37. ♕b6 ♗e7 38. ♘e5 hg4 39. ♘g4 ♔g7 40. ♕b2 ♘c4 41. ♕e2 **1:0**

31.03. **1005.**

L. SZABO - P. KERES

1. c4 ♘f6 2. d4 e6 3. ♘c3 ♗b4 4. e3 c5 5. ♗d3 0-0 6. ♘f3 d5 7. 0-0 b6 8. cd5 ed5 9. a3 ♗c3 10. bc3 ♗a6 11. ♗a6 ♘a6 12. ♕d3 ♘c7 13. c4 ♘e6 14. ♗b2 dc4 15. ♕c4 ♖c8 16. ♖fd1 cd4 17. ♕e2 ♕e7 18. ♘d4 ♘d4 19. ♗d4 ♖c6 ½:½

4.04. **1006.**

P. KERES - Y. GELLER

1. c4 c5 2. ♘f3 ♘f6 3. ♘c3 e6 4. g3 b6 5. ♗g2 ♗b7 6. 0-0 ♗e7 7. b3 0-0 8. ♗b2 d5 9. cd5 ♘d5 10. ♕c2 ♘c6 11. ♖fd1 ♖c8 12. ♘d5 ♕d5 13. ♕c4 ♕c4 14. bc4 ♗f6 15. ♗f6 gf6 16. d3 ♖c7 17. ♔f1 ♖d8 18. ♖ab1 ♘d4 19. ♘d4 ♗g2 20. ♔g2 ♖d4 21. e3 ♖d6 **½:½**

5.04. **1007.**

V. SMYSLOV - P. KERES

1. d4 d5 2. c4 e6 3. ♘c3 c5 4. cd5 ed5 5. ♘f3 ♘c6 6. g3 ♘f6 7. ♗g2 cd4 8. ♘d4 ♗c5 9. ♘c6 bc6 10. 0-0 0-0 11. ♘a4 ♗b6 12. ♕c2 ♖e8 13. ♘b6 ♕b6 14. ♗e3 ♕b5 15. ♖ac1 ♗g4 16. ♖fe1 ♖e6 17. a4 ♕a6 18. h3 ♗h5 19. b3 ♖b8 20. ♗f1 ♕b7 21. ♗d4 **½:½**

7.04. **1008.**

P. KERES - O.R. PANNO

1. e4 c5 2. ♘f3 d6 3. d4 cd4 4. ♘d4 ♘f6 5. ♘c3 a6 6. ♗g5 e6 7. f4 ♗d7 8. ♕f3 ♘c6 9. 0-0-0 ♕c7 10. ♘c6 bc6 11. ♗c4 ♗e7 12. ♖d3 e5 13. ♗f6 ♗f6 14. ♖hd1 0-0 15. ♖d6 ♗c8 16. f5 ♗e7 17. ♖6d3 ♖b8 18. ♕h5 ♖b4 19. ♗b3 ♖d4 20. ♖d4 ed4 21. ♖d4 ♕f4 22. ♔b1 ♕f1 23. ♖d1 ♕g2 24. e5 g6 25. fg6 hg6 26. ♕h6 ♗f5 27. ♕e3 ♗g5 28. ♕c5 ♖d8 29. ♖g1 ♗e7 30. ♗f7 ♔g7 31. ♖g2 ♗c5 32. ♗c4 a5 33. a3 ♖e8 34. e6 ♗e6 35. ♗e6 ♖e6 36. ♖g4 ♗e7 37. ♘e4 ♖e5 38. h3 ♔f7 39. ♔a2 ♔e6 40. a4 ♔f5 41. ♘g3 ♔f6 42. ♔b3 g5 43. ♖c4 ♖e6 44. ♖c3 ♗d8 45. ♖f3 ♔e7 46. ♔c4 ♔d6 47. ♘f5 ♔c7 48. ♖e3 ♖f6 49. ♘d4 ♔d6 50. ♖f3 ♖g6 51. c3 ♗b6 52. ♖g3 ♗d4 53. cd4 ♖g8 54. ♖g4 ♖h8 55. ♖g5 ♖h3 56. ♖a5 ♖h2 57. b3 ♖c2 58. ♔d3 ♖c1 59. ♖c5 ♖a1 60. a5 ♖a2 61. ♔c3 ♖a1 62. ♔b2 ♖d1 63. ♖c4 ♔c7 64. ♔c2 ♖a1 65. b4 ♔b7 66. ♖c5 ♖a2 67. ♔c3 **1:0**

9.04. **1009.**

Dr. M. FILIP - P. KERES

1. c4 e5 2. ♘c3 ♘f6 3. ♘f3 ♘c6 4. g3 ♗c5 5. ♗g2 0-0 6. 0-0 d6 7. d3 ♗e6 8. a3 a5 9. ♗g5 h6 10. ♗h4 ♘d4 11. ♗f6 ♕f6 12. ♘e4 ♕e7 13. ♘c5 dc5 **½:½**

11.04. **1010.**

P. KERES - T. PETROSIAN

1. e4 c5 2. ♘f3 ♘c6 3. d4 cd4 4. ♘d4 ♘f6 5. ♘c3 d6 6. ♗g5 e6 7. ♕d2 h6 8. ♗f6 gf6 9. 0-0-0 a6 10. ♗e2 h5 11. ♔b1 ♗d7 12. f4 ♕b6 13. ♖hf1 ♕d4 14. ♕d4 ♘d4 15. ♖d4 h4 16. f5 ♖c8 17. ♖d3 ♖c5 18. fe6 fe6 19. ♖f6 ♖g5 20. ♖f2 ♖hg8 21. ♗f3 ♗e7 22. h3 ♖f8 23. ♖fd2 ♗c6 24. ♘d1 ♔d7 25. b3 b5 26. ♘f2 ♔c7 27. ♘g4 ♖f4 28. ♖e2 ♔d7 29. a3 ♔c7 30. ♔c1 d5 31. ed5 ♗a3 32. ♔d2 ♗d5 33. ♗d5 ed5 34. ♖e6 a5 35. ♖h6 d4 36. c3 dc3 37. ♖c3 ♔b7 38. ♖d3 ♖f7 39. ♖h4 ♖e7 40. ♘e3 ♗c5 41. ♖g4 **½:½**

14.04. **1011.**

D. BRONSTEIN - P. KERES

1. e4 e5 2. ♘f3 ♘c6 3. ♗b5 a6 4. ♗a4 ♘f6 5. 0-0 ♗e7 6. ♖e1 b5 7. ♗b3 d6 8. c3 0-0 9. h3 ♘a5 10. ♗c2 c5 11. d4 ♕c7 12. ♘bd2 cd4 13. cd4 ♘c6 14. ♘b3 ♗b7 15. ♗g5 h6 16. ♗h4 ♘h5 17. d5 ♘d8 18. ♗e7 ♕e7 19. ♘fd4 ♘f4 20. ♘f5 ♕f6 21. ♖e3 ♔h7 22. a4 ba4 23. ♖a4 ♗c8 24. ♖b4 ♘b7 25. ♖c3 g6 26. ♘e3 a5 27. ♖b6 ♕d8 28. ♘c4 ♖a7 29. ♘c1 ♕g5 30. ♖g3 ♕e7 31. ♘e2 ♘e2 32. ♕e2 ♖d8 33. ♖a3 ♗d7 34. ♕e3 ♖c8 35. ♗d3 ♗e8

(diagram)

36. b4 a4 37. ♔h2 ♖aa8 38. ♗e2 ♖c7 39. b5 ♕d8 40. ♖a2 ♔g7 41. ♖c6 ♖b8 42. ♖d2 h5 43. ♖d1 ♔g8 44. ♔g1 ♔h7 45. ♕a3 ♕e7 46. ♕a4 ♘c5 47. ♕c2 ♗c6 48. dc6 ♖b5 49.

♘d6 ♖b6 50. ♗b5 ♘e6 51. ♗a4 ♘d4 52. ♕c5 ♖bc6 53. ♗c6 ♖c6 **0:1**

16.04. **1012.**

P. KERES - B. SPASSKY

1. e4 e5 2. ♘f3 ♘c6 3. ♗b5 a6 4. ♗a4 ♘f6 5. 0-0 ♗e7 6. ♘c3 b5 7. ♗b3 d6 8. ♘d5 ♘a5 9. ♘e7 ♕e7 10. d4 ♗b7 11. ♗g5 ♘b3 12. ab3 ♗e4 13. ♘e5 de5 14. ♖e1 ed4 15. ♗f6 ♕f6 16. ♖e4 ♔d7 17. ♕g4 ♔c6 18. ♖f4 ♕g6 19. ♕f3 ♔b6 20. ♖f7 ♕c2 21. ♕f4 ♕c5 22. ♖g7 ♖ad8 23. ♖f7 ♖d6 24. ♖c1 ♖e8 25. h4 ♕e5 26. ♕e5 ♖e5 27. ♔f1 c5 28. ♖e1 ♖ed5 29. ♖a1 ♖d7 30. ♖f6 ½:½

18.04. **1013.**

H. PILNIK - P. KERES

1. e4 e5 2. ♘f3 ♘c6 3. ♗b5 a6 4. ♗a4 ♘f6 5. 0-0 ♗e7 6. d3 d6 7. c3 0-0 8. ♖e1 ♘d7 9. ♗c2 ♗f6 10. ♘bd2 ♘b6 11. ♘c4 ♘c4 12. dc4 ♗e6 13. ♕e2 ♘a5 14. b3 b5 15. cb5 ab5 16. ♗b2 c6 17. ♖ad1 ♕c7 18. ♗b1 ♖fd8 19. h3 ♘b7 20. ♗c1 ♕e7 21. ♘h2 ♗g5 22. ♗g5 ♕g5 23. ♖d3 ♘c5 24. ♖g3 ♕h6 25. ♘f1 g6 26. ♘e3 ♔h8 27. ♘c2 f5 28. ef5 gf5 29. ♘d4 ed4 30. cd4 f4 31. ♖c3 ♗d5 32. dc5 ♕g7 33. ♕g4 ♖g8 34. ♕g7 ♖g7 35. ♗e4 ♖e7 36. f3 dc5 37. ♖c2 c4 38. bc4 ♗c4 39. ♖d1 ♖a2 40. ♖a2 ♗a2 41. ♗c6 ♗c4 42. ♖d4 ½:½

19.04. **1014.**

P. KERES - L. SZABO

1. e4 e5 2. ♘f3 ♘c6 3. ♗b5 a6 4. ♗a4 ♘f6 5. ♕e2 ♗e7 6. 0-0 b5 7. ♗b3 d6 8. a4 ♗g4 9. c3 0-0 10. h3 ♘a5 11. ♗c2 ♗e6 12. ab5 ab5 13. d4 ♗c4 14. ♗d3 ♗d3 15. ♕d3 ♘c4 16. ♖a8 ♕a8 17. b3 ♕a2 18. ♘bd2 ♘d2 19. ♗d2 ♕b3 20. de5 de5 21. ♖b1 ♕a4 22. ♗g5 h6 23. ♗f6 ♗f6 24. ♖b5 ♖d8 25. ♕e2 ♕a1 26. ♔h2 ♕c3 27. ♖b2 ♕d3 28. ♕d3 ♖d3 29. ♖b5 ♖d7 30. ♘e5 ♖e7 31. f4 ♗e5 32. fe5 ♔f8 33. ♔g3 c6 34. ♖c5 ♖c7 35. ♔f4 ♔e7 36. h4 g6 37. ♔e3 ♔d7 38. ♔d4 ♖a7 39. ♖c2 ♖a4 40. ♔e3 ♖a3 41. ♔f4 ♖a5 ½:½

21.04. **1015.**

Y. GELLER - P. KERES

1. e4 e5 2. ♘f3 ♘c6 3. ♗b5 a6 4. ♗a4 ♘f6 5. 0-0 ♗e7 6. ♖e1 b5 7. ♗b3 d6 8. c3 0-0 9. h3 ♘a5 10. ♗c2 c5 11. d4 ♕c7 12. ♘bd2 ♗b7 13. ♘f1 cd4 14. cd4 ♖ac8 15. ♗d3 d5 16. de5 ♘e4 17. ♘g3 f5 18. ef6 ♗f6 19. ♘e4 de4 20. ♗e4 ♖fd8 21. ♕e2 ♖e8 22. ♘d2 ♕d7 23. ♕f1 ♘c6 24. ♘b3 ♘d4 25. ♗b7 ♕b7 26. ♘d4 ♗d4 ½:½

24.04. **1016.**

P. KERES - V. SMYSLOV

1. e4 e5 2. ♘f3 ♘c6 3. ♗b5 a6 4. ♗a4 ♘f6 5. 0-0 ♗e7 6. ♘c3 d6 7. ♗c6 bc6 8. d4 ♘d7 9. de5 de5 10. ♘a4 0-0 11. ♗e3 ♗d6 12. c4 ♕e7 13. ♖c1 ♕e6 14. ♕c2 ♖e8 15. ♖fd1 ♘f8 16. ♕c3 a5 17. ♗c5 ♗c5 18. ♘c5 ♕e7 19. ♕e3 ♗g4 ½:½

25.04. **1017.**

O.R. PANNO - P. KERES

1. ♘f3 ♘f6 2. c4 e6 3. g3 b6 4. ♗g2 ♗b7 5. 0-0 c5 6. ♘c3 ♗e7 7. d4 cd4 8. ♕d4 ♘c6 9. ♕f4 0-0 10. ♖d1 ♕b8 11. b3 ♖d8 12. ♗b2 ♘a5 13. ♕b8 ♖ab8 14. ♘b5 d5 15. cd5 a6 16. ♘c3 ♘d5 17. ♘d5 ♗d5 18. ♖ac1 ½:½

27.04. **1018.**

P. KERES - Dr. M. FILIP

1. e4 e5 2. ♘f3 ♘c6 3. ♗b5 a6 4. ♗a4 ♘f6 5. 0-0 ♗e7 6. ♖e1 b5 7. ♗b3 d6 8. c3 0-0 9. h3 ♘a5 10. ♗c2 c5 11. d4 ♕c7 12. ♘bd2 ♖e8 13. ♘f1 ♘c4 14. a4 ♗d7 15. b3 ♘a5 16. ♘e3 ♗f8 17. ♖b1 ba4 18. ba4 g6 19. ♕e2 cd4 20. cd4 ed4 21. ♘d4 ♗g7 22. ♗b2 ♘b7 23. ♕f3 ♕d8 24. ♘c4 ♕c7 25. ♘e3 ♕d8 26. ♘b3 ♗c6 27. ♘c4 ♖c8 28. ♘d4 ♗e4 29. ♗e4 ♘e4 30. ♖e4 ♖e4 31. ♕e4 d5 32. ♕f3 ♖c4 33. ♘e6 fe6 34. ♗g7 ♘d6 35. ♗e5 ♖c8 36. ♕f4 ♘f7 37. ♖b7 ♕f8 38. ♔h2 ♖c4 39. ♕f6 ♘e5 40. ♕e6 ♘f7 41. g3 ♖a4 42. ♕d5 ♖b4 43. ♖a7 ♖b5 44. ♕a2 ♖f5 45. ♖a6 ♕c5 46. ♖a8 ♔g7 47. ♕b2 ♔h6 48. ♕d2 ♘g5 49. ♖a2 ♔g7 50. ♕b2 ♖f6 51. h4 ♘f3 52. ♔h3 ♘d4 53. ♔h2 ♘b5 54. ♕d2 ♘d4 55. ♕b2 ♘c6 56. ♔g1 ♘e5 57. ♕b7 ♖f7 58. ♕b2 h5 59. ♖a8 ♔h7 60. ♖d8 ♕a5 61. ♖d1 ♕a4 62. ♖d8 ♕e4 63. f4 ♕e3 64. ♔h2 ♘g4 65. ♔h3 ♘f6 66. ♖b8 ♕e6 67. ♔h2 ♕e1 68. ♕g2 ♖e7 69. ♖b7 ♘d7 70. ♖b2 ♕e6 71. ♖b7 ♕g4 72. ♖b2 ♘c5 73. ♕d2 ♕e6 74. ♕g2 ♘d7 75. ♖b7 ♔g8 76. ♖c7 ♔f7 77. ♖a7 ♕c4 78. ♔h3 ♕e6 79. ♔h2 ♕e2 80. ♖a2 ♕g2 81. ♔g2 ♖e3 82. ♖a7 ♔e7 83. ♖a6 ♘f6 84. ♖a7 ♔e6 85. ♖a6 ♔f7 86. ♖a7 ♖e7 87. ♖a3 ♖c7 88. ♔f3 ♖c5 89. ♖e3 ♘d5 90. ♖e2 ♖c3 91. ♔f2 **0:1**

30.04. **1019.**

T. PETROSIAN - P. KERES

1. d4 d5 2. c4 e6 3. ♘f3 c5 4. cd5 ed5 5. g3 ♘c6 6. ♗g2 ♘f6 7. 0-0 ♗e7 8. ♘c3 0-0 9. ♗e3 ♗e6 10. dc5 ♘g4 11. ♗d4 ♘d4 12. ♘d4 ♗c5 13. ♘b3 ♗b6 14. ♘d5 ♖c8 15. e3 ♗d5 16. ♗d5 ♖c7 17. ♕f3 ♘e5 18. ♕g2 ♕e7 19. ♘d4 ♖d8 20. ♖ad1 g6 21. b3 ♖cd7 22. e4 ♖c8 23. ♔h1 ½:½

UNZICKER - KERES MATCH

Hamburg, 20.05.- 2.06.1956

20.05. **1020.**

W. UNZICKER - P. KERES

1. e4 e5 2. ♘f3 ♘c6 3. ♗b5 a6 4. ♗a4 ♘f6 5. 0-0 ♗e7 6. ♖e1 b5 7. ♗b3 0-0 8. c3 d6 9. h3 ♘a5 10. ♗c2 c5 11. d4 ♕c7 12. ♘bd2 ♗b7 13. de5 de5 14. ♘f1 c4 15. ♘g3 ♖fd8 16. ♕e2 ♘d7 17. ♘f5 ♘c5 18. ♘e7 ♕e7 19. ♗e3 ♕c7 20. ♗c5 ♕c5 21. ♖ed1 ♘c6 22. ♖d8 ♖d8 23. ♖d1 f6 24. ♖d8 ♘d8 ½:½

21.05. **1021.**

P. KERES - W. UNZICKER

1. e4 e5 2. ♘f3 ♘c6 3. ♗b5 ♘f6 4. 0-0 ♘e4 5. d4 ♗e7 6. ♕e2 ♘d6 7. ♗c6 bc6 8. de5 ♘b7 9. ♘c3 0-0 10. ♘d4 ♗c5 11. ♖d1 ♗d4 12. ♖d4 d5 13. ed6 cd6 14. b4 ♖e8 15. ♗e3 ♗e6 16. ♕f3 ♕d7 17. ♘e4 ♗f5 18. ♘g3 ♗c2 19. ♖c1 ♗a4 20. ♘h5 f5 21. ♖f4 ♖e7 22. ♖f5 ♖f7

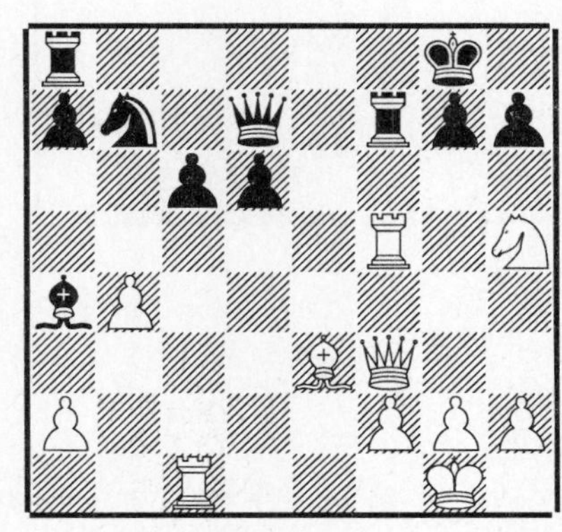

23. ♘g7 ♖g7 24. ♗h6 ♕e7 25. ♗g7 ♕g7 26. h4 h6 27. ♖c4 **1:0**

22.05. **1022.**

W. UNZICKER - P. KERES

1. e4 e5 2. ♘f3 ♘c6 3. ♗b5 a6 4. ♗a4 ♘f6 5. 0-0 ♗e7 6. ♖e1 b5 7. ♗b3 0-0 8. c3 d6 9. d4 ♗g4 10. ♗e3 ed4 11. cd4 ♘a5 12. ♗c2 c5 13. ♘bd2 cd4 14. ♗d4 ♘c6 15. ♗e3 d5 16. ed5 ♘b4 17. h3 ♗h5 18. ♗g5 ♖a7 19. ♗b3 ♘fd5 20. ♗e7 ♘e7 21. g4 ♗g6 22. ♘e5 a5 23. a3 ♘d3 24. ♘d3 ♗d3 25. ♘f3 ♘g6 26. ♘e5 ♘e5 27. ♖e5 ½:½

23.05. **1023.**

P. KERES - W. UNZICKER

1. e4 e5 2. ♘f3 ♘c6 3. ♗b5 a6 4. ♗a4 ♘f6 5. 0-0 ♗e7 6. ♖e1 b5 7. ♗b3 d6 8. c3 0-0 9. h3 ♘a5 10. ♗c2 c5 11. d4 ♕c7 12. ♘bd2 ♗b7 13. a4 cd4 14. cd4 b4 15. b3 ♖ac8 16. ♗b1 d5 17. de5 ♘e4 18. ♘e4 de4 19. ♗e4 ♖fd8 20. ♗d2 ♗e4 21. ♖e4 ♕c6 22. ♖g4 ♕e6 23. ♖b1 h5 24. ♖e4 ♕g6 25. ♕e1 ♖d3 26. ♔h1 ♖b3 27. ♗b4 ♖c4

28. ♖b3 ♖e4 29. ♕b1 ♘b3 30. ♗e7 ♖a4 31. ♕b3 ♖a1 32. ♔h2 ♕f5 33. e6 f6 34. ♗f6 **1:0**

29.05. **1024.**

W. UNZICKER - P. KERES

1. e4 e5 2. ♘f3 ♘c6 3. ♗b5 a6 4. ♗a4 ♘f6 5. 0-0 ♗e7 6. ♖e1 b5 7. ♗b3 0-0 8. c3 d6 9. h3 ♘a5 10. ♗c2 c5 11. d4 ♕c7 12. ♘bd2 ♗b7 13. ♘f1 cd4 14. cd4 ♖ac8 15. ♗b1 ♘d7 16. ♘e3 ed4 17. ♘d4 g6 18. a4 b4 19. ♗a2 ♘f6 20. ♗d2 ♕b6 21. ♘ef5 gf5 22. ♘f5 ♕d8 23. ♗b4 ♘c6 24. e5 ♘b4 25. ef6 ♗f6 26. ♕g4 ♔h8 27. ♕b4 ♖c5 28. ♕b7 ♖f5 29. ♕a6 ♗d4 30. ♖e2 ♖g8 31. ♕c6 ♕h4 32. ♖f1 ♕h3 33. ♖e8 ♕g4 34. ♖g8 ♔g8 35. ♕d6 ♕h4 36. g3 ♖g5 37. ♗d5 ♖g3 38. ♗g2 ♖g6 39. ♕b8 ♔g7 **0:1**

31.05. **1025.**

P. KERES - W. UNZICKER

1. e4 e5 2. ♘f3 ♘c6 3. ♗b5 a6 4. ♗a4 ♘f6 5. 0-0 ♘e4 6. d4 b5 7. ♗b3 d5 8. de5 ♗e6 9. c3 ♗e7 10. ♘bd2 0-0 11. ♕e2 ♘c5 12. ♘d4 ♘b3 13. ♘2b3 ♕d7 14. ♘c6 ♕c6 15. ♗e3 ♗f5 16. ♖fd1 ♖fd8 17. f3 ♗f8 18. ♕f2 a5 19. ♖d2 b4 20. ♖c1 ♕a4 21. cb4 ♗b4 22. ♖dd1 d4 23. ♖d4 ♖e8 24. ♖dc4 ♕a2 25. ♘d4 ♗d3 26. ♖c7 ♖e5 27. ♘c6 ♖ee8 28. ♘b4 ab4 ½:½

1.06. **1026.**

W. UNZICKER - P. KERES

1. e4 e5 2. ♘f3 ♘c6 3. ♗b5 a6 4. ♗a4 d6 5. c3 ♗d7 6. d4 ♘ge7 7. ♗b3 h6 8. ♘bd2 ♘g6 9. ♘c4 ♗e7 10. ♘e3 ♗g5 11. 0-0 ♗e3 12. ♗e3 ♕f6 13. ♕d2 ♘a5 14. ♗d5 c6 15. ♗b3 ♗g4 16. ♘e1 0-0 17. f4 ♘b3 18. ab3 ef4 19. ♗f4 ♕e7 20. ♘d3 ♕e4 21. ♗d6 ♖fe8 22. ♗g3 ♕d5 23. ♘f4 ♘f4 24. ♕f4 ♖e4 25. ♕d6 ♕b3 26. ♖f2 ♖ae8 27. h3 ♖e1 28. ♖e1 ♖e1 29. ♔h2 ♕d1 30. ♗f4 ♗e6 31. ♖f3 ♖h1 32. ♔g3 ♕e1 **0:1**

2.06. **1027.**

P. KERES - W. UNZICKER

1. e4 e5 2. ♘f3 ♘c6 3. ♗b5 a6 4. ♗a4 ♘f6 5. 0-0 ♘e4 6. d4 b5 7. ♗b3 d5 8. de5 ♗e6 9. c3 ♗e7 10. ♗e3 0-0 11. ♘bd2 ♘d2 12. ♕d2 ♕d7 13. ♖ad1 ♖ad8 14. ♕d3 ♗f5 15. ♕e2

♗e4 16. ♘g5 ♕f5 17. ♘e4 ♕e4 18. ♕h5 g6 19. ♕h3 ♕e5 20. ♗h6 ♖fe8 21. ♖fe1 ♕f6 22. ♖d5 ♗c5 23. ♗e3 ♖d5 24. ♗d5 ♗e3 25. ♖e3 ½:½

YUGOSLAVIA - USSR TEAM MATCH-TOURNAMENT
Belgrade, 17.- 28.06.1956

17.06. **1028.**

V. PIRC - P. KERES

1. c4 e5 2. ♘c3 ♘f6 3. g3 c6 4. d4 ed4 5. ♕d4 d5 6. ♗g2 ♗e6 7. cd5 cd5 8. ♘f3 ♘c6 9. ♕a4 ♗c5 10. 0-0 0-0 11. ♗g5 h6 12. ♗f6 ♕f6 13. e4 de4 14. ♘e4 ♕e7 15. ♘c5 ♕c5 16. ♖fd1 ♖ad8 17. a3 ♖d5 18. ♖d5 ♗d5 19. ♖e1 ♖d8 20. ♕f4 ½:½

18.06. **1029.**

P. KERES - B. RABAR

1. e4 e5 2. ♘f3 ♘c6 3. ♗b5 a6 4. ♗a4 ♘f6 5. 0-0 ♗e7 6. ♕e2 b5 7. ♗b3 d6 8. a4 ♗g4 9. c3 0-0 10. h3 ♘a5 11. ♗c2 ♗e6 12. ab5 ab5 13. d4 ♗c4 14. ♗d3 ♗d3 15. ♕d3 ♘c4 16. ♖a8 ♕a8 17. b3 ♕a2 18. bc4 bc4 19. ♕e3 ♕b1 20. de5 ♘e4 21. ♖e1 ♘c5 22. ♗a3 ♕b6 23. ♕d4 ♘b7 24. ♕b6 cb6 25. ♘d4 de5 26. ♗e7 ed4 27. ♗f8 ♔f8 28. ♖e4 dc3 29. ♖c4 ♘d6 30. ♖c3 ♔e7 31. ♔f1 ♔e6 32. ♖c6 b5 33. ♖c5 h6 34. ♔e2 ♘e4 35. ♖c8 ♘d6 36. ♖g8 g6 37. ♔d3 ♔d5 38. g4 ♘c4 39. ♖b8 ♘d6 **1:0**

20.06 **1030.**

P. KERES - A. MATANOVIC

1. e4 e5 2. ♘f3 ♘c6 3. ♗b5 a6 4. ♗a4 ♘f6 5. 0-0 ♗e7 6. ♖e1 b5 7. ♗b3 d6 8. c3 0-0 9. h3 ♘a5 10. ♗c2 c5 11. d4 ♕c7 12. ♘bd2 ♖e8 13. ♘f1 ♗d7 14. ♘e3 g6 15. b4 cb4 16. cb4 ♘c4 17. ♘c4 bc4 18. ♖b1 ♖ab8 19. ♗d2 c3 20. ♗h6 a5 21. ba5 ♕a5 22. ♗b3 ♗a4 23. ♕c2 ♗b3 24. ♖b3 ♖b3 25. ♕b3 ed4 26. ♘d4 ♗f8 27. ♗f8 ♔f8 28. ♘b5 ♘e4 29. ♖e3 ♖c8 30. ♘d4 d5 31. ♘c2 ♕c5 32. ♕a4 ♔g8 33. ♕d7 ♘f6 34. ♕a4 ♔g7 35. ♕f4 ♕b6 36. ♖e1 ♕b2 37. ♘d4 ♕d2 38. ♖e3 c2 39. ♘f5 ♔h8 40. ♘d6 c1♕ 41. ♔h2 ♕c7 42. ♕f6 ♔g8 43. ♖e7 ♕e7 **0:1**

22.06. **1031.**

B. MILIC - P. KERES

1. e4 e5 2. ♘f3 ♘c6 3. ♗b5 a6 4. ♗a4 d6 5. ♗c6 bc6 6. d4 ed4 7. ♘d4 c5 8. ♘f3 ♘f6 9. 0-0 ♗b7 10. ♖e1 ♗e7 11. ♘c3 0-0 12. ♗f4 ♖e8 13. ♕d3 ♘d7 14. ♘d5 ♗f6 15. c3 ♘f8 16. ♖ad1 ♘g6 17. ♗g3 ♗e5 18. ♘e5 ♘e5 19. ♕c2 ½:½

23.06. **1032.**

P. KERES - Dr. P. TRIFUNOVIC

1. e4 e5 2. ♘f3 ♘c6 3. ♗b5 a6 4. ♗a4 d6 5. c3 ♗d7 6. d4 ♘ge7 7. 0-0 ♘g6 8. d5 ♘b8 9. c4 ♗e7 10. ♘c3 h6 11. ♗e3 ♗g5 12. ♖e1 ♗e3 13. ♖e3 0-0 14. ♖c1 a5 15. ♘e1 ♘a6 16. ♗d7 ♕d7 17. ♕a4 ♕a4 18. ♘a4 ♘c5 19. ♘c5 dc5 ½:½

25.06. **1033.**

N. KARAKLAJIC - P. KERES

1. e4 e5 2. ♘f3 ♘c6 3. ♗b5 a6 4. ♗a4 ♘f6 5. 0-0 ♗e7 6. ♘c3 b5 7. ♗b3 d6 8. ♘d5 ♘e4 9. d4 ♗b7 10. ♖e1 ♘a5 11. de5 ♘b3 12. ab3 de5 13. c4 ♘f6 14. ♘e7 ♕d1 15. ♖d1 ♗f3 16. gf3 ♔e7 17. f4 e4 18. ♖a5 ♖hb8 19. f5 ♘d7 20. ♗f4 ♖b7 21. cb5 ♖b5 22. ♖a4 ♘f6 23. ♗g5 ♖e5 24. ♖ad4 ♔f8 25. ♗f6 gf6 26. ♖c1 c5 27. ♖dc4 ♖f5 28. ♖e4 ♖d8 29. ♖ce1 ♖d2 30. ♖e8 ♔g7 31. ♖1e2 ♖e2 32. ♖e2 ♖f3 33. ♖c2 ♖b3 34. ♔g2 ♖b5 35. ♔f3 f5 36. ♔e3 ♔f6 37. f4 ♔e6 38. ♔d3 ♔d5 39. ♖e2 f6 40. ♔c3 ♖b4 41. ♖e7 ♖f4 42. ♖d7 ♔e4 **0:1**

26.06. 1034.

P. KERES - B. IVKOV

1. e4 e5 2. ♘f3 ♘c6 3. ♗b5 a6 4. ♗a4 ♘f6 5. 0-0 ♗e7 6. ♖e1 b5 7. ♗b3 0-0 8. a4 ♗b7 9. d3 ♘a5 10. ♗a2 d6 11. ♗d2 ♘c6 12. ♘c3 ♘a7 13. d4 ed4 14. ♘d4 b4 15. ♘d5 ♘d5 16. ed5 a5 17. c3 ♗f6 18. ♕g4 bc3 19. ♗c3 ♘c8 20. ♖ac1 ♘b6 21. ♘c6 ♗c6 22. dc6 d5 23. ♗b1 g6 24. ♕f4 ♗c3 25. ♖c3 ♖e8 26. ♖ce3 ♖e3 27. ♖e3 ♘c4 ½:½

THE 12th OLYMPIAD
Moscow, 31.08.- 24.09.1956

1.09. 1035.

P. KERES - K. SKÖLD

1. e4 e5 2. ♘f3 ♘c6 3. ♗b5 a6 4. ♗a4 ♘f6 5. 0-0 ♗e7 6. ♖e1 b5 7. ♗b3 d6 8. c3 0-0 9. h3 ♘a5 10. ♗c2 c5 11. d4 ♕c7 12. ♘bd2 cd4 13. cd4 ♘c6 14. ♘b3 a5 15. ♗e3 a4 16. ♘bd2 ♗d7 17. ♖c1 ♕b8 18. ♗b1 ♖c8 19. ♘f1 ♘a5 20. ♖c8 ♗c8 21. ♗d2 ♘c4 22. ♗b4 ♖a7 23. b3 ab3 24. ab3 ♘a5 25. de5 de5 26. ♗e7 ♖d7 27. ♕c2 ♖e7 28. ♘e3 ♗e6 29. ♘d5 ♗d5 30. ed5 ♕d6 31. ♘e5 ♕d5 32. ♖e3 ♖e6 33. ♕c7 ♖e8 34. ♘g4 ♖e3 35. ♘e3 ♕a8 36. b4 ♘c6 37. ♗a2 ♘b4 38. ♗f7 ♔h8 39. ♕c5 ♘d3 40. ♕b5 ♘f4 41. ♕e5 ♘e2 42. ♔f1 ♘d7 43. ♕b2 ♘f4 44. ♕d4 ♘c5 45. ♕f4 ♕a1 46. ♔e2 ♕b2 47. ♔f3 ♘d3 48. ♕d6 **1:0**

2.09. 1036.

A. COLON - P. KERES

1. e4 e5 2. ♘f3 ♘c6 3. ♗b5 a6 4. ♗a4 ♘f6 5. 0-0 ♗e7 6. ♖e1 b5 7. ♗b3 d6 8. c3 0-0 9. h3 a5 10. d4 ed4 11. ♘d4 ♘d4 12. cd4 ♗b7 13. ♘d2 c5 14. d5 a4 15. ♗c2 ♘d7 16. ♘f1 ♗f6 17. ♖b1 g6 18. ♘e3 ♗g7 19. ♘g4 ♘e5 20. ♘e5 ♗e5 21. ♗h6 ♖e8 22. ♕c1 b4 23. ♗g5 ♕d7 24. ♗d1 ♗a6 25. ♗g4 ♕b7 26. ♗e2 ♗e2 27. ♖e2 ♕b5 28. ♕d1 c4 29. f4 ♗g7 30. ♗h4 b3 31. ab3 cb3 32. ♗g3 ♖ac8 33. ♔h2 ♖c5 34. ♖e1 ♖c2 35. e5 de5 36. fe5 ♖c5 37. d6 ♗e5 38. ♖e5 ♖ce5 39. ♕d4 ♖d5 40. ♕f6 ♕d7 41. ♖c1 ♖e6 42. ♕f3 ♖ed6 43. ♖c4 ♕b5 44. ♖c7 ♖d7 45. ♖c1 ♔g7 46. ♗e1 f6 47. ♖c8 ♖d3 48. ♕a8 **0:1**

4.09. 1037.

R. DWORZYNSKI - P. KERES

1. e4 e5 2. ♘f3 ♘c6 3. ♗b5 a6 4. ♗a4 d6 5. d4 b5 6. ♗b3 ♘d4 7. ♘d4 ed4 8. ♕d4 c5 9. ♕d5 ♗e6 10. ♕c6 ♗d7 11. ♕d5 c4 **0:1**

5.09. 1038.

Y. BARDA - P. KERES

1. d4 ♘f6 2. c4 e6 3. ♘c3 ♗b4 4. e3 b6 5. ♗d3 ♗b7 6. f3 c5 7. ♘e2 cd4 8. ed4 ♘c6 9. ♗e3 d5 10. 0-0 dc4 11. ♗c4 0-0 12. ♕d2 ♕e7 13. a3 ♗c3 14. ♘c3 ♖fd8 15. ♖ad1 ♖ac8 16. ♖fe1 ♘e5 17. de5 ♖d2 18. ef6 ♖d1 19. fe7 ♖e1 20. ♔f2 ♖e3 21. ♔e3 ♖e8 **0:1**

8.09. 1039.

P. KERES - E. BHEND

1. e4 c5 2. ♘e2 d6 3. g3 ♘c6 4. ♗g2 ♘f6 5. 0-0 e5 6. c3 ♗e7 7. d4 cd4 8. cd4 0-0 9. ♘bc3 ♗d7 10. h3 ♖e8 11. ♗e3 ♗f8 12. ♕d2 ed4 13. ♘d4 ♘d4 14. ♗d4 ♗c6 15. ♖fe1 a6 16. ♖ad1 ♖c8 17. f4 ♘d7 18. ♕f2 b5 19. a3 ♕c7 20. ♖c1 ♘c5 21. ♖cd1 ♕b7 22. ♕c2 b4 23. ab4 ♕b4 24. ♕f2 a5 25. ♘d5 ♗d5 26. ♗c3 ♕b3 27. ♖d5 ♘e4 28. ♖e4 **1:0**

10.09. 1040.

Dr. J.O.B.E. PENROSE - P. KERES

1. e4 e5 2. ♘f3 ♘c6 3. d4 ed4 4. c3 d3 5. ♗d3 ♗c5 6. 0-0 d6 7. ♘bd2 a5 8. ♖e1 ♘ge7 9. ♘f1 0-0 10. ♗e3 ♗e3 11. ♘e3 ♘g6 12. ♗c2 ♗e6 13. ♘d4 ♕f6 14. g3 ♘ge5 15. f4 ♘c4

16. ♘c4 ♗c4 17. ♘f5 ♗e6 18. ♘e3 ♖fe8 19. ♕d3 g6 20. ♗a4 ♖ed8 21. ♖ad1 ♘e7 22. ♖f1 h5 23. f5 gf5 24. ef5 ♗d7 25. ♗c2 ♖e8 26. ♖f4 ♗c6 27. ♖df1 ♔f8 28. ♕d1 ♘g8 29. ♘d5 ♗d5 30. ♕d5 ♕e5 31. ♕e5 de5 32. ♖4f2 ♘f6 33. ♖e1 ♖ad8 34. ♖fe2 ♖d5 35. h3 ♔g7 36. ♔f2 b6 37. ♔f3 ♖e7 38. ♗b3 ♖c5 39. ♖d1 ♔h6 40. g4 ♔g5 41. ♖g2 hg4 42. hg4 a4 43. ♗a4 ♖c4 44. ♗c2 ♖f4 45. ♔e2 e4 46. a4 ♘g4 47. ♖d4 ♔f5 48. b4 ♔e5 49. a5 ba5 50. ba5 f5 51. ♖c4 ♖f3 52. a6 ♘e3 53. a7 ♖e8 54. ♗e4 fe4 55. ♖g5 ♔f4 56. ♖cc5 ♘g4 57. ♖cf5 ♔g3 58. ♖e5 ♖f2 59. ♔e1 ♖ff8 60. a8♕ ♖a8 61. ♖e4 ♖f4 62. ♖e7 ♖a2 63. ♖e2 ♖e2 64. ♔e2 ♖f7 65. ♔d3 ♔f4 66. ♖h5 ♖d7 67. ♔c4 ♘e5 68. ♔c5 ♖d6 69. ♖h8 ♔e4 70. ♖h4 ♔f5 71. ♖h8 ♘d7 72. ♔b5 ♖b6 **0:1**

12.09. **1041.**

P. KERES - W. UNZICKER

1. e4 e5 2. ♘f3 ♘c6 3. ♗b5 a6 4. ♗a4 ♘f6 5. 0-0 ♗e7 6. ♕e2 b5 7. ♗b3 0-0 8. a4 d5 9. d3 ♗g4 10. c3 d4 11. h3 ♗f3 12. ♕f3 dc3 13. bc3 b4 14. ♗c4 ♘a5 15. ♖d1 ♕c8 16. cb4 ♘c4 17. dc4 ♗b4 18. ♘c3 ♗c3 19. ♕c3 ♘e4 20. ♕e5 ♖e8 **½:½**

13.09. **1042.**

P. KERES - P.BENKO

1. e4 c5 2. ♘f3 ♘c6 3. d4 cd4 4. ♘d4 g6 5. c4 ♗g7 6. ♗e3 ♘f6 7. ♘c3 ♘g4 8. ♕g4 ♘d4 9. ♕d1 e5 10. g3 d6 11. ♗g2 ♗e6 12. b3 ♕a5 13. ♗d2 ♕c5 14. 0-0 0-0 15. ♖c1 a6 16. ♗e3 ♕a5 17. ♕d3 ♖ac8 18. ♗d4 ed4 19. ♘e2 b5 20. cb5 ♕b5 **½:½**

15.09. **1043.**

O.R. PANNO - P. KERES

1. c4 ♘f6 2. g3 e6 3. ♗g2 d5 4. ♘f3 dc4 5. ♕a4 ♘bd7 6. ♕c4 a6 7. ♕c2 c5 8. a4 b6 9. 0-0 ♗b7 10. ♘c3 ♗e7 11. b3 0-0 12. ♗b2 ♖c8 13. ♖fd1 ♖c7 14. d3 ♕a8 15. e4 ♘b8 16. ♘e5 ♘c6 17. ♘c6 ♗c6 18. ♘b5 ♖cc8 19. ♘a3 ♕b8 20. ♘c4 ♘d7 21. d4 cd4 22. ♗d4 b5 23. ab5 **½:½**

17.09. **1044.**

J. REJFIR - P. KERES

1. c4 ♘f6 2. ♘c3 e5 3. g3 c6 4. d4 ed4 5. ♕d4 d5 6. ♗g5 ♗e7 7. ♘f3 0-0 8. ♗g2 h6 9. ♗f4 c5 10. ♕d3 d4 11. ♘b5 ♘c6 12. ♗c7 ♕e8 13. 0-0 ♗g4 14. h3 ♗h5 15. ♘e5 a6 16. ♘c6 bc6 17. ♘a3 ♗d8 18. ♗d8 ♗e2 19. ♕d2 ♗f1 20. ♗f6 ♗g2 21. ♖ae1 ♕d7 22. ♔g2 gf6 23. ♖e4 ♕f5 24. ♖f4 ♕e5 25. ♖h4 h5 26. ♕d1 ♖fe8 27. ♕f3 ♖ad8 28. ♘b1 ♔g7 29. ♘d2 ♔g6 30. ♖e4 ♕g5 31. ♖f4 ♖e6 32. h4 ♕e5 33. ♖e4 ♕d6 34. g4 ♖e4 35. gh5 ♔g7 36. ♘e4 ♕e5 37. h6 ♔h8 38. ♘f6 d3 39. ♘e4 d2 40. ♘g5 ♖g8 41. ♕d3 ♖g5 42. hg5 ♕d4 43. ♕e2 ♔h7 44. ♕d1 ♕d3 45. b3 f6 46. gf6 ♔h6 47. f7 ♔g7 48. ♔g1 ♔f7 49. ♔g2 ♔g6 50. ♔g1 ♔h6 51. ♔g2 ♔g5 52. ♔g1 a5 53. ♔g2 a4 54. ba4 ♕e4 55. ♔f1 ♕c4 56. ♔g2 ♕g4 **0:1**

20.09. **1045.**

P. KERES - E. WALTHER

1. e4 c5 2. ♘e2 d6 3. g3 ♘c6 4. ♗g2 g6 5. 0-0 ♗g7 6. c3 e5 7. ♘a3 ♘ge7 8. ♘c2 d5 9. d3 0-0 10. ♘e3 d4 11. ♘d5 dc3 12. bc3 ♘d5 13. ed5 ♘e7 14. ♕b3 ♘f5 15. a4 ♘d6 16. ♕a3 b6 17. ♖d1 ♖e8 18. ♖a2 ♗a6 19. ♖c2 ♕d7 20. f3 c4 21. d4 e4 22. ♘f4 ef3 23. ♗f3 ♖e7 24. a5 ♗b5 25. ♖b2 ♖ae8 26. ♘g2 ♗a4 27. ♖f1 ♗b3 28. ♗g5 ♘b5 29. ♕a1 ♘c3 30. ♗e7 ♗d4 31. ♔h1 ♖e7 32. ♖d2 ♗g7 33. d6 ♖e6 34. ab6 ab6 35. ♕a8 ♖e8 36. ♕c6 ♗a4 37. ♕b6 ♘e4 38. ♖a2 c3 39. ♕c7 ♘d2 40. ♖a4 ♕a4 41. ♕f7 ♔h8 42. d7 ♖d8 43. ♖e1 ♕d7 44. ♖e7 ♕e7 45. ♕e7 ♖f8 46. ♘f4 ♘f3 47. ♘e6 ♖g8 48. ♕c7 c2 49. ♕c2 ♘d4 50. ♘g5 ♖f8 51. ♕c7 h6 52. ♘f7 ♔h7 53. ♕d7 ♘f5 54. ♔g2 ♔g8 55. ♘d8 ♘d4 56. ♕d5 ♔h7 57. ♘f7 ♖e8 **½:½**

24.09. **1046.**

P. KERES - O. TROIANESCU

1. e4 e6 2. d4 d5 3. ♘d2 ♘c6 4. ♘gf3 g6 5. ♗e2 ♗g7 6. c3 ♘h6 7. 0-0 0-0 8. ♖e1 f6 9. b4 a6 10. a4 ♘f7 11. ♗a3 ♖e8 12. ♕b3 ♘e7 13. b5 ab5 14. ab5 ♕d7 15. c4 dc4 16. ♘c4 b6 17. d5 ed5 18. ed5 ♗b7 19. d6 ♘d5 20. dc7 ♕c7 **½:½**

MOSCOW
6.10.- 6.11.1956

9.10. **1047.**

W. UHLMANN - P. KERES

1. d4 ♘f6 2. c4 e6 3. ♘f3 d5 4. ♘c3 c5 5. cd5 cd4 6. ♕d4 ♘d5 7. ♘d5 ed5 8. e4 de4 9. ♕e4 ♕e7 10. ♗d3 ♕e4 11. ♗e4 ♗b4 12. ♗d2 ♗d2 13. ♘d2 ♘d7 14. ♖c1 ♖b8 15. 0-0 ♘f6 16. ♗f3 0-0 17. ♘b3 ♗e6 18. ♘c5 ♗a2 19. ♖a1 ♖fc8 20. ♖a2 ♖c5 21. ♖a7 ♖b5 22. ♖c1 g5 23. h3 ♘e8 24. ♖c2 ♘d6 25. ♖d2 ♘c4 26. ♖c2 ♘d6 27. ♖a4 ♖e8 28. ♖d4 ♖e6 29. ♖cd2 ♖b6 30. ♗g4 ♖f6 31. ♖d5 h6 32. ♖5d4 ♔g7 33. ♔h2 ♘f5 34. ♖d5 ♘e7 35. ♖d7 ♘g6 36. ♖c7 ♖fc6 37. ♖c6 ♖c6 38. b4 ♘e5 39. ♗e2 ♔f6 40. b5 ♖e6 41. ♔g3 ♘g6 42. ♗f3 ♖b6 43. ♖d7 ♖b5 **½:½**

10.10. **1048.**

L. SZABO - P. KERES

1. c4 e5 2. ♘c3 ♘f6 3. g3 c6 4. ♗g2 d5 5. cd5 cd5 6. d3 ♘c6 7. ♘f3 ♗e7 8. 0-0 0-0 9. d4 e4 10. ♘e5 ♗e6 11. ♘c6 bc6 12. ♘a4 ♘d7 13. ♗e3 ♕a5 14. ♖c1 ♘b6 15. ♘c5 ♘c4 16. ♘e6 fe6 17. ♖c4 dc4 18. ♗e4 ♕a2 19. ♕c2 c3 20. ♕c3 ♖b8 21. ♕c6 ♔h8 22. d5 ed5 23. ♗d5 ♕b2 24. ♗a7 ♖bc8 25. ♕e6 ♗c5 26. ♗c5 ♖c5 27. ♕d6 ♖cc8 28. ♗c4 ♖fd8 29. ♕a6 ♕d4 30. ♗d3 ♖f8 31. ♕a1 ♕c5 32. ♔g2 ♕d5 33. f3 ♖ce8 34. ♕a4 ♖e5 35. ♖b1 ♖e3 36. ♕c4 ♕a8 37. ♖f1 ♖fe8 38. ♖f2 ♕d8 39. ♕f4 ♖3e5 40. ♕g4 ♕d6 41. ♕h4 g6 42. ♕c4 ♖c5 43. ♕a2 ♕d4 44. ♖f1 ♖ce5 45. ♖c1 ♖e3 46. ♖c7 ♖3e7 47. ♖c4 ♕e5 48. ♕a3 ♕f6 49. ♖c2 ♔g7 50. h4 ♖d8 51. ♕b2 ♖dd7 52. ♕f6 ♔f6 53. ♖c6 ♖e6 54. ♖c4 ♖e3 55. ♖c3 ♖ee7 56. ♖c6 ♖e6 57. ♖c8 ♖e3 58. g4 ♖dd3 59. ed3 ♖d3 60. ♖c7 h6 61. ♖h7 ♖d6 62. h5 ♔g5 63. ♖g7 ♔h4 64. ♖g6 ♖d2 65. ♔f1 ♔g3 66. ♖f6 ♖a2 67. ♔e1 ♖h2 68. ♔d1 ♖g2 69. ♔c1 ♖h2 70. ♔b1 ♖g2 71. ♖h6 ♔f3 72. ♖g6 ♔e4 73. h6 ♖h2 74. g5 ♔d3 75. ♖g7 ♔c3 76. h7 ♔b3 77. ♖b7 **1:0**

12.10. **1049.**

P. KERES - H. GOLOMBEK

1. e4 c6 2. d4 d5 3. ♘c3 de4 4. ♘e4 ♗f5 5. ♘g3 ♗g6 6. ♗c4 e6 7. ♘1e2 ♘f6 8. 0-0 ♗d6 9. f4 ♕c7

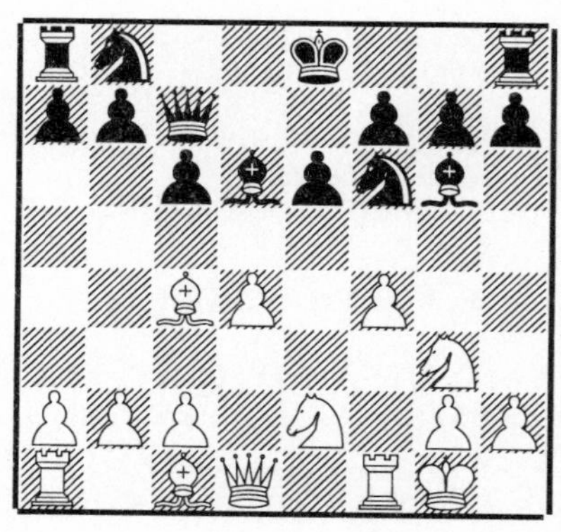

10. f5 ef5 11. ♘f5 ♗h2 12. ♔h1 0-0 13. g3 ♗f5 14. ♖f5 ♗g3 15. ♖f6 ♕e7 16. ♕f1 ♕e4 17. ♕f3 ♕h4 18. ♔g2 ♕h2 19. ♔f1 ♕h3 20. ♕g2 ♕g2 21. ♔g2 gf6 22. ♘g3 ♘d7 23. ♗h6 ♖fe8 24. ♔f3 ♔h8 25. ♘h5 ♖g8 26. ♗f7 ♖g6 27. ♗g6 hg6 28. ♘g3 ♖e8 29. ♗f4 ♔g7 30. ♘e4 g5 31. ♘d6 ♖e6 32. ♗g3 b6 33. ♖e1 ♖e1 34. ♗e1 ♔g6 35. ♘c8

c5 36. dc5 ♘c5 37. ♘a7 f5 38. ♗f2 ♘d7 39. ♗d4 ♔h5 40. ♘c8 ♘f8 41. ♘e7 f4 42. ♘f5 ♘g6 43. ♘g7 ♔h6 44. ♔g4 ♘f8 45. ♘f5 **1:0**

13.10. **1050.**

V. SMYSLOV - P. KERES

1. ♘f3 ♘f6 2. g3 d5 3. ♗g2 ♗f5 4. 0-0 ♘bd7 5. d3 e6 6. ♘bd2 ♗c5 7. ♕e1 0-0 8. e4 de4 9. ♘e4 ♘e4 10. de4 ♗g4 11. ♗f4 c6 12. h3 ♗f3 13. ♗f3 e5 14. ♗d2 ♕f6 15. ♔g2 ♖fd8 16. a4 a6 17. h4 h6 18. ♕e2 ♘f8 19. ♖ad1 ♘e6 20. c3 b5 21. ♗c1 ♕e7 22. ♖d8 ♖d8 23. ♗g4 ♗a7 24. ab5 ab5 25. ♖d1 ♖d6 26. ♖d6 ♕d6 27. ♕d1 ♕d1 28. ♗d1 ♔f8 29. f4 ♗b8 30. ♔f3 ♘c5 31. ♗c2 ♔e7 32. f5 ♗d6 33. g4 ♘d7 34. g5 hg5 35. hg5 ♘c5 36. ♔e2 ♔d7 37. ♗e3 ♗e7 38. b4 ♘b7 39. ♗b3 ♘d6 40. ♔d3 ♗d8 41. ♗d2 ♗e7 ½:½

16.10. **1051.**

P. KERES - V. CIOCÂLTEA

1. e4 c5 2. ♘f3 ♘c6 3. d4 cd4 4. ♘d4 ♘f6 5. ♘c3 d6 6. ♗g5 e6 7. ♕d2 a6 8. 0-0-0 ♗d7 9. f4 ♗e7 10. ♔b1 ♘d4 11. ♕d4 ♗c6 12. e5 de5 13. ♕e5 ♕b8 14. ♕d4 ♕c7 15. ♕d2 ♕a5 16. ♗d3 ♗b4 17. ♗f6 gf6 18. ♗e4 ♗c3 19. ♗c6 bc6 20. ♕c3 ♕c3 21. bc3 ½:½

17.10. **1052.**

L. PACHMAN - P. KERES

1. c4 e5 2. ♘c3 ♘f6 3. ♘f3 ♘c6 4. d4 ed4 5. ♘d4 ♗c5 6. e3 0-0 7. ♗e2 d5 8. ♘c6 bc6 9. 0-0 ♗f5 10. b3 ♕e7 11. ♗b2 ♖fd8 12. cd5 cd5 13. ♘b5 ♗b6 14. ♘d4 ♗d7 15. ♗d3 g6 16. ♘f3 c5 17. ♘e5 ♗e8 18. ♕f3 ♖d6 19. e4 de4 20. ♗e4 ♘e4 21. ♕e4 ♖ad8 22. ♕f4 ♗b5 23. ♘c4 ♖e6 24. ♖ac1 ♗c7 25. ♕f3 ♗c6 26. ♕c3 ♖d4 27. ♘e3 ♕h4 28. h3 ♕f4 29. ♘g4 h5 30. g3 ♕e4 31. f3 ♕d5 32. ♕c5 ♗b6 33. ♕d5 ♖d5 34. ♘f2 ♖d2 35. ♗c3 ♖a2 36. ♗b4 ♗b5 **0:1**

19.10. **1053.**

P. KERES - D. BRONSTEIN

1. e4 e6 2. d4 d5 3. ♘d2 ♘f6 4. ♗d3 c5 5. e5 ♘fd7 6. c3 ♘c6 7. ♘e2 cd4 8. cd4 f6 9. ef6 ♘f6 10. ♘f3 ♗d6 11. 0-0 0-0 12. ♗g5 ♕b6 13. ♘c3 ♗d7 14. ♖e1 ♘g4 15. ♗h4 ♘h6 16. ♗g3 ♗e7 17. ♘a4 ♕a5 18. a3 ♖f3 19. gf3 ♘d4 20. ♘c3 ♗f6 21. ♔h1 ♕b6 22. b4 ♗e8 23. f4 a5 ½:½

20.10. **1054.**

N.B. PADEVSKY - P. KERES

1. d4 ♘f6 2. c4 e6 3. ♘c3 ♗b4 4. e3 0-0 5. ♗d3 b6 6. ♘e2 ♗b7 7. 0-0 d5 8. ♘g3 c5 9. dc5 bc5 10. cd5 ed5 11. ♗d2 ♘bd7 12. ♘ce2 ♗d2 13. ♕d2 ♘e5 14. ♖ac1 ♕b6 15. ♗b1 ♖ac8 16. b3 ♖fd8 17. ♖fd1 g6 18. ♕b2 ♖e8 19. ♘f4 a5 20. ♘ge2 a4 21. ♘c3 ab3 22. ♘cd5 ♘d5 23. ♘d5 ♗d5 24. ♖d5 ♕e6 25. ♖dc5 ♖c5 26. ♖c5 ♘g4 27. g3 ♘e3 28. ♕b3 ♕d6 29. ♖c1 ♘g4 30. ♕a4 ♕e6 31. ♗d3 ♘f2 32. ♔f2 ♕e3 33. ♔g2 ♕d2 34. ♔h3 ♕h6 35. ♔g2 ♕d2 36. ♔h3 ♕h6 ½:½

23.10. **1055.**

P. KERES - M. NAJDORF

1. e4 c5 2. ♘f3 d6 3. d4 cd4 4. ♘d4 ♘f6 5. ♘c3 ♘c6 6. ♗g5 e6 7. ♕d2 ♗d7 8. 0-0-0 a6 9. f4 ♗e7 10. f5 ♘e5 11. fe6 fe6 12. ♘f3 ♕c7 13. ♗e2 0-0-0 14. ♖hf1 ♖hf8 15. ♔b1 ♔b8 16. ♕d4 h6 17. ♗h4 ♗c8 18. h3 ♘c6 19. ♕g1 ♘d7 20. ♗e7 ♘e7 21. ♕d4 ♘f6 22. e5 de5 23. ♕e5 ♘g6 24. ♕e3 ♘f4 25. ♘d4 ♘4d5 26. ♘d5 ♘d5 27. ♕e4 ♖f1 28. ♖f1 ♘f6 29. ♕e3 e5 30. ♘b3 ♗e6 31. ♗f3 ♗b3 32. ab3 e4 33. ♗e2 ♕e5 34. ♗c4 ♖d6 35. g4 ♕d4 36. ♕d4 ♖d4 37. ♔c1 ♔c7 38. ♖f5 ♖d7 39. g5 hg5 40. ♖g5 ♘h7 41. ♖g6 ♘f6 ½:½

24.10. **1056.**

W. UNZICKER - P. KERES

1. e4 e5 2. ♘f3 ♘c6 3. ♗b5 a6 4. ♗a4 ♘f6 5. 0-0 ♗e7 6. ♖e1 b5 7. ♗b3 d6 8. c3 0-0 9.

h3 ♘a5 10. ♗c2 c5 11. d4 ♕c7 12. ♘bd2 cd4 13. cd4 ♘c6 14. ♘b3 ♗b7 15. ♗g5 h6 16. ♗h4 ♘b4 17. ♗b1 ♖ac8 18. ♖e2 ♘h5 19. a3 ♘c6 20. d5 ♘b8 21. ♖c2 ♕d8 22. ♘a5 ♖c2 23. ♘b7 ♕c7 24. ♕c2 ♕b7 25. ♗e7 ♖c8 26. ♗d6 ♖c2 27. ♗c2 f6 28. ♗b3 ♘f4 29. ♖d1 ♘d7 30. ♖d2 ♘b6 31. ♗c7 ♘c4 32. d6 ♘e6 33. ♗a5 ♘c5 34. ♗b4 ♘d7 35. ♖c2 a5 36. ♗a5 ♕e4 37. ♘d2 ♕d3 38. ♖c4 ♔h7 39. ♗c2 **1:0**

26.10. **1057.**

P. KERES - M. TAIMANOV

1. e4 c5 2. ♘f3 ♘c6 3. d4 cd4 4. ♘d4 ♘f6 5. ♘c3 d6 6. ♗g5 e6 7. ♕d2 a6 8. 0-0-0 h6 9. ♗f4 ♗d7 10. ♘c6 ♗c6 11. f3 d5 12. ♕e1 ♗e7 13. ed5 ed5 14. ♗d3 0-0 15. ♘e2 ♖e8 16. ♔b1 ♕b6 17. ♗e5 ♗b4 18. ♗c3 a5 19. a3 ♗c3 20. ♕c3 ♖ac8 21. ♖he1 ♗d7 22. ♕d4 ♕d4 23. ♘d4 ♔f8 24. ♔c1 ♖e1 25. ♖e1 ♖e8 26. ♖g1 ♔e7 27. ♔d2 ♔d6 28. h4 ♘h5 29. ♘e2 g6 30. g4 ♘g7 31. ♘g3 ♘e6 32. h5 ♘f4 33. hg6 fg6 34. ♖h1 ♖h8 35. ♘e2 ♘e2 36. ♔e2 g5 37. ♔e3 ♔e5 38. c3 ♗e8 39. ♖e1 ♗d7 40. ♖h1 ♗e8 41. ♖h2 ♗f7 42. ♗b1 ♗e8 43. ♖h1 ♗f7 44. f4 gf4 45. ♔f3 h5 46. g5 ♗e6 **½:½**

27.10. **1058.**

B. SLIWA - P. KERES

1. c4 ♘f6 2. ♘c3 e5 3. e4 ♗c5 4. d3 ♘c6 5. h3 d6 6. ♗e3 0-0 7. ♕d2 ♘d4 8. g4 c6 9. ♗g2 a6 10. ♘ge2 b5 11. ♘g3 ♘e8 12. 0-0 ♘c7 13. ♖ac1 ♘ce6 14. ♘ce2 ♗b7 15. ♘f5 ♘e2 16. ♕e2 g6 17. ♘g3 ♕h4 18. ♕d2 ♖ad8 19. b4 ♗e3 20. ♕e3 c5 21. ♘e2 cb4 22. cb5 ab5 23. ♖b1 ♖a8 24. ♖b4 ♗c6 25. d4 ♗d7 26. ♖d1 ♖fd8 27. ♖b2 ♗e8 28. de5 de5 29. ♖d8 ♕d8 30. ♖d2 ♕c7 31. ♕c3 ♕b8 32. ♖b2 ♖a7 33. ♕b4 ♕d8 34. ♕d2 ♖d7 35. ♕e3 ♖d3 36. ♕h6 ♕c7 37. ♖d2 ♕c4 38. ♔h2 ♗c6 39. ♘g3 ♕c1 40. ♘f1 b4 41. h4 ♗b5 **0:1**

30.10. **1059.**

P. KERES - G. STAHLBERG

1. e4 c5 2. ♘f3 d6 3. d4 cd4 4. ♘d4 ♘f6 5. ♘c3 a6 6. ♗g5 e6 7. f4 ♗e7 8. ♕f3 ♕c7 9. 0-0-0 ♘c6 10. ♘c6 bc6 11. e5 de5 12. fe5 ♘d5 13. ♗e7 ♘e7 14. ♘e4 0-0 15. ♕c3 ♘d5 16. ♕d4 ♖b8 17. c4 c5 18. ♘c5 ♘b4 19. a3 ♘c6 20. ♕d6 ♕b6 21. ♖d2 h6 22. ♘a4 ♕a5 23. ♕c6 ♗b7 24. b4 ♗c6 25. ba5 ♗a4 26. ♗e2 ♖bc8 27. ♖d6 ♗b5 28. ♔b2 ♗c4 29. ♗c4 ♖c4 30. ♖c1 ♖e4 31. ♖c5 ♖a8 32. ♔c3 g5 **½:½**

31.10. **1060.**

S. GLIGORIC - P. KERES

1. d4 ♘f6 2. c4 e6 3. ♘c3 ♗b4 4. e3 0-0 5. ♗d3 d5 6. ♘f3 c5 7. 0-0 b6 8. cd5 ed5 9. dc5 bc5 10. ♘e2 ♗b7 11. b3 d4 12. a3 ♗a5 13. b4 ♗c7 14. bc5 de3 15. ♗e3 ♘g4 16. ♗f4 ♗f4 17. ♘f4 ♕f6 18. ♖b1 ♕f4 19. ♖b7 ♘c6 20. ♕c1 ♕f6 21. ♕g5 ♘d8 22. ♖bb1 ♕g5 23. ♘g5 h6 24. ♘e4 ♖c8 25. ♖fc1 ♖c7 26. ♘d6 ♘e6 27. ♗f5 ♘e5 28. ♗e6 fe6 29. ♘b5 ♖e7 30. f3 ♖c8 31. ♘d6 ♖c6 32. ♖b8 ♔h7 33. ♖b7 ♖b7 34. ♘b7 ♘d7 35. ♖d1 ♘e5 36. ♖c1 ♘d7 37. ♖d1 ♘e5 38. ♖d6 ♖c7 39. ♖e6 ♘c4 40. c6 ♘a3 41. ♘c5 a5 42. ♘b3 ♘c4 43. ♘d4 ♖c8 44. ♘b5 ♘b6 45. ♔f2 ♘d5 46. ♖d6 ♘c7 47. ♘c7 ♖c7 48. ♔e3 a4 49. ♔d3 a3 50. ♔c2 ♖e7 51. ♔b3 ♖e3 52. ♔b4 a2 53. ♖d1 ♖e2 54. ♔b3 ♖e6 55. c7 ♖c6 56. ♔a2 ♖c7 **½:½**

2.11. **1061.**

P. KERES - M. BOTVINNIK

1. e4 c5 2. ♘f3 ♘c6 3. d4 cd4 4. ♘d4 ♘f6 5. ♘c3 d6 6. ♗g5 e6 7. ♕d2 h6 8. ♗f6 gf6 9. 0-0-0 a6 10. f4 h5 11. ♔b1 ♗d7 12. ♗e2 ♕b6 13. ♘b3 0-0-0 14. ♖hf1 ♘a5 15. ♖f3 ♘b3 16. ab3 ♔b8 17. ♘a4 ♕a7 18. f5 ♗e7 19. fe6 fe6 20. ♖f6 ♖h7 21. ♖g6 b5 22. ♘c3 ♕c5 23. ♘a2

(diagram)

♔a7 24. ♘b4 ♖f8 25. ♗f3 h4 26. h3 ♗c8 27. ♘d3 ♕c7 28. ♘f4 ♖f6 29. ♗g4 ♖g6 30. ♘g6 ♗b7 31. ♗e6 ♗d8 32. ♗d5 ♗d5 33. ♕d5 ♖f7 34. e5 **1:0**

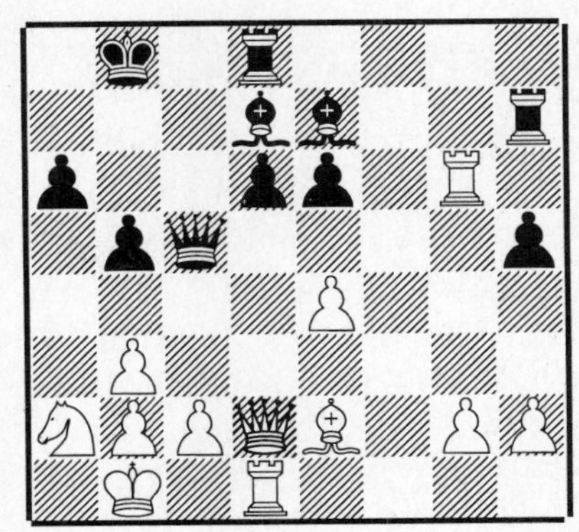

XXIV USSR CHAMPIONSHIP
Moscow, 21.01.- 21.02.1957

21.01. **1062.**

P. KERES - V. MIKENAS

1. d4 ♘f6 2. c4 e6 3. ♘c3 d5 4. ♗g5 ♗e7 5. e3 0-0 6. ♘f3 h6 7. ♗h4 ♘e4 8. ♗e7 ♕e7 9. ♖c1 c6 10. ♗d3 ♘c3 11. ♖c3 dc4 12. ♖c4 ♘d7 13. ♗b1 e5 14. ♕c2 f5 15. 0-0 e4 16. ♘d2 ♘b6 17. ♖c5 ♗e6 18. a4 ♗d5 19. a5 ♘d7 20. ♖c3 ♕b4 21. ♖a3 ♖ac8 22. ♗a2 ♘f6 23. ♘c4 a6 24. ♘e5 ♕d6 25. ♗d5 ♘d5 26. ♖b3 ♖c7 27. f3 f4 28. ♘c4 ♘e3 29. ♘d6 ♘c2 30. fe4 ♘d4 31. ♖b7 ♖b7 32. ♘b7 ♖b8 33. ♘c5 ♖b2 34. ♖d1 ♖b5 35. ♘a6 ♖a5 36. ♖d4 ♖a6 37. ♔f2 ♔f7 38. ♖d6 **½:½**

22.01. **1063.**

B. SPASSKY - P. KERES

1. d4 ♘f6 2. c4 e6 3. ♘c3 ♗b4 4. ♗g5 h6 5. ♗h4 c5 6. d5 d6 7. e3 e5 8. ♕c2 ♘bd7 9. ♘e2 ♘f8 10. a3 ♗c3 11. ♘c3 ♘g6 12. ♗g3 ♘h5 13. ♗d3 ♘e7 14. f4 ef4 15. ef4 f5 16. 0-0 ♘g3 17. hg3 0-0 18. ♖ae1 ♗d7 19. ♖e2 ♔h8 20. ♖fe1 ♘g8 21. ♘d1 ♕f6 22. ♕c3 a6 23. ♕f6 ♘f6 24. ♘e3 ♘g8 25. b4 ♖ac8 26. ♖b1 b5 27. cb5 ab5 28. bc5 ♖c5 29. ♖eb2 ♖e8 30. ♗f5 ♖e3 31. ♗d7 ♖g3 32. ♖b5 ♖c2 33. ♗h3 ♖a3 34. ♖b8 ♖h3 35. gh3 ♖d2 36. ♖d8 ♔h7 37. ♖d6 ♘e7 38. ♖d7 ♘f5 39. ♖b6 ♘e3 40. ♖bb7 ♘f5 41. ♖b6 ♘e3 42. d6 ♘f5 43. ♔f1 ♘d4 44. ♖a7 ♘e6 45. f5 ♘c5 46. f6 **1:0**

23.01. **1064.**

P. KERES - A. HASIN

1. e4 c5 2. ♘f3 e6 3. d4 cd4 4. ♘d4 a6 5. ♘c3 ♕c7 6. ♗e2 ♗b4 7. 0-0 ♘f6 8. ♕d3 ♘c6 9. a3 ♗c3 10. bc3 0-0 11. f4 d5 12. e5 ♘e4 13. ♗f3 ♘c5 14. ♕e2 ♘a4 15. ♗d2 ♗d7 16. ♘b3 ♘e7 17. ♕f2 ♖ac8 18. ♖fe1 ♘c3 19. ♖e3 ♘e4 20. ♗e4 de4 21. ♘d4 ♗c6 22. ♗b4 ♖fe8 23. ♗d6 ♕b6 24. ♖b3 ♕a7 25. c4 ♘f5 26. ♘c6 ♕f2 27. ♔f2 ♖c6 28. c5 e3 29. ♔e1 ♘d4 30. ♖b2 ♖d8 31. ♖d1 ♘b5 32. ♖b3 ♘d6 33. cd6 ♖c2 34. ♖b7 ♖g2 35. ♖d3 ♖h2 36. ♖db3 ♖c2 37. ♖e7 ♖d2 38. ♖bb7 g5 39. ♖f7 gf4 40. ♖g7 ♔h8 41. ♖h7 ♔g8 42. ♖bg7 ♔f8 43. ♖g4 f3 44. ♖h8 ♔f7 45. ♖h7 ♔f8 46. ♖h8 ♔f7 47. ♖f4 ♔g7 48. ♖d8 ♖e2 49. ♔f1 ♖f2 50. ♔e1 ♖e2 51. ♔d1 ♖d2 52. ♔c1 f2 53. ♖d7 ♔g8 54. ♖df7 e2 55. ♔d2 e1♕ 56. ♔d3 ♕d1 57. ♔e3 f1♕ 58. ♖f1 ♕b3 **½:½**

25.01. **1065.**

S. FURMAN - P. KERES

1. d4 d5 2. c4 dc4 3. ♘f3 ♘f6 4. e3 c5 5. ♗c4 e6 6. 0-0 a6 7. ♕e2 b5 8. ♗d3 cd4 9. ed4 ♗b7 10. a4 ba4 11. ♗g5 ♗e7 12. ♘c3 0-0 13. ♘a4 ♘c6 14. ♖fd1 ♘b4 15. ♗b1 ♘d7 16. ♗f4 ♘d5 17. ♗g3 g6 18. ♘c3 ♕b6 19. ♘e4 ♘5f6 20. ♘c3 ♘d5 21. ♘e4 ♘5f6 22. ♘c3 ♖fc8 23. ♗a2 ♗b4 24. ♕d3 a5 25. ♖ab1 a4 26. ♘e5 ♕a6 27. ♘d7 ♘d7 28. ♘b5 ♘f6 29. f3 ♗d5 30. ♗d5 ♘d5 31. ♖bc1 ♖c1 32. ♖c1 ♖c8 33. ♖c4 ♔g7 34. ♕c2 ♖c4 35. ♕c4 ♗e7 36. h3 ♗f6 37. ♗e5 ♕b6 38. ♔h2 ♗e5 39. de5 ♕f2 40. ♕c1 ♘e3 41. ♕g1 ♕b2 42. ♕e3 ♕b5 43. ♕c3 h5 44. ♔g3 ♕b3 45. ♕c5 a3 46. ♕e7 ♕e3 47. ♕f6 ♔g8 48. ♕d8 ♔h7 49. ♕a5 ♕b3 50. ♕c7 ♔g7 51. ♕e7 ♕c3 52. ♕f6 ♔g8 53. ♔h4 a2 54. ♔g5 ♕c8 **0:1**

26.01. **1066.**

P. KERES - I. BOLESLAVSKY

1. e4 c5 2. ♘f3 ♘c6 3. d4 cd4 4. ♘d4 ♘f6 5. ♘c3 d6 6. ♗g5 e6 7. ♕d2 ♗e7 8. 0-0-0 ♘d4 9. ♕d4 0-0 10. f4 h6 11. ♗h4 ♕a5 12. e5 de5 13. ♕e5 ♕e5 14. fe5 ♘d5 15. ♗e7 ♘e7 16. ♗b5 ♖b8 17. ♖he1 b6 18. g3 ♖b7 19. ♘e4 ♖c7 20. ♘d6 ♖c5 21. b4 ♖c7 22. ♔b2 ♗d7 23. ♔b3

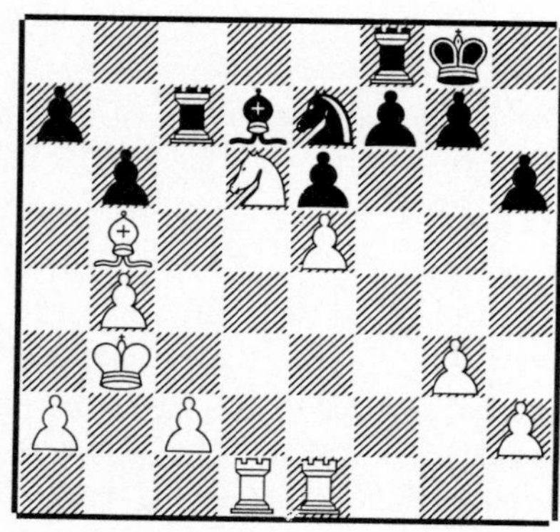

♗b5 24. ♘b5 ♖b7 25. c4 ♖fb8 26. ♖d6 a6 27. ♘d4 ♖c8 28. ♖d1 ♔f8 29. a4 ♖bc7 30. ♘b5 **1:0**

29.01. **1067.**

T. PETROSIAN - P. KERES

1. c4 e5 2. ♘c3 ♘f6 3. ♘f3 ♘c6 4. g3 g6 5. ♗g2 ♗g7 6. 0-0 0-0 7. d3 d6 8. ♖b1 a5 9. a3 ♖e8 10. ♘d2 ♗g4 11. h3 ♗e6 12. ♔h2 h6 13. b4 ab4 14. ab4 d5 15. b5 ♘e7 16. cd5 ♘fd5 17. ♗b2 ♘c3 18. ♗c3 ♗d5 19. ♘c4 ♗g2 20. ♔g2 **½:½**

30.01. **1068.**

P. KERES - E. STOLIAR

1. e4 c5 2. ♘f3 ♘c6 3. d4 cd4 4. ♘d4 ♘f6 5. ♘c3 e6 6. ♘db5 ♗b4 7. a3 ♗c3 8. ♘c3 d5 9. ed5 ed5 10. ♗d3 0-0 11. 0-0 ♗g4 12. f3 ♗h5 13. ♗g5 ♘e7 14. ♔h1 ♕d6 15. ♖e1 a6 16. ♕d2 ♖fe8 17. ♖ad1 ♖ad8 18. ♗f4 ♕c6 19. ♗e5 ♗g6 20. ♕f2 ♘d7 21. ♗g3 ♘c5 22. ♗g6 hg6 23. ♘e2 **½:½**

31.01. **1069.**

K. KLAMAN - P. KERES

1. d4 ♘f6 2. ♘f3 c5 3. d5 b5 4. c4 ♗b7 5. g3 g6 6. ♗g2 ♗g7 7. 0-0 0-0 8. ♖e1 d6 9. e4 bc4 10. ♘fd2 ♘bd7 11. ♘c4 ♖b8 12. ♗d2 ♘b6 13. ♘a5 ♗a8 14. ♘a3 ♘fd7 15. ♖b1 e6 16. ♘b5 ♘c8 17. ♕a4 ♘e5 18. ♘c4 ed5 19. ed5 ♘c4 20. ♕c4 ♘b6 21. ♕d3 ♘d5 22. ♗d5 ♗d5 23. ♕d5 ♖b5 24. ♗g5 ♗f6 25. ♗h6 ♖e8 26. ♕d6 ♗d4 27. ♕d8 ♖d8 28. b3 ♖b7 **½:½**

2.02. **1070.**

P. KERES - M. TAIMANOV

1. e4 c5 2. ♘f3 e6 3. d4 cd4 4. ♘d4 a6 5. ♘c3 ♕c7 6. ♗d3 ♘c6 7. ♘de2 ♘f6 8. 0-0 ♗e7 9. f4 d6 10. ♔h1 0-0 11. ♕e1 b5 12. a4 b4 13. ♘d1 ♗b7 14. b3 d5 15. e5 ♘e4 16. ♗b2 f5 17. ef6 ♗f6 18. ♗e4 de4 19. ♗f6 ♖f6 20. ♘e3 a5 21. ♖d1 ♖af8 22. c4 bc3 23. ♕c3

♗a6 24. ♖d2 ♗e2 25. ♖e2 ♖f4 26. ♖c1 ♕f7 27. g3 ♖f2 28. ♖f2 ♕f2 29. ♖f1 ♕e2 30. ♖f8 ♔f8 31. h4 ♘e7 32. ♘g2 ♕f3 33. ♕a5 ♘f5 34. ♕d8 ♔f7 35. ♕d7 ♔f6 36. ♕d8 ♔f7 37. ♕d7 ♔f6 38. ♕d8 **½:½**

3.02. **1071.**

P. KERES - L. ARONIN

1. e4 c5 2. ♘f3 d6 3. d4 cd4 4. ♘d4 ♘f6 5. ♘c3 a6 6. ♗g5 e6 7. f4 ♗e7 8. ♕f3 ♕c7 9. 0-0-0 ♘bd7 10. ♕g3 ♘c5 11. ♖e1 h6 12. ♗h4 0-0 13. e5 de5 14. fe5 ♘e8 15. ♗e7 ♕e7 16. ♘e4 f5 17. ef6 ♘f6 18. ♘c5 ♕c5 19. c3 ♕d5 20. ♔b1 ♘e4 21. ♕e3 ♘f2 22. ♖g1 ♘g4 23. ♕e4 ♕e4 24. ♖e4 e5 25. ♗c4 ♔h7 26. ♘e6 ♖f6 27. ♖g4 ♗e6 28. ♗e6 ♖e6 29. ♖f1 ♖g6 30. ♖g6 ♔g6 31. ♔c2 ♖d8 32. ♖f2 ♖d6 33. ♖d2 ♖f6 34. ♔d3 ♔f5 35. ♔e2 ♔e4 36. ♖d7 ♖g6 37. g3 b5 38. ♖d3 h5 39. ♖e3 ♔f5 40. ♖f3 ♔e4 41. ♖e3 **½:½**

6.02. **1072.**

B. GURGENIDZE - P. KERES

1. d4 ♘f6 2. c4 e6 3. ♘f3 b6 4. ♘c3 ♗b7 5. ♗g5 h6 6. ♗h4 ♗b4 7. e3 c5 8. ♗e2 cd4 9. ed4 ♘c6 10. 0-0 ♖c8 11. ♖c1 ♘e7 12. ♗f6 gf6 13. a3 ♗d6 14. d5 ♘g6 15. ♖e1 f5 16. ♗f1 0-0 17. ♕d4 ♖e8 18. ♖cd1 ♗f8 19. ♕e3 ♕f6 20. de6 de6 21. ♖d7 ♖e7 22. ♖e7 ♕e7 23. ♘e5 ♘e5 24. ♕e5 ♕g5 25. ♕e2 ♗g7 26. ♘b5 ♖d8 27. ♖d1 f4 28. ♖d8 ♕d8 29. ♘a7 f3 30. gf3 ♗b2 31. ♘b5 ♕g5 32. ♗g2 ♕c1 33. ♕f1 ♕f4 34. ♕d3 ♗c6 35. ♕d8 ♔g7 36. ♕d3 ♗f6 37. h3 h5 38. ♘c3 ♕c1 **0:1**

7.02. **1073.**

P. KERES - V. TARASSOV

1. e4 c5 2. ♘f3 d6 3. d4 cd4 4. ♘d4 ♘f6 5. ♘c3 a6 6. ♗e2 e5 7. ♘b3 ♗e7 8. 0-0 0-0 9. ♗e3 ♘bd7 10. a4 b6 11. f3 ♗b7 12. ♕d2 ♕c7 13. ♖fd1 ♖fc8 14. ♖ac1 ♗c6 15. ♗f1 ♖d8 16. ♕f2 ♕b7 17. ♗c4 ♖dc8 18. ♗d3 ♖d8 19. ♕d2 h6 20. ♕e2 ♘f8 21. ♗c4 ♘e6 22. ♕f2 ♖ab8 23. ♖d2 d5 24. ed5 ♘d5 25. ♗d5 ♗d5 26. ♘d5 ♖d5 27. ♖d5 ♕d5 28. ♗b6 e4 29. fe4 ♕e4 30. a5 ♕e5 31. ♕g3 ♗d6 32. ♕e5 ♗e5 33. ♖b1 ♔f8 34. c3 ♔e7 35. ♘d2 ♗d6 36. b4 ♗f4 37. ♘f3 ♖c8 38. ♖b3 ♔d7 39. g3 ♗d6 40. ♘d2 f5 41. c4 ♗e7 42. ♔f2 ♗g5 43. ♗e3 ♗d8 44. ♖d3 **1:0**

8.02. **1074.**

R. KHOLMOV - P. KERES

1. d4 d5 2. c4 dc4 3. ♘f3 ♘f6 4. e3 e6 5. ♗c4 c5 6. 0-0 a6 7. ♕e2 ♘bd7 8. ♖d1 b5 9. ♗d3 ♗b7 10. dc5 ♗c5 11. a4 ba4 12. ♖a4 ♕b6 13. ♘bd2 ♕c6 14. b3 ♘e5 15. ♗e4 ♘e4 16. ♘e4 ♘f3 17. gf3 ♗e7 18. ♗a3 ♗a3 19. ♖a3 0-0 20. ♔g2 ♕b6 21. ♖d6 ♕c7 22. ♖d4 f5 23. ♘g3 ♖ac8 24. ♖aa4 ♕e5 25. ♖ac4 a5 26. ♖c8 ♖c8 27. ♕d2 h6 28. ♖a4 ♖c5 29. b4 ♖d5 30. ♕c2 ab4 31. ♖b4 ♖c5 32. ♕b2 ♕b2 33. ♖b2 ♖c7 34. ♘e2 e5 35. ♔g3 g5 36. h3 ♖g7 37. ♖b5 ♗a6 38. ♖b8 ♔h7 39. ♘c3 **½:½**

10.02. **1075.**

P. KERES - A. TOLUSH

1. e4 c5 2. ♘f3 d6 3. d4 cd4 4. ♘d4 ♘f6 5. ♘c3 a6 6. ♗g5 e6 7. f4 ♕b6 8. ♕d2 ♕b2 9. ♖b1 ♕a3 10. e5 de5 11. fe5 ♘fd7 12. ♗c4 ♗e7 13. ♖b3 ♗g5 14. ♕g5 ♕e7 15. ♕g7 ♕f8 16. ♕g5 ♖g8 17. ♕f4 ♘c5 18. 0-0 ♕g7 19. ♖f2 ♘bd7

(diagram)

20. ♘d5 ♘b3 21. ♘c7 ♔e7 22. ♗b3 ♕e5 23. ♕f7 ♔d6 24. ♘de6 ♘f6 25. ♖f6 ♕e1 26. ♖f1 ♕e3 27. ♔h1 ♗e6 28. ♘e6 ♖ac8 29. ♕b7 **1:0**

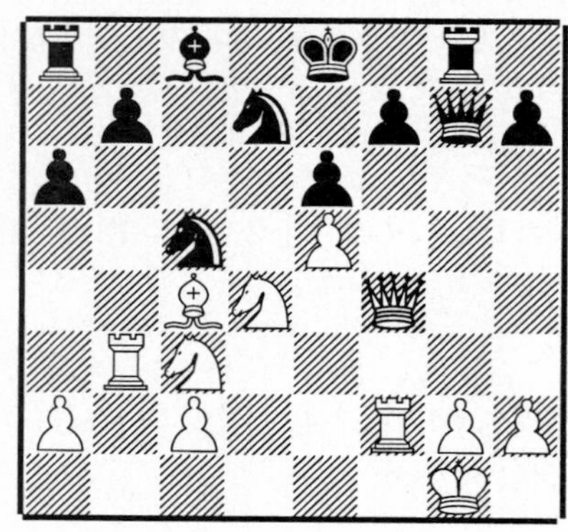

11.02. **1076.**

L. ARONSON - P. KERES

1. e4 e5 2. ♘f3 ♘c6 3. ♗b5 a6 4. ♗a4 ♘f6 5. ♗c6 bc6 6. ♘c3 d6 7. d4 ed4 8. ♘d4 c5 9. ♘de2 ♗b7 10. 0-0 g6 11. ♗f4 ♕e7 12. f3 ♗g7 13. ♕d2 0-0 14. ♗h6 ♖fe8 15. ♗g7 ♔g7 16. ♖ad1 ♗c6 17. ♖fe1 ♕e5 18. ♕f4 ♘d7 19. b3 a5 20. ♕e5 ♖e5 21. ♘f4 ♘b6 22. ♘d3 ♖ee8 23. e5 c4 24. bc4 ♘c4 25. ed6 cd6 26. ♖e8 ♖e8 27. ♔f2 g5 28. ♘e2 ♖b8 29. ♘d4 ♗d7 30. ♖e1 ♔f6 31. h3 h6 32. f4 ♘b2 33. fg5 hg5 34. ♘b2 ♖b2 35. a3 ♗e6 36. ♖e3 ♗d5 37. ♖e2 ♖b1 38. ♖e3 ♖c1 39. ♖e2 ♖d1 40. ♘f3 ♔f5 41. ♖e3 ♔f4 42. g3 ♔f5 43. c3 ♔f6 44. ♘d4 ♗c4 45. ♘c6 a4 46. ♘a5 ♗e6 47. h4 g4 48. ♖e1 ♖d5 49. ♘b7 ♔e7 50. ♖e4 ♖f5 51. ♖f4 ♖f4 52. gf4 ♗d5 53. ♘a5 f5 54. c4 ♗e4 55. c5 dc5 56. ♘c4 ♗d5 57. ♘e3 ♗e6 58. ♘d1 ♗f7 59. ♘c3 ♗e8 60. ♔e3 ♔d6 61. ♘e2 ♔d5 62. ♘g3 ♔c4 63. ♘f5 ♔b3 64. ♔d2 ♔a3 65. ♔c3 ♔a2 66. ♘e3 g3 67. f5 ♔b1 **0:1**

14.02. **1077.**

P. KERES - M. TAL

1. d4 ♘f6 2. c4 e6 3. ♘f3 c5 4. e3 d5 5. a3 cd4 6. ed4 ♗e7 7. ♘c3 0-0 8. ♗f4 ♘c6 9. ♖c1 ♘e4 10. ♗d3 ♘c3 11. ♖c3 dc4 12. ♖c4 ♕a5 13. ♗d2 ♕d5 14. ♕c2 f5 15. 0-0 ♗d7 16. ♖d1 ♖ac8 17. ♗e3 ♘a5 18. ♖c8 ♖c8 19. ♕e2 ♗d6 20. ♘e5 ♗a4 21. ♖e1 ♗e5 22. de5 ♖d8 23. b4 ♗c6 24. f3 ♕d3 25. ♕d3 ♖d3 26. ba5 ♖a3 27. ♗a7 ♖a5 28. ♗d4 ♖a2 29. ♖b1 ♖d2 30. ♗c3 ♖c2 31. ♗d4 ♔f7 32. h4 ♔g6 33. ♖b4 h6 34. ♖b2 ♖b2 35. ♗b2 ♔h5 36. ♗a3 ♔h4 37. ♗f8 ♔g3 38. ♗g7 h5 39. ♗h6 ♗f3 40. gf3 ♔f3 41. ♔f1 b5 42. ♗d2 h4 43. ♗b4 h3 44. ♔g1 ♔e2 **0:1**

15.02. **1078.**

D. BRONSTEIN - P. KERES

1. ♘f3 d5 2. g3 g6 3. ♗g2 ♗g7 4. d3 e5 5. 0-0 ♘e7 6. e4 ♘bc6 7. ♘bd2 0-0 8. ed5 ♘d5 9. ♘c4 h6 10. ♖e1 ♖e8 11. ♗d2 ♘b6 12. ♘a5 ♘a5 13. ♗a5 c6 14. ♗c3 ♕c7 15. a4 ♗f5 16. ♘h4 ♗e6 17. ♘f3 ♗d5 18. a5 ♘d7 19. ♘d2 ♗g2 20. ♔g2 ♘f6 21. ♘c4 ♘d5 22. ♗d2 ♖e6 23. ♕c1 ♔h7 24. ♗e3 e4 25. ♗c5 f5 26. ♕d2 a6 27. de4 fe4 28. ♖ad1 ♗f8 29. ♗d4 ♗g7 30. ♗c5 ♗f8 31. ♗d4 ♗g7 ½:½

16.02. **1079.**

P. KERES - A. BANNIK

1. e4 e6 2. d4 d5 3. ♘d2 ♘f6 4. ♗d3 c5 5. e5 ♘fd7 6. c3 ♘c6 7. ♘e2 ♕b6 8. ♘f3 cd4 9. cd4 f6 10. ef6 ♘f6 11. 0-0 ♗d6 12. ♘f4 0-0 13. ♖e1 ♗d7 14. ♘e6 ♖fe8 15. ♗f5 ♖e7 16. ♗g5 ♖ae8 17. ♘g7 ♖g7 18. ♗d7 ♖e1 19. ♕e1 ♘d7 20. ♕e6 ♖f7 21. ♕d6 ♘d4 22. ♕d5 ♘f3 23. gf3 ♕b2 24. ♖e1 ♘f8 25. h4 ♕c2 26. ♖e7 ♕g6 27. ♔h2 b5 28. ♖a7 ♕e6 29. ♕d4 ♖a7 30. ♕a7 ♕f7 31. ♕a8 ♔g7 32. ♗e3 ♕c7 33. ♔g2 ♘e6 34. ♕d5 ♕c4 35. ♕c4 bc4 36. h5 ♔f6 37. ♔f1 ♔e5 38. ♔e2 ♔d5 39. ♔d2 ♘g7 40. h6 ♘f5 41. ♔c3 ♘h4 42. a4 ♘f3 43. a5 ♘e5 **1:0**

18.02. **1080.**

V. KORCHNOI - P. KERES

1. c4 e5 2. ♘c3 ♘f6 3. g3 c6 4. ♘f3 e4 5. ♘d4 d5 6. cd5 cd5 7. d3 ♗c5 8. ♘b3 ♗b4 9.

♗g2 0-0 10. 0-0 ♗f5 11. de4 de4 12. ♗g5 ♗c3 13. bc3 ♘bd7 14. ♘d4 ♗g6 15. ♕b3 ♕b6 16. ♖fd1 h6 17. ♗f4 ♖fd8 18. ♗h3 ♗h5 19. c4 ♗g4 20. ♗g2 ♘c5 21. ♕b6 ab6 22. h3 ♘e6 23. hg4 ♖d4 24. ♖d4 ♘d4 25. ♗e5 ♘e2 26. ♔f1 ♘g4 27. ♗b2 ♘g3 28. fg3 ♘e3 29. ♔f2 ♘g2 30. ♔g2 ♖a4 31. ♔f2 ♖c4 32. ♔e3 b5 33. ♗d4 f5 34. ♖b1 b4 35. ♖b2 b5 36. ♗e5 ♔f7 37. ♖f2 ♔g6 38. ♖d2 ♔f7 39. ♖d5 ♖c2 40. ♗d4 ♖a2 41. ♖f5 ♔g6 42. ♖e5 ♖a3 43. ♔f4 ♖f3 44. ♔g4 h5 45. ♔h3 b3 46. ♖e4 ♖d3 47. ♗f2 ♔f5 48. ♖b4 g5 49. ♖b5 ♔f6 50. ♖b4 h4 51. ♔g4 ♔e5 52. gh4 gh4 53. ♔h4 ♖f3 54. ♗g3 ♔d5 55. ♔g4 ♖c3 56. ♗f4 ♔c5 57. ♖b8 ♔c4 58. ♗e5 ♖e3 59. ♔f4 ♖e5 ½:½

19.02. **1081.**

P. KERES - R. NEZHMETDINOV

1. e4 e5 2. ♘f3 ♘c6 3. ♗b5 f5 4. ♘c3 ♘d4 5. ♗c4 d6 6. d3 ♘f6 7. 0-0 ♘f3 8. ♕f3 f4 9. d4 c6 10. ♕d3 g5 11. a4 ♕b6 12. ♖d1 ♕d4 13. ♕d4 ed4 14. ♖d4 ♘g4 15. ♗e2 ♔e7 16. a5 ♗g7 17. ♖d1 ♗e6 18. ♘a2 h5 19. ♘b4 ♘e5 20. ♘d3 ♘d3 21. ♗d3 ♗e5 22. ♖a4 b5 23. ab6 ab6 24. ♖a8 ♖a8 25. f3 b5 26. c3 ♗b3 27. ♖e1 ♗c4 28. ♗c4 bc4 29. g3 ♖a1 30. ♔f2 ♖a2 31. ♖e2 ♔f6 32. ♖c2 ♖a1 33. ♔g2 h4 34. gh4 gh4 35. ♔h3 ♔g5 36. ♖g2 ♔h5 37. ♖g1 ♖b1 38. ♖d1 ♗g7 39. ♖g1 ♗h6 40. ♔g2 ♗g5 41. ♖d1 ♗e7 42. ♔f2 ♗d8 43. ♔e2 ♗b6 44. h3 ♗a7 45. ♗f4 ♖b2 46. ♖d2 ♖d2 47. ♔d2 d5 48. ♗d6 ♗b6 49. ♔e2 ♗a5 50. ♗e5 ♗b6 51. ♗f6 ♗c5 52. ♗d8 ♗d6 53. ♔e3 ♗e5 54. ♗a5 ♔g5 55. ♗d8 ♔h5 56. ♗a5 ♔g5 57. ♗b4 ♗f4 58. ♔d4 ♗g3 59. ed5 cd5 60. ♔d5 ♔f4 61. ♔c4 ♔f3 ½:½

21.02. **1082.**

V. ANTOSHIN - P. KERES

1. d4 ♘f6 2. c4 e6 3. ♘c3 ♗b4 4. e3 0-0 5. ♗d3 c5 6. ♘f3 b6 7. 0-0 ♗b7 8. ♘a4 cd4 9. ed4 ♘e4 10. c5 bc5 11. a3 ♗a5 12. ♘c5 ♘c5 13. dc5 ♗c7 14. ♗g5 ♕e8 15. ♘d4 ♘c6 16. ♗f6 ♗d8 17. ♕h5 g6 18. ♕h4 d6 19. ♖fc1 ♘d4 20. ♕d4 ♕c6 21. ♗f1 dc5 22. ♕f4 ♗f6 23. ♕f6 ♖ad8 24. ♖c2 ♖d5 25. ♖ac1 ♕d6 26. ♕f3 ♖d8 27. ♕e3 ♖e5 28. ♕g3 ♕d4 **0:1**

MAR DEL PLATA
15.03.- 8.04.1957

15.03. **1083.**

E.E. CASAS - P. KERES

1. d4 ♘f6 2. c4 e6 3. ♘c3 ♗b4 4. e3 c5 5. ♗d3 0-0 6. ♘e2 d5 7. 0-0 cd4 8. ed4 dc4 9. ♗c4 ♘bd7 10. ♗b3 ♘b6 11. ♘f4 ♗d7 12. ♘d3 ♗e7 13. ♘e5 ♖c8 14. ♗g5 ♗c6 15. ♕e2 ♗d5 16. ♘d5 ♘fd5 17. ♗d2 ♕d6 18. ♖ac1 ♗f6 19. ♖fd1 ♖fd8 20. ♕e4 ♖c1 21. ♖c1 ♘e7 22. ♗e3 ♘bd5 23. ♘g4 ♘c6 24. ♗c2 g6 25. ♘f6 ♘f6 26. ♕f3 ♘d5 27. ♗b3 ♔g7 28. h4 h5 29. a3 ♖d7 30. ♖c5 ♘ce7 31. ♗a4 ♖c7 32. ♖c7 ♕c7 33. ♗d2 ♕c4 34. ♗b3 ♕d4 35. ♗c3 ♘c3 36. ♕c3 ♕c3 37. bc3 ♔f6 38. ♔f1 ♘d5 39. c4 ♘c3 40. ♔e1 ♔e5 41. ♔d2 ♔d4 **0:1**

16.03. **1084.**

P. KERES - E. ELISKASES

1. e4 e6 2. d4 d5 3. ♘c3 ♗b4 4. e5 c5 5. a3 ♗c3 6. bc3 ♘e7 7. ♘f3 ♘bc6 8. a4 ♕c7 9. ♕d2 b6 10. ♗d3 ♗d7 11. 0-0 c4 12. ♗e2 ♘f5 13. ♗a3 h5 14. ♖fe1 f6 15. ♗f1 0-0-0 16. g3 ♔b7 17. ♗h3 ♖de8 18. ♖e2 ♔a8 19. ♖ae1 ♕c8 20. ♗f5 ef5 21. ♘h4 fe5 22. de5 ♗e6 23. ♘g6 ♖h6 24. ♘f4 ♕d7 25. ♖d1 ♖d8 26. ♗d6 ♗f7 27. h4 ♖d6 28. ed6 ♕d6

29. ♕e3 ♕a3 30. ♕f3 g6 31. ♘d5 ♔b7 32. ♖e7 ♘e7 33. ♘e7 ♔a6 34. ♖d8 ♕e7 35. ♖d1 ♕e6 36. a5

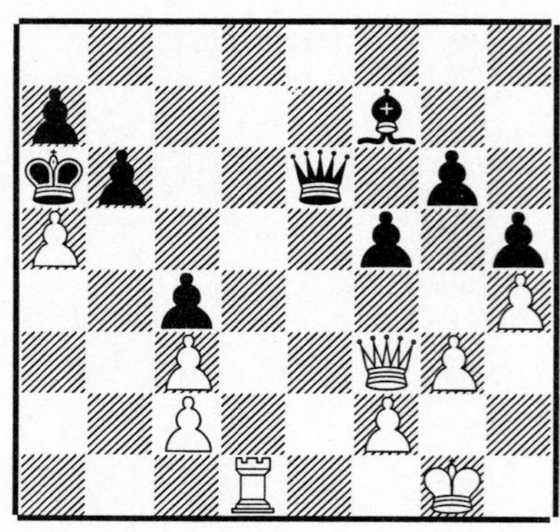

♗e8 37. ab6 ♗c6 38. ♖a1 ♔b6 39. ♕f4 ♕e4 40. ♕b8 ♗b7 41. ♕d6 **1:0**

16.03. **1085.**

W. ADER - P. KERES

1. d4 ♘f6 2. c4 e6 3. ♘f3 c5 4. e3 b6 5. ♘c3 cd4 6. ed4 ♗b7 7. ♗d3 ♗b4 8. 0-0 0-0 9. ♗g5 h6 10. ♗h4 ♗e7 11. ♕e2 ♘c6 12. ♖ac1 ♖c8 13. ♖fd1 ♖e8 14. ♗b1 ♘h5 15. ♗g3 ♘a5 16. ♘e5 ♘g3 17. hg3 d6 18. b4 de5 19. de5 ♕c7 20. ba5 ♕c4 21. ♗d3 ♕b4 22. a6 ♗a6 23. ♗a6 ♖c3 24. ♖c3 ♕c3 25. ♖d7 ♗c5 26. ♗d3 g6 27. ♔h2 ♖e7 28. ♖d8 ♔g7 29. ♕e4 ♖c7 30. f4 ♕c1 31. g4 ♕g1 32. ♔h3 ♗f2 **0:1**

19.03. **1086.**

P. KERES - M. NAJDORF

1. e4 c5 2. ♘f3 ♘c6 3. d4 cd4 4. ♘d4 ♘f6 5. ♘c3 d6 6. ♗g5 e6 7. ♕d2 a6 8. 0-0-0 h6 9. ♗f4 ♗d7 10. ♘c6 ♗c6 11. f3 d5 12. ♕e1 ♗e7 13. ed5 ed5 14. ♗d3 0-0 15. ♕f2 ♖e8 16. ♗e3 ♗d6 17. ♘e2 ♘d7 18. ♘d4 ♘e5 19. ♘f5 ♗c7 20. ♔b1 ♗d7 21. g4 ♘d3 22. ♖d3 ♗f5 23. gf5 ♗e5 24. f4 ♗f6 25. ♖hd1 ♕e7 26. ♗b6 ♕e4 27. ♖d5 ♖ac8 28. a3 ♕c4 ½:½

20.03. **1087.**

R. SANGUINETI - P. KERES

1. ♘f3 c5 2. g3 ♘c6 3. ♗g2 g6 4. c4 ♗g7 5. ♘c3 d6 6. d3 a6 7. ♗d2 ♖b8 8. a4 ♗d7 9. ♖b1 ♘h6 10. h4 ♘f5 11. h5 ♘fd4 12. ♘d4 cd4 13. ♘d5 e6 14. ♘b4 g5 15. h6 ♗f6 16. ♘c6 bc6 17. b4 0-0 18. e4 de3 19. ♗e3 ♗c3 20. ♗d2 ♗d2 21. ♕d2 f5 22. f4 gf4 23. gf4 e5 24. fe5 de5 25. ♖h5 ♔h8 26. ♕g5 ♖g8 27. ♕d8 ♖bd8 28. ♔f2 e4 29. ♗f1 ed3 30. ♗d3 ♗e6 31. ♗f1 ♖g4 32. b5 ab5 33. ab5 cb5 34. cb5 ♖f4 35. ♔g3 ♖g4 36. ♔f2 ♖f4 ½:½

21.03. **1088.**

P. KERES - J. BEHERENSEN

1. e4 c5 2. ♘f3 d6 3. d4 cd4 4. ♘d4 ♘f6 5. ♘c3 a6 6. ♗g5 e6 7. f4 ♗e7 8. ♕f3 ♕c7 9. 0-0-0 ♘bd7 10. ♗e2 h6 11. ♗h4 b5 12. a3 ♗b7 13. ♕e3 ♖c8 14. ♔b1 0-0 15. ♖hg1 ♘c5 16. e5 de5 17. fe5 ♘d5 18. ♘d5 ♗d5 19. ♗e7 ♕e7 20. ♘f5 ef5 21. ♖d5 ♖fd8 22. ♖gd1 ♖d5 23. ♖d5 ♘e4 24. ♗d3 ♕h4 25. h3 ♖e8 26. ♔a2 ♖e6 27. g4 ♘f6 28. ♖d4 fg4 29. ef6 **1:0**

24.03. **1089.**

W. LOMBARDY - P. KERES

1. d4 ♘f6 2. c4 e6 3. ♘c3 ♗b4 4. e3 b6 5. ♘e2 ♗a6 6. a3 ♗e7 7. ♘f4 d5 8. ed5 ♗f1 9. de6 ♗a6 10. ef7 ♔f7 11. e4 c5 12. ♗e3 ♘c6 13. ♕b3 c4 14. ♕d1 ♗d6 15. e5 ♘e5 16. de5 ♗e5 17. ♘fd5 ♖e8 18. ♘f6 ♕f6 19. 0-0 ♗b7 20. ♕g4 ♕e6 21. ♕e6 ♖e6 22. ♖ad1 ♗c6 23. ♗d4 ♗c7 24. f3 b5 25. ♖fe1 ♖e1 26. ♖e1 a5 27. ♘e4 h6 28. ♗f2 ♖e8 29. ♗d4 b4 30. ab4 ab4 31. ♗c5 ♗e4 32. fe4 ♗e5

(diagram)

33. ♖c1 c3 34. bc3 ♗c3 35. ♖f1 ♔e6 36. ♖b1 ♖b8 37. ♔f2 b3 38. ♔e2 b2 39. ♔d3 ♗e5 40. g3 ♖d8 41. ♔e3 **0:1**

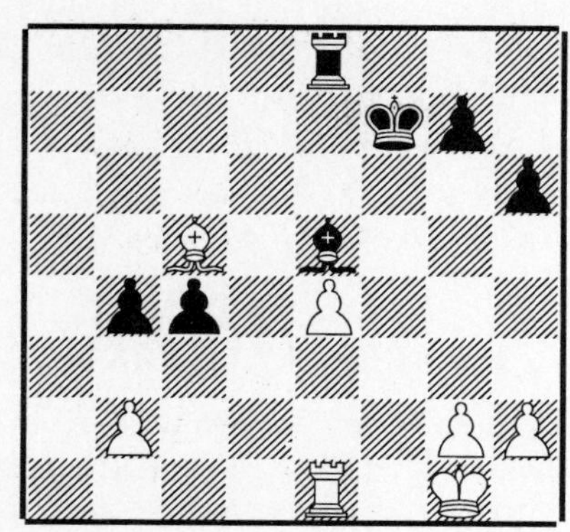

25.03. **1090.**

P. KERES - F.J.B. WEXLER

1. e4 c5 2. ♘e2 ♘f6 3. ♘bc3 ♘c6 4. d4 cd4 5. ♘d4 d6 6. ♗g5 e6 7. ♕d2 a6 8. 0-0-0 h6 9. ♗f4 ♗d7 10. ♘c6 ♗c6 11. f3 d5 12. ♕e1 ♗e7 13. ed5 ed5 14. ♘e2 0-0 15. ♘d4 ♗d6 16. ♕d2 ♖e8 17. g4 ♗f4 18. ♕f4 ♕a5 19. a3 ♖e1 20. ♗d3 ♖h1 21. ♖h1 ♖e8 22. ♖d1 ♘d7 23. h4 ♘e5 24. ♗f1 ♗d7 25. g5 hg5 26. hg5 ♕c7 27. ♔b1 ♖c8 28. ♕d2 ♘g6 29. ♗d3 ♘f4 30. ♖h1 g6 31. ♕e1 ♖e8 32. ♕h4 ♘h5 33. ♘e2 ♗f5 34. ♗f5 ♖e2 35. ♗d3 ♖e3 36. ♕g4 ♔g7 37. ♕d4 ♕e5 38. ♕b6 ♕g5 39. ♕b7 ♕g2 40. ♖c1 ♕f3 41. ♖f1 ♕g2 **1:0**

26.03. **1091.**

A. KOTOV - P. KERES

1. d4 ♘f6 2. c4 e6 3. ♘c3 ♗b4 4. e3 c5 5. ♗d3 d5 6. ♘f3 0-0 7. 0-0 ♘c6 8. a3 ♗c3 9. bc3 dc4 10. ♗c4 ♕c7 11. ♗d3 e5 12. ♕c2 ♖e8 13. e4 c4 14. ♗c4 ed4 15. cd4 ♘a5 16. ♗d3 ♕c2 17. ♗c2 ♘e4 **½:½**

28.08. **1092.**

P. KERES - A. ESPOSITO

1. e4 e6 2. d4 d5 3. ♘d2 ♘f6 4. ♗d3 c5 5. e5 ♘fd7 6. c3 ♘c6 7. ♘e2 ♕b6 8. ♘f3 cd4 9. cd4 f6 10. ef6 ♘f6 11. 0-0 ♗d6 12. ♘f4 0-0 13. ♖e1 ♘e4 14. g3 ♗f4 15. ♗f4 e5 16. ♘e5 ♗f5 17. ♘c6 ♕c6 18. f3 ♘d6 19. ♖c1 ♕b6 20. ♗d6 ♕d6 21. ♖e5 ♗d3 22. ♕d3 ♖ac8 23. ♖c8 ♖c8 24. ♕b3 ♕c6 25. ♖d5 ♕c1 26. ♔g2 ♕c2 27. ♔h3 ♕b3 28. ab3 b6 29. ♖d7 ♖c2 30. ♖a7 ♖b2 31. ♔g4 ♖b3 32. ♔f4 b5 33. d5 ♔f8 34. ♖b7 b4 35. ♔e5 ♖e3 36. ♔d4 ♖f3 37. d6 ♖f2 38. ♔e3 ♖f6 39. ♖b8 **1:0**

28.03. **1093.**

H.D. ROSSETTO - P. KERES

1. e4 e5 2. ♘f3 ♘c6 3. ♘c3 g6 4. d4 ed4 5. ♘d4 ♗g7 6. ♗e3 ♘f6 7. ♗e2 0-0 8. ♕d2 ♖e8 9. f3 d5 10. ♘c6 bc6 11. ed5 ♘d5 12. ♘d5 cd5 13. c3 c5 14. 0-0 d4 15. ♗f2 ♕a5 16. ♖fc1 ♗f5 17. ♗c4 ♖ad8 18. ♕g5 dc3 19. bc3 ♗c3 20. ♖c3 ♕c3 21. ♖c1 ♕b2 22. ♗e1 h6 **0:1**

30.03. **1094.**

P. KERES - M. CUELLAR GACHARNA

1. e4 c5 2. ♘f3 ♘c6 3. d4 cd4 4. ♘d4 ♘f6 5. ♘c3 d6 6. ♗g5 e6 7. ♕d2 a6 8. 0-0-0 h6 9. ♗f4 ♗d7 10. ♘c6 ♗c6 11. f3 d5 12. ♕e1 ♗e7 13. ed5 ed5 14. ♘e2 0-0 15. ♘d4 ♗d6 16. ♕d2 ♗f4 17. ♕f4 ♘h5 18. ♕d2 ♕g5 19. g3 ♕d2 20. ♔d2 ♗d7 21. ♗d3 ♖fe8 22. ♖he1 ♔f8 23. ♔c3 ♖ec8 24. ♔b3 ♘f6 25. h4 ♘g8 26. ♖e5 ♖c5 27. ♖de1 ♖ac8 28. c3 ♖a5 29. a3 ♖ac5 30. g4 a5 31. g5 hg5 32. hg5 g6 33. f4 ♖e8 34. ♖e8 ♗e8 35. ♗g6 a4 36. ♔c2 ♘e7 37. ♗d3 ♘c6 38. ♔d2 ♘a5 39. f5 ♘c4 40. ♔c1 ♗d7 41. f6 ♖c8 42. ♖h1 **1:0**

2.04. **1095.**

O.R. PANNO - P. KERES

1. c4 ♘f6 2. ♘c3 e5 3. g3 c6 4. ♘f3 e4 5. ♘d4 d5 6. cd5 cd5 7. ♗g2 ♘c6 8. ♘c6 bc6 9. d3 ed3 10. ♕d3 ♗e7 11. 0-0 0-0 12. ♗e3 ♖e8 13. ♖fd1 ♗e6 14. ♖ac1 ♘g4 15. ♗d2 ♕b6 16. ♗e1 ♕b2 17. e4 ♘e5 18. ♕d4 ♗f6 19. ♕a4 ♗g4 20. ♖b1 ♗d1 21. ♕d1 ♕a3

22. ed5 ♖ad8 23. ♕c2 ♕c5 24. ♕b3 cd5 25. ♘d5 ♘g4 26. ♘f6 ♘f6 27. ♗b4 ♕f5 28. ♖c1 ♖e2 29. ♗f3 ♖ee8 30. ♖c5 ♖e5 31. ♖e5 ♕e5 32. ♔g2 h5 33. ♗c3 ♕f5 34. ♕c4 h4 35. gh4 ♖d3 36. ♗e2 ♕h3 37. ♔g1 ♖c3 **0:1**

3.04. **1096.**

P. KERES - H. ALBERT

1. e4 c5 2. ♘f3 ♘c6 3. d4 cd4 4. ♘d4 ♘f6 5. ♘c3 d6 6. ♗c4 e6 7. 0-0 a6 8. ♗e3 ♕c7 9. ♗d3 ♗e7 10. f4 ♗d7 11. ♕f3 0-0 12. ♖ae1 b5 13. a3 ♘a5 14. g4 e5 15. ♘f5 ♗f5 16. ef5 ♕c6 17. g5 ♕f3 18. ♖f3 ♘d7 19. ♘d5 ♗d8 20. b3 ♘c6 21. f6 ef4 22. ♖f4 ♘de5 23. ♗e4 ♖b8 24. ♖d1 g6 25. h4 ♖e8 26. ♔f2 a5 27. ♖h1 ♖b7 28. ♗g2 ♔f8 29. h5 ♖d7 30. ♖fh4 ♔g8 31. ♘f4 ♗c7 32. hg6 fg6 33. ♗d5 **1:0**

5.04. **1097.**

J.R. AGUADO - P. KERES

1. d4 ♘f6 2. c4 e6 3. ♘c3 ♗b4 4. a3 ♗c3 5. bc3 b6 6. e3 ♗b7 7. ♘f3 ♘e4 8. ♕c2 f5 9. ♗d3 0-0 10. 0-0 ♘d6 11. ♘e5 ♘c6 12. ♘c6 ♗c6 13. f3 ♗b7 14. ♕e2 ♕e7 15. a4 e5 16. ♗a3 e4 17. fe4 fe4 18. ♗c2 ♗a6 19. ♗b3 ♖f1 20. ♖f1 ♕e6 21. ♗d6 cd6 22. ♕a2 ♔h8 23. c5 ♕e8 24. ♖f4 dc5 25. ♗d5 ♖c8 26. ♗f7 ♕e7 27. d5 ♖f8 28. ♕f2 g6 29. c4 ♕e5 30. h3 ♔g7 31. d6 ♗b7 32. h4 ♗c6 33. h5 ♗a4 34. h6 ♔h6 35. ♕h4 ♔g7 36. ♕e7 ♕f4 37. ef4 ♖f7 38. ♕e4 h5 39. g3 ♗c6 40. ♕e5 ♔h7 41. ♕e8 ♔g7 42. ♕e5 **½:½**

6.04. **1098.**

P. KERES - J. MANGINI

1. e4 e5 2. ♘f3 ♘c6 3. ♗b5 a6 4. ♗a4 ♘f6 5. 0-0 ♗e7 6. ♕e2 b5 7. ♗b3 d6 8. a4 ♖b8 9. ab5 ab5 10. c3 0-0 11. d4 ed4 12. cd4 ♗g4 13. ♖d1 d5 14. e5 ♘e4 15. h3 ♗h5 16. ♘c3 ♘c3 17. bc3 ♕d7 18. g4 ♗g6 19. ♘e1 h5 20. ♘g2 hg4 21. ♘f4 ♗f5 22. hg4 ♗g4 23. f3 ♗f5 24. ♗d5 ♘d8 25. ♗e4 ♘e6 26. ♗f5 ♘f4 27. ♕c2 ♘e6 28. d5 ♗c5 29. ♔h1 ♕e7 30. de6 fe6 31. ♗h7 **1:0**

8.04. **1099.**

C. INCUTTO - P. KERES

1. e4 e5 2. ♘f3 ♘c6 3. ♗b5 a6 4. ♗a4 ♘f6 5. 0-0 ♗e7 6. ♖e1 b5 7. ♗b3 d6 8. c3 0-0 9. h3 a5 10. d4 ed4 11. ♘d4 ♘d4 12. ♕d4 ♗b7 13. ♗c2 ♖e8 14. ♕d1 ♗f8 15. ♗g5 h6 16. ♗f6 ♕f6 17. ♘d2 b4 18. ♕f3 ♕g6 19. ♕g4 ♕f6 20. ♕f3 ♕g5 21. ♘f1 ♖e5 22. cb4 ab4 23. ♖e3 d5 24. ed5 ♗d5 25. ♗e4 ♖e4 **0:1**

SANTIAGO
2.- 9.05.1957

2.05. **1100.**

P. KERES - M.R. LETELIER

1. e4 c5 2. ♘f3 d6 3. d4 cd4 4. ♘d4 ♘f6 5. ♘c3 a6 6. ♗g5 e6 7. f4 ♘c6 8. e5 h6 9. ♗h4 g5 10. fg5 ♘h7 11. ♘c6 bc6 12. ed6 ♘g5 13. ♕d4 ♖g8 14. 0-0-0 ♗d7 15. ♗e2 ♕a5 16. ♕c4 ♖b8 17. ♗e1 ♗g7 18. h4 ♘h7 19. ♖h3 ♗e5 20. ♘a4 ♕d8 21. ♗c3 ♗c3 22. ♕c3 ♕f6 23. ♖f1 ♕c3 24. ♖c3 f5 25. ♗f3 ♖b4 26. ♘c5 ♖h4 27. ♖b3 ♘f6 28. ♖b8 ♔f7 29. ♖b7 **1:0**

3.05. **1101.**

J. GUTIERREZ - P. KERES

1. e4 c5 2. ♘f3 ♘c6 3. c3 ♘f6 4. e5 ♘d5 5. d4 cd4 6. cd4 d6 7. ♕b3 e6 8. ♘c3 de5 9. ♘e5 ♘d4 10. ♕a4 ♘c6 11. ♗b5 ♗d7 12. ♘c6 bc6 13. ♗c6 ♗b4 14. 0-0 ♗c3 15. bc3 ♖c8 16. ♗d7 ♕d7 17. ♕d4 0-0 18. c4 ♕a4 19. ♗b2 ♘f6 20. ♖fc1 ♖fd8 21. ♕f4 ♘e8 22. h3 ♖d7 23. ♖c3 ♖dc7 24. ♖g3 ♕b4 25. ♕e5 f6 26. ♕e6 ♔h8 27. ♖e1 h6 28. ♗a3 ♕c4 29. ♖ge3 ♕b5 30. ♕b3 ♕d7 31. ♖e7

♕c6 32. ♖c1 ♕c1 33. ♗c1 ♖e7 34. ♗a3 ♖e5 35. f4 ♖e2 36. ♕b5 ♖cc2 37. g4 ♖e1 **0:1**

4.05. **1102.**

P. KERES - B. GORDON

1. e4 e5 2. ♘f3 ♘c6 3. ♗b5 a6 4. ♗a4 ♘f6 5. 0-0 ♘e4 6. d4 b5 7. ♗b3 d5 8. de5 ♗e6 9. c3 ♗e7 10. ♘bd2 0-0 11. ♕e2 ♘a5 12. ♗c2 ♘d2 13. ♕d2 c5 14. ♕f4 ♕d7 15. a4 ♘c6 16. ♖d1 ♖ad8 17. ab5 ab5 18. ♘g5 ♗g5 19. ♕g5 ♕e7 20. ♕g3 ♕c7 21. ♗g5 f6 22. ♕h4 ♘e5 23. ♕h7 ♔f7 24. ♗h6 ♖g8 25. ♖e1 ♘g4 26. ♗d2 ♘e5 27. ♗f4 ♔f8 28. ♗g6 ♗d7 29. ♖e3 d4 30. ♗e5 fe5 31. ♖f3 ♔e7 32. ♕h4 ♔d6 33. ♖f6 gf6 34. ♕f6 **1:0**

6.05. **1103.**

E. JIMENEZ SERGUERA - P. KERES

1. e4 c5 2. ♘f3 g6 3. d4 cd4 4. ♘d4 ♗g7 5. ♘c3 ♘c6 6. ♗e3 d6 7. ♕d2 ♘f6 8. f3 0-0 9. ♗e2 d5 10. 0-0-0 ♘d4 11. ♗d4 de4 12. ♘e4 ♘e4 13. fe4 ♗e6 14. ♗g7 ♕d2 15. ♖d2 ♔g7 16. b3 ♔f6 17. ♖hd1 ♔e5 18. c4 a5 19. ♔b2 h5 20. a3 ♖fc8 21. a4 ♖c7 22. ♗f3 ♖h8 23. ♔c3 g5 24. g3 h4 25. ♗g2 ♖cc8 26. ♔b2 b6 27. ♔c3 ♖c5 28. ♖d8 ♖d8 29. ♖d8 ♖c8 30. ♖d2 ♖c6 31. ♖d8 h3 32. ♗f3 g4 33. ♗e2 ♔e4 34. ♖d4 ♔e3 35. ♗g4 ♗g4 36. ♖g4 ♖d6 37. ♖h4 ♖d3 38. ♔b2 ♖d2 39. ♔a3 ♖h2 40. c5 bc5 **0:1**

7.05. **1104.**

P. KERES - A. KOTOV

1. e4 c5 2. ♘f3 ♘c6 3. d4 cd4 4. ♘d4 ♘f6 5. ♘c3 d6 6. ♗g5 e6 7. ♕d2 a6 8. 0-0-0 ♗d7 9. f4 ♗e7 10. f5 ♘d4 11. ♕d4 ef5 12. ♗d3 h6 13. ♗f4 fe4 14. ♘e4 ♘e4 15. ♗e4 0-0 16. ♗d6 ♗g4 17. ♗e7 ♕e7 18. ♖de1 ♗e6 ½:½

8.07. **1105.**

P. KERES - R. FLORES

1. e4 ♘f6 2. e5 ♘d5 3. d4 d6 4. ♘f3 ♗g4 5. ♗e2 e6 6. c4 ♘b6 7. ed6 cd6 8. ♘c3 ♗e7 9. 0-0 0-0 10. ♗e3 ♘c6 11. b3 d5 12. c5 ♘d7 13. b4 ♘b4 14. ♕b3 ♘c6 15. ♕b7 ♖c8 16. ♖fd1 ♕a5 17. ♖ac1 ♖fd8 18. a4 ♗f6 19. ♘b5 ♕a4 20. ♘d6 ♖b8 21. ♕c7 ♗f3 22. gf3 ♗d4 23. ♗b5 ♖b5 24. ♖d4 ♖b4 25. ♖b4 ♕b4 26. ♕c6 ♘e5 27. ♕c7 ♘f3 28. ♔h1 ♖f8 29. ♘c8 e5 30. ♘e7 ♔h8 31. ♘f5 ♕g4 32. ♘g3 ♕h3 33. ♘f1 d4 34. ♗d4 ♘d4 35. ♕b7 ♘f3 36. ♕d5 ♕g4 37. ♘g3 h5 38. c6 h4 39. ♕e4 ♕g5 40. ♖c3 ♘d2 41. ♕f5 ♕f5 42. ♘f5 ♘e4 43. ♖b3 ♘c5 44. ♖b4 g6 45. c7 **1:0**

9.05. **1106.**

J. SALES - P. KERES

1. e4 e5 2. ♘f3 ♘c6 3. ♗b5 a6 4. ♗a4 ♘f6 5. 0-0 ♗e7 6. ♖e1 b5 7. ♗b3 0-0 8. c3 d6 9. h3 a5 10. a4 b4 11. d4 bc3 12. bc3 ed4 13. ♘d4 ♘d4 14. cd4 d5 15. e5 ♘e4 16. ♘d2 ♗f5 17. ♘e4 ♗e4 18. ♗c2 ♗g6 19. ♗a3 ♖b8 20. ♗g6 hg6 ½:½

USSR - YUGOSLAVIA TEAM MATCH-TOURNAMENT

Leningrad, 3.- 15.07.1957

3.07. **1107.**

N. KARAKLAJIC - P. KERES

1. e4 e5 2. ♘f3 ♘c6 3. ♗b5 a6 4. ♗a4 d6 5. c4 ♗d7 6. ♘c3 g6 7. d4 ♗g7 8. de5 ♘e5 9. ♘e5 ♗e5 10. 0-0 ♘f6 11. ♗g5 h6 12. ♗d7 ♕d7 13. ♗f6 ♗f6 14. ♘d5 ♗g7 15. ♖c1 ♖d8 16. ♕f3 0-0 17. ♖fd1 ♔h8 18. ♖c2 c6 19. ♘e3 ♕e7 20. ♖cd2 ♖fe8 21. b3 ♔g8 22. h3 ♔f8 23. ♕f4 h5 24. ♔f1 ♗e5 25. ♕f3 ♕h4 26. ♘c2 a5 27. ♘e1 ♔g7 28. ♘d3 ♗f6

29. ♘f4 ♕g5 30. g3 ♕e5 31. ♘e2 a4 32. h4 ab3 33. ab3 ♕c5 34. ♖d3 ½:½

4.07. 1108.

P. KERES - M. BERTOK

1. e4 c5 2. ♘f3 d6 3. d4 cd4 4. ♘d4 ♘f6 5. ♘c3 g6 6. f4 ♘c6 7. ♘c6 bc6 8. e5 ♘d7 9. ed6 ed6 10. ♗e3 ♗e7 11. ♕d2 d5 12. 0-0-0 0-0 13. a3 ♘f6 14. h3 ♕a5 15. ♕e1 ♕c7 16. ♕f2 ♖e8 17. ♗d4 ♗f5 18. ♗d3 ♘e4 19. ♘e4 ♗e4 20. ♗e4 de4 21. h4 ♗d6 22. g3 h5 23. ♕e3 c5 24. ♗c3 f5 25. ♖d5 ♖ad8 26. ♖hd1 ♕c6 27. ♗e5 ♗e7 28. c4 ♕e6 29. b3 ♕b6 30. ♔c2 ♖d5 31. ♖d5 ♖d8 32. ♕d2 ♔f7 33. a4 ♔e8 34. ♗b2 ♕e6 35. ♖d8 ♗d8 36. ♕c3 ♕d6 37. ♕e3 ♔d7 38. ♗e5 ♕d3 39. ♕d3 ed3 40. ♔d3 a5 41. ♗c3 ♔c6 42. ♗e5 ♔d7 ½:½

6.07. 1109.

B. IVKOV - P. KERES

1. c4 ♘f6 2. ♘c3 e5 3. g3 c6 4. ♘f3 e4 5. ♘d4 d5 6. cd5 cd5 7. d3 ♗c5 8. ♘b3 ♗b4 9. ♗g2 ♘c6 10. 0-0 ♗f5 11. ♗g5 ♗c3 12. bc3 h6 13. de4 ♗e4 14. ♗f6 ♕f6 15. ♗e4 de4 16. ♘c5 ♕e7 17. ♕d5 e3 18. ♖b1 ½:½

7.07. 1110.

P. KERES - M. UDOVCIC

1. e4 e5 2. ♘f3 ♘c6 3. ♗b5 a6 4. ♗a4 ♘f6 5. 0-0 ♗e7 6. ♘c3 d6 7. ♗c6 bc6 8. d4 ♘d7 9. de5 de5 10. ♘a4 0-0 11. ♗e3 ♗d6 12. c4 ♕e7 13. ♕c2 ♕e6 14. ♖ad1 ♖e8 15. ♘e1 ♕g6 16. f3 ♗e7 17. ♕c3 a5 18. ♘d3 f5 19. ef5 ♕f5 20. ♘f2 ♘f6 21. ♗c5 ♗d8 22. ♖fe1 ♗e6 23. ♖e5 ♕g6 24. ♗d4 ♘d7 25. ♖e2 ♗e7 26. ♘d3 ♗g5 27. ♖de1 ♗f5 28. ♘e5 ♘e5 29. ♖e5 ♖e5 30. ♗e5 ♖d8 31. ♗c7 ♗h3 32. f4 ♖d3 33. ♕c2 ♗h4 34. ♖f1 ♗f5 35. ♗e5 ♖h3 36. ♕d2 ♖h2 37. ♔h2 ♗g3 38. ♔g1 ♕h5 39. ♖f3 ♕h2 40. ♔f1 ♕h1 41. ♔e2 ♕g2 42. ♔e3 ♕g1 43. ♖f2 ♗f2 44. ♕f2 ♕c1 45. ♔d4 ♕d1 46. ♔c5 ♕a4 47. ♕d2 h5 48. ♗c3 ♕c2 49. ♕d8 ♔h7 50. ♕f8 **1:0**

11.07. 1111.

Dr. S. NEDELJKOVIC - P. KERES

1. e4 e5 2. ♘f3 ♘c6 3. ♗b5 a6 4. ♗a4 ♘f6 5. 0-0 ♗e7 6. ♖e1 b5 7. ♗b3 0-0 8. c3 d6 9. h3 a5 10. a4 b4 11. d4 bc3 12. bc3 ed4 13. ♘d4 ♘d4 14. cd4 d5 15. ed5 ♗b7 16. ♘c3 ♗b4 17. ♗d2 ♗c3 18. ♗c3 ♘d5 19. ♕d2 ♖a6 20. ♗d5 ♕d5 21. f3 ½:½

EUROPEAN TEAM CHAMPIONSHIP
Vienna, 22.- 26.08.1957

22.08. 1112.

L. PACHMAN - P. KERES

1. f4 e5 2. fe5 d6 3. ♘f3 de5 4. e4 ♘c6 5. ♗b5 ♗c5 6. ♕e2 ♘f6 7. ♘e5 0-0 8. ♗c6 bc6 9. d3 ♖e8 10. ♘f3 ♗a6 11. ♘c3 ♖b8 12. ♗g5 h6 13. ♗f6 ♕f6 14. ♘a4 ♗d6 15. c4 ♗b4 16. ♔d1 ♕g6 17. a3 ♗f8 18. ♘c3 ♖b3 19. ♔c2 ♖eb8 20. ♖hb1 ♗c8 21. ♘d2 ♖3b7 22. b4 a5 23. ba5 ♖b1 24. ♖b1 ♖a8 25. a4 ♖a5 26. ♖b8 ♕e6 27. ♘f3 ♔h7 28. ♘d4 ♕d7 29. ♘c6 ♕c6 30. ♖c8 ♗d6 31. ♕f3 ♕d7 32. ♖b8 c6 33. ♖b1 ♗h2 34. g3 ♕c7 35. ♘e2 ♖g5 36. g4 ♕a7 37. ♖a1 ♖a5 38. ♔d2 ♗e5 39. ♖b1 ♕e7 40. d4 ♗f6 ½:½

23.08. 1113.

P. KERES - L. SCHMID

1. d4 c5 2. d5 d6 3. e4 g6 4. ♘f3 ♗g7 5. ♗e2 ♘f6 6. ♘c3 ♘a6 7. 0-0 ♘c7 8. a4 a6 9. ♘d2 ♗d7 10. a5 ♘b5 11. ♘cb1 0-0 12. ♗f3 ♘d4 13. ♘c4 ♗b5 14. ♘ba3 ♘d7 15. ♗g4 ♘e5 16. ♘b5 ♘c4 17. ♘d4 cd4 18. ♖a4 ♕c7 19. b3 ♘a5 20. ♕d2 b6 21. ♗b2 ♘b7 22. ♗d4 a5 23. ♗g7 ♔g7 24. ♖fa1 b5 25. ♖d4 ♘c5

26. h4 a4 27. ♕c3 f6 28. ba4 ♕a5 29. ♕g3 ½:½

24.08. **1114.**

A. MATANOVIC - P. KERES

1. e4 e5 2. ♘f3 ♘c6 3. ♗b5 a6 4. ♗a4 ♘f6 5. 0-0 ♗e7 6. ♖e1 b5 7. ♗b3 0-0 8. c3 d6 9. h3 ♘a5 10. ♗c2 c5 11. d4 ♕c7 12. ♘bd2 ♗b7 13. ♘f1 cd4 14. cd4 ♖ac8 15. ♖e2 ♖fe8 16. ♘g3 g6 17. b3 ♘c6 18. ♗b2 ♗f8 19. ♕d2 ♗g7 20. ♖d1 ♕b6 21. ♗b1 ♘d7 22. ♖ee1 a5 23. ♘f1 a4 24. de5 ♘de5 25. ♘d4 ab3 26. ab3 ♖ed8 27. ♘e3 ♘a5 28. ♗a3 ♖a8 29. ♗b4 ♘d7 **½:½**

25.08. **1115.**

P. KERES - L. PACHMAN

1. c4 c6 2. ♘f3 d5 3. b3 ♗g4 4. ♗b2 e6 5. ♘e5 ♗f5 6. e3 f6 7. ♘f3 e5 8. ♗e2 ♗d6 9. ♘c3 ♗e6 10. 0-0 ♘e7 11. cd5 cd5 12. ♘b5 ♘bc6 13. ♘d6 ♕d6 14. ♘e1 0-0 15. ♖c1 ♖fc8

(diagram)

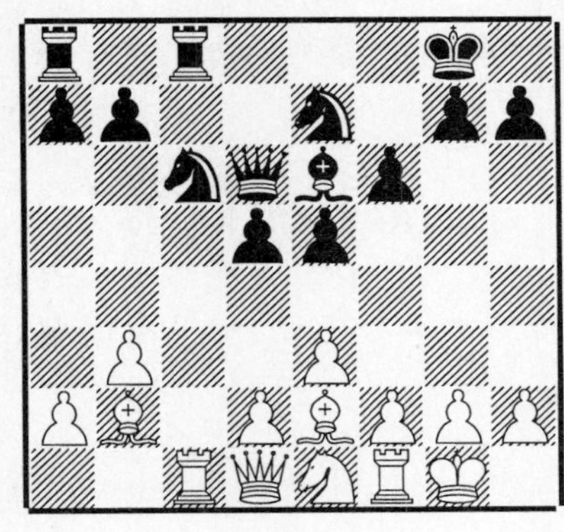

16. f4 d4 17. fe5 fe5 18. ♗d3 ♖f8 19. ♘f3 h6 20. ed4 ed4 21. ♕e2 ♘d5 22. ♗a3 ♘cb4 23. ♕e4 ♘f6 24. ♕b7 a5 25. ♗b4 ab4 26. ♖c6 ♗d5 27. ♖d6 ♗b7 28. ♖d4 ♖a2 29. ♖b4 ♗f3 30. ♖f3 ♖d2 31. h3 ♖a8 32. ♖a4 ♖e8 33. ♖a7 **1:0**

26.08. **1116.**

K. DARGA - P. KERES

1. c4 e5 2. ♘c3 ♘f6 3. ♘f3 ♘c6 4. d4 ed4 5. ♘d4 ♗c5 6. e3 0-0 7. ♗e2 d5 8. cd5 ♘d5 9. ♘c6 bc6 10. 0-0 ♖b8 11. ♗d2 ♕e7 12. ♘d5 cd5 13. ♗c3 ♖d8 14. ♖c1 ♗f5 15. ♗d3 ♗g6 16. ♗g6 hg6 17. ♗d4 ♗b6 18. ♗b6 ab6 19. ♖c6 ♖d6 20. ♕c2 ♖c6 21. ♕c6 ½:½

ESTONIA - HUNGARY TEAM MATCH

Tallinn, 19.- 21.10.1957

19.10. **1117.**

P. KERES - G. BARCZA

1. e4 e5 2. ♘f3 ♘c6 3. ♗b5 a6 4. ♗a4 ♘f6 5. 0-0 ♗e7 6. ♘c3 b5 7. ♗b3 d6 8. ♘d5 0-0 9. c3 ♘e4 10. d4 ♗b7 11. ♖e1 ♘f6 12. de5 ♘e5 13. ♘e5 de5 14. ♖e5 ♘d5 15. ♗d5 ♗f6 16. ♖f5 ♕d7 17. ♖f6 gf6 18. ♗f3 ♖ad8 19. ♕d7 ♖d7 20. ♗e2 ♖e8 21. ♗e3 f5 22. g3 ♖e3 23. fe3 ♖d2 24. ♔f1 ♖b2 25. a4 ♗d5 26. ab5 ab5 27. ♖c1 ♗e4 28. ♔e1 c6 29. h4 ♔g7 30. ♖a1 ♔f6 31. ♖a6 ♗d5 32. ♖b6 ♖b3 33. ♔d2 ♔e5 34. ♖b8 ♖b2 35. ♔d1 ♖b1 36. ♔d2 ♖g1 37. ♖e8 ♔f6 38. ♖g8 ♖a1 39. ♖c8 ♖a2 40. ♔d1 ♗e4 41. ♖e8 ♗d5 42. ♗d3 ♖g2 43. ♖g8 h6 44. ♔e1 ♔e5 45. ♖e8 ♗e6 46. ♖g8 ♔d6 47. ♗e2 ♗d5 48. ♔f1 ♗e4 49. ♖h8 ♖g3 50. ♖h6 ♔e5 51. ♔f2 ♖g2 52. ♔f1 f4 53. ♗d3 ♖g6 54. ♖h5 f5 55. ef4 ♔f4 56. ♗e4 ♔e4 57. ♔f2 ♖d6 58. ♔e2 ♔f4 59. ♖h8 ♔g4 60. ♖h7 ♖e6 61. ♔d3 f4 62. h5 ♔f3 63. h6 c5 64. ♖h8 ♖d6 65. ♔c2 c4 66. ♔b2 ♖e6 67. ♔a3 ♔e3 68.

♔b4 f3 69. h7 ♖e7 70. ♔b5 f2 71. ♖f8 ♖h7 72. ♖e8 ♔d3 73. ♖f8 ♖h5 74. ♔b4 ♔e3 75. ♖e8 ♔f4 **0:1**

20.10. **1118.**

G. BARCZA - P. KERES

1. ♘f3 d5 2. g3 g6 3. ♗g2 ♗g7 4. d4 ♘f6 5. 0-0 0-0 6. c4 dc4 7. ♘a3 ♘c6 8. ♘c4 ♗e6 9. b3 a5 10. ♗b2 ♗d5 11. ♖c1 ♕c8 12. e3 ♖d8 13. a3 ♕e6 14. ♕c2 h6 15. ♖fe1 ♘e4 16. ♖ed1 ♘d6 17. ♘e1 a4 18. ♗d5 ♕d5 19. b4 ♘a7 20. ♘e5 ♘ab5 21. ♘1d3 ♕e4 22. ♕e2 ♕f5 23. ♘c5 ♖a7 24. e4 ♕h3 25. ♘cd3 g5 26. f4 ♕c8 27. d5 e6 28. fg5 hg5 29. ♖f1 ed5 30. ed5 ♕h3 31. ♘f7 ♘f7 32. ♖f7 ♔f7 33. ♖f1 ♔g8 34. ♗g7 ♕d7 35. ♗f6 ♕e8 36. ♕g4 ♖d5 37. ♘e5 ♖e5 38. ♗e5 ♕e5 39. ♕c8 ♔h7 40. ♖f7 ♔g6 41. ♕g8 **1:0**

HASTINGS
28.12.1957 - 6.01.1958

28.12. **1119.**

P. KERES - L.W. BARDEN

1. c4 ♘f6 2. g3 g6 3. ♗g2 ♗g7 4. f4 c5 5. ♘c3 ♘c6 6. ♘f3 d6 7. 0-0 0-0 8. d3 ♖b8 9. ♔h1 a6 10. a4 ♗d7 11. e4 ♗g4 12. ♗e3 ♘d7 13. h3 ♗f3 14. ♕f3 ♘d4 15. ♕d1 e6 16. ♖b1 f5 17. ♗f2 ♕a5 18. ♖e1 ♕d8 19. ♘e2 fe4 20. ♗e4 ♘f5 21. b4 cb4 22. ♖b4 ♕a5 23. ♕b1 ♘c5 24. ♖d1 ♕c7 25. ♗g2 a5 26. ♖b5 b6 27. ♕a2 e5 28. ♘c3 ♔h8 29. ♘d5 ♕d8 30. fe5 de5 31. ♘b6 ♖b6 32. ♗c5 ♖a6 33. ♗f8 ♘g3 34. ♔g1 ♗f8 35. ♕b2 ♗d6 36. ♖e5 **1:0**

29.12. **1120.**

P. KERES - Dr. M. FILIP

1. e4 e5 2. ♘f3 ♘c6 3. ♗b5 a6 4. ♗a4 d6 5. c3 ♗d7 6. d4 g6 7. 0-0 ♗g7 8. de5 de5 9. ♕e2 ♘ge7 10. ♖d1 0-0 11. ♘bd2 ♘d4 12. ♘d4 ♗a4 13. ♘4b3 ♕d6 14. ♘c4 ♕e6 15. ♘e3 ♗b3 16. ab3 **½:½**

30.12. **1121.**

G. KLUGER - P. KERES

1. d4 ♘f6 2. c4 e6 3. ♘c3 ♗b4 4. e3 b6 5. ♗d3 ♗b7 6. ♘f3 c5 7. 0-0 0-0 8. ♗d2 cd4 9. ed4 d5 10. cd5 ♘d5 11. ♕e2 ♘c6 12. ♖fd1 ♗e7 13. ♖ac1 ♖c8 14. ♕e4 ♘f6 15. ♕f4 ♘b4 16. ♗b1 ♘bd5 17. ♕g3 ♘c3 18. bc3 ♘e4 19. ♕h3 g6 20. ♗e4 ♗e4 21. ♖e1 ♗f3 22. ♕f3 ♖c4 23. g3 ♕d7 24. h4 ♖d8 25. ♖e5 ♕c6 26. ♕e2 ♗f6 27. ♖e1 ♖a4 28. ♖a1 ♖d5 29. ♖e4 ♗g7 30. g4 ♖b5 31. ♕d3 ♖b2 32. ♖ae1 ♕c4 33. ♕e3 ♖aa2 34. ♖e2 ♕d5 35. ♕f4 ♖d2 36. ♕b8 ♗f8 **0:1**

31.12. **1122.**

P. KERES - Dr. J.O.B.E. PENROSE

1. e4 e5 2. ♘f3 d6 3. d4 ♘f6 4. ♘c3 ♘bd7 5. ♗c4 ♗e7 6. 0-0 0-0 7. a4 c6 8. ♖e1 ♕c7 9. h3 h6 10. de5 de5 11. ♘h4 ♘c5 12. ♘f5 ♗e6 13. ♗e6 ♘e6 14. ♕f3 ♔h7 15. ♗e3 ♘g8 16. h4 g6 17. ♘e7 ♕e7 18. h5 ♘f6 19. hg6 fg6 20. ♖ad1 ♘h5 21. ♕g4 ♘hf4 22. ♖d2 h5 23. ♕g3 ♖ad8 24. ♖ed1 ♖d2 25. ♖d2 ♖d8 26. ♖d8 ♕d8 27. f3 ♕e7 28. ♕e1 ♕g5 29. ♕d2 h4 30. ♘d1 ♕g3 31. ♗f4 ♘f4 32. ♘e3 h3 33. ♘g4 ♕g2 34. ♕g2 ♘g2 35. ♘e5 ♘e3 36. c3 ♔g7 37. ♔h2 ♔f6 38. ♘d3 b6 39. ♔h3 c5 40. ♔g3 c4 41. ♔f2 ♘d1 42. ♔e2 ♘c3 43. bc3 cd3 44. ♔d3 ♔e5 45. a5 g5 46. ab6 ab6 47. ♔e3 **1:0**

1.01. **1123.**

Dr. S. FAZEKAS - P. KERES

1. ♘f3 g6 2. d4 ♘f6 3. g3 ♗g7 4. ♗g2 c5 5. d5 e6 6. ♘c3 0-0 7. 0-0 d6 8. ♘d2 ♘bd7 9.

de6 fe6 10. e4 ♘e8 11. a4 a6 12. ♘c4 ♘e5 13. ♘e5 ♗e5 14. ♗e3 ♕c7 15. ♕e2 ♖b8 16. ♕c4 ♗d7 17. f4 b5 18. ab5 ab5 19. ♕d3 ♗g7 20. ♗h3 b4 21. ♘d1 ♔h8 22. ♖e1 ♘f6 23. ♗d2 ♗b5 24. ♕e3 ♗c6 25. e5 ♘d7 26. ed6 ♕d6 27. c3 e5 28. ♘f2 ef4 29. gf4 ♘b6 30. ♘e4 ♗e4 31. ♕e4 ♕d2 32. ♖a7 ♖f4 33. ♕e3 bc3 34. bc3 ♕e3 35. ♖e3 ♘d5 36. ♖d3 ♘f6 37. ♗e6 ♖e4 38. ♗f7 ♖e2 39. ♖d1 ♘e4 40. ♗c4 ♖d2 41. ♖e1 ♘g5 42. ♖e3 ♖b1 **0:1**

2.01 **1124.**

P. KERES - P.H. CLARKE

1. e4 e5 2. ♘f3 ♘c6 3. ♗b5 a6 4. ♗a4 d6 5. c3 ♗d7 6. d4 g6 7. ♗g5 f6 8. ♗e3 ♗g7 9. h4 ♘h6 10. h5 ♘g4 11. ♗c1 ♘a5 12. ♘h4 b5 13. ♗c2 f5 14. ef5 gh5 15. de5 ♗e5 16. ♘f3 0-0

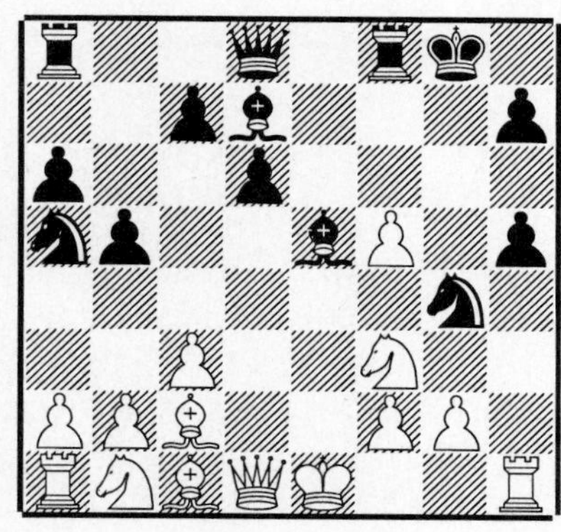

17. ♖h5 ♘f6 18. ♖h3 ♕e7 19. ♔f1 ♔h8 20. ♘h4 ♖g8 21. f4 ♘g4 22. fe5 de5 23. ♕e2 ♖af8 24. ♘d2 ♘h6 25. ♘df3 ♘f5 26. ♘f5 ♗f5 27. ♗f5 ♖f5 28. ♕e4 ♕f7 29. g4 ♖f6 30. ♔g2 ♘c4 31. ♗g5 **1:0**

3.01. **1125.**

M. BLAU - P. KERES

1. d4 ♘f6 2. c4 e6 3. g3 c5 4. d5 ed5 5. cd5 b5 6. ♗g2 d6 7. b3 g6 8. ♗b2 ♗g7 9. ♘h3 0-0 10. 0-0 ♘bd7 11. e4 ♖e8 12. ♕c2 ♘e5 13. ♘f4 h5 14. ♘d2 h4 15. a4 hg3 16. hg3 b4 17. ♖fe1 ♗a6 18. ♖ad1 ♘fd7 19. ♗e5 ♘e5 20. ♘f1 c4 21. bc4 ♘c4 22. ♘e2 ♕b6 23. ♕b3 ♖ec8 24. ♗h3 ♖c7 25. ♖c1 ♖e8 26. ♕f3 ♘e5 27. ♕g2 ♗e2 **0:1**

5.01. **1126.**

P. KERES - O. STERNER

1. e4 e6 2. d4 d5 3. ♘d2 c5 4. ♘gf3 ♘f6 5. ed5 ♘d5 6. ♘b3 cd4 7. ♘bd4 ♗e7 8. g3 a6 9. ♗g2 b5 10. 0-0 ♗b7 11. ♕e2 0-0 12. ♖d1 ♘d7 13. c3 ♘7b6 14. h4 ♕c7 15. ♗g5 ♖ad8 16. ♖ac1 ♖fe8 17. ♗e7 ♖e7 18. h5 h6 19. ♘e5 ♘d7 20. ♘ec6 ♗c6 21. ♘c6 ♕c6 22. ♖d5 ed5 23. ♕e7 ♕f6 24. ♕f6 ♘f6 25. ♖d1 ♔f8 26. ♔f1 ♔e7 27. ♗f3 ♔d6 28. ♖d4 ♖e8 29. a4 ♖b8 30. ab5 ab5 31. ♔e2 ♖e8 32. ♔d2 ♖e5 33. g4 ♔c5 34. ♗g2 ♖g5 35. ♗f3 ♖e5 36. ♖f4 ♖e7 37. ♖f5 ♖d7 38. ♔d3 ♘h7 39. b4 ♔c6 40. ♔d4 ♘f6 41. g5 hg5 42. h6 g4 43. hg7 ♘g8 44. ♗d5 **1:0**

6.01. **1127.**

S. GLIGORIC - P. KERES

1. d4 d5 2. c4 e6 3. ♘c3 ♘f6 4. ♗g5 ♗e7 5. e3 h6 6. ♗h4 0-0 7. ♘f3 ♘e4 8. ♗e7 ♕e7 9. cd5 ♘c3 10. bc3 ed5 11. ♕b3 ♖d8 12. c4 dc4 13. ♗c4 ♘c6 14. ♗e2 b6 15. 0-0 ♗b7 16. ♖fc1 ♘a5 17. ♕b2 ♖ac8 18. ♖c3 c5 19. ♖ac1 cd4 20. ♘d4 ♖c3 21. ♖c3 ♕e5 22. ♕c2 ♖d5 23. f4 ♕e8 24. h3 ♖c5 25. ♘f5 ♕e4 26. ♕e4 ♗e4 27. ♖c5 bc5 28. ♘d6 ♗d5 29. a3 ♔f8 30. ♔f2 ♘b7 31. ♘b5 a5 32. ♘c3 ♗c6 33. ♗f3 ♗f3 34. ♔f3 ♔e7 35. ♔e4 ♔e6 36. ♔d3 ♘d6 37. e4 f6 38. g3 g5 39. a4 h5 40. h4 gh4 41. gh4 ♔d7 42. ♘d5 ♔e6 43. ♘e3 f5 44. e5 ♘e4 45. ♔c4 ♘f2 46. ♘g2 ♘d1 47. ♘e1 ♘e3 48. ♔c5 ♘d5 49. ♘d3 ♘c3 50. ♔c4 ♘e2 51. ♔b5 ♔d5 52. ♔a5 ♔c6 53. ♔b4 ♘d4 54. ♔c4 ♘f3 55. ♘b4 ♔b7 56. e6 ♔c7 57. ♘d5 **1:0**

YUGOSLAVIA - USSR TEAM MATCH
Zagreb, 22.- 27.06.1958

22.06. **1128.**

S. GLIGORIC - P. KERES

1. d4 ♘f6 2. c4 e6 3. ♘c3 ♗b4 4. e3 0-0 5. ♘f3 c5 6. ♗d3 b6 7. 0-0 ♗b7 8. ♗d2 cd4 9. ed4 d5 10. cd5 ♗c3 11. bc3 ♕d5 12. c4 ♕d6 13. ♖e1 ♘bd7 14. ♗c3 ♖fd8 15. h3 ♖ac8 16. ♖e3 h6 17. ♕b3 ♗f3 18. ♖f3 e5 19. de5 ♘e5 20. ♗e5 ♕e5 21. ♖b1 ½:½

23.06. **1129.**

P. KERES - S. GLIGORIC

1. e4 e5 2. ♘f3 ♘c6 3. ♗b5 a6 4. ♗a4 ♘f6 5. 0-0 ♗e7 6. ♘c3 b5 7. ♗b3 d6 8. ♘d5 ♗b7 9. ♘f6 ♗f6 10. ♗d5 ♕c8 11. ♖e1 0-0 12. c3 ♘e7 13. ♗b3 c5 14. d4 ♕c7 15. a4 ♗c6 16. ab5 ab5 17. ♖a8 ♖a8 18. ♗g5 c4 19. ♗f6 gf6 20. ♗c2 ♘g6 21. h4 ♔h8 22. g3 ♖g8 23. ♔h2 ♕d7 24. ♘d2 ♗b7 25. ♕f3 ♕e6 26. d5 ♕e7

(diagram)

27. ♖a1 ♖a8 28. ♖a8 ♗a8 29. b3 cb3 30. ♘b3 ♔g7 31. h5 ♘f8 32. ♗d3 ♕d7 33. ♕e2 f5 34. ♗b5 ♕c8 35. c4 h6 36. ♘d2 ♘h7 37. ef5 ♘f6 38. ♘e4 ♕f5 39. ♘d6 ♘g4 40. ♔g1 ♕h5 41. f3 ♘f6 42. ♕e3 **1:0**

25.06. **1130.**

S. GLIGORIC - P. KERES

1. d4 ♘f6 2. c4 e6 3. ♘c3 ♗b4 4. e3 c5 5. ♗d3 b6 6. ♘f3 ♗b7 7. 0-0 0-0 8. ♗d2 cd4 9. ed4 d5 10. cd5 ♗c3 11. bc3 ♕d5 12. c4 ♕d6 13. ♗c3 ♘bd7 14. ♖e1 ♖ac8 15. h3 ♖fd8 16. ♖e3 ♘h5 17. d5 ♘c5 18. ♘g5 g6 19. ♗e2 ♘g7 20. ♕d4 ♕f8 21. ♕h4 h5 22. ♗g4 f5 23. ♘e6 ♘ge6 24. de6 ♖e8 25. ♗h5 ♕h6 26. ♕f6 f4 27. ♕f7 **1:0**

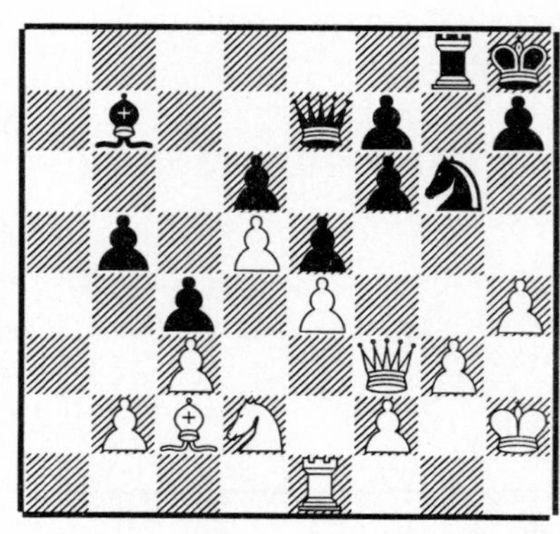

26.06. **1131.**

P. KERES - S. GLIGORIC

1. e4 e5 2. ♘f3 ♘c6 3. ♗b5 a6 4. ♗a4 ♘f6 5. 0-0 ♗e7 6. ♘c3 b5 7. ♗b3 d6 8. ♘d5 ♗b7 9. ♘f6 ♗f6 10. ♗d5 ♕c8 11. ♖e1 0-0 12. c3 ♘a5 13. ♗b7 ♕b7 14. d4 c5 15. b3 ♖fe8 16. dc5 dc5 17. ♕c2 ♖ad8 18. ♗e3 c4 19. ♖ed1 ♕c6 20. b4 ♘b7 21. a4 ♖d1 22. ♖d1 ♖d8 ½:½

USSR TEAM CHEMPIONSHIP
Vilnius, 3.- 16.07.1958

4.07. **1132.**

Y. GELLER - P. KERES

1. e4 e5 2. ♘f3 ♘c6 3. ♗b5 a6 4. ♗a4 ♘f6 5. 0-0 ♗e7 6. ♘c3 b5 7. ♗b3 d6 8. ♘d5 ♗b7 9. ♖e1 ♘a5 10. d4 ♘b3 11. ab3 ♘d5 12. ed5 e4 13. ♘d2 ♗d5 14. ♕h5 ♗b7 15. ♘e4 0-0 16. ♗d2 ♖e8 17. ♗c3 ♗f6 ½:½

6.07. **1133.**

P. KERES - M. SHISHOV

1. e4 e5 2. ♘f3 ♘c6 3. ♗b5 a6 4. ♗a4 ♘f6 5. 0-0 ♗e7 6. ♖e1 b5 7. ♗b3 0-0 8. a4 ♗b7 9. d3 d6 10. ♘c3 b4 11. ♘d5 ♘d5 12. ♗d5 ♕c8 13. c3 bc3 14. bc3 ♘d8 15. d4 ed4 16. cd4 ♖e8 17. ♖b1 ♗d5 18. ed5 ♕f5 19. ♕b3

h6 20. ♗a3 ♔f8 21. ♖bc1 ♕d7 22. ♕c4 ♖a7 23. ♖c3 ♗g5 24. ♖e8 ♕e8 25. h4 ♗f6 26. ♖e3 ♕d7 27. ♕c2 ♔g8 28. ♕e2 ♔f8 29. ♘e5 ♗e5 30. de5 ♔g8 31. ed6 cd6 32. ♗b2 f5 33. ♖g3 ♕a4 34. ♗f6 f4 35. ♖g4 h5 36. ♖g5 f3 37. gf3 ♕d7 38. ♔h2 ♔f8 39. ♗g7 ♕g7 40. ♖g7 ♖g7 41. ♕a6 ♔f7 **1:0**

7.07. **1134.**

R. NEZHMETDINOV - P. KERES

1. e4 e5 2. ♘f3 ♘c6 3. ♗b5 a6 4. ♗a4 d6 5. c3 ♗d7 6. d4 ♘ge7 7. ♗b3 h6 8. ♘g1 ♘g6 9. ♘e2 ♕h4 10. ♕d3 ♘a5 11. ♗c2 ♗e7 12. ♘d2 c5 13. d5 0-0 14. ♕g3 b5 15. ♕h4 ♗h4 16. g3 ♗g5 17. h4 ♗d2 18. ♗d2 f5 19. b3 ♘b7 20. c4 fe4 21. ♗e4 ♘e7 22. f4 ♖ae8 23. 0-0 ♗g4 24. ♘c3 ♘f5 25. ♗f5 ♗f5 26. cb5 ab5 27. ♘b5 ef4 28. ♖f4 ♖e2 29. ♗e1 ♗d3 30. ♖f8 ♔f8 31. ♘c3 ♖c2 32. ♘d1 ♘d8 33. ♘e3 ♖e2 34. ♘g2 g5 35. hg5 hg5 36. ♖d1 c4 37. bc4 ♗c4 38. ♖d2 ♖d2 39. ♗d2 ♗a2 40. ♗g5 ♘f7 41. ♗f4 **½:½**

8.07. **1135.**

V. KORCHNOI - P. KERES

1. d4 ♘f6 2. c4 e6 3. ♘c3 ♗b4 4. e3 c5 5. ♗d3 b6 6. ♘e2 ♘c6 7. 0-0 ♗a6 8. ♕a4 ♗b7 9. ♖d1 cd4 10. ♘d4 ♗e7 11. ♗e2 0-0 12. ♗f3 ♕c7 **½:½**

9.07. **1136.**

P. KERES - D. BRONSTEIN

1. d4 ♘f6 2. c4 e6 3. ♘c3 ♗b4 4. e3 0-0 5. ♗d3 d5 6. ♘f3 c5 7. 0-0 ♘c6 8. a3 ♗c3 9. bc3 dc4 10. ♗c4 ♕c7 11. ♗b5 ♖d8 12. ♖b1 b6 13. ♕e2 ♗b7 14. ♗b2 ♘e7 15. ♘e5 ♘g6 16. ♘g6 hg6 17. c4 cd4 18. ed4 a6 19. ♗a4 b5 20. cb5 ♕a5 21. ♗c2 ab5 22. ♗c1 ♕c7 23. ♗d3 ♖d4 24. f3 ♘d5 25. ♖b3 ♖h4 26. g3 ♖h5 27. ♕f2 ♖d8 28. ♗b5 ♘f6 29. ♗e3 ♖dd5 30. ♗e2 ♖df5 31. ♖c1 ♕e7 32. f4 ♖a5 33. ♗h5 gh5 34. ♕b2 ♗e4 35. ♗d4 ♘g4 36. h3 e5 37. ♗b6 ♖d5 38. hg4 hg4 39. ♗e3 ef4 40. ♗f4 ♖h5 41. ♖b8 **½:½**

13.07. **1137.**

P. KERES - I. BOLESLAVSKY

1. e4 c5 2. ♘f3 e6 3. d4 cd4 4. ♘d4 a6 5. c4 ♘f6 6. ♘c3 ♗b4 7. ♕f3 ♕c7 8. ♗f4 d6 9. ♗g5 ♘bd7 10. ♖c1 ♕b6 11. ♘b3 ♕c6 12. ♘d2 h6 13. ♗h4 0-0 14. a3 ♗c5 15. ♗d3 ♘e5 16. ♕e2 ♘h5 17. ♗g3 ♘g3 18. hg3 ♕b6 19. ♘d1 **½:½**

15.07. **1138.**

J. ZILBER - P. KERES

1. c4 e5 2. ♘c3 ♘f6 3. g3 c6 4. d4 ed4 5. ♕d4 d5 6. ♗g2 ♗e6 7. cd5 cd5 8. ♘f3 ♘c6 9. ♕a4 ♗c5 10. 0-0 0-0 11. ♕b5 ♗b6 12. ♘a4 d4 13. ♗g5 ♕d5 14. ♕d5 ♘d5 15. ♘b6 ♘b6 16. ♖fd1 f6 17. ♗f4 ♖fd8 18. ♗c7 ♖d7 19. ♗b6 ab6 20. a3 b5 21. ♖ac1 ♖a4 22. ♘e1 ♗b3 23. ♖d2 ♖c4 24. ♘d3 ♘a5 25. ♖e1 ♔f8 26. ♘b4 ♖cc7 27. ♗h3 ♖d6 28. e3 ♖e7 29. ♖c1 ♗c4 30. ♖d4 ♖d4 31. ed4 ♘b3 32. ♖d1 ♗e2 33. ♖e1 ♘d4 34. ♗g2 ♘f3 35. ♗f3 ♗f3 36. ♖e3 ♖e3 37. fe3 ♗e4 38. ♘a2 ♔e7 39. ♘c3 ♗c6 40. ♔f2 ♔d6 41. b4 ♔e5 42. ♔e2 g5 **½:½**

THE 13th OLYMPIAD
Munich, 30.09.- 23.10.1958

1.10. **1139.**

P. KERES - C.B. van den BERG

1. e4 c5 2. ♘f3 d6 3. d4 cd4 4. ♘d4 ♘f6 5. ♘c3 a6 6. ♗g5 e6 7. f4 ♕b6 8. ♘b3 ♕e3 9. ♕e2 ♕e2 10. ♗e2 ♘bd7 11. 0-0-0 b6 12. f5 e5 13. ♗c4 ♗b7 14. ♗d5 ♘d5 15. ♘d5 ♖c8 16. ♖he1 ♗d5 17. ♖d5 ♗e7 18. ♗d2 0-0 19. ♗b4 ♘f6 20. ♖d3 ♖fd8 21. ♘d2 ♖c6 22. a4 ♖dc8 23. c3 ♘e8 24. ♔c2 ♗g5 25. ♘f3 ♗e7 26. ♘e5 de5 27. ♗e7 ♖c4 28. ♔b3 f6 29. ♖d7 ♖4c7 30. ♖ed1 ♖d7 31. ♖d7 ♖c7 32. ♖c7 ♘c7 33. ♔c4 ♔f7 34. ♗d6 b5 35. ♔c5 ♘e8 **1:0**

3.10. 1140.

N.N. MINEV - P. KERES

1. e4 c5 2. ♘f3 g6 3. d4 cd4 4. ♘d4 ♗g7 5. ♘c3 ♘c6 6. ♗e3 ♘f6 7. ♗e2 0-0 8. 0-0 d5 9. ed5 ♘b4 10. d6 ♕d6 11. ♘db5 ♕b8 12. ♕c1 a6 13. ♘bd4 ♘bd5 14. ♘d5 ♘d5 15. ♗c4 ♘e3 16. ♕e3 ♕c7 17. ♗b3 b5 18. ♗d5 ♖b8 19. c3 e6 20. ♗f3 ♗d7 21. ♖ac1 ♖fc8 22. ♖fd1 a5 23. h3 ♗e8 24. ♖c2 ♕b6 25. ♕c1 ♖c7 26. a3 ♖bc8 27. ♘b3 b4 28. ab4 ♗a4 29. ♖cd2 ab4 30. ♖d8 ♗f8 31. ♕h6 ♗e8 32. ♕f4 bc3 33. bc3 ♖c3 34. ♖c8 ♖c8 35. ♘d2 ♖d8 36. ♖b1 ♕d6 37. ♕d6 ♗d6 38. ♘e4 ♗e7 39. g3 f5 40. ♘c3 ♖d3 **0:1**

4.10. 1141.

F. NORCIA - P. KERES

1. c4 e5 2. ♘c3 ♘f6 3. g3 c6 4. ♗g2 d5 5. d3 d4 6. ♘e4 ♘e4 7. ♗e4 ♘d7 8. ♗g2 ♗c5 9. ♘f3 0-0 10. 0-0 a5 11. e4 de3 12. fe3 ♗a7 13. d4 ed4 14. ed4 ♘e5 15. c5 ♘f3 16. ♗f3 ♗h3 17. ♖f2 b6 18. ♗e3 ♖e8 19. ♕c1 bc5 20. dc5 ♖e5 21. ♕c3 ♕e7 22. ♗d4 ♖c5 23. ♗c5 ♗c5 24. ♖e1 ♕a7 25. ♖e2 ♖d8 26. ♖c2 ♗d4 27. ♕e1 g6 28. ♔h1 ♗f2 29. ♖f2 ♕c5 30. ♖d2 ♖d2 31. ♕d2 h5 32. b3 ♕e5 33. ♔g1 ♕c5 34. ♔h1 ♔f8 35. ♕h6 ♔e7 36. ♗g2 ♗g2 37. ♔g2 ♕c2 38. ♔h3 ♕a2 39. ♕e3 ♔f8 40. ♕c3 ♕e2 41. ♕a5 ♕f1 42. ♔h4 ♕f3 43. ♔h3 ♕b3 44. ♕c5 ♔g7 45. ♕c6 ♕e6 46. ♕e6 fe6 47. g4 hg4 48. ♔g4 ♔f6 49. ♔f4 e5 50. ♔e4 g5 51. ♔f3 ♔f5 **0:1**

6.10. 1142.

P. KERES - B.P. REILLY

1. e4 c6 2. d4 d5 3. ♘c3 de4 4. ♘e4 ♗f5 5. ♘g3 ♗g6 6. ♗c4 e6 7. ♘1e2 ♗d6 8. h4 h6 9. ♗f4 ♕c7 10. ♕d2 ♘f6 11. 0-0-0 ♘bd7 12. ♗d6 ♕d6 13. ♘f4 ♗h7 14. ♘gh5 ♘h5 15. ♘h5 ♖g8 16. ♖h3 ♘b6 17. ♗b3 0-0-0 18. ♖g3 ♕f8 19. ♕a5 ♔b8 20. ♘g7 ♘d5 21. ♘h5 ♖g3 22. fg3 ♕d6 23. ♕d2 ♗g6 24. ♘f4 ♗e4 25. ♖e1 f5 26. ♘h5 c5 27. dc5 ♕c5 28. ♘f6 ♕c7 29. ♘e4 fe4 30. ♖e4 ♕g3 31. ♖e6 ♖f8 32. ♕d5 ♖f1 33. ♔d2 ♕f4 34. ♔c3 **1:0**

8.10. 1143.

P. KERES - F.F. BENITEZ

1. e4 c5 2. ♘f3 d6 3. d4 cd4 4. ♘d4 ♘f6 5. ♘c3 g6 6. f4 ♘c6 7. ♗c4 ♗d7 8. ♘c6 ♗c6 9. ♕e2 d5 10. ed5 ♘d5 11. ♘d5 ♗d5 12. ♕e5 ♗c4 13. ♕h8 ♕d5 14. ♔f2 f6 15. ♗e3 ♕h5 16. ♖he1 ♔f7 17. ♗d4 e5 18. fe5 ♕h4 19. ♔g1 ♕d4 20. ♔h1 ♕h4 21. ♖e3 ♖e8 22. ♖h3 ♕h3 23. ♕f6 ♔g8 24. gh3 ♗d5 25. ♔g1 ♗c5 26. ♔f1 ♖f8 27. ♕f8 ♔f8 28. ♖d1 ♗c6 29. a3 a5 30. ♔e2 ♔e7 31. ♔d3 ♗b5 32. ♔e4 ♔e6 33. ♖d8 ♗g1 34. ♖d6 ♔e7 35. ♖d2 ♗c5 36. h4 ♔e6 37. ♖d8 ♗e7 38. ♖h8 ♗h4 39. ♖h7 ♗e7 40. ♖h6 ♗e8 41. h4 ♗f8 **½:½**

11.10. 1144.

P. KERES - L. EVANS

1. d4 ♘f6 2. c4 e6 3. ♘c3 ♗b4 4. e3 c5 5. ♗d3 0-0 6. ♘f3 d5 7. 0-0 ♘c6 8. a3 ♗c3 9. bc3 ♕c7 10. cd5 ed5 11. h3 c4 12. ♗b1 ♖e8 13. ♘d2 b5 14. ♖e1 ♘e4 15. ♘e4 de4 16. a4 ♖b8 17. ab5 ♖b5 18. f4 ♘a5 19. ♗c2 ♘b3 20. ♖a3 ♕b7 21. ♖f1 f5 22. ♕e2 ♗e6 23. ♗b3 ♖b3 24. ♕a2 ♖e7 25. ♖f2 ♖b1 26. ♖c2 ♕b8 27. ♖a5 ♕b3 28. ♔h2 ♖b7 29. ♖a3 ♕a2 30. ♖aa2 ♗d7 31. ♖a5 ♔f7 32. ♔g3 ♗b5 **½:½**

12.10. 1145.

L. SCHMID - P. KERES

1. e4 e5 2. ♘f3 ♘c6 3. ♗b5 a6 4. ♗a4 d6 5. d4 b5 6. ♗b3 ♘d4 7. ♘d4 ed4 8. c3 ♗b7 9. cd4 ♘f6 10. 0-0 ♗e7 11. ♘c3 b4 12. ♘d5 ♘d5 13. ♗d5 ♗d5 14. ed5 0-0 15. ♕a4 **½:½**

13.10. 1146.

P. KERES - N.N. MINEV

1. e4 e5 2. ♘f3 ♘c6 3. ♗b5 a6 4. ♗a4 ♘f6 5. 0-0 ♗e7 6. ♖e1 b5 7. ♗b3 ♗b7 8. d4 d6 9.

c3 ♘a5 10. ♗c2 c5 11. ♘bd2 cd4 12. cd4 ♖c8 13. ♘f1 0-0 14. ♘g3 g6 15. b3 ♘c6 16. ♗b2 ♘d7 17. ♕d2 ♗f6 18. ♖ad1 ♕a5 19. ♕a5 ♘a5 20. ♗b1 ♖fd8 21. ♗a3 ♘f8 22. d5 ♗a8 23. ♖c1 ♘b7 24. b4 ♖e8 25. ♘f1 ♘d7 26. ♘e3 ♗g7 27. ♘d2 ♔f8 28. ♔f1 ♔e7 29. ♗d3 ♗h6 30. ♔e2 ♘b8 31. ♗b2 ♔d7 32. a4 ♖c1 33. ♖c1 ba4 34. ♘c4 ♔e7 35. ♘b6 ♘d7 36. ♖c7 ♖d8 37. ♗a6 ♔e8 38. ♘d7 **1:0**

14.10. 1147.

P. KERES - S. GLIGORIC

1. e4 e5 2. ♘f3 ♘c6 3. ♗b5 a6 4. ♗a4 ♘f6 5. 0-0 ♗e7 6. ♖e1 b5 7. ♗b3 d6 8. c3 0-0 9. h3 ♘a5 10. ♗c2 c5 11. d4 ♕c7 12. ♘bd2 ♗d7 13. ♘f1 ♖fe8 14. a4 g6 15. ♗g5 ♗c6 16. ♘e3 c4 17. ab5 ab5 18. ♘d5 ♘d5 19. ed5 ♗d5 20. ♗e7 ♖e7 21. de5 ♗f3 22. ♕f3 ♖ae8 **½:½**

17.10. 1148.

F.J. PEREZ - P. KERES

1. e4 e5 2. ♘f3 ♘c6 3. ♗b5 a6 4. ♗a4 ♘f6 5. d4 ed4 6. 0-0 ♗e7 7. ♖e1 0-0 8. e5 ♘e8 9. ♘d4 ♘d4 10. ♕d4 d5 11. ed6 ♗d6 12. c3 ♗f5 13. ♗f4 c5 14. ♕e3 b5 15. ♗b3 c4 16. ♗d1 ♘f6 17. ♗d6 ♕d6 18. ♗f3 ♖ae8 19. ♕c1 ♖e1 20. ♕e1 ♖e8 21. ♕c1 ♖d8 22. ♘a3 ♗g4 23. ♘c2 ♗f3 24. gf3 ♘d5 25. ♘d4 ♘f4 26. ♔h1 ♖e8 27. ♕g1 g6 28. ♕g3 ♕f6 29. a4 b4 30. ♕g4 b3 31. ♕d7 ♖e5 32. ♕c8 ♔g7 33. ♕c4 ♖h5 34. ♕f1 ♕h4 35. ♕g1 ♘h3 36. ♕g3 ♘f2 37. ♔g2 ♖g5 38. ♔f2 ♖g3 39. hg3 ♕h2 40. ♔e3 ♕b2 **0:1**

18.10. 1149.

P. KERES - O.R. PANNO

1. e4 c5 2. ♘f3 ♘c6 3. d4 cd4 4. ♘d4 g6 5. c4 ♘f6 6. ♘c3 ♘d4 7. ♕d4 d6 8. ♗g5 ♗g7 9. ♗e2 0-0 10. ♕e3 ♕a5 11. 0-0 ♗e6 12. ♖ab1 ♖fc8 13. b4 ♕a6 14. c5 ♕a3 15. ♘d5 ♕e3 16. ♘e7 ♔f8 17. fe3 ♔e7 18. ed6 ♔d6 19. e5 ♔e5 20. ♗f4 ♔e4 21. ♖bd1 ♖d8 22. h3 g5 **½:½**

21.10. 1150.

A. PRAMESHUBER - P. KERES

1. e4 e5 2. ♘f3 ♘c6 3. ♘c3 g6 4. d4 ed4 5. ♘d4 ♗g7 6. ♗e3 ♘f6 7. ♗c4 0-0 8. ♘c6 bc6 9. e5 ♘e8 10. e6 fe6 11. ♗e6 ♔h8 12. 0-0 ♘d6 13. ♗h3 ♕h4 14. ♗c5 ♖f7 15. ♕g4 ♕g4 16. ♗g4 ♘c4 17. ♖fe1 ♗a6 18. ♗e2 d6 19. ♗c4 ♗c4 20. ♗e3 c5 21. ♖ed1 ♖b8 22. ♖ab1 ♗e6 23. ♘a4 ♗a2 24. ♖a1 ♗e6 25. ♗d2 ♗f5 26. ♖dc1 ♔g8 27. ♖a2 ♗e6 28. ♖a3 c6 29. ♖e1 ♗f5 30. ♗f4 ♗f8 31. ♘c5 ♖b2 32. ♘a6 d5 33. ♖ae3 ♗c8 34. ♗e5 ♖c2 35. ♘c7 ♗c5 36. h4 ♖ff2 **0:1**

XXVI USSR CHAMPINSHIP

Tbilisi, 9.01.- 11.02.1959

10.01. 1151.

P. KERES - L. POLUGAYEVSKY

1. d4 ♘f6 2. ♘f3 g6 3. ♗f4 ♗g7 4. ♘bd2 0-0 5. e4 d6 6. c3 ♘c6 7. ♗b5 ♘d7 8. 0-0 e5 9. ♗g5 ♕e8 10. ♖c1 a6 11. ♗a4 ♘b6 12. ♗b3 ♗g4 13. h3 ♗f3 14. ♘f3 ed4 15. cd4 ♕e4 16. d5 ♘a5 17. ♖c7 ♖ac8 18. ♖e7 ♕b4 19. ♗d2 ♕b5 20. ♗a5 ♕a5 21. ♖b7 ♗b2 22. ♘g5 ♘a8 23. ♕e2 ♗e5 24. h4 ♖c7 25. ♖c7 ♘c7 26. h5 ♕b4 27. g3 ♘b5 28. ♔g2 ♗f6 29. ♘e4 ♗g7 30. hg6 hg6 31. ♕g4 a5 32. ♕h4 f5 33. ♘g5 ♕h4 34. gh4 ♘d4 35. ♗a4 ♖b8 36. ♖c1 ♗e5 37. ♖c7 ♘b5 38. ♖e7 ♗f6 39. ♖d7 ♗e5 40. ♘f7 ♘c3 41. ♘h6 ♔h8 42. ♘f7 ♔g8 43. ♘e5 de5 44. ♗b3 a4 45. ♗c4 ♘e4 46. d6 ♔h8 47. f3 ♘d2 48. ♗d5 ♖b2

49. ♖b7 ♖c2 50. ♖c7 ♖b2 51. d7 ♘e4 52. ♔f1 ♖b1 53. ♔e2 ♖b2 54. ♔e3 **1:0**

11.01. **1152.**

Y. GELLER - P. KERES

1. d4 ♘f6 2. c4 e6 3. ♘c3 ♗b4 4. e3 b6 5. ♘e2 ♗a6 6. ♘g3 h5 7. h4 ♗b7 8. ♗d2 a6 9. ♕c2 d5 10. cd5 ♘d5 11. ♘d5 ♗d2 12. ♕d2 ♕d5 13. ♖c1 ♘c6 14. ♗e2 0-0-0 15. ♗f3 ♕d7 16. 0-0 ♘e7 17. ♗b7 ♔b7 18. ♖c3 e5 19. ♖fc1 ed4 20. ♖c7 ♕c7 21. ♖c7 ♔c7 22. ed4 ♘d5 23. ♕d3 g6 24. ♕a6 ♖d7 25. ♘e4 ♖e8 26. ♘c3 ♘c3 27. bc3 ♖e6 28. a4 ♖c6 29. a5 b5 30. ♕b5 ♖c3 31. ♕b6 ♔c8 32. a6 ♖cc7 33. d5 ♖d8 34. d6 ♖c1 35. ♔h2 ♔d7 36. ♕b7 ♔d6 37. ♕f7 ♖c5 38. ♕f6 **1:0**

13.01. **1153.**

P. KERES - N. KROGIUS

1. e4 c5 2. ♘f3 ♘c6 3. d4 cd4 4. ♘d4 e6 5. ♘c3 ♕c7 6. ♗e3 ♘f6 7. ♗e2 a6 8. a3 ♗e7 9. 0-0 0-0 10. f4 d6 11. ♕e1 ♗d7 12. ♕g3 ♘d4 13. ♗d4 ♗c6 14. ♖ae1 ♖fd8 15. ♗d3 ♘e8 16. ♕h3 b5 17. ♘d5 ♕b7 18. ♖f3 ♗f8 19. ♕h4 f5 20. ♖h3 h6 21. ef5 e5 22. f6 ♗d5 23. ♖g3 e4 24. ♕h6 ♘f6 25. ♗f6 ed3 26. cd3 ♖e8 27. ♖e8 ♖e8 28. ♕h5 ♕f7 29. ♕g5 ♖e1 30. ♔f2 ♕e6 31. ♕h5 ♖c1 32. ♗c3 ♗c6 33. h4 ♕a2 34. ♕e2 ♕b3 35. ♕g4 ♕f7 36. h5 ♕a7 37. ♔e2 ♕e7 38. ♔f2 ♗d5 39. h6 ♕a7 40. ♔e2 ♕e7 41. ♔f2 ♕a7 42. d4 ♗c4 43. ♖e3 ♖f1 44. ♔g3 ♖h1 45. hg7 ♕g7 46. ♕g7 ♔g7 47. ♔g4 ♔f7 48. g3 ♗d5 49. ♗b4 ♗e7 50. ♖e2 ♗b3 51. ♖e3 ♗d5 52. ♔f5 ♖h5 53. ♔g4 ♖h2 54. ♗c3 ♗c4 55. ♔f5 ♖h6 56. ♖e1 ♖f6 57. ♔g4 ♖g6 58. ♔h3 ♗e6 59. ♔g2 ♖h6 60. ♖g1 ♗d5 61. ♔f2 ♖h2 62. ♔e3 ♗f6 63. g4 ♗h4 64. ♖f1 ♗c4 65. ♖a1 ♖h3 66. ♔e4 ♗f2 67. f5 ♗e3 68. ♗b4 ♗g5 69. ♖e1 ♖g3 70. ♗d6 ♖g4 71. ♔f3 ♖d4 72. ♗e5 ♗d5 73. ♔g3 ♖d3 74. ♔g4 ♗f6 75. ♔f4 ♖f3 76. ♔g4 ♖f2 77. ♖e3 ♖g2 78. ♔h3 ♖g5 79. ♗f6 ♔f6 80. ♖d3 ♖f5 **0:1**

14.01. **1154.**

P. KERES - A. LUTIKOV

1. e4 d5 2. ed5 ♕d5 3. ♘c3 ♕d8 4. ♗c4 g6 5. ♘f3 ♗g7 6. d4 ♘f6 7. 0-0 0-0 8. h3 ♘c6 9. ♖e1 ♘d7 10. ♗g5 h6 11. ♗e3 ♘b6 12. ♗f1 ♗e6 13. ♘e4 ♗c4 14. ♘c5 ♗f1 15. ♔f1 ♖b8 16. ♕d3 ♘d5 17. ♗d2 a5 18. c4 ♘db4 19. ♗b4 ♘b4 20. ♕e4 b6 21. ♘a4 b5 22. cb5 ♖b5 23. ♘c3 ♖b6 24. a3 ♖e6 25. ♕b7 ♖b6 26. ♕e4 ♖e6 27. ♕b7 ♖b6 28. ♕e4 ♖e6 **½:½**

17.01. **1155.**

M. TAL - P. KERES

1. d4 d5 2. c4 e6 3. ♘c3 c5 4. cd5 ed5 5. ♘f3 ♘c6 6. ♗f4 ♘f6 7. e3 ♗e7 8. ♗e2 0-0 9. dc5 ♗c5 10. 0-0 ♗e6 11. ♖c1 ♖c8 12. ♘e5 ♗d6 13. ♘c6 bc6 14. ♕a4 ♗f4 15. ♕f4 c5 16. ♖fd1 ♖b8 17. b3 ♖b4 18. ♕e5 ♖e8 19. ♘a4 c4 20. ♕a1 ♕e7 21. ♖d4 cb3 22. ab3 ♖b3 23. ♘c5 ♖b6 24. ♖a4 ♖a8 25. h3 h6 26. ♗d3 ♖c6 27. ♘e6 ♖c1 28. ♕c1 ♕e6 29. ♕c7 ♕d7 30. ♕d7 ♘d7 31. ♗b5 ♘f6 32. ♖a5 ♔f8 33. ♗a4 g6 34. ♖a6 ♔g7 35. f3 **½:½**

18.01. **1156.**

P. KERES - T. PETROSIAN

1. d4 ♘f6 2. ♘f3 d5 3. c4 e6 4. ♗g5 ♗e7 5. e3 h6 6. ♗h4 0-0 7. cd5 ed5 8. ♘c3 b6 9. ♗d3 ♗b7 10. 0-0 ♘bd7 11. ♖c1 c5 12. dc5 bc5 13. ♗f5 ♘b6 14. ♘a4 ♘e4 15. ♗e7 ♕e7 16. ♕c2 ♕f6 **½:½**

20.01. **1157.**

R. NEZHMETDINOV - P. KERES

1. e4 e5 2. ♘f3 ♘c6 3. ♗b5 a6 4. ♗a4 ♘f6 5. 0-0 b5 6. ♗b3 ♗e7 7. d4 d6 8. c3 0-0 9. h3 ♗b7 10. ♗c2 ♘a5 11. ♖e1 c5 12. ♘bd2 cd4 13. cd4 ♖c8 14. d5 ♘d7 15. ♘f1 ♕c7 16. ♗b1 ♗d8 17. ♘g3 b4 18. ♗d3 ♘c4 19. ♕e2

a5 20. b3 ♘a3 21. ♗e3 g6 22. ♖ac1 ♕b8 23. ♗h6 ♖e8 24. ♗b5 ♖e7 25. ♘h4 ♘b5 26. ♕b5 ♘f8 27. ♘hf5 gf5 28. ♘f5 ♖ec7 29. ♖c7 ♕c7 30. ♖e3 ♗f6 31. ♖g3 ♘g6 32. h4 ♖a8 33. ♕e2 ♔h8 34. h5 ♗a6 35. ♕f3 ♕d8 36. hg6 fg6 37. ♘e3 ♕e7 38. ♘g4 ♗g7 39. ♕e3 ♗c8 40. ♗g5 ♕a7 41. ♘h6 ♕e3 42. ♖e3 ♗a6 43. ♖f3 ♖f8 44. ♘f7 ♔g8 45. ♘d6 ♖f3 46. gf3 ♗f8 47. ♘e8 ♔f7 48. ♘c7 ♗d3 49. ♘e6 ♗d6 50. ♘d8 ♔e8 51. ♘c6 ♗c7 52. d6 ♗d6 53. ♘a5 ♔d7 54. ♘c4 ♗b1 55. f4 ef4 56. e5 ♗c5 57. ♗f4 ♗a2 58. ♘d2 ♔e6 59. ♔f1 ♔f5 60. ♗e3 ♗e3 61. fe3 g5 62. ♔e2 h5 63. ♔f3 h4 64. ♔g2 g4 65. ♔f2 ♔e5 66. ♔g2 h3 67. ♔g3 ♔f5 68. ♔h2 ♗b3 69. ♘b3 ♔e4 70. ♘d4 ♔e3 71. ♘f5 ♔d3 **0:1**

21.01. 1158.

P. KERES - Y. AVERBAKH

1. e4 c5 2. ♘f3 d6 3. d4 cd4 4. ♘d4 ♘f6 5. ♘c3 g6 6. f3 ♗g7 7. ♗e3 ♘c6 8. ♕d2 0-0 9. 0-0-0 d5 10. ed5 ♘d5 11. ♘c6 bc6 12. ♗d4 e5 13. ♗c5 ♗e6 14. ♘e4 ♖e8 15. ♗a6 ♕c7 16. g4 ♖ed8 17. ♕e1 ♘f6 18. ♖d8 ♖d8 19. g5 ♘e4 20. fe4 ♗f8 21. ♗f8 ♔f8 ½:½

24.01. 1159.

E. GUFELD - P. KERES

1. e4 e5 2. ♘f3 ♘c6 3. ♗b5 a6 4. ♗a4 ♘f6 5. 0-0 ♗e7 6. d4 ed4 7. e5 ♘e4 8. ♘d4 0-0 9. ♘f5 d5 10. ed6 ♗f5 11. de7 ♕e7 12. ♗c6 bc6 13. ♕f3 ♕f6 14. ♘a3 ♕g6 15. ♗f4 ♘d6 16. c3 ♖fe8 17. ♖fe1 ♖e4 18. ♖e4 ♗e4 19. ♕g3 ½:½

25.01. 1160.

P. KERES - D. BRONSTEIN

1. d4 ♘f6 2. ♘f3 g6 3. ♗f4 ♗g7 4. ♘bd2 d5 5. e3 0-0 6. ♗e2 c5 7. 0-0 cd4 8. ed4 ♘c6 9. c3 ♘h5 10. ♗e3 ♕c7 11. ♖e1 ♗g4 12. ♘b3 ♘f4 13. ♗b5 ♘h5 14. h3 ♗d7 15. ♕c1 ♖fe8 16. ♗h6 ♗h8 17. ♗f1 ♖ad8 18. ♘c5 ♗f5 19. b4 ♘f6 20. ♘h4 ♗d7 21. ♗f4 ♕c8

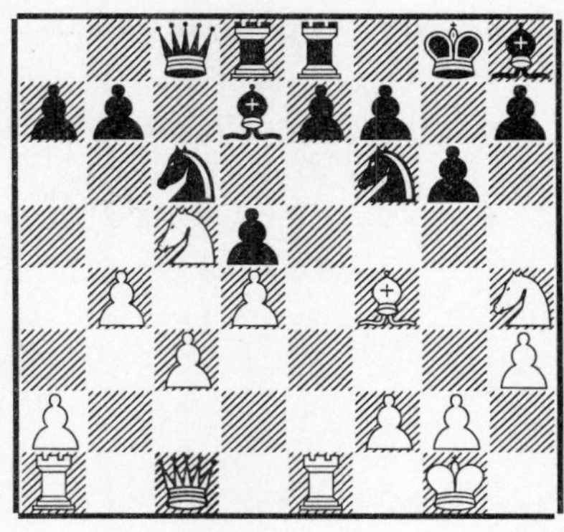

22. g4 h5 23. f3 hg4 24. hg4 ♘h7 25. ♘d3 ♗f6 26. ♘g2 ♘b8 27. a4 ♘a6 28. ♘e3 ♘c7 29. ♗g2 ♗h4 30. ♖e2 b5 31. a5 ♘e6 32. ♗h2 ♗c6 33. ♕c2 ♗f6 34. ♘e5 ♗b7 35. ♖f1 ♘ef8 36. ♕d3 ♘g5 37. f4 ♘e4 38. ♘d5 ♘d6 39. ♘e3 ♗g2 40. ♖g2 ♗g7 41. g5 ♕b7 42. f5 ♕e4 43. ♕e4 ♘e4 44. ♖g4 ♘c3 45. f6 ♗h8 46. ♖h4 ef6 47. gf6 ♖d4 48. ♘3g4 g5 49. ♖h5 ♖e5 50. ♘h6 ♔h7 51. ♘f5 ♔g8 52. ♘e7 ♖e7 53. ♖h8 **1:0**

27.01. 1161.

E. VASIUKOV - P. KERES

1. e4 e5 2. ♘f3 ♘c6 3. ♗b5 a6 4. ♗a4 ♘f6 5. 0-0 ♗e7 6. ♖e1 b5 7. ♗b3 d6 8. c3 0-0 9. h3 ♘a5 10. ♗c2 c5 11. d4 ♕c7 12. ♘bd2 cd4 13. cd4 ♘c6 14. ♘b3 ♗b7 15. ♗g5 h6 16. ♗d2 a5 17. a4 ba4 18. ♖a4 ♘b4 19. ♗b1 ♗c6 20. ♖a3 ♖fb8 21. ♗c3 d5 22. de5 ♘e4 23. ♗d4 ♘a6 24. ♖a1 ♗b4 25. ♖e3 ♗d7 26. ♖e4 de4 27. ♗e4 ♗c6 28. ♖c1 ♗e4 29. ♖c7 ♘c7 30. ♘h4 ♘e6 31. ♗e3 ♗e7 32. ♘f3 a4 33. ♘bd2 ♗g6 34. ♕c1 ♖c8 35. ♕f1 ♘c5 36. ♗d4 ♘d3 37. ♔h2 ♖c2 38. h4 ♘b2 39. ♕b5 a3 40. ♕b7 ♖e8 41. ♕b3 ♖cc8 42. g4 ♖b8 43. ♕a2 ♖b5 44. h5 ♗d3 45. ♔g2 ♖d8 46. ♔g3 ♔f8 47. ♔h3 ♘a4 48. ♔g2 ♖b4 49. ♕a1 ♘c5 50. ♕c3 ♘e6 51. ♗e3 a2 52. ♕a1 ♖a8 53. ♔g3 ♖a3 54. ♕c1 ♖b8 55. ♕a1 ♖b1 **0:1**

28.01. **1162.**

P. KERES - B. GURGENIDZE

1. e4 c5 2. ♘f3 ♘c6 3. d4 cd4 4. ♘d4 g6 5. c4 ♘f6 6. ♘c3 ♘d4 7. ♕d4 d6 8. c5 ♗g7 9. ♗b5 ♗d7 10. ♗d7 ♕d7 11. cd6 0-0 12. 0-0 ♘e8 13. ♕d5 e6 14. ♕b5 ♕b5 15. ♘b5 a6 16. ♘c7 ♘c7 17. dc7 ♖fc8 18. ♗f4 e5 19. ♗d2 ♖c7 20. ♖fc1 ♖ac8 21. ♖c7 ♖c7 22. ♗c3 ♖d7 23. ♔f1 f6 24. ♔e2 ♔f7 25. a4 ♗f8 26. f3 ♔e6 27. g4 ♗c5 28. ♖c1 ♗d4 29. h4 h5 30. ♖f1 ♖d6 31. ♗a5 ♖c6 32. ♔d3 ♗b2 33. ♖b1 b6 34. ♖b2 ba5 35. g5 fg5 36. hg5 ♖d6 37. ♔e3 ♖d4 38. ♖b6 ♔f7 39. ♖f6 ♔g7 40. f4 ♖a4 41. fe5 ♖b4 ½:½

31.01. **1163.**

S. FURMAN - P. KERES

1. d4 d5 2. c4 e6 3. ♘c3 c5 4. cd5 ed5 5. ♘f3 ♘c6 6. ♗f4 ♗g4 7. dc5 d4 8. ♘e4 ♘f6 9. ♘fd2 ♘e4 10. ♘e4 ♗c5 11. ♘c5 ♕a5 12. ♕d2 ♕c5 13. e4 de3 14. ♕e3 ♕e3 15. ♗e3 ½:½

1.02. **1164.**

P. KERES - B. SPASSKY

1. e4 c5 2. ♘f3 d6 3. g3 ♘c6 4. ♗g2 g6 5. 0-0 ♗g7 6. c3 e5 7. ♘a3 ♘ge7 8. ♘c2 0-0 9. d4 ed4 10. cd4 ♗g4 11. ♗e3 ♕b6 12. dc5 dc5 13. b4 ♖fd8 14. bc5 ♖d1 15. cb6 ♖a1 16. ♘a1 ab6 17. ♘b3 ♖a2 18. ♖b1 b5 19. ♘fd4 b4 20. h3 ♗d7 21. ♗f1 ♘d4 22. ♘d4 ♖a4 23. ♘b3 ♗e6 24. ♘c5 ♗a2 25. ♖d1 ♖a8 26. ♖d7 ♘c6 27. ♖b7 ♗c3 28. ♖c7 ♘d4 29. ♘d3 ♘e6 30. ♖b7 ♗c4 31. ♘c1 ♖c8 32. ♗c4 ♖c4 33. ♘a2 ♔g7 34. ♖b6 h5 35. ♔g2 ½:½

3.02. **1165.**

A. NIKITIN - P. KERES

1. e4 e5 2. ♘f3 ♘c6 3. ♗b5 a6 4. ♗a4 ♘f6 5. 0-0 ♗e7 6. ♖e1 b5 7. ♗b3 0-0 8. c3 d6 9. h3 ♘a5 10. ♗c2 c5 11. d4 ♕c7 12. ♘bd2 ♗b7 13. d5 ♗c8 14. ♘f1 ♗d7 15. ♔h2 c4 16. g4 ♘b7 17. ♘g3 ♘c5 18. ♘f5 ♗d8 19. ♕e2 ♔h8 20. ♘g5 ♘g8 21. f4 f6 22. ♘f3 ♖e8 23. fe5 fe5 24. ♗d2 ♖f8 25. ♖f1 g6 26. ♘h6 ♗f6 27. ♖f2 ♗g7 28. ♘g8 ♔g8 29. ♖af1 ♖f6 30. ♔g3 ♖af8 31. g5 ♖6f7 32. ♘h2 ♖f2 33. ♖f2 ♕c8 34. ♘g4 ♗g4 35. ♖f8 ♕f8 36. ♔g4 h6 37. ♕f3 ♕e7 38. h4 ♗f8 39. ♔g3 hg5 40. ♗g5 ♕g7 41. ♕g4 ♕f7 42. ♔g2 ♔g7 43. b3 cb3 44. ab3 ♗e7 45. ♗e3 ♗d8 46. ♗c5 dc5 47. h5 ♔h6 48. ♕g6 ♕g6 49. hg6 ½:½

4.02. **1166.**

P. KERES - V. KORCHNOI

1. e4 c5 2. ♘f3 d6 3. d4 cd4 4. ♘d4 ♘f6 5. ♘c3 a6 6. ♗e2 e5 7. ♘b3 ♗e7 8. 0-0 0-0 9. ♗e3 ♕c7 10. a4 b6 11. f3 ♗b7 12. ♖f2 ♖d8 13. a5 ♘bd7 14. ♘d5 ♘d5 15. ed5 b5 16. c4 bc4 17. ♖c1 ♖ac8 18. ♗c4 ♕b8 19. ♘d2 ♖e8 20. b3 ♕a8 21. ♘f1 ♘f6 22. ♖d2 ♗d8 23. ♖a1 e4 24. ♘g3 g6 25. f4 ♗c7 26. h3 ♗b8 27. ♔h2 ♗a7 28. ♘f1 h5 29. ♕e1 ♔g7 30. ♕g3 ♗c5

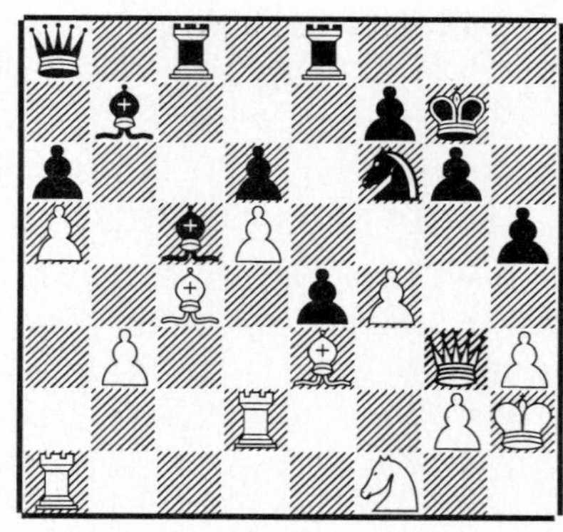

31. ♖ad1 ♖h8 32. ♗c5 ♖c5 33. ♘e3 h4 34. ♕e1 ♖a5 35. ♖e2 ♖c5 36. ♕c3 ♗c8 37. ♘g4 ♗g4 38. hg4 h3 39. g3 **1:0**

7.02. **1167.**

R. KHOLMOV - P. KERES

1. e4 c5 2. ♘f3 ♘c6 3. ♗b5 ♘f6 4. e5 ♘g4 5. ♗c6 dc6 6. 0-0 g6 7. ♖e1 ♗g7 8. h3 ♘h6 9. ♘c3 b6 10. d4 cd4 11. ♘d4 c5 12. ♘c6 ♕d7 13.

♘e7 ♔e7 14. ♗h6 ♗h6 15. ♕f3 ♗g7 16. ♘d5 ♔d8 17. ♖ad1 ♗b7 18. ♕b3 ♗c6 19. ♘b6 ab6 20. ♕f7 ♗e5 21. ♖d7 ♗d7 22. ♖e5 ♔c7 23. ♖e7 ♖ad8 24. a4 g5 25. ♕d5 ♖he8 26. ♖h7 g4 27. a5 gh3 28. ab6 ♔b6 29. ♖d7 **1:0**

8.02. **1168.**

P. KERES - M. TAIMANOV

1. e4 c5 2. ♘f3 e6 3. ♘c3 a6 4. d4 cd4 5. ♘d4 ♕c7 6. a3 ♘c6 7. f4 b5 8. ♗e2 ♗b7 9. ♗e3 ♘a5 10. ♕d3 ♘c4 11. ♗c1 ♖c8 12. ♘d1 ♘f6 13. ♘f2 e5 14. fe5 ♘e5 15. ♕g3 ♗c5 16. ♗e3 ♘c4 17. ♗c4 ♕g3 18. ♗f7 ♔f7 19. hg3 ♗d4 20. ♗d4 ♖c2 21. 0-0 ♔g6 22. ♖fe1 ♖e8 23. e5 ♘g4 24. ♖ac1 ♖c1 25. ♖c1 ♘e5 26. ♖c7 ♗c6 27. ♖a7 a5 28. ♖a5 ♘c4 29. ♖a6 ♖e2 30. b3 ♘d2 31. b4 ♔f7 32. ♔h2 h5 33. g4 hg4 34. ♔g3 ♘c4 35. ♔g4 ♖d2 36. ♗c5 ♖a2 37. g3 ♖a3 38. ♖a3 ♘a3 39. ♘d3 ♘c4 40. ♔f4 d6 41. ♗d6 ♘d6 42. ♘e5 **½:½**

10.02. **1169.**

Y. YHTMAN - P. KERES

1. e4 c5 2. ♘f3 ♘c6 3. ♗b5 g6 4. c3 ♘f6 5. ♕e2 a6 6. ♗c6 dc6 7. h3 ♗g7 8. d4 ♘d7 9. 0-0 0-0 10. ♗g5 ♖e8 11. e5 f6 12. ♗e3 cd4 13. ♗d4 c5 14. ef6 ef6 15. ♕c4 ♔h8 16. ♗c5 b5 17. ♕d4 ♗b7 18. ♘bd2 f5 19. ♕d6 ♘c5 20. ♕c5 ♖c8 21. ♕b4 ♖c7 22. ♖fe1 ♖ce7 23. ♖e7 ♖e7 24. a4 ba4 25. ♕a4 h6 26. ♘d4 ♕b6 27. ♘c4 ♕f6 28. ♕d1 ♔h7 29. ♕d2 ♗d5 30. ♘e3 ♗b7 31. ♘c4 ♗d5 32. ♘e3 ♗b7 33. ♘f1 ♕b6 34. ♘h2 ♖d7 35. ♖d1 a5 36. ♘hf3 ♗e4 37. ♕e2 a4 38. ♖a1 ♖a7 39. ♕b5 ♕b5 40. ♘b5 ♖b7 **½:½**

ESTONIA - LATVIA TEAM MATCH

Tallinn, 18.- 19.04.1959

19.04. **1170.**

M. TAL - P. KERES

1. e4 e5 2. ♘f3 ♘c6 3. ♗b5 a6 4. ♗a4 ♘f6 5. 0-0 ♗c5 6. c3 ♗a7 7. d4 0-0 8. ♗g5 h6 9. ♗h4 b5 10. de5 g5 11. ef6 ♕f6 12. e5 ♕g7 13. ♗c2 gh4 14. ♘h4 ♘e5 15. ♘f5 ♕f6 16. ♕h5 ♖e8 17. ♘h6 ♔f8 18. ♘d2 d5 19. ♖ae1 ♗d7 20. ♔h1 ♔g7 21. f4 ♕h6 22. ♕h6 ♔h6 23. fe5 ♔g7 24. ♗f5 ♖ad8 25. ♗d7 ♖d7 26. ♘f3 c5 27. ♘g5 ♖de7 28. ♖f5 d4 29. cd4 cd4 30. ♖ef1 ♖e5 31. ♖f7 ♔g8 32. ♖a7 ♖g5 33. h3 ♖d5 34. ♖ff7 ♖ed8 35. ♖f2 d3 36. ♖d2 ♖c8 37. ♔h2 ♖d4 38. ♖a6 ♖c2 39. ♖d1 d2 40. ♖f6 ♖b2 41. a3 ♖b3 42. ♖f2 ♖bd3 **½:½**

18.04. **1171.**

P. KERES - M. TAL

1. e4 c5 2. ♘f3 e6 3. ♘c3 a6 4. g3 b5 5. ♗g2 ♗b7 6. d3 d6 7. 0-0 ♗e7 8. ♖e1 ♘f6 9. e5 de5 10. ♘e5 ♗g2 11. ♔g2 0-0 12. ♕f3 ♖a7 13. ♗f4 ♘fd7 14. ♖ad1 ♘e5 15. ♗e5 ♘d7 16. ♗f4 ♘f6 **½:½**

ESTONIA - FINLAND TEAM MATCH

Tallinn, 7.- 9.05.1959

7.05. **1172.**

P. KERES - K. OJANEN

1. d4 ♘f6 2. c4 d6 3. ♘c3 e5 4. ♘f3 ♘bd7 5. ♗g5 c6 6. e3 ♕c7 7. h3 g6 8. c5 ed4 9. ed4 dc5 10. ♗c4 ♗g7 11. ♕e2 ♔f8 12. 0-0-0 ♘b6 13. ♖he1 h6 14. ♗h4 ♘c4 15. ♕c4 ♔g8 16. ♗g3 ♕a5 17. ♖e7 ♗e6 18. ♕c5 ♕c5 19. dc5 b5 20. ♘d4 ♘d5 21. ♘d5 ♗d5 22. f3 ♗f6 23. ♖c7 ♗d4 24. ♖d4 ♖h7 25. ♖g4 g5 26. a4 f5 27. ♖d4 **½:½**

8.05. **1173.**

K. OJANEN - P. KERES

1. c4 ♘f6 2. ♘c3 e5 3. ♘f3 ♘c6 4. d4 ed4 5. ♘d4 ♗c5 6. ♘b3 ♗b4 7. ♗g5 h6 8. ♗f6 ♕f6 9. ♖c1 ♘a5 10. ♘d2 0-0 11. e3 b6 12.

♗e2 ♗b7 13. 0-0 ♖fd8 14. ♗f3 ♗c3 15. ♖c3 d5 16. cd5 ♗d5 17. ♖c7 ♗f3 18. ♕f3 ♖ac8 19. ♖c8 ♖c8 20. ♕f6 gf6 21. b4 ♖c2 22. ba5 ♖d2 23. ab6 ab6 24. ♖a1 b5 25. g3 ♖b2 26. a4 ba4 27. ♖a4 ♔g7 28. ♖g4 ♔h7 29. ♔g2 ♖b5 30. ♔f3 ♖a5 31. h4 ♖a2 32. ♖d4 ♔g6 33. ♖d6 ♖a5 34. e4 ♔g7 35. ♔f4 ♖a2 36. f3 ♖a3 37. ♖d5 ♔g6 38. g4 ♖b3 39. h5 ♔g7 40. e5 fe5 41. ♖e5 ♖a3 42. ♖b5 ♔f6 43. ♖b6 ♔g7 44. ♖d6 ♖b3 45. ♖d1 ♖b4 46. ♔g3 ♖b3 47. ♖f1 ♖a3 48. ♔h4 ♖a4 49. f4 ♔f6 50. ♖f3 ♖b4 51. ♔g3 ♖b1 52. ♖a3 ♖g1 53. ♔h3 ♔g7 54. ♖a6 ♖h1 55. ♔g2 ♖b1 56. f5 ♖b2 57. ♔f3 ♖b3 58. ♔e4 ♖b4 59. ♔d5 ♖g4 60. f6 ♔g8 61. ♖a8 ♔h7 62. ♖a7 ♖g5 63. ♔d6 ♖h5 64. ♖f7 ♔g6 65. ♔e6 ♖e5 66. ♔e5 ♔f7 ½:½

ZÜRICH
19.05.- 08.06.1959

19.05. **1174.**

M. BLAU - P. KERES

1. e4 e5 2. ♘f3 ♘c6 3. ♗b5 a6 4. ♗a4 ♘f6 5. 0-0 ♗e7 6. ♗c6 dc6 7. ♕e1 ♗e6 8. d3 ♘d7 9. b3 c5 10. ♗b2 f6 11. ♘bd2 0-0 12. ♕e3 ♘b8 13. ♖fd1 ♘c6 14. c3 ♕e8 15. ♖ac1 ♖d8 16. ♘f1 ♖f7 17. ♘g3 ♗f8 18. ♖d2 ♖fd7 19. ♖cd1 a5 20. ♘e2 a4 21. ba4 ♖a8 22. ♘c1 ♖a4 23. c4 ♘d4 24. h3 g6 25. ♗d4 cd4 26. ♕e2 ♕a8 27. ♖c2 ♖d6 28. ♘d2 ♖b6 29. ♘db3 ♖a3 30. ♔h2 c5 31. g3 ♕c8 32. ♕f1 ♗h6 33. ♕g2 ♗d7 34. ♖e2 ♕c7 35. ♖de1 ♖e6 36. ♕f3 ♔g7 37. ♖c2 ♗a4 38. ♖b2 ♖b6 39. ♖ee2 ♖b4 40. ♕g2 b5 41. cb5 ♗c1 42. ♘c1 ♖c3 43. ♕f1 ♗b5 44. ♖ec2 ♗a4 45. ♘b3 ♕b6 46. ♕c1 ♗b3 47. ab3 ♖bb3 48. ♖a2 ♖d3 49. ♖c5 ♖dc3 50. ♖c3 dc3 51. ♖c2 ♖b2 52. ♔g2 g5 53. h4 ♕b7 54. ♖c3 ♕e4 55. ♖f3 ♖b3 56. ♕d1 ♕f3 57. ♕f3 ♖f3 58. ♔f3 gh4 59. gh4 f5 **0:1**

20.05. **1175.**

P. KERES - Dr. A. DÜCKSTEIN

1. e4 e6 2. d4 d5 3. ♘c3 ♗b4 4. e5 c5 5. a3 ♗a5 6. dc5 ♗c3 7. bc3 ♘e7 8. ♕g4 ♘d7 9. ♘f3 ♕c7 10. ♗e2 ♘f5 11. 0-0 0-0 12. ♕h3 ♘e5 13. ♘e5 ♕e5 14. ♗d3 g6 15. ♖b1 ♘g7 16. ♖b4 ♕c7 17. ♕h6 f6 18. ♖h4 ♘f5 19. ♗f5 ef5 20. ♖e1 ♕f7 21. ♗e3 ♗d7 22. ♖b4 ♗c6 23. ♗d4 ♖ae8 24. ♖bb1 ♖e4 ½:½

21.05. **1176.**

G. BARCZA - P. KERES

1. ♘f3 f5 2. g3 ♘f6 3. ♗g2 g6 4. b3 ♗g7 5. ♗b2 c5 6. 0-0 ♘c6 7. e3 0-0 8. c4 b6 9. d4 cd4 10. ♘d4 ♗b7 11. ♘c3 ♘a5 12. ♘d5 ♖c8 13. ♘b5 ♘d5 14. ♗d5 ♗d5 15. ♗g7 ♔g7 16. ♕d5 a6 17. ♘c3 ♘c6 18. ♖ad1 ♖c7 19. f4 ♖b7 20. e4 e6 21. ♕d3 ♕e7 22. ♖f2 ♕c5 23. ♘a4 ♕b4 24. ♖fd2 ♖f7 25. ♕c3 ♕c3 26. ♘c3 b5 27. e5 bc4 28. bc4 ♖b4 29. ♖d7 ♖c4 30. ♘e2 a5 31. ♔f2 g5 32. ♖7d6 ♖e7 33. ♖c1 ♖c1 34. ♘c1 ♖c7 35. ♘e2 ♔f7 36. a4 gf4 37. gf4 ♔e7 38. ♔g3 h6 39. h3 ♔f7 40. ♔f3 ♘b4 41. ♖b6 ♖c4 42. ♖b7 ♔f8 43. ♖b8 ♔f7 44. ♖b7 ♔f8 45. ♖b8 ½:½

23.05. **1177.**

P. KERES - S. GLIGORIC

1. e4 e5 2. ♘f3 ♘c6 3. ♗b5 a6 4. ♗a4 ♘f6 5. 0-0 ♗e7 6. ♖e1 b5 7. ♗b3 0-0 8. c3 d6 9. h3 ♗b7 10. d4 ♘a5 11. ♗c2 ♘c4 12. b3 ♘b6 13. ♘bd2 ♘bd7 14. ♗b2 c5 15. ♘f1 ♖e8 16. a4 ♗f8 17. ♘g3 ♕c7 18. ♕d3 c4 19. bc4 bc4 20. ♕d2 g6 21. ♗a3 ♖ad8 22. ♖ab1 ♗c8 23. ♕e3 ♗g7 24. de5 de5 25. ♖ed1 ♗f8 26. ♗f8 ♖f8 27. ♕g5 ♘e8 28. ♕e7 ♘g7 29. ♘f1 ♘e6 30. ♘e3 ♘f4 31. ♔f1 f6 32. ♘g4 ♘d3

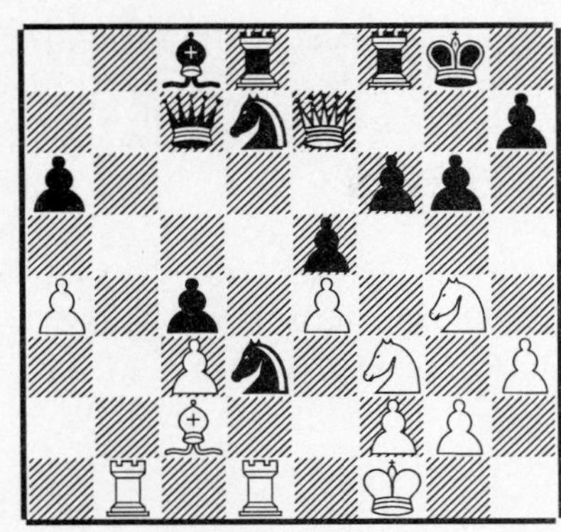

33. ♖d3 cd3 34. ♗b3 ♔h8 35. ♘f6 ♖f6 36. ♘g5 ♖f2 37. ♔g1 ♖f1 38. ♔h2 **1:0**

24.05. **1178.**

J.H. DONNER - P. KERES

1. d4 e6 2. ♘f3 c5 3. e4 cd4 4. ♘d4 a6 5. ♘c3 ♕c7 6. g3 ♗b4 7. ♘e2 h5 8. h3 ♘f6 9. ♗g2 ♘c6 10. ♗f4 e5 11. ♗g5 d6 12. a3 ♗c5 13. ♗f6 gf6 14. ♘d5 ♕d8 15. b4 ♗a7 16. h4 f5 17. ♕d3 fe4 18. ♗e4 ♗e6 19. ♖d1 ♖c8 20. 0-0 ♔f8 21. ♘e3 ♖g8 22. ♘f5 ♘d4 23. ♘ed4 ed4 24. ♕e2 ♗f5 **0:1**

26.05. **1179.**

P. KERES - M. TAL

1. c4 ♘f6 2. ♘c3 e6 3. ♘f3 d5 4. d4 c5 5. cd5 ♘d5 6. e3 ♘c6 7. ♗d3 ♗e7 8. 0-0 0-0 9. ♘d5 ♕d5 10. e4 ♕h5 11. dc5 ♗c5 12. ♗f4 b6 13. a3 ♖d8 14. b4 ♗e7 15. ♖c1 ♗b7 16. ♕e2 h6 17. ♗a6 ♗a6 18. ♕a6 ♘d4 19. ♘d4 ♖d4 20. ♕b7 ♖e8 21. ♗g3 ♕b5 22. h3 ♖d7 **½:½**

27.05. **1180.**

E. BHEND - P. KERES

1. e4 c5 2. ♘f3 ♘c6 3. d4 cd4 4. ♘d4 g6 5. c4 ♗g7 6. ♗e3 ♘h6 7. ♗e2 d6 8. ♕d2 ♘g4 9. ♗g4 ♗g4 10. ♘c3 ♖c8 11. 0-0 0-0 12. b3 a6 13. ♖ac1 ♕a5 14. h3 ♗d7 15. ♘c6 bc6 16. c5 ♗e6 17. ♘d5 ♕d8 18. ♘b6 ♖c7 19. cd6 ed6 20. ♖fd1 d5 21. ed5 cd5 22. ♖c7 ♕c7 23. ♘d5 ♕b7 24. ♕a5 h6 25. ♘c7 ♗f5 26. ♕b6 ♕e4 27. ♕a6 ♕c2 28. ♖c1 ♕b2 29. ♕a5 ♖d8 30. ♘d5 ♖d7 31. ♘b6 ♖d3 32. ♘c4 ♕e2 33. ♖e1 ♕c2 34. ♖c1 ♕e2 35. ♖e1 ♕c2 36. ♘e5 ♖d6 37. ♘c4 ♖d3 **½:½**

28.05. **1181.**

P. KERES - Dr. J. KUPPER

1. c4 c5 2. ♘f3 g6 3. d4 cd4 4. ♘d4 ♗g7 5. ♘c3 ♘c6 6. ♘c2 d6 7. g3 ♗e6 8. ♘e3 ♖c8 9. ♗g2 ♕d7 10. ♗d2 ♗h3 11. ♗h3 ♕h3 12. ♘cd5 ♘h6 13. ♕b3 ♕d7 14. ♗c3 ♘d4 15. ♕d1 ♘hf5 16. ♘f5 ♘f5 17. ♗g7 ♘g7 18. ♕d4 0-0 19. 0-0 b6 20. a4 ♘e6 21. ♕h4 g5 22. ♕e4 f5 23. ♕d3 f4 24. a5 ♘c5 25. ♕c3 ba5 26. ♖a5 ♖f7 27. b4 ♘e4 28. ♕d4 ♕e6 29. ♔g2 ♘f6 30. ♖a7 ♕e2 31. ♘f6 ♖f6 32. ♕d5 ♔h8 33. ♖a8 ♖a8 34. ♕a8 ♔g7 35. ♕d5 h6 36. b5 e6 37. ♕d6 ♕c4 38. b6 f3 39. ♔g1 ♕g4 40. ♔h1 ♖f7 41. ♕c6 ♕b4 42. h3 ♕b3 43. ♖c1 ♕b2 44. ♕c3 ♕c3 45. ♖c3 ♔g6 46. ♖e3 ♖f5 47. ♖b3 ♖f8 48. g4 h5 49. ♔g1 hg4 50. hg4 ♖b8 51. ♔f1 ♔f6 52. ♖f3 ♔e5 53. ♖b3 ♔f4 54. f3 ♔g3 55. ♔e2 ♖b7 56. ♔e3 ♖f7 57. ♔d4 **1:0**

30.05. **1182.**

B. LARSEN - P. KERES

1. e4 e5 2. ♘f3 ♘c6 3. ♗b5 a6 4. ♗a4 ♘f6 5. 0-0 ♗e7 6. ♖e1 b5 7. ♗b3 0-0 8. c3 d6 9. h3 ♘a5 10. ♗c2 c5 11. d4 ♕c7 12. ♘bd2 cd4 13. cd4 ♘c6 14. ♘b3 ♗b7 15. d5 ♘a5 16. ♘a5 ♕a5 17. a4 ♖fc8 18. ♗d3 ♘d7 19. ♗g5 ♗g5 20. ♘g5 h6 21. ab5 ♕b6 22. ba6 ♗a6 23. ♗a6 ♖a6 24. ♖a6 ♕a6 25. ♘f3 ♘c5 26. ♖e3 ♖b8 27. ♘h4 g6 28. ♕g4 ♔h7 29. f4 ♕a7 30. ♔h2 ♕e7 31. f5 ♕g5 32. fg6 fg6 33. ♖g3 ♕g4 34. ♖g4 g5 35. ♘f5 ♖b6 36. h4 ♔g6 37. hg5 hg5 38. b4 ♘e4 39. ♘e7 ♔f6 40. ♘c8 ♖b8 41. ♖e4 ♖c8 42. b5 ♔f5 43. ♖b4 e4 44. ♔g3 ♔e5 45. ♔f2 ♔d5 46. b6

♖a8 47. ♔e3 ♔c5 48. ♖e4 ♔b6 49. ♖e6 ♖a3 50. ♔e2 ♖a2 51. ♔f3 ♔c5 52. ♖g6 ♖a3 53. ♔f2 d5 54. ♖g5 ♔c4 55. ♖g8 d4 56. g4 ♔d3 57. ♖d8 ♔c3 58. ♔f3 ♔d2 59. ♔f4 d3 60. g5 ½:½

31.05. **1183.**

P. KERES - W. UNZICKER

1. e4 e5 2. ♘f3 ♘c6 3. ♗b5 a6 4. ♗a4 ♘f6 5. 0-0 ♘e4 6. d4 b5 7. ♗b3 d5 8. de5 ♗e6 9. c3 ♗e7 10. ♗e3 0-0 11. ♘bd2 ♘d2 12. ♕d2 ♕d7

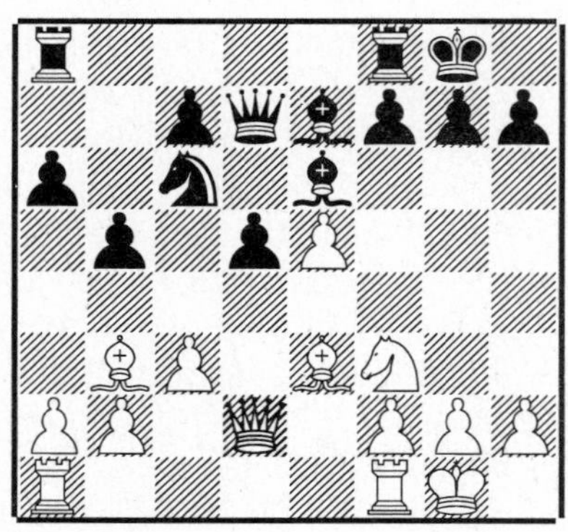

13. ♗g5 ♖ad8 14. ♖fe1 ♘a5 15. ♗c2 ♘c4 16. ♕d3 g6 17. ♕d4 ♖fe8 18. ♕h4 ♗g5 19. ♘g5 h5 20. b3 ♘b6 21. ♖ad1 ♕e7 22. h3 ♔g7 23. f4 ♘d7 24. f5 gf5 25. ♖d3 ♔h6 26. ♖g3 ♖g8 27. ♕f4 ♖g5 28. h4 ♖g8 29. ♖ee3 ♘f8 30. ♖g5 ♖g5 31. ♖g3 ♘h7 32. hg5 ♘g5 33. ♗f5 ♗f5 34. ♕f5 h4 35. ♖g4 **1:0**

2.06. **1184.**

E. NIEDERGELT - P. KERES

1. e4 e5 2. ♘f3 ♘c6 3. ♗b5 a6 4. ♗a4 ♘f6 5. 0-0 ♗e7 6. ♗c6 dc6 7. d3 ♘d7 8. ♘bd2 0-0 9. ♘c4 f6 10. ♔h1 ♘c5 11. ♘e3 ♕e8 12. ♖g1 ♘e6 13. g3 ♗c5 14. ♘h4 g6 15. ♕f1 ♘g7 16. ♗d2 ♗e6 17. a3 ♖f7 18. ♖e1 ♕d7 19. ♕e2 ♖e8 20. g4 ♕d8 21. ♖g3 ♗c8 22. ♖eg1 ♗f8 23. ♘ef5 ♘e6 24. g5 ♘f4 25. ♕f3 ♗g7 26. ♘h6 ♗h6 27. gh6 g5 28. ♗f4 ef4 29. ♕f4 ♕d6 30. ♕d6 cd6 31. f4 d5 32. fg5 de4 33. gf6 ♔h8 34. de4 ♖f6 35. ♖g7 ♖h6 36. ♘f3 ♖f6 37. ♘e5 ♗e6 38. ♖b7 ♗g8 39. ♘g4 ♖g6 40. ♘f2 ♖f6 41. ♘g4 ♖g6 42. ♘f2 ♖d6 43. h3 c5 44. b3 c4 45. b4 ♖f8 46. ♖g2 ♗e6 47. ♖e7 ♗f7 48. ♔g1 ♗g6 49. ♖c7 ♖f3 50. h4 ♖d8 51. ♖c4 ♖a3 52. ♖c7 ♖e3 53. ♖e7 ♖c8 54. ♘g4 ♖e1 55. ♔h2 ♖e4 56. ♘e5 ♖h4 57. ♔g1 ♖b4 ½:½

3.06. **1185.**

R.J. FISCHER - P. KERES

1. e4 e5 2. ♘f3 ♘c6 3. ♗b5 a6 4. ♗a4 ♘f6 5. 0-0 ♗e7 6. ♖e1 b5 7. ♗b3 0-0 8. c3 d6 9. h3 ♘a5 10. ♗c2 c5 11. d4 ♕c7 12. ♘bd2 cd4 13. cd4 ♗b7 14. ♘f1 ♖ac8 15. ♗d3 ♘c6 16. ♘e3 ♖fe8 17. ♘f5 ♗f8 18. ♗g5 ♘d7 19. ♖c1 ♕b8 20. ♗b1 ♘d4 21. ♘3d4 ♖c1 22. ♗c1 ed4 23. ♘h6 gh6 24. ♕g4 ♔h8 25. ♕d7 ♗d5 26. ♕f5 ♖e5 27. ♕f3 f5 28. ♗f4 ♖e8 29. ♕h5 ♗e4 30. f3 ♗c6 31. ♖c1 ♗d7 32. ♗h6 ♖e6 33. ♗f8 ♕f8 34. ♕h4 ♕f6 35. ♕f6 ♖f6 36. ♔f2 ♔g7 37. ♖c7 ♖f7 38. ♔e2 f4 39. ♖a7 ♔f6 40. ♖a6 ♖e7 41. ♔f2 ♗e6 42. ♖d6 ♔e5 43. ♖c6 ♗d5 44. ♖h6 ♖c7 45. ♖h5 ♔d6 46. ♖h6 ♔e5 47. ♖h5 ♔d6 48. ♖f5 ♖c1 49. ♗d3 ♖d1 50. ♔e2 ♖g1 51. ♔f2 ♖d1 52. ♔e2 ♖g1 53. ♖g5 ♗a2 54. ♗b5 ♖b1 55. ♔d3 h6 56. ♖h5 ♖b2 57. ♔d4 ♖g2 58. ♖h6 ♔e7 59. ♔e4 ♖g5 60. ♗a6 ♗f7 61. ♗c8 ♖g6 62. ♖h7 ♔f8 63. ♗g4 ♖g7 64. ♖h6 ♖g6 65. ♖g6 ♗g6 66. ♔f4 ♔g7 67. ♔g5 ♗d3 68. f4 ♗e4 69. h4 ♗d3 70. h5 ♗e4 71. h6 ♔h8 72. ♗f5 ♗d5 73. ♗g6 ♗e6 74. ♔f6 ♗c4 75. ♔g5 ♗e6 76. ♗h5 ♔h7 77. ♗g4 ♗c4 78. f5 ♗f7 79. ♗h5 ♗c4 80. ♗g6 ♔g8 81. f6 **1:0**

4.06. **1186.**

P. KERES - Dr. D. KELLER

1. e4 e5 2. ♘f3 ♘f6 3. ♘e5 d6 4. ♘f3 ♘e4 5. c4 d5 6. ♘c3 ♗c5 7. d4 ♗b4 8. ♗d2 ♘d2 9.

♕d2 0-0 10. cd5 ♘d7 11. a3 ♖e8 12. ♗e2 ♗f8 13. 0-0 ♘b6 14. ♖ac1 ♗f5 15. ♖fe1 ♗d6 16. ♗b5 ♖e1 17. ♖e1 ♕f6 18. ♘e5 a6 19. ♗f1 ♖f8 20. ♕f4 ♗c8 21. ♕f6 gf6 22. ♘d3 ♖d8 23. g3 ♔g7 24. ♗g2 h6 25. ♘d1 ♗f5 26. ♘c5 ♗c5 27. ♘e3 ♗f8 28. ♘f5 ♔g8 29. ♘e3 ♘a4 30. ♖e2 ♖e8 31. ♖c2 ♗d6 32. ♔f1 b5 33. ♘f5 ♗f8 34. b3 ♘b6 35. ♖c7 ♗a3 36. d6 ♗b4 37. ♗f3 ♖d8 38. ♖b7 ♘d7 39. ♘e7 **1:0**

6.06. **1187.**

E. WALTHER - P. KERES

1. e4 e5 2. ♘f3 ♘c6 3. ♗b5 a6 4. ♗a4 d6 5. ♗c6 bc6 6. d4 f6 7. c4 ♘e7 8. ♗e3 ♘g6 9. ♘c3 ♗e7 10. h4 h5 11. ♕a4 ♗d7 12. c5 ♕b8 13. 0-0-0 a5 14. de5 fe5 15. ♘d2 ♖a6 16. ♕c4 ♗c8 17. g3 ♕b4 18. ♕e2 ♖a8 19. a3 ♕b8 20. ♗g5 ♗g4 21. f3 ♗e6 22. ♗e7 ♘e7 23. ♘c4 ♕b3 24. ♘e3 d5 25. ed5 cd5 26. ♘c2 d4 27. ♘b5 ♖b8 28. a4 0-0 29. ♕e5 ♘c6 30. ♕c7 ♖fc8 31. ♕f4 ♘b4 32. ♘cd4 ♖c5 33. ♔d2 ♕b2 34. ♔e1 ♖e8 35. ♕d2 ♗h3 36. ♔f2 ♘d3 37. ♔g1 ♖e1 38. ♔h2 ♖h1 39. ♔h1 ♘f2 40. ♔h2 ♘d1 41. ♕b2 ♘b2 **0:1**

7.06. **1188.**

P. KERES - F. OLAFSSON

1. e4 c5 2. ♘f3 d6 3. d4 cd4 4. ♘d4 ♘f6 5. ♘c3 a6 6. ♗g5 e6 7. f4 h6 8. ♗h4 ♕b6 9. ♕d3 ♕b2 10. ♖b1 ♕a3 11. e5 ♘d5 12. ♘d5 ♕d3 13. ♗d3 ed5 14. ♔d2 de5 15. fe5 ♗c5 16. ♘f5 ♘c6 17. ♘g7 ♔f8 18. ♘h5 ♗d4 19. e6 ♖g8 20. g3 fe6 21. ♗h7 ♖g4 22. ♖hf1 ♔e8 23. h3 ♖h4 24. gh4 b5 25. ♖be1 b4 26. ♔d1 ♔e7 27. ♗f5 ♗c3 28. ♖e3 ♘d4 29. ♗g6 ♗d7 30. ♖f4 ♘c6 31. ♘g3 ♔d6 32. h5 ♘e5 33. ♘e2 ♘c4 34. ♖ef3 ♗e5 35. ♖f8 ♖a7 36. ♖3f7 a5 37. ♖h7 a4 38. ♘c1 ♗c3 39. ♖d8 ♗f6 40. ♖b8 ♗g5 41. ♖b4 ♖c7 42. ♘d3 e5 43. ♔e2 e4 44. ♘f2 ♘e5 45. ♖b6 ♔c5 46. ♖b2 ♖c8 47. ♗e4 de4 48. ♘e4 ♔d5 49. ♘g5 hg5 50. ♖g7 a3 51. c4 ♖c4 52. ♖d2 ♔e6 53. ♖g5 ♗b5 54. ♔f2 ♖f4 55. ♔e3 ♖h4 56. ♖dg2 ♖h3 57. ♖2g3 ♖h4 58. ♖e5 **½:½**

USSR TEAM CHAMPIONSHIP

Moscow, 6.- 15.08.1959

6.08. **1189.**

M. TAL - P. KERES

1. e4 c6 2. d4 d5 3. ♘c3 de4 4. ♘e4 ♗f5 5. ♘g3 ♗g6 6. ♘f3 ♘d7 7. h4 h6 8. ♗d3 ♗d3 9. ♕d3 ♘gf6 10. ♗f4 ♕a5 11. c3 e6 12. 0-0 ♗e7 13. ♖fe1 0-0 14. ♘f5 ♖fe8 15. ♘g7 ♔g7 16. ♘e5 ♖h8 17. ♕h3 ♖h7 18. c4 ♘f8 19. ♖ad1 ♖d8 20. ♗d2 ♕b6 21. ♗c3 ♔g8 22. ♖e3 ♘e8 23. ♖g3 ♘g7 24. ♖dd3 f6 25. ♘g6 ♘g6 26. ♖g6 ♔f7 27. h5 ♕a6 28. b3 ♕a2 29. d5 cd5 30. cd5 ♖d5 31. ♖d5 ed5 32. ♕d3 ♕a6 33. ♕d5 ♕e6 34. ♕f3 ♖h8 35. ♗d2 ♖d8 36. ♗h6 ♕e1 37. ♔h2 ♕e5 38. ♔g1 ♘f5 39. ♗f4 ♕e1 40. ♔h2 ♖d1 41. ♔h3 ♖d4 42. ♖g4 ♕d1 43. h6 ♖d3 44. h7 ♖f3 45. gf3 ♕f3 46. ♗g3 ♘g3 **0:1**

10.08. **1190.**

P. KERES - A. UFIMTSEV

1. e4 d6 2. d4 g6 3. f4 ♗g7 4. ♘f3 ♗g4 5. c3 ♘c6 6. ♗c4 e6 7. h3 ♗f3 8. ♕f3 ♘ge7 9. ♗e3 d5 10. ♗d3 de4 11. ♗e4 ♘d5 12. ♘d2 ♘e3 13. ♕e3 ♘e7 14. ♗b7 ♖b8 15. ♕f3 0-0 16. ♘b3 a5 17. 0-0 a4 18. ♘c5 c6 19. b4 ab3 20. ab3 ♕c7 21. ♗a6 ♘f5 22. ♖a4 ♖fd8 23. b4 ♖a8 24. ♔h1 ♕b6 25. ♖fa1 ♗f8 26. ♘d3 ♘e7 27. ♘e5 ♘d5 28. h4 f6 29. ♘g4 ♗g7 30. ♘f2 ♕c7 31. g3 e5 32. f5 ed4 33. cd4

♔h8 34. fg6 hg6 35. h5 ♕f7 36. hg6 ♕g6 37. ♔g2 ♔g8 38. ♗d3 ♖a4 39. ♗g6 ♖a1 40. ♕e4 ♖a7 41. ♕e6 ♔f8 42. ♗h7 ♗h8 43. ♕g8 ♔e7 44. ♕g6 ♖e8 45. ♗g8 ♘e3 46. ♔f3 ♔d8 47. ♗f7 ♖f8 48. ♔e3 ♖af7 49. ♘e4 ♖e7 50. ♔d3 ♖fe8 51. ♘d6 ♖f8 52. ♕f5 ♖d7 53. ♕c5 ♖g8 54. ♔c4 ♖g5 55. ♘f5 ♗g7 56. ♕a5 ♔c8 57. ♕a8 ♔c7 58. ♕a7 ♔c8 59. ♘e7 ♔d8 60. ♘c6 ♔e8 61. ♕b8 ♔f7 62. b5 ♖gd5 63. b6 f5 64. ♕f4 ♔e6 65. ♕g5 ♖d4 66. ♘d4 ♖d4 67. ♔b5 ♖g4 68. ♕e3 ♗e5 69. b7 ♖e4 70. ♕h6 ♔f7 71. ♕g5 ♔e6 72. ♕g6 ♔d5 73. ♕f5 ♔d4 74. ♔c6 ♗b8 75. ♕f8 **1:0**

12.08. **1191.**

L. BARENBAUM - P. KERES

1. d4 ♘f6 2. c4 g6 3. ♘f3 ♗g7 4. g3 c5 5. d5 e6 6. ♘c3 ed5 7. cd5 d6 8. ♗g2 0-0 9. 0-0 a6 10. a4 ♘bd7 11. ♗f4 ♕c7 12. h3 ♖e8 13. ♕c2 b6 14. ♖ad1 ♖b8 15. ♘a2 b5 16. ab5 ab5 17. b3 ♘b6 18. ♘g5 h6 19. ♘c3 hg5 20. ♘b5 ♕d7 21. ♗d6 ♕b5 22. ♗b8 ♗f5 23. e4 ♗e4 24. ♗e4 ♘e4 25. ♗c7 ♘c3 26. ♗b6 ♘d1 27. ♕c5 ♕c5 28. ♗c5 ♘c3 29. d6 ♗f8 30. ♔g2 ♖d8 **0:1**

13.08. **1192.**

P. KERES - I. BOLESLAVSKY

1. d4 ♘f6 2. ♘f3 g6 3. ♗f4 ♗g7 4. c3 0-0 5. ♘bd2 d6 6. e4 ♘c6 7. ♗b5 e5 8. de5 de5 9. ♗e3 ♕d6 10. b4 b6 11. 0-0 ♗b7 12. ♕e2 a6 13. ♗a4 h6 14. ♖fd1 ♕e7 15. ♘h4 ♘d8 16. f3 ♘e6 17. g3 ♖fd8 18. ♗b3 ♔h7 19. ♘g2 ♘h5 20. ♘f1 ♖d1 21. ♖d1 ♖d8 22. ♖d8 ♘d8 23. ♗c4 b5 24. ♗b3 ♘e6 25. a4 c6 26. ♕d3 ♗c8 27. ♘e1 ♘f6 28. h4 h5 29. ♔g2 ♘e8 30. ♘d2 ♘8c7 31. a5 ♗f6 ½:½

14.08. **1193.**

E. TCHUKAEV - P. KERES

1. d4 ♘f6 2. c4 g6 3. ♘c3 ♗g7 4. e4 d6 5. ♗g5 h6 6. ♗h4 c5 7. d5 ♕a5 8. f3 a6 9. a4 ♘bd7 10. ♖a3 g5 11. ♗f2 ♘e5 12. ♗e3 e6 13. ♗d2 ♕c7 14. ♕c2 ed5 15. ed5 ♕e7 16. ♔d1 0-0 17. a5 ♗d7 18. ♘a4 ♗a4 19. ♖a4 ♘fd7 20. b3 f5 21. ♘e2 ♘g6 22. ♘g3 ♘h4 23. ♗d3 ♕f7 24. f4 gf4 25. ♗f4 ♘e5 26. ♗e2 ♖ab8 27. ♔c1 b5 28. ab6 ♖b6 29. ♗d1 ♖fb8 30. ♖a3 ♘c4 31. ♕c4 ♖b4 32. ♕f1 ♕f6 33. ♖a2 ♕c3 34. ♖c2 ♕a1 35. ♔d2 ♕d4 36. ♔e2 ♖e8 **0:1**

15.08. **1194.**

P. KERES - V. BAGIROV

1. e4 c6 2. d4 d5 3. ♘c3 de4 4. ♘e4 ♗f5 5. ♘g3 ♗g6 6. ♘f3 ♘d7 7. h4 h6 8. h5 ♗h7 9. ♗d3 ♗d3 10. ♕d3 ♕c7 11. ♖h4 e6 12. ♗f4 ♗d6 13. ♗d6 ♕d6 14. ♘e4 ♕e7 15. 0-0-0 ♘gf6 16. ♘f6 ♘f6 17. ♘e5 0-0-0 18. ♕g3 ♖hg8 19. ♖d3 ♘e8 20. ♖f4 ♘d6 21. ♕f3 f6 22. ♘g6 ♕d7 23. ♕e2 ♖ge8 24. g4 ♘b5 25. ♖e4 ♘d6 26. ♖ee3 ♘c4 27. ♖g3 ♕d6 28. ♖d1 ♘b6 29. ♖e3 ♖d7 30. ♖e4 ♘d5 31. f4 ♖ed8 32. c3 ♘c7 33. ♖e1 ♔b8 34. a3 c5 35. ♕c4 cd4 36. ♖d4 ♕b6 37. ♖d7 ♖d7 38. ♘f8 ♖d6 39. f5 ♕f2 40. ♖f1 ♕e3 ½:½

4th CANDIDATES` TOURNAMENT
Bled-Zagreb-Belgrade, 7.09.- 31.10.1959

7.09. **1195.**

P. KERES - R.J. FISCHER

1. e4 c5 2. ♘f3 d6 3. d4 cd4 4. ♘d4 ♘f6 5. ♘c3 a6 6. ♗g5 e6 7. f4 ♗e7 8. ♕f3 ♕c7 9. 0-0-0 ♘bd7 10. ♗e2 b5 11. ♗f6 ♘f6 12. e5 ♗b7 13. ef6 ♗f3 14. ♗f3 ♗f6 15. ♗a8 d5 16. ♗d5 ♗d4 17. ♖d4 ed5 18. ♘d5 ♕c5 19. ♖e1 ♔f8 20. c3 h5 21. f5 ♖h6 22. f6 gf6 23. ♘f4 h4 24. ♖d8 ♔g7 25. ♖ee8 ♕g1 26. ♔d2 ♕f2 27. ♘e2 ♖g6 28. g3 f5 29. ♖g8

♔f6 30. ♖g6 fg6 31. gh4 ♕h2 32. ♖d4 ♕h1 33. ♔c2 ♔e5 34. a4 ♕f1 35. ♘c1 ♕g2 36. ♔b3 ba4 37. ♔a3 ♕c2 38. ♘d3 ♔f6 39. ♘c5 ♕c1 40. ♖a4 ♕e3 41. ♘a6 f4 42. ♖d4 ♔f5 43. ♘b4 ♕e7 44. ♔b3 ♕h4 45. ♘d3 g5 46. c4 ♕g3 47. c5 f3 48. ♔c4 f2 49. ♘f2 ♕f2 50. c6 ♕b2 51. ♔c5 ♕c3 52. ♔d5 g4 53. ♖c4 ♕e5 **0:1**

8.09. 1196.

V. SMYSLOV - P. KERES

1. e4 e5 2. ♘f3 ♘c6 3. ♗b5 a6 4. ♗a4 ♘f6 5. 0-0 ♗e7 6. ♖e1 b5 7. ♗b3 0-0 8. c3 d6 9. h3 ♘a5 10. ♗c2 c5 11. d4 ♕c7 12. ♘bd2 cd4 13. cd4 ♗b7 14. ♘f1 ♖ac8 15. ♗d3 ♘d7 16. ♘e3 ed4 17. ♘d4 ♗f6 18. ♘df5 g6 19. ♘h6 ♔h8 20. ♖b1 ♗g7 21. ♘hg4 h5 22. ♘h2 ♘c5 23. ♘d5 ♗d5 24. ed5 ♘d3 25. ♕d3 ♕c2 26. ♖d1 ♖fe8 27. ♕c2 ♖c2 28. ♘f1 ♘c4 29. b3 ♘b2 30. ♖d2 ♖d2 31. ♗d2 ♘d3 32. ♘e3 f5 33. ♔f1 ♗d4 34. ♘c2 ♗f2 35. ♗c3 ♔g8 36. ♖d1 ♘c5 37. ♗d4 ♗d4 38. ♘d4 ♖e3 39. ♘e6 ♖c3 40. ♘g5 ♘d3 41. ♘e6 ♔f7 42. h4 ♔f6 43. ♔e2 ♘c5 44. ♘c5 ♖c5 45. ♔f3 g5 46. hg5 ♔g5 47. ♖d3 b4 48. ♖d2 ♖c3 49. ♔f2 h4 50. ♔g1 ♔f4 51. ♔h2 ♔e4 52. ♖d1 a5 53. ♖d2 f4 54. ♖f2 ♖d3 55. ♖c2 ♔d5 56. ♖c8 f3 57. ♖f8 fg2 58. ♖f5 ♔e4 59. ♖a5 h3 **0:1**

10.09. 1197.

P. KERES - M. TAL

1. c4 ♘f6 2. ♘c3 g6 3. g3 ♗g7 4. ♗g2 0-0 5. f4 c5 6. ♘f3 d5 7. cd5 ♘d5 8. 0-0 ♘c7 9. b3 ♘c6 10. ♗b2 ♖b8 11. ♘a4 ♗b2 12. ♘b2 b6 13. ♘c4 ♗b7 14. e3 ♘d5 15. a3 e6 16. ♕c2 ♕e7 17. g4 b5 18. ♘ce5 ♘e5 19. fe5 ♖bc8 20. a4 b4 21. ♖f2 a5 22. h4 ♕c7 23. ♕b2 c4 24. bc4 ♕c4 25. ♘d4 ♗a8 26. ♗f1 ♕c5 27. ♘b3 ♕c7 28. ♗a6 ♘e3 29. ♖c1 ♕e7 30. de3 ♕h4 31. ♔f1 ♕h3 32. ♔e2 ♕g4 33. ♔d2 ♖fd8 34. ♘d4 ♕g3 35. ♖f4 ♖c1 36. ♕c1 ♕g2 37. ♗e2 ♕d5 38. ♕c7 ♖d7 39. ♕c4 ♔g7 40. ♕d5 ♗d5 41. ♗b5 ♖c7 42. e4 ♗a8 43. ♔e3 ♖c3 44. ♗d3 b3 45. ♖f1 ♖c5 46. ♘b3 ♖e5 47. ♖c1 ♖h5 48. ♖c7 ♔f6 49. ♘c5 ♔e5 50. ♘d7 ♔d6 51. ♖a7 e5 52. ♖a8 ♔d7 53. ♖a5 ♖h3 54. ♔d2 ♖h2 55. ♔c3 h5 56. ♖a7 ♔c6 57. ♖f7 g5 58. a5 g4 59. a6 ♖a2 60. ♗c4 ♖a1 61. ♖f1 ♖f1 62. ♗f1 h4 63. ♗e2 g3 64. ♗f1 **1:0**

11.09. 1198.

P. KERES - T. PETROSIAN

1. e4 c5 2. ♘f3 ♘c6 3. d4 cd4 4. ♘d4 g6 5. c4 ♗g7 6. ♗e3 ♘f6 7. ♘c3 ♘g4 8. ♕g4 ♘d4 9. ♕d1 ♘e6 10. ♕d2 d6 11. ♗e2 ♗d7 12. 0-0 0-0 13. ♖ac1 ♗c6 14. ♖fd1 ♘c5 15. f3 a5 16. b3 ♕b6 17. ♘b5 ♖fc8 18. ♗f1 ♕d8 19. ♕f2 ♕e8 20. ♘c3 b6 21. ♖c2 ♕f8 22. ♕d2 ♗d7 23. ♘d5 ♖ab8 24. ♗g5 ♖e8 25. ♖e1 ♖b7 26. ♕f2 ♗c6 27. ♕h4 f6 28. ♗e3 e6 29. ♘c3 ♖d7 30. ♗d4 f5 31. ef5 gf5 32. ♖d2 ♗d4 33. ♖d4 ♖g7 34. ♔h1 ♖g6 35. ♖d2 ♖d8 36. ♖ed1 ♖d7 37. ♕f2 ♕d8 38. ♕e3 e5 39. f4 e4 40. ♘e2 ♖dg7 41. ♘d4 ♗d7 42. a3 ♕a8 43. ♔g1 h5 44. ♖b1 h4 45. ♖bb2 ♖g4 46. ♖f2 ♕d8 47. b4 ♖g3 48. hg3 hg3 49. ♖fd2 ♕h4 50. ♗e2 ♖h7 51. ♔f1 ♕f4 **0:1**

14.09. 1199.

P. BENKO - P. KERES

1. c4 ♘f6 2. ♘c3 e5 3. ♘f3 ♘c6 4. g3 ♗c5 5. ♗g2 0-0 6. 0-0 ♖e8 7. e3 ♗b4 8. ♘d5 ♗f8 9. d4 d6 10. ♕b3 ♘e4 11. ♖d1 h6 12. ♕c2 ed4 13. ♘d4 ♘d4 14. ♖d4 ♘c5 15. b3 c6 16. ♘c3 a5 17. ♗a3 ♕g5 18. ♖e1 ♗f5 19. ♕d1 ♕g6 20. e4 ♗g4 21. f3 ♗e6 22. ♘e2 ♕g5 23. ♕d2 ♕d2 24. ♖d2 a4 25. b4 ♘d7 26. ♖c1 ♘e5 27. ♖dc2 d5 28. cd5 cd5 29. ♘f4 de4 30. fe4 ♖ad8 31. ♘d5 ♗d5 32. ed5 ♘d3 33. ♖d1 ♘e1 34. ♖cd2 ♖e3 35. ♗c1 ♗d6 36. a3 ♖c8 37. ♗b2 ♖c2 38. ♗d4 ♖e8 39. ♖c2 **0:1**

15.09. **1200.**

P. KERES - S. GLIGORIC

1. e4 e5 2. ♘f3 ♘c6 3. ♗b5 a6 4. ♗a4 d6 5. 0-0 ♗d7 6. c4 ♘f6 7. ♘c3 ♗e7 8. d4 ♘d4 9. ♘d4 ed4 10. ♗d7 ♘d7 11. ♕d4 ♗f6 12. ♕d2 0-0 13. b3 ♘c5 14. ♗b2 ♖e8 15. ♖fe1 ♗e5 16. f4 ♗c3 17. ♕c3 ♕f6 18. e5 de5 19. ♖e5 ♖e5 20. ♕e5 ♕e5 21. ♗e5 ♖c8 22. ♖d1 f6 23. ♗b2 a5 24. f5 b6 25. ♗c1 h5 26. ♗f4 a4 27. b4 ♘e4 28. ♖d3 c6 29. g3 b5 30. ♔g2 bc4 31. ♖d4 ♘c3 32. ♖c4 ♘b5 33. ♔f2 ♔f7 34. ♔e2 ♖e8 35. ♔f2 ♖c8 36. h3 ♔e7 37. ♗e3 ♔f7 38. ♔f3 ♘d6 39. ♖c5 ♘b5 40. ♖c2 ♘d6 41. g4 hg4 42. hg4 ♘b5 43. ♖d2 ♖c7 44. ♖d8 g6 45. ♗c5 gf5 46. gf5 ♘c3 47. ♖d2 a3 48. ♖d3 ♘b5 49. ♔g4 ♔g7 50. ♖e3 ♖d7 51. ♔h5 ♔f7 52. ♖e6 ♘d4 53. ♗d4 ♖d4 54. ♖c6 ♖b4 55. ♖c7 ♔e8 56. ♖a7 ♖b2 57. ♖a3 ♖g2 58. ♔h6 ♖g5 59. ♖a5 ♔d7 60. a4 ♔c7 61. ♖b5 ♔c6 62. ♖e5 ♔b7 63. a5 ♔a7 64. a6 ♔a8 65. ♖b5 ♔a7 66. ♖a5 ♖g1 **½:½**

17.09. **1201.**

F. OLAFSSON - P. KERES

1. ♘f3 d5 2. g3 g6 3. ♗g2 ♗g7 4. c4 dc4 5. ♘a3 ♗e6 6. ♕c2 c5 7. ♘c4 ♘c6 8. 0-0 ♖c8 9. d3 ♘h6 10. ♘ce5 ♘e5 11. ♘e5 ♗e5 12. ♗h6 ♕d7 13. ♖ad1 f6 14. b3 ♔f7 15. e3 b5 16. ♕e2 ♗c3 17. h4 ♖hd8 18. ♔h2 ♔g8 19. e4 ♖c6 20. ♗f4 ♖a6 21. ♗e3 ♗d4 22. ♗c1 ♔g7 23. f4 ♗g4 24. ♗f3 ♗f3 25. ♖f3 ♕g4 26. ♔g2 ♗c3 27. ♗e3 ♗d4 28. ♗c1 e5 29. f5 gf5 30. ef5 ♔h8 31. ♕d2 ♖g8 32. ♖e1 ♕h4 33. ♖h1 ♕g5 34. ♕e2 ♕g4 35. a3 ♖c6 36. ♔f1 c4 37. dc4 bc4 38. bc4 ♖c4 39. ♗d2 ♖c2 40. ♔g2 e4 **0:1**

18.09. **1202.**

R.J. FISCHER - P. KERES

1. e4 c6 2. ♘c3 d5 3. ♘f3 ♗g4 4. h3 ♗f3 5. ♕f3 ♘f6 6. d3 e6 7. g3 ♗b4 8. ♗d2 d4 9. ♘b1 ♕b6 10. b3 a5 11. a3 ♗e7 12. ♗g2 a4 13. b4 ♘bd7 14. 0-0 c5 15. ♖a2 0-0 16. bc5 ♗c5 17. ♕e2 e5 18. f4 ♖fc8 19. h4 ♖c6 20. ♗h3 ♕c7 21. fe5 ♘e5 22. ♗f4 ♗d6 23. h5 ♖a5 24. h6 ♘g6 25. ♕f3 ♖h5

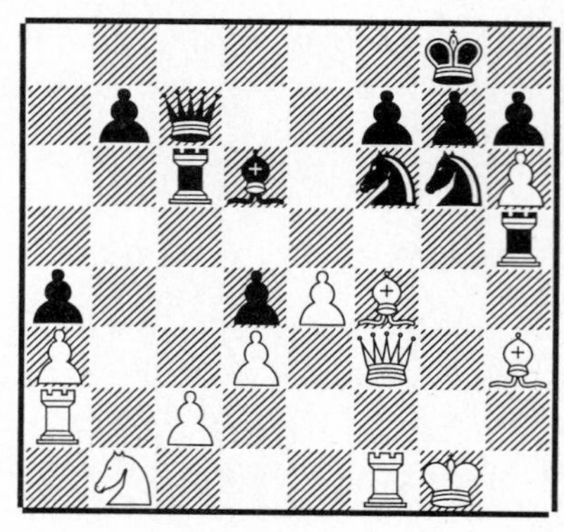

26. ♗g4 ♘f4 27. ♗h5 ♘4h5 28. g4 ♗h2 29. ♔g2 ♘g4 30. ♘d2 ♘e3 **0:1**

21.09. **1203.**

P. KERES - V. SMYSLOV

1. e4 e5 2. ♘f3 ♘c6 3. ♗b5 a6 4. ♗a4 ♘f6 5. 0-0 ♗e7 6. ♖e1 b5 7. ♗b3 0-0 8. c3 d6 9. h3 ♕d7 10. d4 ♖e8 11. a4 ♗b7 12. de5 ♘e5 13. ab5 ♘f3 14. ♕f3 ab5 15. ♖a8 ♗a8 16. ♘d2 ♗f8 17. ♖e3 c5 18. ♗c2 ♕a7 19. ♕e2 c4 20. b3 ♕a1 21. ♕d1 d5 22. e5 ♘d7 23. ♘f3 g6 24. bc4 bc4 25. ♗a4 ♖e7 26. ♗d7 ♖d7 27. ♕c2 ♖a7 28. ♖e1 ♖a2 29. ♗e3 ♕b2 30. ♕b2 ♖b2 31. ♗d4 ♗b7 32. e6 fe6 33. ♖e6 ♖a2 34. ♖b6 ♗c8 35. g4 ♖a8 36. ♖c6 ♗e7 37. ♘e5 ♗d8 38. f3 ♗b7 39. ♖d6 ♗h4 40. ♖d7 ♗c8 41. ♖d5 ♖a1 **½:½**

22.09. **1204.**

M. TAL - P. KERES

1. d4 ♘f6 2. c4 e6 3. ♘c3 ♗b4 4. f3 d5 5. a3 ♗e7 6. e4 de4 7. fe4 e5 8. d5 ♗c5 9. ♗g5 a5 10. ♘f3 ♕e7 11. ♗d3 ♘bd7 12. ♕e2 h6 13. ♗d2 c6 14. ♘a4 ♗d4 15. ♘d4 ed4 16. ♗f4 ♘e5 17. ♘b6 ♗g4 18. ♕c2 ♘d3 19. ♕d3 ♖a6 20. 0-0 ♖b6 21. ♗d6 ♕d6 22. e5 ♕e7

23. ♖ae1 ♘d7 24. e6 fe6 25. c5 ♘c5 26. ♕g6 ♔d8 27. b4 ab4 28. ♕g4 cd5 29. ♕g3 ♘d7 30. ab4 ♖f8 31. ♖f8 ♕f8 32. b5 e5 33. ♖a1 ♔c7 34. ♖c1 ♔b8 35. ♕b3 ♘f6 36. ♕c2 ♕d8 37. ♕a4 ♘e4 38. ♖f1 ♘d6 39. ♕a3 ♖b5 40. ♖a1 ♕b6 **0:1**

24.09. 1205.

T. PETROSIAN - P. KERES

1. c4 e5 2. ♘c3 ♘f6 3. ♘f3 ♘c6 4. g3 ♗b4 5. ♗g2 0-0 6. 0-0 ♖e8 7. d3 h6 8. ♘d5 ♗f8 9. h3 d6 10. e4 ♘d4 11. ♘f6 ♕f6 12. ♘d4 ed4 13. f4 a6 14. a4 ♖b8 15. a5 c5 16. ♔h2 b5 17. ab6 ♖b6 18. ♖a3 ♗d7 19. b3 ♗c6 20. ♗d2 ♕e7 21. ♕c2 ♕d7 22. ♖e1 f5 23. ♗a5 ♖b8 24. ♖aa1 ♕b7 25. ♖ab1 g6 **½:½**

25.09. 1206.

P. KERES - P. BENKO

1. e4 e5 2. ♘f3 ♘c6 3. ♗b5 a6 4. ♗a4 ♘f6 5. 0-0 ♗e7 6. ♖e1 b5 7. ♗b3 d6 8. c3 0-0 9. h3 ♘b8 10. d4 ♗b7 11. de5 de5 12. ♕d8 ♗d8 13. ♘e5 ♘e4 14. ♗e3 ♗f6 15. ♘g4 ♘d7 16. ♘d2 ♘d2 17. ♗d2 ♖fe8 18. ♗f4 ♖e1 19. ♖e1 ♖c8 20. ♗c2 g6 21. ♖d1 **1:0**

28.09. 1207.

S. GLIGORIC - P. KERES

1. d4 ♘f6 2. c4 e6 3. ♘c3 ♗b4 4. e3 0-0 5. ♗d3 c5 6. ♘f3 d5 7. 0-0 b6 8. cd5 ed5 9. dc5 bc5 10. ♘e2 ♘c6 11. b3 ♗g4 12. ♗b2 d4 13. ed4 ♗f3 14. gf3 ♘d4 15. ♘d4 cd4 16. ♗d4 ♘h5 17. ♔h1 ♕h4 18. ♖g1 ♗d6 19. f4 ♘f6 20. ♕f3 ♗f4 21. ♖g2 ♖ad8 22. ♗b2 ♖fe8 23. ♖ag1 g6 24. ♗c4 ♘e4 25. ♗c1 ♘d2 26. ♕c6 ♔g7 27. ♗d5 ♕f6 28. ♖g4 ♕e5 29. ♗b2 ♕b2 30. ♖f4 ♖e7 31. ♖f7 ♖f7 32. ♗f7 ♕f6 33. ♗d5 ♕c6 34. ♗c6 ♖c8 35. ♖d1 ♘b3 36. ♖d7 ♔h6 37. ♗d5 ♘c5 38. ♖a7 ♘d3 39. ♖f7 ♔g5 40. h4 ♔h4 41. ♗e4 ♖c3 42. ♔h2 ♘c5 43. ♖h7 ♔g5 44. ♗b1 ♖c1 45. ♖c7 ♖b1 46. ♖c5 ♔f4 47. ♔g2 ♖b4 48. ♖a5 g5 49. ♖a8 ♔f5 50. a4 ♔g6 51. a5 ♖a4 52. ♔f3 ♔g7 53. a6 ♖f4 54. ♔e3 ♖a4 55. f3 ♔h7 56. ♔d3 ♖f4 57. ♖c8 ♖f3 58. ♔c4 ♖a3 59. ♔b5 ♔g6 60. ♖c4 ♔f5 61. ♖a4 ♖b3 62. ♔c6 ♖b8 63. a7 ♖a8 64. ♔b7 ♖a7 65. ♖a7 g4 66. ♔c6 ♔e4 67. ♖a3 ♔f4 68. ♔d5 g3 69. ♖a4 ♔f3 70. ♖a3 ♔f2 71. ♖a2 ♔f3 72. ♖a3 ♔f2 **½:½**

29.09. 1208.

P. KERES - F. OLAFSSON

1. e4 c5 2. ♘f3 e6 3. d4 cd4 4. ♘d4 a6 5. ♘c3 ♕c7 6. a3 ♘c6 7. ♗e3 ♘f6 8. ♗e2 b5 9. f4 ♗b7 10. ♗f3 d6 11. 0-0 ♗e7 12. ♕e1 0-0 13. ♖d1 ♖ac8 14. ♘c6 ♗c6 15. ♗d4 e5 16. ♗e3 a5 17. ♕g3 ♔h8 18. ♖d2 b4 19. ab4 ab4 20. ♘d5 ♘d5 21. ed5 ♗b5 22. ♖a1 ♖a8 23. ♖a8 ♖a8 24. h3 ♗f6 25. ♗e4 ef4 26. ♗f4 ♖a1 27. ♔h2 ♖f1 28. ♗d6 ♕d8 29. ♗e5 ♕b6 30. ♗d4 ♗d4 31. ♖d4 f6 32. c3 g5 33. d6 bc3 34. bc3 ♗d7 35. ♗d3 ♖a1 36. ♕e3 ♕c5 37. ♕e7 ♕e5 38. ♕e5 fe5 39. ♖d5 ♖d1 40. ♗e4 ♖e1 41. ♖e5 **1:0**

3.10. 1209.

P. KERES - R.J. FISCHER

1. d4 ♘f6 2. ♘f3 g6 3. ♗f4 ♗g7 4. ♘bd2 c5 5. c3 cd4 6. cd4 d5 7. ♗b8 ♖b8 8. ♕a4 ♗d7 9. ♕a7 ♘e4 10. e3 ♘d2 11. ♘d2 e5 12. ♘b3 0-0 13. ♕c5 ♖c8 14. ♕b4 ♖e8 15. ♗e2 ed4 16. ♘d4 ♕h4 17. ♕b7 ♗d4 18. ♕d7 ♗b2 19. ♖d1 ♗c3 20. ♔f1 d4 21. ed4 ♕e4 22. ♕g4 ♕c2 23. g3 ♕a2 24. ♗b5 ♕d5 25. ♗e8 ♕h1 26. ♔e2 ♖e8 27. ♔d3 ♗e1 **0:1**

4.10. 1210.

V. SMYSLOV - P. KERES

1. d4 ♘f6 2. c4 e6 3. ♘c3 ♗b4 4. e3 0-0 5. ♗d3 d5 6. ♘f3 c5 7. 0-0 b6 8. cd5 ed5 9. dc5 bc5 10. ♘a4 ♘bd7 11. b3 ♘b6 12. ♘b2 ♗g4 13. ♕c2 ♗f3 14. gf3 d4 15. ♔h1 ♗c3 16. ♖g1 g6 17. e4 ♘h5 18. ♗g5 ♕c7 19. ♖b1 ♘f4 20. ♗f1 ♗b2 21. ♕b2 f5 22. b4 fe4 23. bc5 ♕c5 24. fe4 d3 25. ♖g4 ♘c4 26. ♕c3

♘e6 27. ♗d3 ♘e5 28. ♕b3 ♕b6 29. ♗c4 ♘c4 30. ♕c4 ♖ac8 31. ♕d3 ♕f2 32. ♖g2 ♕f7 33. ♗e3 ♘f4 34. ♗f4 ♕f4 35. ♕d5 **½:½**

6.10. **1211.**

P. KERES - M. TAL

1. e4 c5 2. ♘f3 e6 3. d4 cd4 4. ♘d4 a6 5. ♗d3 ♘c6 6. ♘c6 dc6 7. 0-0 e5 8. ♘d2 ♕c7 9. a4 ♘f6 10. ♕f3 ♗c5 11. ♘c4 0-0 12. ♘e3 ♖e8 13. ♗c4 ♗e6 14. ♗e6 ♖e6 15. ♘f5 g6 16. ♘h6 ♔g7 17. ♖d1 ♖d8 18. ♖d8 ♕d8 19. ♗g5 ♕d4 20. h4 ♕b2 21. ♖d1 ♗d4 22. ♖d3 ♕c2 23. ♖d4 ed4 24. e5 ♔f8 25. ef6 ♕c3 26. ♕g4 ♕e1 27. ♔h2 ♕f2 28. ♕h3 ♕e1 29. ♕b3 b5 30. ab5 cb5 31. ♕a3 b4 32. ♕b3 ♕e5 33. ♔h1 ♕e1 34. ♔h2 ♕e5 35. ♔h1 ♕d6 36. ♔g1 d3 37. ♕d1 ♕c5 38. ♔h1 ♕c2 39. ♕f3 d2 40. ♗d2 ♕d2 **0:1**

7.10. **1212.**

P. KERES - T. PETROSIAN

1. e4 c6 2. d4 d5 3. ed5 cd5 4. c4 ♘f6 5. ♘c3 e6 6. ♘f3 ♗e7 7. cd5 ♘d5 8. ♗d3 ♘c6 9. 0-0 0-0 10. ♖e1 ♘f6 11. a3 b6 12. ♗f4 ♗b7 13. ♖c1 g6 14. ♗c4 ♖c8 15. ♕d3 ♔g7 16. ♖cd1 ♘a5 17. ♗b5 ♘d5 18. ♗e5 ♔g8 ½:½

10.10. **1213.**

P. BENKO - P. KERES

1. c4 ♘c6 2. g3 e5 3. ♗g2 g6 4. ♘c3 ♗g7 5. e3 d6 6. ♘ge2 ♘ge7 7. ♖b1 a5 8. a3 ♗e6 9. ♘d5 ♘f5 10. b4 ab4 11. ab4 ♘b8 12. e4 ♘e7 13. d4 ♘ec6 14. ♗g5 f6 15. ♗e3 ed4 16. ♘d4 ♘d4 17. ♗d4 ♘c6 18. ♗a1 ♘e5 19. ♕e2 c6 20. ♘e3 ♗h6 21. 0-0 ♗e3 22. ♕e3 ♘c4 23. ♕h6 ♕e7 24. ♖fd1 ♖a2 25. ♗d4 ♔f7 26. ♖a1 ♖a1 27. ♖a1 ♘e5 28. ♖a7 c5 29. ♗e5 fe5 30. f4 ♗c8 31. f5 ♕f6 32. ♕c1 cb4 33. ♕c4 ♔g7 34. ♕c7 ♔h6 35. ♖a8 ♕d8 36. ♕c1 ♔g7 37. h4 b3 38. ♔h2 ♖f8 39. f6 ♔f6 40. ♕e3 b2 41. ♕f2 ♔g7 **0:1**

11.10. **1214.**

P. KERES - S. GLIGORIC

1. e4 e5 2. ♘f3 ♘c6 3. ♗b5 a6 4. ♗a4 ♘f6 5. 0-0 ♗e7 6. ♖e1 b5 7. ♗b3 d6 8. c3 0-0 9. h3 ♘a5 10. ♗c2 c5 11. d4 ♕c7 12. ♘bd2 ♗d7 13. ♘f1 ♖fe8 14. a4 cd4 15. cd4 ♘c6 16. ♘e3 ♘b4 17. ♗b3 ba4 18. ♗a4 ♗a4 19. ♖a4 a5 20. ♘f5 ♗f8 21. ♗g5 ♘d7 22. ♖a3 d5 23. de5 ♘e5 24. ♗f4 ♘f3 25. ♖f3 ♕d7 26. ♖g3 ♖a6

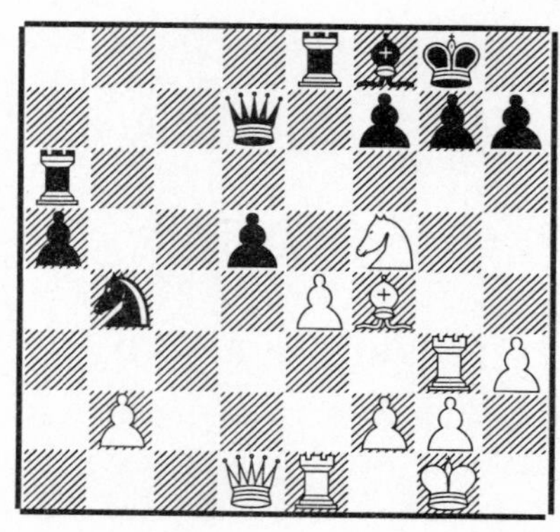

27. ♖g7 ♗g7 28. ♕g4 ♕f5 29. ♕f5 ♖f6 30. ♕d7 ♖fe6 31. ♖e3 de4 32. ♖g3 ♖a8 33. ♕d4 ♖g6 34. ♕e4 ♖c8 35. b3 ♘c6 36. ♖d3 ♖e6 37. ♕c4 ♖ee8 38. ♖g3 ♖e6 39. ♗h6 ♖g6 40. ♗g7 ♔g7 41. ♕c3 ♔g8 42. h4 ♘e7 43. ♖g6 hg6 44. ♕a5 ♖c1 45. ♔h2 ♖d1 **1:0**

13.10. **1215.**

F. OLAFSSON - P. KERES

1. d4 d5 2. c4 dc4 3. ♘f3 ♘f6 4. e3 e6 5. ♗c4 c5 6. 0-0 a6 7. ♕e2 b5 8. ♗b3 ♗b7 9. ♖d1 ♘bd7 10. a4 ♗e7 11. ♘bd2 ♕b6 12. ♘f1 0-0 13. ♘g3 ♖fd8 14. ab5 ab5 15. ♖a8 ♖a8 16. e4 cd4 17. ♘d4 ♗c5 18. ♗e3 b4 19. f3 ♘e5 20. ♘c2 ♗a6 21. ♕f2 ♘fd7 22. ♗c5 ♘c5 23. ♘e1 g6 24. h3 ♖b8 25. ♗c2 b3 26. ♗b1 ♘a4 27. ♕b6 ♖b6 28. f4 ♘c4 29. ♖d8 ♔g7 30. e5 ♗b7 31. ♗e4 ♘c5 32.

♗b7 ♖b7 33. ♘f3 ♘b2 34. ♘d2 ♘bd3 35. ♘b1 ♘f4 **0:1**

18.10. **1216.**

R.J. FISCHER - P. KERES

1. e4 c6 2. ♘c3 d5 3. ♘f3 ♗g4 4. h3 ♗f3 5. ♕f3 ♘f6 6. d3 e6 7. g3 ♗b4 8. ♗d2 d4 9. ♘b1 ♕b6 10. b3 ♘bd7 11. ♗g2 a5 12. a3 ♗d2 13. ♘d2 ♕c5 14. ♕d1 h5 15. ♘f3 ♕c3 16. ♔e2 ♕c5 17. ♕d2 ♘e5 18. b4 ♘f3 19. ♗f3 ♕e5 20. ♕f4 ♘d7 21. ♕e5 ♘e5 22. ba5 ♔d7 23. ♖hb1 ♔c7 24. ♖b4 ♖a5 25. ♗g2 g5 26. f4 gf4 27. gf4 ♘g6 28. ♔f3 ♖g8 29. ♗f1 e5 30. fe5 ♘e5 31. ♔e2 c5 32. ♖b3 b6 33. ♖ab1 ♖g6 34. h4 ♖a6 35. ♗h3 ♖g3 36. ♗f1 ♖g4 37. ♗h3 ♖h4 38. ♖h1 ♖a8 39. ♖bb1 ♖g8 40. ♖bf1 ♖g3 41. ♗f5 ♖g2 42. ♔d1 ♖hh2 43. ♖h2 ♖h2 44. ♖g1 c4 45. dc4 ♘c4 46. ♖g7 ♔d6 47. ♖f7 ♘e3 48. ♔c1 ♖c2 49. ♔b1 ♖h2 50. ♖d7 ♔e5 51. ♖e7 ♔f4 52. ♖d7 ♘d1 53. ♔c1 ♘c3 54. ♗h7 h4 55. ♖f7 ♔e3 **0:1**

19.10. **1217.**

P. KERES - V. SMYSLOV

1. e4 c5 2. ♘f3 d6 3. d4 cd4 4. ♘d4 ♘f6 5. ♘c3 e6 6. f4 a6 7. ♕f3 ♕b6 8. ♘b3 ♘c6 9. ♗d3 ♗e7 10. ♗e3 ♕c7 11. 0-0 0-0 12. ♖ae1 ♘b4 13. a3 ♘d3 14. cd3 ♗d7 15. ♖c1 ♕b8 16. ♘a5 ♗d8 17. b4 b6 18. ♘b3 ♗e7 19. ♘b1 a5 20. ♘d4 ab4 21. ab4 ♕b7 22. ♘d2 ♖a3 23. ♗f2 b5 24. ♘c2 ♖a2 25. ♘b3 ♖c8 26. ♘cd4 ♗d8 27. ♖c8 ♗c8 28. ♖c1 ♗d7 29. ♔h1 ♕a8 30. ♗h4 ♗b6 31. ♕d1 ♕a4 32. ♗e1 h6 33. ♗c3 e5 34. fe5 ♘g4 35. ♗e1 de5 36. ♘f5 ♗f5 37. ef5 ♖g2 38. ♖c8 ♔h7 39. d4 ♖h2 40. ♔g1 ♗d4 **0:1**

21.10. **1218.**

M. TAL - P. KERES

1. ♘f3 d5 2. d4 c5 3. c4 e6 4. cd5 ed5 5. g3 ♘c6 6. ♗g2 ♘f6 7. 0-0 ♗e7 8. ♘c3 0-0 9. ♗g5 ♗e6 10. dc5 ♗c5 11. ♘a4 ♗b6 12. ♘b6 ab6 13. ♘d4 h6 14. ♗f4 ♕d7 15. a3 ♗h3 16. ♕d3 ♖fe8 17. ♖fe1 ♗g2 18. ♔g2 ♖e4 19. ♘f3 ♖ae8 20. ♗d2 d4 21. e3 ♕d5 22. ed4 ♖d4 23. ♖e8 ♘e8 24. ♕e2 ♘d6 25. ♗e3 ♖d3 26. ♔g1 ♘c4 27. ♘e1 ♖b3 28. ♖c1 ♘e3 29. fe3 ♕e5 30. ♘g2 ♖b2 31. ♕d3 ♕e6 32. ♘f4 ♖b3 33. ♖c3 ♖c3 34. ♕c3 ♕e4 35. ♕b3 b5 36. ♕b5 ♕e3 37. ♔f1 ♕f3 38. ♔g1 ♕e3 39. ♔f1 g5 40. ♘e2 ♘e5 41. ♕b7 ♘d3 42. ♕c8 ♔g7 43. ♕f5 ♕d2 44. ♘d4 ♕e1 45. ♔g2 ♕e3 46. ♕d5 ♕f2 47. ♔h3 ♕f1 48. ♔g4

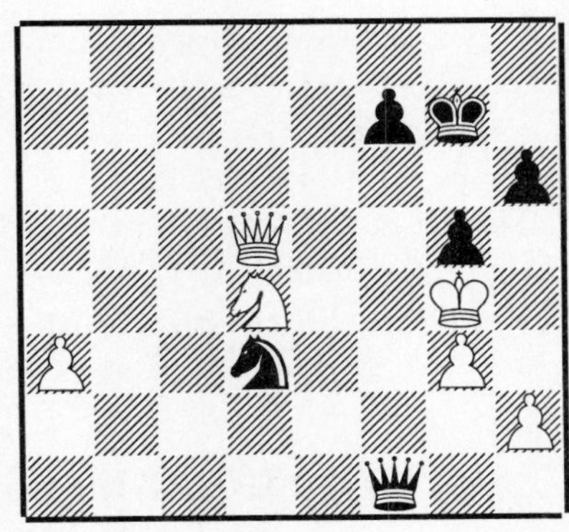

♘f2 49. ♔f5 ♕d3 50. ♔e5 ♘g4 51. ♔d6 ♕a3 52. ♔c7 ♕e7 53. ♔c8 ♘e3 54. ♕b5 ♕e4 55. ♕b2 ♔g6 56. ♕b6 f6 57. ♘e6 ♘c4 58. ♕a6 ♘e5 59. ♘c7 ♕c2 60. ♕d6 ♕h2 61. ♘d5 ♕f2 62. ♔b7 ♕g3 63. ♕f6 ♔h5 64. ♕e6 ♘g4 65. ♘e7 ♕f3 66. ♔c8 ♔h4 67. ♘f5 ♔h3 68. ♔d8 h5 69. ♕g6 ♘e5 70. ♕e6 ♘g4 71. ♕g6 ♘e5 72. ♕e6 ♕d3 73. ♘d4 ♘g4 74. ♕d5 ♘f2 75. ♔c8 h4 76. ♕e5 ♕e4 77. ♕f6 ♕f4 78. ♘f5 ♘e4 79. ♕e6 ♕g4 **0:1**

22.10. **1219.**

T. PETROSIAN - P. KERES

1. c4 e6 2. ♘f3 ♘f6 3. ♘c3 c5 4. g3 ♘c6 5. ♗g2 d5 6. cd5 ♘d5 7. 0-0 ♗e7 8. d4 0-0 9. ♘d5 ed5 10. ♗e3 c4 11. ♘e5 ♘a5 12. ♗d2 ♘c6 13. ♘c6 bc6 14. ♗c3 ♖b8 15. ♖e1 ♗f5 16. b3 cb3 17. ab3 ♕b6 18. b4 **½:½**

25.10. **1220.**

P. KERES - P. BENKO

1. e4 c5 2. ♘f3 d6 3. d4 cd4 4. ♘d4 ♘f6 5. ♘c3 a6 6. ♗g5 e6 7. f4 ♗e7 8. ♕f3 ♘bd7 9. ♗c4 h6 10. ♗f6 ♗f6 11. 0-0-0 0-0 12. ♗b3 ♕b6 13. ♘de2 ♘c5 14. g4 ♗h4 15. ♔b1 ♗d7 16. ♖hg1 ♘b3 17. ab3 ♖ac8 18. g5 hg5 19. fg5 g6 20. ♖g4 ♗f2 21. ♕f6 ♗b5 22. ♘b5 ab5 23. ♖d3 **1:0**

26.10. **1221.**

S. GLIGORIC - P. KERES

1. d4 ♘f6 2. c4 e6 3. ♘c3 ♗b4 4. e3 c5 5. ♗d3 d5 6. ♘f3 0-0 7. 0-0 b6 8. cd5 ed5 9. ♗d2 ♗g4 10. a3 ♗c3 11. ♗c3 c4 12. ♗e2 ♘c6 13. ♘e5 ♗e2 14. ♕e2 ♕d6 15. f3 b5 16. b3 ♘d7 17. bc4 bc4 18. ♖ad1 ♘de5 19. de5 ♕a3 20. ♕e1 ♖fd8 21. f4 ♖ab8 22. f5 ♖b3 23. ♖c1 ♖e8 24. e6 f6 25. ♔h1 ♖eb8 26. h3 ♕d6 27. ♕h4 a5 28. ♕h5 ♘e5 29. ♗d4 h6 30. g4 ♖3b7 31. g5 hg5 32. ♖c2 ♘c6 33. ♕f3 ♘d4 34. ed4 ♕f4 35. ♕f4 gf4 36. ♔g2 ♖b2 37. ♖ff2 ♖c2 38. ♖c2 a4 39. ♔f3 a3 40. ♔f4 ♖b2 41. ♖c3 **0:1**

31.10. **1222.**

P. KERES - F. OLAFSSON

1. e4 c5 2. ♘f3 a6 3. d4 cd4 4. ♘d4 ♘f6 5. ♘c3 e5 6. ♘f3 ♗b4 7. ♘e5 0-0 8. ♗d3 d5 9. 0-0 ♗c3 10. bc3 de4 11. ♗e2 ♕c7 12. ♘c4 ♖d8 13. ♗f4 ♕e7 14. ♘b6 ♖d1 15. ♖fd1 ♘c6 16. ♘a8 ♗g4 17. ♗g4 ♘g4 18. ♘c7 ♕c5 19. ♗g3 e3 20. fe3 ♘e3 21. ♗f2 ♕g5 22. ♗e3 ♕e3 23. ♔h1 ♕c3 24. ♘d5 ♕c5 25. ♖d2 h6 26. ♖e1 ♘d4 27. c3 ♘e6 28. h3 ♔h7 29. ♖f1 ♘g5 30. ♖f4 ♕a3 31. ♖c2 ♕d6 32. c4 b5 33. h4 bc4 34. ♖d4 ♕e5 35. ♖cc4 ♘e6 36. ♖d1 ♕e2 37. ♖dc1 ♕a2 38. ♘f4 ♘f8 39. ♖c7 ♕d2 40. ♖f1 ♘d7 41. ♖a7 **0:1**

FINLAND - ESTONIA TEAM MATCH

Helsinki, 14.- 15.05.1960

14.05. **1223.**

K. OJANEN - P. KERES

1. d4 ♘f6 2. c4 e6 3. ♘c3 c5 4. d5 ed5 5. cd5 g6 6. e4 d6 7. ♗d3 ♗g7 8. ♘ge2 0-0 9. 0-0 ♖e8 10. h3 ♘bd7 11. ♘g3 a6 12. a4 ♕c7 13. f4 c4 14. ♗c2 ♘c5 15. ♔h1 ♗d7 16. ♕f3 ♔h8 17. ♗e3 ♘g8 18. ♖ad1 b5 19. ab5 ab5 20. e5 de5 21. f5 b4 22. d6 ♕a5 23. ♘ce4 ♘d3 24. ♗d3 cd3 25. f6 ♗f8 26. ♖d3 ♘h6 27. ♖fd1 ♖ed8 28. ♕f2 ♕b5 29. ♕d2 ♘f5 30. ♘f5 ♗f5 31. ♖d5 ♕b7 32. ♘c5 ♕c6 33. ♗h6 ♗h6 34. ♕h6 ♖g8 35. ♖e5 ♖ad8 36. ♖d4 g5 37. ♖f5 ♖d6 38. ♖g5 **1:0**

15.05. **1224.**

P. KERES - K. OJANEN

1. e4 c5 2. ♘f3 e6 3. d4 cd4 4. ♘d4 a6 5. ♘c3 ♕c7 6. ♗d3 b5 7. 0-0 ♗b7 8. ♖e1 ♗c5 9. ♗e3 ♘e7 10. ♕h5 e5

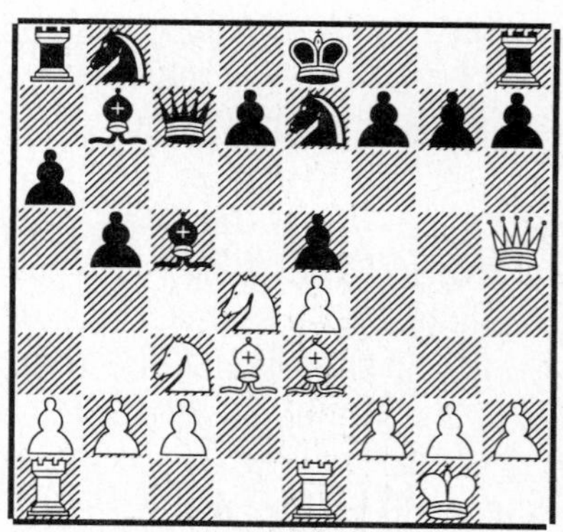

11. ♘db5 ab5 12. ♘b5 ♕c6 13. ♗c5 ♕c5 14. b4 ♕c6 15. ♕e5 f6 16. ♘d6 ♔f8 17. ♕d4 ♘a6 18. ♖e3 h5 19. b5 ♕c5 20. c3 ♘c6 21. ♘b7 ♘d4 22. ♘c5 ♘c5 23. cd4 ♘b3 24. ♖d1 ♘d4 25. ♗c4 **1:0**

23. Above: Moscow 1956. The 12th Chess Olympia f.l.t.r. M. Taimanov, M. Botvinnik, V. Smyslov, P. Keres, A. Kotov, Y. Geller, D. Bronstein.
24. Below: Tallinn 1959. P. Keres – M. Tal.

25. Above: Bled – Zagreb – Belgrade 1959. R. J. Fischer – P. Keres.
26. Below: Tallinn 1959. K.S. Ojanen – P. Keres.

USSR - ITALY-TUNISIA TEAM MATCH-TOURNAMENT
Tunis, 4.- 10.06.1960

4.06. 1225.

P. KERES - R. BELKADI

1. e4 c5 2. ♘f3 d6 3. d4 cd4 4. ♘d4 ♘f6 5. ♘c3 a6 6. ♗g5 e6 7. f4 ♗e7 8. ♕f3 ♕c7 9. 0-0-0 ♘bd7 10. ♗f6 ♘f6 11. g4 b5 12. g5 ♘d7 13. a3 ♖b8 14. h4 b4 15. ab4 ♖b4 16. h5 ♕b6 17. ♘b3 ♘c5 18. ♘c5 dc5 19. b3 ♖d4 20. ♗c4 ♗b7 21. ♕e3 ♕a5 22. ♔b2 ♕b6 23. ♕e2 0-0 24. g6 ♗f6 25. e5 ♗e7 26. gh7 ♔h7 27. ♖hg1 ♖fd8 28. ♗d3 ♔h8 29. ♕g4 ♖g8 30. ♗g6 f5 31. ♕g3 ♕c6 32. ♗f7 ♕f3 33. ♕g6 ♖d1 34. ♗g8 **1:0**

6.06. 1226.

P. KERES - ROMANI

1. e4 c5 2. ♘f3 d6 3. d4 cd4 4. ♘d4 ♘f6 5. ♘c3 a6 6. ♗g5 e6 7. f4 ♗e7 8. ♕f3 ♕c7 9. 0-0-0 ♘c6 10. ♘c6 ♕c6 11. ♗e2 0-0 12. ♕g3 ♔h8 13. e5 de5 14. fe5 ♘g8 15. ♗d3 ♕c7 16. ♘e4 h6 17. ♗e7 ♕e7 18. ♖hf1 ♗d7 19. ♘d6 ♗e8 20. ♗e4 ♖b8 21. ♕a3 f5 22. ♗b7 ♗h5 23. ♖d2 ♖fd8 24. ♕a6 ♖d7 25. ♗c6 ♖a7 26. ♕c4 ♖a5 27. ♗b5 ♕a7 28. ♔b1 ♕e3 29. ♕d3 ♕d3 30. ♗d3 ♖e5 31. a4 ♘f6 32. ♘c4 ♖d5 33. ♖e1 ♗f7 34. ♖de2 ♘d7 35. ♘e5 ♘e5 36. ♖e5 ♖d4 37. a5 g5 38. a6 ♖db4 39. b3 ♖a8 40. ♔b2 ♔g7 41. ♖a1 ♔f6 42. ♖c5 ♖a7 43. ♔c3 ♖b8 44. b4 e5 45. b5 e4 46. ♗e2 h5 47. ♔b4 **1:0**

10.06. 1227.

R. BELKADI - P. KERES

1. d4 ♘f6 2. c4 e6 3. ♘f3 c5 4. e3 d5 5. ♘c3 a6 6. ♗d3 dc4 7. ♗c4 b5 8. ♗d3 ♗b7 9. 0-0 cd4 10. ed4 ♘c6 11. a4 b4 12. ♘e4 ♘a5 13. ♗g5 ♗e7 14. ♘c5 ♗c5 15. dc5 ♕d5 16. ♕e2 h6 17. ♖fd1 ♕c6 18. ♗f6 gf6 19. ♗g6 0-0 20. ♗c2 ♕c5 21. ♖ac1 ♕h5 22. ♗e4 ♗e4 23. ♕e4 ♖ab8 24. ♘d4 ♖fd8 25. ♖d3 ♕e5 26. ♕h4 ♔h7 27. ♖cd1 ♕g5 28. ♕e4 f5 29. ♕e5 ♘c6 30. ♘e6 ♕g4 31. ♕e1 fe6 32. ♖d7 ♔h8 33. f3 ♕c4 34. ♖c1 ♕f4 35. ♖cd1 ♖d7 36. ♖d7 ♘e5 37. ♖d1 ♖g8 38. ♔h1 ♘f3 39. g3 ♘e1 40. gf4 ♘f3 41. ♖f1 ♘d2 42. ♖f2 ♘e4 43. ♖e2 b3 **0:1**

BALTIC TOURNAMENT
Pärnu, 21.06.- 11.07.1960

21.06. 1228.

P. KERES - I. ROSENFELD

1. d4 ♘f6 2. c4 e6 3. ♘f3 c5 4. d5 ed5 5. cd5 d6 6.♗g5 ♗e7 7. ♘c3 0-0 8. e3 ♗g4 9. ♗e2 ♘bd7 10. h3 ♗f3 11. ♗f3 ♘e8 12. ♗f4 ♗f6 13. 0-0 ♗e5 14. ♗e5 ♘e5 15. ♗e2 a6 16. a4 b6 17. ♖b1 a5 18. f4 ♘d7 19. e4 ♘c7 20. ♗d3 ♖e8 21. ♕f3 ♕f6 22. ♔h1 ♕d4 23. ♖be1 c4 24. ♗b1 f5 25. e5 de5 26. ♗f5 e4 27. ♗e4 ♖ad8 28. ♖d1 ♕c5 29.d6 ♘e6 30. f5 ♘ef8 31. ♗d5 ♔h8 32. ♘e4 ♕b4 33. f6 ♕b2 34. ♘g5 **1:0**

22.06. 1229.

A. PETERSONS - P. KERES

1. c4 e5 2. ♘c3 ♘f6 3. ♘f3 ♘c6 4. g3 g6 5. d4 ed4 6. ♘d4 ♗g7 7. ♗g2 0-0 8. 0-0 ♖e8 9. e3 ♘e5 10. b3 d6 11. h3 c6 12. ♗b2 ♕c7 13. ♕c2 a6 14. ♖ad1 ♖b8 15. ♖fe1 h5 16. f4 ♘ed7 17. ♕f2 ♘c5 18. e4 ♗d7 19. b4 ♘e6 20. ♘f3 ♘h7 21. e5 de5 22. ♘e5 ½:½

23.06. 1230.

P. KERES - V. MIKENAS

1. e4 e5 2. ♘f3 ♘f6 3. ♘e5 d6 4. ♘f3 ♘e4 5. c4 ♗e7 6. ♘c3 ♘c3 7. dc3 ♘c6 8. ♗d3 ♗g4

9. ♗e4 0-0 10. 0-0 ♘e5 11. ♗b7 ♖b8 12. ♗e4 ♔h8 13. h3 ♗f3 14. ♗f3 ♘c4 15. ♗d5 ♘b6 16. ♗b3 d5 17. ♖e1 ♗d6 18. ♗e3 c6 19. ♕h5 f5 20. ♗c2 ♕e8 21. ♕f3 ♕f7 22. b4 ♘c4 23. ♗d4 ♔g8 24. ♗d3 ♖bc8 25. ♖e2 c5 26. bc5 ♗c5 27. ♖b1 ♘d6 28. ♗a6 ♖c6 29. ♖e7 ♕e7 30. ♕d5 ♔h8 31. ♕c6 ♗d4 32. cd4 f4 33. ♕d5 f3 34. ♗d3 fg2 35. ♕h5 h6 36. ♕g6 ♔g8 37. ♕h7 ♔f7 38. ♗g6 ♔f6 39. ♗c2 ♔f7 40. ♖b3 ♕f6 41. ♖e3 ♕d4 **1:0**

25.06. **1231.**

A. CESNAUSKAS - P. KERES

1. e4 e5 2. ♘f3 ♘c6 3. ♘c3 g6 4. d4 ed4 5. ♘d4 ♗g7 6. ♗e3 ♘f6 7. ♗e2 0-0 8. ♕d2 ♖e8 9. ♘c6 bc6 10. ♗f3 ♖b8 11. ♗a7 ♖b2 12. 0-0 ♕e7 13. ♗d4 ♕b4 14. ♖fd1 d6 15. ♕d3 ♘d7 16. ♗g7 ♔g7 17. a3 ♕a5 18. ♗e2 ♘e5 19. ♕d2 ♗a6 20. ♗a6 ♕a6 21. h3 ♕a5 22. f4 ♕c5 23. ♔h2 ♘c4 24. ♕d3 ♖a8 25. a4 ♖b4 26. ♕d4 ♕d4 27. ♖d4 c5 28. ♖d3 ♘b2 29. ♖e3 c6 30. a5 ♖a6 31. ♖e2 ♘c4 32. e5 de5 33. fe5 ♖a5 34. ♖a5 ♘a5 35. ♘e4 ♘b7 36. c3 ♖b1 37. ♖d2 ♖e1 38. ♘d6 ♘a5 39. ♖f2 ♖e5 40. ♖f7 ♔g8 41. ♖a7 c4 42. ♘f7 ♖h5 43. g4 ♖d5 44. g5 ♘b3 45. h4 ♔f8 46. ♘h6 ♖d2 47. ♔g3 ♖d3 48. ♔f4 ♖c3 49. ♖h7 ♖h3 50. h5 ♖h5 51. ♔e5 ♘c5 52. ♖h8 ♔g7 53. ♖g8 ♔h7 54. ♔f6 ♘e4 55. ♔f7 ♘g5 56. ♔f6 ♘e4 **0:1**

26.06. **1232.**

P. KERES - J. KLOVANS

1. d4 ♘f6 2. c4 e6 3. ♘f3 d5 4. g3 dc4 5. ♗g2 c5 6. ♕a4 ♗d7 7. ♕c4 ♗c6 8. dc5 ♕d5 9. ♕d5 ♘d5 10. ♘e5 ♘b4 11. ♘c6 ♘8c6 12. ♘a3 ♗c5 13. ♗d2 0-0 14. 0-0 ♗d4 15. ♘c4 ♖ab8 16. a3 ♘d5 17. ♖ac1 ♗f6 18. e3 b5 19. ♘d6 ♖b6 20. ♖b1 g6 21. ♖fd1 ♖d8 22. ♘e4 ♗g7 23. ♗e1 ♖bb8 24. b3 ♖bc8 25. ♖dc1 ♗f8 26. a4 ba4 27. ba4 ♘cb4 28. ♗f1 a5 29. ♗b5 ♗e7 30. ♔f1 ♔f8 31. h4 h6 32. ♘c3 ♘b6 33. ♘e2 ♘6d5 34. ♘d4 ♗f6 35. ♘b3 ♘c3 36. ♗c3 ♗c3 37. ♘a5 ♘a2 38. ♘c6 ♘c1 39. ♘d8 ♖d8 40. ♖c1 ♗a5 41. ♖c2 ♔e7 42. ♔e2 ♖d5 43. ♗c4 ♖d6 44. ♗d3 ♖d7 45. ♖b2 ♖d6 46. g4 ♖b6 47. ♗b5 ♖d6 48. f4 ♗c3 49. ♖c2 ♗a5 50. e4 ♖d4 51. ♔e3 ♗b6 52. a5 ♗a7 53. ♔f3 ♔d8 54. ♖b2 f6 55. a6 ♖d6 56. ♗c4 ♔e7 57. e5 fe5 58. fe5 ♖d7 59. g5 h5 60. ♖b3 ♖c7 61. ♗d3 ♔f7 62. ♗e4 ♗d4 63. ♖b7 ♖b7 64. ♗b7 **1:0**

27.06. **1233.**

A. GIPSLIS - P. KERES

1. e4 e5 2. ♘f3 ♘c6 3. ♗b5 a6 4. ♗a4 d6 5. d4 b5 6. ♗b3 ♘d4 7. ♘d4 ed4 8. ♗d5 ♖b8 9. ♗c6 ♗d7 10. ♗d7 ♕d7 11. ♕d4 ♘f6 12. 0-0 ♗e7 13. ♘c3 0-0 14. ♗g5 b4 15. ♘d1 ♖fe8 16. ♖e1 c5 17. ♕d3 ♘e4 18. ♗e7 ♖e7 19. ♘e3 ♖be8 20. ♖ad1 ♖e6 21. ♕a6 d5 22. ♕d3 ♘f6 23. c3 bc3 24. bc3 ♕a4 25. ♖e2 ♖e4 26. ♕c2 ♕a5 27. ♖ed2 ♖a4 28. ♘d5 ♘d5 29. ♖d5 ♖a2 30. ♕e4 ♕a8 ½:½

29.06. **1234.**

P. KERES - N. SOROKIN

1. e4 c6 2. d4 d5 3. ed5 cd5 4. c4 ♘f6 5. ♘c3 e6 6. ♘f3 ♗e7 7. cd5 ♘d5 8. ♗d3 ♘c6 9. 0-0 0-0 10. ♖e1 ♘c3 11. bc3 ♗d7 12. ♗f4 ♖c8 13. ♕b1 h6 14. ♕b7 ♘a5 15. ♕b2 ♗c6 16. ♘e5 ♗d5 17. ♗a6 ♖b8 18. ♕e2 ♖b6 19. ♗d3 ♗g5 20. ♗g3 f5 21. f3 ♗f6 22. ♖ab1 ♗e5 23. ♗e5 ♖c6 24. ♖b8 ♕b8 25. ♗b8 ♖b8 26. ♕c2 ♘c4 27. ♕a4 ♘b6 28. ♕a7 ♖a8 29. ♕e7 ♖c3 30. ♖e6 ♖d3 31. ♖b6 ♖a2 32. ♕e8 ♔h7 33. ♕g6 ♔h8 34. ♖b8 **1:0**

30.06. **1235.**

P. KERES - M. SHISHOV

1. e4 e5 2. ♘f3 ♘c6 3. ♗b5 a6 4. ♗a4 ♘f6 5. 0-0 ♗e7 6. ♕e2 b5 7. ♗b3 0-0 8. c3 d6 9. a4 ♗b7 10. d4 ba4 11. ♗a4 ♕c8 12. ♗g5 h6

13. ♗h4 ♗d8 14. ♘bd2 ♘d7 15. ♕e3 ♖e8 16. ♖ad1 ed4 17. cd4 ♘b6 18. ♗b3 ♘a5 19. ♗a2 ♗h4 20. ♘h4 ♕g4 21. ♘hf3 ♗e4 22. ♘e4 ♕e4 23. ♕c3 ♕f5 24. b4 ♘b7 25. ♕c7 ♘d5 26. ♕b7 ♘f4 27. ♘h4 ♕f6 28. g3 ♘e2 29. ♔g2 ♘c3 30. ♖d2 d5 31. ♗d5 ♖ad8 32. ♗c4 g5 33. ♕f3 **1:0**

2.07. **1236.**

G. UUSI - P. KERES

1. e4 e5 2. ♘f3 ♘c6 3. ♗b5 a6 4. ♗a4 ♘f6 5. 0-0 ♗e7 6. ♗c6 dc6 7. d3 ♗d6 8. d4 ♕e7 9. de5 ♗e5 10. ♘e5 ♕e5 11. f3 ♗e6 12. ♕e2 0-0 13. ♘c3 b5 14. ♕f2 ♘d7 15. ♗e3 f5 16. ♗d4 **½:½**

3.06. **1237.**

P. KERES - I. NEI

1. d4 d5 2. c4 c6 3. ♘f3 e6 4. e3 ♘f6 5. ♗d3 dc4 6. ♗c4 ♘bd7 7. 0-0 ♗d6 8. ♗b3 0-0 9. ♘bd2 c5 10. ♕e2 cd4 11. ed4 ♘b6 12. ♘e4 ♗e7 13. ♘f6 ♗f6 14. ♕e4 ♘d5 15. ♘e5 b6 16. ♗c2 g6 17. ♗h6 ♗g7 18. ♗g7 ♔g7 19. ♗a4 ♗b7 20. ♖ac1 ♕e7 21. ♗c6 ♗c6 22. ♖c6 ♖ac8 23. ♖fc1 ♖c6 24. ♖c6 ♕b7 25. ♕c2 ♖e8 26. a3 ♖e7 27. g3 f6 28. ♘g4 ♖c7 29. ♖c7 ♕c7 30. ♕d2 g5 31. h4 h5 32. ♘e3 gh4 33. ♘d5 ed5 34. gh4 ♕d7 35. ♕f4 ♔g6 36. ♔g2 ♕f5 37. ♕g3 ♔h6 38. ♕e3 ♔g6 39. ♕e8 ♔g7 40. ♕e7 ♔g6 41. f3 ♕c2 42. ♔g3 ♕c4 43. ♕e8 ♔h6 44. ♕e3 ♔g6 45. b3 ♕c7 46. ♔g2 ♕c2 47. ♔h3 ♕c8 **½:½**

5.07. **1238.**

G. GAMREKELI - P. KERES

1. d4 d5 2. c4 dc4 3. ♘f3 ♘f6 4. e3 e6 5. ♗c4 a6 6. 0-0 c5 7. dc5 ♕c7 8. ♘c3 ♗c5 9. ♕e2 ♘c6 10. a3 ♗d6 11. e4 ♘e5 12. ♘e5 ♗e5 13. h3 b5 14. ♗d3 ♗b7 15. f4 ♗d4 16. ♔h1 ♖d8 17. ♖d1 ♗c3 18. bc3 ♗e4 19. ♗e3 ♗d3 20. ♖d3 ♖d3 21. ♕d3 0-0 22. ♗d4 ♕f4 23. ♖f1 ♕d6 24. ♕e2 ♘d5 25. ♕f2 ♕c7 26. ♕f3 ♖d8 27. ♕g4 e5 **0:1**

6.07. **1239.**

P. KERES - L. MASLOV

1. d4 ♘f6 2. c4 e6 3. ♘f3 ♗b4 4. ♘bd2 d5 5. a3 ♗e7 6. e3 b6 7. ♗d3 ♗b7 8. 0-0 ♘bd7 9. b3 ♘e4 10. ♕c2 f5 11. ♗b2 0-0 12. ♖ad1 ♖c8 13. ♘e5 ♘e5 14. de5 ♕e8 15. ♘b1 ♕g6 16. f3 ♘c5 17. ♗e2 a5 18. ♘c3 ♖fd8 19. cd5 ed5 20. b4 ab4 21. ab4 ♘e6 22. ♕b3 c6 23. ♗d3 ♔h8 24. ♘e2 ♖c7 25. ♘g3 ♖f8 26. ♘f5 ♗d8 27. ♘d6 ♕h6 28. f4 c5 29. ♗b1 c4 30. ♕c2 c3 31. ♗c1 d4 32. ed4 ♗d5 33. ♖d3 ♘f4 34. ♖f4 ♖f4 35. ♖h3 ♗e4 36. ♘e4 ♖cf7 37. ♗f4 ♕f4 38. ♖f3 **1:0**

8.07. **1240.**

J. KLJAVINSH - P. KERES

1. e4 e5 2. ♘f3 ♘c6 3. ♗b5 a6 4. ♗a4 d6 5. d4 b5 6. ♗b3 ♘d4 7. ♘d4 ed4 8. ♗d5 ♖b8 9. ♗c6 ♗d7 10. ♗d7 ♕d7 11. ♕d4 ♘f6 12. 0-0 ♗e7 13. ♘c3 0-0 14. ♖e1 ♖fe8 15. ♗f4 b4 16. ♘d5 ♘d5 17. ♕d5 ♗f6 18. ♖ab1 ♖b5 19. ♕d3 ♕c6 20. ♗d2 h6 21. f3 ♖eb8 22. ♔h1 ♖c5 23. c3 bc3 24. bc3 ♖cb5 25. ♖b4 a5 26. ♖b5 ♖b5 27. c4 ♖b2 28. ♗a5 ♖a2 29. ♗d2 ♖a4 30. ♖c1 ♗b2 31. ♖b1 ♖c4 32. ♗e3 ♖c3 33. ♕d2 ♖c2 34. ♕d3 ♕c3 35. ♕d1 ♕c4 36. ♔g1 ♗e5 37. ♗f2 ♕a2 38. ♖b8 ♔h7 39. ♕f1 ♖f2 **0:1**

9.07. **1241.**

P. KERES - M. OSTRAUSKAS

1. d4 d5 2. c4 e6 3. ♘c3 c6 4. ♘f3 f5 5. ♗g5 ♘f6 6. e3 ♗d6 7. ♕c2 0-0 8. ♗d3 ♕a5 9. c5 ♗e7 10. ♘e5 b6 11. ♕a4 ♕a4 12. ♘a4 bc5 13. dc5 ♖e8 14. ♗f4 ♘fd7 15. ♖c1 ♗f6 16. ♘d7 ♘d7 17. ♗d6 ♗b7 18. ♔d2 ♖ac8 19. h3 ♘e5 20. ♗e2 ♘f7 21. ♗h2 ♖cd8 22. ♔c2 e5 23. ♗d3 **½:½**

11.07. **1242.**

T. KIKIANI - P. KERES

1. d4 ♘f6 2. c4 g6 3. ♘c3 ♗g7 4. e4 d6 5. f3 e5 6. d5 0-0 7. ♗e3 ♘h5 8. ♕d2 f5 9. 0-0-0

♘d7 10. ef5 gf5 11. ♗d3 ♘b6 12. ♘ge2 c6 13. dc6 bc6 14. c5 d5 15. cb6 ab6 16. ♘g3 ♕e8 17. ♗h6 f4 18. ♗g7 ♘g7 19. ♘ge2 b5 20. g3 b4 21. ♘b1 ♖a2 22. ♕b4 ♖f7 23. ♕b3 ♖a1 24. ♕c2 ♘f5 25. gf4 c5 26. ♖dg1 ♔h8 27. ♖g5 h6 28. ♖f5 ♗f5 29. ♗f5 ef4 30. ♕c3 d4 31. ♘d4 cd4 32. ♕d4 ♖g7 33. ♖g1 ♖a7 34. ♖g7 ♖g7 35. ♕f4 ♕c6 36. ♘c3 ♖g1 37. ♔c2 ♕f6 38. ♕e4 ♖g2 39. ♔d3 ♖b2 40. ♕e8 ♔g7 41. ♕d7 ♔f8 42. ♕c8 ♔f7 43. ♘e4 ♕e7 44. ♕c4 ♔f8 45. ♕c8 ♔f7 46. ♕c4 ♔f8 47. ♕c3 ♖h2 48. ♕h8 ♔f7 49. ♕h7 ♔f8 50. ♕h8 ♔f7 51. ♕h7 ♔f8 52. ♕e7 ♔e7 53. ♔e3 h5 54. ♔f4 ♖g2 55. ♗h3 ♖g8 56. ♘g3 ♖f8 57. ♔e4 h4 58. ♘f1 ♔f6 59. ♔f4 ♖d8 60. ♔g4 ♔e5 61. f4 ♔d4 62. ♔f3 ♖g8 63. ♗f5 ♖a8 64. ♗e6 ♖a6 65. ♗h3 ♖a8 66. ♘h2 ♖a2 ½:½

FRG - USSR TEAM MATCH-TOURNAMENT
Hamburg, 27.07.- 5.08.1960

27.07. **1243.**

P. KERES - P. TRÖGER

1. e4 e6 2. d4 d5 3. ♘c3 ♘f6 4. ♗g5 de4 5. ♘e4 ♗e7 6. ♗f6 ♗f6 7. ♘f3 ♗d7 8. ♗c4 ♗c6 9. ♕e2 ♗e4 10. ♕e4 c6 11. 0-0-0 ♘d7 12. ♖he1 ♕e7 13. ♗b3 0-0-0 14. h4 h6 15. g3 ♘b6 16. ♖d3 ♔b8 17. ♘e5 ♔a8 18. ♖f3 h5 19. c3 ♕c7 20. ♗d1 ♘c8 21. ♕f4 ♘d6

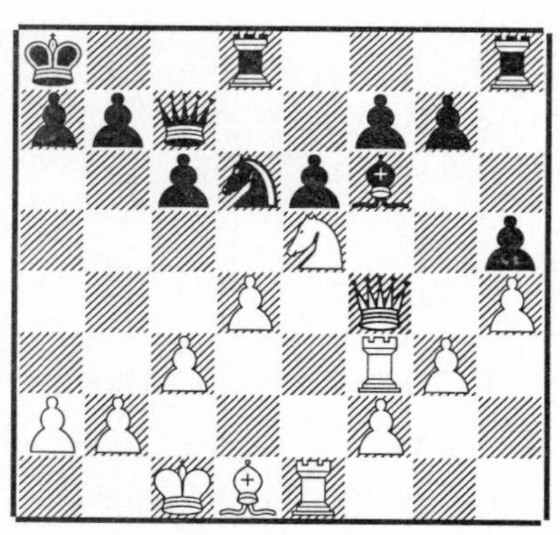

22. ♗c2 c5 23. dc5 ♕c5 24. ♖d3 ♗e5 25. ♖e5 ♕c7 26. ♖e2 ♖he8 27. ♕e5 f6 28. ♕h5 e5 29. ♖ed2 ♘c4 30. ♖d8 ♖d8 31. ♕f7 **1:0**

28.07. **1244.**

Dr. H. LEHMANN - P. KERES

1. e4 e5 2. ♘f3 ♘c6 3. ♘c3 g6 4. d4 ed4 5. ♘d5 ♗g7 6. ♗g5 ♘ce7 7. ♘d4 c6 8. ♘c3 h6 9. ♗f4 d5 10. ♕d2 ♘f6 11. 0-0-0 ♘e4 12. ♘e4 de4 13. ♗c4 ♘f5 14. ♘b3 ♕d2 15. ♘d2 b5 16. ♗b3 ♘d4 17. ♖he1 0-0 18. ♘e4 a5 19. ♗d6 ♖d8 20. ♗e7 ♘b3 21. ab3 ♖d1 22. ♖d1 ♗e6 23. ♖d8 ♖d8 24. ♗d8 ♗d5 25. f3 a4 26. ba4 ba4 27. ♘f6 ♔f8 28. ♘d5 cd5 29. b3 ♔e8 30. ♗b6 ab3 31. cb3 ♔d7 32. ♔c2 ♔c6 33. ♗e3 h5 34. ♔d3 ♗e5 35. h3 f5 36. ♗d4 ♗c7 37. ♗g7 ♗b6 38. ♗f8 ♗f2 39. ♗h6 ♗b6 40. ♗e3 ♗d8 41. ♗a7 ♗f6 42. ♗d4 ½:½

29.07. **1245.**

P. KERES - G. PFEIFFER

1. e4 c6 2. d4 d5 3. ed5 cd5 4. c4 ♘f6 5. ♘c3 e6 6. ♘f3 dc4 7. ♗c4 ♗e7 8. 0-0 0-0 9. ♗f4 a6 10. ♗b3 ♘c6 11. ♖c1 ♘b4 12. ♘e5 ♘bd5 13. ♘d5 ♘d5 14. ♗g3 ♗d6 15. ♖e1 ♘e7 16. ♗h4 ♗e5 17. ♖e5 ♕d6 18. ♗g3 ♕b6 19. ♖e4 ♘f5 20. ♗c7 ♕a7 21. g4 ♘h4 22. ♗d6 ♖e8 23. ♗g3 ♘g6 24. d5 ♗d7 25. de6 ♗e6 26. ♗e6 fe6 27. ♖c7 ♕b6 28. ♕d4 ♕d4 29. ♖d4 ♖ad8 30. ♖d8 ♖d8 31. ♖b7 e5 32. ♔g2 ♖d3 33. ♖b6 **1:0**

30.07. **1246.**

K. DARGA - P. KERES

1. e4 e5 2. ♘f3 ♘c6 3. ♗b5 a6 4. ♗a4 ♘f6 5. 0-0 ♗e7 6. ♖e1 b5 7. ♗b3 0-0 8. c3 d6 9. h3 a5 10. a4 b4 11. d4 bc3 12. bc3 ed4 13.

♘d4 ♘d4 14. cd4 d5 15. e5 ♘e4 16. ♘d2 ♘d2 17. ♗d2 c5 18. dc5 ♗c5 19. ♕f3 ♖b8 20. ♖ac1 ♗a3 21. ♖a1 ♗c5 22. ♖ac1 **½:½**

1.08. **1247.**

P. KERES - W. UNZICKER

1. e4 e5 2. ♘f3 ♘c6 3. ♗b5 a6 4. ♗a4 ♘f6 5. 0-0 ♗e7 6. ♕e2 b5 7. ♗b3 d6 8. c3 0-0 9. d4 ed4 10. ♘d4 ♘d4 11. cd4 ♗e6 12. ♘d2 ♗b3 13. ♘b3 ♖e8 14. ♖d1 ♕c8 15. ♗f4 ♗f8 16. f3 c5 17. dc5 dc5 18. ♗e3 c4 19. ♘d4 g6 20. b3 cb3 21. ab3 ♕b7 22. ♕e1 ♗g7 23. ♖a2 ♖ac8 24. ♕a5 ♖cd8 25. ♖ad2 h6 26. ♘c2 ♖d2 27. ♖d2 ♕c8 28. ♕b6 ♕c3 29. b4 ♖e6 30. ♕c5 ♖c6 31. ♕c3 ♖c3 32. ♗c5 ♘d7 33. ♖d7 ♖c2 34. ♖a7 ♖c4 35. ♖a8 ♔h7 36. ♖a6 ♗d4 37. ♗d4 ♖d4 38. ♖a7 ♔g8 **½:½**

2.08. **1248.**

R. TESCHNER - P. KERES

1. d4 ♘f6 2. c4 g6 3. ♘f3 ♗g7 4. ♘c3 0-0 5. e4 d6 6. ♗e2 e5 7. 0-0 c6 8. ♖e1 ♕b6 9. de5 de5 10. ♗e3 ♕c7 11. ♘d2 ♖d8 12. ♖c1 ♘bd7 13. ♕c2 ♘f8 14. ♘b3 ♘e6 15. ♖ed1 ♘d7 16. ♕b1 ♘f4 17. ♗f1 ♘f8 18. h3 h5 19. ♔h2 h4 20. g3 hg3 21. fg3 ♘h5 22. ♖d8 ♕d8 23. ♖d1 ♕e7 24. ♕c2 ♘e6 25. ♕f2 b6 26. ♗g2 ♗f6 27. ♘d5 cd5 28. ed5 e4 29. de6 ♗e6 30. ♗e4 ♖e8 31. ♗c6 ♖c8 32. ♗d5 ♗d5 33. cd5 ♗e5 34. ♗f4 ♘f4 35. gf4 ♗f4 36. ♔h1 ♗d6 37. ♕g2 ♕e5 38. ♘d4 ♕d4 39. ♖d4 ♖c1 40. ♕f1 ♖f1 41. ♔g2 **0:1**

5.08. **1249.**

D. MOHRLOCK - P. KERES

1. c4 ♘f6 2. ♘c3 g6 3. g3 ♗g7 4. ♗g2 0-0 5. e4 d6 6. ♘ge2 c5 7. 0-0 ♘c6 8. a3 ♘e8 9. ♖b1 f5 10. d3 ♘d4 11. ♗g5 h6 12. ♗d2 ♘c7 13. ♘d4 cd4 14. ♘d5 e6 15. ♘f4 ♔h7 16. ef5 gf5 17. ♘h5 ♗h8 18. ♕c1 ♖g8 19. ♗h6 e5 20. h4 ♘e6 21. ♗d2 ♕e8 22. ♕d1 ♗d7 23. ♔h2 ♖g4 24. f3 ♖h4 25. gh4 ♕h5 26. f4 ♕h4 27. ♗h3 ♖g8 28. ♕e1 ♕h6 29. ♖f2 ef4 30. ♕f1 ♗e5 31. ♖e1 ♖g3 32. ♖f4 ♘f4 33. ♔g3 ♕g5 **0:1**

USSR TEAM CHAMPIONSHIP
Moscow, 2.- 12.10.1960

6.10. **1250.**

P. KERES - S. HALILBEILI

1. d4 d5 2. c4 dc4 3. e4 e5 4. ♘f3 ed4 5. ♕d4 ♗b4 6. ♘c3 ♕d4 7. ♘d4 ♘f6 8. f3 ♗d7 9. ♗c4 ♘c6 10. ♘c6 ♗c6 11. ♗f4 0-0 12. 0-0-0 ♖fc8 13. g4 ♘e8 14. ♘d5 ♗f8 15. ♗g5 ♘d6 16. ♗b3 ♖e8 17. ♗f4 ♖ac8 18. e5 b5 19. ed6 cd6 20. ♔b1 **1:0**

7.10. **1251.**

V. KORCHNOI - P. KERES

1. c4 ♘f6 2. ♘c3 e6 3. d4 ♗b4 4. e3 0-0 5. ♘f3 c5 6. ♗e2 b6 7. 0-0 ♗b7 8. ♘a4 cd4 9. ed4 ♘e4 10. c5 bc5 11. a3 ♗a5 12. ♘c5 ♗d5 13. ♘e4 ♗e4 14. ♘g5 ♗c6 15. ♕d3 f5 16. ♗f3 h6 17. d5 hg5 18. dc6 ♘c6 19. ♗g5 ♕g5 20. ♕d7 ♘e7 21. ♕e6 ♔h7 22. ♗a8 ♖a8 23. ♖ad1 ♘g6 24. ♖d5 ♘h4 25. ♕e4 ♖e8 26. ♖f5 ♕f5 27. ♕e8 ♘g2 **½:½**

THE 14th OLYMPIAD
Leipzig, 16.10.- 9.11.1960

17.10. **1252.**

FAUCONNIER - P. KERES

1. ♘f3 d5 2. d4 ♘f6 3. e3 c5 4. c3 ♗g4 5. ♕a4 ♗d7 6. ♕c2 e6 7. ♘bd2 ♘c6 8. ♗d3 ♖c8 9. a3 cd4 10. ed4 ♗d6 11. 0-0 0-0 12. ♖e1 ♖e8 13. ♘f1 e5 14. de5 ♘e5 15. ♘e5 ♗e5 16. ♗g5 h6 17. ♗h4 ♗c6 18. ♖ad1 ♕a5 19. ♗f5 ♖a8 20. f4 ♗f4 21. ♗f6 gf6 22.

♗e6 ♖e6 23. ♖e6 ♗a4 24. b3 ♗b3 25. ♖e8 ♖e8 26. ♕b3 ♕c5 27. ♖d4 ♗e5 **0:1**

18.10. 1253.

P. KERES - R. SAPRE

1. e4 e6 2. d4 d5 3. ♘c3 de4 4. ♘e4 ♗e7 5. ♘f3 ♘f6 6. ♗d3 ♘bd7 7. ♕e2 0-0 8. ♗d2 c5 9. dc5 ♘c5 10. ♘c5 ♗c5 11. 0-0 ♕c7 12. ♖ad1 ♗d7 13. c4 ♗a4 14. b3 ♗c6 15. ♗c3 ♕e7 16. ♘e5 ♖fc8 17. ♗c2 ♖d8 18. ♘c6 bc6 19. ♕f3 ♘e8 20. ♗e4 ♘d6 21. ♗h7 ♔h7 22. ♕h5 ♔g8 23. ♕c5 ♘f5 24. ♕e7 ♘e7 25. ♗a5 ♖dc8 26. ♖d7 ♔f8 27. ♖fd1 ♔e8 28. ♖b7 ♖cb8 29. ♖c7 ♖c8 30. ♖dd7 ♖c7 31. ♖c7 ♖c8 32. ♖a7 e5 33. ♗c7 f6 34. g4 **1:0**

19.10. 1254.

H. BOUWMEESTER - P. KERES

1. d4 ♘f6 2. ♘f3 c5 3. e3 d5 4. dc5 e6 5. a3 ♗c5 6. b4 ♗d6 7. c4 a5 8. ba5 0-0 9. ♘bd2 ♕a5 10. ♗b2 ♘bd7 11. ♕c2 ♘e4 12. ♗e2 ♘dc5 13. 0-0 ♘a4 14. cd5 ed5 15. ♘b3 ♕d8 16. ♘bd4 ♗d7 17. ♗b5 ♖a5 18. ♗d7 ♕d7 19. ♖fc1 ♖fa8 20. ♘b3 ♖5a6 21. ♗e5 ♖c6 22. ♕d3 ♖c1 23. ♖c1 ♗a3 24. ♖c7 ♕d8 25. ♕b5 ♗d6 26. ♖d7 ♕e8 27. ♖b7 ♕b5 28. ♖b5 ♗e5 29. ♘e5 ♘ac3 30. ♖a5 **½:½**

21.10. 1255.

P. KERES - A. BENI

1. d4 ♘f6 2. c4 e6 3. ♘f3 b6 4. e3 ♗b7 5. ♗d3 ♘e4 6. 0-0 ♗e7 7. ♘c3 ♘c3 8. bc3 d6 9. e4 ♘d7 10. a4 a5 11. ♘e1 e5 12. ♘c2 ♗f6 13. ♗b2 ♘f8 14. f4 ♘g6 15. g3 h5 16. f5 ♘f8 17. h4 g5 18. fg6 fg6 19. c5 ♘h7 20. cb6 cb6 21. ♗b5 ♔e7 22. ♘e3 ♗e4 23. ♘c4 ♕c8 24. ♘d6 ♔d6 25. de5 ♔c7 26. ♕d6 ♔b7 27. ef6 ♔a7 28. ♕d7 ♗b7 29. ♕c8 ♖ac8 30. ♖ad1 g5 31. f7 gh4 32. gh4 ♘f8 33. ♖d6 ♖h7 34. c4 ♖c7 35. ♗d4 ♖cf7 36. ♗b6 ♔b8 37. ♖f7 ♖f7 38. ♖d8 ♗c8 39. ♗a6 **1:0**

23.10. 1256.

F.J.B. WEXLER - P. KERES

1. d4 ♘f6 2. c4 e6 3. ♘c3 ♗b4 4. e3 d5 5. a3 ♗e7 6. cd5 ed5 7. ♘f3 0-0 8. b4 c6 9. ♘e5 ♘bd7 10. f4 ♘e8 11. ♗d3 ♘e5 12. fe5 f6 13. ♕c2 fe5 14. de5 g6 15. ♘e2 ♘g7 16. ♘f4 ♗f5 17. 0-0 ♕b6 18. ♗d2 ♖ae8 19. ♖ae1 ♗g5 20. ♕c3 ♗f4 21. ♖f4 ♗d3 22. ♖f8 ♔f8 23. ♕d3 ♖e5 24. ♗c3 ♖e4 25. ♗d4 ♕c7 26. ♗a7 ♘f5 27. ♖f1 ♔g8 28. ♗d4 ♕e7 29. ♗c5 ♕e5 30. ♖f3 ♖c4 31. g3 ♖c3 32. ♕d1 ♖a3 33. ♗d4 ♘d4 34. ed4 ♕h5 **0:1**

26.10. 1257.

P. KERES - J.M. RIBEIRO

1. e4 e5 2. ♘f3 ♘f6 3. ♘e5 d6 4. ♘f3 ♘e4 5. c4 d5 6. ♘c3 ♘c3 7. dc3 c6 8. ♕d4 ♗e6 9. ♘g5 ♕f6 10. ♘e6 fe6 11. ♗e3 ♘d7 12. cd5 ♕d4 13. ♗d4 ed5 14. 0-0-0 ♔f7 15. ♗e2 ♘f6 16. c4 ♖d8 17. cd5 cd5 18. g4 ♗d6 19. ♔b1 ♖hf8 20. ♗a7 ♔g8 21. ♗b6 ♖c8 22. g5 ♘e4 23. ♖d5 ♗c5 24. ♗c5 ♖c5 25. ♖c5 ♘c5 26. ♗c4 ♔h8 27. ♖e1 g6 28. b4 ♘a4 29. ♖e7 b5 30. ♗f7 ♘c3 31. ♔c2 ♘e4 32. ♖e4 ♖f7 33. f4 ♖f5 34. ♔b3 h6 35. h4 hg5 36. hg5 ♖d5 37. a4 ba4 38. ♔a4 ♔g8 39. b5 ♖d8 40. b6 **1:0**

29.10. 1258.

M. BERTOK - P. KERES

1. ♘f3 d5 2. c4 dc4 3. e3 c5 4. ♗c4 e6 5. d4 a6 6. a4 ♘f6 7. 0-0 ♘c6 8. ♘c3 cd4 9. ed4 ♗e7 10. ♗g5 0-0 11. ♖e1 ♗d7 12. ♕e2 ♖e8 13. ♖ad1 ♘d5 14. ♗d5 ed5 15. ♗e7 ♖e7 16. ♕d2 ♗g4 **½:½**

30.10. 1259.

P. KERES - Dr. M. EUWE

1. e4 c6 2. d4 d5 3. ed5 cd5 4. c4 ♘f6 5. ♘c3 ♘c6 6. ♗g5 e6 7. ♘f3 dc4 8. ♗c4 ♗e7 9.

0-0 0-0 10. a3 b6 11. ♕d3 ♗b7 12. ♖ad1 ♕c7 13. d5 ♘a5 14. ♗a2 ♘d5 15. ♗d5 ♗d5 16. ♘d5 ed5 17. ♖fe1 ♖ae8 18. ♗e7 ♖e7 19. ♘g5 g6 20. ♕d5 ♖e1 21. ♖e1 ♕d8 ½:½

31.10. **1260.**

P. KERES - I. BILEK

1. e4 c5 2. ♘f3 d6 3. d4 cd4 4. ♘d4 ♘f6 5. ♘c3 e6 6. ♗e3 a6 7. f4 ♕c7 8. g4 d5 9. e5 ♘fd7 10. a3 g5 11. f5 ♘e5 12. ♕e2 ♘bc6 13. 0-0-0 ♗e7 14. ♗g2 ♗d7

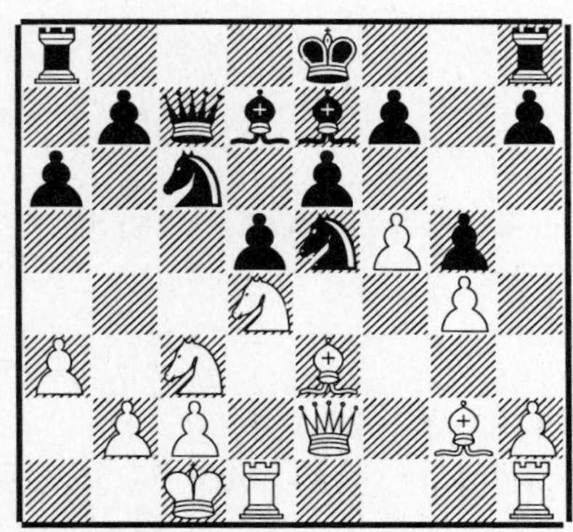

15. ♗d5 ed5 16. ♘d5 ♕d6 17. ♘c6 ♗c6 18. ♗c5 ♕c5 19. ♕e5 f6 20. ♘f6 ♔f7 21. ♕e6 ♔f8 22. ♖he1 ♖d8 23. ♖d8 ♗d8 24. ♘d7 **1:0**

2.11. **1261.**

E. ELISKASES - P. KERES

1. c4 ♘f6 2. ♘c3 e6 3. ♘f3 c5 4. g3 d5 5. cd5 ♘d5 6. ♗g2 ♗e7 7. 0-0 0-0 8. ♘d5 ed5 9. d4 ♘c6 10. dc5 ♗c5 11. ♘g5 ♗d4 12. ♘h3 ♗h3 13. ♗h3 ♕f6 14. e3 ♗b2 15. ♗b2 ♕b2 16. ♕d5 ½:½

4.11. **1262.**

Dr. M. FILIP - P. KERES

1. d4 ♘f6 2. c4 e6 3. ♘c3 ♗b4 4. e3 0-0 5. ♗d3 d5 6. ♘f3 c5 7. 0-0 b6 8. a3 cd4 9. ♘d5 ed5 10. ab4 ♗g4 11. c5 de3 12. ♗e3 ♘c6 13. cb6 ab6 14. ♖a8 ♕a8 15. ♗b6 ♖b8 16. ♗c5 ½:½

6.11. **1263.**

P. KERES - C. RADOVICI

1. c4 c6 2. e4 d5 3. ed5 cd5 4. cd5 ♕d5 5. ♘c3 ♕d8 6. d4 e6 7. ♗f4 ♘f6 8. ♘f3 ♘c6 9. ♗c4 ♗e7 10. 0-0 0-0 11. a3 b6 12. b4 ♗b7 13. d5 ed5 14. ♘d5 ♘d5 15. ♗d5 ♖c8 16. ♖c1 ♔h8 17. ♕b3 ♘d4 18. ♖c8 ♘f3 19. ♕f3 ♗c8 20. ♖d1 ♕d7 21. h3 a5 22. ♗c4 ♕a7 23. ♗d6 ab4 24. ab4 h6

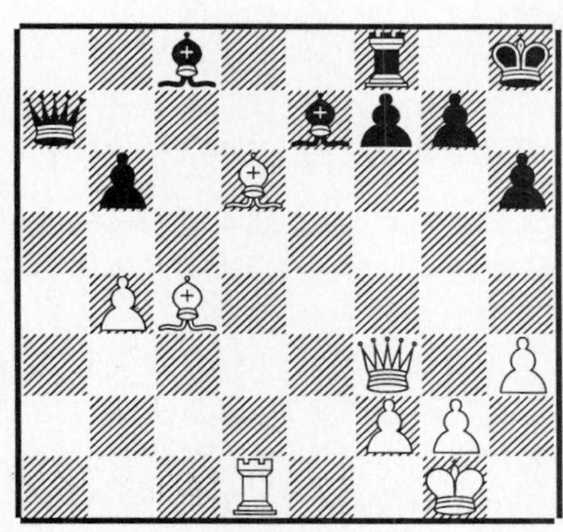

25. ♕e4 ♗d6 26. ♖d6 ♔g8 27. ♕d4 ♕c7 28. ♖g6 **1:0**

8.11. **1264.**

P. KERES - P.H. CLARKE

1. e4 c5 2. ♘f3 d6 3. d4 cd4 4. ♘d4 ♘f6 5. ♘c3 e6 6. g4 h6 7. ♗e3 ♘c6 8. h3 d5 9. ♗b5 ♗d7 10. ed5 ♘d5 11. ♘d5 ed5 12. ♕f3 a6 13. ♗e2 ♕a5 14. ♗d2 ♕a4 15. ♘b3 ♕e4 16. 0-0-0 0-0-0 17. ♗e3 ♕f3 18. ♗f3 ♗e6 19. ♗b6 ♖d6 20. ♗c5 ♖d8 21. ♖he1 ♗d6 22. ♗d6 ♖d6 23. ♘c5 ♖hd8 24. ♖d2 a5 25. ♗g2 b6 26. ♘b3 f6 27. f4 ♔c7 28. ♖e3 d4 29. ♖e1 ♗b3 30. ab3 ♖8d7 31. ♗f1 ♖e7 32. ♖e7 ♘e7 33. ♗c4 ♘g6 34. ♖f2 ♖d7 35. ♗d3 ♘e7 36. ♖e2 ♘c6 37. ♖e8 ♖d8 38. ♖e4 ♖d5 39. ♔d2 b5 40. ♖e8 ♔b6 41. ♗e4 ♖d6 42. h4 ♘d8 43. ♗d3 ♘c6 44. ♗e4 ♘d8

45. ♗f5 g5 46. ♖h8 gf4 47. ♖h6 ♘f7 48. ♖g6 ♘e5 49. h5 f3 50. ♖g8 d3 51. cd3 ♘d3 52. ♔e3 f2 53. ♔e2 ♘b2 54. ♔f2 a4 55. ba4 ba4 56. ♖b8 **1:0**

STOCKHOLM
26.12.1960 - 4.01.1961

26.12. **1265.**

A. KOTOV - P. KERES

1. d4 ♘f6 2. c4 e6 3. ♘c3 ♗b4 4. ♕c2 0-0 5. ♘f3 c5 6. dc5 ♘a6 7. a3 ♗c3 8. ♕c3 ♘c5 9. e3 b6 10. ♗e2 ♗b7 11. 0-0 d5 12. b4 ♘ce4 13. ♕b3 dc4 14. ♗c4 ♖c8 15. ♗b2 ♗d5 16. ♗d5 ♕d5 17. ♕d5 ♘d5 **½:½**

27.12. **1266.**

P. KERES - M. JOHANSSON

1. d4 d5 2. c4 dc4 3. e4 c5 4. d5 e6 5. ♘c3 ed5 6. ♘d5 ♘f6 7. ♗c4 ♘d5 8. ♗d5 ♗d6 9. ♕h5 0-0 10. ♘f3 g6 11. ♕h6 ♕f6 12. ♗g5 ♕b2 13. 0-0 ♘d7 14. ♖ad1 ♘e5 15. ♘e5 ♗e5 16. ♗e7 ♖e8 17. ♗c5 ♕b5 18. ♕e3 ♗e6 19. ♖b1 ♕d7 20. ♖b7 ♕c8 21. ♗e6 ♕b7 22. ♗d5 ♕c7 23. ♗a8 ♗h2 24. ♔h1 ♗f4 25. ♕f3 ♕c5 26. ♗d5 ♕c7 27. ♖b1 ♖e7 28. g3 ♕c2 29. ♖b5 ♗e5 30. ♔g2 ♔g7 31. ♕e3 ♕c3 32. ♕e2 h5 33. ♖b3 ♕c1 34. ♖f3 ♕c5 35. ♕d2 ♕d6 36. ♖d3 ♕c5 37. ♗b3 ♗c7 38. ♖d5 ♕c6 39. ♕b4 ♕f6 40. ♖d3 ♗b6 41. ♖f3 ♕e5 42. ♗d5 ♖c7 43. a4 ♗d4 44. ♖d3 ♗c5 45. ♕b3 ♗b6 46. ♖f3 ♕a1 47. ♕b4 ♕e5 48. a5 ♗d4 49. ♖d3 ♗c5 50. ♕b3 ♗d4 51. ♕a4 ♗c5 52. ♕a2 f6 53. ♕b3 ♕e8 54. ♖c3 ♗d6 55. ♖d3 ♗c5 56. ♕b2 ♗d6 57. ♖b3 ♕e5 58. ♕d2 h4 59. f4 ♕a1 60. gh4 ♗f4 61. ♕f4 ♖c2 62. ♔h3 ♕h1 63. ♔g4 ♕d1 64. ♔h3 ♕h1 **½:½**

28.12. **1267.**

A. BUREHALL - P. KERES

1. e4 c5 2. ♘f3 g6 3. d4 cd4 4. ♘d4 ♗g7 5. ♘c3 ♘c6 6. ♗e3 ♘f6 7. ♗e2 0-0 8. ♘b3 d6 9. ♕d2 a5 10. a4 ♗e6 11. ♖d1 ♖c8 12. 0-0 ♘e5 13. f4 ♘c4 14. ♗c4 ♗c4 15. ♖f3 ♘g4 16. ♗d4 e5 17. fe5 ♘e5 18. ♖f2 ♗e6 19. h3 ♖c4 20. ♕e2 ♖e8 21. ♕e3 f5 22. ef5 ♗f5 23. ♕g3 ♗d7 24. ♘d5 ♗c6 25. ♗b6 ♕d7 26. ♗a5 ♗d5 27. ♖d5 ♘f7 28. ♗c3 ♗c3 29. bc3 ♖a4 30. ♘d4 ♖e5 31. ♕f3 ♕e7 32. ♔h2 ♖c4 33. ♖e5 de5 34. ♘e2 ♔g7 35. ♕g3 ♘d6 36. ♕e3 ♘f5 37. ♕d3 ♕c7 38. ♖f5 e4 39. ♕g3 ♕g3 40. ♘g3 gf5 41. ♘f5 ♔g6 **0:1**

29.12. **1268.**

P. KERES - S. JOHANNESSEN

1. d4 ♘f6 2. ♘f3 e6 3. c4 ♗b4 4. ♘bd2 d5 5. a3 ♗e7 6. e3 0-0 7. ♗d3 b6 8. 0-0 ♗b7 9. b3 c5 10. ♗b2 ♘e4 11. ♕c2 f5 12. ♖ad1 ♘d7 13. dc5 bc5 14. cd5 ed5 15. ♘e4 fe4 16. ♗e4 de4 17. ♘e5 ♘e5 18. ♖d8 ♖fd8 19. ♗e5 ♖d3 20. b4 ♖c8 21. ♕c4 ♗d5 22. ♕a6 ♖a8 23. bc5 ♗c5 24. a4 ♖e8 25. ♕b5 ♗f7 26. ♗g7 ♖d5 27. ♕b2 ♖e6 28. ♗h8 ♗f8 29. ♗d4 ♖a5 30. f3 ♖a4 31. fe4 ♖b4 32. ♕e2 ♖b8 33. ♖f7 ♔f7 34. ♕h5 ♔g8 35. ♕g5 **1:0**

30.12. **1269.**

E. LUNDIN - P. KERES

1. d4 ♘f6 2. ♘f3 c5 3. e3 b6 4. c4 cd4 5. ed4 e6 6. ♗g5 h6 7. ♗f6 ♕f6 8. ♘c3 ♗b7 9. ♗e2 ♗b4 10. ♖c1 0-0 11. 0-0 ♘c6 12. ♗d3 ♕f4 13. ♘e2 ♕c7 14. ♗b1 ♗e7 15. ♕d3 f5 16. a3 ♗f6 17. b4 ♖ac8 18. d5 ♘e5 19. ♘e5 ♕e5 20. ♘g3 b5 21. de6 de6 22. cb5 ♖c1 23. ♖c1 ♖d8 24. ♕c4 ♖c8 25. ♕f1 ♖c1 26. ♕c1 f4 27. ♘f1 ♕g5 28. f3 ♗f3 29. ♕c8 ♔f7 30. ♕d7 ♗e7 31. ♕d2 ♗d5 32. ♗a2 ♗e4 33. ♗c4 ♗f6 34. g3 ♕e5 35. ♔f2 ♕c7 36. ♗b3 fg3 37. ♘g3 ♕b6 38. ♔f1 ♕b5 39.

♘e2 ♗g5 40. ♕d4 ♗d3 41. ♕a7 ♔g6 42. ♕f2 ♕e5 43. ♕f3 ♗e4 44. ♕h3 ♗f5 45. ♕g3 ♕a1 46. ♔f2 ♔h7 47. ♗c4 ♗d2 48. ♕f3 ♕e5 49. ♕g3 ♕e4 50. ♗a6 ♕h1 51. ♘g1 ♕e4 52. ♘e2 h5 53. h4 g5 54. hg5 h4 55. ♕c7 ♔g6 56. ♕c5 h3 **0:1**

1.01. 1270.

P. KERES - Z. NILSSON

1. e4 e5 2. ♘f3 ♘c6 3. ♗b5 ♘f6 4. 0-0 ♘e4 5. ♖e1 ♘d6 6. ♘e5 ♗e7 7. ♗d3 0-0 8. ♘c3 ♗f6 9. ♘g4 ♗d4 10. ♘d5 f5 11. ♘ge3 g6 12. c3 ♗g7 13. ♗f1 b6 14. b3 ♘e4 15. f3 ♘g5 16. d4 ♔h8 17. ♘c4 ♘f7 18. ♗a3 d6 19. g3 ♗d7 20. ♗g2 ♖c8 21. ♕d2 ♖e8 22. ♖e8 ♕e8 23. ♖e1 ♕f8 24. f4 ♘b8 25. ♘e5 ♗e8 26. ♘g6 hg6 27. ♘e7 ♘h6 28. ♘c8 **1:0**

2.01. 1271.

K. SKÖLD - P. KERES

1. e4 e5 2. ♘f3 ♘c6 3. ♗b5 a6 4. ♗a4 d6 5. c3 f5 6. ef5 ♗f5 7. d4 e4 8. ♘g5 d5 9. f3 e3 10. f4 ♗d6 11. 0-0 ♗f4 12. ♘h3 ♗h3 13. ♕h5 g6 14. ♕h3 e2 15. ♕e6 ♕e7 16. ♗c6 ♔d8 17. ♕d5 ♗d6 18. ♖e1 bc6 19. ♕g5 ♘f6 20. ♘a3 ♖b8 21. ♗f4 ♖b2 22. ♘c4 ♗f4 23. ♕f4 ♖c2 24. ♘e5 ♕e6 25. ♕f3 ♖f8 26. ♖ab1 ♔e7 27. c4 ♕f5 28. ♕a3 ♔e6 29. ♕f8 ♕f4 30. ♕c8 ♔d6 31. c5 ♔d5 32. ♕d8 ♔e4 33. ♘f3 ♘d5 34. ♕e8 ♔d3 35. ♖b3 ♘c3 36. ♕c6 ♖a2 37. ♕e6 ♖c2 38. ♕a6 ♔e4 39. ♕e6 ♔d3 40. ♔f2 g5 41. ♖e2 g4 42. ♕a6 **1:0**

3.01. 1272.

P. KERES - G. STAHLBERG

1. e4 c5 2. ♘f3 ♘c6 3. d4 cd4 4. ♘d4 ♘f6 5. ♘c3 e6 6. ♘db5 ♗b4 7. a3 ♗c3 8. ♘c3 d5 9. ed5 ♘d5 10. ♗d2 0-0 11. ♗d3 e5 12. 0-0 ♘de7 13. ♕h5 ♗f5 14. ♗f5 ♘f5 15. ♕f5 ♕d2 16. ♖ad1 ♕h6 17. ♖d7 ♖ab8 18. f4 ♕g6 19. fe5 ♕f5 20. ♖f5 g6 21. ♖f4 ♘e5 22. ♖e7 ♖fe8 23. ♖e8 ♖e8 24. ♖b4 ♖b8 25. ♖e4 f6 26. ♖a4 ♘c6 27. ♖c4 ♖d8 28. ♔f2 ♔f7 29. ♘e4 ♖d5 30. b4 ♔e7 31. ♔e3 ♖e5 32. ♔f4 ♖f5 33. ♔g3 ♖d5 34. ♔f4 ♖f5 **½:½**

4.01. 1273.

B. HORBERG - P. KERES

1. e4 e5 2. ♘f3 ♘c6 3. ♗c4 d6 4. d4 ed4 5. ♘d4 g6 6. ♘c3 ♗g7 7. ♗e3 ♘f6 8. ♕d2 0-0 9. ♘c6 bc6 10. 0-0 ♖e8 11. ♖fe1 ♘e4 12. ♘e4 ♖e4 13. ♗g5 ♕e8 14. f3 ♖e1 15. ♖e1 ♗e6 16. c3 d5 17. ♗a6 ♖b8 18. b4 c5 19. ♗e3 cb4 20. cb4 ♕a4 21. b5 c6 22. ♗a7 ♖b5 **0:1**

YUGOSLAVIA - USSR TEAM MATCH-TOURNAMENT

Belgrade, 10.- 19.05.1961

10.05. 1274.

P. KERES - B. DJURASEVIC

1. d4 ♘f6 2. c4 e6 3. ♘f3 ♗b4 4. ♘bd2 c5 5. e3 cd4 6. ed4 b6 7. ♗d3 ♗b7 8. 0-0 0-0 9. a3 ♗e7 10. b3 d6 11. ♗b2 ♘bd7 12. ♖e1 ♖e8 13. ♘f1 ♗f8 14. ♘g3 g6 15. b4 ♗g7 16. ♖c1 ♖c8 17. ♖c2 ♕c7 18. ♘d2 ♕b8 19. ♕a1 ♗c6 20. a4 a5 21. b5 ♗a8 22. ♘b3 e5 23. de5 ♘e5 24. ♗f1 ♘ed7 25. ♖d1 ♖e6 26. ♘d4 ♖e7 27. ♖cd2 ♖ee8 28. ♘c6 ♗c6 29. bc6 ♖c6 30. c5 bc5 31. ♗b5 ♖ec8 32. h3 d5 33. ♖d5 ♘d5 34. ♗g7 ♘7f6 35. ♗h6 ♖d6 36. ♘e4 ♖e6 37. ♖d5 ♖e4 38. g4 ♖e6 39. ♗d7 ♖ce8 40. ♗e6 ♖e6 41. ♖c5 ♘e8 42. ♕c3 ♕b1 43. ♔h2 ♕f1 44. ♕f3 ♖e1 45. ♔g3 ♕a6 46. ♖c6 ♕a7 47. ♖c8 ♕e7 48. ♕c3 f6 49. ♗e3 ♖b1 50. ♕c6 ♔f7 51. ♗c5 ♖b3 52. ♔g2 ♕b7 53. ♕b7 ♖b7 54. ♖a8 ♘c7 55. ♖a5 ♔e6 56. ♖a7 ♖a7 57. ♗a7 f5 58. ♔f3 fg4 59. ♔g4 ♔d5 60. ♔g5 ♘e6 61. ♔h6

♘f4 62. ♗e3 ♘h3 63. f3 ♔c4 64. a5 ♔b5 65. ♔h7 g5 66. ♔g6 ♔a5 67. ♔f5 **1:0**

11.05. **1275.**

D. CIRIC - P. KERES

1. e4 c6 2. d4 d5 3. ♘c3 de4 4. ♘e4 ♗f5 5. ♘g3 ♗g6 6. ♘f3 ♘d7 7. h4 h6 8. ♗d3 ♗d3 9. ♕d3 e6 10. 0-0 ♘gf6 11. ♖e1 ♗e7 12. ♗d2 c5 13. dc5 ♘c5 14. ♕d8 ♖d8 15. ♖ad1 0-0 16. ♗b4 ♘d5 17. ♗c5 ♗c5 18. ♘e4 ♗e7 19. c3 ♖c8 20. g3 b5 21. ♘e5 ♖fd8 22. ♖d3 g5 23. hg5 hg5 24. ♖ed1 f5 25. ♘g6 fe4 26. ♘e7 ♔f7 27. ♘c8 ed3 28. ♘a7 ♖a8 29. ♘b5 ♖a2 30. ♘d6 ♔f6 31. ♘c4 ♖a4 32. b3 ♖a2 33. ♖d3 ♖c2 34. ♘d6 ♔e5 35. ♘b5 g4 36. c4 ♘b4 37. ♖e3 ♔f6 38. ♖e4 e5 39. ♖g4 ♘d3 40. ♘d6 ♘f2 41. ♖h4 ♘d3 42. ♖h2 ♖c1 43. ♔g2 ♖b1 44. ♔f3 ♔e7 45. ♔e4 ♖b3 46. ♘f5 ♔f6 47. ♘d6 ♔e6 48. ♖h6 ♔d7 49. ♖g6 ♖c3 50. ♘b5 ♘f2 51. ♔d5 ♖c1 52. ♖g7 ♔d8 53. ♔e6 ♔c8 54. ♘d6 ♔b8 55. ♔e5 ♖d1 56. ♖b7 ♔a8 57. ♖b5 ♖d3 58. ♘f5 ♔a7 59. c5 ♔a6 60. ♖b1 ♖c3 61. ♔d4 ♖d3 62. ♔c4 ♖d2 63. ♘d4 ♘e4 64. ♖b6 **1:0**

13.05. **1276.**

P. KERES - A. MATANOVIC

1. e4 e5 2. ♘f3 ♘c6 3. ♗b5 a6 4. ♗a4 ♘f6 5. 0-0 ♗e7 6. ♖e1 b5 7. ♗b3 d6 8. c3 0-0 9. h3 ♘a5 10. ♗c2 c5 11. d4 ♕c7 12. ♘bd2 ♗d7 13. ♘f1 ♖fe8 14. ♘g3 cd4 15. cd4 ♖ac8 16. ♖e2 ♘c6 17. ♗e3 ed4 18. ♘d4 d5 19. ♖c1 ♘d4 20. ♕d4 ♗c5 21. ♕c5 ♕c5 22. ♗c5 ♖c5 23. ♖d1 ♖ec8 24. ♗b3 de4 25. ♘e4 ♖c1 26. ♖ed2 ♗e6 27. ♖c1 ♖c1 28. ♔h2 ♔f8 29. ♘f6 gf6 30. ♗e6 fe6 31. ♖d6 ♔f7 32. ♖a6 ♖c2 33. b4 ♖f2 34. ♖a5 ♖b2 35. ♖b5 ♖a2 36. ♔g3 ♖b2 37. ♔f3 **½:½**

17.05. **1277.**

M. UDOVCIC - P. KERES

1. ♘f3 d5 2. g3 g6 3. ♗g2 ♗g7 4. d4 ♘f6 5. 0-0 0-0 6. b3 c5 7. ♗b2 ♘e4 8. ♘bd2 ♘c6 9. c3 ♗f5 10. e3 ♕a5 11. ♘h4 cd4 12. ♘e4 ♗e4 13. cd4 ♗g2 14. ♘g2 ♖fc8 15. ♘f4 e6 16. h4 ♘e7 17. ♕e1 ♕a6 18. ♕d2 ♘f5 19. ♘d3 b6 20. ♖fc1 ♖c1 21. ♘c1 ♘d6 22. ♕d3 ♕a5 23. ♘e2 ♖c8 24. ♘c3 ♗f8 25. a3 b5 26. ♔g2 a6 27. ♖c1 h5 28. ♘b1 ♖c1 29. ♗c1 ♘e4 30. ♕d1 ♗d6 31. ♗d2 ♕c7 32. ♗e1 ♔f8 33. a4 ba4 34. ba4 ♕c4 35. ♘d2 ♕c6 36. ♘e4 de4 37. ♕b3 ♔g7 38. ♗d2 ♔f6 39. ♗c3 ♔f5 40. ♗d2 g5 41. hg5 **½:½**

19.05. **1278.**

P. KERES - M. MATULOVIC

1. d4 ♘f6 2. ♘f3 g6 3. ♗f4 ♗g7 4. ♘bd2 0-0 5. e4 d6 6. c3 ♘bd7 7. ♗c4 c6 8. 0-0 ♘e4 9. ♘e4 d5 10. ♗d3 de4 11. ♗e4 ♘f6 12. ♗c2 ♗g4 13. h3 ♗f3 14. ♕f3 ♘d5 15. ♗g3 e6 16. ♖fe1 b5 17. ♖ad1 ♕b6 18. h4 ♖ad8 19. h5 c5 20. ♗h4 ♖d7 21. dc5 ♕c5 22. ♗b3 ♘b6 23. hg6 hg6 24. ♗f6 ♕f5 25. ♕f5 gf5 26. ♗g5 ♖c8 27. ♔f1 ♔f8 28. ♔e2 ♔e8 29. ♖h1 ♖d1 30. ♖d1 ♗f8 31. ♖h1 ♗e7 32. ♗e3 ♗f6 33. ♔d3 ♖c7 34. ♖a1 ♘d7 35. a4 b4 36. ♖c1 bc3 37. bc3 ♘c5 38. ♔c2 ♔d7 39. f3 ♔c8 40. a5 ♘b7 41. a6 ♘c5 42. ♗c4 ♘a4 43. ♔b3 ♘c5 44. ♗c5 ♖c5 45. ♖h1 ♔d8 46. f4 ♖c8 47. ♖h3 ♖b8 48. ♔c2 ♔e7 49. ♖d3 ♖d8 **½:½**

ZÜRICH
27.05.- 11.06.1961

27.05. **1279.**

B. LARSEN - P. KERES

1. f4 c5 2. ♘f3 g6 3. e4 ♗g7 4. ♗e2 ♘c6 5. d3 e6 6. 0-0 ♘ge7 7. c3 0-0 8. ♗e3 b6 9. ♘bd2 f5 10. ♕e1 ♗a6 11. ♕f2 e5 12. ef5 ♘f5 13. fe5 ♘e5 14. ♘e5 ♗e5 15. ♘f3 ♘e3 16. ♕e3 ♗f4 17. ♕e4 d5 18. ♕a4 ♗b7 19. d4 ♕d6 20. ♗a6 ♗c6 21. ♗b5 ♗b5 22. ♕b5

♖ae8 23. ♖ae1 ♖e4 24. dc5 ♕c5 25. ♕c5 bc5 26. ♖d1 ♖e2 27. ♖d5 ♖b2 28. ♖e1 ♖a2 29. ♖c5 ♖f7 30. ♖d5 ♖c2 31. ♖d3 ♗c7 32. h4 h6 33. ♘d4 ♖b2 34. ♘e6 ♖e7 35. c4 ♖c2 36. ♖e4 ♗b6 37. ♔h2 ♖f7 38. c5 ♗c5 39. ♘c5 ♖c5 40. ♖d6 ♔h7 41. ♖ee6 ♖g7 42. ♖a6 ♖c4 43. ♔h3 h5 44. g3 ♖b4 45. ♖ec6 ♔h6 46. ♖c8 ♖d7 47. ♖cc6 ♖g4 48. ♖c3 ♖b7 49. ♖ca3 ♖b1 50. ♖a7 ½:½

28.05. **1280.**

T. PETROSIAN - P. KERES

1. c4 ♘f6 2. d4 e6 3. ♘f3 b6 4. ♘c3 ♗b7 5. a3 ♗e7 6. d5 d6 7. e4 c6 8. de6 fe6 9. ♘g5 ♗c8 10. f4 0-0 11. ♗d3 e5 12. f5 c5 13. g4 ♘c6 14. ♘h3 ♘e8 15. ♘d5 ♘d4 16. 0-0 ♘c7 17. ♘e7 ♕e7 18. ♗g5 ♕e8 19. ♕e1 ♗a6

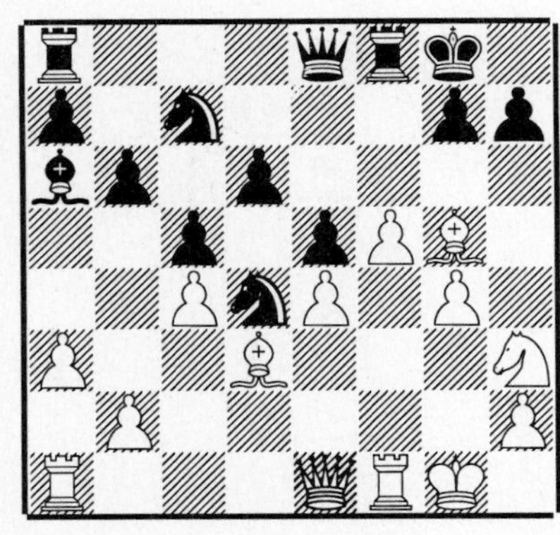

♕h4 ♕a4 21. ♗e7 ♕b3 22. ♖ad1 ♕d1 23. ♖d1 ♘f3 24. ♔g2 ♘h4 25. ♗h4 ♖f7 26. ♗e2 ♖d7 27. ♗g3 ♖e8 28. g5 b5 29. ♗h5 ♖ed8 30. f6 ♗b7 31. ♔f3 ♘e6 32. cb5 ♘d4 33. ♔e3 ♖f8 34. ♗h4 ♖c7 35. a4 g6 36. ♗g4 ♗c8 37. ♘f2 ♔f7 38. ♗c8 ♖fc8 39. ♘g4 c4 40. ♗e1 ♘c2 41. ♔f2 ♘e1 42. ♔e1 c3 43. bc3 ♔e6 44. b6 ab6 45. ♖b1 ♖c4 46. ♘e3 ♖e4 47. ♔d2 h6 48. ♖b6 hg5 49. c4 ♖h8 50. ♔e2 ♖h3 **0:1**

30.05. **1281.**

P. KERES - M. MATULOVIC

1. d4 e6 2. e4 d5 3. ♘c3 ♗b4 4. e5 ♘e7 5. a3 ♗c3 6. bc3 b6 7. ♕g4 ♘g6 8. h4 h5 9. ♕g3 ♗a6 10. ♘e2 ♕c8 11. ♘f4 ♘f4 12. ♗f4 ♔f8 13. ♗d3 c5 14. dc5 ♕c5 15. 0-0 ♗c4 16. a4 ♘d7 17. a5 b5 18. ♗c1 ♔g8 19. ♗a3 ♕c6 20. ♗e7 ♗d3 21. cd3 ♖h6 22. d4 a6 23. ♗g5 ♖h8 24. f4 ♘f8 25. f5 ef5 26. ♖f5 ♘e6 27. ♖af1 ♖a7 28. ♗d2 ♖h7 29. ♕f3 g6 30. ♖f6 ♖c7 31. ♔h2 ♕d7 32. ♗c1 b4 33. cb4 ♖c4 34. ♗e3 ♖b4 35. ♕e2 ♖b5 36. ♕a2 ♕d8 37. ♖a1 ♕b8 38. ♖c1 ♕d8 39. ♖c6 ♖a5 40. ♕c2 ♕e7 41. ♖ce6 fe6 42. ♕c8 ♔g7 43. ♗g5 ♖h8 44. ♕c2 ♕e8 45. ♕c7 **1:0**

31.05. **1282.**

W. LOMBARDY - P. KERES

1. d4 ♘f6 2. c4 e6 3. ♘c3 ♗b4 4. ♘f3 b6 5. e3 0-0 6. ♗d3 d5 7. 0-0 c5 8. ♕e2 cd4 9. ed4 ♗a6 10. ♗g5 ♗c3 11. bc3 ♗c4 12. ♗c4 dc4 13. ♗f6 ♕f6 14. ♕c4 ♘d7 15. ♕b5 ♖fd8 16. a4 ♕f4 17. c4 ♖ac8 18. a5 ♖c7 19. ♖fd1 ♖dc8 20. h3 h6 21. ab6 ab6 ½:½

1.06. **1283.**

P. KERES - L. SCHMID

1. e4 ♘f6 2. e5 ♘d5 3. ♘c3 ♘c3 4. dc3 d6 5. ♘f3 ♘c6 6. ♗b5 ♗d7 7. ♕e2 ♘e5 8. ♘e5 de5 9. ♕e5 c6 10. ♗c4 ♕b8 11. ♕e4 e6 12. ♗g5 h6 13. ♗h4 ♗d6 14. 0-0-0 ♕c7 15. ♕d4 ♗e5 16. ♕c5 ♗f6 17. ♗f6 ♕f4 18. ♖d2 gf6 19. ♖hd1 b6 20. ♕h5 0-0-0 21. ♗a6 ♔c7 22. g3 ♕f5 23. ♕f7 e5 24. ♖d6 ♖h7 25. ♖c6 ♔b8 26. ♕d5 ♕f2 27. ♕d6 ♔a8 28. ♗b7 ♔b7 29. ♖c7 **1:0**

3.06. **1284.**

Dr. J. KUPPER - P. KERES

1. e4 e5 2. ♘f3 ♘c6 3. ♗b5 a6 4. ♗a4 d6 5. ♗c6 bc6 6. d4 f6 7. ♗e3 ♖b8 8. b3 ♘e7 9. ♘c3 ♘g6 10. ♕d3 ♗e7 11. 0-0-0 a5 12. h4

♗d7 13. h5 ♘f8 14. ♘h4 a4 15. f4 ab3 16. cb3 ♘e6 17. d5 cd5 18. ed5 ♘f4 19. ♗f4 ef4 20. h6 g5 21. ♘g6 ♔f7 22. ♘h8 ♕h8 23. ♕d4 f5 24. ♕h8 ♖h8 25. ♖d4 ♖c8 26. ♖c4 c5 27. dc6 ♗e6 28. ♖b4 ♖c6 29. ♔d2 ♗f6 30. ♘e2 ♗d5 31. ♖g1 ♗e4 32. ♖c4 ♖c4 33. bc4 ♗d8 34. ♘c3 ♗a5 35. ♖c1 ♗g2 36. ♔d3 ♔e6 37. a4 g4 38. c5 dc5 39. ♘e2 ♗e4 40. ♔c4 f3 41. ♘f4 ♔f6 **0:1**

4.06. 1285.

P. KERES - S. GLIGORIC

1. e4 e5 2. ♘f3 ♘c6 3. ♗b5 a6 4. ♗a4 ♘f6 5. 0-0 ♗e7 6. ♖e1 b5 7. ♗b3 d6 8. c3 0-0 9. h3 ♘a5 10. ♗c2 c5 11. d4 ♕c7 12. ♘bd2 ♗d7 13. ♘f1 ♖fe8 14. ♘g3 g6 15. ♗g5 ♖ad8 16. a4 c4 17. ab5 ♗b5 18. ♘h2 ♘c6 19. b3 ♘a5 20. b4 ♘c6 21. d5 ♘b8 22. h4 ♘bd7 23. ♕f3 ♖b8 24. ♖a2 ♕d8 25. ♖ea1 ♘b6 26. ♖a5 ♘fd7 27. ♕e3 ♗g5 28. hg5 f6 29. gf6 ♘f6 30. ♕g5 ♖f8 31. ♗d1 ♔h8 32. ♘g4 ♘bd7 33. ♘f6 ♕f6 34. ♕f6 ♘f6 35. ♗a4 h5 36. ♗b5 ab5 37. f3 h4 38. ♘e2 ♔g7 39. ♖a7 ♔h6 40. ♖1a6 ♖bd8 41. ♖b6 ♘h5 42. ♔f2 ♖f6 43. ♖b5 g5 44. ♔e3 ♖df8 45. ♖bb7 h3 46. ♖h7 ♔g6 47. g4 ♖f3 48. ♔d2 ♘f4 49. ♖ag7 ♔f6 50. ♘f4 ♖f4 51. ♖d7 ♔g6 52. ♖h3 ♖e4 53. ♖d6 ♔g7 54. ♖e3 ♖f2 55. ♔e1 ♖e3 56. ♔f2 ♖c3 57. b5 ♖b3 58. b6 ♔f7 59. ♖e6 c3 60. ♖c6 c2 61. ♖c7 ♔e8 62. ♖c2 ♖b6 63. ♖e2 ♖f6 64. ♔g2 ♔f7 65. ♖e5 ♔g6 66. ♔g3 ♖f1 67. ♖e6 ♔f7 68. ♖e3 ♔f6 69. ♖e6 ♔f7 70. ♖e2 ♔f6 71. ♖e3 ♖g1 72. ♔h3 ♖f1 73. ♔g2 ♖d1 74. ♖e6 ♔f7 75. ♖e5 ♔f6 76. ♖f5 ♔g6 77. ♔f2 ♖d3 78. ♔e2 ♖d4 79. ♔f3 ♖a4 80. ♖e5 ♖d4 81. ♔e3 ♖g4 82. d6 ♖g1 83. ♔d2 ♖g2 84. ♔c3 ♖g1 85. ♖d5 ♖c1 86. ♔d4 ♔f7 87. ♖e5 g4 **1:0**

8.06. 1286.

E. BHEND - P. KERES

1. e4 e5 2. ♘f3 ♘c6 3. ♗b5 a6 4. ♗a4 ♘f6 5. ♕e2 ♗e7 6. c3 d6 7. d3 0-0 8. ♘bd2 ♘d7 9. ♘f1 ♘c5 10. ♗c2 f5 11. ef5 ♗f5 12. ♘e3 ♗g6 13. h4 d5 14. h5 ♗d3 15. ♗d3 e4 16. ♗b1 ef3 17. ♕c2 ♘e4 18. gf3 ♖f3 19. ♘d5 ♖f5 20. ♕b3 ♕d5 21. ♕d5 ♖d5 22. ♗e4 ♖e5 23. f3 ♖f8 24. ♔d1 ♗g5 25. ♔c2 **½:½**

8.06. 1287.

P. KERES - Dr. M. CHRISTOFFEL

1. e4 e6 2. d4 d5 3. ♘d2 ♘c6 4. c3 e5 5. ed5 ♕d5 6. ♘f3 ♗g4 7. ♗c4 ♗f3 8. ♕b3 ♕d7 9. ♘f3 ed4 10. 0-0 ♘a5 11. ♗f7 ♔d8 12. ♕e6 ♕e6 13. ♗e6 dc3 14. ♘g5 ♘h6 15. ♗h3 ♗d6 16. ♖e1 b5 17. bc3 ♖g8 18. a4 ♘b3 19. ♘e6 **1:0**

10.08. 1288.

Dr. D. KELLER - P. KERES

1. e4 e5 2. ♘f3 ♘c6 3. ♗c4 ♘f6 4. d4 ed4 5. e5 d5 6. ♗b5 ♘e4 7. ♘d4 ♗d7 8. ♗c6 bc6 9. 0-0 ♗e7 10. f3 ♘c5 11. f4 ♘e4 12. f5 ♗c5

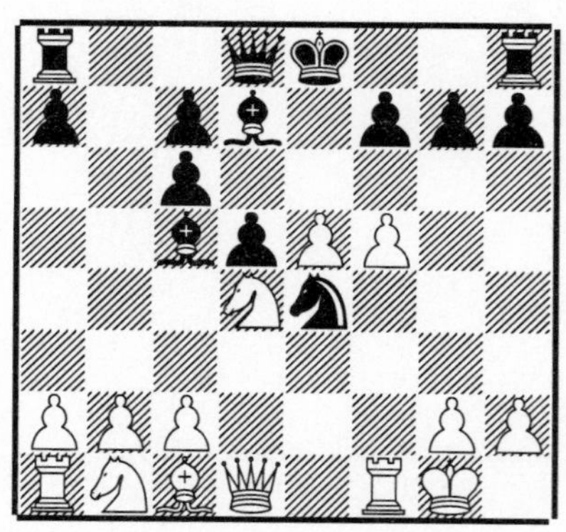

13. c3 ♕e7 14. e6 fe6 15. ♕h5 g6 16. fg6 0-0-0 17. ♗e3 hg6 18. ♕e2 ♖h2 19. ♕a6 ♔b8 20. ♔h2 ♕h4 21. ♔g1 ♖h8 22. ♖f8 ♖f8 23. ♘d2 ♘g3 **0:1**

11.06. 1289.

P. KERES - E. WALTHER

1. e4 c5 2. ♘f3 d6 3. d4 cd4 4. ♘d4 ♘f6 5. ♘c3 a6 6. ♗e2 e5 7. ♘b3 ♗e7 8. 0-0 0-0 9.

a4 ♗e6 10. f4 ♘bd7 11. ♗e3 ef4 12. ♖f4 ♘e5 13. ♘d4 ♖c8 14. ♘f5 ♗f5 15. ♖f5 ♖e8 16. ♔h1 ♕d7 17. ♖f4 ♕e6 18. ♗d4 ½:½

EUROPEAN TEAM CHAMPIONSHIP
Oberhausen, 21.06.- 2.07.1961

22.06. **1290.**

P. KERES - A. MATANOVIC

1. d4 ♘f6 2. c4 g6 3. ♘c3 ♗g7 4. ♘f3 d6 5. ♗f4 0-0 6. e3 ♘bd7 7. ♗e2 ♕e8 8. 0-0 c6 9. h3 e5 10. ♗h2 ♕e7 11. ♕c2 ♘e8 12. b4 f5 13. c5 g5 14. cd6 ♘d6 15. ♖ad1 g4 16. ♘e5 ♘e5 17. de5 ♗e5 18. ♗e5 ♕e5 19. ♕d2 ♘f7 20. hg4 fg4 21. ♕d4 ♕d4 22. ♖d4 ♘e5 23. ♘e4 ♗e6 24. a3 ♖ad8 25. ♖fd1 ♖d4 26. ♖d4 ♔g7 27. ♘c5 ♗c8 28. ♖e4 ♔f6 29. ♖f4 ♔e7 30. ♖f8 ♔f8 31. f4 gf3 32. gf3 b6 33. ♘b3 ♗e6 34. ♘d4 ♗d5 35. ♔f2 c5 36. bc5 bc5 37. ♘b5 a5 38. f4 ♘d7 39. ♘c3 ♗c6 40. e4 ♘b6 41. ♔e3 h5 42. ♗h5 ♘c4 43. ♔d3 ♘a3 44. ♗d1 ♘b5 45. ♗a4 ♘c3 46. ♗c6 ♘d1 47. ♔d2 ♘b2 48. ♔c2 ♘c4 49. e5 ♘b6 50. ♔d3 a4 51. ♔c3 ♔e7 52. f5 ♘d7 ½:½

23.06. **1291.**

V. HORT - P. KERES

1. e4 e5 2. ♘f3 ♘c6 3. ♗b5 a6 4. ♗a4 d6 5. d4 b5 6. ♗b3 ♘d4 7. ♘d4 ed4 8. ♗d5 ♖b8 9. ♗c6 ♗d7 10. ♗d7 ♕d7 11. ♕d4 ♘f6 12. 0-0 ♗e7 13. ♘c3 0-0 14. a4 ♖fe8 15. ♕d3 b4 16. ♘d5 a5 17. b3 ♘d5 18. ed5 ♗f6 19. ♖b1 c5 20. ♗f4 ♗e5 21. ♗e3 ♖bc8 22. ♕c4 ♕f5 23. ♕b5 ♕c2 24. ♕a5 f5 25. f3 ♗b2 26. ♕a6 ♕b3 27. ♗f2 c4 28. ♕b7 ♖b8 29. ♕a7 ♖a8 30. ♕b7 ♖eb8 31. ♕d7 ♕c2 32. ♕d6 b3 33. ♕e6 ♔h8 34. d6 ♗f6 35. ♖fc1

(diagram)

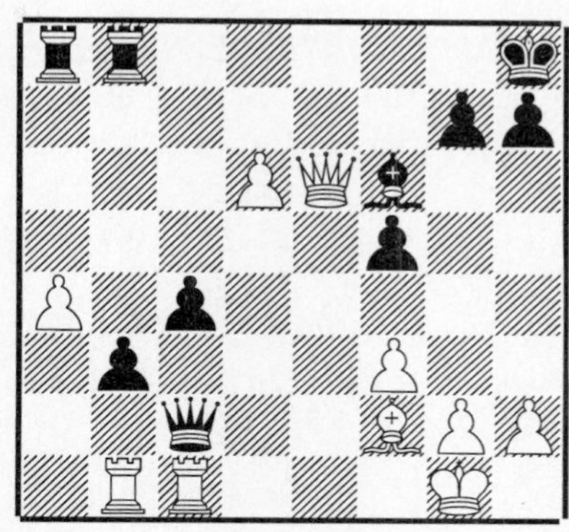

♕c1 36. ♖c1 b2 37. ♖b1 c3 38. ♕e2 ♖a4 39. d7 h6 40. ♕e8 ♔h7 41. d8♕ ♖d8 42. ♕a4 ♖d2 43. ♖b2 cb2 44. ♕b3 ♖d8 45. ♕c2 ♖b8 46. ♕b1 g6 47. g4 ♖a8 48. ♔g2 ♖a1 49. ♕c2 b1♕ 50. ♕c7 ♗g7 51. ♗d4 ♕f1 52. ♔g3 f4 53. ♔f4 ♕c1 **0:1**

24.06. **1292.**

P. KERES - G. BARCZA

1. e4 c6 2. ♘c3 d5 3. ♘f3 de4 4. ♘e4 ♘d7 5. ♗c4 e6 6. d4 ♘gf6 7. ♘f6 ♘f6 8. ♗g5 ♕a5 9. c3 ♘e4 10. ♗f4 ♗d6 11. ♗e5 ♗e5 12. ♘e5 ♘f6 13. 0-0 0-0 14. ♕e2 ♕c7 15. ♖ad1 ♘d5 16. ♖fe1 f6 17. ♘d3 ♗d7 18. ♗b3 ♖ae8 19. ♕e4 ♕d6 20. h4 g6 21. h5 gh5 22. c4 ♘c7 23. ♘f4 ♖f7 24. ♘h5 ♔h8 25. ♗c2 e5 26. c5 ♕e6 27. ♗b3 ♘d5 28. de5 ♕e5 29. ♕e5 ♖e5 30. ♖e5 fe5 31. ♗d5 cd5 32. ♖d5 ♖e7 33. f3 h6 34. ♔f2 ♗c6 35. ♖d6 ♔h7 36. ♔e3 ♖c7 37. ♖e6 ♗b5 38. ♖e5 ♗c4 39. b3 ♗f7 40. ♘f6 ♔h8 41. ♘e4 a5 42. ♘d6 ♗g8 43. ♘f5 a4 44. ba4 ♗a2 45. ♖e8 ♔h7 46. ♖e7 ♖e7 47. ♘e7 ♔g7 48. a5 ♗c4 49. c6 **1:0**

25.06. **1293.**

K. DARGA - P. KERES

1. ♘f3 d5 2. c4 dc4 3. e3 c5 4. ♗c4 e6 5. 0-0 a6 6. b3 ♘f6 7. ♗b2 ♗e7 8. d4 0-0 9. ♗d3

♘c6 10. a3 cd4 11. ♘d4 ♗d7 12. ♘f3 ♕c7 13. ♘bd2 ♖fd8 14. ♕c2 ♗e8 15. ♖fd1 ♖ac8 16. ♖ac1 h6 17. h3 ♕b8 18. ♕b1 ♘d7 19. b4 ♘ce5 ½:½

27.06. 1294.

R. SABORIDO - P. KERES

1. d4 ♘f6 2. c4 g6 3. ♘c3 ♗g7 4. e4 d6 5. f3 0-0 6. ♗e3 b6 7. ♕d2 c5 8. d5 e6 9. ♗g5 ed5 10. ♘d5 ♗e6 11. ♗d3 ♘c6 12. ♘e2 ♗d5 13. ed5 ♘e5 14. 0-0 ♖e8 15. ♖ae1 h6 16. ♗e3 b5 17. b3 ♖b8 18. ♗f2 bc4 19. ♗c4 ♘c4 20. bc4 ♘d7 21. ♖b1 ♘e5 22. ♕c2 ♕a5 23. ♗g3 ♖b4 24. ♗e5 ♗e5 25. ♖b4 cb4 26. ♖c1 ♕c5 27. ♔h1 ♕f2 28. ♘g1 ♕h4 29. ♘h3 ♗c3 30. ♕d3 ♖e1 31. ♖e1 ♕e1 32. ♘g1 ♕a1 **0:1**

28.06. 1295.

P. KERES - Dr. P. TRIFUNOVIC

1. ♘f3 ♘f6 2. c4 e6 3. ♘c3 d5 4. d4 ♗e7 5. ♗g5 0-0 6. e3 ♘bd7 7. ♖c1 c6 8. ♗d3 dc4 9. ♗c4 ♘d5 10. ♗e7 ♕e7 11. ♘e4 ♘5f6 12. ♘g3 ♕b4 13. ♕d2 ♕d2 14. ♔d2 c5 15. ♔e2 cd4 16. ♘d4 ♘e5 17. ♗b5 a6 18. ♗a4 b5 19. ♗b3 ♗b7 20. f3 ♗d5 21. e4 ♗b3 22. ab3 ♖fc8 23. ♔e3 ♘ed7 24. ♘c6 ♔f8 25. ♖hd1 ♖c7 26. ♘e2 ♖ac8 27. ♘a5 ♖c1 28. ♖c1 ½:½

29.06. 1296.

Dr. M. FILIP - P. KERES

1. d4 ♘f6 2. c4 e6 3. ♘f3 b6 4. g3 ♗b7 5. ♗g2 ♗e7 6. 0-0 0-0 7. ♘c3 ♘e4 8. ♘e4 ♗e4 9. ♗f4 d6 10. ♕d2 ♘d7 11. ♖fd1 ♘f6 12. ♘e1 ♗g2 13. ♘g2 ♕c8 14. ♕c2 c5 15. dc5 dc5 ½:½

2.07. 1297.

P. KERES - R. TESCHNER

1. e4 e5 2. ♘f3 ♘c6 3. ♗b5 a6 4. ♗a4 ♘f6 5. 0-0 ♘e4 6. d4 b5 7. ♗b3 d5 8. de5 ♗e6 9. c3 ♗c5 10. ♕d3 0-0 11. ♗e3 ♘e7 12. ♘bd2 ♗f5 13. ♗c5 ♘c5 14. ♕e3 ♘b3 15. ♘b3 f6 16. ♖fe1 fe5 17. ♕e5 ♘g6 18. ♕g3 c6 19. ♘fd4 ♕f6 20. ♘c5 a5 21. ♖e3 b4 22. ♘ce6 bc3 23. bc3 ♗e6 24. ♖e6 ♕f7 25. ♖c6 ♘f4 26. ♖e1 ♖ab8 27. h3 ♖b2 28. ♖e5 ♖a2 29. ♔h2 ♘g6 30. ♖f5 ♕e8 31. ♖c7 ♖f6 32. ♖b7 ♕e4 33. ♕c7 **1:0**

BLED
2.09.- 4.10.1961

4.09. 1298.

P. KERES - K. DARGA

1. d4 ♘f6 2. c4 e6 3. ♘f3 b6 4. e3 ♗b7 5. ♗d3 c5 6. 0-0 ♗e7 7. ♘c3 cd4 8. ed4 d5 9. b3 0-0 10. ♗b2 ♘c6 11. ♖c1 ♖c8 12. ♖e1 ♖e8 13. ♘e5 dc4 14. ♘c6 ♗c6 15. bc4 ♕d7 16. ♖e3 g6 17. ♗f1 ♖cd8 18. ♕e2 ♗f8 19. ♖d1 ♗h6 20. ♖ed3 ♗b7 21. ♕c2 ♖c8 22. ♕b3 ♗g7 23. a4 ♘e4 24. ♘b5 a6 25. ♘c3 ♘c3 26. ♗c3 ♗c6 27. ♖a1 b5 28. ab5 ab5 29. c5 ♖a8 30. ♖dd1 ♖a1 31. ♗a1 ♖a8 32. ♗c3 ♖a4 33. ♕b2 ♕d5 ½:½

5.09. 1299.

A.B. BISGUIER - P. KERES

1. d4 ♘f6 2. c4 e6 3. ♘f3 c5 4. e3 d5 5. ♘c3 a6 6. cd5 ed5 7. b3 ♗g4 8. ♗e2 ♘c6 9. 0-0 ♖c8 10. ♗b2 ♗f3 11. ♗f3 cd4 12. ed4 ♗e7 13. ♖e1 0-0 14. ♖c1 b5 15. ♕d3 ♗b4 16. a3 ♗a5 17. b4 ♗c7 18. g3 ♕d6 19. ♖c2 ♗b8 20. ♗c1 ♖fe8 21. ♖e8 ♖e8 22. ♗f4 ♕d7 23. ♗g5 ♕h3 24. ♘e2 ♘d4 25. ♕d4 ♕f5 26. ♗f6 ♕c2 27. ♕g4 g6 28. ♘d4 ♕d3 29. ♔g2 ♗e5 30. ♕d7 ♗f6 31. ♕e8 ♔g7 32. ♘c6 ♕f5 33. ♘e7 ♗e7 34. ♕e7 d4 35. ♗e4 **1:0**

6.09. **1300.**

B. PARMA - P. KERES

1. e4 e5 2. ♘f3 ♘c6 3. ♗b5 a6 4. ♗a4 d6 5. c3 ♗d7 6. d4 ♘ge7 7. ♗b3 h6 8. ♘bd2 ♘g6 9. ♘c4 ♗e7 10. ♘e3 ♗g5 11. 0-0 ♗e3 12. ♗e3 ♕f6 13. ♘e1 ♖d8 14. ♕f3 ♕e7 15. ♘d3 0-0 16. ♖fe1 ♔h7 17. ♕g3 ♕f6 18. de5 de5 19. ♖ad1 b6 20. f4 ♗c8 21. f5 ♘h8 22. ♘f2 ♖d1 23. ♖d1 ♖d8 24. ♖e1 ♕e7 25. ♘g4 h5 26. ♘f2 ♖d6 27. ♘h3 ♔g8 28. ♕f3 ♘a5 29. ♕h5 ♘b3 30. ab3 f6 31. ♘f2 ♕f7 32. ♕f7 ♘f7 33. g4 ♗b7 34. ♔g2 ♖d8 35. ♔f3 ♘d6 36. h4 ♔f7 37. ♗c1 a5 38. ♔g3 ♖a8 39. g5 g6 40. fg6 ♔g6 41. h5 ♔h5 42. ♖h1 ♔g6 43. ♖h6 ♔g7 ½:½

8.09. **1301.**

P. KERES - GERMEK

1. e4 c6 2. c4 d6 3. ♘c3 ♘f6 4. d4 g6 5. f4 ♗g7 6. ♘f3 0-0 7. ♗d3 ♘a6 8. 0-0 ♘c7 9. ♔h1 a6 10. a4 ♖b8 11. ♕e2 ♗d7 12. a5 b5 13. ab6 ♖b6 14. e5 de5 15. fe5 ♘g4 16. ♘a4 ♖b8 17. ♘c5 ♖a8 18. ♗e4 f5 19. ♗c2 ♘e6 20. ♘e6 ♗e6 21. ♗a4 ♕c7 22. ♗f4 ♖ad8 23. ♖fd1 ♕b6 24. h3 ♘h6 25. ♘g5 ♗c8 26. c5 ♕b4 27. ♕e3 ♔h8 28. ♗c6 ♕b2 29. d5 ♘g8 30. ♖db1 ♕c2 31. ♗a4 ♕c4 32. d6 ed6 33. cd6 h6 34. ♗b3 **1:0**

9.09. **1302.**

L. PACHMAN - P. KERES

1. c4 e5 2. ♘c3 ♘f6 3. ♘f3 ♘c6 4. d4 ed4 5. ♘d4 ♗c5 6. ♘c6 bc6 7. g3 h5 8. ♗g2 h4 9. 0-0 hg3 10. hg3 ♕e7 11. ♗f4 ♗b7 12. a3 ♘h5 13. ♕d2 ♘f4 14. ♕f4 ♗d6 15. ♕d2 0-0-0 16. b4 ♗e5 17. ♖ac1 f5 18. f4 ♗f6 19. e4

(diagram)

g5 20. e5 ♗g7 21. ♕f2 gf4 22. gf4 ♖dg8 23. b5 ♗f8 24. bc6 ♗c6 25. ♘d5 ♕h7 **0:1**

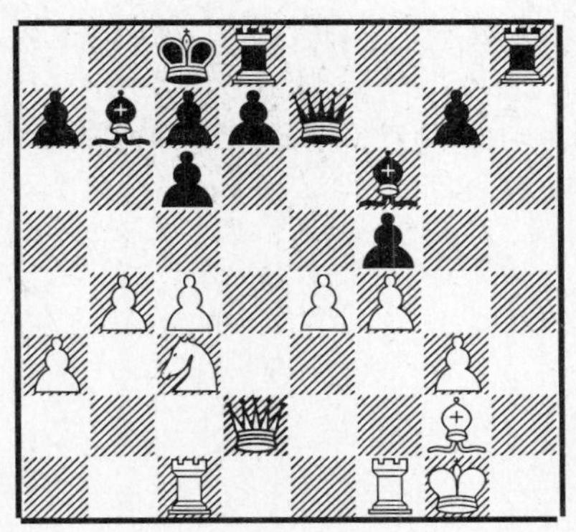

10.09. **1303.**

P. KERES - L. PORTISCH

1. e4 e6 2. d4 d5 3. ♘d2 c5 4. ed5 ed5 5. ♘gf3 ♘c6 6. ♗b5 ♗d6 7. 0-0 ♘e7 8. c4 0-0 9. dc5 ♗c5 10. ♘b3 ♗b6 11. ♗c6 bc6 12. c5 ♗c7 13. ♘fd4 ♕d7 14. ♖e1 ♘g6 15. ♗d2 ♘e5 16. ♗a5 ♗b8 17. ♕e2 ♕b7 18. ♗c3 ♕c7 19. g3 ♗g4 20. f3 ♗d7 21. ♘f5 f6 22. ♘d6 a5 23. ♗e5 fe5 24. ♕e5 ♗a7 25. ♖ac1 ♖f3 26. ♘c4 ♕d8 27. ♘ca5 ♗b8 28. ♘c6 ♗e5 29. ♘d8 ♖b3 30. ♖e5 ♖b2 31. c6 ♗c6 32. ♘c6 ♖aa2 33. ♘e7 ♔f7 34. ♖f1 ♔e8 35. ♘d5 ♔d7 36. ♖h5 h6 37. ♘e3 ♔e6 38. ♘g4 **1:0**

13.09. **1304.**

M. NAJDORF - P. KERES

1. d4 ♘f6 2. c4 e6 3. ♘f3 b6 4. g3 ♗b7 5. ♗g2 ♗e7 6. 0-0 0-0 7. ♘c3 ♘e4 8. ♕c2 ♘c3 9. ♕c3 d6 10. b3 ♘d7 11. ♗b2 ♘f6 12. ♘d2 ♗g2 13. ♔g2 d5 14. cd5 ♕d5 15. ♕f3 c5 16. ♕d5 ♘d5 17. dc5 ♗c5 18. ♖ac1 ♖fd8 **½:½**

14.09. **1305.**

P. KERES - B. IVKOV

1. e4 e5 2. ♘f3 ♘c6 3. ♗b5 a6 4. ♗a4 ♘f6 5. 0-0 ♗e7 6. ♖e1 b5 7. ♗b3 d6 8. c3 0-0 9. h3 ♘a5 10. ♗c2 c5 11. d4 ♕c7 12. ♘bd2 ♗d7 13. ♘f1 ♖fe8 14. ♘g3 g6 15. ♗g5 ♔g7

16. a4 ♗e6 17. ♕e2 ♗c4 18. ♕e3 ♗b3 19. ♗b3 ♘b3 20. ♖a3 ♘a5 21. ♕e2 b4 22. cb4 cb4 23. ♖d3 ♘c6 24. ♕d2 ♕b7 25. ♖d1 ♘g8 26. de5 de5 27. ♖d7 ♕b6 28. ♗e7 ♖e7 29. ♖e7 ♘ce7 30. ♘e5 ♕a5 31. ♕d4 f6 32. ♘c4 ♕c7 33. e5 **1:0**

15.09. **1306.**

M. TAL - P. KERES

1. e4 e5 2. ♘f3 ♘c6 3. ♗b5 a6 4. ♗a4 ♘f6 5. 0-0 ♗e7 6. ♗c6 dc6 7. ♘c3 ♗g4 8. h3 ♗h5 9. ♕e2 ♕c8 10. d3 h6 11. ♘d1 ♘h7 12. g4 ♗g4 13. hg4 ♕g4 14. ♔h2 ♕h5 15. ♔g2 ♕g4 16. ♔h2 ½:½

17.09. **1307.**

P. KERES - F. OLAFSSON

1. e4 c6 2. d4 d5 3. ♘c3 de4 4. ♘e4 ♗f5 5. ♘g3 ♗g6 6. ♗c4 e6 7. ♘1e2 ♘f6 8. h4 h6 9. ♘f4 ♗h7 10. ♕e2 ♗d6 11. c3 ♘bd7

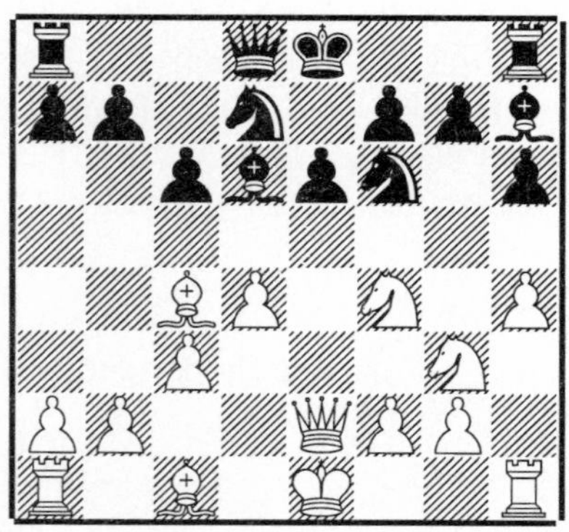

12. ♗e6 fe6 13. ♘e6 ♕e7 14. ♘f5 ♗f5 15. ♘g7 ♔f7 16. ♘f5 ♕e2 17. ♔e2 ♔e6 18. ♘d6 ♔d6 19. ♗f4 ♔e6 20. h5 c5 21. dc5 ♘c5 22. ♖ad1 ♘d5 23. ♗c1 ♖ae8 24. ♖h4 b6 25. f3 ♘f6 26. ♔f2 ♔f7 27. ♗e3 ♖e5 28. ♗d4 ♖e6 29. ♖f4 ♖d8 30. g4 ♖d5 31. b4 ♘d7 32. ♖e1 ♖e1 33. ♔e1 ♔e6 34. ♔e2 ♘e5 35. ♖f6 ♔f6 36. f4 ♔e6 37. ♗e5 ♖d7 38. ♗d4 b5 39. ♔f3 a6 40. ♔e4 ♔f7 41. g5 **1:0**

19.09. **1308.**

Y. GELLER - P. KERES

1. ♘f3 d5 2. c4 dc4 3. e3 e6 4. ♗c4 c5 5. 0-0 ♘f6 6. d4 a6 7. e4 b5 8. ♗d3 ♗b7 9. e5 ♘d5 10. a4 b4 11. ♘bd2 cd4 12. ♘b3 ♘d7 13. ♖e1 ♘c5 14. ♘c5 ♗c5 15. ♘g5 ♘e3 16. ♘e6 fe6 17. fe3 ♕g5 18. e4 ♕e5 19. ♗f4 ♕f4 20. ♕h5 ♕f7 21. ♕c5 ♕e7 22. ♖ac1 ♕c5 23. ♖c5 ♖c8 24. ♖c8 ♗c8 25. ♖c1 ♔d7 ½:½

20.09. **1309.**

P. KERES - A. MATANOVIC

1. e4 e5 2. ♘f3 ♘c6 3. ♗b5 a6 4. ♗a4 ♘f6 5. 0-0 ♗e7 6. ♖e1 b5 7. ♗b3 d6 8. c3 0-0 9. h3 ♘a5 10. ♗c2 c5 11. d4 ♕c7 12. ♘bd2 ♗d7 13. ♘f1 ♖fe8 14. ♘e3 g6 15. de5 de5 16. ♘h2 ♖ad8 17. ♕f3 ♗e6 18. ♘hg4 ♘g4 19. hg4 ♘c4 20. ♘d5 ♗d5 21. ed5 ♘b6 22. ♖d1 ♖d6 23. a4 ♖ed8 24. ab5 ab5 25. ♗e4 c4 26. ♗e3 ♘a4 27. ♗c2 ♘c5 28. g3 ♖6d7 29. ♔g2 ♗f8 30. ♖a2 ♕b7 31. ♖a5 ♕b6 32. ♖aa1 ♕b7 33. ♖a5 ♕b6 34. ♖aa1 ♕b7 35. ♖a2 ♖e8 36. ♗e4 ♖ed8 37. ♗c2 ♖e8 38. ♗e4 ♖ed8 39. ♗g5 ♖a8 40. ♖a8 ♕a8 41. ♗f6 ♗g7 42. ♗g7 ♔g7 43. ♕e3 ♕f8 44. f3 ♔g8 45. ♖h1 f6 46. ♖a1 ♘a4 47. ♗c2 ♕c5 48. ♕c5 ♘c5 49. ♖a8 ♔g7 50. ♗e4 ♘a4 51. ♖a5 ♘b2 52. ♖b5 ♘d1 53. ♖c5 f5 54. gf5 gf5 55. d6 ♖d6 56. ♗b7 ♔f6 57. ♔f1 ♖b6 58. ♔e1 ♘b2 59. ♖c6 ♖c6 60. ♗c6 h5 61. ♗d5 ♔g5 62. ♗f7 f4 63. gf4 ♔f4 64. ♔f2 h4 65. ♗e6 ♘d3 66. ♔g2 ♔e3 67. ♗c4 ♘f4 68. ♔h2 ♔f3 69. ♗b5 ♔e3 70. ♗a6 e4 71. ♗b5 ♔d2 72. c4 ♘d3 73. ♗c6 e3 74. ♗f3 ♔e1 75. ♔h3 ♘e5 76. ♗h5 ♔f2 77. ♗d1 ♘c4 78. ♔h4 ♘b2 79. ♗h5 ♘d3 80. ♔g5 ♘c1 81. ♔f4 ♘e2 82. ♔e5 ♘g1 83. ♔e4 ½:½

23.09. **1310.**

M. BERTOK - P. KERES

1. e4 e5 2. ♘f3 ♘c6 3. ♗b5 a6 4. ♗a4 ♘f6 5. 0-0 ♗e7 6. ♖e1 b5 7. ♗b3 d6 8. c3 0-0 9.

h3 a5 10. a4 b4 11. d4 bc3 12. ♘c3 ed4 13. ♘d4 ♘d4 14. ♕d4 ♖b8 15. ♕d1 c6 16. ♗c2 ♘d7 17. ♖b1 ♘e5 18. f4 ♘g6 19. ♕f3 ♕c7 20. f5 ♘e5 21. ♕g3 ♔h8 22. b3 ♖g8 23. ♕f2 ♗f6 24. ♘e2 ♕e7 25. ♖d1 ♗b7 26. ♘f4 ♖bd8 27. ♘h5 ♗g5 28. ♗f4 c5 29. ♕e3 h6 30. ♘g3 ♘c6 31. ♗g5 ♕g5 32. ♕g5 hg5 33. ♗d3 ♖ge8 34. ♗c4 ♘e5 35. ♗d5 ♖e7 36. ♖bc1 ♗d5 37. ♖d5 ♘c6 38. f6 gf6 39. ♘f5 ♖e6 40. ♖cd1 ♔g8 41. ♘d6 ♖b8 42. ♖c5 ♘e7 43. ♘b5 ♖e4 44. ♖d7 ♘g6 45. ♘d6 ♖d4 46. ♖b7 ♖f8 47. ♘f5 ♖d2 ½:½

25.09. 1311.

P. KERES - Dr. P. TRIFUNOVIC

1. e4 e5 2. ♘f3 ♘f6 3. d4 ed4 4. e5 ♘e4 5. ♕d4 d5 6. ed6 ♘d6 7. ♘c3 ♘c6 8. ♕f4 g6 9. ♗d2 ♕e7 10. ♗e2 ♗e6 11. 0-0-0 ♗g7 12. h4 h6 13. ♖he1 ♕f6 14. ♗d3 ♕f4 15. ♗f4 0-0-0 16. ♘e5 ♘e5 17. ♗e5 ♗e5 18. ♖e5 ♗c4 19. h5 ♗d3 20. ♖d3 ♖he8 21. ♖e8 ♖e8 22. hg6 fg6 ½:½

25.09. 1312.

M. UDOVCIC - P. KERES

1. c4 ♘f6 2. ♘c3 e6 3. g3 d5 4. cd5 ed5 5. d4 ♗d6 6. ♗g2 c6 7. ♘f3 0-0 8. 0-0 ♖e8 9. ♕c2 ♘bd7 10. ♘h4 ♘b6 11. b3 ♗e6 12. a4 ♖c8 13. ♗d2 ♘bd7 14. f4 ♘f8 15. f5 ♗d7 16. ♕d3 h6 17. ♗f4 ♕e7 18. ♗d6 ♕d6 19. ♘f3 c5 20. ♖ac1 ♘e4 21. ♘b5 ♕b6 22. ♘d2 ♗b5 23. ab5 ♘f6 24. e3 ♘8d7 25. ♘f3 ♘e4 26. ♔h1 ♘df6 27. ♘e5 cd4 28. ♕d4 ♕b5 29. ♗e4 ♖c1 30. ♖c1 de4 31. ♘c4 ♕f5 32. ♔g1 ♕c8 33. ♖f1 ♕b8 34. ♖f5 ♖d8 35. ♕c3 ♕c8 36. ♖f1 b5 **0:1**

28.09. 1313.

R.J. FISCHER - P. KERES

1. e4 c6 2. ♘c3 d5 3. ♘f3 ♗g4 4. h3 ♗f3 5. ♕f3 ♘f6 6. d4 de4 7. ♕e3 ♘bd7 8. ♘e4 ♘e4 9. ♕e4 ♘f6 10. ♕d3 ♕d5 11. c4 ♕d6 12. ♗e2 e5 13. d5 e4 14. ♕c2 ♗e7 15. dc6 ♕c6 16. 0-0 0-0 17. ♗e3 ♗c5 18. ♕c3 b6 19. ♖fd1 ♖fd8 20. b4 ♗e3 21. fe3 ♕c7 22. ♖d4 a5 23. a3 ab4 24. ab4 h5 25. ♖ad1 ♖d4 26. ♕d4 ♕g3 27. ♕b6 ♖a2 28. ♗f1 h4 29. ♕c5 ♕f2 30. ♔h1 g6 31. ♕e5 ♔g7 32. c5 ♕e3 33. c6 ♖c2 34. b5 ♖c1 35. ♖c1 ♕c1 36. ♔g1 e3 37. c7 e2 38. ♕e2 ♕c7 39. ♕f2 g5 40. b6 ♕e5 41. b7 ♘d7 42. ♕d2 ♘b8 43. ♗e2 ♔f6 44. ♗f3 ♔e6 45. ♗g4 f5 46. ♗d1 ♔f6 47. ♕d8 ♔g6 48. ♕g8 ♔h6 49. ♕f8 ♔g6 50. ♕b4 ♘c6 51. ♕d2 ♘d8 52. ♗f3 ♘b7 53. ♗b7 ♕a1 54. ♔h2 ♕e5 ½:½

29.09. 1314.

P. KERES - T. PETROSIAN

1. e4 c6 2. d4 d5 3. ♘c3 de4 4. ♘e4 ♗f5 5. ♘g3 ♗g6 6. ♘1e2 e6 7. h4 h6 8. ♘f4 ♗h7 9. c3 ♘f6 10. ♗d3 ♗d3 11. ♘d3 ♗d6 12. ♕f3 ♘bd7 13. ♗f4 ♗f4 14. ♕f4 ♕b8 15. ♕f3 ♕d6 16. 0-0-0 ♕d5 17. ♕d5 cd5 18. f4 ♘e4 19. ♘e4 de4 20. ♘e5 ♖d8 21. h5 ½:½

30.09. 1315.

S. GLIGORIC - P. KERES

1. d4 d5 2. c4 dc4 3. ♘f3 ♘f6 4. e3 e6 5. ♗c4 c5 6. 0-0 a6 7. dc5 ♕d1 8. ♖d1 ♗c5 9. ♘bd2 ♘bd7 10. ♘b3 ♗e7 11. ♗d2 b6 12. ♘fd4 ♗b7 13. ♖ac1 ♖c8 14. ♗e2 0-0 15. ♗e1 ♖c1 16. ♖c1 ♖c8 17. ♖c8 ♗c8 ½:½

3.10. 1316.

P. KERES - J.H. DONNER

1. e4 c6 2. d4 d5 3. ed5 cd5 4. c4 ♘f6 5. ♘c3 e6 6. ♘f3 ♗e7 7. cd5 ♘d5 8. ♗d3 0-0 9. 0-0 ♘c6 10. ♖e1 ♗d7 11. ♘d5 ed5 12. ♘e5 ♘e5 13. ♖e5 ♗d6 14. ♖d5 ♕c7 15. ♖h5 g6 16. ♖h4 f5 17. ♕b3 ♔h8 18. ♗h6 ♖f6 19. ♗g5 ♖ff8 20. ♗h6 ♖f6 21. ♗c4 f4 22. ♗g5 ♖ff8 23. ♗f7 **1:0**

USSR CLUB TEAM CHAMPIONSHIP
Riga, 7.- 18.10.1961

15.10. **1317.**

S. CHAVSKY - P. KERES

1. e4 e5 2. ♘f3 ♘c6 3. ♗b5 a6 4. ♗a4 ♘f6 5. d4 ed4 6. 0-0 ♗e7 7. e5 ♘e4 8. ♘d4 0-0 9. ♘f5 d5 10. ♗c6 bc6 11. ♘e7 ♕e7 12. ♖e1 f6 13. f3 ♘g5 14. ef6 ♕f6 15. ♗g5 ♕g5 16. ♕d2 ♕g6 17. ♘c3 ♗f5 18. ♖e2 ♖ad8 19. ♖ae1 h6 20. ♘a4 d4 21. ♘c5 ♖d5 22. ♘a6 d3 23. cd3 ♖d3 24. ♕f4 ♗c8 25. ♕c4 ♔h7 26. ♘c5 ♖f3 27. ♕e4 ♖8f5 28. ♕b1 h5 29. ♘e4 ♗a6 30. ♘g3 ♗d3 31. ♘f5 ♗b1 32. ♘h4 ♕f6 33. ♘f3 ♗a2 34. ♖e5 ♗d5 35. ♘g5 ♔g6 36. ♘e6 ♕h4 37. g3 ♕b4 38. ♘f4 ♔h7 39. ♖h5 ♔g8 40. ♖e8 ♔f7 41. ♖he5 ♕c5 42. ♖e3 ♕c1 ½:½

17.10. **1318.**

P. KERES - M. TAL

1. d4 ♘f6 2. ♘f3 e6 3. c4 d5 4. ♘c3 c5 5. cd5 ♘d5 6. e3 ♘c6 7. ♗d3 ♗e7 8. 0-0 0-0 9. ♖e1 b6 10. ♘d5 ed5 11. dc5 bc5 12. e4 ♗e6 13. ♗f4 de4 14. ♗e4 ♕d1 15. ♖ad1 ♖ac8 16. b3 h6 17. ♗d5 ♗d5 18. ♖d5 ♖fd8 19. ♖d8 ♖d8 ½:½

XXIX USSR CHAMPIONSHIP
Baku, 16.11.- 19.12.1961

17.11. **1319.**

P. KERES - A. LEIN

1. e4 e6 2. d4 d5 3. ♘c3 ♘c6 4. ♘f3 ♘f6 5. ♗g5 ♗e7 6. e5 ♘e4 7. ♗e7 ♕e7 8. ♗d3 ♕b4 9. ♗e4 de4 10. a3 ♕b2 11. ♘e4 ♕b5 12. ♘ed2 ♘a5 13. c4 ♕d7 14. 0-0 b6 15. ♖c1 ♗b7 16. ♘b3 ♕a4 17. ♘a5 ♕a5 18. ♘g5 h6 19. ♕h5 0-0 20. ♘h3 ♖ad8 21. ♕g4 c5 22. d5 ed5 23. ♘f4 ♗c8 24. ♕g3 dc4 25. ♘h5 g6 26. ♘f6 ♔g7 27. ♘h5 ♔g8 28. ♖c4 ♕d2 29. ♘f6 ♔g7 30. ♘h5 ♔h8 31. e6 ♖d5 32. e7 ♖e8 33. ♘f6 ♖e7 34. ♘d5 ♕d5 35. ♖cc1 ♔h7 36. ♖ce1 ♗e6 37. h4 ♖d7 38. ♖e5 ♕d3 39. ♕f4 c4 40. h5 ♗f5 41. hg6 ½:½

18.11. **1320.**

R. NEZHMETDINOV - P. KERES

1. e4 c6 2. ♘f3 d5 3. ♘c3 ♗g4 4. h3 ♗f3 5. ♕f3 ♘f6 6. d4 de4 7. ♕e3 e6 8. ♘e4 ♘bd7 9. ♘f6 ♕f6 10. ♗d2 ♗d6 11. c3 0-0 12. ♕g5 c5 13. ♗b5 ♖fd8 14. ♗d7 ♕g5 15. ♗g5 ♖d7 16. dc5 ♗c5 17. ♔e2 ♖d5 18. ♗e3 ♗e3 19. fe3 ♖ad8 20. ♖hd1 ♔f8 21. ♖d4 ♖d4 ½:½

19.11. **1321.**

P. KERES - B. GURGENIDZE

1. d4 ♘f6 2. ♘f3 g6 3. ♗g5 ♗g7 4. ♘bd2 d6 5. h3 0-0 6. e4 ♘c6 7. ♗b5 a6 8. ♗a4 b5 9. ♗b3 ♘a5 10. 0-0 ♘b3 11. ab3 h6 12. ♗f4 ♘d7 13. e5 de5 14. de5 ♘c5 15. b4 ♘e6 16. ♗e3 ♗b7 17. c3 ♕d5 18. ♘b3 ♕d1 19. ♖fd1 ♗f3 20. gf3 ♗e5 21. ♗h6 ♖fd8 22. ♗e3 ♔g7 23. ♔g2 ♖d6 24. ♖e1 ♖d5 25. ♖ad1 ♖ad8 26. ♖d5 ♖d5 27. ♖a1 ♖d6 28. ♘c5 ♘c5 29. bc5 ♖e6 30. f4 ♗f6 31. ♔f3 b4 32. cb4 ♗b2 33. ♖b1 ♗c3 34. ♖b3 ♗a1 35. ♖d3 ♔f6 36. ♔e2 ♗b2 37. ♔d2 ♔f5 38. ♖d7 c6 39. ♔d3 ♗g7 40. ♖a7 ♖e4 41. ♗d2 ♖d4 42. ♔c2 ♔e6 43. ♖c7 ♖c4 44. ♔d3 ♖d4 45. ♔e3 ♖f4 46. ♖c6 ♔d5 47. ♖a6 ♗h6 48. ♔e2 ♖e4 ½:½

21.11. **1322.**

B. SPASSKY - P. KERES

1. e4 e5 2. ♘f3 ♘c6 3. ♗b5 a6 4. ♗a4 ♘f6 5. 0-0 ♗e7 6. ♖e1 b5 7. ♗b3 d6 8. c3 0-0 9. h3 a5 10. d4 ed4 11. cd4 a4 12. ♗c2 ♘b4 13. d5 ♘d7 14. ♘a3 ♗f6 15. ♘b5 ♘c5 16. ♘bd4 ♗a6 17. ♖e3 ♘c2 18. ♕c2 ♖e8 19.

♘c6 ♕d7 20. e5 ♗e7 21. ♗d2 ♗f8 22. ♗b4 h6 23. ♖d1 ♗b7 24. ♘fd4 ♖a6 25. ♗c5 dc5 26. e6 fe6 27. ♘e5 ♕d6 28. ♘e6 ♗d5 29. ♖d5 ♕e6 30. ♘g6 ♕f7 31. ♖e8 ♕e8 32. ♘f8 ♔f8 33. ♕c5 ♔g8 34. ♕c7 ♕e1 35. ♔h2 ♕f2 36. ♕c4 ♔h7 37. ♕e4 ♖g6 38. ♖b5 ♕g3 39. ♔h1 ♕f2 40. ♖b4 a3 41. ba3 ♕f1 42. ♔h2 ♕f6 43. ♕b1 h5 44. ♖b5 ♕f4 45. ♔h1 ♔h6 46. ♕d1 ♖g5 47. a4 ♖f5 48. ♖b3 ♖c5 49. ♖b6 g6 50. ♖b1 ♖c3 51. a5 ♖a3 52. ♕d5 ♕c7 53. ♕d2 ♔h7 54. ♖c1 ♕a5 55. ♕d6 ♖c3 56. ♕d7 ♔g8 57. ♖d1 ♕e5 58. a4 ♖e3 59. ♕c8 ♔g7 60. ♕b7 ♔h6 61. ♕b4 ♖e2 62. a5 ♖a2 63. ♕f8 ♔g5 64. h4 ♔h4 65. ♕d8 ♔g4 66. ♕g8 ♖a1 67. ♕g6 ♔h4 68. ♖a1 ♕a1 69. ♔h2 ♕h1 70. ♔h1 **½:½**

22.11. 1323.

P. KERES - A. HASIN

1. e4 c5 2. ♘f3 d6 3. d4 cd4 4. ♘d4 ♘f6 5. ♘c3 g6 6. ♗e3 ♗g7 7. ♗b5 ♘bd7 8. f3 a6 9. ♗c4 0-0 10. ♕d2 ♕c7 11. ♗b3 ♘c5 12. 0-0-0 ♘b3 13. ab3 b5 14. ♗h6 b4 15. ♘d5 ♘d5 16. ed5 ♕a5 17. ♔b1 ♗h6 18. ♕h6 ♕d5 19. h4 f6 20. ♖he1 ♕b7 21. h5 g5 22. ♘c6 e6 23. ♖d6 a5 24. ♖ed1 ♕g7 25. ♕g7 ♔g7 26. ♖d8 ♖d8 27. ♖d8 ♔h6 28. g4 ♗b7 29. ♖d6 ♖a6 30. ♖e6 ♖c6 31. ♖e3 ♖d6 32. ♔c1 ♖d4 33. c4 ♖f4 34. c5 ♗f3 35. ♔d2 ♗g4 **0:1**

25.11. 1324.

M. TAIMANOV - P. KERES

1. ♘f3 d5 2. c4 e6 3. g3 dc4 4. ♕a4 ♘d7 5. ♗g2 ♘f6 6. ♕c4 a6 7. ♕c2 c5 8. 0-0 b5 9. a4 ♗b7 10. ab5 ab5 11. ♖a8 ♕a8 12. ♘a3 ♗c6 13. d3 ♗e7 14. ♗d2 0-0 15. ♖c1 ♕b7 16. ♘e1 ♗d5 17. ♕b1 ♖a8 18. ♘ac2 ♘e5 19. b3 ♗g2 20. ♘g2 ♘c6 21. b4 ♘d4 22. ♘d4 cd4 23. ♕b2 ♕d5 24. ♖c2 h6 25. ♘e1 e5 26. ♘f3 ♕e6 27. e4 de3 28. ♗e3 e4 29. ♘d4 ♕h3 30. de4 ♘g4 31. ♘f3 ♘e3 32. fe3 ♕g4 33. ♖f2 ♕e4 34. ♕d4 ♕e6 35. ♕d3 ♗b4 36. ♕b5 ♕e4 37. ♔g2 g5 38. h3 ♗d6 39. ♕b6 ♕e6 40. ♕d4 ♖c8 41. ♕g4 f5 **½:½**

26.11. 1325.

P. KERES - B. VLADIMIROV

1. e4 c5 2. ♘f3 ♘c6 3. d4 cd4 4. ♘d4 e6 5. ♗e3 ♘f6 6. ♗d3 d5 7. ♘c6 bc6 8. e5 ♘d7 9. f4 ♗a6 10. ♘d2 ♗c5 11. ♗c5 ♘c5 12. ♗a6 ♘a6 13. 0-0 0-0 14. ♔h1 ♕b6 15. b3 ♘c5 16. ♕e2 a5 17. a3 f5 18. ef6 ♖f6 19. g3 ♘d7 20. ♘f3 c5 21. ♖ab1 ♖b8 22. ♖fe1 h6 23. ♔g2 d4 24. ♘d2 ♕c6 25. ♕e4 ♕d5 26. ♔g1 ♘b6 27. a4 ♖c8 28. ♖e2 ♖c6 29. ♕d3 c4 30. bc4 ♕d8 31. ♖e4 ♖f8 32. ♖d4 ♕c7 33. ♘e4 ♖c4 34. ♖b6 ♖c2 35. ♖e6 ♖a2 36. ♕c4 ♖a1 37. ♔g2 **1:0**

27.11. 1326.

L. SHAMKOVICH - P. KERES

1. d4 d5 2. c4 dc4 3. ♘f3 ♘f6 4. e3 c5 5. ♗c4 e6 6. 0-0 a6 7. dc5 ♗c5 8. ♕d8 ♔d8 9. ♘bd2 ♔e7 10. b3 b6 11. ♗b2 ♗b7 12. ♗e2 ♘bd7 13. ♘c4 ♗d5 14. ♘d4 ♖hc8 15. ♖ac1 ♖c7 16. ♘f3 ♖ac8 17. ♘ce5 ♘e5 18. ♘e5 b5 19. ♘d3 ♗d6 20. f3 ♗b7 21. e4 ♖c2 22. ♖fe1 ♘d7 23. ♗f1 f6 24. ♖c2 ♖c2 25. ♖e2 ♖c8 26. g3 a5 27. ♖e1 a4 28. ♖c1 ♖c1 29. ♗c1 ab3 30. ab3 f5 31. ef5 ♗f3 32. fe6 ♘c5 33. ♔f2 ♗d5 34. ♘c5 ♗c5 35. ♗e3 ♗e3 36. ♔e3 b4 37. ♔d4 ♗b3 38. ♔c5 ♔e6 39. ♔b4 **½:½**

29.11. 1327.

P. KERES - M. TAL

1. d4 ♘f6 2. ♘f3 e6 3. c4 c5 4. e3 d5 5. cd5 ed5 6. ♗e2 ♘c6 7. 0-0 ♗d6 8. dc5 ♗c5 9. a3 0-0 10. b4 ♗d6 11. ♗b2 a6 12. ♘bd2 ♕e7 13. ♖c1 ♖d8 14. ♕c2 ♗g4 15. ♗d3 h6 16. h3 ♗d7 17. ♖fd1 ♖e8 18. ♕b1 ♖ad8 19. ♗f5 ♗b8 20. ♗d7 ♖d7 21. ♕f5 ♕e6 22. ♕e6 fe6 23. ♘b3 ♘e4 24. ♘fd2 ♘d6 25. e4 ♗a7 26. ♘c5 ♖f7 27. ♖e1 ♖ef8 28. f3 a5 29.

♔f1 ab4 30. ♘b7 ♘c4 31. ♘c4 dc4 32. ♖c4 ba3 33. ♗a3 ♘e5 ½:½

1.12. **1328.**

V. BAGIROV - P. KERES

1. e4 e5 2. ♘f3 ♘c6 3. ♗b5 a6 4. ♗a4 ♘f6 5. 0-0 ♗e7 6. d4 ed4 7. e5 ♘e4 8. ♘d4 0-0 9. ♘f5 d5 10. ed6 ♗f5 11. de7 ♘e7 12. ♗b3 ♘c5 13. ♘c3 ♘b3 14. cb3 c6 15. ♕f3 ♗e6 16. ♗e3 ♗d5 17. ♕f4 ♗e6 ½:½

3.12. **1329.**

P. KERES - V. SCHIJANOVSKY

1. e4 e5 2. ♘f3 ♘c6 3. ♗b5 a6 4. ♗a4 d6 5. 0-0 ♗d7 6. c4 g6 7. d4 ♗g7 8. ♗e3 ♘ge7 9. d5 ♘b8 10. c5 0-0 11. ♘c3 h6 12. ♘d2 ♘c8 13. b4 ♗a4 14. ♕a4 f5 15. f3 ♘d7 16. ♖ac1 f4 17. ♗f2 ♔h7 18. c6 b5 19. ♕a5 ♘db6

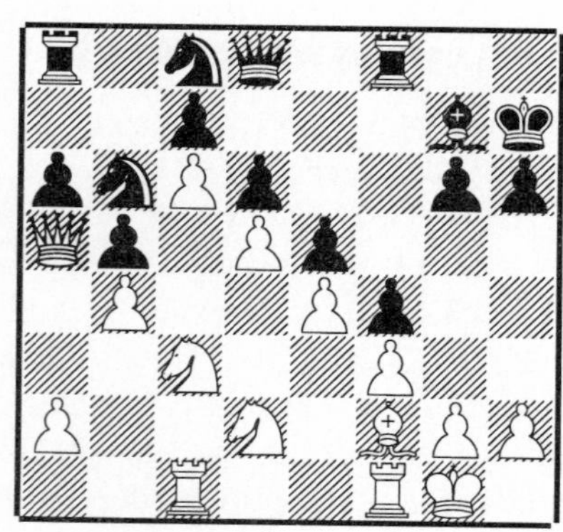

20. a4 ba4 21. ♘a4 ♘a4 22. ♕a4 ♘e7 23. ♖c2 ♘g8 24. ♖a1 ♗f6 25. ♕a5 ♗e7 26. ♖ca2 ♖b8 27. ♗a7 ♖c8 28. ♕a6 g5 29. b5 ♘f6 30. b6 cb6 31. ♗b6 ♕e8 32. ♕e2 ♖b8 33. ♗c7 ♖c8 34. ♖a7 ♖f7 35. ♘c4 **1:0**

4.12. **1330.**

Y. AVERBAKH - P. KERES

1. c4 ♘f6 2. d4 e6 3. ♘f3 b6 4. e3 ♗b7 5. ♗d3 ♗e7 6. 0-0 c5 7. ♘c3 cd4 8. ed4 d5 9. cd5 ♘d5 10. ♘e5 0-0 11. ♕f3 ♘d7 12. ♘d5 ♗d5 13. ♕h3 f5 14. ♗f4 ♘e5 15. ♗e5 ♗f6 16. ♕g3 ♖c8 17. ♖fe1 ♗e5 18. ♖e5 ½:½

5.12. **1331.**

P. KERES - E. VASIUKOV

1. e4 c5 2. ♘f3 e6 3. d4 cd4 4. ♘d4 a6 5. ♗d3 ♘f6 6. 0-0 ♕c7 7. ♖e1 ♗c5 8. ♗e3 0-0 9. ♘d2 d6 10. c3 ♘bd7 11. ♗c2 b5 12. ♖c1 ♗b7 13. ♗b1 ♗a7 14. ♗g5 ♖ac8 15. ♘f1 h6 16. ♗h4 ♖fe8 17. ♕d2 ♘g4 18. ♔h1 ♘ge5 19. b3 ♕b6 20. ♖cd1 ♘g6 21. ♗g3 ♘f6 22. h3 ♖ed8 23. ♕b2 ♘h5 24. ♖e3 ♕c7 25. ♕e2 ♘f6 26. ♖f3 ♕e7 27. ♗h2 ♘h4 28. ♖g3 e5 29. ♘f5 ♘f5 30. ef5 ♔f8 31. ♘d2 d5 32. ♖e1 ♖e8 33. c4 bc4 34. bc4 dc4 35. ♘c4 ♖c4 36. ♕c4 ♗f2 37. ♕e2 ♗e1 38. ♕e1 e4 39. ♖b3 e3 40. ♗d3 ♔g8 41. ♕e2 ♕d7 42. ♖b6 ♘e4 43. ♗c4 ♖c8 44. f6 ♖c4 45. ♕c4 ♘f2 46. ♔g1 ♕d1 **0:1**

6.12. **1332.**

Y. KOTS - P. KERES

1. e4 e5 2. ♘f3 ♘c6 3. ♗b5 a6 4. ♗a4 ♘f6 5. 0-0 ♗e7 6. ♖e1 b5 7. ♗b3 0-0 8. c3 d6 9. h3 ♘a5 10. ♗c2 c5 11. d4 ♕c7 12. ♘bd2 ♖e8 13. ♘f1 ♘d7 14. ♘e3 ♘b6 15. de5 de5 16. ♘d5 ♘d5 17. ed5 ♗b7 18. ♘g5 ♗g5 19. ♗g5 ♕d6 20. ♗e4 ♘c4 21. b3 ♘b6 22. c4 h6 23. ♗e3 bc4 24. ♖c1 ♗c8 25. g4 ♖f8 26. ♕f3 ♖a7 27. bc4 f5 28. gf5 ♖af7 29. ♔h2 ♗f5 30. ♖g1 ♘c8 31. ♖g2 ♘e7 32. ♖cg1 ♔h8 33. ♗f5 ♘f5 34. ♕e4 ♕e7 35. ♖g4 ♖b8 36. ♗c1 ♘d4 37. f4 ♕f8 38. ♔h1 ef4 39. ♖f4 ♖e8 40. ♖f7 ♕f7 41. ♕f4 ♕e7 42. ♗b2 ♖f8 43. ♕g4 ♕e5 44. ♕g3 ♖f4 45. d6 g5 46. ♖e1 ♕d6 47. ♖e8 ♔g7 48. ♕e3 ♔f7 49. ♖h8 ♕c6 50. ♔h2 ♖f3 51. ♕e1 ♖h3 52. ♔h3 g4 53. ♔g4 ♕f3 54. ♔h4 ♘f5 **0:1**

8.12. **1333.**

P. KERES - A. GIPSLIS

1. d4 ♘f6 2. ♘f3 g6 3. ♗g5 ♗g7 4. ♘bd2 0-0 5. e4 d6 6. c3 c5 7. dc5 dc5 8. ♗c4 ♘c6 9. 0-0 h6 10. ♗e3 b6 11. ♕e2 ♘a5 12. ♗b5 ♕c7 13. h3 ♗e6 14. ♘h2 ♘h5 15. ♘g4 ♔h7 16. ♖fd1 ♖ad8 17. ♘c4 ♘b7 18. a4 ♘d6 19.

♘d6 ed6 20. ♕d2 d5 21. ♗h6 de4 22. ♕e3 f5 23. ♗g7 ♕g7 24. ♘h2 ♕h6 **½:½**

11.12. **1334.**

V. SAVON - P. KERES

1. e4 e5 2. ♘f3 ♘c6 3. ♘c3 ♘f6 4. ♗b5 ♗b4 5. 0-0 0-0 6. d3 d6 7. ♗g5 ♗c3 8. bc3 ♕e7 9. ♖e1 ♘d8 10. d4 ♘e6 11. ♗c1 c5 12. ♖b1 ♖d8 13. ♗c4 b6 14. ♗d5 ♗b7 15. ♗b7 ♕b7 16. d5 ♘f4 17. g3 ♘4h5 18. ♘h4 ♕d7 19. ♕f3 g6 20. ♗g5 ♔g7 21. ♕e3 ♖e8 22. f3 ♕h3 23. ♗f6 ♔f6 24. ♕h6 ♔e7 25. a4 ♕d7 26. ♖b5 ♔d8 27. ♖eb1 ♔c7 28. a5 ♖eb8 29. ♕c1 ba5 30. ♖a5 a6 31. ♖ba1 ♕c8 32. ♘g2 ♖b5 33. ♖5a4 ♘f6 34. ♘e3 ♘d7 35. ♕a3 ♘b8 36. ♘c4 ♖a7 37. ♖a5 ♖ab7 38. ♖b5 ♖b5 39. ♕c1 f6 40. ♕h6 ♕g8 41. f4 ef4 42. ♕f4 ♕f8 43. e5 de5 44. ♕f3 ♔c8 45. ♘e5 c4 46. ♘g4 ♘d7 47. ♖d1 ♕d6 48. ♕e2 ♖d5 49. ♕c4 ♕c5 50. ♕c5 ♖c5 51. ♖d6 f5 52. ♘e3 ♖c3 53. ♔f2 a5 54. ♖a6 ♖c5 55. ♔e2 ♔b7 56. ♖d6 ♘e5 57. ♔d1 ♖c3 58. ♘d5 ♖c6 59. ♖d8 ♖c8 60. ♖c8 ♔c8 61. ♔c1 ♔b7 62. ♔b2 ♔c6 63. ♘e3 ♔c5 64. ♔b3 ♔d4 65. ♘d1 ♘c4 66. h4 ♘b6 67. ♘b2 ♔e4 68. c4 ♔d4 **0:1**

13.12. **1335.**

P. KERES - V. SMYSLOV

1. e4 c5 2. ♘f3 e6 3. d4 cd4 4. ♘d4 a6 5. ♗d3 ♗c5 6. ♘f3 ♗a7 7. 0-0 ♘c6 8. ♕e2 d6 9. ♗e3 ♘f6 10. ♘bd2 0-0 11. ♖fd1 ♗e3 12. ♕e3 ♕c7 13. ♗e2 ♘e5 14. c3 ♖d8 15. h3 b6 16. ♘b3 ♘g6 17. ♘bd4 ♗b7 18. ♗d3 ♖d7 19. ♗c2 ♖ad8 20. ♘e2 ♕c5 21. ♕c5 dc5 22. ♖d7 ♖d7 23. ♘g3 ♘f4 24. ♘e1 h5 25. f3 h4 26. ♘f1 a5 27. ♖d1 ♖d1 28. ♗d1 ♗a6 29. ♘e3 ♘d7 30. ♘g4 ♗c4 31. a3 ♔f8 32. ♔f2 g5 33. g3 hg3 34. ♔g3 ♔e7 35. ♘e3 ♘e5 36. h4 ♘h5 37. ♔h2 f6 38. hg5 fg5 39. ♘1g2 ♗a6 40. ♘g4 ♘g4 41. fg4 ♘f6 42. e5 ♘d7 43. ♘e1 ♘e5 44. ♔g3 ♗b7 45. ♗e2 c4 46. ♔f2 ♔d6 47. ♔e3 ♗d5 48. ♘c2 ♘d7 49. ♘d4 ♘c5 50. ♗d1 ♔e5 51. ♗c2 ♗b7 52. ♗d1 ♗e4 53. ♗f3 ♗d3 54. ♗c6 ♔f6 55. ♗b5 e5 56. ♘f3 ♘b7 57. ♘d2 ♘d6 58. ♗c6 ♗c2 59. ♗f3 ♔e6 60. ♗e2 ♔d5 61. ♘f3 ♘f7 62. ♘d2 b5 63. ♗f3 ♔d6 64. ♗e4 ♗d1 65. ♗f3 ♗f3 66. ♔f3 ♔c6 67. ♘e4 b4 68. ab4 ab4 69. cb4 ♔b5 70. ♘c3 ♔b4 71. ♔e4 ♔b3 72. ♘d1 ♘h6 73. ♘e3 **½:½**

15.12. **1336.**

R. KHOLMOV - P. KERES

1. e4 e5 2. ♘f3 ♘c6 3. ♘c3 ♘f6 4. ♗b5 ♘d4 5. ♘d4 ed4 6. e5 dc3 7. ef6 ♕f6 8. dc3 ♕e5 9. ♕e2 ♕e2 10. ♔e2 c6 11. ♗d3 d5 12. ♗f4 ♗g4 13. f3 ♗e6 14. ♔f2 0-0-0 15. ♖he1 ♗c5 16. ♗e3 d4 17. cd4 ♗d4 **½:½**

16.12. **1337.**

P. KERES - D. BRONSTEIN

1. e4 e5 2. ♘f3 ♘f6 3. ♘e5 d6 4. ♘f3 ♘e4 5. d4 ♗e7 6. ♗d3 ♘f6 7. 0-0 0-0 8. ♗g5 ♗g4 9. ♘bd2 ♘c6 10. c3 h6 11. ♗h4 ♘h5 12. ♗e7 ♘e7 13. g3 ♘f6 14. ♖e1 ♕d7 15. ♕b3 c6 16. ♗f1 ♖ae8 17. ♘h4 ♘c8 18. ♘g2 ♗h3 19. ♘f4 ♗f1 20. ♘f1 ♖e1 21. ♖e1 ♖e8 **½:½**

19.12. **1338.**

L. POLUGAYEVSKY - P. KERES

1. d4 e6 2. e4 d5 3. ♘c3 ♘f6 4. ♗g5 de4 5. ♘e4 ♗e7 6. ♗f6 ♗f6 7. ♘f3 ♗d7 8. ♗d3 ♗c6 9. c3 ♘d7 10. ♕e2 ♗e7 11. 0-0 0-0 12. ♖ad1 ♘f6 13. c4 ♗e4 14. ♗e4 c6 15. ♗b1 ♕c7 16. ♘e5 ♖ad8 17. ♖d3 c5 18. dc5 ♕c5 19. b3 ♖d3 20. ♘d3 ♕c7 21. ♖d1 **½:½**

5th CANDIDATES' TOURNAMENT
Curacao, 2.05.- 27.06.1962

2.05. **1339.**

P. KERES - Dr. M. FILIP

1. e4 c5 2. ♘f3 ♘c6 3. d4 cd4 4. ♘d4 e6 5. ♘c3 ♕c7 6. ♗e3 a6 7. ♗e2 ♘d4 8. ♕d4 b5 9. 0-0 ♗b7 10. ♖ad1 ♘f6 11. e5 ♘d5 12. ♘d5 ♗d5 13. ♖c1 ♖c8 14. a4 ♕b7 15. ab5 ab5 16. ♕g4 g6 17. ♗g5 h5 18. ♕g3 ♗g7 19. ♖fd1 ♕b8 20. f4 ♕b6 21. ♔h1 ♕b7 22. h3 ♗e4 23. c3 0-0 24. ♖d6 ♖c7 25. ♗f6 ♗f6 26. ef6 ♖c5 27. ♖cd1 ♖d8 28. ♔h2 ♔h7 29. ♖1d4 ♖f5 30. ♗d3 ♗d3 31. ♕d3 ♖f6 32. ♖d7 ♖d7 33. ♖d7 ♕b8 34. g3 h4 35. ♕d4 ♔g7 36. ♖d6 ♕a8 37. ♕e3 ½:½

3.05. **1340.**

M. TAL - P. KERES

1. e4 e5 2. ♘f3 ♘c6 3. ♗b5 a6 4. ♗a4 ♘f6 5. 0-0 ♗e7 6. ♖e1 b5 7. ♗b3 d6 8. c3 0-0 9. h3 ♘a5 10. ♗c2 c5 11. d4 ♘c6 12. ♘bd2 cd4 13. cd4 ♘d7 14. ♘b3 a5 15. ♗e3 a4 16. ♘c1 ed4 17. ♘d4 ♘d4 18. ♗d4 ♗f6 19. ♘e2 ♗b7 20. ♕d3 ♘c5 21. ♕b5 ♗e4 22. ♗e4 ♘e4 23. ♖ad1 d5 24. ♘f4 ♗d4 25. ♖d4 ♕f6 26. ♕d5 ♖ad8 27. ♖ee4 ♖d5 28. ♘d5 ♕g5 29. f4 ♕h6 30. ♖a4 ♕d6 31. ♖a5 h6 32. b4 ♔h7 33. ♖c5 ♕a6 34. ♘c3 ♖d8 35. f5 ♖d2 36. ♖e8 ♕d3 37. ♖e4 ♖c2 38. a4 ♖c1 39. ♔h2 ♕d6 40. ♖ee5 ♖c3 **0:1**

5.05. **1341.**

P. KERES - V. KORCHNOI

1. d4 ♘f6 2. ♘f3 d5 3. c4 e6 4. g3 dc4 5. ♕a4 ♘bd7 6. ♗g2 a6 7. ♕c4 c5 8. dc5 ♗c5 9. 0-0 b5 10. ♕h4 ♗b7 11. ♘bd2 ♗e7 12. ♘b3 ♖c8 13. ♕d4 0-0 14. ♗d2 ♘c5 15. ♕d8 ♖fd8 16. ♘c5 ♗c5 17. ♗a5 ♖e8 18. ♖fd1 ♗d5 19. ♘e1 ♗g2 20. ♔g2 ♘d5 21. ♘d3 ♗b6 22. ♗b6 ♘b6 23. ♖ac1 ♔f8 24. b3 ♖ed8 25. ♔f3 ♔e7 26. g4 h6 27. h4 a5 28. ♖g1 ♘d5 29. a3 g5 30. hg5 hg5 31. ♖gd1 ♘c3 32. ♖h1 a4 33. ba4 ba4 ½:½

6.05. **1342.**

T. PETROSIAN - P. KERES

1. c4 ♘f6 2. ♘f3 c6 3. ♘c3 d5 4. d4 dc4 5. a4 ♗f5 6. e3 e6 7. ♗c4 ♘bd7 8. 0-0 ♗b4 9. ♕e2 ♗g6 10. ♖d1 0-0 11. h3 ♖e8 12. ♗d2 ♕a5 13. ♘a2 ♗d2 14. ♕d2 ♕d2 15. ♖d2 ♖ad8 16. ♘c3 ♘e4 17. ♘e4 ♗e4 ½:½

9.05. **1343.**

P. KERES - Y. GELLER

1. d4 ♘f6 2. c4 g6 3. ♘c3 ♗g7 4. ♘f3 0-0 5. ♗g5 c5 6. e3 d6 7. ♗e2 h6 8. ♗h4 ♗g4 9. ♕b3 cd4 10. ♘d4 ♗e2 11. ♘de2 ♘bd7 12. 0-0 ♕a5 13. ♖ac1 ♘b6 14. ♗f6 ♗f6 15. ♘f4 ♗g7 16. ♖fd1 ♔h7 17. ♘cd5 e6 18. ♘b6 ♕b6 19. ♕b6 ab6 20. ♖d6 ♗b2 21. ♖b1 ♖a2 22. ♖b6 ♗g7 23. ♖b7 ♖c2 24. ♖c7 ♗e5 25. ♖c6 ♗f4 26. ef4 ♖b8 27. ♖d1 ♖d8 ½:½

10.05. **1344.**

P. KERES - P. BENKO

1. e4 c5 2. ♘f3 e6 3. d4 cd4 4. ♘d4 a6 5. ♘c3 b5 6. ♗d3 ♗b7 7. 0-0 ♕c7 8. ♖e1 ♗c5 9. ♗e3 ♘f6

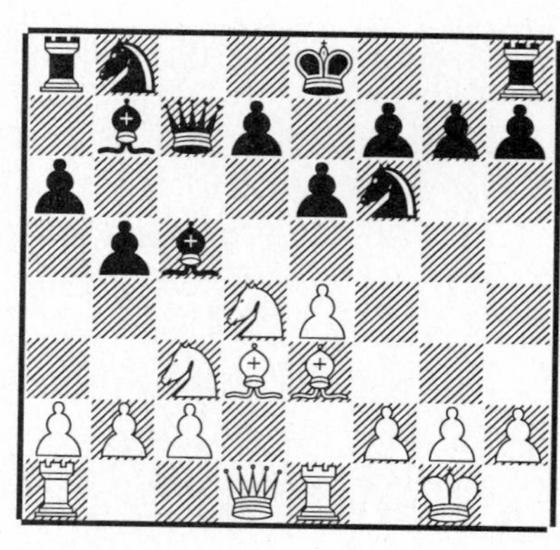

10. ♘db5 ab5 11. ♘b5 ♕c6 12. ♗c5 ♕c5 13. e5 ♗c6 14. b4 ♕b4 15. ef6 ♘a6 16. ♖b1 ♕f4 17. fg7 ♖g8 18. ♗e4 ♖g7 19. ♕d4 ♔f8 20. g3 ♕b8 21. ♗c6 dc6 22. ♘d6 ♕a7 23. ♕f6 ♘c5 24. ♖b4 ♕c7 25. ♖d1 ♖d8 26. ♖bd4 ♖d7 27. ♘e8 ♔e8 28. ♕g7 **1:0**

12.05. **1345.**

R.J. FISCHER - P. KERES

1. e4 e5 2. ♘f3 ♘c6 3. ♗b5 a6 4. ♗a4 ♘f6 5. 0-0 ♗e7 6. ♖e1 b5 7. ♗b3 d6 8. c3 0-0 9. h3 ♘a5 10. ♗c2 c5 11. d4 ♘d7 12. dc5 dc5 13. ♘bd2 ♕c7 14. ♘f1 ♘b6 15. ♘e3 ♖d8 16. ♕e2 ♗e6 17. ♘d5 ♘d5 18. ed5 ♗d5 19. ♘e5 ♖a7 20. ♗f4 ♕b6 21. ♖ad1 g6 22. ♘g4 ♘c4 23. ♗h6 ♗e6 24. ♗b3 ♕b8 25. ♖d8 ♗d8 26. ♗c4 bc4 27. ♕c4 ♕d6 28. ♕a4 ♕e7 29. ♘f6 ♔h8 30. ♘d5 ♕d7 31. ♕e4 ♕d6 32. ♘f4 ♖e7 33. ♗g5 ♖e8 34. ♗d8 ♖d8 35. ♘e6 ♕e6 36. ♕e6 fe6 37. ♖e6 ♖d1 38. ♔h2 ♖d2 39. ♖b6 ♖f2 40. ♖b7 ♖f6 41. ♔g3 **1:0**

13.05. **1346.**

Dr. M. FILIP - P. KERES

1. ♘f3 d5 2. c4 dc4 3. e3 ♘f6 4. ♗c4 e6 5. 0-0 c5 6. d4 a6 7. ♕e2 b5 8. ♗b3 ♗b7 9. ♖d1 ♘bd7 10. ♘c3 b4 11. ♘b1 ♗e7 12. ♘bd2 0-0 13. ♘c4 ♕c7 14. ♗d2 a5 15. ♘ce5 ♘e5 16. ♘e5 ♗d6 17. f4 a4 18. ♗c4 ♖fd8 19. ♔h1 ♗e4 20. ♖ac1 ♕b6 21. dc5 ♗c5 22. ♘d3 ♗e7 23. ♘f2 ♗b7 24. ♘d3 ♖ac8 25. ♘e5 ♗e4 26. ♗d3 ♗d3 27. ♘d3 ♖c1 28. ♗c1 ♘e4 29. ♔g1 ♕b5 30. ♔f1 ♕c4 31. ♘e1 ♕a2 32. ♖d8 ♗d8 33. ♕d3 ♕d5 34. ♕d5 ed5 35. ♘c2 ♗e7 36. ♔e2 ♗c5 37. ♗d2 b3 **0:1**

16.05. **1347.**

P. KERES - M. TAL

1. e4 c5 2. ♘f3 e6 3. d4 cd4 4. ♘d4 ♘c6 5. ♘c3 ♕c7 6. ♗e3 a6 7. ♗e2 ♘f6 8. a3 ♗d6 9. ♕d2 ♘d4 10. ♗d4 ♗f4 11. ♕d3 e5 12. ♗e3 ♗e3 13. ♕e3 d6 14. 0-0 0-0 15. ♖ad1 ♗e6 16. ♖d2 ♖ad8 17. ♖fd1 ♖d7 18. h3 ♖fd8 19. ♔h1 ♕c5 20. ♕c5 dc5 21. ♖d7 ♖d7 22. ♖d7 ♗d7 23. b4 cb4 ½:½

17.05. **1348.**

V. KORCHNOI - P. KERES

1. c4 ♘f6 2. ♘c3 e6 3. ♘f3 c5 4. g3 ♘c6 5. ♗g2 d5 6. cd5 ed5 7. d4 ♗e7 8. 0-0 0-0 9. ♗f4 ♗e6 10. ♖c1 ♖c8 11. dc5 ♗c5 12. ♘a4 ♗b6 13. a3 ♘e4 14. b4 ♕f6 15. ♕d3 ♗c7 16. ♗c7 ♖c7 17. b5 ♘e5 18. ♘e5 ♖c1 19. ♖c1 ♕e5 20. f4 ♕b8 21. ♗e4 de4 22. ♕e4 ♖e8 23. ♕d4 ♖d8 24. ♕b4 h6 25. ♘c5 ♗h3 26. ♘d3 ♖d5 27. ♘f2 ♕e8 28. e4 ♖b5 29. ♕d4 ♗d7 30. ♘d3 ♗c6 31. ♘e5 ♖b3 32. ♕c4 ½:½

19.05. **1349.**

P. KERES - T. PETROSIAN

1. d4 ♘f6 2. ♘f3 d5 3. c4 e6 4. ♘c3 ♗e7 5. ♗g5 h6 6. ♗h4 0-0 7. e3 b6 8. cd5 ♘d5 9. ♗e7 ♕e7 10. ♖c1 ♗b7 11. ♗d3 ♖c8 12. 0-0 c5 13. ♕e2 ♘c3 14. ♖c3 ♘d7 15. ♗a6 cd4 16. ♖c8 ♗c8 17. ♘d4 ♗a6 18. ♕a6 ♘c5 19. ♕b5 e5 20. ♘b3 ♘b3 21. ♕b3 ½:½

20.05. **1350.**

Y. GELLER - P. KERES

1. ♘f3 ♘f6 2. c4 c5 3. g3 e6 4. ♗g2 d5 5. cd5 ♘d5 6. 0-0 ♗e7 7. ♘c3 0-0 8. ♘d5 ed5 9. d4 ♘c6 10. dc5 ♗c5 11. ♗g5 ♗e7 12. ♗e7 ♕e7 13. ♕d5 ♕e2 14. ♕b3 ♕e7 15. ♖fe1 ♗e6 16. ♕c3 ♕b4 17. ♕b4 ♘b4 18. ♘d4 ½:½

23.05. **1351.**

P. BENKO - P. KERES

1. g3 e5 2. e4 ♘f6 3. ♗g2 ♘c6 4. ♘c3 ♗c5 5. d3 d6 6. ♘a4 ♗b4 7. c3 ♗a5 8. b4 ♗b6 9. ♘f3 ♗e6 10. 0-0 ♕d7 11. ♗g5 ♘g8 12. d4 ♗g4 13. b5 ♘a5 14. ♕d3 f6 15. ♗e3 ♘e7 16. c4 0-0 17. ♕c3 ♘g6 18. c5 ♗f3 19. ♗f3

ed4 20. ♕d4 ♘e5 21. ♗e2 dc5 22. ♕d7 ♘d7 23. ♖fd1 ♖fd8 24. ♗g4 ♘e5 25. ♗e6 ♔f8 26. ♗c5 ♗c5 27. ♘c5 ♔e7 28. ♗d5 c6 29. bc6 bc6 30. ♗b3 ♖ab8 31. ♖ac1 ♖d1 32. ♗d1 ♖b2 33. f4 ♘ec4 34. ♗b3 ♘d2 35. ♘d3 ♘ab3 36. ab3 ♖b3 37. ♘f2 ♔d6 38. ♔g2 ♖b2 39. ♖d1 ♔c7 40. ♘d3 ♖a2 41. ♘b4 ♖b2 42. ♘d3 ♖a2 43. e5 fe5 44. fe5 ♘c4 45. ♔f3 ♖d2 46. ♖d2 ♘d2 47. ♔e3 ♘b3 48. ♘f4 ♔d7 49. h4 ♘c5 50. ♘h5 ♘e6 51. ♔d3 c5 52. ♔c4 ♔c6 53. ♘f4 ♘f4 54. gf4 g6 55. h5 a5 56. h6 a4 **0:1**

24.05. **1352.**

P. KERES - R.J. FISCHER

1. e4 c5 2. ♘e2 d6 3. g3 g6 4. ♗g2 ♗g7 5. 0-0 ♘c6 6. c3 e5 7. d3 ♘ge7 8. a3 0-0 9. b4 b6 10. f4 ef4 11. gf4 d5 12. e5 ♗g4 13. h3 ♗e2 14. ♕e2 f6 15. b5 ♘a5 16. ♘d2 fe5 17. fe5 ♖f1 18. ♘f1 ♘b3 19. ♖b1 ♘c1 20. ♖c1 ♕c7 21. ♖e1 ♖d8 22. ♘h2 d4 23. cd4 cd4 24. ♘f3 ♗h6 25. ♕a2 ♔h8 26. ♕e6 ♘d5 27. ♘h2 ♘e3 28. ♗c6 ♖f8 29. ♘f3 ♗f4 30. ♘d4 ♗e5 31. ♘f3 ♗d4 32. ♖e3 ♗e3 33. ♕e3 ♕g3 34. ♔f1 ♕h3 35. ♔e1 ♕f5 36. d4 ♔g7 37. ♔f2 h5 38. ♔g3 ♕g4 39. ♔h2 ♖f4 40. ♕e7 ♔h6 41. ♕e2 ♕f5 42. ♕e3 g5 43. ♔g2 ♖g4 44. ♔f2 ♖f4 45. ♔g2 ♕c2 46. ♔h1 ♕b1 47. ♔h2 ♕a2 48. ♔h3 ♕f7 49. ♔h2 ♕f6 50. ♔g2 ♔g7 51. ♔g3 h4 52. ♔g2 ♖g4 53. ♔h1 ♖g3 54. ♕e4 g4 55. ♘h2 ♕g5 56. ♘f1 ♖h3 57. ♔g1 ♖a3 58. d5 g3 59. ♗d7 ♖a1 60. ♗f5 ♕f6 61. ♕f4 ♖e1 62. d6 ♖e5 63. ♕g4 ♔f8 64. d7 ♖d5 65. ♔g2 ♖d7 66. ♗d7 ♕f2 67. ♔h3 ♕f1 68. ♔h4 g2 69. ♕b4 ♔f7 70. ♕b3 ♔g7 71. ♕g3 ♔h7 72. ♕e5 ♕h1 73. ♗h3 ♕h3 74. ♔h3 g1♕ 75. ♕e7 ♔h8 76. ♕f8 ♔h7 77. ♕f7 ½:½

1.06. **1353.**

P. KERES - Dr. M. FILIP

1. e4 c5 2. ♘f3 e6 3. d4 cd4 4. ♘d4 a6 5. ♗d3 ♘f6 6. 0-0 ♕c7 7. ♘d2 ♗c5 8. ♘2b3 ♗e7 9. f4 d6 10. ♕f3 0-0 11. ♗d2 ♘c6 12. ♘c6 bc6 13. ♔h1 e5 14. ♗a5 ♕b8 15. ♗c3 ♗e6 16. ♘a5 ♕c7 17. fe5 de5 18. ♗c4 ♗d7 19. ♗b3 ♖ae8 20. ♕e3 ♗c8 21. ♘c4 ♘d7 22. ♕g3 ♗c5 23. ♖f5 ♖e7 24. ♖af1 h6 25. ♘e5 ♗d6 26. ♖f7 ♖ef7 27. ♖f7 ♖f7 28. ♗f7 **1:0**

2.06. **1354.**

M. TAL - P. KERES

1. e4 e5 2. ♘f3 ♘c6 3. ♗b5 a6 4. ♗a4 ♘f6 5. 0-0 ♗e7 6. ♖e1 b5 7. ♗b3 0-0 8. c3 d6 9. h3 ♘a5 10. ♗c2 c5 11. d4 ♘d7 12. ♘bd2 cd4 13. cd4 ♘c6 14. a3 ed4 15. ♘b3 ♘de5 16. ♘fd4 ♗f6 17. ♗d2 ♘d4 18. ♘d4 ♘d3 19. ♘c6 ♘f2 20. ♕f3

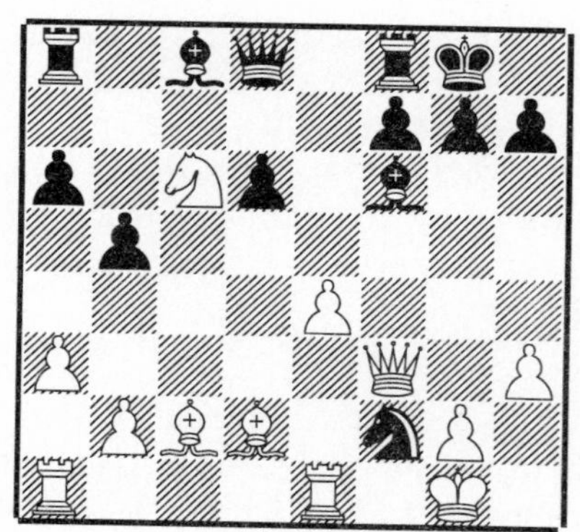

♘h3 21. ♔h2 ♗e5 22. ♘e5 de5 23. ♖ed1 ♘f4 24. g3 ♘e6 25. ♗c3 ♕g5 26. ♖d6 ♕h6 27. ♔g1 ♘d4 28. ♖h6 ♘f3 29. ♔f2 gh6 30. ♔f3 ♖e8 31. ♖h1 ♔g7 32. ♗b3 ♗b7 33. ♗d2 f5 34. ♖h6 ♖ad8 35. ♖b6 ♗e4 36. ♔e2 ♗f3 37. ♔e1 f4 38. ♗c3 fg3 39. ♖a6 ♖d4 40. ♖a7 ♔h6 41. ♖f7 **0:1**

4.06. **1355.**

P. KERES - V. KORCHNOI

1. e4 c5 2. ♘f3 ♘c6 3. d4 cd4 4. ♘d4 e6 5. ♘c3 ♕c7 6. ♗e3 a6 7. ♗e2 ♘f6 8. a3 ♗e7 9. 0-0 0-0 10. f4 d6 11. ♕e1 ♘d4 12. ♗d4 e5 13. fe5 de5 14. ♕g3 ♖e8 15. ♔h1 ♗d8 16.

♗e3 ♔h8 17. ♗d3 ♗e6 18. ♖ae1 ♖c8 19. ♗d2 ♕b6 20. ♘d1 ♘d7 21. b4 ♗e7 22. ♘e3 ♕d8 23. ♖d1 ♗h4 24. ♕f3 ♘b8 25. ♘f5 ♗f6 26. ♗e3 ♕c7 27. c4 ♗e7 28. c5 ♘c6 29. ♕e2 ♖cd8 30. ♗c4 ♗f8 31. ♗d5 g6 32. ♘h6 ♘d4 33. ♕c4 ♗h6 34. ♗h6 b5 35. ♕a2 ♕e7 36. ♗e3 ♔g8 37. ♗d4 ed4 38. ♖d4 ♕g5 39. ♕f2 ♕e5 40. ♖fd1 ♔g7 **1:0**

5.06. **1356.**

T. PETROSIAN - P. KERES

1. c4 ♘f6 2. d4 e6 3. ♘f3 b6 4. ♘c3 ♗b4 5. e3 c5 6. ♗d3 d5 7. dc5 bc5 8. 0-0 0-0 9. ♘e2 ♗b7 10. b3 ♘bd7 11. ♗b2 ♕e7 12. ♘g3 g6 13. cd5 ed5 14. a3 ♗a5 15. b4 cb4 16. ♕a4 ♗b6 17. ab4 ♘g4 18. ♖fe1 ♘de5 19. ♘e5 ♘e5 20. ♖ad1 ♘d3 21. ♖d3 ♖fc8 22. b5 **½:½**

8.06. **1357.**

P. KERES - Y. GELLER

1. e4 c5 2. ♘f3 d6 3. d4 cd4 4. ♘d4 ♘f6 5. ♘c3 ♘c6 6. ♗g5 e6 7. ♕d2 ♗e7 8. 0-0-0 0-0 9. f4 ♘d4 10. ♕d4 ♕a5 11. ♗c4 ♗d7 12. ♖he1 ♖fd8 13. ♗b3 b5 14. e5 de5 15. fe5 b4 16. ♗f6 gf6 17. ef6 ♕g5 18. ♔b1 ♕f6 19. ♕g4 ♕g7 20. ♕f3 bc3 21. ♖d7 ♖d7 22. ♕a8 **½:½**

9.06. **1358.**

P. KERES - P. BENKO

1. e4 c5 2. ♘f3 ♘c6 3. d4 cd4 4. ♘d4 g6 5. ♘c3 ♗g7 6. ♗e3 ♘f6 7. ♗c4 ♘a5 8. ♗e2 0-0 9. 0-0 d6 10. f4 ♗d7 11. ♘b3 ♗c6 12. ♕d3 ♘d7 13. ♗f3 ♘b3 14. cb3 ♘c5 15. ♕c2 ♕d7 16. e5 ♖ac8 17. ♖ad1 ♕e6 18. ♗c6 ♖c6 19. ♕f2 b6 20. ed6 ♖d6 21. ♖d6 ed6 22. ♖d1 ♘e4 23. ♘e4 ♕e4 24. h3 ♖c8 25. ♖d6 ♖e8 26. ♗d4 ♗h6 27. ♖d7 ♗f4 28. g3 ♕e6 29. ♖a7 ♗b8 30. ♖b7 ♗g3 31. ♕f3 ♗d6 32. ♔g2 ♗c5 33. ♗c3 ♗f8 34. ♖a7 h5 35. a4 f5 36. b4 g5 37. ♕h5 ♕d5 38. ♔g1 ♗c5 **1:0**

13.06. **1359.**

R.J. FISCHER - P. KERES

1. e4 e5 2. ♘f3 ♘c6 3. ♗b5 a6 4. ♗a4 ♘f6 5. 0-0 ♗e7 6. ♖e1 b5 7. ♗b3 d6 8. c3 0-0 9. h3 ♘a5 10. ♗c2 c5 11. d4 ♘d7 12. d5 ♘b6 13. g4 h5 14. ♘h2 hg4 15. hg4 ♗g5 16. ♘d2 g6 17. ♘df3 ♗c1 18. ♕c1 ♔g7 19. ♕g5 ♘b7 20. ♕d8 ♖d8 21. a4 ba4 22. ♗a4 ♘a4 23. ♖a4 ♗d7 24. ♖a2 c4 25. ♘d2 ♗b5 26. ♘hf1 ♖h8 27. ♘e3 ♖h4 28. ♔g2 ♖ah8 29. ♘f3 ♖h3 30. ♘f1 ♘c5 31. ♘g3 ♗d7 32. g5 f6 33. gf6 ♔f6 34. ♖e3 ♔e7 35. ♘d2 ♖h2 36. ♔g1 ♗b5 37. ♖a1 ♖2h4 38. ♔g2 ♖f8 39. ♖f3 ♖b8 40. ♔g1 ♖a8 41. ♖a5 ♖c8 42. ♖a3 ♖a8 43. ♖a5 ♖a7 44. ♔g2 ♘b7 45. ♖a1 a5 46. ♘gf1 ♘c5 47. ♘e3 a4 48. ♖h3 ♖h3 49. ♔h3 ♘d3 50. ♖a2 ♘f2 51. ♔g3 ♘d3 52. ♘ec4 ♖a8 53. ♘b6 ♖a6 54. ♘bc4 ♘c5 55. ♔f3 ♖a8 56. b4 ♘b3 57. ♘a3 ♗d7 58. ♔g2 ♗g4 59. ♘ac4 ♖c8 60. ♘e3 ♗d7 61. c4 ♖b8 62. b5 ♘c5 63. ♘d1 ♔d8 64. ♘c3 ♖a8 65. ♘f3 ♔c7 66. ♘g5 ♔b6 67. ♘f7 ♖f8 68. ♖f2 a3 69. ♖f3 ♗g4 70. ♖f2 a2 71. ♘a2 ♘e4 72. ♖f1 ♗f5 73. c5 dc5 **0:1**

14.06. **1360.**

Dr. M. FILIP - P. KERES

1. d4 ♘f6 2. c4 e6 3. ♘c3 ♗b4 4. e3 d5 5. a3 ♗e7 6. ♘f3 0-0 7. ♗d3 c5 8. 0-0 b6 9. ♕e2 ♘c6 10. dc5 bc5 11. ♖d1 ♗b7 12. ♕c2 d4 13. ♘e2 e5 14. ♘g3 ♖e8 15. ed4 ♘d4 16. ♘d4 ed4 17. ♗g5 h6 18. ♗f6 ♗f6 19. b4 ♕c7 20. b5 ♖e6 21. ♖e1 ♖ae8 22. ♖e6 ♖e6 23. a4 ♕a5 24. ♖f1 ♗e7 25. ♗e4 ♗e4 26. ♘e4 ♕b4 27. ♖d1 g6 28. ♘g3 ♖d6 29. ♘f1 ♗g5 30. g3 ♕c3 31. ♕d3 ♕a5 32. h4 ♗e7 33. ♖a1 ♖e6 34. ♔g2 h5 35. ♘d2 ♗f6 36. ♘e4 ♗e7 37. ♘d2 ♗f6 38. ♘e4 **½:½**

17.06. **1361.**

V. KORCHNOI - P. KERES

1. c4 e5 2. ♘c3 ♘f6 3. g3 c6 4. ♘f3 e4 5. ♘d4 d5 6. cd5 cd5 7. d3 ♕b6 8. ♘b3 ♘g4 9.

d4 ♗e6 10. f3 ef3 11. ef3 ♘f6 12. ♗e3 ♘c6 13. ♔f2 ♗d6 14. ♘b5 ♗b8 15. ♕d2 0-0 16. ♗g5 ♘d7 17. ♖c1 a6 18. ♘c3 ♕b4 19. ♗e3 ♗a7 20. ♔g2 ♖ac8 21. ♗d3 ♖fd8 22. ♘e2 a5 23. ♕b4 ♘b4 24. ♗b1 ♘c6 25. ♗f2 a4 26. ♘d2 ♖e8 27. ♖he1 ♗b6 28. a3 ♗a5 29. ♘c3 ♘a7 30. ♗d3 b5 31. ♖ed1 ♖c7 32. ♗e1 ♖ec8 33. ♘e2 ♘b6 34. ♖c7 ♖c7 35. b4 ab3 36. ♘b3 ♗e1 37. ♖e1 ♘c4 38. ♘f4 **½:½**

20.06. **1362.**

P. KERES - T. PETROSIAN

1. e4 c5 2. ♘f3 ♘c6 3. d4 cd4 4. ♘d4 g6 5. c4 ♘f6 6. ♘c3 ♘d4 7. ♕d4 d6 8. c5 ♗g7 9. ♗b5 ♗d7 10. ♗d7 ♕d7 11. cd6 0-0 12. ♗g5 ♘e8 13. ♕b4 ♘d6 14. f3 a5 **½:½**

21.06. **1363.**

Y. GELLER - P. KERES

1. ♘f3 ♘f6 2. c4 e6 3. ♘c3 c5 4. g3 ♘c6 5. ♗g2 d5 6. cd5 ♘d5 7. 0-0 ♗e7 8. d4 ♘c3 9. bc3 0-0 10. ♖b1 ♕a5 11. ♕d3 ♖d8 12. ♗g5 cd4 13. ♗e7 ♘e7 14. cd4 ♘g6 15. ♖fc1 ♖b8 **½:½**

23.06. **1364.**

P. BENKO - P. KERES

1. ♘f3 d5 2. g3 ♗g4 3. ♗g2 ♘d7 4. 0-0 c6 5. d3 e5 6. h3 ♗h5 7. c4 dc4 8. dc4 ♘gf6 9. ♗e3 ♕c7 10. ♘c3 ♗b4 11. ♕b3 a5 12. ♘a4 ♗e7 13. ♘h4 0-0 14. g4 ♗g6 15. ♘g6 hg6 16. ♖fd1 ♖ab8 17. c5 ♘h7 18. ♘b6 ♖bd8 19. ♕c3 ♗g5 20. ♘c4 ♗e3 21. ♕e3 ♖fe8 22. ♕a3 ♖a8 23. ♖d2 ♘hf8 24. ♖ad1 ♖ed8 25. ♕e3 ♖e8 26. b3 ♖ab8 27. a3 ♖a8 28. b4 ab4 29. ab4 ♖a4 30. ♕c3 ♖a6 31. ♖d6 ♘f6 32. ♘b6 e4 33. e3 g5 34. ♕d2 ♕e7 35. ♖d8 ♖a3 36. ♖e8 ♕e8 37. ♕b2 ♖a7 38. ♘c4 ♕e6 39. ♗f1 ♘d5 40. ♘b6 ♘b6 41. cb6 ♖a4 42. b5 ♖a2 43. ♕b1 cb5 44. ♖d8 f5 45. gf5 ♕f7 46. ♗b5 g6 47. ♖c8 **1:0**

26.06. **1365.**

P. KERES - R.J. FISCHER

1. d4 d5 2. c4 e6 3. ♘c3 ♘f6 4. ♘f3 ♗e7 5. cd5 ed5 6. ♗f4 c6 7. ♕c2 g6 8. e3 ♗f5 9. ♗d3 ♗d3 10. ♕d3 ♘bd7 11. 0-0 0-0 12. h3 ♘h5 13. ♗h6 ♖e8 14. ♖ab1 a5 15. ♖fe1 f5 16. g4 fg4 17. hg4 ♘hf6 18. ♘h2 ♔h8 19. ♗f4 ♗f8 20. ♔g2 ♘e4 21. ♘f3 ♗g7 22. ♖h1 ♕f6 23. ♕c2 ♔g8 24. ♗e5 ♕e6 25. ♘e4 de4 26. ♕e4 ♗e5 27. de5 ♘f6 28. ♕f4 ♕g4 29. ♕g4 ♘g4 30. ♖bd1 ♘e5 **½:½**

HOLLAND - USSR TEAM MATCH

The Hague, 3.- 4.07.1962

3.07. **1366.**

H. BOUWMEESTER - P. KERES

1. ♘f3 d5 2. g3 ♗g4 3. ♗g2 ♘d7 4. c4 c6 5. cd5 cd5 6. d4 e6 7. ♘c3 ♘gf6 8. 0-0 ♗d6 9. ♗f4 ♗f4 10. gf4 0-0 11. ♖c1 ♖c8 12. ♘e5 ♗h5 13. ♕b3 ♕b6 14. ♕b6 ♘b6 15. e3 ♘e8 16. ♘b5 ♗e2 17. ♖c8 ♘c8 18. ♖c1 ♗b5 19. ♖c8 ♘d6 20. ♖c1 **½:½**

4.07. **1367.**

P. KERES - H. BOUWMEESTER

1. e4 d6 2. d4 ♘f6 3. ♘c3 g6 4. ♗e2 ♗g7 5. h4 ♘c6 6. ♗e3 e5 7. d5 ♘d4 8. ♗d4 ed4 9. ♕d4 0-0 10. ♕d2 ♖e8 11. f3 ♘h5 12. g4 ♘g3 13. ♖h2 ♘e2 14. ♘ge2 c5 15. 0-0-0 ♕a5 16. h5 b5 17. hg6 hg6 18. ♖dh1 b4 19. ♘d1 ♕a2 20. ♕f4 ♗a6 21. g5 ♗e2 22. ♔d2 ♗f3 23. ♕f3 ♕c4 24. ♖h4 ♕d4 25. ♔e2 ♖e7 26. ♘f2 ♖ae8 27. ♔f1 ♕b2 28. ♘g4 ♕c1 29. ♔f2 ♕d2 30. ♔f1 ♕c1 31. ♔f2 **½:½**

27. Above: Tallinn 1962.
28. Below: Los Angeles 1963. F.l.t.r. P. Keres, G. Piatigorsky, his wife, T. Petrosian.

29. Tallinn 1965. With Hastings Cup.

30. Above: Zürich 1961. R. J. Fischer – F. Olafsson.
31. Below: Tallinn 1964. F.l.t.r. L. Vahesaar, P. Keres and T. Petrosian.

32. Above left: Tallinn 1965. Hobby. **33.** Above right: W.Unzicker.
34. Below: Tallinn 1965. V. Korchnoi – P. Keres.

FINLAND - ESTONIA TEAM MATCH
Helsinki, 21.- 22.07.1962

21.07. **1368.**

P. KERES - K. OJANEN

1. e4 c5 2. ♘f3 d6 3. d4 cd4 4. ♘d4 ♘f6 5. ♘c3 a6 6. ♗g5 ♘bd7 7. ♗c4 h6 8. ♗h4 ♕a5 9. ♕e2 g5 10. ♗g3 ♘e5 11. ♗b3 ♗d7 12. 0-0-0 e6 13. h4 ♖g8 14. hg5 hg5 15. f3 0-0-0 16. ♗e1 ♕c7 17. g3 ♔b8 18. ♗f2 ♖c8 19. ♔b1 ♗e7 20. ♕e3 b6 21. a3 ♕b7 22. ♘de2 ♗c6 23. g4 ♖h8 24. ♘d4 ♘fd7 25. ♗g3 ♔a8 26. ♘c6 ♖h1 27. ♖h1 ♖c6 28. ♖h7 ♔b8 29. ♘a2 ♖c8 30. ♗e6 fe6 31. ♖e7 ♕c6 32. ♘b4 ♕b5 33. ♕d4 **1:0**

22.07. **1369.**

K. OJANEN - P. KERES

1. c4 e5 2. ♘c3 ♘f6 3. ♘f3 ♘c6 4. d4 ed4 5. ♘d4 ♗c5 6. e3 0-0 7. ♗e2 ♘e5 8. 0-0 ♖e8 9. ♘f3 ♗b4 10. ♗d2 c6 11. ♘e4 ♗e7 12. ♘f6 ♗f6 13. ♗c3 d6 14. ♕c2 ♗e6 15. ♖ad1 ♕e7 16. ♘d4 ♖ad8 17. h3 ♗c8 18. ♗a5 b6 19. ♗d2 c5 20. ♘b5 ♗e6 21. f4 ♘c6 22. ♗f3 ♘b4 23. ♗b4 cb4 24. ♖fe1 a6 25. ♘d4 ♖c8 **½:½**

5th CANDIDATES` TOURNAMENT
GELLER - KERES MATCH
Moscow, 11.- 25.08.1962

11.08. **1370.**

Y. GELLER - P. KERES

1. ♘f3 ♘f6 2. c4 c5 3. g3 ♘c6 4. ♗g2 e5 5. ♘c3 d6 6. 0-0 ♗e7 7. d3 0-0 8. a3 a6 9. ♘e1 ♖b8 10. ♘c2 ♘d4 11. b4 b5 12. cb5 ab5 13. ♗g5 ♗e6 14. ♘e3 ♗b3 15. ♕d2 ♖c8 16. ♖fe1 cb4 17. ab4 h6 18. ♗f6 ♗f6 19. ♖a3 ♗e6 20. ♘ed5 ♗g5 21. e3 ♗g4 22. f4 ef4 23. gf4 ♘f3 24. ♗f3 ♗f3 25. ♖f1 ♗d5 26. ♘d5 ♗h4 27. ♔h1 ♖a8 28. ♖c3 ♖a7 29. ♕g2 ♔h8 30. ♖g1 ♖g8 31. ♕h3 ♕a8 32. e4 ♗f2 33. ♖gc1 ♖a1 34. ♕f1 ♖c1 35. ♖c1 ♗d4 36. ♘e7 ♖f8 37. ♘f5 ♗f6 38. ♘d6 ♗e7 39. ♘b5 ♗b4 40. ♘c7 ♕a7 41. ♘d5 ♗c5 42. f5 ♗d4 43. f6 g6 44. ♕f4 ♔h7 45. ♕d6 ♖c8 46. ♖f1 ♗c5 47. ♕e5 ♕a6 48. ♘f4 ♔g8 49. ♖a1 ♕b7 50. ♖c1 ♗d4 51. ♖c8 ♕c8 52. ♕d4 ♕c1 53. ♔g2 ♕f4 54. h3 h5 55. ♕f2 ♕g5 56. ♔f1 ♕c1 57. ♔g2 ♕g5 58. ♔h1 ♕e5 59. h4 ♕c3 **½:½**

13.08. **1371.**

P. KERES - Y. GELLER

1. e4 c5 2. ♘f3 ♘c6 3. d4 cd4 4. ♘d4 g6 5. c4 ♘f6 6. ♘c3 ♘d4 7. ♕d4 d6 8. ♗e2 ♗g7 9. ♗e3 0-0 10. ♕d2 ♗e6 11. ♖c1 ♕a5 12. f3 ♖fc8 13. b3 a6 14. ♘d5 ♕d2 15. ♔d2 ♗d5 16. cd5 ♘d7 17. ♖c4 ♖c4 18. ♗c4 ♖c8 19. ♖b1 h5 20. ♗d3 ♗e5 21. g3 ♔f8 22. ♗f1 ♔e8 23. ♗h3 ♔d8 24. ♖c1 ♖c1 25. ♔c1 ♗c3 26. a3 ♗a5 27. ♗d7 ♔d7 28. ♔c2 ♗e1 29. g4 hg4 30. fg4 ♗h4 31. ♔d3 ♗f6 32. a4 g5 33. h3 e6 34. ♔c4 ♗d8 35. b4 e5 36. b5 ♔c8 37. ♔b4 ♔b8 38. ♗d2 ♔c8 39. ♔c4 ♔d7 40. ♔d3 ab5 41. ab5 b6 42. ♔e2 f6 43. ♗g5 fg5 **½:½**

15.08. **1372.**

Y. GELLER - P. KERES

1. ♘f3 ♘f6 2. d4 e6 3. c4 b6 4. ♘c3 ♗b4 5. e3 c5 6. ♗d3 d5 7. cd5 ed5 8. 0-0 0-0 9. a3 ♗c3 10. bc3 ♗a6 11. dc5 bc5 12. ♗a6 ♘a6 13. c4 dc4 14. ♕a4 ♘c7 15. ♕c4 ♕d5 16. ♕c2 ♘e6 17. ♗b2 ♕e4 18. ♖fc1 ♕c2 19. ♖c2 ♘d5 20. ♗e5 ♖fd8 21. ♔f1 f6 22. ♗g3 ♖d7 23. ♘d2 ♖c8 24. ♖ac1 ♘b6 25. ♘e4 ♘a4 26. ♖c4 ♘b6 27. ♖c3 ♖d5 28. ♔e2 f5 29. ♘d2 ♖e8 30. ♖d3 f4 31. ♖d5 ♘d5 32. ef4 ♘ef4 33. ♔f3 ♘d3 34. ♖c4 h5 35. ♖e4 ♘e1 **0:1**

17.08. **1373.**

P. KERES - Y. GELLER

1. d4 ♘f6 2. ♘f3 c5 3. dc5 e6 4. a3 ♗c5 5. b4 ♗e7 6. ♗b2 a5 7. b5 0-0 8. e3 d6 9. c4 ♘bd7 10. ♗e2 ♘c5 11. 0-0 ♕c7 12. ♘c3 ♖d8 13. ♖c1 ♗d7 14. ♘a4 ♘fe4 15. ♘c5 ♘c5 16. ♘e1 a4 17. ♘d3 ♘b3 18. ♖c2 ♖ac8 19. ♘b4 ♗e8 20. ♗d3 ♗f8 21. ♖c3 g6 22. ♖c2 ♗g7 23. ♗g7 ♔g7 24. ♕b1 ♕e7 25. ♖d1 ♖c5 26. h3 ♖dc8 27. ♗f1 f6 28. ♗d3 ♗f7 29. ♘a2 d5 30. cd5 ed5 31. ♘b4 ♖c2 32. ♗c2 **½:½**

19.08. **1374.**

Y. GELLER - P. KERES

1. d4 ♘f6 2. c4 e6 3. ♘c3 ♗b4 4. e3 d5 5. ♘f3 0-0 6. ♗d3 c5 7. 0-0 dc4 8. ♗c4 ♗d7 9. a3 ♗c3 10. bc3 ♗c6 11. ♖e1 ♘bd7 12. ♗d3 ♕a5 13. ♗b2 cd4 14. cd4 ♗e4 15. ♘e5 ♗d3 16. ♘d7 ♘d7 17. ♕d3 ♖ac8 18. ♖ec1 ♘b6 **½:½**

21.08. **1375.**

P. KERES - Y. GELLER

1. d4 ♘f6 2. c4 c5 3. d5 e5 4. ♘c3 d6 5. g3 g6 6. ♗h3 ♘bd7 7. ♘f3 a6 8. 0-0 ♗g7 9. e4 0-0 10. ♖e1 ♘e8 11. ♕d3 ♘c7 12. ♗g5 f6 13. ♗d2 ♖b8 14. a4 b6 15. ♘h4 ♔h8 16. ♕f1 ♖f7 17. ♗e6 ♕e7 18. ♕h3 ♔g8 19. f4 ef4 20. gf4 ♕e8 21. ♗f7 ♕f7 22. ♕g3 ♘e8 23. ♖e2 ♕e7 24. ♖ae1 ♘c7 25. ♘f3 ♗b7 26. ♘d1 b5 27. ♗a5 ♘e8 28. ab5 ab5 29. cb5 ♖a8 30. ♗d2 ♖a4 31. ♘h4 ♘c7 32. ♕b3 ♘b6 33. ♘f3 ♕d7 34. ♖g2 f5 35. ♘f2 fe4 36. ♘e4 ♗d5 37. ♕d3 ♕b5 38. ♘f6 ♗f6 39. ♖g6 hg6 40. ♕g6 ♗g7 41. ♘g5 **0:1**

23.08. **1376.**

Y. GELLER - P. KERES

1. d4 ♘f6 2. c4 e6 3. ♘c3 ♗b4 4. e3 0-0 5. ♗d3 d5 6. ♘f3 c5 7. 0-0 dc4 8. ♗c4 ♘bd7 9. ♕e2 a6 10. a3 cd4 11. ab4 dc3 12. bc3 ♕c7 13. e4 ♘e5 14. ♘e5 ♕e5 15. ♗d3 ♖d8 16. ♗b2 ♕h5 17. f3 e5 18. c4 ♗e6 19. ♗c1 ♘d7 20. ♗e3 f6 21. ♖fc1 ♖ac8 22. ♖a3 ♕f7 23. ♖ac3 h6 24. ♕b2 ♔h7 25. ♗f1 ♕e7 26. ♗e2 ♕e8 27. ♕a3 ♕e7 28. ♕a5 ♕e8 29. ♖3c2 ♕e7 30. ♗f1 ♕e8 31. ♗e2 ♕e7 32. ♔f2 ♘f8 33. b5 ab5 34. cb5 ♖c2 35. ♖c2 ♖c8 36. ♖c8 ♗c8 37. ♕c3 ♕d8 38. b6 ♗d7 39. ♗c4 ♗c6 40. ♗b3 ♘d7 41. ♕d3 ♕f8 42. ♕c4 ♕d8 43. ♔g3 f5 44. ef5 ♘f6 45. ♔f2 e4 46. ♕d4 ♕e7 47. f4 ♕a3 48. ♗d1 ♘d5 49. g4 ♕a2 50. ♕d2 ♕a1 51. ♗b3 ♕h1 **½:½**

25.08. **1377.**

P. KERES - Y. GELLER

1. d4 ♘f6 2. c4 e6 3. ♘f3 d5 4. ♘c3 c5 5. cd5 ♘d5 6. e3 ♘c6 7. ♗c4 ♘c3 8. bc3 ♗e7 9. 0-0 0-0 10. e4 b6 11. ♗b2 ♗b7 12. ♕e2 ♘a5 13. ♗d3 ♖c8 14. ♖ad1 cd4 15. cd4 ♗b4 16. d5 ed5 17. ed5 ♕e7 18. ♘e5 f6

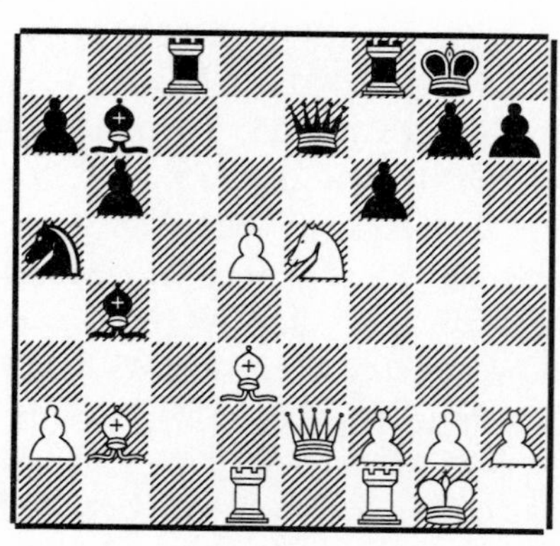

19. ♕h5 g6 20. ♘g6 hg6 21. ♗g6 ♕g7 22. ♖d3 ♗d6 23. f4 ♕h8 24. ♕g4 ♗c5 25. ♔h1 ♖c7 26. ♗h7 ♔f7 27. ♕e6 ♔g7 28. ♖g3 **1:0**

THE 15th OLYMPIAD
Varna, 16.09.- 10.10.1962

16.09. **1378.**

P. KERES - B. MALICH

1. d4 ♘f6 2. c4 g6 3. ♘c3 d5 4. ♘f3 ♗g7 5. e3 0-0 6. cd5 ♘d5 7. ♗c4 ♘c3 8. bc3 c5 9. 0-0 ♕c7 10. ♕e2 b6 11. ♖d1 ♘c6 12. ♗b2 ♗b7 13. e4 ♘a5 14. ♗d3 e6 15. ♖ac1 ♖fd8 16. ♕e3 ♖ac8 17. h4 cd4 18. cd4 ♕d6 19. h5 ♖c1 20. ♖c1 ♖c8 21. ♖c8 ♗c8 22. ♘g5 ♕e7 23. hg6 hg6 24. ♕g3 ♗f6 25. ♘f3 ♕b4

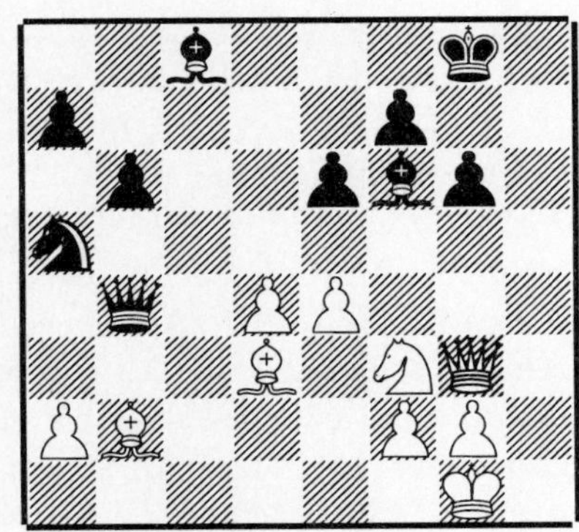

26. ♕c7 ♕b2 27. e5 ♗e7 28. ♕e7 ♕c1 29. ♗f1 ♗b7 30. ♘g5 ♕f4 31. g3 **1:0**

18.09. **1379.**

P. KERES - AKAKINCI

1. e4 c6 2. c4 e5 3. ♘f3 d6 4. d4 ♘d7 5. ♘c3 ♘gf6 6. ♗e2 ♗e7 7. 0-0 0-0 8. h3 ed4 9. ♘d4 ♘c5 10. ♕c2 a5 11. ♗f4 ♕c7 12. ♖ad1 ♖e8 13. ♖fe1 h6 14. ♗f1 ♗f8 15. ♗h2 ♗d7 16. ♘b3 ♘b3 17. ♕b3 a4 18. ♕c2 ♖a5 19. ♘a4 ♘e4 20. c5 ♗f5 21. ♗d3 ♘c5 22. ♘c5 ♖e1 23. ♖e1 ♖c5 24. ♕c5 ♗d3 25. ♕a7 ♕c8 26. ♕d4 ♗f5 27. ♗d6 ♗d6 28. ♕d6 ♗e6 29. a3 ♕a8 30. ♖e3 **1:0**

19.09. **1380.**

H.J. HECHT - P. KERES

1. e4 e5 2. ♘f3 ♘c6 3. ♗b5 a6 4. ♗a4 d6 5. ♗c6 bc6 6. d4 ♗g4 7. de5 de5 8. ♕d8 ♖d8 9. ♘bd2 ♗d6 10. 0-0 ♘e7 11. h3 ♗h5 12. ♘c4 f6 13. ♗e3 ♗f7 14. ♘fd2 ♖b8 15. c3 c5 16. f3 ♘c6 17. ♖fd1 ♔e7 18. ♔f1 ♖b5 19. ♔e2 ♖hb8 20. a4 ♖5b7 21. ♔d3 ♗e6 22. ♔c2 g6 23. g4 ♖h8 24. ♖g1 h5 25. gh5 ♖h5 26. ♖g6 ♖h3 27. ♖g7 ♗f7 28. ♖ag1 ♖b8 29. ♗f2 ♖bh8 30. ♘e3 ♔f8 31. ♖7g3 ♘e7 32. ♖h3 ♖h3 33. ♖g3 ♖h8 34. ♖g1 ♗e6 35. ♔d3 ♔f7 36. ♘ec4 ♘g6 37. ♗e3 ♗e7 38. ♖f1 ♖h2 39. b3 ♗f8 40. ♖f2 ♖h3 41. ♘a5 ½:½

21.09. **1381.**

A. ZWAIG - P. KERES

1. e4 c5 2. ♘f3 ♘c6 3. ♘c3 g6 4. g3 ♗g7 5. ♗g2 ♘f6 6. 0-0 0-0 7. d3 d5 8. ♗g5 d4 9. ♘e2 h6 10. ♗c1 c4 11. e5 ♘g4 12. dc4 ♘ge5 13. ♘e5 ♘e5 14. ♘d4 ♘c4 15. c3 e5 16. ♘c2 ♗e6 17. b3 ♘a5 18. ♗a3 ♖e8 19. ♕d8 ♖ad8 20. ♖ad1 f5 21. c4 ♘c6 22. ♗b2 a5 23. ♖fe1 ♔f7 24. a4 e4 25. ♗g7 ♔g7 26. f3 ef3 27. ♗f3 ♔f6 28. ♗c6 bc6 29. ♘d4 ♗d7 30. ♔f2 ♖e1 31. ♔e1 ♖e8 32. ♔f2 ♖e4 33. ♘e2 ♔e7 34. ♘f4 ♗e8 35. ♘d3 ♔d6 36. ♔f3 ♖e7 37. ♖c1 g5 38. h3 ♗h5 39. g4 ♗g6 40. ♖d1 fg4 41. hg4 ♗d3 42. ♖d3 ♔c5 43. ♖d8 ♖b7 44. ♖d3 ♖f7 45. ♔e2 ♖f4 46. ♖h3 ♔b4 47. ♖h6 ♔b3 48. c5 ♔a4 49. ♖c6 ♖c4 50. ♔f3 ♔b4 51. ♖b6 ♔c3 52. ♖b5 a4 53. c6 a3 54. ♖g5 ♖c6 55. ♖a5 ♔b4 56. ♖a8 ♖c5 57. ♔f4 ♖a5 58. ♖b8 ♔c3 59. ♖c8 ♔d2 60. ♖d8 ♔e2 61. ♖e8 ♔f2 62. ♖c8 ♖a4 63. ♔f5 a2 64. ♖c1 a1♕ 65. ♖a1 ♖a1 66. g5 ♔g3 67. g6 ♔h4 68. g7 ½:½

23.09. **1382.**

J. BOEY - P. KERES

1. e4 ♘c6 2. d4 e5 3. de5 ♘e5 4. f4 ♘g6 5. ♘f3 ♗c5 6. ♗c4 d6 7. ♕e2 ♘f6 8. f5 ♘e7 9. ♘c3 0-0 10. ♗g5 c6 11. 0-0-0 ♕c7 12. ♖hf1 b5 13. ♗b3 a5 14. ♗f6 gf6 15. ♘d4 a4 16.

♖f3 ab3 17. ♘c6 ♕c6 18. ♖h3 ♘f5 19. ef5 ♗f5 20. ♘d5 ♖fe8 21. ♕f3 ba2 22. ♘f6 ♔f8 23. ♕c6 a1♕ 24. ♔d2 ♗b4 25. ♖c3 ♕b2 **0:1**

27.09. **1383.**

P. KERES - N.N. MINEV

1. e4 e6 2. d4 d5 3. ♘c3 ♘f6 4. ♗g5 de4 5. ♘e4 ♗e7 6. ♗f6 gf6 7. ♗c4 c6 8. c3 f5 9. ♘g3 ♕d6 10. ♘f3 ♘d7 11. ♕e2 ♕f4 12. 0-0 0-0 13. ♖fe1 ♘f6 14. ♘e5 ♘d5 15. ♖ad1 ♕g5 16. ♕f3 ♗d6 17. ♗b3 f6 18. ♘d3 ♕g4 19. ♕g4 fg4 20. c4 ♘c7 21. ♘e4 ♗e7 22. ♘f4 f5 23. ♘c3 ♗g5 24. ♘d3 ♗f6 25. ♘e5 ♖d8 26. g3 ♔g7 27. ♘e2 ♗g5 28. h4 gh3 29. ♔h2 ♗d7 30. ♔h3 ♗e8 31. ♔g2 ♗g6 32. ♖h1 ♖f8 33. ♔f3 ♖ad8 34. ♘f4 ♗f6 35. ♖he1 ♖fe8 36. a4 a5 37. c5 ♗f7 38. ♗c4 ♘d5 39. ♗d5 ed5 40. ♖e3 ♖e7 41. ♖h1 ♗e5 42. ♖e5 ♖e5 43. de5 d4 44. e6 ♗g8 45. ♖h5 d3 46. e7 ♖e8 47. ♘d3 ♗f7 48. ♖f5 ♗g6 49. ♖f8 ♖e7 50. ♖d8 ♗d3 51. ♖d3 ♖e5 52. ♖d7 ♔g6 53. ♖b7 ♖c5 54. ♖e7 h5 55. ♖e3 ♖c4 56. ♖c3 ♖a4 57. ♖c6 ♔g7 58. ♖c5 ♔g6 59. ♖b5 ♔h6 60. ♔e3 ♔g6 61. ♖b6 ♔g7 62. f3 ♔h7 63. b3 ♖a2 64. ♔f4 h4 65. g4 h3 66. ♖b5 h2 67. ♖h5 ♔g6 68. ♔g3 ♖b2 69. ♖h2 ♖b3 70. ♖h5 ♖a3 71. ♖c5 ♖a1 72. ♖c6 ♔f7 73. ♖a6 a4 **1:0**

29.09. **1384.**

B. MALICH - P. KERES

1. d4 ♘f6 2. c4 e6 3. ♘f3 b6 4. ♘c3 ♗b7 5. ♗g5 h6 6. ♗h4 ♗b4 7. ♕c2 c5 8. a3 ♗e4 9. ♕b3 ♗a5 10. dc5 bc5 11. 0-0-0 ♗f3 12. gf3 ♘c6 13. e3 ♖b8 14. ♕c2 ♗c3 15. ♕c3 ♘e4 16. fe4 ♕h4 17. ♕g7 ♔e7 18. ♕g3 ♕e4 19. ♕d6 ♔f6 20. ♖g1 ♘a5 21. ♗d3 ♕e5 22. ♕e5 ♔e5 23. ♔c2 ♖b6 24. ♖b1 d5 25. cd5 ed5 26. b4 cb4 27. ab4 ♖c8 28. ♔d2 ♘c4 29. ♔e2 ♖cb8 30. ♖g7 ♘d6 31. ♖h7 ½:½

30.09. **1385.**

Jul. BOLBOCHAN - P. KERES

1. d4 ♘f6 2. c4 e6 3. ♘f3 b6 4. g3 ♗a6 5. ♘bd2 c5 6. ♗g2 ♘c6 7. dc5 bc5 8. b3 ♗e7 9. ♗b2 0-0 10. 0-0 ♗b7 11. ♘e5 ♕c7 12. ♘c6 ♗c6 13. e3 ♖fd8 14. ♗c6 ♕c6 15. ♕f3 ♕f3 16. ♘f3 d6 17. ♖ad1 ♔f8 18. ♖d3 ♘e4 19. ♘d2 ♘d2 20. ♖d2 ♗f6 21. ♗f6 gf6 22. ♖fd1 ♔e7 23. ♔f1 f5 24. ♔e2 ½:½

1.10. **1386.**

P. KERES - F. BLATNY

1. e4 e5 2. ♘f3 ♘c6 3. ♗b5 a6 4. ♗a4 ♘f6 5. 0-0 ♗e7 6. ♖e1 b5 7. ♗b3 d6 8. c3 0-0 9. h3 h6 10. d4 ♖e8 11. ♘bd2 ♗f8 12. ♗c2 ♗d7 13. ♘b3 a5 14. de5 de5 15. ♗e3 ♕b8 16. ♘h2 a4 17. ♘c5 ♗e6 18. ♘f1 ♘a5 19. b3 ab3 20. ab3 ♘b7 21. ♘e6 ♖e6 22. ♕e2 ♖a1 23. ♖a1 ♘c5 24. ♕f3 ♕b7 25. b4 ♘cd7 26. ♘g3 ♖c6 27. ♗d2 ♗b4 28. ♘f5 ♗f8 29. ♖b1 ♖b6 30. ♗e3 c5 31. ♖d1 ♖e6 32. c4 bc4 33. ♕e2 ♘b6 34. ♗d2 ♔h7 35. ♘e3 g6 36. ♘c4 ♘c4 37. ♕c4 ♖d6 38. ♖b1 ♕c7 39. ♗c3 ♖d7 40. f4 ♗d6 41. ♖d1 ♘h5 42. f5 ♔g7 43. fg6 ♔g6 44. ♖f1 ♘g7 45. ♕e2 c4 46. ♔h1 ♔h7 47. ♖f6 ♗f8 48. ♕f2 h5 49. ♗a4 ♗c5 50. ♕f1 ♖e7 51. ♖c6 ♕a7 52. ♕f6 ♕a4 53. ♖c5 ♖e6 54. ♕f7 ♕d1 55. ♔h2 ♕d6 56. ♖d5 ♕b8 57. ♖d7 ♖g6 58. ♕f5 ♕e8 59. ♖c7 **1:0**

4.10. **1387.**

P. KERES - F. GHEORGHIU

1. d4 ♘f6 2. ♘f3 g6 3. ♗f4 ♗g7 4. ♘bd2 c5 5. c3 cd4 6. cd4 0-0 7. e3 ♘c6 8. h3 d6 9. ♗c4 ♗f5 10. 0-0 ♖c8 11. ♕e2 ♘a5 12. ♗d3 ♗d3 13. ♕d3 ♕b6 14. ♖ab1 ♘d5 15. ♗g5 h6 16. ♗h4 ♖fe8 17. a3 ♕c7 18. ♕b5 ♘f6 19. ♗f6 a6 20. ♕b4 ♗f6 21. ♖fc1 ♘c6 22. ♕b3 ♕b8 23. ♘e4 ♗g7 24. ♕b6 ♘a7 25. ♘fd2 ♖c6 26. ♖c6 ♘c6 27. ♖c1 ♖c8 28. ♘b3 ♘d8 29. ♖c8 ♕c8 30. ♘a5 ♔f8 31. ♘c3 ♔e8 32. a4

♔d7 33. ♕b3 ♔e8 34. ♔f1 ♕c7 35. ♘c4 e6 ½:½

5.10. **1388.**

H. BOUWMEESTER - P. KERES

1. ♘f3 d5 2. g3 ♗g4 3. ♗g2 ♘d7 4. 0-0 e5 5. d3 ♘gf6 6. ♘bd2 ♗c5 7. e4 de4 8. de4 0-0 9. h3 ♗h5 10. ♕e2 ♖e8 11. ♖e1 ♘f8 12. ♕c4 ♘6d7 13. ♘b3 ♗b6 14. ♗g5 ♕c8 15. ♗e3 ♘e6 16. c3 f6 17. h4 ♗f7 18. ♕e2 ♘dc5 19. ♘fd2 ♕d7 20. ♘c4 ♕d3 21. ♘b6 ab6 22. ♘c5 ♘c5 23. ♗c5 ♕e2 24. ♖e2 bc5 25. ♖d2 ♗a2 26. ♖d7 ♗e6 27. ♖a8 ♗d7 28. ♖e8 ♗e8 29. ♔f1 ♔f7 30. ♔e2 ♗c6 31. ♔e3 g5 32. ♗f1 ♔g6 33. ♗e2 ♗d7 34. h5 ♔f7 35. g4 ♗a4 36. ♔d2 ♔e7 37. ♗c4 h6 38. f3 ♔d6 39. ♗e2 ♔c6 40. ♗d3 ♔b6 41. ♗e2 ♔a5 42. ♗d3 ♗b3 43. ♗e2 ♔a4 44. ♔c1 ♗e6 45. ♗d1 ♗b3 46. ♗e2 b5 47. ♔d2 c6 48. ♔c1 c4 49. ♔d2 b4 50. ♔c1 bc3 51. bc3 ♔a3 52. ♗f1 ♗a2 53. ♔c2 ♗b3 54. ♔c1 ♗a4 55. ♗e2 ♔a2 56. ♗c4 ♔a3 57. ♗e2 ♗b5 58. ♗d1 ♔a2 59. ♔d2 ♔b2 60. ♗c2 ♗e2 61. ♗a4 ♗f3 62. ♗c6 ♗g4 63. ♗e8 ♗e6 64. ♗b5 g4 65. ♗f1 ♔b3 **0:1**

6.10. **1389.**

P. TRÖGER - P. KERES

1. d4 ♘f6 2. ♘f3 g6 3. ♘bd2 d5 4. e3 ♗g7 5. ♗d3 c5 6. c3 0-0 7. 0-0 ♗f5 8. ♗f5 gf5 9. dc5 ♕c7 10. ♕c2 ♘e4 11. ♘d4 e6 12. b4 ♘d7 13. ♘e4 fe4 14. f3 ef3 15. ♖f3 ♘f6 16. ♗d2 ♘e4 17. ♖af1 b6 18. c6 a6 19. c4 ♘d2 20. ♕d2 dc4 21. ♖g3 ♕e5 22. ♕c3 b5 23. ♖f4 f5 24. ♘b5 ♔h8 25. ♖g7 ♕c3 26. ♖h7 ♔h7 27. ♘c3 ♖fd8 28. ♔f2 ♖ac8 29. ♖c4 ♖d6 30. c7 ♖d7 31. ♘a4 ♖cc7 32. ♖c7 ♖c7 33. ♘c5 ♖c6 34. ♔e2 ♖d6 35. ♘d3 ♔g7 36. ♔d2 ♔f6 37. ♔c3 e5 38. ♘c5 ♔e7 39. a4 e4 40. g3 ♖h6 41. a5 ½:½

9.10. **1390.**

P. KERES - L. SZABO

1. d4 ♘f6 2. c4 e6 3. ♘f3 b6 4. e3 ♗b7 5. ♗d3 c5 6. 0-0 ♗e7 7. b3 0-0 8. ♗b2 cd4 9. ed4 d5 10. ♘bd2 ♘bd7 11. ♕e2 ♖e8 12. ♘e5 dc4 13. bc4 ♘e5 14. de5 ♘d7 15. ♘e4 ♘c5 16. ♖ad1 ♘e4 17. ♗e4 ½:½

USSR TEAM CHAMPIONSHIP

Leningrad, 19.10.- 2.11.1962

25.10. **1391.**

P. KERES - M. SHOFMAN

1. d4 e6 2. c4 f5 3. ♘c3 ♘f6 4. e3 ♗b4 5. ♗d3 ♗c3 6. bc3 d6 7. ♕c2 0-0 8. ♘e2 c5 9. h3 b6 10. d5 ♕e8 11. g4 ed5 12. cd5 ♘d5 13. gf5 ♗b7 14. ♖g1 ♘d7 15. ♗b2 ♘e5 16. 0-0-0 c4 17. f6 cd3 18. ♖g7 ♔h8 19. ♖d3 ♘b4 20. cb4 ♗e4 21. ♘f4 ♖f6 22. ♖c7 ♖f7 23. ♖f7 ♕f7 24. ♕b3 ♕c7 25. ♖c3 ♕g7 26. ♕d1 ♖d8 27. ♘e6 ♗f3 **1:0**

27.10. **1392.**

M. TAL - P. KERES

1. e4 e5 2. ♘f3 ♘c6 3. ♗b5 a6 4. ♗a4 ♘f6 5. 0-0 ♗e7 6. ♖e1 d6 7. c3 0-0 8. h3 ♗d7 9. d4 ed4 10. cd4 d5 11. e5 ♘e4 12. ♘bd2 ♗f5 13. ♗c2 ♘d2 14. ♗d2 ♕d7 15. ♖c1 ♗c2 16. ♕c2 ♖ac8 17. ♕b3 ♘d8 18. ♗b4 ♗b4 19. ♕b4 ♕b5 20. ♕d2 ♘e6 21. ♖e3 ♕d7 22. ♕b4 ♕b5 23. ♕d2 ½:½

29.10. **1393.**

P. KERES - B. SPASSKY

1. e4 e5 2. ♘f3 ♘c6 3. ♗b5 a6 4. ♗a4 ♘f6 5. 0-0 ♗e7 6. ♖e1 d6 7. ♗c6 bc6 8. d4 ed4 9. ♘d4 ♗d7 10. ♘c3 0-0 11. ♕f3 ♖e8 12. e5 de5 13. ♘c6 ♗c6 14. ♕c6 ♗b4 15. ♗g5 ♕d6 16. ♕c4 ♗c3 17. ♕c3 ♘d5 ½:½

30.10. **1394.**

I. BOLESLAVSKY - P. KERES

1. e4 e5 2. ♘f3 ♘f6 3. d4 d6 4. de5 ♘e4 5. ♘bd2 ♘d2 6. ♗d2 ♗e7 7. ed6 ♕d6 8. ♗c3 0-0 9. ♕d6 ♗d6 10. 0-0-0 ♗g4 11. ♗e2 ♖e8

12. ♖he1 ♘c6 13. h3 ♗d7 14. ♗c4 ♖e1 15. ♖e1 ♖e8 **½:½**

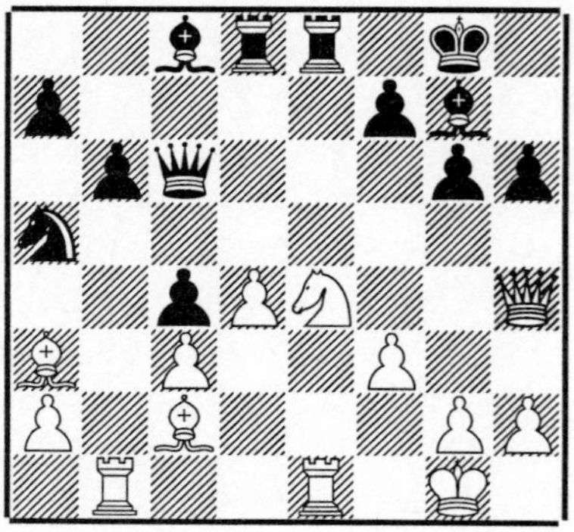

1.11. **1395.**

P. KERES - V. MIKENAS

1. d4 ♘f6 2. c4 g6 3. ♘c3 d5 4. ♘f3 ♗g7 5. e3 0-0 6. cd5 ♘d5 7. ♗c4 ♘c3 8. bc3 c5 9. 0-0 ♕c7 10. ♕e2 ♘c6 11. ♗a3 ♘a5 12. ♗d3 b6 13. ♘d2 ♗b7 14. ♘e4 ♕c6 15. f3 ♕a4 16. ♗b2 ♕c6 17. ♖ab1 c4 18. ♗c2 e5 19. ♗a3 ed4 20. ed4 ♖fe8 21. ♕f2 ♖ad8 22. ♖fe1 ♗c8 23. ♕h4 h6

(diagram)

24. ♘d6 ♖e1 25. ♖e1 ♖f8 26. ♖e7 ♗e6 27. ♖a7 ♗d5 28. ♕e7 ♗e6 29. h4 ♕d5 30. ♗e4 ♕h5 31. g4 ♗g4 32. ♘f7 **1:0**

ESTONIA - FINLAND TEAM MATCH
Tartu, 23.- 25.05.1963

23.05. **1396.**

K. OJANEN - P. KERES

1. d4 ♘f6 2. c4 e6 3. ♘c3 ♗b4 4. e3 0-0 5. ♘e2 d5 6. a3 ♗e7 7. ♘f4 c6 8. ♗e2 dc4 9. ♗c4 ♘bd7 10. ♗a2 e5 11. ♘fe2 ed4 12. ♕d4 ♘c5 13. 0-0 ♗e6 14. ♗e6 ♘e6 15. ♕c4 ♕c7 16. ♘g3 g6 17. f4 b5 18. ♕e2 ♖fe8 19. b4 ♘g7 20. ♗b2 ♕d7 21. ♖ad1 ♕g4 22. ♕f2 ♗d8 23. ♘ce2 ♗b6 24. ♗d4 ♖ad8 25. h3 ♕e6 26. f5 gf5 27. ♗b6 ♖d1 28. ♖d1 ab6 29. ♘d4 ♕e3 30. ♕e3 ♖e3 31. ♘gf5 ♖a3 32. ♘e7 ♔f8 33. ♘ec6 ♖a2 34. ♖f1 ♘d5 35. ♘b5 ♘e3 36. ♖f3 ♘gf5 37. g4 ♖g2 38. ♔h1 ♘g3 39. ♖g3 ♖g3 40. ♔h2 ♘f1 41. ♔h1 ♘e3 **0:1**

24.05. **1397.**

P. KERES - K. OJANEN

1. d4 ♘f6 2. c4 g6 3. ♘c3 ♗g7 4. e4 0-0 5. f4 d6 6. ♘f3 c5 7. d5 e6 8. ♗e2 ♖e8 9. e5 ♘g4 10. de6 ♗e6 11. ♘b5 de5 12. ♕d8 ♖d8 13. ♘c7 ♘c6 14. ♘a8 ♖a8 15. h3 ♘f6 16. ♘e5 ♘e5 17. fe5 ♘d7 18. ♗e3 ♘e5 19. ♖c1 b6 20. ♔f2 ♖e8 21. b3 h6 22. ♖cd1 ♔h7 23. ♖d6 g5 24. ♖e1 ♗f5 25. ♗c1 ♖c8 26. ♗b2 ♗g6 27. ♖d5 ♖e8 28. ♗f1 f6 29. g4 ♖e7 30. ♔g3 ♔g8 31. ♗g2 ♗f8 32. ♖d8 ♖e8 33. ♖ed1 ♗e7 34. ♖e8 ♗e8 35. a4 a5 36. ♗e4 ♔g7 37. ♔f2 ♘g6 38. ♗f5 ♘e5 39. ♔e3 ♘g6 40. ♗d7 ♗f7 41. ♔e4 ♘f8 42. ♗f5 ♗g8 43. ♗c3 ♗f7 44. ♗e1 ♘e6 45. ♖d7 ♔f8 46. ♖b7 ♘d4 47. ♖b6 ♗e8 48. ♗a5 **1:0**

THE PIATIGORSKY CUP TOURNAMENT
Los Angeles, 2.- 28.07.1963

2.07. **1398.**

P. KERES - T. PETROSIAN

1. e4 c6 2. d4 d5 3. ♘c3 de4 4. ♘e4 ♗f5 5. ♘g3 ♗g6 6. ♗c4 e6 7. ♘1e2 ♘f6 8. ♘f4 ♗d6 9. ♗b3 ♘bd7 10. ♕f3 ♕c7 11. h4 0-0-0 12. h5 ♗f5 13. ♘f5 ♕a5 14. c3 ♕f5 15. ♕d3 ♕d3 16. ♘d3 h6 17. ♖h4 ♖he8 18. ♗e3 ♘d5 19. 0-0-0 ♘e3 20. fe3 ♘f6 21. ♖f1 ♖e7 22. ♘f2 ♗g3 23. ♖h3 ♗d6 24. ♗c2 e5 25. ♘d3 ed4 26. ed4 ♖e2 27. g4 ♖de8 28. ♗d1 ♖2e3 29. ♖e3 ♖e3 30. ♖f3 **½:½**

		1	2	3	4	5	6	7	8	
1	P. KERES	•	½ ½	½ 0	1 1	0 0	½ 1	1 1	½ 1	8½
2	T. PETROSIAN	½ ½	•	½ ½	½ ½	½ ½	0 1	1 1	½ 1	8½
3	M. NAJDORF	½ 1	½ ½	•	½ 0	1 ½	½ ½	0 ½	1 ½	7½
4	F. OLAFSSON	0 0	½ ½	½ 1	•	½ 1	½ 1	1 0	½ ½	7½
5	S. RESHEVSKY	1 1	½ ½	0 ½	½ 0	•	½ ½	1 ½	0 ½	7
6	S. GLIGORIC	½ 0	1 0	½ ½	½ 0	½ ½	•	½ 0	1 ½	6
7	P. BENKO	0 0	0 0	1 ½	0 1	0 ½	½ 1	•	1 0	5½
8	O. R. PANNO	½ 0	½ 0	0 ½	½ ½	1 ½	0 ½	0 1	•	5½

3.07. **1399.**

P. BENKO - P. KERES

1. c4 ♘f6 2. ♘f3 e6 3. d4 b6 4. g3 ♗a6 5. ♕a4 ♗e7 6. ♘c3 ♗b7 7. ♗g2 0-0 8. 0-0 ♘e4 9. ♘e4 ♗e4 10. ♖d1 ♕c8 11. ♘e1 ♗g2 12. ♘g2 c5 13. d5 ed5 14. ♖d5 ♘c6 15. ♗d2 ♗f6 16. ♗c3 ♗c3 17. bc3 ♖e8 18. ♘e3

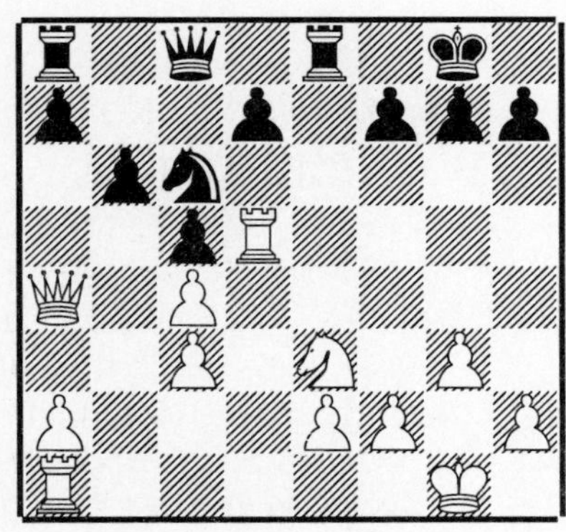

♖e3 19. fe3 ♕e8 20. ♕c2 ♕e3 21. ♔h1 ♘e5 22. ♖f1 ♖e8 23. ♖f4 f6 24. ♕e4 ♘g6 25. ♕e3 ♖e3 26. ♖d7 ♘f4 27. gf4 ♖e2 28. ♖a7 ♖f2 29. ♖b7 ♖f4 30. ♖b6 ♖c4 31. ♖b3 ♔f7 32. ♔g2 g5 33. ♔f3 ♔e6 34. ♖a3 h5 35. ♔e2 ♖h4 36. ♖a6 ♔e5 37. a4 c4 38. ♖c6 ♖h2 39. ♔e3 ♖h3 40. ♔d2 ♖d3 41. ♔c2 h4 42. ♖c4 ♖d8 **0:1**

7.07. **1400.**

P. KERES - O.R. PANNO

1. d4 ♘f6 2. c4 g6 3. ♘c3 ♗g7 4. e4 d6 5. f4 c5 6. d5 0-0 7. ♗d3 e6 8. ♘ge2 ed5 9. ed5 ♘h5 10. 0-0 f5 11. ♗d2 ♖e8 12. ♕c2 ♘d7 13. h3 ♘f8 14. ♖ae1 ♗d7 15. ♔h2 a6 16. a3 ♘f6 17. ♘g1 ♕c7 18. ♘f3 b5 19. ♖e8 ♖e8 20. ♖e1 ♖b8 21. ♘d1 bc4 22. ♗c4 ♗b5 23. ♗c1 ♕b7 24. ♗a2 h6 25. ♘e3 ♕d7 26. ♘c4 ♔h8 27. ♕d1 ♘e4 28. ♘fd2 ♘f6 29. ♕f3 ♖e8 30. ♖e8 ♘e8 31. ♘f1 ♕e7 32. ♗d2 ♘h7 33. b4 cb4 34. ♗b4 ♘hf6 35. ♘fd2 ♔h7 36. ♗b3 ♗f8 37. a4 ♗c4 38. ♗c4 ♕b7 39. ♗a5 ♘c7 40. ♘f1 ♗g7 41. ♘e3 **½:½**

8.07. **1401.**

F. OLAFSSON - P. KERES

1. ♘f3 d5 2. g3 ♗g4 3. ♗g2 ♘d7 4. c4 c6 5. cd5 cd5 6. 0-0 ♘gf6 7. ♘c3 e6 8. h3 ♗h5 9. d3 ♗c5 10. e4 0-0 11. ♗f4 ♘b6 12. ♕e2 ♖c8 13. ♖ac1 a6 14. g4 ♗g6 15. ♗g3 ♘fd7 16. ♘h4 ♖e8 17. ♔h1 d4 18. ♘b1 e5 19. ♘f5 f6 20. f4 ♗f5 21. gf5 ♗d6 22. fe5 ♗e5 23. ♗f2 ♕e7 24. ♘d2 ♕b4 25. ♘f3 ♘a4 26. ♖c2 ♖c5 27. ♖c5 ♘dc5 28. ♖c1 b6 29. ♖c2 ♘b7 30. ♘e5 fe5 31. ♖c7 ♘d8 32. ♕g4 ♕f8 33. ♗h4 ♘c5 34. f6 ♘f7 35. ♖e7 ♖e7 36. fe7 ♕e8 37. ♗f6 g6 38. ♗f1 a5 39. ♗e2 ♘d6 40. ♕g5 ♘f7 41. ♕c1 ♘d6 42. ♕g5 ♘f7 43. ♕g4 ♕c6 44. ♕g3 ♘e6 45. ♗d1 a4 46. ♕f2 b5 47. ♕c2 ♕d7 48. ♕d2 ♘c7 49. ♗g4 ♕c6 50. ♕f2 ♘e8 51. ♗h4 h5 52. ♗e2 ♕e6 53. ♕g3 ♔h7 54. a3 ♘g7 55. ♔h2 ♔h6 56. ♕f3 g5 57. ♗e1 ♕e7 58. ♗b4 ♕e6 59. ♗f8 ♔h7 60. ♕f1 ♕g6 61. ♕f3 h4 62. ♕f2 ♔g8 63. ♗e7 ♕e6 64. ♗b4 ♕b3 65. ♗f1 ♘e6 66. ♕f5 ♘f4 67. ♕c8 ♔h7 68. ♕f5 ♔g7 69. ♗e7 ♕e6 70. ♕e6 ♘e6 71. ♗e2 ♘h6 72. ♗d1 ♔f7 73. ♗b4 ♘f4 74.

♗d2 ♔f6 75. ♗f4 gf4 76. ♔g2 ♘f7 77. ♔f3 ♔g5 78. ♔f2 ♘d6 79. ♗g4 ♔f6 80. ♗d7 ♔e7 81. ♗c6 ♔d8 82. ♔f3 ♔c7 83. ♗d5 ♔b6 84. ♔g4 ♔c5 85. ♔h4 ♘c4 86. ♔g4 ♘e3 **0:1**

10.07. **1402.**

P. KERES - M. NAJDORF

1. e4 c5 2. ♘f3 e6 3. ♘c3 a6 4. d4 cd4 5. ♘d4 b5 6. ♗d3 ♗b7 7. 0-0 d6 8. ♖e1 ♘d7 9. a4 ba4 10. ♘a4 ♘gf6 11. ♗d2 ♗e7 12. ♘b3 0-0 13. ♘a5 ♕c7 14. ♘b7 ♕b7 15. f4 d5 16. ed5 ♕d5 17. ♕e2 ♕c6 18. ♔h1 ♗d6 19. ♘c3 ♘c5 20. ♗c4 ♖fb8 21. b3 ♗f8 22. ♗e3 g6 23. ♗d4 ♗g7 24. ♖a5 ♘fd7 25. ♗g7 ♔g7 26. ♕e3 ♕c7 27. ♖ea1 ♖b6 28. h3 ♖c8 29. ♘a4 ♘a4 30. ♖5a4 ♘c5 31. ♖a5 ♔g8 32. ♖d1 ♖d6 33. ♖d6 ♕d6 34. ♗e2 ♖c6 35. ♖a1 ♕b8 36. ♖d1 ♖c8 37. ♖d4 a5 38. ♕d2 ♕b6 39. ♗f3 ♖b8 40. h4 h5 41. ♔h2 ♔f8 42. ♖c4 ♔e7 43. ♔g3 ♖c8 44. ♕e3 ♘d7 45. ♖d4 ♘f6 **½:½**

11.07. **1403.**

S. RESHEVSKY - P. KERES

1. c4 e5 2. ♘c3 ♘f6 3. g3 c6 4. ♘f3 e4 5. ♘d4 d5 6. cd5 ♕b6 7. ♘b3 cd5 8. ♗g2 ♗f5 9. d3 ♗b4 10. 0-0 ♗c3 11. bc3 0-0 12. ♗e3 ♕c7 13. ♖c1 ♘c6 14. c4 ♖ad8 15. ♘d4 ♘d4 16. ♗d4 ed3 17. cd5 ♕d7 18. ♗f6 de2 19. ♕e2 gf6 20. ♕b2 ♔g7 21. ♕d4 ♗h3 22. ♖fd1 ♗g2 23. ♔g2 a6 24. d6 ♖c8 25. ♕d5 ♖c6 26. ♖c6 bc6 27. ♕a5 ♖a8 28. ♖d4 ♖a7 29. ♕h5 ♕e6 30. ♕g4 ♕g4 31. ♖g4 ♔f8 32. ♖c4 ♔e8 33. ♖c6 ♖a8 34. a4 a5 35. ♖b6 ♖c8 36. d7 ♔d7 37. ♖f6 ♔e7 38. ♖f5 ♖a8 39. ♖h5 ♔e6 40. ♖h7 ♖b8 41. ♖h5 **1:0**

14.07. **1404.**

P. KERES - S. GLIGORIC

1. e4 e5 2. ♘f3 ♘c6 3. ♗b5 a6 4. ♗a4 d6 5. 0-0 ♗d7 6. c4 ♘f6 7. ♘c3 ♗e7 8. d4 ♘d4 9. ♘d4 ed4 10. ♗d7 ♘d7 11. ♕d4 ♗f6 12. ♕e3 0-0 13. ♗d2 ♖e8 14. ♘d5 c6 15. ♘f6 ♘f6 16. f3 d5 17. cd5 cd5 18. e5 d4 19. ♕f4 ♘d7 20. ♕d4 ♘e5 21. ♗c3 ♕d4 22. ♗d4 ♖ad8 23. ♖fd1 ♖d5 24. ♗c3 ♘d3 25. ♖d2 ♘f4 26. ♖d5 ♘d5 27. ♗a5 ♖e2 28. ♖e1 ♖e1 29. ♗e1 f6 **½:½**

15.07. **1405.**

T. PETROSIAN - P. KERES

1. c4 e5 2. ♘c3 ♘f6 3. ♘f3 ♘c6 4. e3 ♗e7 5. a3 d6 6. ♕c2 0-0 7. ♗e2 ♖e8 8. 0-0 ♗g4 9. d3 ♗f8 10. b3 d5 11. cd5 ♘d5 12. ♗b2 ♘c3 13. ♗c3 ♕d5 14. b4 ♖ad8 15. ♖fd1 a6 16. ♖ac1 ♖d6 17. ♖d2 ♖h6 18. ♕d1 ♗d6 19. e4 ♕e6 20. ♘e1 ♗e2 21. ♖e2 ♗e7 22. ♖b2 ♖d8 23. a4 ♕d7 **½:½**

17.07. **1406.**

P. KERES - P. BENKO

1. e4 e6 2. d4 d5 3. ♘d2 c5 4. ♘gf3 cd4 5. ed5 ♕d5 6. ♗c4 ♕d6 7. 0-0 ♘f6 8. ♘b3 ♘c6 9. ♘bd4 ♘d4 10. ♘d4 a6 11. ♖e1 ♗e7 12. c3 e5 13. ♘f3 ♕d1 14. ♖d1 e4 15. ♘e5 ♖f8 16. ♗e3 ♘d7 17. ♘d7 ♗d7 18. ♗d4 g6 19. b4 ♖c8 20. ♗b3 f5 21. ♗g7 ♖f6 22. ♗f6 ♗f6 23. ♖ac1 ♖c3 24. ♗d5 b6 25. ♗g8 ♖c1 26. ♖c1 ♗e5 27. ♗c4 ♗d6 28. ♖b1 ♗c8 29. a3 a5 30. ba5 ba5 31. a4 ♗b4 32. ♗b5 ♔d8 33. ♖d1 ♔c7 34. ♖c1 ♔d8 35. ♖c6 ♗b7 36. ♖e6 ♗e7 37. g3 ♗c5 38. ♖e8 ♔c7 39. ♖h8 h5 40. ♖h7 ♔b8 41. ♖h8 **1:0**

18.07. **1407.**

O.R. PANNO - P. KERES

1. c4 ♘f6 2. ♘c3 e6 3. ♘f3 b6 4. g3 ♗b7 5. ♗g2 ♗e7 6. 0-0 0-0 7. d4 ♘e4 8. ♕c2 ♘c3 9. ♕c3 f5 10. b3 ♗f6 11. ♗b2 d6 12. ♖ad1 ♘d7 13. ♘e1 ♗g2 14. ♘g2 ♕e8 15. ♕c2 g5 16. d5 ♗b2 17. de6 ♕e6 18. ♕b2 ♖ae8 19. e3 ♕h6 20. f4 g4 21. ♖d5 ♕e6 22. ♖fd1 ♘f6 23. ♖5d3 ♖f7 24. ♕d4 ♖d7 25. ♘h4 a6 26. ♖c1 ♔f7 27. ♕b2 ♖ed8 28. ♕e2 c6 29.

♖cd1 a5 30. ♕c2 ♘e4 31. ♖d4 d5 32. cd5 ♖d5 33. ♖d5 ♖d5 34. ♖d5 ♕d5 35. ♔f1 ♔e6 36. ♔e1 ♘c5 37. ♔f2 ♕d3 38. ♕b2 ♘e4 39. ♔g2 ♘f6 40. ♕c1 c5 41. h3 ♕e2 42. ♔h1 ♘e4 **0:1**

22.07. **1408.**

M. NAJDORF - P. KERES

1. d4 e6 2. c4 ♗b4 3. ♘c3 f5 4. e3 ♘f6 5. ♗d3 0-0 6. ♘e2 d6 7. 0-0 c5 8. b3 ♘c6 9. ♗b2 e5 10. de5 de5 11. ♘d5 ♗e6 12. ♘g3 g6 13. f4 ♘d5 14. cd5 ♗d5 15. fe5 ♗e6 16. ♘e2 ♕e7 17. ♘f4 ♘d8 18. ♕f3 ♖c8 19. ♖ad1 a6 20. ♗c4 ♗c4 21. bc4 ♘f7 22. e6 ♘g5 23. ♕d5 ♖c6 24. ♕e5 ♘e6 25. ♕h8 ♔f7 26. ♕h7 ♔e8 27. ♕e7 ♔e7 28. ♘g6 ♔e8 29. ♘f8 ♘f8 30. ♖f5 b5 31. cb5 ab5 32. h4 ♖a6 33. a3 ♗a3 34. ♗a3 ♖a3 35. ♖c5 **1:0**

23.07. **1409.**

P. KERES - S. RESHEVSKY

1. e4 e5 2. ♘f3 ♘c6 3. ♗b5 a6 4. ♗a4 ♘f6 5. 0-0 ♗e7 6. ♖e1 d6 7. ♗c6 bc6 8. d4 ♘d7 9. ♘bd2 f6 10. ♘c4 ♘b6 11. ♘a5 ♗d7 12. ♕d3 0-0 13. ♗e3 ♔h8 14. ♖ad1 ed4 15. ♘d4 c5 16. ♘f5 ♖e8 17. b3 ♗f8 18. ♗c1 ♗e6 19. ♘e3 ♕d7 20. a4 c6 21. ♘ac4 ♘c4 22. ♘c4 ♖ad8 23. ♘b6 ♕b7 24. a5 d5 25. ♗f4 c4 26. ♕d2 cb3 27. cb3 d4 28. b4 ♗b3 29. ♖b1 ♕f7 30. ♗c7 ♕c7 31. ♖b3 f5 32. ♕d3 fe4 33. ♖e4 ♖e4 34. ♕e4 c5 35. bc5 ♕c5 36. g3 ♕a5 37. ♕d3 ♕e1 38. ♔g2 a5 39. ♕f3 ♕e6 40. ♖b5 ♗b4 41. ♘d5 ♕d7 42. ♕d3 ♕c6 43. f3 ♗d2 44. ♘e7 ♕e8 45. ♘d5 a4 46. ♖c5 ♗e3 47. ♕f5 d3 48. ♖c3 ♗d4 49. ♖d3 ♕e2 50. ♔h3 g6 51. ♕e4 ♕e4 52. fe4 ♗b2 53. ♘b4 ♖d3 54. ♘d3 ♔g7 55. ♔g4 ♔f6 56. ♔f3 a3 57. ♘b4 ♔e5 58. ♔e3 ♗d4 59. ♔d3 ♗c5 60. ♘a2 ♗g1 61. h3 h5 62. ♘b4 ♗c5 63. ♘a2 ♗f2 64. g4 h4 65. ♘b4 ♗c5 66. ♘a2 g5 67. ♘c3 ♗a7 68. ♘a2 ♔f4 69. ♘c3 ♗b8 70. ♔c2 ♗e5 71. ♘d5 ♔g3 72. ♔b3 ♔h3 73. ♘e3 ♔g3 **0:1**

26.07. **1410.**

P. KERES - F. OLAFSSON

1. d4 ♘f6 2. c4 g6 3. ♘c3 d5 4. ♕b3 c6 5. cd5 cd5 6. ♘f3 ♘c6 7. ♗g5 ♘a5 8. ♕d1 ♗g7 9. e3 ♘e4 10. ♘e4 de4 11. ♘d2 ♕d5 12. ♗h4 ♘c6 13. ♗c4 ♕f5 14. ♕c2 0-0 15. ♕e4 ♕h5 16. ♗g3 e5 17. d5 ♗f5 18. ♕h4 ♕h4 19. ♗h4 ♘b4 20. ♔e2 b5 21. ♗b5 ♘d5 22. ♗c6 ♘b4 23. ♗a8 ♗d3 24. ♔f3 ♖a8 25. g4 f5 26. gf5 gf5 27. ♖ac1 e4 28. ♔g2 f4 29. ef4 ♘d5 30. ♖he1 ♘f4 31. ♔h1 ♗b2 32. ♖c7 ♖e8 33. ♖g1 ♘g6 34. ♗g5 a5 35. h4 ♔h8 36. h5 ♘f8 37. ♖e7 ♖e7 38. ♗e7 ♘e6 39. ♖g4 ♘g7 40. ♘e4 ♗e2 41. ♖f4 ♘h5 42. ♖f5 a4 43. ♔g1 h6 44. ♖a5 ♗d1 45. ♗b4 ♔h7 46. ♘c3 ♗c3 47. ♗c3 ♘f4 48. ♗d2 ♘e2 49. ♔f1 ♘d4 50. ♖d5 ♘c2 51. ♖d7 ♔g6 52. ♗h6 **1:0**

28.07. **1411.**

S. GLIGORIC - P. KERES

1. d4 ♘f6 2. c4 e6 3. ♘c3 ♗b4 4. e3 0-0 5. ♗d3 d5 6. ♘f3 c5 7. 0-0 dc4 8. ♗c4 ♘bd7 9. ♕d3 a6 10. a4 ♕c7 11. ♗b3 ♖d8 12. ♗c2 b6 13. ♘a2 a5 14. ♘b4 ab4 15. ♖e1 e5

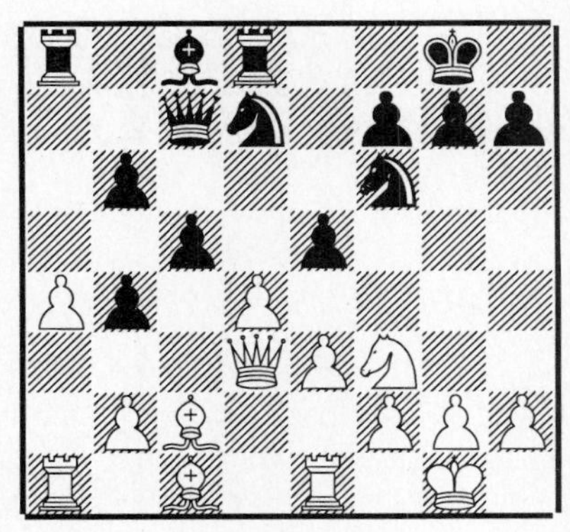

16. ♕b3 ♗b7 17. dc5 e4 18. c6 ♗c6 19. ♘d4 ♘g4 20. h3 ♕h2 21. ♔f1 ♘de5 22. hg4 ♗d5 23. ♕d5 ♖d5 24. ♗e4 ♖ad8 25. f3 ♖5d6 26. a5 ba5 27. ♖a5 ♖e8 28. ♘f5 ♖dd8 29. ♗b1 ♘c4 30. ♖a1 g6 31. b3 ♘d2 32. ♔f2 gf5 33. ♗f5 ♕h4 34. ♔e2 ♖e3 35. ♔e3 ♕e1 **0:1**

USSR TEAM CHAMPIONSHIP
Moscow, 7.- 16.08.1963

7.08. **1412.**

Y. GELLER - P. KERES

1. ♘f3 d5 2. c4 dc4 3. e3 ♗e6 4. ♘a3 ♘f6 5. ♘c4 g6 6. b3 ♗g7 7. ♗b2 0-0 8. ♗e2 c5 9. 0-0 ♘c6 10. ♖c1 ♖c8 11. d4 cd4 12. ♘d4 ♗d5 13. ♘c6 ♖c6 14. ♕d4 ♕b8 15. ♗a3 ♖e6 16. ♖fd1 b6 17. ♘d2 ♗b7 18. ♕h4 ♖d8 19. ♘f3 ♖d1 20. ♖d1 ♕e8 21. ♘g5 ♖e5 22. ♗c4 ♗d5 23. ♗b2 ♗c4 24. ♗e5 ♗e2 25. ♖d2 ♕c8 26. ♗b2 ♗b5 27. h3 h6 28. ♘f3 ♕f5 29. ♕b4 ♗c6 30. ♕e7 ♗f3 31. gf3 ♘h5 32. ♗g7 ♘g7 33. ♕e4 ♕f6 34. f4 h5 35. ♕e5 ♕c6 36. ♖d8 ♔h7 37. ♕d5 ♕f6 38. ♖d7 ♘e6 39. ♕e5 **1:0**

8.08. **1413.**

P. KERES - B. KATALYMOV

1. d4 e6 2. e4 d5 3. ♘d2 c5 4. ♘gf3 ♘f6 5. ed5 ♕d5 6. ♗c4 ♕c6 7. 0-0 ♗d6 8. dc5 ♕c5 9. ♕e2 0-0 10. ♘e4 ♘e4 11. ♕e4 ♘d7 12. ♗e3 ♕h5 13. ♖ad1 ♘f6 14. ♕d4 ♗e7 15. ♕e5 ♕e5 16. ♘e5 ♖d8 17. ♗g5 h6 18. ♗h4 g5 19. ♗g3 ♘e4 20. ♖d8 ♗d8 21. ♖d1 ♗b6 22. ♗e2 ♗c7 23. ♘c4 ♘g3 24. hg3 ♔f8 25. ♗f3 ♔e7 26. ♖d3 ♖b8 27. ♖a3 a6 28. ♘a5 ♗d7 29. g4 b5 30. ♘c6 ♗c6 31. ♗c6 ♖b6 32. ♗e4 ♗e5 33. b4 ♖d6 34. ♗d3 ♖d4 35. ♖a6 ♖b4 **½:½**

9.08. **1414.**

A. GRUSHEVSKY - P. KERES

1. e4 e5 2. ♘f3 ♘c6 3. ♗b5 a6 4. ♗a4 ♘f6 5. 0-0 ♗e7 6. ♖e1 b5 7. ♗b3 d6 8. c3 0-0 9. h3 ♘a5 10. ♗c2 c5 11. d4 ♘d7 12. ♘bd2 cd4 13. cd4 ♘c6 14. ♘f1 ♗f6 15. ♗e3 ed4 16. ♘d4 ♘de5 17. ♗b3 ♗d7 18. ♘g3 g6 19. ♘c6 ♗c6 20. ♖c1 ♖c8 21. ♖e2 ♗h4 22. ♘f1 ♕d7 23. ♗d4 ♗g5 24. ♖cc2 b4 25. ♘e3 ♗b5 26. ♖c8 ♖c8 27. ♖c2 ♖c2 28. ♗c2 ♗c6 29. ♗b3 ♗e3 30. ♗e3 ♗e4 31. ♕d4 ♕c6 32. ♕b4 ♗g2 33. ♗h6 ♗h3 34. ♕b8 ♕c8 **0:1**

11.08. **1415.**

P. KERES - V. KORCHNOI

1. c4 c5 2. ♘f3 ♘f6 3. g3 ♘c6 4. ♗g2 d5 5. cd5 ♘d5 6. d4 cd4 7. ♘d4 ♘db4 8. ♘c6 ♕d1 9. ♔d1 ♘c6 10. ♗e3 ♗d7 11. ♘c3 e6 12. ♖c1 ♗e7 13. ♔c2 0-0 14. ♖hd1 ♖fd8 15. ♔b1 ♘a5 16. ♘e4 ♗b5 17. ♖d8 ♖d8 18. ♗c5 ♔f8 19. ♗e7 ♔e7 20. ♖c5 a6 21. ♘c3 ♗c6 **½:½**

13.08. **1416.**

P. KERES - A. LUTIKOV

1. e4 ♘c6 2. ♘f3 e5 3. ♗b5 a6 4. ♗a4 d6 5. 0-0 ♘f6 6. ♖e1 ♗g4 7. c3 ♗e7 8. d3 ♘d7 9. ♘bd2 ♘c5 10. ♗c2 d5 11. ♕e2 d4 12. h3 ♗e6 13. ♘f1 f6 14. b4 ♘d7 15. cd4 ed4 16. a3 0-0 17. ♘g3 ♖e8 18. ♕d1 ♘f8 19. ♗b3 ♕d7 20. ♗b2 ♔h8 21. ♘e2 ♗b3 22. ♕b3 ♘e6 23. ♖ac1 a5 24. ♕d5 ♗d6 25. b5 ♘e7 26. ♕c4 ♘g6 27. ♘fd4 ♘d4 28. ♘d4 ♗e5 29. ♗c3 ♘f4 30. ♘f3 ♕d3 31. ♗e5 fe5 32. ♖c3 ♕d7 33. ♕c7 ♕b5 34. ♖c5 ♕d3 35. ♖e5 ♘h3 36. ♔h2 ♖ec8 37. ♕e7 ♘f4 38. ♖g5 ♕c3 39. ♘e5 ♖c7 40. ♕d6 ♔g8 41. ♖d1 ♖e8 42. ♕d8 **1:0**

14.08. **1417.**

V. BAGIROV - P. KERES

1. e4 e5 2. ♘f3 ♘c6 3. ♘c3 g6 4. d4 ed4 5. ♘d4 ♗g7 6. ♗e3 ♘f6 7. ♗e2 0-0 8. 0-0 ♖e8

9. ♘c6 bc6 10. ♗f3 ♗b7 11. ♕d2 d6 12. ♗g5 ♕b8 13. ♖fe1 ♘d7 14. ♖ab1 ♗a6 15. b3 ♘e5 16. ♗e2 ♗e2 17. ♖e2 ♘d7 18. ♘a4 ♘b6 19. ♘b6 ab6 20. a4 b5 21. ab5 ♕b5 22. ♖be1 ♖a2 23. f3 ♖ea8 24. ♗e3 c5 25. ♗h6 ♗d4 26. ♗e3 ♗h8 27. f4 c4 28. bc4 ♕c4 29. e5 de5 30. ♗f2 f6 31. fe5 fe5 32. h4 ♗f6 33. h5 gh5 34. ♕h6 ♕f7 35. ♖e3 ♗g7 36. ♖g3 ♖c2 37. ♗e3 ♔h8 38. ♕g5 h6 39. ♕h4 ♖c4 40. ♕h3 ♖g4 41. ♖g4 hg4 42. ♕g4 ♖f8 43. ♖c1 ♕b3 44. ♕e4 ♖f7 45. ♔h2 ♖d7 46. ♖b1 ♕g8 47. ♔g1 ♕d8 48. ♔h2 ♕e8 49. ♔g1 ♖d6 50. ♗a7 ♗f6 51. ♗e3 ♕h5 52. ♕c2 ♗d8 53. ♗c5 ♖d7 54. ♖f1 ♖f7 55. ♖d1 ♗g5 56. ♖d3 ♕g4 57. ♕a2 ♕f4 58. ♗f2 ♔g7 59. ♕e2 e4 60. ♖c3 ♕d2 61. ♖c2 ♕e2 62. ♖e2 ♖e7 63. ♔f1 ♗f4 64. ♗d4 ♔g6 65. ♖c2 ♖d7 66. ♖c4 ♔f5 67. ♔e2 ♖d5 68. ♗c3 h5 **0:1**

15.08. **1418.**

P. KERES - E. MNATSAKANIAN

1. d4 d5 2. c4 dc4 3. e3 e5 4. ♗c4 ed4 5. ♘f3 ♗b4 6. ♗d2 ♗d2 7. ♕d2 ♘f6 8. 0-0 0-0 9. ed4 ♘bd7 10. ♘c3 c6 11. ♖fe1 ♘b6 12. ♗b3 ♕d6 13. h3 ♘bd5 14. ♖e5 ♗d7 15. ♖ae1 a6 16. ♘g5 ♖ad8 17. ♘ge4 ♘e4 18. ♘e4 ♕g6 19. ♗d5 cd5 20. ♘g3 ♗c6 21. ♖g5 **1:0**

16.08. **1419.**

M. TAL - P. KERES

1. d4 ♘f6 2. c4 e6 3. ♘f3 b6 4. g3 ♗b7 5. ♗g2 ♗e7 6. 0-0 0-0 7. ♘c3 ♘e4 8. ♘e4 ♗e4 9. ♘e1 ♗g2 10. ♘g2 d5 11. ♕a4 c5 12. ♗e3 cd4 13. ♗d4 dc4 14. ♕c4 ♕c8 15. ♖ac1 ♘d7 16. ♘e3 ♖d8 17. ♖fd1 ♕c4 18. ♖c4 ♘c5 ½:½

MOSCOW
27.10.- 21.11.1963

29.10. **1420.**

V. ANTOSHIN - P. KERES

1. d4 ♘f6 2. c4 e6 3. ♘c3 ♗b4 4. e3 0-0 5. ♗d3 d5 6. ♘f3 c5 7. 0-0 dc4 8. ♗c4 ♘bd7 9. ♕e2 a6 10. a4 ♕c7 11. ♘a2 b5 12. ♗d3 ♗a5 13. e4 c4 14. ♗b1 e5 15. ab5 ed4 16. ♘d4 ♗b6 17. ♗e3 ab5 18. ♘b5 ♕e5 19. ♘bc3 ♘c5 20. h3 ♘b3 21. ♗b6 ♘a1 22. f4 ♕h5 23. ♕f2 ♘d7 24. ♗e3 ♗b7 25. ♘b4 ♘b3 26. ♘bd5 f6 27. ♖d1 ♕f7 28. ♘b5 ♖a6 29. ♕c2 ♖c8 30. ♘b4 ♖e6 31. ♘d6 ♖d6 32. ♖d6 ♘f8 33. ♘d5 f5 34. ♕d1 ♖a8 35. ef5 ♖a1 36. ♘c3 ♗c8 37. ♖d5 ♗b7 38. ♖d8 h6 39. ♔h2 ♖a6 40. ♗c2 ♕e7 41. ♗b3 cb3 42. ♕b3 ♔h7 43. ♖f8 **1:0**

30.10. **1421.**

P. KERES - B. VLADIMIROV

1. e4 c5 2. ♘f3 e6 3. d4 cd4 4. ♘d4 a6 5. ♗d3 ♗c5 6. ♗e3 d6 7. 0-0 ♘d7 8. ♘d2 ♘gf6 9. f4 0-0 10. ♔h1 e5 11. ♘f5 ♗e3 12. ♘e3 ef4 13. ♖f4 ♘e5 14. ♗c4 b5 15. ♗d5 ♘d5 16. ♘d5 ♗e6 17. ♘f1 ♘c4 18. b3 ♘b6 19. ♘fe3 ♘d5 20. ed5 ♗d7 21. ♕d4 ♕g5 22. c4 ♖ae8 23. ♖f3 ♕e5 24. ♖d1 f5 25. g3 g5 26. ♕e5 ♖e5 27. ♖df1 ♔g7 28. ♔g1 ♔g6 29. ♖c1 ♖c8 30. ♔f2 ♖e4 31. ♖g1 ♖ce8 32. ♖e1 bc4 33. bc4 ♖b8 34. ♔f1 ♖b4 35. ♖f2 h5 36. ♖fe2 a5 37. ♔f2 h4 38. ♖c2 h3 39. ♖ec1 ♗a4 40. ♖d2 f4 41. gf4 gf4 42. ♖g1 ♔f6 ½:½

31.10. **1422.**

M. TAL - P. KERES

1. e4 e5 2. ♘f3 ♘c6 3. ♗b5 a6 4. ♗a4 ♘f6 5. 0-0 ♗e7 6. ♖e1 b5 7. ♗b3 d6 8. c3 0-0 9. h3 ♘a5 10. ♗c2 c5 11. d4 ♘d7 12. ♘bd2 cd4 13. cd4 ♘c6 14. ♘f1 ♘b6 15. b3 ♗f6 16. ♗b2 ♗d7 17. ♘e3 ♖c8 18. ♕d2 ed4 19. ♘d4 ♗e5 20. ♘c6 ♖c6 21. ♗e5 de5 22.

♖ad1 ♕c8 23. ♔h2 ♗e6 24. ♗b1 f6 25. ♘f5 ♕c7 26. ♖c1 ♘c8 27. ♖c6 ♕c6 28. ♖e3 ♕b6 29. ♖d3 a5 30. h4 ♕c7 31. ♔g1 ♖f7 32. ♖c3 ♕d7 33. ♕d7 ♗d7 34. ♗d3 ♗f5 35. ef5 ♘d6 36. ♖c5 ♖b7 37. ♖d5 ♖b6 38. a4 ba4 39. ba4 e4 40. ♗f1 g6 41. fg6 hg6 42. ♖a5 ♖b1 43. g3 e3 44. fe3 ♘e4 45. ♖a8 ♔g7 46. ♔g2 ♖b2 47. ♔f3 f5 48. ♗e2 g5 **½:½**

2.11. 1423.

P. KERES - L. SZABO

1. e4 e5 2. ♘f3 ♘c6 3. ♗b5 a6 4. ♗a4 ♘f6 5. 0-0 ♗e7 6. ♖e1 b5 7. ♗b3 0-0 8. c3 d6 9. h3 ♘b8 10. d4 ♘bd7 11. ♘bd2 ♗b7 12. ♗c2 ♖e8 13. ♘f1 ♗f8 14. ♘g3 g6 15. a4 c5 16. ♗e3 ♕c7 17. ♕d2 cd4 18. cd4 ♘b6 19. ♗g5 ♗g7 20. ♖ac1 ♘c4 21. ♕c3 ed4 22. ♘d4 ♕c5

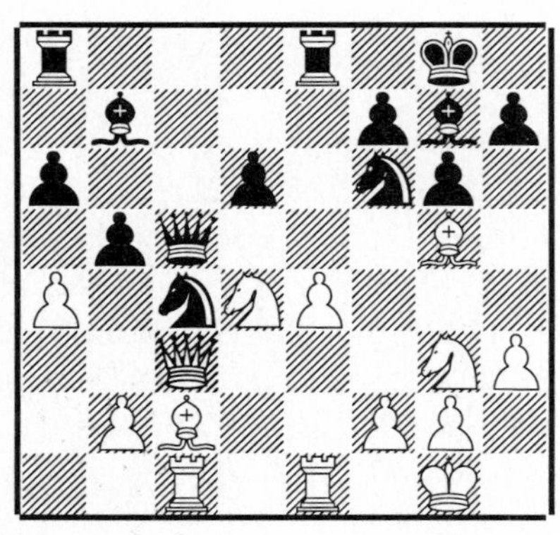

23. ♘df5 gf5 24. ♗f6 b4 25. ♕f3 ♗f6 26. ♗b3 d5 27. ♘f5 ♕f8 28. ♕g3 ♔h8 29. ♗c4 dc4 30. e5 ♗g7 31. ♖c4 ♖e6 32. ♖g4 ♖g6 33. e6 fe6 34. ♖g6 hg6 35. ♘g7 ♕g7 36. ♖e6 ♖g8 37. ♕h4 ♕h7 38. ♕b4 a5 39. ♕a5 ♗c8 40. ♕c3 ♕g7 41. ♖g6 **1:0**

3.11. 1424.

V. SIMAGIN - P. KERES

1. e4 e5 2. ♘f3 ♘c6 3. ♗b5 a6 4. ♗a4 ♘f6 5. 0-0 d6 6. ♗c6 bc6 7. d4 ed4 8. ♕d4 ♗e7 9. e5 c5 10. ♕d3 de5 11. ♕d8 ♗d8 12. ♘e5 ♗e7 13. ♖e1 ♗e6 14. ♘c3 0-0 15. ♗g5 h6 16. ♘g6 fg6 17. ♖e6 ♔f7 18. ♖ae1 ♖fe8 19. ♗f6 ♗f6 20. ♖e8 ♖e8 21. ♖e8 ♔e8 22. ♘d1 ♔d7 23. ♔f1 ♔c6 24. ♔e2 ♗e5 25. h3 ♔d5 26. ♘e3 ♔e4 27. c3 h5 28. ♘c4 ♗f4 29. g3 ♗g5 30. f3 ♔d5 31. ♔d3 ♗e7 32. ♘e3 ♔e6 33. ♔e4 g5 34. ♘c4 g6 35. g4 hg4 36. fg4 ♗f6 37. a3 ♗e7 38. a4 ♗f6 39. ♘d2 ♗e7 40. ♘f3 ♗f6 41. ♘d2 ♔d6 42. ♘c4 ♔e6 43. ♘a5 ♔d6 44. ♔d3 ♔d5 45. ♘c4 c6 46. ♘b6 ♔d6 47. a5 ♗d8 48. ♔c4 ♗c7 49. ♘a4 ♗a5 50. ♘c5 ♗b6 51. ♘a6 ♗e3 52. ♘b4 ♗c1 53. b3 ♗f4 54. ♘c2 ♗e5 55. ♘d4 ♗f6 56. b4 ♗e7 57. ♘f3 ♗f6 58. ♔d3 c5 59. b5 ♔d5 60. c4 ♔e6 61. ♔e4 ♔d6 62. b6 ♔c6 63. ♘e5 ♔b7 64. ♘d7 ♗d4 65. ♔d5 **1:0**

4.11. 1425.

P. KERES - N.B. PADEVSKY

1. e4 c5 2. ♘f3 d6 3. d4 cd4 4. ♘d4 ♘f6 5. ♘c3 g6 6. f4 ♘c6 7. ♘c6 bc6 8. e5 de5 9. ♕d8 ♔d8 10. fe5 ♘g4 11. ♗f4 ♗e6 12. h3 ♗h6 13. ♗h6 ♘h6 14. g4 ♔c7 15. 0-0-0 f5 16. ef6 ef6 17. ♗g2 f5 18. ♖he1 ♖ae8 **½:½**

6.11. 1426.

V. BALCEROWSKI - P. KERES

1. d4 ♘f6 2. c4 e6 3. ♘f3 b6 4. g3 ♗a6 5. ♕a4 ♗e7 6. ♘c3 0-0 7. ♗g2 c6 8. ♗f4 b5 9. cb5 cb5 10. ♘b5 ♘d5 11. ♘c3 ♘f4 12. gf4 d5 13. 0-0 ♕b6 14. ♖ab1 ♘c6 15. ♘e5 ♘e5 16. fe5 ♖ac8 17. ♖fd1 ♖c4 18. ♕d7 ♗b4 19. ♘a4 ♕b8 20. ♘c5 ♗c5 21. dc5 ♖c5 22. b4 ♖c7 23. ♕d6 ♗e2 24. ♖dc1 ♖fc8 25. ♖c7 ♕c7 26. ♕c7 ♖c7 27. ♗f1 ♗f1 28. ♔f1 f6 29. ef6 gf6 30. a4 ♖c4 31. a5 a6 32. b5 ab5 33. ♖b5 ♖a4 34. ♖b6 ♔f7 35. a6 e5 36. ♖b7 ♔e6 37. a7 h5 38. ♔e2 ♔f5 39. f3 ♖a2 40. ♔d3 ♔f4 41. ♖f7 f5 42. ♖e7 h4 43. ♔c3 h3 44. ♔b3 ♖a1 45. ♔b2 ♖a6 46. ♔c3 e4 47. fe4 de4 48. ♖f7 e3 49. ♔c2 **0:1**

8.11. **1427.**

P. KERES - V. LIBERZON

1. d4 ♘f6 2. ♘f3 g6 3. ♗f4 ♗g7 4. ♘bd2 0-0 5. e3 d6 6. ♗c4 b6 7. 0-0 ♗b7 8. ♕e2 c5 9. c3 ♘bd7 10. h3 ♘e4 11. ♖fd1 ♘d2 12. ♖d2 ♘f6 13. a4 ♘e4 14. ♖dd1 cd4 15. cd4 ♖c8 16. ♖dc1 ♘f6 17. ♘d2 ♘d5 18. ♗g5 ♘b4 19. ♖c3 d5 20. ♕f3 h6 21. ♗h4 g5 22. ♗g3 e5 23. ♗b3 ed4 24. ed4 ♗d4 25. ♖c8 ♗c8 26. ♖d1 ♗e6 27. ♘f1 ♗b2 28. ♘e3 ♖e8 29. ♘d5 ♘d5 30. ♗d5 ♕f6 31. ♕e2 ♖d8 32. ♗e6 ♖d1 33. ♕d1 ♕e6 34. ♕d3 ♔g7 35. ♔h2 ♕e7 36. ♕d5 ♕c5 37. ♕d2 ♗d4 38. h4 a6 39. hg5 hg5 40. f3 ♗g1 41. ♔h1 ♗e3 42. ♕b2 ♗d4 43. ♕d2 b5 44. ab5 ab5 45. ♗e1 ♕e5 46. g4 b4 47. ♕b4 ♕e3 48. ♔g2 ♕g1 49. ♔h3 ♕f1 **0:1**

9.11. **1428.**

S. GLIGORIC - P. KERES

1. d4 ♘f6 2. c4 e6 3. ♘c3 ♗b4 4. e3 b6 5. ♗d3 ♗b7 6. ♘f3 0-0 7. 0-0 c5 8. ♗d2 cd4 9. ed4 d5 10. cd5 ♘d5 11. ♕e2 ♘c6 12. ♖fd1 ♗e7 13. ♖ac1 ♖c8 14. a3 ♘c3 15. ♗c3 ♘b8 16. ♗e4 ♗d5 17. ♘e5 ♘c6 18. ♕f3 f6 19. ♘c6 ♖c6 20. ♖e1 ♖f7 21. ♗d5 ♕d5 22. ♕d5 ed5 23. ♗d2 ♖c1 24. ♖c1 ♗d6 25. ♖c8 ♖f8 26. ♖f8 ♔f8 27. a4 **½:½**

11.11. **1429.**

P. KERES - A. MATANOVIC

1. d4 ♘f6 2. c4 g6 3. ♘c3 ♗g7 4. e4 d6 5. ♘f3 0-0 6. ♗e2 e5 7. d5 ♘bd7 8. ♗g5 h6 9. ♗h4 g5 10. ♗g3 ♘h5 11. h4 g4 12. ♘d2 ♘g3 13. fg3 h5 14. 0-0 ♗h6 15. ♗d3 ♘f6 16. ♕e2 ♘e8 17. ♖f2 ♘g7 18. ♖af1 f6 19. ♔h2 ♗d7 20. b4 a5 21. ba5 ♖a5 22. ♘b3 ♖a3 23. c5 ♘e8 24. ♗b5 c6 25. dc6 bc6 26. ♗c4 ♔g7 27. ♖d1 ♕b8 28. cd6 ♕b4 29. ♕d3 ♖a7 30. ♖b2 ♘d6 31. ♕d6 ♕c4 32. ♕c5 ♕a6 33. ♖d6 ♗e8 34. ♘d5 ♕a3 35. ♕a3 ♖a3 36. ♘e7 ♖a7 37. ♘f5 ♔g6 38. ♖f2 ♖af7 39. ♘c5 ♗c1 40. ♘d3 ♗a3 41. ♘e5 ♔h7 42. ♘f7 ♖f7 43. ♖d8 ♗d7 **1:0**

12.11. **1430.**

V. SMYSLOV - P. KERES

1. d4 ♘f6 2. c4 e6 3. ♘c3 ♗b4 4. ♕c2 0-0 5. ♘f3 c5 6. dc5 ♘a6 7. e3 ♘c5 8. ♗d2 b6 9. ♗e2 ♗b7 10. 0-0 ♘ce4 11. ♘e4 ♗e4 12. ♗d3 ♗d3 13. ♕d3 ♗d2 14. ♕d2 ♖c8 15. ♖ac1 d5 16. cd5 ♕d5 17. ♕d5 ♘d5 **½:½**

13.11. **1431.**

P. KERES - W. PIETZSCH

1. d4 d5 2. c4 e6 3. ♘c3 ♘f6 4. ♘f3 ♗e7 5. cd5 ed5 6. ♗f4 c6 7. e3 ♘bd7 8. h3 ♘f8 9. ♗d3 ♘e6 10. ♗e5 0-0 11. 0-0 ♖e8 12. ♖b1 a5 13. a3 ♘f8 14. b4 ab4 15. ab4 b5 16. ♕c2 ♕b6 17. ♖fc1 ♗d7 18. ♗g3 ♖a3 19. ♘e5 ♖ea8 20. e4 ♗e6 21. ♕e2 de4 22. ♘e4 ♗d5 23. ♘c5 ♖8a7 24. ♖b2 ♕d8 25. ♗b1 ♕c8 26. ♕e1 ♕a8 27. ♖e2 ♖a1 28. ♗h4 ♘e6 29. ♘e6 fe6 30. ♘g4 ♔f7 31. ♗f6 ♗f6 32. ♘f6 gf6 33. ♖e3 ♔g7 34. ♖g3 ♔h8 35. ♔h2 ♖1a3 36. ♖cc3 ♕b8 37. ♕c1 ♖c3 38. ♕c3 ♖g7 39. ♕c5 ♖g3 40. fg3 ♕d8 41. ♕a7 f5 42. ♕f7 h6 43. ♗d3 ♕g5 44. ♗e2 ♕d2 45. ♕f6 ♔g8 46. ♕d8 ♔g7 47. ♕c7 ♔g8 48. ♕b8 ♔h7 49. ♕c7 ♔g8 50. ♕b8 ♔h7 51. ♕c7 ♔g8 **½:½**

16.11. **1432.**

E. JIMENEZ ZERGUERA - P. KERES

1. e4 e5 2. ♘f3 ♘c6 3. ♗b5 a6 4. ♗a4 d6 5. ♗c6 bc6 6. d4 ♗g4 7. de5 de5 8. ♘bd2 f6 9. ♕e2 ♘e7 10. h3 ♗e6 11. ♘c4 ♕b8 12. 0-0 ♘g6 13. ♗e3 ♗e7 14. b3 0-0 15. a4 ♗b4 16. ♘e1 ♗c3 17. ♖b1 ♕b4 18. ♘d2 ♖fd8 19. ♘d3 ♕e7 20. ♖fd1 a5 21. ♘f3 ♗f7 22. ♗d2 ♗d2 23. ♕d2 ♘f4 24. ♕e3 ♘e6 25. ♘b2 ♕b4 26. ♖d8 ♖d8 27. ♖d1 ♖d1 28. ♘d1 ♗h5 29. g4 ♗g6 30. ♘d2 ♘f4 31. ♔h2 h5 32. ♕c3 ♕e7 33. ♘e3 hg4 34. ♘g4 ♕d7 35.

b4 ab4 36. ♕b4 c5 37. ♕c4 ♗f7 38. ♕c3 ♕a4 39. ♕c5 ♕d7 40. ♕e3 ♗e6 41. f3 ♕c6 42. c3 ♕e8 43. ♕g1 ♔f7 44. ♕e1 ♕h8 45. ♕g3 ♕d8 46. ♕e1 ♗g4 47. hg4 ♕d3 48. c4 ♔e7 49. ♔g3 ♔d6 50. ♘f1 ♕e2 51. ♕e2 ♘e2 52. ♔f2 ♘f4 53. ♘e3 ♔c5 54. ♔e1 ♘e6 55. ♔d2 ♔d4 56. ♔e2 c6 57. ♔d2 c5 58. ♔e2 ♔c3 59. ♘f5 ♘d4 **0:1**

17.11. 1433.

P. KERES - F. KUIJPERS

1. e4 e5 2. ♘f3 ♘c6 3. ♗b5 a6 4. ♗a4 d6 5. 0-0 ♗g4 6. h3 ♗h5 7. c3 ♘f6 8. ♖e1 ♗e7 9. d4 ♘d7 10. ♗e3 0-0 11. ♘bd2 ♗f6 12. d5 ♗f3 13. ♕f3 ♘cb8 14. b4 ♗g5 15. c4 ♗e3 16. ♕e3 ♕e7 17. a3 a5 18. ♘b3 ab4 19. ab4 ♘f6 20. c5 c6 21. ♖ed1 ♖d8 22. ♕d3 b5 23. dc6 ♖a4 24. cd6 ♖a1 25. ♘a1 ♕e8 26. c7 ♖c8 27. cb8♕ ♖b8 28. d7 ♕d8 29. ♘b3 ♖b6 30. ♕c3 ♘e4 31. ♕c8 **1:0**

20.11. 1434.

V. HORT - P. KERES

1. e4 e5 2. ♘f3 ♘c6 3. ♘c3 g6 4. d4 ed4 5. ♘d4 ♗g7 6. ♗e3 ♘f6 7. ♗c4 0-0 8. 0-0 ♖e8 9. ♖e1 d6 10. f3 a6 11. ♘c6 bc6 12. ♕d2 ♗e6 13. ♗e6 ♖e6 14. ♖ad1 ♘d7 15. b3 ♕b8 16. ♘e2 ♕b7 17. ♗d4 ♗e5 18. ♕c3 ♖ae8 19. ♔h1 ♘f6 20. ♗e5 ♖e5 21. ♘f4 ♘d7 22. ♘d3 ♖5e6 23. ♖e2 ♘e5 24. ♖de1 ♕b6 25. h3 ♖6e7 26. a4 ♘d3 27. ♕d3 a5 28. ♕c4 ♖e5 29. f4 ♖5e6 30. e5 **½:½**

BEVERWIJK
7.- 26.01.1964

8.01. 1435.

P. KERES - C. ZUIDEMA

1. e4 e5 2. ♘f3 ♘c6 3. ♗b5 a6 4. ♗a4 ♘f6 5. 0-0 ♗e7 6. ♖e1 b5 7. ♗b3 d6 8. c3 0-0 9. h3 ♘a5 10. ♗c2 c5 11. d4 ♕c7 12. ♘bd2 ♗d7 13. ♘f1 ♖fe8 14. b3 g6 15. ♗g5 ♔g7 16. ♘e3 ♗e6 17. ♕d2 ♘g8 18. ♗e7 ♕e7 19. de5 de5 20. ♘e5 ♗h3 21. f4 ♗e6 22. c4 ♕d8 23. ♘d5 f6 24. ♘d3 bc4 25. ♘c5 ♖c8 26. b4 ♘c6 27. ♗a4 ♗d5 28. ed5 c3 29. ♖e8 cd2 30. ♘e6 ♔f7 31. ♘d8 ♘d8 32. ♖d1 **1:0**

9.01. 1436.

M.G. BOBOTSOV -P. KERES

1. d4 ♘f6 2. c4 g6 3. ♘c3 d5 4. ♘f3 ♗g7 5. e3 0-0 6. ♗d2 c6 7. ♗e2 dc4 8. ♗c4 ♗g4 9. 0-0 ♘bd7 10. ♗e2 ♗f3 11. ♗f3 e5 12. ♕b3 ed4 13. ed4 ♘b6 14. ♗e3 ♕d7 15. ♖fd1 ♖fd8 16. d5 ♘bd5 17. ♗g5 ♕f5 18. ♗f6 ♗f6 19. ♘d5 cd5 20. ♗d5 ♖d7 21. ♖d2 ♖e8 22. g3 ♗g5 23. f4 ♗d8 24. ♖ad1 ♗a5 25. ♖d3 ♖e2 26. ♗f3 ♗b6 27. ♕b6 ♖d3 28. ♕d8 ♖d8 29. ♖d8 ♔g7 30. ♗e2 ♕e6 31. ♔f1 ♕a2 32. ♖d2 ♕a5 33. ♔e1 ♕c5 34. ♗f1 a5 35. ♔e2 b5 36. ♔d1 a4 37. ♗d3 b4 38. ♗b1 ♕g1 **0:1**

10.01. 1437.

P. KERES - L. LENGYEL

1. e4 e5 2. ♘f3 ♘c6 3. ♗b5 ♘f6 4. 0-0 ♘e4 5. ♖e1 ♘d6 6. ♘e5 ♗e7 7. ♗d3 ♘e5 8. ♖e5 0-0 9. ♘c3 c6 10. b3 ♘e8 11. ♗b2 d5 12. ♕f3 ♗f6 13. ♖e2 ♘c7 14. ♗a3 ♖e8 15. ♖ae1 ♖e2 16. ♘e2 ♘e6 17. ♘g3 g6 18. ♗d6 ♘g7 19. ♗c7 ♕c7 20. ♕f6 ♗e6 21. h4 h5 22. a4 ♖e8 23. ♖e3 ♗g4 24. ♕d4 ♖e3 25. de3 b6 26. c4 ♘e6 27. ♕f6 ♘c5 28. ♗c2 dc4 29. bc4 ♘d7 **½:½**

11.01. 1438.

C.B. van den BERG - P. KERES

1. d4 ♘f6 2. c4 e6 3. ♘c3 ♗b4 4. e3 d5 5. ♘f3 0-0 6. ♗d3 c5 7. 0-0 dc4 8. ♗c4 ♘bd7 9. ♗d3 ♕e7 10. ♘e4 ♘e4 11. ♗e4 ♖d8 12.

♕c2 h6 13. a3 ♗a5 14. dc5 ♕c5 15. b4 ♕c2 16. ♗c2 ♗b6 17. ♗b2 ♘f6 18. ♘e5 ♗d7 19. ♘d7 ♖d7 20. ♖fd1 ♖d1 21. ♗d1 a5 22. ♗f3 ♘d5 23. ♔f1 ♖c8 24. ♗d5 ed5 25. ♖c1 ♖c1 26. ♗c1 a4 27. ♗b2 f6 28. ♔e2 ♔f7 29. ♔d3 ♔e6 30. h3 h5 31. g4 g6 32. f4 ♗c7 33. ♗d4 ♗d6 34. ♗c3 ♗f8 35. ♗d4 hg4 36. hg4 ♗d6 37. ♔e2 f5 38. ♔f3 fg4 39. ♔g4 ♗e7 40. ♔f3 ♔f5 41. ♔e2 ♔e4 42. ♔d2 ♗h4 43. ♔c3 ♗e7 44. ♔d2 ♗d6 45. ♔c3 ♗f8 46. ♔d2 ♗h6 47. ♔c3 b5 48. ♗c5 ♗g7 49. ♔c2 d4 **0:1**

13.01. **1439.**

P. KERES - B. PARMA

1. d4 ♘f6 2. c4 e6 3. ♘f3 b6 4. e3 ♗b7 5. ♗d3 c5 6. 0-0 ♗e7 7. ♘c3 cd4 8. ed4 0-0 9. d5 ♘a6 10. ♗f4 ed5 11. cd5 d6 12. a3 ♘c7 13. ♗c4 b5 14. ♘b5 ♘b5 15. ♗b5 ♘d5 16. ♗g3 ♗f6 17. ♖b1 ♖c8 18. ♖e1 ♕b6 19. ♗d3 ♖ce8 20. ♖e4 g6 21. ♕d2 ♖e7 22. ♗h4 ♖e4 23. ♗e4 ♗h4 24. ♘h4 ♘f6 25. ♗b7 ♕b7 26. ♘f3 ♕b6 27. ♖d1 ♖c8 28. h3 d5 29. ♕d4 ♖c2 30. b4 ♖a2 31. ♖d3 ♘e4 32. ♕b6 ab6 33. ♖d5 ♖a1 34. ♔h2 ♖a3 35. ♖b5 ♖a6 **½:½**

14.01. **1440.**

K. DARGA - P. KERES

1. ♘f3 d5 2. c4 dc4 3. e3 ♗e6 4. ♘g5 ♗d5 5. e4 ♗c6 6. ♗c4 e6 7. d4 ♗e7 8. h4 ♘f6 9. ♘c3 h6 10. ♘e6 fe6 11. e5 ♘d5 12. ♕g4 b5 13. ♗b3 b4 14. ♕e6 bc3 15. ♕g6 ♔f8 16. bc3 ♗e8 17. ♕f5 ♔g8 18. ♖h3 a5 19. ♖b1 c6 20. ♗c2 ♘d7 21. ♖b7 ♕c8 22. ♖f3 ♘f8 23. c4 ♕b7 24. cd5 ♗g6 25. ♕g4 ♗c2 **0:1**

15.01. **1441.**

P. KERES - B. LARSEN

1. e4 c5 2. ♘f3 ♘c6 3. d4 cd4 4. ♘d4 g6 5. ♘c3 ♗g7 6. ♗e3 ♘f6 7. f3 0-0 8. ♗c4 ♕b6 9. a3 d6 10. ♘ce2 ♕a5 11. c3 ♘e5 12. ♗a2 ♕a6 13. 0-0 ♗d7 14. a4 ♘c4 15. ♗c4 ♕c4 16. b3 ♕c7 17. ♘b5 ♕b8 18. c4 b6 19. ♗d4 ♕b7 20. ♘bc3 ♗c6 21. ♕d2 e6 22. ♖fd1 ♖fd8 23. ♕b2 e5 24. ♗e3 a6 25. ♖d2 h6 26. ♖ad1 ♗f8 27. ♗f2 ♖ab8 28. ♖a1 ♖a8 29. ♗h4 ♗e7 30. b4 a5 31. b5 ♗e8 32. ♗f2 ♖ac8 33. ♘d5 ♘d5 34. cd5 ♖c4 35. ♖c2 ♖c2 36. ♕c2 ♖c8 37. ♕d3 ♗d8 38. g4 ♕e7 39. ♔g2 ♗d7 40. ♗e3 h5 41. gh5 f5 42. ♗d2 f4 43. ♔h1 g5 44. ♘g1 ♕h7 45. h3 ♕h5 46. ♔g2 ♔f7 47. ♖c1 ♕h4 48. ♖c8 ♗h3 49. ♘h3 ♕g3 50. ♔f1 ♕h3 51. ♔g1 ♕c8 52. ♕c3 ♕h3 53. ♗e1 ♗e7 54. ♕d3 g4 55. ♕f1 ♕h7 56. ♕g2 gf3 57. ♕f3 ♗h4 58. ♗d2 ♗g3 59. ♗e3 ♕h3 60. ♗c1 ♕h2 61. ♔f1 ♕h3 62. ♔e2 ♔e7 63. ♔d3 ♕h4 64. ♗d2 ♗f2 65. ♕g2 ♔f7 66. ♕f3 ♗c5 67. ♗e1 ♕e1 68. ♕h5 **½:½**

17.01. **1442.**

P. KERES - I. NEI

1. d4 d5 2. c4 c6 3. ♘c3 ♘f6 4. ♘f3 e6 5. cd5 cd5 6. ♗g5 ♗e7 7. e3 ♘c6 8. ♗d3 a6 9. 0-0 0-0 10. ♖c1 ♗d7 11. ♕e2 h6 12. ♗h4 ♖c8 13. ♗b1 b5 14. a3 ♘e8 15. ♗e7 ♘e7 16. ♘e5 ♘d6 17. e4 ♗c6 18. ed5 ♗d5 19. ♕d3 g6 20. ♘d5 ed5 21. ♕d2 ♔g7 22. ♕f4 ♘ef5 23. ♖c8 ♕c8 24. h4 ♕e6 25. ♖c1 ♖c8 26. ♖c8 ♕c8 27. ♘f3 ♕e6 28. ♗d3 ♘c4 29. ♕c1 ♘e7 30. b3 ♘d6 **½:½**

18.01. **1443.**

B. IVKOV - P. KERES

1. e4 e5 2. ♘f3 ♘c6 3. ♗b5 a6 4. ♗a4 ♘f6 5. 0-0 ♗e7 6. ♖e1 b5 7. ♗b3 0-0 8. c3 d6 9. h3 ♘a5 10. ♗c2 c5 11. d4 ♘d7 12. ♘bd2 cd4 13. cd4 ♘c6 14. ♘f1 ed4 15. ♘d4 ♘d4 16. ♕d4 ♘e5 17. ♕d1 ♗f6 18. ♘e3 ♗e6 19. ♘d5 ♗d5 20. ♕d5 ♖c8 21. ♗b3 ♘c4 22. ♖e2 ♖c5 23. ♕d1 d5 24. ed5 ♖d5 25. ♕e1 ♖d4 26. ♖b1 ♕d6 27. ♗e3 ♘e3 28. ♖e3 g6 29. ♖e2 ♔g7 30. ♖d1 ♖c8 31. ♖c1 ♖c1 32. ♕c1 h5 33. ♖e1 a5 34. ♖d1 a4 35. ♗c2 ♖d1 36. ♗d1

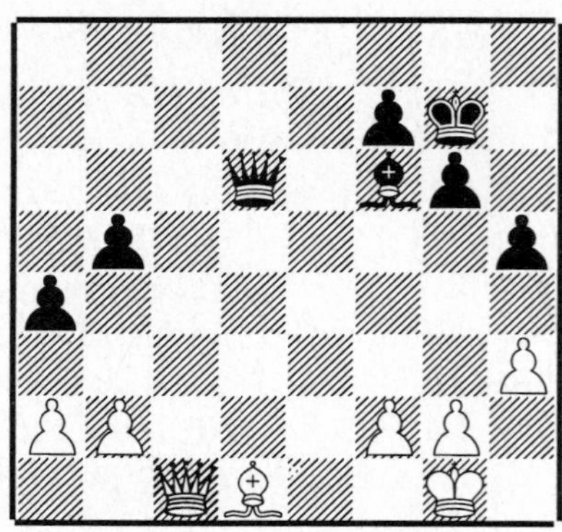

♕e6 37. ♕c2 ♕e1 38. ♔h2 ♗e5 39. g3 h4 40. ♔g2 hg3 41. ♗f3 gf2 42. ♕f2 ♕c1 43. b3 ab3 44. ab3 ♕f4 45. ♔f1 ♗d4 46. ♕e2 ♕f5 47. ♕e4 ♕h3 48. ♔e2 ♕d7 49. b4 ♗c3 50. ♕c6 ♕d2 51. ♔f1 ♕e1 52. ♔g2 ♗d4 **0:1**

19.01. **1444.**

P. KERES - Dr. M. FILIP

1. e4 e5 2. ♘f3 ♘c6 3. ♗b5 a6 4. ♗a4 ♘f6 5. 0-0 ♗e7 6. ♖e1 b5 7. ♗b3 d6 8. c3 0-0 9. h3 h6 10. d4 ♖e8 11. ♘bd2 ♗f8 12. ♗c2 ♗b7 13. a3 ♘b8 14. b4 ♘bd7 15. ♗b2 ♕b8 16. c4 ed4 17. cb5 ab5 18. ♘d4 c5 19. bc5 ♘c5 20. ♘f5 ♖e6 21. ♕f3 ♘fd7 22. ♖ab1 ♕e8 23. ♘d4 ♖g6 24. ♘b5 ♖c8 25. ♘d4 ♘e5 26. ♕e3 ♗a6 27. ♖ed1 ♘e6 28. ♗b3 ♘d3 29. ♘e6 fe6 30. ♘f3 ♘b2 31. ♖b2 ♔h8 32. ♕b6 ♖c6 33. ♕a7 ♕e7 34. ♕e7 ♗e7 35. e5 ♖b6 36. ed6 ♗d6 37. ♖d6 ♖d6 38. ♗c2 ♗d3 39. ♘e5 ♗c2 40. ♘f7 ♔h7 41. ♘d6 ♗d3 42. ♖b3 ♗c2 43. ♖c3 ♗b1 44. ♖e3 ♖f6 45. ♘e8 ♖f7 46. ♖e6 ♖a7 47. ♖e3 ♖d7 48. ♖c3 ♗g6 49. ♘c7 ♖d1 50. ♔h2 ♖a1 51. ♘e6 ♗f7 52. ♘c5 ♗d5 53. h4 ♔g6 54. ♘d3 ♔f6 55. f3 g5 56. hg5 hg5 57. ♔g3 ♔g6 58. ♘e5 ♔f5 59. ♘g4 ♔g6 60. ♖c5 ♗e6 61. ♖c6 ♔f7 62. ♖a6 **1:0**

21.01. **1445.**

J.H. DONNER - P. KERES

1. d4 ♘f6 2. c4 g6 3. g3 ♗g7 4. ♗g2 d5 5. cd5 ♘d5 6. e4 ♘b4 7. a3 ♘4c6 8. d5 ♘d4 9. ♘c3 0-0 10. ♘ge2 c5 11. 0-0 e5 12. ♗e3 ♘a6 13. ♘c1 f5 14. f4 fe4 15. ♗e4 ♗f5 16. ♗f5 ♘f5 17. ♗f2 ef4 18. gf4 ♕d6 19. ♘1e2 ♖ad8 20. ♕d3 ♗c3 21. ♘c3 ♕f4 22. ♖ad1 ♖fe8 23. ♖fe1 ♘d4 24. ♔g2 ♖e1 25. ♖e1 ♘c7 26. ♗g3 ♕f7 27. d6 ♘d5 28. ♖f1 ♕e6 29. ♖e1 ♕e1 30. ♘d5 ♕e2 31. ♕e2 ♘e2 **0:1**

22.01. **1446.**

P. KERES - A. DUNKELBLUM

1. e4 e5 2. ♘f3 ♘c6 3. ♗b5 a6 4. ♗a4 ♘f6 5. 0-0 ♗e7 6. ♖e1 b5 7. ♗b3 d6 8. c3 0-0 9. h3 ♘a5 10. ♗c2 c5 11. d4 ♕c7 12. ♘bd2 ♘c6 13. dc5 dc5 14. ♘f1 ♖d8 15. ♕e2 ♖b8 16. ♘e3 g6 17. ♘h2 ♗e6 18. ♘hg4 ♖d6 19. a4 c4 20. ab5 ab5 21. ♕f3 ♘g4 22. hg4 ♖bd8 23. g5 ♘a5 24. ♕g3 ♖6d7 25. ♘d5 ♗d5 26. ed5 ♖d5 27. ♗e3 b4 28. ♕f3 bc3 29. bc3 ♗c5 30. ♗e4 ♖5d7 31. ♖a4 ♗e3 32. ♕e3 ♘b3 33. g3 ♘d2 34. ♔g2 ♘e4 35. ♕e4 ♖c8 36. ♖b4 ♕c5 37. ♖e3 ♕d5 38. ♔h2 ♕e4 39. ♖e4 ♖d3 **½:½**

23.01. **1447.**

L. PORTISCH - P. KERES

1. d4 ♘f6 2. c4 e6 3. ♘f3 b6 4. g3 ♗b7 5. ♗g2 ♗e7 6. 0-0 0-0 7. ♘c3 ♘e4 8. ♗d2 c5 9. ♘e1 ♘c3 10. ♗c3 ♗g2 11. ♘g2 cd4 12. ♕d4 ♗f6 13. ♕e4 ♘a6 14. ♖ac1 ♖c8 15. ♖fd1 ♖c7 16. ♘e3 ♘c5 17. ♗f6 ♕f6 18. ♕d4 ♕g6 19. ♕f4 ♖fc8 20. ♖d6 ♕e4 21. ♖cd1 ♕f4 22. gf4 ♔f8 23. f5 ♔e7 24. f3 ♘b7 25. ♖6d4 ♘c5 26. ♖d6 ♘b7 27. ♖6d4 ♘c5 28. ♖d6 **½:½**

25.01. **1448.**

P. KERES - P. De ROOI

1. e4 c5 2. ♘f3 ♘c6 3. ♘c3 g6 4. d4 cd4 5. ♘d4 ♗g7 6. ♗e3 ♘f6 7. ♗c4 d6 8. f3 ♘d7

9. a4 ♕a5 10. ♘e2 ♕b4 11. ♗b3 ♘c5 12. 0-0 ♘b3 13. ♘d5 ♕a5 14. cb3 0-0 15. b4 ♕d8 16. b5 ♘a5 17. ♖c1 ♗b2 18. ♖c2 ♗g7 19. ♘c7 ♗e6 20. ♘a8 ♕a8 21. ♗d4 ♗b3 22. ♗g7 ♔g7 23. ♕a1 ♔g8 24. ♖c3 ♗c4 25. ♖f2 a6 26. ♘f4 ♕a7 27. ♕b2 ab5 28. ab5 ♕d4 29. ♖c1 ♕e3 30. ♘d5 ♗d5 31. ed5 ♖a8 32. ♕c3 ♕g5 33. ♖d1 ♕f5 34. b6 ♕c8 35. ♖c2 ♕c3 36. ♖c3 ♖a6 37. ♖a1 **1:0**

26.01. 1449.

T.D. van SCHELTINGA - P. KERES

1. d4 ♘f6 2. c4 e6 3. ♘f3 b6 4. g3 ♗a6 5. ♕a4 c5 6. ♗g2 ♗b7 7. 0-0 cd4 8. ♘d4 ♗g2 9. ♔g2 ♗c5 10. ♘f3 0-0 11. ♘c3 ♘c6 12. ♗g5 h6 13. ♗f6 ♕f6 14. ♖ad1 ♖fd8 15. ♕c2 ♘b4 16. ♕b1 ♘c6 17. ♕c2 ♘b4 18. ♕b1 ♘c6 19. ♕c2 ½:½

FINLAND - ESTONIA TEAM MATCH

Turku-Helsinki, 22.- 24.05.1964

22.05. 1450.

P. KERES - E. BÖÖK

1. d4 d5 2. c4 c6 3. ♘c3 ♘f6 4. ♘f3 e6 5. cd5 cd5 6. ♗g5 ♗e7 7. e3 a6 8. ♗d3 b5 9. 0-0 ♗b7 10. ♘e5 0-0 11. ♖c1 ♘e4 12. ♗e7 ♕e7 13. ♕c2 ♘f6 14. ♘e2 ♘bd7 15. ♕c7 ♖ab8 16. ♘c6 ♗c6 17. ♖c6 ♖a8 18. ♖fc1 g6 19. ♕a5 ♕d8 20. ♕a3 ♘b6 21. b3 ♔g7 22. ♕b4 ♕b8 23. g3 ♖c8 24. ♘f4 ♖c6 25. ♖c6 ♕b7 26. ♕d6 ♘e8 27. ♘e6 fe6 28. ♕e5 ♔h6 29. g4 ♕b8 30. g5 ♔h5 31. ♕e6 ♔g5 32. ♗g6 hg6 33. ♕g6 ♔h4 34. f3 **1:0**

24.05. 1451.

E. BÖÖK - P. KERES

1. c4 ♘f6 2. ♘f3 g6 3. ♘c3 d5 4. cd5 ♘d5 5. d4 ♗g7 6. e3 0-0 7. ♗c4 ♘b6 8. ♗e2 c5 9. 0-0 cd4 10. ed4 ♘c6 11. ♗e3 ♗e6 12. ♖c1 ♖c8 13. b3 ♘d5 14. ♘d5 ♗d5 15. ♘e5 ♘e5 16. de5 ♖c1 17. ♕c1 ♗e5 18. ♗a7 ♕a8 19. ♕e3 ♗f6 20. f3 ♖c8 21. ♖d1 e6 22. ♗d3 ♗g5 23. ♕f2 ♗h4 24. ♕e3 ♗g5 25. ♕f2 ½:½

BUENOS AIRES

9.07.- 4.08.1964

9.07. 1452.

P. KERES - J. RUBINETTI

1. e4 c5 2. ♘f3 e6 3. ♘c3 ♘c6 4. d4 cd4 5. ♘d4 ♕c7 6. ♗e3 a6 7. ♗e2 ♘f6 8. a3 ♗d6 9. g3 ♗e5 10. f4 ♗d4 11. ♗d4 ♘d4 12. ♕d4 b5 13. e5 ♗b7 14. ♖f1 ♘d5 15. ♘e4 0-0 16. 0-0-0 ♗c6 17. ♗f3 a5 18. f5 ef5 19. ♘f6 ♘f6 20. ef6 ♗f3 21. ♖f3 g6 22. g4 fg4 23. ♕g4 ♖ac8 24. c3 ♕e5 25. ♖d7 ♖c4 26. ♕g3 ♕h5 27. ♖fd3 ♖g4 28. ♕d6 ♖e4 29. ♖e7 ♕e2 30. ♖d2 ♕e1 31. ♔c2 ♖e6 32. ♖e6 ♕e6 33. ♕e7 ♕f5 34. ♔c1 ♕c8 35. ♖d5 b4 36. ab4 ab4 37. ♕b4 ♖e8 38. ♕d4 ♕e6 39. b4 ♕e1 40. ♔b2 ♕e2 41. ♔b3 h5 42. ♖d8 ♔h7 43. ♖e8 ♕e8 44. ♕d5 h4 45. b5 ♔h6 46. b6 g5 47. b7 **1:0**

10.07. 1453.

C. BIELICKI - P. KERES

1. d4 ♘f6 2. c4 e6 3. ♘f3 b6 4. e3 ♗b7 5. ♗d3 ♗e7 6. 0-0 c5 7. b3 0-0 8. ♗b2 d5 9. ♘bd2 ♘bd7 10. ♕e2 ♘e4 11. ♖fd1 ♕c7 12. ♖ac1 ♘d2 13. ♖d2 dc4 14. ♗c4 ♖ad8 15. ♗a6 ♕c8 16. ♗b7 ♕b7 17. ♖dc2 ♖c8 18. ♗a3 ♖fd8 19. h3 h6 20. ♕b5 a6 21. ♕e2 ♗f8 22. dc5 ♘c5 23. ♗b2 b5 24. ♘e5 ♘d7

25. ♖c8 ♖c8 26. ♖c8 ♕c8 27. ♘d7 ♕d7 28. ♕c2 a5 29. a4 ♕d5 30. ab5 ♕b5 31. ♕c4 ♕c4 32. bc4 a4 33. ♔f1 ♗e7 34. ♗d4 ♗f6 **0:1**

11.07. **1454.**

P. KERES - H. PILNIK

1. e4 e5 2. ♘f3 ♘c6 3. ♗b5 a6 4. ♗a4 ♘f6 5. 0-0 ♘e4 6. d4 b5 7. ♗b3 d5 8. de5 ♗e6 9. c3 ♗e7 10. ♗e3 ♕d7 11. ♘bd2 ♘d2 12. ♕d2 ♘a5 13. ♗g5 c5 14. ♗e7 ♕e7 15. ♖fe1 ♖d8 16. ♕f4 h6 17. ♗c2 ♘c6 18. ♖ad1 g5 19. ♕g3 g4 20. ♘d2 c4 21. b3 ♕a3 22. bc4 bc4

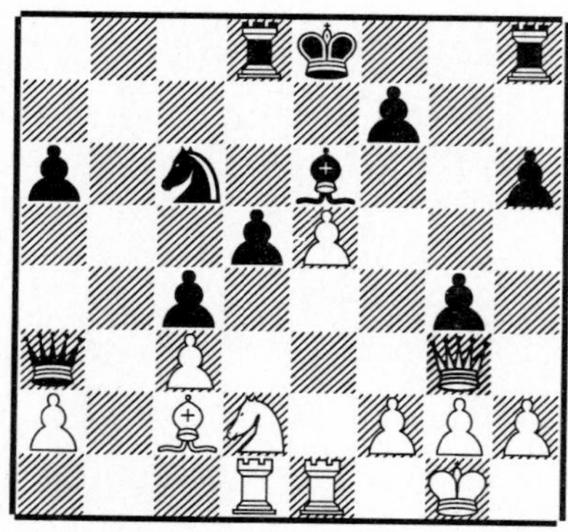

23. f4 gf3 24. ♘f3 ♔d7 25. ♕f2 ♔c7 26. ♘d4 ♖b8 27. ♖f1 ♘d4 28. ♕d4 ♖b2 29. ♖d2 ♖g8 30. ♖df2 ♖g7 31. h3 ♕a5 32. ♗f5 ♖f2 33. ♕a7 ♔c6 34. ♕a8 ♔c7 35. ♕a7 ♔c6 36. ♕a8 ♔c7 37. ♖f2 ♕b6 38. ♕f8 ♖g5 39. ♗e6 fe6 40. ♔h2 ♕c6 41. ♖f7 **1:0**

14.07. **1455.**

R. GARCIA - P. KERES

1. d4 ♘f6 2. ♘f3 c5 3. dc5 e6 4. a3 ♗c5 5. b4 ♗e7 6. ♗b2 a5 7. b5 0-0 8. e3 d6 9. ♗e2 ♘bd7 10. 0-0 ♘c5 11. c4 e5 12. a4 ♗e6 13. ♘c3 ♖c8 14. ♘d5 ♘fd7 15. ♘d2 ♘b6 16. ♗f3 ♗d5 17. ♗d5 ♕d7 18. ♗c3 ♗d8 19. ♖a3 ♘ca4 20. ♖a4 ♘d5 21. ♗a5 ♗a5 22. ♖a5 ♘b6 23. ♕b3 ♖c7 24. ♖a2 ♖fc8 25. ♖c2 d5 26. ♖fc1 dc4 27. ♘c4 ♕e6 28. ♘d2 ♕b3 29. ♖c7 ♕e6 **0:1**

15.07. **1456.**

P. KERES - M.R. LETELIER

1. e4 c5 2. ♘f3 g6 3. d4 cd4 4. ♘d4 ♗g7 5. c4 ♘c6 6. ♘c2 d6 7. ♗e2 ♗e6 8. 0-0 a6 9. ♘e3 ♘f6 10. ♘c3 ♘d7 11. ♘ed5 0-0 12. ♗g5 ♘c5 13. ♖c1 a5 14. ♖e1 b6 15. ♗f1 ♖a7 16. ♕d2 ♗c8 17. ♖cd1 ♗a6 18. h4 h5 19. b3 ♖b7 20. ♖b1 ♘e6 21. ♗e3 ♖b8 22. a3 ♘e5 23. ♗e2 ♘g4 24. ♗g4 hg4 25. ♕e2 ♘c5 26. ♗g5 ♖e8 27. ♕g4 a4 28. ♘a4 ♘a4 29. ba4 ♗c4 30. h5 ♗d5 31. ed5 ♕c7 32. hg6 **1:0**

17.07. **1457.**

M. NAJDORF - P. KERES

1. d4 d5 2. c4 dc4 3. ♘f3 ♘f6 4. e3 ♗g4 5. ♗c4 e6 6. ♘c3 ♘bd7 7. h3 ♗h5 8. 0-0 ♗d6 9. b3 0-0 10. ♗b2 a6 11. ♗e2 ♕e7 12. ♘d2 ♗e2 13. ♕e2 c5 14. ♘ce4 cd4 15. ♘d6 ♕d6 16. ♘c4 ♕c7 17. ♗a3 ♖fd8 18. ed4 ♘b6 19. ♕e5 ♘bd5 20. ♖ac1 ♘e8 21. ♖fe1 ♕e5 22. de5 ♘ec7 ½:½

18.07. **1458.**

P. KERES - H.D. ROSSETTO

1. e4 e5 2. ♘f3 ♘f6 3. ♘e5 d6 4. ♘f3 ♘e4 5. c4 g6 6. d3 ♘f6 7. ♘c3 ♗g7 8. ♕e2 ♕e7 9. ♕e7 ♔e7 10. ♗g5 ♖e8 11. 0-0-0 ♔f8 12. h3 a6 13. g3 ♘c6 14. ♗g2 ♗d7 15. ♗e3 ♖ab8 16. ♘g5 h6 17. ♘f3 b5 18. ♘d4 ♘d4 19. ♗d4 b4 20. ♘b1 a5 21. ♘d2 a4 22. ♖he1 h5 23. ♗a7 ♖e1 24. ♖e1 ♖e8 25. ♖e8 ♘e8 26. ♗e3 c5 27. ♔c2 ♘c7 28. ♘e4 ♗c6 ½:½

19.07. **1459.**

A. FOGUELMAN - P. KERES

1. d4 ♘f6 2. c4 g6 3. ♘f3 ♗g7 4. g3 0-0 5. ♗g2 d5 6. cd5 ♘d5 7. e4 ♘b6 8. 0-0 ♗g4 9. e5 ♘c6 10. ♗e3 ♕d7 11. ♘bd2 ♖ad8 12. ♕c2 ♘b4 13. ♕c5 ♘6d5 14. ♖fd1 b6 15. ♕c4 ♗e6 16. ♕e2 c5 17. ♘e4 c4 18. a3 ♘c6

19. ♖ac1 ♘a5 20. ♗d2 ♕b5 21. ♗a5 ba5 22. ♘c5 ♗g4 23. b3 ♗h6 24. bc4 ♕b6 25. ♖c2 ♘c7 26. ♖b2 ♕c6 27. h3 ♗c8 28. ♘e1 ♕e8 29. d5 ♘a8 30. ♖b5 ♗d7 31. ♖a5 ♘b6 32. ♘d7 ♕d7 33. c5 ♘c8 34. c6 ♕c7 35. ♖b5 ♗g7 36. f4 g5 37. ♕d2 gf4 38. gf4 ♘b6 39. d6 ed6 40. ed6 ♕c8 41. d7 ♕a6 42. ♕a5 ♕a5 43. ♖a5 ♗h6 44. ♖d4 ♗g7 45. ♖d1 ♗h6 46. c7 ♖d7 47. ♖d7 ♘d7 48. ♗b7 ♘b6 49. ♘d3 ♗g7 50. ♖a7 ♘d5 51. ♗d5 **1:0**

21.07. **1460.**

P. KERES - R. BYRNE

1. e4 e6 2. d4 d5 3. ♘d2 ♘c6 4. ♘gf3 ♘f6 5. e5 ♘d7 6. ♘b3 ♗e7 7. c4 f6 8. cd5 ed5 9. ♗b5 0-0 10. 0-0 fe5 11. ♗c6 bc6 12. de5 ♘b6 13. ♕d4 ♕e8 14. ♔h1 ♕h5 15. ♘g1 ♘c4 16. ♗f4 ♘b2 17. ♘a5 ♕g6 18. ♖ac1 c5 19. ♕d5 ♗e6 20. ♘c6 ♖ae8 21. ♘e7 ♖e7 22. ♕c5 ♖ef7 23. ♗g3 ♘d3 24. ♕a7 ♘c1 25. ♖c1 c6 26. ♕a6 ♗d5 27. f3 h5 28. ♖e1 ♕e6 29. a4 g5 30. h4 ♖f5 31. ♕e2 ♖a8 32. ♕c2 gh4 33. ♗h4 ♗b3 34. ♕d3 ♖a4 35. ♕d8 ♔h7 36. ♗f6 ½:½

22.07. **1461.**

F.J.B. WEXLER - P. KERES

1. c4 c5 2. ♘f3 ♘f6 3. g3 e6 4. ♗g2 ♘c6 5. 0-0 ♗e7 6. d4 d5 7. cd5 ed5 8. dc5 ♗c5 9. ♗g5 0-0 10. ♘c3 d4 11. ♗f6 ♕f6 12. ♘e4 ♕e7 13. ♘c5 ♕c5 14. ♕d2 ♗g4 15. ♖fd1 ♖ad8 16. ♕f4 ♗c8 17. ♖ac1 ♕b6 18. ♖d2 f6 19. h4 ♗e6 20. b3 ♖f7 21. ♘e1 ♘e5 22. ♗e4 ♖fd7 23. ♖dc2 ♘g6 24. ♕f3 ♘e7 25. ♕f4 ♘d5 26. ♗d5 ♗d5 27. ♖c7 ♗c6 28. ♖d7 ♖d7 29. ♖d1 ♕a5 30. ♕d2 ♕c5 31. ♘d3 ♕f5 32. ♕f4 ♕e6 33. ♖d2 a5 34. f3 ♕e7 **0:1**

24.07. **1462.**

P. KERES - Dr. M. FILIP

1. e4 c6 2. ♘c3 d5 3. ♘f3 ♗g4 4. h3 ♗h5 5. ed5 cd5 6. d4 ♘c6 7. ♗b5 e6 8. g4 ♗g6 9. ♘e5 ♘e7 10. h4 f6 11. ♘g6 hg6 12. ♗e3 ♖c8 13. ♗d3 ♘b4 14. ♗f1 ♔f7 15. a3 ♘bc6 16. ♗d3 ♘a5 17. ♘e2 ♘c4 18. ♗c1 e5 19. de5 ♘e5 20. h5 g5 21. f4 ♘d3 22. ♕d3 ♕d7 23. ♖g1 ♖c4 24. ♗e3 gf4 25. ♘f4 ♕d6 26. ♘g6 ♘g6 27. ♕g6 ♔g8 28. 0-0-0 ♕e5 29. ♕d3 b6 30. ♕d5 ♕d5 31. ♖d5 ♖e4 32. ♔d2 ♔f7 33. ♔d3 ♖e6 34. ♗f4 ♗c5 35. ♖d7 ♖e7 36. ♖e7 ♗e7 37. ♖g2 f5 38. ♗e5 fg4 39. ♖g4 ♗f6 40. ♗f6 gf6 41. ♖c4 ♖h5 42. ♖c7 ♔e6 43. ♖a7 ♖d5 44. ♔e4 ♖e5 45. ♔d4 ♖d5 46. ♔c4 ♖c5 47. ♔b3 ♖b5 48. ♔c3 ♖c5 49. ♔d2 ♖d5 50. ♔e3 ♖e5 51. ♔f3 ♖f5 52. ♔e2 ♖e5 53. ♔d3 ♖d5 54. ♔e4 ♖e5 55. ♔d4 ♖d5 56. ♔c3 ♖c5 57. ♔d2 ♖d5 58. ♔c1 f5 59. ♖h7 b5 60. ♖h3 ♔e5 61. ♖d3 ♖d3 62. cd3 ♔f4 63. ♔d2 ♔f3 64. b3 f4 65. a4 ba4 66. ba4 ♔g3 67. a5 f3 68. a6 f2 69. a7 f1♕ 70. a8♕ ♕f2 71. ♔d1 ♕g1 72. ♔c2 ♕c5 73. ♔b3 ♕b5 ½:½

25.07. **1463.**

C.E. GUIMARD - P. KERES

1. d4 ♘f6 2. ♘f3 g6 3. ♗g5 ♗g7 4. ♘bd2 c5 5. e3 d6 6. c3 ♘bd7 7. ♗e2 h6 8. ♗h4 0-0 9. a4 ♕c7 10. ♕b1 e5 11. 0-0 ♖e8 12. de5 ♘e5 13. ♘e5 de5 14. ♖d1 ♖d8 15. ♗f6 ♗f6 16. ♗c4 ♔g7 17. ♕a2 ♗g5 18. ♗d5 ♗g4 19. ♘f3 ♖d6 20. h3 ♗f3 21. ♗f3 ♖ad8 22. ♕c4 ½:½

28.07. **1464.**

P. KERES - Jul. BOLBOCHAN

1. e4 e5 2. ♘f3 ♘f6 3. d4 ed4 4. e5 ♘e4 5. ♕e2 ♘c5 6. ♘d4 ♘c6 7. ♘c6 bc6 8. ♘c3 ♖b8 9. a3 ♗e7 10. ♗e3 d5 11. ed6 cd6 12. ♗c5 dc5 13. ♕e5 ♕d6 14. ♕g7 ♕d4 15. ♕d4 cd4 16. ♘d1 ♖g8 17. g3 h5 18. b3 ♖g5 19. ♘b2 ♗e6 20. ♗c4 ♖a5 21. ♗e6 fe6 22. ♘c4 ♖f5 23. f4 d3 24. 0-0-0 ♖d5 25. ♖d3 ♖d3 26. cd3 ♖b3 27. ♔c2 ♖b5 28. ♖e1 ♔d7 29. ♖e5 ♗f6 30. a4 ♖b4 31. ♖h5 ♖a4

32. ♖h7 ♔d8 33. ♔b3 ♖a1 34. ♘e5 ♗e5 35. fe5 c5 36. ♔c4 ♖c1 37. ♔b5 ♖c3 38. ♖a7 ♖d3 39. ♔c5 ♖d5 40. ♔c6 ♔e8 41. ♖h7 ♖e5 42. ♔d6 ♖e2 43. g4 ♔f8 44. g5 ♔g8 45. ♖h6 ♔g7 46. h4 ♖e4 47. h5 ♖g4 48. ♖g6 ♔f7 49. ♖f6 ♔g8 50. ♖g6 ♔f7 51. ♔e5 ♖g1 52. ♔f4 ♖f1 53. ♔g4 ♖g1 54. ♔f3 ♖f1 55. ♔g2 ♖f5 56. ♔h3 e5 57. ♔g3 e4 58. ♔g4 ♖f1 59. ♖a6 e3 60. g6 ♔e7 61. ♖a7 ♔e6 62. g7 ♔f6 63. h6 e2 64 g8♘ ♔e6 65. ♖e7 ♔d6 66. ♖e2 ♖g1 67. ♔f5 **1:0**

29.07. 1465.

P. KERES - S. SCHWEBER

1. d4 ♘f6 2. c4 g6 3. ♘c3 c5 4. dc5 ♘a6 5. g3 ♘c5 6. ♗g2 ♗g7 7. ♘h3 0-0 8. ♘f4 d6 9. 0-0 ♗f5 10. ♗e3 ♘fe4 11. ♘e4 ♗e4 12. ♗e4 ♘e4 13. ♕d5 ♘c5 14. ♗c5 dc5 15. ♕b7 ♖b8 16. ♕a7 ♖b2 17. ♖ad1 ♕a8 18. ♕e7 ♗h6 19. ♘d5 ♗g7 20. e3 ♕a5 21. ♘f4 ♖c2 22. ♖c1 ♖a2 23. ♖fd1 ♕b6 24. ♖b1 ♕f6 25. ♕c5 g5 26. ♖d6 ♕e5 27. ♘d3 ♕e4 28. ♕g5 ♕c4 29. ♖b4 ♕c3 30. ♖g4 ♖a5 31. ♖d5 ♖d5 32. ♕d5 ♕a1 33. ♔g2 ♕a8 34. ♘f4 ♕d5 35. ♘d5 ♖d8 36. ♘f6 ♔h8 37. ♖f4 ♗f6 38. ♖f6 ♔g7 39. ♖c6 ♖d2 40. h4 h5 41. ♖c5 ♔g6 42. ♔f3 ♖a2 43. e4 ♖b2 44. ♔e3 ♖a2 45. f3 ♖a3 46. ♔f4 ♖b3 47. ♖g5 ♔h6 48. e5 ♖a3 49. ♔e4 ♖b3 50. f4 **1:0**

31.07. 1466.

A. OLIVERA - P. KERES

1. e4 e5 2. ♘f3 ♘c6 3. ♗b5 a6 4. ♗a4 ♘f6 5. ♘c3 d6 6. d4 ed4 7. ♗c6 bc6 8. ♘d4 c5 9. ♘de2 ♗b7 10. 0-0 ♗e7 11. ♘g3 0-0 12. ♘f5 ♘d7 13. ♕g4 ♗f6 14. ♗d2 ♖e8 15. ♖ae1 ♘e5 16. ♕g3 ♔h8 17. ♘d5 ♗d5 18. ed5 ♕d7 19. ♘e3 ♘g6 20. ♘c4 ♕f5 21. ♘e3 ♕h5 22. b3 ♖e4 23. ♕f3 ♕f3 24. gf3 ♖e5 25. ♗a5 ♘h4 26. f4 ♘f3 27. ♔h1 ♖h5 28. ♘g4 ♘e1 29. ♘f6 gf6 30. ♖e1 ♖d5 31. ♗c3 ♔g7 32. ♖g1 ♔f8 33. ♗f6 ♖e8 **0:1**

1.08. 1467.

P. KERES - E. ELISKASES

1. d4 ♘f6 2. c4 e6 3. ♘f3 c5 4. e3 ♗e7 5. ♘c3 0-0 6. ♗e2 d5 7. cd5 ♘d5 8. 0-0 ♘c3 9. bc3 b6 10. a4 ♘c6 11. ♗a3 cd4 12. cd4 ♗b7 13. ♕b1 ♗a3 14. ♖a3 ♕e7 15. ♖c3 ♖fc8 16. ♖fc1 ♘b4 17. ♘e5 ♖c3 18. ♖c3 ♖c8 ½:½

4.08. 1468.

T. PETROSIAN - P. KERES

1. ♘f3 d5 2. c4 dc4 3. ♘a3 ♘f6 4. ♘c4 c5 5. g3 ♘c6 6. ♗g2 g6 7. b3 ♗g7 8. ♗b2 0-0 9. 0-0 ♗e6 10. ♖c1 ♖c8 11. d4 cd4 12. ♘d4 ♘d4 13. ♕d4 b6 14. ♘e5 ♕d4 15. ♗d4 ♘g4 16. f4 ♘e5 17. fe5 ♖c1 18. ♖c1 ♖c8 19. ♖c8 ♗c8 ½:½

USSR CLUB TEAM CHAMPIONSHIP
Tallinn, 29.09.- 5.10.1964

29.09. 1469.

P. KERES - A. HERMLIN

1. d4 ♘f6 2. c4 e6 3. ♘f3 b6 4. e3 ♗b7 5. ♗d3 d5 6. 0-0 ♗d6 7. ♘bd2 ♘bd7 8. b3 ♕e7 9. ♕c2 0-0 10. ♗b2 c5 11. ♘e5 cd4 12. ed4 ♖ac8 13. ♖ae1 g6 14. f4 ♗b4 15. ♖e2 ♗d2 16. ♕d2 ♘e4 17. ♗e4 de4 18. ♗a3 ♕a3 19. ♘d7 ♖fd8 20. ♘f6 ♔g7 21. ♘e4 ♗e4 22. ♖e4 b5 23. cb5 ♖d7 24. ♖d1 ♖dc7 25. d5 ed5 26. ♖a4 ♕e7 27. h3 ♔g8 28. ♕d5 ♖c2 29. ♔h2 h5 30. ♖c4 ♖8c4 31. bc4 ♕e3 32. ♕d8 ♔h7 33. ♕d4 ♕e2 34. ♕d5 ♔g8 35. ♕a8 **1:0**

30.09. 1470.

T. PETROSIAN - P. KERES

1. c4 ♘f6 2. g3 c6 3. b3 d5 4. ♘f3 ♗g4 5. ♗g2 ♘bd7 6. ♗b2 e6 7. 0-0 ♗d6 8. d4 ♕b8

9. ♘bd2 0-0 10. ♖c1 ♖e8 11. ♖e1 e5 12. cd5 cd5 13. de5 ♘e5 14. ♕c2 ♕d8 15. ♘e5 ♗e5 16. ♗e5 ♖e5 17. ♘f3 ♖e7 18. ♕c5 ♖c8 19. ♕a7 ♖a8 20. ♕c5 ♖a2 21. ♘d4 h6 22. f3 ♗d7 23. ♖a1 ♖a1 24. ♖a1 ♖e8 ½:½

3.10. 1471.

P. KERES - V. MIKENAS

1. e4 ♘f6 2. e5 ♘d5 3. ♘f3 d6 4. ♗c4 c6 5. ♘c3 g6 6. 0-0 de5 7. ♘e5 ♗g7 8. d4 ♗e5 9. de5 ♘c3 10. ♕d8 ♔d8 11. bc3 ♗e6 12. ♗e6 fe6 13. ♖b1 b6 14. ♖b4 c5 15. ♖h4 ♘c6 16. ♗h6 ♖g8 17. ♗g5 h5 18. ♖d1 ♔c7 19. ♔f1 ♖ad8 20. ♖d8 ♔d8 21. ♖e4 ♖f8 ½:½

4.10. 1472.

M. TAL - P. KERES

1. e4 e5 2. ♘f3 ♘c6 3. ♗b5 a6 4. ♗a4 ♘f6 5. 0-0 ♗e7 6. ♖e1 b5 7. ♗b3 d6 8. c3 0-0 9. h3 ♘d7 10. d4 ♗f6 11. a4 ♗b7 12. ab5 ab5 13. ♖a8 ♕a8 14. d5 ♘a5 15. ♗c2 ♖b8 16. ♘a3 ♗a6 17. b4 ♘c4 18. ♘c4 bc4 19. ♗a4 ♘b6 20. ♗c6 ♗b7 21. ♗b7 ♕b7 22. ♗e3 ♖a8 23. ♕e2 ♕a6 24. ♘d2 ♘a4 25. ♘c4 ♘c3 26. ♕d3 ♘b5 27. ♘a5 h6 28. ♖c1 ♖b8 29. ♘c6 ♖a8 30. ♘a5 ♖b8 31. ♕e2 ♗d8 32. g3 ♗f6 33. h4 ♔h7 34. ♔g2 ♔g8 35. ♕d3 ♔f8 36. ♕f1 ♔g8 37. ♕e2 ♗d8 38. ♕d3 ♗f6 39. ♕f1 h5 40. ♖a1 ♖e8 41. ♕c4 g6 ½:½

5.10. 1473.

P. KERES - A. LUTIKOV

1. e4 d5 2. ed5 ♘f6 3. ♗b5 ♗d7 4. ♗c4 b5 5. ♗b3 ♗g4 6. f3 ♗c8 7. ♕e2 a6 8. a4 b4 9. ♕c4 ♕d6 10. d3 e6 11. ♗f4 e5 12. ♗g5 ♗b7 13. ♗f6 gf6 14. ♘d2 f5 15. ♘e2 ♘d7 16. ♘g3 ♘b6 17. ♕h4 ♕g6 18. f4 ♗e7 19. ♕h3 ef4 20. ♘h5 ♗d6 21. 0-0 0-0-0 22. ♘f4 ♕g7 23. ♕f5 ♔b8 24. ♘e4 ♖hg8 25. ♘d6 ♖d6 26. ♖f2 ♕b2 27. ♖e1 ♕g7 28. ♘h5 ♕c3 29. ♕e5 ♘d5 30. ♕c3 bc3 31. ♖e5 ♖g4 32. g3 ♖b4 33. ♖fe2 ♖b3 34. cb3 ♘b4 35. ♖c5 ♖c6 36. ♖c6 ♗c6 37. ♘f4 c2 38. ♖e1 ♗f3 39. ♖c1 ♗d1 40. d4 ♘a2 41. ♘d3 **0:1**

THE 16th OLYMPIAD
Tel-Aviv, 2.- 25.11.1964

3.11. 1474.

P. KERES - E. WALTHER

1. d4 ♘f6 2. c4 g6 3. ♘c3 ♗g7 4. e4 d6 5. ♘f3 0-0 6. ♗e2 e5 7. d5 ♘bd7 8. ♗g5 h6 9. ♗h4 g5 10. ♗g3 ♘h5 11. h4 g4 12. ♘h2 ♘g3 13. fg3 h5 14. 0-0 ♗h6 15. ♗d3 c6 16. ♔h1 ♘f6 17. ♗c2 cd5 18. cd5 ♘e8 19. ♕e2 ♘g7 20. ♖f2 f5 21. ef5 ♘f5 22. ♗f5 ♗f5 23. ♖af1 ♗g6

(diagram)

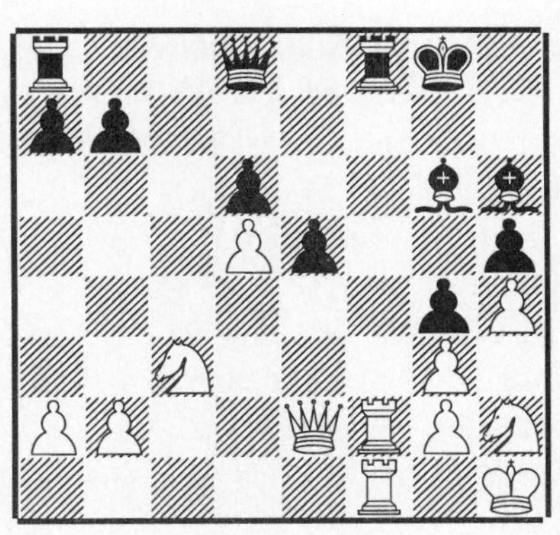

24. ♘g4 hg4 25. ♕g4 ♔h7 26. h5 ♗d3 27. ♖f8 ♗f8 28. ♖f3 ♗c2 29. ♘e4 ♔h8 30. ♖f7 ♕e8 31. ♘d6 ♕a4 32. ♕g5 ♕a6 33. ♕e5 ♔g8 34. ♖f6 ♕d3 35. ♔h2 ♕h7 36. ♕e6 **1:0**

06.11. **1475.**

M. BORJA - P. KERES

1. d4 ♘f6 2. c4 e6 3. ♘c3 c5 4. e3 d5 5. ♘f3 a6 6. cd5 ed5 7. ♗d3 ♘c6 8. dc5 ♗c5 9. a3 ♗g4 10. b4 ♗a7 11. ♗b2 d4 12. ed4 ♘d4 13. ♘e4 0-0 14. 0-0 ♗f3 15. gf3 ♘h5 16. ♔h1 ♘e6 17. ♕b3 ♘hf4 18. ♗c4 ♘d4 19. ♗d4 ♕d4 20. ♖ad1 ♕e5 21. ♖d7 ♖ad8 22. ♖b7 ♗b8 23. ♘g3 ♕f6 24. b5 ♘d3 25. ba6 ♘c5 26. ♕e3 ♘b7 27. ab7 ♖fe8 28. ♕b3 ♖e5 29. ♖c1 h5 30. ♘e4 ♖e4 31. ♗f7 ♔h8 32. ♖c8 ♖e1 33. ♔g2 ♕g5 34. ♔h3 ♕f5 35. ♔g2 ♖c8 36. bc8♕ ♕c8 **0:1**

07.11. **1476.**

P. KERES - L.A. MENVIELLIE

1. e4 e5 2. ♘f3 d6 3. d4 ♘d7 4. ♗c4 c6 5. 0-0 ♗e7 6. de5 de5 7. ♘g5 ♗g5 8. ♕h5 g6 9. ♕g5 ♕g5 10. ♗g5 ♘c5 11. ♘d2 ♘e6 12. ♗e3 ♘f6 13. ♘f3 ♘e4 14. ♘e5 ♘d6 15. ♗d3 ♘f5 16. ♗d2 ♘c5 17. ♖fe1 ♗e6 18. ♗c4 ♘d6 19. ♗e6 ♘e6 20. ♖ad1 ♘b5 21. ♗h6 c5 22. c3 ♖c8 23. f4 a6 24. g4 ♖c7 25. f5 f6 26. ♘c4 **1:0**

8.11. **1477.**

G. VILLAROEL - P. KERES

1. e4 e5 2. ♘f3 ♘c6 3. ♗b5 a6 4. ♗a4 ♘f6 5. 0-0 ♗e7 6. ♖e1 b5 7. ♗b3 0-0 8. d3 d6 9. c3 ♘a5 10. ♗c2 c5 11. ♘bd2 ♗e6 12. ♘f1 ♘d7 13. ♘g3 ♘c6 14. h3 ♖c8 15. ♘h2 ♗g5 16. ♕f3 g6 17. ♘f5 ♗c1 18. ♖ec1 ♘e7 19. g4 f6 20. ♘d6 ♖c6 21. ♘f5 gf5 22. gf5 ♗f7 23. ♔h1 ♔h8 24. ♖g1 ♖g8 25. ♖g8 ♘g8 26. ♖g1 ♕f8 27. ♕e3 ♘b6 28. b3 b4 29. c4 ♖c7 30. ♗d1 ♘c8 31. ♘f3 ♘ce7 32. ♘h4 ♘c6 33. ♔h2 ♗e8 34. ♕g3 a5 35. ♔h1 ♖d7 36. ♕e3 ♖g7 37. ♔h2 ♘d4 38. ♔h1 ♖g1 39. ♔g1 ♘h6 40. ♘g2 ♘f7 41. ♕g3 ♕h6 42. ♘e3 a4 43. ♔g2 ab3 44. ab3 ♗c6 45. ♔g1 ♘d6 46. h4 ♗e8 **0:1**

10.11. **1478.**

P. KERES - E. GUTHI

1. e4 c6 2. ♘c3 d5 3. ♘f3 ♗g4 4. h3 ♗f3 5. ♕f3 e6 6. d4 ♘f6 7. ♗d3 ♗b4 8. e5 ♘fd7 9. ♕g3 g6 10. h4 ♕a5 11. 0-0 ♗c3 12. bc3 ♕c3 13. ♖b1 b5 14. ♕f4 ♘b6 15. ♗d2 **1:0**

11.11. **1479.**

P. KERES - F.R. ANDERSON

1. d4 ♘f6 2. c4 e6 3. ♘f3 ♗b4 4. ♘bd2 0-0 5. e3 d6 6. ♗d3 e5 7. 0-0 ♗d2 8. ♘d2 ♘c6 9. d5 ♘e7 10. f4 ef4 11. ef4 ♗f5 12. ♘f3 ♕d7 13. ♘d4 ♗d3 14. ♕d3 c6 15. dc6 ♘c6 16. ♖d1 ♖fe8 17. ♗d2 ♘d4 18. ♕d4 ♖e4 19. ♕d3 ♕c6 20. ♗c3 ♕c5 21. ♗d4 ♕f5 22. ♖f1 ♘d7 23. ♖ad1 ♘c5 24. ♕g3 ♘e6 25. ♗e3 ♖c4 26. ♖d6 ♖ac8 27. ♕f3 b6 28. ♖d5 ♕e4 29. f5 ♕f3 30. ♖f3 ♘c5 31. ♖f4 ♖f4 32. ♗f4 ♔f8 33. ♔f2 ♔e8 34. ♗e3 ♘d7 35. ♖d2 f6 36. ♗d4 ♖c4 37. ♔e3 ♔e7 38. ♔e4 ♖c6 39. ♖e2 ♔d6 40. ♗c3 ♘c5 41. ♔d4 ♖c7 42. ♗b4 ♔d7 43. ♖e3 ♔d8 44. ♖h3 h6 45. ♖g3 ♖d7 46. ♔c4 ♖c7 47. ♔b5 ♔c8 48. ♖e3 ♔b7 49. ♗a3 a6 50. ♔c4 ♘e6 51. ♔d5 ♘f4 52. ♔d6 ♖c6 53. ♔d7 ♘g2 54. ♖e4 g5 55. fg6 f5 56. ♖e6 ♖c4 57. ♖e7 ♖g4 58. g7 f4 59. ♔d6 **1:0**

14.11. **1480.**

L. SCHMID - P. KERES

1. e4 e5 2. ♘f3 ♘c6 3. ♗b5 a6 4. ♗a4 ♘f6 5. 0-0 ♗e7 6. ♖e1 b5 7. ♗b3 0-0 8. c3 d6 9. h3 ♘d7 10. a4 b4 11. ♗d5 ♗b7 12. cb4 ♖b8 13. b5 ab5 14. ab5 ♘b4 15. ♗b7 ♖b7 16. ♘c3 ♗f6 17. b3 ♘d3 18. ♖e3 ♘f4 19. d4 ed4 20. ♘d4 ♘c5 21. ♘c6 ♕e8 22. e5 de5 23. ♗a3 ♖b5 24. ♘b5 ♕c6 25. ♕f1 ♖b8 26. ♖c3 ♖b5 27. ♖c5 ♖c5 28. ♗c5 h6 29. ♗e3 ♘e6 30. b4 ♗g5 31. ♕d3 ♗e3 32. fe3 e4 33. ♕b3 h5 34. b5 ♕c5 35. ♖a4 ♕e5 36. ♕c4 g6 37. ♕c6 ♘g5 38. ♔f2 h4 39. ♖d4 ♔g7 40. ♖c4 ♕f5 41. ♔g1 ♕e5 42. ♕c5 ♕a1 43.

♖c1 ♘e6 44. ♕c4 ♕e5 45. ♖d1 ♔g8 46. ♖d5 ♕a1 47. ♔f2 ♕b2 48. ♔f1 ♕a1 49. ♔e2 ♕b2 50. ♖d2 ♕b1 51. ♔f2 ♔f8 52. ♖c2 ♔g8 53. ♖a2 ♔h7 54. ♖d2 ♔g8 55. ♖c2 ♔g7 56. ♕c3 ♔g8 57. ♕c4 ♔g7 58. ♕e4 ♕b5 59. ♖c4 g5 60. ♖c2 ♕a5 61. ♔e2 ♕a1 62. ♖d2 c5 63. ♖d7 ♕f6 64. ♖d5 ♕b2 65. ♔f3 ♕b5 66. ♔g4 ♕e2 67. ♕f3 ♕b2 68. ♖f5 f6 69. ♔h5 ♔f7 70. ♔h6 ♔e7 71. ♔g6 ♘f8 72. ♔h6 ♘e6 73. ♕a8 g4 74. ♖d5 f5 75. ♕a7 ♔f6 76. ♕h7 ♕f2 77. ♕g6 ♔e7 78. ♖e5 ♕a2 79. ♕f5 gh3 80. gh3 ♔d6 81. ♕f6 ♕b3 82. ♔h5 ♔d7 83. ♔h4 ♕b4 84. ♔h5 ♕b3 85. ♔h6 ♕c4 86. e4 ♘c7 87. ♖e7 ♔c8 88. ♕d6 **1:0**

18.11. **1481.**

M.T. MORA - P. KERES

1. d4 ♘f6 2. c4 e6 3. ♘c3 ♗b4 4. ♗g5 h6 5. ♗h4 c5 6. d5 d6 7. e3 e5 8. ♕c2 ♘bd7 9. ♗d3 ♗c3 10. bc3 0-0 11. ♘e2 ♖e8 12. e4 ♘f8 13. f3 ♘g6 14. ♗f2 ♘h5 15. h4 ♕f6 16. 0-0-0 ♗d7 17. ♖dg1 ♘gf4 18. g4 ♘e2 19. ♗e2 ♘f4 20. g5 hg5 21. hg5 ♕d8 22. g6 fg6 23. ♗d1 ♔f7 24. ♗g3 ♘h3 25. ♖g2 ♖h8 26. ♖f1 g5 27. f4 gf4 28. ♗f4 ♘f4 29. ♖f4 ef4 30. e5 ♔f8 31. e6 ♗e8 32. ♖f2 ♕f6 33. ♕e4 ♖h4 **0:1**

19.11. **1482.**

P. KERES - A. SAIDY

1. d4 ♘f6 2. ♘f3 g6 3. ♗g5 ♗g7 4. ♘bd2 d6 5. c3 0-0 6. e3 b6 7. ♗d3 c5 8. b4 cb4 9. cb4 ♘c6 10. a3 ♗b7 11. 0-0 ♕d7 12. ♕e2 ♖fc8 13. ♖ac1 ♘d8 14. ♗b5 ♗c6 15. ♖c6 ♘c6 16. ♗f6 ♗f6 17. d5 ♕f5 18. ♗c6 ♖ab8 19. e4 ♕f4 20. g3 ♕h6 21. ♘c4 ♕h5 22. ♔g2 ♖c7 23. h3 ♕h6 24. a4 ♗h8 25. ♖e1 ♕g7 26. ♘a3 e6 27. ♘b5 ♖e7 28. ♖d1 ♖d8 29. de6 fe6 30. ♘d6 **1:0**

21.11. **1483.**

P. KERES - A.F. FILIPOVICZ

1. e4 c5 2. ♘f3 g6 3. c3 ♗g7 4. d4 cd4 5. cd4 d5 6. ed5 ♘f6 7. ♘c3 0-0 8. ♗c4 ♘bd7 9. 0-0 ♘b6 10. ♗b3 ♘fd5 11. ♖e1 ♗g4 12. h3 ♗f3 13. ♕f3 e6 14. ♘e4 h6 15. ♕g3 ♘e7 16. ♘d6 ♘bd5 17. ♘b7 ♕b6 18. ♗d5 ♘d5 19. ♘c5 ♖ad8 20. ♘b3 ♘e7 21. ♗d2 ♖d5 22. ♖ac1 ♘f5 23. ♕c7 ♘d4 24. ♘d4 ♗d4 25. ♕b6 ab6 26. ♗h6 ♖a8 27. ♗e3 ♖a2 28. ♖c8 ♔g7 29. ♖c2 ♗e3 30. ♖e3 **½:½**

22.11. **1484.**

S. SCHWEBER - P. KERES

1. d4 ♘f6 2. c4 e6 3. ♘f3 b6 4. ♘c3 ♗b7 5. ♗g5 h6 6. ♗h4 ♗b4 7. e3 c5 8. ♗d3 cd4 9. ed4 ♗f3 10. ♕f3 ♘c6 11. ♕e3 ♗e7 12. ♗g3 d5 13. 0-0 ♘b4 14. cd5 ♘d3 15. ♕d3 ♘d5 16. ♕b5 ♕d7 17. ♘d5 ed5 18. a4 ♕b5 19. ab5 ♔d7 20. ♖fc1 ♖hc8 21. ♖c8 ♔c8 22. ♖e1 ♔d7 23. ♖e5 f6 24. ♖d5 ♔e6 25. ♖h5 ♖d8 26. ♔f1 ♖d4 27. ♗b8 ♖d1 28. ♔e2 ♖b1 29. ♗a7 ♖b2 30. ♔f3 ♗c5 31. ♖c5 bc5 32. ♗c5 ♖b5 33. ♗e3 f5 34. h4 ♖b3 35. h5 ♔f6 36. g3 ♖e3 37. ♔e3 ♔g5 38. ♔f3 ♔h5 39. ♔f4 ♔g6 40. ♔e5 ♔g5 41. ♔e6 ♔g4 **0:1**

24.11. **1485.**

P. KERES - V. HORT

1. e4 e5 2. ♘f3 ♘c6 3. ♗b5 a6 4. ♗a4 ♘f6 5. 0-0 ♗e7 6. ♖e1 d6 7. c3 ♗d7 8. d4 0-0 9. ♘bd2 ♖e8 10. ♘f1 ♗f8 11. ♗g5 b5 12. ♗b3 h6 13. ♗h4 ♗e7 14. de5 ♘e5 15. ♘e5 de5 16. ♘e3 ♕c8 17. ♕f3 ♗g4 18. ♘g4 ♕g4 19. ♕g4 ♘g4 20. ♗g3 h5 21. ♗d1 ♗g5 22. ♗g4 hg4 23. ♖ed1 f6 24. ♖d7 ♖ad8 25. ♖ad1 ♖d7 26. ♖d7 ♖e6 27. ♖c7 ♖d6 28. h3 gh3 29. gh3 ♖d2 30. ♖a7 ♖b2 31. ♖a6 **½:½**

HASTINGS
28.12.1964 - 6.01.1965

28.12. **1486.**

P.N. LEE - P. KERES

1. e4 e5 2. ♘f3 ♘c6 3. ♗b5 a6 4. ♗a4 ♗e7 5. 0-0 d6 6. c3 ♗f6 7. d4 ♗g4 8. de5 de5 9. ♕e2 ♘e7 10. ♖d1 ♕c8 11. ♘bd2 ♘g6 12. ♗c6 bc6 13. h3 ♘f4 14. ♕c4 ♗e6 15. ♕c6 ♗d7 16. ♕c4 0-0 17. ♘b3 ♗b5 18. ♕c5 ♘h3 19. gh3 ♗e2 20. ♖e1 ♗f3 21. ♔h2 ♖d8 22. ♘d2 ♖d3 23. ♖e3 ♗e2 24. ♖d3 ♗d3 25. ♕e3 ♕d7 26. ♘b3 ♗e7 27. ♘d4 ♗c4 28. ♘f5 ♗f8 29. ♕f3 ♔h8 30. ♗e3 f6 31. b3 ♗e6 32. ♖d1 ♕c6 33. c4 g6 34. ♘h4 ♗e7 35. ♗h6 a5 36. ♕e2 a4 37. ♗c1 ♖b8 38. ♕c2 ♗c5 39. ♘g2 ♕b6 40. ♗e3 ab3 41. ab3 ♗d4 42. ♖d3 c5 43. ♗d4 ed4 44. ♖g3 ♕d6 45. f4 ♗d7 46. h4 ♗c6 47. h5 g5 48. e5 fe5 49. fg5 e4 50. g6 ♕e5 51. ♕d1 h6 52. ♘h4 ♔g7 53. ♕g4 ♖f8 54. ♔h3 ♖f4 55. ♕c8 ♖h4 56. ♔h4 ♕e7 **0:1**

29.12. **1487.**

P. KERES - D.V. MARDLE

1. e4 e5 2. ♘f3 ♘c6 3. ♗b5 a6 4. ♗a4 ♘f6 5. 0-0 ♗e7 6. ♖e1 b5 7. ♗b3 0-0 8. a4 ♗b7 9. d3 d6 10. ♘c3 ♘a5 11. ♗a2 b4 12. ♘e2 c5 13. ♘g3 ♗c8 14. ♘d2 ♗g4 15. f3 ♗e6 16. ♘c4 ♘c4 17. ♗c4 ♕c8 18. f4 ♗g4 19. ♕d2 h5 20. ♖f1 h4 21. fe5 de5 22. ♘f5 ♗f5 23. ♖f5 ♘d7 24. ♕f2 ♕e8 25. ♗g5 g6 26. ♖f7 ♖f7 27. ♖f1 **1:0**

30.12. **1488.**

F. GHEORGHIU - P. KERES

1. d4 ♘f6 2. c4 e6 3. ♘c3 ♗b4 4. f3 d5 5. a3 ♗e7 6. e4 de4 7. fe4 e5 8. d5 ♗c5 9. ♗g5 ♗d4 10. ♗d3 h6 11. ♗h4 c6 12. ♘ge2 ♗g4 13. ♕c2 ♗e2 14. ♘e2 ♗e3 15. ♘g3 g6 16. ♘f1 ♗d4 17. 0-0-0 ♘bd7 18. ♘d2 g5 19. ♗g3 ♘g4 20. ♘f3 ♗e3 21. ♔b1 ♕b6 22. h3 ♘f2 23. ♘e5 ♘d1 24. ♖d1 ♘e5 25. ♗e5 0-0 26. ♗d6 cd5 27. c5 ♕a5 **½:½**

31.12. **1489.**

A. ROCHA - P. KERES

1. d4 ♘f6 2. c4 g6 3. ♘c3 d5 4. cd5 ♘d5 5. e4 ♘c3 6. bc3 ♗g7 7. ♗c4 0-0 8. ♘e2 ♘c6 9. 0-0 ♘a5 10. ♗d3 c5 11. ♗e3 b6 12. dc5 bc5 13. ♗c5 ♕c7 14. ♗d4 e5 15. ♗e3 ♘c4 16. ♕c1 ♖d8 17. ♖d1 ♗e6 18. ♗c2 ♖d1 19. ♗d1 ♗f8 20. ♗b3 ♗a3 21. ♕c2 ♘e3 22. fe3 ♗c4 23. ♖f1 ♖b8 24. ♖b1 ♕b6 25. ♔h1 a5 26. ♖a1 ♕a6 27. ♘g1 a4 28. ♗c4 ♕c4 29. ♖b1 ♖b1 30. ♕b1 ♕c3 31. ♕b5 ♕c2 32. ♕d5 ♗c5 33. ♕e5 ♗e3 34. ♕e8 ♔g7 35. ♕e5 ♔h6 36. ♕a1 ♕e4 37. ♘f3 ♕e6 38. ♕e1 ♔g7 39. ♕c3 ♔g8 40. ♕b4 ♕c8 41. h4 ♕c1 42. ♔h2 ♕c7 43. ♔h1 ♕f4 44. ♕b2 ♗c5 45. ♕e2 ♗d6 46. ♔g1 ♕b4 47. ♕c2 ♗g3 48. h5 gh5 49. ♕c1 h6 50. ♔f1 ♕e4 51. ♔g1 h4 52. ♔h1 ♔h7 53. ♘g1 ♗e5 54. ♕d2 ♔g7 55. ♕d7 a3 56. ♕c8 h5 57. ♕c5 h3 58. ♘h3 ♕e1 59. ♘g1 ♕h4 60. ♘h3 ♕g3 61. ♕g1 ♔g8 62. ♘f2 ♗d4 63. ♕c1 ♕f2 64. ♕g5 ♗g7 65. ♕d8 ♔h7 66. ♕d3 f5 67. ♕a3 ♕e1 68. ♔h2 ♕h4 69. ♕h3 ♗e5 **0:1**

1.01. **1490.**

P. KERES - O.M. HINDLE

1. e4 c5 2. ♘f3 e6 3. d4 cd4 4. ♘d4 a6 5. ♘c3 ♕c7 6. ♗e3 ♘f6 7. a3 b5 8. ♗d3 ♗b7 9. 0-0 d6 10. f4 ♘bd7 11. ♕f3 ♗e7 12. ♖ae1 ♘c5 13. g4 h5 14. g5 ♘g4 15. f5 ♘e3 16. ♕e3 e5 17. ♘f3 ♘d7 18. ♔h1 ♕c5 19. ♕d2 ♖c8 20. a4 b4 21. ♘d5 a5 22. ♘e7 ♔e7 23. f6 gf6 24. gf6 ♔d8 25. ♘g5 ♖f8 26. ♗e2 d5 27. ♗h5 de4 28. ♖e3 ♔c7 29. ♗f7 ♔b8 30. ♗e6 ♖f6 31. ♖f6 ♘f6 32. ♗c8 ♗c8 33. ♖e1 e3 34. ♕e3 ♗b7 35. ♔g1 ♕c6 36. ♕g3 ♕c5 37.

♕e3 ♕c6 38. ♕e5 ♔a8 39. ♕a5 ♔b8 40. ♕e5 ♔a8 41. ♕g3 ♕c5 42. ♕e3 ♕d5 43. ♘f3 ♘g4 44. ♕g5 **1:0**

2.01. **1491.**

N.I. LITTLEWOOD - P. KERES

1. f4 d5 2. ♘f3 g6 3. e3 ♗g7 4. c4 ♘f6 5. cd5 ♘d5 6. ♘c3 0-0 7. ♗c4 ♘b6 8. ♗e2 c5 9. ♘e5 ♘8d7 10. ♘d7 ♗d7 11. 0-0 e5 12. fe5 ♗e5 13. ♕e1 ♗c6 14. d3 ♘d5 15. ♘d5 ♗d5 16. e4 ♗e6 17. ♗e3 b6 18. ♕d2 ♕d6 19. h3 ♖fd8 20. a3 c4 **0:1**

3.01. **1492.**

P. KERES - N. GAPRINDASHVILI

1. e4 c5 2. ♘f3 e6 3. d4 cd4 4. ♘d4 a6 5. ♗d3 ♘c6 6. ♘c6 dc6 7. 0-0 e5 8. ♘d2 ♕c7 9. f4 ♘f6 10. ♘c4 ♗c5 11. ♔h1 ♘g4 12. ♕f3 b5 13. ♘e5 ♘e5 14. fe5 0-0 15. ♗f4 ♗e6 16. ♕g3 ♔h8 17. a4 ♗e7 18. ♗e3 ♕b7 19. ♕f2 ♖fc8 20. ♗c5 ♗c5 21. ♕c5 ♕a7 22. ♕c3 ♕b6 23. b4 c5 24. ♖fd1 ba4 25. bc5 ♖c5 26. ♕d4 ♖d8 27. ♕a4 a5 28. ♖db1 ♕c7 29. ♖b5 ♖b5 30. ♗b5 h6 31. ♗d3 ♖b8 32. ♕d4 ♖d8 33. ♕b2 ♖b8 34. ♕d4 ♖d8 35. ♕g1 ♕e5 36. h3 ♖b8 37. ♕e1 ♖b4 38. ♕c1 ♖b8 39. ♖a4 f5 40. ♕a1 ♕a1 41. ♖a1 fe4 42. ♗e4 ♖b5 43. ♔g1 ♖e5 44. ♗d3 ♔g8 45. ♔f2 ♗f5 46. ♗f5 ♖f5 47. ♔e3 ♔f7 48. c4 ♔e6 49. ♖b1 ♔d6 50. ♖b6 ♔c7 51. ♖e6 ♖g5 52. g4 h5 53. gh5 ♖h5 54. ♔d4 ♖h4 **½:½**

5.01. **1493.**

S. GLIGORIC - P. KERES

1. e4 e5 2. ♘f3 ♘c6 3. ♗b5 a6 4. ♗a4 ♘f6 5. 0-0 ♗e7 6. ♖e1 b5 7. ♗b3 d6 8. c3 0-0 9. h3 ♘a5 10. ♗c2 c5 11. d4 ♕c7 12. ♘bd2 cd4 13. cd4 ♘c6 14. ♘b3 a5 15. ♗e3 a4 16. ♘bd2 ♗e6 17. a3 ♘a5 18. ♖c1 ♕b8 19. ♗d3 b4 20. d5 ♗d7 21. ♘c4 ♘c4 22. ♖c4 ba3 23. ba3 ♕b3 24. ♕b3 ab3 25. ♖b4 ♖a3 26. ♘d2 ♖c8 27. ♖b3 ♖b3 28. ♘b3 ♖c3 29. ♘c1 h6 30. ♖e2 ♖d3 31. ♘d3 ♗b5 32. ♖d2 ♘e4 33. ♖d1 ♘c3 34. ♖d2 ♘d5 35. ♘b2 ♘e3 36. fe3 f5 37. ♖d5 ♗c6 38. ♖a5 ♔f7 39. ♖a6 ♗d5 40. ♘a4 ♗c4 41. ♖a7 ♔e6 42. ♘b6

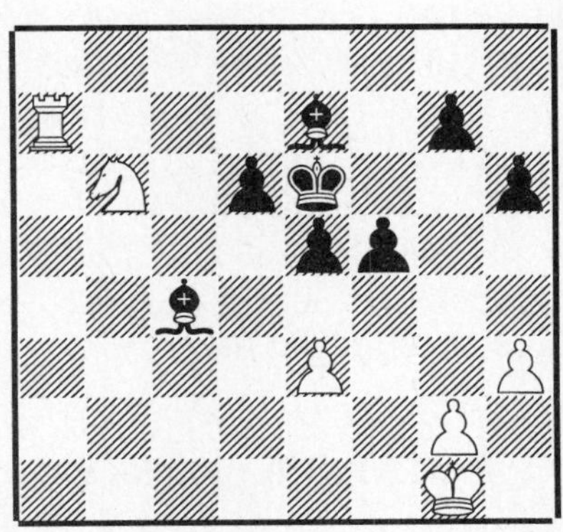

♗b3 43. ♖b7 ♗c2 44. ♘c8 ♗f8 45. ♘b6 ♗e4 46. ♖c7 ♗e7 47. ♘c8 ♗f6 48. ♖a7 ♗d3 49. ♘b6 f4 50. ♔f2 ♗h4 51. ♔f3 e4 52. ♔f4 g5 **0:1**

6.01. **1494.**

P. KERES - Dr. H. PFLEGER

1. e4 c6 2. d4 d5 3. ♘c3 de4 4. ♘e4 ♘d7 5. ♗c4 ♘gf6 6. ♘f6 ♘f6 7. c3 ♗f5 8. ♕b3 ♘d5 9. ♕b7 ♘b6 10. ♘f3 f6 11. ♗b3 ♕d6 12. ♕a6 g5 13. ♗e3 ♗c8 14. ♕e2 a5 15. ♘d2 a4 16. ♘e4 ♕b8 17. ♗c2 ♘d5 18. 0-0 h5 19. c4 ♘f4 20. ♗f4 gf4 21. ♘f6 ♔d8 22. ♘h7 ♕d6 23. ♖fe1 ♖g8 24. ♕h5 ♕h6 25. ♖e5 ♕h5 26. ♖h5 ♗g7 27. ♖e1 e6 28. ♘g5 ♗d4 29. ♘e6 ♗e6 30. ♖d1 ♔c7 31. ♖d4 f3 32. ♗e4 ♖g2 33. ♔f1 ♖g4 34. ♖e5 ♖e8 35. ♔e1 ♗f7 36. ♖e8 ♗e8 37. c5 ♗g6 38. ♖a4 ♖e4 39. ♖e4 ♗e4 40. ♔d2 ♔b7 41. b4 ♗d5 42. a4 ♗b3 43. a5 ♔a6 44. h4 ♗f7 45. ♔e3 ♔b5 46. ♔f4 **1:0**

6th CANDITATES' TOURNAMENT
SPASSKY - KERES MATCH
Riga, 7.- 23.04.1965

7.04. **1495.**

B. SPASSKY - P. KERES

1. d4 ♘f6 2. c4 e6 3. ♘f3 b6 4. ♘c3 ♗b7 5. ♗g5 h6 6. ♗h4 ♗e7 7. e3 ♘e4 8. ♗e7 ♕e7 9. ♘e4 ♗e4 10. ♗e2 ♕b4 11. ♘d2 ♗g2 12. ♖g1 ♗b7 13. ♖g7 ♘c6 14. c5 bc5 15. a3 ♕a5 16. b4 cb4 17. ♘b3 ♕a4 18. ab4 ♕b4 19. ♔f1 ♕f8 20. ♖g3 ♘e7 21. ♘c5 ♗c6 22. e4 ♖g8 23. ♖aa3 ♖g3 24. ♖g3 ♖b8 25. d5 ed5 26. ♕a1 de4 27. ♗h5 ♖b5 28. ♕d4 ♘g6 29. ♗g6 fg6 30. ♘e4 ♖b1 31. ♔e2 ♖b4 32. ♘f6 ♔d8 33. ♕a1 ♕c5 **0:1**

8.04. **1496.**

P. KERES - B. SPASSKY

1. e4 e5 2. ♘f3 ♘c6 3. ♗b5 a6 4. ♗a4 ♘f6 5. 0-0 ♗e7 6. ♖e1 b5 7. ♗b3 d6 8. c3 0-0 9. h3 h6 10. d4 ♖e8 11. ♘bd2 ♗f8 12. a3 ♗d7 13. ♗a2 a5 14. ♕b3 ♕e7 15. ♘f1 a4 16. ♕c2 g6 17. ♘e3 ♗g7 18. ♘d5 ♘d5 19. ♗d5 ♖ac8 20. ♗e3 ♘a5 21. ♖ad1 ♔h7 22. ♖e2 ♖ed8 23. ♖ed2 ♗e8 24. ♗a2 f6 25. ♖d3 f5 26. ♘h2 fe4 27. ♖3d2 ed4 28. ♗d4 ♗f7 29. ♗f7 ♕f7 30. ♗g7 ♔g7 31. ♕e4 ♘c4 32. ♖e2 ♖e8 33. ♕d4 ♕f6 34. ♕f6 ♔f6 35. ♖de1 ♔f7 36. ♘f3 ♖e2 37. ♖e2 ♖e8 38. ♖c2 ♔e6 39. ♔f1 ♔d5 40. ♘d4 ♔c5 41. ♘e2 ♖f8 42. ♔e1 d5 43. ♘c1 ♖e8 44. ♔d1 ♔d6 45. ♘d3 g5 46. g3 c5 47. ♖e2 ♖e2 48. ♔e2 ♘e5 49. ♘e1 ♔e6 50. f4 gf4 51. gf4 ♘c4 52. ♘d3 ♔f5 53. ♔d1 d4 54. ♔c2 ♘e3 55. ♔d2 ♘d5 56. ♘c5 dc3 57. bc3 ♘b6 58. ♔d3 h5 59. ♘e4 ♘c4 60. ♘g3 ♔f4 61. ♘h5 ♔g5 62. ♘g3 ♘a3 **½:½**

10.04. **1497.**

B. SPASSKY - P. KERES

1. d4 ♘f6 2. c4 e6 3. ♘c3 ♗b4 4. ♗g5 h6 5. ♗h4 c5 6. d5 d6 7. e3 e5 8. ♘e2 ♘bd7 9. a3 ♗a5 10. ♕c2 0-0 11. ♘c1 ♖e8 12. ♘a2 ♕e7 13. f3 e4 14. f4 g5 15. ♗g3 ♘h5 16. ♗e2 ♘g7 17. 0-0 ♘f5 18. ♕d2 ♘f6 19. fg5 hg5 20. ♗e1 ♘g7 21. b4 ♗b6 22. ♘a4 ♘d7 23. ♘2c3 ♗d8 24. bc5 ♘c5 25. ♘c5 dc5 26. d6 ♕e6 27. ♖d1 ♗d7 28. ♗g3 f5 29. ♘b5 ♖f8 30. ♕c1 ♕f6 31. ♘c7 ♖c8 32. ♘d5 ♕e6 33. ♕b2 ♗a4 34. ♖c1 ♖f7 35. ♗e5 ♕g6 36. g4 ♗c6 37. gf5 ♘f5 38. ♗g4 ♗d7 39. ♕b7 ♗e6 40. ♕b1 ♘d6 41. ♗e6 ♕e6 42. ♗d6 ♕d6 43. ♕e4 ♖b8 44. ♖f7 ♔f7 45. ♕h7 ♔e8 46. ♖f1 ♕e6 47. h3 ♖c8 48. ♕g7 ♗e7 49. ♖f5 ♗d6 50. ♖f6 **1:0**

11.04. **1498.**

P. KERES - B. SPASSKY

1. e4 e5 2. ♘f3 ♘c6 3. ♗b5 a6 4. ♗a4 ♘f6 5. 0-0 ♗e7 6. ♖e1 b5 7. ♗b3 d6 8. c3 0-0 9. h3 h6 10. d4 ♖e8 11. ♘bd2 ♗f8 12. ♘f1 ♗d7 13. de5 ♘e5 14. ♘e5 de5 15. ♕f3 c5 16. ♖d1 c4 17. ♗c2 ♕e7 18. b3 cb3 19. ab3 ♖ec8 20. ♗b2 a5 21. ♘e3 a4 22. ba4 ba4 23. c4 a3 24. ♗c3 ♗a4 25. ♗a4 ♖a4 26. ♖db1 ♕e6 27. ♕d1 ♘e4 28. ♗e5 ♕e5 29. ♕a4 ♘c3 30. ♕c2 ♘b1 31. ♖b1 ♖a8 32. ♕a2 ♗c5 33. ♖b5 ♖b8 34. ♖b8 ♕b8 35. ♘d5 ♕g3 36. ♔f1 ♕d3 37. ♔e1 ♕d4 38. ♕b3 ♕f2 39. ♔d1 a2 **0:1**

14.04. **1499.**

B. SPASSKY - P. KERES

1. e4 e5 2. ♘f3 ♘c6 3. ♗b5 a6 4. ♗a4 ♘f6 5. 0-0 ♗e7 6. ♖e1 b5 7. ♗b3 d6 8. c3 0-0 9. h3 ♘a5 10. ♗c2 c5 11. d4 ♕c7 12. ♘bd2 ♗d7 13. ♘f1 cd4 14. cd4 ♖ac8 15. ♘e3 ♖fe8 16. b3 ed4 17. ♘d4 ♗f8 18. ♗b2 ♕d8 19. ♘df5 ♗f5 20. ♘f5 g6 21. ♘e3 ♗g7 22. ♕d2 ♘b7 23. b4 ♕e7 24. f3 ♕f8 25. ♗b3 ♘d8 26. ♖ad1 ♖c6 27. ♖c1 ♕e7 28. ♔h2

♕d7 29. ♘d5 ♘d5 30. ♗d5 ♖c1 31. ♖c1 ♕e7 32. ♗g7 ♔g7 33. ♕c3 ♔g8 34. f4 ♘e6 35. g3 ♘g7 36. ♕c7 ♕f6 37. ♖c2 ♖f8 38. ♕b6 g5 39. fg5 ♕g5 40. ♕a6 ♕e5 41. ♕b5 ♘e6 42. ♕f1 ♔g7 43. ♕f5 ♕f5 44. ef5 **1:0**

15.04. **1500.**

P. KERES - B. SPASSKY

1. c4 e5 2. ♘c3 d6 3. ♘f3 ♗g4 4. e3 ♘f6 5. h3 ♗f3 6. ♕f3 c6 7. d4 ♗e7 8. d5 0-0 9. ♗d3 ♘a6 10. 0-0 cd5 11. cd5 ♘c5 12. ♗c2 ♘e8 13. ♕e2 f5 14. f4 e4 15. g4 g6 16. ♔h2 ♗f6 17. ♗d2 ♖c8 18. ♖g1 ♔h8 19. ♖ab1 a6 20. ♖g2 b5 21. a3 ♘c7 22. ♖bg1 ♕d7 23. gf5 gf5 24. ♕h5 ♖g8 25. b4 ♘d3 26. ♗b3 ♖g2 27. ♖g2 ♘e8 28. ♘e2 ♘g7 29. ♕h6 ♕f7 **½:½**

17.04. **1501.**

B. SPASSKY - P. KERES

1. d4 ♘f6 2. c4 e6 3. ♘f3 b6 4. ♗g5 h6 5. ♗h4 ♗b7 6. e3 c5 7. ♘c3 ♗e7 8. ♗e2 cd4 9. ♘d4 0-0 10. 0-0 ♘c6 11. ♖c1 ♘d4 12. ♕d4 ♘e4 13. ♗e7 ♘c3 14. ♖c3 ♕e7 15. ♖d1 ♖fd8 16. ♕d6 ♕d6 17. ♖d6 ♔f8 18. ♖d2 ♔e7 19. f4 ♖dc8 20. ♔f2 ♖c7 21. ♖a3 d6 22. g3 ♗e4 23. ♖c3 ♖ac8 24. ♗d3 ♗b7 25. ♖a3 ♗c6 26. ♖c3 g5 27. ♖c1 ♗b7 28. ♖cd1 d5 29. cd5 ♗d5 30. ♗b1 ♖c4 31. e4 ♗c6 32. ♗d3 ♖c5 33. ♔e3 ♗a4 34. ♖f1 gf4 35. ♖f4 ♗e8 36. ♖h4 h5 37. ♗e2 f6 38. g4 hg4 39. ♖h7 ♗f7 40. ♗g4 f5 **½:½**

18.04. **1502.**

P. KERES - B. SPASSKY

1. d4 ♘f6 2. c4 e6 3. ♘c3 ♗b4 4. e3 b6 5. ♗d3 ♗b7 6. ♘f3 ♘e4 7. 0-0 ♗c3 8. bc3 ♘c3 9. ♕c2 ♗f3 10. gf3 ♕g5 11. ♔h1 ♕h5 12. ♖g1 ♕f3 13. ♖g2 f5 14. ♗a3 ♘e4 15. ♖f1 ♖g8 16. ♗e2 ♕h3 17. f3 ♘f6 18. d5 ♔f7 19. e4 c5 20. ♗b2 f4 21. e5 ♘h5 22. ♔g1 g6 23. ♖g4 ♖d8 24. ♗d3 ♖g8 25. ♖f2 **1:0**

21.04. **1503.**

B. SPASSKY - P. KERES

1. e4 e5 2. ♘f3 ♘c6 3. ♗b5 a6 4. ♗a4 ♘f6 5. 0-0 ♘e4 6. d4 b5 7. ♗b3 d5 8. ♘e5 ♘e5 9. de5 c6 10. c3 ♗c5 11. ♘d2 ♘d2 12. ♗d2 0-0 13. ♕h5 g6 14. ♕h6 f6 15. ef6 ♕f6 16. ♗e3 ♗e3 17. fe3 ♕e7 18. ♖f8 ♕f8 19. ♕h4 ♗e6 20. ♖f1 ♕d6 21. ♗c2 ♖a7 22. b4 ♗f7 23. ♕d4 ♖c7 24. ♗b3 c5 25. ♕f6 ♕e7 26. ♖f3 ♕e8 27. bc5 ♖c5 28. e4 ♖c7 29. ed5 ♕e1 30. ♖f1 ♕c3 31. ♕d8 ♔g7 32. d6 ♕e3 33. ♔h1 ♕f4 34. ♖g1 ♖c3 35. ♕e7 ♖e3 36. ♕c7 ♖d3 37. ♗f7 ♕f7 38. ♖c1 g5 39. h3 ♔g6 40. ♕c6 ♕d5 41. ♕e8 **½:½**

23.04. **1504.**

P. KERES - B. SPASSKY

1. d4 ♘f6 2. c4 g6 3. ♘c3 ♗g7 4. e4 d6 5. f4 c5 6. d5 0-0 7. ♘f3 e6 8. ♗e2 ed5 9. cd5 b5 10. e5 de5 11. fe5 ♘g4 12. ♗f4 ♘d7 13. e6 fe6 14. de6 ♖f4 15. ♕d5 ♔h8 16. ♕a8 ♘b6 17. ♕a7 ♗e6 18. 0-0 ♘e3 19. ♖f2 b4 20. ♘b5 ♖f7 21. ♕a5 ♕b8 22. ♖e1 ♗d5 23. ♗f1 ♘f1 24. ♖ff1 ♘c4 25. ♕a6 ♖f6 26. ♕a4 ♘b2 27. ♕c2 ♕b5 28. ♖e7 ♘d3 29. ♕e2 c4 30. ♖e8 ♖f8 31. ♖f8 ♗f8 32. ♘g5 ♗c5 33. ♔h1 ♕d7 34. ♕d2 ♕e7 35. ♘f3 ♕e3 **0:1**

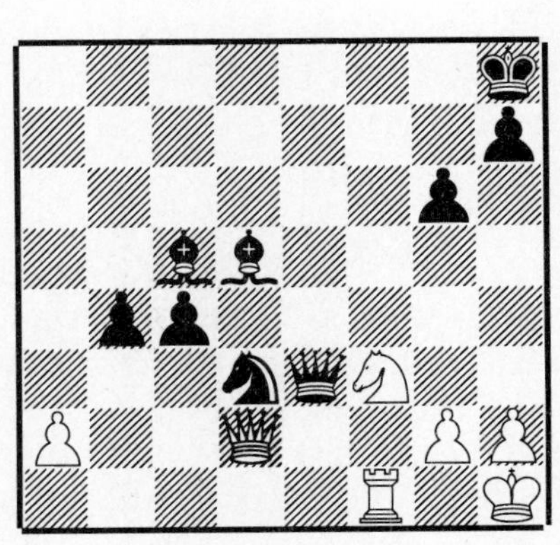

MARIANSKE LAZNE
23.05.- 20.06.1965

25.05. **1505.**

P. KERES - G. STAHLBERG

1. e4 e6 2. d4 d5 3. ♘d2 c5 4. ed5 ed5 5. ♘gf3 ♘c6 6. ♗b5 c4 7. 0-0 ♗d6 8. b3 cb3 9. c4 ♘e7 10. cd5 ♘d5 11. ♕b3 0-0 12. ♘e4 ♘a5 13. ♕b2 ♗e7 14. ♗d2 ♗f5 15. ♖fe1 ♕b6 16. ♖ab1 ♖ac8 17. ♕a1 ♕d8 18. ♗d3 ♘c4 19. ♗c4 ♖c4 20. ♖b7 ♘b4 21. ♘g3 ♗e6 22. ♗b4 ♗b4 23. ♖c1 a5 24. ♖c4 ♗c4 25. ♘e5 ♕c8 26. ♖b6 ♗d5 27. a3 ♗c3 28. ♕d1 f6 29. ♘g4 ♕d8 30. ♖b5 ♗e6 31. h3 ♕d7 32. a4 ♖d8 33. d5 ♗d5 34. ♘e3 ♗e6 35. ♕d7 ♖d7 36. ♘e4 ♗b4 37. ♘c5 **½:½**

26.05. **1506.**

V. PIRC - P. KERES

1. ♘f3 c5 2. c4 g6 3. g3 ♗g7 4. ♗g2 ♘c6 5. ♘c3 a6 6. 0-0 ♖b8 7. b3 b5 8. cb5 ab5 9. ♗b2 d6 10. ♕c1 e5 11. d3 ♘ge7 12. e3 0-0 13. ♘e2 ♗f5 14. ♖d1 ♗h6 15. h3 ♘d4 16. ♘ed4 cd4 17. g4 de3 18. fe3 ♘d5 19. ♖e1 ♗d3 **0:1**

27.05. **1507.**

P. KERES - W. UHLMANN

1. d4 ♘f6 2. ♘f3 g6 3. ♗g5 ♗g7 4. ♘bd2 d5 5. e3 0-0 6. ♗d3 c5 7. 0-0 ♘bd7 8. c3 ♖e8 9. ♖e1 ♕b6 10. c4 h6 11. ♗f6 ♘f6 12. cd5 ♘d5 13. ♘c4 ♕d8 14. ♘ce5 cd4 15. ed4 ♕b6 16. ♖c1 ♗f5 17. ♗c4 ♖ed8 18. ♕e2 ♕f6 19. ♗b3 a6 **½:½**

29.05. **1508.**

V. JANSA - P. KERES

1. e4 e5 2. ♘f3 ♘c6 3. ♗b5 a6 4. ♗a4 ♘f6 5. 0-0 ♗e7 6. d4 ed4 7. e5 ♘e4 8. ♘d4 0-0 9. ♘f5 d5 10. ♗c6 bc6 11. ♘e7 ♕e7 12. ♖e1 f5 13. f3 ♘g5 14. ♗g5 ♕g5 15. ♕d4 f4 16. ♘c3 ♗h3 17. ♖e2 ♖ae8 18. ♔h1 ♗c8 19. ♘a4 ♖f5 20. e6 ♖e6 21. ♖e6 ♗e6 22. ♖e1 ♗c8 23. ♘c5 ♕d8 24. ♘d3 ♕f8 25. ♖e2 h6 26. ♕a4 ♖f6 27. ♕a5 ♕d6 28. ♖e8 ♖f8 29. ♕e1 ♗f5 30. ♕e7 ♖e8 31. ♕e8 ♔h7 32. ♕e2 c5 33. ♕d2 g5 34. h3 c4 35. ♘c1 ♕e5 36. ♔h2 d4 37. ♕b4 d3 38. cd3 cd3 39. ♕f8 ♗g6 40. ♘b3 ♕b2 41. ♘c5 ♕g7 42. ♕d8 ♗f5 43. ♕d5 ♕f6 44. ♘d3 ♕e6 45. ♕d4 ♕d6 46. ♕d6 cd6 47. ♘b4 a5 48. ♘c6 a4 49. ♘d4 ♗d3 50. a3 ♔g6 51. g3 ♔f6 52. gf4 gf4 53. h4 ♔e5 54. ♘c6 ♔d5 55. ♘e7 ♔c4 56. h5 ♔b3 57. ♘d5 ♔a3 58. ♘c3 ♔b3 59. ♘a4 ♔a4 60. ♔h3 d5 **0:1**

30.05. **1509.**

P. KERES - Dr. M. FILIP

1. e4 e5 2. ♘f3 ♘c6 3. ♗b5 a6 4. ♗a4 ♘f6 5. 0-0 ♗e7 6. ♖e1 b5 7. ♗b3 d6 8. c3 0-0 9. h3 ♘a5 10. ♗c2 c5 11. d4 ♕c7 12. ♘bd2 ♘c6 13. d5 ♘a5 14. a4 c4 15. ab5 ab5 16. b4 cb3 17. ♘b3 ♗d7 18. ♘a5 ♖a5 **½:½**

1.06. **1510.**

E. JIMENEZ ZERGUERA - P. KERES

1. e4 e5 2. ♘f3 ♘c6 3. ♗b5 a6 4. ♗a4 ♗e7 5. 0-0 d6 6. ♗c6 bc6 7. d4 ed4 8. ♘d4 c5 9. ♘e2 ♘f6 10. ♘bc3 0-0 11. ♘g3 ♖e8 12. b3 ♗f8 13. ♗b2 ♖b8 14. ♖e1 c6 15. e5 de5 16. ♖e5 ♕d1 17. ♘d1 ♗e6 18. ♖e1 ♘d5 19. ♘e3 ♖bd8 20. ♘gf1 ♘b6 21. ♗c3 ♘d5 22. ♗b2 f6 23. ♘c4 ♘b4 24. ♘fe3 ♗f7 25. a3 ♘d5 26. h3 ♖b8 27. ♗c1 ♘f4 28. ♗d2 ♘e6 29. ♗c3 ♘d4 30. ♖ad1 ♖ed8 31. ♗d4 cd4 32. ♘f5 d3 33. ♖d3 ♖d3 34. cd3 ♖b3 35. ♘e7 ♗e7 36. ♖e7 ♖d3 37. ♘e3 ♖a3 38. ♖c7 ♗d5 39. ♘f5 g6 40. ♘h6 ♔f8 41. ♘g4 ♖a1 42. ♔h2 f5 43. ♘f6 h6 44. ♘d5 cd5 45. ♖d7 ♖a5 46. ♖d6 ♔e7 47. ♖g6 d4 48. ♖b6 d3 49. ♖b2 ♖d5 50. ♖d2 ♔d6 51. ♔g1 ♔c5 52. ♔f1 ♔c4 53. ♔e1 ♖e5 54. ♔d1 ♖a5 55. ♖b2 ♔c3 **0:1**

2.06. **1511.**

P. KERES - L. KAVALEK

1. c4 ♘f6 2. ♘c3 g6 3. d4 ♗g7 4. ♘f3 d5 5. ♗f4 0-0 6. ♖c1 c5 7. dc5 ♗e6 8. e3 ♘c6 9. ♗e2 ♘e4 10. 0-0 ♗c3 11. bc3 dc4 12. ♘d4 ♘c5 13. ♗h6 ♖e8 14. ♘e6 ♘e6 15. ♗c4 ♕d1 16. ♖fd1 ♖ed8 17. ♔f1 ♘e5 18. ♗e2 ♖ac8 19. f4 ♖d1 20. ♖d1 ♘c4 21. f5 gf5 22. ♖d7 ♘d6 23. ♖e7 ♖c3 24. ♗h5 ♖c8 25. a4 ♖d8 26. a5 ♘f8 27. ♗f4 ♘g6 28. ♗d6 ♖d6 29. ♖b7 ♖a6 30. ♖b5 ♖e6 31. ♔f2 ♖e5 32. ♗e2 ♔g7 33. ♔e1 a6 34. ♖e5 ♘e5

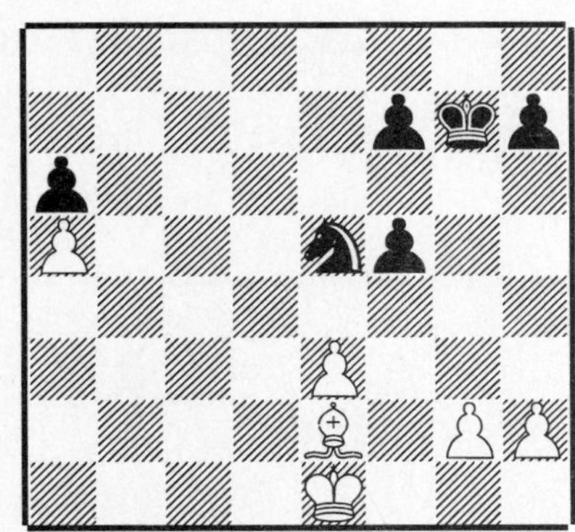

35. ♔d2 ♔f6 36. ♔c3 ♔e7 37. ♔b4 ♘c6 38. ♔a4 ♘b8 39. g3 f6 40. ♗f3 ♔d6 41. ♗b7 ♔c7 42. ♗g2 ♔d6 43. ♗f1 h6 44. ♗d3 ♔e5 45. h3 ♔e6 46. ♔b4 ♔d6 47. ♗f5 ♘c6 48. ♔a4 ♘b8 49. ♗e4 ♔c5 50. ♗b7 ♔c4 51. h4 ♔c5 52. g4 ♔d6 53. ♔b4 ♔e7 54. ♗f3 ♔d6 55. ♔c4 ♘d7 56. ♗b7 ♘c5 57. ♗c8 ♔c6 58. h5 ♔d6 59. e4 ♘e4 **1:0**

5.06. **1512.**

V. HORT - P. KERES

1. d4 ♘f6 2. ♘f3 c5 3. c3 b6 4. ♗f4 ♗b7 5. ♘bd2 e6 6. e3 ♗e7 7. h3 0-0 8. ♗e2 ♘c6 9. 0-0 d6 10. ♗h2 ♖c8 11. ♖c1 ♖e8 12. a3 a6 13. b4 cd4 14. cd4 b5 15. ♕b3 ♕d7 16. ♗d3 ♘a7 17. ♕b1 h6 18. e4 ♖c1 19. ♖c1 ♖c8 20. ♗f4 ♖c1 21. ♕c1 ♘c8 22. ♕c2 ½:½

6.06. **1513.**

P. KERES - Dr. H. LEHMANN

1. e4 e5 2. ♘f3 ♘c6 3. ♗b5 ♘f6 4. 0-0 d6 5. d4 ♗d7 6. ♘c3 ♗e7 7. ♗c6 ♗c6 8. ♕d3 ♘d7 9. d5 ♘c5 10. ♕c4 ♗d7 11. ♗e3 ♗g4 12. ♘e5 de5 13. ♗c5 0-0 14. ♗e7 ♕e7 15. f3 ♗h5 16. a4 ♔h8 17. a5 f6 18. b4 ♖fc8 19. ♕c5 ♕d7 20. ♖fd1 ♔g8 21. ♖d3 ♗e8 22. ♕c4 ♗f7 23. ♖ad1 h6 24. a6 b6 25. b5 ♗e8 26. ♖b1 ♔h7 27. ♘a2 ♖ab8 28. ♖db3 ♖d8 29. ♘c1 f5 30. ♘d3 ♕d6 31. ♕c3 fe4 32. fe4 ♖d7 33. ♖f1 ♔g8 34. ♖f5 ♖e7 35. ♖e5 ♗g6 36. ♖e7 ♕e7 37. ♕e5 ♕e5 38. ♘e5 ♗e4 39. ♘c6 ♖a8 40. c4 ♔h7 41. ♖e3 ♗b1 42. ♔f2 ♗a2 43. ♖e4 **1:0**

9.06. **1514.**

K. ROBATSCH - P. KERES

1. e4 e5 2. ♘f3 ♘c6 3. ♗b5 a6 4. ♗a4 d6 5. ♗c6 bc6 6. d4 f6 7. ♘c3 g6 8. de5 fe5 9. 0-0 ♘f6 10. ♘e1 ♗g7 11. ♕e2 0-0 12. f4 ef4 13. ♗f4 ♕e8 14. ♘d3 ♗g4 15. ♕e3 ♗e6 16. ♖ae1 ♘d7 17. e5 ♗c4 18. e6 ♘e5 19. ♗e5 ♖f1 20. ♖f1 de5 21. ♘e4 ♕e6 22. b3 ♗d3 23. ♕d3 ♕d5 24. ♕e2 ♖d8 25. h3 a5 26. a4 c5 27. c4 ♕c6 28. ♘c3 ♕e6 29. ♖d1 ♖d4 30. ♖d4 cd4 31. ♘e4 ♕f5 32. ♕f3 ♗h6 33. ♔f2 ♕e6 34. ♔e2 ♔g7 35. ♔d3 ♕e7 36. g3 ♗e3 37. ♔c2 h5 38. ♔d3 h4 39. g4 ♗f4 40. ♕d1 ♕a3 41. ♕b1 ♗e3 42. ♔e2 ♕f8 43. ♕h1 ♕f4 44. ♕g2 ♔g8 45. ♕h1 d3 46. ♔d3 ♗d4 47. ♕g2 ♕e3 48. ♔c2 c6 49. g5 ♕f4 50. ♘f6 ♔f7 51. ♕c6 ♕g5 52. ♘e4 ♕g2 53. ♔d1 ♕f1 54. ♔d2 ♕f4 55. ♔c2 ♔g7 56. ♕b7 ♔h6 57. ♕a8 ♕h2 58. ♔d1 ♕g1 59. ♔c2 ♕g2 60. ♔d1 ♕f3 61. ♔c2 ♕e2 62. ♘d2 ♕f2 63. ♕f3 g5 64. ♕g4 ♔g6 65. ♕e6 ♕f6 66. ♕g8 ♔f5 67. ♕d5 ♕g6 68. ♕f3 ♔e6 69. ♔d1 ♕f5 70. ♕c6 ♔f7 71. ♕b7 ♔g6 72. ♕c6 ♕f6 73. ♕e4 ♔h6 74. ♕g4 ½:½

10.06. **1515.**

P. KERES - B.J. BEDNARSKI

1. e4 c5 2. ♘e2 d6 3. g3 e6 4. ♗g2 ♘f6 5. 0-0 ♗e7 6. c3 0-0 7. d4 cd4 8. cd4 d5 9. ed5 ♘d5 10. ♘bc3 ♘c3 11. ♘c3 ♘c6 12. d5 ed5 13. ♘d5 ♗g5 14. ♘c7 ♕c7 15. ♗g5 ♗e6 16. ♖e1 h6 17. ♗e3 ♖fd8 18. ♕h5 ♕e7 19. ♖ac1 ♕b4 20. b3 ♖ac8 21. ♕c5 b6 ½:½

13.06. **1516.**

P. KERES - L. PACHMAN

1. d4 ♘f6 2. c4 g6 3. ♘c3 d5 4. ♘f3 ♗g7 5. e3 0-0 6. cd5 ♘d5 7. ♗c4 ♘c3 8. bc3 c5 9. 0-0 ♕c7 10. ♕e2 ♗g4 11. ♗a3 ♗f3 12. ♕f3 cd4 13. ♗d5 ♘c6 14. cd4 ♕d7 15. ♖fc1 ♖ac8 16. h4 ♗f6 17. h5 ♖fd8 18. ♗e4 ♖c7 19. ♗c6 ♖c6 20. ♖c6 ♕c6 21. ♕c6 bc6 22. ♖c1 gh5 23. ♖c6 ♔g7 24. f4 ♖b8 25. ♖c7 ♗h4 26. ♗e7 ♖b1 27. ♔h2 ♗f2 28. d5 ♗e3 29. ♔g3 ♖d1 30. ♔f3 ♗b6 31. ♖d7 f5 32. ♗c5 ♔g6 33. ♖d6 ♔g7 34. ♗b6 ab6 35. ♖d7 ♔g6 36. ♖d6 ♔g7 37. ♔e3 b5 38. ♖d7 ♔g6 39. ♖d6 ♔g7 40. a3 h4 41. ♖d8 ♔f6 42. ♖d7 ♔g6 43. d6 ♖d5 44. ♔e2 ♖d4 45. ♖d8 ♖d5 46. d7 ♔g7 47. ♔e3 ♖d1 48. ♔f2 ♖d2 49. ♔g1 ♖d1 50. ♔h2 ♖d3 51. ♖b8 ♖d7 52. ♖b5 ♔g6 ½:½

15.06. **1517.**

L. SHAMKOVICH - P. KERES

1. d4 ♘f6 2. c4 e6 3. ♘c3 ♗b4 4. ♕c2 0-0 5. ♘f3 c5 6. dc5 ♘a6 7. a3 ♗c3 8. ♕c3 ♘c5 9. e3 b6 10. ♗e2 ♗b7 11. 0-0 d5 12. b4 ♘ce4 13. ♕b3 ♖c8 14. ♗b2 dc4 15. ♗c4 ♗d5 16. ♗d5 ♕d5 17. ♕d5 ♘d5 18. ♖ac1 ♘dc3 19. ♖c2 ♘a4 20. ♖c8 ♖c8 21. ♖c1 ½:½

17.06. **1518.**

P. KERES - R. FUCHS

1. c4 ♘f6 2. ♘f3 e6 3. d4 ♗b4 4. ♘bd2 d5 5. a3 ♗e7 6. e3 0-0 7. ♗d3 ♘bd7 8. b4 a5 9. ba5 ♖a5 10. 0-0 b6 11. ♗b2 ♗b7 12. cd5 ed5 13. ♕c2 ♗a6 14. ♗a6 ♖a6 15. ♖fd1 ♗d6 16. ♘e5 ♖e8 17. ♘df3 ♘e4 18. a4 ♘df6 19. ♘c6 ♕c8 20. ♗a3 ♗a3 21. ♖a3 ♘d6 22. ♘fe5 b5 23. ♖a2 ♖a4 24. ♖a4 ba4 25. ♕a4 ♕a8 26. ♖a1 ♕a4 27. ♖a4 ♔f8 28. f3 ♖c8 29. ♔f2 ♔e8 30. ♖a5 ♘b7 31. ♖a7 ♘d6 32. ♘d3 ♘d7 33. ♖a5 ♘b6 34. ♘f4 ♘dc4 35. ♖c5 ♖a8 36. ♘d5 ♖a2 37. ♔g3 ♘d5 38. ♖d5

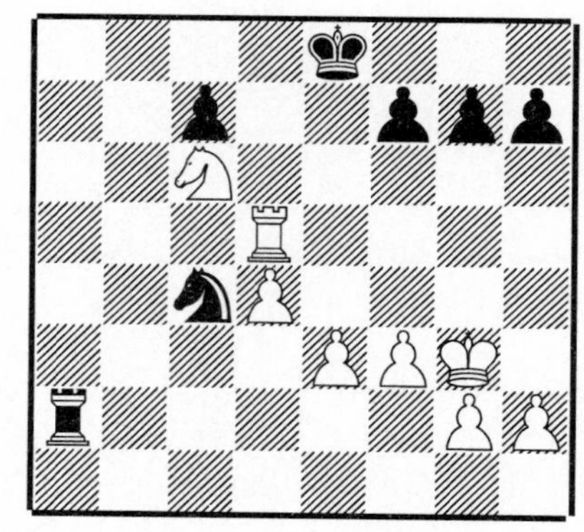

♖g2 39. ♔h3 **1:0**

USSR TEAM CHAMPIONSHIP

Moscow, 3.- 12.08.1965

3.08. **1519.**

P. KERES - B. GURGENIDZE

1. d4 d5 2. c4 dc4 3. ♘f3 ♘f6 4. e3 ♗g4 5. ♗c4 e6 6. ♘c3 ♘bd7 7. 0-0 ♗d6 8. h3 ♗h5 9. ♗e2 c5 10. dc5 ♗c5 11. ♕a4 0-0 12. ♖d1 ♕e7 13. ♗d2 ♖fd8 14. ♗e1 h6 15. ♖ac1 ♘b6 16. ♕a5 ♖d1 17. ♖d1 ♘bd5 18. a3 a6 19. ♕a4 ♖d8 20. ♕h4 ♗g6 21. ♘e5 ♗c2 22. ♖c1 ♗b3 23. ♘d5 ♗d5 24. ♗c3 ♘d7 25. ♕g4 ♘f6 26. ♕f4 ♗d6 27. ♗a5 ♖f8 28. ♕d4 ♘e4 29. ♘d3 ♕g5 30. ♗f1 ♗b8 31. ♗c7 ♗c7 32. ♖c7 ♗c6 33. ♖c6 ♘d2 34. ♘e5 bc6 35. f4 ♕d8 36. ♗a6 ♘b3 37. ♕c3 ♕d1 38. ♔h2 ♘d2 39. ♘c6 ♘e4 40. ♕d3

♘f2 41. ♕d1 ♘d1 42. b4 ♖a8 43. b5 ♘e3 44. a4 ♘c4 45. ♔g3 g5 46. a5 ♘d6 ½:½

4.08. 1520.

P. KERES - B. KATALYMOV

1. e4 e6 2. d4 d5 3. ♘d2 de4 4. ♘e4 ♕d5 5. ♗d3 ♘f6 6. ♘f6 gf6 7. ♘f3 ♖g8 8. 0-0 ♘c6 9. ♖e1 ♕h5 10. ♗e4 ♗d6 11. g3 f5 12. ♗c6 bc6 13. c4 c5 14. dc5 ♗c5 15. ♗e3 ♗b4 16. ♘d4 ♕d1 17. ♖ed1 ♗d7 18. ♖ac1 e5 19. ♘b5 ♗b5 20. cb5 ♗d6 21. ♖c6 ♖g4 22. ♗c5 ♖a4 23. ♗d6 cd6 24. ♖dd6 ♖a2 25. ♖d5 ♖b2 26. ♖e5 ♔f8 27. ♖f5 ♖e8 28. ♖c7 ♖e7 29. ♖e7 ♔e7 30. ♖h5 ♔f8 31. ♖h7 ♖b5 32. ♖h6 ♖a5 33. ♔g2 ♔g7 34. ♖c6 ♖a2 35. g4 a5 36. ♖a6 a4 37. h4 a3 38. h5 ♖a1 39. ♔f3 ♖a2 40. ♔g3 ♔h7 41. ♖a7 ♔g8 42. g5 ♖a1 43. ♔f4 ♖a2 44. f3 ♖h2 45. h6 a2 46. ♔f5 ♖b2 47. ♖a8 ♔h7 48. f4 ♖f2 49. ♖a7 ♔g8 50. ♔e5 ♖b2 51. ♖a8 ♔h7 52. ♔f6 ♖f2 53. f5 **1:0**

5.08. 1521.

A. LUTIKOV - P. KERES

1. e4 e5 2. ♘f3 ♘c6 3. ♗b5 a6 4. ♗a4 ♘f6 5. 0-0 ♗e7 6. ♖e1 b5 7. ♗b3 0-0 8. c3 d6 9. ♗c2 ♗b7 10. d4 ed4 11. ♘d4 ♖e8 12. ♘f5 ♗f8 13. ♗g5 h6 14. ♗h4 g6 15. ♗f6 ♕f6 16. ♘e3 ♘e7 17. ♘d2 ♗g7 18. a4 c5 19. ♕e2 ♗c6 20. ab5 ab5 21. ♗d3 c4 22. ♗c2 d5 23. ♖a8 ♖a8 24. ♖d1 ♕e6 25. ♕f3 ♖a2 26. ♖b1 d4 27. cd4 ♗d4 28. ♘d1 ♕f6 29. ♕e2 ♗d7 30. ♘f3 ♗g4 31. e5 ♕f4 32. e6 ♗f3 33. ef7 ♔f7 34. ♕f3 ♕f3 35. gf3 ♘d5 36. ♔f1 ♘f4 37. ♗e4 b4 38. ♘e3 ♗b2 39. ♘d5 ♘e6 40. ♘b4 ♖a1 41. ♖a1 ♗a1 42. ♗d5 ½:½

6.08. 1522.

P. KERES - A. KUDREASHOV

1. d4 ♘f6 2. c4 g6 3. ♘c3 ♗g7 4. ♘f3 0-0 5. ♗g5 d6 6. e3 c6 7. ♗e2 ♖e8 8. h3 ♘bd7 9. ♗f4 a6 10. 0-0 b5 11. a3 ♗b7 12. ♗h2 e5 13. b4 ed4 14. ♘d4 c5 15. ♘b3 ♘e4 16. ♘e4 ♗e4 17. ♖a2 bc4 18. ♘d2 cb4 19. ab4 ♗c6 20. ♘c4 ♕g5 21. ♗g3 ♖e6 22. ♗g4 f5 23. ♗f3 ♗f3 24. ♕f3 ♕d8 25. ♕d5 ♘f8 26. b5 ♖c8 27. ba6 ♖c5 28. ♕f3 d5 29. a7 ♕a8 30. ♖b1 **1:0**

8.08. 1523.

A. KORELOV - P. KERES

1. d4 ♘f6 2. c4 e6 3. ♘c3 ♗b4 4. e3 c5 5. ♗d3 b6 6. ♘f3 ♗b7 7. 0-0 0-0 8. ♗d2 cd4 9. ed4 d5 10. cd5 ♘d5 11. ♘d5 ♗d2 12. ♘b6 ab6 13. ♘d2 ♕d4 14. ♕c2 g6 15. ♗e4 ♖c8 16. ♕b1 ♗e4 17. ♘e4 ♘c6 18. ♖d1 ♕e5 19. ♘c3 b5 20. a3 ♘a5 21. ♖e1 ♕b8 22. ♕d3 ♘c4 23. ♘e4 ♕e5 24. b3 ♘a3 25. h3 b4 26. ♕f3 ♔g7 27. ♖ad1 ♘c2 28. ♖d7 ♕f5 29. ♖ed1 ♕f3 30. gf3 h6 31. ♘d6 ♖f8 32. ♖c1 ♖ad8 33. ♖d8 ♖d8 34. ♖c2 ♖d6 35. ♖c4 ♖d3 36. ♖b4 ♖f3 37. ♔g2 ♖c3 38. ♖b7 g5 39. b4 ♖b3 40. b5 h5 41. b6 ♔f6 42. ♔h2 e5 43. ♔g2 h4 44. ♔h2 ♖b2 45. ♔g2 e4 46. ♔f1 ♔e6 47. ♔g1 f5 48. ♖b8 ♔e5 49. b7 ♔f4 50. ♔g2 ♖b5 51. ♔h2 ♖b1 52. ♔g2 ♖b2 53. ♔g1 e3 54. fe3 ♔g3 55. ♔f1 g4 **0:1**

11.08. 1524.

P. KERES - B. SPASSKY

1. d4 ♘f6 2. c4 g6 3. ♘c3 ♗g7 4. e4 d6 5. ♘f3 0-0 6. ♗e2 e5 7. 0-0 ♘c6 8. ♗e3 ♘g4 9. ♗g5 f6 10. ♗c1 ♘h6 11. h3 ♘f7 12. ♗e3 ♗d7 13. c5 ed4 14. ♘d4 dc5 15. ♘c6 ♗c6 16. ♗c5 ♘d6 17. ♕b3 ♔h8 18. ♗b5 f5 19. ♗c6 bc6 20. ♖ad1 fe4 21. ♘e4 ♖b8 22. ♕a4 ♕h4 23. ♖d6 cd6 24. ♗d6 ♖fe8 25. ♗b8 ♕e4 26. ♕e4 ♖e4 27. b3 ♖e2 28. ♖d1 ♗f6 29. a4 ♖b2 30. ♖d3 a6 31. ♗f4 ♔g8 32. ♖d6 ♔f7 33. ♖c6 ♖b3 34. ♖a6 ♗d4 35. g3 g5 36. ♖d6 gf4 37. ♖d4 fg3 38. h4 ♔e6 39. fg3 ♖g3 40. ♔f2 ♖a3 41. ♔e2 ♔e5 42. ♖g4 ♔d5 43. ♔f2 ♔e5 44. ♖g5 ♔f4 45. a5 h6 46. ♖b5 ♔g4 47. h5 ♔f4 48. ♔e2 ♔e4 49. ♔d2 ♔d4 50. ♔c2 ♔c4 51. ♖f5 ♖c3 52. ♔d2 ♖a3 53. ♖f4 ♔c5 54. ♖f6 ♖a5 55. ♖h6 ♔d4 56. ♖h8 ♖a2 ½:½

12.08. **1525.**

L. STEIN - P. KERES

1. c4 ♘f6 2. ♘c3 e6 3. ♘f3 c5 4. e3 d5 5. d4 a6 6. cd5 ed5 7. dc5 ♗c5 8. a3 ♘c6 9. b4 ♗a7 10. b5 ab5 11. ♘b5 ♗b6 12. ♗e2 ♗a5 13. ♘d2 d4 14. 0-0 de3 15. fe3 0-0 16. ♘c4 ♕d1 17. ♖d1 ½:½

XXXIII USSR CHAMPIONSHIP
Tallinn, 22.11.- 23.12.1965

22.11. **1526.**

V. KORCHNOI - P. KERES

1. d4 ♘f6 2. ♘f3 e6 3. ♗g5 h6 4. ♗f6 ♕f6 5. e4 b6 6. a3 ♗b7 7. ♘c3 d6 8. ♕d2 ♘d7 9. 0-0-0 g5 10. ♘b5 ♔d8 11. h4 g4 12. e5 ♕g7 13. ♘e1 a6 14. ♘c3 d5 15. f4 f5 16. ef6 ♕f6 17. h5 c5 18. dc5 bc5 19. g3 ♗c6 20. ♖h4 ♖g8 21. ♘d3 ♖b8 22. ♘f2 c4 23. ♘g4 ♕e7 24. ♖e1

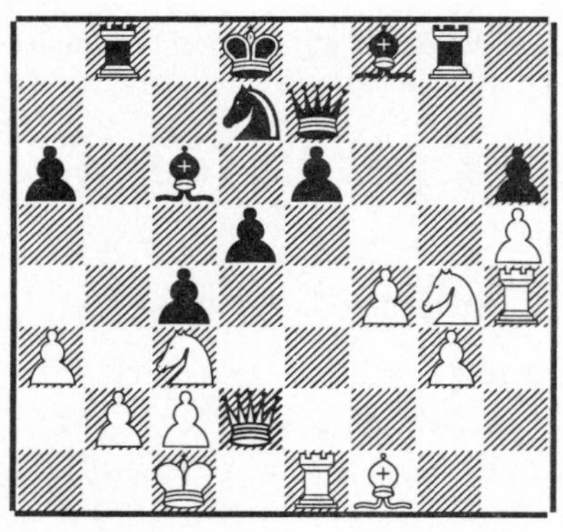

♖b2 25. ♔b2 ♕a3 26. ♔b1 ♗g7 27. ♘e5 ♔c7 28. ♘b5 ab5 29. c3 ♗e5 30. fe5 ♖g3 31. ♖h3 ♖g5 32. ♖he3 ♘c5 33. ♖f3 ♗e8 34. ♕a2 ♕a2 35. ♔a2 ♖h5 36. ♔a3 ♘e4 37. ♖f8 ♗d7 38. ♔b4 ♖e5 39. ♖a1 ♖f5 40. ♖h8 ♖f2 **0:1**

23.11. **1527.**

A. SUETIN - P. KERES

1. e4 e5 2. ♘f3 ♘c6 3. ♗b5 a6 4. ♗a4 ♘f6 5. 0-0 ♗e7 6. ♖e1 b5 7. ♗b3 d6 8. c3 0-0 9. a3 ♗e6 10. d4 ♗b3 11. ♕b3 ♕b8 12. ♘bd2 ♕b6 13. d5 ♘a5 14. ♕d1 c5 15. b4 ♘b7 16. ♖b1 ♖fc8 17. ♘f1 a5 18. ♕e2 ab4 19. ab4 ♖a4 20. ♘g3 g6 21. ♗e3 ♕a6 22. ♘d2 ♖a2 23. f4 ef4 24. ♗f4 cb4 25. cb4 ♘d8 26. ♖f1 ♖cc2 27. ♖f2 ♘d7 28. ♕g4 ♘e5 29. ♗e5 de5 30. ♕d7 ♔f8 31. ♘gf1 ♕b6 32. ♕h3 ♗g5 33. ♖d1 ♕d4 34. ♕h7 ♗d2 35. d6 ♔e8 36. ♕h4 ♕d6 37. ♔h1 ♕d4 38. ♕f6 ♖a1 39. ♖a1 ♕a1 40. ♕d6 ♗g5 41. ♖f3 **0:1**

25.11. **1528.**

P. KERES - L. POLUGAYEVSKY

1. d4 ♘f6 2. ♘f3 e6 3. c4 b6 4. e3 ♗b7 5. ♗d3 d5 6. 0-0 ♗e7 7. b3 0-0 8. ♗b2 ♘bd7 9. ♘c3 ♘e4 10. ♕c2 f5 11. ♘e5 ♘e5 12. de5 ♘c3 13. ♗c3 ♕d7 14. ♖fd1 ♖ad8 15. ♗f1 c5 ½:½

26.11. **1529.**

E. GUFELD - P. KERES

1. e4 e5 2. ♘f3 ♘c6 3. ♗b5 a6 4. ♗a4 d6 5. 0-0 ♗d7 6. d4 b5 7. ♗b3 ed4 8. c3 d3 9. ♕d3 ♘f6 10. ♗g5 ♗e7 11. ♘bd2 0-0 12. ♘d4 h6 13. ♗f6 ♗f6 ½:½

29.11. **1530.**

P. KERES - V. MIKENAS

1. c4 ♘f6 2. ♘c3 e6 3. ♘f3 d5 4. d4 c6 5. ♗g5 h6 6. ♗f6 ♕f6 7. ♕b3 ♘d7 8. e4 de4 9. ♘e4 ♕f4 10. ♗d3 e5 11. de5 ♘e5 12. ♘e5 ♕e5 13. 0-0 ♗e7 14. ♖ae1 0-0 15. ♖e3 ♕a5 16. ♗b1 ♖d8 17. a3 ♖b8 18. ♕c2 ♗f5 19. b4 ♕e5 20. ♕e2 ♕d4 21. ♖e1 ♗f8 22. c5

♗g6 23. h3 b6 24. cb6 ab6 25. ♘g3 ♗b1 26. ♖b1 ♖d5 27. ♕f3 g6 28. ♖be1 ♖bd8 29. ♘e4 ♖f5 30. ♕e2 c5 31. bc5 bc5 32. ♖c1 ♕a4 33. ♖f3 ♖f3 34. ♕f3 f5 35. ♘c5 ♗c5 36. ♖c5 ♕d1 37. ♕d1 ♖d1 38. ♔h2 ♖a1 39. ♖a5 f4 40. g3 fg3 41. ♔g3 ♔g7 42. ♖a6 ♖g1 43. ♔h2 ♖a1 44. ♔g2 ♔f7 45. ♖a4 ♔g7 46. ♔f3 ♖a2 47. ♔e3 g5 48. ♖a6 ♖a1 49. ♔f3 h5 50. ♔g2 ♔f7 51. ♖a8 ♔g7 52. a4 ♖a3 53. a5 ♔h7 54. a6 ♔g7 55. f3 ♔h7 56. h4 g4 57. f4 ♖a2 58. ♔g1 ♖a1 59. ♔f2 ♖a2 60. ♔e3 ♖a3 61. ♔e4 ♖a4 62. ♔e5 ♖a5 63. ♔f6 g3 ½:½

30.11. **1531.**

G. KUZMIN - P. KERES

1. d4 ♘f6 2. c4 e6 3. ♘c3 ♗b4 4. a3 ♗c3 5. bc3 c5 6. f3 d5 7. cd5 ♘d5 8. dc5 f5 9. e4 fe4 10. ♕c2 e3 11. g3 ♘d7 12. ♗d3 ♕f6 13. ♗b2 ♘c5 14. ♗h7 ♘e7 15. c4 e5 16. f4 ♕c6 17. ♗e5

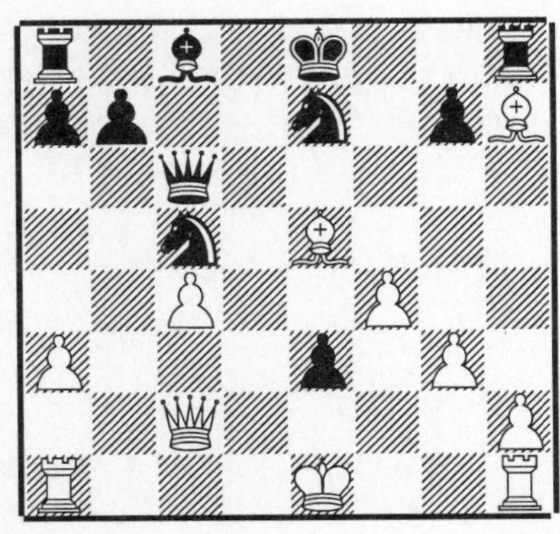

♗g4 18. ♘f3 ♕f3 19. ♗g6 ♘g6 20. ♕g6 ♔d8 **0:1**

2.12. **1532.**

P. KERES - M. TAIMANOV

1. d4 ♘f6 2. ♘f3 g6 3. ♗f4 ♗g7 4. ♘bd2 ♘h5 5. ♗e5 f6 6. ♗g3 d6 7. e4 ♘g3 8. hg3 e6 9. ♗d3 ♘d7 10. ♕e2 ♕e7 11. 0-0-0 e5 12. c3 ♘b6 13. ♗c2 ♗d7 14. ♘c4 ♘c4 15. ♕c4 0-0-0 16. ♗a4 ed4 17. ♘d4 ♗a4 18. ♕a4 a6 19. f3 h5 20. ♕c4 ♖he8 21. ♔c2 ♕d7 22. ♕d3 ♕f7 23. ♘b3 ♕e6 24. ♕d4 ♔b8 25. ♖he1 ♗h8 26. ♕b4 ♕d7 27. ♖d5 f5 28. ♖ed1 fe4 29. ♘c5 ♕c6 30. ♘e4 ♖e5 31. ♕b3 ♖f8 32. ♖e5 ♗e5 33. ♕e6 ♕a4 34. ♔c1 ♗g3 35. ♖d4 ♗f4 36. ♘d2 ♗d2 37. ♔d2 ♕b5 38. ♔c2 ♕f5 39. ♕f5 ♖f5 40. ♖e4 ♔c8 41. ♔d3 ♔d7 42. ♖h4 ♔e6 43. a4 ♖d5 44. ♔e3 ♔f6 45. ♖f4 ♖f5 46. ♖d4 ♖e5 47. ♔f2 ♔e6 48. ♖f4 ♔e7 49. ♖d4 c5 50. ♖d1 ♔d7 51. c4 ♔c6 52. g3 d5 53. f4 ♖f5 54. b3 b5 55. ab5 ab5 56. ♖e1 dc4 57. bc4 bc4 58. ♖e8 ♖d5 59. ♔e2 ♔b5 60. ♖b8 ♔a4 61. ♖a8 ♔b3 62. ♖b8 ♔c2 63. ♖b6 c3 64. ♖g6 ♔b3 **0:1**

3.12. **1533.**

V. LEPESHKIN - P. KERES

1. e4 e5 2. ♘f3 ♘c6 3. ♗b5 a6 4. ♗a4 ♘f6 5. 0-0 ♗e7 6. ♖e1 b5 7. ♗b3 0-0 8. c3 d6 9. h3 ♘a5 10. ♗c2 c5 11. d4 ♘d7 12. ♘bd2 ♖e8 13. ♘f1 ed4 14. cd4 ♗f6 15. e5 de5 16. de5 ♗e7 17. e6 fe6 18. ♖e6 ♘f6 19. ♕d8 ♗d8 20. ♖e8 ♘e8 21. ♗g5 ♗f6 22. ♗f6 ♘f6 23. ♘e3 ♗b7 24. ♘e5 ♖e8 25. ♘d3 c4 26. ♘c5 ♖c8 27. ♘b7 ♘b7 28. ♖d1 ♖d8 29. ♖d8 ♘d8 30. a4 ♘c6 31. ♗f5 ♔f8 32. ♔f1 g6 33. ♗b1 ♔e7 34. f4 ♘h5 35. ab5 ab5 36. f5 g5 37. ♘d5 ♔f7 38. ♔f2 ♘f6 39. ♘c7 b4 40. ♔e3 ♔e7 41. ♗e4 ½:½

8.12. **1534.**

P. KERES - A. HASIN

1. d4 d5 2. c4 c6 3. ♘c3 ♘f6 4. ♘f3 e6 5. cd5 ed5 6. ♗g5 ♗e7 7. ♕c2 g6 8. e3 ♗f5 9. ♗d3 ♗d3 10. ♕d3 ♘bd7 11. 0-0 0-0 12. h3 ♖e8 13. ♗h6 ♗d6 14. ♗g5 ♕e7 15. ♖ae1 ♕e6 16. ♗f6 ♘f6 17. ♘g5 ♕e7 18. f4 ♗b4 19. a3 ♗c3 20. ♕c3 h6 21. ♘f3 ♘e4 22. ♕d3 ♖ad8 23. ♘e5 ♖d6 24. b4 a6 25. a4 ♔g7 26. f5 g5 27. ♕d1 f6 28. ♘d3 ♕f7 29. ♕c2 ♖d7 30. b5 cb5 31. ab5 ab5 32. ♘c5 ♘c5 33. ♕c5

♖de7 34. ♖f3 ♖e4 35. ♖b1 ♖e3 36. ♖e3 ♖e3 37. ♖b5 ♕d7 38. ♕d5 ♕d5 39. ♖d5 ♔f7 40. ♖b5 ♖e7 41. ♔f2 ♖e4 42. ♖b7 ♔e8 43. ♖b4 h5 44. ♔f3 ♖f4 45. ♔e3 ♖f5 46. ♖b2 ♔f7 47. ♔e4 ♖a5 48. ♖b7 ♔g6 49. ♖b3 h4 50. ♖d3 f5 51. ♔f3 ♔f6 52. ♖b3 ♔e6 53. ♖b6 ♔d5 54. ♖g6 ♖a3 55. ♔f2 ♖g3 56. ♖f6 ♔e4 57. ♖e6 ♔d4 58. ♖e8 ♖a3 59. ♖g8 ♖g3 60. ♖e8 ♔d5 61. ♖e7 ½:½

7.12. **1535.**

L. STEIN - P. KERES

1. e4 e5 2. ♘f3 ♘c6 3. ♗b5 a6 4. ♗a4 ♘f6 5. 0-0 ♗e7 6. ♖e1 b5 7. ♗b3 d6 8. c3 0-0 9. h3 ♘d7 10. d4 ♗f6 11. a4 ♘a5 12. ♗c2 ♘b6 13. ab5 ab5 14. ♘bd2 c5 15. ♘f1 cd4 16. cd4 ed4 17. ♕d3 g6 18. ♗h6 ♖e8 19. ♘d4 ♗d7 20. ♘b5 d5 21. ♘d6 ♖e6 22. ♖a5 ♖a5 23. ♘b7 ♕a8 24. ♘a5 ♕a5 25. ♗d2 ♕a8 26. b4 de4 27. ♖e4 ♖e4 28. ♕e4 ♗c6 29. ♕f4 ♘d7 30. ♕g3 ♗e5 31. f4 ♗d4 32. ♗e3 ♗e3 33. ♘e3 ♕a1 34. ♔h2 ♕c3 35. f5 ♕b4 36. fg6 fg6 37. ♗g6 hg6 38. ♕g6 ♔f8 39. ♕h6 ♔e8 40. ♕c6 ½:½

9.12. **1536.**

P. KERES - E. BUCHMAN

1. e4 c5 2. ♘f3 e6 3. d4 cd4 4. ♘d4 ♘f6 5. ♘c3 ♘c6 6. ♘db5 ♗b4 7. a3 ♗c3 8. ♘c3 d5 9. ed5 ed5 10. ♗d3 0-0 11. 0-0 h6 12. ♖e1 d4 13. ♘e4 ♗f5 14. ♘f6 ♕f6 15. ♕f3 ♗d3 16. ♕f6 gf6 17. cd3 ♔g7 18. ♖e4 ♖fe8 19. ♔f1 h5 20. ♗f4 ♖e6 21. b4 a6 22. ♖b1 f5 23. ♖e2 ♖e2 24. ♔e2 ♔f6 25. ♖c1 ♖d8 26. ♖c5 ♔e6 27. b5 ab5 28. ♖b5 ♖d7 29. ♗c1 f6 30. g3 ♖c7 31. ♗b2 ♖d7 32. a4 ♖e7 33. ♗a3 ♖d7 34. ♖b6 ♔d5 35. ♖b3 ♖c7 36. h3 ♔e6 37. ♖b5 ♖d7 38. ♗c1 ♖c7 39. ♗f4 ♖d7 40. ♖b6 ♔d5 41. ♔d2 ♔e6 42. ♔c2 ♔f7 43. ♔b3 h4 44. gh4 ♘e5 45. ♔c2 ♘g6 46. ♗g3 f4 47. h5 ♘e7 48. ♗h4 ♘d5 49. ♖b1 ♔e6 50. f3 b6 51. ♗f2 ♔e5 52. ♖e1 ♘e3 53. ♔d2 ♖h7 54. ♖b1 ♘d5 55. ♖e1 ♘e3 56. ♖b1 ♘d5 57. h4 ♖h5 58. ♖e1 ♘e3 59. ♖b1 ♘d5 60. ♖e1 ½:½

10.12. **1537.**

Y. SAKHAROV - P. KERES

1. e4 e5 2. ♘f3 ♘c6 3. ♗b5 a6 4. ♗a4 ♘f6 5. 0-0 d6 6. ♗c6 bc6 7. d4 ed4 8. ♕d4 ♗e7 9. e5 c5 10. ♕d3 de5 11. ♕d8 ♗d8 12. ♘e5 ♗e6 13. ♖e1 ♘d7 14. ♘d3 0-0 15. ♘a3 ♖b8 16. ♘f4 ♗f5 17. ♘d5 ♗e6 18. ♘f4 ♗f5 19. ♘d5 ♖b7 20. b3 ♘b6 21. ♘e3 ♗f6 22. ♖b1 ♗g6 23. ♗d2 h5 24. ♗a5 ♖bb8 25. ♖e2 ♖fe8 26. ♖be1 ♖e6 27. ♔f1 ♖d8 28. ♖d2 ♖de8 29. ♖de2 ♗d4 30. h3 ♗e4 31. ♗d2 c6 32. f3 ♗g6 33. ♘d1 ♖e2 34. ♖e2 ♖e2 35. ♔e2 ♘d5 36. c3 ♗f6 37. ♘c4 ♗b1 38. ♘a5 ♗a2 39. c4 ♘b4 40. ♘c3 ♗d8 41. ♘b7 ♗e7 42. ♘a2 ♘a2 43. ♘a5 f5 44. ♘c6 ♗d6 45. ♘d8 ♔f8 46. ♘b7 ♔e7 47. ♔e3 ♗h2 48. ♔d3 ♗g1 49. ♗e3 ♘b4 50. ♔d2 ♗e3 51. ♔e3 ♘c2 52. ♔f4 ♔f6 53. h4 ♘e1 54. ♘c5 ♘g2 55. ♔g3 ♘e3 56. ♘a6 ♔e5 57. ♘c5 f4 58. ♔f2 ♔f5 59. ♘d3 g5 60. hg5 ♔g5 61. c5 ♘d5 62. b4 ♘c7 63. ♔g2 ♘b5 64. c6 ♔f5 65. ♔h3 ♔e6 66. ♔h4 ♘d4 67. ♔h5 ♘f3 68. b5 ♘d4 69. c7 ♔d7 70. b6 ♘e6 ½:½

13.12. **1538.**

P. KERES - V. SIMAGIN

1. c4 ♘f6 2. ♘c3 e6 3. ♘f3 d5 4. d4 ♗e7 5. ♗f4 0-0 6. e3 b6 7. cd5 ed5 8. ♗d3 c5 9. dc5 bc5 10. 0-0 ♗b7 11. ♖c1 ♘a6 12. ♘e2 ♕b6 13. ♘g3 g6 14. h4 ♖fd8 15. h5 ♘e4 16. hg6 hg6 17. ♘e5 ♘b4 18. ♗b1 ♕e6 19. a3 ♘c6 20. ♘c6 ♗c6 21. ♘e4 de4 ½:½

14.12. **1539.**

V. OSNOS - P. KERES

1. d4 d5 2. c4 e6 3. ♘c3 c5 4. e3 ♘f6 5. ♘f3 a6 6. cd5 ed5 7. ♗e2 ♘c6 8. 0-0 cd4 9. ed4 ♗e7 10. ♘e5 0-0 11. ♗f4 ♗d7 12. ♗f3 ♗f5

13. ♘c6 bc6 14. ♖c1 ♕a5 15. ♕d2 ♕b4 16. a3 ♕b3 17. ♖fe1 ♖fe8 18. ♖e3 ♕b7 19. ♘d5 ♘d5 20. ♗d5 cd5 21. ♖c7 ♕b6 22. ♖ce7 ♖e7 23. ♖e7 ♖c8 24. ♕c3 h6 25. ♖c7 ♖c7 26. ♗c7 ♕e6 27. h3 ♕e2 28. ♗e5 f6 29. ♗g3 ♔h7 30. ♔h2 h5 31. h4 ♗e4 32. f3 ♗d3 33. ♗f4 ♗g6 ½:½

16.12. 1540.

P. KERES - S. FURMAN

1. d4 ♘f6 2. c4 e6 3. g3 c5 4. ♘f3 cd4 5. ♘d4 d5 6. ♗g2 e5 7. ♘f3 d4 8. 0-0 ♘c6 9. e3 ♗e7 10. ed4 ed4 11. ♗f4 0-0 12. ♘e5 ♘e5 13. ♗e5 ♗c5 14. ♘d2 ♘g4 15. ♘f3 d3 16. h3 ♘e5 17. ♘e5 d2 18. ♘f3 ♕d6 19. ♘d2 ♕g3 20. ♘e4 ♕c7 ½:½

17.12. 1541.

A. BYCHOWSKY - P. KERES

1. e4 ♘c6 2. ♘f3 d6 3. d4 ♘f6 4. ♘c3 g6 5. h3 ♗g7 6. ♗g5 0-0 7. ♕d2 d5 8. ed5 ♘d5 9. 0-0-0 ♗f5 10. ♗c4 ♘b6 11. ♗b3 ♘a5 12. ♗h6 c6 13. ♖he1 ♘b3 14. ab3 a5 15. ♗g7 ♔g7 16. d5 a4 17. ba4 cd5 18. ♘d5 ♖a4 19. ♕c3 f6 20. b3 ♘d5 21. ♖d5 ♕d5 22. ♖e7 ♔h6 23. ba4 ♖c8 24. ♖c7 ♖c7 25. ♕c7 ♕e4 26. ♕c5 ♔g7 27. a5 ♗d7 28. ♕e3 ♕b4 29. ♕d4 ♕b5 30. ♕d6 ♕f1 31. ♕d1 ♕b5 32. ♕d3 ♕a4 33. ♕b3 ♕a1 34. ♕b1 ♕a5 35. ♕b7 ♕a1 36. ♔d2 ♕a5 37. c3 ♕a2 38. ♔e3 ♕e6 39. ♕e4 ♕d6 40. ♘d4 ♕c5 41. ♔d2 ♕d6 42. ♔e1 ♗c8 43. ♘c2 ♗a6 44. ♘e3 ♕a3 45. ♔d2 ♕a2 46. ♕c2 ♕a1 47. c4 ♕d4 48. ♕d3 ♕b2 49. ♔e1 h5 50. ♕d7 ♔h6 51. ♕d2 ♕a1 52. ♔e2 ♕e5 53. f3 f5 54. ♔f2 f4 55. ♘d5 ♗c4 56. ♕f4 ♕f4 57. ♘f4 ♔g5 58. ♔e3 h4 59. ♔e4 ♗f1 60. ♔e5 ♗c4 ½:½

20.12. 1542.

P. KERES - V. LJAVDANSKY

1. d4 ♘f6 2. c4 e6 3. ♘f3 d5 4. ♗g5 c6 5. e3 ♘bd7 6. ♘bd2 ♗e7 7. ♗d3 0-0 8. 0-0 c5 9. ♖c1 b6 10. cd5 ed5 11. dc5 ♘c5 12. ♗b5 ♗d7 13. ♗d7 ♘fd7 14. ♗e7 ♕e7 15. ♘b3 ♘b3 16. ♕b3 ♘f6 17. ♖c6 ♖ac8 18. ♖fc1 ♖c6 19. ♖c6 h6 20. h3 ♖d8 21. ♘d4 ♘e4 22. ♕c2 ♕b4 23. ♕c1 ♖d7 24. a3 ♕e7 25. ♕c2 g6 26. ♖c8 ♔g7 27. f3 ♘f6 28. ♔f2 ♖d8 29. ♕c7 ♕c7 30. ♖c7 ♖d7 31. ♖d7 ♘d7 32. ♘c6 a5 33. ♘e7 ♘f6 34. ♔e2 ♔f8 35. ♘c8 ♘d7 36. ♔d3 ♘e5 37. ♔d4 ♘c4 38. a4 ♘b2 39. ♘b6 ♔e8 40. ♔c3 ♘d1 41. ♔d2 ♘f2 **1:0**

21.12. 1543.

D. BRONSTEIN - P. KERES

1. e4 e5 2. ♘f3 ♘c6 3. ♗b5 a6 4. ♗a4 ♘f6 5. 0-0 ♗e7 6. ♖e1 b5 7. ♗b3 d6 8. c3 0-0 9. h3 ♘d7 10. d4 ♗f6 11. ♗d5 ♗b7 12. de5 de5 13. ♕e2 ♘a5 14. ♗b7 ♘b7 15. a4 ♘d6 16. ♘bd2 ♘c5 17. b3 ba4 18. b4 ♘e6 ½:½

23.12. 1544.

P. KERES - E. VASIUKOV

1. e4 c5 2. ♘f3 ♘c6 3. d4 cd4 4. ♘d4 e6 5. ♘c3 ♕c7 6. g3 a6 7. ♗g2 ♘f6 8. 0-0 ♗e7 9. ♖e1 d6 10. ♘c6 bc6 11. e5 de5 12. ♖e5 0-0 13. ♗f4 ♕b7 14. ♖e3 ♖d8 15. ♕e2 ♗d7 16. ♗e5 ♗e8 17. ♘e4 ♕b5 18. ♘f6 ♗f6 19. c4 ♕a5 20. ♗f6 gf6 21. ♖e4 ♖d2 22. ♕e3 ♖ad8 23. ♗f3 ♕f5 24. ♗e2 c5 25. ♗g4 ♕g6 26. ♗e2 ♖2d4 27. ♖d4 cd4 28. ♕d3 ♗c6 29. ♖d1 e5 30. c5 a5 31. ♕d2 a4 32. f3 e4 33. ♕f4 f5 34. ♗c4 ♖d7 35. b4 ab3 36. ab3 d3 37. fe4 fe4 38. b4 ♖d4 39. b5 ♖c4 40. bc6 ♖c5 41. c7 ½:½

FINLAND - ESTONIA TEAM MATCH
Helsinki, 28.- 29.05.1966

29.05. 1545.

K. OJANEN - P. KERES

1. d4 d5 2. c4 dc4 3. ♘f3 ♘f6 4. e3 ♗e6 5. ♘c3 c6 6. ♗e2 ♘bd7 7. ♘g5 ♗f5 8. ♗c4 e6 9. e4 ♗g6 10. f3 ♕b6 11. ♗b3 ♖d8 12. ♘a4 ♕b4 13. ♔f2 ♘c5 14. ♗e3 e5 15. dc5 ♖d1 16. ♖hd1 h6 17. ♘h3 ♗e7 18. ♖ac1 ♕a5 19. ♘g1 0-0 20. ♘e2 ♖d8 21. ♖d8 ♕d8 22. ♘g3 ♘e8 23. ♖d1 ♕c8 24. ♘f1 ♘c7 25. ♘d2 ♘b5 26. ♘c4 ♕c7 27. ♗d2 ♔f8 28. ♗a5 ♕b8 29. a3 ♘d4 30. ♗a2 f6 31. ♗c3 ♗f7 32. b4 ♗c4 33. ♗c4 b5 34. cb6 ab6 35. ♘b2 ♕a7 36. ♗d4 ed4 37. ♖d3 b5 38. ♗e6 c5 39. bc5 ♕c5 40. ♖b3 d3 **0:1**

28.05. 1546.

P. KERES - K. OJANEN

1. e4 c6 2. c4 d5 3. ed5 cd5 4. cd5 ♘f6 5. ♘c3 ♘d5 6. ♗c4 e6 7. ♘f3 ♗e7 8. d4 ♘c6 9. 0-0 0-0 10. ♖e1 ♘f6 11. a3 b6 12. ♕d3 ♗b7 13. ♗f4 ♘h5 14. ♗d2 ♕c7 15. d5 ♖ad8 16. ♕e2 ed5 17. ♘d5 ♕c8 18. ♘g5 ♗g5 19. ♗g5 ♘d4 20. ♘e7 ♔h8 21. ♘c8 ♘e2 22. ♗e2 ♖c8 23. ♗h5 **1:0**

USSR - YUGOSLAVIA TEAM MATCH-TOURNAMENT
Sukhumi, 10.- 20.06.1966

11.06. 1547.

P. KERES - A. MATANOVIC

1. c4 c5 2. ♘f3 ♘f6 3. d4 cd4 4. ♘d4 ♘c6 5. g3 g6 6. ♗g2 ♘d4 7. ♕d4 ♗g7 8. 0-0 0-0 9. ♘c3 d6 10. ♕h4 ♗e6 11. ♗b7 ♖b8 12. ♗d5 ♗d5 13. ♘d5 ♘d5 14. cd5 ♗b2 15. ♗g5 ♖e8 16. ♖ab1 ♕d7 17. ♕e4 ♖b7 18. ♖fd1 ♖eb8 19. ♔g2 ♕f5 20. ♕f5 gf5 21. ♖d3 ♔g7 22. ♔f3 ♔g6 23. ♗e3 a5 24. a4 ♗f6 25. ♖b7 ♖b7 26. ♗d2 ♖b2 **½:½**

14.06. 1548.

D. VELIMIROVIC - P. KERES

1. e4 e5 2. ♘f3 ♘c6 3. d4 ed4 4. c3 d3 5. ♗d3 d6 6. h3 ♘f6 7. 0-0 ♗e7 8. ♘d4 0-0 9. ♘d2 ♖e8 10. f4 ♗f8 11. ♕c2 g6 12. ♘2f3 ♗g7 13. ♗d2 ♗d7 14. ♖ae1 a6 15. ♘g5 ♖e7 16. e5 de5 17. ♘c6 ♗c6 18. fe5 ♕d5 19. ♘f3 ♘d7 20. c4 ♕c5 21. ♗e3 ♕a5 22. ♗d2 ♕c5 23. ♗e3 ♕a5 **½:½**

15.06. 1549.

P. KERES - M. MATULOVIC

1. e4 c5 2. ♘f3 e6 3. d4 cd4 4. ♘d4 ♘f6 5. ♘c3 ♘c6 6. ♘db5 ♗b4 7. a3 ♗c3 8. ♘c3 d5 9. ed5 ♘d5 10. ♗d2 ♕h4 11. ♗d3 0-0 12. 0-0 ♘e5 13. ♘d5 ed5 14. ♗c3 ♘d3 15. ♕d3 ♕c4 16. ♕g3 ♕g4 17. ♕e5 ♗e6 18. ♖ad1 f6 19. ♕e3 ♖fe8 20. f3 ♕a4 **½:½**

17.06. 1550.

M. BERTOK - P. KERES

1. c4 e6 2. ♘f3 d5 3. g3 c5 4. cd5 ed5 5. d4 ♘c6 6. ♗g2 ♘f6 7. 0-0 ♗e7 8. ♘c3 0-0 9. dc5 ♗c5 10. ♘a4 ♗b6 11. b3 ♗f5 12. ♗b2 ♗e4 13. ♘b6 ab6 14. ♘d4 ♗g2 15. ♔g2 ♖e8 16. ♖e1 ♘e5 17. f3 **½:½**

35. Riga 1965. B. Spassky – P. Keres.

36. Above: Riga 1965.
37. Below: Riga 1965.

LATVIJAS PSR CENTRĀLAIS ŠAHA KLUBS

Partija spēlēta «23» 04. 1965 g.

Baltie: P. Keres	Melnie: B. Spasski
Rezultāts	Rezultāts
Apdomāš. laiks ___ st. ___ m.	Apdomāš. laiks ___ st. ___ m.

Gāj. №№	Baltie	Melnie	Gāj. №№	Baltie	Melnie
1	d2 – d4	Кg8 – f6	21	Фa7 – a5	Фd8 – b8
2	c2 – c4	g7 – g6	22	Лa1 – e1	Сe6 – b3
3	Кb1 – c3	Сf8 – g7	23	Сe2 – f1	Кe3 : f1
4	e2 – e4	d7 – d6	24	Лf2 : f1	Сb3 – c4
5	f2 – f4	c7 – c5	25	Фa5 – a6	Лf4 – f2
6	d4 – d5	0 – 0	26	Фa6 – a4	Кe4 : b2
7	Кg1 – f3	e7 – e6	27	Фa4 – c2	Фb8 : b5
8	Сf1 – e2	e6 : d5	28	Лe1 – e7	Кb2 – d3
9	c4 : d5	b7 – b5	29	Фc2 – e2	c5 – c4
10	e4 – e5	d6 : e5	30	Лe7 – e8+	Сf4 – f8
11	f4 : e5	Кf6 – g4	31	Лe8 : f8+	Сg7 : f8
12	Сc1 – f4	Кb8 – d7	32	Кf3 – g5	Сf8 – c5+
13	e5 – e6	f7 : e6	33	Кg1 – h1	Фb5 – d7
14	d5 : e6	Лf8 : f4	34	Фe2 – d2	Фd7 – e7
15	Фd1 – d5	Кg8 – h8	35	Кg5 – f3	Фe7 – e3
16	Фd5 : a8	Кd7 – e6	36	сдал	
17	Фa8 : a7	Сc8 : e6	37		
18	0 – 0	Кg4 – e3	38		
19	Лf1 – f2	b5 – b4	39		
20	Кc3 – b5	Лf4 – g4	40		

38. Riga 1965. P. Keres – B. Spassky (Game 10).

39. Above: Tallinn 1969. The Opening Ceremony. **40.** Tallinn 1969. P.Keres – L. Stein.

USSR TEAM CHAMPIONSHIP
Moscow, 24.09.- 5.10.1966

24.09. **1551.**

T. PETROSIAN - P. KERES

1. c4 ♘f6 2. ♘f3 e6 3. ♘c3 c5 4. g3 d5 5. cd5 ♘d5 6. ♗g2 ♘c6 7. 0-0 ♗e7 8. ♘d5 ed5 9. d4 0-0 10. dc5 ♗c5 11. ♗g5 f6 12. ♖c1 ♗b6 13. ♗f4 ♗e6 14. ♘e1 ♖e8 15. ♘d3 ♗f7 16. ♖e1 ♖c8 17. a3 ♕e7 18. ♗d2 d4 19. ♕a4 ♕d6 20. ♕b5 ♖ed8 21. a4 ♗e8 22. ♕f5 ♘e7 23. ♕f4 ♕f4 24. ♘f4 ♗a4 25. ♗b7 ♖c1 26. ♖c1 ♔f7 27. ♗a6 ♗b3 28. ♗c4 ♗c4 29. ♖c4 ♘g6 30. ♘d3 ♘e5 **½:½**

25.09. **1552.**

P. KERES - I. BIRBRAGER

1. d4 d5 2. c4 e6 3. ♘f3 ♘f6 4. g3 dc4 5. ♕a4 ♕d7 6. ♕c4 ♕c6 7. ♘bd2 ♕c4 8. ♘c4 b6 9. ♗g2 ♗b7 10. 0-0 ♘bd7 11. ♗d2 ♗e7 12. ♖fc1 c5 13. ♗f4 0-0 14. ♗d6 ♗d6 15. ♘d6 ♗d5 16. a3 ♖fd8 17. ♘g5 ♗g2 18. ♔g2 ♖f8 19. ♖d1 h6 20. ♘f3 ♖fd8 21. dc5 ♘c5 22. ♘e5 ♖f8 23. b4 ♘ce4 24. ♘e4 ♘e4 25. ♖ac1 ♘f6 26. ♖c7 ♘d5 27. ♖b7 f5 28. ♖c1 ♖fb8 29. ♖b8 ♖b8 30. ♖c6 ♖e8 31. ♖d6 g5 32. ♘c6 a6 33. ♘d4 ♔f7 34. ♘f5 ef5 35. ♖d5 ♖e2 36. ♖f5 ♔e7 37. ♖f3 ♖a2 38. ♖c3 ♔d6 39. g4 ♔d5 40. ♖h3 b5 41. ♖h6 ♖a3 42. ♖g6 a5 43. ba5 b4 44. ♖g5 ♔c6 45. h4 b3 46. ♖g6 ♔c5 47. ♖b6 ♔c4 **1:0**

26.09. **1553.**

V. SMYSLOV - P. KERES

1. d4 ♘f6 2. c4 e6 3. ♘f3 b6 4. g3 ♗b7 5. ♗g2 ♗e7 6. 0-0 0-0 7. ♘c3 ♘e4 8. ♘e4 ♗e4 9. ♘e1 ♗g2 10. ♘g2 d5 11. ♕a4 dc4 12. ♕c4 c5 13. dc5 ♗c5 14. ♗e3 ♘d7 15. ♖fd1 ♕e7 16. ♖ac1 ♖fd8 17. ♗c5 ♘c5 18. ♘e3 ♖d1 19. ♖d1 ♖d8 20. ♕c2 **½:½**

27.09. **1554.**

P. KERES - A. LUTIKOV

1. e4 e5 2. ♘f3 ♘c6 3. ♗b5 a6 4. ♗a4 ♘f6 5. 0-0 ♗e7 6. ♕e2 b5 7. ♗b3 0-0 8. c3 d6 9. ♖d1 ♘a5 10. ♗c2 c5 11. d3 ♖e8 12. ♘bd2 ♗f8 13. ♘f1 h6 14. ♘g3 ♘c6 15. h3 d5 16. ♗d2 ♗e6 17. ♘h2 ♖a7 18. ♘h5 ♖d7 19. ♘f6 ♕f6 20. a4 d4 21. ab5 ab5 22. c4 bc4 23. dc4 ♖b8 24. ♘g4 ♕g6 25. ♗a4 ♖b2 26. ♕d3 ♖c7 27. ♗b5 h5 28. ♘h2 ♘b4 29. ♕f3 f5 30. ♖a8 ♖c8 31. ♖c8 ♗c8 32. ♗b4 fe4 33. ♕a3 ♖b4 34. ♘f1 e3 35. fe3 ♗h3 36. ♕a2 ♗g4 37. ♖a1 ♔h7 38. ♕f2 ♗e7 39. ♖a7 ♗f6 40. ♗c6 ♖c4 41. ♗e4 ♕e4 42. ♕f6 ♕g6 43. ♕e5 d3 44. ♘d2 ♖c2 45. ♘e4 d2 46. ♘f6 ♕f6 47. ♕f6 d1♕ 48. ♔h2 ♗d7 **0:1**

28.09. **1555.**

M. BOTVINNIK - P. KERES

1. c4 ♘f6 2. ♘c3 e5 3. ♘f3 ♘c6 4. g3 ♗c5 5. ♘e5 ♗f2 6. ♔f2 ♘e5 7. e4 c5 8. d3 d6 9. h3 h5 10. ♗e2 ♘h7 11. ♔g2 h4 12. g4 ♘g5 13. ♗e3 ♗d7 14. ♕d2 ♘e6 15. b4 b6 16. ♖ab1 ♗c6 17. ♖hf1 ♗b7 18. ♔g1 ♘c6 19. ♘d5 ♘cd4 20. ♗d1 f6 21. ♔h2 ♗c6 22. a4 a5 23. ba5 ba5 24. ♕f2 ♖a7 25. g5 0-0 26. g6 f5 27. ♖b8 **1:0**

1.10. **1556.**

P. KERES - B. SPASSKY

1. d4 ♘f6 2. c4 e6 3. ♘f3 b6 4. g3 ♗b7 5. ♗g2 ♗e7 6. 0-0 0-0 7. ♘c3 ♘e4 8. ♕c2 ♘c3 9. ♕c3 d6 10. b3 ♘d7 11. ♗b2 ♘f6 12. ♖fd1 c5 13. ♘e1 ♗g2 14. ♘g2 cd4 15. ♖d4 ♕c7 16. ♖ad1 ♖fd8 17. ♕f3 ♖ac8 18. ♘e3 ♕c6 19. ♕c6 ♖c6 20. ♔g2 ♔f8 21. f4 ♖c7 22. ♔f3 ♖cd7 23. ♖4d3 ♘e8 **½:½**

2.10. **1557.**

Y. GELLER - P. KERES

1. ♘f3 ♘f6 2. c4 e6 3. ♘c3 c5 4. g3 d5 5. cd5 ♘d5 6. ♗g2 ♗e7 7. 0-0 0-0 8. d4 ♘c6 9. ♘d5 ed5 10. dc5 ♗c5 11. ♗f4 ♗f5 12. ♘d2 ♗b6 13. e4 de4 14. ♘e4 ♕d1 ½:½

3.10. **1558.**

P. KERES - O. TCHERNIKOV

1. d4 d5 2. c4 e6 3. ♘f3 ♘f6 4. ♗g5 c6 5. ♘bd2 h6 6. ♗h4 ♗e7 7. e3 0-0 8. ♗d3 c5 9. 0-0 b6 10. cd5 ♘d5 11. ♗e7 ♕e7 12. dc5 ♕c5 13. ♕a4 ♗d7 14. ♕e4 f5 15. ♕c4 ♕c4 16. ♗c4 ♘c6 17. ♖ac1 ♘de7 18. ♖fd1 ♖ad8 19. ♘b3 ♔f7 20. ♘bd4 ♘d4 21. ♖d4 ♗c6 22. ♘e5 ♔f6 23. ♖d8 ♖d8 24. ♘c6 ♘c6 25. ♗e6 ♔e6 26. ♖c6 ♔e5 27. g3 ♖d2 28. ♖c7 g5 29. ♖a7 ♖b2 30. a4 f4 31.ef4 gf4 32. ♖f7 fg3 33. hg3 ♖b4 34. ♖h7 ♖a4 35. ♖h6 ♖b4 36. ♔g2 ♖b2 37. ♔f3 b5 38. ♖h5 ♔d6 39. g4 b4 40. ♖b5 b3 41. ♔g3 ♔c6 42. ♖b8 ♔d5 43. f4 **1:0**

4.10. **1559.**

L. STEIN - P. KERES

1. c4 ♘f6 2. ♘c3 e6 3. ♘f3 c5 4. g3 d5 5. cd5 ed5 6. d4 ♘c6 7. ♗g2 ♗e7 8. 0-0 0-0 9. dc5 ♗c5 10. ♘a4 ♗b6 11. b3 ♗f5 12. ♗b2 ♗e4 13. ♘b6 ab6 14. ♕d2 ♕e7 15. ♖fc1 ♖fe8 16. ♕f4 h6 17. ♗f1 ♗f3 18. ef3 ♘h7 19. ♗b5 ♘g5 20. ♕g4 ♕e6 21. ♕e6 ♖e6 22. f4 ♘e4 23. ♖d1 ♖d6 24. a3 ♖ad8 25. b4 d4 26. ♖d3 ♘a7 27. ♗a4 b5 28. ♗b3 ♘c6 29. ♖c1 b6 30. ♖e1 ♘f6 31. ♗d1 ♘d5 32. ♗f3 ♔f8 33. ♖c1 ♘de7 34. ♔f1 ♖8d7 35. h4 ♘d8 36. h5 f5 37. ♖e1 ♘dc6 38. ♖ed1 ♔f7 39. ♗e2 ♖d5 40. ♖3d2 ♖d8 41. ♗f3 ♖5d6 42. ♗e2 ♖d5 43. ♖a1 ½:½

5.10. **1560.**

P. KERES - M. TAL

1. e4 e5 2. ♘f3 ♘c6 3. ♘c3 ♘f6 4. ♗b5 ♗b4 5. 0-0 0-0 6. d3 d6 7. ♗g5 ♗c3 8. bc3 ♕e7 9. ♗c6 bc6 10. ♖b1 h6 11. ♗f6 ♕f6 12. ♘d2 ♗e6 13. c4 ♖fb8 14. ♕e2 c5 15. ♖b3 ♖b6 16. ♖fb1 ♖ab8 17. ♘f1 ♕e7 ½:½

KALEV - JÕUD CLUB TEAM MATCH
Tallinn, 12.- 13.11.1966

13.11. **1561.**

H. KÄRNER - P. KERES

1. d4 ♘f6 2. c4 e6 3. ♘f3 c5 4. d5 ed5 5. cd5 b5 6. ♗g5 h6 7. ♗f6 ♕f6 8. ♕c2 d6 9. e4 a6 10. a4 ba4 11. ♘c3 ♕d8 12. ♗d3 ♗e7 13. 0-0 0-0 14. ♘d2 ♘d7 15. ♖a4 ♘e5 16. ♗e2 f5 17. f4 ♘d7 18. ♘c4 fe4 19. ♘a5 ♗f6 20. ♘c6 ♕b6 21. ♖e4 ♘b8 22. ♘e7 ♗e7 23. ♖e7 ♗f5 24. ♕d2 ♖f7 25. ♖f7 ♔f7 26. g4 ♗c8 27. g5 ♗f5 28. ♘a4 ♕b3 29. ♗d1 ♕d3 30. ♕d3 ♗d3 31. ♖f3 c4 32. gh6 gh6 33. ♖e3 ♘d7 34. ♗h5 ♔f6 35. ♖e6 ♔f5 36. ♖d6 ♘f6 37. ♗f3 ♖b8 38. ♘b6 ♖f8 39. ♖c6 ♔f4 40. ♗g2 ♘g4 ½:½

12.11. **1562.**

P. KERES - H. KÄRNER

1. d4 ♘f6 2. c4 g6 3. ♘c3 d5 4. ♗f4 ♗g7 5. ♘f3 c6 6. e3 0-0 7. ♖c1 ♗e6 8. ♘d2 ♘bd7 9. ♗e2 dc4 10. ♘c4 ♘d5 11. ♘d5 ♗d5 12. 0-0 c5 13. ♗f3 ♗f3 14. ♕f3 cd4 15. ed4 b5 16. ♘a3 e5 17. de5 ♘e5 18. ♗e5 ♗e5 19. ♘b5 ♕b8 20. ♖c5 ♗h2 21. ♔h1 ♗e5 22. b3 a6 23. ♘c3 ♖e8 24. ♘d5 ♕d8 25. g3 ♖c8 26. b4 ♗d4 27. ♖d1 ♖c5 28. bc5 ♕c8 29. c6 ♕h3 30. ♔g1 ♗e5 31. ♖e1 ♔g7 32. ♖e5 **1:0**

STOCKHOLM
26.12.1966 - 4.01.1967

26.12. **1563.**

O. KINNMARK - P. KERES

1. e4 d5 2. ed5 ♘f6 3. d4 ♘d5 4. c4 ♘f6 5. ♘c3 ♗g4 6. ♗e2 ♗e2 7. ♘ge2 e6 8. 0-0 ♗e7 9. ♘f4 0-0 10. ♖e1 ♘bd7 11. d5 ed5 12. ♘fd5 ♘d5 13. ♘d5 ♗d6 14. ♗f4 ♗f4 15. ♘f4 c6 16. b3 ♘f6 17. ♘h5 ♘h5 18. ♕h5 ♖e8 19. ♖e8 ♕e8 20. ♔f1 ♖d8 21. ♖d1 g6 22. ♖d8 ♕d8 23. ♕e2 h5 24. g3 h4 25. ♕g4 hg3 26. hg3 a5 27. ♔g2 b6 28. ♕e4 ♕d7 29. ♕e5 b5 30. ♕c5 ♕e8 31. ♕d4 ♕e7 32. cb5 cb5 33. ♕d5 ♕e8 34. ♔f1 a4 35. ba4 ba4 36. ♕c4 ♕d7 37. ♔e2 ♔g7 38. ♕c3 f6 39. ♕c4 g5 40. g4 ♔f8 41. ♔f3 ♕d1 42. ♔g2 ♔e7 43. ♕c7 ½:½

27.12. **1564.**

P. KERES - B. LARSEN

1. e4 ♘c6 2. d4 d5 3. ♘c3 de4 4. d5 ♘b8 5. ♗f4 ♘f6 6. ♗c4 a6 7. ♕e2 b5 8. ♗b3 c5 9. dc6 ♘c6 10. ♖d1 ♕a5 11. ♗d2 ♘d4 12. ♘e4 ♕d8

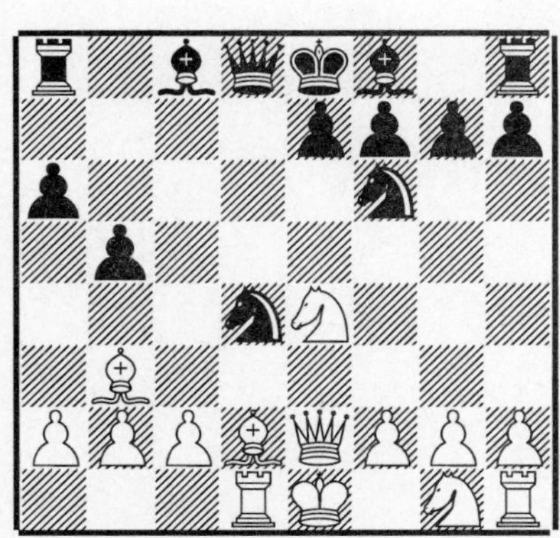

13. ♕e3 ♘e4 14. ♗b4 e5 15. ♗f8 ♔f8 16. ♕e4 ♗f5 17. ♕e5 ♕e8 18. ♕e8 ♖e8 19. ♔d2 h5 20. ♘f3 ♖e2 21. ♔c3 ♘c6 22. ♖d2 b4 23. ♔c4 ♖e8 24. ♗a4 ♖h6 25. ♘d4 ♘e5 26. ♔b3 ♗d7 27. ♗d7 ♘d7 28. ♔b4 ♖g6 29. g3 ♖b8 30. ♔a3 ♘e5 31. b3 ♖g5 32. ♔a4 ♖g6 33. c4 ♖gb6 34. ♖c1 ♔g8 35. c5 ♖b4 36. ♔a3 a5 37. f4 ♘g4 38. ♘c6 **1:0**

28.12. **1565.**

R. LITSBERGER - P. KERES

1. e4 e5 2. ♘f3 ♘c6 3. ♗b5 a6 4. ♗a4 d6 5. c3 ♗d7 6. d4 ♘ge7 7. ♗b3 h6 8. ♘bd2 ♘g6 9. ♘c4 ♗e7 10. ♘e3 ♗g5 11. ♘d5 ♗c1 12. ♕c1 ♗g4 13. ♕e3 ♗f3 14. gf3 ♘ce7 15. de5 ♘d5 16. ed5 de5 17. f4 ♘f4 18. ♕e5 ♕e7 19. ♕e7 ♔e7 20. 0-0-0 ♔d6 21. ♖he1 ♖he8 22. ♖e3 g5 23. ♗c2 f6 24. b4 a5 25. a3 ab4 26. ab4 b5 27. ♔b2 ♘d5 28. ♗b3 c6 29. ♗d5 cd5 30. ♖ed3 ♖e2 31. ♔b3 ♖e5 32. ♖h3 h5 33. ♖f3 ♔e6 34. ♖fd3 h4 35. h3 f5 36. f4 gf4 37. ♖d4 f3 38. ♖4d3 f2 **0:1**

29.12. **1566.**

P. KERES - E. BÖÖK

1. e4 e5 2. ♘f3 ♘c6 3. ♗b5 a6 4. ♗a4 ♘f6 5. 0-0 b5 6. ♗b3 ♗e7 7. d4 d6 8. c3 0-0 9. h3 h6 10. ♕e2 ♖e8 11. de5 de5 12. ♖d1 ♗d6 13. ♘bd2 ♘a5 14. ♗c2 ♗e6 15. ♘f1 ♗c4 16. ♕e1 ♗f1 17. ♕f1 ♕c8 18. ♕e2 ♗f8 19. ♘h4 ♘c4 20. ♕f3 ♕e6 21. ♘f5 ♖ad8 22. ♖e1 ♘d7 23. b3 ♘cb6 24. ♗e3 ♕c6 25. ♖ac1 ♔h7 26. b4 ♕f6 27. ♕e2 g6 28. ♘g3 ♘c4 29. ♗b3 ♘e3 30. ♕e3 c5 31. ♗d5 ♘b6 32. bc5 ♘d5 33. ed5 ♖d5

(diagram)

34. c4 ♗c5 35. ♘e4 ♕e7 36. ♕f3 ♖dd8 37. ♘c5 ♕c5 38. ♕f7 ♔h8 39. ♕f6 ♔h7 40. ♕f7 ♔h8 41. ♕g6 ♕d6 42. ♕d6 ♖d6 43. cb5 ab5 44. ♖c5 b4 45. g4 ♖d2 46. ♖ee5 ♖e5 47. ♖e5 ♖a2 48. ♖b5 ♖b2 49. ♖b7 b3 50. ♔g2 ♖b1 51. ♔g3 ♖g1 52. ♔f4 ♖f1 53. ♔f5 **1:0**

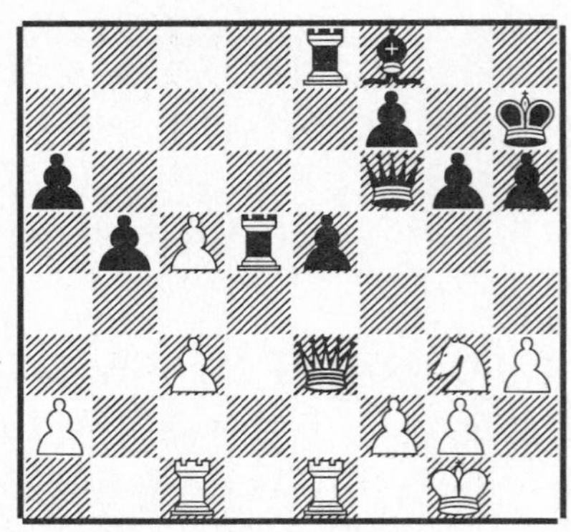

30.12. **1567.**

G. STAHLBERG - P. KERES

1. c4 ♘f6 2. ♘c3 e5 3. g3 c6 4. d4 ed4 5. ♕d4 d5 6. ♘f3 ♗e7 7. ♗g2 0-0 8. 0-0 c5 9. ♕d3 d4 10. ♘d5 ♘c6 11. a3 ♗g4 12. ♗f4 ♘d5 13. cd5 ♕d5 14. ♘g5 ♕f5 15. ♗e4 ♕c8 16. ♗h7 ♔h8 17. ♗e4 ♗g5 18. ♗g5 ♘e5 19. ♕c2 c4 20. ♖fc1 d3 21. ed3 ♗f3 22. ♗f3 ♘f3 23. ♔g2 ♘g5 24. f4 ♕c6 25. ♔f2 ♕f3 26. ♔e1 ♖fe8 **0:1**

1.01. **1568.**

K. SKÖLD - P. KERES

1. e4 c5 2. ♘f3 ♘c6 3. d4 cd4 4. ♘d4 g6 5. ♗e3 ♗g7 6. ♘c3 ♘f6 7. ♗e2 0-0 8. 0-0 d5 9. ♘c6 bc6 10. ed5 ♘d5 11. ♘d5 cd5 12. c3 ♖b8 13. ♕d2 ♕a5 14. b4 ♕a3 15. ♖ac1 ♖d8 16. ♗c5 e5 17. ♕e3 ♗e6 18. c4 ♕e3 19. fe3 ♗h6 20. cd5 ♖d5 21. ♖c3 ♖d2 22. ♗f3 ♖a2 23. ♗d6 ♖c8 24. ♖c8 ♗c8 25. ♗e5 ♗e3 26. ♔h1 ♗e6 27. ♖d1 ♗d2 28. b5 ♗b3 29. ♖a1 ♖a1 30. ♗a1 ♗e3 31. g3 ♗a4 32. ♗e2 a6 33. ♔g2 ♗b5 34. ♔f3 ♗h6 35. ♗b5 ab5 36. ♗c3 f5 37. h4 ♔f7 38. g4 fg4 39. ♔g4 ♗f8 40. h5 b4 41. hg6 hg6 **0:1**

2.01. **1569.**

P. KERES - M. JOHANSSON

1. e4 c5 2. ♘f3 e6 3. ♘c3 ♘c6 4. d4 cd4 5. ♘d4 ♕c7 6. g3 a6 7. ♗g2 ♘f6 8. 0-0 ♗e7 9. ♖e1 d6 10. ♘c6 bc6 11. e5 de5 12. ♖e5 0-0 13. ♗f4 ♕b7 14. ♘a4 ♖d8 15. ♗d2 ♖b8 16. ♕e1 ♗d6 17. ♖e3 ♕b5 18. b3 ♗c7 19. ♖c3 ♗d7 20. ♘c5 ♘d5 21. a4 ♕b6 22. a5 ♕a7 23. ♘d7 ♖d7 24. ♖c6 ♖bd8 25. ♗g5 ♖b8 26. ♖e6 **1:0**

3.01. **1570.**

B. HORBERG - P. KERES

1. d4 ♘f6 2. c4 e6 3. ♘f3 b6 4. g3 ♗a6 5. ♕a4 c5 6. ♗g2 ♗b7 7. 0-0 cd4 8. ♘d4 ♗g2 9. ♔g2 ♗c5 10. ♘f3 ♘c6 11. ♘c3 ♗b4 12. ♗d2 0-0 13. ♖fd1 a6 14. ♖ac1 ♕e7 15. ♗g5 b5 16. cb5 ab5 17. ♕b5 ♗c3 18. ♖c3 ♖a2 19. ♖a3 ♖a3 20. ba3 **½:½**

4.01. **1571.**

P. KERES - S. JOHANNESSEN

1. d4 ♘f6 2. c4 g6 3. ♘c3 ♗g7 4. e4 d6 5. ♘f3 0-0 6. ♗e2 e5 7. ♗e3 ♘bd7 8. 0-0 c6 9. h3 ♕e7 10. ♖e1 a6 11. ♖c1 ♖e8 12. c5 ed4 13. cd6 ♕d6 14. ♗d4 ♘e4 15. ♗g7 **1:0**

MOSCOW
21.05.- 17.06.1967

21.05. **1572.**

M. NAJDORF - P. KERES

1. d4 ♘f6 2. c4 e6 3. ♘f3 b6 4. g3 ♗b7 5. ♗g2 ♗e7 6. 0-0 0-0 7. ♘c3 ♘e4 8. ♕c2 ♘c3 9. ♕c3 c5 10. ♖d1 cd4 11. ♘d4 ♗g2 12. ♔g2 ♕c8 13. ♕f3 ♘c6 14. ♘c6 ♕c6 15. b3 ♗f6 16. ♖b1 ♖fd8 17. ♗b2 ♗b2 18. ♖b2 ♕f3 19. ♔f3 ♔f8 20. ♖bd2 **½:½**

22.05 **1573.**

P. KERES - L. PORTISCH

1. e4 e5 2. ♘f3 ♘c6 3. ♗b5 a6 4. ♗a4 ♘f6

5. 0-0 ♗e7 6. ♖e1 b5 7. ♗b3 d6 8. c3 0-0 9. h3 h6 10. d4 ♖e8 11. ♘bd2 ♗f8 12. a3 ♗d7 13. ♗a2 a5 14. ♘f1 a4 15. ♘g3 ♘a5 16. ♗e3 c6 17. ♖c1 ♗e6 18. ♗e6 ♖e6 19. de5 de5 20. ♕d8 ♖d8 21. ♗b6 ♖a8 22. ♗a5 ♖a5 23. ♖ed1 ♖e8 24. ♖d3 ♖aa8 25. ♔f1 ♖ab8 26. ♘e1 g6 27. ♘c2 h5 28. f3 ♖ed8 29. ♖cd1 ♖d3 30. ♖d3 c5 31. ♘e2 c4 32. ♖d1 ♖b7 33. ♘b4 ♖d7 34. ♔e1 ♖d1 35. ♔d1 ♗c5 36. ♘c6 ♘d7 37. f4 f6 38. fe5 fe5 39. ♘g3 ♔f7 40. ♔e2 ♔e6 41. ♘f1 ♗f8 42. ♘e3 ♔d6 43. ♘b4 ♘c5 44. ♔f3 ♗h6 45. h4 ♘d3 46. ♘d1 ♗c1 47. ♔e2 ♘c5 48. ♔f3 g5 49. hg5 ♗g5 50. ♘a2 ♔e6 51. ♘f2 ♔f6 52. ♘d1 ♘d3 53. g3 ♔g6 54. ♔g2 ♗d2 55. ♔f3 ♔g5 56. ♔e2 ♗e1 57. ♔f3 ♗d2 58. ♔e2 ♗e1 59. ♔f3 ♔f6 60. ♔g2 ♔g6 61. ♔f3 ♔g5 62. ♔g2 h4 63. gh4 ♔f4 64. h5 ♔e4 65. h6 ♘f4 66. ♔f1 ♗h4 67. ♘b4 ♗f6 68. ♔e1 ♔f3 69. h7 ♗g7 70. ♘c2 ♘d5 71. ♔d2 ♘f6 72. ♘e1 ♔e4 73. ♘f2 ♔f5 74. ♘g2 ♘h7 75. ♘e3 ♔e6 76. ♘e4 ♗h6 77. ♔e2 ♗e3 78. ♔e3 ♘f6 79. ♘g5 ♔d5 80. ♔f3 ♘h5 81. ♘e4 ♘f4 82. ♘f6 ♔c6 83. ♔e4 ♘d3 84. ♘g4 ♔d6 85. ♘h6 ♘b2 86. ♘f7 ♔c5 87. ♘e5 ♘d1 88. ♘d7 ♔d6 **0:1**

23.05. **1574.**

V. SMYSLOV - P. KERES

1. d4 ♘f6 2. c4 e6 3. g3 d5 4. ♗g2 dc4 5. ♕a4 ♘bd7 6. ♘f3 a6 7. ♕c4 b5 8. ♕c2 ♗b7 9. 0-0 c5 10. a4 cd4 11. ♘d4 ♗g2 12. ♔g2 ♗c5 13. ♘b3 ♗e7 14. ♗g5 0-0 15. ab5 ab5 16. ♘1d2 ♘b6 17. ♕c6 h6 18. ♗f6 ♗f6 19. ♕b5 ♖a1 20. ♖a1 ♗b2 21. ♖a6 ♕d5 ½:½

25.05. **1575.**

P. KERES - Dr. M. FILIP

1. e4 c6 2. c4 d5 3. ed5 cd5 4. cd5 ♘f6 5. ♘c3 ♘d5 6. ♘f3 ♘c6 7. ♗b5 e6 8. 0-0 ♗e7 9. d4 0-0 10. ♖e1 ♗d7 11. ♘d5 ed5 12. ♗f4 ♗g4 13. ♗c6 bc6 14. ♖c1 ♖c8 15. h3 ♗f3 16. ♕f3 ♗b4 17. ♖e2 ♖e8 18. ♖cc2 ♕d7 19. ♕b3 ♗a5 20. ♖e8 ♖e8 21. ♕a4 ♗c7 22. ♗c7 ♕c7 23. g3 ♖e6 24. ♔g2 g6 25. ♖c3 ♔g7 26. ♕b4 ♕d7 27. ♖f3 ♖e2 ½:½

26.05. **1576.**

S. GLIGORIC - P. KERES

1. d4 d5 2. c4 e6 3. ♘f3 c5 4. cd5 ed5 5. ♘c3 ♘c6 6. g3 ♘f6 7. ♗g2 cd4 8. ♘d4 ♕b6 9. ♘c6 bc6 10. 0-0 ♗e7 11. e4 de4 12. ♘e4 0-0 13. ♗e3 ♕b2 14. ♗d4 ♕b5 15. ♘f6 ♗f6 16. ♗f6 gf6 17. ♖c1 ♖b8 18. ♕d4 ♕b2 19. ♕a7 ♗e6 20. ♖c6 ♖a8 21. ♕c5 ♖a2 22. ♗d5 ♗d5 23. ♕d5 ♖a1 24. ♕f3 ♔g7 25. ♖a1 ♕a1 26. ♔g2 ♕d4 27. ♖a6 ♖e8 ½:½

29.05. **1577.**

M. TAL - P. KERES

1. e4 e5 2. ♘f3 ♘c6 3. ♗b5 a6 4. ♗a4 ♘f6 5. 0-0 ♘e4 6. d4 b5 7. ♗b3 d5 8. de5 ♗e6 9. ♕e2 ♗e7 10. c3 0-0 11. ♗c2 ♕d7 12. ♖d1 f5 13. ♘bd2 ♔h8 14. ♘b3 ♗f7 15. ♘bd4 ♗h5 16. ♘f5 ♕f5 17. ♖d5 ♗g6 18. ♕e3 ♖ad8 19. ♖d8 ♖d8 20. ♘d4 ♘d4 21. cd4 c5 22. d5

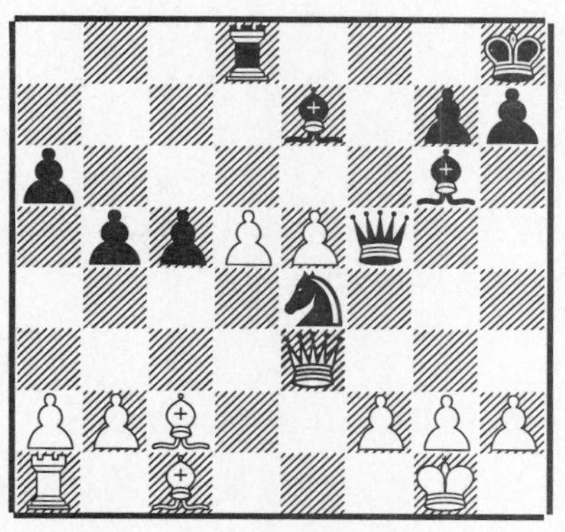

♕e5 23. f3 ♗g5 24. f4 ♕d5 25. ♗e4 ♗e4 26. fg5 ♕d1 27. ♔f2 ♕c2 28. ♕e2 ♖f8 29. ♔e1 ♕a4 30. b3 ♕d4 **0:1**

30.05. **1578.**

P. KERES - L. PACHMAN

1. e4 c6 2. ♘c3 d5 3. ♘f3 de4 4. ♘e4 ♘f6 5. ♘f6 gf6 6. g3 ♗g4 7. ♗g2 e6 8. b3 ♘d7 9. ♗b2 ♗g7 10. h3 ♗h5 11. ♕e2 0-0 12. g4 ♗g6 13. h4 f5 14. ♗g7 ♔g7 15. h5 fg4 16. hg6 gf3 17. ♖h7 ♔g6 18. ♕d3 f5 19. ♖d7 ♕f6 20. c3 ♕e5 21. ♔f1 fg2 22. ♔g2 ♔f6 23. ♖h1 ♖h8

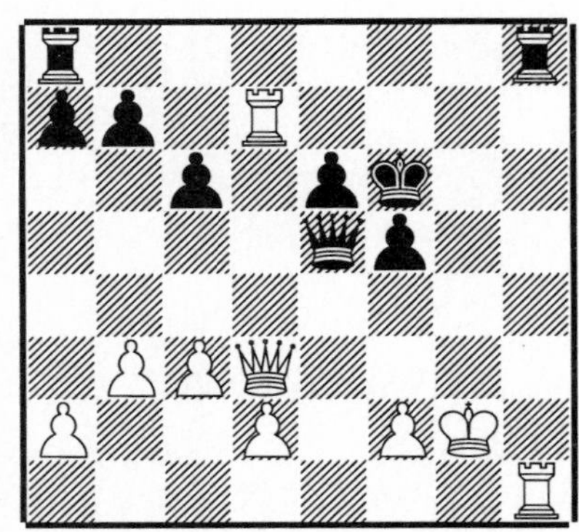

24. ♖hh7 ♖h7 25. ♖h7 ♖g8 26. ♔f1 ♖g7 27. ♕d8 ♔g6 28. ♖h3 ♕d5 29. ♕e8 ♖f7 30. ♕h8 **1:0**

31.05. **1579.**

Y. GELLER - P. KERES

1. ♘f3 ♘f6 2. c4 b6 3. g3 ♗b7 4. ♗g2 e6 5. 0-0 ♗e7 6. b3 0-0 7. ♗b2 c5 8. ♘c3 d5 9. e3 ♘bd7 10. ♕e2 ♘e4 11. cd5 ♘c3 12. dc3 ed5 13. ♖fd1 ♕c7 14. c4 dc4 15. ♕c4 ♖ad8 16. ♖d2 ♗f6 17. ♗f6 **½:½**

2.06. **1580.**

P. KERES - T. PETROSIAN

1. e4 c6 2. d4 d5 3. ♘c3 de4 4. ♘e4 ♘d7 5. ♗c4 ♘gf6 6. ♘f6 ♘f6 7. c3 ♕c7 8. ♘e2 e6 9. ♗f4 ♗d6 10. ♗d6 ♕d6 11. 0-0 0-0 12. ♘g3 c5 13. dc5 ♕c5 14. ♗e2 ♕c7 15. ♗f3 ♗d7 16. ♕d4 ♗c6 17. ♗c6 ♕c6 18. ♖fd1 **½:½**

3.06. **1581.**

W. UHLMANN - P. KERES

1. d4 ♘f6 2. c4 e6 3. ♘f3 b6 4. g3 ♗a6 5. ♘bd2 c5 6. e4 cd4 7. e5 ♘g8 8. ♗g2 ♘c6 9. 0-0 b5 10. cb5 ♗b5 11. ♖e1 ♗b4 12. a3 ♗d2 13. ♗d2 ♘ge7 14. b4 ♖c8 15. ♖c1 a6 16. ♕b3 ♘a7 17. ♘d4 0-0 18. ♗e3 ♖c1 19. ♖c1 ♕b8 20. ♘b5 ab5 21. ♗c5 ♘ac8 22. ♕d3 ♖d8 23. f4 d6 24. ♗f2 ♘d5 25. ♗d5 ed5 26. ♕d5 ♘e7 27. ♕e4 de5 28. fe5 ♘g6 29. e6 ♕d6 30. ef7 ♔f7 31. ♕f5 ♔g8 32. ♕b5 ♘e5 33. ♗e3 h5 34. ♖f1 h4 35. ♕e2 h3 36. ♗f4 ♕d4 37. ♕e3 ♕d5 38. ♕e2 ♕d4 39. ♕e3 ♕d5 40. ♕e2 ♕d4 **½:½**

6.06. **1582.**

P. KERES - D. BRONSTEIN

1. d4 ♘f6 2. c4 d6 3. ♘c3 e5 4. ♘f3 ♘bd7 5. ♗g5 ♗e7 6. e3 c6 7. ♕c2 ♘g4 8. h3 ♘gf6 9. ♗e2 0-0 10. 0-0 ♘e8 11. ♗e7 ♕e7 12. b4 ♘c7 13. c5 d5 14. de5 ♘e5 15. ♘d4 ♕h4 16. ♖ad1 a5 17. a3 ab4 18. ab4 ♖e8 19. ♖a1 ♗d7 20. ♖a8 ♖a8 21. ♘a4 ♕g5 22. ♔h2 ♕f6 23. ♘b6 ♖d8 24. ♔g1 ♗c8 25. ♖a1 ♘d7 26. ♘c8 ♖c8 27. ♖a7 ♖b8 28. b5 cb5 29. c6 ♘e5 30. cb7 ♕b6 31. ♘b5 ♘c6 32. ♖a1 ♘b5 33. ♖b1 ♘ca7 34. ♗b5 ♕b7 35. ♗d3 ♕b1 36. ♕b1 ♖b1 37. ♗b1 ♘b5 38. ♔f1 g6 39. ♗a2 ♘c7 40. ♔e2 ♔f8 **½:½**

7.06. **1583.**

L. STEIN - P. KERES

1. e4 e5 2. ♘f3 ♘c6 3. ♗b5 a6 4. ♗a4 ♘f6 5. 0-0 ♘e4 6. d4 b5 7. ♗b3 d5 8. de5 ♗e6 9. c3 ♗c5 10. ♘bd2 0-0 11. ♗c2 f5 12. ♘b3 ♗b6 13. ♘fd4 ♘d4 14. ♘d4 ♕d7 15. f3 ♘c5 16. ♔h1 ♘b7 17. ♗e3 c5 18. ♘e6 ♕e6 19. a4 ♘a5 20. ♗f2 ♔h8 21. ♖e1 ♖a7 22. ♕e2 b4 23. cb4 cb4 24. ♗b6 ♕b6 25. ♖ad1 ♕c5 26. ♗d3 ♕b6 27. ♗b1 ♕c6 28. ♕d2 ♕a4 29. ♕d5 ♘c6 30. ♗f5 ♕b5 31. ♕d6 ♕b8 32. ♕c6 ♖f5 33. e6 ♖e7 34. ♖d7 ♖e8

35. ♖b7 ♕c8 36. ♖c7 ♕b8 37. ♕d7 ♖g5 38. f4 ♖g6 39. f5 ♖g5 40. f6 **1:0**

8.06. **1584.**

P. KERES - I. BILEK

1. e4 c5 2. ♘f3 d6 3. ♘c3 g6 4. d4 cd4 5. ♕d4 f6 6. ♗e3 ♘h6 7. ♗c4 ♘c6 8. ♕d2 ♘f7 9. ♘d4 ♘d4 10. ♗d4 ♗g7 11. f4 0-0 12. 0-0 ♔h8 13. ♕f2 ♘e5 14. ♗b3 ♘c6 15. ♖ad1 ♘d4 16. ♖d4 e5 17. ♖d3 f5 18. ♕d2 fe4 19. ♖d6 ♕c7 20. ♕d5 ef4 21. ♘e4 ♗f5 22. ♘g5 h6 23. ♘e6 ♗e6 24. ♖e6 ♖ad8 25. ♕f3 ♖d6 26. ♖d6 ♕d6 27. c3 b5 28. ♕e4 b4 29. ♖f3 bc3 30. bc3 ♕c5 31. ♔h1 ♕e5 32. ♕d3 ♖f6 33. h3 ♔h7 34. ♕d2 ♗f8 35. ♕d7 ♕e7 36. ♖d3 ♕d7 37. ♖d7 ♔h8 38. ♗d5 ♗c5 39. ♖c7 ♗f2 40. c4 ♗b6 ½:½

10.06. **1585.**

A. GIPSLIS - P. KERES

1. e4 e5 2. ♘f3 ♘c6 3. ♗b5 a6 4. ♗a4 ♘f6 5. 0-0 ♘e4 6. d4 b5 7. ♗b3 d5 8. de5 ♗e6 9. ♕e2 ♗c5 10. ♗e3 ♕e7 11. ♘bd2 ♗e3 12. ♕e3 ♘d2 13. ♕d2 0-0 14. ♖fe1 ♖ad8 15. c3 ♘a5 ½:½

11.06. **1586.**

P. KERES - M.G. BOBOTSOV

1. e4 c5 2. ♘f3 d6 3. ♘c3 ♘f6 4. e5 de5 5. ♘e5 e6 6. b3 ♗d6 7. ♘c4 ♗e7 8. ♗b2 ♘c6 9. g3 0-0 10. ♗g2 ♕d7 11. 0-0 ♖b8 12. ♘e4 ♘d4 13. ♖e1 ♕c7 14. d3 b5 15. ♘cd2 ♘e4 16. ♘e4 f5 17. ♘d2 ♗f6 18. a4 a6 19. ab5 ab5 20. ♖a2 ♗d7 21. ♘f3 e5 22. c3 ♘f3 23. ♗f3 ♗c6 24. b4 ♕f7 25. ♖a3 cb4 26. cb4 ½:½

14.06. **1587.**

F. GHEORGHIU - P. KERES

1. d4 ♘f6 2. c4 e6 3. ♘c3 ♗b4 4. f3 c5 5. d5 0-0 6. e4 ♖e8 7. ♗d2 d6 8. ♘ge2 a6 9. ♘g3 ♘bd7 10. de6 fe6 11. f4 ♘b8 12. ♗d3 ♘c6 13. 0-0 ♖f8 14. ♔h1 ♗d7 15. ♘h5 ♕e7 16. ♕f3 b5 17. ♖ae1 bc4 18. ♗c4 ♘d4 ½:½

16.06. **1588.**

P. KERES - B. SPASSKY

1. e4 e6 2. d4 d5 3. ♘c3 ♗b4 4. e5 ♘e7 5. ♗d2 c5 6. a3 ♗c3 7. ♗c3 cd4 8. ♕d4 ♘bc6 9. ♕g4 0-0 10. ♘f3 ♘f5 11. ♗d3 d4 12. ♗d2 ♕d5 13. ♕e4 ♕e4 14. ♗e4 ♗d7 15. 0-0-0 f6 16. ef6 gf6 17. ♗f5 ef5 18. ♗h6 ♖fd8 19. ♘d4 ♘d4 20. ♖d4 ♗c6 21. ♖d8 ♖d8 22. f3 ♔f7 23. ♖e1 a5 24. b3 a4 25. ♔b2 ♖d5 26. ♗f4 ♖d4 27. ♗e3 ♖d8 28. ♗c1 h5 29. ♔c3 ♖g8 30. ♖e2 ♗b5 31. ♖f2 ab3 32. cb3 ♖d8 33. a4 ♗a6 34. ♗f4 ♔e6 35. ♖d2 ♖d2 36. ♗d2 ♗f1 37. g3 ♗e2 38. f4 ♔d5 39. ♗e3 ♗d1 40. a5 ♗e2 ½:½

ESTONIA - GEORGIA TEAM MATCH

Räpina, 7.- 8.07.1967

7.07. **1589.**

P. KERES - B. GURGENIDZE

1. d4 d5 2. c4 dc4 3. ♘f3 ♘f6 4. ♘a3 e5 5. ♘c4 e4 6. ♘g1 ♗b4 7. ♗d2 ♕d4 8. ♗b4 ♕c4 9. ♗a3 e3 10. fe3 ♘c6 11. ♘f3 ♗d7 12. ♕d3 ♕a4 13. g3 0-0-0 14. ♗g2 ♗e6 15. ♕c3 ♘e4 16. ♕c1 ♕a5 17. b4 ♘b4 18. 0-0 ♘a2 19. ♕c2 ♕a3 20. ♕e4 ♗d5 21. ♕f4 ♖he8 22. ♘e5 f6 23. ♘d3 ♗g2 24. ♔g2 ♕b3 25. ♕f5 ♔b8 26. ♖fb1 ♕c4 27. ♕c5 ♕e4 28. ♔g1 ♖d5 29. ♕c6 ♕e3 30. ♔h1 ♕e4 31. ♔g1 ½:½

8.07. **1590.**

B. GURGENIDZE - P. KERES

1. e4 e5 2. ♘f3 ♘c6 3. ♗b5 a6 4. ♗a4 ♘f6 5. ♕e2 b5 6. ♗b3 d6 7. a4 ♗g4 8. c3 ♘a5 9. ♗c2 b4 10. d4 bc3 11. bc3 ♘d7 12. ♘bd2

♗c7 13. h3 ♗h5 14. 0-0 0-0 15. ♖d1 ♖e8 16. ♘f1 f6 17. ♗a3 ♗f7 18. ♘e3 ♗f8 19. ♖ab1 ed4 20. cd4 d5 21. ♗f8 ♘f8 22. e5 ♘c6 23. ♖dc1 fe5 24. ♗h7 ♘h7 25. ♖c6 ed4 26. ♘d4 ♖e4 27. ♕b2 ♘f6 28. ♕c3 ♘e8 29. ♘ef5 ♖b8 30. ♖c1 ♕d7 31. ♕g3 ♖b7 32. f3 ♖d4 33. ♘d4 ♖b4 34. ♖c7 ♘c7 35. ♖c7 ♕a4 36. ♖c8 ♗e8 37. ♕g6 ♔f8 38. ♕d6 ♔f7 39. ♕e6 ♔f8 40. ♖e8 ♕e8 41. ♕d6 ♕e7 42. ♕e7 ♔e7 43. ♘c6 ♔d6 44. ♘b4 a5 45. ♘d3 a4 46. ♔f1 a3 47. ♘c1 ♔e5 48. ♔e2 ♔f4 49. ♔f2 ♔e5 50. ♔e3 d4 51. ♔d3 ♔f4 52. ♘e2 ♔g5 53. ♘d4 a2 54. ♘c2 ♔f4 55. ♔e2 **1:0**

USSR TEAM CHAMPIONSHIP
Moscow, 23.07.- 2.08.1967

23.07. **1591.**

P. KERES - B. SPASSKY

1. d4 d5 2. c4 e6 3. ♘f3 ♘f6 4. g3 ♗e7 5. ♗g2 0-0 6. 0-0 c6 7. b3 ♘bd7 8. ♗a3 ♗a3 9. ♘a3 b6 10. ♖c1 ♕e7 11. ♘c2 ♗b7 12. ♘e3 c5 13. cd5 ♘d5 14. ♘c4 ♘5f6 15. dc5 ♘c5 16. ♕d6 ♖fe8 17. ♖fd1 ♗d5 18. ♕e7 ♖e7 19. ♘fe5 ♔f8 20. ♘d6 ♗g2 21. ♔g2 ♘e8 22. b4 ♘a6 23. ♘c8 ♖c7 24. ♖c7 ♘ac7 25. ♘d7 ♔g8 26. ♘e7 ♔h8 27. ♘e5 h6 28. ♘f7 ♔h7 29. g4 a5 30. g5 hg5 31. ♘g5 ♔h6 32. ♘f7 ♔h7 33. ♖d3 g6 34. ♖d7 ab4 35. f4 ♖a2 36. ♘g5 ♔h8 37. ♘g6 ♔g8 38. ♘e7 ♔h8 39. ♔f3 b3 40. ♘g6 ♔g8 41. ♘e7 ♔f8 42. f5 b2 43. ♘g6 ♔g8 44. ♖f7 ♘f6 45. ♘e7 ♔h8 46. ♘g6 ♔g8 **½:½**

24.07. **1592.**

L. GRIGORIAN - P. KERES

1. d4 ♘f6 2. c4 e6 3. ♘f3 b6 4. g3 ♗a6 5. ♕c2 c5 6. d5 ed5 7. cd5 ♗b7 8. ♗g5 ♗d5 9. ♘c3 ♗b7 10. ♖d1 ♗e7 11. ♗g2 h6 12. ♗f6 ♗f6 13. ♘e4 ♗e7 14. ♘d6 ♗d6 15. ♖d6 ♕e7 16. ♕d2 ♘c6 17. ♘h4 g6 18. 0-0 0-0-0 19. ♗c6 dc6 20. ♖d8 ♖d8 21. ♕c2 ♖d5 22. ♖e1 ♔c7 23. e4 ♖d8 24. ♕c1 ♕g5 25. ♕c4 ♖d7 26. f4 ♕g4 27. ♔f2 g5 28. fg5 ♕g5 29. ♘f3 ♕e7 30. e5 ♗c8 31. ♖e4 ♖d1 32. ♕a4 ♕d7 33. ♕a7 ♗b7 34. ♕a3 ♖d3 35. ♕a4 b5 36. ♕a5 ♔c8 37. e6 fe6 38. ♘e5 ♕d8 39. ♕d8 ♖d8 40. ♔e2 ♖d5 41. ♘g4 ♔c7 42. ♖e6 ♗c8 43. ♖g6 ♖d6 44. ♘f6 ♔b6 45. ♖h6 b4 46. ♔e1 c4 47. ♘g4 ♖d3 48. ♘f2 ♖d5 49. ♖h4 ♗a6 50. ♖e4 ♖a5 51. h4 ♖a2 52. ♘d1 c5 53. h5 c3 54. bc3 b3 55. h6 ♖h2 56. ♖h4 ♖e2 57. ♔f1 ♗d3 58. h7 ♖e7 59. ♔f2 ♗h7 60. ♘b2 ♔b5 61. ♖a4 ♗e4 62. c4 ♔b6 63. ♖a3 ♗c2 64. ♖a8 ♖e5 65. ♖b8 ♔c6 66. ♖b5 ♖e4 67. ♔f3 ♖c4 68. ♖b8 ♖d4 69. ♔e3 ♖g4 70. ♔d2 ♖g3 71. ♖c8 ♔b5 72. ♖b8 ♔c6 73. ♖c8 ♔b6 74. ♘c4 ♔b5 75. ♘a3 ♔a5 76. ♘c2 ♖g2 77. ♔c3 bc2 78. ♖a8 ♔b5 79. ♖a1 **½:½**

26.07. **1593.**

P. KERES - V. KORCHNOI

1. d4 ♘f6 2. ♘f3 d5 3. c4 e6 4. ♘c3 c5 5. cd5 ♘d5 6. e4 ♘c3 7. bc3 cd4 8. cd4 ♗b4 9. ♗d2 ♗d2 10. ♕d2 0-0 11. ♗c4 ♘d7 12. 0-0 ♘f6 13. ♕f4 b6 14. ♖ad1 ♗b7 15. ♖fe1 ♖c8 16. ♗b3 ♖c3 **½:½**

27.07. **1594.**

L. MASLOV - P. KERES

1. d4 ♘f6 2. c4 e6 3. ♘c3 ♗b4 4. e3 c5 5. ♗d3 b6 6. ♘f3 ♗b7 7. 0-0 0-0 8. ♗d2 cd4 9. ed4 d5 10. cd5 ♘d5 11. ♘d5 ♗d2 12. ♕d2 ♗d5 13. ♘e5 ♘d7 14. ♗a6 ♗g2

(diagram)

15. ♘f7 ♖f7 16. ♔g2 ♘e5 17. f3 ♕d5 18. ♕c3 ♘g6 19. ♖ae1 ♘h4 20. ♔h3 ♘f3 **0:1**

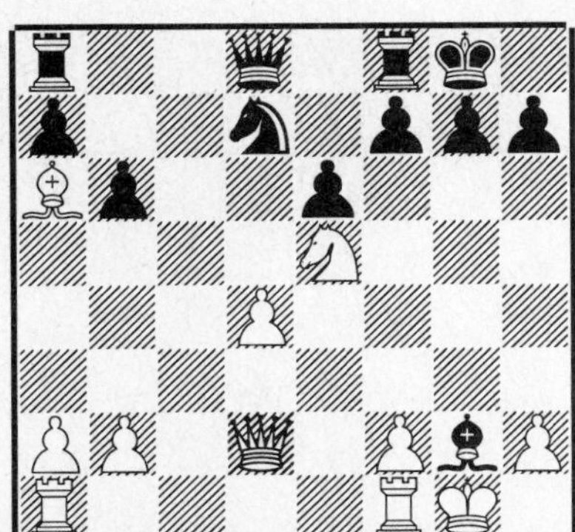

29.07. **1595.**

P. KERES - G. BORISENKO

1. e4 e5 2. ♘f3 ♘c6 3. ♗b5 a6 4. ♗a4 ♘f6 5. 0-0 ♗e7 6. ♖e1 b5 7. ♗b3 d6 8. c3 0-0 9. h3 ♘a5 10. ♗c2 c5 11. d4 ♕c7 12. ♘bd2 cd4 13. cd4 ♘c6 14. a3 ♗d7 15. ♘b3 ♖fc8 16. ♗e3 a5 17. ♖c1 a4 18. ♘bd2 ♕b7 19. ♗b1 ♗e8 20. ♕e2 ♖c7 21. ♘f1 ♖ac8 22. ♖cd1 b4 23. ♗d3 ♖a8 24. ♘1d2 ♘d7 25. ♖c1 ba3 26. ba3 ♘d4 27. ♘d4 ♖c1 28. ♖c1 ed4 29. ♗d4 ♘e5 30. ♖b1 ♕c8 31. ♘c4 ♖b8 32. ♘b6 ♕e6 33. ♘d5 ♖b1 34. ♗b1 ♗d8 35. ♕b2 ♗c6 36. ♕b8 ♕e8 37. ♕d6 ♘c4 38. ♕b4 ♘a3 39. ♕a3 ♗d5 40. ♕g3 f6 41. ed5 ♕e1 42. ♔h2 ♕b1 43. ♕d6 **1:0**

30.07. **1596.**

V. BAGIROV - P. KERES

1. e4 e5 2. ♘f3 ♘c6 3. ♗b5 a6 4. ♗c6 dc6 5. 0-0 f6 6. d4 ed4 7. ♘d4 c5 8. ♘b3 ♕d1 9. ♖d1 ♗d6 10. ♘a5 ♘h6 11. ♗h6 gh6 12. ♘c4 ♗e7 13. ♘c3 ♔f7 14. ♘d5 ♗e6 15. ♘e7 ♔e7 16. ♘e3 ½:½

31.07. **1597.**

M. TAL - P. KERES

1. d4 ♘f6 2. c4 e6 3. ♘c3 ♗b4 4. e3 c5 5. ♗d3 d5 6. ♘f3 0-0 7. 0-0 dc4 8. ♗c4 ♗d7 9. a3 ♗a5 10. ♗d2 cd4 11. ♘d4 ♘c6 12. ♘cb5 ♗d2 13. ♕d2 ♘d4 14. ♘d4 ♖c8 15. ♖ac1 ♕b6 16. ♗d3 h6 17. h3 ♖fd8 18. ♖c8 ♖c8 19. ♖c1 ½:½

2.08. **1598.**

P. KERES - A. UFIMTSEV

1. e4 d6 2. d4 ♘f6 3. ♘c3 c6 4. f4 ♕a5 5. ♗d2 e5 6. ♘f3 ♗g4 7. ef5 de5 8. de5 ♗f3 9. gf3 ♕e5 10. f4 ♕d4 11. ♕f3 ♗c5 12. 0-0-0 ♘bd7 13. e5 ♘d5 14. ♘e4 0-0-0 15. ♗h3 ♔b8 16. ♔b1 ♗b6 17. ♘d6 ♖hf8 18. c4 ♘c7 19. ♗c3 ♕e3 20. ♕e3 ♗e3 21. f5 ♘c5 22. ♘f7 ♖d1 23. ♖d1 ♘e4 24. ♗e1 b5 25. e6 bc4 26. ♗g2 ♘f2 27. ♖d7 ♘d5 28. ♗d5 cd5 29. e7 **1:0**

WINNIPEG
3.- 13.10.1967

3.10. **1599.**

F. GHEORGHIU - P. KERES

1. e4 e5 2. ♘f3 ♘c6 3. ♗b5 a6 4. ♗c6 dc6 5. 0-0 f6 6. d4 ♗g4 7. de5 ♕d1 8. ♖d1 fe5 9. ♖d3 ♗d6 10. ♗g5 h6 11. ♗h4 ♘e7 12. ♘bd2 ♘g6 13. ♗g3 ♗e6 14. ♘f1 0-0 15. ♘e3 ♘f4 16. ♖d2 ♖ae8 17. ♘h4 g6 18. ♘f3 ♗b4 19. ♖dd1 ♘e2 20. ♔f1 ♘g3 21. hg3 ♗d6 22. ♔e2 ♔g7 23. ♖d3 ♖a8 24. ♘d2 ½:½

4.10. **1600.**

P. KERES - S. KAGAN

1. e4 c6 2. ♘c3 d5 3. ♘f3 ♗g4 4. h3 ♗f3 5. ♕f3 ♘f6 6. d3 e6 7. ♗d2 ♗d6 8. d4 de4 9. ♘e4 ♘e4 10. ♕e4 ♘d7 11. ♗d3 ♘f6 12. ♕h4 h6 13. 0-0-0 ♘d5 14. ♕e4 b5 15. ♖he1 b4 16. ♗c4 0-0 17. ♗d3 g6 18. ♗h6 ♘c3 19. ♕g4 ♘a2 20. ♔d2 ♕f6 21. ♔e2 ♖fe8 22. ♗g5 ♕g7 23. ♗c4 b3 24. ♗b3 ♘b4 25. ♔f1 a5 26. ♗a4 ♖ac8 27. ♕h4 ♘d5 28. c4 ♘e7 29. ♗f6 ♕h7 30. ♖e4 ♘f5 31. ♕h7 ♔h7 32.

d5 ed5 33. ♖e8 ♖e8 34. cd5 ♖e4 35. ♗c6 ♖f4 36. ♔g1 ♗c5 37. ♖d2 ♘g3 38. ♗e5 **1:0**

5.10. **1601.**

B. SPASSKY - P. KERES

1. e4 e5 2. ♘f3 ♘c6 3. ♗b5 a6 4. ♗a4 ♘f6 5. 0-0 ♗e7 6. ♘c3 b5 7. ♗b3 d6 8. ♘d5 ♗b7 9. d3 ♘d5 10. ♗d5 0-0 11. d4 ♕c8 12. c3 ♗f6 13. ♗g5 ♗g5 14. ♘g5 ♘d8 15. de5 de5 16. ♗b7 ♕b7 17. ♕h5 h6 18. ♘f3 ♕e4 19. ♕e5 ♕e5 20. ♘e5 ♖e8 21. ♖fe1 ♘e6 22. ♖ad1 ♖ad8 23. ♘c6 ♖d1 24. ♖d1 ♘c5 25. ♔f1 ♘a4 26. ♖d2 ½:½

6.10. **1602.**

P. KERES - P. BENKO

1. e4 d6 2. d4 ♘f6 3. ♘c3 g6 4. f4 ♗g7 5. ♘f3 c5 6. ♗b5 ♗d7 7. e5 ♘g4 8. e6 ♗b5 9. ef7 ♔d7 10. ♘b5 ♕a5 11. ♘c3 cd4 12. ♘d4 ♗d4 13. ♕d4 ♘c6 14. ♕d1 ♕f5 15. h3 ♕e6 16. ♕e2 ♕e2 17. ♘e2 ♘h6 18. ♗d2 ♘f7 19. 0-0-0 h5 20. ♗c3 ♖h7 21. g4 ♖f8 22. ♖dg1 ♘fd8 23. gh5 gh5 24. ♖g6 ♘e6 25. ♗d2 ♘cd4 26. ♘d4 ♘d4 27. ♖e1 ♘f5 28. ♖g5 ♘h4 29. ♖g3 ½:½

8.10. **1603.**

K. DARGA - P. KERES

1. ♘f3 ♘f6 2. c4 e6 3. ♘c3 c5 4. g3 d5 5. cd5 ♘d5 6. ♗g2 ♗e7 7. 0-0 0-0 8. d4 ♘c6 9. e4 ♘c3 10. bc3 b6 11. ♗e3 ♗a6 12. ♖e1 cd4 13. cd4 ♖c8 14. a3 ♘a5 15. d5 ed5 16. ed5 ♗f6 17. ♗d4 ♘c4 18. ♗f6 ♕f6 19. ♕d4 ♕d6 20. ♕h4 ♕d8 21. ♕d8 ♖fd8 22. ♘d4 ♗b7 23. ♖ac1 ♔f8 24. ♘c6 ♗c6 25. dc6 ♖d4 26. ♖ed1 ♖d1 27. ♖d1 ♖c7 28. a4 ♔e7 29. ♖e1 ♔d6 30. ♖d1 ♔e7 31. ♖e1 ♔d6 32. ♖d1 ½:½

9.10. **1604.**

P. KERES - D.A. YANOFSKY

1. e4 c6 2. ♘c3 d5 3. ♘f3 ♗g4 4. h3 ♗f3 5. ♕f3 ♘f6 6. d3 e6 7. ♗d2 ♘bd7 8. g4 h6 9. ♗g2 ♗b4 10. ♕d1 ♕e7 11. a3 ♗a5 12. 0-0 de4 13. de4 e5

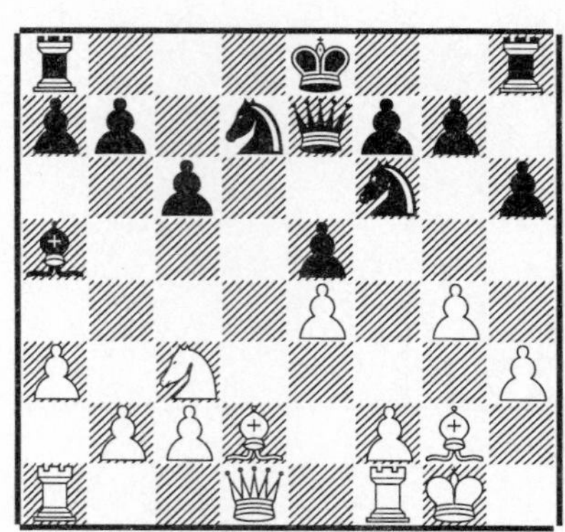

14. ♘d5 cd5 15. ♗a5 de4 16. ♕e2 0-0 17. ♗e4 ♘e4 18. ♕e4 ♘c5 19. ♕d5 b6 20. ♗c3 ♖fe8 21. ♖fe1 ♕h4 22. ♖e5 ♕h3 23. ♕g2 ♕g2 24. ♔g2 ♘a4 25. ♖ae1 ♖ec8 26. ♗d4 ♖c2 27. g5 ♘b2 28. gh6 gh6 29. ♖h1 ♔h7 30. ♖f5 ♖g8 31. ♔f3 ♖g6 32. ♖f7 ♔g8 33. ♖a7 ♘d3 34. ♖h5 ♖d6 35. ♖g7 ♔f8 36. ♖f5 ♔e8 37. ♗e3 ♖cc6 38. ♔e2 ♖c2 39. ♔f1 ♖cc6 40. ♖ff7 ♖f6 41. ♖b7 ♖c8 42. ♗h6 **1:0**

10.10. **1605.**

B. LARSEN - P. KERES

1. c4 ♘f6 2. ♘c3 e6 3. ♘f3 c5 4. g3 b6 5. ♗g2 ♗b7 6. 0-0 ♗e7 7. b3 0-0 8. ♗b2 d5 9. ♘e5 ♕c7 10. ♘b5 ♕c8 11. e3 dc4 12. bc4 ♘bd7 13. ♗b7 ♕b7 14. ♕f3 ♕f3 15. ♘f3 ♖fd8 16. ♖fd1 ♘e8 17. ♔f1 a6 18. ♘c3 ♘d6 19. d3 b5 20. cb5 ab5 21. ♔e2 ♗f6 22. ♖d2 c4 23. ♘d1 cd3 24. ♖d3 ♗b2 25. ♘b2 ♘c5 26. ♖c3 ♘de4 27. ♖c2 ♘b3 28. ♖d1 ♖d1 29. ♔d1 ♘bc5 30. ♘d4 b4 31. ♘c6 b3 32. ab3 ♘b3 33. ♘d3 f6 34. f3 ♘d6 35. ♖b2 ♖a3 36. ♔e2 e5 37. ♘cb4 ♘a5 38. ♖c2 ♘ac4 39. e4 ♖a1 40. f4 ♔f7 41. fe5 fe5 42. ♘c6 ♔f6 43. ♘c5 h5 44. h4 g5 45. ♘d7 ½:½

11.10. **1606.**

L. SZABO - P. KERES

1. ♘f3 ♘f6 2. c4 e6 3. g3 d5 4. ♗g2 dc4 5. ♕a4 ♘bd7 6. ♕c4 a6 7. ♕c2 c5 8. ♘c3 ♕c7 9. d4 b5 10. ♗f4 ♕a7 11. d5 ♘d5 12. ♘d5 ed5 13. e4 d4 14. e5 ♗e7 15. 0-0 ♗b7 16. ♖fe1 ♘f8 17. a4 b4 18. ♗g5 ♗g5 19. ♘g5 ♗g2 20. ♔g2 ♘e6 21. ♘e4 0-0 22. f4 ♕b7 23. ♕c4 ♖fd8 24. ♔f2 ♕e7 25. ♖ad1 h6 26. h4 ♖ac8 27. b3 ♖c6 28. ♘d6 ♕d7 29. ♖d3 ♖f8 30. f5 ♘c7 31. ♖f3 ♖d8 32. ♘b7 ♖c8 33. ♘d6 ♖d8 34. ♘b7 ♖c8 35. ♘d6 ½:½

12.10. **1607.**

P. KERES - A. MATANOVIC

1. e4 e5 2. ♘f3 ♘c6 3. ♗b5 a6 4. ♗a4 ♘f6 5. 0-0 ♗e7 6. ♖e1 b5 7. ♗b3 d6 8. c3 0-0 9. h3 ♘b8 10. d3 ♘bd7 11. ♘bd2 ♗b7 12. ♘f1 ♘c5 13. ♗c2 ♖e8 14. ♘g3 ♗f8 15. b4 ♘cd7 16. d4 g6 17. a4 ♗g7 18. ♗d3 ba4 19. de5 de5 20. ♖a4 c5 21. ♕e2 ♗f8 22. ♖d1 cb4 23. cb4 ♗c6 24. ♖a6 ♖a6 25. ♗a6 ♗b4 26. ♗c4 ♕e7 27. ♗h6 ♘c5 28. ♕b2 ♘ce4 29. ♘e4 ♘e4 ½:½

KALEV - JÕUD CLUB TEAM MATCH

Tallinn, 14.- 15.11.1967

14.11. **1608.**

P. KERES - H. KÄRNER

1. e4 e5 2. ♘f3 ♘f6 3. ♘c3 ♘c6 4. ♗b5 ♗b4 5. 0-0 0-0 6. d3 ♗c3 7. bc3 d6 8. h3 ♘e7 9. ♘h4 c6 10. ♗a4 ♘d7 11. ♗b3 a5 12. a4 ♘c5 13. d4 ed4 14. ♕d4 ♘b3 15. cb3 c5 16. ♕d3 d5 17. ♖d1 ♗e6 18. ♕g3 d4 19. cd4 cd4 20. ♗b2 ♘c6 21. ♘f3 ♕b8 22. e5 ♗b3 23. ♘d4 ♘d4 24. ♖d4 ♗e6 25. ♖ad1 b5 26. ab5 ♕b5 27. ♗a3 ♖fe8 28. f4 ♖ab8 29. ♔h2 ♕b3 30. ♖1d3 ♕c2 31. ♕f3 g6 32. ♖d2 ♕b1 33. ♕c6 h5 34. ♖4d3 ♕b5 35. ♕f3 ♕c4 36. ♖c3 ♕a4 37. ♖d6 ♖ec8 38. ♖cd3 h4 39. ♕f2 ♗f5 40. ♖e3 ♖b3 **1:0**

15.11. **1609.**

H. KÄRNER - P. KERES

1. d4 ♘f6 2. c4 e6 3. ♘f3 b6 4. g3 ♗a6 5. ♕a4 c5 6. ♗g2 ♗b7 7. 0-0 cd4 8. ♘d4 ♗g2 9. ♔g2 ♗c5 10. ♖d1 ♕c8 11. f3 ♗d4 12. ♖d4 ♕c5 13. ♖d3 ♘c6 14. ♗f4 ♘e5 15. b4 ♕c6 16. ♕c6 ♘c6 17. ♗d6 ♘d8 18. ♘a3 ♘b7 19. ♘b5 ♘d6 20. ♘d6 ♔e7 21. ♖ad1 a5 22. b5 ♖a7 23. e4 ♖b8 24. e5 ♘e8 25. c5 ♖c7 26. ♘c4 ♖c5 27. ♖d7 ♔f8 28. ♖1d4 a4 29. ♖a7 ♘c7 30. ♘d6 ♖d8 31. f4 f6 32. ♖da4 ♔e7 33. ♖c4 ♖c4 34. ♘c4 ♖d7 35. ♘b6 ♖d2 36. ♔h3 ♔d8 37. a4 ♖a2 38. ♘c4 ♘b5 39. ♖g7 ♘d4 40. ♖g8 ♔c7 41. ♖g7 ♔c6 42. ef6 ♘f3 43. ♘e5 ♘e5 44. fe5 ♔d5 45. ♖g4 ♖c2 46. f7 **1:0**

BAMBERG

11.- 28.04.1968

11.04. **1610.**

P. KERES - L. SCHMID

1. d4 c5 2. e4 cd4 3. ♘f3 ♘f6 4. e5 ♘e4 5. ♕d4 d5 6. ♘bd2 ♘c6 7. ♗b5 ♗f5 8. 0-0 a6 9. ♗c6 bc6 10. ♕a4 ♕d7 11. ♘e4 ♗e4

(diagram)

12. e6 ♕e6 13. ♘g5 ♕g6 14. ♘e4 de4 15. ♗f4 f5 16. ♕c4 c5 17. ♖ad1 ♕c6 18. f3 h6 19. fe4 ♕e4 20. ♕c5 e6 21. ♕c7 ♗e7 22. ♖d7 ♗d8 23. ♖d8 ♖d8 24. ♕g7 ♖f8 25. ♗h6 ♕d4 26. ♕d4 ♖d4 27. c3 ♖d6 28. ♗f8 ♔f8 29. ♖e1 ♔f7 30. ♔f2 ♔f6 31. ♔e2 e5 32. ♖d1 ♖b6 33. b3 ♔g5 34. c4 ♔f4

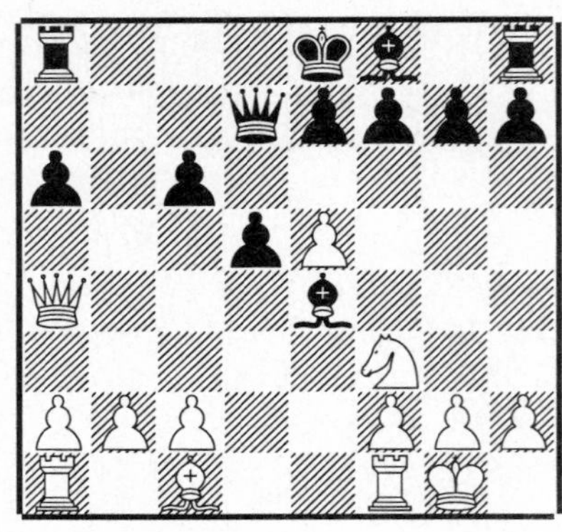

35. ♖d3 ♖h6 36. ♖h3 ♖g6 37. ♖h4 ♔g5 38. g3 a5 39. c5 e4 40. ♔e3 ♖g8 41. ♖f4 ♖d8 42. h4 ♔f6 43. g4 ♖d3 44. ♔e2 ♔e5 45. ♖f5 ♔d4 46. g5 ♖e3 47. ♔f1 ♖h3 48. c6 ♖h4 49. g6 e3 50. g7 ♖h1 51. ♔e2 ♖h2 52. ♔e1 **1:0**

12.04. 1611.

M.G. BOBOTSOV - P. KERES

1. d4 d5 2. c4 dc4 3. ♘f3 ♘f6 4. e3 ♗e6 5. ♘bd2 c5 6. ♗c4 ♗c4 7. ♘c4 ♘c6 8. 0-0 cd4 9. ed4 e6 10. ♕b3 ♕d7 11. ♗g5 ♗e7 12. ♗f6 ♗f6 13. d5 ed5 14. ♖fe1 ♔f8 15. ♘ce5 ♕c7 16. ♕d5 ♖d8 17. ♕c5 ♔g8 18. ♖ad1 h6 19. ♖d8 ♕d8 20. ♘c6 bc6 21. ♕c6 ♔h7 22. b3 ♕a5 23. ♕c2 g6 24. g3 ♖d8 25. ♔g2 ♔g7 26. h4 ♖d5 27. ♖e4 ♕b5 28. ♕e2 ♕d7 29. ♖c4 ♖d6 30. ♕c2 ♖a6 31. a4 ♖b6 32. ♖c7 ♕d5 33. ♖c4 a6 34. b4 ½:½

13.04. 1612.

P. KERES - J. TEUFEL

1. c4 ♘f6 2. ♘c3 d6 3. d4 e5 4. ♘f3 ♘c6 5. de5 ♘e5 6. e3 ♗e7 7. ♗e2 0-0 8. 0-0 ♗g4 9. b3 c6 10. ♘e5 ♗e2 11. ♘c6 ♗d1 12. ♘d8 ♗g4 13. ♘b7 a5 14. ♗a3 ♖a6 15. c5 dc5 16. ♗c5 ♗c5 17. ♘c5 ♖c6 18. ♘3a4 ♗e2 19. ♖fe1 ♗b5 20. a3 g5 21. ♖ed1 ♖b8 22. ♖ab1 ♗a4 23. ♘a4 ♖c2 24. b4 ab4 25. ♖b4 ♖b4 26. ab4 ♖c4 27. ♖b1 ♘d5 28. ♔f1 ♖b4 29. ♖b4 ♘b4 30. ♔e2 ♔g7 31. ♘c5 g4 32. ♘d3 ♘c6 33. ♘f4 ♔f6 34. ♔d3 ♔e5 35. h3 gh3 36. ♘h3 ♔f5 37. ♘f4 ♘e5 38. ♔d4 ♘g4 39. f3 ♘f6 40. ♘d5 ♘d7 41. ♘f4 ♘b6 42. ♘d5 ♘d7 43. g3 f6 44. e4 ♔g6 45. ♘e7 ♔f7 46. ♘f5 ♘e5 47. f4 ♘g6 48. ♔d5 ♘f8 49. ♔d6 ♘g6 50. ♘h6 ♔g7 51. ♘f5 ♔f7 52. ♘h4 ♘e7 53. ♔d7 h5 54. ♘f3 ♘g8 55. ♘d4 ♘h6 56. ♘c6 ♘g8 57. ♘a5 ♘e7 58. ♘c4 ♘g6 59. ♘d6 ♔g7 60. ♔e8 ♔h7 61. ♘f5 ♘h8 62. ♔f8 **1:0**

14.04. 1613.

L. SZABO - P. KERES

1. d4 ♘f6 2. c4 e6 3. ♘c3 ♗b4 4. e3 b6 5. ♘e2 ♗a6 6. ♘g3 ♗b7 7. ♗d3 ♗g2 8. ♖g1 ♗b7 9. e4 ♘c6 10. a3 ♗c3 11. bc3 d6 12. ♗g5 ½:½

15.04. 1614.

P. KERES - Dr. A. DÜCKSTEIN

1. e4 e6 2. d4 d5 3. ♘d2 c5 4. ♘gf3 ♘c6 5. ♗b5 ♘f6 6. ed5 ed5 7. 0-0 c4 8. b3 cb3 9. ♘e5 ♕b6 10. ♕e2 ♗e7 11. ♗c6 bc6 12. ♗a3

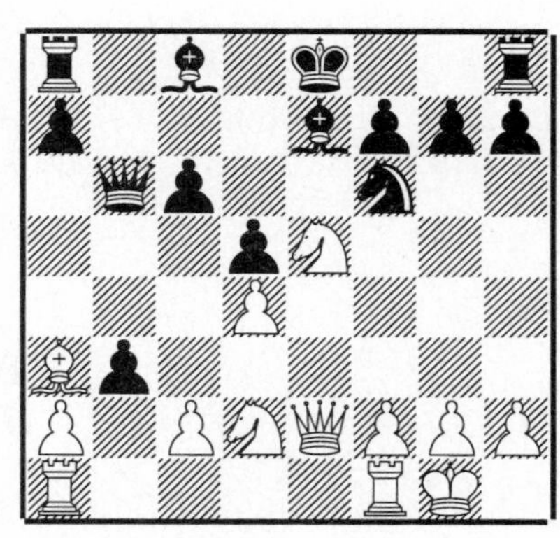

♗a6 13. ♘d3 0-0 14. ♗e7 ♖fe8 15. ♘b3 ♗d3 16. cd3 ♔h8 17. ♕e5 ♕b7 18. ♗f6 ♖e5 19. ♗e5 f6 20. ♗f4 ♖e8 21. ♖ae1 ♖e1 22. ♖e1 h5 23. h4 ♕a6 24. ♘c1 ♕a4 25. ♗e3 ♕c2 26. g3 ♔h7 27. ♔g2 a5 28. ♖e2

♕c3 29. a4 ♔g6 30. ♖a2 ♕b4 31. ♗d2 ♕b1 32. ♔f3 ♔f5 33. ♔e2 g5 34. hg5 fg5 35. ♖a3 h4 36. gh4 gh4 37. ♖b3 ♕a1 38. ♖b8 ♕a4 39. ♖f8 ♔g6 40. ♖f4 ♔h5 41. f3 ♕c2 **1:0**

17.04. 1615.

H.G. KESTLER - P. KERES

1. d4 ♘f6 2. c4 e6 3. ♘f3 b6 4. g3 ♗a6 5. ♕c2 c5 6. ♗g2 ♘c6 7. dc5 bc5 8. 0-0 ♗e7 9. ♕a4 ♕c8 10. ♗f4 0-0 11. ♘c3 d6 12. ♖fd1 ♖d8 13. ♘b5 ♘e8 14. a3 ♗b7 15. ♘c3 ♘d4 16. ♘d4 cd4 17. ♘e4 e5 18. ♗d2 f5 19. ♘g5 ♗g2 20. ♔g2 ♕b7 21. ♘f3 ♖dc8 22. ♔g1 d3 23. ♕b5 ♕e4 24. ♕d5 ♕d5 25. cd5 de2 26. ♖e1 ♖c2 27. ♖e2 ♖b2 28. ♖d1 ♘f6 29. ♘d4 g6 30. ♗c3 ♖e2 31. ♘e2 ♖c8 32. f4 ♘e4 33. ♗a1 ♖c2 34. ♔f1 ef4 35. gf4 ♖a2 36. ♗d4 ♘d2 37. ♔f2 ♘e4 38. ♔e1 ♗h4 39. ♔f1 ♘d2 40. ♔g2 ♘b3 41. ♔h3 **0:1**

18.04. 1616.

P. KERES - T. PETROSIAN

1. e4 e6 2. d4 d5 3. ♘d2 de4 4. ♘e4 ♘d7 5. ♘f3 ♘gf6 6. ♗g5 ♗e7 7. ♘f6 ♗f6 8. ♕d2 c5 9. dc5 ♘c5 10. ♕e3 ♕a5 11. c3 ♘d7 12. ♗e2 ♗g5 13. ♘g5 ♘f6 14. 0-0 ♗d7 15. ♖fd1 ♕c7 16. ♖d4 ♗c6 17. ♗f3 ♗f3 18. ♕f3 0-0 19. ♘e4 ♘e4 20. ♕e4 ♖ad8 21. ♖ad1 h6 22. g3 b6 **½:½**

19.04. 1617.

P. KERES - B. IVKOV

1. e4 e6 2. d4 d5 3. ♘d2 c5 4. ♘gf3 ♘f6 5. ed5 ed5 6. ♗b5 ♗d7 7. ♗d7 ♘bd7 8. 0-0 ♗e7 9. dc5 ♘c5 10. ♘b3 ♘ce4 11. ♘fd4 ♕d7 12. ♕f3 0-0 13. ♘f5 ♖fe8 14. ♘e7 ♖e7 15. ♗e3 ♕b5 16. ♗d4 ♖ae8 17. ♕d3 ♕c6 18. ♖ad1 ♘h5 19. ♗e3 ♘hf6 20. ♘d4 ♕d7 21. h3 a6 22. ♖fe1 ♘d6 23. ♘f3 ♕a4 24. b3 ♕a5 25. a4 ♘de4 26. ♗d4 h6 27. ♖e3 ♘h5 28. ♗b2 ♘hf6 29. ♖de1 ♘c5 30. ♕d4 ♖e3 31. ♖e3 ♖e4 32. ♖e4 ♘ce4 33. ♕e3 ♕c7 34. ♘d4 ♕d7 35. ♕f4 ♕d6 36. ♕f5 ♕c5 37. ♕f3 ♕c7 38. ♕e3 ♕d7 39. f3 ♘d6 40. ♕e5 ♘de8 41. ♔f2 ♘d6 42. g4 ♕c7 43. ♔e2 ♕c5 44. ♔d2 ♘d7 45. ♕e3 ♕a5 46. ♕c3 ♕c3 47. ♔c3 ♘e5 48. ♗a3 ♘e8 49. f4 ♘g6 50. ♘e2 ♘c7 51. f5 ♘h4 52. ♔d4 b6 53. ♔e5 ♘f3 54. ♔d6 ♘e8 55. ♔d5 ♘g5 56. ♘f4 **1:0**

20.04. 1618.

K.P. KLUNDT - P. KERES

1. e4 e5 2. ♘f3 ♘c6 3. ♗b5 a6 4. ♗a4 d6 5. ♗c6 bc6 6. d4 ♗g4 7. de5 de5 8. ♕d8 ♖d8 9. ♘bd2 f6 10. ♘c4 ♗e6 11. ♘e3 ♗c5 12. ♗d2 ♘e7 13. ♔e2 ♘c8 14. ♘e1 ♗d4 15. ♘d3 ♘d6 16. f3 a5 17. c3 ♗b6 18. b3 a4 19. c4 ♗d4 20. ♖ab1 f5 21. ef5 ♘f5 22. ♘c2 0-0 23. g4 ♘d6 24. ♘d4 ed4 25. ♖bf1 ♖b8 26. ♘c5 ab3 27. ab3 ♖b3 28. ♘b3 ♗c4 29. ♔f2 ♗b3 30. ♗b4 c5 31. ♗a3 c4 32. ♖e1 c3 33. ♖e7 ♗d5 **0:1**

21.04. 1619.

P. KERES - H. WESTERINEN

1. e4 d6 2. d4 ♘f6 3. ♘c3 g6 4. f4 ♗g7 5. ♘f3 0-0 6. ♗d3 ♘c6 7. 0-0 ♗g4 8. ♗b5 ♘d7 9. ♘e2 e5 10. c3 ♕e7 11. fe5 de5 12. ♗g5 ♕d6 13. ♔h1 a6 14. ♗a4 b5 15. ♗b3 ♖ae8 16. h3 ♗f3 17. ♖f3 h6 18. ♗e3 ♘a5 19. ♗c2 ♘c4 20. ♗c1 ♕b6 21. d5 f5 22. ef5 e4 23. ♖f1 gf5 24. ♘f4 ♘e3 25. ♗e3 ♕e3 26. ♕e1 ♕e1 27. ♖ae1 ♘c5 28. ♖e3 ♗e5 29. b4 ♘d7 30. g3 ♗d6 31. ♗d1 ♖f6 32. a4 ♘e5 33. ♗e2 ♘c4 34. ♗c4 bc4 35. ♔g2 ♗f4 36. ♖f4 ♖e5 37. g4 ♖d5 38. gf5 ♖d2 39. ♔g3 ♖d3 40. ♖e4 ♖f5 41. ♖d3 cd3 42. ♖d4 ♔f7 43. ♖d3 ♔e6 44. ♖d4 ♖d5 45. ♖c4 ♔d6 46. h4 ♖e5 47. ♔f4 ♖h5 48. ♔g4 ♖e5 49. ♖c5 ♖e6 50. ♔f5 ♖e3 51. ♔g6 a5 52. ♖a5 ♖c3 53. ♖a6 ♔d5 54. b5 ♖h3 55. h5 **1:0**

23.04. **1620.**

R. TESCHNER - P. KERES

1. e4 ♘c6 2. ♘f3 e5 3. ♗b5 a6 4. ♗a4 d6 5. d4 b5 6. ♗b3 ♘d4 7. ♘d4 ed4 8. c3 ♗b7 9. ♕d4 ♘f6 10. ♗g5 ♗e7 11. ♘d2 0-0 12. ♗f6 ♗f6 13. ♕d3 ♗g5 14. 0-0-0 ♖e8 15. ♖he1 c5 16. ♗c2 c4 17. ♕f1 ♕f6 18. g3 ½:½

24.04. **1621.**

P. KERES - W. UNZICKER

1. e4 e5 2. ♘f3 ♘c6 3. ♗b5 a6 4. ♗a4 ♘f6 5. 0-0 ♗e7 6. ♘c3 b5 7. ♗b3 d6 8. ♘d5 ♘a5 9. ♘e7 ♕e7 10. d4 ♘b3 11. ab3 ♗b7 12. ♖e1 ♘e4 13. ♕d3 f5 14. c4 ½:½

25.04. **1622.**

J.H. DONNER - P. KERES

1. d4 ♘f6 2. c4 e6 3. ♘c3 ♗b4 4. e3 c5 5. ♗d3 b6 6. ♘e2 ♗b7 7. 0-0 cd4 8. ed4 ♘c6 9. d5 ♘e5 10. ♗f4 ♘d3 11. ♕d3 0-0 12. a3 ♗c3 13. ♘c3 ½:½

27.04. **1623.**

P. KERES - R. TORAN

1. d4 ♘f6 2. ♘f3 g6 3. ♗g5 ♗g7 4. ♘bd2 d5 5. c4 c6 6. e3 0-0 7. ♗e2 ♗e6 8. 0-0 ♘bd7 9. ♖c1 ♕b6 10. ♕a4 a5 11. a3 ♖fc8

(diagram)

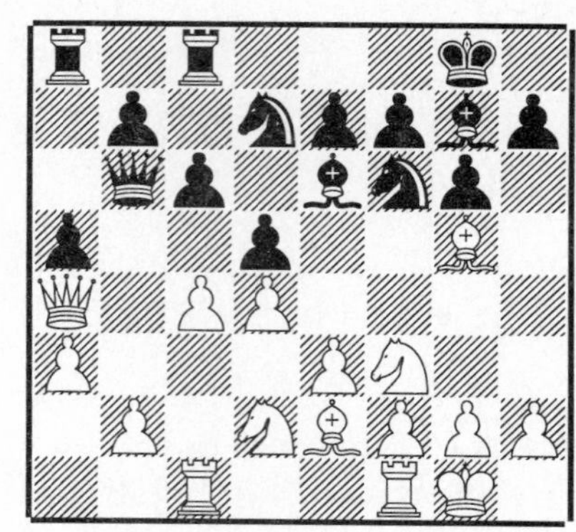

12. cd5 ♗d5 13. ♕c2 ♗f3 14. ♗f3 ♖e8 15. ♘c4 ♕b5 16. ♗f4 ♘d5 17. ♗g3 ♘5b6 18. ♘d2 e5 19. ♘e4 ♘c8 20. d5 c5 21. ♗g4 f5 22. ♗e2 ♕b6 23. ♘c5 ♘c5 24. ♕c5 ♕b2 25. ♗c4 ♔h8 26. ♖b1 ♕c3 27. ♖b3 ♕c2 28. ♖b7 f4 29. ♗h4 g5 30. ♗g5 ♕f5 31. ef4 ♗f8 32. ♕c7 ♘d6 33. ♗f6 ♔g8 34. ♗a2 e4 35. ♗e5 ♖e7 36. ♕d6 ♖b7 37. ♕c6 ♖b2 38. ♗b2 **1:0**

28.04. **1624.**

Dr. H. PFLEGER - P. KERES

1. c4 ♘f6 2. ♘c3 e5 3. g3 c6 4. d4 ed4 5. ♕d4 d5 6. ♘f3 ♗e7 7. ♗g2 c5 8. ♕d3 d4 9. ♘e4 ♘c6 10. ♘f6 ♗f6 11. 0-0 0-0 12. a3 ♗e6 13. ♗f4 ♖e8 14. h4 h6 15. ♖ac1 ♕d7 16. ♘d2 ♗f5 17. ♘e4 ♕e7 18. ♘f6 ♕f6 19. ♕b3 b6 20. ♖fe1 ♖ad8 21. ♕b5 ♗e4 22. b4 ♗g2 23. ♔g2 ♖e6 24. bc5 d3 25. ed3 ♘d4 26. ♕b2 bc5 27. ♖e6 ♕e6 28. ♗e3 ♕c6 29. ♔h3 ♕e6 30. ♔h2 ♘f3 31. ♔g2 ♕g4 32. ♕b7 ♘h4 33. ♔f1 ♘f5 34. ♗c5 ♖d3 35. ♗a7 ♖a3 36. ♗b6 ♖b3 37. ♕d5 ♖b2 38. ♗a7 h5 39. ♕d8 ♔h7 40. ♕d3 g6 41. ♖e1 ♖b7 42. ♗c5 ♖c7 43. ♕d5 h4 44. gh4 ♘h4 45. ♖e7 ♖c5 46. ♕c5 ♕d1 47. ♖e1 ♕d3 48. ♖e2 ♕d1 49. ♖e1 ♕d3 50. ♖e2 ♕h3 51. ♔e1 ♘f3 **0:1**

FINLAND - ESTONIA TEAM MATCH

Helsinki, 18.- 19.05.1968

18.05. **1625.**

P. KERES - H. WESTERINEN

1. e4 e5 2. ♘f3 ♘c6 3. ♗b5 a6 4. ♗a4 d6 5. 0-0 ♗d7 6. c4 ♗g4 7. h3 ♗f3 8. ♕f3 ♘f6 9. ♘c3 ♗e7 10. d4 b5 11. cb5 ♘d4 12. ba6 c6 13. ♕d1 0-0 14. ♘e2 ♕b6 15. ♘d4 ed4 16. ♗g5 ♖a6 17. ♗c2 ♖a5 18. ♗d2 ♖a7 19. a4 d5 20. ed5 ♘d5 21. ♖b1 ♗b4 22. ♖e1 g6 23.

♖e4 ♗d2 24. ♕d2 c5 25. ♖e5 ♖d8 26. b3 ♕d6 27. ♖ee1 ♕f4 28. ♖bd1 ♕d2 29. ♖d2 ♘b4 30. ♗d3 ♔f8 31. ♗b5 ♖e7 32. ♔f1 ♖e1 33. ♔e1 ♔e7 34. ♖e2 ♔d6 35. ♔d2 ♘d5 36. ♖e8 ♖e8 37. ♗e8 f6 38. g3 ♘b4 39. ♗f7 g5 40. ♗c4 ♘c6 41. f4 ♘e7 42. ♔e2 gf4 43. gf4 h6 44. ♔d3 ♘g6 45. ♔e4 ♘h4 46. f5 ♘g2 47. b4 ♘e3 48. bc5 ♔c5 49. ♗b3 ♘c4 50. ♔d3 ♘e3 51. ♗e6 ♘d1 52. ♔d2 ♘f2 53. h4 ♘g4 54. ♔d3 ♘e5 55. ♔e4 d3 56. ♗b3 ♔b4 57. ♗d1 ♘c4 58. ♗h5 ½:½

19.05. **1626.**

H. WESTERINEN - P. KERES

1. e4 e5 2. ♘f3 ♘c6 3. ♗b5 a6 4. ♗a4 ♘f6 5. 0-0 ♗e7 6. ♖e1 b5 7. ♗b3 0-0 8. c3 d6 9. h3 ♘a5 10. ♗c2 c5 11. d4 ♘d7 12. ♘bd2 cd4 13. cd4 ♘c6 14. ♘f1 ed4 15. ♘d4 ♘d4 16. ♕d4 ♘e5 17. f4 ♘c6 18. ♕d1 ♗f6 19. ♘e3 g6 20. ♘g4 ♗g4 21. ♕g4 ♖c8 22. ♗b3 ♘d4 23. f5 ♔g7 24. ♖f1 ♗e5 25. ♗e3 ♘c2 26. ♗g5 f6 27. ♖ac1 fg5 28. ♖c2 ♖c2 29. ♗c2 ♕b6 30. ♔h1 ♕e3 31. b4 h5 32. ♕f3 ♕f3 33. gf3 ♖c8 34. ♗b3 gf5 35. ef5 ♔f6 36. h4 ♔f5 37. ♗d5 ♖c7 38. ♗e4 ♔f4 39. hg5 ♔g5 40. ♖f2 ♖c4 41. ♗b7 ♖b4 42. ♗a6 ♖h4 43. ♔g2 b4 44. ♗b7 ♖d4 45. ♖e2 ♔f6 46. ♗c6 d5 47. ♗e8 ♖h4 48. ♗b5 ♖h2 49. ♔f1 ♖h3 50. ♔g2 ♖g3 51. ♔f2 h4 52. ♗c6 ♗d4 53. ♔e1 ♖g5 54. f4 ♖h5 55. ♗d7 ♖h8 56. ♔f1 ♖d8 57. ♗g4 ♖g8 58. ♖e6 ♔f7 59. ♗f5 ♖g3 60. ♖d6 ½:½

KALEV - JÕUD CLUB TEAM MATCH
Tallinn, 22.- 23.11.1968

22.11. **1627.**

A. HERMLIN - P. KERES

1. e4 c6 2. d4 d5 3. ed5 cd5 4. c4 ♘f6 5. ♘c3 g6 6. cd5 ♘d5 7. ♗c4 ♘b6 8. ♗b3 ♗g7 9. ♘f3 0-0 10. a4 ♘c6 11. a5 ♘d7 12. a6 ba6 13. 0-0 ♖b8 14. ♖a3 ♘f6 15. d5 ♘b4 16. ♗f4 ♖b7 17. ♕d2 e6 18. de6 ♗e6 19. ♗e6 fe6 20. ♕e2 ♖e8 21. ♘e4 ♘e4 22. ♕e4 ♕d5 23. ♕e2 e5 24. ♗d2 e4 25. ♘e1 ♗b2 26. ♗b4 ♖b4 27. ♖a6 ♖b7 28. ♘c2 ♕d3 29. ♖e1 ♖c8 30. ♕d3 ed3 31. ♘e3 ♖d7 32. ♔f1 ♗d4 33. ♖d1 ♖c3 34. ♖a5 ♖b3 35. ♖a2 ♔f7 36. ♖ad2 ♗e3 37. fe3 ♔e6 38. ♖a2 ♔e5 39. ♔e1 ♔e4 **0:1**

23.11. **1628.**

P. KERES - A. HERMLIN

1. e4 c5 2. ♘f3 ♘c6 3. ♗b5 g6 4. 0-0 ♗g7 5. c3 ♘f6 6. d4 cd4 7. cd4 d5 8. ♘e5 ♗d7 9. ♘d7 ♘d7 10. e5 e6 11. ♘c3 0-0 12. ♗e3 a6 13. ♗a4 b5 14. ♗c2 ♖c8 15. ♘e2 ♘b6 16. b3 ♘b4 17. ♗b1 ♕d7 18. ♕d2 ♘c6 19. h4 ♖c7 20. h5 ♖fc8 21. ♗d3 ♗f8 22. a3 ♘d8 23. g3 ♘b7 24. ♗g5 a5 25. ♕b2 a4 26. ba4 ♘a4 27. ♕b5 ♕b5 28. ♗b5 ♘b6 29. hg6 hg6 30. ♖fb1 ♖a8 31. a4 ♘a5 32. ♔g2 ♘bc4 33. ♖h1 ♘b3 34. ♖ad1 ♗g7 35. ♖h4 ♘a3 36. ♖dh1 **1:0**

USSR TEAM CHAMPIONSHIP
Riga, 11.- 23.12.1968

11.12. **1629.**

P. KERES - L. POLUGAYEVSKY

1. c4 ♘f6 2. ♘f3 c5 3. ♘c3 d5 4. cd5 ♘d5 5. e3 ♘c3 6. bc3 g6 7. ♕a4 ♘d7 8. h4 h6 9. h5 g5 10. ♘e5 ♗g7 11. d4 0-0 12. ♘d7 ♗d7 13. ♗b5 ♗g4 14. f3 ♗e6 15. 0-0 a6 16. ♗d3 b5 17. ♕c2 cd4 18. cd4 ♗d4 19. ed4 ♕d4 20. ♔h1 ♕h4 21. ♔g1 ♕d4 22. ♔h1 ♕h4 ½:½

12.12. **1630.**

Y. GELLER - P. KERES

1. c4 ♘f6 2. ♘c3 e6 3. ♘f3 b6 4. g3 ♗b7 5. ♗g2 ♗e7 6. 0-0 0-0 7. b3 d5 8. e3 ♘bd7 9. ♗b2 ♘e4 10. ♕c2 ♘c3 11. ♗c3 dc4 12. bc4 ♘c5 13. d4 ♗e4 14. ♕d1 ♘d7 15. ♕a4 c6 16. ♖fd1 ♕c7 17. ♖ac1 ♕b7 18. ♕b3 ♖fd8 19. ♘e1 ♗g2 20. ♘g2 ♘f6 21. ♘f4 b5 22. ♗a5 ♖dc8 23. cb5 cb5 24. ♖c8 ♖c8 25. d5 e5 26. ♘d3 ♕d5 27. ♕d5 ♘d5 28. ♘e5 ♘f6 29. ♖d4 h5 30. ♘d3 ♖c2 31. a4 ba4 32. ♖a4 ♖c6 33. ♗e1 a6 34. ♔f1 ♔f8 35. h3 ♔e8 36. ♘e5 ♖e6 37. ♘f3 ♘e4 38. ♘d4 ♖f6 39. ♔e2 ♖f2 40. ♔d1 ♖f6 41. ♖a5 g6 42. ♔e2 ♖b6 43. g4 hg4 44. hg4 ♔d7 45. ♖a2 ♗d6 46. ♔f3 ♘g5 47. ♔e2 ♘e6 48. ♗c3 ♘d4 49. ed4 ♖b3 50. ♔d3 ♗b4 51. ♔c4 ♖a3 52. ♖a3 ♗a3 53. ♔d5 ♗d6 54. ♗d2 ♗c7 55. ♔c5 ♗d8 56. d5 ♗h4 57. ♗f4 ♗f2 58. ♔c4 ♗b6 59. ♗d2 ♗c7 60. ♔c5 ♗g3 61. ♗c3 ♗f4 62. ♗e1 ♗e3 63. ♔c4 ♗c1 64. ♔b4 a5 65. ♔b3 ♔d6 66. ♗a5 ♔d5 67. ♔c2 ♗a3 68. ♔d3 ♗c5 69. ♗c3 **½:½**

13.12. **1631.**

P. KERES - I. MOSIONZIK

1. e4 e5 2. ♘f3 ♘c6 3. ♗b5 a6 4. ♗a4 ♘f6 5. 0-0 ♗e7 6. ♘c3 d6 7. ♗c6 bc6 8. d4 ed4 9. ♘d4 ♗d7 10. ♕f3 0-0 11. e5 ♘g4 12. ♘c6 ♘e5 13. ♘e7 ♕e7 14. ♕g3 ♗c6 15. b3 f5 16. ♗f4 ♖f6 17. ♕e3 ♖e6 18. ♗e5 ♖e5 19. ♕d4 ♔h8 20. f4 ♖e3 21. ♘d5 ♗d5 22. ♕d5 ♖f8 23. ♖ad1 ♖e2 24. ♕d3 ♕e4 25. ♕e4 fe4 26. ♖f2 ♖e3 27. g3 ♖f5 28. ♔f1 g5 29. ♖e1 ♖e1 30. ♔e1 d5 31. fg5 ♖g5 32. ♖f8 ♔g7 33. ♖c8 ♔f6 34. ♖c7 ♖h5 35. h4 ♔e5 36. ♔e2 ♖h6 37. c4 ♖g6 38. ♖c5 ♖g3 39. ♖d5 ♔f4 40. ♖a5 ♖g2 41. ♔f1 ♖h2 **½:½**

14.12. **1632.**

P. KERES - R. KHOLMOV

1. e4 e5 2. ♘f3 ♘f6 3. ♘e5 d6 4. ♘f3 ♘e4 5. ♕e2 ♕e7 6. d3 ♘f6 7. ♗g5 ♘bd7 8. ♘c3 ♕e2 9. ♗e2 h6 10. ♗e3 a6 11. 0-0-0 ♗e7 12. ♖he1 0-0 13. ♘d2 ♖e8 14. ♘de4 ♘e4 15. ♘e4 ♘f6 16. ♗f3 ♘e4 17. ♗e4 c6 **½:½**

16.12. **1633.**

L. SHAMKOVICH - P. KERES

1. e4 e5 2. ♘f3 ♘c6 3. ♗b5 a6 4. ♗a4 d6 5. 0-0 ♗d7 6. d4 ♘f6 7. c3 g6 8. ♖e1 b5 9. ♗c2 ♗g7 10. de5 ♘e5 11. ♘e5 de5 12. ♗g5 h6 13. ♗h4 ♕e7 14. ♘d2 ♖d8 15. ♘f1 ♗c8 16. ♕e2 0-0 17. ♘e3 c6 18. ♖ed1 **½:½**

17.12. **1634.**

P. KERES - V. MIKENAS

1. e4 ♘f6 2. ♘c3 d5 3. ed5 ♘d5 4. ♘ge2 ♗g4 5. h3 ♘c3 6. bc3 ♗f5 7. ♖b1 ♕d5 8. ♘g3 ♗c8 9. c4 ♕a5 10. ♗b2 c6 11. ♗c3 ♕c7 12. ♗d3 e5 13. 0-0 f6 14. f4 ♗e6 15. fe5 ♘d7 16. ef6 ♕g3 17. fg7 ♗c5 18. ♔h1 ♖g8 19. ♕e1 ♗d6 20. ♕e6 ♔d8 21. ♕g8 ♔c7

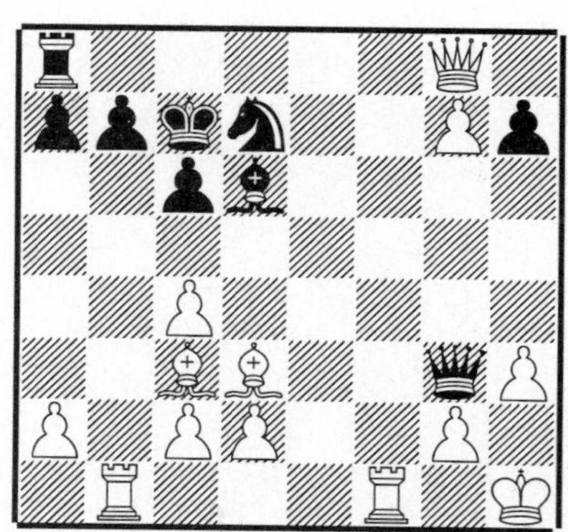

22. ♖b7 ♔b7 23. ♖b1 ♘b6 24. ♕f7 ♗c7 25. ♔g1 ♖d8 26. c5 ♖d3 27. cd3 ♕h2 28. ♔f2 ♕g3 29. ♔e2 **1:0**

18.12. **1635.**

M. TAL - P. KERES

1. ♘f3 ♘f6 2. c4 e6 3. ♘c3 b6 4. d4 ♗b7 5. e3 ♗b4 6. ♗d3 c5 7. 0-0 0-0 8. ♗d2 cd4 9. ed4 d5 10. cd5 ♘d5 11. ♕e2 ♘c6 12. ♘d5

♕d5 13. ♗e4 ♕a5 14. ♗b4 ♕b4 15. ♖ac1 ♖ac8 16. ♖c4 ½:½

19.12. 1636.

P. KERES - I. ZAITZEV

1. c4 ♘f6 2. ♘f3 g6 3. b4 ♗g7 4. ♗b2 0-0 5. g3 d6 6. ♗g2 e5 7. 0-0 ♘c6 8. b5 ♘e7 9. d3 ♗g4 10. ♘fd2 ♕c8 11. c5 ♗h3 12. cd6 cd6 13. ♘c4 ♗g2 14. ♔g2 ♕e6 15. ♕b3 ♘h5 16. e4 ♖ad8 17. ♘e3 ♕d7 18. ♘c3 ♘f4 19. gf4 ef4 20. ♘ed5 ♕g4 21. ♔h1 ♕f3 ½:½

20.12. 1637.

D. BRONSTEIN - P. KERES

1. c4 ♘f6 2. ♘c3 e5 3. ♘f3 ♘c6 4. d3 ♗b4 5. e4 0-0 6. ♗e2 ♖e8 7. 0-0 h6 8. ♘d5 ♗f8 9. ♘e1 ♘d4 10. ♘f6 ♕f6 11. ♘c2 ♘c2 12. ♕c2 ♗c5 13. ♗d2 ½:½

21.12. 1638.

P. KERES - L. STEIN

1. ♘f3 ♘f6 2. c4 c5 3. g3 ♘c6 4. ♗g2 g6 5. 0-0 ♗g7 6. ♘c3 0-0 7. b3 d5 8. cd5 ♘d5 9. ♗b2 b6 10. ♕c1 ♘c3 11. ♗c3 ♗b7 12. ♗g7 ♔g7 13. ♕b2 f6 14. d3 ♕d7 ½:½

23.12. 1639.

A. HERMLIN - P. KERES

1. e4 ♘c6 2. ♘f3 e5 3. ♗b5 a6 4. ♗a4 d6 5. 0-0 ♗d7 6. d4 ♘f6 7. de5 ♘e5 8. ♗d7 ♘fd7 9. ♘c3 ♗e7 10. ♘d4 0-0 11. ♘f5 ♖e8 12. b3 ♗f6 13. ♗b2 g6 14. ♘h6 ♔g7 15. f4 ♔h6 16. fe5 ♖e5 17. ♕d3 ♖e6 18. ♖f6 ♖f6 19. ♘d5 ♘e5 20. ♕h3 ♔g7 21. ♘f6 ♕f6 22. ♖f1 ♕e7 23. ♗c1 ♖e8 24. ♕h6 ♔g8 25. ♗g5 ♕f8 26. ♕h3 ♖e6 27. ♗f6 ♘d7 28. ♗b2 ♕e7 29. ♖f3 ♖e4 30. ♕h6 ♘e5 31. ♖f1 ♖e2 32. ♕c1 ♘g4 33. ♗d4 ♕e4 **0:1**

WIJK AAN ZEE
14.01.- 1.02.1969

14.01. 1640.

J.H. DONNER - P. KERES

1. d4 d5 2. c4 dc4 3. ♘f3 ♘f6 4. e3 ♗e6 5. ♘a3 c5 6. ♗c4 ♗c4 7. ♘c4 e6 8. dc5 ♕d1 9. ♔d1 ♗c5 10. b3 ♘c6 11. ♗b2 ♔e7 12. ♔e2 ♖hd8 13. ♖hd1 ½:½

15.01. 1641.

P. KERES - T.D. van SCHELTINGA

1. e4 e5 2. ♘f3 ♘c6 3. ♗b5 a6 4. ♗a4 ♘f6 5. 0-0 ♗e7 6. ♖e1 b5 7. ♗b3 d6 8. c3 0-0 9. h3 ♘a5 10. ♗c2 c5 11. d4 ♕c7 12. ♘bd2 ♘c6 13. a3 ♘d7 14. d5 ♘d8 15. b3 ♘b6 16. a4 ♗d7 17. a5 ♘c8 18. ♘f1 ♗f6 19. b4 ♘b7 20. g4 g6 21. ♘g3 ♘e7 22. ♔h2 ♗g7 23. ♗e3 ♖ac8 24. ♗d3 f5 25. gf5 gf5 26. ♘f5 ♘f5 27. ef5 ♗f5 28. ♗f5 ♖f5 29. ♘g5 ♕e7 30. ♖g1 cb4 31. ♕g4 ♖cf8 32. ♘e6 ♖f2 33. ♗f2 ♖f2 34. ♔h1 ♖f7 35. cb4 ♘d8 36. ♖c1 ♘e6 37. ♕e6 ♔h8 **1:0**

16.01. 1642.

A. MEDINA-GARCIA - P. KERES

1. e4 e5 2. ♘f3 ♘c6 3. ♗b5 a6 4. ♗a4 d6 5. d4 b5 6. ♗b3 ♘d4 7. ♘d4 ed4 8. ♗d5 ♖b8 9. ♗c6 ♗d7 10. ♗d7 ♕d7 11. ♕d4 ♘f6 12. ♘c3 ♗e7 13. 0-0 0-0 14. ♗e3 ♖fe8 15. f3 ♕c6 16. a3 a5 17. ♕d3 a4 18. ♖fd1 ♘d7 19. ♘d5 ♘e5 20. ♕d2 ♗f8 21. ♗d4 ♕b7 22. ♕g5 ♖e6 23. ♘f4 ♖h6 24. ♔h1 ♖e8 25. ♘d3 ♖g6 26. ♕f5 ♖f6 27. ♕h3 ♖fe6 28. ♘e5 de5 29. ♗g1 ♕c6 30. c3 ♖d6 31. ♕h4 ♕d7 32. ♖d6 ♕d6 33. ♕e1 ♖d8 34. ♗e3 ♕d3 35. ♖c1 h6 36. h3 ♗e7 37. ♔h2 c5 38. ♕f2 ♕c4 39. ♖c2 ♖d1 40. ♖d2 ♖f1 41. ♕g3 ♕e6 42. ♖d5 ♖b1 43. ♗c5 ♗c5 44. ♖c5 ♖b2 45. ♕e5 ♕e5 46. ♖e5 ♖b3 47. ♖c5 ♖a3 48. ♖b5 ♖c3 49. ♖a5 a3 50. ♖a8 ♔h7 51. ♖a7 ♔g6 52. ♖a6 f6 53. e5 ♖e3 54. ♔g3 h5 55. h4 ♔f5 56. e6 ♖e6 ½:½

17.01. **1643.**

P. KERES - W. LOMBARDY

1. e4 c5 2. ♘f3 d6 3. ♘c3 ♘c6 4. d4 cd4 5. ♘d4 g6 6. ♗c4 ♗g7 7. ♗e3 ♘f6 8. f3 0-0 9. ♕e2 ♘a5 10. ♗d3 ♘c6 11. 0-0-0 ♘d4 12. ♗d4 ♗e6 13. ♗c4 ♗c4 14. ♕c4 e6 15. ♔b1 ♕a5

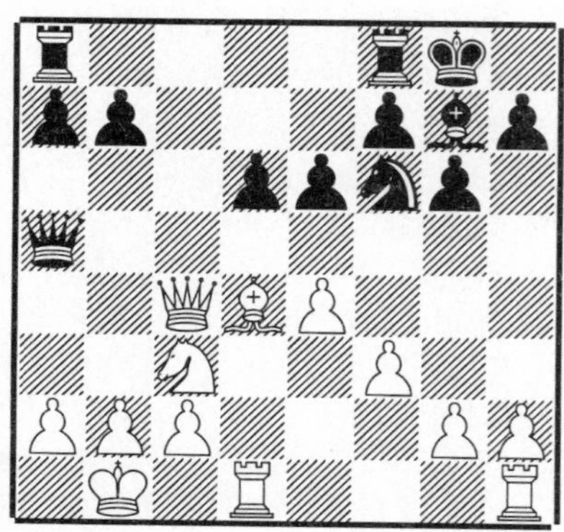

16. ♕b5 ♕c7 17. ♕g5 h6 18. ♕h4 g5 19. ♕f2 ♕c4 20. h4 g4 21. ♕g3 b5 22. ♕d6 ♘e4 23. ♘e4 ♖fd8 24. ♗g7 ♖d6 25. ♘d6 ♕e2 26. ♗c3 ♕g2 27. ♖hg1 ♕f3 28. ♖df1 ♕e3 29. ♖g4 **1:0**

19.01. **1644.**

D. CIRIC - P. KERES

1. e4 e5 2. ♘f3 ♘c6 3. ♗b5 a6 4. ♗a4 d6 5. 0-0 ♗d7 6. c4 ♘f6 7. ♘c3 ♗e7 8. d4 ed4 9. ♘d4 0-0 10. ♗c2 ♘d4 11. ♕d4 b5 12. ♗g5 h6 13. ♗h4 b4 14. ♘d1 ♘g4 15. ♗e7 ♕e7 16. f4 ♗c6 17. h3 ♘f6 18. ♘f2 ½:½

20.01. **1645.**

Z. DODA - P. KERES

1. d4 ♘f6 2. ♘f3 c5 3. c3 e6 4. ♗f4 ♘c6 5. e3 ♗e7 6. ♘bd2 ♘h5 7. ♗g3 d6 8. ♗b5 ♗d7 9. dc5 ♘g3 10. hg3 dc5 11. ♘c4 a6 12. ♗c6 ♗c6 13. ♕c2 h6 14. ♘ce5 ♕d5 15. ♘c6 ♕c6 16. 0-0-0 0-0 17. ♘e5 ♕c7 18. f4 ♖fd8 19. ♖d8 ♖d8 20. g4 c4 21. ♕e4 ♗f6 22. ♘f3 ♕c5 23. ♘d4 ♕d5 24. ♕c2 e5 25. ♘f5 ef4 26. ef4 ♕e6 27. ♖d1 ♖d1 28. ♔d1 b5 29. ♕e2 ♕d5 30. ♔c2 h5 31. ♕f3 ♕f3 32. gf3 g6 33. ♘e3 h4 34. g5 ♗e7 35. ♔d2 ♗d6 36. ♘d5 h3 **0:1**

21.01. **1646.**

P. KERES - C. LANGEWEG

1. e4 c5 2. ♘f3 g6 3. c3 d5 4. ed5 ♕d5 5. d4 cd4 6. cd4 ♗g7 7. ♘c3 ♕a5 8. ♗c4 ♘h6 9. 0-0 0-0 10. ♖e1 ♘f5 11. ♗g5 h6 12. ♗f4 ♘c6 13. d5 ♕b4 14. ♕b3 ♕b3 15. ab3 ♘b4 16. ♖a4 ♘a6 17. g4 g5 18. ♗e5 ♘d6 19. ♗g7 ♔g7 20. ♗a6 ba6 21. ♖e7 ♖b8 22. ♘d4 ♖b6 23. f3 ♔g6 24. ♘e4 ♘e4 25. fe4 ♗g4 26. ♔f2 ♖d8 27. ♖a7 ♖dd6 28. ♖a5 f6 29. ♔e3 ♗d7 30. ♖c5 ♗h3 31. ♖cc7 ♔h5 32. ♖f7 ♗g4 33. ♖ac7 ♔h4 34. ♖c2 ♔h3 35. ♘c6 ♖b3 36. ♔d4 ♖b5 37. ♘e7 h5 38. e5 fe5 39. ♔e5 ♖e6 40. ♔d4 ♖e1 41. ♖d2 ♖b4 42. ♔c5 ♖b7 43. d6 ♖b5 44. ♔d4 ♖b4 45. ♔c5 ♖b5 46. ♔d4 ♖b4 47. ♔c3 ♖b7 48. ♖ff2 ♖e3 49. ♔d4 ♖f3 50. ♖f3 ♗f3 51. ♔e5 ♗g4 52. ♔f6 **1:0**

23.01. **1647.**

M. BOTVINNIK - P. KERES

1. d4 ♘f6 2. c4 e6 3. ♘c3 d5 4. ♘f3 c5 5. cd5 ♘d5 6. e4 ♘c3 7. bc3 cd4 8. cd4 ♗b4 9. ♗d2 ♗d2 10. ♕d2 0-0 11. ♗c4 ♘d7 12. 0-0 b6 ½:½

24.01. **1648.**

P. KERES - L. KAVALEK

1. e4 c5 2. ♘f3 d6 3. ♘c3 a6 4. g3 g6 5. ♗g2 ♗g7 6. d4 cd4 7. ♘d4 ♘f6 8. 0-0 0-0 9. b3 ♘bd7 10. ♗b2 ♘c5 11. ♖e1 e5 12. ♘f3 b5 13. b4 ♘e6 14. a4 ♗b7 15. ♕d3 ba4 16. ♘a4 d5 17. ed5 e4 18. ♕b3 ef3 19. de6 ♗d5 20. c4 **1:0**

25.01. **1649.**

L. PORTISCH - P. KERES

1. ♘f3 d5 2. d4 ♗f5 3. c4 e6 4. ♕b3 ♘c6 5. c5 ♖b8 6. ♘c3 e5 7. e4 ed4 8. ef5 dc3 9. ♗b5

♗c5 10. 0-0 ♘f6 11. ♕c3 ♕d6 12. ♗f4 ♕f4 13. ♕c5 ♕d6 14. ♖fe1 ♘e4 15. ♕d6 cd6 16. ♖ad1 ♔d7 17. ♖d5 ♖he8 18. ♖d4 ♘f6 19. ♖ed1 d5 20. ♖4d3 ♔c7 21. ♖c1 ♔d6 22. ♘d2 ♖bc8 23. ♘c4 ♔c5 24. ♗c6 ♔c6 25. ♘e3 ♔d6 26. ♖cd1 ♖c5 27. g4 h6 28. h4 ♔c6 29. b4 ♖b5 30. g5 hg5 31. hg5 ♘e4 32. ♘d5 b6 33. ♖c1 ♔b7 34. a4 ♖d5 35. ♖d5 ♘g5 36. ♖d7 ♔b8 37. ♖cc7 ♖e4 38. a5 ba5 39. ba5 ♖a4 40. ♖b7 ♔c8 41. ♖bc7 **1:0**

27.01. **1650.**

P. KERES - P. BENKO

1. e4 c6 2. d4 d5 3. ♘c3 de4 4. ♘e4 ♗f5 5. ♘g3 ♗g6 6. ♘f3 ♘d7 7. ♗d3 e6 8. 0-0 ♘gf6 9. ♖e1 ♗e7 10. b3 ♗d3 11. ♕d3 0-0 12. ♗b2 ♖e8 13. c4 ♕c7 14. ♖ad1 ♖ad8 15. ♕c2 ♗f8 16. h3 h6 17. ♘f1 c5 18. ♘e3 cd4 19. ♗d4 a6 20. ♕b2 b6 21. b4 a5 **½:½**

28.01. **1651.**

Y. GELLER - P. KERES

1. ♘f3 ♘f6 2. c4 e6 3. g3 d5 4. ♗g2 ♘bd7 5. b3 b6 6. cd5 ed5 7. 0-0 ♗b7 8. ♗b2 ♗e7 9. ♘c3 0-0 10. ♖c1 ♖e8 11. ♕c2 ♘c5 12. ♘b5 c6 13. ♘bd4 ♖c8 14. ♗h3 ♖c7 15. b4 ♘a6 16. a3 ♗f8 17. e3 ♘e4 18. ♕a4 **½:½**

29.01. **1652.**

P. KERES - F. OLAFSSON

1. e4 g6 2. d4 ♗g7 3. ♘f3 d6 4. ♗e2 ♘f6 5. ♘bd2 0-0 6. 0-0 ♘c6 7. d5 ♘b8 8. ♗c4 c6 9. ♖e1 ♘bd7 10. ♕e2 ♘b6 11. dc6 bc6 12. ♗a6 ♘fd7 13. ♘b3 ♗a6 14. ♕a6 ♕c8 **½:½**

30.01. **1653.**

P. OSTOJIC - P. KERES

1. e4 e5 2. ♘f3 ♘c6 3. ♗b5 a6 4. ♗a4 d6 5. 0-0 ♗d7 6. c3 ♘ge7 7. d4 ♘g6 8. d5 ♘b8 9. c4 ♗e7 10. ♘c3 0-0 11. ♗d7 ♘d7 12. ♕c2 c5 13. dc6 bc6 14. ♗e3 ♕c7 15. ♖fd1 ♖ab8 16. a3 a5 17. ♖ab1 ♖b7 18. b4 ab4 19. ab4 d5 20. ed5 ♖b4 21. ♖b4 ♗b4 22. dc6 ♕c6 23. ♕e4 ♕c8 24. ♘b5 ♘f6 25. ♕c2 ♕c6 26. ♘a7 ♕a6 27. h3 ♖a8 28. ♕b3 ♗f8 29. ♘b5 ♖c8 30. ♖c1 ♘d7 31. ♕d3 ♘c5 32. ♕d5 ♕f6 33. ♖d1 ♘e6 34. ♕e4 h6 35. ♖d5 ♘c5 36. ♕g4 ♘e6 37. ♕e4 ♘c5 38. ♕g4 ♘e6 39. ♕e4 ♘ef4 40. ♗f4 ♕f4 41. ♕f4 ♘f4 42. ♖e5 ♖c4 43. ♘bd4 ♗c5 44. ♘b3 ♗b6 45. ♖b5 ♖c6 46. ♖f5 ♘d3 47. ♘e5 ♗f2 48. ♖f2 ♘e5 49. ♘d4 ♖c3 50. ♖e2 ♘g6 51. ♘f5 ♔h7 52. ♔h2 ♖c5 53. ♘d4 h5 54. ♘f3 f6 55. ♖d2 ♘f4 56. ♔g3 ♖c4 57. ♔f2 ♔g6 58. ♘d4 h4 59. ♔f3 ♔g5 60. ♔f2 ♔h5 61. ♘e2 ♘e6 62. ♖d6 ♘g5 63. ♖d4 ♖c2 64. ♔f1 ♘h7 65. ♖d7 ♔h6 66. ♘d4 ♖c5 67. ♘e6 ♖e5 68. ♘d8 ♖e8 69. ♘c6 ♘f8 70. ♖d8 ♖d8 71. ♘d8 ♔g5 72. ♘c6 ♘e6 73. ♔f2 ♔f4 74. ♘e7 g5 75. ♘d5 ♔e5 76. ♘e3 ♔e4 77. ♘c4 ♘c5 78. ♘d2 ♔f4 79. ♔g1 ♘e4 80. ♘c4 ♔g3 81. ♘e3 ♘c3 82. ♘f1 ♔f4 83. ♔f2 ♘e4 84. ♔g1 f5 85. ♔h2 g4 86. hg4 fg4 87. ♔g1 g3 88. ♔h1 ♘f2 89. ♔g1 ♘e4 90. ♔h1 ♘g5 91. ♔g1 ♔e4 92. ♘d2 ♔d3 93. ♘b3 ♘e6 94. ♔f1 ♘f4 95. ♘a5 ♘d5 96. ♘c6 ♔e4 97. ♔g1 ♘e3 98. ♘e7 ♔f4 99. ♘g6 ♔g5 100. ♘e5 ♘f5 101. ♘f3 ♔f4 102. ♔h1 h3 103. ♘h2 ♘h4 104. gh3 g2 105. ♔g1 ♔g3 106. ♘f1 ♔h3 107. ♘d2 ♔g3 108. ♘f1 ♔f3 109. ♘h2 ♔e3 110. ♘f1 ♔e2 111. ♘h2 **½:½**

1.02. **1654.**

P. KERES - H. REE

1. e4 c5 2. ♘f3 d6 3. ♘c3 ♘f6 4. e5 de5 5. ♘e5 e6 6. ♗e2 ♗e7 7. 0-0 0-0 8. ♗f3 ♘bd7 9. ♘c4 ♘b6 10. ♘e3 ♘bd7 11. d4 cd4 12. ♕d4 ♘c5 13. ♕f4 ♗d7 14. b4 ♘a4 15. ♘a4 ♗a4 16. ♗b2 ♗c6 17. ♖fd1 ♕c8 18. ♗e2 b6 19. c4 ♖d8 20. a3 a5 21. b5 ♗b7 22. h4 ♘d7 23. ♘g4 f6 24. h5 ♕c5 25. h6 g5 26. ♕g3 ♖ac8 27. ♖d3 ♗e4 28. ♖d4 ♗f5 29. ♖ad1 ♕c7 30. ♕c7 ♖c7 31. ♘e3 ♗g6 32. ♗f3 ♗e8 33. ♗c6 ♔f7 34. ♖4d3 f5 35. g3 ♔g6 36. ♖e1 ♔f7 37. ♘f5 ef5 38. ♗d5 **1:0**

TALLINN
21.02.- 11.03.1969

21.02. **1655.**

G. BARCZA - P. KERES

1. ♘f3 d5 2. g3 ♗g4 3. ♗g2 ♘d7 4. c4 c6 5. cd5 cd5 6. ♕a4 ♘f6 7. ♘c3 e6 8. d3 ♗c5 9. 0-0 0-0 10. d4 ♘b6 11. ♕d1 ♗b4 12. ♘e5 ♗f5 13. ♗d2 ♘fd7 14. ♘a4 ♗d2 15. ♘b6 ab6 16. ♘d7 ♕d7 17. ♕d2 ♖fc8 18. ♖fc1 ♖c1 19. ♖c1 ♖a2 20. ♕b4 h6 21. ♕b6

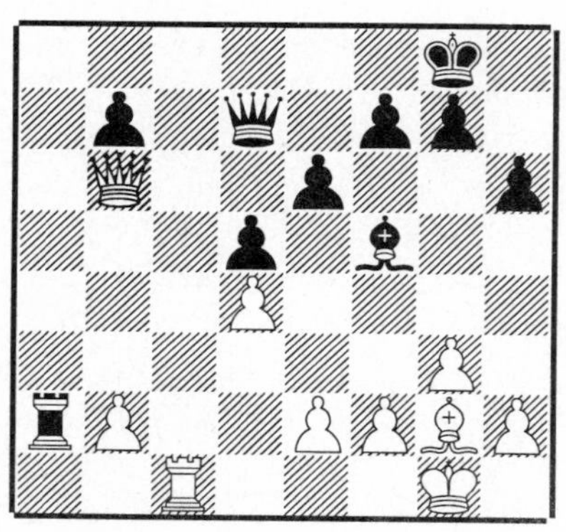

♕c6 22. ♕c6 bc6 23. ♗f3 ♗h3 24. ♗g2 ♗g2 25. ♔g2 ♖b2 26. e3 ♖b6 27. h4 h5 28. ♔f3 f6 29. ♖a1 e5 30. de5 fe5 31. g4 ♖b8 32. gh5 ♖b4 33. ♖a8 ♔f7 34. ♖c8 ♖c4 35. ♖h8 ♖c2 36. h6 gh6 37. ♖h6 ♔e7 38. ♖h7 ♔d6 39. ♖h6 ♔c5 40. e4 ♔d4 41. ed5 cd5 42. ♖d6 e4 43. ♔g3 ♖a2 44. ♖d8 ♔c4 45. f4 e3 46. ♔f3 ♔d4 47. ♖e8 ♖f2 48. ♔g4 ♔d3 **0:1**

22.02. **1656.**

P. KERES - A. GIPSLIS

1. d4 ♘f6 2. c4 e6 3. ♘f3 ♗b4 4. ♗d2 ♕e7 5. e3 0-0 6. ♗d3 ♗d2 7. ♘bd2 d6 8. 0-0 e5 9. ♕c2 ♖e8 10. ♘g5 h6 11. ♘ge4 ♘e4 12. ♗e4 ♘d7 13. ♕c3 ♘f6 14. ♗c2 a5 15. ♗a4 ♗d7 16. ♗d7 ♕d7 ½:½

23.02. **1657.**

J. SZABO - P. KERES

1. e4 ♘f6 2. ♘c3 d5 3. ed5 ♘d5 4. ♘f3 ♗g4 5. d4 e6 6. ♘d5 ♕d5 7. ♗e2 ♗e7 8. 0-0 0-0 9. h3 ♗h5 10. ♗e3 c6 11. c3 ♘d7 12. ♕b3 ♖fc8 13. ♖fe1 a5 14. ♕d5 cd5 15. a4 ♘b6 16. ♘e5 ♗e2 17. ♖e2 ♗d6 18. ♔f1 ♖a6 19. ♗d2 h6 20. ♔e1 ♗e5 21. de5 ♘d7 22. ♔d1 ♖ac6 23. f3 ♖c4 24. b3 ♖4c6 25. ♗e1 g5 26. ♔c2 ♔g7 27. ♔b2 ♘c5 28. ♔a3 ♘d3 29. ♗d2 ♔g6 30. ♖e3 ♘f4 31. g3 ♘h3 32. ♖e2 h5 33. ♖h2 g4 34. fg4 hg4 35. ♖f1 f5 36. ef6 ♖f8 37. ♖hh1 e5 38. ♖e1 ♖e6 39. c4 dc4 40. ♖e4 ♘f2 41. ♖h6 ♔f5 42. ♖c4 ♖ef6 43. ♖h5 ♔e6 44. ♗a5 ♖f3 45. ♗b4 ♖8f7 46. ♖h6 ♔f5 47. ♖h5 ♔e6 48. ♖h6 ♖7f6 49. ♖h7 ♖f7 ½:½

25.02. **1658.**

P. KERES - E. GUFELD

1. c4 g6 2. ♘c3 ♗g7 3. g3 e5 4. ♗g2 d6 5. ♘f3 ♘c6 6. d3 f5 7. ♖b1 h6 8. e4 ♘f6 9. ♘h4 ♘e7 10. ef5 gf5 11. d4 0-0 12. 0-0 ♗e6 13. de5 de5 14. ♕e2 ♕d4 15. ♖d1 ♕c4 16. ♕c4 ♗c4 17. b3 ♗e6 18. ♗a3 ♖f7 19. ♗b7 ♖b8 20. ♗g2 e4 21. ♖bc1 ♘ed5 22. ♘d5 ♘d5 23. ♖c6 ♘c3 24. ♖d2 ♘b1 25. ♖d1 ♘c3 26. ♖d2 ♘b1 27. ♖d1 ½:½

26.02. **1659.**

I. NEI - P. KERES

1. e4 e5 2. ♘f3 ♘c6 3. ♗b5 a6 4. ♗a4 ♘f6 5. 0-0 ♗e7 6. ♖e1 b5 7. ♗b3 d6 8. c3 0-0 9. h3 ♘a5 10. ♗c2 c5 11. d4 ♘d7 12. ♘bd2 cd4 13. cd4 ♘c6 14. ♘b3 a5 15. ♗e3 a4 16. ♘c1 ♘b6 17. de5 de5 18. ♕d8 ♗d8 ½:½

28.02. **1660.**

P. KERES - E. BÖÖK

1. c4 e6 2. g3 d5 3. ♗g2 ♘f6 4. ♘f3 ♗e7 5. 0-0 0-0 6. b3 c5 7. ♗b2 ♘c6 8. e3 dc4 9. bc4

♕c7 10. ♘c3 a6 11. ♕e2 ♖b8 12. ♖fd1 ♗d7 13. d4 ♖fd8 14. d5 ♘a5 15. a4 e5 16. ♘d2 ♗g4 17. ♗f3 ♗f5 18. ♘ce4 ♘e8 19. ♗g4 ♗g6 20. ♗h3 f5 21. ♘c3 ♗f6 22. g4 fg4 23. ♕g4 ♔h8 24. ♘ce4 b5 25. ab5 ab5 26. ♘g5 ♕b6 27. ♘e6 ♖dc8 28. ♘f8 bc4 29. ♘g6 hg6 30. ♕g6 **1:0**

1.03. **1661.**

U. TARVE - P. KERES

1. e4 ♘c6 2. d4 e5 3. de5 ♘e5 4. ♘f3 ♕f6 5. ♗e2 ♗b4 6. c3 ♗c5 7. 0-0 ♘e7 8. ♘bd2 d6 9. ♘b3 ♗b6 10. ♔h1 ♘f3 11. ♗f3 0-0 12. ♘d4 ♘g6 13. ♗e3 ♘h4 14. ♘c2 ♘f3 15. ♕f3 ♕f3 16. gf3 f5 17. ♔g2 ♗d7 18. ♗b6 ab6 19. ♘e3 ♖a5 20. ♘d5 fe4 21. fe4 c6 22. b4 ♖a3 23. ♘b6 ♗e6 24. f4 ♖a6 25. f5 ♗f7 26. ♖fd1 ♖d8 27. ♘c8 ♖c8 28. ♖d6 ♖e8 29. ♔f3 ♖a3 30. ♖d3 ♗c4 31. ♖d7 ♖c3 32. ♔f4 ♗e2 33. ♖b7 ♖f3 34. ♔g5 h6 **0:1**

2.03. **1662.**

L. STEIN - P. KERES

1. ♘f3 d5 2. c4 e6 3. g3 dc4 4. ♘a3 ♘d7 5. ♗g2 ♗a3 6. ba3 ♘gf6 7. ♗b2 0-0 8. ♕c2 c5 9. a4 a6 10. ♕c4 b5 11. ab5 ab5 12. ♕c2 ♗b7 13. 0-0 ♖a4 14. a3 ♕b6 15. d3 ♖fa8 16. ♖ac1 h6 17. ♖fd1 ♖c8 18. ♕d2 ♗d5 19. e4 ♗b7 20. ♘e5 ♘e5 21. ♗e5 ♘d7 22. ♗b2 b4 23. ab4 ♖b4 24. ♗c3 ♖b3 25. d4 cd4 26. ♗d4 ♕b5 27. ♖c8 ♗c8 28. ♕c2 ♗b7 29. ♗g7 ♔g7 30. ♖d7 ♗d5 31. h4 ♕d7 32. ed5 ♖b8 33. ♕c3 f6 34. de6 ♖b1 35. ♔h2 ♕e6 36. ♕c7 ♕f7 37. ♕f4 ♖e1 38. ♕g4 ♕g6 39. ♕d7 ♕f7 40. ♕g4 ♔h8 41. ♕c8 ♖e8 42. ♕f5 ♖e5 43. ♕f4 ♕g6 44. ♕d2 ♔g7 45. ♕d7 ♕f7 46. ♕g4 ♔h7 47. ♕f4 ♕e6 48. ♕d4 ♔g7 49. ♗f3 ♖e1 50. ♔g2 ♖c1 51. ♕a7 ♕f7 52. ♕e3 ♖c7 53. ♕d4 ♕e6 54. ♕b4 ♕e5 55. ♕g4 ♔f7 56. ♗e4 ♔f8 57. ♗f3 ♔f7 58. ♗e4 ½:½

5.03. **1663.**

P. KERES - A. ARULAID

1. d4 ♘f6 2. c4 e6 3. g3 d5 4. ♗g2 dc4 5. ♕a4 ♗d7 6. ♕c4 ♗c6 7. ♘f3 ♗d5 8. ♕d3 ♗e4 9. ♕d1 c5 10. ♘c3 ♗c6 11. 0-0 ♘bd7 12. b3 ♗e7 13. ♗b2 0-0 14. ♖c1 ♖c8 15. ♖c2 ♕a5 16. dc5 ♘c5 17. ♕c1 ♖fd8 18. ♖d1 ♖d1 19. ♘d1 ♖d8 20. ♘e3 ♘cd7 21. ♘c4 ♕h5 22. ♖d2 ♘e4 23. ♖d3 f6 24. ♘d4 ♗d5 25. ♘e3 ♘e5 26. ♖d1 ♗c5 27. f3 ♗d4 28. ♗d4 ♘d6 29. ♘d5 ed5 30. ♗a7 ♘c6 31. ♗b6 ♖d7 32. ♕f4 ♘b5 33. ♕e3 d4 34. ♕e6 ♕f7 35. ♕f7 ♔f7 36. ♔f2 ♘c3 37. ♖d2 ♘b1 38. ♖d1 ♘c3 39. ♖d2 ♘b1 40. ♖d3 ♘c3 41. a3 ♘a2 42. b4 ♘c1 43. ♖d1 ♘b3 44. f4 ♘e7 45. ♖d3 ♘c8 46. ♗h3 **1:0**

6.03. **1664.**

E. HAAG - P. KERES

1. e4 e5 2. ♘f3 ♘c6 3. ♗b5 a6 4. ♗a4 d6 5. 0-0 ♗d7 6. c3 ♘ge7 7. d4 ♘g6 8. ♗e3 ♗e7 9. de5 ♘ce5 10. ♘e5 ♘e5 11. ♘d2 0-0 12. ♗b3 ♗b5 13. c4 ♗d7 14. ♗c2 ♗f6 15. h3 ♗e6 16. ♕e2 ♘c6 17. ♖ab1 ♘d4 18. ♕d3 ♘c2 19. ♕c2 ♕d7 20. b3 ♖fe8 21. ♖fe1 ♖e7 22. ♖bd1 ♖ae8 23. ♕d3 ♕c8 24. ♗d4 ♗d4 25. ♕d4 f6 26. ♖e3 ♗f7 27. ♖de1 ♕d7 28. ♘b1 ½:½

8.03. **1665.**

P. KERES - M. DAMJANOVIC

1. ♘f3 c5 2. c4 g6 3. ♘c3 ♗g7 4. e3 ♘f6 5. d4 0-0 6. ♗e2 cd4 7. ed4 d5 8. 0-0 ♘c6 9. ♗f4 ♗e6 10. c5 ♘e4 11. ♗b5 ♗g4 12. ♗c6 bc6 13. h3 ♗f3 14. ♕f3 ½:½

9.03. **1666.**

R. ETRUK - P. KERES

1. c4 ♘f6 2. ♘c3 e6 3. e4 c5 4. g3 d5 5. cd5 ed5 6. e5 ♘e4 7. ♗g2 ♘c6 8. f4 ♗f5 9. d3 ♘c3 10. bc3 ♕a5 11. ♘e2 c4 12. d4 h5 13. h3 0-0-0 14. 0-0 g6 15. ♖f2 ♗e7 16. ♗b2 f6 17.

♔h2 ♕b6 18. ef6 ♗f6 19. ♘g1 ♕c7 20. h4 ♘e7 21. ♘f3 ♗g4 22. ♕h1 ♘f5 23. ♖e1

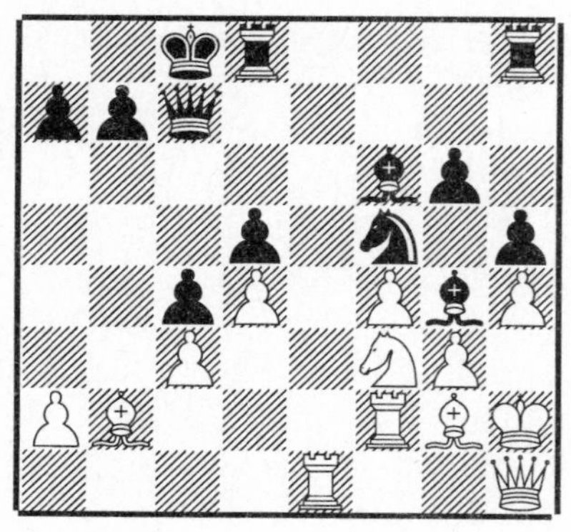

g5 24. ♗c1 gh4 25. gh4 ♘h4 26. ♖ff1 ♘g2 27. ♕g2 ♗f5 28. ♘g5 ♖hg8 29. ♖e5 ♗e5 30. fe5 ♕d7 31. ♕f3 ♗e4 32. ♕f4 ♕e7 33. ♕f7 ♕f7 34. ♖f7 ♗g6 35. ♖f6 ♖df8 36. ♗a3 ♖f6 37. ef6 ♖e8 38. f7 ♖e2 39. ♔g3 ♗f7 40. ♘f7 ♖a2 **0:1**

11.03. **1667.**

P. KERES - V. LIBERZON

1. e4 e5 2. ♘f3 ♘c6 3. ♗c4 ♗e7 4. d4 d6 5. 0-0 ♘f6 6. ♘c3 0-0 7. h3 a6 8. a4 ♘e4 9. ♘e4 d5 10. ♘e5 ♘e5 11. de5 dc4 12. ♕h5 ♕d5 13. ♖e1 f5 14. ♗g5 ♕f7 15. ♕h4 fe4 16. ♗e7 ♖e8 17. ♗b4 ♗f5 **½:½**

ESTONIA - FINLAND TEAM MATCH

Tallinn, 2.- 3.05.1969

2.05. **1668.**

P. KERES - H. WESTERINEN

1. e4 e5 2. ♘f3 ♘c6 3. ♗b5 a6 4. ♗a4 ♘f6 5. 0-0 ♗e7 6. ♖e1 b5 7. ♗b3 d6 8. c3 0-0 9. h3 h6 10. d4 ♖e8 11. ♘bd2 ♗f8 12. ♘f1 ♗b7 13. ♘g3 ♘a5 14. ♗c2 ♘c4 15. b3 ♘b6 16. ♗b2 ♘fd7 17. a4 ba4 18. ba4 ♘c4 19. ♗c1 ♘a5 20. ♖b1 ♖b8 21. ♘f5 ♗c6 22. ♖b4 ♘f6 23. ♕d3 ♖a8 24. d5 ♗d7 25. ♘e3 ♕c8 26. ♗a3 ♘b7 27. ♖b2 ♘h5 28. ♖eb1 ♘c5 29. ♗c5 dc5 30. ♕d1 ♘f4 31. a5 ♗b5 32. ♗a4 ♗d3 33. ♗e8 ♕e8 34. ♖a1 ♗e4 35. ♘e1 ♖d8 36. f3 ♗d5 37. ♖d2 c6 38. c4 ♕e6 39. cd5 cd5 40. ♘d3 ♘g6 41. ♖c1 ♖c8 42. ♘f2 d4 43. ♘c4 f5 44. ♖b2 ♘f4 45. ♘d3 ♘d3 46. ♕d3 e4 47. ♖e1 ♖e8 48. fe4 fe4 49. ♖be2 e3 50. ♘e3 **1:0**

3.05. **1669.**

H. WESTERINEN - P. KERES

1. e4 ♘c6 2. ♘f3 e5 3. ♗b5 a6 4. ♗a4 d6 5. 0-0 ♗d7 6. c3 ♘ge7 7. d4 ♘g6 8. ♗e3 ♗e7 9. ♘bd2 0-0 10. ♗c2 ed4 11. ♘d4 ♘d4 12. cd4 ♗b5 13. ♖e1 ♗g5 14. ♘f3 ♗e3 15. ♖e3 c5 16. ♖c1 ♖c8 17. ♖c3 ♘f4 18. ♖e3 ♕f6 19. e5 ♕h6 20. ♔h1 de5 21. dc5 ♖fd8 22. ♕e1 ♗c6 23. ♖d1 ♕h5 24. ♖d8 ♖d8 25. ♖e5 ♕g4 26. ♖g5 ♕e6 27. ♕c3 g6 28. ♗b3 ♗f3 29. gf3 ♕e2 30. ♕e3 ♕d2 31. ♖g4 ♘h5 32. ♕e7 ♖d7 33. ♕e8 ♔g7 34. ♕e5 ♔g8 35. ♕h5 ♕f2 36. ♕h3 ♖e7 37. ♖g1 ♖e1 38. ♖e1 ♕e1 39. ♔g2 ♕e2 40. ♔g3 ♕e1 41. ♔g2 ♕e2 42. ♔g1 ♕e3 43. ♔f1 ♕d3 44. ♔e1 ♕e3 45. ♔d1 ♕d3 46. ♔c1 ♕e3 47. ♔b1 ♕e1 48. ♔c2 ♕e2 49. ♔c3 ♕e3 50. ♔c4 ♕e2 51. ♔d5 ♕d2 52. ♔e5 ♕b2 53. ♔d6 ♕d4 54. ♔c7 ♕c5 55. ♔b7 ♕b5 56. ♔a7 ♕c5 57. ♔a6 ♕c6 58. ♔a7 ♕c7 59. ♔a8 ♕c6 60. ♔b8 ♕b6 61. ♔c8 ♕c6 62. ♔d8 ♕b6 63. ♔d7 ♕b7 64. ♔d6 ♕b4 65. ♔c6 ♕c3 66. ♔b5 ♕e5 67. ♔c4 ♕e2 68. ♔b4 ♕e7 69. ♔c4 ♕e2 70. ♔d4 ♕d2 71. ♔e4 ♕e2 72. ♔f4 ♕d2 73. ♔e5 ♕e3 74. ♔d6 ♕d4 75. ♗d5 ♕b4 76. ♔d7 ♕d4 77. ♔c6 ♕a4 78. ♔c5 ♕a5 79. ♔c4 ♕a2 80. ♔d4 ♕d2 81. ♔e5 ♕b2 82. ♔d6 ♕b4 **½:½**

LUHACOVICE
19.05.- 6.06.1969

19.05. 1670.

V. JANSA - P. KERES

1. e4 ♘c6 2. ♘f3 e5 3. ♗b5 a6 4. ♗a4 d6 5. 0-0 ♗d7 6. d4 ♘f6 7. c3 g6 8. ♘bd2 ♕e7 9. ♖e1 ♗g7 10. de5 ♘e5 11. ♘e5 de5 12. ♗d7 ♘d7 13. ♘f3 0-0-0 14. ♗e3 f5 15. ef5 gf5 16. ♕d5 ♖he8 17. ♖ad1

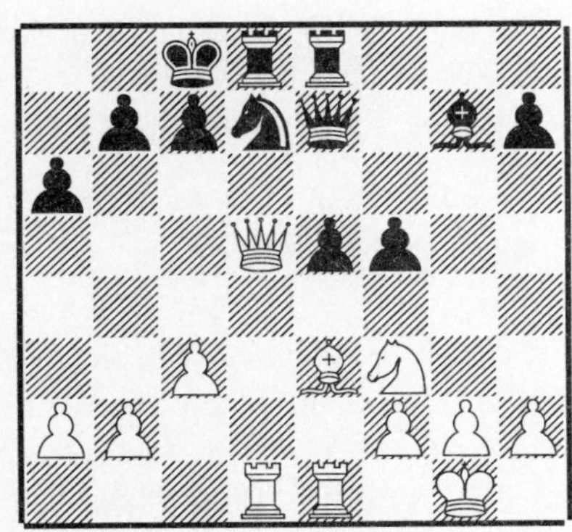

f4 18. ♗c1 ♘c5 19. ♕c4 ♖d1 20. ♖d1 e4 21. ♘e1 ♗h6 22. b4 ♘d7 23. b5 ♘b6 24. ♕e2 f3 25. ♘f3 ♗c1 26. ♘d4 ♗a3 27. ba6 ♔b8 28. ab7 ♔b7 29. ♕b5 e3 30. ♕c6 ♔c8 31. ♕f3 ef2 32. ♕f2 ♕e3 33. ♕e3 ♖e3 34. ♘b5 ♗c5 35. ♔f1 ♘a4 36. ♖d5 c6 37. ♘a7 ♔c7 38. ♖h5 ♖e7 **0:1**

20.05. 1671.

P. KERES - J. SMEJKAL

1. e4 c5 2. ♘f3 ♘c6 3. ♗b5 g6 4. 0-0 ♗g7 5. c3 ♘f6 6. d4 ♘e4 7. d5 ♘b8 8. ♖e1 ♘d6 9. ♗d3 0-0 10. ♕a4 f6 11. ♗f4 e5 12. de6 de6 13. ♘a3 e5 14. ♗e3 ♕c7 15. ♖ad1 ♗e6 16. ♘c4 ♘f7 17. ♗e4 ♘d7 18. ♕b5 ♖ab8 19. ♗d5 a6 20. ♕a5 b6 21. ♕a3 ♗d5 22. ♖d5 ♖fd8 23. ♖ed1 b5 24. ♘cd2 ♕c6 25. c4 ♗f8 26. b3 ♘b6 27. ♖d8 ♖d8 28. ♕a6 bc4 29. bc4 ♖a8 30. ♕b5 ♕b5 31. cb5 ♖a2 32. ♘e4 f5 33. ♘f6 ♔g7 34. ♘e8 ♔g8 35. ♘f6 ♔g7 36. ♘e8 ♔g8 37. ♘f6 ½:½

21.05. 1672.

J. KOZMA - P. KERES

1. d4 ♘f6 2. c4 e6 3. ♘c3 ♗b4 4. e3 b6 5. ♘e2 ♗a6 6. ♘g3 h5 7. ♗d3 h4 8. ♘e2 h3 9. g3 ♗b7 10. 0-0 ♗f3 11. e4 ♗c3 12. bc3 ♘e4 13. ♕c2 ♘f6 14. ♖e1 ♘c6 15. ♗a3 ♘g4 16. ♘f4 ♕g5 17. ♗e4 ♗e4 18. ♕e4 ♘f6 19. ♕f3 0-0-0 20. c5 ♘d5 21. cb6 ab6 22. ♗c1 ♘f4 23. ♗f4 ♕d5 24. ♕d5 ed5 25. a4 ♔b7 26. ♖eb1 ♘a5 27. ♖e1 ♖de8 28. f3 f6 29. g4 g5 30. ♗g3 ♘c4 31. ♖e8 ♖e8 32. ♖e1 ♖e6 33. ♖e6 de6 34. ♗e1 f5 35. f4 fg4 36. fg5 ♘e3 37. g6 ♘f5 38. ♗g3 c5 39. dc5 bc5 40. ♗e5 ♔b6 41. g7 ♘h6 42. ♗f4 ♘g8 43. ♔f2 ♔a5 44. ♔g3 ♔a4 45. ♔g4 ♔b3 46. ♔g5 d4 47. cd4 cd4 48. ♔g6 e5 49. ♗e5 ♘e7 50. ♔f7 ♘f5 51. ♗d4 **1:0**

22.05. 1673.

P. KERES - L. LENGYEL

1. e4 e5 2. ♘f3 ♘c6 3. ♗b5 a6 4. ♗a4 ♘f6 5. 0-0 ♗e7 6. ♘c3 b5 7. ♗b3 d6 8. ♘d5 ♗b7 9. ♘e7 ♕e7 10. d3 ♘d7 11. c3 0-0 12. ♗g5 ♕e8 13. ♘h4 ♔h8 14. ♘f5 f6 15. ♗e3 ♘e7 16. ♘e7 ♕e7 17. ♕g4 ♘c5 18. ♗c2 ♕e6 19. h3 ♕e7 20. f4 ♘a4 21. ♖ab1 c5 22. ♕d1 ♖ac8 23. fe5 de5 24. ♕e1 ♘b6 25. ♕h4 ♘d7 26. a4 ♖fd8 27. ab5 ab5 28. ♖a1 ♖a8 29. ♕f2 ♖dc8 30. ♖fd1 ♕d6 31. ♕f5 ♘f8 32. ♖a8 ♖a8 33. d4 cd4 34. cd4 ♕c6 35. ♗d3 ed4 36. ♗d4 b4 37. ♕c5 ♘e6 38. ♕c6 ♗c6 39. ♗e3 ♖d8 40. ♖d2 h6 41. h4 g5 42. ♗c4 ♖d2 43. ♗d2 ♘c5 44. e5 ♘e4 45. ♗b4 fe5 46. hg5 hg5 47. ♗e7 ♔g7 48. b4 g4 49. b5 ♗b7 50. ♗e6 ♘c3 51. ♗d7 ♔f7 52. ♗b4 ♘e2 53. ♔f2 ♘f4 54. ♗c6 ♗c6 55. bc6 ♔e6 56. c7 ♔d7 57. ♗d6 ♘d3 58. ♔e3 **1:0**

24.04. **1674.**

S. KUPKA - P. KERES

1. ♘f3 d5 2. c4 dc4 3. ♘a3 ♗e6 4. ♕c2 ♘f6 5. ♘c4 g6 6. g3 ♗g7 7. ♗g2 0-0 8. 0-0 ♘c6 9. d3 ♕c8 10. a3 ♗h3 11. b4 ♗g2 12. ♔g2 **½:½**

25.05. **1675.**

F. BLATNY - P. KERES

1. e4 e5 2. ♘f3 ♘c6 3. ♗b5 a6 4. ♗a4 d6 5. d4 b5 6. ♗b3 ♘d4 7. ♘d4 ed4 8. ♗d5 ♖b8 9. ♗c6 ♗d7 10. ♗d7 ♕d7 11. ♕d4 ♘f6 12. 0-0 ♗e7 13. ♘c3 0-0 14. a3 a5 15. ♖e1 ♖fe8 16. ♕d3 ♗f8 17. ♗d2 c6 18. f3 ♕b7 19. a4 b4 20. ♘e2 d5 21. ed5 ♘d5 22. c4 bc3 23. bc3 ♖ed8 24. ♘d4 c5 25. ♖ab1 ♘b6 26. ♗g5 ♖d7 27. ♕f5 cd4 28. ♖b6 ♕b6 29. ♕d7 dc3 30. ♗e3 ♕b7 31. ♕d3 ♕b3 32. ♖e2 ♖c8 33. ♖c2 ♕a4 34. ♗d4 ♖d8 **0:1**

26.05. **1676.**

P. KERES - D. DRIMER

1. e4 c5 2. ♘f3 ♘c6 3. d4 cd4 4. ♘d4 ♘f6 5. ♘c3 e5 6. ♘db5 h6 7. f4 a6 8. ♘d6 ♗d6 9. ♕d6 ♕e7 10. fe5 ♘e5 11. ♕e7 ♔e7 12. b3 d6 13. ♗a3 ♗g4 14. ♗d3 b5 15. ♘d1 ♗d1 16. ♖d1 ♖hb8 17. ♔d2 a5 18. ♗b2 ♘fd7 19. ♗d4 ♘c5 20. ♖b1 b4 **½:½**

27.05. **1677.**

J. PLACHETKA - P. KERES

1. c4 ♘f6 2. g3 e5 3. ♗g2 c6 4. d4 ed4 5. ♕d4 d5 6. ♘c3 dc4 7. ♕c4 ♗e6 8. ♕a4 ♘bd7 9. ♘f3 ♘c5 10. ♕c2 ♕c8 11. 0-0 ♗h3 12. e4 ♗g2 13. ♔g2 ♗e7 14. ♘d4 0-0 15. e5 ♘fd7 16. ♘e4 ♘e4 17. ♕e4 ♘c5 18. ♕c2 ♖d8 19. ♗e3 ♖d5 20. f4 ♕d7 21. ♘f3 ♘d3 22. a3 ♕f5 23. ♔g1 a5 24. ♖ad1 ♖ad8 25. ♖d2 g6 26. ♗b6 ♖8d7 27. ♕c4 ♘f4 28. ♕f4 ♕f4 29. gf4 ♖d2 30. ♘d2 ♖d2 31. ♖f2 ♖d5 32. ♔g2 f6 33. ♖e2 fe5 34. fe5 ♔f7 35. e6 ♔f6 **0:1**

29.05. **1678.**

P. KERES - J. AUGUSTIN

1. d4 ♘f6 2. c4 e6 3. ♘f3 b6 4. e3 ♗b7 5. ♗d3 ♗e7 6. ♘c3 d5 7. 0-0 0-0 8. b3 c5 9. ♗b2 ♘bd7 10. ♕e2 ♘e4 11. ♖fd1 ♘c3 12. ♗c3 cd4 13. ♗d4 ♘c5 14. ♗c2 ♕e8 15. cd5 ♗d5 16. ♖ac1 a5 17. ♗b1 ♖c8 18. ♘e5 f5 19. ♕b2 ♗f6 20. f3 ♕e7 21. ♘c4 ♗c4 22. ♗f6 ♖f6 23. ♖c4 e5 24. a3 ♖d8 25. ♖cc1 ♖d1 26. ♖d1 g6 27. b4 ab4 28. ab4 ♘d7 29. ♕d2 ♘f8 30. f4 ef4 31. ef4 ♔g7 32. ♕c3 h6 33. ♗a2 g5 34. ♖e1 ♕d6 35. ♕c4 ♔g6 36. fg5 hg5 37. h4 gh4 38. ♕h4 ♕d2 **1:0**

30.05. **1679.**

A. KOLAROV - P. KERES

1. d4 ♘f6 2. ♘f3 c5 3. g3 b6 4. ♗g2 ♗b7 5. 0-0 g6 6. b3 ♗g7 7. ♗b2 0-0 8. ♘bd2 ♕c8 9. c4 cd4 10. ♗d4 d6 11. ♕c2 ♘bd7 12. ♕b2 ♘c5 13. ♖ad1 ♖d8 14. ♘b1 ♘e6 15. ♗c3 a6 16. a4 ♕c5 17. ♘d4 ♗g2 18. ♘e6 fe6 19. ♔g2 b5 20. ab5 ab5 21. cb5 ♕b5 22. b4 ♖dc8 23. ♖c1 ♗h6 24. ♖c2 ♘d5 25. ♗e1 ♖c2 26. ♕c2 ♘b4 27. ♕b2 ♕c6 28. ♔g1 ♘d5 29. ♕b3 ♖a4 30. ♘d2 ♖b4 31. ♕d3 ♕b5 32. ♕f3 ♖b2 33. e3 ♘c3 34. ♘e4 ♕f5 35. ♕f5 ♘e2 36. ♔g2 ef5 37. ♘c3 ♘c1 38. ♔f3 ♘d3 39. ♘d5 ♔f7 40. ♗c3 ♖c2 41. ♗e1 ♘e5 **0:1**

31.05. **1680.**

P. KERES - A. BENI

1. e4 c5 2. ♘f3 g6 3. d4 ♗g7 4. c3 cd4 5. cd4 d5 6. ed5 ♘f6 7. ♗c4 0-0 8. ♘c3 ♘bd7 9. ♗b3 ♘b6 10. 0-0 ♘bd5 11. ♖e1 b6 12. ♘e5 ♗b7 13. ♗g5 ♖c8 14. ♕d3 ♘c3 15. bc3 ♘d5 16. c4 ♘b4 17. ♕d2 ♗e5 18. ♖e5 f6 19. ♖e2 fg5 20. ♕b4 ♕d4 21. c5 **1:0**

2.06. **1681.**

V. KORCHNOI - P. KERES

1. d4 ♘f6 2. c4 e6 3. ♘f3 b6 4. g3 ♗a6 5. ♕a4 c5 6. ♗g2 ♗b7 7. 0-0 cd4 8. ♘d4 ♗g2

9. ♔g2 ♕c8 10. ♖d1 ♘c6 11. ♘c6 ♕c6 12. ♕c6 dc6 13. ♗f4 ♗e7 14. ♘d2 0-0-0 15. ♘f3 ♘d7 16. ♖ab1 ♖he8 17. b4 f6 18. ♗d6 ½:½

3.06. 1682.

P. KERES - L. NAVAROVSKY

1. e4 g6 2. d4 ♗g7 3. ♘c3 d6 4. ♘f3 a6 5. ♗c4 e6 6. ♗g5 ♘e7 7. 0-0 h6 8. ♗e3 ♘d7 9. a4 b6 10. ♖e1 ♗b7 11. ♖a3 ♘f6 12. ♗d3 0-0 13. h3 c5 14. dc5 bc5 15. e5 de5 16. ♘e5 ♘fd5 17. ♗c5 ♘c3 18. ♖c3 ♕d5 19. ♗f1 ♕d1 20. ♖d1 ♗e5 21. ♗e7 ♖fe8 22. ♖c5 ♗b2 23. ♖c7 ♗e4 ½:½

4.06. 1683.

L. MISHTA - P. KERES

1. ♘f3 d5 2. d4 ♗f5 3. c4 e6 4. ♕b3 ♘c6 5. c5 ♖b8 6. e3 ♘ge7 7. ♘c3 g6 8. ♘h4 ♗g7 9. ♘f5 ♘f5 10. ♗d3 0-0 11. 0-0 ♘fe7 12. ♖d1 b6 13. cb6 ab6 14. ♗f1 ♘a5 15. ♕a4 c5 16. ♘b5 ♖a8 17. ♕c2 c4 18. b4 ♘b3 19. ♖b1 ♘c1 20. ♖dc1 ♕d7 21. a4 f5 22. f4 ♗f6 23. ♘c3 g5 24. g3 ♘c6 25. ♔h1 ♔h8 26. b5 ♘a5 27. ♗e2 ♖g8 28. ♖g1 ♖g7 29. ♖bf1 ♘b7 30. ♗d1 ♘d6 31. ♕e2 ♖ag8 32. ♗c2 ♕a7 33. ♕d2 ♖g6 34. ♗d1 ♗e7 35. ♗c2 ♘e8 36. g4 gf4 37. gf5 ♖g1 38. ♖g1 ♖g1 39. ♔g1 ♗b4 40. ef4 ♕g7 41. ♔h1 ½:½

6.06. 1684.

P. KERES - V. HORT

1. d4 d5 2. c4 c6 3. ♘f3 ♘f6 4. cd5 cd5 5. ♘c3 ♘c6 6. ♗f4 e6 7. e3 ♗d6 8. ♗d6 ♕d6 9. ♗d3 ♗d7 10. 0-0 0-0 11. ♖c1 ♖fd8 12. ♕e2 ♖ac8 13. ♖fd1 ♗e8 14. h3 h6 15. ♗b1 ½:½

BULGARIA - ESTONIA TEAM MATCH

Sofia, 3.- 4.07.1969

3.07. 1685.

P. KERES - M.G. BOBOTSOV

1. e4 c5 2. ♘f3 d6 3. ♘c3 ♘f6 4. e5 de5 5. ♘e5 ♘bd7 6. ♘c4 e6 7. d4 ♗e7 8. dc5 0-0 9. ♕f3 ♘c5 10. ♗f4 ♗d7 11. 0-0-0 ♕c8 12. ♘e5 ♖d8 13. ♗e2 ♗e8 14. ♖d8 ♕d8 15. ♖d1 ♕c8 16. ♖d4 ♘fd7 17. ♘d7 ♗d7 18. ♕e3 ♗c6 19. ♘b5 ♕f8 20. f3 a6 21. ♘d6 ♖d8 22. ♘c4 ♖d4 23. ♕d4 ♕d8 24. ♗e3 ♕d4 25. ♗d4 b5 26. ♘e5 ♗e8 27. ♔d2 f6 28. ♘d3 ♘d3 29. ♗d3 ♗c6

(diagram)

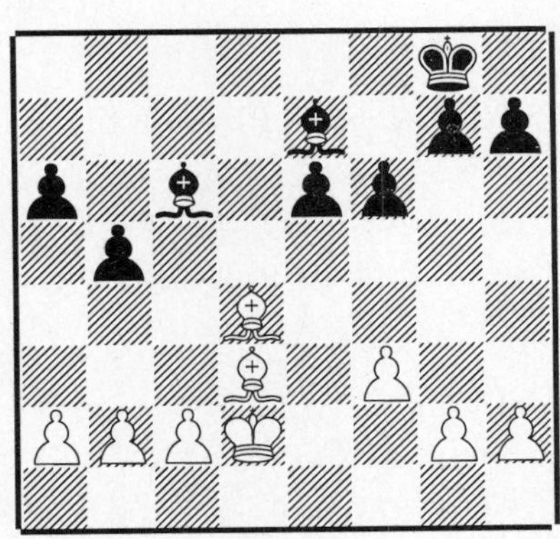

30. c4 ♗d6 31. h3 e5 32. ♗b6 g6 33. c5 ♗e7 34. ♗e4 ♗e4 35. fe4 ♔f7 36. g4 ♔e6 37. c6 ♗b4 38. ♔d3 ♔d6 39. ♗d8 ♔c6 40. ♗f6 ♗d6 ½:½

4.07. 1686.

M.G. BOBOTSOV - P. KERES

1. d4 ♘f6 2. c4 e6 3. ♘f3 b6 4. g3 ♗a6 5. ♕a4 c5 6. ♗g2 ♗b7 7. 0-0 cd4 8. ♘d4 ♗g2

9. ♔g2 ♕c8 10. ♖d1 ♗c5 11. ♘c3 0-0 12. ♘f3 ♕b7 13. ♗f4 ♘c6 14. ♗d6 ♗d6 15. ♖d6 ♘e5 16. ♕b5 ♘f3 17. ef3 ♖ac8 18. ♕a4 ♖c5 19. ♘e4 ½:½

KALEV - JÕUD CLUB TEAM MATCH
Tallinn, 25.- 26.10.1969

25.10. **1687.**

P. KERES - H. KÄRNER

1. e4 d6 2. c4 g6 3. d4 ♗g7 4. ♘c3 e5 5. ♘f3 ♗g4 6. d5 a5 7. h3 ♗f3 8. ♕f3 ♘a6 9. h4 ♗h6 10. ♗h6 ♘h6 11. g3 f5 12. ♕e3 ♘f7 13. ef5 gf5 14. ♗h3 ♕f6 15. 0-0-0 0-0 16. f4 ♘c5 17. ♘b5 ♖ae8 18. ♔b1 c6 19. ♘c3 ♔g7 20. ♖hf1 e4 21. ♘e2 ♘d3 22. ♘d4 ♘h6 23. ♖d2 cd5 24. cd5 ♔h8 25. ♖fd1 ♖c8 26. ♗f1 ♘g4 27. ♕g1 ♘c5 28. ♗e2 e3 29. ♗g4 ed2 30. ♗f5 ♖ce8 31. ♖d2 a4 32. ♗e6 a3 33. ba3 ♖a8 34. ♕e3 ♖a4 35. ♘b5 ♖a5 36. ♘d6 ♘a4 37. ♘e4 ♖b5 38. ♔c2 ♕g7 39. ♕d4 ♖b2 40. ♔d3 ♖d2 41. ♘d2 ♘b2 42. ♔e4 ♖a8 43. d6 ♖a6 44. ♕e5 ♖a4 45. ♔e3 ♘d1 46. ♔e2 ♘c3 47. ♔d3 ♖a3 48. ♗b3 **1:0**

26.10. **1688.**

H. KÄRNER - P. KERES

1. d4 d5 2. c4 e6 3. ♘f3 c6 4. ♕c2 ♘f6 5. ♗g5 ♘bd7 6. ♘bd2 h6 7. ♗h4 ♗e7 8. e3 0-0 9. ♗e2 ♘e4 10. ♗e7 ♕e7 11. ♘e4 de4 12. ♘d2 f5 13. g4 ♕h4 14. gf5 ef5 15. ♖f1 c5 16. dc5 ♘c5 17. 0-0-0 ♗e6 18. b4 ♘d3 19. ♗d3 ed3 20. ♕d3 ♖ac8 21. f4 a5 22. ♔b1 ♖fd8 23. ♕c3 ab4 24. ♕b4 ♕h5 25. ♖g1 ♗c4 26. ♕b2 ♖d7 27. ♖c1 ♗d3 28. ♔a1 ♖e8 29. ♘b3 b6 30. ♖g3 ♕e2 31. ♘d4 ♕b2 32. ♔b2 ♖de7 33. ♖c6 ♖e3 34. ♖b6 ♖g3 35. hg3 ♖e3 36. a4 **0:1**

USSR TEAM TOURNAMENT
Tashkent, 21.- 30.11.1969

21.11. **1689.**

P. KERES - S. PINTCHUK

1. d4 ♘f6 2. c4 c5 3. d5 d6 4. ♘c3 g6 5. g3 ♗g7 6. ♗h3 0-0 7. ♗c8 ♕c8 8. ♘f3 ♕h3 9. ♕d3 ♘a6 10. ♗f4 ♘c7 11. ♘g5 ♕d7 12. a4 h6 13. ♘f3 ♕h3 14. ♗d2 e6 15. de6 ♕e6 16. 0-0 d5 17. cd5 ♘cd5 18. ♘d5 ♘d5 19. ♖ac1 b6 20. b3 ♖fe8 21. ♖fe1 ♕e4 22. ♕e4 ♖e4 23. ♔f1 ♘b4 24. ♖ed1 ♔f8 25. ♗e3 ♖ee8 26. ♘d2 ♘a2 27. ♖c4 ♖ad8 28. ♖c2 ♘b4 29. ♖cc1 ♘a2 30. ♖c2 ♘b4 31. ♖cc1 ♘a2 ½:½

22.11. **1690.**

A. CESNAUSKAS - P. KERES

1. e4 e5 2. ♘f3 ♘c6 3. ♗b5 a6 4. ♗a4 d6 5. 0-0 ♗d7 6. c4 ♘f6 7. ♘c3 ♗e7 8. d4 ed4 9. ♘d4 0-0 10. ♖e1 ♖e8 11. ♘c6 bc6 12. ♗f4 ♘g4 13. c5 ♗h4 14. g3 ♗g5 15. ♕d2 ♗f4 16. ♕f4 dc5 17. e5 g5 18. ♕d2 ♗f5 19. ♕d8 ♖ad8 20. ♗c6 ♖e5 21. h3 ♖e1 22. ♖e1 ♘f6 23. ♖e5 ♗h3 24. ♖g5 ♔f8 25. ♖c5 ♖d2 26. ♘e4 ♘e4 27. ♗e4 ♖b2 28. ♖c7 ♗e6 29. a4 ♖a2 30. ♗c2 ♖a1 31. ♔h2 ♖c1 32. g4 ♗g4 33. ♖c6 ♗d7 34. ♖d6 ♖c2 35. ♖d7 ♖c4 36. ♔g3 ♖a4 37. ♖a7 ♔g7 38. ♔f3 ♖a1 39. ♔g2 a5 40. ♖a6 a4 **0:1**

23.12. **1691.**

A. KUDREASHOV - P. KERES

1. e4 e5 2. ♘f3 ♘c6 3. ♗b5 a6 4. ♗a4 d6 5. 0-0 ♗d7 6. c4 ♘f6 7. ♘c3 ♗e7 8. d4 ed4 9. ♘d4 0-0 10. ♘c6 bc6 11. h3 ♖e8 12. ♕f3 c5 13. ♗c2 ♗e6 14. ♕d3 ♘d7 15. f4 ♘f8 16.

♗d2 ♗f6 17. ♖ae1 ♗d7 18. b3 ♗c6 19. ♔h2 ♗d4 20. ♘d5 a5 21. a3 ♗b2 22. a4 ♗d4 23. ♖e2 ♖a7 24. ♕g3 ♔h8 25. ♕e1 ♕a8 26. ♔h1 ♗d7 27. e5 ♗c6 28. ♘c3 de5 29. fe5 ♖e5 30. ♖f7 ♖e2 31. ♕e2 ♔g8 32. ♖f5 g6 33. ♖f1 ♗g7 34. ♘b5 ♖b7 35. ♗e4 ♕a6 36. ♕f3 ♗e4 37. ♕f7 ♔h8 38. ♗c3 **1:0**

24.11. 1692.

P. KERES - K. GRIGORIAN

1. e4 ♘f6 2. e5 ♘d5 3. ♘f3 d6 4. ♗c4 c6 5. 0-0 g6 6. ♘c3 ♘b6 7. ♗b3 ♗g7 8. ed6 ♕d6 9. ♘e4 ♕c7 10. d4 0-0 11. ♖e1 a5 12. a4 ♘a6 13. ♗g5 ♘d5 14. ♕d2 ♗e6 15. ♗h6 ♖ad8 16. ♗g7 ♔g7 17. ♗c4 ♘b8 18. h3 ♗c8 19. ♘g3 h6 20. h4 c5 21. ♗d5 ♖d5 22. c4 ♖dd8 23. d5 e6 24. ♕c3 f6 25. de6 ♖de8 26. h5 **1:0**

27.11. 1693.

V. DANOV - P. KERES

1. c4 ♘f6 2. ♘c3 e5 3. ♘f3 d6 4. d4 ♘bd7 5. g3 c6 6. ♗g2 e4 7. ♘d2 d5 8. cd5 cd5 9. ♘f1 ♘b6 10. ♘e3 h5 11. f3 ef3 12. ef3 h4 13. ♔f2 ♗e6 14. ♗d2 ♕d7 15. ♖c1 ♗e7 16. ♕e2 0-0 17. ♖he1 ♖fe8 18. ♕b5 ♕d6 19. ♕d3 ♖ac8 20. ♘b5 ♕d7 21. ♘c3 g6 22. b3 a6 23. ♘e2 ♕d6 24. ♘f4 ♖c1 25. ♖c1 ♗f8 26. ♘e6 ♖e6 27. ♗h3 ♖e8 28. ♘g4 ♘g4 29. ♗g4 ♗g7 30. ♖c2 f5 31. ♗h3 ♘d7 32. ♔g2 hg3 33. hg3 ♘f8 34. g4 ♘e6 35. ♗e3 ♗d4 36. gf5 gf5 37. ♗c1 ♗g7 38. ♕f5 ♘d4 39. ♕h5 ♖f8 40. ♗a3 ♕a3 41. ♕d5 ♔h8 **½:½**

28.11. 1694.

P. KERES - G. USTINOV

1. e4 e5 2. ♘f3 ♘c6 3. ♗b5 a6 4. ♗a4 ♘f6 5. 0-0 b5 6. ♗b3 ♗b7 7. ♘c3 ♗e7 8. ♘d5 d6 9. d3 ♘d5 10. ♗d5 ♘a5 11. ♗b7 ♘b7 12. d4 ♗f6 13. a4 0-0 14. ♗e3 c6 15. de5 de5 16. ♕d8 ♖fd8 17. ♗b6 ♖d6 18. ♖fd1 h6 19. ♔f1 ♖e6 20. ♖d7 ♘d6 21. ♘d2 ♗g5 22. ♗c5 ♘e8 23. f3 ♖d8 24. ♖d8 ♗d8 25. ♘b3 ♘f6 26. ♔e2 ♗c7 27. ♗b4 ♘d7 28. ♖d1 ♘b8 29. ♘c5 ♖e8 30. ♖a1 a5 31. ♗e1 b4 32. c3 bc3 33. ♗c3 f6 34. ♔d3 ♔f7 35. ♔c4 ♔e7 36. ♘b7 ♘a6 37. ♘a5 ♗a5 38. ♗a5 ♖b8 39. ♗c3 c5 40. ♖a3 ♔d6 41. ♖b3 ♖b3 42. ♔b3 ♔c6 43. ♔c4 ♘c7 44. ♗d2 ♘e8 45. b4 **1:0**

30.11. 1695.

A. LUTIKOV - P. KERES

1. e4 e5 2. ♘f3 ♘c6 3. ♗b5 a6 4. ♗c6 dc6 5. ♘c3 f6 6. d4 ed4 7. ♘d4 c5 8. ♘de2 ♕d1 9. ♘d1 ♗e6 10. ♗f4 0-0-0 11. ♘e3 ♘e7 12. ♖d1 ♖d1 13. ♔d1 g6 14. ♔c1 ♗g7 15. ♖d1 ♖d8 16. ♖d8 ♔d8 **½:½**

BUDAPEST
8.- 25.02.1970

8.02. 1696.

P. KERES - I. CSOM

1. c4 ♘f6 2. ♘c3 e6 3. ♘f3 d5 4. d4 ♗e7 5. ♗g5 ♘bd7 6. e3 0-0 7. ♕c2 ♖e8 8. 0-0-0 c6 9. ♔b1 ♘f8 10. ♗d3 ♕a5 11. h4 dc4 12. ♗c4 c5 13. d5 ed5 14. ♘d5 ♘d5 15. ♗d5 ♗e6 16. ♗e6 ♘e6 17. ♖d7 ♗f8

(diagram)

18. ♕f5 ♕a4 19. ♘e5 b6 20. ♕f7 ♔h8 21. f3 **1:0**

9.02. 1697.

A. SUETIN - P. KERES

1. e4 e5 2. ♘f3 ♘c6 3. ♗b5 a6 4. ♗a4 d6 5. 0-0 ♗d7 6. d4 ♘f6 7. c4 ♗e7 8. ♘c3 ed4 9. ♘d4 ♘d4 10. ♗d7 ♘d7 11. ♕d4 ♗f6 12. ♕e3 0-0 13. ♘d5 ♖e8 14. f3 ♗e5 15. ♕g5

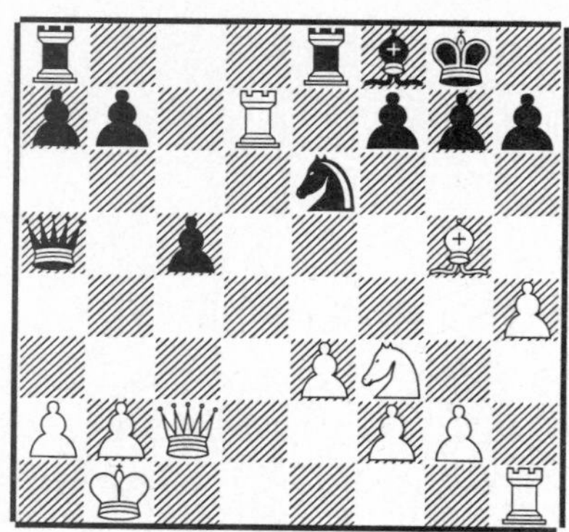

♗d4 16. ♔h1 c6 17. ♘c3 ♗c3 18. bc3 ♘e5 19. ♖b1 b5 20. cb5 ab5 21. ♖b2 ♕g5 22. ♗g5 f6 23. ♗c1 ♔f7 24. ♔g1 ♖a4 25. ♖d2 ♔e6 26. ♖ff2 ♖ea8 27. ♖fe2 h5 28. f4 ♘c4 29. ♖c2 f5 30. ef5 ♔f5 31. ♔f2 ♘b6 32. ♔f3 ♘d5 33. g3 ♖c4 34. h3 ♖aa4 35. a3 ♔f6 36. ♖e8 b4 37. ab4 ♘b4 38. ♖ce2 ♖c3 39. ♖2e3 ♖c1 40. ♖f8 ♔g6 41. f5 ♔h7 42. ♖ee8 ♖c3 43. ♔e2 ♖a2 44. ♔d1 ♖a1 45. ♔e2 ♖c2 46. ♔f3 ♖f1 47. ♔e3 ♖e1 **0:1**

10.02. **1698.**

P. KERES - V. JANSA

1. e4 ♘f6 2. e5 ♘d5 3. d4 d6 4. ♘f3 g6 5. ♗c4 ♘b6 6. ♗b3 ♗g7 7. a4 a5 8. ed6 cd6 9. 0-0 0-0 10. ♘c3 ♗g4 11. ♘b5 ♘c6 12. c3 ♘a7 13. ♘a7 ♖a7 14. ♖e1 e6 15. d5 e5 16. h3 ♗f3 17. ♕f3 ♘d7 18. ♗e3 b6 19. ♕e2 f5 20. f3 e4 21. f4 g5 22. ♖f1 gf4 23. ♖f4 ♗h6 24. ♖e4 fe4 25. ♗h6 ♖f7 26. ♕e4 ♘c5 27. ♕c4 ♘b3 28. ♕b3 ♕h4 29. ♗e3 ♕g3 30. ♗d4 ♖ae7 31. ♕d1 h6 32. ♕d2 ♔h7 33. ♗b6 ♖g7 34. ♗d4 ♖g6 35. ♕c2 ♖f7 36. ♕e4 ♕g5 37. ♖e1 h5 38. ♕e2 ♕f5 39. ♕d2 ♕d5 40. ♖e8 ♖gg7 41. ♖h8 **1:0**

11.02. **1699.**

I. RADULOV - P. KERES

1. e4 e5 2. ♘f3 ♘c6 3. d4 ed4 4. ♘d4 ♗c5 5. ♘b3 ♗b4 6. c3 ♗e7 7. ♘d4 ♗f6 8. g3 ♘ge7 9. ♗g2 0-0 10. 0-0 d6 11. ♘a3 ♗d7 12. h3 ♘d4 13. cd4 c5 14. e5 de5 15. dc5 ♕c8 16. g4 ♘g6 17. ♘c4 ♗c6 18. ♘d6 ♕c7 19. ♗e3 ♗g2 20. ♔g2 ♕c6 21. f3 ♗e7 22. ♕d3 ♕c5 23. ♕g6 ♕d6 24. ♕d6 ♗d6 25. ♖fd1 ♖fd8 26. ♖d5 b6 27. ♖ad1 ♗e7 28. ♖1d2 f6 29. f4 ef4 30. ♗f4 ♔f7 31. ♖d7 ♔e6 32. ♖b7 ♖d2 33. ♗d2 ♖d8 34. ♗c3 ♖d7 35. ♖b8 ♗c5 36. a4 a5 37. h4 ♔d5 38. ♔f3 h6 39. h5 ♔c4 40. ♔e4 ♗f2 41. ♔f3 ♗g1 42. ♔e4 ♗c5 43. ♔f3 ♖e7 44. ♖c8 ♔b3 45. ♗a5 ba5 46. ♖c5 ♔a4 47. ♖c3 ♔b4 48. ♖c8 ♖b7 49. ♖c3 a4 50. ♔f4 ♖b5 51. ♖d3 ♖b7 52. ♖c3 ♖d7 53. ♔e3 ♖d5 54. ♖c7 f5 55. ♖g7 fg4 56. ♖g4 ♔b3 57. ♖g6 ♖h5 58. ♖b6 ♔c4 59. ♖a6 ♔b5 60. ♖a8 ♖d5 61. ♖b8 ♔c4 62. ♖c8 ♔b4 63. ♖c2 ♔b3 64. ♖h2 h5 65. ♔e4 ♖g5 66. ♔e3 ♖g3 67. ♔f4 ♖g4 68. ♔f3 ♖c4 69. ♔e3 h4 70. ♔d3 ♖g4 71. ♔e3 h3 72. ♔d3 ♖h4 73. ♔e3 ♖c4 74. ♔d3 ♖c8 75. ♖f2 ♖d8 76. ♔e3 ♖g8 77. ♖h2 ♖g2 78. ♖h3 ♔b2 79. ♖h8 a3 80. ♖b8 ♔c1 **0:1**

13.02. **1700.**

P. KERES - R. KHOLMOV

1. e4 e5 2. ♘f3 d6 3. d4 ed4 4. ♘d4 ♘f6 5. ♘c3 ♗e7 6. ♗e2 0-0 7. 0-0 ♘c6 8. ♖e1 ♖e8 9. ♗f1 ♗d7 10. h3 ♘d4 11. ♕d4 ♗c6 12. ♗f4 ♘h5 13. ♗d2 ♗g5 14. ♖ad1 ♗d2 15. ♖d2 ♕f6 16. ♕f6 ♘f6 **½:½**

14.02. **1701.**

L.M. KOVACS - P. KERES

1. e4 e5 2. ♘f3 ♘c6 3. ♗c4 ♘f6 4. d3 ♗c5 5. ♘c3 d6 6. h3 ♗e6 7. ♘d5 ♗d5 8. ed5 ♘e7 9. d4 ed4 10. ♘d4 ♘fd5 11. ♗d5 ♘d5 12. ♘f5 c6 13. ♘g7 ♔d7 14. 0-0 ♖g8 15. c4 ♘b6 16. ♘h5 ♘c4 17. ♕b3 b5 18. a4 ♕h4 19. ♕f3 ♘e5 20. ♕f5 ♔c7 21. ♗f4 ♕e7 22. ab5 ♕e6 23. ♕e6 fe6 24. ♗e5 de5 25. ♖fc1 ♔b6 26. ♘f6 ♖gd8 27. ♘e4 ♗d4 28. bc6 ♖ac8 29. ♘g5 ♖d6 30. ♘h7 ♖dc6 31. ♖c6 ♖c6 32. ♘g5 ♖c2 33. ♖f1 ♗b2 34. ♘e6 a5

35. f4 e4 36. f5 e3 37. ♘f4 a4 38. ♘d5 ♔c5 39. ♘e3 ♗d4 40. ♖e1 ♖c3 41. f6 ♖e3 42. ♖c1 ♖c3 **0:1**

15.02. 1702.

P. KERES - L. PORTISCH

1. e4 e5 2. ♘f3 ♘c6 3. ♗b5 a6 4. ♗a4 ♘f6 5. 0-0 ♗e7 6. ♘c3 b5 7. ♗b3 d6 8. ♘d5 ♘a5 9. ♘e7 ♕e7 10. d4 0-0 11. ♗g5 ♗g4 12. de5 de5 13. h3 ♖ad8 14. ♕e2 ♗f3 15. ♕f3 ♖d6 **½:½**

16.02. 1703.

L. SZABO - P. KERES

1. ♘f3 d5 2. g3 ♗g4 3. ♗g2 c6 4. b3 ♘f6 5. ♗b2 ♘bd7 6. 0-0 e6 7. d3 ♗c5 8. ♘bd2 0-0 9. e4 a5 10. a3 b5 11. ♕e2 ♕e7 12. h3 ♗h5 13. e5 ♗f3 14. ♘f3 ♘e8 15. h4 g6 16. ♘h2 ♘g7 **½:½**

18.02. 1704.

P. KERES - B. IVKOV

1. e4 e5 2. ♘f3 ♘c6 3. ♘c3 ♘f6 4. ♗b5 ♗b4 5. 0-0 0-0 6. d3 d6 7. ♗g5 ♗c3 8. bc3 ♕e7 9. ♗c6 bc6 10. ♖b1 h6 11. ♗f6 ♕f6 12. ♘d2 ♗e6 13. c4 ♖ab8 **½:½**

19.02. 1705.

A. ADORJAN - P. KERES

1. e4 e5 2. ♘f3 ♘c6 3. ♗b5 a6 4. ♗c6 dc6 5. 0-0 ♗g4 6. h3 h5 7. d3 ♕f6 8. ♘bd2 ♗d6 9. ♖e1 ♘e7 10. d4 ♘g6 11. hg4 hg4 12. ♘h2 ♖h2 13. ♕g4 ♕h4 14. ♕h4 ♖h4 15. ♘f3 ♖h5 16. de5 ♘e5 17. ♘e5 ♗e5 18. c3 0-0-0 **½:½**

20.02. 1706.

P. KERES - F. GHEORGHIU

1. e4 e5 2. ♘f3 ♘c6 3. ♗b5 a6 4. ♗a4 ♘f6 5. 0-0 ♗e7 6. ♖e1 b5 7. ♗b3 d6 8. c3 0-0 9. h3 h6 10. d4 ♖e8 11. ♘bd2 ♗f8 12. ♘f1 ♗d7 13. de5 ♘e5 14. ♘e5 de5 **½:½**

21.02. 1707.

P. KERES - Y. AVERBAKH

1. e4 c6 2. d4 d5 3. ♘c3 de4 4. ♘e4 ♗f5 5. ♘g3 ♗g6 6. h4 h6 7. ♘f3 ♘d7 8. h5 ♗h7 9. ♗d3 ♗d3 10. ♕d3 ♘gf6 11. ♗d2 e6 12. 0-0-0 ♕c7 13. ♘e4 ♘e4 14. ♕e4 0-0-0 15. ♕f4 ♕f4 16. ♗f4 ♗e7 17. c3 **½:½**

22.02. 1708.

G. FORINTOS - P. KERES

1. d4 ♘f6 2. c4 e6 3. ♘c3 ♗b4 4. ♕c2 0-0 5. a3 ♗c3 6. ♕c3 b6 7. ♗g5 ♗b7 8. e3 d6 9. f3 ♘bd7 10. ♗d3 e5 11. ♘e2 c5 12. ♗f5 ed4 13. ed4 ♖e8 14. ♕d3 ♘f8 15. 0-0 h6 16. ♗h4 ♘g6 17. ♗f2 ♘e7 18. ♗h3 ♘g6 19. ♖fe1 d5 20. ♗f5 dc4 21. ♕c4 ♘e7 22. ♗d3 ♘c6 23. ♖ad1 cd4 24. ♗f5 ♕d5 25. ♕d5 ♘d5 26. ♘d4 ♘d4 27. ♗d4 ♖e1 28. ♖e1 ♖d8 29. ♗e4 ♔f8 30. ♗f2 ♖d7 31. ♖d1 ♗c6 32. ♖c1 ♗b7 33. ♖d1 ♗c6 34. ♗d4 ♘f4 35. ♗c6 ♖d4 36. ♖d4 ♘e2 37. ♔f2 ♘d4 38. ♗a8 ♔e7 39. ♔e3 ♘e6 40. ♗d5 ♔d6 41. ♗a2 ♔e5 42. g3 f5 43. f4 ♔f6 44. ♗d5 ♘c7 45. ♔d4 ♘b5 46. ♔d3 ♘c7 47. ♗b7 ♔e7 48. ♗c8 g6 49. ♔c4 ♔d6 50. ♗b7 ♘e6 51. b4 ♘c7 52. a4 ♔e6 53. ♗c8 ♔d6 54. ♗b7 ♔e6 55. ♗g2 ♔d6 56. ♗f3 ♔e6 57. a5 ♔d6 58. ♗g2 ♔e6 59. ♗b7 ♔d6 60. ♗f3 ♔e6 61. ab6 ab6 62. ♗d1 ♔d6 63. ♗b3 g5 64. ♔d4 gf4 65. gf4 ♘b5 66. ♔c4 ♘c7 67. ♔d4 ♘b5 68. ♔c4 ♘c7 69. ♗c2 ♘d5 70. ♔b5 ♘f4 71. ♗f5 ♘d5 72. ♗g4 ♔e5 73. ♗f3 ♘b4 74. ♔b4 ♔f6 **½:½**

24.02. 1709.

P. KERES - L. BARCZAY

1. e4 c5 2. ♘f3 ♘c6 3. d4 cd4 4. ♘d4 g6 5. c4 ♘f6 6. ♘c3 ♘d4 7. ♕d4 d6 8. ♗e2 ♗g7 9. ♗d2 0-0 10. ♕e3 e6 11. 0-0 d5 12. cd5 ed5 13. ed5 ♖e8 14. ♕g3 ♘d5 15. ♗b5 ♖e5 16. ♖ad1 ♕e7 17. ♘d5 ♖d5 18. ♗c4 ♖d4 19. ♗g5 ♕e8 20. ♖d4 ♗d4 21. ♖d1 ♗e6 22. ♖d4 ♗c4 23. h4 ♗e6 24. ♗h6 f6 25. ♕d6 ♖c8 26. ♖e4 ♔f7 27. ♖f4 ♕e7 28. ♕d4 ♖c1 29. ♔h2 ♖c4 30. ♕a7 ♕c7

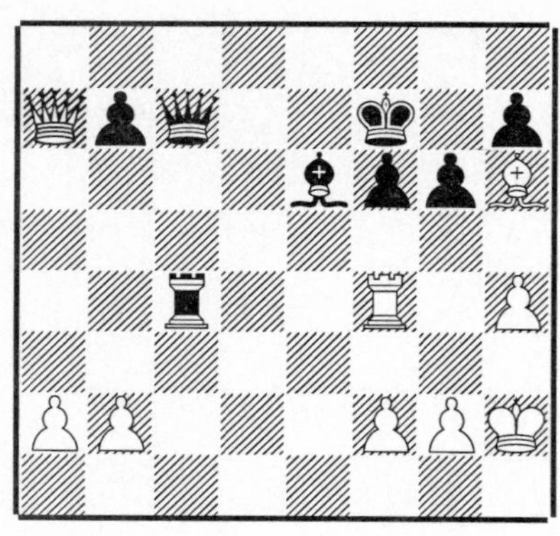

31. ♕a3 ♖c5 32. ♕g3 ♖f5 33. ♖f5 ♕g3 34. ♔g3 ♗f5 35. ♔f4 ♗b1 36. a3 ♔e6 37. ♗f8 ♗c2 38. ♗b4 h5 39. ♗c3 f5 40. ♔e3 ♔d5 ½:½

25.02. **1710.**

L. LENGYEL - P. KERES

1. d4 ♘f6 2. c4 e6 3. ♘f3 b6 4. g3 ♗a6 5. ♕a4 c5 6. ♗g2 ♗b7 7. 0-0 cd4 8. ♘d4 ♗g2 9. ♔g2 ♗c5 10. ♘b5 0-0 11. ♕d1 ½:½

WORLD - USSR TEAM MATCH
Belgrade, 29.03.- 6.04.1970

29.03. **1711.**

B. IVKOV - P. KERES

1. e4 e5 2. ♘f3 ♘c6 3. ♗b5 a6 4. ♗a4 d6 5. 0-0 ♗d7 6. c3 ♘ge7 7. d4 ♘g6 8. ♘bd2 ♗e7 9. ♖e1 0-0 10. ♘f1 ed4 11. cd4 ♗f6 12. ♘e3 ♖e8 13. ♗c2 ♘h4 14. ♘h4 ♗h4 15. ♘d5 ♘e7 16. ♘c3 ♘g6 17. g3 ♗f6 18. ♗e3 c5 19. f4 cd4 20. ♗d4 ♗c6 21. ♗b3 ♘f8 22. ♗f6 ♕f6 23. ♘d5 ♕d8 24. ♕h5 ♘d7 25. ♖ad1 ♘c5 26. ♗c2 g6 27. ♕g5 ♕g5 28. fg5 ♗d5 29. ♖d5 ♖e6 30. b4 ♘d7 31. ♗b3 ♘e5 32. ♖c1 ♘c6 33. b5 ab5 34. ♖b5 ♖e7 35. ♖d1 ♖a5 36. ♖a5 ♘a5 37. ♗d5 ♖c7 38. ♖b1 ♔f8 39. ♖b5 ♘c6 40. ♖b6 ♔e7 ½:½

31.03. **1712.**

P. KERES - B. IVKOV

1. e4 e5 2. ♘f3 ♘c6 3. ♗b5 a6 4. ♗a4 ♘f6 5. 0-0 ♗e7 6. ♖e1 d6 7. ♗c6 bc6 8. d4 ♘d7 9. ♘bd2 0-0 10. ♘c4 ♗f6 11. ♗e3 ♕e8 12. ♕d2 ♕e6 13. ♕c3 ♖b8 14. b3 ♖e8 15. ♘a5 ed4 16. ♗d4 c5 17. ♗f6 ♕f6 18. ♕f6 gf6 19. ♘d2 ♘e5 20. f4 ♘g6 21. g3 ♗d7 22. ♘ac4 ♗c6 23. ♘e3 ♔f8 24. ♔f2 ♗e4 25. f5 ♗c6 26. fg6 fg6 27. ♘ec4 ♔f7 28. a3 ♖e1 29. ♖e1 g5 30. ♘e3 h5 31. ♘f5 ♖e8 32. ♖e8 ♗e8 33. h4 d5 34. b4 ♗d7 35. ♘e3 cb4 36. ab4 gh4 37. gh4 ♔e6 38. ♘f3 ♔d6 39. c3 c5 40. ♔e2 ♔c6 41. ♔d3 ♗e8 42. bc5 ♔c5 43. ♘d4 ♗g6 44. ♔d2 a5 45. ♘g2 ♔d6 46. ♘f4 ♗e8 47. ♘d3 ♗g6 48. ♘b5 ♔c6 49. ♘f4 ♗e8 50. ♘a3 ♔d6 51. ♔e3 ♔e5 52. ♘c2 a4 53. ♘d4 a3 54. ♘d3 ♔d6 55. ♘c2 a2 56. ♘db4 ♗g6 57. ♘a1 ♔c5 58. ♘b3 ♔c4 59. ♘d2 ♔c3 60. ♘a2 ♔b2 61. ♘b4 ♗f7 62. ♔d4 ♔c1 63. ♘f3 ♔d1 64. ♔e3 ♗g8 65. ♘d3 ♔c2 66. ♘f4 ♗f7 67. ♔d4 ♔d1 68. ♔d3 ♔c1 69. ♘e2 ♔b2 70. ♘c3 ♗g8 71. ♔d4 ♔c2 72. ♘d5 ♗d5 73. ♔d5 ♔d3 74. ♘d4 ♔e3 75. ♘f5 ♔f4 76. ♔e6 **1:0**

2.04. **1713.**

B. IVKOV - P. KERES

1. ♘f3 d5 2. c4 e6 3. d4 c5 4. cd5 ed5 5. g3 ♘c6 6. ♗g2 ♘f6 7. 0-0 ♗e7 8. ♘c3 0-0 9. dc5 ♗c5 10. ♗g5 d4 11. ♗f6 ♕f6 12. ♘e4 ♕e7 13. ♘c5 ♕c5 14. ♕d2 ♗g4 15. ♖ac1 ♕b6 16. ♘g5 ♖ad8 17. ♕f4 ♗h5 18. ♕h4 ♗g6 19. ♗e4 ♘e5 20. ♘h7 ♖fe8 21. ♘g5 d3 22. ed3 f5 23. ♗g2 ♖d4 24. ♕h3 ♘d3 25.

♘f3 ♘c1 26. ♘d4 ♕d4 27. ♖c1 ♖e2 28. ♖f1 ♖b2 29. ♗f3 ♖a2 30. ♗b7 a5 31. ♕g2 ♗f7 32. ♕f3 g6 33. h4 ♖a1 34. ♖a1 ♕a1 35. ♔h2 ♕e5 36. ♗c6 ♔g7 37. ♕a3 f4 38. ♕a4 fg3 39. fg3 ♕b2 40. ♗g2 ♕c3 41. ♕b5 ♕c7 42. h5 gh5 43. ♕g5 ♔f8 44. ♕h6 ♔e8 45. ♗c6 ♔e7 46. ♕g5 ♔d6 47. ♗g2 ♔d7 48. ♕f6 ½:½

4.04. **1714.**

P. KERES - B. IVKOV

1. e4 c5 2. ♘f3 d6 3. ♘c3 ♗g4 4. h3 ♗f3 5. ♕f3 ♘c6 6. g3 g6 7. ♗g2 ♗g7 8. 0-0 h5 9. d3 h4 10. g4 e5 11. ♘d5 ♘ce7 12. ♖b1 ♘d5 13. ed5 a5 14. c3 ♘e7 15. ♕e2 f5 16. f4 fg4 17. ♕g4 ♕d7 18. fe5 ♗e5 19. ♗g5 ♕g4 20. hg4 ♖h7 21. ♗e4 ♔d7 22. ♖f3 ♖g8 23. ♖bf1 ♔e8

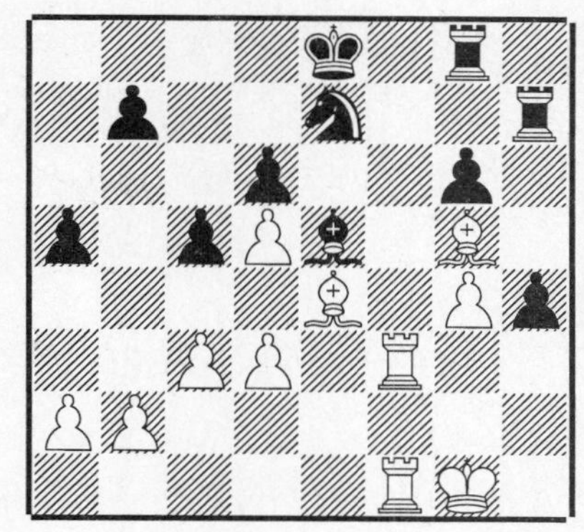

24. ♔h1 h3 25. ♖d1 ♔d7 26. d4 cd4 27. cd4 ♗h8 28. ♔h2 ♖c8 29. ♖df1 ♗d4 30. ♖f7 ♗e5 31. ♔h1 ♖f7 32. ♖f7 ♖c4 33. ♗g6 ♖d4 34. ♖e7 ♔c8 35. ♗f5 ♔b8 36. ♖e8 ♔a7 37. ♗e3 **1:0**

ESTONIA - BULGARIA TEAM MATCH
Tallinn, 20.- 21.04.1970

21.04. **1715.**

P. KERES - M.G. BOBOTSOV

1. e4 c5 2. ♘f3 d6 3. ♘c3 ♘f6 4. e5 de5 5. ♘e5 e6 6. ♗e2 ♗e7 7. 0-0 0-0 8. ♗f3 ♘bd7 9. ♘c4 ♘b6 10. b3 ♘bd5 11. ♗b2 ♘c3 12. ♗c3 ♘d5 13. ♗b2 ♗f6 14. ♘e5 ♕c7 15. ♖e1 ♖d8 16. ♕c1 ♗d7 17. d4 cd4 18. ♗d4 ♗e8 19. c4 ♘e7 20. ♗c3 ♘g6 21. ♘g6 hg6 22. ♗f6 gf6 23. ♕h6 ♖d4 24. ♖e3 ♖ad8 25. ♗d5 f5 26. ♖ae1 ♕e7 27. f4 ♖8d5 28. cd5 ♖d5 29. h4 ♕f8 30. ♕g5 ♕g7 31. ♔h2 ♗c6 32. ♖1e2 ♔f8 33. ♖g3 ♕d4 34. h5 gh5 35. ♖e5 ♖e5 36. ♕g7 ♔e7 37. ♕e5 ♕e5 38. fe5 f4 39. ♖h3 f6 40. ♖h5 fe5 41. ♖e5 ♔d6 42. ♖e2 e5 ½:½

20.04. **1716.**

M.G. BOBOTSOV - P. KERES

1. c4 e6 2. ♘c3 d5 3. cd5 ed5 4. d4 c5 5. ♘f3 ♘c6 6. g3 ♘f6 7. ♗g2 ♗e7 8. 0-0 0-0 9. dc5 ♗c5 10. ♗g5 d4 11. ♗f6 ♕f6 12. ♘e4 ♕e7 13. ♘c5 ♕c5 14. ♕d2 ♗f5 15. ♖ac1 ♕b6 16. ♖fd1 ♖ad8 17. ♕f4 ♗g6 18. ♖d2 ♖fe8 19. ♘h4 ♘e5 20. ♘g6 hg6 21. ♗e4 ♖d6 22. ♖dc2 ½:½

EUROPEAN TEAM CHAMPIONSHIP
Kapfenberg, 10.- 17.05.1970

10.05. **1717.**

P. KERES - S. KUPKA

1. e4 ♘f6 2. e5 ♘d5 3. d4 d6 4. ♘f3 g6 5. ♗c4 ♘b6 6. ♗b3 ♗g7 7. 0-0 0-0 8. a4 a5 9. h3 ♘c6 10. ♕e2 d5 11. ♘c3 ♗e6 12. ♗f4 ♕d7 13. ♖ad1 ♖a6 14. ♕d2 ♘d8 15. ♗h6 c6 16. ♕f4 ♖a8 17. ♖fe1 f6 18. ♗g7 ♔g7 19. ♖e2 ♘f7 20. ♖de1 ♖ae8 21. ♕d2 ♘a8

22. ♘d1 b6 23. c3 ♘c7 24. ♗c2 c5 25. dc5 bc5 26. b4 ab4 27. cb4 cb4 28. ♕b4 ♖b8 29. ♕d4 ♘d8 30. ♗d3 ♖e8 31. ♖c2 ♗f7 32. ♘e3 ♖b3 33. ♘g4 ♖d3 34. ef6 ef6 35. ♕f6 ♔f8 36. ♘fe5 ♕e7 37. ♕h8 ♗g8 38. ♘f6 ♕g7 39. ♘fd7 **1:0**

11.05. **1718.**

P. KERES - P. DELY

1. e4 c5 2. ♘f3 ♘c6 3. d4 cd4 4. ♘d4 g6 5. c4 ♘f6 6. ♘c3 ♘d4 7. ♕d4 d6 8. ♗e2 ♗g7 9. ♗d2 0-0 10. ♕e3 ♘d7 11. h4 f5 12. ef5 gf5 13. ♘d5 e5 14. ♕a3 ♘c5 15. ♗g5 ♕d7 16. 0-0-0 ♘e4 17. ♕e3 h6 18. g4

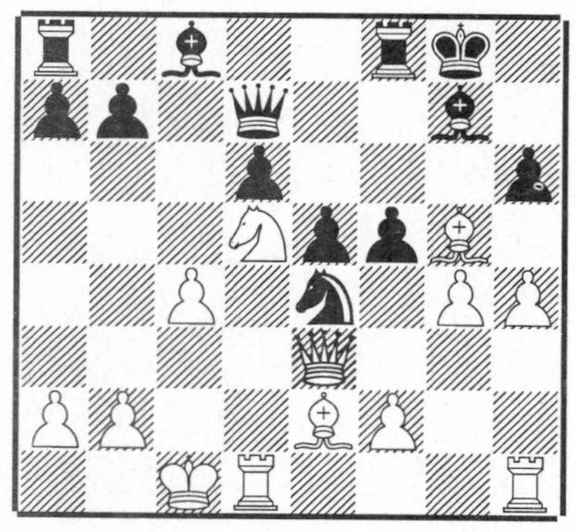

hg5 19. hg5 ♕d8 20. ♖h5 ♘c5 21. ♖dh1 fg4 22. b4 ♘a4 23. c5 ♗e6 24. g6 ♗d5 25. ♖h8 ♗h8 26. ♖h8 **1:0**

12.05. **1719.**

N. MINEV - P. KERES

1. d4 ♘f6 2. c4 e6 3. ♘c3 ♗b4 4. ♘f3 b6 5. g3 ♗a6 6. ♕a4 c5 7. a3 ♗c3 8. bc3 cd4 9. cd4 ♕c8 10. ♘d2 ♕c6 11. ♕c6 ♘c6 12. ♗b2 ♖c8 13. e4 d6 14. f4 0-0 15. ♗c3 ♖fd8 16. ♗h3 ♘e7 17. e5 ♘e8 18. 0-0 ♗c4 19. ♖fc1 ♗d5 20. ♗f1 ♗b7 21. ♘c4 ♘d5 22. ♗b4 de5 23. de5 ♗a6 24. ♘d6 ♖c1 25. ♖c1 ♗f1 26. ♘e8 ♖e8 27. ♔f1 h5 28. ♗d6 f6 29. ♔e2 ♔f7 30. ♔f3 ♖d8 31. h3 f5 32. g4 hg4 33. hg4 ♖h8 34. ♔g3 ♔g6 35. a4 fg4 36. ♔g4 ♖h2 37. f5 gf5 38. ♔g3 ♖d2 39. ♖c8 **0:1**

14.05. **1720.**

F. VISIER SEGOVIA - P. KERES

1. d4 ♘f6 2. c4 e6 3. ♘c3 ♗b4 4. e3 b6 5. ♗d3 c5 6. ♘f3 ♗b7 7. 0-0 0-0 8. ♘a4 cd4 9. ed4 ♗f3 10. ♕f3 ♘c6 11. ♖d1 d5 12. ♗g5 ♗e7 13. ♖ac1 ♘b4 14. ♗b1 dc4 15. ♗f6 ♗f6 16. ♖c4 ♕e7 17. ♘c3 ♖ad8 18. ♗e4 a5 19. a3 ♘a6 20. ♕h5 g6 21. ♕b5 ♕a7 22. ♘a4 ♖d6 23. ♗c6 ♖fd8 24. d5 ed5 25. ♖c2 d4 26. ♘b6 ♖b8 **0:1**

17.05. **1721.**

P. KERES - B. KURAJICA

1. d4 d5 2. c4 e6 3. ♘c3 ♗e7 4. cd5 ed5 5. ♗f4 ♘f6 6. e3 0-0 7. ♗d3 ♗d6 8. ♗g5 c6 9. ♘f3 ♖e8 10. ♕c2 h6 11. ♗h4 a5 12. 0-0 ♘bd7 13. ♖ae1 ♗e7 14. ♗g3 ♘f8 15. ♘e5 ♘h5 16. e4 de4 17. ♖e4 ♗e6 18. ♖fe1 ♘f6 19. ♖4e3 ♖c8 20. ♗f5 ♗f5 21. ♕f5 g6 22. ♕f4 ♔g7

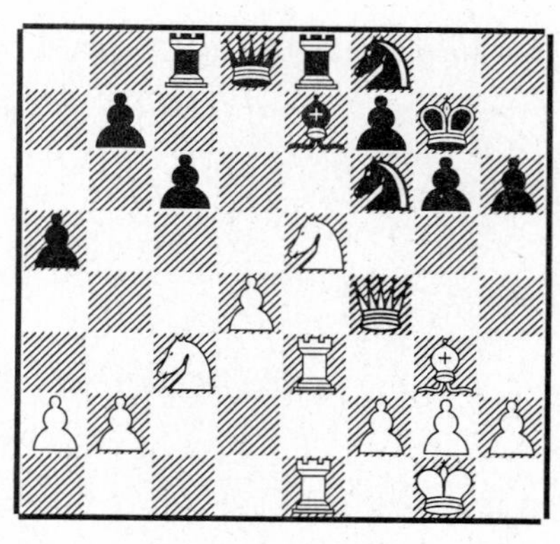

23. ♕h6 ♔g8 24. ♗h4 ♘8h7 25. ♘g6 **1:0**

41. Tallinn 1975.

42. Above: P. Keres and composer E. Tubin.
43. Below: Tallinn 1975. Maria and Paul Keres.

44. Above left: Moscow 1973. **45.** Above right: H. Kärner.
46. Below: Tallinn 1975. D. Bronstein and P. Keres.

47. Above: Tallinn 1975.
48. Below left: Vancouver 1975 May 31.
49. Below right: Aeroport Amsterdam 1975 M. Euwe and P. Keres.

TALLINN
21.02.- 13.03.1971

21.02. **1722.**

R.G. WADE - P. KERES

1. d4 ♘f6 2. c4 e6 3. ♘f3 b6 4. g3 ♗a6 5. ♕a4 c5 6. ♗g2 ♗b7 7. 0-0 cd4 8. ♘d4 ♗g2 9. ♔g2 ♕c8 10. ♗f4 ♗c5 11. ♘b3 0-0 12. ♘c3 ♘h5 13. ♗b8 ♖b8 14. ♖ad1 ♘f6 15. ♖d3 ♗e7 16. e4 a6 17. ♘d4 ♕b7 18. ♘f3 d6 19. ♖e3 ♖fc8 20. ♖fe1 ♖c7 21. ♕b3 ♖bc8 22. ♘d2

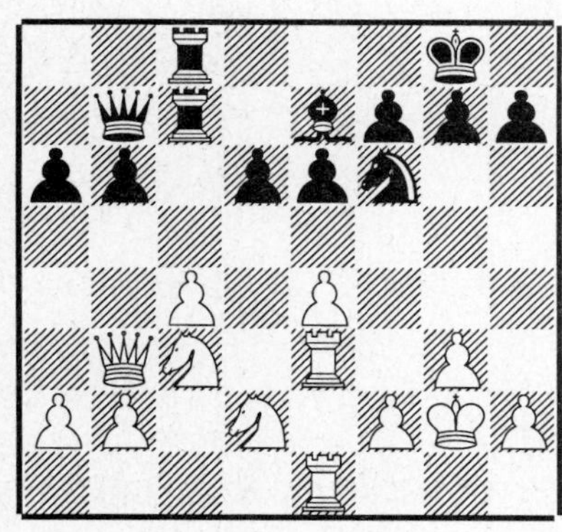

♘g4 23. ♖3e2 ♘e5 24. ♘a4 b5 25. cb5 ab5 26. ♘c3 ♘d3 27. ♘b5 ♘e1 28. ♖e1 ♖c2 29. ♘f3 ♕b6 30. ♘fd4 ♖d2 31. ♕e3 ♖b2 32. a4 ♖b4 33. ♖a1 ♗f6 34. a5 ♕a6 35. ♖c1 **0:1**

22.02. **1723.**

L. MIAGMARSUREN - P. KERES

1. e4 ♘c6 2. ♗c4 ♘f6 3. ♘c3 e6 4. d3 d5 5. ♗b5 de4 6. ♘e4 ♗e7 7. ♘e2 0-0 8. ♗c6 bc6 9. ♗d2 c5 10. 0-0 c4 11. ♘f6 ♗f6 12. d4 ♗b7 13. ♗e3 ♖b8 14. b4 ♕d5 15. f3 ♖fd8 16. c3 a5 17. a3 ♖a8 18. ♕c2 ♖d6 19. ♘g3 ♖da6 20. ♕b2 ab4 21. ab4 ♗g5 22. ♗f2 f5 23. ♖a6 ♖a6 24. ♖a1 ♕b5 25. ♖a6 ♕a6 26. ♕e2 ♔f7 27. ♘f1 ♗d5 28. ♗e3 ♗h4 29. ♗f4 ♕a1 30. ♗d2 ♗e7 31. ♕e1 ♕b2 32. ♕c1 ♕b3 33. ♗f4 c6 34. ♘d2 ♕a2 35. h3 ♗f6 36. ♘f1 h6 37. ♗d6 g5 38. ♕e3 ♕a1 39. ♕d2 h5 40. ♔f2 ♕a7 41. ♕e2 ♕a1 42. ♕e1 ♕b2 43. ♕d2 ♗d4 44. cd4 ♕d2 45. ♘d2 c3 46. ♔e1 c2 47. ♘b3 ♗b3 48. ♔d2 h4 49. g3 ♔g6 50. gh4 gh4 51. ♗f4 ♔h5 52. ♔e1 ♗d5 53. ♔f2 ♗c4 54. ♔e1 ♔g6 55. ♔f2 ♔f6 56. ♔e1 ♗a6 57. ♔f2 ♗c8 58. ♔e1 ♗d7 59. ♔d2 ♗e8 60. ♔c2 ♗h5 61. ♗c7 f4 62. ♗f4 ♗f3 63. ♗c7 ♔g5 64. ♗d8 ♔h5 65. ♔d3 ♗g2 66. ♔e3 ♗h3 67. ♔f2 ♗f5 68. ♔g2 ♔g4 69. ♗e7 h3 70. ♔h2 ♔f3 71. ♗d6 ♔e4 72. ♗c5 ½:½

23.02. **1724.**

P. KERES - L. STEIN

1. c4 g6 2. ♘c3 ♗g7 3. g3 c5 4. ♗g2 ♘c6 5. d3 ♘f6 6. ♘f3 0-0 7. 0-0 ♖b8 8. d4 b6 9. d5 ♘a5 10. b3 d6 11. ♗b2 a6 12. ♘d2 b5 13. ♕c2 bc4 14. bc4 e5 15. ♖ab1 ♗h6 16. e3 ♗f5 17. ♘ce4 ♘e4 18. ♗e4 ♗d7 19. ♗c3 ♕c7 20. ♖b8 ♖b8 21. ♖b1 ♖b1 22. ♕b1 ♘b7 23. ♕b2 ♗f8 24. ♗c2 ♘d8 25. ♕a3 ♕c8 26. ♘e4 ♗e7 27. f3 f5 28. ♘d2 ♘f7 29. f4 ef4 30. ef4 ♗f8 31. ♘f3 ♗g7 32. ♗g7 ♔g7 33. ♕b2 ♔g8 34. ♔f2 ♕e8 35. ♗d3 ♗a4 36. h3 ♗d1 37. ♘h4 ♕a4 38. ♕b1 ♗h5 39. ♕b8 ♔g7 40. ♕b2 ♔f8 ½:½

25.02. **1725.**

I. NEI - P. KERES

1. d4 ♘f6 2. c4 g6 3. ♘c3 d5 4. ♘f3 ♗g7 5. ♗f4 0-0 6. ♖c1 dc4 7. e4 c5 8. dc5 ♕d1 9. ♖d1 ♘a6 10. c6 bc6 11. ♗c4 ♘c5 12. ♘d4 ♗b7 13. f3 ♘fe4 14. fe4 e5 15. ♗e3 ed4 16. ♗d4 ♘e4 17. ♗g7 ♔g7 18. 0-0 ♘c3 19. ♖d7 ♘e2 20. ♗e2 ♗c8 21. ♖c7 ♗e6 22. ♗f3 ♖fc8 23. ♖c6 ♗a2 24. ♖a1 ♖c6 25. ♗c6 ♖c8 26. ♗e4 ½:½

26.02. **1726.**

P. KERES - A. SAIDY

1. e4 c6 2. d4 d5 3. ed5 cd5 4. c4 ♘f6 5. ♘c3 e6 6. ♘f3 ♗e7 7. cd5 ♘d5 8. ♗c4 ♘f6 9. 0-0 0-0 10. ♕e2 a6 11. a4 ♘c6 12. ♖d1 ♘b4 13. ♗g5 ♘bd5 14. ♘e5 ♘c3 15. bc3 ♘d7 16. ♘d7 ♗d7 17. d5 ♗g5 18. de6 fe6 19. ♖d7 ♕f6 20. ♖b7 ♕c3 21. ♖f1 a5 22. ♖b3 ♕d2 23. ♕e4 ♕f4 24. ♕e6 ♔h8 25. ♖f3 ♕d4 26. ♖f8 ♖f8 27. g3 ♗f6 28. ♖e1 g6 29. ♔g2 ♗d8 30. f4 ♗f6 31. ♔h3 ♕d8 32. ♕e4 ♕d7 33. ♗e6 ♕d4 34. ♕c6 ♕c3 35. ♕d6 ♗g7 36. ♖b1 ♕f3 37. ♗g4 ♕a8 38. ♕c7 ♕d8 39. ♕c5 ♗d4 40. ♕b5 ♗c3 41. ♖d1 ♕b8 42. ♕c6 ♕b4 43. ♖b1 ♕a3 44. ♖b7 ♗g7 45. ♗e2 ♕c3 46. ♗c4 ♖f4 47. ♕e6 ♖f8 48. ♖f7 ♖b8 49. ♖c7 ♕f6 50. ♕d5 ♕e5 51. ♖c5 ♕d5 52. ♗d5 ♗d4 53. ♖a5 ♔g7 54. ♔g4 ♔f6 55. ♔f3 ♗g1 56. h4 ♖b2 57. ♔f4 ♖b4 58. ♔f3 ♖d4 59. ♗e4 ♖d2 60. h5 ♖f2 61. ♔g4 gh5 62. ♖h5 ♖a2 63. a5 ♗e3 64. ♖f5 ♔g7 65. ♗d3 h6 66. a6 ♖a4 67. ♔f3 ♗g1 68. ♖e5 ♖d4 69. ♗b5 ♖b4 70. ♗c6 ♖c4 71. ♖e6 ♖c3 72. ♔g2 ♗d4 73. ♖d6 ♗c5 74. ♖e6 ♗d4 75. ♗e4 ♖e3 76. ♖g6 ♔f7 77. ♖g4 ♗c5 78. ♗d5 ♔f6 79. ♖c4 ♖e2 80. ♔f1 ♖f2 81. ♔e1 ♗e3 82. ♖e4 ♗c5 83. ♖c4 ♗e3 84. ♖c7 ♖f5 85. ♔e2 ♖e5 86. ♔f3 ♗g1 87. ♗e4 ♖e7 88. ♖c8 ♖e6 89. ♖h8 ♔g7 90. a7 **1:0**

28.02. **1727.**

G. DASKALOV - P. KERES

1. e4 e5 2. ♘f3 ♘c6 3. ♗b5 a6 4. ♗a4 d6 5. ♗c6 bc6 6. d4 ed4 7. ♘d4 c5 8. ♘e2 ♘f6 9. ♘bc3 ♗b7 10. ♘g3 g6 11. 0-0 ♗g7 12. ♖e1 0-0 13. ♗f4 ♖e8 14. ♕d2 ♘g4 15. h3 ♘e5 16. b3 ♘c6 17. ♖ad1 ♘d4 18. ♘d5 c6 19. ♘c3 ♖e6 20. ♘a4 ♕e7 21. c3 ♘b5 22. ♗g5 ♕f8 23. ♗e3 h5 24. f3 ♖ae8 25. ♘e2 f5 26. ♘f4 ♖f6 27. ef5 ♖f5 28. ♘d3 ♗c8 29. ♘f2 ♖d5 30. ♕c1 ♖de5 31. ♗d2 ♗e6 32. ♖e5 ♗e5 33. f4 ♗g7 34. ♖e1 c4 35. b4 ♗f5 36. ♘b6 d5 37. a4 ♘d6 38. ♖e8 ♕e8 39. ♗e3 ♘e4 40. ♘e4 ♕e4 41. ♕d2 **0:1**

1.03. **1728.**

P. KERES - J. SMEJKAL

1. e4 e5 2. ♘f3 ♘c6 3. ♗b5 a6 4. ♗a4 ♘f6 5. 0-0 ♗e7 6. ♘c3 b5 7. ♗b3 d6 8. ♘d5 ♗b7 9. ♘e7 ♕e7 10. d3 ♘a5 11. ♘h4 g6 12. f4 ♘b3 13. ab3 ♘e4 14. ♘f3 ♘c5 15. fe5 de5 16. d4 ♘e4 17. de5 ♕c5 18. ♕d4 ♕d4 19. ♘d4 0-0 20. ♗f4 ♖fe8 21. h4 c5 22. ♘f3 ♔g7 23. ♖ad1 ♖ad8 24. ♖d3 h6 25. ♖e1 c4 26. bc4 bc4 27. ♖a3 ♘c5 28. ♗e3 ♘e6 29. ♖a4 ♖c8 30. c3 ♖ed8 31. ♘d4 ♗d5 32. ♘c2 ♘c7 33. ♖d1 ♗e6 34. ♖d6 ♘d5 35. ♗d4 ♖b8 36. ♖c4 ♖b2 37. ♖d8 ♘f4 38. ♘e3 **1:0**

3.03. **1729.**

A.B. BISGUIER - P. KERES

1. e4 ♘f6 2. ♘c3 d5 3. ed5 ♘d5 4. ♗c4 e6 5. ♘f3 ♗e7 6. 0-0 0-0 7. d4 b6 8. ♘e4 ♗b7 9. ♕e2 ♘d7 10. ♖d1 c5 11. ♗b5 cd4 12. ♘d4 ♕c7 13. c4 ♘5f6 14. ♘f6 ♘f6 15. ♗e3 ♖ac8 16. ♖ac1 ♖fd8 17. ♗a4 ♕e5 18. ♗c2 ♗c5 19. f4 ♕c7 20. ♘b3 ♗e3 21. ♕e3 g6 22. ♗d3

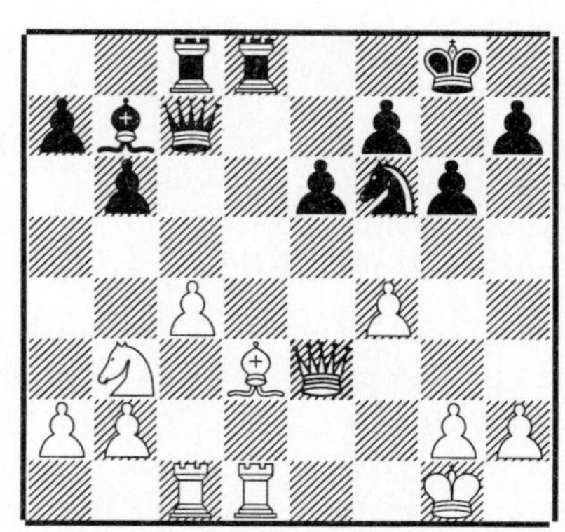

♘h5 23. ♖f1 ♘f4 24. ♖f4 ♖d3 25. ♕d3 ♕f4 26. ♖f1 ♕g5 27. ♖f2 ♖d8 28. ♕e2 h5 29. ♘d2 ♕g4 30. ♕e1 h4 31. h3 ♕g5 32. b3

♖d3 33. ♘e4 ♗e4 34. ♕e4 ♖d1 35. ♖f1 ♕c5 **0:1**

4.03. 1730.

P. KERES - H. WESTERINEN

1. e4 ♘f6 2. e5 ♘d5 3. ♘c3 ♘c3 4. dc3 d6 5. ♘f3 g6 6. ♗c4 ♘c6 7. ♗f4 e6 8. ed6 cd6 9. ♕e2 ♗e7 10. 0-0-0 a6 11. h4 b5 12. ♗b3 d5 13. ♖he1 ♗d7 14. ♗d5 ed5 15. ♘e5 ♘e5 16. ♕e5 0-0 17. ♕e7 ♕e7 18. ♖e7 ♗e6 19. ♗e5 ♖fe8 20. ♖e8 ♖e8 21. ♗f6 h5 22. f3 ♖c8 23. ♔d2 ♔f8 24. ♖e1 ♔e8 25. g4 hg4 26. fg4 ♔f8 27. ♖g1 ♔g8 28. h5 gh5 29. gh5 ♔h7 30. ♗d4 ♖g8 31. ♖g8 ♔g8 32. b4 ♗f5 33. ♗e5 ♔h7 34. ♗f4 ♗g4 35. h6 ♗f5 36. ♔e3 ♗c2 37. ♔d4 ♗b1 38. a3 ♗a2 39. ♔c5 ♔g6 40. ♔b6 ♗c4 41. ♔a6 ♗d3 42. ♔a5 ♔f6 43. a4 ba4 44. ♔a4 ♔e6 45. ♔a5 **1:0**

6.03. 1731.

G. BARCZA - P. KERES

1. ♘f3 ♘f6 2. g3 b6 3. ♗g2 ♗b7 4. 0-0 c5 5. c4 e6 6. ♘c3 ♗e7 7. d4 cd4 8. ♕d4 0-0 9. b3 d5 10. cd5 ♘d5 11. ♘d5 ♗d5 12. ♗b2 ♗f6 13. ♕d2 ♘d7 14. ♖fd1 ♖c8 15. ♖ac1 ♕e7 16. ♘e1 ♗b2 17. ♕b2 ♘f6 ½:½

7.03. 1732.

P. KERES - M. TAL

1. d4 ♘f6 2. c4 g6 3. ♘c3 d5 4. ♘f3 ♗g7 5. e3 0-0 6. cd5 ♘d5 7. ♗c4 ♘b6 8. ♗b3 c5 9. 0-0 cd4 10. ed4 ♘c6 11. ♗e3 ♘a5 12. d5 ♗g4 13. h3 ♗f3 14. ♕f3 ♖c8 15. ♖ad1 ♘bc4 16. ♗c1 ♕b6 17. ♖fe1 ♘b3 18. ab3 ♘e5 19. ♕e3 ♕b3 20. ♕a7 ♘c4 21. ♕a4 ♕a4 22. ♘a4 ½:½

8.03. 1733.

A. VOOREMAA - P. KERES

1. ♘f3 d5 2. d4 ♗f5 3. c4 e6 4. ♘c3 c6 5. ♗f4 ♘f6 6. e3 ♘bd7 7. ♘e5 ♗e7 8. ♗e2 ♘e5 9. ♗e5 0-0 10. 0-0 ♗d6 11. ♗d6 ♕d6 12. c5 ♕e7 13. f4 ♘d7 14. ♗d3 b6 15. cb6 ab6 16. a3 b5 17. ♘e2 ♘b6 18. ♘g3 ♘c4 19. ♗c4 bc4 20. e4 de4 21. ♕c2 ♕b7 22. ♕c4 ♕b2 23. a4 ♖fd8 24. a5 h5 25. ♘e2 e3 26. ♖a2 ♗d3 27. ♕a4 ♕b5 28. ♕b5 cb5 29. ♖fa1 ♖a6 30. g3 ♗c4 31. ♖b2 ♖da8 32. ♖a3 ♖a5 33. ♖e3 ♖a1 34. ♔f2 ♖8a2 35. ♖a2 ♖a2 36. ♔f3 ♔f8 37. ♘c3 ♖h2 38. f5 ef5 **0:1**

10.03. 1734.

P. KERES - A. ZAITZEV

1. e4 e5 2. ♘f3 ♘c6 3. ♗b5 f5 4. ♘c3 fe4 5. ♘e4 d5 6. ♘e5 de4 7. ♘c6 ♕g5 8. ♕e2 ♘f6 9. f4 ♕f4 10. d4 ♕d6 11. ♘e5 c6 12. ♗c4 ♗e6 13. ♗f4 ♗c4 14. ♕c4 ♕d5 15. ♕b3 ♕b3 16. ab3 ♗d6 17. 0-0 0-0 18. ♘c4 ♗e7 19. ♗e5 c5 20. ♘e3 ♖fd8 21. c3 cd4 22. ♗d4 b6 23. b4 ♘e8 24. ♖fd1 ♗g5 25. ♘f5 g6 26. ♗e3 ♗e3 27. ♘e3 ♘d6 28. ♔f2 ♘b5 29. ♖d5 a6 30. ♔e2 ♘c7 31. ♖e5 ♖e8 32. ♖e8 ♖e8 33. ♖d1 ♔f7 34. ♘c4 ♔f6 35. ♘b6 ♔g5 36. ♔e3 ♘e6 37. ♖d5 **1:0**

11.03. 1735.

D. BRONSTEIN - P. KERES

1. e4 c6 2. ♘c3 d5 3. d4 de4 4. ♘e4 ♘f6 5. ♘f6 ef6 6. ♗c4 ♕e7 7. ♕e2 ♗e6 8. ♗e6 ♕e6 9. ♘f3 ♘a6 10. ♗d2 0-0-0 11. ♕e6 fe6 12. 0-0-0 ½:½

13.03. 1736.

P. KERES - S. FURMAN

1. d4 ♘f6 2. c4 e6 3. ♘f3 b6 4. e3 ♗b7 5. ♗d3 d5 6. 0-0 ♗d6 7. ♘c3 0-0 8. b3 ♘bd7 9. ♗b2 a6 10. ♕e2 ♘e4 11. ♖ad1 ♕e7 12. ♗b1 ♘c3 13. ♗c3 ♘f6 14. ♘e5 dc4 15. ♘c4 ♗e4 16. ♗e4 ♘e4 17. ♗b2 b5 18. ♘e5 c5 19. ♕c2 f5 20. dc5 ♘c5 21. g3 ♖ac8 22. ♕e2 ♕c7 23. ♘f3 ♖fd8 24. ♖c1 ♕b7 25. ♖fd1 ♘e4 26. ♘d4 ♖c1 27. ♖c1 ♖c8 28. ♖c2 ♕d7 29. ♕d1 ♗e7 30. f3 ♖c2 31. ♕c2 ♘g5 32. ♕c6 ♕c6 33. ♘c6 ♗d6 34. ♔f2 ♔f8 35.

♔e2 h6 36. ♗c3 ♔g8 37. ♗b4 ♗c7 38. ♗c5 ♔f7 39. ♘b4 a5 40. ♘c2 e5 41. ♘a3 b4 42. ♘c4 e4 43. f4 ♘e6 44. ♗d6 ♗d8 45. ♘e5 ♔f6 46. h3 g5 47. ♘c6 gf4 48. ef4 h5 49. a3 ba3 50. ♗a3 ♗c7 51. ♗b2 ♔f7 52. ♗e5 ♗b6 53. h4 ♘d8 54. ♗d4 ♗c7 55. ♘e5 ♔e6 56. ♘c4 ♘c6 57. ♗c3 ♗d8 58. ♔d2 ♘b4 ½:½

PÄRNU
9.- 30.06.1971

10.06. 1737.

R. ETRUK - P. KERES

1. c4 ♘f6 2. g3 c6 3. ♗g2 d5 4. ♘f3 dc4 5. ♘a3 e5 6. ♘c4 e4 7. ♘g5 ♗c5 8. d3 ed3 9. 0-0 h6 10. ♘f3 de2 11. ♕e2 ♕e7 12. ♕e7 ♔e7 13. b4 ♗b4 14. ♖b1 ♘a6 15. a3 ♗c3 16. ♖b3 ♘d5 17. ♗b2 ♗b2 18. ♖e1 ♔f6 19. ♖b2 ♖d8 20. ♘fe5 ♘c5 21. ♘a5 ♘b6 22. ♖b4 g5 23. f4 ♗e6 24. h4 gh4 25. f5 ♗f5 26. ♖h4 ♖e8 27. ♖h6 ♗g6 28. ♘g4 ♔g5 29. ♖e8 ♖e8 30. ♖h4 ♖e1 31. ♔h2 ♖e2 32. ♔g1 ♖a2 33. ♘e5 ♖a3 34. ♘ac4 ♖g3 35. ♖h8 ♘c4 **0:1**

11.06. 1738.

P. KERES - I. NEI

1. e4 e5 2. ♘f3 ♘c6 3. ♗c4 ♗c5 4. c3 ♕e7 5. d4 ♗b6 6. a4 a6 7. 0-0 d6 8. b4 ♗g4 9. a5 ♗a7 10. d5 ♘b8 11. h3 ♗h5 12. ♗e3 ♘f6 13. ♗a7 ♖a7 14. ♕d3 ♗f3 15. ♕f3 ♘bd7 16. ♘d2 0-0 17. ♗b3 ♖aa8 18. c4 g6 19. ♗a4 ♖fc8 20. ♖fc1 c5 21. b5 ab5 22. ♗b5 ♖a7 23. a6 ba6 24. ♖a6 ♖a6 25. ♗a6 ♖a8 26. ♗b5 ♔g7 27. ♗c6 ♖a2 ½:½

12.06. 1739.

K. VÄRK - P. KERES

1. d4 f5 2. c4 ♘f6 3. ♘c3 e6 4. g3 ♗b4 5. ♗d2 ♘c6 6. a3 ♗e7 7. d5 ♘e5 8. ♕b3 ♗c5 9. ♗g2 ♕e7 10. ♘h3 ♗b6 11. ♘a4 ♘e4 12. ♗b4 d6 13. ♘b6 ab6 14. ♘f4 0-0 15. ♕c2 ♘g4 16. 0-0 e5 17. ♘e6 ♗e6 18. de6 c5 19. ♗e1 ♘g5 20. h3 ♘h6 21. ♗d2 f4 22. ♕b3 ♖a6 23. gf4 ef4 24. ♕d3 ♘e6 25. ♗c3 ♖aa8 26. ♗d5 ♔h8 27. ♔h2 ♘f5 28. ♕e4 ♖ae8 29. ♗b7 ♕h4 30. ♕g2 ♘ed4 31. ♗d4 ♘d4 **0:1**

14.06. 1740.

P. KERES - A. LUTIKOV

1. e4 e5 2. ♘f3 ♘c6 3. ♗b5 a6 4. ♗a4 d6 5. 0-0 ♘e7 6. d4 ♘g6 7. c4 ♗d7 8. ♘c3 ♗e7 9. de5 ♘ge5 10. ♘e5 de5 11. ♗e3 0-0 12. ♘d5 ♖c8 13. ♕h5 g6 14. ♕f3 b5 15. cb5 ab5

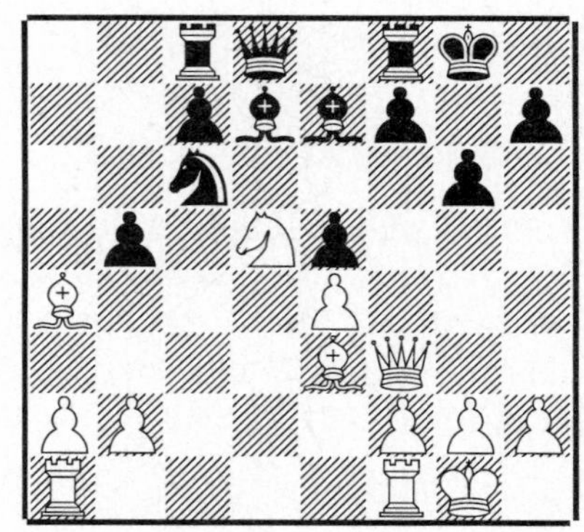

16. ♗b5 ♘d4 17. ♗d4 ♗b5 18. ♗e5 ♗f1 19. ♖f1 f6 20. ♗c3 c6 21. ♘f4 ♖f7 22. h4 ♗d6 23. h5 ♕c7 24. ♘e6 ♕d7 25. hg6 hg6 26. ♕g4 ♔h7 27. ♗f6 ♗f4 28. ♕f4 **1:0**

15.06. 1741.

D. BRONSTEIN - P. KERES

1. e4 e5 2. ♗c4 ♘f6 3. ♘c3 ♘c6 4. f4 ♘e4 5. ♘f3 ♘d6 6. ♗d5 e4 7. ♘g5 ♘b4 8. ♗b3 h6 9. ♘ge4 ♘e4 10. ♘e4 d5 11. ♘f2 ♕e7 12. ♕e2 ♗f5 13. d3 0-0-0 14. ♕e7 ♗e7 15. ♗d2 ♗c5 16. 0-0 ♘c6 17. ♖fe1 ♘d4 18. ♔f1 c6 19. ♗a5 ♖de8 20. ♖e8

♖e8 21. ♖e1 ♖e1 22. ♔e1 ♔d7 23. ♗d2 h5 24. ♘d1 h4 25. ♘f2 f6 26. ♔f1 ♘b3 27. ab3 ♗d4 28. ♘d1 ♗g4 29. ♘e3 ♗e3 30. ♗e3 ♗d1 31. c3 ½:½

17.06. **1742.**

P. KERES - M. TAL

1. c4 g6 2. ♘c3 c5 3. ♘f3 ♗g7 4. e3 ♘f6 5. d4 0-0 6. ♗e2 cd4 7. ed4 d5 8. 0-0 ♘c6 9. ♗e3 b6 10. ♘e5 ♗b7 11. ♗f3 ♘a5 12. cd5 ♘d5 13. ♘d5 ♗d5 14. ♖c1 ♗f3 15. ♕f3 ♕d6 16. ♖c2 ♕e6 17. ♖fc1 ♗e5 18. de5 ♖ac8 19. ♗h6 ♖c2 20. ♖c2 ♖d8 21. h3 ♘c4 22. ♕e4 b5 23. b3 ♕e5 24. ♕e5 ♘e5 25. ♖c7 f6 26. ♖e7 ♖d7 27. ♖e8 ♔f7 28. ♖b8 ♖d5 29. ♖b7 ♘d7 30. ♖a7 g5 31. f4 ♔g6 32. fg5 fg5 33. ♖a6 ♔f7 34. ♔f2 ♘c5 35. ♖a7 ♔g6 36. ♗g7 ♖d2 37. ♔f3 h5 38. ♗f8 ♘e6 39. ♗b4 ♖d4 40. ♗e1 ♖d3 41. ♔f2 g4 42. hg4 hg4 43. ♖b7 g3 44. ♔f1 ♘d4 45. ♖c7 ♖d1 46. ♖c3 ♖a1 47. ♖g3 ♔f5 48. ♖e3 ♖a2 49. b4 ♖a1 50. ♔f2 ♖a2 51. ♔g3 ♖b2 52. ♔h2 ♘c6 53. ♖f3 ♔e6 54. ♖f4 ♖b1 55. ♗c3 ♖b3 56. ♖f6 ♔d7 ½:½

18.06. **1743.**

E. KIVIOJA - P. KERES

1. e4 ♘c6 2. ♘f3 d6 3. d4 ♘f6 4. ♘c3 ♗g4 5. ♗e2 e6 6. ♗e3 ♗e7 7. 0-0 0-0 8. ♘d2 ♗e2 9. ♕e2 d5 10. e5 ♘d7 11. f4 ♘b4 12. ♘f3 c5 13. ♖ad1 ♖c8 14. a3 cd4 15. ♘d4 ♘c6 16. ♕f2 ♘a5 17. ♘ce2 ♘c4 18. ♗c1 ♕b6 19. b4 f6 20. ef6 ♖f6 21. ♘b3 ♕a6 22. ♘ed4 ♘a3 23. ♗a3 ♕a3 24. ♕e2 ♕a6 25. ♕a6 ba6 26. ♖a1 ♗b4 27. ♖a6 ♘c5 28. ♖a7 ♘b3 29. cb3 ♗c5 30. ♖a4 ♖cf8 31. ♔h1 ♖f4 32. ♖f4 ♖f4 **0:1**

19.06. **1744.**

U. TARVE - P. KERES

1. e4 e5 2. ♘f3 ♘c6 3. ♘c3 g6 4. d4 ed4 5. ♘d5 ♗g7 6. ♗g5 ♘ce7 7. ♘d4 c6 8. ♘c3 h6 9. ♗e3 ♘f6 10. ♗c4 0-0 11. e5 ♘e8 12. ♕d2 d5 13. ed6 ♘d6 14. ♗b3 ♘ef5 15. ♘f5 ♘f5 16. 0-0-0 ♕d2 17. ♗d2 ♘d4 18. ♗e3 ♘b3 19. ab3 ♗f5 20. ♗d4 ♖fd8 21. ♗g7 ♔g7 22. ♖d8 ♖d8 23. ♖e1 ♖d4 24. g3 h5 25. ♖e7 ♗d7 26. ♖e4 ♖d6 27. ♖e1 ♗g4 28. ♘e4 ♖d5 29. ♘d2 g5 30. f3 ♗e6 31. ♘c4 ♔f6 32. ♘e3 ♖d8 33. ♖d1 ♖h8 34. ♔d2 h4 35. g4 ♖d8 36. ♔e2 ♖d1 37. ♘d1 ♔e5 38. ♔e3 f5 39. ♘f2 f4 40. ♔e2 a5 41. ♘h3 ♔f6 42. ♘f2 ½:½

22.06. **1745.**

P. KERES - H. POHLA

1. c4 ♘f6 2. d4 c5 3. d5 b5 4. cb5 a6 5. ba6 ♗a6 6. ♘c3 d6 7. ♘f3 g6 8. e4 ♗f1 9. ♔f1 ♗g7 10. g3 0-0 11. ♔g2 ♘bd7 12. ♖e1 ♕b6 13. ♖e2 ♖fb8 14. ♗f4 ♘g4 15. ♖ac1 ♕a5 16. ♗g5 ♗c3 17. bc3 f6 18. ♗f4 ♕a4 19. ♕d3 ♕a6 20. c4 ♖b4 21. h3 ♘ge5 22. ♘e5 ♘e5 23. ♗e5 fe5 24. h4 ♖a4 25. ♖cc2 ♔g7 26. h5 ♕c8 27. ♖b2 gh5 28. ♖e3 ♖a2 29. ♖a2 ♖a2 30. ♕b1 ♖a4 31. ♖f3 ♖c4 32. ♖f5 ♕e8 33. ♖g5 ♔h8 34. ♕d3 ♖b4 35. ♕f3 ♖b8 36. ♖h5 ♕g6 37. ♖f5 ♔g7 38. g4 ♖g8 39. ♔h3 h6 ½:½

23.06. **1746.**

T. ÕIM - P. KERES

1. e4 ♘c6 2. ♘f3 e5 3. ♗b5 a6 4. ♗a4 d6 5. 0-0 ♗d7 6. c3 ♘ge7 7. d4 ♘g6 8. ♖e1 ♗e7 9. ♘bd2 h6 10. ♘f1 ♗g5 11. ♘e3 ♗e3 12. ♗e3 0-0 13. ♘d2 ♖e8 14. ♗c2 ♘f4 15. ♗f4 ef4 16. ♕f3 ♕g5 17. ♕d3 ♘e7 18. e5 ♗f5 19. ♘e4 ♕g6 20. ed6 cd6 21. d5 ♖ad8 22. ♖ad1 f3 23. g3 ♕h5 24. ♖e3 ♗g6 25. c4 ♘f5 26. ♖ee1 ♘d4 **0:1**

25.06. **1747.**

P. KERES - A. VOOREMAA

1. e4 c5 2. ♘f3 d6 3. ♘c3 ♘c6 4. d4 cd4 5. ♘d4 ♘f6 6. ♗g5 ♕a5 7. ♗f6 gf6 8. ♕d2 ♗d7 9. ♘b3 ♕h5 10. ♗e2 ♕g6 11. g3 h5 12.

27

0-0-0 0-0-0 13. ♔b1 ♔b8 14. h4 f5 15. ♗d3 ♖c8 16. ♖he1 ♘e5 17. ef5 ♗f5 18. ♗f5 ♕f5 19. ♘d4 ♕g6 20. ♘d5 ♖c5 21. ♘b3 ♖c8 22. ♖e2 e6 23. ♘f4 ♕g4 24. ♕e1 ♗e7 25. ♖e4 ♕g7 26. ♕e2 ♕g4 27. ♕e1 ♕g7 28. ♘d4 a6 29. ♖e3 ♘c6 30. ♘c6 ♖c6 31. ♖b3 ♗d8 32. ♖dd3 ♕e5 33. ♖e3 ♕f5 34. ♘d3 ♗a5 35. ♕e2 ♖hc8 36. ♖f3 ♕g4 37. ♖f7 ♖6c7 38. ♖c7 ♖c7 39. ♕g4 hg4 40. ♔c1 e5 41. ♔d1 ♔c8 42. ♖a3 ♗b6 43. ♖a4 ♖g7 44. ♔e2 ♔d7 45. ♖b4 ♔c6 46. ♖c4 ♔d7 47. ♘b4 ♔e6 48. ♖c8 a5 49. ♘d3 ♔d7 50. ♖h8 ♗d8 51. ♖h6 ♗e7 52. ♔e3 ♖g8 53. c4 b6 54. ♔e4 a4 55. ♘b4 ♖f8 56. ♘d5 ♗d8 57. ♔e3 ♔c6 58. ♘b4 ♔d7 59. ♔e2 b5 60. c5 dc5 61. ♘d3 ♔c8 62. ♘c5 ♖f7 63. ♖h8 **1:0**

26.06. **1748.**

L. STEIN - P. KERES

1. c4 ♘f6 2. ♘f3 g6 3. ♘c3 d5 4. cd5 ♘d5 5. ♕a4 c6 6. ♕d4 ♘f6 7. ♕d8 ♔d8 8. e4 ♗g7 9. d4 ♖f8 10. h3 b6 11. g4 h5 12. g5 ♘e8 13. ♗f4 ♘d7 14. 0-0-0 ♗b7 15. h4 ♘c7 16. ♗h3 ♘e6 17. ♗e3 ♔e8 18. ♖he1 ♖d8 19. d5 cd5 20. ed5 ♘c7 21. ♗f4 ♖c8 22. ♖e7 ♔e7 23. d6 ♔e8 24. dc7 f5 25. gf6 ♘f6 26. ♗c8 ♗c8 27. ♖d8 ♔f7 28. ♘g5 ♔g8 29. ♗d6 ♖e8 30. ♘d5 **1:0**

28.06. **1749.**

P. KERES - H. KÄRNER

1. e4 c5 2. ♘f3 ♘c6 3. d4 cd4 4. ♘d4 ♘f6 5. ♘c3 d6 6. ♗g5 ♕a5 7. ♗f6 gf6 8. ♘b3 ♕e5 9. ♗d3 f5 10. 0-0 f4 11. ♘d5 ♖g8 12. ♔h1 ♔d8 13. ♘d2 ♗h6 14. ♖g1 ♗g4 15. ♗e2 ♗e6 16. ♗f3 ♕d4 17. ♕e2 ♘e5 18. ♖gd1 ♖c8 19. c3 ♕d3 20. ♕e1

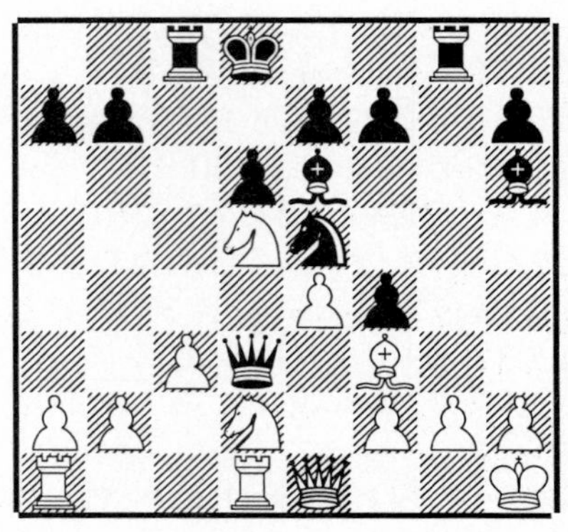

♗h3 21. ♕g1 ♘f3 22. ♘f3 ♕e4 23. ♖d4 ♕c2 24. g3 fg3 25. hg3 ♗e6 26. ♖e1 ♖c5 27. ♘e3 ♗e3 28. ♖e3 ♖h5 29. ♘h4 ♖d5 30. ♕e1 ♖d4 31. cd4 ♕b2 32. ♘g2 ♕d4 33. ♘f4 ♗d7 34. ♔h2 e6 35. ♖d3 ♕c5 36. ♖c3 ♕b6 37. ♖b3 ♕a6 38. ♕b1 ♗c8 39. ♕h7 ♖e8 40. ♕f7 ♕f1 41. ♘g6 ♕a1 42. ♖b4 ♕c3 43. ♖h4 b5 44. ♖h7 a6 45. ♘e5 **1:0**

AMSTERDAM
13.- 31.07.1971

13.07. **1750.**

H. REE - P. KERES

1. e4 e5 2. ♘f3 ♘c6 3. ♗b5 a6 4. ♗c6 dc6 5. 0-0 ♘e7 6. ♘e5 ♕d4 7. ♘f3 ♕e4 8. ♖e1 ♕g6 9. ♘e5 ♕f6 10. d4 ♗f5 11. ♘c3 0-0-0 12. ♕h5 ♗g6 13. ♕h3 ♕f5 14. ♘g6 fg6 15. ♕f5 gf5 16. ♗g5 ♖d7 17. ♖ad1 h6 18. ♗f4 g5 19. ♗e5 ♖h7 20. f3 ♘g6 21. ♗g3 ♖he7 22. ♗f2 ♗g7 23. ♔f1 ♔d8 24. ♘e2 ♖f7 25. c3 ♗f8 26. ♘c1 ♗d6 27. ♘d3 ♖fe7 28. ♗g3 ♔e8 29. ♖e7 ♔e7 30. ♖e1 ♔f7 31. ♘e5 ♗e5 32. ♗e5 h5 33. h3 h4 34. ♗h2 f4 35. ♗g1 ♘e7 36. ♖e5 ♔f6 37. ♔e2 b6 38. ♖e4 ♖d8 39. ♗f2 ♘f5 40. b3 ♘d6 41. ♖e5 c5 42. ♔d3 ♘f5 43. ♔e4 ½:½

14.07. **1751.**

P. KERES - W. UHLMANN

1. e4 e6 2. d4 d5 3. ♘d2 c5 4. ed5 ed5 5. ♗b5 ♗d7 6. ♗d7 ♘d7 7. ♘e2 ♗d6 8. dc5 ♘c5 9.

♘b3 ♘f6 10. 0-0 0-0 11. ♘c5 ♗c5 12. ♗g5 ♖e8 13. ♘g3 ♖e5 14. ♗f4 ♖e6 15. c3 ♘e4 ½:½

15.07. **1752.**

S. GLIGORIC - P. KERES

1. d4 ♘f6 2. c4 e6 3. ♘f3 b6 4. g3 ♗b7 5. ♗g2 ♗e7 6. 0-0 0-0 7. ♘c3 ♘e4 8. ♕c2 ♘c3 9. ♕c3 c5 10. b3 cd4 11. ♘d4 ♗g2 12. ♔g2 ♘c6 13. ♘c6 dc6 14. ♗b2 ♗f6 15. ♕c2 ♗b2 16. ♕b2 ½:½

16.07. **1753.**

P. KERES - V. SMYSLOV

1. e4 c6 2. d4 d5 3. ♘c3 de4 4. ♘e4 ♘f6 5. ♘f6 ef6 6. ♗c4 ♕e7 7. ♕e2 ♗e6 8. ♗b3 ♘a6 9. c3 ♘c7 10. ♗f4 ♗b3 11. ab3 ♘d5 12. ♗g3 a6 13. ♔d2 ♕e2 14. ♘e2 0-0-0 15. ♖he1 ♗d6 16. ♗d6 ♖d6 17. ♘g3 ♖e6 18. ♘e4 ♘c7 19. ♘c5 ♖e1 20. ♖e1 ♖e8 ½:½

17.05. **1754.**

J.H. TIMMAN - P. KERES

1. d4 ♘f6 2. c4 e6 3. ♘c3 ♗b4 4. e3 c5 5. ♘f3 b6 6. ♗e2 ♗b7 7. 0-0 0-0 8. ♘a4 ♕e7 9. a3 ♗a5 10. dc5 bc5 11. ♘c5 ♕c5 12. b4 ♕c7 13. ba5 ♘g4 14. g3 ♘c6 15. ♗d2 ♘a5 16. ♘g5 ♘f6 17. ♗b4 ♖fc8 18. ♗h5

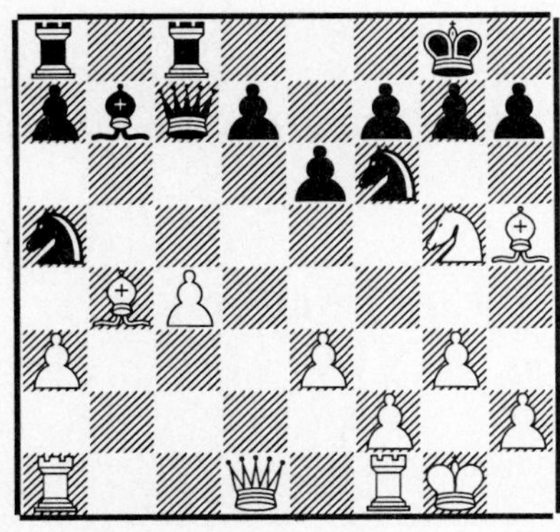

♘c4 19. ♗f7 ♔h8 20. ♕d4 h6 21. f4 hg5 22. fg5 ♕c6 23. ♖a2 ♘e5 24. gf6 ♕h1 25. ♔f2 ♕g2 **0:1**

19.07. **1755.**

R. HARTOCH - P. KERES

1. d4 ♘f6 2. ♘f3 c5 3. d5 b5 4. c4 ♗b7 5. e3 g6 6. ♘c3 b4 7. ♘e2 ♗g7 8. ♘g3 e6 9. e4 ed5 10. ed5 0-0 11. ♗e2 d6 12. 0-0 ♘bd7 13. ♗f4 ♘b6 14. ♕d2 ♖e8 15. ♗d3 ♗a6 16. ♖ac1 ♖c8 17. b3 ♖c7 18. h3 ♕e7 19. ♖fe1 ♕f8 20. ♖e8 ♘e8 21. ♘e2 ♗c8 22. ♘h2 ♘d7 23. ♗e3 a5 24. g4 a4 25. f4 ♖a7 26. ♘f3 ♕e7 27. ♔g2 ab3 28. ab3 ♖a3 29. ♗c2 ♖a2 30. ♗f2 ♘b6 31. ♖e1 ♕d8 32. ♗h4 ♕d7 33. ♕d3 ♘f6 34. ♘g3 h5 35. f5 hg4 36. hg4 ♘g4 37. fg6 f6 38. ♔g1 ♘e5 39. ♘e5 de5 40. ♕f5 ♕e8 41. ♕h5 ♗h3 42. ♗f6 ♗f6 43. ♕h3 ♕e7 44. ♗f5 ♔f8 45. ♖f1 ♔e8 46. ♘e4 ♗g7 47. ♕h7 ♗f8 48. d6 ♕g7 49. d7 ♔d8 50. ♕g7 ♗g7 51. ♘c5 ♘d7 52. ♖d1 ♖a7 53. ♖d7 ♖d7 54. ♘d7 **1:0**

20.07. **1756.**

P. KERES - E.G. SCHOLL

1. e4 e5 2. ♘f3 ♘c6 3. ♗b5 a6 4. ♗a4 ♘f6 5. 0-0 ♗e7 6. ♖e1 b5 7. ♗b3 d6 8. c3 0-0 9. h3 ♘b8 10. d3 c5 11. a4 ♗b7 12. ab5 ab5 13. ♖a8 ♗a8 14. ♘a3 ♕b6 15. ♗a2 ♗c6 16. ♘c2 ♕a7 17. ♗b1 ♖e8 18. ♘e3 ♗f8 19. ♘f5 ♘bd7 20. ♘h2 d5 21. ♘g4 de4 22. de4 ♘g4 23. ♕g4 ♔h8 24. ♗c2 ♕a8 25. ♕f3 ♘b6 26. ♔h2 ♖d8 27. b3 ♖d7 28. ♘e3 ♕d8 29. ♗b2 f6 30. ♖a1 h6 31. ♕f5 ♖d6 32. ♘d5 ♗d7 33. ♕f3 ♗e6 34. ♗c1 ♘d5 35. ed5 ♗d5 36. ♕f5 ♗g8 37. ♗e4 ♕c7 38. ♖a8 ♖d8 39. ♗h6 ♖a8 40. ♗e3 ♕f7 41. ♗a8 ♕b3 42. ♕h5 ♗h7 43. ♕e8 ♕g8 44. ♕b5 ♗d6 45. ♗c6 ♕f8 46. ♕e2 f5 47. ♔g1 ♗g6 48. ♗d5 e4 49. g3 ♗f7 50. ♕c4 ♗h5 51. g4 fg4 52. hg4 ♕f3 53. ♕e4 ♕g4 54. ♕g4 ♗g4 55. ♔f1 ♗e5 56. c4 ♗d6 57. ♔e1 ♔h7 58. ♗e4 ♔g8 59. ♔d2 ♔f7 60. ♔d3 ♔f6 ½:½

21.07. **1757.**

L. PORTISCH - P. KERES

1. d4 ♘f6 2. c4 e6 3. ♘f3 b6 4. g3 ♗a6 5. ♘bd2 ♗b4 6. ♕a4 c5 7. a3 ♗d2 8. ♗d2 ♗b7 9. ♗g2 0-0 10. 0-0 cd4 11. ♘d4 ♗g2 12. ♔g2 ♘c6 12. ♘c6 dc6 **½:½**

23.07. **1758.**

P. KERES - M.G. BOBOTSOV

1. d4 ♘f6 2. c4 e6 3. ♘f3 c5 4. d5 ed5 5. cd5 d6 6. ♘c3 g6 7. e4 ♗g7 8. ♗e2 0-0 9. 0-0 ♖e8 10. ♘d2 ♘a6 11. f3 ♘c7 12. a4 b6 13. ♘c4 ♗a6 14. ♗g5 ♕d7 15. ♕d2 ♗c4 16. ♗c4 a6 17. ♖fe1 b5 18. ♗f1 ba4 19. ♖a4 ♖ab8 20. ♖ea1 ♖b6 21. ♗a6 ♖eb8 22. ♖1a2 ♘a6 23. ♖a6 ♖a6 24. ♖a6 ♘e8 25. h3 ♕b7 26. ♖a2 ♕b6 27. ♔h2 ♘f6 28. ♗h6 ♗h8 29. ♘d1 ♘d7 30. ♘e3 ♕b3 31. ♖a7 ♘e5 32. ♖a3 ♕b5 33. b3 c4 34. bc4 ♘c4 35. ♘c4 ♕c4 36. ♗f4 ♕c5 37. ♖a6 ♗c3 38. ♕d3 ♗e5 39. ♗e5 de5 40. ♖c6 ♕f2 41. ♕c3 ♖b2 **1:0**

24.07. **1759.**

B. IVKOV - P. KERES

1. e4 e5 2. ♘f3 ♘c6 3. ♗b5 a6 4. ♗a4 d6 5. 0-0 ♗d7 6. c3 ♘ge7 7. d4 ♘g6 8. ♖e1 ♗e7 9. ♘bd2 h6 10. ♘f1 ♗g5 11. ♘e3 ♗e3 12. ♗e3 0-0 13. de5 ♘ce5 14. ♘e5 **½:½**

26.07. **1760.**

P. KERES - W.S. BROWNE

1. c4 c5 2. ♘f3 g6 3. ♘c3 ♗g7 4. e3 ♘f6 5. d4 0-0 6. ♗e2 cd4 7. ed4 d5 8. 0-0 ♘c6 9. ♗e3 ♗g4 10. ♘e5 ♗e2 11. ♕e2 dc4 12. ♘c6 bc6 13. ♕c4 ♘g4 14. h3 ♘e3 15. fe3 ♖c8 16. ♖ad1 ♕b6 17. ♖f2 e5 **½:½**

27.07. **1761.**

L. EVANS - P. KERES

1. c4 e5 2. ♘c3 ♘f6 3. g3 c6 4. ♘f3 e4 5. ♘d4 d5 6. cd5 ♕b6 7. ♕a4 ♗c5 8. dc6 0-0 9. cb7 ♗b7 10. e3 ♗d4 11. ♕d4 ♕d4 12. ed4 ♘c6 13. ♗g2 ♘d4 14. 0-0 ♗a6 15. ♖d1 ♖fe8 16. b3 ♗d3 17. ♗b2 ♖ad8 18. h3 h5 19. ♖ac1 ♘h7 20. ♔h1 ♘g5 21. ♘a4 ♘gf3 22. ♗d4 ♖d4 23. ♘c3 ♗a6 24. a3 f5 25. ♖c2 ♖c8 26. b4 ♖d7 27. ♗f3 ef3 28. ♖e1 ♖cd8 29. ♔g1 h4 30. b5 ♗b7 31. gh4 ♔f7 32. ♖cc1 ♖h8 33. ♖e5 ♖h4 34. ♔h2 f4 35. ♖ce1 ♖d2 36. ♖e7 ♔g6 37. ♖g1 ♔f6 38. ♖gg7 ♖f2 39. ♔g1 ♖c2 40. ♖gf7 ♔g6 41. ♖g7 **½:½**

28.07. **1762.**

P. KERES - A. ADORJAN

1. ♘f3 g6 2. d4 c5 3. dc5 ♕a5 4. ♕d2 ♕c5 5. b4 ♕c6 6. ♗b2 ♘f6 7. ♘d4 ♕b6 8. c4 ♗g7 9. c5 ♕d8 10. g3 0-0 11. ♗g2 a5 12. b5 d6 13. cd6 ed6 14. 0-0 ♘bd7 15. ♘a3 ♘c5 16. ♖ad1 ♖e8 17. ♕c2 ♗d7 18. ♘c4 ♘ce4 19. f3 d5 20. fe4 dc4 21. ♕c4 ♖c8 22. ♕b3 ♕b6 23. ♔h1 ♖c5 24. ♕f3 a4 25. ♕f4 ♗c8 26. ♖d3 ♕c7 27. ♖df3 ♕f4 28. ♖f4 ♘g4 29. ♖f7 ♗e5 30. ♖7f3 ♖c4 31. ♖d3 a3 32. ♗a1 ♖f8 33. ♗f3 h5 34. ♔g1 h4 35. ♘b3 ♗a1 36. ♖a1 ♘e5 37. ♖e3 ♗g4 38. gh4 ♗f3 39. ef3 ♖f3 40. ♖f3 ♘f3 41. ♔f2 ♘e5 42. ♔e3 ♖c2 43. ♔d4 ♘d7 44. e5 ♔f7 45. ♖c1 ♖a2 46. ♖c7 ♔e6 47. ♖b7 ♖h2 48. ♘c5 ♘c5 49. ♖b6 ♔f7 50. ♔c5 ♖h4 51. ♖f6 ♔g7 52. ♖a6 ♖e4 53. ♔d6 ♖d4 54. ♔c6 ♖c4 55. ♔d5 ♖b4 56. ♔c5 ♖e4 57. ♔d6 ♖d4 58. ♔c7 ♖c4 59. ♔b8 ♔f7 60. b6 ♖c6 61. ♔b7 ♖e6 62. ♔a7 ♖e5 63. b7 ♖e7 64. ♔a8 **1:0**

29.07. **1763.**

C. LANGEWEG - P. KERES

1. ♘f3 d5 2. g3 ♗g4 3. ♗g2 ♘d7 4. 0-0 e6 5. d3 ♗d6 6. h3 ♗h5 7. e4 c6 8. ♕e1 ♘e7 9. ♘bd2 0-0 10. ♘h4 ♕c7 11. d4 ♘g6 12. ♘hf3 ♗f3 13. ♘f3 de4 14. ♕e4 e5 15. de5 ♘ge5 16. ♘e5 ♗e5 17. c3 ♖fe8 18. ♕f3 ♘b6 19. ♖d1 ♖e6 20. ♗d2 ♘c4 21. b3 ♖f6 22. ♕e2

Nd2 23. Qd2 h5 24. f4 Bd6 25. h4 a5 26. Re1 Rd8 27. Qe2 Rg6 28. Qf3 ½:½

31.07. **1764.**

P. KERES - J.H. DONNER

1. e4 c6 2. Nc3 d5 3. Nf3 g6 4. d4 Bg7 5. h3 de4 6. Ne4 Nd7 7. Bc4 Ngf6 8. Qe2 Ne4 9. Qe4 Nb6 10. Bb3 a5 11. a4 Bf5 12. Qh4 Qd7 13. 0-0 Nd5 14. Re1 h6 15. Bd2 g5 16. Qg3 Qc7 17. Ne5 e6 18. Qf3 0-0-0 19. g4 Be5 20. Re5 Bg6 21. c4 Nb4 22. Bc3 Rhe8 23. Rd1 Re7 24. Qe2 Red7 25. Re3 b6 26. Re5 Kb7 27. Bb4 ab4

(diagram)

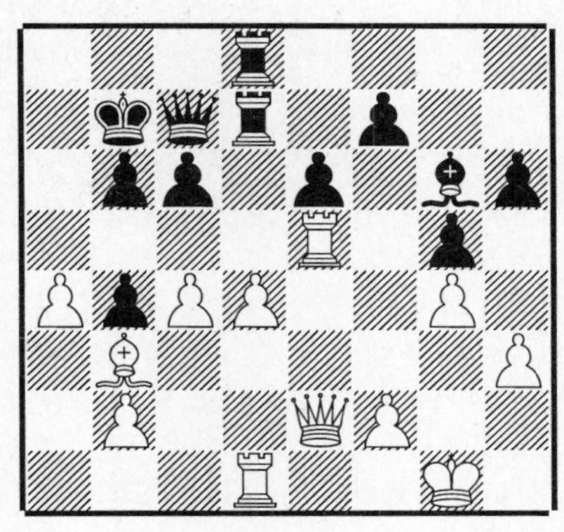

28. d5 ed5 29. cd5 cd5 30. Rdd5 Rd5 31. Bd5 Ka7 32. Bf3 Bd3 33. Qe3 Ba6 34. a5 Rd7 35. Rf5 Bc4 36. ab6 Qb6 37. Ra5 Ba6 38. Be2 Qe3 39. Ra6 Kb7 40. fe3 Rd2 41. Bf1 Rb2 42. Rh6 Rc2 43. Rf6 b3 44. Bd3 Rc3 45. Be4 Kc8 46. Rc6 **1:0**

USSR - YUGOSLAVIA TEAM MATCH-TOURNAMENT
Yerevan, 6.- 14.11.1971

6.11. **1765.**

P. KERES - D. MAROVIC

1. e4 Nf6 2. Nc3 d5 3. ed5 Nd5 4. Nge2 e6 5. g3 Nc3 6. Nc3 Bd7 7. Bc4 c5 8. 0-0 Nc6 9. Re1 Nd4 10. Bd5 Bc6 11. Bc6 Nc6 12. d3 Be7 13. Be3 0-0 14. Ne4 b6 ½:½

7.11. **1766.**

B. IVKOV - P. KERES

1. e4 e5 2. Nf3 Nc6 3. Bb5 a6 4. Ba4 Nf6 5. 0-0 Be7 6. Re1 d6 7. c3 0-0 8. d3 Nd7 9. Nbd2 Nc5 10. Bc2 Ne6 11. Nf1 Bf6 12. Ng3 g6 13. Bh6 Bg7 14. Qd2 Qf6 15. Be3 Nf4 16. d4 Bh6 17. Bd1 Nd8 18. h3 ½:½

10.11. **1767.**

B. PARMA - P. KERES

1. e4 e5 2. Nf3 Nc6 3. Bb5 a6 4. Ba4 d6 5. 0-0 Bd7 6. d4 Nf6 7. c3 g6 8. Re1 b5 9. Bc2 Bg7 10. de5 Ne5 11. Ne5 de5 12. Be3 Ng4 13. Bc5 Qh4 14. h3 Bf8 15. Be3 Ne3 16. Re3 Rd8 17. Nd2 Be6 18. b4 c5 19. Rd3 Rd3 20. Bd3 cb4 21. Nf3 Qd8 22. Qd2 Bc4 23. Rd1 Qd3 24. Qd3 Bd3 25. Rd3 f6 26. g4 bc3 27. Rc3 Kd7 28. g5 Be7 29. gf6 Bf6 30. Rd3 Kc6 31. Kf1 Re8 32. Ke2 Re6 33. Rd5 Kb6 34. Kd2 h5 35. Kc2 Kc7 36. Ne1 Rd6 37. Rd6 Kd6 38. Nd3 Be7 39. Nb4 a5 40. Nd5 Bh4 41. f3 Kc5 42. Kd3 a4 **0:1**

14.11. **1768.**

D. MINIC - P. KERES

1. e4 e5 2. Nf3 Nc6 3. Bb5 a6 4. Ba4 d6 5. 0-0 Ne7 6. c3 Bd7 7. d4 Ng6 8. Ne1 Be7 9. f4 Nf4 10. Bf4 ef4 11. Rf4 0-0 12. Bc2 Bg5 13. Rf1 f5 14. Nf3 Kh8 15. d5 Be3 16. Kh1 Ne7 17. Na3 ½:½

USSR TEAM TOURNAMENT
Moscow, 2.- 11.03.1972

2.03. **1769.**

A. BUTNORIUS - P. KERES

1. ♘f3 d5 2. g3 c6 3. ♗g2 ♗g4 4. d3 ♘d7 5. ♘bd2 e6 6. 0-0 ♗d6 7. b3 ♘e7 8. ♗b2 0-0 9. c4 a5 10. a3 b5 11. ♕c2 e5 12. c5 ♗c7 13. e4 d4 14. ♔h1 ♘g6 15. ♘g1 ♕g5 16. ♘df3 ♕e7 17. b4 ♖a7 18. h3 ♗e6 19. h4 ♖fa8 20. ♘g5 ♘df8 21. ♘5h3 ♕e8 22. f4 ef4 23. h5 ♘e7 24. ♘f4 f6 25. ♘ge2 ♗g4 26. ♕b3 ♔h8 27. ♔g1 ♗e2 28. ♘e2 ♕h5 29. ♗f3 ♕g5 30. ♔g2 ♘eg6 31. ♖h1 ♘f4 32. ♘f4 ♗f4 33. g4 ♗e5 34. ♗c1 ♕g6 35. ♗b2 ab4 36. ab4 ♖a1 37. ♖a1 ♖a1 38. ♗a1 h5 39. ♕d1 ♘e6 40. ♔f1 ♕g5 **0:1**

3.03. **1770.**

P. KERES - A. KAKAGELDYEV

1. e4 e5 2. ♘f3 ♘c6 3. ♗b5 a6 4. ♗a4 ♘f6 5. 0-0 ♗e7 6. ♘c3 b5 7. ♗b3 d6 8. ♘d5 0-0 9. c3 ♘a5 10. ♘e7 ♕e7 11. ♗c2 c5 12. d4 h6 13. h3 ♘c6 14. ♖e1 ♗d7 15. a3 ♖ac8 16. ♗e3 ♖fe8 17. d5 ♘a5 18. b3 ♘h7 19. ♘d2 ♘f8 20. b4 ♘b7 21. a4 cb4 22. cb4 ♖a8 23. ab5 ♗b5 24. ♗a4 ♗a4 25. ♖a4 a5 26. ♕a1 ♕d8 27. ba5 ♖a5 28. ♖a5 ♕a5 29. ♕a5 ♘a5 30. ♖b1 ♘d7 31. ♖b5 ♖a8 32. ♔f1 ♔f8 33. ♔e2 ♔e7 34. ♔d3 ♔d8 35. ♖b4 ♖c8 36. f3 ♖c7 37. g4 ♘b7 38. ♘c4 ♔e7 39. h4 ♘bc5 40. ♔c3 ♖a7 41. ♖b5 ♖a1 42. ♖a5 ♖a5 43. ♘a5 ♘a6 44. ♘c6 ♔e8 45. ♘a7 ♘f8 46. ♘c8 ♔d7 47. ♘b6 ♔d8 48. ♘c4 ♔d7 49. h5 ♘h7 50. ♗c1 ♘c7 51. ♔b4 f5 52. ♘b6 ♔e7 53. ef5 ♘f6 54. ♔c4 e4 55. fe4 ♘g4 56. ♗a3 ♘e5 57. ♔b3 ♘e8 58. ♘c4 ♘f3 59. ♔c3 ♔d7 60. ♔d3 ♘e1 61. ♔e2 ♘c2 62. ♗b2 ♘f6 63. ♔d2 ♘b4 64. ♗f6 gf6 65. ♘e3 ♘a6 66. ♘g4 ♔e7 67. ♘h6 ♘c5 68. ♔e3 ♘d7 69. ♘g4 ♔f7 70. ♔d4 ♔g7 71. ♔c4 ♘c5 72. h6 ♔h7 73. ♘f6 ♔h6 74. e5 ♔g5 75. ♘e8 ♘d7 76. e6 **1:0**

4.03. **1771.**

L. POLUGAYEVSKY - P. KERES

1. c4 ♘f6 2. ♘f3 e6 3. g3 b6 4. ♗g2 ♗b7 5. 0-0 ♗e7 6. d4 0-0 7. ♘c3 ♘e4 8. ♕c2 ♘c3 9. ♕c3 ♗e4 10. ♖d1 c5 11. ♗f4 ½:½

7.03. **1772.**

P. KERES - V. BAGIROV

1. c4 ♘f6 2. ♘f3 c6 3. d4 d5 4. ♘c3 dc4 5. a4 ♗f5 6. e3 e6 7. ♗c4 ♗b4 8. 0-0 ♘bd7 9. ♕e2 ♗g4 10. ♖d1 0-0 11. e4 ♕e7 12. h3 ♗h5 13. ♗f4 h6 14. ♗b3 ♗g6 15. ♘e5 ♘e5 16. ♗e5 ♖fd8 17. ♗c2 ♖d7 18. a5 ♕d8 19. a6 b5 20. ♕e3 ♘h7 21. ♗b3 ♕e7

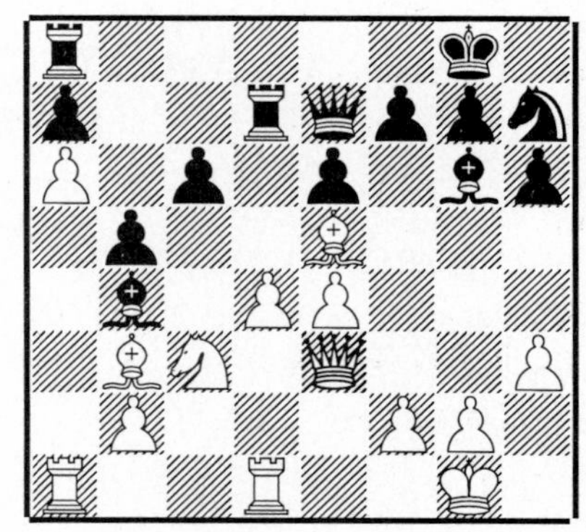

22. d5 ♗c5 23. ♕g3 cd5 24. ed5 ♘f8 25. d6 ♕d8 26. ♘b5 ♖b8 27. ♗c4 f6 28. ♗c3 ♗f7 29. b4 ♗b6 30. ♔h1 ♖c8 31. ♗e2 e5 32. f4 ef4 33. ♕f4 ♘e6 34. ♕g3 ♔h8 35. ♗g4 ♕g8 36. ♗f5 ♖e8 37. ♖e1 ♖dd8 38. ♘c7 ♗c7 39. dc7 ♖c8 40. ♖ac1 ♖e7 41. ♗b2 **1:0**

9.03. **1773.**

G. BORISENKO - P. KERES

1. d4 ♘f6 2. c4 e6 3. ♘c3 ♗b4 4. ♘f3 b6 5. e3 ♗b7 6. ♗d3 c5 7. 0-0 0-0 8. ♘a4 cd4 9. ed4 ♗f3 10. ♕f3 ♘c6 11. ♗e3 d5 12. ♖fd1 ♖c8 13. cd5 ♘d5 14. ♖ac1 ♘ce7 15. ♖c8

♕c8 16. ♖c1 ♕d7 17. ♘c3 ♖c8 18. ♘d5 ♘d5 19. ♖c8 ♕c8 20. ♕d1 f5 21. ♕c2 ♕d7 22. a4 ♗d6 23. ♗b5 ♕c7 24. ♕c7 ♗c7 25. ♗c4 ♔f7 26. h3 ♗d8 27. ♔f1 ♗f6 28. ♗d5 ed5 29. f3 a6 30. ♔e2 g5 31. g4 f4 32. ♗f2 ♔e6 33. b4 ½:½

10.03. **1774.**

P. KERES - R. VAGANIAN

1. d4 ♘f6 2. c4 e6 3. ♘f3 b6 4. e3 ♗b7 5. ♗d3 ♗b4 6. ♘bd2 0-0 7. 0-0 c5 8. a3 ♗d2 9. ♗d2 ♘e4 10. b4 d6 11. ♕c2 f5 12. ♗e1 ♘d7 13. ♘d2 ♘d2 14. ♗d2 ♕h4 15. f4 ♘f6 16. ♗e1 ♕h5 17. ♕e2 ♕g6 18. ♗h4 ♘g4 19. ♖a2 ♖ae8 20. h3 ♘f6 ½:½

11.03. **1775.**

P. KERES - A. KAPENGUT

1. ♘f3 c5 2. c4 ♘f6 3. ♘c3 ♘c6 4. e3 e6 5. b3 ♗e7 6. ♗b2 0-0 7. d4 cd4 8. ed4 d5 9. ♗d3 b6 10. 0-0 ♗b7 11. ♖c1 ♖c8 12. ♖e1 ♕d6 13. a3 ♖fd8 14. c5 bc5 15. ♘b5 ♕f4 16. dc5 d4 17. b4 a5 18. g3 ♕b8 19. ba5 ♘a5 20. ♗d4 ♗d5 21. ♖b1 ♕a8 ½:½

SARAJEVO
24.03.- 6.04.1972

24.03. **1776.**

L. SZABO - P. KERES

1. d4 d5 2. c4 e6 3. ♘f3 ♘f6 4. ♘c3 ♗e7 5. cd5 ed5 6. ♗g5 c6 7. ♕c2 ♘a6 8. a3 g6 9. e3 ♗f5 10. ♗d3 ♗d3 11. ♕d3 0-0 12. ♗f6 ♗f6 13. 0-0 ♘c7 14. ♖fc1 ♘e6 15. ♘a4 ½:½

29.03. **1777.**

P. KERES - D. RAJKOVIC

1. d4 ♘f6 2. c4 e6 3. ♘f3 c5 4. d5 ed5 5. cd5 d6 6. ♘c3 g6 7. e4 ♗g7 8. ♗e2 0-0 9. 0-0 ♖e8 10. ♘d2 ♘a6 11. f3 ♘c7 12. a4 b6 13. ♘c4 ♗a6 14. ♗g5 h6 15. ♗e3 ♗c4 16. ♗c4 a6 17. ♕d2 ♔h7 18. ♔h1 ♕d7 19. ♕e2 ♘g8 20. ♗d3 ♗d4 21. ♘d1 ♗g7 22. ♘c3 ♘e7 23. ♖fe1 ♗d4 24. ♕f2 ♗g7 25. ♕h4 b5 26. ab5 ab5 27. ♖a8 ♖a8 28. ♘b5 ♘b5 29. ♗b5 ♕b5 30. ♕e7 ♕b2 31. ♕f7 ♖a3 32. ♕f4 c4 33. h4 h5 34. ♕g5 ♖d3 35. ♗f4 c3 36. ♔h2 ♖f3 37. e5 ♕f2 38. ♗g3 ♖g3 39. ♕g3 ♗e5 40. ♖e5 ♕g3 41. ♔g3 de5 42. d6 c2 43. d7 c1♕ 44. d8♕ ♕f4 45. ♔h3 ♕f7 46. ♔g3 e4 47. ♕g5 ♕f5 48. ♕f4 ♔g8 49. ♕b8 ♔f7 50. ♕c7 ♔e8 51. ♕c6 ♔e7 52. ♕c7 ♕d7 53. ♕d7 ♔d7 54. ♔f4 ♔d6 55. ♔e4 ♔e6 56. ♔f4 ♔f6 ½:½

22.03. **1778.**

V. HORT - P. KERES

1. d4 d5 2. ♘f3 ♘f6 3. c4 e6 4. ♘c3 ♗e7 5. ♗g5 h6 6. ♗h4 0-0 7. e3 ♘e4 8. ♗e7 ♕e7 9. ♕c2 ♘c3 10. ♕c3 c6 11. ♗d3 ♘d7 12. 0-0 dc4 13. ♗c4 b6 14. b4 ♗b7 15. ♗e2 a5 16. a3 ab4 17. ab4 c5 18. bc5 ½:½

23.03. **1779.**

P. KERES - V. KOSANSKI

1. e4 g6 2. d4 ♗g7 3. ♘c3 d6 4. ♘f3 ♘f6 5. e5 de5 6. ♘e5 0-0 7. ♗c4 c5 8. dc5 ♕a5 9. 0-0 ♕c5 10. ♕e2 ♘h5 11. ♘g4 ♘c6 12. ♘e4 ♗g4 13. ♘c5 ♗e2 14. ♗e2 ♘d4 15. ♗d1 ♖fc8 16. c3 ♖c5 17. g4 ♘f6 18. cd4 ♖b5 19. ♗f3 ♖d8 20. ♖d1 ♘d5 ½:½

25.03. **1780.**

R. BOGDANOVIC - P. KERES

1. e4 e5 2. ♘f3 ♘c6 3. ♗b5 a6 4. ♗a4 d6 5. 0-0 ♗d7 6. d4 ♘f6 7. ♖e1 b5 8. ♗b3 ♘d4 9. ♘d4 ed4 10. c3 dc3 11. ♘c3 ♗e7 12. f4 0-0 13. ♕f3 b4 14. ♘e2 d5

(diagram)

15. ♗d5 ♗c5 16. ♔h1 c6 17. ♗c4 ♗g4 18. ♕d3 ♕d3 19. ♗d3 ♖fd8 20. ♗c2 ♗f2 21.

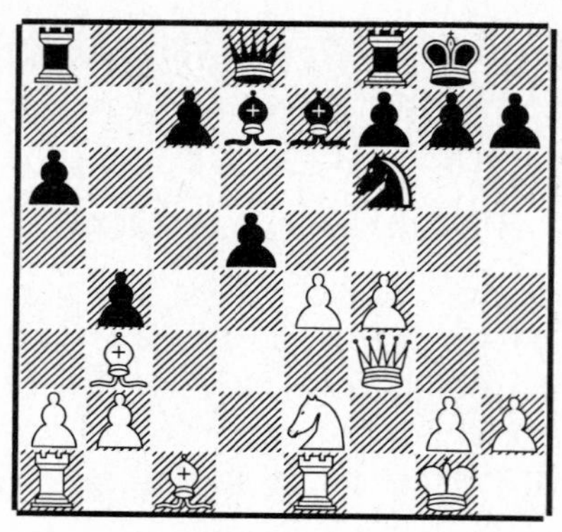

♖f1 ♗e2 22. ♖f2 ♗d3 23. ♗d3 ♖d3 24. g3 ♘e4 25. ♖c2 c5 26. b3 ♖d1 27. ♔g2 ♖ad8 28. a3 ♘d2 29. ♖aa2 ♘b3 30. ♗e3 ♖1d3 31. ♔f2 h5 32. ab4 cb4 33. ♖a6 ♘d2 34. ♖b6 ♘e4 35. ♔f3 ♘c3 **0:1**

26.03. 1781.

P. KERES - M. VUKIC

1. e4 c6 2. c4 d5 3. ed5 cd5 4. cd5 a6 5. ♘c3 ♘f6 6. ♕b3 g6 7. ♘ge2 ♗g7 8. ♘f4 0-0 9. ♗e2 ♘bd7 10. 0-0 b5 11. d3 ♖b8 12. ♗e3 ♘b6 13. ♗f3 ♗b7 14. ♖fe1 ♖e8 15. ♖ac1 ♗a8 16. a3 ♕d7 17. ♖c2 g5 18. ♘h5 g4 19. ♘f6 ef6 20. ♗e2 f5 21. ♖ec1 ♗e5 22. ♕b4 f4 23. ♗c5 ♘d5 24. ♘d5 ♕d5 25. ♗f1 ♖e6 26. ♗a7 ♖be8 27. ♖c8 ♗b7 28. ♖e8 ♖e8 **½:½**

27.03. 1782.

M. MATULOVIC - P. KERES

1. e4 e5 2. ♘f3 ♘c6 3. ♗b5 a6 4. ♗a4 d6 5. 0-0 ♗d7 6. d4 ♘f6 7. c3 g6 8. ♖e1 b5 9. ♗b3 ♗g7 10. h3 0-0 11. ♗g5 h6 12. ♗h4 ♕c8 13. a4 ♘h5 14. ab5 ab5 15. ♖a8 ♕a8 16. de5 ♘e5 17. ♘e5 ♗e5 18. ♘d2 ♗c6 **½:½**

28.03. 1783.

P. KERES - Z. BASAGIC

1. e4 e5 2. ♘f3 ♘c6 3. ♗b5 ♘f6 4. 0-0 ♗c5 5. ♘e5 ♘e4 6. ♕e2 ♘e5 7. d4 ♗e7 8. de5 ♘c5 9. ♕g4 0-0 10. ♗h6 ♘e6 11. ♘c3 f5 12. ef6 ♖f6 13. ♗d2 d5 14. ♕h5 c6 15. ♗d3 g6 16. ♕h6 ♗f8 17. ♕h4 ♗e7 18. ♖ae1 ♖f4 19. ♕h3 ♘c5 20. ♕g3 ♖f7 21. ♘e2 ♗d6 22. ♕e3 ♘d3 23. ♕d3 ♗f5 24. ♕c3 ♕h4 25. h3 ♖af8 26. ♕d4 ♕d4 27. ♘d4 ♗d7 **½:½**

30.03. 1784.

B. GASIC - P. KERES

1. d4 ♘f6 2. ♘f3 c5 3. e3 d5 4. b3 cd4 5. ed4 ♘c6 6. ♗b2 ♗g4 7. ♘bd2 e6 8. ♗d3 ♗d6 9. h3 ♗h5 10. 0-0 0-0 11. ♖e1 ♘b4 12. g4 ♘d3 13. cd3 ♗g6 14. ♘e5 ♘d7 15. ♘g6 hg6 16. ♘f3 ♖e8 17. ♘e5 ♘f8 18. ♔g2 g5 19. ♗c1 ♖c8 20. ♗d2 f6 21. ♘f3 ♘g6 22. ♖c1 ♕d7 23. ♖e2 ♗a3 24. ♖c8 ♖c8 25. ♗e3 ♕c7 26. ♗d2 ♗c1 27. ♗e3 ♗a3 28. ♗d2 ♔f7 29. ♕e1 ♗c1 30. ♗e3 ♕c3 31. ♕d1 ♖c6 32. ♖e1 ♗a3 33. ♔f1 ♕a5 34. ♗g5 fg5 35. ♘g5 ♔f6 36. ♖e6 ♔g5 37. ♕f3 ♖c1 38. ♔g2 ♘h4 39. ♔g3 ♖g1 **0:1**

31.03. 1785.

P. KERES - D. MINIC

1. c4 g6 2. ♘c3 ♗g7 3. ♘f3 c5 4. e3 ♘f6 5. d4 0-0 6. ♗e2 cd4 7. ed4 d5 8. 0-0 ♘c6 9.♗e3 dc4 10. ♗c4 ♘g4 11. ♘e4 ♘a5 12. ♗d3 ♗e6 13. ♕e2 b6 14. ♗a6 ♗d5 15. ♗f4 ♘f6 16. ♘f6 ef6 17. ♖fd1 ♖e8 18. ♕d3 ♗f8 19. ♕c3 ♗d6 20. ♗g3 ♗g3 21. hg3 ♖e7 22. ♖ac1 ♘b7 23. ♘d2 ♘d6 24. ♘f1 ♘e4 25. ♕a3 ♕d6 26. ♕d6 ♘d6 27. b3 ♖d8 28. ♘e3 ♗e4 29. ♖c3 ♗b7 30. ♗b7 ♖b7 31. d5 ♖bd7 32. ♔f1 ♔g7 33. g4 f5 34. gf5 ♘f5 35. ♘f5 gf5 36. ♖cd3 ♔f6 37. f4 ♖c8 38. ♔e2 ♖c2 39. ♖1d2 ♖c1 40. d6 ♖c6 41. ♖d5 ♔e6 **½:½**

1.04. 1786.

T. PETROSIAN - P. KERES

1. d4 d5 2. c4 e6 3. ♘c3 ♗e7 4. ♘f3 ♘f6 5. ♗g5 h6 6. ♗h4 0-0 7. e3 ♘e4 8. ♗e7 ♕e7 9.

♖c1 c6 10. ♗d3 ♘c3 11. bc3 ♘d7 12. 0-0 e5 13. de5 dc4 14. ♗c4 ♘e5 15. ♘e5 ♕e5 16. ♕d4 ♕e7 ½:½

3.04. **1787.**

P. KERES - V. BUKAL

1. e4 c5 2. ♘f3 e6 3. d4 cd4 4. ♘d4 a6 5. ♗d3 ♕c7 6. 0-0 ♘f6 7. b3 b6 8. ♗b2 ♗b7 9. ♘d2 d6 10. c4 ♘bd7 11. ♖e1 g6 12. ♘4f3 ♗g7 13. ♕e2 0-0 14. ♖ad1 ♖ad8 15. ♗b1 e5 16. ♘f1 ♘c5 17. ♘3d2 ♘h5 18. ♘e3 f5 19. ♘d5 ♗d5 20. cd5 ♘f4 21. ♕f1 ♕e7 22. g3 ♕g5 23. ♗c1 ♕g4 24. ♔h1 ♘h3 25. f3 ♕h5 26. ef5 gf5 27. ♕e2 ♘g5 28. f4 ♕e2 29. ♖e2 ♘f7 30. ♗f5 b5 31. ♘e4 ♔h8 32. ♘c5 dc5 33. ♗e6 ef4 34. ♗f4 ♗d4 35. ♔g2 ♔g7 36. b4 h6 37. ♖c2 ♘g5 38. ♗g5 **1:0**

4.04. **1788.**

B. IVANOVIC - P. KERES

1. e4 e5 2. ♘f3 ♘c6 3. ♗b5 a6 4. ♗a4 ♘f6 5. 0-0 ♗e7 6. ♖e1 b5 7. ♗b3 0-0 8. c3 d6 9. h3 ♘a5 10. ♗c2 c5 11. d4 ♘d7 12. ♘bd2 cd4 13. cd4 ♘c6 14. a4 ba4 15. ♗a4 ♗b7 16. ♘c4 ♕c7 17. ♖a3 ed4 18. ♗c6 ♗c6 19. ♘d4 d5 20. ♖g3 dc4 21. ♘f5 ♗f6 22. ♖g7 ♗g7 23. ♕g4 ♕e5 24. ♗h6

(diagram)

♕f6 25. ♗g7 ♕g6 26. ♘e7 ♔g7 27. ♘g6 hg6 28. e5 ♖fe8 29. ♕c4 ♖e6 30. ♕d4 ♖b8 31. ♖c1 ♖b7 32. b4 ♘f8 33. h4 ♔g8 34. ♖c5 ♗d7 35. f3 ♖eb6 36. ♖c4 ♗e6 37. ♖c2 ♖b4 38. ♕d8 ♖d7 39. ♕g5 ♗f5 40. ♖a2 ♖b6 41. h5 ♖d5 42. hg6 ♗g6 43. f4 ♘e6 44.

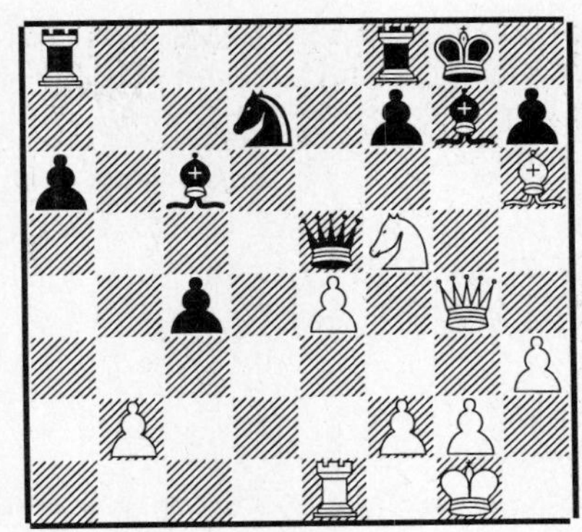

♕f6 ♖d1 45. ♔f2 ♗b1 46. ♖a4 ♖b2 47. ♔g3 ♖g1 48. ♖c4 ♖gg2 49. ♔h3 ♖g6 50. ♖c8 ♘f8 51. ♖f8 ♔f8 52. ♕h8 ♔e7 53. ♕c8 ♖h6 54. ♔g4 ♖g6 55. ♔h3 ♖b3 56. ♔h4 ♖h6 57. ♔g4 ♖g6 58. ♔h4 ♗f5 59. ♕f5 ♖b8 **0:1**

5.04. **1789.**

P. KERES - V. JANSA

1. e4 c5 2. ♘f3 e6 3. d4 cd4 4. ♘d4 ♘c6 5. ♘c3 a6 6. g3 ♘ge7 7. ♗g2 ♘d4 8. ♕d4 ♘c6 9. ♕e3 d6 10. 0-0 ♗e7 11. b3 ♗f6 12. ♖d1 0-0 13. ♗b2 ♕c7 14. ♘a4 ♗b2 15. ♘b2 e5 16. ♘c4 ♗e6 17. ♕b6 ♖ac8 18. ♕c7 ♖c7 19. ♘d6 ♘d4 20. c4 g6 ½:½

6.04. **1790.**

S. TATAI - P. KERES

1. e4 e6 2. d4 d5 3. ed5 ed5 4. ♗d3 ♘c6 5. c3 ♗d6 6. ♘e2 ♘ge7 7. ♗f4 ♗f5 8. 0-0 0-0 9. ♗d6 ♕d6 10. ♘g3 ♗g6 11. ♕f3 ♖ae8 12. ♘d2 ♗d3 13. ♕d3 ♘g6 14. ♖fe1 ½:½

HUNGARY - USSR TEAM MATCH

Budapest, 17.- 20.05.1972

17.05. **1791.**

P. KERES - G. BARCZA

1. e4 c6 2. d4 d5 3. ed5 cd5 4. c4 ♘f6 5. ♘c3 e6 6. ♘f3 ♗b4 7. ♗d3 dc4 8. ♗c4 0-0 9. 0-0 b6 10. ♕e2 ♗b7 11. ♖d1 ♗c3 12. bc3 ♕c7 13. ♗d3 ♘bd7 14. c4 ♖fe8 15. ♗b2 ♕f4 16. ♕e3 ♕e3 17. fe3 ♗e4 18. ♗e2 ♖ac8 19. a4 ♗c2 20. ♖dc1 ♗g6 21. a5 ♖c7 22. ab6

ab6 23. ♖a6 h6 24. ♖ca1 ♗e4 25. ♘d2 ♗b7 26. ♖a7 ♖ec8 27. ♗a3 ♗c6 28. ♖c7 ♖c7 29. ♗d6 ♖c8 30. ♗f3 ♗f3 31. gf3 ♘e8 32. ♗g3 ♔f8 33. ♔f2 ♔e7 34. ♔e2 ♘d6 35. ♔d3 ♘f5 36. ♗e1 e5 37. ♘e4 ed4 38. ed4 ♖d8 39. ♗b4 ♔e8 40. ♖e1 ♘e5 41. ♔c3 ♘d4 42. ♘d6 ♔d7 43. ♖e5 ♘c6 44. ♖d5 ♘b4 45. ♔b4 ♔e6 46. ♘b5 **1:0**

19.05. **1792.**

P. KERES - K. HONFI

1. d4 c5 2. d5 e5 3. e4 d6 4. ♘c3 g6 5. f4 ♗g7 6. ♘f3 ♗g4 7. h3 ♗d7 8. ♘b5 ♗b5 9. ♗b5 ♘d7 10. 0-0 ♘f6 11. fe5 de5 12. ♘e5 0-0 13. ♘d7 ♘d7 14. c3 ♘e5 15. ♗e3 ♕d6 16. ♕e2 a6 17. ♗a4 b5 18. ♗b3 ♖ac8 19. ♖f2 c4 20. ♗c2 a5 21. ♗d4 b4 22. ♕e3 ♖fe8 23. ♖af1 ♖e7 24. ♗a4 f6 25. ♕g3 ♖d8 26. ♕h4 ♖f8 27. ♗b5 ♖c7 28. ♕g3 f5 29. ef5 ♕d5 30. f6 **1:0**

20.05. **1793.**

K. HONFI - P. KERES

1. d4 ♘f6 2. ♘f3 c5 3. g3 cd4 4. ♘d4 e5 5. ♘b3 d5 6. ♗g2 ♘c6 7. 0-0 ♗e7 8. c3 ♗e6 9. ♗e3 0-0 10. ♗c5 ♗c5 11. ♘c5 ♗g4 12. h3 ♗f5 13. ♘d2 ♕b6 14. b4 a5 15. a3 ♖fd8 16. g4 ♗g6 17. ♕b3 ♕c7 18. b5 ♘e7 19. ♘a4 ♖ac8 20. ♖ac1 h5 21. g5 ♘h7 22. c4 d4 23. c5 ♘g5 24. h4 ♘e6 25. ♗e4 ♘f4 26. ♖fe1 d3 27. ed3 ♘d3 28. ♗d3 ♖d3 29. ♕b2 ♕d7 **0:1**

SAN ANTONIO

Texas, 18.11.- 11.12.1972

19.11. **1794.**

P. KERES - V. HORT

1. d4 ♘f6 2. c4 e6 3. ♘f3 b6 4. e3 ♗b7 5. ♗d3 ♗e7 6. ♘c3 d5 7. 0-0 0-0 8. b3 ♘bd7 9. ♗b2 c5 10. ♕e2 ♖c8 11. ♖fd1 cd4 12. ed4 g6 13. ♘e5 ♖e8 14. ♖ac1 ♗f8 15. ♖c2 ♗b4 16. a3 ♗f8 17. ♗c1 ♘e5 18. de5 ♘d7 19. cd5 ed5 20. f4 ♘c5 21. ♗b5 ♖e7 22. b4 a6 23. bc5 ab5 24. cb6 ♕b6 25. ♗e3 ♕c6 26. ♖cc1 ♕a6 27. ♘d5 ♗d5 28. ♖c8 ♕c8 29. ♖d5 ♖c7 30. ♕b5 ♖c1 31. ♔f2 ♖c2 32. ♔f3 h5 33. h3 ♕a8 34. ♕b3 ♖c8 35. ♔g3 ♕a3 36. ♕a3 ♗a3 37. ♔f3 ♗f8 38. ♖d7 ♗g7 39. ♔e4 ♖e8 40. ♗c5 ♖c8 41. ♔d5 ♖a8

(diagram)

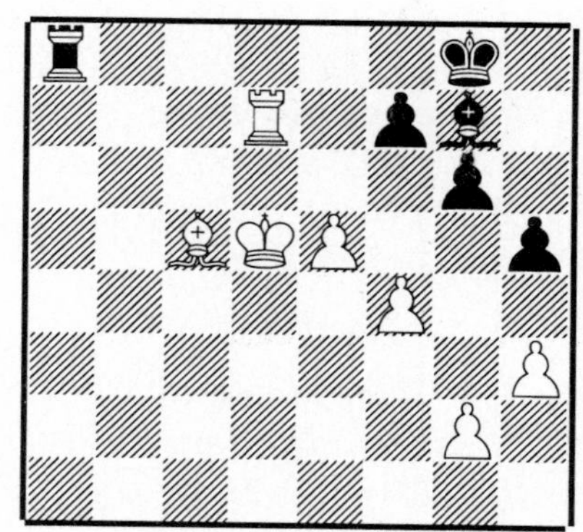

42. g4 hg4 43. hg4 ♖a5 44. ♖d8 ♔h7 45. g5 ♖a4 46. ♗d4 ♖a3 47. ♔e4 ♖a4 48. ♖b8 ♗h8 49. ♖f8 ♔g7 50. ♖d8 ♔h7 51. ♔d3 ♖a3 52. ♔c4 ♖a4 53. ♔b5 ♖a3 54. ♖f8 ♔g7 55. ♖c8 ♔h7 56. ♖f8 ♔g7 57. ♖h8 ♔h8 58. e6 ♔g8 59. e7 ♖a8 60. ♗f6 **1:0**

20.11. **1795.**

P. KERES - H. da C. MECKING

1. d4 ♘f6 2. c4 c5 3. e3 e6 4. ♘f3 d5 5. ♘c3 ♘c6 6. a3 dc4 7. ♗c4 cd4 8. ed4 ♗e7 9. 0-0 0-0 10. ♗f4 b6 11. ♕d3 ♗b7 12. ♖ad1 ♖c8 13. ♗a2 ♘b8 14. ♖fe1 ♘d5 15. ♗b1 g6 16. ♗h6 ♘c3 17. bc3 ♖e8 18. c4 ♕d6 19. ♖e3 ♗f6 20. d5 ed5 21. cd5 ♘d7 22. ♗a2 ♘c5 23. ♕d2 ♖e3 24. ♕e3 ♘a4 25. ♖e1 ♕d8 26. d6 ♘c3 27. ♗f7 ♔h8 28. d7 **1:0**

21.11. **1796.**

A. SAIDY - P. KERES

1. ♘f3 d5 2. d4 ♗f5 3. c4 e6 4. ♘c3 c6 5. ♗f4 ♘f6 6. e3 ♘bd7 7. ♗e2 ♗e7 8. 0-0 ♕b6 9. cd5 ♘d5 10. ♘d5 ed5 11. ♗d3 ♗g6 12. ♘e5 ♘e5 13. ♗e5 0-0 14. ♗g6 hg6 15. ♕d2 ♖fe8 16. ♖fc1 ♖ad8 17. ♕c3 ♖d7 18. h3 a5 19. ♖c2 ♕b5 20. ♗f4 g5 21. ♗g3 ♗b4 22. a4 ♕a6 23. ♕b3 ♖e6 24. ♖d1 ♕a8 25. ♕d3 ♕e8 26. ♖dc1 ♖de7 27. ♕f5 f6 28. b3 ♖e4 29. ♖f1 ♖7e6 30. ♖fc1 ♕h5 31. ♗e5 ♖e8 32. ♗g3 ♖8e6 33. ♗e5 ♔f7 34. ♗g3 g6 35. ♕f3 g4 36. hg4 ♖g4 37. ♖a2 ♖e8 38. ♗e5 ♗e7 39. ♖aa1 ♔g7 40. ♗g3 ♗b4 41. ♖ab1 ♕g5 42. ♖d1 ♖ge4 43. ♖d3 ♕h6 44. ♖bd1 g5 45. ♗c7

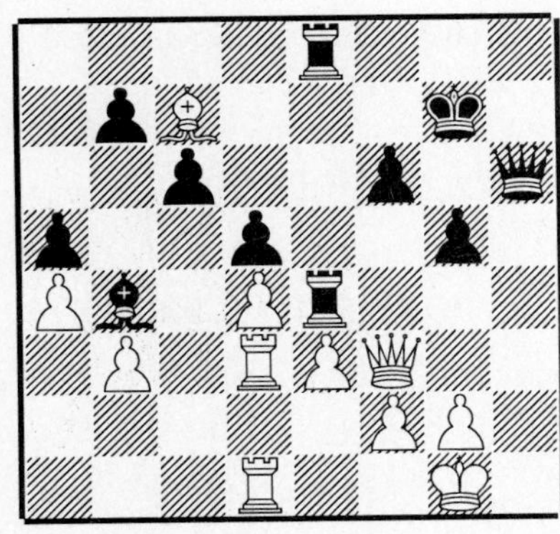

♖8e7 46. ♗b8 ♕h8 47. ♕g3 ♕d8 48. ♔f1 ♖h4 49. ♗f4 ♔f7 50. ♗g5 fg5 51. ♕g5 ♕h8 52. ♕f5 ♕f6 53. ♕c8 ♕g6 54. ♔e2 ♔g7 55. g3 ♖h8 **0:1**

23.11. **1797.**

P. KERES - W.S. BROWNE

1. d4 c5 2. d5 ♘f6 3. ♘c3 d6 4. e4 g6 5. ♘f3 ♗g7 6. ♗b5 ♘fd7 7. 0-0 a6 8. ♗d3 b5 9. a4 b4 10. ♘b1 a5 11. ♘bd2 ♘b6 12. ♘c4 ♘8d7 13. ♘fd2 0-0 14. ♕e2 ♗a6 15. ♘b6 ♕b6 16. ♘c4 ♕a7 17. ♖b1 ♘b6 18. ♘b6 ♕b6 19. ♗g5 ♖fe8 ½:½

24.11. **1798.**

B. LARSEN - P. KERES

1. c4 e6 2. ♘c3 c5 3. ♘f3 ♘f6 4. g3 ♘c6 5. ♗g2 ♗e7 6. d4 d5 7. cd5 ♘d5 8. ♘d5 ed5 9. dc5 ♗c5 10. a3 ♗f5 11. b4 ♗b6 12. ♗b2 0-0 13. ♘d4 ♗d4 14. ♗d4 ♖e8 15. ♖a2 ♕d7 16. 0-0 ♗h3 17. ♖d2 ♗g2 18. ♔g2 a5 19. ♗c5 ab4 20. ab4 ♖e5 21. e3 ♖d8 22. b5 ♘e7 23. ♗e7 ♕e7 24. ♕b3 h5 25. ♖d4 ♖d6 26. ♖fd1 ♕e8 27. h4 ♖b6 28. ♖d5 ♖b5 29. ♖e5 ♖e5 30. ♕b7 ♖c5 31. ♖d6 g6 32. ♖d7 ♕e6 33. ♖d8 ♔g7 34. ♕b4 ♕c4 35. ♕b2 ♕c3 36. ♕b7 ♖f5 37. ♕e7 ♕b2 38. ♕f8 ♔h7 39. ♕g8 ♔h6 40. ♖d2 ♕g7 41. ♕a8 ♔h7 42. e4 ♕c3 43. ef5 ♕d2 44. ♕b7 ♔g8 45. f6 ♕d8 46. ♕c6 ♔h7 47. ♕c3 ♕d5 48. f3 ♕a2 49. ♔h3 ♕b1 50. ♔g2 ♕a2 51. ♔f1 ♕a6 52. ♔e1 ♕e6 53. ♔f2 ♕a2 54. ♔g1 ♕b1 55. ♔h2 ♕a2 56. ♔h3 ♕b1 57. g4 ♕h1 58. ♔g3 ♕g1 59. ♔f4 ♕h2 60. ♔g5 ♕g3 61. ♕e3 hg4 62. ♕f4 ♕f3 63. ♕g4 ♕e3 64. ♕f4 ♕e2 65. ♕g3 ♕b5 66. ♔f4 ♕f5 67. ♔e3 ♕f6 68. ♕g5 ♕f1 69. ♕g4 ♕e1 70. ♔d3 ♕e6 71. ♕f4 ♔g7 72. ♕d4 f6 73. ♕b4 ♕f5 74. ♔e2 ♔h6 75. ♔e1 ♔h5 76. ♕c4 ♕g4 77. ♕c5 ♔h4 78. ♕e7 ♕f5 79. ♕b4 ♔h5 80. ♕c4 g5 81. ♕f7 ♔h4 82. ♕f8 ♔g3 83. ♕a3 ♕f3 84. ♕d6 ♔g2 85. ♕d2 ♔h3 86. ♕d7 f5 87. ♕g7 g4 88. ♕h8 ♔g3 89. ♕e5 f4 90. ♕b8 ♕e3 91. ♔d1 ♔g2 **0:1**

26.11. **1799.**

P. KERES - M. CAMPOS LOPEZ

1. e4 e5 2. ♘f3 ♘c6 3. ♗b5 a6 4. ♗a4 ♘f6 5. 0-0 ♗e7 6. ♖e1 d6 7. c3 ♗g4 8. d3 ♕d7 9. ♘bd2 0-0 10. h3 ♗h5 11. ♘f1 ♖fe8 12. ♘g3 ♗g6 13. d4 b5 14. ♗c2 ed4 15. cd4 ♖ad8 16. d5 ♘b8 17. ♘d4 c6 18. f4 h6 19. f5 ♗h7 20. ♗b3 cd5 21. ed5 ♗f8 22. ♖f1 ♖c8 23. ♕f3 ♕b7 24. ♗e3 ♘bd7 25. ♘c6 ♘e5 26. ♘e5 de5 27. ♘e4 ♘e4 28. ♕e4 ♔h8 29. ♖ac1 ♖c1 30. ♖c1 f6 31. ♖c6 ♖d8 32. ♕c2 ♗d6

33. ♗b6 ♖d7 34. ♖c8 ♗g8

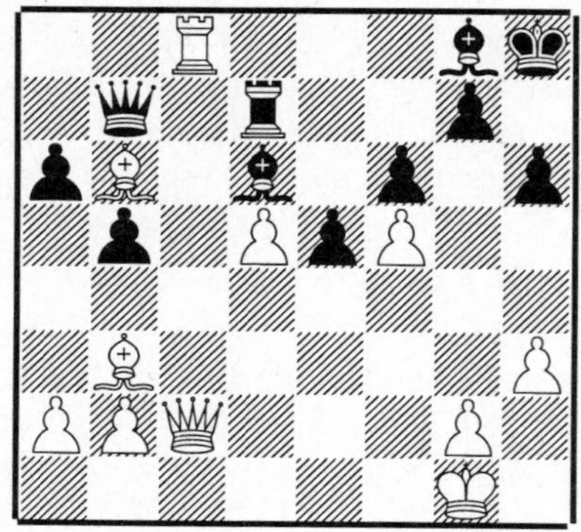

35. ♕c6 ♔h7 36. ♖d8 ♕c6 37. dc6 ♖d8 38. ♗d8 ♗b3 39. ab3 g6 40. g4 h5 41. ♔f2 **1:0**

27.11. **1800.**

D. SUTTLES - P. KERES

1. c4 e6 2. g3 d5 3. ♗g2 ♘f6 4. ♘f3 dc4 5. ♕a4 ♘bd7 6. 0-0 a6 7. ♘c3 c5 8. ♘e5 ♖b8 9. ♘d7 ♕d7 10. ♕c4 b5 11. ♕f4 ♗d6 12. ♕g5 0-0 13. d3 ♗b7 14. ♗b7 ♖b7 15. ♕h4 ♖c8 16. a4 ♗e7 17. ab5 ab5 18. ♕h3 h6 19. ♕g2 b4 20. ♘e4 c4 21. dc4 ♖c4 22. ♖a8 ♖c8 23. ♖c8 ♕c8 24. ♘f6 ♗f6 25. b3 ♖d7 26. ♕f3 ♗c3 27. ♕e4 ♕a6 28. ♕c2 ♕b5 29. ♖d1 ♕f5 30. ♖d3 ♔h7 31. e4 ♕b5 32. ♖d7 ♕d7 33. ♗e3 ♕b5 34. ♔g2 g6 35. ♕d1 h5 36. ♕d6 ♕b7 37. ♔f3 ½:½

29.11. **1801.**

P. KERES - D. BYRNE

1. d4 ♘f6 2. c4 g6 3. ♘c3 d5 4. ♘f3 ♗g7 5. e3 0-0 6. cd5 ♘d5 7. ♗c4 ♘b6 8. ♗b3 c5 9. 0-0 cd4 10. ed4 ♘c6 11. d5 ♘a5 12. ♗g5 h6 13. ♗e3 ♗g4 14. h3 ♗f3 15. ♕f3 ♘bc4 16. ♗c1 ♘b3 17. ab3 ♘d6 18. ♖e1 ♖e8 19. ♗e3 b6 20. ♗f4 ♕d7 21. ♖a4 ♖ac8 22. g4 a5 23. ♗e5 ♖c5 24. ♖f4 ♗e5 25. ♖e5 b5 26. ♕e3 ♕c7 27. ♖f3 b4 28. ♘e2 a4 29. ♕h6 a3 30. ba3 ba3 31. ♖g5 a2 32. ♖f7 a1♕ 33. ♔g2 **1:0**

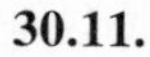

30.11. **1802.**

T. PETROSIAN - P. KERES

1. c4 ♘f6 2. ♘c3 e6 3. ♘f3 c5 4. g3 ♗e7 5. ♗g2 0-0 6. d4 d5 7. cd5 ♘d5 8. 0-0 ♘c6 9. ♘d5 ed5 10. dc5 ♗c5 11. ♕d3 h6 12. a3 a5 13. ♗d2 b6 ½:½

1.12. **1803.**

P. KERES - S. GLIGORIC

1. e4 e5 2. ♘f3 ♘c6 3. ♗b5 a6 4. ♗a4 ♘f6 5. 0-0 ♗e7 6. ♖e1 b5 7. ♗b3 d6 8. c3 0-0 9. h3 ♘b8 10. d4 ♘bd7 11. ♘bd2 ♗b7 12. ♗c2 c5 13. ♘f1 ♖e8 14. ♘g3 g6 15. ♗h6 ♗f8 16. ♕d2 ♕e7 17. a4 ♗c6 18. b3 ♗h6 19. ♕h6 ♕f8 20. ♕g5 ♕g7 21. d5 ♗b7 22. ab5 ab5 23. ♗d3 h6 24. ♕e3 b4 25. ♗b5 bc3 26. ♕c3 ♕f8 27. ♘d2 h5 28. ♕e3 ♖a1 29. ♖a1 ♖b8 30. ♖a7 ♘b6 31. ♕d3 ♘c8 32. ♖a5 ♕d8 33. ♕c3 ♘b6 34. ♘gf1 ♗c8 35. ♘e3 ♗d7 36. ♗d3 ♖a8 37. ♗a6 ♘e8 38. ♘ec4 ♘c4 39. ♘c4 ♕b8 40. ♘d2 ♕b6 ½:½

3.12. **1804.**

L. PORTISCH - P. KERES

1. c4 ♘f6 2. ♘c3 e6 3. ♘f3 c5 4. g3 ♘c6 5. ♗g2 ♗e7 6. 0-0 0-0 7. d4 d5 8. cd5 ♘d5 9. ♘d5 ed5 10. dc5 ♗c5 11. ♗g5 f6 12. ♖c1 ♗b6 13. ♗d2 ♗g4 14. ♕b3 ♔h8 15. e3 d4 16. ed4 ♗f3 17. ♕f3 ♘d4 18. ♕h5 ♕d7 19. ♖ce1 ♖fe8 20. ♗b7 ♖e1 21. ♗a8 ♘e2 22. ♔g2 ♘g3 23. hg3 ♕d2 24. ♕f7 h6 25. ♗d5 ♔h7 26. ♕g8 ♔g6 27. ♗f7 ♔g5 28. ♕g7 ♔f5 29. ♗h5 ♔e6 30. ♗g4 f5 31. ♗f5 ♔f5 32. ♕f7 **1:0**

4.12. **1805.**

P. KERES - K. SMITH

1. c4 ♘f6 2. ♘c3 c6 3. e4 d5 4. e5 d4 5. ef6 dc3 6. fg7 cd2 7. ♗d2 ♗g7 8. ♕c2 ♘d7 9. ♘e2 ♘f6 10. ♘g3 ♕c7 11. ♗d3 ♗d7 12. ♗c3 0-0-0 13. 0-0-0 ♘e8 14. ♖he1 e6 15. ♗g7 ♘g7 16. ♕c3 ♘f5 17. ♕f6 ♖hf8 18.

♖e5 ♔b8 19. ♗f5 ef5 20. ♕d6 ♗e6 21. ♕c7 ♔c7 22. b3 ♖d1 23. ♔d1 ♖g8 24. f4 ♖g4 25. ♔e2 ♖f4 26. h3 ♔d6 27. ♖a5 a6 28. ♔e3 ♖h4 29. ♘f5 ♗f5 30. ♖f5 ♔e6 31. ♖g5 ♖h6 32. ♔e4 ♖h4 33. ♔e3 ♖h6 34. ♔d4 ♖g6 35. ♖e5 ♔d6 36. c5 ♔d7 37. g4 ♖h6 38. ♖f5 ♔e6 39. ♖f3 ♖f6 40. ♖e3 ♔d7 41. ♖e5 ♖h6 42. ♖e3 ♖f6 43. ♔e4 ♔e6 44. ♖d3 ♖f2 45. ♖d6 ♔e7 46. ♖d4 ♖a2 47. ♖b4 ♔e6 48. ♖b7 ♖e2 49. ♔d4 ♖d2 50. ♔c4 ♖c2 51. ♔b4 a5 52. ♔a5 ♖c5 53. ♔b4 ♖c1 54. ♖c7 ♔f6 55. ♔a3 ♔g6 56. ♔b2 ♖c5 57. h4 h6 58. ♖d7 f6 59. ♖d6 ♔g7 60. h5 f5 61. ♖g6 ♔h7 62. gf5 ♖f5 63. ♖c6 ♖h5 64. b4 ♖g5 65. ♖c5 ♖g8 66. b5 ♔g6 67. ♔c3 h5 68. b6 h4 69. ♔d4 ♖d8 70. ♔c4 h3 71. ♔b5 h2 72. ♖c1 ♔g5 73. b7 ♖b8 ½:½

5.12. **1806.**

L. EVANS - P. KERES

1. d4 ♘f6 2. c4 e6 3. ♘c3 ♗b4 4. e3 c5 5. ♘e2 d6 6. a3 ♗a5 7. ♖b1 ♘c6 8. b4 ♗c7 9. g3 a5 10. bc5 dc5 11. ♗g2 cd4 12. ed4 0-0 13. 0-0 ♕e7 14. ♕a4 ♖a6 15. ♖e1 ♖d8 16. ♘b5 ♗b8 17. ♗b2 ♘a7 18. ♘bc3 ♕c7 19. ♗c1 ♕e7 20. h3 ♘c6 21. ♗e3 ♘e8 22. d5 ♘e5 23. c5 ♕d7 24. ♕d7 ♗d7 25. ♖b7 ed5 26. ♘d5 ♗e6 27. ♖eb1 ♖d5 28. ♖b8 ♔f8 29. ♗d5 ♗d5 30. ♘d4 ♔e7 31. ♖1b6 ♖a7 32. ♗f4 ♘f3 33. ♘f3 ♗f3 34. c6 ♘d6 35. c7 **1:0**

8.12. **1807.**

P. KERES - A. KARPOV

1. d4 ♘f6 2. c4 e6 3. ♘c3 ♗b4 4. e3 c5 5. ♗d3 0-0 6. ♘f3 d5 7. 0-0 dc4 8. ♗c4 cd4 9. ed4 b6 10. ♗g5 ♗b7 11. ♕e2 ♘bd7 12. ♖ac1 ♖c8 13. ♘e5 h6 14. ♗f4 ♘e5 15. ♗e5 ♕e7 16. ♗a6 ♗a6 17. ♕a6 ♗c3 18. bc3 ♘d5 19. c4 ♘b4 20. ♕a3 f6 21. ♗g3 ½:½

10.12. **1808.**

J. KAPLAN - P. KERES

1. e4 e5 2. ♘f3 ♘c6 3. ♗b5 a6 4. ♗a4 d6 5. 0-0 ♗d7 6. d4 ♘f6 7. c3 g6 8. ♘bd2 b5 9. ♗c2 ♗g7 10. ♘b3 0-0 11. de5 de5 12. ♘c5 ♗g4 13. h3 ♕e7 14. b4 ♖fd8 15. ♗d3 ½:½

TALLINN
19.02.- 14.03.1973

20.02. **1809.**

L. POPOV - P. KERES

1. d4 ♘f6 2. c4 e6 3. ♘f3 b6 4. g3 ♗b7 5. ♗g2 c5 6. 0-0 cd4 7. ♘d4 ♗g2 8. ♔g2 ♘c6 9. ♘c6 dc6 10. ♘c3 ♕d1 11. ♖d1 ♗b4 12. ♗d2 0-0-0 13. a3 ♗d6 14. ♗f4 ♗f4 15. gf4 ♖hg8 16. ♔f3 g5 17. ♖d8 ♔d8 18. ♖g1 g4 19. ♔g2 ♔e7 20. ♖d1 h5 21. e3 h4 22. ♔f1 g3 23. hg3 hg3 24. ♔e2 ♖h8 25. ♖g1 gf2 26. ♖g2 ♖h4 27. ♔f2 ♘g4 28. ♔e2 f5 29. ♔d2 ♖h3 30. ♖e2 ♔d6 31. b3 ♖h1 32. ♘d1 ♘f6 33. ♔c2 e5 34. ♘f2 ♖a1 35. ♔b2 ♖f1 36. ♘d3 e4 37. ♘e5 c5 38. b4 ♔e6 39. ♖g2 ♖e1 40. ♖g3 ♖e2 41. ♔b3 ♘g4 42. ♘g4 fg4 43. bc5 bc5 44. ♖g4 ♖e3 45. ♔b2 ♔f5 46. ♖g5 ♔f4 47. ♖c5 ♖d3 48. ♖c7 e3 49. ♖f7 ♔g3 50. c5 e2 51. ♖e7 ♔f2 52. c6 ♖f3 53. c7 ♖f8 54. c8♕ ♖c8 55. ♖f7 ♔e1 56. ♖a7 ♖e8 **0:1**

21.02. **1810.**

P. KERES - H. WESTERINEN

1. d4 g6 2. e4 ♗g7 3. ♘c3 d6 4. ♗g5 c5 5. dc5 ♕a5 6. ♕d2 ♕c5 7. ♘d5 ♗e6 8. c4 ♘d7 9. ♖c1 ♘gf6 10. f3 a5 11. ♗e3 ♕c8 12. ♘e2 ♕b8 13. ♘d4 ♘c5 14. ♘b5 ♘d5 15. cd5 ♗d7

(diagram)

16. ♖c5 dc5 17. d6 ed6 18. ♘d6 ♔f8 19. ♘f7 ♗e6 20. ♘g5 ♗a2 21. ♗c5 ♔g8 22. b4 ♗b3

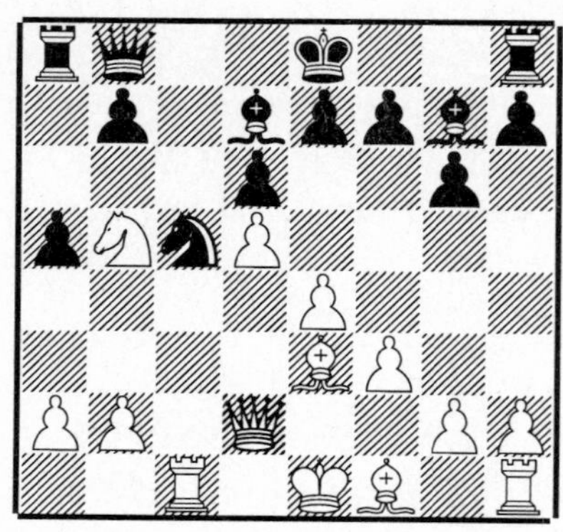

23. ♕d3 ♗f7 24. ♘f7 ♕f4 25. ♘g5 ♕c1 26. ♔f2 ♗f6 27. ♕d5 ♔g7 28. ♕b7 ♔h6 29. ♘f7 **1:0**

22.02. **1811.**

J.H. TIMMAN - P. KERES

1. ♘f3 ♘f6 2. g3 c5 3. ♗g2 ♘c6 4. 0-0 d5 5. c4 e6 6. cd5 ed5 7. d4 ♗e7 8. ♘c3 0-0 9. b3 ♗g4 10. ♗b2 ♖c8 11. dc5 ♗c5 12. ♘a4 ♗e7 13. ♖c1 ♖e8 14. ♕d3 ♕d7 15. ♘d4 ♘d4 16. ♗d4 ♖c1 17. ♖c1 ♗a3 18. ♖e1 ♗b4 19. ♗c3 ♗c3 20. ♘c3 d4 21. ♘e4 ♘e4 22. ♗e4 ½:½

24.02. **1812.**

P. KERES - U. ANDERSSON

1. d4 ♘f6 2. c4 e6 3. ♘f3 b6 4. e3 ♗b7 5. ♗d3 ♗e7 6. ♘c3 d5 7. 0-0 0-0 8. b3 c5 9. ♗b2 cd4 10. ed4 ♘c6 11. ♖c1 ♖c8 12. ♖e1 ♖e8 13. ♘e5 dc4 14. ♘c6 ♗c6 15. bc4 ♗f8 16. ♗c2 ♕d6 17. ♕d3 g6 18. ♖cd1 ♗g7 19. h3 a6 20. ♗b3 ♗b7 21. d5 ed5 22. ♘d5 ♘d5 23. ♗g7 ♔g7 ½:½

25.02. **1813.**

B. SPASSKY - P. KERES

1. d4 ♘f6 2. c4 e6 3. ♘f3 b6 4. ♘c3 ♗b7 5. ♗g5 h6 6. ♗h4 ♗e7 7. e3 c5 8. ♗e2 0-0 9. 0-0 cd4 10. ♘d4 ♘c6 11. ♘db5 ♖c8 12. ♘d6 ♗d6 13. ♕d6 ♘e4 14. ♘e4 ♕h4 15. ♗f3 ♘a5 16. b3 ♗e4 17. g3 ♘b7 18. ♕d4 ♕f6 19. ♗e4 ♕d4 20. ed4 ♘d6 21. ♗g2 ♖fd8 22. ♖ad1 ♔f8 23. ♖fe1 ♔e7 24. ♔f1 g6 25. ♔e2 h5 26. ♔d3 h4 27. ♖c1 hg3 28. hg3 ♖h8 29. ♖h1 ½:½

27.02. **1814.**

P. KERES - D. BRONSTEIN

1. d4 ♘f6 2. ♘f3 d5 3. c4 e6 4. ♘c3 ♗b4 5. cd5 ed5 6. ♕a4 ♘c6 7. ♗g5 0-0 8. e3 ♕d6 9. ♗f6 ♕f6 10. ♗e2 ♗e6 11. 0-0 a6 12. ♖fd1 ♗d6 13. e4 de4 14. ♘e4 ♕f4 15. ♘d6 cd6 ½:½

28.02. **1815.**

A. SAIDY - P. KERES

1. c4 ♘f6 2. ♘c3 e5 3. ♘f3 d6 4. g3 c6 5. ♗g2 ♗e7 6. 0-0 0-0 7. ♕c2 ♗g4 8. h3 ♗h5 9. d3 ♘bd7 10. e4 ♘e8 11. ♗e3 ♘c7 12. d4 ♗f3 13. ♗f3 ed4 14. ♗d4 ♘e6 15. ♗e3 ♗g5 16. ♗g5 ♕g5 17. ♖ad1 ♖ad8 18. ♗g2 ♕e7 19. f4 f6 20. ♖d2 g5 21. ♘e2 ♔h8 22. ♕c3 ♖g8 23. ♔h2 ♖g7 24. ♘d4 ♘d4 25. ♕d4 gf4 26. gf4 ♘c5 27. b4 ♘e6 28. ♕a7 c5 29. ♕a3 ♖dg8 30. bc5 dc5 31. ♕e3 ♘d4 32. ♖ff2 ♖e8 33. e5 fe5 34. ♕e5 ♕f8 35. ♕d5 b6 36. ♖b2 ♕f6 37. ♕h5 ♖e3 38. ♗d5 ♘f3 39. ♖f3 ♕b2 **0:1**

1.03. **1816.**

P. KERES - H. KÄRNER

1. e4 g6 2. d4 ♗g7 3. ♘f3 c6 4. ♘c3 d5 5. h3 ♘h6 6. ♗f4 f6 7. ed5 cd5 8. ♘b5 ♘a6 9. c4 0-0 10. ♕b3 e5 11. de5 fe5 12. ♗g5 ♕a5 13. ♗d2 ♕b6 14. cd5 e4 15. d6 ♔h8 16. ♘fd4 ♘c5 17. ♕a3 ♘e6 18. ♘e6 ♕f2 19. ♔d1 ♗e6 20. ♘c7 ♖ae8 21. ♘e8 ♖e8 22. ♗e3 ♕f5 23. ♗e2 ♕d5 24. ♔e1 ♘f5 25. ♖d1 ♕e5 26. ♗g4 ♕g3 27. ♗f2 ♕a3 28. ba3 e3 29. ♗h4 ♗c4 30. ♗e2 ♗c3 31. ♔f1 ♗e2 **1:0**

3.03. **1817.**

L. POLUGAYEVSKY - P. KERES

1. c4 ♘f6 2. ♘c3 e6 3. ♘f3 d5 4. d4 c5 5. cd5 cd4 6. ♕d4 ♘d5 7. e4 ♘c3 8. ♕c3 ♗d7 9. ♗e2 ♘a6 10. 0-0 ♖c8 11. ♕b3 ♘c5 12. ♕e3 ♗e7 13. ♘e5 0-0 14. b3 ♕b6 15. ♘c4 ♕c6 16. ♗a3 ♕a6 17. ♗b2 ♖fd8

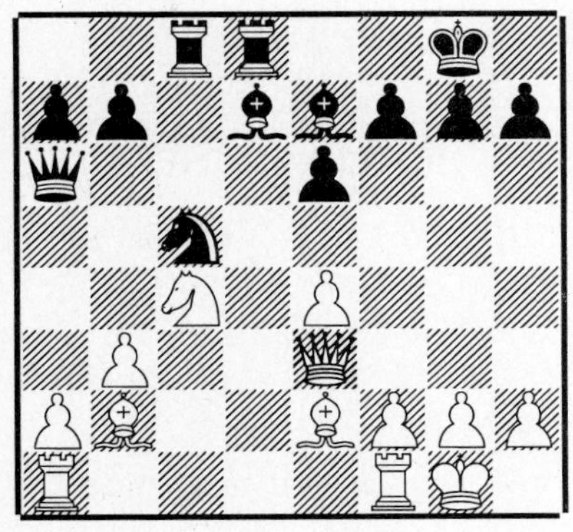

18. ♖fc1 ♗e8 19. e5 ♘d7 20. a4 ♗c5 21. ♕f3 ♕c6 22. ♕g3 ♕e4 23. ♗d3 ♕d5 24. ♖d1 ♕c6 25. ♖ac1 ♖b8 26. ♘d6 ♕b6 27. ♘e8 ♖e8 28. ♗b5 ♘f8 29. ♗e8 ♖e8 30. h4 ♘g6 31. ♖d7 ♘e7 32. ♕f3 ♖f8 33. ♖b7 ♕a5 34. ♕e2 a6 35. ♕e1 ♕e1 36. ♖e1 ♘d5 37. ♖c1 ♗b4 38. ♖c4 a5 39. ♗d4 ♖d8 40. ♗c5 ♗c3 41. ♗d6 f6 42. ♗e7 **1:0**

4.03. **1818.**

P. KERES - J. PRIBYL

1. e4 c5 2. ♘f3 ♘c6 3. d4 cd4 4. ♘d4 g6 5. c4 ♘f6 6. ♘c3 ♘d4 7. ♕d4 d6 8. ♗e2 ♗g7 9. ♕e3 a6 10. 0-0 0-0 11. ♖d1 ♕c7 12. ♗d2 ♗e6 13. ♖ac1 ♕c5 14. ♕c5 dc5 15. ♗e3 b6 16. f3 ♖fd8 17. ♘a4 ♖d1 18. ♖d1 ♘d7 19. f4 ♖b8 20. h3 f5 21. e5 g5 22. g3 gf4 23. gf4 ♗h6 24. ♔f2 ♘f8 25. ♖g1 ♔f7 26. b3 ♘g6 27. ♗h5 ♗d7 28. ♘c3 e6 29. ♖d1 ♔e7 30. ♘e2 ♔d8 31. a3 ♔c7 32. ♗f3 a5 33. h4 ♗f8 34. h5 ♘h4 35. ♗h1 ♗e8 36. ♘g3 b5 37. cb5 ♖b5 38. ♖d3 a4 39. ba4 ♖b2 40. ♖d2 ♖d2 41. ♗d2 ♗a4 42. ♗a5 ♔c8 43. ♔e3 ♗e8 44. ♗e1 ♗e7 45. ♔d3 ♗b5 46. ♔c3 ♔c7 47. ♔b3 ♔b6 48. ♗f2 h6 49. a4 ♗a6 50. ♗e1 ♗d3 51. ♔c3 c4 **½:½**

7.03. **1819.**

Y. BALASHOV - P. KERES

1. e4 e5 2. ♘f3 ♘c6 3. ♗b5 a6 4. ♗a4 ♘f6 5. 0-0 ♗e7 6. ♖e1 b5 7. ♗b3 d6 8. c3 0-0 9. h3 ♘d7 10. d4 ♗b7 11. ♘bd2 ♗f6 12. ♘f1 ♘e7 13. ♘1h2 c5 14. ♘g4 ♘g6 15. a4 ♗e7 16. ♗c2 ♘h4 17. ♘h4 ♗h4 18. de5 de5 19. ♘e3 ♗g5 20. ♕e2 c4 21. ♖d1 ♗c6 22. ♖d6 ♗e3 23. ♗e3 ♕c7 24. ♖ad1 ♖fe8 25. b3 cb3 26. ♗b3 ♘f8 27. ♕h5 ♖e7 28. ♗g5 ♖e6 29. ♗d8 ♕b7 30. ♗e6 ♘e6 31. a5 h6 32. ♕e5 b4 33. cb4 ♗a4 34. ♖b6 ♕c8 35. ♖d3 ♘d8 36. ♖g3 f6 37. ♖g7 ♔g7 38. ♕f6 ♔g8 39. ♕g6 ♔f8 40. ♖f6 **1:0**

8.03. **1820.**

M. TAL - P. KERES

1. e4 e5 2. ♘f3 ♘c6 3. ♗b5 a6 4. ♗a4 d6 5. 0-0 ♗d7 6. c3 ♘ge7 7. d4 ♘g6 8. ♖e1 ♗e7 9. ♘bd2 h6 10. ♘f1 ♗g5 11. ♗e3 ♗e3 12. ♘e3 0-0 13. ♗c2 ♖e8 14. ♕d2 ♖c8 15. g3 ♕f6 16. ♘d5 ♕f3 17. ♗d1 ♘h4 18. gh4 ♕h3 19. ♘f6 ♔h8 20. ♘e8 ♖e8 21. h5 ♗g4 22. ♕e3 ♕h5 23. ♔h1 ♗d1 24. ♖ad1 ♕h4 25. ♕f3 ♔g8 26. ♖e3 ♖f8 27. ♕g3 ♕e7 28. f4 ef4 29. ♕f4 ♖e8 30. ♖g1 ♔h7 31. ♖g4 ♘d8 32. e5 d5 33. ♖h3 ♕f8 34. ♖f3 ♔g8 35. ♕f5 ♕e7 36. b4 ♖f8 37. ♕h5 ♘e6 38. ♖f6 ♔h7 39. ♕f5 ♔h8 40. ♕h5 ♔h7 41. ♖h4 ♔g8 42. ♕g4 ♘g5 43. ♖hh6 ♘e4 44. ♕h5 gh6 45. ♖h6 **1:0**

10.03. **1821.**

P. KERES - B. RÕTOV

1. e4 c6 2. c4 d5 3. ed5 cd5 4. cd5 ♘f6 5. ♘c3 g6 6. ♗c4 ♗g7 7. ♘f3 0-0 8. 0-0 ♗g4 9. h3 ♗f3 10. ♕f3 ♘bd7 11. d4 ♘e8 12. ♗e3 ♘d6 13. ♗b3 ♘b6 14. ♖fe1 a5 15. ♖ad1 a4 16. ♗c2 ♖c8 17. a3 ♖a8 18. ♖e2 ♗f6 19. ♗f4

♖a5 20. ♗e5 ♘e8 21. ♖de1 ♘d6 22. ♗d3 ♘bc8 23. ♗b1 ♗g5 24. ♕g3 ♗f6 25. h4 ♕d7 26. h5 ♗g7 27. ♕h4 ♘f5 28. ♕h3 ♘cd6 29. ♗g7 ♔g7 30. ♖e5 ♕c8 31. ♕g4 ♖e8 32. ♕f4 ♖a8 33. ♗d3 ♕d7 34. g3 ♖ac8 35. ♔g2 h6 36. ♖h1 ♖h8 37. hg6 fg6 38. g4 ♘f7 39. ♖e6 ♘g5 40. ♖g6 ♔f8 41. ♗f5 **1:0**

11.03. **1822.**

Dr. H. PFLEGER - P. KERES

1. e4 e5 2. ♘f3 ♘c6 3. d4 ed4 4. ♘d4 ♗c5 5. ♘b3 ♗b6 6. a4 a6 7. ♘c3 d6 8. ♘d5 ♗a7 9. ♗e2 ♘f6 10. 0-0 ♘d5 11. ed5 ♘e5 12. ♘d4 0-0 13. f4 ♘g4 14. ♗g4 ♗g4 15. ♕g4 ♗d4 16. ♔h1 f5 17. ♕d1 ♕f6 18. ♖a3 ♖fe8 19. ♖b3 ♖ab8 20. ♖e1 ♕h4 21. g3 ♖e1 22. ♕e1 ♕h5 23. ♔g2 ♖e8 24. ♗e3 ♕f7 25. c4 ♖e4 26. ♕c1 ♕f6 27. ♕d2 b6 28. a5 ba5 29. ♗d4 ♕d4 30. ♕d4 ♖d4 31. ♖a3 ♖c4 32. ♖a5 ♖c2 33. ♔h3 ♖b2 34. ♖a6 ♖c2 35. ♖a8 ♔f7 36. ♖c8 ♔g6 37. ♖d8 h6 38. ♖f8 ♖c5 39. ♖c8 ♖c3 40. ♔h4 ♖c4 41. ♖d8 ♖c2 42. h3 ♖c5 43. ♖c8 ♖c4 44. ♖f8 ♖d4 45. ♖c8 h5 46. ♖c7 ♔h6 47. g4 hg4 48. ♖d7 ♖f4 **0:1**

13.03. **1823.**

P. KERES - I. NEI

1. d4 d5 2. c4 c6 3. ♘f3 ♘f6 4. e3 e6 5. ♘bd2 c5 6. ♗e2 ♘c6 7. 0-0 cd4 8. ed4 ♗e7 9. a3 0-0 10. c5 ♘e4 11. ♕c2 ♗f6 12. ♖d1 ♘d4 13. ♘d4 ♘f2 14. ♘2f3 ♘d1 15. ♕d1 e5 16. ♘c2 e4 **½:½**

USSR I - II - YUNIORS TEAM MATCH
Moscow, 25.- 29.04.1973

25.04. **1824.**

P. KERES - L. SHAMKOVICH

1. d4 ♘f6 2. c4 e6 3. ♘f3 b6 4. e3 ♗b7 5. ♗d3 ♗b4 6. ♘bd2 ♘e4 7. 0-0 f5 8. ♕c2 ♘d2 9. ♘d2 ♕h4 10. d5 ♘a6 11. ♗e2 0-0 12. ♘f3 ♕f6 13. a3 ♗d6 14. b4 c5 15. dc6 ♗c6 16. ♗b2 ♕h6 17. ♗e5 ♗e7 18. ♖fd1 ♖ac8 19. ♕b2 ♖fd8 20. ♘d4 ♘b8 21. ♘c6 ♘c6 22. ♗c3 ♗f6 23. f4 ♗c3 24. ♕c3 ♕f6 25. ♕b3 g5 26. ♖a2 gf4 27. ef4 ♘d4 28. ♕g3 ♔f8 29. ♗f1 d5 30. cd5 ♖d5 31. ♖ad2 ♖cd8 32. ♕f2 ♘c6 33. ♖d5 ♖d5 34. ♖c1 ♖d6 35. h3 ♔e7 36. ♔h2 ♘d4 37. ♕g3 ♖c6 38. ♖d1 ♖d6 39. ♖e1 ♖d8 40. ♖c1 h6 41. ♖c7 ♖d7 42. ♖c8 ♔d6 43. ♖g8 ♖c7 44. ♖g6 ♕h8 45. ♖g8 ♕f6 46. ♕e3 h5 47. a4 h4 48. a5 b5 49. ♖b8 a6 50. ♖b6 ♖c6 51. ♕c3 e5 52. ♕c5 ♔c7 53. fe5 ♕d8 54. ♖c6 ♘c6 55. ♕b6 ♔d7 56. ♕a6 ♘e5 57. ♕b5 **1:0**

26.04. **1825.**

M. DVORETZKY - P. KERES

1. ♘f3 d5 2. g3 c6 3. ♗g2 ♗g4 4. d3 ♘d7 5. 0-0 e6 6. ♘bd2 ♗d6 7. b3 ♘gf6 8. ♗b2 0-0 9. e4 ♕e7 9. a4 ♖fd8 10. ♕e2 de4 11. de4 ♗e5 12. ♗a3 ♗d6 13. ♗b2 ♗e5 14. ♗a3 ♗d6 15. ♗b2 **½:½**

28.04. **1826.**

L. SHAMKOVICH - P. KERES

1. ♘f3 ♘f6 2. c4 c6 3. d4 d5 4. e3 ♗f5 5. cd5 cd5 6. ♘c3 e6 7. ♘e5 ♘fd7 8. g4 ♗g6 9. ♘g6 hg6 10. ♗g2 ♘c6 11. h3 ♘b6 12. b3 g5 13. ♕d3 ♖c8 14. ♗d2 a6 15. a3 ♗e7 16. 0-0 0-0 17. ♘e2 ♗d6 18. ♗c3 ♕e7 19. ♗b2 ♖c7 20. f3 ♖d8 21. ♕d2 ♖dc8 22. ♖fc1 e5 23. de5 ♗e5 24. ♗e5 ♕e5 25. ♔f2 ♕d6 26. ♖a2 ♘d7 27. ♖d1 ♘f6 28. ♘d4 ♘d4 29. ♕d4 ♖c2 30. ♖d2 ♖a2 31. ♖a2 ♖c1 32. ♕d2 ♕c7 33. b4 ♕c4 34. ♖b2 ♘d7 35. ♕d4 ♕d4 36. ed4 ♘b6 37.

♖e2 ♔f8 38. ♖e1 ♖c4 39. ♖e5 ♖d4 40. ♔e3 ♖d1 41. ♖g5 ♘c4 **0:1**

29.04. 1827.

P. KERES - M. DVORETZKY

1. e4 e6 2. d4 d5 3. ♘d2 ♘f6 4. ♗d3 c5 5. e5 ♘fd7 6. c3 b6 7. ♘e2 ♗a6 8. ♗a6 ♘a6 9. 0-0 ♘c7 10. ♘f4 ♗e7 11. ♖e1 0-0 12. ♘f1 ♕c8 13. ♘g3 f5 14. c4 g5 15. ♘e6 ♘e6 16. cd5 ♘d4 17 .d6 ♗d8 18 .e6 ♗f6 19. ♘h5 ♕c6 20. ed7 ♕d6 21. ♘f6 ♕f6 22. ♗e3 ♖ad8 23. ♕a4 ♕d6 24. ♗g5 ♖d7 25. ♗e3 f4 26. ♗d4 ♕d4 27. ♕d4 ♖d4 28. ♖e2 f3 29. gf3 ♖f3 30. ♖ae1 ♔g7 ½:½

DORTMUND
17.05.- 2.06.1973

17.05. 1828.

D. MAROVIC - P. KERES

1. ♘f3 d5 2. c4 e6 3. d4 c5 4. cd5 ed5 5. ♘c3 ♘c6 6. g3 ♘f6 7. ♗g2 ♗e7 8. 0-0 0-0 9. dc5 ♗c5 10. ♘a4 ♗e7 11. ♗e3 ♖e8 12. ♖c1 ♗g4 13. h3 ♗f5 14. ♘d4 ♘d4 15. ♗d4 ♗e4 16. ♘c3 ♗g2 17. ♔g2 ♘e4 18. e3 ♗f8 19. ♕d3 a6 20. ♖cd1 ♕d6 21. ♘e2 ♖ad8 22. ♘f4 ♖d7 23. f3 ♘g5 24. ♖c1 ♘e6 25. ♘e6 ♕e6 26. ♖c3 g6 27. ♖fc1 ♗h6 28. ♖c8 ♖e7 29. ♖e8 ♖e8 30. f4 ♖c8 31. ♖c8 ♕c8 32. ♗c3 ♗g7 ½:½

18.05. 1829.

P. KERES - B. PARMA

1. d4 ♘f6 2. c4 c5 3. e3 e6 4. ♘f3 d5 5. ♘c3 ♘c6 6. a3 a6 7. dc5 ♗c5 8. b4 ♗a7 9. ♗b2 0-0 10. ♕c2 ♕e7 11. ♖d1 ♖d8 12. ♗e2 dc4 13. ♖d8 ♘d8 14. ♘e4 ♘e4 15. ♕e4 f6 16. ♗c4 ♘f7 17. ♗b3 ♘d6 18. ♕d3 ♗d7 19. ♗c2 ♘f5 20. ♕b3 ♘d6 21. 0-0 ♗b5 22. ♗d3 ♗d3 23. ♕d3 ♖d8 ½:½

19.05. 1830.

A. SÜSS - P. KERES

1. e4 ♘c6 2. ♘f3 e5 3. ♗b5 a6 4. ♗a4 d6 5. ♗c6 bc6 6. d4 ed4 7. ♕d4 c5 8. ♕d3 ♘e7 9. c4 ♘c6 10. h3 ♗e7 11. ♘c3 0-0 12. 0-0 ♖e8 13. b3 ♗f6 14. ♗b2 ♗b7 15. ♖fe1 ♖e6 16. ♖ad1 ♕d7 17. ♗a1 ♖ae8 18. ♘d5 ♗a1 19. ♖a1 ♘b4 20. ♕d2 ♖e4 21. ♖e4 ♖e4 22. ♘b4 cb4 23. ♕b4 c5 24. ♕d2 ♖e6 25. ♕c3 ♖f6 26. ♘e1 ♕f5 27. ♕e3 ♖e6 28. ♕g3 h5 29. ♔f1 ♕e4 30. ♕d3 ♕e5 31. ♖d1 ♕h2 32. f3 ♕g3 33. ♕d2 ♗c6 34. ♕f2 ♕e5 35. ♘d3 ♕f5 36. ♔g1 a5 37. ♔h1 a4 38. b4 cb4 39. ♘b4 ♗b7 40. ♘d5 ♕e5 41. ♕c2 ♗c6 42. ♕d2 a3 43. ♘f4 ♗a4 44. ♖b1 ♖e8 45. ♘d5 ♗c6 46. ♕d3 ♕e2 47. ♕a3 ♕c4 48. ♘b4 ♗b7 49. ♕d3 ♕c5 50. a4 ♖e3 51. ♕b5 ♕b5 52. ab5 ♔f8 53. ♔g1 ♔e8 54. ♔f2 ♖c3 55. ♖b2 ♔d7 56. ♔e2 h4 57. ♔d2 ♖c5 58. ♘c2 ♔c7 59. ♘d4 ♔b6 60. ♖a2 g5 61. ♔d3 f6 62. ♖a1 ♖e5 63. ♖a2 ♗d5 64. ♖c2 f5 65. ♘c6 ♖e1 66. ♔d2 ♖g1 67. ♔e3 f4 68. ♔f2 ♖d1 69. ♔e2 ♖g1 70. ♔f2 ♖b1 71. ♘d4 ♖d1 72. ♘f5 ♗b7 **0:1**

20.05. 1831.

P. KERES - B. SPASSKY

1. e4 e5 2. ♘f3 ♘c6 3. ♗b5 a6 4. ♗a4 ♘f6 5. 0-0 ♗e7 6. ♖e1 b5 7. ♗b3 d6 8. c3 0-0 9. h3 ♘b8 10. d4 ♘bd7 11. ♘bd2 ♗b7 12. ♗c2 ♖e8 13. ♘f1 ♗f8 14. ♘g3 g6 15. a4 c5 16. b3 ♗g7 17. de5 ♘e5 18. ♘e5 de5 19. ♗e3 ♘d7 20. ♕e2 ♗c6 21. ab5 ab5 22. ♗d3 ♕b6 23. b4 ♗f8 24. ♖eb1 ♕b7 25. ♖a8 ♖a8 26. bc5 ♖a5 27. ♗c4 ♘c5 28. ♗d5 ♗d5 29. ed5 ♕d5 30. ♖b5 ♖b5 31. ♕b5 ♕b3 ½:½

22.05. 1832.

E. PAOLI - P. KERES

1. e4 ♘c6 2. d4 e5 3. ♘f3 ed4 4. ♘d4 ♗c5 5. ♘b3 ♗b6 6. ♗e2 ♕h4 7. 0-0 ♘f6 8. ♘c3 d6

9. ♕d3 0-0 10. ♕g3 ♕g3 11. hg3 ♘b4 12. ♗g5 ♘c2 13. ♖ac1 ♘b4 14. ♗f6 gf6 15. a3 ♗e6 16. ab4 ♗b3 17. ♘d5 ♗d5 18. ed5 ♖fe8 19. ♗f3 a5 20. b5 a4 21. ♖c4 ♖a5 22. ♗d1 ♖e5 23. ♗a4 ♖d5 24. ♖e1 ♔f8 25. ♖f4 f5 26. g4 ♖d2 27. b3 fg4 28. g3 ♖a8 **0:1**

23.05. **1833.**

P. KERES - L. POPOV

1. e4 c5 2. ♘f3 e6 3. ♘c3 a6 4. d4 cd4 5. ♘d4 ♕c7 6. g3 ♘f6 7. ♗g2 d6 8. 0-0 ♗d7 9. ♖e1 ♗e7 10. a4 ♘c6 11. ♘c6 ♗c6 12. b3 0-0 13. ♗b2 b6 14. ♕d4 ♖fd8 15. ♖ad1 ♕b7 16. ♖d2 b5 17. ab5 ab5 18. b4 ♖ac8 19. ♖a1 ♖a8 20. ♖dd1 ♘e8 21. ♕e3 ♗f6 22. h4 h6 23. ♖e1 ♘c7 24. ♖a8 ♘a8 25. ♘d1 ♗b2 26. ♘b2 ♘b6 27. ♖a1 d5 28. ♕d4 e5 29. ♕e5 de4 30. ♖d1 ♖e8 31. ♕c5 ♘d7 32. ♕e3 ♘e5 33. ♖d6 ♕a8 34. ♕b6 ♕a1 35. ♘d1 e3 36. fe3 ♗g2 37. ♔g2 ♕a8 38. ♔g1 ♘c4 **0:1**

24.05. **1834.**

R.D. KEENE - P. KERES

1. ♘f3 d5 2. g3 ♗g4 3. ♗g2 ♘d7 4. 0-0 ♘gf6 5. c4 c6 6. cd5 cd5 7. ♕b3 e5 8. d4 ed4 9. ♘d4 ♘c5 10. ♕c2 ♖c8 11. ♘c3 ♗e7 12. ♗g5 0-0 13. ♖ad1 ♘e6 14. ♗e3 ♕a5 15. h3 ♘d4 16. ♗d4 ♗e6 17. ♕b3 ♕a6 18. e3 ♖c6 19. ♖fe1 b6 20. ♘d5 ♘d5 21. ♗d5 ♗d5 22. ♕d5 ♕c8 23. ♗c3 ♖d8 24. ♕e4 ♖e6 25. ♕g4 g6 26. ♖d8 ♗d8 27. ♖d1 ♗c7 28. ♕c4 ♖e7 29. ♕c6 ♖e6 30. ♕d7 ♕d7 31. ♖d7 ♖c6 32. ♔g2 ♔f8 33. ♗b4 ♔g7 34. ♔f3 ♔f6 35. ♗c3 ♔e6 36. ♖d4 ♗d6 37. ♔e2 b5 38. ♔d3 h5 39. ♖e4 ♔d7 40. a4 ba4 41. ♖a4 ♗c5 42. g4 hg4 43. hg4 ♖d6 44. ♔e4 ♔e6 45. ♔f4 f6 46. ♖a5 ♗b6 47. ♖a1 ♖d5 48. ♔e4 ♖g5 49. ♔f3 ♖d5 50. ♖a4 ♖c5 51. ♖e4 ♔f7 52. ♖f4 ♗d8 53. ♔e2 ♔e6 54. ♖e4 ♔f7 55. ♔d3 ♗b6 56. ♖f4 ♖d5 57. ♔c4 ♖c5 58. ♔b4 ♖c6 59. g5 f5 60. e4 ♗d8 61. ef5 ♗g5 62. fg6 ♔g6 63. ♖f3 a6 64. ♔b3 ♗e7 65. ♔a4 ♗c5 66. ♖f4 ♖e6 67. b4 ♗e7 68. ♗d4 ♗d6 69. ♖f3 ♗e7 70. ♗c5 ♗f6 71. ♖d3 ♗e5 72. ♖d7 ♖c6 73. ♔a5 ♔f5 74. ♖f7 ♔e4 75. ♔a4 ♗f4 76. ♖f8 ♗h6 77. ♖a8 ♗d2 78. ♔b3 ♖f6 79. ♖d8 ♗f4 80. ♔c4 ♔f3 81. ♖e8 ♗h6 82. ♔b3 ♗d2 83. ♗e3 ♗e3 84. fe3 ♖c6 85. ♔a4 ♖c1 86. ♖e6 ♖a1 87. ♔b3 ♖b1 88. ♔c4 ♖c1 89. ♔d3 ♖d1 90. ♔c2 ♖a1 91. ♔b2 ♖a4 92. ♔b3 ♖a1 93. ♔c3 ♖a4 94. ♖e5 ♖a3 95. ♔d4 ♖b3 96. ♖f5 ♔g4 97. ♖f4 ♔g5 98. ♔c5 ♖e3 99. ♖d4 ♖a3 100. ♔b6 ♔f6 **½:½**

25.05. **1835.**

P. KERES - H.J. HECHT

1. e4 e6 2. d4 d5 3. ♘d2 ♘f6 4. ♗d3 c5 5. e5 ♘fd7 6. c3 ♘c6 7. ♘e2 cd4 8. cd4 ♘b6 9. 0-0 ♗d7 10. ♘f3 ♗e7 11. b3 ♘b4 12. a3 ♘d3 13. ♕d3 a5 14. a4 ♘c8 15. ♗a3 ♗a3 16. ♖a3 ♘a7 17. ♖c1 ♘c6 18. ♖aa1 0-0 19. ♘f4 f5 20. h4 ♕e7 21. ♖c5 b6 22. ♖c3 ♘b4 23. ♕d2 ♖fc8 24. ♖ac1 ♖c3 25. ♖c3 h6 26. ♘d3 ♘d3 27. ♕d3 ♕d8 **½:½**

26.05. **1836.**

U. KUNSTDWICZ - P. KERES

1. d4 ♘f6 2. c4 e6 3. ♘c3 ♗b4 4. ♗g5 h6 5. ♗h4 c5 6. d5 d6 7. ♖c1 e5 8. e3 ♗f5 9. ♗d3 e4 10. ♗b1 ♘bd7 11. ♘e2 ♗h7 12. 0-0 ♕b6 13. ♗g3 a6 14. ♘a4 ♕c7 15. a3 ♗a5 16. b4 ♗b6 17. ♘ec3 0-0 18. ♗c2 ♖fe8 19. b5 ♗a5 20. ♖b1 ♖ab8 21. ♕e2 ♗g6 22. ♗d1 ♘e5 23. ♗e5 ♖e5 24. ba6 ba6 25. ♖b8 ♕b8 26. ♕c2 ♖e7 27. ♗e2 ♖b7 28. ♖b1 ♖b1 29. ♘b1 ♘d7 30. ♘ac3 ♘e5 31. h3 f5 32. ♘d2 ♕d8 33. ♘d1 ♕g5 34. f4 ef3 35. ♘f3 ♘f3 36. ♗f3 f4 37. ♗e4 ♗h5 38. ef4 ♕f4 39. ♗g6 ♗g6 40. ♕g6 ♕e5 41. ♕d3 ♕e1 42. ♔h2 ♗d2 43. ♕f5 ♗g5 44. ♘f2 ♕e3 45. g3 ♕e2 46. h4 ♗f6 47. ♔h3 **½:½**

27.05. **1837.**

U. ANDERSSON - P. KERES

1. ♘f3 ♘f6 2. g3 d5 3. ♗g2 ♗g4 4. 0-0 e6 5. d3 ♗c5 6. ♘bd2 0-0 7. a3 a5 8. b3 ♘bd7 9.

♗b2 c6 10. e4 ♕b8 11. ♕e2 ♖d8 12. e5 ♘e8 13. h3 ♗f3 14. ♘f3 b5 15. h4 ½:½

29.05. 1838.

P. KERES - J. DUEBALL

1. d4 ♘f6 2. ♘f3 g6 3. c4 ♗g7 4. ♘c3 0-0 5. ♗g5 d6 6. e3 ♘bd7 7. ♗e2 e5 8. 0-0 h6 9. ♗h4 ♖e8 10. h3 c6 11. ♖c1 ♕e7 12. b4 ♕f8 13. ♗g3 a5 14. a3 ab4 15. ab4 ♖a3 16. ♗h2 ed4 17. ♘d4 ♘e5 18. ♕c2 ♕e7 19. ♖fd1 ♘h7 20. ♕b2 ♖a8 21. ♕b3 ♘g5 22. ♔h1 ♘e6 23. ♘f3 ♘g5 24. ♘e5 de5 25. c5 ♗e6 26. ♗c4 ♗c4 27. ♕c4 ♖ed8 28. ♗g3 ♖d1 29. ♖d1 ♖d8 30. ♖d8 ♕d8 31. ♗h4 ♗f6 32. ♗g5 ♗g5 33. g4 ♔g7 34. ♔g2 ♗e7 35. ♘e4 b6 ½:½

30.05. 1839.

H.G. KESTLER - P. KERES

1. ♘f3 ♘f6 2. g3 c5 3. ♗g2 ♘c6 4. 0-0 d5 5. d3 ♗g4 6. ♘bd2 e6 7. e4 ♗e7 8. h3 ♗h5 9. c3 h6 10. ♖e1 0-0 11. ♕e2 b5 12. g4 ♗g6 13. ♘h2 ♗d6 14. ♘df1 ♕c7 15. g5 hg5 16. ♗g5 de4 17. de4 ♖ab8 18. ♖ad1 ♘h5 19. ♖d6 ♕d6 20. e5 ♘e5 21. ♕e5 ♕e5 22. ♖e5 f6 23. ♖c5 fg5 24. ♖g5 ♘f4 25. ♘e3 ♗f5 26. ♘hg4 ♔h7 27. ♗f1 a6 28. ♔h2 ♖bd8 29. ♔g3 ♘d3 30. b4 ♗g4 31. ♘g4 ♖f5 32. h4 ♖g5 33. hg5 ♔g6 34. f4 ♘f4 35. ♘e5 ♔f5 **0:1**

31.05. 1840.

P. KERES - M. GERUSEL

1. e4 c5 2. ♘f3 e6 3. d4 cd4 4. ♘d4 ♘c6 5. ♘c3 a6 6. ♘c6 dc6 7. ♕d8 ♔d8 8. ♗f4 b5 9. ♗e2 f6 10. 0-0-0 ♔e8 11. e5 f5 12. g4 ♗c5 13. gf5 ef5 14. ♗h5 g6 15. ♗f3 ♘e7 16. ♖d2 ♗e6 17. ♗g5 ♖c8 18. a3 ♔f7 19. ♖hd1 h6 20. ♗e3 ♗e3 21. fe3 g5 22. ♗h5 ♔g7 23. ♖d6 ♗f7 24. ♗f7 ♔f7 25. ♖f6 ♔e8 26. ♖dd6 h5 27. h4 gh4 28. ♖d4 c5 29. ♖h4 ♖c6 30. e6 ♖f8 31. ♖h6 ♘g8 32. ♖6h5 ♖e6 33. ♔d2 ♘e7 34. ♖h8 ♖h8 35. ♖h8 ♔d7 36. ♖h5 ♔d6 37. ♘e2 ♘d5 38. ♘f4 ♘f4 39. ef4 ♖f6 ½:½

1.06. 1841.

V. CIOCÂLTEA - P. KERES

1. e4 e5 2. ♘f3 ♘c6 3. ♗b5 a6 4. ♗a4 d6 5. 0-0 ♗d7 6. d4 ♘f6 7. c3 g6 8. ♘bd2 ♕e7 9. ♖e1 ♗g7 10. ♘f1 0-0 11. ♗g5 h6 12. ♗h4 ♕e8 13. ♗f6 ♗f6 14. de5 ½:½

2.06. 1842.

P. KERES - H. WESTERINEN

1. e4 e5 2. ♘f3 ♘c6 3. ♗b5 a6 4. ♗a4 d6 5. 0-0 ♘f6 6. ♖e1 ♗e7 7. ♗c6 bc6 8. d4 ♘d7 9. ♘bd2 f6 10. ♘c4 ♘f8 11. ♘a5 ♗d7 12. ♕d3 ♘e6 13. ♗e3 ♕b8 14. c4 c5 15. dc5 dc5 16. ♕d5 ♘d4 17. ♗d4 cd4 18. ♘d4 ed4 19. e5 c6 20. ♘c6 ♗c6 21. ♕c6 ♔f8 22. ♖ad1 ♕e8 23. ♕e4 ♖d8 24. ♖d4 ♖d4 25. ♕d4 ♕d8 26. ♕g4 h5 27. ♕f3 ♖h6 28. ♖d1 ♕c8 29. b3 ♕e6 30. ef6 ♕f6 31. ♕d5 ♕b6 32. ♖d3 ♖f6 33. ♖f3 ♖f3 34. ♕f3 ♕f6 35. ♕a8 ♔f7 36. ♕d5 ♔g6 37. h3 h4 38. c5 ♕f4 39. ♕e6 ♕f6 40. ♕e4 ♔f7 41. ♕c4 ♕e6 42. ♕c1 ♔e8 43. b4 ♔d7 44. a4 ♕c6 45. ♕c2 ♔c7 46. ♕b3 ♗f6 47. g3 hg3 48. ♕g3 ♔b7 49. ♕b3 ♔a7 ½:½

CANDIDATES TOURNAMENT

Petropolis, 23.07.- 17.08.1973

23.07. 1843.

L. PORTISCH - P. KERES

1. c4 ♘f6 2. ♘c3 e6 3. ♘f3 c5 4. g3 d5 5. cd5 ♘d5 6. ♗g2 ♗e7 7. 0-0 0-0 8. d4 ♘c6 9. ♘d5 ed5 10. ♗e3 ♗f6 11. dc5 ♗b2 12. ♖b1 ♗f6 13. ♘e1 d4 14. ♗f4 ♕a5 15. ♘d3 ♕a2 16. ♗d6 ♖e8 17. ♘f4 ♗f5 18. ♖b7 ♗e4 19. ♗e4 ♖e4 20. ♕b1 ♕b1 21.

♖fb1 ♖ee8 22. ♖c7

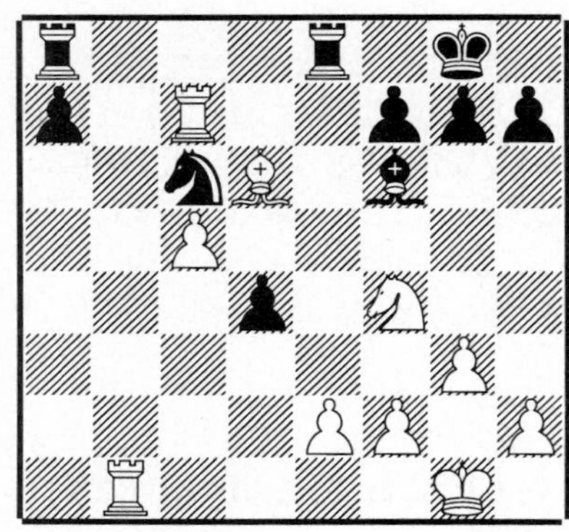

♖ec8 23. ♖bb7 ♖c7 24. ♖c7 ♘a5 25. ♘d5 ♗d8 26. ♘e7 ♗e7 27. ♗e7 h6 28. c6 ♖b8 29. ♗d6 ♔h7 30. ♖f7 ♖b1 31. ♔g2 ♘c6 32. ♖c7 ♘d8 33. ♖a7 ♖b5 34. f4 ♘b7 35. ♗e5 ♖b4 36. ♗d4 g5 37. ♔f3 ♔g6 38. ♖a6 ♔f7 39. e3 **1:0**

24.07. 1844.

P. KERES - S. RESHEVSKY

1. e4 e5 2. ♘f3 ♘c6 3. ♗b5 a6 4. ♗a4 ♘f6 5. 0-0 ♗e7 6. ♖e1 b5 7. ♗b3 d6 8. c3 0-0 9. h3 ♘b8 10. d4 ♘bd7 11. ♘bd2 ♗b7 12. ♗c2 ♖e8 13. a4 c5 14. ♘f1 ♗f8 15. ♘g3 g6 16. b3 ♗g7 17. de5 ♘e5 18. ♘e5 de5 19. ♗e3 ♕d1 20. ♖ed1 ♗f8 21. f3 ♖ec8 22. ♗d3 ♗c6 23. ♘f1 c4 24. ab5 ♗b5 ½:½

25.07. 1845.

V. SAVON - P. KERES

1. e4 e5 2. ♘f3 ♘c6 3. ♗b5 a6 4. ♗c6 dc6 5. 0-0 ♕d6 6. d3 ♘e7 7. ♗e3 ♘g6 8. ♘bd2 ♗e6 9. ♕e2 ♗e7 10. d4 0-0 11. c3 ♖ad8 12. ♘c4 ♗c4 13. ♕c4 ♖fe8 14. ♕b3 ed4 15. ♘d4 c5 16. ♘f5 ♕c6 ½:½

28.07. 1846.

P. KERES - D. BRONSTEIN

1. d4 d5 2. c4 c6 3. ♘f3 ♘f6 4. ♘c3 dc4 5. a4 ♗g4 6. ♘e5 ♗h5 7. g3 a5 8. ♗g2 e6 9. ♘c4 ♘a6 10. 0-0 ♗e7 11. b3 0-0 12. ♗b2 ♘d5 13. ♖c1 ♕c7 14. ♕d2 ♖fd8 15. e4 ♘c3 16. ♗c3 ♘b4 17. ♗b2 b5 18. ♘e3 ♕b6 19. ab5 ♕b5 20. ♖c4 f6 21. f4 ♗f7 22. e5 fe5 23. fe5 ♗g6 24. ♗h3 ½:½

29.07. 1847.

L. POLUGAYEVSKY - P. KERES

1. c4 ♘f6 2. ♘f3 e6 3. g3 d5 4. ♗g2 ♗e7 5. 0-0 0-0 6. d4 ♘bd7 7. ♕c2 c6 8. b3 b6 9. ♖d1 ♗b7 10. ♘c3 ♖c8 11. e4 de4 12. ♘e4 ♘e4 13. ♕e4 b5 14. ♕c2 c5 15. ♘g5 ♗g5 16. ♗b7 ♖c7 17. dc5 ♗c1 18. ♖ac1 ♖c5 19. ♕d2 ♕b6 20. ♕d7 ♖c7 21. ♕b5 ♕b5 22. cb5 ♖b7 23. ♖c5 ♖fb8 24. a4 ♔f8 25. ♖dc1 ♔e7 26. ♖c7 ♔d6 27. ♖1c6 ♔d5 28. ♔f1 e5 29. ♔e2 ♔e4 30. f3 ♔f5 31. ♔d3 ♖d8 32. ♔c4 ♖d7 33. ♖b7 ♖b7 34. a5 g5 35. g4 ♔f4 36. ♖f6 ♔e3 37. b6 ab6 38. ab6 h5 39. gh5 g4 40. fg4 e4 41. h6 **1:0**

30.07. 1848.

P. BIYIASIS - P. KERES

1. e4 e5 2. ♘f3 ♘c6 3. ♗b5 a6 4. ♗c6 dc6 5. 0-0 ♕d6 6. d4 ed4 7. ♕d4 ♕d4 8. ♘d4 ♗d7 9. ♗f4 0-0-0 10. ♘c3 ♘e7 11. ♖ad1 ♘g6 12. ♗g3 ♗b4 13. ♘f5 h5 14. ♘h4 ♘h4 15. ♗h4 ♖de8 16. ♖fe1 ♖e5 17. f4 ♖a5 18. ♖d3 f6 19. a3 ♗d6 20. f5 ♖e8 21. ♗g3 ♗g3 22. ♖g3 ♖e7 23. ♖d1 ♖ae5 24. ♔f2 b6 25. ♖gd3 a5 26. ♖1d2 c5 27. ♘d5 ♖f7 28. ♖e3 ♗c6 29. c4 ♖f8 30. ♔f3 ♗e8 31. ♔f4 ♗f7 32. a4 ♖fe8 33. b3 ½:½

2.08. 1849.

P. KERES - V. SMYSLOV

1. e4 e5 2. ♘f3 ♘c6 3. ♗b5 a6 4. ♗a4 ♘f6 5. 0-0 ♗e7 6. ♖e1 b5 7. ♗b3 0-0 8. c3 d6 9. h3 ♘a5 10. ♗c2 c5 11. d4 ♕c7 12. ♘bd2 ♖e8 13. ♘f1 g6 14. ♗h6 ♘c4 15. ♕c1 cd4 16. cd4 ed4 17. b3 ♘e5 18. ♘d4 ♗b7 19. ♕b2 ♖ac8 20. ♖ad1 d5 21. ed5 ♘d5 22. ♗b1 ♗b4 23. ♗d2 ♗c3 24. ♗c3 ♘c3 25.

♖c1 ♕c5 26. ♘e2 ♘f3 27. gf3 ♖e2 28. ♖e2 ♘e2 29. ♕e2 ♕g5 30. ♔h2 ♖c1 31. ♗e4 ♗c8 32. ♗d3 ♕h5 33. ♕e3 ♖c3 34. ♕d4 ♕f3 35. ♗e4 ♕f4 36. ♘g3 b4 37. ♔g2 ♗e6 38. ♕b4 ♖c8 39. ♕e7 ♕e5 40. ♕b7 a5 41. h4 **0:1**

3.08. **1850.**

Y. GELLER - P. KERES

1. c4 c6 2. d4 d5 3. ♘f3 ♘f6 4. ♘c3 e6 5. ♗g5 h6 6. ♗f6 ♕f6 7. e3 ♘d7 8. ♗d3 ♗b4 9. 0-0 ♕e7 10. a3 ♗c3 11. bc3 0-0 12. cd5 ed5 13. a4 ♖d8 14. a5 ♘f8 15. ♕a4 ♗d7 16. ♖fb1 ♖ab8 17. ♕a3 ♕a3 18. ♖a3 c5 19. ♖a2 ♖dc8 20. ♖ab2 ♖c7 21. h3 ♘e6 22. ♘e5 ♗c8 23. ♗f5 ♔f8 24. ♗g4 cd4 25. cd4 ♖c3 26. ♖b3 ♖b3 27. ♖b3 b5 28. ♗f3 b4 29. ♘c6 ♖b7 30. ♗d5 ♗d7 31. ♘e5 ♗a4 32. ♗b7 ♗b3 33. ♘d3 ♔e7 34. ♘b4 ♔d6 35. f3 f5 36. ♗c8 g5 37. ♗e6 ♗e6 38. f4 gf4 39. ef4 ♗c4 40. ♔f2 ♗e6 41. ♔f3 ♗b3 42. g4 ♔e6 **1:0**

4.08. **1851.**

P. KERES - F. GHEORGHIU

1. d4 ♘f6 2. ♘f3 g6 3. ♗g5 ♗g7 4. e3 d6 5. h3 0-0 6. ♗e2 ♘bd7 7. 0-0 h6 8. ♗f4 ♕e8 9. c4 e5 10. ♗h2 ♘e4 11. de5 ♘e5 12. ♘e5 ♗e5 13. ♗e5 ♕e5 14. ♘d2 ♗f5 **½:½**

9.08. **1852.**

H. da C. MECKING - P. KERES

1. e4 e5 2. ♘f3 ♘c6 3. ♗b5 a6 4. ♗a4 d6 5. ♗c6 bc6 6. d4 ed4 7. ♕d4 c5 8. ♕d3 ♘e7 9. ♘c3 ♖b8 10. b3 ♘g6 11. 0-0 ♗e7 12. ♘d5 ♗f6 13. ♘f6 ♕f6 14. ♗g5 ♕e6 15. e5 d5 16. ♖ad1 ♗b7 17. ♖fe1 **½:½**

7.03. **1853.**

P. KERES - W. HUG

1. c4 ♘f6 2. ♘c3 c5 3. ♘f3 ♘c6 4. d4 cd4 5. ♘d4 g6 6. e4 ♘d4 7. ♕d4 d6 8. ♗e2 ♗g7 9. ♗d2 0-0 10. ♕e3 ♗e6 11. 0-0 ♕b6 12. b3 ♕e3 13. ♗e3 ♖fc8 14. ♖ac1 a6 15. f3 ♘d7 16. f4 f5 17. ef5 gf5 18. ♗f3 ♖c7

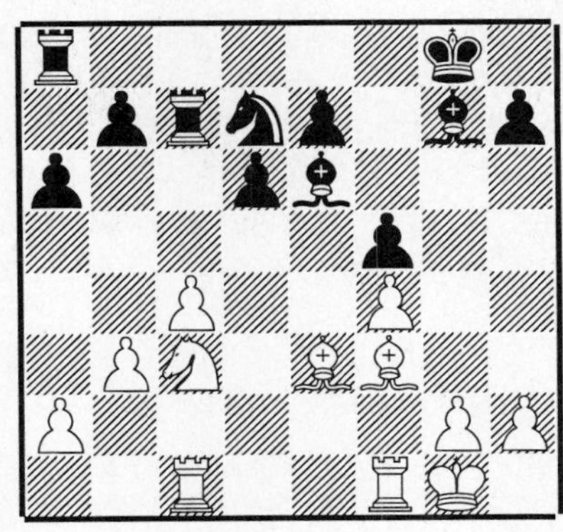

19. ♖fe1 ♘f8 20. ♗b6 ♖c6 21. ♗f2 ♔f7 22. ♗c6 bc6 23. c5 ♘d7 24. cd6 ed6 25. ♖ed1 ♗c3 26. ♖c3 ♗d5 27. ♖h3 ♘f8 28. ♖h5 ♔e6 29. ♖h6 ♘g6 30. h4 ♔f7 31. ♖h7 ♔g8 32. ♖h5 ♖f8 33. ♖d3 ♖f6 34. ♖g3 c5 35. ♖f5 ♖f5 36. ♖g6 ♔f7 37. ♖d6 c4 38. g4 ♔e7 39. ♗c5 **1:0**

8.08. **1854.**

S. KAGAN - P. KERES

1. e4 e5 2. ♘f3 ♘c6 3. ♗b5 a6 4. ♗c6 dc6 5. 0-0 ♕d6 6. d4 ed4 7. ♕d4 ♕d4 8. ♘d4 ♗d7 9. ♗e3 0-0-0 10. ♘d2 ♘e7 11. ♘2f3 f6 12. h3 c5 13. ♘e2 ♘c6 14. ♖ad1 ♖e8 15. ♘c3 ♗d6 16. ♖fe1 ♗e6 17. a3 b6 18. ♘d5 ♗d5 19. ed5 ♘e7 20. c3 ♘f5 21. ♗c1 ♔d7 22. ♔f1 ♖e1 23. ♖e1 b5 24. ♖d1 ♖e8 25. g4 ♘e7 26. ♗e3 ♘c8 27. b4 c4 28. a4 ba4 29. ♘d2 ♘b6 30. ♗b6 cb6 31. ♘c4 b5 32. ♘a5 ♖e4 33. ♖d3 ♗e5 34. f3 ♖f4 35. ♔e2 a3 36. ♔d2 a2 37. ♘b3 a5 38. d6 ab4 39. ♘c5 ♔c6 40. d7 **0:1**

11.08. **1855.**

P. KERES - Lj. LJUBOJEVIC

1. e4 c5 2. ♘f3 d6 3. ♗b5 ♘d7 4. d4 ♘f6 5. ♘c3 a6 6. ♗d7 ♘d7 7. 0-0 e6 8. dc5 ♘c5 9. ♗g5 ♕b6 10. ♖b1 ♗d7 11. b4 ♘a4 12. ♘a4

♗a4 13. ♕d3 h6 14. ♗e3 ♕c7 15. c4 ♗e7 16. ♖fc1 0-0 17. ♘d4 ♖fc8 18. h3 ♗e8 19. ♘e2 ♕d7 20. ♖d1 ♕a4 21. ♖d2 ♗f8 22. a3 a5 23. ♘d4 ♖c7 24. ♖c2 ♖ac8 25. ♖cc1 g6 26. ♗d2 ♔h7 27. h4 e5 28. ♘b3 ab4 29. ab4 ♕d7 30. ♗e3 ♕e6 31. c5 dc5 32. ♗c5 ♗c5 33. ♖c5 b6 34. ♖c7 ♖c7 35. ♘d2 ♕a2 36. ♘f3 ♗b5 37. ♕d1 ♖d7 38. ♕e1 f6 39. ♖d1 ♖d3 40. ♖d3 ♗d3 41. ♕e3 **½:½**

12.08. **1856.**

B. IVKOV - P. KERES

1. d4 ♘f6 2. c4 e6 3. ♘f3 b6 4. g3 ♗b7 5. ♗g2 ♗e7 6. 0-0 0-0 7. ♘c3 ♘e4 8. ♘e4 ♗e4 9. ♘e1 ♗g2 10. ♘g2 d5 11. ♕a4 ♕e8 12. ♕e8 ♖e8 13. cd5 ed5 **½:½**

13.08. **1857.**

P. KERES - O.R. PANNO

1. e4 c5 2. ♘f3 d6 3. ♗b5 ♗d7 4. ♗d7 ♕d7 5. c4 e5 6. ♘c3 ♘c6 7. d3 g6 8. ♘d5 ♘ce7 9. 0-0 ♗g7 10. ♖b1 ♘d5 11. cd5 ♘e7 12. b4 b6 13. bc5 bc5 14. ♕b3 0-0 15. ♕b7 ♖ad8 16. ♗d2 ♘c8 17. ♗a5 ♘b6 18. ♕d7 ♖d7 19. ♗b6 ab6 20. ♖b6 ♖a8 21. ♖a1 ♖a3 22. ♖b3 ♖da7 23. ♖a3 ♖a3 24. ♔f1 f5 25. ♘e1 c4 26. dc4 fe4 27. ♘c2 ♖a4 28. ♘e3 ♗h6 29. ♔e2 ♔f7 30. ♔d2 ♖a3 31. ♔c2 ♗e3 32. fe3 ♔e7 33. ♔b2 ♖e3 34. a4 ♔d8 35. a5 ♔c7 36. ♖f1 ♖d3 37. ♔c2 ♖d4 38. ♔c3 ♔b7 39. ♖e1 ♔a6 40. ♔b4 ♖d2 41. ♖e4 ♖b2 **½:½**

16.08. **1858.**

V. HORT - P. KERES

1. c4 ♘f6 2. ♘f3 c6 3. ♘c3 d5 4. e3 ♗g4 5. ♕b3 ♕b6 6. ♘e5 ♗e6 7. d4 dc4 8. ♗c4 ♗c4 9. ♕c4 e6 10. e4 ♕a6 11. ♕e2 ♕e2 12. ♔e2 ♘bd7 13. ♘d7 ♘d7 14. ♗e3 ♗d6 15. ♖hd1 **½:½**

17.08. **1859.**

P. KERES - L.A. TAN

1. ♘f3 d5 2. c4 c6 3. d4 ♘f6 4. ♘c3 e6 5. ♗g5 ♗e7 6. e3 0-0 7. ♕c2 ♘bd7 8. a3 dc4 9. ♗c4 ♘d5 10. ♗e7 ♕e7 11. ♘e4 ♘7f6 12. ♖c1 ♘e4 13. ♕e4 ♘f6 14. ♕h4 ♘d5 15. ♕g3 ♕c7 16. ♘e5 ♕a5 17. ♔e2 f6 18. ♘d3 ♘b6 19. ♗a2 ♕h5 20. f3 ♔h8 21. h4 e5 22. de5 fe5 23. ♕g5 ♕g5 24. hg5 ♖f5 25. ♖cd1 ♖g5 26. ♘e5 ♗e6 27. ♗e6 ♖e5 28. ♗f7 h6 29. ♖h5 ♖e7 30. ♗b3 ♖d7 31. ♖e5 ♖d1 32. ♔d1 ♖d8 33. ♔e2 ♘d7 34. ♖e7 ♘c5 35. ♗c2 a5 36. b4 ab4 37. ab4 ♘d7 38. ♗f5 ♘f6 39. ♖b7 ♘d5 40. ♗g6 **1:0**

XLI USSR CHAMPIONSHIP
Moscow, 2.- 26.10.1973

2.10. **1860.**

P. KERES - M. TAIMANOV

1. d4 ♘f6 2. ♘f3 g6 3. ♗g5 ♗g7 4. e3 0-0 5. ♗e2 d6 6. 0-0 ♘bd7 7. h3 b6 8. c4 ♘e4 9. ♗h4 ♗b7 10. ♘fd2 ♘df6 11. ♘e4 ♘e4 12. f3 ♘f6 13. ♘c3 d5 14. ♖c1 c6 15. ♕b3 ♕d7 16. f4 e6 17. ♖fd1 ♗a6 18. ♖c2 ♗c4 19. ♗c4 dc4 20. ♕c4 ♖ac8 21. ♖dc1 b5 22. ♕b3 ♘d5 23. ♘e4 h6 24. ♗f2 a5 25. a3 a4 26. ♕d3 f5 27. ♘c5 ♕d6 28. ♕d2 ♖f7 29. ♘d3 ♔h7 30. ♘e5 ♖fc7 31. ♕e2 ♗e5 32. fe5 ♕e7 33. e4 fe4 34. ♕e4 ♕g5 35. ♔h1 ♕f5 **½:½**

3.10. **1861.**

E. SVESHNIKOV - P. KERES

1. e4 e5 2. ♘f3 ♘c6 3. ♗c4 ♘f6 4. d4 ed4 5. e5 d5 6. ♗b5 ♘e4 7. ♘d4 ♗d7 8. ♗c6 bc6 9. 0-0 ♗c5 10. f3 ♘g5 11. ♗e3 0-0 12. f4 ♘e4 13. ♘d2 f6 14. ♘e4 de4 15. ♕e2 ♗g4 16.

♕f2 ♕d5 17. ♘c6 ♗a3 18. ef6 ♖f6 19. ♘e5 ♕e5 20. fe5 ♖f2 21. ♗f2 ♗b2 22. ♖ae1 ♗f5 23. ♗c5 g6 24. e6 ♗e6 25. ♖e4 ♗a2 26. ♖a4 ♗d5 27. ♖a7 ♖c8 28. ♖e1 ♗f6 29. ♖a4 ♖b8 30. ♖f4 ♗g5 31. ♖b4 ♖d8 32. ♖d4 ♗f6 33. ♖d3 c6 34. ♖a3 ♖d7 35. ♖a7 ♖a7 36. ♗a7 ♔f7 37. ♔f2 h5 38. ♖d1 ♗e5 39. h3 h4 40. ♗e3 ♔e6 41. ♔g1 ♗f6 42. ♗d4 ♗e7 43. ♖e1 ♔f7 44. ♖a1 ♗e4 45. c4 ♔e6 46. ♖a6 ♔d6 47. ♖a5 ♔d7 48. ♗e3 ♗d8 49. ♖e5 ♗f5 50. ♗f2 ♗f6 51. ♖e1 ♗e6 52. ♖c1 ♔d6 53. ♗a7 ♗g5 54. ♖c3 ♔e5 55. ♔f2 ♔e4 56. ♔e2 ♗f4 57. ♗e3 ♗e5 58. ♖c1 ♗b2 59. ♖c2 ♗f6 60. ♔d2 ♗d8 61. ♗f2 g5 62. ♔c3 ♗a5 63. ♔b3 ♔d3 64. ♗c5 ♗d2 65. ♗a3 g4 66. ♗c1 ♗e1 67. ♗g5 gh3 68. gh3 ♗h3 69. ♖c1 ♔e2 70. ♗h4 ♗d2 71. ♖g1 ♗f5 72. ♗g5 ♗e1 73. ♗f6 ♗e4 74. ♗c3 ♗f2 75. ♖g7 **½:½**

4.10. 1862.

P. KERES - A. BELYAVSKY

1. d4 ♘f6 2. c4 e6 3. ♘f3 b6 4. e3 ♗b7 5. ♗d3 ♗b4 6. ♘bd2 0-0 7. 0-0 d5 8. a3 ♗e7 9. b4 c5 10. bc5 bc5 11. cd5 cd4 12. e4 ed5 13. e5 ♘e4 14. ♘d4 ♘d7 15. ♘2f3 ♖e8 16. e6 fe6 17. ♘e6 ♕b6 18. ♘fg5 ♗g5 19. ♘g5 ♘dc5 20. ♖b1 ♕c7 21. ♘e4 ♘e4 22. ♗b2 ♖ad8 23. ♗d4 ♗c8 24. ♖e1 ♕a5 25. ♖e3 ♗a6 26. ♕g4 ♖e7

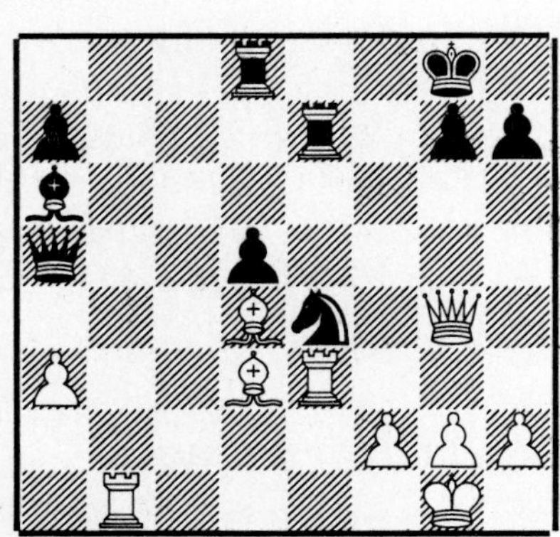

27. ♗g7 ♖g7 28. ♕e6 ♖f7 29. ♗a6 ♕d2 30. ♗e2 ♖d6 31. ♕e5 ♖b6 32. ♖d1 ♕a2 33. ♕d5 ♕d5 34. ♖d5 ♘f2 35. ♗f3 ♖b2 36. h3 ♖c7 37. ♔h2 ♖b1 38. ♖d2 ♖f1 39. ♖ee2 ♘h1 40. ♗d5 ♔g7 **1:0**

6.10. 1863.

M. TAL - P. KERES

1. e4 e5 2. ♘f3 ♘c6 3. ♗b5 a6 4. ♗a4 d6 5. c3 ♗d7 6. d4 ♘ge7 7. ♗b3 h6 8. ♘h4 ♘a5 9. ♗c2 c5 10. dc5 dc5 11. ♕f3 ♘g6 12. ♘f5 ♕f6 13. ♘d2 ♘e7 14. 0-0 g6 15. ♘e7 ♗e7 16. ♕e3 ♖d8 17. b3 ♕g5 18. ♕e2 ♗b5 19. c4 ♗d7 20. ♘b1 ♕h5 21. ♕h5 gh5 22. ♘c3 ♘c6 23. ♘d5 ♘d4 24. ♗d1 h4 25. f4 ♗d6 26. ♗h5 ♗e6 27. fe5 ♗e5 28. ♗f4 ♗g7 29. ♘c7 ♔d7 30. ♖ad1 ♖hg8 31. h3 ♔c6 32. ♘d5 ♖gf8 33. ♗e3 ♖d7 34. ♗f2 f5 35. ♗h4 fe4 36. ♖f8 ♗f8 37. ♗e8 b5 38. ♖e1 ♔b7 39. ♗d7 ♗d7 40. ♖e4 ♘f5 41. ♗f2 ♔c6 42. ♘f6 **1:0**

7.10. 1864.

P. KERES - V. KORCHNOI

1. e4 e5 2. ♘f3 ♘c6 3. ♗b5 a6 4. ♗a4 ♘f6 5. 0-0 ♘e4 6. d4 b5 7. ♗b3 d5 8. ♘e5 ♘e5 9. de5 c6 10. c3 ♗c5 11. ♕e2 0-0 12. ♗e3 ♗f5 13. ♘d2 ♕b6 14. ♘e4 ♗e4 15. ♖fe1 ♖ad8 16. f3 ♗f5 17. ♖ad1 ♗e3 18. ♕e3 ♕e3 19. ♖e3 ♖d7 20. ♔f2 ♖fd8 21. ♖e2 c5 **½:½**

8.10. 1865.

B. SPASSKY - P. KERES

1. e4 e5 2. ♘f3 ♘c6 3. ♗b5 a6 4. ♗a4 d6 5. ♗c6 bc6 6. d4 ed4 7. ♘d4 c5 8. ♘f3 ♘f6 9. 0-0 ♗e7 10. ♘c3 0-0 11. ♖e1 ♗b7 12. h3 ♘d7 13. ♘d5 ♗f6 14. ♖b1 ♖b8 15. b3 ♖e8 16. ♗f4 h6 17. ♕d2 ♗e5 18. ♘e5 ♘e5 19. ♗g3 ♕d7 20. ♖bd1 ♗d5 21. ♕d5 ♕e6 22. ♗e5 ♕e5 23. ♕c6 ♕e7 24. ♖e3 ♖b6 25. ♕a4 f6 **½:½**

11.10. **1866.**

P. KERES - T. PETROSIAN

1. d4 d5 2. c4 e6 3. ♘c3 ♗e7 4. ♘f3 ♘f6 5. ♗g5 h6 6. ♗h4 0-0 7. e3 b6 8. cd5 ♘d5 9. ♗e7 ♕e7 10. ♖c1 ♗b7 11. ♗d3 c5 12. dc5 bc5 13. 0-0 ♘d7 14. ♕e2 ♖ab8 15. b3 ♘b4 16. ♗c4 ♘b6 17. ♘d2 ♖fd8 18. ♖fd1 ♘c4 19. ♘c4 ♗a6 20. h3 ♖d1 21. ♖d1 ♖d8 22. ♖d8 ♕d8 23. ♕d2 **½:½**

12.10. **1867.**

G. KUZMIN - P. KERES

1. e4 e5 2. ♘f3 ♘c6 3. ♗b5 ♘f6 4. 0-0 ♘e4 5. d4 ♘d6 6. ♗c6 dc6 7. de5 ♘f5 8. ♕d8 ♔d8 9. ♘c3 ♔e8 10. ♘e2 ♘e7 11. h3 ♘g6 12. ♘ed4 ♗e7 13. ♖e1 ♘h4 14. ♘h4 ♗h4 15. g4 ♗e7 16. ♘f5 ♗f5 17. gf5 f6 18. ef6 gf6 19. ♗f4 ♖g8 20. ♔f1 ♖d8 21. ♖ad1 ♖d7 22. c4 ♖g7 23. ♖d7 ♔d7 24. ♖d1 ♔e8 25. ♔e2 ♗f8 26. ♔f3 ♖d7 27. ♖d7 ♔d7 28. ♔g4 c5 29. ♔h5 c6 30. ♗d2 ♔e8 31. ♗c3 ♔f7 32. a4 a6 33. b3 **½:½**

13.10. **1868.**

P. KERES - O. AVERKIN

1. c4 e6 2. g3 ♘f6 3. ♗g2 d5 4. ♘f3 ♗e7 5. 0-0 0-0 6. d4 ♘bd7 7. b3 c6 8. ♗a3 b6 9. ♗e7 ♕e7 10. ♘c3 ♗a6 11. ♖c1 ♖ac8 12. cd5 cd5 13. ♕d2 ♖c7 14. ♕b2 ♖fc8 15. ♖fd1 ♘e4 16. ♘e4 ♖c1 17. ♖c1 ♖c1 18. ♕c1 de4 19. ♘e5 ♘e5 20. de5 ♗e2 21. ♗e4 g6 **½:½**

15.10. **1869.**

Y. GELLER - P. KERES

1. e4 e5 2. ♘f3 ♘c6 3. ♗b5 a6 4. ♗a4 ♘f6 5. 0-0 ♗e7 6. ♖e1 d6 7. c3 0-0 8. d4 ♘d7 9. ♗e3 ♗f6 10. ♘bd2 ♖e8 11. d5 ♘e7 12. b4 g6 13. c4 c6 14. ♖c1 ♗g7 15. c5 dc5 16. bc5 cd5 17. ed5 ♘d5 18. ♗g5 ♘e7 19. ♘e4 h6 20. ♘d6 hg5 21. ♘f7 ♕a5 22. ♘7g5 ♖f8 23. ♗d7 ♕a2 24. ♖e2 ♕a3 25. ♖e3 ♕b4 26. ♗c8 ♖ac8 27. ♕d7 ♘f5 28. ♕e6 ♔h8 29. ♕g6 **1:0**

16.10. **1870.**

P. KERES - V. TUKMAKOV

1. e4 c5 2. ♘f3 e6 3. b3 d6 4. ♗b2 e5 5. ♗c4 ♗e7 6. 0-0 ♘c6 7. ♘c3 ♗g4 8. ♘d5 ♘f6 9. ♖e1 ♘d5 10. ♗d5 0-0 11. c3 ♗f6 12. h3 ♗h5 13. ♕e2 ♕d7 14. ♘e5 ♘e5 15. ♕h5 ♘d3 16. ♖e3 ♘f4 17. ♕g4 ♕g4 18. hg4 ♘d5 19. ed5 b5 20. ♖b1 ♖fb8 21. d3 a5 22. c4 ♗b2 23. ♖b2 bc4 24. dc4 ♖e8 25. ♖e8 ♖e8 26. ♔f1 h6 27. ♖e2 ♖a8 28. ♖e7 a4 29. ♖d7 ab3 30. ab3 ♖a6 31. ♔e2 ♔f8 32. ♖b7 ♖a2 33. ♔e3 ♖b2 34. g3 ♔e8 35. f4 ♖g2 36. ♔f3 ♖c2 37. f5 ♖c1 38. ♔e3 ♖g1 39. ♔f2 ♖c1 40. ♔f3 ♖f1 41. ♔g2 **½:½**

17.10. **1871.**

L. POLUGAYEVSKY - P. KERES

1. c4 ♘f6 2. ♘f3 e6 3. g3 d5 4. ♗g2 dc4 5. ♕a4 ♘bd7 6. ♕c4 c5 7. ♕c2 b6 8. 0-0 ♗b7 9. ♘c3 ♗e7 10. d4 cd4 11. ♘d4 ♗g2 12. ♔g2 ♕c8 13. e4 0-0 14. f3 ♕b7 15. ♗e3 ♖ac8 16. ♖ac1 ♖c4 17. ♕e2 ♖fc8 18. ♘cb5 ♖c1 19. ♖c1 ♖c1 20. ♗c1 **½:½**

20.10. **1872.**

P. KERES - K. GRIGORIAN

1. e4 c5 2. ♘f3 d6 3. ♗b5 ♗d7 4. ♗d7 ♕d7 5. c4 e5 6. ♘c3 ♘e7 7. d3 ♘bc6 8. a3 h6 9. ♖b1 a5 10. 0-0 g6 11. b4 ab4 12. ♘d5 ♘d5 13. cd5 ♘d4 14. ♘d4 ed4 15. ab4 b5 16. ♕b3 c4 17. dc4 ♖c8 18. c5 dc5 19. bc5 ♖c5 20. ♗f4 ♗d6 21. ♗d6 ♕d6 22. ♕d3 0-0 23. ♕d4 ♖c4 24. ♕e3 ♖e8 25. ♖b5 ♖ce4 26. ♕d3 ♕f4 27. g3 ♖d4 28. ♕b3 ♕f5 29. ♔g2 ♖d2 **½:½**

21.10. **1873.**

P. KERES - A. KARPOV

1. d4 ♘f6 2. c4 e6 3. ♘f3 b6 4. g3 ♗b7 5. ♗g2 ♗e7 6. 0-0 0-0 7. ♘c3 ♘e4 8. ♕c2

♘c3 9. ♕c3 c5 10. ♖d1 d6 11. ♕c2 ♘c6 12. dc5 bc5 13. b3 a5 14. ♗b2 ♕c7 15. ♕c3 ♗f6 16. ♕d2 ♗b2 17. ♕b2 a4 18. e3 h6 19. ♖d2 ab3 20. ab3 ♖a1 21. ♕a1 ♖a8 22. ♖a2 ♖a2 23. ♕a2 ½:½

23.10. 1874.

N. RASHKOVSKY - P. KERES

1. d4 ♘f6 2. c4 e6 3. ♘f3 d5 4. g3 dc4 5. ♗g2 ♘bd7 6. 0-0 ♖b8 7. a4 a6 8. a5 ♘e4 9. ♕c2 ♘d6 10. ♘e5 ♗e7 11. ♖d1 0-0 12. ♘a3 ♘f6 13. ♘ac4 ♘c4 14. ♕c4 ♗d7 15. ♘d7 ♕d7 16. ♗f4 ♗d6 17. ♗g5 ♗e7 18. ♗f4 ♗d6 19. ♗e5 ♘e8 20. h4 c6 21. h5 h6 22. ♗e4 f6 23. ♗f3 ♖d8 24. ♗d6 ♘d6 25. ♕b3 ♕f7 26. ♖ac1 ♖d7 27. e3 ♖fd8 28. ♖c5 ♔h8 29. ♕c2 f5 ½:½

24.10. 1875.

P. KERES - V. SMYSLOV

1. e4 e5 2. ♘f3 ♘c6 3. ♗b5 a6 4. ♗a4 ♘f6 5. 0-0 ♗e7 6. ♖e1 b5 7. ♗b3 0-0 8. c3 d6 9. h3 h6 10. d4 ♖e8 11. ♘bd2 ♗f8 12. ♘f1 ♗d7 13. de5 ♘e5 14. ♘e5 de5 15. ♕f3 ♗e6 16. ♖d1 ♕e7 17. ♘e3 ♖ad8 18. ♖d8 ♖d8 19. ♘f5 ♗f5 20. ♕f5 ♕d7 21. ♕d7 ♘d7 22. ♔f1 ♘c5 23. ♗c2 ♗e7 24. ♔e2 ♗g5 25. ♗e3 ♗e3 26. ♔e3 ♔f8 27. g3 ♔e7 28. h4 a5 29. a3 ♖d6 30. ♖d1 ♖d1 31. ♗d1 ½:½

26.10. 1876.

V. SAVON - P. KERES

1. c4 ♘f6 2. ♘c3 e6 3. ♘f3 d5 4. d4 ♗e7 5. e3 0-0 6. ♗d3 dc4 7. ♗c4 c5 8. 0-0 a6 9. ♕e2 b5 10. ♗b3 ♗b7 11. ♖d1 ♕c7 12. ♗d2 ♘bd7 13. ♖ac1 ♖ac8 14. e4 b4 15. ♘a4 ♘e4 16. ♗b4 ♕f4 17. dc5 ♘dc5 18. ♘c5 ♗c5 19. ♗c5 ♖c5 20. ♖c5 ♘c5 21. ♗c2 g6 22. ♕d2 ♕d2 23. ♖d2 ♖b8 24. b3 ♔f8 25. ♘e5 ♗d5 26. f3 ♖b7 27. ♔f2 ♔e7 28. ♔e3 a5 29. ♘d3 ♘d3 30. ♖d3 ♖c7 31. ♔d2 ½:½

USSR TEAM TOURNAMENT
Togliatti, 27.08.- 2.09.1974

27.08. 1877.

P. KERES - S. CHAVSKY

1. d4 d5 2. c4 c6 3. ♘c3 ♘f6 4. ♘f3 e6 5. e3 ♘bd7 6. ♗d3 ♗d6 7. e4 de4 8. ♘e4 ♘e4 9. ♗e4 0-0 10. 0-0 c5 11. dc5 ♘c5 12. ♗c2 a5 13. ♕d4 ♗e7 14. ♕f4 ♗d6 15. ♕d4 ♗e7 16. ♕e5 f6 17. ♕h5 g6 18. ♗g6 hg6 19. ♕g6 ♔h8 20. ♕h5 ♔g8 21. ♗h6 ♕d3 22. ♘h4 ♕h7 23. ♕g4 ♔f7 24. ♕h5 ♔g8 25. ♖fe1 f5 26. ♘g6 ♖f7 27. ♖ad1 ♗d7 28. ♖e3 ♖e8 29. ♖g3 ♖g7 30. ♘e7 ♖e7 31. ♖g7 ♖g7 32. ♕h4 ♕g6 33. ♗g7 ♕g7 34. ♖d4 ♗c6 35. ♕d8 ♔f7 36. g3 ♕e5 37. ♔f1 ♘d7 38. ♖d7 ♗d7 39. ♕d7 ♔g6 40. ♕b7 ♕d4 41. ♕b3 ♕e4 42. f3 ♕b1 43. ♔g2 a4 **1:0**

28.08. 1878.

A. GRUSHEVSKY - P. KERES

1. e4 ♘c6 2. ♘f3 e5 3. ♗b5 a6 4. ♗a4 d6 5. 0-0 ♗d7 6. c3 ♘ge7 7. d4 ♘g6 8. ♘bd2 ♗e7 9. ♖e1 h6 10. ♘f1 ♗g5 11. ♘e3 ♗e3 12. ♗e3 0-0 13. ♘d2 ♕e7 14. ♗c2 ♔h8 15. ♕h5 ♕f6 16. ♕f3 ♕f3 17. ♘f3 f5 18. ef5 ♗f5 19. ♗f5 ♖f5 20. de5 ♘ge5 21. ♘e5 ♖e5 22. ♗d4 ♖ee8 23. f3 ♔g8 24. ♔f1 ♔f7 25. ♗f2 a5 26. a4 ♖ab8 27. ♖e8 ♖e8 28. ♖e1 ♖b8 29. ♖e4 ♘d8 30. c4 ♘e6 31. ♔e2 ♖d8 32. ♗e3 d5 33. cd5 ♖d5 34. b4 ab4 35. ♖b4 b6 36. ♖b5 ♘d4 37. ♗d4 ♖d4 38. a5 ba5 39. ♖a5 ♔e6 40. ♔e3 ♖c4 41. ♖a6 ♔e7 42. ♔d3 ♖c1 43. h4 ♖d1 44. ♔e4 ♖d6 45. ♖a7 ♖c6 46. g4 ♔f6 47. ♖a8 ♖c4 48. ♔d3 ♖c1 49. ♖f8 ♔e7 50. ♖g8 ♔f7 51. ♖c8 ♔e6 52.

♖e8 ♔f7 53. ♖c8 g6 54. ♖h8 ♔g7 55. ♖c8 h5 56. gh5 gh5 57. ♔e4 ♔f6 58. f4 ♖c4 59. ♔f3 **½:½**

30.08. 1879.

P. KERES - D. EKVTIMISHVILI

1. d4 ♘f6 2. c4 g6 3. ♘c3 d5 4. ♘f3 ♗g7 5. e3 0-0 6. cd5 ♘d5 7. ♗c4 ♘c3 8. bc3 c5 9. 0-0 ♘c6 10. ♗a3 cd4 11. cd4 ♗g4 12. ♖b1 ♘a5 13. ♗d3 ♖c8 14. ♕e2 ♖e8 15. ♖fd1 a6 16. h3 ♗d7 17. ♗b4 ♗a4 18. ♖dc1 ♖c1 19. ♖c1 ♘c6 20. ♗c3 e5 21. de5 ♘e5 22. ♗e5 ♗e5 23. ♗e4 ♕d7 24. ♕c4 b5 25. ♕b4 ♗d6 26. ♕d4 b4 27. ♗d5 ♕e7 28. h4 h6 29. h5 g5 30. ♕d3 ♔g7 31. ♕a6 ♗d7 32. ♖d1 g4 33. ♗f7 gf3 34. ♕d6 ♕f7 35. ♕d7 ♕d7 36. ♖d7 ♔f6 37. gf3 ♖a8 38. ♖b7 ♖a4 39. ♔g2 ♔g5 40. ♖b5 ♔h4 41. f4 ♔g4 42. ♖b6 ♔h5 43. ♔g3 ♖a2 44. ♖b4 **1:0**

31.08. 1880.

P. KERES - R. KHOLMOV

1. e4 e5 2. ♘f3 ♘c6 3. ♗b5 a6 4. ♗a4 ♘f6 5. 0-0 ♗e7 6. ♕e2 b5 7. ♗b3 d6 8. c3 ♘a5 9. ♗c2 c5 10. d4 ♕c7 11. ♖d1 0-0 12. de5 de5 13. ♘bd2 ♖d8 14. ♘f1 ♖d1 15. ♕d1 ♗b7 16. ♕e2 **½:½**

2.09. 1881.

E. MOTCHALOV - P. KERES

1. c4 ♘f6 2. d4 e6 3. ♘c3 ♗b4 4. e3 c5 5. ♗d3 b6 6. ♘e2 ♘c6 7. ♗d2 ♗b7 8. 0-0 cd4 9. ed4 0-0 10. ♘a4 ♖c8 11. ♖c1 ♗d2 12. ♕d2 d6 13. ♖fd1 ♕d7 14. b3 ♘e7 15. ♘g3 ♘g6 16. ♗g6 hg6 17. ♕f4 b5 18. ♘b2 bc4 19. ♘c4 ♖fd8 20. f3 ♘d5 21. ♕g5 ♕e7 22. ♕e7 ♘e7 23. ♔f2 ♗a6 24. ♘e3 f5 25. ♘e2 ♔f7 26. f4 ♔f6 27. h4 ♘c6 28. ♘c4 ♘b4 29. a3 ♘d5 30. g3 ♔e7 31. ♘e3

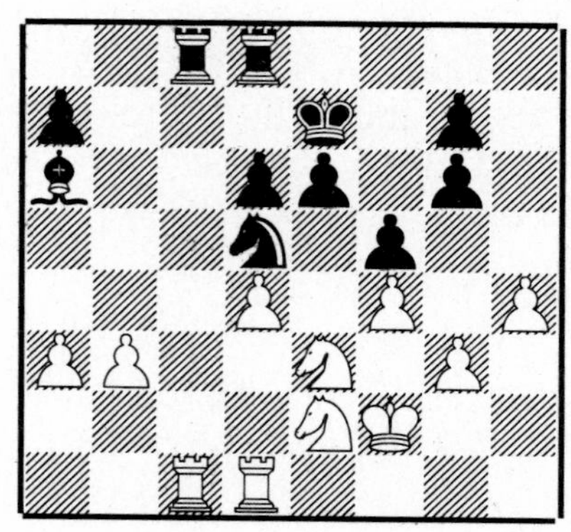

♘f6 32. ♖c8 ♖c8 33. ♖c1 ♘e4 34. ♔g2 ♖b8 35. ♘c3 ♘d2 36. b4 ♗b7 37. ♔f2 ♖c8 38. ♘ed1 ♘e4 39. ♔e3 ♘g3 40. ♖b1 ♖h8 41. ♘f2 ♖h4 42. ♖g1 ♘h5 **0:1**

TALLINN
16.02.- 9.03.1975

16.02. 1882.

P. KERES - D. MAROVIC

1. e4 ♘f6 2. e5 ♘d5 3. d4 d6 4. ♘f3 ♗g4 5. ♗e2 e6 6. 0-0 ♗e7 7. h3 ♗h5 8. c4 ♘b6 9. ♘c3 0-0 10. ♗f4 ♘c6 11. ed6 ♗d6 12. ♗d6 cd6 13. b3 d5 14. c5 ♘c8 15. ♕d2 ♗f3 16. ♗f3 ♕f6 17. ♖fd1 ♘8e7 18. ♖ac1 g6 19. ♘e2 ♘f5 20. ♖c3 ♘h4 21. a3 a5 22. ♘g3 ♖fd8 23. ♗e2 ♔g7 24. ♗b5 e5 25. de5 ♘e5 26. ♕d4 ♘c6 27. ♕f6 ♔f6 28. ♖cd3 ♘e7 29. ♘e4 ♔g7 30. ♘c3 ♖dc8 31. ♖e1 ♔f8 32. ♘d5 ♖c5 33. ♘b6 ♖b5 34. ♘a8 ♘c6 35. ♘c7 ♖c5 36. ♘d5 ♘f5 37. ♖ed1 ♖c2 38. ♘e3 ♘e3 39. ♖e3 b5 40. ♖d7 ♖a2 41. ♖c3 **1:0**

17.02. 1883.

Y. RANTANEN - P. KERES

1. e4 e5 2. ♘f3 ♘c6 3. ♗b5 a6 4. ♗a4 ♘f6 5. 0-0 ♗e7 6. ♖e1 b5 7. ♗b3 0-0 8. c3 d6 9.

d4 ♗g4 10. ♗e3 ed4 11. cd4 ♘a5 12. ♗c2 c5 13. dc5 dc5 14. ♕e2 ♘c4 15. ♘c3 ♘d7 16. ♘d5 ♗f6 17. a4 ♗b2 18. ♖ab1

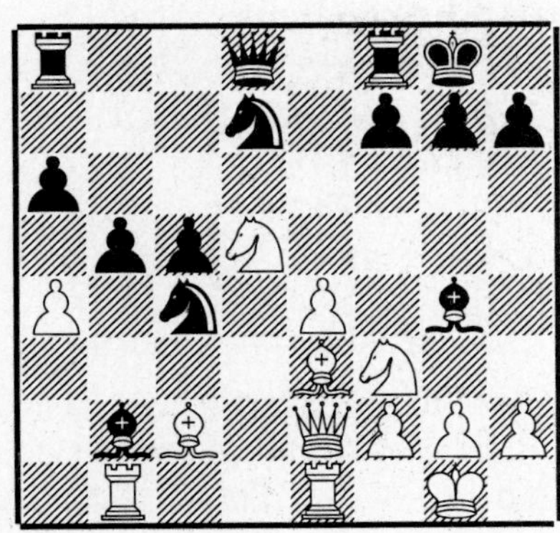

♘de5 19. ♗c5 ♖e8 20. ♗d1 ♖e6 21. ♖b2 ♘f3 22. gf3 ♗h3 23. ♘e3 ♘b2 **0:1**

18.02. 1884.

P. KERES - H. KÄRNER

1. e4 d6 2. d4 ♘f6 3. ♘c3 g6 4. ♘f3 ♗g7 5. ♗e2 0-0 6. 0-0 c6 7. ♖e1 ♕c7 8. e5 de5 9. ♘e5 ♘fd7 10. ♘c4 ♘b6 11. ♘e4 ♗f5 12. ♗f1 ♘8d7 13. ♗g5 ♘f6 14. ♘f6 ef6 15. ♗h4 ♗e6 16. ♗g3 ♕d7 17. ♘a5 ♖fd8 18. c3 ♘d5 19. ♘b3 b6 20. ♘c1 f5 21. ♘d3 g5 22. f4 g4 23. ♘e5 ♕c8 24. ♕a4 b5 25. ♕c2 h5 26. ♘d3 ♗f6 27. ♕f2 ♖e8 28. ♗h4 ♗g7 29. ♘c5 ♕c7 30. ♗g5 ♗d7 31. ♗d3 f6 32. ♗h4 ♗h6 33. g3 ♔f7 34. a4 a6 35. ♖e8 ♖e8 36. ♘a6 ♕a7 37. ♘c5 ♗c8 38. a5 ♗f8 39. ♘b3 ♖e3 40. ♗f1 ♖f3 41. ♕d2 ♖e3 42. ♗g2 ♖e8 43. ♘c1 b4 44. c4 ♘e3 45. ♗c6 ♖e6 46. ♗a4 ♘c4 47. ♕f2 ♖d6 48. ♘b3 ♗e6 49. ♖e1 ♗e7 50. h3 ♘a5 51. ♘c5 ♗c8 52. hg4 hg4 53. ♔h2 ♘c6 54. d5 ♘d8 55. ♕e3 ♔f8 56. ♗b3 ♕c7 57. ♕d4 ♘b7 58. ♘e6 ♗e6 59. ♗f6 ♔g8 60. ♖e6 ♖e6 61. de6 ♘c5 62. ♗d5 ♘e4 63. ♗e4 fe4 64. ♗e7 ♕c2 65. ♔g1 ♕b1 66. ♔f2 ♕h1 67. ♗h4 ♕f3 68. ♔g1 **1:0**

20.02. 1885.

P. KERES - L. LENGYEL

1. e4 c5 2. ♘f3 ♘c6 3. d4 cd4 4. ♘d4 g6 5. c4 ♘f6 6. ♘c3 ♘d4 7. ♕d4 d6 8. ♗e2 ♗g7 9. ♗d2 0-0 10. ♕e3 ♗d7 11. 0-0 ♕b6 12. ♖ab1 ♕e3 13. ♗e3 ♖fc8 14. ♖fc1 a6 15. f3 ♗e6 16. b3 ♔f8 17. a4 a5 18. ♘d5 ♘d7 19. ♖d1 ♗d5 20. cd5 ♗c3 21. ♗b5 ♘c5 22. ♖dc1 ♗b4 23. g4 f6 24. h4 ♔f7 25. ♔g2 ♖c7 26. ♖c4 ♖ac8 27. g5 ♘a6 28. gf6 ♖c4 29. ♗c4 ef6 30. ♗a6 ba6 31. ♖c1 ♖e8 32. ♖c7 ♖e7 33. ♖c6 f5 34. ♗g5 ♖a7 35. ♗f4 ♔e7 36. ♗e3 ♖b7 37. ♖a6 ♗e1 38. ♗f4 fe4 39. ♗d6 ♔f7 40. fe4 ♗h4 41. ♖a5 **1:0**

21.02. 1886.

B. RÕTOV - P. KERES

1. d4 d5 2. c4 dc4 3. ♘f3 ♘f6 4. e3 e6 5. ♗c4 a6 6. 0-0 c5 7. dc5 ♗c5 8. ♕d8 ♔d8 9. a3 ♘bd7 10. b4 ♗d6 11. ♗b2 ♔e7 12. ♘bd2 ♖d8 13. ♘d4 ♘b6 14. ♗b3 ♗d7 15. ♖fe1 ♖ac8 16. ♖ac1 ♗a4 17. ♘c4 ♘c4 18. ♗c4 g6 19. ♗e2 ♘d7 20. ♗f3 ♖b8 21. ♗e4 f5 22. ♗b1 e5 23. ♘f3 e4 24. ♘d2 ♘e5 25. ♗d4 ♖bc8 26. f4 ♘d3 27. ♗d3 ed3 28. ♗b6 ♖e8 29. ♗c5 ♗c2 30. e4 ♗c5 31. bc5 ♔d7 32. ef5 gf5 33. ♔f2 ♔c6 34. ♘f3 ♔c5 35. ♖e3 ♔d5 36. ♖ce1 ♖e3 37. ♔e3 ♖c4 38. ♘d2 ♖a4 39. ♔f3 ♖a3 40. ♖e5 ♔d4 41. ♖f5 ♖a2 **0:1**

23.02. 1887.

P. KERES - V. HORT

1. d4 ♘f6 2. ♘f3 e6 3. c4 c5 4. e3 d5 5. ♘c3 ♘c6 6. cd5 ♘d5 7. ♗d3 ♗e7 8. 0-0 cd4 9. ed4 0-0 10. ♖e1 ♗f6 11. ♗e4 ♘ce7 12. ♕d3 g6 13. ♗h6 ♗g7 14. ♗g7 ♔g7 15. ♘e5 b6 16. ♘d5 ♘d5 ½:½

24.02. 1888.

F. OLAFSSON - P. KERES

1. d4 ♘f6 2. c4 e6 3. ♘f3 b6 4. a3 ♗b7 5. ♘c3 d5 6. cd5 ♘d5 7. e3 ♗e7 8. ♗b5 c6 9.

♗d3 c5 10. ♘d5 ed5 11. b3 0-0 12. ♕c2 h6 13. ♗b2 ♘d7 14. 0-0 a5 15. a4 ♖c8 16. ♕e2 ♗d6 17. ♖ac1 ♖e8 18. ♗a6 ♗a6 19. ♕a6 cd4 20. ♗d4 ♗c5 21. ♕b7 ♘f8 22. ♖fd1 ♖e7 23. ♕a6 ♘e6 24. h3 ♖d7 25. ♗b2 ♘c7 26. ♕d3 ♘e6 27. ♕f5 ♖d6 28. ♖d2 ♕d7 29. ♖cd1 ♖d8 30. ♗e5 ♗b4 31. ♗d6 ♗d2 32. ♘e5 ♕b7 33. ♗e7 ♕e7 34. ♘c6 ♕c5 35. ♘d8 ♘d8 36. ♔h2 ♕c7 37. g3 ♗b4 38. ♖d5 ♘e6 39. h4 ♕c6 40. ♕d3 ♗e7 41. e4 ♘c5 42. ♕c2 ♕f6 43. ♔g2 ♕g6 44. h5 ♕e6 45. f3 ♕f6 46. ♖d1 ♕g5 47. ♖d5 ♕e3 48. ♕c4 ♘e6 49. ♕d3 ♕c1 50. ♕d1 ♕b2 51. ♖d2 ♕f6 52. f4 ♕c3 53. ♖c2 ♕e3 54. ♖e2 ♕d4 55. ♕d4 ♘d4 56. ♖e3 ♗c5 57. ♖d3 ♔f8 58. ♔f1 ♔e7 59. ♔e1 ♔e6 60. ♔d2 f5 61. e5 ♗b4 62. ♔e3 ♘c6 63. ♔f3 ♗c5 64. ♔e2 ♗e7 65. ♖c3 ♗c5 66. ♖d3 ♔e7 67. ♖d1 ♘d8 68. ♖d3 ♘e6 69. ♖d1 ♗b4 70. ♔d3 ♘c5 71. ♔c4 ♘e4 72. ♖g1 ♘d2 73. ♔d5 ♗c5 74. ♖d1 **½:½**

25.02. 1889.

P. KERES - I. NEI

1. d4 ♘f6 2. c4 e6 3. ♘c3 d5 4. ♘f3 ♗e7 5. ♗g5 ♘bd7 6. ♖c1 c6 7. e3 0-0 8. ♗d3 dc4 9. ♗c4 ♘d5 10. ♗e7 ♕e7 11. 0-0 ♘c3 12. ♖c3 e5 13. de5 ♘e5 14. ♘e5 ♕e5 15. f4 ♕e4 16. ♗b3 ♗f5 17. ♕h5 g6 18. ♕h4 ♖ad8 19. ♗c2 ♕d5 20. ♖d1 ♕a5 21. ♖d8 ♕d8 22. ♕d8 ♖d8 23. ♗f5 gf5 24. ♖c2 ♔g7 25. ♔f2 ♔f6 **½:½**

28.02. 1890.

R. HERNANDEZ - P. KERES

1. c4 e6 2. ♘c3 ♘f6 3. ♘f3 d5 4. d4 ♘bd7 5. ♗g5 c6 6. cd5 ed5 7. e3 ♗e7 8. ♗d3 ♘f8 9. 0-0 ♗g4 10. h3 ♗h5 11. ♗e2 ♘6d7 12. ♗e7 ♕e7 13. ♖b1 a5 14. a3 ♘e6 15. b4 ab4 16. ab4 0-0 17. b5 ♕d6 18. bc6 bc6 19. ♘e1 ♗e2 20. ♘e2 c5 21. dc5 ♘dc5 22. ♘g3 g6 23. ♘f3 ♖a3 24. ♕d2 ♘d3 25. ♖a1 ♖fa8 26. ♖a3 ♖a3 27. ♘e1 ♘e5 28. ♘c2 ♖d3 29. ♕b4 ♕c7 30. ♖a1 ♔g7 31. ♘e1 ♖c3 32. ♘e2 ♖c4 33. ♕b2 f6 34. ♖a8 **½:½**

1.03. 1891.

P. KERES - D. BRONSTEIN

1. e4 e5 2. ♗c4 ♘f6 3. ♘c3 ♗b4 4. ♘f3 0-0 5. 0-0 ♗c3 6. dc3 d6 7. ♖e1 ♗e6 8. ♗d3 ♘bd7 9. c4 h6 10. h3 ♘c5 11. ♘h2 ♘d3 12. cd3 ♘d7 13. ♘g4 ♔h7 **½:½**

3.03. 1892.

A. GIPSLIS - P. KERES

1. e4 e6 2. d4 d5 3. ♘d2 c5 4. ed5 ed5 5. ♘gf3 ♘c6 6. ♗b5 ♗d6 7. 0-0 cd4 8. ♘b3 ♘e7 9. ♘bd4 0-0 10. c3 ♗g4 11. ♗e2 a6 12. ♗g5 ♕c7 13. h3 **½:½**

4.03. 1893.

P. KERES - M. TAIMANOV

1. d4 ♘f6 2. ♘f3 e6 3. c4 b6 4. e3 ♗b7 5. ♗d3 ♗e7 6. 0-0 0-0 7. b3 c5 8. ♗b2 cd4 9. ed4 d5 10. ♘bd2 ♘c6 11. ♖c1 ♖c8 12. ♕e2 ♖e8 13. ♖fd1 ♗f8 14. ♕e3 g6 15. h3 ♘h5 16. ♘f1 ♕d6 17. ♘1h2 ♗g7 18. ♘e5 dc4 19. bc4 ♘e5 20. de5 ♕c5 21. ♗d4 ♕c6 22. ♗f1 ♖ed8 23. ♘g4 ♖d7 24. ♖d2 ♖cd8 25. ♖cd1 ♕e4 26. ♕c3 ♕c6 27. ♗e3 ♗f8 28. ♗g5 ♖d2 29. ♖d2 ♖d7 30. ♘h6 ♔g7 31. ♘g4 ♔g8 32. ♖d3 ♖d3 33. ♕d3 ♕c7 34. ♗e2 ♗e7 35. ♗e7 ♕e7 36. ♕d6 ♕f8 37. ♕c7 ♗e4 38. ♕a7 ♕a8 39. ♕e7 ♔g7 40. ♕g5 ♕a2 41. ♔h2 ♕b2 42. ♕h6 ♔g8 43. ♕e3 ♗b1 44. ♘h6 ♔f8 45. g4 ♘g7 46. c5 b5 47. c6 ♘e8 48. ♕f4 ♗f5 49. gf5 ef5 50. ♕e3 ♘c7 51. ♗f3 b4 52. ♔g2 ♕c3 53. ♕a7 ♕e5 54. ♕b8 **1:0**

6.03. 1894.

L. ESPIG - P. KERES

1. ♘f3 d5 2. c4 dc4 3. e3 c5 4. ♗c4 e6 5. 0-0 ♘f6 6. d4 a6 7. a4 ♘c6 8. ♕e2 cd4 9. ♖d1 d3 10. ♖d3 ♕c7 11. ♘c3 ♗d6 12. h3 0-0 13. e4 ♘e5 14. ♘e5 ♗e5 **½:½**

7.03. 1895.

P. KERES - B. SPASSKY

1. e4 c5 2. ♘f3 e6 3. c3 d5 4. ed5 ed5 5. d4 ♘f6 6. ♗b5 ♗d7 7. ♗d7 ♘bd7 8. 0-0 ♗e7 9. dc5 ♘c5 10. ♘bd2 0-0 11. ♘b3 ♘ce4 12. ♗e3 ♖e8 13. ♕d3 ♕c7 14. h3 **½:½**

9.03. 1896.

W. LOMBARDY - P. KERES

1. ♘f3 d5 2. g3 ♗g4 3. ♗g2 e6 4. 0-0 ♘f6 5. b3 ♗d6 6. ♗b2 ♘bd7 7. d3 0-0 8. h3 ♗h5 9. ♘bd2 ♕e7 10. a3 ♖fd8 11. ♕e1 **½:½**

ESTONIA - LENINGRAD TEAM MATCH

Tallinn, 15.- 16.05.1975

15.05. 1897.

V. KORCHNOI - P. KERES

1. d4 d5 2. c4 dc4 3. e4 c5 4. d5 e6 5. ♗c4 ed5 6. ♗d5 ♗d6 7. ♕b3 ♕e7 8. ♘f3 ♘c6 9. 0-0 ♘b4 10. e5 ♘d5 11. ♕d5 ♗c7 12. ♗g5 ♕e6 13. ♕c5 ♗b6 14. ♕a3 h6 15. ♗e3 ♗e3 16. ♕e3 ♘e7 17. ♘c3 0-0 18. ♖fd1 ♕g6 19. ♘d4 ♗g4 20. f3 ♗d7 21. ♖d2 ♖fe8 22. f4 ♖ad8 23. ♕g3 ♕g3 24. hg3 ♗g4 25. ♘e4 ♖d5 26. ♘d6 ♖d8 27. ♘b3 ♖d2 28. ♘d2 f6 29. ef6 ♖d6 30. fe7 ♖e6 31. ♘f3 ♖e7 32. ♔f2 ♖c7 33. ♘d4 ♔f7 34. ♖e1 ♖d7 35. ♘f3 ♗f3 36. gf3 ♔f6 37. g4 g6 38. ♖e2 ♖d1 39. ♔g3 ♖g1 40. ♖g2 ♖a1 41. a3 ♖b1 42. ♖h2 h5 43. ♖d2 hg4 44. fg4 ♖g1 45. ♔h3 g5 46. fg5 ♔g5 47. ♖d5 ♔f6 48. ♖d7 b5 49. ♖a7 ♖h1 50. ♔g3 ♖g1 51. ♔f4 ♖f1 52. ♔e4 ♖g1 53. ♖a6 ♔f7 54. ♖b6 **1:0**

16.03. 1898.

P. KERES - V. KORCHNOI

1. e4 c5 2. ♘f3 d6 3. ♗b5 ♗d7 4. ♗d7 ♘d7 5. 0-0 ♘gf6 6. ♖e1 e6 7. c4 ♘e5 8. ♘c3 ♗e7 9. d3 0-0 10. a3 ♘fd7 11. h3 ♘f3 12. ♕f3 ♘e5 13. ♕d1 ♗f6 14. ♗e3 ♘c6 15. ♖b1 ♗c3 16. bc3 b6 17. f4 ♕d7 18. ♗f2 f6 19. ♖b2 ♖ab8 20. ♗g3 ♖b7 21. ♕f3 ♘e7 22. ♖eb1 ♕c6 23. ♕g4 e5 24. ♖f2 ♕d7 25. ♕h5 ♘c6 26. ♖bf1 b5 27. ♕d1 ♕e6 28. ♖b2 ♖fb8 29. ♕b1 a6 30. ♖ff2 ♕f7 31. cb5 ab5 32. fe5 de5 33. ♖fd2 b4 **½:½**

VANCOUVER

17.- 25.05.1975

17.05. 1899.

P. KERES - D. ALLAN

1. e4 e5 2. ♘f3 ♘f6 3. d3 ♘c6 4. ♘bd2 ♗c5 5. c3 d5 6. ♗e2 de4 7. de4 a5 8. 0-0 0-0 9. ♕c2 ♖e8 10. ♘c4 ♕e7 11. ♗g5 ♕f8 12. ♘e3 ♗e7 13. ♗b5 ♗d7 14. ♖fd1 ♘b8 15. ♗f6 ♗b5 16. ♗e5 ♗d8 17. ♘f5 g6 18. ♗g7 ♕c5 19. ♖d5 ♕b6 20. ♗d4 ♕a6 21. ♕d2 gf5 22. ♖d8 fe4 23. ♖e1 ♕g6 24. ♘h4 ♕g4 25. ♖e4 **1:0**

18.05. 1900.

J. McCORMIK - P. KERES

1. c4 ♘f6 2. ♘f3 g6 3. g3 ♗g7 4. ♗g2 0-0 5. 0-0 d5 6. cd5 ♕d5 7. ♘c3 ♕h5 8. d3 ♗h3 9. ♗h3 ♕h3 10. ♘g5 ♕d7 11. ♕a4 ♘c6 12. ♕h4 ♘d4 13. ♗d2 c5 14. ♖ae1 c4 15. ♗e3 ♘c2 16. ♖d1 h6 17. ♘ge4 ♘e3 18. fe3 cd3 19. ♘f6 ef6 20. ed3 f5 21. e4 fe4 22. de4 ♕e6 23. ♖f2 ♖ac8 24. ♖e2 ♖fe8 25. ♘d5 ♖c4 26. ♖de1 ♔h7 27. ♕f4 f5 28. b3 ♖e4 29.

♖e4 fe4 30. ♘e3 b5 31. ♖d1 ♖f8 32. ♕c7 ♖f7 33. ♕c5 a6 34. ♕c2 ♖f3 35. ♕e2 ♕b6 **0:1**

19.05. **1901.**

P. KERES - C. BARNES

1. e4 c5 2. ♘f3 ♘c6 3. ♘c3 g6 4. ♗c4 ♗g7 5. d3 e6 6. ♗f4 d6 7. ♕d2 a6 8. a3 b5 9. ♗a2 ♗b7 10. 0-0 ♘f6 11. ♗h6 0-0 12. ♖ae1 ♖c8 13. ♗g7 ♔g7 14. ♘e2 ♕a5 15. c3 b4 16. ab4 cb4 17. ♖a1 ♕b6 18. ♘fd4 a5 19. ♕e3 ♘d4 20. ♘d4 ♘d7 21. ♗c4 e5 22. ♘c2 ♕e3 23. ♘e3 ♖a8 24. cb4 ab4 25. ♘c2 ♘b6 26. ♗b3 d5 27. f3 de4 28. fe4 f5 29. ef5 gf5 30. ♖a8 ♗a8 31. ♘b4 ♔f6 32. ♖a1 ♖d8 33. ♖a6 ♖d6 34. ♗d5 ♗d5 35. ♖b6 ♔e6 36. ♘d5 ♔d5 37. ♖d6 ♔d6 38. ♔f2 ♔c5 39. ♔e3 ♔b4 40. d4 **1:0**

19.05. **1902.**

B. HARPER - P. KERES

1. d4 d5 2. c4 dc4 3. ♘f3 ♘f6 4. ♕a4 ♘c6 5. ♘c3 e6 6. ♕c4 ♘b4 7. ♕b3 c5 8. e3 a6 9. ♗e2 cd4 10. ed4 ♗e7 11. 0-0 0-0 12. ♖d1 b6 13. a3 ♘bd5 14. ♗g5 ♗b7 15. ♘e5 h6 16. ♗h4 ♘f4 17. ♗f1 ♖c8 18. ♖ac1 b5 19. h3 ♘4d5 20. ♘e2 ♖c1 21. ♖c1 ♘e4 22. ♗e7 ♘e7 23. ♕d1 ♕d6 24. f3 ♘f6 25. ♘d3 ♘f5 26. ♘c5 ♗a8 27. ♕d3 ♖d8 28. ♕c3 ♘d5 29. ♕a5 ♘f4 30. ♘b3 ♘e2 31. ♗e2 ♗d5 32. ♘c5 ♘d4 33. ♗f1 ♔h7 34. ♕e1 ♗f3 35. ♕f2 ♗a8 36. ♕f7 ♘f3 37. gf3 ♕g3 38. ♗g2 ♖d2 **0:1**

20.05. **1903.**

P. KERES - J. WATSON

1. d4 ♘f6 2. ♘f3 c5 3. c3 b6 4. ♗g5 e6 5. ♘bd2 h6 6. ♗h4 ♗e7 7. e4 0-0 8. ♗d3 ♗a6 9. ♗a6 ♘a6 10. e5 ♘e8 11. ♗e7 ♕e7 12. ♕a4 ♘ec7 13. ♘e4 cd4 14. ♕d4 ♘c5 15. ♖d1 ♘e4 16. ♕e4 ♖fd8 17. 0-0 d5 18. ♕g4 ♕c5 19. ♘d4 ♖e8 20. ♖d3 ♘b5 21. ♖g3 g6 22. ♘b3 ♕e7 23. h4 ♔h7 24. ♖f3 ♖ec8 25. ♖f4 a5 26. h5 g5 27. ♖f6 ♖c4 28. f4 ♖g8 29. ♘d2 gf4 30. ♖h6 ♔h6 31. ♕g8 ♕c5 32. ♔h2 ♕e3 33. ♕h8 **1:0**

21.05. **1904.**

G. FORINTOS - P. KERES

1. d4 d5 2. c4 e6 3. ♘f3 ♘f6 4. ♘c3 ♗e7 5. ♗g5 h6 6. ♗h4 0-0 7. e3 ♘e4 8. ♗e7 ♕e7 9. ♕c2 ♘c3 10. ♕c3 c6 11. ♗d3 dc4 12. ♗c4 b6 13. 0-0 ♗b7 14. ♖fd1 c5 15. dc5 ♕c5 16. ♖ac1 ♘c6 17. ♖d7 ♗c8 18. ♖d2 **½:½**

22.05. **1905.**

P. KERES - P. GLEGHORN

1. d4 g6 2. e4 ♗g7 3. ♘f3 d6 4. ♘c3 ♘f6 5. ♗e2 0-0 6. 0-0 ♘c6 7. ♗e3 ♗g4 8. d5 ♗f3 9. ♗f3 ♘e5 10. ♗e2 c6 11. a4 cd5 12. ed5 ♕a5 13. ♖a3 ♖fc8 14. ♖b3 ♕c7 15. ♖b4 a6 16. ♗b6 ♕b8 17. ♖e1 ♘ed7 18. ♗d4 ♖c7 19. ♗f1 ♘c5 20. g3 b6 21. ♖e3 ♕b7 22. ♗g2 ♖e8 23. ♕e2 ♘h5 24. ♗g7 ♘g7 25. ♗h3 ♔f8 26. ♖h4 ♔g8 27. ♖c4 ♔f8 28. ♖f3 ♖a8 29. ♕e3 ♘d7 30. ♖c7 ♕c7 31. ♗d7 ♕d7 32. ♕b6 ♕c8 33. ♕d4 ♖b8 34. b3 a5 35. ♕h4 h5 36. ♕e4 ♘f5 37. ♘b5 **1:0**

23.05. **1906.**

E. MACSKASY - P. KERES

1. d4 d5 2. c4 e6 3. ♘c3 ♘f6 4. ♗g5 ♗e7 5. e3 0-0 6. ♘f3 ♘bd7 7. ♖c1 c6 8. a3 h6 9. ♗h4 ♘e4 10. ♗e7 ♕e7 11. ♕c2 ♘c3 12. ♕c3 ♖e8 13. ♗d3 dc4 14. ♗c4 e5 15. de5 ♘e5 16. ♘e5 ♕e5 17. ♕e5 ♖e5 18. 0-0 ♗e6 19. ♗e6 ♖e6 20. ♖fd1 ♖ae8 21. ♖d7 ♖8e7 22. ♖cd1 **½:½**

24.05. **1907.**

P. KERES - D. SUTTLES

1. d4 d6 2. e4 g6 3. ♘f3 ♗g7 4. ♗e2 ♘f6 5. ♘c3 0-0 6. 0-0 ♗g4 7. ♗e3 ♘c6 8. d5 ♗f3 9. ♗f3 ♘e5 10. ♗e2 c6 11. a4 ♕a5 12. ♖a3 ♖fc8 13. ♖b3 ♖ab8 14. ♕d2 ♘ed7 15. f3 ♘c5 16.

♖a3 cd5 17. ed5 a6 18. ♖b1 ♕b4 19. ♘e4 ♕d2 20. ♘f6 ♗f6 21. ♗d2 ♘a4 22. ♖a4 ♖c2 23. ♖d1 ♖b2 24. ♗d3 ♖c8 25. ♖b4 ♖c5 26. ♖b2 ♗b2 27. ♗e4 f5 28. ♗b1 a5 29. ♗e3 ♖c8 30. ♔f2 a4 31. ♗d4 ♗d4 32. ♖d4 a3 33. ♔e3 ♖c1 34. ♖b4 a2 35. ♗a2 ♖c2 36. ♗b1 ♖g2 37. h4 ♖h2 38. ♖b7 ♔f7 39. ♖b4 ♔f6 ½:½

25.05. 1908.

W.S. BROWNE - P. KERES

1. e4 e5 2. ♘f3 ♘c6 3. ♗b5 ♘f6 4. d3 d6 5. c3 ♗e7 6. ♘bd2 0-0 7. 0-0 ♗d7 8. ♖e1 ♖e8 9. ♘f1 ♗f8 10. ♗g5 h6 11. ♗h4 ♗e7 12. ♘e3 ♘g4 13. ♗e7 ♘e7 14. ♘g4 ♗b5 15. ♘h4 ♗d7 16. ♖e3 ♔h7 17. ♖g3 ♘g8 18. ♘f3 ♗g4 19. ♖g4 ♘f6 20. ♖h4 ♔g8 21. ♖h3 d5 22. ♕e2 ♕d7 23. ♘h4 de4 24. de4 ♖ad8 25. ♘f5 ♕d2 26. ♕f3 ♖e6 27. ♖g3 g6 28. ♖f1 ♕f4 29. ♖d1 ♖ee8 30. ♘e7 ♔g7 31. ♘d5 ♕f3 32. ♖f3 c6 33. ♘e3 ♖d1 34. ♘d1 ♖d8 35. ♘e3 ♘e4 36. h3 ♘g5 37. ♖g3 f5 38. ♘f5 gf5 39. h4 f4 40. ♖g4 ♔g6 41. hg5 hg5 42. g3 ♔f5 43. f3 ♖d1 44. ♔g2 **0:1**

UNOFFICIAL MATCHES

KERES - SWITZERLAND TEAM TRAINING MATCH

Zürich, 19.09.- 10.10.1968

19.09. 1909.

P. KERES - CLAUSER

1. d4 ♘f6 2. c4 g6 3. ♘c3 d5 4. cd5 ♘d5 5. e4 ♘c3 6. bc3 ♗g7 7. ♗c4 0-0 8. ♘e2 ♘c6 9. ♕a4 a6 10. ♗g5 ♕d7 11. f4 h6 12. ♗h4 ♕g4 13. ♗f2 ♕g2 14. ♘g3 ♕f3 15. ♕c2 ♕f4 16. 0-0 ♗h3 17. ♖fe1 ♘a5 18. ♗d3 c5 19. d5 e6 20. ♖e3 ed5 21. ed5 c4 22. ♗e4 b5 23. ♘e2 ♕g4 24. ♖g3 ♕d7 25. ♘f4 ♗e5 26. ♗g6 fg6 27. ♕g6 ♗g7 28. ♘h3 ♖f7 29. ♗d4 ♘b7 30. ♘f4 ♘d6 31. ♘h5 ♘f5 32. ♗g7 **1:0**

20.09. 1910.

P. KERES - CLAUSER

1. e4 e5 2. ♘f3 ♘c6 3. ♗b5 a6 4. ♗a4 ♘f6 5. 0-0 ♗e7 6. ♖e1 b5 7. ♗b3 d6 8. c3 0-0 9. h3 ♘a5 10. ♗c2 c5 11. d4 ♘d7 12. ♘bd2 cd4 13. cd4 ♘c6 14. ♘b3 a5 15. ♗e3 ♘b6 16. de5 ♘e5 17. ♘bd4 ♗d7 18. b3 ♗f6 19. ♖c1 ♖e8 20. ♗b1 ♖c8 21. ♕d2 b4 22. ♖ed1 ♖c3 23. ♘e5 de5 24. ♘e2 ♖c1 25. ♕c1 ♘c8 26. ♘g3 g6 27. ♖d5 ♘e7 28. ♖d6 ♘c8 29. ♖d2 ♖e7 30. ♖d5 ♕e8 31. ♕d2 **1:0**

21.09. 1911.

P. KERES - CLAUSER

1. d4 ♘f6 2. c4 g6 3. ♘c3 d5 4. cd5 ♘d5 5. e4 ♘c3 6. bc3 ♗g7 7. ♗c4 0-0 8. ♘e2 ♘c6 9. ♕a4 ♗d7 10. ♕a3 b6 11. ♗g5 ♖e8 12. ♗d5 ♖c8 13. h4 h6 14. ♗e3 e6 15. ♗c4 e5 16. h5 g5 17. d5 ♘a5 18. ♗a6 ♖b8 19. c4 c5 20. ♖b1 ♗f8 21. ♘g3 ♘b7 22. ♗b7 ♖b7 23. 0-0 ♕c8 24. ♕d3 ♗d6 25. ♗d2 ♖f8 26. ♖fe1 f6 27. a4 a5 28. ♖b2 ♗c7 29. d6 ♗d8 30. ♗a5 ♕c6 31. ♗c3 ♗e6 32. ♘f5 ♔h7 33. a5 ba5 34. ♖b7 ♕b7 35. ♖b1 ♕a7 36. ♗b2 ♖f7 37. ♗a3 ♖b7 38. ♗c5 ♖b1 39. ♕b1 ♕c5 40. ♕b7 ♗c7 41. dc7 **1:0**

24.09. 1912.

P. KERES - E. BHEND

1. e4 ♘f6 2. e5 ♘d5 3. d4 d6 4. ♘f3 ♗g4 5. ♗e2 c6 6. ♘g5 ♗f5 7. e6 fe6 8. g4 ♗g6 9. ♗d3 ♗d3 10. ♕d3 g6 11. c4 ♘f6 12. ♘e6 ♕c8 13. ♕e2 ♘a6 14. ♘c3 ♘c7 15. d5 ♘e6 16. de6 ♕c7 17. ♗f4 ♕b6 18. 0-0-0 ♗g7 19. h4 0-0-0 20. ♖h3 ♖hf8 21. ♘a4 ♕a5 22. ♖a3 ♘d5 23. ♗d2 ♘f4 24. ♕e3 ♕a6 25. ♔b1 ♕c4 26. ♕a7 ♕e4 27. ♔a1 ♘e6 28. ♖b3 c5 29. ♘b6 ♔c7 30. ♘d5 **1:0**

25.09. **1913.**

P. KERES - E. BHEND

1. e4 e5 2. ♘f3 ♘c6 3. ♗b5 ♘d4 4. ♘d4 ed4 5. 0-0 c6 6. ♗c4 ♘f6 7. d3 d5 8. ed5 ♘d5 9. ♖e1 ♗e6 10. ♘d2 ♗e7 11. ♘f3 ♗f6 12. ♖e4 c5 13. ♕e2 ♕d6 14. ♘g5 ♗g5 15. ♗g5 0-0 16. ♖e1 ♕c6 17. ♖e5 ♘c7 18. ♗e6 ♘e6 19. ♗e7 ♖fc8 20. ♕g4 ♖c7 21. ♗f6 ♔f8 22. ♗h4 ♔g8 23. f4 ♘f8 24. f5 c4 25. dc4 ♕c4 26. ♗f6 g6 27. fg6 fg6 28. ♖e7 ♕c2 29. h4 ♖ac8 30. ♕c8 **1:0**

27.09. **1914.**

P. KERES - E. BHEND

1. e4 e6 2. d4 d5 3. ♘c3 ♘f6 4. ♗g5 de4 5. ♘e4 ♗e7 6. ♗f6 ♗f6 7. ♘f3 ♗d7 8. ♗c4 ♗c6 9. ♕e2 ♗e4 10. ♕e4 c6 11. 0-0-0 ♘d7 12. h4 ♘b6 13. ♗b3 h5 14. ♖h3 ♕c7 15. ♘e5 ♗e5 16. de5 ♖d8 17. ♖hd3 0-0 18. f4 ♖d3 19. ♕d3 ♘d5 20. ♕d4 b5 21. c3 c5 22. ♕e4 c4 23. ♗c2 f5 24. ef6 ♕f4 25. ♕f4 ♘f4 26. g3 ♘d5 27. fg7 ♔g7 28. ♗e4 ♖d8 29. ♗f3 ♔g6 30. ♖e1 ♘f6 31. ♖e6 ♔f5 32. ♖e3 ♖d6 33. ♔c2 a6 34. b3 cb3 35. ab3 a5 36. ♖e7 a4 37. ba4 ba4 38. ♖a7 ♖d8 39. ♖a4 **1:0**

28.09. **1915.**

M. BLAU - P. KERES

1. e4 c5 2. ♘f3 ♘c6 3. ♗b5 g6 4. 0-0 ♗g7 5. c3 e5 6. d3 ♘ge7 7. ♗e3 d6 8. d4 cd4 9. cd4 a6 10. ♗c6 ♘c6 11. d5 ♘e7 12. ♘fd2 b5 13. a4 ♗d7 14. ab5 ab5 15. ♖a8 ♕a8 16. ♘a3 f5 17. f3 0-0 18. ♕b3 ♕a5 19. ♘c2 f4 20. ♖a1 ♕d8 21. ♗f2 g5 22. ♖a6 ♘c8 23. ♘a3 ♕e8 24. ♖a5 h5 25. ♘b5 g4 26. ♘a7 ♕g6 27. fg4 f3 28. ♘f3 ♕e4 29. gh5 ♗h6 30. ♘c8 ♗c8 31. ♖a1 ♗g4 32. ♖e1 ♕f5 33. ♗g3 ♕h5 34. ♖f1 ♕g6 35. ♘e1 ♖c8 36. ♘f3 ♖f8 37. ♘e1 ♖c8 38. ♗h4 ♗f4 39. ♗g3 ♗h6 40. ♗h4 ♗f4 41. ♘d3 ♗e3 42. ♗f2 ♕e4 **½:½**

30.09. **1916.**

P. KERES - M. BLAU

1. e4 e5 2. ♘f3 ♘c6 3. ♗b5 ♘f6 4. 0-0 ♘e4 5. d4 ♗e7 6. ♕e2 d5 7. c4 ♘d6 8. ♗c6 bc6 9. ♘e5 ♘c4 10. ♘c6 ♕d6 11. ♗g5 f6 12. ♖e1 fg5 13. ♘e7 ♔f7 14. ♘d5 ♕d5 15. ♘c3 ♕c6 16. d5 ♕a6 17. d6 ♘d6 18. ♕e7 ♔g6 19. ♖e6 ♗e6 20. ♕e6 ♔h5 21. ♘e4 g4 22. ♘g3 ♔g5 23. ♖e1 ♕a5 24. ♕e7 **1:0**

1.10. **1917.**

M. BLAU - P. KERES

1. e4 e5 2. ♘f3 ♘c6 3. ♗b5 a6 4. ♗a4 ♘f6 5. 0-0 ♗e7 6. ♗c6 dc6 7. d3 ♘d7 8. ♘bd2 0-0 9. ♘c4 f6 10. d4 ed4 11. ♘d4 ♘e5 12. ♘e3 ♗c5 13. c3 ♕e8 14. ♕e2 ♗a7 15. b3 ♘f7 16. f3 ♘d6 17. ♖e1 f5 18. ef5 ♗f5 19. ♔h1 ♗d7 20. ♗b2 ♕h5 21. c4 ♖ae8 22. ♕d2 ♗b6 23. ♘f1 ♗a5 24. ♗c3 ♗c3 25. ♕c3 c5 26. ♘e2 ♗c6 27. ♘eg3 ♕g6 28. ♖e8 ♖e8 29. ♖e1 h5 30. ♖e8 ♗e8 31. ♘d2 ♗c6 32. ♕e3 ♕f6 33. ♕c5 h4 34. ♘gf1 h3 35. gh3 ♘f5 36. ♕f2 ♘h4 37. ♕g3 ♕d4 38. ♕e1 ♔h7 39. ♕e3 ♕d7 40. ♕f4 ♕h3 41. ♕g3 ♕g3 42. hg3 ♘f3 43. ♘f3 ♗f3 44. ♔g1 ♔g6 45. ♔f2 ♗e4 46. b4 ♔f5 47. ♔e3 b6 48. ♘d2 ♗c2 49. ♔f3 ♗d1 50. ♔e3 ♗h5 51. a3 ♔g4 52. ♔f2 ♗f7 53. ♘f3 ♔f5 54. ♘d2 b5 55. cb5 ab5 56. ♔e3 ♔e5 **½:½**

2.10. **1918.**

E. WALTHER - P. KERES

1. d4 ♘f6 2. c4 g6 3. ♘c3 ♗g7 4. e4 d6 5. ♗e2 0-0 6. ♗g5 c5 7. d5 a6 8. a4 h6 9. ♗e3 e6 10. de6 ♗e6 11. e5 de5 12. ♗c5 ♕d1 13. ♖d1 ♖c8 14. ♗e3 ♘c6 15. ♘f3 ♘a5 16. ♘e5 ♘c4 17. ♘c4 ♗c4 18. a5 ♗e2 19. ♔e2 ♘g4 20. ♗b6 ♖c4 21. ♖he1 ♖b4 22. ♔f1 ♖b2 23. ♘e4 ♘h2 24. ♔g1 ♘g4 25. ♘d6 ♗c3 26. ♖e7 ♖f8 27. g3 h5 28. ♘b7 ♗f6 29. ♖e4 ♘f2 30. ♗f2 ♖b7 31. ♖d6 ♗c3 32. ♖a6 ♖b1 33. ♔g2 ♖a1 34. ♗b6 ♖a2 35.

♔f3 ♖c8 36. ♖e7 ♗f6 37. ♖c7 ♖e8 38. ♖aa7 ♖a3 39. ♔f2 ♖a2 40. ♔f3 ♖a3 41. ♔f2 **0:1**

2.10. 1919.

P. KERES - Dr. J. KUPPER

1. e4 c5 2. ♘f3 ♘c6 3. d4 cd4 4. ♘d4 g6 5. c4 ♗g7 6. ♘c2 d6 7. ♗e2 f5 8. ef5 ♗f5 9. ♘e3 ♘h6 10. 0-0 0-0 11. ♘c3 ♗e6 12. ♗f3 ♕d7 13. ♗d5 ♔h8 14. ♘e4 ♘d4 15. ♗d2 ♘hf5 16. ♖e1 ♗g8 17. ♗g8 ♔g8 18. ♗c3 e5 19. ♘f5 ♖f5 20. ♕d3 d5 21. cd5 ♕d5 22. ♗d4 ed4 23. a4 ♖c8 24. ♖ac1 ♖ff8 25. h4 ♔h8 26. ♘g5 h6 27. ♖c8 ♖c8 28. ♘e6 ♕f5 29. ♕f5 gf5 30. ♘f4 ♖c2 31. ♖e8 ♔h7 32. ♖e7 ♔g8 33. ♖b7 ♖c1 34. ♔h2 ♗e5 35. g3 ♗f4 36. gf4 d3 37. ♖d7 ♖c2 38. ♔g3 d2 39. b4 ♖a2 40. a5 ♖b2 41. ♔f3 **½:½**

3.10. 1920.

E. WALTHER - P. KERES

1. d4 ♘f6 2. c4 g6 3. ♘c3 ♗g7 4. e4 d6 5. f3 0-0 6. ♗e3 e5 7. d5 c6 8. ♕d2 cd5 9. cd5 ♘a6 10. ♖b1 ♘h5 11. ♗d3 f5 12. ef5 gf5 13. ♘ge2 ♘b4 14. 0-0 ♘d3 15. ♕d3 ♗d7 16. f4 b5 17. fe5 de5 18. ♗c5 b4 19. ♗f8 ♕b6 20. ♔h1 ♖f8 21. ♘d1 ♗b5 22. ♕f3 ♕h6 23. ♖e1 e4 24. ♕h3 ♕d2 **0:1**

3.10. 1921.

P. KERES - Dr. J. KUPPER

1. d4 ♘f6 2. c4 e6 3. ♘c3 ♗b4 4. e3 b6 5. ♘f3 ♗b7 6. ♗d3 0-0 7. 0-0 ♗c3 8. bc3 ♗e4 9. ♕c2 d5 10. ♗e4 ♘e4 11. cd5 ed5 12. c4 c6 13. ♘e5 ♖e8 14. ♗b2 ♕c8 15. cd5 cd5 16. ♕a4 ♘a6 17. ♖ac1 ♕b7 18. ♖c6 ♖e5 19. de5 ♘ec5 20. ♕b5 ♘c7 21. ♖c7 ♕c7 22. ♖d1 a6 23. ♕b4 ♕c6 24. ♗d4 ♖c8 25. h3 ♕a4 26. ♕b1 ♘d7 27. ♖d2 g6 28. ♔h2 ♖c4 29. ♗b2 ♖c5 30. ♕d3 ♕b5 31. ♕d4 ♖c4 32. ♕d5 ♕d5 33. ♖d5 ♖c2 34. ♗d4 ♘f8 35. ♖d8 ♖a2 36. f4 h6 37. ♖a8 ♖a4 38. g4 ♖c4 39. f5 gf5 40. gf5 ♖c2 41. ♔g3 b5 42. e6 fe6 43. fe6 ♖c7 44. ♗c5 **1:0**

4.10. 1922.

P. KERES - Dr. J. KUPPER

1. c4 c5 2. ♘c3 ♘c6 3. ♘f3 g6 4. e3 ♗g7 5. d4 d6 6. d5 ♘a5 7. ♗d2 ♘f6 8. a3 b6 9. b4 ♘b7 10. ♗d3 0-0 11. 0-0 e6 12. ♖b1 e5 13. h3 cb4 14. ab4 a5 15. ba5 ba5 16. ♗c2 ♘c5 17. ♗c1 ♘fd7 18. ♗a3 ♗a6 19. ♘d2 f5 20. ♘b5 ♗b5 21. cb5 e4 22. f3 ef3 23. ♘f3 ♕e7 24. ♖e1 ♗c3 25. ♖e2 ♖ae8 26. ♘d4 ♕e5 27. ♘e6 ♖f6 28. b6 ♖b8 29. ♗a4 ♕e4 30. ♗c5 ♘c5 31. ♘c5 dc5 32. b7 ♗b4 33. ♗c6 c4 34. ♕c2 ♕c2 35. ♖c2 c3 36. ♖e1 ♔g7 37. g3 ♖f7 38. e4 fe4 39. ♖e4 ♖bf8 40. ♔g2 ♗c5 41. ♖c4 ♗a7 42. h4 ♖f2 43. ♖f2 ♖f2 44. ♔h3 ♖d2 45. ♖c3 a4 46. ♗a4 ♖d5 47. ♖c8 ♖d4 48. ♗c6 **1:0**

8.10. 1923.

P. KERES - Dr. D. KELLER

1. e4 e6 2. d4 d5 3. ♘c3 ♘f6 4. ♗g5 ♗b4 5. e5 h6 6. ♗d2 ♗c3 7. bc3 ♘e4 8. ♕g4 ♔f8 9. ♗d3 ♘d2 10. ♔d2 c5 11. h4 ♕a5 12. ♖h3 cd4 13. ♖g3 ♕c3 14. ♔e2 ♖g8 15. ♖e1 ♘d7 16. ♔f1 ♘c5 17. ♘e2 ♕b2 18. ♗h7 ♘e4 19. ♗e4 de4 20. ♕e4 ♕b4 21. ♖d1 ♗d7 22. ♖b3 ♕c5 23. ♘d4 ♕c4 24. ♖bd3 g6 25. ♕b7 ♕c8 26. ♕f3 ♔g7 27. h5 ♖f8 28. ♕f6 ♔h7 29. hg6 fg6 30. ♕e7 ♔g8 31. ♘f5 **1:0**

9.10. 1924.

E. WALTHER - P. KERES

1. d4 ♘f6 2. c4 g6 3. ♘c3 ♗g7 4. ♘f3 0-0 5. g3 d6 6. ♗g2 ♘bd7 7. 0-0 e5 8. e4 c6 9. h3 a6 10. ♗e3 ♖e8 11. ♕c2 ♕c7 12. de5 ♘e5 13. ♘e5 de5 14. c5 ♗e6 15. ♘a4 ♖ad8 16. b4 ♘h5 17. ♖ad1 f5 18. ef5 gf5 19. ♗g5 ♘f6 20. ♘b6 ♕f7 21. ♖d8 ♖d8 22. ♖e1 h6 23. ♗f6 ♗f6 24. a3 e4 25. ♖d1 ♗d4 26. ♕e2 f4 27.

♔h2 e3 28. fe3 fg3 29. ♔h1 ♗f6 30. ♖f1 ♔g7 31. e4 ♕g6 32. e5 ♗e7 33. ♘c4 ♕d3 34. ♕d3 ♖d3 35. ♘d6 ♖a3 36. ♘b7 ♖a2 37. ♘d6 ♗g5 38. ♘f5 **0:1**

9.10. **1925.**

P. KERES - Dr. D. KELLER

1. e4 e5 2. ♘f3 ♘c6 3. ♗b5 ♘d4 4. ♘d4 ed4 5. 0-0 c6 6. ♗c4 ♘f6 7. d3 d6 8. ♗f4 ♗g4 9. ♕d2 ♘h5 10. c3 dc3 11. ♘c3 ♘f4 12. ♗f7 ♔f7 13. ♕f4 ♔g8 14. ♕g4 ♕e8 15. d4 h5 16. ♕e2 ♕f7 17. f4 ♖e8 18. f5 b5 19. a3 a5 20. ♕d3 ♗e7 21. a4 b4 22. ♘e2 ♗f6 23. ♘f4 c5 24. dc5 dc5 25. ♖ac1 ♗d4 26. ♔h1 ♖h6 27. ♘e6 ♖he6 28. fe6 ♕e6 29. ♕f3 h4 30. b3 h3 31. gh3 ♕e4 32. ♕e4 ♖e4 33. ♖ce1 **1:0**

10.10. **1926.**

P. KERES - Dr. D. KELLER

1. e4 e6 2. d4 d5 3. ♘d2 ♘c6 4. ♘gf3 g6 5. ♗b5 ♘e7 6. e5 a6 7. ♗c6 ♘c6 8. ♘b3 h6 9. h4 ♗g7 10. h5 g5 11. ♘h2 f6 12. f4 gf4 13. ef6 ♕f6 14. 0-0 0-0 15. ♗f4 ♕h4 16. ♕d2 ♕h5 17. ♗c7 ♗d7 18. ♗d6 ♖f1 19. ♖f1 a5 20. c3 b6 21. ♘c1 a4 22. ♖f3 ♘a5 23. b3 ab3 24. ab3 ♘c6 25. b4 ♘d8 26. ♗e5 ♗e5 27. de5 ♘f7 28. ♕f4 ♘g5 29. ♖f1 ♗b5 30. ♘g4 ♕g6 31. ♖f2 ♗c4 32. ♘e2 ♔h7 33. ♘g3 ♖a1 34. ♔h2 ♕b1 35. ♖f1 ♗f1 36. ♕f8 ♘f3 37. ♕f3 ♕g6 38. ♘f6 ♔h8 39. ♘f1 ♖c1 40. ♘d7 ♕g7 41. ♘g3 ♕d7 42. ♕f8 ♔h7 43. ♘h5 ♔g6 44. ♕g8 ♔f5 45. ♘g3 ♔e5 46. ♕b8 ♕d6 47. ♕h8 ♔f4 48. ♕h6 ♔g4 49. ♕h5 ♔f4 50. ♕h4 ♔e3 51. ♕d4 **1:0**

MEXICO CITY
18.- 20.12.1972

18.12. **1927.**

P. KERES - A. ACEVEDO

1. e4 e6 2. d4 d5 3. ♘c3 ♗b4 4. ♗d2 de4 5. ♕g4 ♕d4 6. 0-0-0 ♘f6 7. ♕g7 ♖g8 8. ♕h6 ♘g4 9. ♕h4 ♕f6 10. ♕h7 ♖h8 11. ♕e4 ♘f2 12. ♕b4 ♘d1 13. ♗b5 c6 14. ♘f3 ♘c3 15. ♗c3 ♕h6 16. ♗d2 ♕f8 17. ♕c3 ♖h5 18. ♗e2 ♖c5 19. ♕e3 ♘d7 20. ♖f1 ♕e7 21. ♗b4 ♖c2 22. ♔c2 ♕b4 23. ♘g5 ♕c5 24. ♕c5 ♘c5 25. b4 ♘d7 26. ♖f7 ♘e5 27. ♖h7 b5 28. ♔c3 ♔f8 29. ♔d4 ♘g6 30. ♗f3 e5 31. ♔c5 ♘e7 32. ♔d6 **1:0**

19.12. **1928.**

A. ACEVEDO - P. KERES

1. ♘f3 d5 2. g3 ♘c6 3. d4 ♗f5 4. c4 e6 5. ♗g2 ♘f6 6. 0-0 ♗e7 7. ♘c3 ♘e4 8. cd5 ed5 9. ♕b3 ♘c3 10. bc3 ♘a5 11. ♕a4 c6 12. ♘d2 0-0 13. ♗a3 ♖e8 14. ♗e7 ♖e7 15. ♖fe1 ♕c7 16. c4 ♘c4 17. ♘c4 b5 18. ♕a5 bc4 19. ♕c7 ♖c7 20. e4 ♗e6 21. f4 g6 22. ♖ab1 de4 23. ♗e4 ♖d8 24. ♖bd1 ♗g4 25. ♖d2 ♖e7 26. h3 c3 27. ♖d3 ♗f5 28. ♗f5 ♖e1 29. ♔f2 c2 **0:1**

20.12. **1929.**

VASSAGURON - P. KERES

1. e4 e5 2. ♘f3 f5 3. d4 fe4 4. ♘e5 ♘f6 5. ♗c4 d5 6. ♗e2 ♗d6 7. ♗g5 c5 8. ♗b5 ♔f8 9. c3 a6 10. ♗a4 ♕e7 11. ♗f6 gf6 12. ♘g4 cd4 13. cd4 f5 14. ♘e3 f4 15. ♕h5 fe3 16. fe3 ♔g7 17. 0-0 ♗e6 18. ♘c3 ♘c6 19. ♘d5 ♕e8 20. ♕h4 ♗d5 21. ♕f6 ♔g8 22. ♖f5 ♗h2 23. ♔h2 ♕g6 24. ♗c6 ♕f6 25. ♗d5 ♔g7 26. ♖f6 ♔f6 27. ♗e4 ♖he8 28. ♖f1 ♔g7 29. ♖f4 ♖e7 30. ♔g3 ♖ae8 31. ♔f3 h5 32. g3 a5 33. ♖h4 a4 34. b4 a3 35. b5 ♖e6 36. ♖f4 b6 37. ♖h4 ♖8e7 38. ♖f4 ♔h6 39. ♖h4 ♖f6 40. ♖f4 ♔g7 41. ♖f6 ♔f6 42. ♗d5 ♖c7 43. ♔f4 ♖c3 44. ♗g8 ♖d3 45. ♗c4 ♖d2 46. d5 ♖c2 47. ♗b3 ♖b2 48. ♗c4 ♖b4 **0:1**

TRAINING GAMES

Helsinki, 3.12.1943 **1930.**

P. KERES - O.I. KAILA

1. e4 c6 2. d4 d5 3. ♘c3 de4 4. ♘e4 ♗f5 5. ♘g3 ♗g6 6. ♘1e2 ♘f6 7. ♘f4 e5 8. ♘g6 hg6 9. de5 ♕d1 10. ♔d1 ♘g4 11. ♘e4 ♘e5 12. ♗e2 ♗e7 13. c3 ♘ed7 14. ♗f4 ♘c5 15. ♘c5 ♗c5 16. ♗c4 0-0 17. ♔c2 b5 18. ♗b3 ♘d7 19. a4 a6 20. ab5 ab5 21. f3 ♘b6 22. ♖a8 ♖a8 23. ♖d1 ♖e8 24. ♗d6 ♗d6 25. ♖d6 ♖c8 26. ♖g6 ♔f8 27. ♖g5 c5 28. ♗d5 ♖c7 29. ♗e4 ♘c4 30. ♗d3 ♘d6 31. h4 f6 32. ♖h5 ♔f7 33. ♖h8 c4 34. ♗h7 ♖e7 35. ♖d8 ♘b7 36. ♖d5 g6 37. h5 ♔e6 38. ♗g8 **1:0**

Viborg, 9.12.1943 **1931.**

P. KERES - T. SALO

1. e4 c6 2. d4 d5 3. ♘c3 de4 4. ♘e4 ♘d7 5. ♘f3 ♘gf6 6. ♘f6 ♘f6 7. ♗c4 ♗f5 8. c3 e6 9. 0-0 ♗d6 10. ♗g5 h6 11. ♗h4 ♕c7 12. ♖e1 ♘d5 13. ♘e5 0-0 14. ♗g3 ♖ad8 15. ♕f3 ♘e7 16. ♗b3 ♘g6 17. ♘c4 ♗g3 18. hg3 ♘e7 19. g4 ♗h7 20. g3 b6 21. ♘e3 c5 22. d5 ed5 23. ♗d5 b5 24. a4 ba4 25. ♖a4 ♕d7 26. ♗b3 ♖b8 27. ♖a3 ♕d2 28. ♖d1 ♕b2 29. ♘c4 ♕a3 30. ♘a3 ♖b3 31. ♕e3 ♘c8 32. ♘c4 ♘b6 33. ♘a5 c4 34. ♕e7 ♗c2 35. ♖d4 ♖c3 36. ♕a7 ♖d3 37. ♕b6 **1:0**

Helsinki, 18.12.1943 **1932.**

E. BÖÖK - P. KERES

1. e4 e5 2. ♘f3 ♘c6 3. ♗b5 a6 4. ♗a4 ♘f6 5. 0-0 ♗e7 6. ♖e1 b5 7. ♗b3 0-0 8. d4 ♘d4 9. ♘d4 ed4 10. e5 ♘e8 11. ♕d4 d6 12. ♗f4 ♗f5 13. ♕e3 d5 14. c3 c5 15. ♘d2 ♘c7 16. ♗g3 ♕d7 17. a3 a5 18. ♖ad1 b4 19. ab4 a4 20. ♗a2 d4 21. ♕f4 cb4 22. cd4 ♗c2 23. ♖c1 b3 24. ♗b1 ♘e6 25. ♕e3 ♘d4 26. ♘f3 ♘f3 27. ♕f3 ♖ac8 28. ♕e2 ♗b4 29. e6 fe6 30. ♕e6 ♕e6 31. ♖e6 ♗f5 **0:1**

Helsinki, 26.05.1944 **1933.**

M. LAISAARI - P. KERES

1. d4 ♘f6 2. c4 e6 3. ♘c3 ♗b4 4. ♕c2 0-0 5. ♘f3 c5 6. dc5 ♘a6 7. ♗d2 ♘c5 8. g3 b6 9. ♗g2 ♗b7 10. 0-0 ♖c8 11. ♖fd1 ♕e7 12. a3 ♗c3 13. ♗c3 ♗e4 14. ♗f6 ♕f6 15. ♕c3 ♕c3 16. bc3 ♗c2 17. ♖d6 ♗b3 18. ♘d2 ♗a4 19. ♖b1 ♖c7 20. ♖b4 ♖fc8 21. e3 ♔f8 22. ♔f1 ♔e7 23. ♖d4 d6 24. ♔e1 e5 25. ♘e4 ed4 26. ♘c5 dc5 27. ♖a4 dc3 **0:1**

Tallinn, 21.09.1945 **1934.**

R. RENTER - P. KERES

1. d4 ♘f6 2. c4 g6 3. ♘c3 d5 4. ♗f4 ♗g7 5. e3 0-0 6. cd5 ♘d5 7. ♘d5 ♕d5 8. ♗c7 ♘c6 9. ♘e2 ♗g4 10. f3 ♗f3 11. gf3 ♕f3 12. ♖g1 ♕e3 13. ♗f4 ♕f3 14. ♗g2 ♕h5 15. ♗c6 bc6 16. ♕d2 c5 17. d5 ♗d4 18. ♘d4 cd4 19. ♕d4 e5 20. de6 ♖ae8 21. ♖g5 ♖e6 22. ♖e5 ♕h4 23. ♔f1 ♕h3 24. ♔g1 ♕g4 25. ♔h1 ♕f3 26. ♔g1 ♕g4 ½:½

Moscow, 14.03.1951 **1935.**

P. KERES - D. BRONSTEIN

1. d4 e6 2. c4 f5 3. ♘f3 ♘f6 4. g3 ♗e7 5. ♗g2 0-0 6. 0-0 c6 7. ♘c3 d5 8. ♘e5 ♘bd7 9. ♗f4 ♘e5 10. ♗e5 ♘d7 11. e3 ♘b6 12. cd5 ed5 13. ♘e2 ♘c4 14. ♕c2 ♗f6 15. ♗f6 ♖f6 16. ♘f4 ♖h6 17. ♖fe1 ♘d6 18. f3 g5 19. ♘d3 ♕e8 20. ♘e5 ♘f7 21. f4 ♘e5 22. de5 gf4 23. ef4 ♕h5 24. ♗f1 ♗e6 25. ♕f2 ♔h8 26. ♗e2 ♕f7 27. b4 a6 28. a4 ♖g8 29. b5 ab5 30. ab5 cb5 31. ♖eb1 ♖hg6 32. ♖b5 ♖6g7 33. ♖b6 ♖c8 34. ♖d6 ♖c6 35. ♖c6 bc6 36. ♖a8 ♖g8 37. ♖a7 ♕e8 38. ♕c5 ♖g7 39. ♗h5 ♕c8 40. ♖g7 ♔g7 41. ♕e7 ♔g8 42. g4 ♕d7 43. ♗f7 **1:0**

Pärnu, 1.11.1951 **1936.**

I. BONDAREVSKY - P. KERES

1. d4 d5 2. c4 e6 3. ♘f3 c5 4. cd5 ed5 5. g3 ♘c6 6. ♗g2 ♘f6 7. 0-0 ♗e7 8. dc5 ♗c5 9. ♘bd2 0-0 10. ♘b3 ♗b6 11. ♘bd4 ♖e8 12. b3 ♘d4 13. ♘d4 ♗g4 14. ♖e1 ♘e4 15. ♗b2 ♕g5 16. ♕d3 h5 17. e3 h4 18. f3 ♘c5 19. ♕d2 ♗h5 20. g4 ♗g6 21. ♗f1 h3 22. ♖ac1 ♖ad8 23. b4 ♘d7 24. ♗h3 ♘e5 25. f4 ♕h4 26. fe5 ♕h3 27. ♕g2 ♕h6 28. ♕g3 ♗e4 29. g5 ♕g6 30. ♘e2 ♖c8 31. ♗d4 ♖c4 32. ♖c4 dc4 33. ♕f4 ♗d3 34. ♘c3 ♖d8 35. ♔f2 ♗d4 36. ed4 ♕b6 37. ♕e3 ♖d4 38. ♘b5 ♖f4 39. ♔g3 ♕e3 40. ♖e3 ♖f1 41. e6 fe6 42. ♖e6 a6 43. ♘d4 c3 44. ♖e8 ♔h7 45. ♖c8 c2 46. ♘b3 ♔g6 47. h4 ♗f5 48. ♖c7 ♖h1 49. ♔g2 ♗e4 50. ♔f2 ♗c6 51. ♔e3 c1♕ 52. ♘c1 ♖c1 53. a4 ♖b1 **0:1**

Pärnu, 2.11.1951 **1937.**

P. KERES - I. BONDAREVSKY

1. d4 d5 2. c4 e6 3. ♘c3 c5 4. cd5 ed5 5. ♘f3 ♘c6 6. g3 ♘f6 7. ♗g2 ♗e7 8. 0-0 0-0 9. ♗g5 ♗e6 10. ♖c1 cd4 11. ♘d4 h6 12. ♗f4 ♘d4 13. ♕d4 ♕a5 14. ♗d2 ♖fd8 15. ♖fd1 ♕a6 16. ♗f1 ♕c4 17. ♕c4 dc4 18. ♗g2 ♖ac8 19. ♗e3 b6 20. ♘b5 ♖d1 21. ♖d1 a6 22. ♘d4 ♘g4 23. ♗f4 ♗c5 24. ♘e6 fe6 25. ♗h3 h5 26. e3 ♖f8 27. ♖c1 b5 28. b3 ♗a3 29. ♖c2 ♖c8 30. f3 ♔h7 31. bc4 g5 32. ♗g5 ♖g8 33. ♗f4 e5 34. ♗g4 hg4 35. ♗e5 ♖c8 36. fg4 bc4 37. ♔f2 ♗b4 38. ♗c3 a5 39. ♔f3 ♔g6 40. h4 ♔f7 41. ♔e4 ♔e6 42. ♔d4 ♗d6 43. ♗a5 ♗e5 44. ♔e4 ♗g3 45. h5 ♗h4 46. ♗c3 ♗g5 47. ♖b2 ♖e8 48. ♖b5 ♗f6 49. ♗f6 **1:0**

Tallinn, 13.08.1953 **1938.**

A. TOLUSH - P. KERES

1. d4 ♘f6 2. c4 g6 3. ♘c3 ♗g7 4. e4 d6 5. ♘f3 0-0 6. ♗e2 e5 7. d5 ♘bd7 8. h3 ♘c5 9. ♕c2 a5 10. g4 c6 11. ♗e3 cd5 12. cd5 ♘e8 13. ♘d2 f5 14. ef5 gf5 15. 0-0-0 ♗d7 16. ♗c5 dc5 17. gf5 ♘d6 18. ♘de4 ♗f5 19. ♗g4 ♗g6 20. ♖hg1 ♔h8 21. ♗e6 ♘e4 22. ♘e4 ♖f4 23. ♖g6 hg6 24. d6 a4 25. a3 b5 26. f3 c4 27. ♕g2 ♕e8 28. ♗g4 ♖d8 29. ♕f2 ♕f8 30. ♔c2 ♗h6 31. ♕c5 ♖g4 32. hg4 ♕f3 33. ♕e5 ♗g7 34. ♕e7 ♕b3 35. ♔d2 c3 36. bc3 ♖f8 37. d7 ♗c3 38. ♘c3 ♕b2 39. ♔d3 ♖f3 40. ♔e4 ♕g2 41. d8♕ ♖f8 42. ♔d3 **1:0**

Tallinn, 28.02.1954 **1939.**

P. KERES - A. TOLUSH

1. e4 e5 2. ♘f3 ♘c6 3. ♗b5 ♘d4 4. ♘d4 ed4 5. 0-0 c6 6. ♗c4 ♘f6 7. ♖e1 d6 8. c3 ♕b6 9. d3 ♗e7 10. cd4 ♕d4 11. h3 0-0 12. ♘c3 ♕b6 13. a4 ♗e6 14. a5 ♕c7 15. ♗f4 ♗c4 16. dc4 ♘d7 17. ♘e2 ♖ad8 18. ♘d4 ♘e5 19. b3 ♖fe8 20. ♕d2 ♗f6 21. ♖ad1 g6 22. ♗g3 ♗g7 23. ♗h4 ♖b8 24. ♘c2 ♗f8 25. c5 dc5 26. f4 ♗h6 27. ♖f1 c4 28. ♘e3 ♘d3 29. ♘g4 ♗f4 30. ♕c3 ♗e5 31. ♕c4 ♘b2 32. ♘h6 ♔h8 33. ♕f7 **1:0**

11.01.1958 **1940.**

P. KERES - V. RAGOZIN

1. d4 ♘f6 2. c4 g6 3. ♘c3 d5 4. ♗f4 ♗g7 5. e3 0-0 6. ♖c1 c6 7. ♘f3 ♕a5 8. ♘d2 ♗g4 9. ♕b3 ♕b6 10. ♕a3 ♘bd7 11. h3 ♗f5 12. g4 ♗e6 13. c5 ♕d8 14. b4 b5 15. ♘b3 ♘e4 16. ♘a5 ♕c8 17. ♘c6 ♕c6 18. ♗b5 ♕c8 19. ♗a6 ♕d8 20. ♘b5 f5 21. f3 ♗f7 22. ♗c7 ♕e8 23. fe4 e5 24. ♘d6 ♕e7 25. ♘f7 ♕h4 26. ♔e2 ed4 27. ♗b7 d3 28. ♕d3 fe4 29. ♕d5 ♘f6 30. ♕g5 **1:0**

Zürich, 11.06.1959 **1941.**

O. MARTHALER - P. KERES

1. ♘f3 g6 2. g3 ♗g7 3. ♗g2 e5 4. d3 d5 5. 0-0 ♘e7 6. e4 0-0 7. ♘c3 d4 8. ♘e2 f5 9. ♘e1 c5 10. f4 ♘bc6 11. ♘f3 fe4 12. de4 ♗g4 13. h3 ♗f3 14. ♖f3 c4 15. ♔h1 ♕d7 16. ♗d2 ♘c8 17. ♘g1 ♘d6 18. ♕e2 d3 19. cd3 ♘d4 20. ♕d1 ♘f3 21. ♘f3 ef4 22. gf4 ♗b2 23. ♖b1

c3 24. ♖b2 cb2 25. ♕b3 ♘f7 26. ♕b2 ♕d3 27. ♗c3 ♖ac8 28. ♗g7 ♖c2 **0:1**

Stockholm, 9.01.1960 **1942.**

P. KERES - A. KOTOV

1. e4 d6 2. d4 g6 3. ♗c4 ♗g7 4. ♘e2 ♘f6 5. ♘bc3 0-0 6. ♗g5 ♘e4 7. ♘e4 d5 8. ♗d3 de4 9. ♗e4 ♘d7 10. ♕d2 ♘f6 11. ♗d3 c6 12. 0-0 ♗e6 13. ♖fe1 ♕d7 14. ♗h6 ♖fe8 15. a4 ♗f5 16. ♖a3 ♗h8 17. ♗f4 ♘h5 18. ♗e5 f6 19. ♗g3 ♗g7 20. ♗h4 ♗d3 21. ♖d3 f5 22. a5 ♕c7 23. ♗g5 e5 24. d5 e4 25. ♖b3 ♗e5 26. g3 ♘f6 27. c4 ♖ad8 28. ♖d1 cd5 29. ♗f6 ♗f6 30. cd5 ♖d6 31. ♕b4 b6 32. ab6 ♖b6 33. ♕a4 ♖d8 34. ♖b6 ♕b6 35. ♘f4 ♗e5 36. ♘e6 ♖b8 37. d6 ♗d6 38. ♕c4 ♗f8 39. ♘g5 ♔h8 40. ♖d7 ♗g7 41. ♘f7 **1:0**

Stockholm, 19.12.1962 **1943.**

P. KERES - M. JOHANSSON

1. e4 c5 2. ♘f3 d6 3. d4 cd4 4. ♘d4 ♘f6 5. ♘c3 a6 6. ♗g5 e6 7. f4 h6 8. ♗h4 ♗e7 9. ♕f3 ♕c7 10. 0-0-0 ♘bd7 11. ♕g3 g5 12. fg5 ♖g8 13. ♗e2 ♘e5 14. g6 ♘g6 15. ♖hf1 ♘h4 16. ♕h4 ♖g6 17. ♖d3 ♕c5 18. ♕f2 ♕g5 19. ♖d2 ♗d7 20. ♘f3 ♕a5 21. ♕d4 e5 22. ♕e3 ♖c8 23. ♘h4 ♖g5 24. ♗f3 ♗e6 25. a3 b5 26. ♘d5 ♗d5 27. ed5 b4 28. g3 ba3 29. ♕a3 ♕a3 30. ba3 e4 31. ♗e2 ♖d5 32. ♗a6 ♖d2 33. ♔d2 ♖c5 34. ♖f5 ♘g4 35. ♖c5 dc5 36. h3 ♗h4 37. hg4 ♗g3 38. ♔e3 **½:½**

Tallinn, 19.11.1967 **1944.**

V. PIRC - P. KERES

1. g3 d5 2. ♘f3 ♗g4 3. ♗g2 ♘d7 4. c4 e6 5. d4 c6 6. ♕b3 ♕b6 7. 0-0 ♘gf6 8. ♘c3 ♗e7 9. c5 ♕a6 10. ♖e1 b6 11. cb6 ab6 12. e4 0-0 13. ed5 cd5 14. ♗e3 ♖fc8 15. ♖ec1 ♗f5 16. ♗f1 ♕b7 17. ♘h4 ♗g4 18. h3 ♗h5 19. g4 ♘e8 20. ♘g2 ♗g6 21. ♘f4 ♘d6 22. ♘g6 hg6 23. ♘b5 ♘f6 24. ♗f4 ♘fe4 25. ♖c8 ♖c8 26. ♖c1 ♖c1 27. ♗c1 ♘b5 28. ♗b5 ♕c7 29. ♗e3 f5 30. ♕d1 ♗h4 31. ♕f3 ♗f6 32. ♔g2 ♘d6 33. ♗d3 ♘c4 34. b3 ♘e3 35. fe3 ♕c1 36. ♕e2 ♗g5 **0:1**

50. and **51.** Tallinn.

52. Above: Tallinn 1977.

53. Below: 1991 Estonian Banknote, which depicts the portrait of P. Keres. Apparently the first chessplayer so situated.

INDEX OF GAMES

C

D

E

F

G

H

I

J

K

L

M

N

O

P

R

S

T

U

REGISTER OF OPENINGS

A

A 00
535; 783;

BIRD'S OPENING A 02 - A 03
908; 1112; 1279; 1491;

RETI OPENING A 04 - A 09
27; 64; 68; **72**; 129; **155**; **157**; **159**; **163**; **177**; **206**; **249**; **256**; **263**; **271**; **311**; **318**; **331**; 353; 373; 380; **409**; 429; **601**; **733**; 803; 911; **942**; 951; 963; 965; 975; 1001; 1050; 1078; 1118; **1164**; 1176; 1201; 1277; 1293; 1324; 1364; 1366; 1388; 1401; 1412; 1440; 1468; 1579; 1655; **1665**; 1674; 1703; 1763; 1769; 1825; 1834; 1837; 1839; 1896; 1941;

ENGLISH OPENING A 10 - A 39
39; **62**; **89**; **94**; 95; **117**; 124; **128**; **130**; **145**; **173**; **181**; **185**; **188**; 212; 214; 270; **287**; 295; 299; 303; 424; **495**; 542; 556; **567**; **590**; **595**; **618**; **624**; **629**; **635**; 681; **682**; **705**; 736; 741; **746**; 757; **758**; 781; **782**; **802**; 855; 874; 926; **939**; 985; **986**; **1006**; 1009; 1017; 1028; 1043; 1044; 1048; 1052; 1058; 1067; 1080; 1087; 1095; 1109; **1115**; 1116; **1119**; 1138; 1141; 1173; **1181**; **1197**; 1199; 1205; 1213; 1229; 1249; 1261; 1302; 1361; 1363; 1369; 1370; 1403; 1405; **1415**; 1470; **1500**; 1506; **1547**; 1555; 1567; 1605; 1606; **1612**; 1624; **1629**; 1630; **1636**; 1637; **1638**; 1651; **1658**; **1660**; 1662; 1666; 1677; 1693; **1724**; 1731; 1737; 1748; **1760**; 1761; 1800; **1805**; 1815; 1858; 1871; 1900; **1922**; 1944;

A 40
32; 187; 192; 310; 651;

A 43
587; 594; 606; 613; 667; 755; **1113**; **1797**;

A 44
1375; **1792**;

A 45
65; 135; **1762**;

A 46
210; 224; **225**; 226; 227; **228**; **229**; 548; 574; **1373**; 1455; 1512; 1526; 1645; 1679; 1793; **1903**;

A 47
279; 342; 837;

A 48
856; 1123; **1151**; **1192**; **1209**; **1278**; **1321**; **1333**; **1387**; **1427**; 1463; **1482**; **1532**; **1851**; **1860**;

A 49
7; 322; 811;

BUDAPEST DEFENCE A 51, A 52
38; 66; **217**;

OLD INDIAN DEFENCE A 53 - A 55
780; **859**; **879**; **1172**; **1582**;

VOLGA GAMBIT A 57 - A 59
253; 264; 464; 511; 952; 995; 1069; **1745**; 1755;

BENONI DEFENCE A 56; A 60 - A 79
218; **341**; **903**; 919; 938; 1125; 1191; 1223; **1228**; 1475; 1561; **1689**; **1758**; **1777**;

DUTCH DEFENCE A 80 - A 99
168; **169**; 174; 178; 184; 190; 198; 208; 221; 223; 230; 236; 262; 266; 301; 324; 338; 576; **677**; **715**; **731**; **804**; **853**; **1391**; 1408; 1739; **1935**;

B

NIMZOWITSCH DEFENCE B 00
60; 75; **125**; **357**; **605**; **912**; 1382; 1541; **1564**; 1661; 1723; 1743;

SCANDINAVIAN DEFENCE B 01
10; **17**; **78**; **87**; **121**; **471**; **501**; **1154**; **1473**; 1563;

D

QUEEN'S PAWN GAME D 00 - D 05

QUEEN'S GAMBIT D 06 - D 69

Tchigorin Defence D 07

D 08

Slav Defence D 10 - D 19

Queen's Gambit Accepted D 20 - D 29

D 30; D 31

Tarrasch Defence D 32 - D 34

Exchange Variatin D 35 - D 36

Variation with 5. ♗f4 D 37

Ragozin System D 38; D 39

Semi - Tarrasch Defence D 40 - D 42

Semi - Slav Defence D 43 - D 49

D 50; D 51

Cambridge Springs Variation D 52

Orthodox Defence D 53 - D 69

GRÜNFELD DEFENCE D 70 - D 99

E

CATALAN SYSTEM E 00 - E 09

TOURNAMENT RESULTS

1929	Pärnu Championship	II	18	13	4	1	13½
1930	Estonian Youth Championship	I	9	7	0	2	8
1932	Estonian Youth Championship	I	9	9	0	0	9
1933	Estonian Youth Championship	I	12	11	0	1	11½
1933	Estonian Championship	III - IV	7	5	2	0	5
1934	Estonian Championship	II	9	6	1	2	7
1935	Estonian Championship	I - II	9	6	2	1	6½
1935	Training Tournament	I	24	22	0	2	23
1935	Tallinn	II	8	5	2	1	5½
1935	The 6th Olymiad	I Table	19	11	5	3	12½
1935	Helsinki	II	8	6	1	1	6½
1936	Training Tournament	I	10	8	0	2	9
1936	Bad Nauheim	I - II	9	4	0	5	6½
1936	Dresden	VIII - IX	9	2	4	3	3½
1936	Zandvoort	III - IV	11	5	3	3	6½
1936	The Extra Olympiad	I Table	20	12	1	7	15½
1937	Training Tournament	I	9	6	0	3	7½
1937	Margate	I - II	9	6	0	3	7½
1937	Ostende	I - III	9	5	2	2	6
1937	Prague	I	11	9	0	2	10
1937	Vienna	I	6	4	1	1	4½
1937	Kemeri	IV - V	17	8	2	7	11½
1937	Pärnu	II - IV	7	3	1	3	4½
1937	The 7th Olympiad	I Table	15	9	2	4	11
1937	Semmering-Baden	I	14	6	2	6	9
1938	Hastings	II - III	9	4	0	5	6½
1938	Noordwijk	II	9	4	0	5	6½
1938	A.V.R.O.	I - II	14	3	0	11	8½
1939	Leningrad - Moscow	XII - XIII	17	3	4	10	8
1939	Margate	I	9	6	0	3	7½
1939	The 8th Olympiad	I Table	19	12	2	5	14½
1939	Buenos Aires	I - II	11	7	1	3	8½
1940	XII USSR Championship	IV	19	9	4	6	12
1941	USSR Absolute Championship	II	20	6	4	10	11
1942	Estonian Championship	I	15	15	0	0	15
1942	Salzburg	II	10	4	2	4	6
1942	Munich	II	11	6	2	3	7½
1943	Prague	II	19	11	1	7	14½
1943	Posen	I	5	5	0	0	5
1943	Salzburg	I - II	10	5	0	5	7½
1943	Estonian Championship	I	11	6	1	4	8
1943	Madrid	I	14	12	0	2	13
1944	Lidköping	II	7	4	2	1	4½
1945	Baltic Tournament	I	11	10	0	1	10½
1945	Estonian Open Championship	I	15	11	0	4	13
1946	Georgian Open Championship	I	19	17	0	2	18
1947	XV USSR Championship	I	19	10	1	8	14
1947	Training Tournament	I	13	7	1	5	9½
1947	Moscow	VI - VII	15	6	3	6	9

1948	World Championship Tournament	III - IV	20	8	7	5	10½
1948	XVI USSR Championship	VI - IX	18	5	4	9	9½
1949	XVII USSR Championship	VIII	19	7	4	8	11
1950	1st Candidates' Tournament	IV	18	3	2	13	9½
1950	Szczawno Zdroj	I	19	11	1	7	14½
1950	XVIII USSR Championship	I	17	8	2	7	11½
1951	XIX USSR Championship	I	17	9	2	6	12
1952	Budapest	I	17	10	2	5	12½
1952	The 10th Olympiad	I Table	12	3	2	7	6½
1952	XX USSR Championship	X - XI	19	5	5	9	9½
1953	Estonian Open Championship	I	19	17	0	2	18
1953	2nd Candidates' Tournament	II - IV	28	8	4	16	16
1954	The 11th Olympiad	IV Table	14	13	0	1	13½
1955	Hastings	I - II	9	6	1	2	7
1955	XXII USSR Championships	VII - VIII	19	7	4	8	11
1955	Pärnu	I	11	9	0	2	10
1955	Candidates Tournament	II	20	9	2	9	13½
1956	3rd Candidates' Tournament	II	18	3	1	14	10
1956	The 12th Olympiad	II Table	12	7	0	5	9½
1956	Moscow	VII - VIII	15	4	2	9	8½
1957	XXIV USSR Championship	II - III	21	8	2	11	13½
1957	Mar del Plata	I	17	13	0	4	15
1957	Santiago	I	7	5	0	2	6
1957	European Team Championship		5	1	0	4	3
1958	Hastings	I	9	7	1	1	7½
1958	The 13th Olympiad	III Table	12	7	0	5	9½
1959	XXVI USSR Championship	VII - VIII	19	5	3	11	10½
1959	Zürich	III - IV	15	7	1	7	10½
1959	4th Candidates' Tournament	II	28	15	6	7	18½
1960	Baltic Tournament	I	15	9	0	6	12
1960	The 16th Olympiad	III Table	13	8	0	5	10½
1960	Stockholm	III	9	5	1	3	6½
1961	Zürich	I	11	7	0	4	9
1961	European Team Championship		8	4	0	4	6
1961	Bled	III - V	19	7	1	11	12½
1961	XXIX USSR Championship	VIII - XI	20	4	2	14	11
1962	5th Candidates' Tournament	II - III	27	9	2	16	17
1962	The 15th Olympiad	IV Table	13	6	0	7	9½
1963	The Piatigorsky Cup Tournament	I - II	14	6	3	5	8½
1963	Moscow	VI - VII	15	5	3	7	8½
1964	Beverwijk	I - II	15	8	0	7	11½
1964	Buenos Aires	I - II	17	9	1	7	12½
1964	The 16th Olympiad	IV Table	12	9	1	2	10
1965	Hastings	I	9	7	0	2	8
1965	Marianske Lazne	I - II	15	7	0	8	11
1965	XXIII USSR Championship	VI	19	4	1	14	11
1966	Stockholm	I	9	7	0	2	8
1967	Moscow	IX - XII	17	2	2	13	8½
1967	Winnipeg	III - IV	9	2	0	7	5½
1968	Bamberg	I	15	9	0	6	12
1969	Wijk aan Zee	III - IV	15	6	1	8	10
1969	Tallinn	II - III	13	5	0	8	9

1969	Luhacovice	II	15	7	1	7	10½
1970	Budapest	I	15	5	0	10	10
1970	European Team Championship		5	5	0	0	5
1971	Tallinn	I - II	15	8	0	7	11½
1971	Pärnu	II - III	13	7	1	5	9½
1971	Amsterdam	II - IV	15	4	1	10	9
1972	Sarajevo	III - IV	15	4	0	11	9½
1972	San Antonio	V	15	6	2	7	9½
1973	Tallinn	III - VI	15	6	3	6	9
1973	Dortmund	VI - VII	15	3	1	11	8½
1973	Candidates Tournament	XII - XIII	17	3	4	10	8
1973	XLI USSR Championship	IX - XII	17	1	2	14	8
1975	Tallinn	I	15	6	0	9	10½
1975	Vancouver	I	10	7	0	3	8½
			1609	**809**	**154**	**646**	

DIFFERENT COMPETITIONS

1929	Pärnu - Viljandi Team Match	2	0	1	1	½
1930	Pärnu - Viljandi Team Match	2	0	0	2	1
1932	Pärnu - Mõisaküla Team Match	2	2	0	0	2
1936	Estonian Team Championship	3	1	1	1	1½
1937	Estonia - Lithuania Team Match	2	1	0	1	1½
1938	Estonian Team Championship	6	4	0	2	5
1938	Estonia - Latvia Team Match	2	0	1	1	½
1938	Baltic and Finland Students Tournament	3	2	1	0	2
1938	Estonia - Finland Team Match	2	2	0	0	2
1939	Latvia - Estonia Team Match	2	2	0	0	2
1939	Lithuania - Estonia Team Match	2	0	0	2	1
1940	Estonian Team Championship	4	4	0	0	4
1940	Students Team Championship	5	5	0	0	5
1940	Estonia - Lithuania Team Match	2	0	0	2	1
1940	Tallinn - Estonia Team Match	1	0	0	1	½
1944	Tallinn - Nõmme Club Team Match	1	1	0	0	1
1944	Daugava - Kalev Club Team Match	2	2	0	0	2
1945	Tallinn - Riga Club Team Match	2	2	0	0	2
1945	Kalev - Daugava Club Team Match	2	1	0	1	1½
1946	USSR - Great Britain Radio Match	2	1	0	1	1½
1946	USSR - USA Team Match	2	1	0	1	1½
1947	Estonia - Latvia Team Match	2	2	0	0	2
1947	Kalev - Daugava Club Team Match	2	2	0	0	2
1947	Great Britain - USSR Team Match	2	1	0	1	1½

1951	USSR Team Championship	3	1	0	2	2
1954	Estonia - Latvia Team Match	2	1	0	1	1½
1954	Argentina - USSR Team Match	4	1	1	2	2
1954	France - USSR Team Match	2	2	0	0	2
1954	USA - USSR Team Match	4	3	1	0	3
1954	Great Britain - USSR Team Match	2	2	0	0	2
1954	Sweden - USSR Team Match	2	2	0	0	2
1955	Hungary - USSR Team Match-Tournament	7	3	0	4	5
1955	USSR - USA Team Match	4	3	0	1	3½
1956	Yugoslavia - USSR Team Match-Tournament	7	2	1	4	4
1957	USSR - Yugoslavia Team Match-Tournament	5	1	0	4	3
1957	Estonia - Hungary Team Match	2	0	2	0	0
1958	Yugoslavia - USSR Team Match	4	1	1	2	2
1958	USSR Team Championship	7	1	0	6	4
1959	Estonia - Latvia Team Match	2	0	0	2	1
1959	Estonia - Finland Team Match	2	0	0	2	1
1959	USSR Team Championship	8	5	0	3	6½
1960	Finland - Estonia Team Match	2	1	1	0	1
1960	USSR - Italy - Tunisia Team Match-Tournament	3	3	0	0	3
1960	FRG - USSR Team Match-Tournament	7	4	0	3	5½
1960	USSR Team Championship	2	1	0	1	1½
1961	Yugoslavia - USSR Team Match-Tournament	5	1	1	3	2½
1961	USSR Club Team Championship	2	0	0	2	1
1962	Holland - USSR Team Match	2	0	0	2	1
1962	Finland - Estonia Team Match	2	1	0	1	1½
1962	USSR Team Championship	5	2	0	3	3½
1963	Estonia - Finland Team Match	2	2	0	0	2
1963	USSR Team Championship	8	4	1	3	5½
1964	Finland - Estonia Team Match	2	1	0	1	1½
1964	USSR Club Team Championship	5	1	1	3	2½
1965	USSR Team Championship	7	3	0	4	5
1966	Finland - Estonia Team Match	2	2	0	0	2
1966	USSR - Yugoslavia Team Match-Tournament	4	0	0	4	2
1966	USSR Team Championship	10	2	2	6	5
1966	Kalev - Jõud Club Team Match	2	1	0	1	1½
1967	Estonia - Georgia Team Match	2	0	1	1	½
1967	USSR Team Championship	8	3	0	5	5½
1967	Kalev - Jõud Club Team Match	2	1	1	0	1
1968	Finland - Estonia Team Match	2	0	0	2	1
1968	Kalev - Jõud Club Team Match	2	2	0	0	2
1968	USSR Team Championship	11	2	0	9	6½
1969	Estonia - Finland Team Match	2	1	0	1	1½
1969	Bulgaria - Estonia Team Match	2	0	0	2	1
1969	Kalev - Jõud Club Team Match	2	2	0	0	2
1969	USSR Team Tournament	7	3	1	3	4½
1970	World - USSR Team Match	4	2	0	2	3

1970	Estonia - Bulgaria Team Match	2	0	0	2	1
1971	USSR - Yugoslavia Team Match-Tournament	4	1	0	3	2½
1972	USSR Team Tournament	7	3	0	4	5
1972	Hungary - USSR Team Match	3	3	0	0	3
1973	USSR I - II - Yuniors Team Match	4	2	0	2	3
1974	USSR Team Tournament	5	3	0	2	4
1975	Estonia - Leningrad Team Match	2	0	1	1	½
		267	**121**	**20**	**126**	

MATCHES

1935	G.Friedemann	3	2	1	0	2
1935	F.Kibbermann	4	3	1	0	3
1936	P.Schmidt	7	3	3	1	3½
1938	G.Stahlberg	8	2	2	4	4
1940	Dr.M.Euwe	14	6	5	3	7½
1944	F.Ekström	6	4	0	2	5
1956	W.Unzicker	8	4	0	4	6
1962	Y.Geller	8	2	1	5	4½
1965	B.Spassky	10	2	4	4	4
		68	**28**	**17**	**23**	

UNOFFICIAL MATCHES AND TRAINING GAMES

1968	Keres - Switzerland Team Training Match	18	15	0	3	16½
1972	Mexico City	3	3	0	0	3
	Training Games	15	12	1	2	13
		36	**30**	**1**	**5**	
		1980	**988**	**192**	**800**	

CONTENTS

Printed by Tallinn Book Printers